KB041768

회사법학

정경영

Theories of Corporate Law

박영사

지난 40여 년간 곁에서 함께 꿈을 꿔 온
사랑하는 아내에게 이 책을 바칩니다.

서　문

　　회사란 무엇인가? 강단에서 30년 넘게 회사법을 가르치면서 회사법학에 관한 이론서의 집필이 늦어진 것은 '회사란 무엇인가?'라는 의문에 대해 해답을 찾지 못해서라고 변명해 본다. 그간 '상법학강의', '상법학쟁점' 등의 교재에서 회사법을 중심으로 집필하였지만, 이들은 회사법학에 대한 이론서라기보다는 회사법 강의를 위한 교재들이었다. '회사법학'을 집필하게 된 것도 '회사란 무엇인가?'라는 화두를 진지하게 잡아보고 싶은 마음에서였다. 그렇다고 회사법학을 출간하는 지금 그 화두의 깊은 의미를 완전히 독파했다고 생각하지는 않는다.

　　회사는 살아 움직이는 생명체이다. 호흡하고 뜨거운 피가 흐르는 생명체는 아니지만 사회적으로 살아 움직이며 성장할 뿐만 아니라 인간의 한계를 넘는 엄청난 힘마저 가지고 있다. 그러면서 회사는 진화한다. 앞으로 회사가 어떤 모습이 될지는 아무도 예측할 수 없다. 우리가 고민하여야 할 것은 지금 살아 움직이는 사회적 존재로서 회사를 공동체의 목적에 맞게 어떻게 잘 규율해서 선한 방향으로 진화시킬 것인가 하는 점이다. 공룡처럼 거대한 몸집을 가진 회사를 인간의 꿈을 실현시키는 유기체로 진화시킬 필요가 있다고 본다.

　　태생적으로 영리성을 타고난 회사도 사회적 존재로서 사회성을 가질 수밖에 없어, 회사법의 이념은 회사의 영리성과 사회성의 조화라 할 수 있다. 방임적 입법에 의해 회사의 영리성이 자유롭게 구현되게 하면서 사회와의 관계에서 장기적으로 균형점을 찾을 수는 있겠지만, 균형을 찾는 오랜 과정에 많은 사회구성원들이 그 비용을 지급하게 될지도 모른다. 회사법이 존재하고 특히 주식회사법이 강행법규성을 가지는 이유도 주식회사의 경영자나 대주주들의 사익추구의 가능성으로부터 이해관계자를 보호하고 사회적 가치를 실현시키기 위함이라 본다.

　　회사의 본질에 관한 고민에서 집필한 '회사법학'에는 회사의 자유로운 영리추구행위를 보호하면서 이를 회사의 사회성과 조화시키려는 저자의 의도가 깊게 베

여있다. '회사란 무엇인가?'에서 출발한 저자의 생각은 '회사는 무엇이어야 하는가?'로 바뀌었고, 이는 다시 '회사법을 어떻게 해석하여야 하는가?' 하는 생각에 미치게 되어, 이런 관점에서 기존의 회사법 이론과 판례들을 검토하였고 외국 학설·입법례를 참조하였다. 미국을 중심으로 유행하였던 자유주의적 회사관, 편의주의적 해석에 따른 최근 일부 대법원 전원합의체 판결들에 대한 비판적 관점에도 회사와 회사법의 본질에 대한 저자의 가치판단이 작용하였다.

'회사법학'은 내용이나 체제에서 몇 가지 특징을 가지고 있다. 첫째, 글의 흐름을 중시하여 논문에서 나타나는 과다한 인용은 생략하고 쟁점 중심으로 자세한 인용을 하면서 이를 각주에서 일괄 인용하였다. 둘째, 회사법상 논의가 집중되고 있는 사항은 쟁점번호를 부여하여 색인을 통해 쉽게 찾게 하면서 '회사법쟁점'(박영사刊)의 쟁점번호와 일치시켜 상호 참조할 수 있게 하였다. 셋째, 판례번호는 사건번호만 표기하여 내용에의 집중도를 높였다. 넷째, 입법론적 쟁점, 외국입법례 등 본문을 더 깊이 이해하는 데 도움이 되는 내용을 압축 편집하여 본문의 흐름을 방해하지 않으면서 참조할 수 있도록 하였다.

모든 창작물이 그렇듯 '회사법학' 역시 선배 학자들의 노고의 힘입었고 후학들의 열정에 자극을 받았다. 인용을 통해 출처가 명기되지 않았더라도 본서는 많은 회사법 교재들을 참조하면서 쓰여진 글이라 기존 회사법학에 힘입은 바 커, 머리말에서 감사 표시로 대신하고자 한다. 마지막으로 저자의 회사법에 관한 생각이 책이라는 형식을 빌려 출간되는 데 많은 분들의 노고가 있었다. 특히 '회사법학'이 세상의 빛을 보도록 출판기회를 주신 박영사 안종만 회장님과 조성호 이사님, 저자의 다양한 요구를 수용하면서 세심한 편집을 해주신 이승현 과장님, 출판계약 등의 업무를 도와주신 정연환 선생님께 감사드린다.

2022년 2월 광화문 서재에서
저자 宗律 정 경 영 교수

차   례

제1편 회사법 일반

제1장 회사법의 의의

제 2 장　회사의 개념

제 2 편   주식회사

제 1 장   주식회사의 의의

제 2 장　주식회사의 설립절차

제 3 장 주식제도

제 4 장   주식회사의 기관

제 6 장　회사의 회계

제 7 장　사　채

제 8 장　회사의 조직개편

제 3 편   기 타 회 사

제 1 장   합명회사

제 2 장   합자회사

제 3 장　유한책임회사

제 4 장　유한회사

제 5 장　외국회사

제 6 장　벌 칙

법령약어표

(약어)	(법령명)
〔상〕	상법
〔민〕	민법
〔어〕	어음법
〔수〕	수표법
〔공사〕	공사채등록법
〔공증〕	공증인법
〔국제〕	국제사법
〔농협〕	농업협동조합법
〔담보〕	담보부사채신탁법
〔델회〕	델라웨어주 회사법
〔독규〕	독점규제 및 공정거래에 관한 법률
〔독주〕	독일 주식법
〔등록〕	주식·사채 등의 전자등록에 관한 법률
〔민소〕	민사소송법
〔민집〕	민사집행법
〔보업〕	보험업법
〔부동〕	부동산등기법
〔비송〕	비송사건절차법
〔사회〕	사회적기업법
〔상등〕	상업등기법
〔상령〕	상법 시행령
〔새금〕	새마을금고법
〔신탁〕	신탁법
〔약관〕	약관의 규제에 관한 법률
〔외감〕	주식회사의 외부감사에 관한 법률
〔외감령〕	주식회사의 외부감사에 관한 법률 시행령
〔일회〕	일본 회사법
〔자본〕	자본시장과 금융투자업에 관한 법률
〔자본령〕	자본시장과 금융투자업에 관한 법률 시행령
〔중협〕	중소기업협동조합법
〔회생〕	채무자 회생 및 파산에 관한 법률

참고문헌

국내문헌

강위두/임재호, 상법강의, 형설출판사, 2004.

곽윤직 편저, 민법주해, 박영사, 2001.

권기범, 현대회사법론, 삼지원, 2014.

김건식/노혁준/천경훈, 회사법, 박영사, 2020.

김건식/정영진 편저, 중국회사법, 박영사, 2018.

김두진, 회사법강의, 동방문화사, 2015.

김정호, 회사법, 법문사, 2015.

김홍기, 상법강의, 박영사, 2020.

노혁준, 회사분할의 제문제, 도서출판 소화, 2013.

서돈각/정완용, 상법강의(상), 1999.

서정갑, 상법(상), 일신사, 1988.

서헌제, 상법강의(상), 법문사, 2007.

손주찬, 상법(상), 박영사, 1984

송옥렬 상법강의, 홍문사, 2020.

이기수/최병규/조지현, 회사법, 2008.

이범찬/임충희/김지환, 한국회사법, 삼영사, 2010.

이철송 회사법강의, 박영사, 2020.

임재연, 회사법(Ⅰ, Ⅱ), 박영사, 2020.

임홍근, 회사법, 법문사, 2001.

장덕조 회사법, 법문사, 2020.

정경영, 상법학강의, 박영사, 2009.

정경영, 상법학쟁점, 박영사, 2021.

정동윤 상법(상), 법문사, 2012.

정진세, 회사법(판례연습), 삼우사, 2003.

정찬형 상법강의(상), 박영사, 2020.

정희철, 상법학(상), 박영사, 1989.

채이식, 상법강의, 박영사, 1996.

최기원, 신회사법론, 박영사, 2009.

최준선, 회사법, 삼영사, 2019.

한석훈, 비즈니스범죄와 기업법, 성균관대학교 출판부, 2018.

한창희, 회사법, 청목출판사, 2001.

홍복기/박세화, 회사법강의, 법문사, 2021.

17인 공저, 상법판례백선, 법문사, 2021.

일본문헌

江頭憲治郎(編集代表), 會社法大係1, 淸林書院, 2008.

江頭憲治郎, 株式會社法, 有斐閣, 2015.

田邊光政, 會社法讀本, 中央經濟社, 2008.

구미문헌

Stephen M. Bainbridge, 「Corporate Law」, 3rd. Foundation Press, 2015.

Edward P. Welch/Andrew J. Turezyn/Robert S. Saunders, 「Folk on the Delaware General Corporation Law」, Wolters Kluwer, 2013.

Klaus J. Hopt/Eddy Wymeersch, 「European Company and Financial Law」, Oxford University Press, 2007.

Michael Diamond, 「Corporations」, Carolina Academic Press, 2015.

Roberta Romano, 「Foundation of Corporate Law」, Foundation Press, 2010.

제1편 회사법 일반

제1장 회사법의 의의

제1절 회사와 회사법

1. 회사란 무엇인가?

1) **법적 의미** : 회사란 '영리를 목적으로 하는 사단법인'을 의미한다. 즉 이익 추구를 목적으로 다수인이 모여 사단을 결성하고 설립등기를 함으로써 법인격을 취득하면 회사가 된다. 회사의 개념과 기본적 쟁점에 관한 고찰은 뒤에서 자세히 진행되는데, 법적으로는 상행위 기타 영리를 목적으로 하는 사단법인, 즉 **영리(사단)법인**인 **상인**이다(상169, 상5). 회사는 영리성이 법적으로 보장되어 있는 상인성을 가지는 (사단)법인인데, 영리성의 개념은 회사가 영리사업을 수행하여 이익을 얻고 회사에의 투자자도 투자에 대한 수익을 목적으로 함을 의미한다. 그런데 (사단)법인성의 개념은 기본적으로 법인격의 주체성을 의미하지만 구체적으로 어떠한 성질을 가지는지 그리 명확하지 않다.

2) **법인성** : (사단)법인은 다수인이 사단형식으로 결합되므로 일반 개인상인과는 개념상 구별된다. 다수의 투자자는 회사 경영자에게 자신의 재산(투자금)을 실질적으로 맡기는 것이 되고, 소액투자자는 경영에 대해 간섭할 권한이 사실상 제한된다. 그리고 주식회사 등 물적회사의 출자자인 사원(주주)은 유한책임으로 보호되어 회사 채무자로부터 자신의 개인재산을 원칙적으로 보호할 수 있는 지위(유한책임)가 보장된다는 점이 무한책임을 부담하는 개인상인과 다르다. 다수의 투자자로부터 투자금을 실질적으로 맡아 이를 자본으로 하여 영업을 하는 회사의 다수 지분 소유자(경영자)도 자신의 투자금 이상의 책임을 원칙적으로 부담하지 않는다. 이는 자신의 재산을 투자해서 경영에 실패한 경우 자신의 전 재산으로 책

임을 부담하는 개인상인과는 다르다.

2. 회사법은 어떤 법인가?

1) 단체법 : 회사법이란 영리사단법인인 회사의 인적·물적조직과 회사행위에 관한 법률이다. 좀 더 구체적으로 보면, 회사법은 회사의 지배구조와 자본구조 그리고 회사의 의사결정에 따른 대표행위 등을 규율하는 사법이다. 개인 상인에게는 상거래법만 적용되지만 회사에는 회사의 조직에 관한 규정이 요구되고 자연인의 행위와 구별되는 회사행위의 형성을 위한 규정이 요구된다. 회사의 조직은 사원이라는 자연인이 중심이 되고 사원이 투자한 재산과 유기적으로 형성된 관계를 의미한다. 회사법은 회사의 구성원인 사원이 회사의 재산의 활용을 결정하고 이를 실행함에는 개인상인과 달리 다수의 사원의 의사를 결집하여 결정하고 이를 실현하는 법인본질의 문제(의사결정·집행)를 해결하여야 한다.

2) 법인의 특성 : 회사는 공동체의 이익에 기여하므로 회사법은 회사의 영리추구활동을 위해 개인상인과 달리 **법인특권**을 부여한다. 즉 회사의 다수의 지분을 가진 자(지배사원·주주)는 자신의 지분을 넘어 전체 재산에 대한 권리를 행사하게 되어, 결과적으로 소수의 지분투자자(소수사원·주주)의 재산을 수탁받아 관리하게 된다. 그리고 회사는 회사행위를 통해 타자와 소통·거래하며 권리·의무를 형성하는데, 법인인 회사는 개인기업과 달리 회사의 명의로 권리·의무의 주체가 된다. 회사가 영리활동 중에 부담하는 채무에 대해 사원은 투자금을 넘는 책임을 부담하지 않는다. 회사는 개인상인에 비해 월등히 우월한 지위에서 영업을 한다고 볼 수 있는 특권이 부여되었다고 볼 수 있는데, 회사법은 회사의 경영자가 이를 사적 이익추구의 수단으로 이용하지 않도록 제한한다.

3) 이 념 : 회사법은 회사의 자율적 영리활동을 통해 부를 형성하고 이를 사원들에게 분배하게 함으로써(**영리성**) 고용과 생산, 소비를 통해 공동체 전체의 이익 형성에 기여하도록 한다(**사회성**). 회사법은 과도한 규제로 회사의 자율성이 침해되어 영리활동이 저해되는 것을 자제하고, 회사의 자율성에 대한 과도한 신뢰로 인해 공동체의 이익이 훼손되는 것을 방지할 것을 동시에 추구하고 있다. 즉 회사법은 회사에 법인특권을 부여하여 자율성을 통해 부의 형성과 분배를 장려하

지만(사적자치), 그 한계를 넘어 지배사원의 사적이익 추구를 통해 소수사원과 공동체 삶을 침해하지 않도록 간섭한다. 요컨대 회사법의 이념은 회사의 영리성과 사회성의 조화이고, 회사법은 '회사의 이익추구를 통해 사원의 이익이 형성되게 하면서 공동체의 이익과 조화되도록 회사의 조직과 회사행위(활동)를 규율하는 법률'이라 할 수 있다.

제 2 절 기업과 회사

1. 기업이란?

1) 개 념 : 기업이란 '영업행위를 하는 자연인 또는 법인'을 의미하고 자기명의로 영업행위를 할 경우 상인이 된다(상4). 회사는 사단법인인데 반해 기업은 사단법인일 수도 있지만 개인도 기업이 될 수 있어 회사보다는 넓은 개념이다. 영리를 목적으로 하는 기업은 구성원의 숫자를 기준으로 개인기업과 공동기업으로 구별될 수 있다. 개인기업은 투자자와 기업 자체가 분리되지 않아 법률관계가 단조롭지만, 공동기업은 투자자와 기업이 분리되어 투자자산의 이전, 기업행위에 따른 권리·의무의 귀속, 투자수익의 분배, 영업행위에 대한 책임 등에 관해 투자자와 기업간에 복잡한 법률관계가 형성된다.

2) 개인·공동기업 : **개인기업**은 자연인 1인이 기업을 구성하며 기업은 영업주인 자연인과 구별되는 별개의 법인격을 가지지 않지만, 기업은 자연인의 성명(甲)과 별개의 상호(A)를 사용할 수 있다. 甲은 A기업을 경영하게 되는데 甲은 자신의 재산을 투자하여 사업(A기업)을 하지만 A기업이 법인격을 가지지 않으므로 별도의 투자행위가 요구되지 않고, A기업이 얻은 권리·의무(예, 乙에 대한 채무)는 법인격체인 자연인 甲의 권리·의무(예, 甲이 乙에 대한 채무자)가 된다.[1] **공동기업**은 개인기업과 달리 복수의 자연인이 기업의 목적을 수행하기 위해 결합되어 있으며, 이는 구성원간의 관계와 기업의 권리능력 등을 기준으로 다양한 형태가 등

---

[1] A기업이 얻은 이익도 별도의 이전행위 없이 甲의 소득이 되어 甲의 재산에 귀속되지만 회계상으로는 A기업은 甲과 분리된 회계의 주체가 되어 A기업의 이익에 대해 과세되고 자연인 甲에게 부과된다.

장할 수 있다. 甲과 乙이 공동으로 투자하여 A기업을 만든 경우 甲, 乙과 A기업의 법률관계는 공동기업인 A기업이 어떠한 성질의 공동기업인가에 따라 다르게 형성된다. 공동기업의 유형은 A기업이 법인성을 가지느냐에 따라 A기업이 법인격을 가지지 못하는 '공동소유형 기업'과 A기업이 법인격을 가지는 '법인형 기업'으로 구별될 수 있다.

  3) 공동소유·법인형기업 : 공동소유형 기업에는 일반조합, 익명조합, 합자조합, 선박공유 등이 있으며, 법인형 기업에는 합명회사, 합자회사, 유한책임회사, 주식회사, 유한회사 등 상법상 5가지 형태의 회사가 포함된다. 개인기업의 경우 자연인(甲)과 기업(A)은 상호와 회계(계산)상으로만 분리될 뿐 권리·의무 등에서 일체로 자연인(甲)에게 귀속되지만, **공동소유형 기업**에서도 A기업이 법인격을 가지지 않으므로 권리·의무가 복수의 투자자(甲, 乙)에게 귀속되어, 甲, 乙의 공동소유가 된다.[2] **법인형 기업**은 구성원인 자연인(甲, 乙)과 A기업은 '**법적 분리**' 되고, A기업은 영업의 법적 주체가 되고 甲, 乙의 소유의 객체가 되지 않으며, 甲, 乙은 A기업의 지분을 소유할 뿐이다. 법인형 기업은 A기업의 명의로 행위를 하고 권리·의무를 가지며 책임도 부담한다.

2. 법인형 기업

  1) 명의·책임의 분리 : 주식회사 등 법인형 공동기업은 투자자(사원)와 기업이 법적으로 분리되고(**명의의 분리**), 투자자(사원)와 기업은 각각 독립적 채무를 부담한다(**책임의 분리**). 명의의 분리현상은 법인격의 특성상 모든 법인형 기업에 나타나므로 A기업은 투자자(사원)인 甲, 乙과는 별개의 인격체로서 권리·의무의 주체가 된다. 하지만 책임의 분리현상은 사원의 채무를 기업이 부담하지 않는다는 점(**사원책임의 분리**)은 모든 법인형 공동기업에서 나타나지만, 기업의 채무를 사원이 부담하지 않는다는 점(**기업책임의 분리**)은 공통된 현상이 아니다. 즉 물적회사

---

2) 공동소유형 기업의 경우 개인기업에서 나타나는 명의·회계상의 분리는 물론 권리·의무·책임에서도 관념적으로 분리는 인정된다. '**관념적 분리**'라는 것은 A기업은 관념적 실체성을 가져 A기업은 영업의 주체이면서 甲·乙의 공동소유의 객체가 되는 지위를 의미하는데, 이에 따라 영업상 권리·의무·책임은 일단 A기업에 계산상 귀속되지만 종국적으로는 甲·乙에게 귀속된다. 관념적 분리현상 역시 공동소유형 기업의 유형에 따라 다르게 나타나므로 이를 일률적으로 설명할 수는 없다.

(주식·유한·유한책임회사)에서는 기업책임의 분리현상이 나타나므로 명의·책임 분리가 완벽하게 실현되지만, 인적회사(합명·합자회사)에서는 기업책임의 분리현 상이 나타나지 않아 기업채무에 관해 사원이 책임을 부담하므로 명의·책임분리 가 완전하게 실현되지 않는다.

2) 유한책임 : ① **회사의 실체성** – 법인은 투자자인 자연인과 독립된 실체이다. 자연인과 독립하여 의사를 결정하고 법률행위를 하며 책임을 부담함이 법인의 본 질에 부합한다. 성질상 제한되는 권리·의무·책임을 제외하고는 법인은 자연인과 동일한 법리에 의해 권리·의무·책임을 가진다. '법인의 실체성'을 인정할 경우 법 인은 법인의 행위에 대해 법인의 재산으로 책임을 부담하는 것(유한책임)이 원칙 이고 법인과 독립적인 투자자가 법인의 채무에 관해 책임을 부담하는 '기업책임의 비분리' 즉 무한책임은 법인의 실체성과는 부합하지 않는다.

② **인적회사의 무한책임** – 인적회사의 사원이 회사의 채무에 관해 무한책임을 부담하는 이론적 근거는 무엇인가? 인적회사도 법인이지만, 출자 관련 상당 범위 의 자율성을 가지며(예, 신용·노무출자를 허용) 법인의 책임자산의 형성이 되지 않아도 설립이 가능할 뿐만 아니라, 내부관계(지배구조)도 자율적으로 규율할 수 있어 형성된 책임자산에 관한 관리도 자율적이라 할 수 있다. 회사법은 인적회사 에 출자·지배구조의 자율성에 따른 신용보완을 위해 법인임에도 예외적으로 사 원에게 무한책임을 부담시킴으로써 대외적인 신뢰성을 형성하였다고 본다.

3) 회사의 지배 : ① **회사의 실재성** – 회사는 구성원인 사원(주주)으로부터 독 립하여 실재하는가? 법인의 본질에 관해 법인의제설과 법인실재설이 수백년에 걸 쳐 논란이 되어 오고 있고, 최근 특히 주식회사를 단순한 계약의 결합체로 이해하 려는 법경제학적 사고가 유행하기도 하였다. 법인이 '사회적 실체성'을 가지느냐 는 관념적 논의(의제설·실재설)의 대상이 될 수 있지만, 법인은 법인격을 가지고 자신의 명의로 재산을 소유하고 행위를 할 수 있고 책임을 부담한다는 점에서 자 연인과 독립된 '법적 실재성'을 가진다는 점은 분명하다.

② **소유와 지배** – 회사의 실재성을 전제할 때 특히 회사를 소유할 수 있는가? 회사는 '사회적 실재성'를 가지는 사회적 실체이므로 자연인과 동일하게 소유의 주체이지 소유의 객체가 아니다. 회사를 소유하는 것은 불가능하고 투자자(사원· 주주)는 회사의 지분을 소유할 뿐이다. 소유의 대상이 되는 개인기업이나 다른

공동기업과 달리 법인형 기업은 소유의 대상이 아니라 지배의 대상이다. 회사의 모든 재산은 회사의 소유물이고 회사의 사원(주주)은 지분(주식)을 소유함으로써 회사의 의사형성과 경영에 개입(직접 또는 타인에 위임)할 권한을 가질 뿐이다. 따라서 주식회사를 다수의 계약관계로 이해함으로써 회사의 실재성을 부인하고 주주가 회사를 소유한다고 보거나 주주와 회사를 동일시하는 것은 우리 회사법에 맞지 않는 해석이다.

3. 회사의 분류

(1) 상법상 분류

회사는 다양한 기준에 따라 분류될 수 있지만, 상법은 **회사채무에 대한 사원책임**을 기준으로 합명회사·합자회사·유한책임회사·주식회사·유한회사로 구분한다. 사원은 회사채무에 대해 책임(직접·연대·무한)을 부담하는 무한책임사원과 그렇지 않은 유한책임사원으로 구별되는데, 무한책임사원들로만 구성되는 회사를 합명회사, 무한책임사원과 유한책임사원이 병존하는 합자회사, 유한책임사원들로만 구성되는 주식회사, 유한회사, 유한책임회사 등 총 5종의 회사(상170)가 회사법에 규정되어 있다. 무한책임사원이 있는 합명·합자회사는 회사의 재산보다는 무한책임사원이 누구인가가 회사의 신용을 결정하며, 주식·유한·유한책임회사는 유한책임사원들로만 구성되어 있어 회사의 재산이 회사 신용의 기초가 된다.

(2) 대외적 신용기초

회사의 대외적 신용의 기초가 사원에 있는 회사를 인적회사, 회사의 재산에 있는 회사를 물적회사라 한다. 인적회사에는 합명회사·합자회사가 포함되고 물적회사에는 주식회사·유한회사·유한책임회사가 포함된다. **인적회사**는 상대적으로 자본금에 관한 규율이 완화되어 있는데(예, 신용·노무출자가 가능) 반해, **물적회사**는 재산출자만 가능하고 자본원칙 등을 통해 자본금을 엄격하게 관리한다. 대외적 신용의 기초는 회사의 지배에도 영향을 미칠 수밖에 없다. 왜냐하면 대외적 신용의 기초가 사원에 있을 경우 회사의 경영은 사원이 할 수밖에 없고 타인에게 경영을 위임하는 것이 매우 위험하기 때문이다. 이러한 **지배와 경영의 일치를 기준**으로 회사의 유형을 분류하면, 인적회사는 사원의 무한책임의 특성상 회사의 경영을 무한책임사원이 담당(지배와 경영의 일치 — **개인주의적 회사**)하는 유형이고, 물적회사는 사원이 유한책임만 부담하므로 경영을 전문경영인에게 맡길 수(지배와 경영의 분리−**단체주의적 회사**) 있는 유형이다.

(3) 설립준거법

회사의 국적과 관련하여 설립준거법을 기준으로 **내국회사**와 **외국회사**로 구별한다(설립준거법주의, 통설). 따라서 국내에서 설립되고 국내에 본점을 두더라도 외국법에 따라 설립된 경우에는 외국회사가 되고 본점소재지 등은 문제되지 않는다. 다만 외국에서 설립된 회사라도 대한민국에 그 본점을 설치하거나 대한민국에서 영업할 것을 주된 목적으로 하는 때에는 대한민국에서 설립된 회사와 동일한 규정에 의하여야 한다는 규정을 두고 있다(상617). 외국법에 따라 설립된 외국회사가 대한민국에서 영업을 하고자 하는 때에는 대한민국에서의 대표자를 정하고 영업소를 설치하여야 하고 등기를 하여야 한다(상614).

(4) 기타 분류

회사영업의 상행위성을 기준으로 회사를 상사회사와 민사회사로 구분할 수 있고 일반법상의 회사, 특별법상의 회사로 구별할 수도 있다.[3] 회사간의 **자본적 관련성**을 기준으로 지배회사·종속회사, 모회사·자회사·손회사로 구분하기도 한다. 지배회사·종속회사는 상법상의 개념이 아니지만 모회사·자회사·손회사는 상법상의 개념으로서, 다른 회사의 발행주식의 총수의 100분의 50을 초과하는 주식을 가진 회사(모회사)와 자기 회사의 발행주식의 총수의 100분의 50을 초과하여 다른 회사가 소유하고 있는 회사(자회사)에 관한 규정을 두고 있다(상342의2.1). 그리고 주식회사 중에 **자본금 등 물적 기초나 주식공개**를 기준으로 적용규정을 달리하고 있어[4], '소규모회사'(자본금 10억 미만의 주식회사), '일반회사', '상장회사'로

---

3) 회사는 영리를 목적으로 하는데, 상행위에 의한 영리추구인지 아니면 상행위가 아닌 행위에 의한 영리추구가 목적인지에 따른 분류이다. 상행위의 개념은 상법 제46조에 나열되어 있는 22가지의 행위로 결정되므로 이를 영업으로 할 경우에는 **상사회사**에 해당하고 이에 포함되지 않는 행위를 영업으로 할 경우에는 이른바 **민사회사**에 속하게 된다. 그러나 상사회사이든 민사회사이든 모두 **의제상인**이 되므로 상법이 적용된다는 점에서 전혀 차이가 없어 양자의 구별 실익은 거의 없다. 그리고 일반 회사는 상법에 그 설립의 근거를 가지고 있는 데 반해, 은행이라든가 보험회사·신탁회사·증권회사 등은 이들 회사를 위한 특별법, 즉 은행법·보험업법·신탁업법·증권거래법(자본시장과 금융투자업에 관한 법률)에 근거하여 설립된다. 이와 같이 특별법에 근거를 두고 있는지 여부에 따라 **일반법상의 회사**와 **특별법상의 회사**로 구별되고 특별법상의 회사에는 상법의 규정 이외에도 당해 특별법이 우선 적용되는 경우가 많다.

구분될 수 있고, 상장회사도 소규모 상장회사(자산총액 1,000억 미만), 일반상장
회사, 대규모 상장회사(자산 2조 이상)로 구별할 수 있다. 그밖에 주식의 공개여
부를 기준으로 **폐쇄회사, 공개회사**로 분류하기도 한다.

제 3 절   회사의 실체

1. 회사의 특성

1) **자율성·영리성** : 회사는 시장경제의 중추로서 많은 재화와 서비스를 생산
하고 다수를 고용하고 있으며 혁신의 주체로서 기능을 하고 있다. 회사는 자유롭
게 조직을 만들어 자본을 축적하고 **자율성**을 가지고 사적 자치의 원칙에 따라 영
리를 추구한다(**영리성**). 회사의 자율성은 정관을 통해 내부규범에 반영되고(**정관
자치**), 회사는 사적 자치의 주체로서 영리행위를 통해 이익을 실현시키는 자율적
조직이다. 즉 회사의 경영자는 투자자로부터 자산을 실질적으로 수탁받아(**자산수
탁성**) 다수결에 따른 의사결정절차를 거쳐(**단체성**) 투자자의 명의가 아닌 회사의
명의로 거래하고, 투자자와 회사는 책임이 분리되어(**명의·책임의 분리**) 효과적인
영리추구를 가능하게 하는 일종의 특권(**법인특권**)을 부여받는다. 회사법은 회사의
자율성·영리성을 보장하기 위해 다른 경제주체(조합, 인적회사 등)에 부여되지
않는 단체성, 자산수탁성, 명의·책임의 분리(법인특권)를 허용하지만, 소수사원의
투자금의 회수(퇴사제도, 주식양도자유)가 보장되어야 할 뿐 아니라 투자자, 회사
채권자, 공동체의 이익을 침해하지 않도록 자율성·영리성의 한계가 존재한다. 영
리성의 구체적 개념에 관해서는 회사의 개념에서 자세히 살펴본다.

2) **사회성** : 회사는 사회성을 가지는가? 회사의 영리성은 법적으로 보호받지만
(상169), 사회성의 근거는 무엇인가? 회사의 사회성에 관한 근거 규정은 없지만

---

4) **소규모회사**는 주주총회 소집절차와 결의방법에 특칙을 두고 있고(상363.4), 이사회구성에
   예외(이사회불구성)를 인정하고(상383.1), 이사회의 역할을 주주총회(상383.4) 또는 이사
   (상383.6)가 담당한다. 그리고 **상장회사**에 관해서는 회사법 제13절에 상장회사에 대한 특
   례(상542조의2 이하)를 두고 있는데, 동 규정 내에서도 자산 2조원 이상 회사(상542조의
   11), 자산 5천억 이상 회사(상542조의13), 자본금 1천억 이상 회사(상542조의6)를 구분하
   여 규정하고 있다.

회사의 법인성은 사회성을 전제하고 있다고 본다. 자연인이 아니지만 법인격을 부여한 것은 **법인의 본질**이 공동체의 이익에 기여한다는 점(사회성)에서 사회적 실체성을 인정한 것으로 이해할 수 있다. 회사가 법인특권을 누리면서 자율성에 근거하여 영리추구를 하는 것은 회사의 법인성에 근거한 것이고, 법인성은 회사가 **공동체의 이익**에 기여함을 전제하였다고 할 수 있다. 그런데 회사의 사회성은 회사의 영리추구 즉 **영리성과 상충**하는 것으로 보인다. 왜냐하면 회사가 영리사업을 통해 얻은 수익의 일부가 투자자가 아닌 사회적 책임을 이행하기 위한 재원으로 사용되어 투자자의 이익이 줄어들 수 있기 때문이다. 하지만 회사의 고객인 소비자들의 의식이 변화하고 기업에 관한 정보(노사관계, 기업문화, 지배구조, 환경영향 등)를 쉽게 공유하면서 소비자들의 선택기준이 품질기반에서 가치기반으로 진화하고 있다. 이러한 변화는 투자자의 투자결정(책임투자)에도 영향을 미치고 있어, 회사의 ESG(환경, 사회, 지배구조) 경영이 회사의 지속가능성을 높여 회사의 **장기적 이익형성**에 기여하므로 회사의 영리성과 사회성은 새로운 국면을 맞이하고 있다.

  3) 회사법의 간섭 : 사회적 실체로서 회사의 영리성을 극대화시키기 위해 부여된 회사의 **법인특권**은 지배사원(주주)의 **사익추구**를 위해 악용될 가능성도 없지 않다. 따라서 회사의 조직과 회사행위의 기본법인 회사법은 회사 투자자와 채권자를 보호하기 위해 회사의 자율적 경영에 간섭할 필요가 있다. 회사가 임의법규에 기반한 자율성에 대한 신뢰를 남용하고 사익추구의 수단이 되는 것을 막기 위해서는 회사법은 **강행법규성**을 가질 수밖에 없다(**소극적 간섭**). 회사법은 자율성의 남용으로부터 투자자·채권자를 보호할 뿐 아니라. 회사의 사회성에 따른 공동체의 이익보호(**사회적 책임**)를 위해서도 회사법의 간섭이 요구된다(**적극적 간섭**). 회사법은 회사의 자율적 가치경영을 존중함이 이상적이고 원칙이지만, 이기적 이익추구에 몰입하는 몰가치적 회사경영에 대해서는 공동체의 이익보호를 위해 법적 책임을 도입하는 것도 필요하다고 본다. 결국 회사법은 회사의 **자율성과 사회성의 조화**를 통해 규범의 중도를 유지하여야 하며, 회사의 자율성에 기초하면서 이기적 이익추구로부터 투자자(소외주주), 채권자를 보호하기 위해 강행법규성을 가지고 사회적 책임에 대한 법적 규율을 통해 회사문화를 만들어 갈 책무를 가진다.

2. 회사의 본질

1) **실체설·계약설** : 회사는 실체성을 가지는가?(쟁점1)[5] 회사가 회사법에 따라 법인성을 가짐에도 불구하고 '회사의 실체성'을 긍정할 것인지에 논란이 있다. 회사의 실체를 긍정하는 견해로는 의제설, 실재설, 공동생산설 등이 주장되고 있고 (**실체설**), 회사의 실체를 부정하는 견해로는 회사를 법적 허구(fiction)로 이해하고 이를 단순 조합·집합으로 보거나(조합·집합설) 다수의 계약(노동·타인자본·자기자본계약)의 결합체(계약결합체설)로 보는 견해(**계약설**)이다. 실체설은 전통적인 법인이론에 따라 회사의 실체를 파악하고 회사법을 법인의 법률관계에 적용되는 규범으로 이해한다. 이에 반해 계약설은 법경제학적 분석을 통해 효율성을 중시하면서 회사를 단순히 투입요소간의 복잡한 일련의 계약적 관계를 나타내는 법적 허구로 이해하고, 회사법을 계약관계의 모델로 이해하면서 종국적으로 회사를 법적 구속으로부터 자유롭게 하려고 한다. 생각건대 회사의 실체성에 관한 논쟁은 사단의 실체성에 관한 논쟁에서 비롯되었지만, 회사법학에서는 회사라는 법적 주체가 존재하느냐 하는 문제(회사의 실재성)가 되는데 이에 관해 아래에서 살펴본다.

---

5) **회사의 실체성 인정여부**(쟁점1)에 관해 그 중요성에도 불구하고 우리 회사법상 논의는 거의 없어 외국 회사법상의 논의를 중심으로 본다. 회사의 실체에 관한 **긍정설**로서, 먼저 **의제설**(artificial entity theory)은 회사는 설립정관에 의해 엄격하게 제한되는 권한을 가지며 국가에 의해 형성되는 의제적 존재(artificial being)로서 주주 등 구성원으로부터 분리된 의제된 인격(fiction person)으로 이해하며, 동 견해는 판례(Trustees of Dartmouth College v. Woodward, 17 U.S.(4 Wheat.) 518, 636, 1819)에서 형성되어 19세기 산업화 기간 동안 유행했던 이론으로서 승인이론과 그 실질을 같이 한다. 다음으로 **실재설** (natural(real) entity theory)은 19세기 말부터 20세기 초에 등장하였고, 회사는 구성원인 개인 주주들로부터 독립된 자연적인 인격체로 이해하고, 자연인과 동일하게 자유의사와 권리·의무를 가진다고 본다. 이에 반해 실체에 관한 **부정설**로서, **조합설**도 있지만 **계약결합체설**(nexus-of-contracts theory)이 주류이다. 동 견해는 법경제학자들에 의해 주장되었으며, 본인-대리인 모델(principal-agent model)의 관점에서 회사 조직을 고찰하였다. 사적 회사나 기업은 계약적 관계를 위한 결합체로서 기여하는 하나의 법적 허구(legal fiction)에 지나지 않고, 본질적으로 법적 허구와 투입 노동·자원·자본의 소유자, 생산물의 소비자간의 다수의 복잡한 관계라고 주장한다(이에 관해 존재론적, 인식론적, 관계론적 검토를 시도한 정경영, "회사란 무엇인가", 「비교사법」 제26권 2호(2019.5), 한국비교사법학회, 295~361 참조).

2) **회사의 실재성** : ① 존재근거 – 회사는 실재하는가? 회사의 실재성은 그 존재근거를 통해 설명될 수 있다. 먼저 회사는 자연인과 유사하게 **자유의사**의 주체이다. 회사는 구성원의 다수결을 통해 구성원의 의사와 구별되는 회사의 의사를 결정할 수 있는 의사결정의 주체로서 결정된 의사를 수정하면서 회사의 변화와 발전을 추구하는 유기체이다. 회사의 조직을 통해 **회사행위**를 할 수 있고 그에 따른 책임을 부담한다. 자율적인 의사결정과 독자적인 행위를 하고 그에 대한 책임을 부담하는 회사는 자연인과 다른 존재로 실재한다고 보아야 하고, 회사법도 법인성(등기를 통한 인격주체성)을 규정함으로써 이를 인정하고 있다. 회사는 이러한 논리적·법적 실재성에 기초하여, 회사의 단체성, 명의와 책임의 분리, 자산수탁기능을 활용하여 자연인을 능가하는 역할을 하고 있어 사회적 실재성도 인식될 수 있다.

② **회사 계약설** – 회사를 본인·대리인 관계로 보고 회사를 주주중심의 계속적 계약관계(계약결합체)로 이해하는 계약설은 계약적 구조를 근거로 회사에 대한 **회사법의 간섭**을 부인하려 한다. 하지만 계약설은 법인특권에 부수하는 회사의 역기능(경영자의 이기적 이익추구)을 막기 위한 회사법의 간섭을 부인하고 있어, 개인기업과 비교할 때 회사가 특권을 누리면서 책임을 부담하지 않는 것이 되어 **규제차익**이 발생하게 된다. 뿐만 아니라 회사제도의 효율성만 중시하고 회사제도의 외부성(외부효과)을 무시하고 회사의 논리적·법적·사회적 실재성을 부정하고 있어 계약설은 타당하지 않다고 본다. 요컨대 법인격을 부여하는 우리 법제에서 회사는 자유의사의 주체로서 법적으로 실재할 뿐 아니라 사회적 실재성을 인식할 수 있으며 회사의 역기능을 억제하기 위해서도 회사의 실재성이 전제될 필요가 있다.

3. 회사행위론

(1) 의 의

1) **개 념** : **회사행위**(corporate action)란 회사의 목적범위 내에서 대표자가 회사의 의사결정절차를 거쳐 회사의 명의로 하는 대표행위(대외적 행위)를 의미한다. 영업거래, 임용계약, 조직개편계약 등의 회사행위는 법률행위로서 거래상대방은 물론 회사에 대한 효력을 발생시킨다. 법인의 관점에서 회사행위는 법인행위라 할 수 있으며, 대표자의 행위가 모두 회사행위로서 효력을 가지는

것은 아니며 일정한 요건을 충족하여야 회사행위가 된다. 대표자의 행위가 회사행위로서의 요건을 충족하지 못할 경우 대표자 개인의 행위가 되고 회사에 효력이 발생하지 않는다. 회사의 책임과 관련하여 회사행위를 보면, 요건을 충족한 회사행위만이 회사에 대해 효력이 발생하고(**회사채무의 발생**) 회사는 그 행위에 대해 **회사가 책임**을 부담한다. 회사행위가 되기 위해서는 ⅰ) 회사의 정관에 규정된 적법한 목적 범위 내에서, ⅱ) 회사의 적법한 의사결정절차를 거쳐, ⅲ) 회사의 대표자(대표이사)에 의해, ⅳ) 대외적 법률행위가, ⅴ) 회사의 명의로, ⅵ) 회사의 이익(영리성)을 위하여 이루어져야 한다.

2) **구별 개념** : 대외적 효과가 발생하여 회사의 책임이 문제되는 회사행위와는 달리, 회사는 법인격 내에서 효력이 발생하는 **내부행위**를 할 수 있다. 예를 들어 규정의 제정, 장부의 작성, 회계처리, 보직임명, 인사이동, 업무지시 등 내부행위도 광의의 회사의 행위에 포함될 수 있지만 대내적 효과발생을 목적으로 한다는 점에서 회사행위와는 구별된다. 내부행위도 법률이나 정관, 회사의 내부규범(규정, 업무준칙 등)에 따라야 하는데, 이를 위반한 내부행위가 회사행위화 되지 않는다면 이에 대해 회사의 책임이 아니라 행위자인 구성원의 책임만 문제될 뿐이다. 그리고 회사행위는 사원(투자자)들의 직접·간접의 의사결정과정을 거치는데, 사원들의 행위인 **사원행위**는 회사행위의 구성요소이지만 개별적 효과가 발생하는 것이 아니라 다수결원칙 등을 통해 하나의 결의(의사결정)로서만 효력을 가진다(**단체성**). 회사에 법인격이 부여된 취지를 고려할 때 회사행위는 적법행위만을 의미하고, 회사의 **불법행위**는 회사행위의 외관을 가지지만 책임만 문제될 뿐 회사행위로 볼 수 없다.

3) **특 성** : 회사행위는 법인의 행위로서 법률행위의 성질을 가지므로 민법상 **법률행위**에 관한 규정들이 모두 회사행위에 적용된다. 다만 통상의 법률행위와 달리, 회사행위의 효과의사가 사원의 집합적 의사라는 특성으로 인해 사원의 개별의사의 하자가 회사의 의사의 하자가 되는 것은 아니다(**단체성**). 회사법은 회사라는 단체의 법률관계를 보호하기 위해 개별의사의 하자를 이유로 회사의사의 하자를 주장하기 위해서는 일정한 절차(상376, 380)를 거치도록 제한하고 있다. 그리고 의제상인인 회사(상5)는 통상 영업으로 회사행위를 하므로 대부분의 회사행위는 **상행위**에 속한다. 회사행위는 상법 제46조에서 열거하고 있는 22가지 종류의

행위에 포함될 경우 기본적 상행위(상46)에 해당하거나 보조적 상행위의 성격을 가지게 된다. 그리고 회사가 비영리행위 예를 들어 기부행위를 하더라도 이는 준상행위가 되고 기본적 상행위와 동일하게 상행위에 관한 규정이 준용된다(상66). 요컨대 회사행위는 기본적 상행위, 보조적 상행위, 준상행위의 성질을 가지므로 상법의 상행위에 관한 규정, 예컨대 상사이율(상54), 상사시효(상64) 등의 규정들이 원칙적으로 회사행위에 적용된다.

(2) 회사행위의 요건

1) **의사결정** : 회사는 법인으로서 자연인과 달리 법률의 규정에 의해 단체의 **의사결정절차**를 거쳐야 하고 이를 흠결한 경우에는 의사흠결의 회사행위가 된다. 주식회사의 의사결정절차를 보면, 주주총회와 이사회의 결의가 대표적인 의사결정절차이고 대표이사도 일상적인 업무처리에서 의사결정권한을 가진다고 해석된다. 그리고 집행임원을 설치한 경우 이사회의 위임을 받아 집행임원도 의사결정을 할 수 있다고 본다. 이러한 의사(주주총회·이사회의 결의 등)를 흠결한 대표이사의 행위 이른바 전단적 대표행위는 개인법상으로 비진의 의사표시와 유사한 구조이긴 하지만 단체법상 이를 그대로 적용하기는 어렵다. 의사결정절차도 결의기관의 비중이 다르고 동일한 결의기관에서도 안건의 중요도에 따라 의결정족수를 달리하고 있어, 흠결된 의사결정절차의 비중에 따라 그 법적 효과를 달리 해석할 수밖에 없다.

2) **행위의 목적** : 회사행위의 목적은 자연인의 법률행위와 동일하게 확정성·가능성·적법성·타당성을 가져야 하고, 더 나아가 회사의 **정관상 목적범위** 내에서 행해져야 한다. 정관상의 목적범위를 벗어난 대표이사의 행위는 권리능력 없는 행위가 되어 무효이고(제한설, 판례) 회사행위가 되지 않는다. 다만 회사의 목적 범위를 넓게 해석하는 것이 판례의 입장이긴 하지만 정관의 목적 범위를 벗어난 행위로 인하여 회사에 손해가 발생한 경우 이사의 책임이 발생할 수 있어, 정관에 정해진 회사의 목적은 여전히 규범력을 가진다고 본다(후술). 그리고 회사의 대표기관은 회사행위를 함에 있어서 대표기관 개인을 위한 목적이 아닌 **회사의 이익 추구**라는 목적으로 법률행위를 하여야 한다. 이는 회사의 이익추구라는 추상적인 목적(영리성)과 회사행위를 하는 대표기관의 개별적 행위의 목적(회사의 이익실현)을 포괄하는 의미로서 이를 흠결할

경우 행위의 효력이 문제될 수도 있다. 회사행위가 영리성에 반할 경우 대표자의 책임이 문제될 수 있고 대표자 개인의 이익추구로서의 회사행위는 대표권남용으로 그 효력이 부인될 수 있다.

3) 표시행위 : 대표자(대표이사)의 행위만이 회사행위가 된다. 대표이사가 아닌 자의 행위는 예외적으로 표현대표이사제도, 사실상의 이사제도 등에 의해 회사 또는 개인이 책임을 부담하는 경우는 있지만 회사행위가 되지는 않는다. 다만 무권한자의 행위라 하더라도 이를 적법한 대표자(대표이사)가 추인한 경우에는 효력을 가지며, 추인은 명시적·묵시적으로 가능하다(2020다284496). 대표이사의 행위는 대리에 의해서도 가능하며 이 경우에는 대리에 관한 민법규정이 적용된다. 회사행위에는 거래행위와 관리행위가 포함될 수 있는데, 회사의 **대외적 거래행위**는 영업을 위한 행위이고 임원임용행위(예, 이사·감사의 임용계약) 등은 **대외적 관리행위**로 볼 수 있으며 양자의 법적 구조는 의사결정에 따른 대표행위로서 동일하다. **회사의 명의**로 하지 않은 행위는 회사의 행위가 되지 않지만 회사가 계산의 주체가 되거나 타인이 회사를 위해 대행할 경우 거래의 실질적 효과를 받는 경우는 있을 수 있다.

(3) 회사행위의 효과

1) 회사의 책임 : ① 원 칙 – 회사행위로서 요건을 충족한 대표이사의 대표행위는 그 효과가 회사에 귀속된다(본인책임). 대외적 거래행위(영업거래)이든 대외적 관리행위(임용계약)이든 회사행위는 회사의 의사결정절차를 거쳐 대표이사가 계약상대방과 계약을 하면 계약의 효과가 발생하고 이는 대표이사가 아닌 회사에 귀속한다. 주주총회에서 이사를 선임하거나 이사회에서 새로운 대표이사를 선임한 경우에도 선임행위는 회사의 효과의사의 결정에 지나지 않아 회사행위의 효과가 발생하지 않는다. 대표이사가 회사의 결정된 의사에 따라 새로운 이사·대표이사 후보와 위임계약이라는 회사행위(임용행위)를 하여야 임용계약의 효과가 회사에 귀속한다. 최근 대법원 판례(2016다251215)에서 대표이사의 선임행위만으로 대표이사의 임용계약은 성립한다고 보아 회사행위론(법인이론)에 정면으로 반하는 해석을 하고 있다.

② **대표이사의 부작위** – 주주총회나 이사회가 회사의 의사를 결정하였음에도 불구하고 대표이사가 자신의 이해관계와 불일치하여 이를 실행하지 않을 경우(대

표이사의 부작위) 회사는 아무런 효과를 주장할 수 없는가? 대표이사의 부작위는 위법하므로 해임사유가 되고 회사에 대한 손해배상책임의 원인이 됨에는 의문이 없다. 그런데 구체적인 회사의 의사가 실현되지 못하므로 이를 위한 해석론이 요구된다. 특히 이사·감사의 선임결의에도 불구하고 대표이사가 이사·감사 선임청약을 하지 않아 선임계약이 체결되지 못할 경우는 이른바 **'부작위에 의한 대표권남용'**의 본질을 가진다고 본다. 이사·감사선임결의는 피선임자와 계약기간이 정해지고 보수도 주총결의사항이어서 계약의 중요사항이 모두 결정되고 대표이사의 계약 체결만 남아 있는 특수한 성질의 계약(**결의형계약**)이어서 영업양도와 같이 세부적 계약조건이 요구되는 회사행위(**집행형계약**)와는 구별된다.

③ **해제조건부 효력** – 선임결의만으로 선임계약의 효력이 발생하지 않고 대표이사와 선임된 이사·감사간의 임용계약은 요구되지만(법인이론), '상대방의 동의가 전제된 결의형계약'은 주주총회 결의시에 대표이사의 계약체결의 불이행을 **해제조건**으로 임용계약의 효력이 발생한다고 본다. 주주총회의 선임결의에도 불구하고 대표이사가 이를 집행하지 않는 것은 해제조건의 성취가 되지만, 이는 부작위에 의한 대표권 남용행위로서 대표권남용을 한 대표이사가 해제조건의 성취 즉 선임계약의 불성립을 주장하는 것은 신의칙 위반이 된다. 하지만 선임된 자가 결의와는 다른 내용의 계약체결을 주장하여 선임계약이 체결되지 않아 해제조건이 성취된 경우에는 선임계약은 소급하여 효력이 부인된다(자세한 논의는 2편4장2절 Ⅳ.4.(4) 참조).

2) **무효한 회사행위** : 회사행위로서 요건을 갖추지 못한 경우 회사행위는 무효이고 회사에 대해 효력이 발생하지 않는다. 다만 무효한 회사행위를 신뢰한 제3자가 있을 경우 일정한 요건이 충족될 경우 회사가 예외적으로 책임을 부담하는 해석이 요구될 수 있다(2편4장2절Ⅳ3.(1).2) 참조). 회사의 위법한 행위는 원칙적으로 회사에 책임이 발생하지 않지만 후술하는 바와 같이 해당 대표행위를 한 대표이사 또는 기관의 결의에 의한 경우 결의에 찬성한 이사가 위법한 행위에 대한 책임을 부담할 수도 있다(상399, 401). 특히 회사명의의 행위가 대표권 없는 자에 의해 이뤄진 경우에도 무효한 행위이지만 회사가 이를 추인할 수 있다. 판례도 무권대표행위의 추인은 무권대표행위 등이 있음을 알고 그 행위의 효과를 자기에게 귀속시키도록 하는 단독행위로서 그 의사표시의 방법에 관하여 일정한 방식이 요구되는 것이 아니므로 명시적이든 묵시적이든 묻지 않고, 본인이 그 행위로 처하게

된 법적 지위를 충분히 이해하고 진의에 기하여 그 행위의 효과가 자기에게 귀속된다는 것을 승인한 것으로 볼 만한 사정이 있다면 인정된다고 본다(2020다284496).

3) 손해배상책임: 적법한 목적을 가진 회사행위로서 그 요건을 충족한 회사의 영업·관리행위는 행위를 수행한 대표자에게 책임이 발생하는 것이 아니라 법인의 특성상 회사에 책임이 발생한다. 회사행위에 소요된 비용이나 회사행위로 인해 부담하게 된 채무도 회사의 채무가 되고 행위자인 대표자에게는 채무에 대한 이행책임이 발생하지 않는다. 다만 대표이사가 정관에 위반하거나 **주의의무를 해태**하여 회사행위를 하고 이로 인해 회사에 손해가 발생한 경우 대표이사에게 개인적 손해배상책임이 발생하는 경우(상399)가 있을 수는 있지만 이는 대표이사의 회사에 대한 채무불이행에 따른 손해배상책임으로 이해된다. 그리고 대표이사가 중과실로 임무를 해태하여 제3자에게 손해가 발생한 경우 제3자에 대해 손해배상 책임을 부담할 수도 있는데(상401) 이는 제3자 보호를 위한 법정책임의 성격을 가진다.

4) 불법행위책임: 대표이사에 의해 이뤄진 회사의 행위 즉 **업무집행이 위법**하고 이로 인해 타인에게 손해가 발생한 경우에는 이는 적법한 목적의 회사행위는 아니다. 회사는 불법행위능력을 가지므로 불법한 회사의 행위로 인해 손해가 발생한 경우 회사가 불법행위에 대한 책임을 부담한다. 그런데 회사의 불법행위에 관해 회사의 책임뿐만 아니라 회사의 행위를 한 대표이사도 위법한 업무집행으로 인한 타인의 손해에 대해 회사와 연대하여 책임을 부담한다(상383 → 210). 대표이사의 행위는 회사의 위법행위이므로 회사의 책임이 원칙적으로 발생하지만, 동 행위는 적법한 회사행위가 아니므로 회사의 책임(본인책임)만 아니라 위법한 업무집행을 실행한 대표이사에게도 책임을 부담시키는 것으로 이해된다.

4. 회사와 사원

(1) 사원(주주)의 지위

회사와 사원(주주)은 별개의 인격체이다. 사원은 투자자의 지위에 있고 회사의 업무집행은 업무집행권한을 가진 기관에 의해 집행된다(사원과 기관의 분리). 주주 등의 사원은 원칙적으로 기관의 회사행위의 결과(예컨대 채무부담)에 대해 제한된 책임(간접·유한책임)을 부담할 뿐이고(책임분리), 사원의 의사표시, 권리, 이익은 회사법이 규정한 범위 내에서 회사에 주장할 수 있다. 이를 구체적으로 보면, 회사의 의사결정에 사원은 사원(주주)총회의 결의를 통해서만 참여할 수 있으며 회사의 재산·업무에 관해 회사법에 특별한 규정 없으면 업무집행사원을 통해서만 권리를 행사할 수 있을 뿐이다. 그리고 회사의 이익에 관해서도 회사법상 이익배당이 허용된 범위 내에서 이익에 관여하게 된다. 주식회사의 이사 등 회사의 기관은 그 권한을 주주(사원)로부터 위임6)받는 것이 아니라 주주(사원)와 별개 인격체인 회사로부터 위임을 받는 것이므로 이사(기관)는 회사에 대해 책임을 부담하지만(상399) 자신의 선임에 영향력을 행사하는 주주(사원)에 대해 직접 책임을 부담하지 않는다.

(2) 사원(주주)과 회사의 구분

1) **개 념** : 회사는 사단법인이고 사원(주주)은 사단법인인 회사의 구성원이다. 회사는 사원으로부터 독립된 권리의 주체이고 사원은 회사의 지분을 소유하는데 지나지 않으므로 법적으로 사원(주주)과 회사는 당연히 구별되어야 하지만 실무에서나 회사법의 영역에서도 그 구분이 제대로 이뤄지지 않고 사원(주주)이 회사를 소유하는 듯 혼동이 만연한 실정이다. 인적회사에서 무한책임사원은 회사의 채무에 관해 무한책임을 부담하므로 사원이 실질적으로 회사를 소유하고 있다고도 할 수 있다. 하지만 특히 주식회사의 경우 주주는 유한책임을 부담하므로 대주주, 1인주주라 하더라도 회사를 소유하는 것은 아니고 지분을 다수 또는 전부 소유하고 있을 뿐이고 회사는 소유권의 객체가 될 수 없며 소유권(권리)의 주체이다.

2) **소유와 지배** : 법인인 회사는 소유의 주체이지 객체가 될 수 없다. 주식회사의 본질에 관해 주장되는 계약설은 회사의 실재성을 부인하고 회사를 계약의

---

6) 회사법에 관한 견해 중 이사는 주주로부터 위임받고 주주의 이익극대화가 경영의 목표라고 주장하는 견해(江頭憲治郎49)도 주장되지만 이는 영미법상의 회사를 계약관계로 이해하는 계약설의 영향을 벗은 것으로 판단된다. 하지만 회사는 주주와 단순한 계약관계가 아니라 법인·사원의 관계이므로(실체설) 우리의 회사법질서와 맞지 않는 견해이다.

결합체로 이해함으로써 주주를 회사의 소유자로 혼동하여 법리를 전개하고 있다. 하지만 우리 회사법은 회사의 법인성을 선언하고 있어(상169), 회사는 실재하는 인격체로서 소유의 주체이지 소유의 객체인 것은 아니다. 주식회사의 주주는 회사를 소유하는 것이 아니라 회사의 주식을 소유할 뿐이어서, 회사는 주주의 지배의 대상은 될지언정 주주의 소유의 대상은 될 수 없다. 판례도 주식회사의 주주는 주식의 소유자로서 회사의 경영에 이해관계를 가지고 있다고 할 것이나, 회사의 재산관계에 대하여는 단순히 사실상, 경제상 또는 일반적, 추상적인 이해관계만을 가질 뿐, 구체적 또는 법률상의 이해관계를 가진다고는 할 수 없다고 보았다(2015다66397).[7] 회사를 주주의 소유로 이해하는 계약설은 회사의 존재목적을 주주이익의 극대화로 보고 회사법을 주주들간의 계약의 표준적 유형에 지나지 않는 것으로 본다.[8]

3) 사원(주주)이익의 극대화 : 주식회사는 '주주이익의 극대화'를 목적으로 하는가? 영미 계약설은 주주이익극대화를 회사의 목적, 이사의 의무의 내용으로 보고 있다. 대륙법계 국가에서도 주주이익 극대화를 회사 이해관계자의 이해조정의 원칙으로 보아 주주총회의 결의와 이사의 의무를 제한하는 원칙으로 이해하는 견해[9]가 주장되고 있다. 생각건대 주식회사의 목적을 주주이익의 극대화로 이해하는 이른바 '주주이익 극대화론'을 회사의 다른 이익을 배제하는 논거로 주장하는 것은 다음과 같은 문제점을 가진다. 첫째, 회사를 주주의 이익추구의 수단으로 하고 있어 회사가 수단화·도구화 된다는 점에서 부적절한 주장이다. 회사는 독립된 법인격을 가지므로 소유의 대상이 될 수 없고 이익의 주체인데 회사이익이 회사 투자자(주주)의 이익에 우선당하는 것은 회사가 수단화되는 것이어서 법인이론과 맞지 않다. 둘째, 주주는 제한된 자익권·공익권을 통해서 회사의 경영에 관여할

---

7) 유사한 취지의 판례로, 주주는 주주총회결의 부존재 확인의 소를 제기하면서 이를 피보전권리로 하는 가처분이 허용되는 경우라 하더라도, 주주총회에서 이루어진 결의 자체의 집행 또는 효력정지를 구할 수 있을 뿐 회사 또는 제3자의 별도의 거래행위에 직접적으로 개입하여 이를 금지할 권리는 없다고 보았다(대법원 2001.2.28.자 2000마7839 결정)
8) 이에 관한 자세한 논의는 정경영, 앞의 논문(각주5), 305~308면 참조.
9) 이 견해는 동 원칙의 구체적인 법적 효과로서, 주주의 이익최대화에 반하는 총회결의는 무효이고, 이사, 집행임원의 선관주의의무·충실의무라는 것은 주주의 이익최대화를 도모할 의무를 의미한다고 본다. 하지만 동 견해도 주주이익최대화의 원칙은 다른 이해조정원칙을 배제할 정도로 일관되어야 할 성질은 아니라고 보고, 동 원칙의 귀결로서의 법적 효과에 관해 이를 제한하는 주장을 하고 있다(江頭憲治郎22-26).

뿐이고 회사의 경영은 주주가 아닌 회사로부터 권한을 수임한 이사 등 경영자에 의해 이뤄진다. 따라서 경영자는 당연히 위임인인 회사에 대해 선관주의·충실의 무를 부담하지 선임결의에서 의결권을 행사하는 주주에 대해 그러한 의무를 부담하지 않는다. 셋째, 회사이익은 주주이익과 일치하는 경우가 많지만 '주주이익의 극대화'를 통해 주주이익만으로 국한시킬 경우 다른 이익의 고려를 배제하는 개념이 되어 부적절하게 된다. 회사는 주주이익을 중시하는 자율적 조직이지만, 사회성을 가져 이해관계자의 이익도 고려해야 하기 때문이다. 요컨대 주식회사는 회사이익의 추구를 목적으로 하며 주주이익은 그 중요한 구성부분이긴 하지만 유일한 이익이라 할 수는 없고, 회사 경영자도 회사이익을 추구할 의무를 부담한다.

4) **조직개편** : 회사의 합병, 분할, 주식의 포괄적 교환·이전 등 회사의 조직개편행위에서 행위의 주체는 회사인데 행위의 효과는 사원(주주)에 귀속된다는 특징이 나타난다. 조직개편행위의 법적 성질에 관해 후술하지만. 회사(간)의 조직개편행위의 성질에 관해 대부분의 학설은 재산·인격의 합일·분리 등의 현상만 고찰하면서 법적 성질을 설명하고 있다. 하지만 회사와 사원(주주)이 분리된 법적 주체임을 전제할 경우 행위의 주체와 효과귀속의 주체가 분리되는 현상에 관한 부분도 법적 성질론에서 설명이 되어야 하는데 그렇지 못한 것은 회사를 사원과 엄격하게 분리하지 못하는 사고의 결과로 생각된다. 회사(간)의 행위의 효과가 사원의 주식 취득으로 나타나는 현상은 별개의 법적 주체간에 타인의 행위에 의한 법적 효과의 발생이므로 타인의 행위의 성질을 규명함에서 중요하게 다루어야 할 필요가 있다.

(3) 정관자치

1) **개 념** : 회사는 원칙적으로 강행법규성을 가지는 회사법의 적용을 받지만, 회사법에 규정되지 않았거나 회사법이 허용하는 범위에서 내부규범인 정관을 통해 자치(정관자치)가 허용되고 있다. 인적회사의 경우 내부관계는 조합의 실질을 가지고 있어 정관자치가 최대한 보장되어 있다고 볼 수 있지만, 물적회사 특히 주식회사의 경우 정관자치의 한계, 달리 표현하면 특정 규정의 강행법규성에 관해서는 논란의 여지가 있다. 정관자치는 주식회사법의 강행법규성과 밀접하게 관련된다. 회사법에 규정을 두고 있지 않은 사항이거나 회사법의 규정 중 정관으로 달리 정할 수 있음을 허용한 사항(예, 상344), 회사법 규정의 성질상 강행법규가 아

닌 것으로 해석되는 사항이 있다면 그러한 사항은 정관을 통한 자치가 허용된다고 볼 수 있다.

2) **사적자치의 한계** : 회사의 운영을 정관으로 자유롭게 정할 수 있다는 정관자치의 개념도 더 크게 보면 사적자치의 한 방식이라 할 수 있다. 회사법이 허용하는 사적자치를 살펴보면, 첫째, 회사법이 명문의 규정으로 정관자치를 허용한 경우(예, 상335,368의3)로서 이는 대체로 정관의 상대적 기재사항(예, 상290)이 여기에 해당한다. 이 경우 상법은 정관에 어떠한 사항이 기재되는지(상290) 또는 정관자치의 방법에 관해 규정(예, 이사회승인－상335.1, 주주총회－상389.1, 제도도입－상368의3)을 두는 경우가 많다. 둘째, 회사법이 정관의 형식이 아니라 정관이 아닌 형식에 의해서도 무방함을 선언하고 있는 경우(예, 상344.3) 이 역시 정관자치가 당연히 허용된다고 본다. 이 경우에는 주주총회의 결의나 이사회결의로도 정할 수 있고 경우에 따라서는 대표이사가 회사행위인 계약의 형식으로도 정할 수 있는데, 해당 회사법 규정의 해석에 따라야 한다. 셋째, 소규모회사(자본금 10억 미만 회사)는 회사법상의 일정 제도의 적용을 면제받거나 완화되어 있다(예, 상383.1). 이는 정관자치는 아니지만 사적자치를 허용한 예로 볼 수 있다. 넷째, 상장회사는 상장회사특례규정의 적용을 받지만 회사의 일반규정의 적용을 선택할 수 있는지 상법 제542조의2와 관련해서 논란이 되고 있다. 다섯째, 선택적 제도적용을 선언하고 있는 경우(예, 상408의2)도 사적자치의 예로 볼 수 있다. 이러한 경우들을 제외하고 회사법 규정 중 해석상 임의규정으로 볼 수 있는 조항이 있는가? 회사법이 명문의 규정으로 달리 정할 수 있음을 정하고 있는 경우 외에는 대부분의 회사법 규정은 원칙상 강행법규로 보아야 한다. 다만 강행규정이라 하더라도 이를 위반한 경우의 효과는 규정에 따라 달리 해석될 수 있다.[10]

---

10) 정관, 주주총회의 결의, 이사회의 결의, 대표이사의 의사로 회사법 규정에 위반한 행위를 하는 것은 강행법규 위반으로서 부적법하지만, 행위의 효력은 각각의 경우에 다르게 해석된다. 예를 들어 이사회결의를 흠결한 대표이사의 회사행위(전단적 대표행위)는 부적법하지만 일정한 경우 유효하다고 해석된다.

제 4 절   회사법

1. 회사법의 의의

1) **개 념** : 상법(기업법)의 일부인 회사법은 **회사기업의 조직과 운영에 관한 사법**(私法)이고(실질적 의의의 회사법), 그 중요한 내용은 **상법 제3편**에 회사법으로 규정되어 있다(형식적 의의의 회사법). 회사법은 공동기업의 하나인 **회사기업**을 그 적용대상으로 하며, 회사기업이 아닌 공동기업(일반조합:민703, 익명조합:상78, 합자조합: 상86조의2 등)은 적용대상이 아니다. 회사법은 **회사의 조직과 운영**(정관, 자본구조, 지배구조 등)에 관한 규범을 내용으로 하고, 기타 회사의 개별적 영업활동(예, 운송업 등)은 상법의 규율대상(상125)이고 회사법은 이를 규율하지 않는다. 회사법은 대외적으로 회사, 대내적으로 사원이라는 평등한 경제주체를 규율하는 **사법**적 성질을 가지므로, 불평등한 관계(공권력)를 전제하고 규제적 성질을 가지는 공법(형법, 공정거래법, 세법 등)과는 성질을 달리한다. 다만 회사범죄에 관한 처벌규정(벌칙) 등 공법적 규정을 사법인 회사법을 보완하기 위한 범위 내에서 회사법에 두고 있다(상622 이하). 회사에 관한 규범은 형식적 의의의 회사법(상법 제3편)에서 뿐만 아니라 실질적 의의의 회사법(자본시장법, 외감법, 공정거래법, 세법 등)에도 존재하므로, 회사규범은 형식적 회사법을 중심으로 하면서 실질적 회사법으로 외연이 확장되어 있다.

2) **상법과의 관계** : 우리 회사법은 상법의 일부로 구성되어 있지만, 대부분의 국가들(미국, 영국, 독일, 일본 등)은 독립적인 회사법을 가지고 있다. 회사는 상인이어서 상법과 밀접한 관련을 가지지만, 상법이 거래법(상행위법, 보험거래, 해상거래 등) 중심의 체계인데 반해, 회사법은 회사라는 특수한 상인의 조직과 운영 중심의 체계(조직법)이다. 이와 같이 회사법은 조직법적 성격을 가져 거래법적 성격의 상법과 구별되고, 회사법의 규범체계가 매우 방대하며, 최근 소비자주권, 환경보호 등의 이념이 회사법에 스며들고 있을 뿐만 아니라 외국의 입법 영향을 받아 법개정도 빈번하여 상법전으로부터의 분리도 고려할 필요가 있다고 본다. 다만 **회사법의 상법으로부터 분리**는 분리의 대상을 공동기업 모두를 대상으로 할 것

인지(기업법) 아니면 회사만을 대상으로 할 것인지(회사법) 더 좁게 주식회사만을 대상으로 할 것인지(주식회사법)도 신중하게 판단할 필요가 있다.

2. 회사법의 존재형식

1) 형식적·실질적 의의 : 회사법은 상법전 '제3편 회사'(회사편)를 뜻하는 **형식적 의의의 상법**과 회사의 생활관계에 관한 법률을 뜻하는 **실질적 의의의 상법**으로 이중적 의미를 가진다. 실질적 의의의 상법의 주요한 내용은 형식적 의의의 상법 (상법 회사편)에 규정되지만 여기에 한정되지 않고 상업등기법, 자본시장법, 법인세법, 민사소송법, 형법 등에 회사의 생활관계에 관한 실질적 의의의 회사법규정 들이 있다. 형식적 의의의 회사법은 실질적 의의의 회사법의 골격이 되는 사항을 규정하면서 실질적 의의의 회사법에는 포함되지 않지만 형식적 회사법의 적용에 부수하거나 보완하는 규정(벌칙규정 등)들을 포함한다. 형식적 의의의 상법인 상법전의 해석과 해석원칙(주주평등의 원칙 등)은 실질적 의의의 회사법상의 규정 해석에서도 기준이 된다.

2) 회사법의 법원(法源) : 실질적 의의의 회사법은 대체로 회사법의 법원의 기능을 한다. 이에는 제정법으로 상법전, 특별법으로 중요한 법률로는 주식회사의 외부감사에 관한 법률(외감법), 자본시장과 금융투자업에 관한 법률(자본시장법), 담보부사채신탁법 등이 있고, 관습법으로 기업회계관행이 있으며, 자치법규로 정관, 이사회규칙, 주주총회 의사규칙 등의 업무규정이 포함될 수 있다. 회사법의 법원은 한정적 개념이 아니고, 일정한 법률이 회사의 조직·활동에 관한 규범적 성격을 가질 경우 회사법의 법원이 될 수 있으며, 회사 판례도 회사법의 사실상 법원이라 할 수 있다. 회사법의 법원간의 효력에 관해, 통상 제정법이 흠결된 영역에서 관습법이 작용하고 자치법규는 일정한 단체 내에서 제한적으로 작용하므로, 제정법, 관습법, 자치법규의 순서로 적용된다. 하지만 개별사안에서 관습법에 의해 성문법 특히 성문법상의 강행법규를 개폐할 수 있는지, 판례가 회사법의 강행법규적 효력(예, 주주명부의 대항력)을 변경할 수 있는지 등에 관해 논란의 여지가 있다.

3) 제정법 : 회사법의 법원은 제정법·관습법·자치법규로 구분해 볼 수 있으

나 다른 법률과는 달리 자치법규(정관)의 중요성이 특히 강조된다. 제정법으로는 상법 제3편 회사편이 중심이 되며 이에 부수하여 상법시행법, 상법의 일부규정의 시행에 관한 규정 등이 있다. 이른바 회사법이라 통칭할 때 우리 법체계에서는 독립된 회사법을 가지지 않으므로 상법 제3편을 의미한다. 회사편을 포함한 상법은 1962년 1월 20일 법률 제1000호로 제정되어 1963년 1월 1일부터 시행되었다. 광복 이후 의용상법(일본상법)에 대체하여 새로운 '자본주의 경제질서'에 부응하도록 제정하여 국민경제의 발전에 기여함을 상법 제정이유에서 그 목적으로 명시하고 있다. 우리 회사법은 독일법을 기본으로 하고 미국법의 수권자본제도·이사회중심제, 영국법의 주식할인발행제도 등을 채용함으로써 독일법에 영미법을 일부 수용하여 제정된 것으로 평가된다. 특별법령으로는 상법시행령, 회사정리법, 은행법, 보험업법, 자본시장법, 외감법 등 매우 많은 법령이 있다.

  4) **관습법, 자치법규** : 회사법은 관습에 기원(예, 해상법)하지 않고 대체로 합리성에 바탕을 둔 이성의 소산이어서 대부분 제정법의 형태로 존재하고 관습법의 형태는 거의 없다. 다만 회사기업의 회계와 관련해서 계산규정을 상법에 두고 있는데, 이들 회계장부의 작성원칙과 관련되는 일반적으로 공정·타당한 회계관행(상29.2)으로서 기업회계기준은 관습법적 성질을 가진 것으로 이해된다. 관습법의 효력에 관해서는 상법 제1조에서 보충적 효력을 규정하고 있다. 그 밖에 회사는 사단으로서의 실체를 가지고 있어 구성원간의 내부규범의 성격을 가지는 정관은 자치법규로서 회사법상의 강행규정에 반하지 않는 한 규범적 효력을 가진다. 이렇게 볼 때 회사법적 사항에 적용되는 회사법원 등의 적용 순서를 보면, 강행규정(특별법 – 회사법) – 정관(자치법) – 임의규정(특별법 – 회사법) – 회사상관습법(보충적 효력설) – 민법(민사관습법 – 조리)으로 이해할 수 있다.

3. 회사법의 목적

(1) 회사법의 이념

  회사법이 추구하는 이념은 무엇인가? 회사법의 이념은 회사법을 제정하거나 개정함에 있어서 기초 원리로서 역할을 하며 제정된 회사법 규정을 해석함에 있어서 지도원리로서 역할을 한다. 회사법도 상법의 일부를 구성하고 있어 상법의 이념이 회사법의 이념이 될 가능성이 높다. 이를 살펴보면, 거래의 원활·안전이라는 **상법의 이념**은 회사가 상거래의 주체로서 거래의 안전이 보장되어야 발전할 수 있으므로 회사법 이념의 일부를 구성하지만 회사법은 조직법이지 상거래법이 아니어서 간접적으로 관련된다고 본다. 상법의 영리성 보장의 이념은 개별 상인의 영리추구행위를 보호하는데, 회사법도 회사의 **영리성 보장**을 통해 회사의 발전을 도모하므로 회사법의 이념으로 볼 수 있다. 다만 회사법의 영리성 보장의 이념은 상인인 회사의 영리성뿐만 아니라 사원에의 이익귀속을 포함하는 개념으로 해석된다. 그리고 회사의 영리추구는 계속성을 가진 인적·물적 조직에 의해서 실질적으로 가능하므로, **회사의 유지·발전**도 회사법의 이념으로 볼 수 있다. 회사는 개인 상인과 달리 회사의 영리추구에 그치는 것이 아니라 회사의 법인특권을 누리며 그 활동을 통해 공동체의 이익에 기여함을 본질로 하는 사회적 존재이다. 회사법도 회사가 영리를 추구하면서도 이기적 이익추구가 아니라 사회적 존재성의 발현 즉 **사회성 실현**을 이념으로 한다고 본다. 요컨대 회사법은 회사유지와 거래안전을 통해 회사의 영리성을 보장하면서 사회성의 실현(**영리성과 사회성의 조화**)을 이념으로 한다고 본다.

(2) 회사법의 기능

1) 자치적 기능 : 회사는 시장경제의 중추로서 자유로운 의사결정에 따라 이익을 추구하여야 한다. 회사에 대한 국가나 외부의 간섭은 공동체의 이익을 보호하는 범위 내에서 최소한에 그치도록 하여 회사의 사적이익의 추구를 통해 사회를 발전시키도록 하는 시장경제의 동력을 보호하여야 한다. 사원의 의사결정, 이익분배, 내부규범의 제정, 투하자본의 회수 등은 사원 자치에 맡기고 회사법의 간섭은 원칙적으로 자제함이 타당하다고 본다. 하지만 회사규범은 단순한 계약관계가 아니라 단체법관계를 규율하므로 회사법의 자치적 성질은 각 회사의 특성에 따라 제한될 수 있고, 사원간의 관계, 사원과 경영자의 관계, 회사와 회사채권자의 관계 등 이익충돌의 상황에서 제한될 수밖에 없는 한계를 가지며, 이는 회사법의 자치적 기능을 제한하는 보호적 기능으로 나타나고 있다.

2) 보호적 기능 : 회사에 부여되는 법인특권(단체성, 자산수탁, 유한책임)은 회사를 시장경제 중추로서의 역할을 하도록 만들었다. 개인기업과의 규제차익을 발생케 하는 법인특권은 회사의 선의성을 전제하고 부여된 특성이다. 그런데 회사의 경영자가 회사 또는 경영자 자신의 이기적 이익추구행위에 법인특권을 남용한

다면, 이는 규제차익의 악용으로 평등의 원칙에 반할 뿐만 아니라 사회의 가치배분을 왜곡시킬 가능성이 있어 이에 대한 통제가 요구된다. 회사에 부여된 법인특권이 남용되지 않도록 규율하는 법률이 회사법이다. 회사법은 회사의 의사가 다수결의 원칙에 따라 결정되도록 하고, 소외주주의 이익이 지배주주와 경영자의 전횡에 의해 침해되지 않도록 하며, 회사의 자산관리가 투명하게 되어 회사채권자를 보호하고, 자산초과의 회사채무로부터 주주의 면책도 정당한 범위 내에서 허용되도록 회사의 지배구조와 자본구조를 규율한다.

4. 회사법의 특성

회사는 대체로 단체성·영리성·사회성을 가진다고 이해된다. 회사의 이러한 특성이 반영되어 회사법은 단체법적·강행법적 성질, 영리보장적 성질을 가지고 회사기업의 사회적 책임에 관해 논의가 진행되고 있는 실정이다. 회사법은 당사자자치의 원칙(**자치적 기능**)을 기본으로 하여 회사의 탄력성·유연성을 유지하게 하면서, 회사 경영자의 이기적 이익추구를 목적으로 하는 회사행위의 방지(**보호적 기능**)가 회사법의 기능이라 할 수 있다. 인적회사의 경우 자치적 기능이, 물적회사의 경우 보호적 기능이 더 강하게 나타난다.[11] 주식회사의 경우에도 상장회사와 같은 대규모 주식회사는 자본시장을 통한 자본조달을 제도적으로 지원하고 있을 뿐만 아니라 다수의 주주들이 투자한 회사재산이 소수의 지배주주·경영자들에 의해 관리되고, 이를 회사 채권자, 직원, 소비자, 공동체가 신뢰하고 있다는 점에서 잠재적 투자자, 주주, 회사채권자 등을 보호하기 위한 회사법의 보호적 기능이 더욱 요구된다고 본다. 여기서 구체적인 제도의 도입이나 해석에서 자치적 기능과 보호적 기능의 한계를 어떻게 설정할 것인가는 회사의 종류(사원책임)·규모·공개성 등에 영향을 받는 정책적 판단의 문제라 할 수 있다.

---

11) 물적회사에 인정되는 '책임의 분리' 효과에 관해서 보면, **실체긍정설**은 이를 '투자유인을 위한 회사법의 간섭'으로 이해할 수 있지만 **실체부정설**에 따를 경우 계약관계에 왜 '책임의 분리' 효과가 부여되어야 하는지 설명이 궁색하다고 본다. 특히 실체부정설 중 계약설은 회사법의 강행법규성을 부정하고 있어 '회사법 간섭 없는 투자유인'만 있게 되어 조합, 인적회사와 비교할 때 이유 없는 특혜(규제차익)가 주어진 것이 되어 불공정한 결과가 된다.

(1) 단체법적 성질

1) **의 의** : ① 규범 관련 – 회사는 **단체성**을 가지므로 회사기업이라는 영리사
단법인을 규율하는 회사법도 단체법적 성질을 가진다. **회사법**에는 단체형성에 관
한 규정, 사원평등의 원칙 등 구성원간의 관계, 다수결의 원리 등 단체의 의사결
정에 관한 규정, 단체의 대내외적 업무집행에 관한 규정, 단체관련 소송에 관한
규정 등이 포함된다. 사원과 회사 그리고 사원 상호간 등 단체법적 관계를 설정함
에 있어서 계약관계에 맡기지 않고 회사와 단체 구성원에게 획일적으로 적용되거
나 단체의 이익이 고려되는 규범체계를 가지고 있다.

② 해석 관련 – 회사의 단체법적 성질의 회사법 규범에 그치는 것이 아니라
회사법 규범의 **해석론**에서도 나타난다. 예를 들어 이사회·주주총회결의 없이 대
표이사가 전단적으로 신주를 발행한 경우(전단적 신주발행)라도 회사가 선의의
신주인수인에게 신주의 무효를 주장할 수 없는 것은 당연하지만, 악의의 신주인
수인에게도 무효임을 주장할 수 없다고 해석하는 것은 신주발행의 단체법적 성질
을 고려하였다고 볼 수 있다. 즉 신주가 발행된 후에 당사자의 선·악의에 따라 신
주발행의 효력을 달리하는 것은 회사의 단체법적 성질에 맞지 않기 때문에 회사
의 의사결정절차를 무시한 대표이사의 전단적 신주발행을 일률적으로 유효로 해
석한다(2편4장2절Ⅲ.4(3)4)③ 참조).

2) **적용 범위** : 사원과 회사의 법률관계가 개별적 계약이나 판결에 의해서 다
르게 형성될 경우, 예컨대, 주주 A에 대해서는 발행주식이 유효하고 B에 대해서
는 발행주식이 무효일 경우 회사법관계는 매우 복잡한 권리의무관계로 될 수 있
으므로 획일적으로 규정되고 해석될 필요가 강하다. 그리고 주주총회결의 취소의
소가 제기된 경우에 결의의 내용, 회사의 현황과 제반사정을 참작하여 그 취소가
부적당하다고 인정한 때에는 법원이 그 청구를 기각할 수 있는 재량기각제도를
두고 있다(상379). 재량기각제도도 회사법과 같은 단체법관계에서 비록 결의취소
의 원인이 인정되더라도 결의취소로 인한 회사 전체의 이익침해 우려가 있을 경
우 법원이 청구를 기각할 수 있게 하여 주주개인의 이익보다는 회사의 이익을 우
선시키고 있어, 단체법적 성질의 표현으로 이해된다. 다만 회사법이 회사의 조직
과 관련된 단체법적 성질을 가짐에도 불구하고 주식·사채의 양도 관련 규정들은
거래법적 성질을 가진 규정으로 볼 수 있고, 이들 규정에는 개인법상의 원리가 작
동한다.

3) 강행법규와 관계 : ① 논 의 – 학설은 대체로 회사법의 단체법적 성질을 강행법규성의 근거로 보는데, 강행법적 성질을 인정하면 회사법이 규제법이 되므로 단체법적 특성은 이 강행법규성의 근거가 되기에는 부족하다는 지적이 있다. 규제법과 사법 중 강행법규는 양자 모두 일정한 질서를 형성한다는 점에서 유사하지만, 규제법은 당사자 일방의 우월한 권력에 근거하여 일정한 질서의 실현을 위한 규정인데 반해 강행법규는 동등한 당사자간의 관계·질서·가치를 입법자가 의도한 것으로 볼 수 있어 사법 내의 강행법규는 규제법과는 구별된다. 따라서 회사법에 강행법규가 다수 존재한다고 해서 회사법이 규제법이 되는 것은 아니고 회사법 특유의 질서가 형성되는데 지나지 않는다.

② **양자의 관계** – 회사법과 같은 단체법에서 **강행법규의 의미**는 개인법규에서 강행법규성과는 구별된다. 개인법규에서 강행법규는 일정한 가치, 이익을 존중하기 위해 강행법규성이 부여되는데 반해, 회사법은 주로 구성원의 의사결정(정관, 주주총회·이사회결의 등)과 그 집행(지배구조), 자본금의 조달과 운영(자본구조), 다수결원칙에 따른 소수자의 보호(결의구조) 등 회사의 단체성이 구현되기 위해 강행법규성을 가진다. 예를 들어 대표이사가 주주총회의 특별결의를 거쳐야 회사의 영업을 양도할 수 있는데 동 규정은 회사행위의 성립을 위한 의사결정과 집행에 관한 단체법적 규정이므로 당연히 강행법규성을 가진다. 동시에 동 규정을 통해 대표이사의 전횡이 방지될 수 있어 회사의 이익(회사행위의 실현)뿐만 아니라 부수적으로 주주나 채권자의 이익을 보호한다. 이렇게 볼 때 회사의 단체성 또는 회사법의 단체법적 성질이 **강행법규의 근거**가 될 수 있고 이는 개인법규의 강행법규성과 그 취지에서 구별된다.

③ **단체법성의 구현** – 판례에서 나타나는 회사법의 단체법적 성질을 살펴보면, 주식매수선택권 제도는 임직원의 직무 충실로 야기된 기업가치 상승을 유인동기로 하여 직무에 충실하게 하고자 하는 제도인 점, 상법의 규정은 주주, 회사의 채권자 등 다수의 이해관계인에게 영향을 미치는 단체법적 특성을 가지는 점을 고려해서 주식매수선택권 행사요건(상340의4.1)을 판단할 때에는, 정관이나 주주총회의 특별결의를 통해서도 그 요건을 완화하는 것은 허용되지 않는다고 보았다 (2010다85027). 주식의 발행 및 양도에 따라 주주의 구성이 계속 변화하는 단체법적 법률관계의 특성상 회사가 다수의 주주와 관련된 법률관계를 외부적으로 용이하게 식별할 수 있는 형식적이고도 획일적인 기준에 의하여 처리할 수 있도록 하여 이와 관련된 사무처리의 효율성과 법적 안정성을 도모하기 위해 주주명부를

두었다고 보았고(2015다248342), 유상증자에 따른 실권주의 인수는 발행회사와 인수인 사이의 주식 또는 주권의 거래행위로서의 성격 외에 단체법적인 출자행위의 성격도 가지고 있어 인수로 인하여 지원객체인 발행회사가 얻은 구체적인 경제적 이익을 산정하기 곤란하고, 그 결과 실권주 인수행위는 지원금액을 산출하기 어려운 경우에 해당한다고 보았다(2005두3172)

④ 소 결 – 회사는 단체성을 가진 법인이므로 다수인의 법률관계가 회사를 중심으로 동일하게 나타날 필요가 강하므로 이를 법률적으로 보장할 필요가 있고 이러한 점을 판례도 받아들이고 있다고 본다. 이렇게 볼 때 회사의 단체성이 근거가 되어 회사법의 단체법적 성질이 생겨났고 회사의 단체로서 법률관계의 형성을 보장하기 위한 취지가 회사법의 강행법규성의 하나의 논거가 될 수 있다고 본다. 회사법이 강행법규성을 가진다고 회사법이 규제법이 되는 것은 물론 아니고, 회사의 단체성을 보호하고 아래에서 보는 바와 같이 회사에 부여되는 법인특권에 대한 사회방위를 위해 필요한 규범만이 회사법에 규정되고 이는 강행법규성을 가지게 된다. 이러한 취자와 무관한 사항들은 정관자치나 회사의 계약관계에 맡겨져야 하고 회사법에 규정될 필요가 없다고 볼 수 있어 회사의 단체법적 성질은 회사의 단체성을 유지·발현하기 위한 최소한의 특성이라 할 수 있다.

(2) 강행법적 성질

1) **쟁 점** : 회사법은 원칙적으로 강행법규인가?(**쟁점2**)[12] 회사법은 사법(私法) 질서의 일부여서 계약자유의 원칙이 지배하는 영역에 속하는데 왜 회사법 규정의 강행법규성이 일반화될 수 있는가? 이에 관해 회사의 단체성에 근거하여 회사법은 강행법규성을 가진다고 보는 강행법규설(통설)과 단체성과 강행법규간에는 논리필연성이 없다고 보고 회사법의 규제법적 성격을 반대하거나, 계약설적 관점에

---

[12] **회사법의 원칙적 강행법규성(쟁점2)**에 관해 **강행법규설**은 회사 법률관계에는 단체법원리가 지배하여 개인법상의 계약자유의 원칙이 크게 수정된 상태에서 적용될 수밖에 없고, 다수결원칙, 사원평등의 원칙 등과 같은 획일적·통일적인 원리에 의해 법률관계가 이뤄지므로 이 범위에서 회사법은 대부분 강행법적 성격을 가진다고 본다(이철송8, 장덕조5, 정동윤362, 정찬형20년450, 최기원7). **임의법규설**은 특히 주식회사의 내부관계에 관한 규정에 관해, 합의에 의한 변경을 허용할 경우 소수주주보호가 되지 않으므로 합의를 제한한다는 후견적 고려를 강행규정의 근거로 이해하고, 자기방어가 가능한 출자자로 구성된 폐쇄회사의 경우 강행규정성이 부정될 수 있다고 지적하면서 개별 규정별로 강행규정성을 판단하여야 한다고 보아(김건식29-30, 송옥렬716-717) 동 견해는 회사법의 강행법규성을 예외적 성질로 파악하는 것으로 이해된다.

서 원칙적 임의규정으로 보는 견해(임의규정설)가 주장된다.[13] 이에 대해서는 시장의 불완전성, 계약당사자의 정보의 불균형, 외부효과의 발생 등의 비판이 있다.

2) 강행법규설 : 주식회사법은 외부·내부관계와 관련하여 원칙적으로 강행법규이어서 법령에 특별한 규정이 있는 경우를 제외하고 **정관자치**는 허용되지 않는다는 전통적인 입장이다. 외부관계에 관한 규정 예를 들어 대표권의 소재는 거래의 안전과 관련되고 배당규제 등의 자본제도는 채권자의 이익과 관련되므로 주주에 의한 정관자치는 허용되지 않고, 내부관계에 관한 규정 가령 기관의 권한·책임, 의사결정절차 등에 관한 규정도 자본다수결에 의한 대주주의 전횡 방지를 위하여 원칙적으로 강행규정일 필요가 있다고 주장된다. 이와 같이 회사법의 강행법규성은 오랜 기간, 다양한 법역에서 유지되어 왔으며, 회사법의 강행법규성의 이론적 근거로는 대체로 **단체법규성**을 들고 있다. 회사법은 사원과 회사 그리고 사원상호간 등 단체법적 관계를 설정함에 있어서 계약관계에 맡기지 않고 회사와 단체 구성원에게 획일적으로 적용되는 규범체계를 가지고 있어 회사법의 많은 규정들은 강행규정으로서의 성질을 가진다고 본다. 이러한 해석은 회사를 계약결합체로 보지 않고 법인으로서 실체를 인정하는 대륙법적 입장[14]이라 볼 수 있다.

3) 임의법규설 : 미국 회사법을 지배했던 계약론자(회사를 계약관계로 이해하는 자)들은 회사법은 당사자들이 비용 없이 교섭한다면 채택할 조건을 구현하는 일련의 임의규정일 뿐만 아니라 임의규정이어야 한다고 주장한다. 그리고 계약론

---

13) 통설, 소수설 모두 양자가 병존할 수 있지만, 통설은 회사법은 원칙적으로 강행법규성을 가진다는 주장으로 소수설은 회사법은 원칙적으로 임의법규이고 해석상 필요성이 있을 경우에 예외적으로 강행법규성을 가진다는 점에서 구별될 수 있어 편의상 전자를 강행법규설, 후자를 임의법규설이라 한다. 미국법에서도 회사의 본질을 계약의 결합체(nexus of contracts)로 보고 사적 질서(private ordering)를 존중하는 견해가 유력하다. 일본에서도 **정관자치**의 개념과 **강행법규성**의 한계에 관해 논의가 진행되고 있는 실정이다(江頭憲治郎55~58). 회사법의 강행법규성에 관한 논의도 회사의 본질에 관한 회사실재설과 계약설의 주장과 밀접하게 관련되어 회사법의 입법과 해석에 영향을 주고 있다.
14) 미국의 회사법은 대개 임의규정으로 되어 있는데 반해 대부분의 국가는 강행규정적인 회사법에 상당히 의존하고 있다. 이러한 이유에 관해 전통적인 견해는 미국 예외주의로서 규제경쟁 현상(phenomenon of regulatory competition)을 지적하는데, 동 견해에 따르면 규제경쟁은 강행규정을 적게 하려는 미국 특유의 입법현상(미국 예외주의, American Exceptionalism)을 형성한다고 이해한다. 이러한 현상은 글로벌화되고 있는 기업환경에서는 미국 내의 문제라고만 할 수 없고 국제간에도 바닥을 향한 경쟁이 가속화될 가능성도 없지 않다.

적 근거 이외에도 사전규제보다는 사후규제를 중시하는 세계 입법의 경향, 탄력성 있는 입법을 통한 기업의 경쟁력 강화, 각 기업에 적합한 기업형태 규정의 선택가능성 등을 이유로 우리 회사법에도 경직된 강행법규보다는 임의규정이 타당하다는 견해[15]도 있다. 우리법상으로도 최근에는 회사의 기본 성격을 계약으로 파악하는 계약설적 회사관이 확산됨에 따라 회사법은 기본적으로 임의법규로서 당사자들의 거래비용을 절감하기 위한 표준계약서식의 기능을 수행하는데 불과하다는 이론을 소개하면서, 강행규정으로 판단하기 위해서는 합리적인 근거가 요구된다고 보면서 이러한 관점에서 우리 회사법 규정의 성격을 해석한다. 그리고 회사법도 합의에 기반을 두어야 하면서 합의에 문제가 있는 경우에 한하여 강행법규성이 부분적으로 나타나야 한다고 본다. 우리법상 임의법규설은 정관을 포함한 계약이 법규에 우선한다고 보고 시장의 기능을 신뢰하여 강행규정을 축소하지만, 계약론자들이 회사법의 강행규정을 전면 부정한다고 보기는 어렵다.

  4) **판 례**: ① 강행법규성 인정 – 회사법의 강행법규성을 인정하는 판례는 다수 있다. 회사설립에 관한 의사표시에 하자가 있더라도 민법과 달리 일정한 시점 이후에는 하자의 주장을 제한되며(상320), 채권자에게 주식전환권을 부여하는 소비대차계약을 무효로 본 판례(2005다73020)도 회사법의 강행법규성을 전제하였다고 볼 수 있다. 그리고 1주 1의결권의 원칙에 관한 규정(상369.1)은 강행규정이므로 법률에서 위 원칙에 대한 예외를 인정하는 경우를 제외하고, 정관의 규정이나 주주총회의 결의 등으로 위 원칙에 반하여 의결권을 제한하더라도 효력이 없다고 보았다(2009다51820). 주식회사가 소비대차를 하면서 함께 체결한 주식전환계약에 관해, 신주의 발행과 관련하여 특별법에서 달리 정한 경우를 제외하고 신주의 발행은 상법이 정하는 방법 및 절차에 의하여만 가능하다는 점에 비추어 볼 때, 위와 같은 전환권 부여조항은 상법이 정한 방법과 절차에 의하지 아니한 신주발행 내지는 주식으로의 전환을 예정하는 것이어서 효력이 없다고 본 판결(2005다73020)도 신주발행에 관한 강행법규정을 전제하였다고 볼 수 있다. 상법 제340조의4 제1항에서 정하는 주식매수선택권 행사요건을 판단할 때에는 구 증권거래법 및 그 내용을 이어받은 상법 제542조의3 제4항을 적용할 수 없고, 정관이나 주주총회의 특별결의를 통해서도 상법 제340조의4 제1항의 요건을 완화하는 것은 허

---

15) 박세화, "회사법에 있어서 강행법규 체제의 역할과 한계", 「상사판례연구」 제20집 3권 (2007.9), 한국상사판례학회, 436~437면, 442면.

용되지 않는다고 해석하여야 한다(2010다85027)고 본 판결도 동일한 취지이다.

② **예외적 해석** – 회사법의 강행법규성에 모순되는 듯한 판결도 없지 않은데, 이사회결의사항(상393)과 대표권에 대한 내부적 제한(정관 등)을 효력에서 동일하게 보아 결과적으로 강행규정과 정관규정을 동일시하고 있다. 대표이사의 대표권을 제한하는 상법 제393조 1항에 관해 법률의 부지나 법적 평가에 관한 착오를 이유로 그 적용을 피할 수는 없다. 그런데 판례는 주식회사의 대표이사가 '중요한 자산의 처분 및 양도, 대규모 재산의 차입 등의 행위(상393.1)'를 이사회의 결의 없이 한 경우(강행법규 위반)에 내부적 제한을 위반한 경우와 동일한 효과를 부여하고 있다(2015다45451). 생각건대 법률(강행법규)과 자치규범은 그 효력이 다르므로 대표권에 관한 회사법상 제한과 내부적 제한은 구별되어야 한다. 따라서 법률을 위반한 전단적 대표행위 즉 회사법상 이사회결의를 위반한 회사행위의 경우 거래상대방의 선의가 보호되려면 경과실까지 없어야 하지만, 임의적 이사회결의사항인 내부적 제한을 위반한 회사행위의 경우에는 선의에 중과실이 없으면 보호된다고 해석하여 강행법규인 회사법과 자율적 규정간의 효력에 차등을 둘 필요가 있다.

5) 논의의 검토 : 강행법규설은 단체법적 성질에서 그 논거를 찾고, 임의법규설은 사적자치의 효율성을 논거로 하면서도 강행법규성을 완전히 부정하지는 않는다고 본다. 임의법규설의 논거인 사적자치(정관자치)는 회사의 자율성의 표현으로서 기본적으로 존중되어야 할 가치이다. 하지만 회사의 자율성은 인적회사 형태를 선택함으로써 보장되고, 주식회사 형태를 취할 경우 부여되는 법인특권의 남용 즉 다수결을 이용한 사익추구로부터 회사, 소외주주, 채권자 등을 보호하기 위해서는 그 의사결정과 집행의 한계가 강행법적으로 정해질 필요가 있다. 그리고 단체의 의사형성·집행과 예외 없이 그 효과는 누구에게나 일정할 필요가 있으므로 단체성은 강행법규성의 유력한 논거가 된다. 다만 단체법에서는 단체의 의사는 구성원의 의사결정(예, 정관, 주총결의)에 의해서 나타나므로, 단체법의 강행법규성은 강행법규에 반하는 합의를 부정하는 것이 아니라,16) 강행법규에 반하는 정관·주총결의가 허용되지 않는 성질로 보아야 한다.

---

16) 강행법규를 개인의 합의에 의해 회피할 수 없는 법규로 이해하지만, 단체법에서 강행법규의 의미는 달라진다. 예컨대, 주주 유한책임원칙(상331)은 강행법규(통설)이지만 개인 주주가 회사와 체결한 추가출자합의가 가능하여 통상의 강행법규의 의미와 구별된다.

6) **강행법규성의 근거** : ① 단체성 – 회사의 자율성은 존중되어야 한다. 하지만 회사는 단체로서 단체 구성원에게 획일적 효과가 발생하도록 회사법은 일정 범위에서 강행법규성을 가질 수밖에 없다. 회사법과 같은 단체법규의 강행법규성의 의미는 개인간의 법률관계에서의 강행법규성과 달리 단체의 의사는 구성원의 의사결정에 의해서 나타나므로, 강행법규성은 구성원의 의사결정(예, 정관, 주총결의)에 의하더라도 강행법규에 반할 수 없다는 의미가 된다. 다수의 사원으로 구성되는 회사는 내부적 법률관계에서 일정한 사항에 관해 본질적으로 각 구성원에 동등한 효과가 발생함이 요구되는 특성(**단체성**)이 있다. 따라서 회사의 외부관계에서 형성되는 허용되는 사적자치, 정관자치도 **회사법률관계의 안정**을 위해 제한되어야 하므로(다수결원칙의 제한 등), 회사의 단체성은 회사법의 강행법규성의 하나의 근거가 된다.

② **법인특권** – 주식회사법의 강행법규성은 단체법적 성질이 나타나는 최소한의 영역에서 강행법규성을 가져야 하는가? 회사법의 강행법규성의 형식적 근거는 회사의 단체성이지만, 실질적인 근거는 **법인특권**과 그에 따른 **회사법의 간섭**이라 본다. 회사관계를 계약에 맡겨둘 경우 효율적일 수도 있지만, '회사제도를 통한 사회의 발전'이라는 법인격 부여의 목적(**사회성**)이 훼손될 우려가 있다. 기본적으로 회사에 법인의 생리적 현상이 원활하여 많은 회사에 자본이 축적될 수 있도록 법인특권(유한책임·자산수탁)의 강행법적 성질이 요구된다. 하지만 법인의 병리적 현상을 방지하도록 법인특권에 대한 회사법의 간섭을 위해 강행법적 성질이 요구된다. '책임분리'(유한책임)가 '책임 없는 자율'이 되거나, 경영자의 이기적 이익추구에 의해 회사채권자, 공동체이익이 침해되지 않도록 할 필요가 있고, 법인특권이 없는 개인기업·인적회사와의 규제차익을 해소하기 위해서도 회사법의 간섭이 강행법규성을 가질 필요가 있다.

③ **자율성과 관계** – 회사는 영리법인이고 영리추구를 위해서는 회사의 **자율성**은 회사발전의 원동력이므로 강행법규성을 가지는 회사법은 회사의 자율성을 해치지 않는 범위 내에서 규율하여야 하는 한계를 가진다. 영리성을 보장하는 회사의 자율성과 회사의 단체성·사회성의 조화는 회사법의 입법을 통해 나타난다. 자율성이 존중되어야 할 사항에는 강행법규성을 가지는 회사법을 규율해서는 안 되고 회사의 단체성이나 사회성이 존중되어야 할 영역에서는 강행법규성을 가진 회사법규가 요구된다. 단체성에 따른 회사법 규정은 회사법의 기본적 구조를 형성한다고 볼 수 있지만, **자율성과 사회성의 조화는** 시대정신에 따라 변화되므로 현재

의 회사법은 이에 관한 입법자의 결단이라 할 수 있다.

  7) **회사법의 효력** : ① 강행법규 – 회사법 규정은 원칙적으로 강행법규이다. 강행법규가 아닌 사항은 회사법에 포함되어 굳이 입법될 필요성이 없고 정관 등으로 규정될 수 있기 때문이다. 다만 회사법은 단체의 의사결정뿐만 아니라 조직규범, 거래규범 등을 포함하고 있어 강행법규라 하더라도 회사법 규정이나 해석에 의해 예외는 허용될 수 있다. 예컨대 예, 1주1의결권 원칙(상369.1)은 정관에서 이에 반하는 규정을 두거나 개별주주의 동의를 받더라도 이에 반하는 합의는 회사법상 허용되지 않는다. 다만 회사법 등 규정에 의해 그 예외로 의결권 제한·배제 주식제도를 도입하는 것(**입법적 예외**)은 허용된다.

  ② 정관·주주동의 – 회사법 규범에 대해 정관규정으로 달리 정할 수 있도록 한 경우(주식양도제한, 상335.1, 정족수, 상368.1))가 있다. 주식양도자유의 원칙은 회사법상 중요한 원칙이지만 정관에 의해 그 예외가 인정된다. 하지만 이 역시 회사법에 정관에 의한 예외를 허용하는 회사법 규정에 근거한 것이므로 입법적 예외로 볼 수 있어 강행법규성에 반하지 않는다. 다음으로 주주의 유한책임의 원칙(상331)에 관해 주주가 개별적으로 동의하여 추가출자를 하는 것은 강행법규성의 예외인가? 이는 강행법규를 주주동의에 의해 수정하는 것으로 보고 판례상으로 그 적법성을 인정하고 있지만(89다카890), 추가출자의 실질은 개별 주주의 동의에 의해 추가투자를 하는 것은 별개의 합의에 따른 채무의 효력으로 봐야 한다. 왜냐하면 합의된 추가출자 이외에는 여전히 당해 주주도 유한책임의 원칙의 지배를 받기 때문이다.

  ③ 해석상 예외 – 회사법 규정에 반하는 해석(**해석상 예외**)이 허용되는가? 예컨대, 이사회결의사항(상393)을 대표이사가 이사회결의 없이 한 경우(전단적 대표행위), 1인회사에서 1인주주가 주총결의 없이 회사행위를 한 경우 그 효력을 인정할 경우 강행법규의 해석상 예외가 되는가? 전단적 대표행위에 대해 거래상대방 보호를 위해 유효로 해석하는 견해가 있지만 동 견해가 대표이사는 이사회결의 없이 회사행위를 할 수 있다고 해석하는 것은 아니고 제한적으로 거래의 효과만 인정하는데 지나지 않는다. 그리고 1인회사에서 1인주주의 의사에 의해 주주총회결의를 대체한다는 해석도 주주가 1인이므로 주주총회가 무의미하다고 보아 결의를 대신할 수 있다고 해석한 것이다. 1인회사에서 주주의 숫자와 상관 없이 주주총회결의 없이 의사결정을 할 수 있다고 본 것이 아니므로 이 역시 강행법규에 대

한 예외로 보기는 어렵다. 요컨대 회사법은 원칙적으로 강행법규성을 가져 입법에 의한 예외만 허용된다고 본다.

5. 회사법의 구조

(1) 회사 유형에 따른 규범

회사의 조직과 운영에 관한 규범인 회사법은 상법 제3편 회사편에 규정되어 있다. 회사편은 통칙과 함께 상법상의 회사의 종류에 따라 합명회사, 합자회사, 유한책임회사, 주식회사, 유한회사, 그리고 섭외적 회사관계를 규정하는 외국회사 순서로 규정하고 있다. 실무에서 가장 많이 활용되고 비중이 높은 주식회사는 회사편의 중심이라 할 수 있어 주식회사에 관한 규정은 매우 상세하고 많은 분량을 차지하고 있다. 주식회사법은 주식회사의 종류를 형식적으로 분류하고 있지는 않지만 개별규정에서 주식회사를 자본금 총액 등을 기준으로 소규모회사, 일반회사, 상장회사로 사실상 구별하고 있다. 회사법은 일반회사에 관한 규정을 두면서 소규모회사(자본금 총액이 10억원 미만인 회사)는 이사회 구성 등에서 특례를 인정하고 있으며(상383.1 등), 상장회사(증권시장에 상장된 주권을 발행한 주식회사)에 관해서는 '상장회사에 대한 특례' 규정(상542의2~542의13)을 두고 있다. 이렇게 볼 때 우리 주식회사법도 실질적으로 소규모회사법, 일반회사법, 상장회사법으로 구분되어 있다고 볼 수 있으며, 향후 상법으로부터 회사법이 분화된다면 주식회사법의 분화와 함께 주식회사의 종류에 따른 규율의 효율성도 고려할 필요가 있다.

(2) 조직법과 거래법의 공존

회사법은 사단의 인적·물적 조직, 조직의 의사결정 등 조직의 운영, 결정된 의사의 수행(회사행위) 등 조직법적 특성을 가지며 이는 단체법적 성질로 나타난다. 따라서 회사법 규범에는 조직(단체)법적 성질의 많은 규정이 있지만 그밖에 거래법적 성질을 가진 규정도 두고 있다. 예컨대 지분·주식·사채의 양도에 관한 규정 등이 대표적인 예이며 조직(단체)법적 성질을 가지는 회사법에 이념을 달리하는 거래법적 규정을 두는 것이 적절한지는 검토를 요한다. 왜냐하면 조직(단체)법적 규정을 해석함에는 영리성과 사회성의 조화 등이 중요한데 반해, 거래법적 규정에는 거래의 안전, 당사자의 진정한 의사보호와 조화 등의 법률 이념이 작동하여 서로 성질이 상이한 규범이라 볼 수 있기 때문이다. 하지만 지분·주식의 양도는 거래법적 특성 이외에도 사단 구성원의 지위와 밀접한 관련을 가지고 사채 역시 자본구조와 관련되므로 단체법과 무관하다고 볼 수 없어 회사법에 잔존할 실익이 없지 않다고 본다.

(3) 사법과 공법의 공존

회사법은 수범자의 평등을 전제하고 사적자치의 원칙을 바탕으로 한 규정으로 되어 있다. 하지만 회사는 그 설립 시점부터 법인설립등기를 통해 공법적 질서에도 편입되어 법률의 간섭을 받는다. 이러한 간섭을 거부할 경우 사법적 방법으로 예컨대, 권리능력을 부인하거나 행위의 효력을 부인함으로써 공법적 질서가 유지되기도 하는데, 이와 같은 사법규정은 강행법규적 성질을 가진다. 사법은 대체로 임의법규로 구성되어 있지만 회사법은 임의법규뿐만 아니라 많은 강행법규를 가지고 있으며, 임의법규나 강행법규 모두 사법적 규정에 속한다. 그런데 회사뿐만 아니라 회사를 경영하는 자 등도 사회의 구성원이어서 이들의 반규범적 행위에 대해서는 행정벌, 형사벌의 객체가 될 수 있음은 당연하다. 그런 이유로 회사법(상법 제3편) 제7장에 많은 벌칙조항을 규정하고 있는데 이들은 실질적 형법규정에 속한다. 특히 대표이사의 회사행위에 하자가 있을 경우 회사행위로서의 효력이 문제되지만 회사행위로서의 효력이 부인될 경우 많은 경우 대표이사의 배임죄가 성립되어 사법적 효과과 범죄의 성립에 영향을 미치기도 한다.

제 2 장   회사의 개념

　회사는 법인형 기업의 한 형태이며, **영리사단법인**의 본질을 가지고 있다. 회사는 다수인이 출자하여 공동사업을 통한 이윤추구를 목적으로 하는 기업으로서, 법적으로는 상행위 기타 영리를 목적으로 하는 **상인**이다(상5,169). 영리성, 사단성, 법인성이라는 회사의 성질은 고정적인 개념이 아니고 시대에 따라 변화하는 개념이다. 영리성은 주주 중심의 이익추구에서 사회적 책임을 포용하는 개념으로 성장하고 있고, 법인성은 지배주주의 이익적 이익추구행위에 관해 유한책임을 제한하는 해석론을 포용하고 있다. 특히 사단성은 1인회사의 출현으로 뿌리부터 흔들리고 있는데, 회사법은 사단성에 관한 규정을 삭제하고 법인성만 상법 제169조에서 규정하고 있다. 종전부터 합명·합자회사의 사단성에 의문을 제기하여 인적회사는 조합적 실질을 가져 이들 회사의 법률관계는 형식적 사단성과 조합적 실질의 조화가 문제라는 견해도 있다. 하지만 회사는 '일정한 목적을 위해 결합한 사람의 단체'인 사단성을 원칙적으로 가진다고 보아야 하고, 1인회사는 사단성의 예외적 현상에 지나지 않고 인적회사 역시 조합성이 강하게 부각되지만 회사행위·회사소유가 인정되어 조합과는 구별되는 사단성을 가진다고 본다.

　[비교법] 회사의 개념요소는 영리(상인)성, 사단성, 법인성이라는 세요소료 구성되어 있는데, 우리 회사법은 그 중 사단성을 상법 개정을 통해 삭제한 바 있다. 일본 회사법은 회사의 개념요소에 사단성을 삭제하고 법인성만을 포함시키면서 회사의 행위는 상행위로 보아 영리성을 간접적으로 규정하고 있고(일회1,5), 독일법은 법인성만을 회사의 개념에 포함시키고(독주1), 특히 주식회사는 상업의 영위를 그 목적으로 하지 않더라도 회사로 간주된다고 상인성을 규정하고 있다(독주3.1). MBCA는 회사를 영리회사(corporation for profit)로 정의하고 있다(MBCA1.40(4)).

제 1 절　영리성

1. 의　의

(1) 개　념

1) **이익분배** : ① 논　의 – 회사란 '상행위나 그 밖의 영리를 목적으로 하여 설립된 법인'을 의미한다(상169). 동 조항에서 규정하고 있는 '영리 목적' 즉 영리성은 어떠한 의미인가? 이에 관해 **영리사업설**은 회사가 '영리사업을 목적'으로 한다는 의미(회사의 수익성)로 보고[17], **이익분배설**은 회사가 영리사업을 통해 얻은 '이익을 사원에게 분배'하여야 한다는 의미(사원의 수익성)로 이해한다(통설). 이익분배설은 영리사업을 기본으로 하고 이익분배를 회사의 목적으로 이해하고 있어, '회사의 수익성'뿐만 아니라 회사에 투자를 한 '사원의 수익성'을 회사의 영리성으로 이해한다. 회사 사원이 투자를 한 목적은 회사의 영리사업을 통해 발생한 이익을 분배받는데 있어, 사원의 투자목적을 회사의 목적으로 이해하고 있다.

② 검　토 – 사원과 법인인 회사가 구별되는데, 이익분배라는 사원(투자자)의 목적을 회사의 목적(영리성)으로 보는 것에는 의문이다. 하지만 회사의 영리성은 '수익행위 또는 사원의 수익 자체'가 아니라 수익행위를 통한 회사의 이익을 사원에게 '**우선적 분배함을 목적**'으로 한다고 볼 수 있다. 이렇게 볼 때 회사의 영리성은 회사의 수익을 우선적으로 사원에게 분배하여야 하지만 회사의 수익 자체가 사원의 수익이 아니므로, 사원에게의 우선적 분배가 실현된다면 사회적 목적을 위한 수익의 사용도 제한적으로 허용된다고 본다. 즉 회사의 **영리성**은 절대적 개념이 아니라 회사의 또 다른 본질인 회사의 **사회성과 조화**가 가능하다. 다만 사원의 투자로 회사의 기본적 구성요소인 자본이 형성되므로 투자에 대한 반대급부로서 이익분배는 회사의 본질적 요소라 할 수 있어 사원에 대한 '분배의 우선성'이 보장되어야 한다. 그리고 영리사업을 수행하더라도 이익분배를 목적으로 하지 않으면(예, 협동조합 등) 회사가 될 수 없다는 점에서 회사의 영리성은 회사의 범위

---

17) 일본은 영리사업설을 따르던 구상법 52조를 폐기하고, 회사법에 이익(잉여금)배당청구권, 잔여재산분배청구권의 전부를 부여하지 아니한다는 뜻의 정관규정은 효력이 없다고 정하여(동법105.2) 이익분배설을 입법적으로 선언하고 있다.

를 한정하는 소극적 의미도 가진다.

2) 회사의 상인성 : 회사의 영리성은 상법이 규정하는 회사의 상인성과 관련된다. 회사가 목적으로 하는 사업(영리사업)은 상법 제5조, 제46조의 '영업'을 의미하고, 이는 투자액을 초과하는 수익(이익)의 추구라는 '영리성'을 의미한다. 회사는 태생적으로 영리사업을 수행하므로 기본적 상행위(영업으로 하는 22종의 행위, 상46)를 하는 상인(상4)이 아니더라도 (의제)상인에 해당하여 상인성을 가진다(상5.2). 회사는 태생적 상인이므로 기본적 상행위를 하는 **상사회사**가 아니거나 **(민사회사)** 상행위를 타인명의로 수행하더라도 회사의 상인성은 부인되지 않는다. 따라서 정관에 규정된 영리사업을 수행하는 회사행위가 기본적 상행위에 해당하지 않더라도 회사행위의 주체인 회사는 **의제상인**으로서 상법이 적용되고(상5.2), 기본적 상행위가 아닌 회사행위도 **준상행위**로서 상행위 통칙이 준용되며(상66), 회사의 영업을 위한 행위는 **보조적 상행위**로서 상행위가 되어(상47) 상법이 적용된다.

(2) 이익분배의 방법
1) 원 칙 : 회사는 영리사업을 통해 얻은 이익을 사원에게 우선적으로 분배함을 목적으로 하지만(영리성) 항상 수익 또는 이익분배가 실현되어야만 하는 것은 아니다. 이익추구를 목적으로 하면 족하고 이익이 현존하지 않더라도 회사의 영리성이 상실되지 않는다. 이익이 발생한 경우 그 이익분배방법은 일정 기간 발생한 이익을 사원에게 현실적으로 배당하는 **이익배당**의 방식뿐만 아니라 이익배당을 하지 않고 회사 해산시에 일괄하여 배당하는 **잔여재산분배**의 방식도 가능하다고 본다(통설). 그런데 잔여재산분배는 회사의 청산절차의 하나인데(상260) 이를 이익분배의 방법으로 보는 것이 적절한지는 의문이다. 특히 주식회사는 주식양도가 자유로워 현재의 소유자와 청산시 소유자가 일치하지 않을 수 있고, 지배(주식의 소유)와 경영이 분리되어 경영자는 이익배당을 선호하지 않을 수 있기 때문이다. 회사는 영리사업을 통해 얻은 이익을 일정 부분 회사에 유보하여야 하고(상458), 이익배당 실시여부는 선택적이며 이는 주주총회결의에 따르도록 하고 있어(상462.1,2), 이러한 규정을 따르는 한 회사법상 이익분배의 방법에는 제한이 없다고 볼 수 있다.

2) **이익유보** : 잔여재산분배도 이익분배 방법 중 하나로 볼 경우 이익배당을 실행하지 않은 회사가 있을 수 있다. 주식회사의 지배주주가 주주총회결의로 회사의 당기순이익을 배당하지 않고 계속 사내 유보할 경우(이른바 무배당결의), 소액주주들의 이익배당청구권을 침해하는 것은 아닌가? 이익의 사내유보는 이로 인해 주식의 가치가 이론적으로 상승하여 주주에게 이익이 될 수도 있지만, 주식가치의 상승은 주식양도에 의해 실현되는데 상장회사가 아닐 경우 주식을 매각하는 것이 쉽지 않아 이익의 사내유보는 소액주주의 이익배당청구권을 실질적으로 침해한다. 이에 관해 주주총회의 장기간의 무배당결의의 불공정성을 전제하고 다수결의 남용으로 이해하여 주주가 사법적 구제를 통한 배상청구, 해산청구를 통한 잔여재산분배 청구방안의 도입을 주장하는 견해가 있다. 생각건대 이익배당은 주주총회의 결의로 정하므로(상462.2) 지배주주가 다수결의 원칙에 따라 이익을 사내에 유보할 경우, 특히 비상장회사의 경우 소액주주의 보호가 문제된다고 본다. 이익의 사내유보는 임의준비금에 해당하는데 회사법은 임의준비금의 적립에 관해 아무런 제한을 두고 있지 않아 주주에 대한 이익배당이 선택사항이 되었다고 볼 수 있다. 따라서 입법론으로 임의준비금의 한도를 설정할 필요가 있고 한도초과한 임의준비금의 적립을 주주총회가 결의할 경우 이에 반대하는 소수주주의 주식매수청구권을 허용하는 등의 소수주주 보호제도의 도입을 고려할 필요가 있다고 본다.

2. 영리성의 외연

(1) 공익법인

1) **개 요** : 회사는 이익분배를 목적으로 하는 영리법인이고 태생적 상인인데(상5) 반해, 비영리법인은 영리사업을 하더라도 구성원에 대한 이익분배를 목적으로 하지 않아 회사와는 구별된다. 일반 공법인(국가, 지방자치단체), 특별법에 따라 설립된 특수공법인(각종 협동조합, 상호보험회사, 새마을금고, 농업기반공사), 공익법인(재단법인) 등은 영리사업을 할 수 있고 상행위는 할 수 있으나(상2), 사업을 통해 얻은 이익을 구성권에게 분배할 수 없어 회사와는 구별된다. 예컨대 농업협동조합은 농산물 판매·유통사업, 신용사업 등 다수의 영리사업을 할 수 있으며(농협58), 판례도 비영리법인도 목적을 달성하는 데 필요한 범위 내에서 주된 목적인 비영리사업에 부수하여 영리사업을 수행할 수 있으며 그로 인한 수익을

비영리사업의 목적에 충당하는 이상 비영리법인으로서의 본질에 반하지 않는다고
본다(99다27231). 비영리법인이 영리사업을 할 경우 상인성, 회사성을 가지는가?
이에 관해 판례는 수협, 농협 등이 영위하는 사업의 목적은 조합원을 위하여 차별
없는 최대의 봉사를 함에 있을 뿐 영리를 목적으로 하는 것이 아니므로 상인으로
보지 않고 있으며(2004다70475; 99다53292) 결국 회사로서의 성격도 부인된다고
본다.

    2) **수익형 사단법인** : 특수공법인 중 수익형 사단법인(상호회사·중소기업협동
조합·새마을금고 등)은 잉여금을 구성원들에게 분배한다(보업63, 새금35, 중협
71). **잉여금 분배**를 이익배당으로 이해할 경우 이들 법인은 회사의 개념에 포함될
수 있는가? 이에 관해 수익형 사단법인은 대외적 수익활동을 하지 않으므로 영리
목적을 가지지 않는다고 보는 견해가 있다. 생각건대 잉여금의 성질은 영업이익
에 유사하고[18] 사단법인이어서 회사에 유사하므로 이들 법인을 영리사단법인으
로 볼 여지도 있지만, 이들 법인의 거래는 사단 내에서만 이뤄지므로 영리를 목적
으로 한다고 보기 어렵다. 불특정 다수인과의 거래를 통한 영리추구를 목적으로
하지 않고 영업을 하지 않으므로 회사로 볼 수 없다고 본다. 다른 수익형 사단법
인과 달리 **새마을금고**는 회원의 이용에 지장이 없는 범위에서 비회원에게 사업을
이용하게 할 수 있어(새금30) 이는 제한적이긴 하지만 불특정인과 영리를 목적으
로 한 거래가 허용된다고 볼 수 있다. 따라서 새마을금고는 영리를 목적으로 하는
수익형 사단법인에 해당하여 영리사단법인이라 할 수 있고 회사의 개념에 해당할
수 있게 되고, 이는 회사법상의 회사의 유형에는 포함되지 않으므로 **특별법상의
회사**가 된다.

---

18) 특수공법인의 설립근거 법률에는 대체로 '잉여금' 배당에 관한 규정을 두고 있는데(농업
    협동조합법 제68조), 여기서 잉여금은 영업이익이라는 의미가 아니라 미처분이월금·임의
    적립금·법정적립금·자본적립금·회전출자금 등을 포괄하는 의미로 이해된다. 잉여금은
    정관으로 정하는 바에 따라 조합원의 사업이용실적에 대한 배당, 정관으로 정하는 비율
    의 한도 이내에서 납입출자액에 대한 배당, 준조합원의 사업이용실적에 대한 배당의 순
    서로 배당되는데(동조 제3항), 이 역시 이익배당이 아니라 자본잉여금 등을 제한적인 방
    법으로 분배하는 것을 의미하므로 회사의 이익배당과는 다소 성질을 달리한다고 본다.
    하지만 협동조합기본법 제22조의2는 1항은 경영의 투명성과 재무상태가 양호한 협동조합
    으로서 대통령령으로 정하는 협동조합은 자기자본의 확충을 통한 경영의 건전성을 도모
    하기 위하여 정관으로 정하는 바에 따라 잉여금 배당에서 우선적 지위를 가지는 우선출
    자자를 발행할 수 있다고 하여 우선출자자를 인정하고 그에 대한 잉여금 배당을 인정하고 있
    어 실질적으로 이익배당에 해당할 수 있다고 본다.

3) **사회적 기업** : 최근 도입된 **사회적 기업**이란 취약계층에게 사회서비스 또는
일자리를 제공하거나 지역사회에 공헌함으로써 지역주민의 삶의 질을 높이는 등
의 사회적 목적을 추구하면서 재화 및 서비스의 생산·판매 등 영업활동을 하는
기업을 의미하고(사회1), 미국법상 공익회사(beneficial corporation)와 유사하다.
사회적 기업은 회사의 영업활동을 전제하고 있으며, 그 이익의 일부를 공익활동
(사회서비스, 공익목적에 기여, 정치헌금·교육기관기부)을 위해 사용하더라도 회
사의 영리성과 정면으로 충돌하지 않는다. 다만 회사가 영리성이 상당히 침해될
정도의 공익활동(**한계를 벗어난 공익활동**)을 수행한다면 회사의 영리성이 침해되
어 문제되고, 이는 회사의 정관 소정의 목적 범위를 벗어난 행위(판례의 '필요·유
익성'을 일탈한 행위)로서 무효로 볼 여지도 없지 않다. 왜냐하면 정관 소정의 목
적사업은 영리성을 당연히 전제하고 있다고 볼 수 있기 때문이다. 뿐만 아니라 한
계를 넘어선 공익활동을 포함하여 한계 내의 공익활동이라 하더라도 대표권남용
의 경우(예, 개인목적의 회사보증)와 마찬가지로 이사의 의무위반여부는 별도로
검토될 필요가 있다.

(2) 기타 쟁점

1) **이익극대화** : 회사의 목적은 이익극대화, 특히 주식회사의 경우 '**주주의 이
익극대화**'로 종종 주장된다. 그런데 이익의 극대화라는 표현은 다른 이익을 배제
하고 회사 또는 주주의 이익만을 추구한다는 의미가 될 수 있어, 회사의 영리성과
구별되고 **회사의 사회성**과 충돌할 수 있는 개념이 된다. 먼저, 이를 '회사이익의
극대화'로 볼 경우, 회사는 회사이익의 추구가 회사의 목적이지만 다른 이해관계
자의 이익을 배제하고 회사의 이익만을 배타적으로 추구하여야 하는 것으로 이해
하기는 어렵다. 즉 회사의 영리성은 '회사이익의 우선성'을 의미하는 것이지 회사
이익의 배타성을 의미하는 것은 아니므로, 회사이익의 극대화를 회사의 목적으로
볼 수 없다. 다음으로 계약설에서 주장하는 바와 같이 이를 더 좁게 '주주이익의
극대화'로 보는 견해[19]는 더더욱 부적절하다. 주주는 주식회사의 지분소유자이지
회사의 소유자는 아니므로 회사의 이익과 주주의 이익은 별개의 개념이어서 주주

---

19) 우리법상으로도 주주이익 극대화원칙의 근거를 주주의 잔여청구권자의 지위에서 찾으면
    서, 회사의 단기이익에 집착할 위험, 주주의 위험선호로 채권자의 이익이 침해될 가능성
    등 한계를 가지지만, 주주의 장기적 이익 추구로 본다면 회사의 목적으로 볼 수 있다는
    견해(김건식45~47)가 있다.

이익의 극대화는 회사의 목적이 될 수 없어 부당한 주장이라 본다. 주주의 장기적 이익추구라는 개념은 주주의 변동성을 고려할 뿐 아니라 이를 회사의 장기적 이익으로 선해하더라도 회사의 장기적 이익의 극대화는 회사의 사회성과 충돌할 수 있어 받아들이기 어렵다고 본다.

  2) 정관상 목적 : 회사는 정관에 회사의 목적을 정하도록 되어 있고 대표기관도 구체적으로 회사를 위하여 회사행위를 하여야 하는데, 영리목적과 정관상의 목적, 대표행위의 목적의 관계는 어떠한가? 회사는 영리기업이므로 영리를 목적으로 한다(상169)는 의미에서 영리성이라는 목적(**영리목적 - 추상적 목적**)을 가진다. 그리고 회사는 정관에 목적을 기재하여야 하고(상179,269,287의3,289,543) 이를 목적사업으로 수행(**사업목적 - 구체적 목적**)하여야 한다. 그리고 회사의 대표기관이 회사를 대표하여 행위(회사행위)를 할 경우 자연인인 대표기관은 법률행위의 목적(**행위목적 - 개별적 목적**) 즉 회사의 이익을 위하여 회사행위를 한다. 요컨대 회사의 대표기관이 회사행위를 함에 있어서 영리목적을 추구하여야 하며(회사의 본질) 사업목적 범위내에서 수행하여야 하며(법적 제한) 회사의 이익을 위하여 구체적 회사행위를 하여야(대표이사의 의무) 하므로 **3단계의 목적**(영리성, 정관상 목적, 회사행위의 목적)에 부합되어야 한다. 그런데 대표기관의 회사행위가 이러한 3단계 목적을 벗어날 경우 그 회사행위의 효력은 각각의 목적의 성질에 맞게 판단될 필요가 있다.[20]

  3) 비영리사업 : 정관에는 회사의 목적을 기재하여야 하는데 목적 사업으로 통상 영리사업이 기재된다. 그런데 회사의 정관상 목적사업에 영리사업이 아닌 비영리사업을 (부수적으로) 기재하여 목적사업으로 하는 것도 허용되는가? 정관에 기재된 목적범위 내에서 권리의무의 주체가 된다는 제한설(후술)에 따를 경우 비영리행위를 정관의 목적으로 기재하면 비영리사단법인이 되어 회사가 될 수 없게 되지만, 무제한설에 따르면 정관상의 목적에 구속되지 않으므로 영리사업을 하고 수익의 분배가능성이 인정된다면 회사로 볼 수 있게 된다. 이러한 소극적 논의 이

---

20) 영리목적은 영리추구라는 추상적인 목적이지만 사원에 대한 이익분배까지 포함하는 개념이고, 사업목적은 정관에 구체화된 목적이며, 행위목적은 대표기관이 내심적 의사라 할 수 있으며 이에 반하는 회사행위가 있더라도 위반 행위의 효력을 선의의 거래상대방에 대해 부인하기는 쉽지 않다고 본다. 각각의 목적에 반하는 행위의 효과에 관해서는 해당 부분(회사의 영리성, 회사의 권리능력, 대표이사의 대표권남용)에서 언급한다.

외에 비영리사업을 기재하는 것 자체가 적극적으로 회사의 영리성과 모순되어 정관을 무효로 만들고 회사의 설립에 하자가 있게 하는 지도 문제될 수 있다. 하지만 영리사업을 주로 하면서 부수적 비영리사업을 하는 것은 회사의 영리성을 방해하지 않고 회사의 사회성에 부합하므로 적법하다고 볼 수 있다. 따라서 영리사업과 함께 공익사업 또는 공익사업에 대한 기부행위를 목적사업으로 기재하는 것(예, 사회적 기업)은 허용된다고 본다. 그밖에 회사의 기부행위 등 사회공헌활동도 회사의 영리성과의 충돌이 문제될 수 있다.

3. 회사의 사회성

(1) 의 의

1) **개 념** : 회사는 영리사단법인으로서 영리성은 회사의 목적이자 존재이유이다. 회사의 법인성은 회사가 공동체에 기여(사회성)하는 점을 고려하여 자연인과 유사한 법인격을 부여하였다는 점에서 법인은 본질적으로 사회성도 가진다. 영리성을 제한할 수 있는 법인의 사회성은 제한적이긴 이미 회사법에도 깊숙이 들어와 있다고 본다. 소수주주의 보호, 대주주의 책임(사실상 이사의 책임), 채권자보호제도, 판례상 법인격부인론 등은 유한책임원칙에 근거한 회사·대주주의 영리추구(영리성)를 회사의 사회성에 근거하여 소극적으로 제약한 제도라 볼 수 있다. 회사의 사회성은 이런 소극적 측면뿐만 아니라 회사의 이익과 공동체의 이익을 조화시키는 적극적 측면도 가진다고 볼 수 있는데 이는 회사의 사회적 책임으로 구현된다. 회사의 사회성이란 회사의 영리활동을 통해 사회적 가치(공동체 가치)를 적극적으로 실현하는 성질을 의미한다.

2) **영리성과 사회성** : ① 관 계 – 시장경제의 태동시 회사가 영리를 추구하는 행위는 투자 유치와 혁신을 통해 상품·서비스의 품질을 높였다. 상품에 대한 '품질기반의 신뢰'를 바탕으로 시장지배력을 강화하는 공급 위주의 경제체제였고 회사의 영리추구는 자원부족의 공동체에 이익으로 기여하는 바가 커 회사의 사회성에 관한 관심은 적었다. 하지만 공동체의 자원이 풍족해지고 정보가 공유되어 가치가 다원화된 오늘날 소비자들은 상품의 품질을 넘어 생산자가 추구하는 가치를 평가하여 '가치기반의 신뢰'를 바탕으로 소비자 중심의 시장질서가 확보되어 가고 있다. 기업에 관한 정보(노사관계, 기업문화, 지배구조, 환경영향 등)는 쉽게 노출

되어 기업의 신뢰형성에 영향을 미치고 소비자의 상품 선택을 지배하고 더 나아가 투자자의 투자결정(책임투자)에도 영향을 미친다. 즉 정보공유와 다원화된 가치로 인해 회사활동에 대한 공동체에의 이익평가(사회성)가 회사의 영리성에 적극적으로 영향을 미치게 되었다.

② 개념의 진화 – 기업의 ESG(환경, 사회, 지배구조)활동이 회사의 지속가능성을 높이고 회사에 대한 기관투자자의 책임투자의 결정 기준이 되고 있어 회사의 가치기반 신뢰형성이 더욱 중요하게 되었다. 관계망을 통해 유기체적 특성이 더 강화된 공동체의 일원으로서 회사의 역할은 회사의 자율성·영리성과 사회성의 조화에 의해 극대화될 수 있게 되었다. 다만 회사의 영리성의 개념은 비교적 명확하지만, 사회성이 무엇을 의미하는지는 명확하지 않으며 계속 변화·발전하는 개념으로 볼 수 있다. 초기의 시장경제에서는 사회성은 회사의 영리성을 제약하는 개념이었지만, 현재는 사회성과 영리성이 공존하는 개념으로 진화하고 있다. 요컨대 회사 특히 대규모의 회사는 이익추구를 넘어 가치기반의 공동체 신뢰를 확보하여야 회사의 이익을 극대화할 수 있고 회사의 지속가능성, 회사의 장기적 이익을 확보하게 되므로 공동체의 구성원으로서 사회성을 가진다고 볼 수 있다.

③ 사 견 – 회사의 사회성에 대한 요구는 법인의 본질로부터 생성된 **회사의 사회적 책임**과 소비자들의 의식변화에서 비롯되어 책임투자로 연결된 **회사의 ESG 경영**으로 구분할 수 있다. 양자가 추구하는 바는 회사의 사회성 구현이라는 공통점을 가지지만, 전자는 회사의 책임을 다루는 **법적 개념**인데 반해, 후자는 회사의 비재무적 성과를 분석하여 투자에 반영하는 **시장중심의 개념**이라는 차이가 있다. 하지만 회사의 사회적 책임, ESG 경영 모두 회사의 장기적 이익실현과 밀접하게 관련되어 회사의 영리성 개념의 변화를 초래한다. 즉 회사의 단기적 이익은 회사의 현재 투자자에 대한 이익실현으로 연결될 가능성이 높은데, 회사의 장기적 이익은 현재 투자자와도 관련되지만 잠재적 투자자와도 관련되어 회사의 영리성의 개념이 변화된 것으로 볼 수 있다. 요컨대 회사의 영리성을 회사의 영리사업 수행을 통해 (현재) 투자자에게 배당하는 것에서 더 나아가 (잠재적) 투자자에게 가치를 배분하는 것으로 이해할 때, 회사의 영리성과 사회성은 상생하는 개념으로 본다.

3) 사회성과 회사법 : 회사의 사회성은 사회적 존재로서 회사의 도덕적 준칙으로서의 역할을 오래 전부터 해왔다. 하지만 회사의 업무를 집행하는 회사의 기

관(대표이사 등)은 회사의 영리추구에 몰입하게 되어 강제규범화 되지 않은 회사의 사회성을 무시하는 것이 자연스러운 현상이 되었다. 현실적 영리성과 가치적 사회성간의 괴리는 대부분의 회사에서 일상화되었으며, 가치기반의 사회로 전환되는 환경에서 그 괴리가 쉽게 줄지 않았다. 따라서 회사규범이 회사특권을 이용한 사익추구를 방지하기 위해 강행규범성을 가지듯, 회사의 사회성도 회사규범에 서서히 편입될 필요성이 제기되고 있다. 회사법이 관심을 두는 회사의 사회적 책임의 규범화는 **이사의 책임**과 긴밀하게 관련된다. 예를 들어 이사가 사회적 공헌 활동을 한 경우 회사의 이익을 침해한 것이 되어 손해배상책임 또는 해임사유가 되는가? 그리고 사회적 공헌에 관한 정관규정은 유효한가? 정관에 사회적 책임수행에 관한 규정도 없을 경우 이사는 회사의 영리사업을 수행하면서 사회적 책임 수행을 할 재량권을 가지는가? 영리법인이 회사가 사회성을 추구함에 있어 회사법상의 의문들이 생겨나고 이는 회사의 사회적 책임론에서 논의되고 있다.

(2) 회사의 사회적 책임론(CSR)

1) **개 념** : 회사의 사회적 책임에 관해 명확한 정의를 찾기가 쉽지 않다. 이를 회사가 사회에 부담하는 법적 책임으로 볼 경우 회사에 공익성을 강요하는 것이 되어 시장경제질서와는 맞지 않을 수 있다. 그렇다고 회사의 사회적 책임을 단순히 회사가 영리성을 추구하면서 사회 구성원에 대해 배려를 할 도덕적 책임으로 이해한다면 실효성 없는 논의가 되며 사회의 발전속도를 따라가지 못한다. 결국 회사의 사회적 책임이 실효성이 있는 개념으로서 사회의 발전과 동반하기 위해서는 도덕적 책임을 넘어서면서 회사의 영리성을 훼손하지 않아야 한다. 이렇게 볼 때 회사의 사회적 책임이란 회사의 사회성(본질)에 근거하여 투자자(주주)의 이익 보장(영리성)과 공동체의 이익을 조화시키는 회사의 법적 책임을 의미한다고 볼 수 있다. 여기서 공동체라 함은 사회 등 추상적 공동체가 아니라 회사의 이익 형성에 영향을 미치는 구체적 공동체를 의미한다. 회사의 생산요소에는 자본뿐만 아니라 채권자의 채권, 근로자의 노동도 포함되고 회사의 상품은 소비자에게 판매되며 회사의 활동은 공동체의 기반시설, 법적 지원을 받아 이뤄지므로, 회사의 사원(shareholder)을 포함하여 근로자, 채권자, 소비자, 공동체 등 이해관계인(stakeholder)으로 이해된다. 아래에서는 회사의 사회적 책임에 관한 논의를 살펴보고 회사법에의 수용 여부와 방안에 관해 고찰한다.

2) 부정설 : 회사의 사회적 책임에 관해서 이를 부정하는 견해와 긍정하는 견해가 대립되고 있다. 부정설은 회사나 회사의 경영자에 부여된 모든 권한은 법령 또는 정관에 근거하여 항상 모든 주주의 비례적 이익만을 위해 행사되어야 한다는 형평법상의 한계(equitable limitation)를 가진다고 본다,21) 회사를 주주와 동일시하면서 회사(주주)의 이익추구를 유일한 목적으로 하며, 주주를 위한 수익 이외에 사회적 책임을 회사 임원이 수용하는 것은 자유로운 사회의 기초를 잠식하는 것이라 보아22) 회사의 사회적 책임을 부정한다. 동 견해는 회사의 목적이 주주이익의 극대화라고 하는 주주우선주의적 견해로서 밀턴 프리드만의 자유주의적 사고에 바탕을 두고 회사가 주주이익을 극대화할 경우 사회적인 부도 극대화된다는 입장이다. 이 견해에 따르면 종업원, 퇴직자, 고객, 공급자, 지역사회 등은 모두 외부자(externalities)들로 이해한다.

3) 긍정설 : 경영자의 사익추구로부터 주주를 보호할 필요성은 인정하지만, 주주이익의 극대화가 경영자의 회사 경영의 유일한 목적이 될 수 없다고 보아,23) 회사의 사회적 책임을 긍정한다. 긍정설은 경영자는 주주뿐만 아니라 피용자, 소비자와 일반 공중의 이익을 위하여 경영하여야 하고, 이러한 경영은 장기적으로 주주의 이익을 증대시킨다고 주장한다.24) 다만 기업의 사회적 책임을 긍정하는 견해도 이를 윤리적·도덕적 책임으로 이해하는 견해와 법적 책임으로 보는 견해로 나뉜다. **윤리적 책임설**은 사회적 책임은 기업이 자발적으로 이행하는 것을 전제하는데 반해, **법적 책임설**은 사회적 책임이 효과적 이행을 위해 기업의 자발성 대신 법적인 강제가 필요하다고 본다.

---

21) A. A. Berle, Jr. "Corporate Powers as Powers in Trust", 44 Harv. L. Rev. p1049; 부정설의 출발점은 Dodge 판결이라 할 수 있다. 동 판결은 앞서 본 바와 같이 주주우선주의에 따른 이사의 권한과 재량의 한계를 판시하였다. 회사의 사회적 책임에 관해 부정적인 입장인 버얼(Berle)교수는 회사의 행위는 권한의 행사의 적절성에 관한 기술적 원칙, 권한행사에서 형평법상의 원칙 등에 따라 검토될 필요가 있다고 보면서 회사의 사회적 책임을 부정하였다.

22) Milton Friedman, 「Capitalism and Freedom」, 40th ed. 2002, p.133. 앞에서 본 바와 같이, 장기적 지속가능한 이익의 창출을 위해 주주의 경제적 이익을 넘어 보다 넓은 사회의 이익을 포함시킬 것을 강조한다(Larry D. Thompson, op.cit., p.200).

23) E Merrick Dodd, Jr., "For Whom are Corporate Managers Trustees?", 45 Harv. L. Rev. 1145, pp.1147~1148.

24) E. Merrick Dodd, Jr., supra, p.1156.

[논의의 연혁] 회사는 주주의 이익만을 추구하여야 하는가 아니면 이해관계자의 이익
까지도 고려하여야 하는가 하는 회사의 사회적 책임은 회사법의 고전적 쟁점의 하나였
으며, Dodge 판결에서 시작되어 미국의 30년대 초에 있었던 Berle와 Dodd의 논쟁25)에
서 크게 쟁점화 된 바 있다. 미국 회사법에서도 일찍이 '관계자 법령'(constituency
statute)이 문제되었고, 특히 기업인수와 관련한 이사의 재량권의 범위와 신인의무에 관
해, 많은 다른 주들은 펜실바니아주를 이어 친회사적인 관계자 법령을 통과시킴으로써
이를 따랐다. 41개주는 현재 일정한 형태의 관계자 법령을 가지고 있다고 보며, 이러한
법령은 그 형태와 범위에서 다르지만, 모든 관계자 법령에 공통되는 통일된 원칙은 회사
이사로 하여금 자신의 회사결정권한을 행사함에 있어 주주의 이익이 아닌 다른 이익을
고려할 수 있게 하였다. 독일에서는 기업자체사상(Unternehmen an sich)과 관련되어 오
래전 논의되기도 하였지만 기업자체사상은 기업의 공공적 성격을 강조한 정치사항으로
볼 때 회사의 사회적 책임과는 분리되어야 한다고 본다. 그리고 독일 주식법에는 과거
기업경영의 공익성에 관한 조항(구독일 주식법 제70조 1항)을 두고 있었으나 삭제되었
다. 그 후 1953년 공동결정법에 따라 감사회를 통한 노동자의 경영참여를 허용하고 있어
지배구조를 통한 사회적 책임의 실현 가능성을 높이고 있다. 영국은 2006년 회사법을 개
정하면서 제172조 이사의 회사 성공증진의무(duty to promote the success of the
company)와 제417조 이사영업보고사항(contents of directors' report: business review)
에서 사회적 책임을 도입하여 법적 책임으로서 명시되었다.

4) **논의의 전개** : 회사의 사회적 책임에 관한 논의는 회사의 본질에 관한 논의
와 맞닿아 있다. **법인실재설과 (회사)계약설의 논쟁**에서 비롯하여, 회사를 사단의
구성원인 주주들만을 위한 조직으로 보는 **주주우선설**과 주주를 중심으로 기타 이
해관계인도 이익의 주체로 이해하는 **이해관계자설**로 발전하였다. 회사계약설은 주
주우선설을 주장하면서 회사의 사회적 책임에 관해 부정적 견해를 주장하고, 이
해관계자설은 이에 관해 긍정적 입장을 견지한다. 생각건대 회사의 이익은 곧 이
익분배의 수혜자인 사원(주주)의 이익으로 전환될 수 있음을 볼 때 주주우선설을
이해할 수 있다. 그런데 주주는 주식회사에 생산요소를 제공하는 다양한 이해관
계자 중의 하나이고, 특히 상장회사의 주주의 다수는 주식의 시세차익을 투자의
목적으로 삼는데, 자기자본의 투자자만 회사 이익의 주체가 되어야 하는가? 그리
고 이해관계자는 회사와 개별적 계약에 의해 이익보상을 받는데 왜 회사 이익에

---

25) Berle의 논문(A. A. Berle, Jr., "CORPORATE POWERS AS POWERS IN TRUST,"
Harvard Law Review, May, 1931, p.1094~)와 Dodd교수의 논문(E. Merrick Dodd, Jr ,
"FOR WHOM ARE CORPORATE MANAGERS TRUSTEES?," Harvard Law Review, May
8, 1932, p.1145~)을 통한 논쟁을 의미한다. Bearle가 이사는 주주의 이익에만 충실하여
야 한다고 주장한 견해(shareholder primacy)에 Dodd는 반대하며, 이사는 주주의 이익은
물론이고 근로자, 고객 등의 이익에도 충실해야 한다는 견해를 주장하였다.

대해 추가적인 이해관계를 가지고 이에 관해 회사가 책임을 부담하여야 하는가? 회사의 이익과 투자자의 이익은 구별되어야 하지 않는가? 회사의 사회적 책임에 관한 논의는 결국 회사의 **'잉여이익 귀속의 정당성'**에 관한 논쟁이 핵심이라 할 수 있다.

(3) 이론적 검토

1) **투입·보상의 원칙** : 회사는 투자된 재원으로 영업을 통해 이익을 창출하여 투자자에게 보상하는 메카니즘이다. 그런데 투자된 재원 즉 회사에의 투입(생산) 요소는 자기자본이 중심이 되지만 타인자본, 지적자산, 노동력, 인프라, 상품·서비스에 대한 소비자의 신뢰 등 다양한 요소가 포함된다. 다만 투입요소 중 **자기자본**은 사단법리에 의해 보상을 받고(경영참여, 이익배당 등), **기타 투입요소**에 대해서는 계약법리에 의해 보상(대가수령)을 받는다. 이는 자기자본을 제외한 투입요소에 대해서는 계약적 보상으로 충분하고 이를 선보상한 후 남아 있는 이익은 후순위 청구자인 투자자(주주)들이 배당 또는 회사유보를 통해 처분할 수 있는 것으로 보고 이사는 이러한 틀에서 회사를 경영하여야 할 의무를 부담한다고 볼 여지도 있다. 이해관계자란 회사의 이익창출을 위한 기타 투입요소를 직간접적으로 제공하는 주체로서, 회사와 계약관계에 있고 계약에 따른 보상을 받는 것이 원칙이다.

2) **주주 귀속** : 주주는 사단의 구성원으로서 회사 해산시 최후순위 청구권자(residual claimant)로서 다른 이해관계자에 대한 계약적 보상 이후에 청구권(잔여재산분배청구권)을 행사할 수 있는 자여서 계약적 지위에 있는 다른 이해관계자와 구별된다. 하지만 주주의 후순위 청구권자적 지위만으로 주주의 이익과 회사의 이익이 동일시될 수 없다. 오히려 주주는 회사의 의사를 결정하는 지분소유자로서 다른 이해관계인과도 구별되고, 회사와 사원(주주)은 사단과 사단의 구성원으로서 서로 구별된다. 자본을 투자한 주주는 손실위험을 부담하면서 경영참여와 이익배당을 받고, 노력 또는 재산 등을 제공한 다른 이해관계자들은 계약상의 대가를 받으며, 유·무형의 이익을 제공하는 공동체는 특별한 보상을 받지 않지만 공동체는 세금이나 고용·소비를 통한 경제활성화라는 유무형적 이익을 받는다고 볼 수 있다. 결국 사원(주주)에게 잉여이익이 귀속되어야 하는 이유는 다른 이해관계자와 달리 회사 경영의 위험에 따른 책임(투자위험)을 부담한다는 점에 있다

고 본다. 하지만 투자위험이 제한되는 유한책임사원(주주)의 경우 위험이 잉여이익의 주주귀속의 근거가 되기에는 부족하다고 볼 때, 주주우선주의는 법적 메카니즘에 지나지 않는다.

 3) 이해관계자 귀속 : 이해관계자가 계약적 보상을 넘어 잉여이익을 받을 수 있는가? 사실 이해관계자는 계약자유의 원칙에 따라 회사와 계약관계에 있어 계약상의 보상을 넘어 보상을 요구할 법적 근거는 없다. 회사의 사원 특히 주주의 투자위험에 대한 적정한 보상(이익배당)을 실현시키는 것은 주주의 우선적 권리라 할 수 있는데, 이를 주주우선주의의 진정한 의미라 보며 회사의 영리성의 실현이라 본다. 하지만 잉여이익 역시 모두 주주에게만 귀속되어야 한다는 것은 회사의 영리성과도 무관하며 오히려 회사의 사회성에도 반하는 자원의 분배가 될 수 있다. 즉 주주우선주의는 주주의 이익을 우선시켜야 한다는 원칙이지 잉여이익에 대해 이해관계자의 참여를 배제하여야 한다는 것을 의미하지 않는다. 오히려 잉여이익은 사회적 존재로서 회사의 가치에 귀속되어야 하고 이로써 회사의 **영리성과 사회성의 조화**라는 회사법의 이념이 달성된다. 주주에 대한 적정한 우선적 보상의 정도, 이해관계자 범위의 확정 등 구체적 실천문제가 뒤따르겠지만 이에 관한 판단은 회사의 의사결정권자(사원, 경영자)의 **경영판단**에 맡겨져 있다고 본다.

 4) 소 결 : 회사의 사회적 책임에 관한 부정설의 유력한 논거인 주주우선주의는 이익의 주체인 회사를 주주로 혼동하는 오류를 내포하고 있지만, 회사는 **주주의 적정이익**을 우선시켜야 한다(회사의 영리성의 구현)는 설명까지는 설득력을 가진다. 그리고 긍정설은 회사의 **잉여이익의 귀속**을 회사의 의사결정권자의 경영판단에 맡기는데, 이는 회사의 **태생적 영리성과 제도적 사회성을 조화**시켜 회사법의 이념을 실현시킨다는 점에서 이론적 설득력을 가진다고 본다. 사회적 책임 긍정설에서 이해관계자의 범위는 주주만큼 명확하지는 않지만 **경영판단**의 대상으로서 무한히 확대될 수 있는 개념은 아니고 경영자의 판단에 따른 책임으로 제한될 수 있다고 본다. 회사의 사회적 책임의 이행에 관한 경영자의 판단은 회사의 가치는 물론 시장의 변화에 걸맞는 시대적 가치도 반영하여야 재량일탈에 따른 책임을 벗어날 수 있으리라 본다. 공동체의 환경, 근로자, 소비자 보호라는 법적 책임은 물론 ESG 경영을 통해 공동체의 가치변화에 적응함으로써 회사의 장기적 이익형성에 기여할 수 있어야 한다.

(4) 법적 검토

1) **법적 수용론** : 회사의 사회적 책임에 관해 이론적으로 긍정적 검토를 하였
지만 이를 어떻게 법적으로 수용할 것인가 하는 문제는 관점을 달리한다. 우리법
상 회사의 사회적 책임론을 기업의 자율적인 행동원리로 보는 데는 대체로 이견
이 없다. 하지만 사회적 책임을 법적 책임으로 도입할 것인지(쟁점3)[26]에 관해서
는 학설이 대립되고 있다. **부정설**은 사회적 책임론을 법적 책임으로 수용할 경우
회사법구조를 공익적 성격으로 변색시킬 우려가 있다는 점, 의무내용이 모호하고
의무의 대상도 부존재한다는 점, 사회적 책임은 비법률적 개념일 수밖에 없다는
점 등에서 반대한다. **제한적 긍정설**은 회사의 사회성을 인정하면서도 직접 법적
책임성을 인정하지 않고 장기적 이익 등과의 관련성을 제시한다. **긍정설**은 주주지
상주의의 문제점을 지적하면서 이해관계자주의의 관점에서 사회적 책임론의 법적
수용을 긍정하면서, 회사이익은 주주이익만을 의미하는 것이 아니라 채권자와 근
로자, 지역사회의 주민 등 관련된 모든 이해관계자들의 이익을 포함한 총합으로
이해한다. **판례**는 주식회사의 이사는 주주가 아닌 주식회사의 사무를 처리하는 자
의 지위에 있다고 보며(2007도4949), 회사의 공익기부행위의 적법성을 전제하면
서 절차적 정당성을 검토하고 있어(2016다260455) 회사의 사회적 책임을 부정한

---

26) **법적 책임으로서 회사의 사회적 책임의 도입여부(쟁점3)**에 관해, **부정설**은 회사가 순수한
이익단체라는 것은 회사의 전통적이고도 고유한 본질이어서 회사의 사회적 책임을 회사
법이 수용한다면 회사법 구조를 공익적 성격으로 변색시켜 정치권력에 의한 회사의 영리
활동통제의 구실이 될 수 있다고 본다(이철송69). 그밖에 이를 손해배상책임으로 이해하
고 자율적 규제가 타당하다는 견해(최준선45~46)도 법적 책임성은 부인하는 견해로 판
단된다. 그리고 기업의 사회적 책임에 관해 명문규정을 두더라도 제재수단이 없다는 한
계를 지적하면서도 회사의 사회성과 공공성을 긍정하면서, 다만 회사의 일차적인 목적은
영리추구에 있으므로 사회적 책임을 인정하더라도 그것은 부차적인 것이지 결코 본질적
인 것이 되지 못한다고 보는 견해(권기범57~58), 회사는 사원의 영리추구를 위한 수단이
라는 존재를 떠나서 하나의 사회적 존재가 되어 이익단체적 성질과 함께 공동단체적 성
질을 가지며, 기업의 사회적 책임은 회사의 공동단체적 성질을 반영한다고 하는 견해(정
찬형449), 기업의 사회적 책임을 영리성의 한계로 이해하고 비영리적 활동이 기업의 장
기적 이익과 관련될 가능성을 제시하는 견해(김정호57) 등은 법적 책임성을 명확히 밝히
고 있지는 않지만 법적 효력과의 관련성을 인정하고 있어 **제한적 긍정설**로 판단된다. 사
회적 책임론에 관한 **긍정설**은 주주지상주의의 오류를 지적하면서, 이사는 개인 주주보다
는 회사를 위한 수탁자로서 활동하여야 하고, 회사를 사회적 공기(公器)로 보고 주주를
포함한 회사의 모든 이해관계자의 부의 창출과 그 조정을 꾀한다고 본다. 그러면서 경영
판단원칙을 통해 이사의 광범위한 재량권, 회사법상 채권자보호규정, 이사의 제3자에 대
한 책임 등을 이해관계자주의의 근거로 주장하면서 회사의 사회적 책임을 법적 책임으로
이해한다(장덕조8~9).

다고 보기는 어렵다.

 2) 회사행위의 효력(권리능력) : 주식회사의 이사가 사회적 책임을 이행한 회사행위를 한 경우 그 행위의 효력은 어떠한가? 그러한 이사의 회사행위(예, 공익기부행위)는 비영리행위로서, 회사행위 유효성 판단기준인 회사의 영리성 또는 정관상의 목적에 반하거나 제3자의 이익을 위한 대표권남용이 되는가? 정관상의 목적에 관한 판례의 기준(객관적 필요·유익성)에 의해 개개의 사회적 투자를 객관적 유익성에 따라 판단할 경우 객관적 유익성의 개념이 불명확하여 다툼이 예상된다. 하지만 수익성이 높은 대규모회사의 사회적 책임투자는 회사의 장기적 이익을 위한 필요·유익한 행위로 판단할 수 있다고 본다. 그리고 정관상의 목적을 일탈한 회사행위에 관해 대표권남용의 문제가 발생할 수 있겠지만, 회사 이익에 의한 사회적 책임투자는 주주의 이익침해라고 볼 정도의 과도한 투자가 아니라면 대표권남용이 되지 않는다. 요컨대 사회적 책임수행의 회사행위는 현재 주주에게 이익이 되지 않지만 회사의 (장기적) 이익추구로 이해될 수 있으며 따라서 행위의 효력을 부인하기는 어렵다. 판례도 강원랜드사건(2016다260455)에서 회사의 공익기부행위가 권리능력범위에 포함되는지를 명확하게 판단하지 않았으나 권리능력범위 내라는 것을 전제하고 판시하였다고 이해된다.

 3) 이사의 책임 : 회사의 사회적 책임을 수행하기 위한 이사의 회사행위(예, 기부행위)는 유효하다고 해석하더라도 그러한 행위를 한 이사는 선관주의의무 또는 충실의무 위반으로 손해배상책임을 부담하거나 이러한 사정이 해임사유가 될 수 있는가?(쟁점4)[27] 이에 관해 회사의 사회적 책임론에 근거하여 이사의 책임을 부정하는 견해(**부정설**)와 행위의 원칙적 적법성을 전제하면서 이를 회사의 장기적

---

27) **이사의 기부행위를 이유로 한 해임의 적정성(쟁점4)**에 관해, **장기적 영리설**은 회사의 사회적 책임론의 위험성을 경고하면서 의무내용이 모호하고 의무대상도 막연하여 부존재하며 아직 법률적 개념으로 성립하지 않았다는 점에서 책임론의 논거가 될 수 없다고 본다. 그러면서 정관상의 목적에 충실한 영리활동 외에도 회사가 생존하기 위한 조건으로서 기업에 사회적 평가를 인정하면서, 기업평가를 우량하게 유지하기 위한 지출은 단기적으로는 회사의 손실이지만, 장기적으로는 영리성의 실현을 위한 비용 내지는 장기적 투자라 본다(이철송, "회사의 비영리적 출연의 허용기준", 「선진상사법률연구」, 제89호 (2020.1), 8~10면). **경영판단설**은 회사업무와 관련 없는 분야의 기부라도 주주의 장기이익과 반드시 무관하다고 단정할 수 없다고 보면서, 회사 규모나 경영실적에 비추어 과도한 비영리활동에 대해서는 경영자에게 책임을 물을 수 있다고 보고, 경영자의 사적이해가 결부된 경우가 아니라면 경영자의 경영판단을 존중하여야 한다고 본다(김건식49).

영리추구행위로 보는 **장기적 영리설**과 이사의 경영판단의 대상으로 보는 **경영판단설** 등이 주장되고 있다. **판례**는 주식회사의 이사회에서 기부금의 성격, 기부행위가 그 회사의 설립 목적과 공익에 미치는 영향, 그 회사 재정상황에 비추어 본 기부금 액수의 상당성, 그 회사와 기부상대방의 관계 등에 관해 합리적인 정보를 바탕으로 충분한 검토를 거치지 않았다면, 이사들이 그 결의에 찬성한 행위는 이사의 선량한 관리자로서의 주의의무에 위배되는 행위에 해당한다고 보아(2016다260455), 기부행위에 대해 경영판단원칙을 적용한 것으로 판단된다. 그리고 일본 통설28), 판례29)도 회사의 목적의 범위 내의 행위가 될 수 있다고 해석한다.

4) 배임죄 : 회사의 기부행위는 기부행위가 회사의 권리능력의 범위에 포함되는지, 이를 결의하거나 집행한 자의 선관주의의무 위반문제와 함께 임무위배에 따른 배임죄가 성립하는지 문제될 수 있다. 이사의 배임죄 성립에 관해 판례는 기부행위가 회사의 설립목적, 기부금의 성격, 그 기부금이 사회에 끼치는 이익, 그로 인한 주주의 불이익 등을 합목적적으로 판단하여, 그 기부행위가 실질적으로 주주권을 침해한 것이라고 인정되는 정도에 이를 것을 요한다고 보았고(85도480), 기부액수가 회사의 재정상태 등에 비추어 기업의 사회적 역할을 감당하는 정도를 넘는 과도한 규모로서 상당성을 결여한 것이고 특히 그 기부의 상대방이 대표이사와 개인적 연고가 있을 뿐 회사와는 연관성이 거의 없을 경우에 인정하였다(2010도9871). 다만 이사의 위임인은 주주가 아니라 회사라는 점에서 볼 때 주주권 침해를 배임죄의 임무위배에 해당한 것으로 보기는 어렵고 회사의 입장에서 판단하여야 한다고 보며, 이 경우 회사의 사회성을 고려할 때 배임죄의 성립은 극히 사익추구의 기부행위에 국한되어야 한다고 본다.

5) 소 결 : 장기적 영리설은 기부행위를 회사의 장기적 영리추구행위로 보아 기부행위의 법적 근거를 제시하였다는 점에서 회사의 목적에 반하지 않는다는 견

---

28) 회사의 규모, 경영실적, 상대방 등을 고려하여 응분의 것인 한에서 이사, 집행임원에 의무위반의 책임이 생기는 것은 아니며, 달리 말하면, 주주의 이익에 기여하지 않는 기부를 이사, 집행임원은 할 수 있다고 보았다(江頭憲治郎23).

29) 民集24券6號625頁; 동 판례는 정치헌금이 합리적인 범위의 금액인가가 다투어진 사례로서, 기부 일반을 통하여 적용되는 법리로 해석된다. 판시와 달리 회사의 기부는 회사의 신용·평판을 높이고 회사의 사업수행에 유익한 한도에서 인정되어야 한다고 주장하는 견해도 있다(江頭憲治郎25, 각주5).

해보다 진일보했다고 볼 수 있지만 장기적 영리성의 개념의 모호성과 객관적 증명의 어려움이 문제라 본다. 그리고 경영판단설은 기부행위도 회사행위인 이상 당연히 경영판단의 원칙이 적용될 수 있어 기부행위의 특별한 근거를 제시한다고 보기는 어렵지만, 기부행위를 제3자의 이익추구행위로 보지 않고 경영판단의 대상에 포함시켰다는 점에서 실익이 있다고 본다. 다만 경영판단설은 이사의 책임과 관련한 법적 판단기준을 제시하였지만 회사의 사회적 책임의 논거를 제시하였다고 볼 수는 없다. 요컨대 회사의 사회적 책임 이행은 회사법의 이념인 회사의 영리성과 사회성의 조화에 따라 회사 잉여이익이 이해관계인에게 귀속된 전통적 관점의 비영리 행위이지만, 이는 회사의 목적, 정관의 목적에 반하지 않고 자기거래에 포함되지 않으며 이를 집행한 이사의 행위는 경영판단의 대상이 된다고 볼 수 있다. 하지만 사회적 책임이행에 관한 이사의 경영판단의 적법성에 관한 논란의 여지가 없지 않아, 그 절차적 적법성 보장을 위한 정보의 공시, 의사결정의 통제장치, 책임이행의 결과 공시 등 회사법상 제도도입도 필요하다고 본다.

[비교법] 1) **영 국** 최근 진보적 회사법제는 회사의 사회적 책임에 관해 적극적인데 그 대표적인 입법이 2006년 영국 회사법이다. 영국 회사법 제172조에 회사의 성공을 증진할 의무를 규정하면서 이사가 업무집행을 함에 있어서 장기적으로 고려할 사항에는 주주 이외의 이해관계자로서 회사 근로자, 공급자, 고객, 지역 사회 등을 포함시키고 있다. 제417조에서는 영업보고사항에 환경적 문제, 회사의 직원, 사회, 지역사회의 문제, 영업계약 상대방에 관한 정보 등을 포함시키도록 하고 있다. 2) **미 국** 미국은 거의 모든 주가 관계자법령(constituency statute)이라는 입법을 통해 회사의 관계자를 보호하는 움직임을 보였지만, 델라웨어 주는 사법부를 통해 유사한 원칙을 형성하였는바, 이를 델라웨어의 보통법상의 준 관계자 법령(quasi-constituency statute)이라고도 한다.30) 그밖에 최근 미국에 공익법인(Benefit Corporation) 법제가 등장하였는데, 메릴랜드주의 입법을 시작으로 2015년 현재 미국 31개주가 주 회사법에 Benefit Corporation에 관한 규정을 두었다.31) 델라웨어주도 개정 회사법에 Benefit Corporation의 개념을

---

30) 델라웨어주가 관계자 법령을 가지지 않은 9개 주에 포함되지만, 델라웨어주 회사법 선례는 보통법으로서 관계자 법령에 준하는 것으로 해석된다. 델라웨어주의 판례는 회사와 주주의 장기적인 이익에 합리적 관련성을 가질 경우 이사는 다른 이익을 고려할 수 있게 하여 주주와 비주주 관계자의 이익간의 균형을 잡는다. 이러한 준관계자 법령은 Paramount Communications, Inc v. Time, Inc 사건에서 승인된 바 있다. PC 사건에서 델라웨어 대법원은 Warner Brothers와의 합병을 위해 PC의 수익성 있는 공개매수를 거절하는 Time사의 이사회의 결정을 지지하였다. 그 합병이 Time사의 주주들에게 매우 불이익한 것임에도, Time사의 이사들은 Warner의 거래가 회사에 장기적 이익을 제공할 것이라 보았다.
31) Kristin A. Neubauer, "Benefit Corporations: Providing a New Shield for Corporations with Ideals beyond Profits", Journal of Business & Technology Law, 2016, p.109.

비롯하여 이사의 의무와 책임, 사회적 책임이행실적에 대한 공시 등에 관한 규정을 두고 있다. 하지만 회사의 사회적 책임에 관한 논쟁의 와중에서도 델라웨어주 대법원이 일관되게 유지하고 있는 입장은 주주의 이익만이 유일한 회사의 목적은 아니지만, 다른 이익은 반드시 주주의 이익에서 파생되어야 한다고 본다.32) 즉 주주의 이익과 합리적으로 관련될 경우에 이사회는 이해관계인의 이익을 고려할 수 있다는 입장이다. 3) **기타 국가** 프랑스는 신경제규제법(New Economic Regulations Act)을 통해 2001년, 비재무 정보 보고에 관한 규정을 도입하여 법적으로 강제의무를 규정하였다. 동법에 따르면 상장회사에 한하여 매년 기업활동으로 인한 사회 및 환경 결과와 관련한 정보들을 경영보고서를 통해 공개하도록 하였다.33) 2014년 유럽연합(EU)의 유럽의회는 「대기업의 비재무 정보와 다양성 정보에 관한 공개 지침」The Directive on Disclosure of Non-Financial and Diversity Information by Certain Large Companies and Groups)을 채택하여, 일정 규모 이상의 유럽 기업들은 환경노동·인권존중·부패방지 등 비재무정보와 이사회구성원의 다양성에 관한 정책정보·위험정보·결과정보를 공개하도록 정하고 있다.

제 2 절 회사의 사단성

1. 의 의

(1) 원칙적 사단성

2011년 개정상법은 상법 제169조에서 사단성을 삭제하였다. 현실적으로 사원이 1인인 회사가 많아 1인회사도 회사법이 규율할 수 있도록 회사의 의의 조항에서 사단성을 삭제하였지만, 회사가 원칙적으로 사단성을 가지는 법인임에는 변함이 없다. 즉 회사는 원칙적으로 영리사단법인이지만 예외적으로 1인회사인 경우에도 회사의 개념에 포함된다. 공동기업에 속하는 **조합과 사단의 구별**을 보면, 조합에는 계약법리가 적용되고 단체로서의 단일성보다 구성원의 **개인성**(개인의 권리·의무의 주체성)이 중시되는데 반해, 회사법 등 단체법리가 적용되는 사단에서는 구성원의 개인성보다 **단체성**(단체의 권리·의무 주체성)이 부각된다. 조합과 사

---

32) Not only is benefit to shareholders the primary purpose of a corporation, but all other interests must flow from it: [a] board may have regard for various constituencies in discharging its responsibilities, provided there are rationally related benefits accruing to the stockholders (Revlon, Inc. v. MacAndrews & Forbes Holdings, Inc., 506 A.2d 173, 182 (Del. 1986)).

33) 이유민, "기업의 사회적 책임에 관한 회사법적 연구", 성균관대학교 박사학위논문, 2019. 106면.

단의 이론적 구별에도 불구하고, 사단이 법인성을 취득하여 회사가 됨으로써 사단법인인 회사는 조합과 보다 확연히 구별된다. 통상 사단의 실질을 가진 조직이 법인격을 취득하지만 조합의 실질을 가진 조직이 법인격을 취득하는 것도 가능한가가 문제되며, 이는 인적 회사의 사단성에 관한 논의로 된다.

(2) 인적회사의 사단성

1) **인적회사의 특성** : 합명·합자회사는 회사 신용의 기초가 사원에 있는 인적회사에 포함되는데, 인적회사의 내부관계에 관해서는 정관 또는 상법에 다른 규정이 없으면 조합에 관한 민법의 규정이 준용된다(상195,269). 이러한 인적회사의 실체는 조합인가 사단인가?(쟁점5)[34] 인적회사의 **조합적 특성**은 첫째, 의사결정을 위한 사원총회가 없다는 점, 둘째, 사원이 회사채무에 직접 책임을 부담하는 점, 셋째, 조합에 관한 민법 규정의 준용(상195,269) 등에서 찾을 수 있다. 그리고 인적회사의 **사단적 특성**은 첫째, 인적회사의 사원간의 관계가 계약관계가 아니라 사단관계라는 점, 둘째, 대외적 업무집행은 대리가 아니라 대표사원이 대표하며(상209), 셋째, 회사의 재산소유·책임부담의 형식도 조합원의 (준)합유가 아니라 회사의 단독 소유·책임이라는 점 등을 들 수 있다.

2) **검 토** : 인적회사의 사단적 특성은 인적회사의 사원관계, 대외적 법률관계, 재산의 소유관계 등에서 나타나는 특징으로서 인적회사의 본질적 특성으로 볼 수 있는데 반해, 조합적 특성(사원총회의 부재, 무한책임, 조합규정 준용)들은 조합의 흔적에 지나지 않고 본질적 특성이라 보기는 어렵다. 왜냐하면 사원총회는 부재하지만 일정한 경우 사원의 결의를 요하고(상200.2), 사원의 무한책임은

---

34) **인적회사의 본질(쟁점5)**에 관해, **조합설**은 합명회사, 합자회사, 유한책임회사는 조합적 실질을 가진다고 보면서, 이들 회사에서 형식적 사단성과 조합적 실질을 어떻게 조화하여 반영할 것인가 하는 문제를 제기한다. 그러면서 상법은 대외적인 문제에 있어서는 법형식적 사단성에 따라 법률관계를 규율하는 한편, 사원과 회사 및 사원 상호간의 법률관계에 있어서는 조합의 실질을 존중하여 조합적 원리에 입각한 법규율을 마련하고 부족한 것은 민법 조합의 법리에 의해 해결한다고 본다(이철송43). **사단설**은 합명회사와 합자회사에서도 사원의 법적 지위가 사원 상호 간의 조합계약이 아니라 회사와 사원 간의 출자관계로 형성되어 있다는 면에서 미약하지만 사단성이 인정된다고 보고, 이로써 상법 규정이 흠결된 경우 민법의 사단법인에 관한 규정을 보충적으로 적용할 수 있다고 본다(권기범99). 그밖에 구상법 제169조에서 말하는 사단은 조합을 포함하는 상위개념으로 단체를 의미한다고 보는 **인적 결합설**(정동윤12), 인적회사는 실질적 의미에서는 조합이지만 형식적 의미의 사단이라고 보는 **형식적 사단설**(서정갑177) 등도 주장된다.

회사 채권자를 위한 입법적 결단이라고 볼 필요가 있으며, 조합규정의 준용은 내부관계의 자율성을 허용한 것에 지나지 않기 때문이다. 요컨대 인적회사는 회사 '내부적 자율성이 허용된 사단법인의 실체'를 가졌다고 본다.

(3) 물적회사의 사단성

1) **사단·재단의 구별** : 물적회사의 경우 인적회사와 달리 1인회사가 허용되고 소유와 경영이 분리되며 무의결권주식의 발행이 허용되어, 전통적인 사단과 비교할 때 사단성이 약화되거나 사원(주주)의 사단 구성원적 지위가 약화되는 경우가 생겨나고 있다. 이러한 물적회사의 **사단성의 약화** 가능성을 고려할 때 물적회사는 사단이 아니라 재단적 특성을 가진다고 볼 수는 없는가? 우리법상 물적회사의 재단성을 주장하는 견해는 없으며, 물적회사를 재단으로 보는 것은 적절하지 않다고 본다. 왜냐하면 사단법인, 재단법인을 구분하는 기준은 단순히 사람이 중심인가 재산이 중심인가 또는 다수인이 사원으로 유지되느냐 하는 점에 있는 것이 아니라, 그 구성·운영의 자율성 여부이기 때문이다. 단체의 운영에 구성원의 자율성이 인정될 경우에는 사단이라 할 수 있고, 설립자의 설립취지를 변경하기 힘든 타율성은 재단의 특성이라 할 수 있다.

2) **주식회사의 특성** : 인적회사를 포함한 모든 회사 형태에서 설립자의 설립취지가 정관에 반영될 수 있지만, 회사법상의 규정에 따라 사원의 결의에 의해 변경될 수 있는 자율성을 가진다. 특히 물적회사성이 강한 주식회사는 1인회사가 허용되고 주주(사원)가 경영에서 배제될 수도 있지만 여전히 주주총회를 통해 회사의 중요한 의사가 결정되는 **자율성**을 가져 사단의 실체를 가진다고 볼 수 있다. 영리재단법인은 민법상 허용되지 않으며, 1인회사, 무의결권주식 등은 사단성에 대한 예외적 현상에 지나지 않는다. '소유와 경영이 분리'로 표현되는 대규모 주식회사의 현상도 주주는 회사를 소유하는 것이 아니라 지분을 소유할 뿐이어서 정확한 표현이라 할 수 없으며 **'지배와 경영의 분리'**에 지나지 않는다. 즉 주주는 주식의 소유를 통해 회사를 지배하더라도 경영을 전문경영인에 위임하는 것은 주주의 구성원적 지위의 약화가 아니라 주주의 이익창출을 위한 선택으로서 주식회사의 사단성의 약화와는 무관하고 사단성과 모순되지 않는다.

2. 1인회사 – 사단성의 예외

(1) 의 의

1) 개 념 : 1인회사란 1인의 주주(사원)가 회사가 발행한 주식(지분) 전부를 소유하고 있는 회사이다. 회사의 지분이 양도되어 1인에게 집중된다면 회사의 사원수는 1인이 되어 사단성을 상실하게 되는데, 1인회사를 회사로 볼 수 있는가? 상법은 **인적회사**의 경우 1인회사는 사단성을 상실하였다는 이유에서 사원이 1인이 된 경우를 해산사유로 규정하고 있으나(상227.3호,269), **물적회사**의 경우 1인회사를 해산사유에서 배제하고 있다(상287의38.2호,517,609.1), 이렇게 볼 때 1인회사를 허용할 것인가는 '1인사원의 물적회사'의 문제로 볼 수 있는데, 회사법에서 회사의 사단성 규정을 삭제하여(상169) 1인회사를 간접적으로 허용하였다고 볼 수 있다. 하지만 1인회사는 개인기업과 실질적으로 동일한데, 그럼에도 불구하고 회사의 특혜(명의와 책임의 분리 등)를 부여하는 것은 개인기업과의 형평성 문제(규제차익)를 제기하여 회사법의 적용의 예외를 제한할 필요가 있다고 본다.

2) 인정근거 : 1인회사인 물적회사는 사단성을 흠결하게 되고 실질적으로 '유한책임의 개인기업'을 허용하는 것이 되어 1인회사의 허용에 관해 학설대립[35]이 있었다. 하지만 회사의 사단성 규정이 삭제되었고(상169), 1인의 발기인에 의한 회사 설립이 허용되고(상288) 있을 뿐만 아니라, 1인회사를 물적회사의 해산사유에서 배제하고 있는 상법(상517)의 취지까지 고려할 때 1인회사인 물적회사는 회사법상 허용되는 것으로 해석된다. 이론적 관점에서도 회사의 신용은 사원의 수가 아닌 재산에 있다는 물적회사성, 주식의 자유양도성으로 인해 1인회사라 하더라도 언제든지 2인회사가 되거나 2인회사를 쉽게 가장할 수 있다는 점(잠재적 사단성), 1인회사를 허용하지 않게 되면 주식양도시점이 불명확하여 사단성 상실 시점이 불분명해져 법률관계의 다툼이 생길 여지가 많게 된다는 점을 고려할 때 1

---

35) 부정설은 1인회사는 사단성을 흠결하였다는 점과 실질적으로 유한책임의 개인기업을 인정한 결과가 된다고 보아 이를 부정하는 입장이고, 긍정설은 물적회사는 사원보다는 회사의 재산이 더 중요한 의미를 지닌다는 점(물적회사성), 1인회사도 언제든지 쉽게 2인 이상의 사원으로 변모할 수 있다는 점(지분의 자유양도성, 잠재적 사단성), 1인회사를 부정할 경우 언제 1인회사가 되었는지 파악이 불가능하여 법률관계의 혼란이 초래된다는 점(사원의 비공시성) 등을 근거로 1인의 물적회사는 허용된다고 본다.

인회사를 허용하지 않을 수 없다고 본다. 특히 주식회사의 경우 1인회사의 설립 (상288)·전환(상360의24)이 허용되고 있어 1인회사가 적법하다는 것이 통설·판례의 입장이다(66다1187). 이렇게 볼 때 1인회사 문제는 허용여부나 인정근거에 관한 논의에서 1인회사의 실체 및 법률관계 즉 '1인 주식회사에 대한 회사법리의 수정적용'의 문제로 논의의 중심이 옮겨왔다고 볼 수 있다.

[비교법] 1인회사에 관해 미국의 대부분의 주들도 1인회사의 설립을 인정하고 있다(델회101.a, 캘회200.a), 영국도 1992년에 1인회사의 설립을 허용하였다(영회7.1), 독일은 1980년에 유한회사에 관해(독유1), 1994년에는 주식회사에 관해(독주2) 1인회사의 지위를 허용하였다. 프랑스는 1985년에 유한회사에 관해 1인회사의 설립을 허용하였지만(불상223~1,223-4), 주식회사에 관해서는 1인회사의 설립·영속을 모두 인정하고 있지 않다.

  3) 실질적 1인회사 : 회사법의 수정적용이 허용되는 1인회사의 범위에 관해, 판례는 **형식적 1인회사**이지만 실질적으로 주식이 분산되어 있는 경우에는 1인회사의 범위에 포함되지 않는다고 보면서도(2005다73020). 형식적으로는 1인회사가 아니지만 **'실질적 1인회사'**의 경우까지 1인회사의 법리를 적용하고 있다(91다19500). 그런데 형식주주와 실질주주 중 누구를 주주로 볼 것인지(주주확정)에 관해 새로운 입장을 천명한 '주주확정에 관한 17년 전원합의체 판결(2015다248342)'은 주주권 행사자는 회사의 주주명부에 의해 확정되고 실질주주는 회사에 대해 주주권을 행사할 수 없으며 회사도 이를 허용하지 못한다고 판시하고 있다. 동 판결에 의하면 그간 판례상 인정되었던 '형식적 1인회사', '실질적 1인회사'의 개념이 성립할 수 있는지가 문제된다. 주주명부상의 주주만 회사에 대해 주주권을 행사할 수 있게 되면, 형식적 1인회사도 1인회사로 취급될 가능성이 있으며, 실질적 1인회사 즉 실질적 1인주주에 의해 주주총회 개최 없이 주총의사록을 기재한 경우, 형식주주가 참석한 주주총회가 개최되지 않았으므로 1인회사의 법리를 적용할 수 없다고 해석될 가능성이 높아졌다.

(2) 주주총회 결의

  1) 논 의 : 1인회사에서 주주총회의 결의가 1인주주의 의사에 의해서 대체될 수 있는가?(**쟁점6**)[36] 왜냐하면 주주총회를 개최하더라도 1인주주가 주주의 전부이

---

36) 1인회사에서 **1인주주에 의한 주총대체성(쟁점6)**에 관해, **긍정설**(통설)은 1인주식회사에서

어서 1인주의 의사를 확인하는 형식적 절차에 지나지 않기 때문이다. **부정설**은
1인회사라 하여 주주총회의 조직규범을 완전히 무시하는 것은 허용될 수 없다고
본다. 특히 부정설은 이사회의 주주총회 소집결정의 흠결까지 전원주주의 동의
로 치유된다는 것은 부당하다고 본다. **긍정설**은 주주총회의 소집절차, 의결절차
(보통·특별·특수결의), 총회의사록 작성 등 주주총회에 관한 각종 규정은 강행규
정이지만, 주주의 권익을 보호하기 위한 규정이어서 1인회사의 유일한 주주가 찬성
할 경우 절차의 위반을 이유로 결의가 무효라고 하는 것은 형식논리가 되어 1인주
주(총주주)의 의사에 의해 주주총회에 관한 규정은 대체될 수 있다고 본다(통설).

　2) **판　례** : 1인회사에서 1인주주의 총회참석·동의만 있으면 소집절차의 흠결
은 문제되지 않고(66다1187), 1인주주가 주주총회에 출석하면 전원 총회로서 성
립하여 그 주주의 의사대로 결의가 될 것이므로 주총결의가 없더라도 문제가 없
어 주총의사록만 작성되었다면 결의가 있는 것으로 보고 있으며(74다1755), 더 나
아가 실질적 1인회사의 경우에도 동일하다고 보며(91다19500), 2인이 총 주식을
소유하고 있는 경우에도 2인 주주가 함께 주총의사록 작성을 타인에게 위임한 경
우 1인회사의 법리가 적용될 수 있음을 전제한 판례(2009다95769)도 있다. 그리고
주총의사록마저 없더라도 증거에 의해 인정될 경우(퇴직금지급규정의 주총승인을
1인주주에 의한 퇴직금지급결재로 갈음)도 인정된다고 보아, 총주식의 98%를 소
유한 주주를 실질적 1인주주로 본 판결도 있지만(2004다25123), 지배주주(98% 소
유)에 의한 주주총회 의사록의 작성을 소집·결의절차 없이 주총의사록에 기재에
해당하여 그 주주총회의 결의는 부존재하다고 본 판례(2005다73020)도 있다.

　3) **소　결** : ① 학설 검토 – 주총결의에 관한 규정은 강행법규여서 긍정설은 기
관의 분화라는 강행법규에 반하는 결과가 되어 이론적으로 문제가 있다. 하지만
주주총회는 토의기관인 이사회와 달리 **표결기관**이어서 결과가치가 존중될 필요가

　주주가 1인이므로 복수의 주주를 전제로 하여 주주의 이익을 보호하기 위한 상법상의 규
　정은 완화하여 적용된다고 하면서, 주주총회의 소집절차나 결의방법이 상법의 규정에 위
　배된다고 하여도 1인주주의 의사에 합치하는 한 유효라고 본다(정찬형463). **부정설**은 특
　히 이사회의 소집결정의 흠결까지도 전원주주의 동의로 치유된다는 점이 부당하다고 보
　는데, 총회소집권한은 이사회의 권한이고 이는 강행법규로서 존중되어야 한다는 점, 개인
　기업의 실체를 가진 1인회사는 가급적 억제하는 것이 입법정책상 요구된다는 점 등을 논
　거로 하고 있다(이철송527~528).

있고 절차위반만으로 주주이익의 침해가 발생하지 않아, 총주주에 해당하는 1인 주주의 의사를 확인할 수 있다면 그 절차에 하자가 있더라도 1인주주의 의사에 주주총회의 결의의 효과를 부여함이 타당하다고 본다(**긍정설**).

② 판례 검토 – **지배주주**(예, 98%의 주식을 소유한 주주)에게 1인회사의 법리를 그대로 적용할 경우 나머지 2% 주주의 주주총회에서의 권한행사는 봉쇄되어 실질적 주주의 권리침해가 될 뿐만 아니라 이를 허용할 경우 그 지주율의 한계도 모호하게 되므로 100%를 자기명의로 또는 타인명의로 소유하는 경우에만 예외적으로 1인회사 법리를 적용하여야 한다고 본다. 앞서 본 바와 같이 **사실상 1인회사**인 경우 기존의 판례는 1인회사의 법리를 적용하였지만 주주명부의 확정력을 인정한 판례 이후에는 동 판결이 적용되기는 어렵다고 본다. 주주총회의 결의는 의사록에 기재되어 이사 등이 이에 서명하여(상373.2) 본·지점에 비치하여야 하며(상396.1), 주주는 물론 회사채권자가 이를 열람·등사청구 할 수 있어야 하는데(상396.2), 이러한 **주주총회 의사록의 공시**는 주주만이 아니라 회사채권자 등과도 관련되므로 1인회사라 하더라도 채권자보호라는 회사법의 취지에 반할 수 없다고 본다. 뿐만 아니라 1인주주의 의사는 '내심적 효과의사'에 머물러 있을 수도 있어 공시가 더욱 요구된다고 볼 수 있으므로 거래안전과 단체법적 법리에서 볼 때 주주총회의 결의를 대체할 수 있는 1인주주의 의사라 하더라도 적어도 회사법상 요구되는 주주총회의 의사록에 기재되어 이사의 서명을 받은 경우(최소한의 공시요건 구비)에만 주주총회의 결의를 대체할 수 있다고 보아야 한다. 이렇게 볼 때 주총의사록이 없이 증거에 의해 1인주주의 의사를 확인할 수 있는 경우에도 주총결의가 있었다고 보는 판례2004다25123)의 타당성은 의문이다.

③ 관련 쟁점 – **특별이해관계인인** 1인주주에 의결권제한(상368.4)을 엄격히 적용할 경우 주주의 완전공백이 발생하여 주총의결이 불가능하게 되므로 1인회사에서는 이들 규정이 적용될 여지가 없다고 보아야 한다. 그리고 **감사선임**에서 1인주주도 3%까지는 행사할 수 있어(상409) 1인주주의 의사(3%의 의결권)에 의한 감사선임도 가능하다. 그리고 주식양도 제한회사에서 주식양도를 위해서는 이사회의 승인이 요구되는데(상335.1,2), **소규모 주식회사**(이사회가 없는 주식회사)는 이사회를 대신하여 주주총회의 승인을 받게 되므로(상383.4) 1인주주는 사실상 제한 없이 주식을 양도할 수 있게 된다.

(3) 이사회 승인(자기거래)

1) **논 의** : 1인회사에서 1인주주의 의사가 이사회결의를 대체할 수 있는가? 특히 1인주주가 대표이사인 경우 대표이사의 자기거래에 대한 이사회의 승인은 1 인주주의 의사에 의해 대체될 수 있는가?(**쟁점7**)[37] 이에 관해 특히 자기거래의 이 사회 승인과 관련하여, **부정설(승인필요설)**은 '기관분화의 취지'[38]와 회사법의 강 행법규성, 회사의 재산은 주주에만 관련되는 것이 아니라 모든 회사채권자에 대 한 담보라는 점, 주주의 이익과 회사의 이익은 구별되어야 한다는 점 등에서 회사 법상 규정된 이사회승인은 1인주주의 의사에 의해 대체될 수 없다고 본다. **긍정설 (승인불요설)**은 회사와 1인주주는 별개의 개념이지만 이해의 충돌이 없고, 상법 제398조는 회사채권자를 보호하는 규정으로 보기 어렵다는 점, 회사 재산이 채무 를 변제함에 충분하다면 이사가 채권자의 이익을 고려할 필요가 없다는 점 등을 논거로 1인주주인 이사의 자기거래에 대해 이사회의 승인은 불필요하다고 본다.

2) **판 례** : 이사의 자기거래에 대한 이사회의 승인 규정의 취지가 회사 및 주 주에게 예기치 못한 손해를 끼치는 것을 방지함에 있어, 회사의 이사에 대한 채무 부담행위에 대하여 '사전에 주주 전원의 동의'가 있었다면 회사는 이사회의 승인 이 없었음을 이유로 그 책임을 회피할 수 없다(91다16310,2002다20544)고 하여 자기거래에 대한 회사의 책임을 인정하기 위해 긍정설을 따른 듯한 판결이 있다. 그리고 형사판결에서 1인회사에 있어서 '1인주주의 의사는 바로 주주총회나 이사

---

37) **1인주주인 대표이사에 의한 자기거래에서 이사회승인의 필요성(쟁점7)**에 관해, **승인불요 설**은 자기거래에서 채권자의 이익을 고려할 필요가 없어 1인주주의 자기거래에 이사회의 승인이 필요 없다고 본다(최기원492, 정동윤341, 최준선39). **승인필요설**에는 상398은 주 주만을 보호하기 위한 것이 아니고 회사재산을 건전하게 유지하고 채권자를 보호하는 데 에 그 목적이 있으며 이사는 손해배상책임을 부담하지만 1인주주(총주주)에게는 책임을 물을 수 없어 1인주주(총주주)의 동의로 이사회의 승인을 갈음할 수 없다고 본다(이철송 785). 승인필요설은 그밖에 승인불요설의 판례에 관해 1인회사에도 업무상 횡령,배임의 성립을 인정하는 형사판례와 배치된다는 점(임재연514~515), 주식회사의 각 기관은 독립적인 권한과 책임이 있다는 점(장덕조26), 상법 제398조는 회사이익을 위한 규정 이라는 점(정찬형1053), 주주의 이익과 회사의 이익은 다를 수 있다는 점(김홍기295) 등 다양한 논거로 1인주주인 대표이사의 자기거래에도 이사회의 승인이 요구된다고 주장한다.
38) 회사법은 주주총회와 구별되는 이사회를 독립된 회사의 의사결정기관으로 두고 있고 주 주와 이사는 구성원을 반드시 일치하는 것이 아니므로 회사법의 기관분화의 취지에서 볼 때에서 1인주주의 의사는 주주총회를 대체할 수는 있지만 주주와 구성원을 달리하는 이 사회의 의사결정을 대체하는 것은 강행법규에 반하는 해석이 된다.

회의 의사와 같은 것'이어서 가사 주주총회나 이사회의 결의나 그에 의한 임원변경등기가 불법하게 되었다 하더라도 그것이 1인주주의 의사에 합치될 경우 의사록 위조, 부실등기로 보지 않았다(92도1564)고 하여, 대체로 판례는 **긍정설(승인불요설)**을 따른 것으로 이해된다.

3) 검 토 : 긍정설(승인불요설)은 회사와 주주를 동일시하는 주주우선주의에 치우친 견해로서, 회사법의 '기관분화의 취지'에 반할 뿐만 아니라, 특히 긍정설을 따르는 판례는 회사와 주주의 동일한 이해주체성을 인정하여, 1인주주의 자기거래에 관해 배임죄의 성립을 인정하는 판례(83도2330전합)와 상호 모순된다고 본다. 긍정설(승인불요설)은 기관분화에 반한다는 점 이외에 다음과 같은 논리적 문제점을 가진다. 첫째, 이사의 자기거래에 대한 규율을 통해 보호하려는 이익은 회사의 이익이다. 주주가 회사의 이익에 관해 가장 긴밀한 이해관계를 가지지만 회사의 이익과 주주의 이익은 구별되어야 한다. 둘째, 이사는 회사의 수임인이지 주주의 수임인이 아니고 이사는 회사의 이익보호 의무를 부담하므로 설사 전체 주주가 찬성하는 자기거래라 하더라도 이사회는 회사와의 이익충돌성을 검토할 선관주의의무를 부담한다. 셋째, 표결기관으로서 주주총회는 표결가치(결과)가 중요하므로 1인주주에 의해 대체될 수 있지만, 이사회는 경영전문가에 의한 토의기관이어서 토의에 의한 회사이익의 모색과정이 절차적 중요성을 가진다. 넷째, 회사 채권자는 변제를 받는 시점까지는 회사재산 전체가 채권자에 대한 담보로서 기능하므로 공탁 등에 의해 자산을 분리하지 않는 이상 '채무의 변제가능성'은 허구적이다. 채권자는 회사 재산 전체에 관해 추상적 이해관계를 가지므로 채무변제가능성만으로 채권자의 이익이 배제되지 않는다.

4) 소 결 : 회사는 주주와 분리된 독립적 이익의 주체이다. 회사의 이익에는 주주의 이익이 중심을 이루지만(주주우선주의) 주주의 이익이 유일한 보호이익이 아니고 채권자는 물론 근로자, 소비자, 공동체 등 이해관계자들의 이익도 결합되어 있어 회사는 사회성을 가진 경제주체이다. 1인주주의 이해에는 부합하더라도 회사의 이익에 반할 경우 회사의 수임자인 이사들로 구성된 이사회는 회사이익을 방어하여야 할 책임을 부담하고 그럼으로써 회사의 지속가능성(기업유지)이 실현될 수 있다. 회사법상 회사 채권자 보호(상232,396,445), 사용인보호(상468)의 취지상 이사회는 1인주주가 허용하더라도 회사의 이익 관점에서 이를 검토하여야

하므로 부정설(승인필요설)이 타당하다고 본다. 일부 판례들은 회사의 이익과 주주의 이익을 혼동하여 회사의 본질을 잘못 파악하였으므로 부적절하다고 본다. 다만 소규모회사로서 이사회가 구성되지 않을 경우에는, 자기거래에 관해 이사회를 주주총회가 대신하므로(상383.4) 1인주주의 의사로 이사회 승인결의를 대신할 수 있다고 본다.

(4) 1인주주의 책임

1) **원 칙** : 1인회사라 하더라도 1인주주와 회사와는 별개의 인격의 주체이므로 서로 구별되어 **주주의 유한책임**이 인정된다. 회사의 모든 주식이 1인에 형식적·실질적으로 집중된 1인회사라 하더라도 항상 법인격의 형해화 또는 법인격 남용이 뒤따르는 것은 아니므로 1인주주도 원칙적으로 유한책임을 부담한다. 다만 1인회사는 통상 1인주주의 의사에 의해 회사가 경영되므로 주주총회가 형해화 되거나 회사와 주주간에 재산이 혼용되는 경우가 많아 법인격남용에 해당할 가능성이 높게 된다. 만일 1인회사의 대표이사인 1인주주가 회사의 재산을 황령하거나 회사에 손해를 입힌 경우 실질적으로 1인소유의 회사라는 점에서 **형사책임**(황령죄·배임죄)이 성립하는가?(**쟁점8**)[39] 이에 관해 회사와 1인주주의 법인격 분리를 경직된 사고로 보아 성립에 의문을 제기하는 소수설도 있지만, 통설은 황령죄·배임죄의 성립을 인정한다.

2) **판 례** : 배임죄의 성립을 부인한 판례(73도2611)도 있었지만 1인주주의 배임죄·황령죄의 성립을 인정하고 있다. 즉 사실상 1인주주라 하여도 피고인이 업무상 보관하고 있는 회사재산을 임의 소비하였다면 **황령죄**가 성립하고(83도693). 1인회사에 있어서도 행위의 주체와 그 본인은 분명히 별개의 인격이며, 그 본인인 주식회사에 재산상 손해가 발생하였을 때 **배임죄**는 기수가 된다(83도2330전합). 하지만 판례는 주주총회나 이사회의 결의나 임원변경등기가 불법하게 되었다 하더라도 그것이 1인주주의 의사에 합치되는 이상 의사록을 위조하거나 부실의 등

---

39) **1인주주의 회사재산에 대한 황령·배임죄 성립여부(쟁점8)**에 관해 판례·통설은 황령죄, 배임죄의 성립을 인정한다. 1인회사가 주주의 채무에 대하여 담보를 제공한 경우 주주가 회사에 아무 반대급부를 제공하지 않고 회사의 재산을 담보로 제공한 것에 대해 배임죄를 인정한 판례(2004도7027)에 대해, 상응한 반대급부가 무엇을 의미하는지 모호하다는 점, 주주와 회사가 별개의 법인격이라는 점을 경직된 법리로 보는 견해(송옥렬704~705)도 있다.

기를 한 것이라고 볼 수 없어(92도1564) **사문서위조·공정증서원본부실기재죄**의 성립이 부인된다고 보았다. 1인회사는 아니지만, 대주주가 적법한 소집절차나 임시주주총회의 개최 없이 나머지 주주들의 의결권을 위임받아 자신이 임시의장이 되어 임시주주총회 의사록을 작성하여 법인등기를 마친 사안에서, **공정증서원본불실기재죄**가 성립하지 않는다고 한 사례(2008도1044)도 있고, 주식병합절차에서 주주에 대한 공고절차(상440)를 위반한 경우 주식병합이 무효이지만(2008다15520), 사실상 1인 회사에서 주식병합에 관한 주총결의에 따라 그 변경등기가 경료되었다면 공고절차 흠결이 있더라도 변경등기 무렵에 주식병합의 효력이 발생한다(2004다40306)고 본 사례도 있다.

3) 검 토 : 1인회사의 1인주주라 하더라도 원칙적으로 유한책임을 부담하지만, 사실상 이사(401의2)에 해당하여 회사행위에 대해 책임을 부담할 수 있으며 법인격부인의 법리의 요건에 해당할 경우 그 거래에 관해서만 무한책임을 부담할 수도 있다. 1인회사에서도 1인주주가 횡령·배임행위를 한 경우 회사의 이익과 주주의 이익이 구별되고, 회사의 이익은 주주이익이 중심이지만 채권자의 이익은 물론 근로자, 소비자, 공동체의 이익도 관련되어 주주이익을 유일한 회사이익으로 볼 수 없으므로 횡령죄, 배임죄를 인정한 판례는 타당하다고 본다. 하지만 주주총회가 1인주주의 의사에 의해 대체될 수 있음을 인정하더라도 1인주주에 의한 주주총회·이사회 의사록의 위조, 고의에 의한 부실등기 등에 관해 사문서위조죄, 공증증서원본부실기재죄의 성립을 부인한 판례의 타당성은 의문이다. 왜냐하면 **공시의 대상**이 되는 주주총회의사록(회396)이나 회사등기(상37,39,317) 등의 규정이 보호하는 법익은 주주의 이익뿐만 아니라 채권자 등 일반 공중도 포함되므로, 공중의 이익이 침해된 이상 1인주주의 죄책을 물을 수 있다고 본다. 다만 1인회사의 주식병합 공고는 주주의 이익을 위한 절차이므로 변경등기가 경료되었다면 공고절차가 흠결되어도 주식병합의 효력에 영향이 없다는 판례는 타당하다고 본다.

제 3 절 회사의 법인성

1. 의 의

1) **개 념** : 상법상 회사가 되기 위해서는 법인이어야 한다(상169). 조합과 달리 사단에 대해 명의와 책임의 분리(분리원칙)라는 특권(**법인특권**)을 부여하는 법인 개념은, 사단에 자연인과 유사한 인격을 인정함으로써 단체의 법률관계를 간편화하고 책임을 제한할 수 있게 한다. **명의의 분리**라 함은 사단은 사원(투자자) 명의로부터 분리되어 법인 명의로 권리·의무의 주체가 되고, 소송 등에서 주체가 되는 것을 의미한다. **책임의 분리**라 함은 사원과 법인의 재산은 분리되어 각 다른 주체의 채무에 관해 책임재산이 되지 않는다는 원칙이다. 즉 법인 채무에 관해 법인재산에 대해 강제집행할 수 있고 사원채무의 책임재산이 되지 않아 강제집행할 수 없으며, 반대로 사원 채무에 관해 사원의 재산에 대해서만 강제집행할 수 있고 법인의 채무의 책임재산이 되지 않아 강제집행할 수 없다는 성질을 의미한다.

2) **법인의 실체** : ① **사 단** – 회사는 원칙적 사단법인이므로 회사의 법인격의 실체는 사람의 단체 즉 **사단**이라 할 수 있다. 영리재단법인이 허용되지 않으므로 재단법인은 회사가 될 수 없지만, 사람의 단체 중 조합도 법인이 될 수 있는가? **조합법인**의 기능성에 관해 법인격 부여는 입법정책의 문제이고 그 단체의 사회학적 실체와는 무관하므로 조합적 결합체라도 법인이 될 수 있다고 보는 견해가 있다. **조합**은 단체형성이 아니라 공동사업경영을 목적으로 대가적 채권·채무를 형성시키고 원칙적으로 계약당사자의 해제가 가능한 계약관계이므로, 의사결정·대표기관을 가지고 설립·해산절차가 요구되는 사단·재단과는 구별된다. 법인은 **명의·책임이 분리**라는 법적효과가 부여되기 위해서는 의사결정·행위를 할 수 있는 조직을 통한 형성인과 형성물의 분리(구성원과 단체의 분리)가 전제되어야 하는데, 조합은 조합원에 의해 의사결정과 행위가 이뤄져 조합구성원과 조합의 분리가 없기 때문에 조합은 법인의 실체가 되기 어렵다.
  ② **논 의** – 법인은 사단관계이지만 조합은 계약관계여서 본질을 달리한다. 하지만 실무에서 법인이라는 명칭을 사용하지만 그 실체를 조합으로 이해하는 경

우가 없지 않다. 영농조합법인은 농어업경영체 육성 및 지원에 관한 법률에 근거한 법인이지만 동법에서 규정한 사항 외에는 민법 중 조합에 관한 규정을 준용한다고 정하고 있다(동법16.3,7). 따라서 판례는 영농조합법인의 실체를 민법상의 조합으로 보면서 협업적 농업경영을 통한 농업생산성의 향상 등을 도모하기 위해 일정한 요건을 갖춘 조합체에 특별히 법인격을 부여한 것이라고 이해한다. 법령에 특별한 규정이 없으면 법인격을 전제로 한 것을 제외하고는 민법의 조합에 관한 법리가 적용되고, 영농조합법인의 채권자는 민법 제712조에 따라 채권 발생 당시의 각 조합원에 대하여 당해 채무의 이행을 청구할 수 있다고 본다(2016다39897).

③ **검 토** - 합명·합자회사도 법인이지만 조합의 실체를 가졌다는 견해도 있고 조합과 사단의 융합형이라 할 수 있는 합자조합도 상법에 도입되어 있을 뿐만 아니라, 실무상으로도 예컨대 농업협동조합(지역조합, 품목조합, 중앙회)은 조합의 명칭을 사용하지만 법인임이 법정되어 있다(농협4.1). 사단과 조합의 구별기준은 무엇일까? 조합과 사단의 구분은 쉽지 않지만 소유관계(합유·총유), 의사결정(합수성, 의사결정조직), 책임 등을 달리하고 있어, 양자의 구별은 입법론은 물론이고 해석론으로서도 실익을 가진다. 하지만 이러한 제도적 차이점 이외에 조합과 구별되는 사단은 **구성원과 단체의 분리**라는 사단의 특성을 가진다는 점에서 본질적으로 구별된다고 본다. 구성원과 단체가 분리되는 사단은 법인성과 조화될수 있는데 구성원과 단체의 분리가 나타나지 않는 조합은 원칙적으로 법인이 되기에 부적합하다. 왜냐하면 법인에는 명의·책임의 분리가 본질적 현상으로 나타나는데 조합은 그 전제라 할 수 있는 '구성원과 단체의 분리(사단성)'가 나타나지 않아 명의·책임의 분리현성과 조화되지 않기 때문이다.

④ **사 견** - 조합법인은 법령에 의해 도입될 수는 있지만 동 법률에서 조합성과 법인성의 충돌에 관한 조정이 있어야 하며, 영농조합법인에 관한 판례도 '법인격을 전제한 것을 제외하고는 조헙법리가 적용'된다고 본 것도 양 개념의 부조화성을 전제하였다고 이해된다. 법률에 의해 조합법인이 인정되더라도 법률의 규정, 명칭에도 불구하고 사단이 아닌 조합성을 인정하기 위해서는 조합의 실질(합수성에 의한 계약관계)을 가지는지 아니면 사단의 특성(구성원과 단체의 분리)을 가지는지 검토될 필요가 있다. 인적회사는 사원과 회사가 분리되어 있고 소유마저 회사의 단독소유가 인정되어 조합이 아닌 사단의 실체를 가졌지만, 합자조합은 조합계약관계(상86의3)가 구성원과 단체에 그대로 반영되어 상호간 분리가 나타나지 않아 조합이라 판단된다. 그리고 농업협동조합 등은 법인격을 가졌을 뿐만 아

니라 설립절차(농협15,16), 조합원과 조합의 권리·의무 분리를 위한 의사결정조
직(농협34,43) 등을 고려할 때 구성원으로부터 단체가 분리되어 명칭은 조합이지
만 그 실질은 사단이라 이해된다.

　　3) **법인성의 제한** : 법인은 구성원과 별개의 법인격을 가지므로 명의와 책임의
분리현상 즉 법인특권이 발생하는 것이 논리적이다. 하지만 법인임에도 주식회사
처럼 법인특권(명의·책임분리)이 완전하게 나타나는 경우도 있지만, 합명·합자회
사 등 **인적회사**와 같이 명의의 분리는 허용되지만 책임의 분리는 부분적으로 허용
되지 않는 경우도 있다. 즉 합명·합자회사 등 인적회사의 무한책임사원의 경우
사원의 채무에 관해 회사재산은 책임재산이 되지 않아 책임분리가 인정되지만,
회사의 채무에 관해 사원의 개인재산은 책임재산이 되어 **책임분리의 제한**이 나타
난다. 요컨대 명의의 분리는 인적회사, 물적회사 구분 없이 모든 법인에 나타나지
만, 책임분리는 물적회사에서는 완전히 나타나고(**사원·회사책임분리**)인적회사의
경우 회사는 사원의 채무에 책임을 부담하지 않는다(**회사책임분리**). 반대로 사원
은 회사의 채무에 관해 책임이 분리되지(**사원책임분리**) 않아 무한책임을 부담하는
예외에 해당하며, 이는 회사의 신용보완을 위한 입법적 선택에 따른 예외로 이해
된다.

2. 법인격부인론 – 법인격의 한계

(1) 의 의

　　1) **개 념** : 법인격부인론(Veil Piercing Doctrine; Durchgriffshaftung)이란 지
배주주가 법인격(법인의 독립성)을 무시하고 회사를 경영한 경우 법인특권(유한
책임)을 부인하여 지배주주에게 법인의 채무에 대한 책임을 부담(**유한책임의 예
외**)하게 하는 판례상의 이론이다. 회사의 영업이 지배주주 개인과 법인간 구별되
지 않아 주주와 법인의 재산이 혼용되고 회사의 기관이 아닌 주주에 의해 회사의
의사결정·집행이 이뤄져 회사의 법인격이 무시·남용된 경우, 회사행위에 대해
주주의 채무와 책임을 인정한다(**사원책임분리의 부정**). 다만 법인격부인의 효과는
해당 법률관계에 한하여 발생하므로, 법인격부인이 법인격의 박탈을 의미하는 것
은 아니다. 이렇게 볼 때 법인격부인론의 실질은 배후의 **지배주주에의 책임 확장**이
라고 할 수 있으므로, 거래상대방은 법인격의 부인을 주장하면서 법인격을 전제

한 주장 예컨대 회사의 채무이행을 주장하는 것도 가능하다. 하지만 주주에게 유리한 법인격부인론의 주장, 예컨대 회사에 유리한 계약의 효과가 주주에게 귀속시키거나 회사행위의 상대방에 대한 주주의 권리행사를 위해 법인격부인론을 주장하는 것은 허용되지 않는다고 본다.

　2) **근　거** : 법인격부인론은 영미 판례법상의 법인격부인의 법리, 독일의 실체파악이론에 근거하여 우리 판례상 도입된 이론이다. 법인격부인의 법리를 우리 법상에 도입하기 위한 법적 근거는 무엇인가?**(쟁점9)**[40] 이에 관해 신의칙 또는 권리남용금지원칙으로 보는 견해와 법인격의 내재적 한계로 보는 견해가 대립하고 있다. 판례는 '비록 외견상으로는 회사의 행위라 할지라도 회사와 그 배후자가 별개의 인격체임을 내세워 회사에게만 그로 인한 법적 효과가 귀속됨을 주장하면서 배후자의 책임을 부정하는 것은 신의성실의 원칙에 위배되는 법인격의 남용으로서 심히 정의와 형평에 반하여 허용될 수 없다'고 보고 있다(2007다90982). 생각건대 구체적 부당성을 이유로 법인격에 내재적 한계가 있다고 보는 것은 법인격의 일반성 즉 '포괄적 권리의무의 주체성'에 비추어 적절하지 않다고 판단된다, 권리행사가 아닌 회사의 의무이행과 주로 관련되고 권리남용으로 피해를 입은 자만이 주장할 수 있는 이론이 아니므로 권리남용금지를 그 근거로 하는 견해도 적절하지 않다고 본다. 법인격부인론은 회사의 사회성에 반하는 지배주주의 이기적 이익추구행위의 제한이라는 이론적 근거를 가지면서, 주주유한책임이라는 **제도 (법인특권)의 남용**에 대한 제한으로서 권리의 남용에 대한 제한을 넘어서고 있어 실정법상 **신의칙**에 근거한다고 이해한다.[41]

　3) **다른 제도와의 관계** : 법인격부인론은 주식회사를 중심으로 발전된 이론이다. 합명·합자·유한회사에는 사해행위취소에 해당하는 **설립취소제도**가 있고(상

---

40) **법인격부인론의 법적 근거(쟁점9)**에 관해, 통설은 신의성실의 원칙(민2.1) 또는 권리남용금지 규정(민2.2)에서 그 근거를 찾으며, 미국의 다수의 판례·학설와 같이 법인격의 개념에 내재하는 한계(상169)에서 찾는 것이 타당하다는 견해(정찬형469)가 있다. 그리고 중국 회사법은 법인격부인론을 회사법에 명문규정으로 도입하고 있는바, 중국 회사법 제20조는 '회사의 사원이 회사법인의 독립된 지위와 사원의 유한책임을 남용하여 채무를 면탈하고 회사채권자의 이익에 엄중한 손해를 가한 경우에는 회사의 채무에 대하여 연대책임을 부담하여야 한다'고 규정하고 있다.
41) 신의칙과 권리남용의 관계에 관해 중복적용설, 중복적용부정설 등 다양한 견해가 주장되고 있다(곽윤직(편집대표)/윤용섭(집필부분), 「민법주해」, 1권, 2000. 230면).

184,185,269,552), 합명·합자회사에는 법인격의 남용으로 인한 피해는 무한책임사원이 있어 제한적이어서 이들 회사에서 법인격부인론의 실익은 적다. 주식회사에는 설립취소제도가 없고 **회사해산명령제도**는 회사설립목적의 불법성 등 그 사유가 제한적일 뿐만 아니라 법인격을 박탈하는 제도여서(상176) 엄격하게 운영될 수밖에 없으므로 법인격남용의 폐해를 막기는 역부족이다. 하지만 **사실상 이사의 책임제도**(상401의2)는 업무집행을 지시하거나 대행한 이사 아닌 지배주주의 책임을 추궁할 수 있어 법인격남용을 막을 수 있는 유력한 수단이 되긴 하지만, 지배주주가 3가지 유형(업무지시·권한대행·표현명칭)에 해당되어야 하므로 적용에 한계가 있다. 요컨대 유한책임의 주주들로 구성되는 주식회사에서 법인격을 남용하는 지배주주의 책임을 묻기 위해서 기존 제도로 권리구제가 되지 않을 경우 법인격부인론은 제도의 흠결을 메울 수 있는 중요한 제도라 할 수 있다.

4) **판 례** : 법인격부인론이 판례상 도입된 과정을 보면, 주주총회, 이사회를 무시한 회사운영을 이유로 **법인 형해론**에 근거하여 주주의 책임을 인정한 고법판결에 관해 주총절차를 무시하였다고 볼 수 없고 1인회사도 유효하다고 보아 법인격부인론의 적용을 부정한 바 있다74다954). 이후 현대미포조선소사건(87다카1671)에서 대법원은 처음으로 법인격부인론을 받아들였고 이후 많은 판례가 이를 따르고 있다. 법인격부인론은 일정한 요건을 충족할 경우 해당 법률관계에 관해 배후의 주주에게 책임을 묻는 제한적 효과만을 발생시키는 판례상으로 도입된 이론이다. 우리 판례는 법인격부인론의 적용에 적극적이며 **법인격부인의 유형화**를 시도하여 이에 따라 각 유형의 요건과 효과를 구별하고 있는데, 아래에서 판례를 중심으로 법인격부인론의 요건과 유형을 살펴본다.

(2) 요건론

1) **판단 요소** : ① 개 요 – 법인격부인론은 법정 제도가 아니라 판례법상 발달한 이론이므로 엄격한 요건의 충족보다는 다양한 판단요소를 검토함이 적절하다고 본다. 법인격이 남용된 경우 지배주주와 법인의 인격의 분리성을 부인하는 이론이므로 우선 법인격의 남용이라는 객관적 기준을 충족하여야 한다. 다만 객관적 기준은 법인의 운영상 법인격의 남용과 법인격의 분리성을 인정할 경우 거래상대방 등 회사채권자에 손해가 발생할 가능성이 있을 경우를 의미한다. 그밖에 법인격을 남용하는 지배주주에 법인격을 남용하려는 의사(주관적 기준)가 있어야

법인격부인론을 적용할 것인지에 관해서는 고찰을 요한다. 이렇게 볼 때 법인격부인론이 적용되기 위해서는 법인격의 남용행위와 거래상대방의 손해라는 객관적 판단요소가 작용하고 주관적 판단요소에 관해서는 논란이 있다.

② **객관적 요소** – 법인격은 사원과 법인의 분리 즉 명의와 책임의 원칙적 분리에 의해 법인이 독립적 기능을 수행할 것을 목적으로 법률에 의해 탄생한 개념이다. 그런데 법인(회사)과 사원(지배주주)간에 재산이 혼용되거나 업무가 구분되지 않거나 법인의 기관이 작동하지 않고 사원(지배주주)의 의사에 의해 법인이 운용될 경우 법인격부인론이 적용될 필요가 있으며, 이를 위해 회사의 지배에 따른 '법인격(법인의 독립성) 무시'라는 **형식적 요소**가 요구된다. 다음으로 계약상대방에 대해 주주가 책임을 부담한다는 오인을 야기하거나 배후의 주주에게 부당한 이익이전, 사업의 위험에 비해 법인의 과소책임(예, 저자본) 등 회사의 무자력으로 법인격의 분리(주주 유한책임)에 따라 회사채권자가 손해를 입을 우려라는 **실질적 요소**가 요구된다.[42]

2) 주관적 의도 : 법인격부인론이 적용되기 위해서는 법인격을 무시한 회사에 위법·부당한 남용의 의사가 있어야 하는가? 예를 들어 회사가 주주총회를 개최하지 않고 회사의 업무를 집행함에 있어서 그 원인이 비용문제인지 아니면 법인격 남용하려는 의도 즉 **위법·부당한 목적**을 가지고 있었는지(목적 요건)를 판단하여 후자인 경우에만 법인격부인론을 적용할 것인가? 법인격부인론을 적용하기 위해서 지배주주의 주관적 의도를 요한다고 할 경우 주관적 요건의 증명의 어려움을 고려할 때 법인격부인론의 적용은 매우 제한될 가능성이 있다. 생각건대 지배주주에게 법인격 남용의 의사가 없더라도 개인의 의사에 의해 재산을 혼용하여 회사채권자에게 손해를 발생시킬 경우라면 법인격부인론이 적용될 필요가 있다고 볼 때 주관적 의도는 요구되지 않는다고 본다. 이론적으로 보더라도 법인격부인이론의 법적 근거를 권리남용금지(민2.2)에서 찾을 경우 남용의 목적이라는 주관적 요건이 문제될 수 있지만 신의칙을 근거로 볼 경우에는 주관적 요건은 문제되지 않는다고 본다. 요컨대 법인격을 인정하여 법인특권(유한책임)을 부여하는 것이 신의칙에 반하는 결과가 된다는 객관적 사실(형식·실질적 요소)만 있으면 법인격부인론이 적용될 수 있다고 본다.

---

42) 법인격부인론에 관해 일본에서 이러한 비판이 있으며 전자를 형식적 형해화요건론, 후자를 실질적 지배요건론이라 주장되고 있다(江頭憲治郎45~46).

3) 보충성 : 법인격부인이론은 해당 사안에서 회사의 법인격을 부인하여 회사법의 근본원칙인 주주의 유한책임법리를 부정하는 것이므로 일반화할 경우 주식회사법 체계를 무너뜨릴 위험이 있다. 따라서 법인격부인법리를 적용하기 위해서는 회사법상의 제도를 먼저 적용하여 손해가 보상될 수 있다면 법인격부인이론을 적용해서는 안 된다고 본다. 회사법상의 특별규정은 법인격의 본질에 따른 해석론인 법인격부인이론보다 우선 적용될 필요가 있기 때문이다. 법인격부인이론의 보충성에 따라 법인격이 남용될 경우 ⅰ) 주주가 이사인 경우 이사의 책임(상399,401), ⅱ) 사실상 이사의 책임(상401의2), ⅲ) 거래법 및 불법행위법 그리고 특별법상의 책임(보증책임, 과점주주의 책임 등)을 먼저 묻고 이로써 그 부당한 결과가 제거되지 않을 경우 위의 요건을 검토하여 법인격부인의 법리가 적용될 수 있다고 본다.

(3) 법인격부인의 유형(판례)

1) 법인격의 형해화 : ① 개　념 – 판례는 법인격부인이론이 적용되는 사례를 3가지 유형으로 구분하고 있으며, 그 유형 중 하나가 법인격의 형해화이다. 법인격의 형해화란 회사가 외형상으로는 법인의 형식을 갖추고 있으나 법인의 형태를 빌리고 있는 것에 지나지 아니하고 실질적으로는 완전히 그 법인격의 배후에 있는 사람의 개인기업에 불과한 경우(2007다90982)이다. '법인격 형해화'의 판단을 위한 **형식적 요소**로, 회사와 배후자(지배주주 등)간의 ⅰ) 재산·업무가 혼용정도, ⅱ) 의사결정절차(주주총회나 이사회) 개최여부, ⅲ) 기타 요소(자본부실, 영업규모, 직원수) 등을 고려하여 회사가 이름뿐이고 실질적으로 개인영업에 지나지 않는 상태로 될 정도로 형해화 될 것을 요구한다(2007다90982). 판례는 '법인격 형해화'를 법인격 무시라는 형식적 요소만을 기준으로 판단하고 있다는 점이 특징적이다.

② **판단 시점** – 법인격부인이론의 판단요소는 어느 시점을 기준으로 할 것인가? 판례는 문제가 된 법률행위·사실행위 시점을 기준으로 하며, '법인격 남용' 유형에도 남용행위를 한 시점을 기준으로 한다(**행위시설**). 이에 대해 법인격부인이론을 적용할 명분은 완전한 지배와 재산의 혼용 등 요건적 행위를 통해 회사의 변제자력을 상실케 하였다는 것이므로 문제된 채권의 권리행사시점에 요건의 총족여부를 판단하여야 한다는 견해(**행사시설**)도 있다. 생각건대 법인격이 무시되지 않은 상태에서 거래하였다가 이후 형해화된 경우(**사후적 형해화**) 판례에 따르면 적용대상이 되지 않는데 반해 소개 학설에 따르면 법인격부인이론을 적용할 수 있게 되어

입장이 상이하게 된다. 법인격부인론은 '법인격 남용'의 경우 거래상대방의 신뢰를 판단요소로 하고 있어 신뢰가 존재하는 시점인 거래시점을 기준으로 판단하는 것(행위시설)이 타당하다고 본다. 정상적 회사와 거래한 상대방에 대해 사후적 '형해화'를 이유로 법인격부인론을 적용하여 보호하는 것은 역시 부적절하고 거래시점을 기준으로 함이 타당하다고 본다.

  2) **법인격의 남용** : ① 개 념 - 판례의 두 번째 유형이 법인격 남용이다. 법인격 남용이란 법인격이 형해화에 이르지는 않았지만, 배후자에 대한 법률적용을 회피하기 위한 수단으로 함부로 이용되는 경우(2008다82490)이다. '법인격 남용'은 ⅰ) 어느 정도 형해화, ⅱ) 배후자가 지배적 지위를 이용한 법인격 남용, ⅲ) 거래상대방의 인식·신뢰 등의 요소를 종합적 고려하여 판단한다(2008다82490). 즉 어느 정도 법인격이 형해화되어 있는 회사(**약화된 형식적 요소**)의 지배주주가 법인격을 남용하고 거래상대방은 회사를 신뢰하고 거래한 경우이다. '법인격 형해화' 유형에서도 남용행위는 전제되므로 특별한 의미를 가지지 않는다. 다만 (거래)**상대방의 신뢰**란 배후자(지배주주)의 책임에 대한 신뢰를 의미하고, 법인격 남용 유형은 법인격 무시라는 형식적 요소와 책임에 대한 신뢰라는 실질적 요소를 모두 고려하고 있어 형해화 유형과 구별되며, 상대방의 신뢰에 따른 책임이라는 특성을 가진다. 그리고 법인격부인론이 보호하려는 대상은 '외관(법인격)에 대한 신뢰'가 아니라 외관에 반대되는 '실질(주주 채무부담)에 대한 신뢰'이므로 **외관신뢰보호의 원칙**과 구별된다.

  ② **모자관계** - 친자회사는 상호간에 상당 정도의 인적·자본적 결합관계가 존재하므로 거래상대방이 모회사를 신뢰하고 거래하는 경우가 많다. 따라서 친자회사간에는 법인격부인론이 적용될 경우가 증가될 수 있어, 판례는 일반적 법인격 남용 요건만으로 부족하고 객관적 징표로서 모회사의 완전한 지배력 즉 모자간의 재산·업무·기업거래활동 혼용과 법인격 남용의 주관적 의도·목적을 요구한다(2004다26119). 별개의 독립적 법인인 친자회사 관계에서 친회사에 자회사의 채무에 대한 책임을 인정하기 위해서는 형식적 요소(형해화)와 실질적 요소(상대방의 신뢰) 이외에 **주관적 요소**(지배주주의 의도)를 요구하고 있다.

  3) **채무면탈 법인설립** : ① 개 념 - 채무면탈 법인설립이란 채무자인 회사(또는 개인)가 새롭게 회사를 설립하여 채무자의 자산을 설립회사에 이전하여 채무

자에게 책임 추궁이 어렵게 된 경우(93다44531, 2006다24438)로서 판례의 법인격
부인론 세 번째 유형이다. 채무면탈 법인설립 유형은 배후의 주주의 책임을 묻는
것이 아니라 주주의 자산이 이동되어 전면에 신설된 법인에 책임을 묻는 것이어
서 **법인격 부인의 역적용**이라고도 한다. 채무면탈 법인설립에 법인격부인론을 적
용할 수 있는가?(쟁점8)[43] **부정설**은 주식을 강제집행하거나 채권자취소권 등을 활
용할 수 있어 법인격부인론의 적용할 필요가 없다고 보고, **긍정설**은 사법상의 구
제수단의 실효성이 낮다는 이유로 법인격부인론의 역적용이 요구된다고 본다. **판
례**는 개인의 자산이 설립된 회사에 이전되었다면 그에 대하여 정당한 대가가 지
급되었는지 여부 등을 고려하여 개인의 채무면탈 회사설립에도 법인격부인론을
적용하고 있다(2019다293449).

　② 판단 요소 – 채무를 면탈할 목적으로 기업의 형태·내용이 실질적으로 동일
한 회사를 설립한 경우에 인정한 사례에서 다소 채무면탈의 목적(**주관적 의도**)이
인정될 경우 적용하는 듯하였다(2002다66892). 하지만 이후 판결에서는 주관적
의도가 아닌 ⅰ) 기존회사의 당시 경영·자산상황, ⅱ) 신설회사의 설립시점, ⅲ)
기존회사에서 신설회사로 유용된 자산의 유무·정도·정당한 대가의 지급여부 등
(객관적 기준)을 종합적으로 고려하여 판단해야 한다고 보았다(2006다24438). 기
존회사에 정당한 대가를 지급한 제3자에게 이전되었다가 다시 다른 회사로 이전
된 경우에도 다른 회사가 제3자로부터 자산을 이전받는 대가로 기존회사의 다른
자산을 이용하고도 기존회사에 정당한 대가를 지급하지 않았다면 적용된다고 본
다(2017다271643). 생각건대 '채무면탈'이 주관적 의도를 전제하는 듯하지만 법인
격부인론의 판단 요소로 할 경우 증명의 문제로 적용이 쉽지 않게 되고 신설회사
가 정당한 대가를 지급하지 않은 것만으로도 법인격이 무시되었으므로 앞서 언급
한 바와 같이 주관적 의도를 요구하지 않음이 타당하다고 본다.

　4) **소 결** : 판례의 유형론은 **형해화**는 '법인격 무시'라는 형식적 요소만으로
법인격부인론을 적용하지만 **법인격남용**은 '약한 정도의 형해화'만으로 부족하고

43) **채무면탈 회사설립시 법인격부인론의 적용가부(쟁점8)**에 관해, **부정설**은 회사재산의 간접
　적인 표현인 주식을 강제집행하거나 채권자취소권 등을 활용할 수 있으므로 법인격부인
　론의 적용을 부정한다(정동윤329, 이철송58). **긍정설**은 채권자취소권은 단체법상 행위인
　회사의 설립행위에 대하여 적용되기 어렵고 기타 사해설립에 대해 다른 사법상의 구제수
　단은 채권자를 실효적으로 구제하지 못하므로 법인격부인론의 역적용이 요구된다고 보고
　(최기원499, 장덕조18),

'상대방의 신뢰'라는 실질적 요소로 보완될 것을 요구하여 양자는 유형의 구별 실익이 있다고 본다. 다음으로 **채무면탈설립**은 '정당 대가의 부지급'이라는 형식적 요소를 고려하고 있어 다른 유형과는 구별되지만 정당한 대가 부지급 역시 넓은 의미에서 '법인격 무시'로 볼 수 있다. 이 역시 판단 요소가 다소 상이함에도 불구하고 법인격부인이론의 범주에 포함될 수 있다고 볼 때, 판례의 형해화, 법인격남용, 채무면탈설립의 유형화론은 의미를 가진다고 본다. 특히 채무면탈설립의 경우, 주식을 강제집행하더라도 출자의 환급은 불가능하고 채권자취소권의 행사는 해당 법률관계에서만 적용될 수 있는 법인격부인이론과 달리 법인 설립 자체를 취소하는 것이어서 적용이 쉽지 않을 뿐만 아니라 채무자의 악의 즉 '채권자를 해함을 알고' 하여야 하므로(민406.1) 적용이 어렵다. 이렇게 볼 때 채무면탈을 목적으로 법인이 신설된 경우 법인격부인이론을 적용할 필요성이 있다고 본다(긍정설).

(4) 법인격부인의 효과

1) **실체법적 효과** : ① **채무의 확장** – 법인격 부인의 법리가 적용되면 회사의 법인격이 전면적으로 소멸되는 것이 아니라 특정한 법률관계에 국한하여 인격이 부인(**회사의 법적 독립성의 부인**)된다. 따라서 회사채권자는 회사에 대한 책임을 그 배후에 있는 사원에 대하여 추궁할 수도 있고, 자회사의 채권자는 자회사뿐만 아니라 배후에 있는 모회사에 대해서도 책임을 추궁할 수 있게 된다. 그런데 확장되는 것이 채무인가 책임인가? 즉 해당 채무가 지배주주의 채무가 되는가 아니면 여전히 회사의 채무이지만 주주가 그 채무변제에 관한 책임을 부담하는가? 법인격이 부인되므로 주주의 채무로 이해하는 것이 논리적이어서 법인격부인이론이 적용되면 회사의 채무는 지배주주의 채무가 된다. 판례도 법인격부인이론이 적용될 경우 채권자는 회사나 지배주주 어느 쪽에도 채무의 이행을 청구할 수 있다고 본다(2017다271643). 그리고 문제된 거래의 부수적인 효과도 모두 주주에게 발생한다고 보고, 이행되지 않은 반대급부에 대한 회사의 권리도 주주가 취득하며 회사가 갖는 각종 **항변권**도 주주가 행사가 할 수 있다고 본다

② **채무의 범위** – 법인격부인이론은 신의칙에 근거하여 계약에 따른 채무를 부담하는 경우는 물론 회사의 계약·법령상 의무의 불이행에 따른 **손해배상채무** 등도 부담한다. 그밖에 불법행위책임에도 법인격부인이론을 적용되는가? 예컨대 대기업이 소자본회사를 설립하여 항공 등 고위험·고수익의 사업을 경영케 하여 수익이 실현되면 배당이익을 취하고 대형사고 등으로 손해배상책임이 발생할 법인격의 분리

를 이유로 면책될 수 있어 논의의 실익이 있다. 이에 관해 법인격부인론의 법적 근거를 법인격의 내재적 한계로 보는 견해와 달리 신의칙에서 찾을 경우 신뢰관계가 형성되지 않는 불법행위에서 성립에 의문은 있지만, 통설은 불법행위책임에서도 법인격부인론의 적용을 긍정한다. 생각건대 계약책임 못지않게 불법행위 영역에서 배후자의 책임을 물어야 할 필요성이 높다는 점, 계약책임과 불법행위책임의 한계가 모호한 점(예, 편취 등 계약관련적 불법행위), 신의칙은 우리 민법의 기본원리여서 채무관계가 아니라 불법행위가 원인이 된 채무에도 신의칙이 적용될 수 있다는 점을 고려할 때 불법행위책임에도 법인격부인론이 적용된다고 본다.

③ **개별 효과** – 지배주주에게 회사 채무에 대한 책임(채무)이 확장되는 실체법적 효과는 모든 채권자와의 관계에서 발생하는 것은 아니고 법인격부인을 주장한 채권자와의 거래에서만 개별적, 한정적으로만 발생한다. 법인격부인론 적용여부의 판단시점을 행위시점으로 볼 경우 행위(거래)시에 형해화, 법인격남용 등이 있었을 경우 이를 주장하는 자에게만 적용된다. 특히 '상대방의 신뢰'라는 실질적 요소도 고려하는 법인격남용 유형은 법인격부인을 주장할 수 있는 자는 그러한 신뢰가 형성되어 회사와 거래한 자 중에서 행위(거래)시 완화된 형해화가 있었을 경우로 한정된다.

2) 소송법적 효과 : 기판력과 집행력의 범위를 보면, 법인격부인론이 적용되어 회사채무에 대해 사원의 책임(채무)이 인정되나, 회사(역적용의 경우 개인)에 대한 판결의 기판력이나 집행력이 사원(역적용의 경우에는 회사)에게 확장되어 효력이 미치는 것은 아니다(부정설). 판례도 갑회사는 을회사의 채무를 면탈할 목적으로 설립되어 법인격 남용이 인정되는 경우라도 권리관계의 공권적인 확정 및 그 신속·확실한 실현을 도모하기 위하여 절차의 명확·안정을 중시하는 소송절차 및 강제집행절차에 있어서는 그 절차의 성격상 을회사에 대한 판결의 기판력 및 집행력의 범위를 갑회사에까지 확장하는 것은 허용되지 아니한다고 본다(93다44531). 다만 회사 또는 주주에 대한 강제집행절차에서 주주 또는 회사가 제3자이의의 소의 제소권자가 될 수 있는지 문제될 여지가 있어 소송법적 효력을 일률적으로 부인하는 것에 반론이 있을 수 있다.[44]

---

44) 일본에서는 회사, 주주의 한 편에 대하여 적법하게 개시된 강제집행에 대하여 다른 한편이 제3자이의의 소를 제기한 때 당해 소송중에 집행채권자가 법인격부인의 법리의 적용을 주장한 경우에 관해 원고가 제3자로 인정되지 않는다는 이유로 제3자 이의의 소를 기

제 4 절   회사의 능력과 책임

1. 회사의 권리능력

(1) 의   의

1) 권리능력의 제한 : 법인 설립등기로 회사는 권리능력을 원시적으로 취득한다(상169). 회사의 권리능력을 자연인의 권리능력과 비교할 때, 신체·생명에 관한 권리, 친족·상속법상의 권리 예컨대 친권·상속권·부양의무 등을 가질 수 없지만(**성질상의 제한**), 인격권적 성질을 가지고 있는 상호권·명예권은 회사도 향유할 수 있는데 법인이 회사의 기관이 될 수 있는가 의문이 있다. 그리고 회사의 권리능력은 상법 등 **법률에 의한 제한**을 받는다. 즉 상법은 다른 회사의 무한책임사원이 될 수 없어(상173), 무한책임을 부담하여 위험이 회사간에 확산되는 것을 막고 있다. 그리고 회사는 청산·파산시 청산의 목적범위 내로 권리능력이 제한되며(상245,269,542.1,613.1). 외국법에 따라 설립된 외국회사의 권리능력은 외국법에 따르지만 다른 법률(공사법·조약을 포함함)의 적용에 있어서는 원칙적으로 대한민국에서 성립된 동종 또는 가장 유사한 회사로 본다(상621). 그밖에 회사의 권리능력은 회사의 정관에서 규정한 목적의 범위 내로 제한(**목적에 의한 제한**)되는가?

2) 법인의 기관자격 : 회사(B회사)는 타회사(A회사)의 주주나 기관이 될 수 있는가? 주주의 지위는 법인의 기관이 아니고 투자자여서 회사가 다른 회사의 주주가 될 수 있음에는 의문이 없으며 친자관계회사는 이를 전제한다. 하지만 이사·감사·상업사용인·발기인 등 **경영자적 지위**는 구체적 행위가 요구되어 법인이 경영자가 될 수 있는지 의문이 있다. 만일 B회사가 A회사의 경영자가 될 경우 B회사는 다시 그 기관(대표이사, BC)에 의해 경영권을 행사할 수 있어 논리적으로는 문제가 없다. 하지만 A회사의 경영자는 위임관계상 선관주의의무를 부담하는데 이는 경영자인 B회사의 대표이사 C에 의해 이행될 수는 있다고 본다. 하지만 B사

각한 판례가 있다(最判平成17.7.15民集59卷6號1742頁). 일본에서는 판결의 법인격부인론의 소송법상 효력에 관해 이를 일률적으로 적용할 수 없다고 하는 것에 반론을 제기하는 견해도 있고 기판력·집행력의 확장을 주장하는 견해도 소개된다(江頭憲治郎48).

의 대표이사 BC가 선관의무를 해태할 경우 A회사 또는 제3자에 대해 손해배상책임을 부담하는데(상399,401), 이는 무한책임이어서 회사가 다른 회사의 무한책임사원이 되지 못한다는 상법규정(173)의 취지에 반할 수 있다. 그리고 법인의 의사결정구조가 개인과 달라,[45] 법인은 법인이사 등을 허용한 특별법 규정이 있는 경우를 제외하고는 기관자격을 원칙적으로 가질 수 없다고 본다.

3) **특별법상 법인이사** : 특별법상 법인이사를 허용하고 있는데(자본198,209), A회사의 법인이사(B회사)가 업무를 담당하지 않는 이사일 경우에는 문제가 없지만, 업무담당이사일 경우에는 B회사는 그 대표자(BC)에게 A회사의 이사직을 수행함에 있어서 의사결정·재량권행사 등에 관해 **포괄적 위임**을 하여야 한다. 만일 이를 흠결한 경우 BC가 B회사의 의사와 달리 A회사의 이사회결의에 의결권을 행사할 수도 있어 B회사와 BC간의 전단적 대표행위로 인해 A회사의 법률관계가 영향을 받게 된다. 즉 B회사는 B회사의 의사표시에 하자(착오에 의한 의사표시 등)가 있는 것으로 주장할 가능성도 없지 않다. 이러한 가능성을 예방하기 위해서는 A회사가 법인이사를 선임할 경우에는 법인이사(B)를 대표하여 A회사의 이사의 업무를 행할 자(BC)에게 B회사가 의사결정에 관한 포괄적 권한을 부여함을 전제로 이사선임계약을 체결할 필요가 있다. 법인을 감사·청산인·상업사용인 등에 선임함에도 이사와 동일한 논리가 적용된다고 본다.

(2) 정관상 목적과 권리능력

1) **회사의 목적** : 회사의 목적은 다중적 의미를 가진다. 먼저 회사는 영리법인이므로 영리성(영리목적) 즉 회사의 이익을 추구한다는 **추상적 목적**을 가지고, 대

---

45) 법인이사 예컨대 A회사의 이사가 B회사(대표이사 BC)가 되는 것이 허용될 경우, A회사의 이사회에 BC가 출석하여 이사회결의에 참여할 수 있어 실질적으로 BC가 A회사의 이사로서 역할을 할 수 있다. 하지만 BC는 A회사의 이사로서 역할을 함에 있어서는 B회사의 업무집행과 달리 B회사의 의사를 표시하는 **표시기관적 성질**에 그쳐야 한다. 그런데 이를 행함에 있어서 몇가지 한계에 부딪힌다. 첫째, 이사회 안건은 공지되지 않아(상390) 사전에 B회사의 의사를 결정하는 것이 어려울 수 있다. 둘째, (A회사의) 이사, 대표이사는 일정한 범위 내의 재량권을 가지는데 재량권을 행사하는 주체도 BC가 아니라 B라고 보아야 하고 따라서 재량권을 행사하는 것은 거의 불가능하게 된다. 셋째, A회사의 의지와는 무관하게 B회사의 대표이사가 변경될 수 있을 뿐만 아니라 B회사의 대표권에 분쟁이 생길 경우 A회사의 이사회의 구성에도 영향을 미쳐 분쟁이 파급될 우려가 있다. 이러한 문제점들은 이사, 감사, 상업사용인 등의 지위는 법인과는 조화되지 않는다는 성질에서 비롯되었다고 볼 수 있다.

표기관은 회사의 이익을 위하여 대표행위를 하여야 한다. 그리고 정관에 기재되는 회사의 목적(사업)(상289.1.1호)은 영리성을 넘어 영리를 위해 수행할 사업목적(구체적 사업)을 의미하여 **구체적 목적**이라 할 수 있는데, 이는 대표기관의 회사행위시의 행위의 목적(**개별적 목적**)과도 구별된다(**목적 3단계설**). 요컨대 회사는 대표자가 정관에 정한 (구체적) 목적에 따른 (개별적) 영리사업을 수행하여 (추상적) 영리성을 충족한다고 볼 수 있다. **정관상의 회사의 목적**은 단순히 선언적 의미를 넘어 회사의 권리능력과 관련된다. 왜냐하면 법인은 법률의 규정에 좇아 정관으로 정한 목적의 범위 내에서 권리와 의무의 주체가 되는데(민34), 회사도 법인이므로 정관에 정한 목적의 범위 내에서만 권리의무의 주체가 되는가 하는 의문이 생겨나기 때문이다.

　　2) **민법 제34조의 적용** : 정관상 목적에 의해 법인의 권리능력을 제한하고 있는 민법 제34조가 회사에도 적용되는가? 이는 상사(商事)에 대한 민법의 적용문제이다. 회사법은 '정관상 목적'이 권리능력에 미치는 영향에 관해 특별한 규정을 두고 있지 않고 이에 관한 상관습법도 없으므로 민법 제34조가 적용된다고 할 수 있다(상1). 따라서 회사는 정관상 목적범위 내에서 권리의무의 주체가 되고 목적범위를 벗어날 경우 권리능력이 부인되므로, 목적범위 외에서 거래(법률행위)를 할 경우 이는 권리능력이 없는 상태에서의 법률행위가 되어 무효이다. 이런 해석론을 적용할 경우 정관에 정하지 않은 회사의 거래는 모두 무효하게 되어, 거래시 거래상대방은 회사의 정관을 확인하여야 하고 확인하지 않은 경우 선의로 한 회사와의 거래가 무효로 되는 불이익이 발생하게 된다. 요컨대 민법 제34조에 따라 회사의 권리능력은 정관에서 정한 범위에 국한되어 정관상 목적을 신뢰한 사원의 보호가 논리적이지만, 목적범위를 벗어난 거래의 선의의 거래상대방은 보호되지 않아 정관상의 목적범위를 벗어난 회사행위의 대외적 효력에 관해 견해가 대립되고 있다.

　　[비교법] 회사의 권리능력의 제한에 관해, 일본 회사법과 독일 주식법은 특별한 규정을 두고 있지 않지만 일본 민법은 우리 민법과 유사한 규정을 두고 있어 동일한 논의가 이뤄지고 있다. 다만 2006년 민법 개정으로 종전에 공익법인에 적용된다고 해석되던 민법 34조를 모든 법인에 적용되는 것으로 개정하여 능력외이론을 폐지하려는 논의를 역행시켰다는 비난을 받고 있다(강두33). 다만 일본 판례도 '정관의 기재사항으로부터 추리 연역 할 수 있는 사항', '회사의 목적달성에 필요한 사항'은 목적의 범위에 포함되고 또

회사의 목적 달성에의 필요성은 행위의 외형으로부터 보아 객관적으로 판단해야
한다고 해석하여 실제로 '목적 외의 항변'이 인정될 가능성은 거의 없다고 본다(江
頭33). MBCA는 정관에 다른 정함이 없는 한, 모든 회사는 영속하고 그 상호를 승계하
며, 그 영업과 업무를 수행하는 데 필요·유익한 모든 일을 수행할 개인과 동일한 권한
을 가진다고 하면서 일정한 권한을 예시하고 있다(MBCA3.02조). DGCL은 동법 제122
조에 열거된 권한 이외에 모든 회사, 회사의 임원, 이사와 주주는 이 장의 규정, 다른
법률의 규정 또는 회사의 정관에 의하여 부여된 모든 권한과 특권이 정관에 기재된 회
사의 영업 또는 목적의 수행, 추진 또는 달성에 필요하거나 편리한 범위 내에서 그에
부수하는 모든 특권과 더불어 보유하고 행사할 수 있다(DGCL121(a)). MBCA는 정관에
서 정한 목적 범위에 의한 구속을 정하고 있지 않은데 반해 DGCL은 정관에서 정한 목
적을 추상적 범위로 정하면서 그 목적의 수행·추진·달성에 필요하고 편리한 범위로 확
장하고 있어 우리 판례와 유사한 입장에서 입법하고 있다. 그러면서 회사행위 및 회사
에 대·의한 부동산·동산의 양도·이전은 회사가 그러한 행위를 하거나 양도·이전의 능
력·권한이 없다는 사실로 인하여 무효가 되지 아니한다고 제한규정을 두고 있다
(DGCL124조).

3) 권리능력의 제한 : 정관상의 목적에 의해 회사의 권리능력이 제한되는가?
(쟁점10)[46] 이는 회사행위가 정관상 목적을 벗어날 경우 회사행위의 효과가 부정
되는가 하는 **회사행위의 대외적 효과**의 문제이다. 이에 관해 민법 제34조의 적용에
관한 논리를 근거로 하면서 목적 범위에 의해 회사의 권리능력을 보호함으로써
회사 사원이 보호될 수 있다고 보는 **제한설,** 정관상의 목적은 상징적 의미만 가지
고 법인의 권리능력을 제한할 수 없다고 보면서 목적범위 밖의 거래가 무효하게
되지 않도록 거래안전을 보호할 필요가 있다고 보는 **제한부정설** 등이 주장된다.
판례는 대표이사의 연대보증행위가 회사의 목적범위에 포함되지 않는 것이라 하

---

46) **정관상 목적에 의한 권리능력의 제한성(쟁점10)**에 관해, **제한설**은 사단법인의 권리능력은
정관 소정의 목적의 범위 내에 제한된다는 민법 제34조의 규정이 유추적용 되어야 한다
는 입장이다. 따라서 회사의 대표기관이 정관의 목적범위를 넘어서 법률행위를 할 경우
이는 권리능력의 범위를 벗어난 행위가 되어 무효가 되며(정희철293), 회사가 목적을 위
한 존재이고 목적을 신뢰한 투자자(사원)의 기대를 보호한다는 점을 근거로 한다. **제한부
정설**은 목적에 의한 제한은 법인 본질과 무관하다고 보아 회사는 목적범위 외에서도 광
범위한 권리능력을 가지고 정관소정의 목적은 대내적인 효력을 가지는 데 지나지 않는다
점, 정관상 목적은 등기되지만 제3자가 확인하는 것은 용이하지 않고 확인 후에도 범위
내인지 판단이 어려워 분쟁의 소지가 있다는 점(이철송79), 거래의 안전을 보호할 필요가
있고 독일 주식법(82.1)과 영국 회사법(39.1)에서 무제한설에 따른 입법을 하고 있으며
제한설로 해석할 근거가 없다는 점(정찬형487), 제한설을 따를 경우 회사에 대해 책임을
회피할 수 있는 구실을 줄 수 있다는 점(최기원88) 등을 논거로 한다(통설). 제한부정설
은 회사와 거래관계에 있는 제3자를 보호하기 위한 견해로서, 정관의 목적범위는 대표기
관의 해임·손해배상책임의 근거가 되고 이로써 사원·채권자의 보호는 가능하다고 본다.

여 피고회사를 위하여 효력이 없다는 판결(75다1479, **(엄격)제한설**) 이후, 입장을 변경하여 회사의 권리능력은 회사의 설립근거가 된 법률과 회사의 정관상의 목적에 의하여 제한되나 그 목적범위내의 행위라 함은 정관에 명시된 목적 자체에 국한되는 것이 아니라(86다카1349), 목적범위는 목적달성에 직접·간접으로 관련되는 필요·유익한 모든 행위를 포함한다고(2009다63236) 보아 목적범위를 유연하게 해석하는 **(수정)제한설**을 취한다.

4) 목적 판단기준 : 제한설을 따르는 판례에 의하면 회사의 목적 수행에의 관련·필요성을 판단하는 기준은 행위의 객관적 성질인가 아니면 행위자(대표자)의 주관적 의사인가? 이에 관해 판례는 목적 수행에 필요한지 여부를 판단하는 기준은 **행위의 객관적 성질**을 기준으로 본다(2005다480). 그리고 대표권 남용행위의 정관상 목적 위반이 문제된 사건에서, 판례는 주식회사의 대표이사가 그 대표권의 범위 내에서 한 행위는 설사 대표이사가 회사의 영리목적과 관계없이 자기 또는 제3자의 이익을 도모할 목적으로 그 권한을 남용한 것이라 할지라도 일응 회사의 행위로서 유효하다고 보았고(86다카1522). 회사가 거래관계 또는 자본관계에 있는 주채무자를 위하여 보증하는 등의 행위는 그것이 상법상의 대표권 남용에 해당하여 무효로 될 수 있음은 별론으로 하더라도 그 행위의 객관적 성질에 비추어 특별한 사정이 없는 한 회사의 목적범위 내의 행위라고 봄이 상당하다(2005다480)고 보았다. 판례는 정관의 목적범위는 객관적으로 판정되므로 설사 대표자가 주관적으로 사익추구의 목적을 가졌다 하더라도 이에 영향을 받지 않는다고 본다.

5) 소 결 : ① **검 토** – 회사는 영리법인이므로(상169) 비영리법인에 관한 민법 제34조가 회사에 적용될 수 없으며(상1부적용), 자치법규인 정관에 의해 권리능력의 범위가 변경되는 것은 회사거래의 특성(거래안전 등)에 비추어 부적절하다고 본다. 회사의 권리능력은 정관 규정에 관계 없이 획일적으로 유지될 필요가 있으며, 이를 통해 상거래의 안전·신속이 보호될 수 있다. 그리고 능력외이론(Ultra Vires)을 완화·폐지한 외국법과의 조화를 위해서도 회사의 목적에 의한 권리능력제한을 부정하는 견해가 타당하다고 본다(**제한부정설**). 이는 정관 위반행위의 대외적 효력문제이고 위반행위의 대내적 효력은 회사의 권리능력과 관련이 없고 정관의 규범력이 그대로 유지된다.[47)]

② **대표권 남용 등** – 제한부정설에 따를 경우 정관상의 목적에 반하는 행위라는 것을 알고 거래한 상대방(**거래상대방의 악의**)도 보호되는가? 제한부정설은 회사의 권리능력에 관한 정관상의 제한 자체를 부정하는 입장이므로 상대방의 선·악의에 관계 없이 보호된다고 볼 때, 정관상의 목적범위를 벗어난 회사행위임을 알고 있는 악의의 거래상대방도 보호된다. 그리고 판례와 같이 제한설을 따르더라도 대표이사의 회사행위의 개별적 목적은 주관적으로 판단되므로 객관적으로 판단되는 정관상의 목적(구체적 목적)과는 구별된다(**목적 3단계설**). 따라서 설사 대표이사가 대표권을 남용한 경우라도 행위의 객관적 성질이 정관상의 목적에 위배되는 것은 아니라면 권리능력 문제는 없고 대표권남용의 문제로 구별해서 판단하여야 한다(2편4장2절Ⅳ.4.(1)).

2. 회사의 기타 능력

(1) 의사·행위능력

1) **회사의 의사·행위능력** : 회사의 행위는 기관을 통해 실현되므로 회사 자체의 의사능력·행위능력은 특별히 문제될 여지가 없다. 따라서 회사의 대표기관이 회사의 권리능력 범위 내에서 회사행위를 할 경우 회사는 의사능력과 행위능력을 가진다고 본다. 실질적으로 법인의 의사결정기관과 대표기관이 형성되는 순간 회사는 의사를 결정하고 결정된 의사에 따라 행위를 할 수 있는 능력을 가지게 되므로 회사는 의사능력과 행위능력을 가지게 된다. 그리고 회사의 설립등기 시점에 이들 기관이 형성되었는가가 검토되므로 회사는 의사능력과 행위능력을 갖춘 것으로 의제된다고 볼 수 있다. 요컨대 회사의 의사능력·행위능력은 대표기관의 능

---

47) 정관상의 목적에 의한 권리능력의 제한을 부정하는 제한부정설을 따르더라도 이는 대외적 행위의 효력에만 관련되어 부정되고, 대내적 구속력은 그대로 가진다. 정관에 정해진 회사의 목적(사업목적)은 회사의 구성원에 대한 규범력을 가지므로 대내적 효력은 변함이 없다. 따라서 특히 주식회사의 경우, 회사의 정관을 준수하여야 하는 것은 이사의 선관의무에 포함되므로 이를 위반하여 정관의 변경 없이 거래하여 회사에 손실이 발생하였을 경우 이사의 책임(상399,401), 이사의 해임청구(상385)를 통해 주주를 보호하든지 손해가 발생할 염려가 있을 경우에는 이사의 위법행위유지청구(상402) 등을 통해 주주는 보호될 수 있으며, 다른 회사 형태에서도 동일하다. 요컨대 거래의 안전을 보호하기 위해 회사의 정관상의 목적범위를 벗어난 회사행위가 유효하게 해석되지만, 이러한 행위를 한 이사는 정관상의 목적을 신뢰하고 투자·거래한 사원(주주)·회사채권자 등에 대해 손해배상책임을 부담할 수 있으며 이를 통해 정관상 목적에 대한 사원 등의 신뢰가 보호된다.

력과 무관하게 유지되고, 법인에는 무능력제도가 적용되지 않아 회사의 권리능력과 의사능력·행위능력은 항상 일치한다.

2) **기관의 의사·행위능력** : 회사를 대표한 기관의 의사능력·행위능력에 흠결이 있는 경우 회사의 행위는 유효한가? 예컨대 대표이사 등 기관 개인의 의사능력·행위능력에 흠결이 있을 경우에도 대표행위의 효력이 문제될 수 있고, 회사로서는 기관의 교체가 요구된다. 회사행위는 대표기관의 행위에 의해 대표되고 대표에는 대리의 법리가 준용된다(민59.2). 따라서 대표기관이 의사능력, 행위능력이 없는 상태에서 대표행위를 한 경우 대표행위에 하자가 있게 되고 이는 무능력의 대리인에 의한 대리행위와 마찬가지로 무효 또는 취소의 대상이 되고, 이 경우 이를 알지 못하는 선의의 거래상대방은 민법에 따라 보호될 수 있다(민107~110). 주식회사의 대표이사가 의사·행위능력 없이 대표행위를 하여 대표행위가 무효로 되면 이는 회사의 수임자로서 선관주의의무를 위반한 임무해태로 볼 수 있어 회사에 대한 손해배상책임(상399)을 부담할 수 있다. 그리고 거래행위가 무효로 됨으로써 거래상대방이 손해를 입고 무능력의 대표행위에 중과실이 있다고 인정될 경우 대표기관은 회사와 함께 제3자에 대해 책임을 부담하게 된다(상401).

(2) 불법행위능력

1) **개 념** : 법인은 기관의 행위를 통해 적법행위를 할 수 있을 뿐만 아니라 기관을 통해 불법행위를 할 수 있는 것으로 보아 민법에서 법인의 불법행위능력을 인정하고 있다(민35.1). 따라서 법인의 실체를 가진 회사도 불법행위능력을 가지며 이는 상법에 반영되어, 회사를 대표하는 사원이 업무집행으로 인하여 타인에게 손해를 가한 때 회사는 그 사원과 연대하여 손해를 배상할 책임을 부담한다(상210,269,287의20,389.3,567). 대표기관의 위법한 업무집행은 대표기관의 불법행위가 아니라 회사의 불법행위가 되는 것은 회사의 불법행위능력을 전제한 결과로 볼 수 있다.

2) **책임 요건** : ① 대표이사의 행위 – 회사의 불법행위가 성립하기 위해서는 회사를 대표하는 기관의 행위가 전제된다. 대표사원(대표이사)의 행위라면 재판상·재판 이외의 행위도 회사의 불법행위가 될 수 있다. 직무집행이 정지된 상태(상407)에서 대표이사가 불법으로 업무집행을 하였다면 이는 회사의 대표기관에 의

한 행위로 볼 수 없으므로 회사의 불법행위가 될 수 없다고 본다. 하지만 대표이
사가 아니더라도 대표이사의 직무집행대행자(상408)가 불법행위를 하였다면 회사
의 불법행위가 될 수 있다고 본다.

② **업무집행** − 회사의 불법행위로 되는 것은 기관이 업무집행으로 인하여 불
법행위를 한 경우에 한정되며, 업무집행과 무관하게 이루어진 기관의 불법행위나
사원의 불법행위는 여기에서 배제된다. 직원의 불법행위에 대한 책임에 관해서는
상법에 별도의 규정이 없으므로 일반법인 민법의 규정이 적용되어 피용자가 사무
집행에 관해 사용자인 회사는 대위책임(사용자책임)을 부담하게 된다(민756). 회
사의 상무만 할 수 있는 대표이사의 직무집행대행자가 회사의 상무가 아닌 행위
를 법원의 허가 없이 한 경우에도 회사의 불법행위가 되는가? 이 경우에도 선의의
제3자에 대해 책임을 부담하지만(상408.2) 이는 적법행위에 대한 거래상대방의 신
뢰를 보호하는 규정으로 봐야 한다. 따라서 대표이사 직무대행자가 상무가 아닌
업무집행을 법원의 허가 없이 한 경우에는 업무집행 자체가 위법하더라도 회사의
불법행위가 되지 않는다고 보며, 직무대행자 개인의 불법행위가 된다고 본다.

③ **위법성** − 회사의 불법행위가 성립하기 위해서는 행위의 위법성이 전제된
다. **위법성**이란 실정법규나 선량한 풍속 기타 사회질서의 위반(2원적 위법론)을
의미한다. 다만 회사는 의사결정절차를 거쳐 형성된 의사를 대표자가 상법이나
정관에 따라 대표하는 내부적 의사결정절차를 거치는데 이를 위반한 것 역시 상
법을 위반한 것이 되어 위법성을 가진다. 그런데 회사의 불법행위의 요건으로서
위법성은 이러한 내부적 의사결정절차 위반을 제외하고 대표자의 행위가 대외적
으로 위법성을 가지는 경우만을 의미한다고 본다.

④ **손해의 발생** − 회사의 불법행위가 성립하여 대표사원과 회사의 연대책임이
발생하기 위해서는 손해가 발생하여야 한다. 물론 대표사원의 업무집행과 손해간
에 인과관계가 있어야 하며, 기타 불법행위 성립을 위한 요건을 비롯하여 손해의
범위 등에는 민법상 불법행위책임에서 논의가 그대로 적용될 수 있다.

3) **연대책임** : 대표사원의 위법한 업무집행으로 손해가 발생할 경우 이는 개
인 대표이사의 불법행위책임이 되는 것이 아니라 회사의 불법행위가 된다. 왜냐
하면 회사는 불법행위를 할 수 있고(불법행위능력), 대표사원의 업무집행으로 불
법행위가 되었으므로 개인의 불법행위와는 구별된다. 다만 회사의 불법행위의 효
과에 관해서는 회사만 불법행위에 대한 손해배상책임을 부담하는 것이 아니라 위

법한 업무집행을 한 대표사원도 불법행위에 대한 손해배상책임을 부담하고 양 책임의 관계는 부진정연대책임으로 이해된다.

4) **이사의 손해배상책임과 관계** : 대표이사의 제3자에 대한 손해배상책임(상 401)은 대표이사의 행위가 고의·중과실에 의한 임무해태로 인해 제3자에게 손해가 발생한 경우 회사의 불법행위가 성립하지 않더라도 이사는 제3자에 대해 배상책임을 부담할 수 있다. 회사의 불법행위책임(상209)과 이사의 제3자에 대한 손해배상책임(상401)을 비교하면 둘 다 회사의 업무와 관련성(업무집행 vs 임무해태)을 가질 경우에 성립한다. 하지만 첫째, 회사의 불법행위책임은 '위법성' 있는 대표이사 행위여야 하는데 반해 이사의 책임은 위법성이 없더라도 성립할 수 있고, 둘째, 전자는 회사의 대표이사의 행위만이 회사의 불법행위가 될 수 있는데 반해 후자는 대표이사가 아닌 일반 이사도 책임의 주체가 될 수 있다는 점, 셋째, 전자는 회사와 대표이사의 손해배상의 연대책임이 발생하는데 반해 후자는 해당 이사만이 손해배상책임을 부담한다는 점에서 구별된다. 다만 하나의 대표이사의 행위가 회사의 불법행위가 되어 대표이사의 책임이 발생할 수도 있고 동시에 제3자에 대한 손해배상책임(법정책임)의 원인이 될 수도 있어 이 경우 양자는 경합관계(청구권 경합)에 있을 수 있다.

제 5 절   회사의 설립

1. 설립의 의의

(1) 개   념

회사의 설립이란 사단을 형성하여 법인격을 취득하는 절차를 의미한다. 이는 정관의 작성으로부터 설립등기에 이르는 일련의 행위로 구성된다. 주식회사의 경우 1인의 발기인이 회사를 설립할 수 있으므로 반드시 사단이 형성되는 것은 아니지만 이는 예외적 현상이다. 설립행위의 출발은 회사의 근본규범인 정관의 작성이며, 사원(출자자)을 확정하는 절차, 출자를 이행하는 절차, 기관을 선임하는 절차, 설립등기 등이 설립절차의 중요한 부분을 이룬다. 인적회사와 유한회사는 사원의 확정, 출자, 기관의 형성 등이 정관작성에 의해 이뤄지므로 정관작성만으로 회사의 실체가 거의 형성되어 설립절차가 간단하다. 하지만 주식회사의 설립절차에서는 정관에는 발기인, 자본금 규모만 기재될 뿐 기타 사원·기관 등이 기재되지 않으므로 정관 작성 이외에 주주 확정을 통해 자본을 형성하는 절차, 기관선임절차 등 실체형성절차가 진행되어야 하므로 주식회사의 설립절차는 상대적으로 복잡하다.

(2) 법적 성질

회사의 설립행위도 법률행위인데 그 법적 성질은 무엇인가?(쟁점10)[48] 이에 관해 계약설, 단독행위설, 합동행위설 등이 주장되고 있으나 민상법의 통설적 견해는 합동행위설이다. 생각건대 설립행위는 정관작성이 중심이 되지만 설립등기까지 포함하는 모든 행위를 포괄하는 의미이므로, 다양한 행위로 구성되어 있는 설립행위의 법적 성질을 논하는 것은 부적절하고 **개별적 설립행위**의 성질이 의미를 가진다. 대표적인 설립행위라 할 수 있는 정관작성행위는 합동행위적 성질이 강하다. 그러나 주식회사에서 주식인수행위에 관해서 보면 발기인의 주식인수는 설립행위의 일환으로서 합동행위적 성질을 가지지만, 제3자의 주식인수는 설립중의 회사와 주식인수인간의 계약으로 볼 수 있다. 그리고 설립경과조사절차는 사실행위적 성질을 가지고 있으며, 설립등기신청은 단독행위적 성질을 가진다.

(3) 회사 설립의 규율

회사설립절차를 법이 어떻게 규율하는가 하는 것은 시대에 따라 변화했다. 회사가 처음 형성되는 시기에는 **자유설립주의**를 취했으나, 회사가 사기적·투기적인 수단으로 사용되자 회사의 설립을 엄격하게 규제하는 **특허주의**(군주의 특허장, 의회의 특별입법이 요구됨)가 일반화되었다. 이후 회사설립에 대한 규제가 점차 완화되어 **면허·인가(행정처분)주의**로, 다시 준칙주의로 변경되었다. **준칙주의**에는

---

48) **회사 설립행위의 법적 성질(쟁점10)**에 관해, 합동행위로 보는 견해 중에도 순수하게 합동행위로 보는 견해와 계약과 합동행위가 병합된 행위로 보는 견해로 나뉜다. **합동행위설**은 회사의 설립이란 공동의 목적을 위한 복수인의 일방적 의사표시가 결합된 합동행위라 본다. 이 견해에 속하면서도 설립행위는 인적회사, 물적회사 구별 없이 정관작성을 뜻한다고 보면서 그 성질을 합동행위로 이해하는 견해도 있다(이철송84). 이에 대해 **병합행위설**은 정관작성에 의하여 사원이 확정되는 합명회사·합자회사 및 유한회사의 설립행위의 법적 성질은 합동행위이나, 정관작성에 의하여 사원이 확정되지 않고 별도의 주식인수에 의하여 사원이 확정되는 주식회사의 설립행위의 법적 성질은 합동행위와 계약이 병존하는 것으로 보는 견해(정찬형442)이다.

일반적으로 회사설립을 위한 요건을 법정하고 요건을 구비하면 등기에 의해 법인격을 인정하는 **단순준칙주의**도 있고, 준칙주의이면서도 관계자의 책임을 가중하는 **엄격준칙주의**가 있다. 우리 회사법은 회사 설립에 특허·면허·인가 등을 요구하지 않고 일정한 요건(정관 작성 등)을 요구하고 설립에 관한 책임을 가중하고 있어 엄격준칙주의를 취하고 있다고 본다. 그러나 이는 일반적인 회사의 설립에 관한 것이고 특별한 회사, 은행·보험회사·증권회사 등은 관련 법률에서 인가요건을 정하고 있다.

2. 설립절차

(1) 실체형성절차

1) **개 념** : 회사의 설립절차는 대체로 실체형성절차가 완료되면 등기절차를 거친다. 주식회사의 실체란 회사내부규범인 정관과 사원·자본·기관 등을 의미하는데 이들을 형성하는 절차를 실체형성절차라 한다. 다만 실체형성절차로서 각 단계가 엄격하게 요구되는 것은 주식회사뿐이고 나머지 회사 형태에서는 정관 작성만으로 실체가 형성된다. 회사의 설립시 실체가 형성되고 설립등기를 해야만 법인격을 취득하게 되는데, 설립등기 전이라도 실체가 어느 정도 형성된 이후에 장차 설립될 회사의 명의로 설립행위를 할 수 있는가 하는 문제(설립중의 회사)가 특히 주식회사의 설립절차에서 논의된다.

2) **정관작성** : 설립행위에서 가장 먼저 이루어지는 절차이다. **정관**이란 회사의 근본규범으로서 그 법적 성질에 관해 계약으로 이해하는 견해도 있지만 자치법규로 이해하는 견해가 통설이다. 인적회사와 유한회사에서는 정관을 작성하면서 사원과 출자, 기관이 확정되는 특징을 가진다. 예컨대 합명회사의 경우 합명회사 설립시 작성되는 정관에는 사원의 성명과 출자의 목적이 기재되고(상179) 사원의 출자이행은 회사설립의 요건이 아니며(상180.2호), 무한책임사원이 동시에 회사의 기관이 되므로(상200) 정관작성에 의해 자본·기관형성이 완료된다. 그러나 주식회사의 정관에는 주주의 이름이 기재되지 않으므로 정관작성만으로 사원이 확정되지 않고 사원·자본·기관의 형성절차가 요구된다.

3) **사원·자본·기관형성절차** : 정관작성 이후에는 사단법인인 회사의 실체로서

사단의 실체형성절차가 요구된다. 합명회사·합자회사·유한책임·유한회사(이하 일반회사라 함)의 정관에는 사원의 성명이 기재되므로(상179.3호,270,287조의3.1호,543.2.1호) 정관작성과 동시에 사원이 확정되나, 주식회사에서는 사원(주주)을 확정하기 위해 주식인수절차(상293,302)가 진행된다. 일반회사의 자본형성절차를 보면, 출자목적물은 유한회사를 제외하면 정관의 기재사항이므로 정관이 작성되면 확정되고(상179.4호,270,287의3.2), 유한회사의 경우에는 출자의 목적이 정관에 기재되지 않는다(상543). 출자의 이행절차도 인적회사의 경우 출자의 이행절차가 엄격하지 않아 설립등기 전 출자이행이 완료될 것을 반드시 요구하지 않는다. 하지만 물적회사의 경우에는 회사설립등기 전에 출자가 이행되어야 한다(회287의4.2,295,305,548). 인적회사와 유한책임회사에서는 정관에 업무집행자(인적회사의 경우 사원)가 기재되며(회179,270,287의3), 기타 물적회사에서는 사원자격과 기관자격은 분리되므로 별도의 기관선임절차가 요구된다(상296,312,547).

(2) 설립등기

1) **개 요** : ① 절 차 – 회사의 실체가 형성되어 상법이 요구하는 설립절차가 완료되면 최종적으로 설립등기를 하게 된다. 회사는 실체형성만으로 법인격을 취득할 수 없고 등기가 완료되는 시점에 법인격을 취득하게 된다. 등기사항은 상법에 회사별로 구체적인 조항을 두고 있으며(상180,181,271,287의5,317,549) 등기기간에 관해 주식회사와 유한회사는 '절차가 종료한 날로부터 2주간 내', '이행이 있은 날로부터 2주간 내'로 제한하고 있다(상317.1,549.1). 법정기간 내에 등기하지 않으면 과태료의 제재를 받게 된다(상635.1,1호).

② **효 력** – 회사의 설립등기는 상업등기부에 이루어지지만 회사가 설립된다는 특별한 효력(**창설적 효력**)이 생기므로 상업등기의 일반적 효력에 관한 규정인 상법 제37조는 적용되지 않는다. 이러한 본질적 효력 이외에도 주식회사의 경우 설립등기를 하게 되면, 주권을 발행할 수 있게 되고 주식양도가 가능하게 되며(**해제적 효력**, 상319,355), 주식청약서의 요건흠결을 이유로 주식인수의 무효를 주장하거나 착오·사기·강박을 이유로 주식인수의 청약을 취소할 수 없게 된다(**보완적 효력**, 상320).

2) **부실등기** : ① **부실등기의 효력** – 회사의 설립등기가 부실하게 된 경우 회사는 어떠한 책임을 부담하는가? 상법에는 부실등기의 효력에 관한 규정(상39)을 두

고 있지만 회사의 설립등기에 상업등기의 효력에 관한 규정(상37)과 함께 동 규정
이 적용된다고 보기는 어렵다. 왜냐하면 부실등기에 대한 책임규정(상39)는 등기
의 외관(공시의 외관)을 신뢰한 자를 보호하기 위한 규정으로서 공시제도를 보호
하기 위한 제도이다. 그런데 회사 설립등기는 단순히 공시제도의 보호를 넘어 회
사의 권리능력의 형성이라는 효과와 관련되므로 외관을 신뢰하였다 하더라도 회
사 성립의 효과를 주장할 수 없기 때문이다. 그리고 회사가 부실등기 되었다 하더
라도 이미 등기되어 법인격이 형성된 경우에는 이를 말소하는 것은 부적절하므로
회사설립무효의 소에 의해서만 설립등기의 효력을 상실시킬 수 있다.

　② **형사책임** - 부실한 회사설립등기를 한 경우 공정증서원본부실기재죄에 해
당하는가? 회사 명의로 통장을 개설하여 이른바 대포통장을 유통시킬 목적으로
주식회사 설립등기를 한 경우 회사의 실체가 없거나 상법상 부존재하여 법인등기
부에 부실의 사실을 기록·행사한 것이 공정증서원본부실기재죄에 해당하는지가
판례에서 문제된 바 있다. 이에 관해 법원은 발기인 등이 회사를 설립할 당시 회
사를 실제로 운영할 의사 없이 회사를 이용한 범죄 의도나 목적이 있었다거나, 회
사로서의 인적·물적 조직 등 영업의 실질을 갖추지 않았다는 이유만으로는 부실
의 사실을 법인등기부에 기록하게 한 것으로 볼 수 없어 공정증서원본부실기재죄
의 성립을 부인하였다(2019도9293).

3. 설립하자

(1) 단체법적 특성

　회사의 설립행위는 다수의 법률행위로 구성되어 있는데, 이들 개별 설립행위
에 무효사유가 있거나 취소된 경우 개별 설립행위의 무효를 넘어 회사의 설립행
위까지도 무효하게 되는가? 민법의 일반원칙에 따르면 설립행위가 무효하게 되어
설립행위에 소요된 많은 노력과 비용이 상실될 위험에 놓이게 된다. 뿐만 아니라
회사의 설립등기 이후에 유효하게 설립된 것으로 신뢰하고 진행된 회사의 거래행
위도 효력을 상실하게 되어 거래의 안전을 해할 우려도 있다. 이는 회사라고 하는
단체법관계에 개인법적 원리를 적용함으로써 발생하는 결과라 할 수 있고, 다수의
많은 노력·비용을 구제하기 위해 이러한 부당한 결과를 방지할 필요가 있다. 회
사법은 단체법적 성질을 고려하여 회사의 설립행위의 하자에 관해, 일정한 경우
에는 하자주장을 제한하고(**하자 주장의 제한**), 일정한 경우에는 반드시 소송의 형

식에 의해서만 하자를 주장할 수 있도록 하여(**주장 방법의 제한**) 설립하자의 주장을 제한한다.

(2) 하자의 구별

1) **하자의 종류** : 회사 설립의 하자에는 설립절차에서 요구하는 요건을 갖추지 못한 흠결 등 객관적 하자와 설립관여자의 법률행위에 있어 의사표시의 하자 등 주관적 하자로 구별된다. 객관적 하자에는 정관의 절대적 기재사항이 흠결되었다든지 설립등기가 무효하다든지 하는 사정이 포함되며, 주관적 하자에는 발기인 또는 제3자의 주식인수행위에 의사표시의 흠결이 있는 경우 등이 포함된다. **객관적 하자**는 절차의 흠결이므로 준칙주의의 엄수를 위해 이를 이유로 회사 설립무효가 될 수 있지만, **주관적 하자**는 개인의 의사표시의 하자를 단체법관계에서 주장하는 것이 되어 하자의 주장이나 주장방법에서 제한되지 않을 수 없는 특성을 가진다.

2) **객관적 하자** : 회사의 설립절차에 정관기재사항의 흠결 등 절차상 하자가 있을 경우 회사의 종류를 불문하고 설립의 무효를 주장할 수 있다(상184,269,287의6,328,552). 객관적 하자가 있을 경우 이는 반드시 소(**회사설립무효의 소**)로써만 주장할 수 있어 **하자의 주장방법이 제한**된다. 인적회사는 설립절차가 정관작성과 설립등기만으로 완료되므로 객관적 하자는 주로 정관 작성에서 나타나고 그 대표적인 하자가 정관기재사항의 흠결이라 할 수 있다. 각 회사의 설립등기요건에 흠결이 있는 경우에는 설립등기의 접수단계에서 거절되어 설립등기가 이뤄지지 않게 되고, 설립등기사항에 허위가 있을 경우 이는 부실등기가 되지만 그 역시 회사 설립무효의 소에 의해서만 주장할 수 있다. 설립절차가 복잡한 주식회사의 경우 각 설립절차가 제대로 이행되지 않을 경우 모두 설립무효의 원인이 될 수 있지만, 자본형성에 관해서는 발기인의 자본충실책임(상321)으로 설립무효원인이 치유되는 예외를 허용하고 있다.

3) **주관적 하자** : 주식회사를 제외한 **일반 회사**(합명·합자·유한책임·유한회사)의 설립절차에서 사원은 무효 또는 취소 등 주관적 하자를 주장할 수 있되 하자의 주장은 반드시 무효·취소 사유가 있는 사원에 한하여 회사성립의 날로부터 2년 내에 소(**회사설립취소의 소**)만으로 주장할 수 있어(상184,269,287의6,552) 하

자의 주장방법이 제한된다고 볼 수 있다. 이와 달리 **주식회사**의 경우에는 회사 성립 후에는 주식을 인수한 자는 주식청약서의 요건의 흠결을 이유로 하여 그 인수의 무효를 주장하거나 사기, 강박 또는 착오를 이유로 하여 그 인수를 취소하지 못하고, 창립총회에 출석하여 그 권리를 행사한 경우에는 회사 성립 전이라도 무효·취소 주장을 하지 못한다(상320). 따라서 주식회사 설립시 주관적 하자는 **하자주장이 제한된다고** 볼 수 있다. 다만 발기인의 의사표시상의 하자, 주식인수인의 무능력 등에 관해서는 별도의 규정이 없어 주장이 제한된다고 볼 수 없다. 따라서 이러한 개인의 의사표시상의 하자가 주장될 경우 이를 원인으로 절차 흠결이 발생하고 절차흠결을 이유로 회사설립무효의 소를 제기할 수 있다고 본다.

(3) 주장방법의 제한

1) **회사법상의 소송** : 회사 설립하자(무효·취소)의 소를 포함하여 회사법상의 법률관계를 다툴 소송은 일반 소송과 제소요건·효과 등을 달리한다. 이와 같이 회사의 법률관계에 관한 소송으로서 제소권자, 제소기간, 판결의 효력이 회사법상 제한되는 소송을 회사법상의 소송이라 한다. 회사법상의 소송에는 회사설립무효의 소송 이외에도 주주총회결의 하자에 관한 소송(상376~380)과 신주발행·감자·합병무효의 소(상445)를 포함하는 특수절차무효의 소송 등 주식회사에 다수 존재한다. 회사법상의 소송은 회사 법률관계의 단체법적 특성으로 인해 판결의 효력에 대세효가 일률적으로 부여되고 경우에 따라 소급효도 인정되며, 제소권자, 제소기간이 제한되는 경우도 많다. 회사설립무효의 소송에서 제소권자는 사원(상184) 또는 주주, 이사, 감사(상328)로 제한되며, 제소기간도 회사성립의 날로부터 2년내로 제한되며(상184,269,287의6,328,552) 설립무효판결에는 대세효·불소급효가 발생한다.

2) **판결의 효력** : ① 개 요 – 회사의 설립 후 사원(주주) 등이 회사 설립절차의 하자를 이유로 회사설립무효·취소의 소를 제기하여 법원이 이를 인용하여 판결이 확정(승소판결, 설립무효·취소판결)되면, 제소한 자뿐만 아니라 모든 자에게 판결의 효력이 미치는 **대세효**가 발생한다(상190). 그리고 회사설립무효의 판결은 판결 확정전에 생긴 회사와 사원 및 제3자간의 권리의무에 영향을 미치지 않으므로(상190단서), **불소급효**를 가진다고 볼 수 있다. 회사설립무효의 소의 판결 효력은 다른 종류의 회사에서도 준용되는데, 특히 승소판결의 대세효는 다른 회사법

상의 소송에도 항상 준용되고, 불소급효는 다른 회사법상 소의 일정한 경우에 준용하고 있다. 하지만 **원고패소판결**의 효력은 민사소송에서 판결의 일반 원칙에 따라 **대인효**만 발생한다.

② **사실상의 회사** - 회사설립무효의 소송에서 설립무효판결이 일반적으로 소급하게 될 경우 설립 후 회사가 한 모든 거래가 무효하게 되므로 거래의 안전에 문제가 생길 수 있다. 회사법은 이러한 이유에서 원고승소판결은 **불소급효**를 가져 기존의 법률관계에는 영향을 미치지 못하고 장래에 향해서만 효력이 발생한다. 그런데 불소급효를 인정할 경우 회사 설립시부터 회사설립무효판결의 확정시점까지 모든 회사의 법률관계는 보호되게 되어, 이는 마치 일정기간 유효한 회사가 사실상 존재한 것과 동일하게 취급되는데 이를 **사실상의 회사**라 한다. 설립하자에 관한 소송의 절차, 판결효력, 사실상의 회사 등의 개념은 편의상 주식회사의 설립에서 자세히 살펴본다.

제 6 절 회사의 해산·청산·계속제도

1. 회사의 해산제도

(1) 의 의

회사의 해산(dissolution, windingup, Auflösung)이란 회사의 법인격을 소멸시키는 원인이 되는 법률사실을 의미한다. 예컨대 인적회사의 사원이 1인이 되면 더 이상 회사로서 존속할 수 없으므로 법인격이 소멸되는데 인적회사의 사원이 1인이 된 사실을 **해산사유**라 한다. 해산사유가 발생하면 회사는 자연인의 사망과 달리 상속이 발생하지 않아 권리의무가 자동적으로 포괄승계 되지 않으므로 재산관계의 정리절차가 요구된다. 즉 회사에 해산사유가 발생하면 법인격이 바로 소멸하는 것이 아니라 일정한 절차를 거쳐 재산관계를 정리한 후 회사의 법인격이 소멸하게 되는데, 이와 같이 해산사유가 발생한 회사의 권리의무를 정리하는 절차를 **청산절차**라 한다. 청산절차가 진행되는 동안 회사의 권리능력은 청산의 목적범위 내로 축소되고, 청산절차가 정상적으로 완료되면 회사의 법인격이 소멸한다.

(2) 해산사유와 등기

회사의 해산사유가 발생하면 회사는 해산하여 청산회사가 된다. 회사의 **해산사유**는 각 종류의 회사에 관한 규정에서 정하고 있지만(상227,269,285,287의38,517,609) 이를 분류하면 첫째, 모든 회사에 공통된 해산사유로는 존립기간의 만료 기타 정관으로 정한 사유의 발생, 합병, 파산, 법원의 명령 또는 판결, 사원·주주총회의 결의 등이 있다. 여기서 법원의 명령이란 해산명령(상176)을 의미하며, 법원의 판결도 해산판결(상241,520)을 의미한다. 둘째, 인적회사는 사원이 1인으로 된 때에 해산하며 특히 합자회사는 무한책임사원 또는 유한책임사원의 전원이 퇴사한 경우(상285)가 해산사유이다. 셋째, 주식회사는 회사의 분할·분할합병시 해산한다(상517). 해산사유가 합병·파산인 경우를 제외하고 해산사유로 회사가 해산한 경우 해산사유가 있은 날로부터 본점소재지에서는 2주간내에, 지점소재지에서는 3주간내에 **해산등기**를 하여야 한다(상228,269,287의39,528.1,602).

(3) 해산의 효과

회사의 **해산사유**가 발생하면 특별한 개시행위 없이도 원칙적으로 **청산절차가 개시**된다. 다만 해산사유 중 합병은 회사재산이 합병 후 존속회사에 포괄승계 되므로 청산절차가 개시되지 않으며, 파산은 일반적인 청산절차가 아닌 **파산절차**가 법정되어 있으므로 파산절차가 개시된다. 해산사유 중 합병과 파산을 제외한 해산사유가 발생한 경우 해산등기를 하게 되지만, 해산의 효과는 해산등기를 하여야 발생하는 것이 아니라 해산사유가 발생하면 해산의 효과가 발생한다. 해산사유 중 법원의 해산판결에 의해 해산의 효과가 발생하는데, 해산판결은 일정한 **해산청구**가 전제된다. 합명회사의 경우 부득이한 사유가 있는 때에는 각 사원은 회사의 해산을 법원에 청구할 수 있으며(상241,269,285,287의38,517,609), 이는 회사법상의 소송이 되어 법원은 청구에 이유가 있다고 판단할 경우 해산판결을 하게 되는데 이에 관해서는 후술한다.

2. 해산명령·해산판결

(1) 해산명령제도

1) **개 념** : 해산명령제도란 공익상 회사의 존속을 허용할 수 없다고 인정되는 경우에 법원이 일정한 자의 청구 또는 직권으로 회사의 해산을 명하는 재판을 하

는 제도이다(상176.1). 이는 회사설립에 관해 준칙주의의 폐단을 시정하는 **공익보호**를 위한 제도라 할 수 있다. 회사는 법인격이 부여되어 출자자인 사원과 분리되어 명의의 주체, 책임의 주체가 되고 특히 물적회사의 경우 유한책임의 혜택을 누린다(**명의·책임의 분리**). 그런데 회사의 존속이 사회적으로 해악이 될 경우 회사의 법인격을 박탈할 필요성이 있으며, 해산명령제도는 이러한 공익적 목적에 따라 회사의 **법인격을 박탈**하는 제도로서, 특정 법률관계에서 적용되는 법인격부인론과 구별된다.

2) **해산명령사유** : 회사의 해산명령사유는 대체로 **공익이 침해**된 경우로서 다음과 같다. 첫째, 회사의 **설립목적**이 불법한 경우이다(상176.1.1호). 예컨대 매매가 금지되는 무기류의 유통을 위한 회사, 불법적인 도박업을 목적으로 한 회사 등이 이에 해당하며 정관상의 목적뿐만 아니라 회사가 실질적으로 추구하는 목적도 판단의 대상이 된다. 둘째, **부당영업중지**로서, 회사가 정당한 사유 없이 설립 후 1년 내에 영업을 개시하지 아니하거나 1년 이상 영업을 휴지하는 경우이다(동조2호). 부정한 목적으로 회사가 악용되지 않도록 하고 회사상호의 타인 사용(상23)을 허용하기 위한 목적인데, 정당한 사유의 범위가 문제된다. 심각한 경제불황, 사업의 성질상 본격적인 영업은 어렵고 당분간 건설이자만을 배당할 수밖에 없는 경우 등이 정당한 사유에 포함된다. 셋째, 기관**의 부당행위**로서 이사 또는 회사의 업무를 집행하는 사원이 법령 또는 정관에 위반하여 회사의 존속을 허용할 수 없는 행위를 한 경우이다(동조3호). 회사의 기관이 법령·정관위반행위를 하고 이로 인해 회사의 존속을 허용할 수 없다고 판단될 경우에만 해산사유가 된다.

3) **절차와 효과** : ① 해산명령절차 – 해산명령제도는 신청에 의한 해산명령과 직권에 의한 해산명령 두 유형이 있으며, 이는 회사의 종류에 따라 규정을 두지 않고 회사법 통칙에 규정을 두고 있어 모든 회사에 일률적으로 적용된다(상176). 첫째, **신청에 의한 해산명령**은 이해관계인이나 검사의 청구에 의하여 법원이 해산명령을 한다. 둘째, **직권에 의한 해산명령**은 이해관계인 등의 청구 없이 법원이 해산사유가 존재한다고 판단되면 직권으로 해산을 명한다. 특히 해산명령청구가 있을 경우 법원은 해산을 명하기 전일지라도 이해관계인이나 검사의 청구에 의하여 또는 직권으로 관리인의 선임 기타 회사재산의 보전에 필요한 처분을 할 수 있으며, 법원은 회사의 청구에 의하여 상당한 담보를 제공할 것을 명할 수 있다(상

176.2,3). 이는 남소를 방지하기 위한 조치로서 회사가 청구자의 담보제공을 청구할 경우 이해관계인의 청구가 악의임을 소명하여야 한다(상176.4).

② 해산명령의 효과 – 해산명령의 재판이 확정되면 회사는 해산하므로 해산명령의 확정도 **해산사유**의 하나이다. 해산의 효과로서 청산절차가 개시되고 해산등기가 요구되는 점은 일반 해산사유가 발생한 경우와 동일하다. 따라서 회사는 청산의 목적범위 내로 권리능력이 축소되고 회사의 업무집행기관은 권한을 상실한다.

(2) 해산판결제도

1) 개 념 : 회사운영의 난관을 타개할 수 없는 경우 등 사원의 이익을 보호하기 위해 사원의 청구에 의해 법원이 판결로써 회사를 해산시키는 제도(상241,269,287의42,520,613.1)로서, **사익보호**가 목적인 점에서 공익보호가 목적인 해상명령제도와 구별된다. 즉 해산명령제도나 해산판결제도 모두 회사를 법원의 판단에 따라 강제적으로 해산시키는 제도인 점은 동일하지만, 해산명령제도는 회사의 존속이 법인격을 부여한 법의 목적에 반할 경우 공익적 목적에서 회사를 강제로 해산시키는 제도인 데 반해, 해산판결제도는 사원의 이익을 보호하기 위해 판결을 통해 회사를 해산시키는 제도인 점에서 구별된다.

2) 해산판결사유 : 인적회사나 유한책임회사의 경우 **부득이한 사유**가 있을 경우를 해산판결사유로 정하고 있으며(상241,269,287의42) 주식회사·유한회사의 경우에는 일정한 사정이 존재하고 그러한 사정이 부득이한 경우를 해산판결사유로 규정하고 있다(상520,613.1). 주식회사·유한회사에서 해산판결사유가 되는 일정한 사정이라 함은 회사의 **업무가 현저한 정돈상태**를 계속하여 회복할 수 없는 손해가 생긴 때 또는 생길 염려가 있는 때(상520.1,1호,613.1)와 **회사재산의 관리 또는 처분의 현저한 실당**으로 인하여 회사의 존립을 위태롭게 한 때(상520.1.2호,613.1)를 의미한다.

3) 절차와 효과 : ① 해산판결절차 – 인적회사와 유한책임회사에서 해산판결사유가 존재하면 **각 사원**은 회사의 해산을 법원에 청구할 수 있다. 그러나 주식회사·유한회사에서는 해산판결사유가 존재하면 발행주식의 총수의 100분의 10 이상에 해당하는 주식을 가진 주주(**소수주주·사원**)는 회사의 해산을 법원에 청구할 수 있다(상520.1,613.1). 해산판결청구는 회사의 본점소재지의 지방법원의 관할

에 전속한다(상241.2,269,287의42,520.2,613.1 → 186).

　② **해산판결의 효과** – 해산판결이 확정되면 회사는 해산하므로 해산판결의 확정도 해산사유의 하나이다. 해산의 효과로서 청산절차가 개시되고 해산등기가 요구되는 점은 일반 해산사유가 발생한 경우와 동일하다. 따라서 회사는 청산의 목적범위 내로 권리능력이 축소되고 회사의 업무집행기관은 권한을 상실한다. 해산판결청구의 소를 제기한 자가 패소한 경우에 악의 또는 중대한 과실이 있는 때에는 회사에 대하여 연대하여 손해를 배상할 책임이 있다(상241.2,269,287의42, 520.2,613.1 → 191).

3. 회사의 청산제도

(1) 의 의

　1) **개 념** : 회사의 청산이란 회사가 합병 또는 파산 이외의 사유로 인하여 해산한 경우에 해산한 회사의 권리·의무 등 재산관계를 원만히 처리하고 회사의 법인격을 소멸시키는 절차를 의미한다. 합병·파산 이외의 회사의 해산사유가 발생한 경우 청산절차에 들어가게 되는데, 청산절차에는 인적회사가 해산한 경우 정관 또는 총사원의 동의로 회사재산의 처분방법을 임의로 정하는 청산방법인 **임의청산절차**와 물적회사가 해산한 경우 또는 예외적인 인적회사의 청산(엄격한 절차)인 **법정청산절차**로 구분된다.

　2) **청산회사의 법적 성질** : 청산중의 회사의 법적 성질에 관해 학설이 대립하고 있다. 이에 관해 특별한 청산회사가 생겨난다고 보는 견해, 청산의 목적범위 내에서 존속하는 것으로 의제되는 회사로 보는 견해, 해산 전의 회사와 동일한 회사로 보는 견해(**동일회사설**) 등이 주장된다. 통설인 동일회사설은 청산중의 회사도 해산 전의 회사와 동일성을 가진 회사로서 회사의 목적이 청산의 범위 내에서 제한되는 회사로 이해한다. 생각건대 우리 상법도 제245조에서 「회사는 해산된 후에도 청산의 목적범위 내에서 존속하는 것으로 본다」고 규정하고 있어 동일회사설이 타당하다고 본다. 그러나 청산회사는 영업을 하지 않으므로 영업을 전제로 한 지배인 등 상업사용인을 둘 수 없으며, 또 인적회사의 무한책임사원이나 물적회사의 이사는 경업피지의무를 부담하지 않게 된다. 그리고 청산회사에서는 해산 전의 회사의 업무집행기관은 그 권한을 잃고 이익은 배당되지

아니하며 인적회사의 경우 사원의 퇴사는 인정되지 않는다(정찬491).

(2) 청산인의 선임·해임

청산인이란 청산회사의 업무집행기관으로서 청산사무를 담당하는 자를 의미한다. 청산인은 회사가 해산된 때 총사원 과반수의 결의(주주총회의 결의)로 선임되거나 주식회사의 경우 정관에서 미리 정할 수도 있다(상531). 청산인의 **선임**이 없는 때에는 인적회사와 유한책임회사의 경우 업무집행사원(상251.1,287,287의45), 주식회사·유한회사의 경우 이사가 청산인이 된다(상531,613.1). 다만 회사가 사원이 1인이 되거나 또는 법원의 명령 또는 판결로 해산된 때에는 법원은 사원 기타의 이해관계인이나 검사의 청구에 의하여 또는 직권으로 청산인을 선임한다(상252,269,287의45,542.1,613.1). 청산인이 선임된 때에는 그 선임된 날로부터, 업무집행사원이 청산인이 된 때에는 해산된 날로부터 본점소재지에서는 2주간 내, 지점소재지에서는 3주간 내에 청산인의 성명 등 일정사항을 **등기**하여야 한다(상253). 사원이 선임한 청산인은 총사원과반수의 결의로 **해임**할 수 있다(상261). 그리고 청산인이 그 직무를 집행함에 현저하게 부적임하거나 중대한 임무에 위반한 행위가 있는 때에는 법원은 사원 기타의 이해관계인의 청구에 의하여 청산인을 해임할 수 있다(상262). 합명회사에 관한 규정은 합자·주식·유한회사에서도 준용된다(상269,542.1,287의45,613.1,).

(3) 청산절차

1) **임의청산절차** : ① 개 념 – 인적회사가 해산한 경우 정관 또는 총사원의 동의에 의해 해산된 회사의 재산처분방법을 정하고 이에 따라 진행되는 청산절차를 임의청산절차라 한다. 다만 임의청산절차가 개시되기 위해서는 사원의 지분을 압류한 자가 있는 때에는 그 동의를 얻어야 한다(상247.1,4). 이 경우에는 해산사유가 있는 날로부터 2주간 내에 재산목록과 대차대조표를 작성하여야 하나(상247.1), 사원이 1인이 되어 해산되었거나 법원의 명령·판결로 해산된 경우에는 그러하지 아니하다(상247.2).

② **채권자보호** – 합병절차에 적용되는 채권자의 이의신청절차(상232)를 임의청산절차에 준용한다(상247.3). 따라서 임의청산절차에서 채권자를 보호하기 위해, 회사가 이의신청절차에 위반하여 그 재산을 처분함으로써 회사채권자를 해한 때에는 회사채권자는 그 처분의 취소(재산처분취소의 소)를 법원에 청구할 수 있

다(상248). 전속관할규정(상186)과 민법상 채권자취소제도의 일부 규정(민406.1단서,406.2,407)은 재산처분의 취소청구에 준용한다(상248.2). 회사가 지분압류채권자의 동의를 얻지 않고 그 재산을 처분한 때에는 사원의 지분을 압류한 자는 회사에 대하여 그 지분에 상당하는 금액의 지급을 청구할 수 있으며, 이 경우에도 재산처분취소의 소를 제기할 수 있다(상249).

   2) 법정청산절차 : ① 개 념 – 물적회사가 해산한 경우(상542) 또는 인적회사가 해산하였으나 해산된 회사가 재산처분방법에 관해 정관 또는 총사원의 동의로 정하지 않은 경우, 합병과 파산의 경우를 제외하고 상법에서 정한 절차에 따라 진행되는 청산절차(상250)를 법정청산절차라 한다.
   ② **청산인의 권한·의무** – 청산인으로 선임된 자는 현존사무의 종결, 채권의 추심과 채무의 변제, 재산의 환가처분, 잔여재산의 분배 등의 업무를 집행한다(상254). 회사를 대표할 청산인은 위의 직무에 관하여 재판상 또는 재판 외의 모든 행위를 할 권한이 있다(상254.3). 청산인이 수인인 때에는 청산의 직무에 관한 행위는 그 과반수의 결의로 정하며(상254.2), 민법의 청산중의 파산(민93)의 규정을 준용한다(상254.4). 다만 청산인이 회사의 영업의 전부 또는 일부를 양도함에는 총사원 과반수의 결의가 있어야 한다(상257). 청산인은 청산중의 회사를 대표하게 되는데, 업무집행사원이 청산인으로 된 경우에는 종전의 정함에 따라 회사를 대표하고, 법원이 수인의 청산인을 선임하는 경우에는 회사를 대표할 자를 정하거나 수인이 공동하여 회사를 대표할 것을 정할 수 있다(상255). 청산인은 취임한 후 지체 없이 회사의 재산상태를 조사하고 재산목록과 대차대조표를 작성하여 각 사원에게 교부하여야 한다. 그리고 사원의 청구가 있는 때에는 언제든지 청산의 상황을 보고할 의무를 부담한다(상256).
   ③ **채무의 변제** – 청산인은 변제기에 이르지 아니한 회사채무에 대하여도 이를 변제할 수 있는데, 이자가 없거나 있더라도 이율이 법정이율에 미치지 못하는 채권에 관하여는 변제기에 이르기까지의 법정이자를 가산하여 그 채권액에 달할 금액을 변제하여야 한다(상259). 그러나 조건부채권, 존속기간이 불확정한 채권 기타 가액이 불확정한 채권에 대하여는 법원이 선임한 감정인의 평가에 의하여 변제하여야 한다(동조 4항). 그리고 채무완제가 불가능한 경우 합명회사의 경우에는 사원에게 출자청구를 할 수 있다. 즉, 회사의 현존재산이 그 채무를 변제함에 부족한 때에는 청산인은 변제기에 불구하고 각 사원에 대하여 출자를 청구할 수

있다. 이 경우 출자액은 각 사원의 출자의 비율로 이를 정한다(상258).

④ **잔여재산의 분배** – 청산인은 회사의 채무를 완제한 후가 아니면 회사재산을 사원에게 분배하지 못한다. 그러나 다툼이 있는 채무에 대하여는 그 변제에 필요한 재산을 보류하고 잔여재산을 분배할 수 있다(상260). 회사의 해산 후 사원이 사망한 경우에 그 상속인이 수인인 때에는 청산에 관한 사원의 권리를 행사할 자 1인을 정하여야 한다. 이를 정하지 아니한 때에는 회사의 통지 또는 최고는 그 중의 1인에 대하여 하면 전원에 대하여 그 효력이 있다(상246).

(4) 청산종결

1) **청산종결절차** : ① **계산서 작성** – 청산인은 그 임무가 종료한 때에는 지체 없이 계산서를 작성하여 각 사원에게 교부하고 그 승인을 얻어야 한다(상263). 계산서를 받은 사원이 1월 이내에 이의를 하지 아니한 때에는 그 계산을 승인한 것으로 본다. 그러나 청산인에게 부정행위가 있는 경우에는 그러하지 아니하다(동조 2항).

② **청산종결등기** – 법정청산절차가 종결된 때에는 청산인은 총사원의 승인이 있은 날로부터 본점소재지에서는 2주간 내, 지점소재지에서는 3주간 내에 청산종결의 등기를 하여야 한다(상264). 임의청산절차를 진행하는 회사는 그 재산의 처분을 완료한 날부터 본점소재지에서는 2주간 내에, 지점소재지에서는 3주간 내에 청산종결의 등기를 하여야 한다(상247.5). 청산종결등기를 하였더라도 실제로 청산이 종결되지 않았다면 회사의 법인격은 소멸하지 아니한다는 것이 판례의 입장이다. 즉 회사가 해산되고 그 청산이 종결된 것으로 보게 되는 회사라도 권리관계가 남아 있어 현실적으로 정리할 필요가 있는 때에는 그 범위 내에서는 아직 완전히 소멸하지 아니하며(90마672), 청산종결등기가 경료된 경우에도 청산사무가 종료되었다고 할 수 없는 경우에는 청산법인으로서 당사자능력이 있다(97다3408).

2) **청산종결등기의 효과** : ① **서류보존의무** – 회사의 장부와 영업 및 청산에 관한 중요서류는 본점소재지에서 청산종결의 등기를 한 후 10년간 이를 보존하여야 한다. 다만 전표 또는 이와 유사한 서류는 5년간 이를 보존하여야 한다(상266,541). 이 경우 총사원 과반수의 결의로 보존인과 보존방법을 정하여야 한다(상266.2). 주식회사의 경우 회사의 중요서류 보존에 관해 청산인 기타 이해관계인의 청구에 따라 법원이 보존인과 보존방법을 정한다(상541.2).

② 사원책임의 소멸 – 사원의 책임은 본점소재지에서 해산등기를 한 후 5년을 경과하면 소멸한다(상267.1). 이 기간 경과 후에도 분배하지 아니한 잔여재산이 있는 때에는 회사채권자는 이에 대하여 변제를 청구할 수 있다(상267.2).

4. 회사의 계속제도

1) **개 념** : 일정한 해산사유로 인하여 해산된 회사가 청산이 종료되기 전에 사원들의 자발적인 노력으로 다시 해산 전의 회사로 돌아가는 제도를 회사의 계속제도라 한다. 회사계속에 의해, 해산사유의 발생으로 청산 또는 파산의 목적범위 내로 축소된 권리능력이 다시 회복되어 정상적인 권리능력을 가지게 된다. 해산원인이 제거된 경우에 회사는 계속할 수 있는데, 모든 해산원인이 이에 해당하는 것은 아니고 회사의 존립기간의 만료 기타 정관에 정한 사유의 발생, 총사원의 동의(주주총회의 결의), 사원이 1인이 된 때 그리고 합자회사에서 각 종류 사원 전원이 퇴사한 경우에만 해산원인이 제거되면 회사는 계속할 수 있다(상229.1, 269,285.2,287의40,519,610.1).

2) **회사계속사유** : 회사계속을 위한 사유를 구체적으로 보면, 회사의 존립기간의 만료 기타 정관에 정한 사유의 발생, 총사원의 동의(주주총회의 결의)가 해산원인이었던 경우에는 인적회사의 경우 사원의 전부 또는 일부의 동의로 회사를 계속할 수 있으며, 동의를 하지 아니한 사원은 퇴사한 것으로 본다(상229.1). 그리고 물적회사의 경우에는 주주총회 특별결의 또는 사원총회의 결의에 의해 회사를 계속할 수 있다. 인적회사에만 존재하는 사원이 1인이 되어 회사가 해산된 경우에는 새로운 사원을 가입시켜 회사를 계속할 수 있다(상229.2). 그리고 합자회사에서 각 종류 사원 전원이 퇴사한 경우 잔존한 무한책임사원 또는 유한책임사원은 전원의 동의로 새로 유한책임사원 또는 무한책임사원을 가입시켜서 회사를 계속할 수 있다(상285.2). 특히 신입사원을 가입시켜 회사를 계속하는 경우에 신입사원은 그 가입 전에 생긴 회사채무에 대하여 다른 사원과 동일한 책임을 진다(상229.4,213).

3) **절차와 효과** : ① **회사계속절차** – **회사계속 가능시한**에 관해, 청산종결등기 전까지라고 보는 견해와 잔여재산분배 전까지라고 보는 견해가 있다. 생각건대

회사계속은 예외적 제도이고 잔여재산분배 이후에는 설사 청산종결등기 전이라 하더라도 회사계속보다는 회사설립이 용이하므로 후설이 타당하다고 본다. 회사 계속의 경우에 이미 회사의 해산등기를 하였을 때에는 본점소재지에서는 2주간 내, 지점소재지에서는 3주간 내에 회사의 계속등기를 하여야 한다(상229.3).

② **회사계속의 효과** – 회사계속의 효과를 보면, 첫째, 해산한 회사는 장래에 향하여 해산 전의 회사로 복귀하여 다시 영업능력을 회복하고, 둘째, 청산목적범위 내로 축소되었던 권리능력은 다시 완전하게 회복되며, 셋째, 회사계속의 효력은 장래에 대해서만 발생하므로 회사해산 후 회사계속까지 청산인이 한 행위는 효력이 있다.

제2편 주식회사

제1장 주식회사의 의의

주식회사란 주식으로 분할된 자본과 유한책임사원으로 구성된 회사이다. 즉 주식회사는 주식으로 분할되어 있는 회사의 자본이 대외적 신용의 기초가 되고, 출자의무를 부담할 뿐 회사의 채무에 대하여 추가적인 책임을 지지 않는 유한책임의 사원들로 구성된 회사(영리사단법인)를 의미한다. 자본단체성, 주식제도, 유한책임의 원리는 주식회사 개념의 중요한 개념요소가 되고, 다른 인적회사(합명·합자회사)와 물적회사(유한책임·유한회사)와 구별되는 표지가 된다.

1. 자본단체성

주식회사의 주주는 유한책임을 부담하므로 회사채권자에 대하여 그 채권 변제의 담보가 되는 것은 회사의 재산뿐이고(**물적회사**), 사원의 신용·재산이 회사채권에 대한 담보기능을 하는 인적회사와 확연히 구별된다. 따라서 주식회사에 대한 신뢰의 근거는 사원의 재산이 아닌 주식회사의 재산이 되므로 주식회사는 재산 또는 자본 중심의 단체로서의 성질(**자본단체성**)을 가진다. 회사법은 주식회사의 재산이 형성·관리되는 기준이 되는 '자본'이라는 개념을 도입하여, 자본을 규율함으로써 간접적으로 회사의 재산이 안정적으로 유지되도록 한다. 회사에 대한 신뢰를 보호하기 위해 회사법은 자본변경의 의사결정의 엄격성, 정관·등기제도에 의한 공시, 경영자의 책임, 채권자보호절차 등을 통해 회사 **자본의 엄격한 관리**를 도모한다. 주식회사는 자본단체성을 가진 물적회사이지만, 사원인 주주를 통해 자율적 의사결정을 하므로 재단이 아닌 사단의 성질을 가지고 있음은 앞서 보았다.

(1) 자본금

1) **개 념** : 주식회사의 자본금(액)은 주식회사의 구성요소로서 등기사항이며, 회사법은 자본금을 **발행주식의 액면총액**으로 규정하고 있다(상451.1). 회사의 등기부에는 자본총액이 그대로 기재되지만(상317.2 2호), 정관에는 자본금액으로 직접 기재되지 않고 액면금액과 발행주식의 총수로 간접적으로 기재된다(상289.1.4호,5호). 회사채권자 보호를 위해 **최저자본금제도**가 채택되었지만 이후 폐기되었으며, **무액면주식제도**가 도입되어(상329.1) 회사는 정관상의 선택을 통해 무액면주식을 발행할 수 있다. 무액면주식을 발행할 경우 액면주식의 병행 발행은 허용되지 않아 정관상에는 주식수만 나타날 뿐 회사의 자본금총액은 명시되지 않고 이사회(예외적으로 주주총회)에서 자본금으로 계상하기로 결정한 금액(상451.2)이 자본금이 되고 이는 등기부에서 공시된다.

2) **자본(금)의 유형** : ① 형식·실질자본금 – 회사법상 주식회사의 자본금은 발행주식의 액면총액이며(상451.1), 이는 회계상으로도 자본금이 된다. 그런데 회사의 수익 등으로 주식을 상환·소각할 경우, **실질 자본금** 즉 자본금 계정상 표기된 금액은 회계상 그대로 유지되지만 상환·소각으로 주식수가 줄어들어 발행주식의 액면총액인 **형식 자본금**은 감소된다. 형식 자본금은 회계상 실질 자본금으로 표기되어 양자는 원칙적으로 일치하지만, 상환주식을 상환(상345), 이익에 의한 주식소각(상343,343의2) 등이 발생하는 경우 예외적으로 실질 자본금과 형식 자본금은 불일치하게 된다.

② 설립·발행·수권자본 – 주식회사의 자본은 설립자본·발행자본·수권자본으로 구분될 수 있다. 주식회사는 정관에 회사가 발행할 주식총수와 설립시 발행하는 주식총수를 별도로 기재하여야 한다(상289.5호·3호). 회사가 설립시 발행하는 주식총수에 상응하는 자본을 **설립자본**, 발행할 주식총수에 상응하는 자본을 **수권자본**이라 하며 양자는 각각 정관에 기재된다. 하지만 설립자본으로 설립된 주식회사가 자본금을 증액(증자)할 경우 증자는 등기사항이지만 정관에 기재되지는 않는다. 이와 같이 회사설립 후 증자절차를 거쳐 현재 발행된 주식총수에 상응하는 자본을 **발행자본**이라 하며, 이는 등기사항이지만(상317.2.3호,426) 정관기재사항은 아니다.

3) **자본(금)과 재산** : 자본은 규범적 개념으로서 회사법은 이를 규율하고 있다.

이에 반해 **재산**이란 일정 시점에 회사가 보유하는 적극자산(자산－부채)이어서 현상적 개념이다. 그리고 재산은 회사의 경영상태에 따라 변동하는 유동적인 개념이어서, 회사법은 주식회사가 재산을 보유하여야 할 기준으로 **자본**이라는 개념을 제시하고 자본을 통해 재산의 형성·유지를 간접적으로 규율한다. 즉 회사법은 자본의 규율(자본3원칙 등)을 통해 간접적으로 회사의 재산을 유지하게 함으로써 주식회사의 대외적 신용을 유지시킨다. 자본은 회계학상 자본금, 자본잉여금, 이익잉여금으로 구성되므로(상462), 주식회사법은 '자본'이라는 용어를 사용하지 않고 '자본금'이라는 용어로 통일하고 있다. 회사법상 주식회사의 **자본제도**는 자본금에 상응하는 재산이 형성되어 유지되도록 하는 **자본3원칙**을 기본으로 한다. 회사 설립 시점과 청산이 종료하는 시점에 재산과 자본금액은 일치하지만, 회사의 활동기에는 재산은 회사의 영업실적에 의존하여 수시로 변동하므로 회사의 자본금액과는 괴리된다.

(2) 자본제도

1) **자본의 3원칙** : 주식회사의 대외적 신용의 기초는 회사의 재산이고, 현상적 재산의 개념은 규범적 자본의 개념을 통해 규율되는 것이 회사법의 구조이다. 자본에 대한 회사법의 규율은 자본에 근거한 재산의 형성, 유지와 자본 자체의 변경 제한이라 할 수 있으며, 이러한 자본에 대한 회사법의 규율구조를 **자본의 3원칙**이라 한다. 자본의 3원칙은 자본확정의 원칙, 자본유지의 원칙, 자본불변의 원칙으로 세분될 수 있는데, 확정자본제도가 아닌 수권자본제도하에서도 자본3원칙이 그 의미가 일부 수정되어 유지된다.[49] 주식회사의 재산 형성을 위해 정관에 자본

---

49) 확정자본제도에서는 자본3원칙이 분명하나, 수권자본의 범위 내에서 자본이 탄력적으로 운용되는 수권자본제도하에서 자본의 3원칙이 존속하는가에 관해, **수정유지설**은 주식회사의 설립시에 발행하는 주식의 총수에 관해서는 정관에 기재가 되어야 하고(상289.1.5호), 그에 대한 인수가 확정되어야 한다는 점에서 자본확정의 원칙은 존속한다고 본다(최기원538). 즉, 수권자본제도에서 자본 3원칙은 수정되어 자본확정의 원칙은 회사설립시에만 적용되고 신주발행시에는 적용되지 않으며, 자본불변의 원칙도 자본감소시에만 적용되고 자본증가시에는 적용되지 않으며, 자본유지의 원칙은 그대로 유지된다고 본다. **축소설**에는 수권자본제도의 도입으로 자본확정의 원칙은 완전히 폐기되었고 자본유지의 원칙만 남게 되었다고 보는 견해(정희철357), 자본유지의 원칙과 자본감소제한의 원칙만 남게 되었다는 견해(정동윤－회사법76)가 속한다. 특히 후자의 견해는 이를 형식적 원칙이라 하고 그 밖에 자본충분의 원칙을 실질적 원칙으로 주장한다(정동윤－회사법77~82). 생각건대 수권자본제도를 취한 우리 상법에 자본 3 원칙이 유지되는가 하는 문제는 상법 규정의 해석에 아무런 영향을 주지 않는 이론적 쟁점에 지나지 않는다. 그리고 수정유지

금이 공시·출자확정되고(**자본확정원칙**), 공시된 자본금에 해당하는 재산이 유지되고(**자본유지원칙**), 자본금의 감소를 엄격히 제한하여(**자본불변원칙**) 재산의 감소를 억제한다.

[**자본금의 3원칙**]   1) **자본확정의 원칙** : 주식회사의 정관에 자본총액을 확정(기재)하고, 그에 대한 주식인수가 확정되어야 한다는 원칙으로서 자본금에 상응하는 재산이 형성되어 공시될 것을 요구한다. 다만 수권자본제도에서는 자본확정의 원칙이 폐기되었다는 견해(축소설)도 있으나, 다수설은 신주발행시에는 적용되지 않으나 회사설립시에는 적용되므로 수정유지된다고 본다. 자본확정의 원칙의 취지가 발행자본에 상응하는 재산의 형성·공시라는 기능의 관점에서 보면 수권자본제도하에서도 유지될 필요가 있고 현행법상 유지되고 있다고 보며, 등기요건 등이 되어 등기제도 등과 관련된다. 2) **자본유지(충실)의 원칙** : 주식회사는 그 존속 중에 원칙적으로 회사의 자본금에 상당하는 재산을 확보하고 있어야 한다는 원칙이다. 이는 자본금 상당의 재산유지를 통해 회사 기관에 의한 회사재산 부실화를 방지하여 회사의 대외적 신용을 보호(회사채권자를 보호)하고자 함이 취지이므로 실질적으로 '재산유지의 원칙'이라 할 수 있다. 자본유지의 원칙의 회사법상 구현을 보면, 주식의 액면미달발행 금지(상330), 주식인수가액의 전액납입(상305), 변태설립사항에 관한 엄격한 감독(상299,311), 발기인·이사의 인수·납입담보책임(상321,428), 자기주식의 취득·질취 제한(상341,341의3), 이익배당의 제한(상462) 등의 규정을 들 수 있다. 수권자본제도하에서도 발행자본에 상응하는 재산유지는 요구되고 위의 규정들은 모두 적용될 수 있어 자본유지의 원칙은 변화없이 유지된다. 자본확정의 원칙이 등기제도와 관련을 가지는데 반해, 자본유지의 원칙은 회사행위의 효력 부인이나 발기인·이사 등의 책임과 관련된다. 개정전 회사법은 상계에 의한 납입을 불허하여나(구상334) 자본유지의 원칙을 구현하였으나, 회사채무의 출자전환을 위해 신주발행시 회사의 동의를 얻은 상계를 허용하였다(상421).   3) **자본불변(불감소)의 원칙** : 일단 확정된 자본금액은 법정된 엄격한 절차에 의하지 않고는 감소시킬 수 없다는 원칙이다. 회사가 자본을 증가하는 경우에는 문제되지 않지만 자본을 감소하는 경우에는 회사의 대외적 신용이 훼손될 수 있으므로 도입된 원칙이다. 앞의 두 원칙이 자본에 상응하는 재산에 대한 규율인데 반해, 이는 자본 자체를 규율한다는 점이 특징적이다. 수권자본제도하에서도 수권자본 범위내의 증자는 용이하지만 감자는 엄격하게 제한하고 있어 자본불변의 원칙은 변함없이 유지된다. 자본금이 확정된 경우(자본확정원칙) 그에 상응하는 재산이 유지되어야(자본유지원칙) 할 뿐만 아니라, 재산의 기준이 되는 자본금 역시 쉽게 감소되지 않도록 자본금(발행주식의 액면총액)이 유지되도록 함으로써 주식회사의 대외적 신용을 확보하고자 함이 그 취지이다. 자본3원칙에 덧붙여 실질적 자본충실원칙을 주장하는 견해도 있다.

설이나 축소설 양 견해 모두 자본확정의 원칙이 부분적으로 존속하느냐 하는 점에 의견을 달리 할 뿐 자본유지·자본불변의 원칙에 관해서는 대체로 동일한 주장이어서 자본확정의 원칙의 개념에 관한 문제에 지나지 않는다고 본다.

2) 수권자본제도 : ① 개 념 – 수권자본(authorized share capital)제도란 정관에 발행자본의 상한(수권자본)을 설정하여 그 범위 내에서 일정한 자본금(발행자본)을 형성하면 회사설립이 가능하고, 주주총회의 수권기관인 이사회 등에 의해 수권자본 범위 내에서 증자할 수 있도록 하는 제도이다. 동 개념에 관해 통설은 회사설립시에는 자본금 총액에 대한 인수는 요구되지 않고 그 일부에 대한 인수만으로 회사가 성립하는 제도로 이해한다, 하지만 일부인수설립 이외에 증자에 관한 이사회에의 수권까지 포함된 개념으로 이해하여야 하고, 정관에 설립자본이 규정된 이상 설립자본에 관해서는 총액의 인수와 납입(전액납입주의)이 이뤄져야 한다는 점에서, 설립자본과 수권자본을 구별하지 않고 총액인수가 요구되지 않는다고 보는 통설은 적절하지 못하다.

② 수권자본 증액 – 정관에 기재된 수권자본은 이사회가 주주의 동의 없이 증자를 할 수 있는 상한이 되고, 이를 변경하거나 수권자본의 범위를 넘어서 증자하기 위해서는 먼저 정관변경이 요구된다. 즉 '회사가 발행할 주식의 총수'(상289,3호)에 관한 정관 내용을 변경하기 위해 주주총회의 특별결의가 요구된다(상434). 수권자본은 주주총회의 특별결의를 통해 변경만 된다면 그 규모는 제한이 없다고 본다. 주식회사의 증자결의는 이사회의 권한사항이지만 정관으로 주주총회의 권한으로 정할 수 있다(상416.1). 증자결의가 주주총회의 권한사항일 경우에는 이사회에 대한 수권자본이라는 개념이 있을 수 없지만 수권자본의 범위내에서 주주총회의 보통결의만으로 증자가 가능하고 수권자본을 초과할 경우에는 주주총회의 특별결의 즉 정관변경결의가 요구된다는 점에서 여전히 수권자본제도는 의미를 가진다.

[비교법] 수권자본의 정관기재에 관해, 일본 회사법은 주식회사의 정관에는 '설립시 출자된 재산가액 또는 그 최저액'(일회27.4호)으로 기재되지만 수권자본(회사가 장차 회사에 출자예정된 재산 가액)은 기재되지 않는다. 그리고 액면가액과 주식총수에 의해 설립시 자본금이 기재되는 우리법과 달리 액면가액이나 주식총수는 기재되지 않고 출자재산의 가액을 기재하도록 하고 있다. 그러면서 발기인은 주식회사가 발행할 수 있는 주식의 총수(이하 '발행가능 주식총수'이라 한다)가 정관으로 정해져 있지 않은 경우, 주식회사가 성립될 때 전원의 동의에 따라 정관을 변경하여 발행가능 주식 총수에 관한 규정을 마련해야 하므로(일회37.1) 수권자본이 그 때 정관에 정해져 우리 회사법과 다르지 않다. 독일 주식법은 정관에 불입된 기초자본(Grundkapital)액(독주23.2.3호)과 액면주의 경우에는 액면가액과 각 액면가액 주식들의 수, 무액면주의 경우에는 그 수(독주23.3.4호) 등을 기재하도록 하고 있다, MBCA는 정관에 회사가 발행할 주식의 수(수

권주식수, MBCA2.02,a.2.ⅳ))를 기재하여야 하고 임의적 기재사항으로 '수권주식 또는 수종의 주식의 액면가'(MBCA2.02,b.2.ⅳ)를 정하고 있다. DGCL은 회사가 한 종류의 주식만을 발행할 권한이 있는 경우에는 회사가 발행할 권한을 가지는 주식의 총수와 그 주식의 각각의 액면가 또는 모든 주식이 무액면으로 발행되었다고 명시하도록 하고 있다(DGCL102.a.4). 이렇게 볼 때 수권자본이 정관에 기재되는 입법례는 우리 회사법과 일본 회사법, MBCA, DGCL이고 독일 주식법은 수권자본에 관한 규정을 두고 있지 않다고 본다. 이에 반해 발행된 자본(기초자본)에 관해서는 우리 회사법과 일본 회사법과 독일 주식법에 규정을 두고 있다.

2. 주식제도

(1) 주식의 의의

주식이란 주식회사의 자본금이 균등하게 세분화된(상329.1) 단위를 의미하고 동시에 주주 지분구성의 단위가 된다. 즉 주식은 회사에 대해 자본구성단위로서 그 집합이 자본금을 형성하며, 동시에 회사의 지분구성단위로서 주주의 지위(주주권)인 사원권을 형성한다(주식의 이중적 의미). **자본구성단위로서의 주식**은 각 주식당 자본금에 편입된 금액을 나타내는 액면금액이 존재하고 공시되는가를 기준으로 **액면주식**과 **무액면주식**으로 구분된다. **지분구성단위로서 주식**은 균일하고 복수의 지분으로 존재하며(지분균일·복수주의), 회사와 주주간의 법률관계를 형성하여 회사에 대한 주주의 권리(**주주권**)로서 나타난다. 주주권은 사원권적 성질을 가지며, 권리의 집합 또는 사원으로서의 권리발생의 기초인 독립된 사원의 지위·자격을 의미한다. 주주권에는 이익배당청구권·잔여재산분배청구권 등의 **자익권**과, 의결권·대표소송 제소권 등의 **공익권**이 포함되며, 주주는 보유주식수에 비례하여(지분주의) 주주권을 행사한다.

(2) 주식의 유형(액면·무액면주식)

1) **개 념** : 액면금액이 존재하여 이를 정관·주권에 기재하는지 여부에 따라 액면주식과 무액면주식으로 구분된다. **액면주식**(par share(stock), Nennbetragaktie)이란 정관·주권에 액면금액이 기재되는 주식을 의미하고, **무액면주식**(no-par share(stock), nennwertlose Aktie)이란 정관·주권에 1주의 금액(액면금액)이 표기되지 않아 액면금액이 없는 주식을 한다. 액면주식과 무액면주식을 구분하는 **액면금액**이란 각 주식의 발행가액 중 자본금에 편입되도록 미리 정관에 확정된 금액을

의미한다.

2) 구분의 취지 : ① 기 능 – 액면금액이 정해지는 **액면주식제도**는 주식수 만큼의 액면금액에 해당하는 자본의 형성을 보장하는 기능을 하여 회사의 신용(채권자)보호에 기여한다. 하지만 액면금액은 자본의 형성과 관련될 뿐 그에 해당하는 재산이 항상 유지하는 것은 아니므로 액면금액은 회사의 재산형성을 공시하지만 재산유지를 공시하지는 못한다. 액면주식의 재산공시기능의 한계를 이유로 액면금액이 존재하지 않는 **무액면주식제도**가 고안되었고, 우리 회사법도 2011년 개정시 이를 도입되었다. 무액면주식제도에서는 액면금액이 존재하지 않지만 발행가액 중 자본금에 귀속되는 금액을 **자본금계상금액**이라 하고 이를 공시하도록 하고 있다.

② 발행·액면가액 – 주식의 **발행가액**은 자본금에 귀속되는 액면금액(자본금계상금액)과 자본준비금에 귀속되는 액면(자본금계상금액)초과금액으로 구성된다. 예컨대 주식을 1만원에 발행하면서 5천원을 액면금액으로 정하였다면, 회사는 1주당 1만원에 주식을 발행하여 회사에 납입된 금액 1만원 중 5천원은 자본금에 귀속시키고 나머지 5천원은 주식발행초과금으로서 자본준비금에 귀속시킨다. **액면금액**은 100원(최저액면금액) 이상이고 균일할 것을 요구되어(상329.2,3), 최저액면금액 이하로는 발행은 물론 주식분할도 불가능하다(상329의2.2). 회사는 자유롭게 정한 액면금액을 정할 수 있지만 액면미달 발행은 금지되므로(상330), 최저액면금액은 법적 한계라 할 수 있는데 법원의 인가를 얻은 실행하는 액면미달발행(상417)은 그 예외이다. 무액면주식을 발행할 경우 자본금계상금액은 최저금액이 법정되어 있지 않지만 발행가액의 1/2 이상이어야 한다(상451.2).

3) 유형간 선택·전환 : 회사법은 액면주식, 무액면주식의 발행을 모두 허용하면서 양자간의 전환도 가능하도록 하였다(상329.1,4호). 다만 한 회사내에서 하나의 유형(액면주식 또는 무액면주식)의 주식발행만 허용된다(상329.1,1호). 액면주식이 발행된 회사에서 회사의 자본금은 발행주식의 액면총액이 되지만(상451.1), 무액면주식이 발행된 회사에서 회사의 자본금은 자본금계상금액의 총액이라 할 수 있다(상451.2). 액면주식의 경우 주식의 발행가액과 현저하게 차이가 발생하더라도 액면금액만큼만 자본금에 귀속되는데 반해, 무액면주식이 발행될 경우 최소한 발행가액의 1/2 이상은 자본금에 귀속되어야 한다(상451.2). 결과적으로 무액

면주식제도는 주식의 액면금액과 발행가액의 과다한 괴리가 발생하지 않도록 하고 있어 자본금 구성에서 회사의 자율성을 제한하고 있다.

[비교법] 1912년 미국 뉴욕 주에서 무액면주식이 최초로 채택된 이래, 미국의 거의 모든 주가 무액면주식제도를 도입하고 있다. 일본은 1950년부터 무액면제도를 도입하였으나 이용되지 않았으나 2001년 상법 개정에 의하여 액면주식을 없애고 무액면주식으로 통일하게 되었다. 다만 동법은 자본구성에 있어 발행가액의 1/2 이상을 자본금에 산입하도록 규정하고 있다. 독일도 1998년 주식법을 개정하여 무액면주식(nennwertlose Aktie)의 발행도 가능하게 하였다. 동법은 회사는 액면주식이든 무액면주식이든 한 종류만 발행할 수 있으며, 액면주식의 최저발행가액은 1유로로 하고 무액면주식도 기본자본에 대한 무액면주식수로 나눈 비율이 1유로 이하가 되어서는 안 된다(독주 8.1).

3. 유한책임의 원칙

(1) 의 의

1) **개 념** : 주주는 **인수가액을 한도**로 책임을 부담한다(상331). 주주는 자신이 출자한 금액(인수가액)의 범위 내에서 회사의 채무에 관해 책임만을 부담하여 자신의 투자금액 이외의 어떠한 책임도 부담하지 않는데, 이를 주주 유한책임의 원칙이라 한다. 따라서 주주는 회사에 대해 추가적인 출자의무를 부담하지 않음은 물론이고 회사 재산이 회사의 채무액에 미달하더라도 주주의 개인재산으로 책임을 부담하지는 않는다. 주주의 유한책임원칙은 주주를 회사의 도산위험으로부터 절연시켜 줌으로 인해 주주의 위험부담 없는 투자를 유치할 수 있어, 주식양도자유의 원칙과 함께 주식회사의 대자본 형성에 크게 기여하였다. 주주는 자신이 출자한 금액에 대해 회사 파산시 후순위 청구권자(residual claimant)적 지위를 가져 출자금액으로 모든 채무를 변제하고 남은 금액이 있다면 이를 반환청구할 수 있을 뿐이다.

2) **근 거** : 상법 제331조에서 규정된 유한책임의 원칙의 이론적 근거는 무엇인가?[50] 법인은 구성원과 별개의 독립적 인격체이고 법률행위의 주체도 각각의

---

50) 유한책임의 원칙에 관해 투자의 유도, 소유와 경영의 분리, 기업활동의 촉진, 주식시장의 형성 등을 그 근거로 들기도 한다(江頭憲治郎,35). 하지만 소유와 경영의 분리는 유한책임이 인정됨으로써 소유·경영의 분리가 가능하게 되었으므로 유한책임의 근거가 아닌 효

명의로 이뤄지므로(**명의의 분리**), 특별한 의사표시가 없다면 구성원의 채무에 관해서도 법인이 책임을 부담하지 않고 법인의 채무에 관해 구성원이 책임을 부담하지 않는 것(**책임의 분리**)이 '행위에 따른 책임의 원칙'상 타당하다고 생각된다. 즉 주주 유한책임원칙은 법인격에 따른 당연한 현상이고, 구성원(무한책임사원)에 무한책임을 부담시키는 인적회사의 경우는 회사채권자 보호를 위한 하나의 수단으로 무한책임을 인정한 예외적 현상으로 또는 인적회사의 실질적 조합성에 근거한 것으로 볼 수 있다. 요컨대 주주 유한책임의 원칙은 **주주(사원)의 책임분리**라는 법인의 특성으로 볼 수 있으며, 인적회사의 신용보완을 위해 인정되는 사원의 무한책임이라는 책임분리의 예외가 주식회사에서는 나타나지 않는다.

(2) 성 질

1) **강행법규성** : 법인의 현상인 유한책임의 원칙은 강행법적 성질을 가지는가? 주주가 회사와 개별약정을 통해 추가출자의무를 부담하는 것은 적법하다고 볼 수 있는데(89다카890), 그렇다면 유한책임원칙은 사적 합의에 의해 그 적용을 회피할 수 있어 강행법규가 아닌가? 먼저 회사법의 강행법규성은 입법에 의한 예외만 허용되므로 주주 유한책임의 원칙(상331)에 관해 회사법에 반하는 정관규정·결의는 무효이지만 그 구체적인 효력은 다음과 같다.

2) **효 력** : 회사법과 같은 단체법의 강행법규의 의미는 개인간의 법률관계에서 강행법규성과 구별된다. 단체의 의사는 구성원의 의사결정에 의해서 나타나므로, 회사법의 강행법규성은 구성원의 의사결정(예, 정관, 주총결의)이 강행법규에 반할 수 없다는 의미로 이해된다. 따라서 유한책임의 원칙도 정관이나 주주총회의 결의로도 유한책임에 반할 경우 그 효력을 가지지 못하므로, 유한책임의 원칙은 강행법적 성질을 가진다고 본다. 요컨대 계약관계의 특성(사적자치)도 나타나는 합명회사 등 인적회사와 달리 주식회사는 법인특권이라 할 수 있는 책임의 분리 즉 주주유한책임의 원칙이 엄격하게 나타나고, 이는 회사의 단체성과 법인특권에 따른 회사법의 이념을 보호하기 위해서 강행법적 성질을 가지지만 다음과 같은 한계를 가진다.

과로 보아야 하고, 소규모회사에는 나타나지 않는 현상이어서 유한책임의 근거로 보기는 부적절하다. 그리고 투자유도나 기업활동촉진, 주식시장의 형성은 정책적 이유 또는 유한책임의 원칙의 취지로 봐야지 이를 그 근거로 보기는 어렵다.

[비교법] 전액납입주의를 취하고 있는 우리 회사법과 달리 인수에 따른 납입의무를 부담한 상태에서 주주의 지위를 취득한다고 보는 입법례에서는 인수가액을 한도로 한다는 표현도 가능하다고 본다. 독일 주식법은 주주의 주된 의무를 정하면서 제1항에서 주주의 출자 의무는 주식의 발행가액(인수가액)을 한도로 한다고 정하며(독주54), 회사의 설립시점도 발기인들이 모든 주식을 인수하게 되면 회사가 설립된다고 정하고 있다(독주29). 독일 주식법은 회사의 설립 또는 주주의 지위가 납입의무의 이행을 전제하고 있지 않아 우리법과 다르게 규정하고 있어 인수가액을 한도로 하는 납입의무라는 표현이 성립할 수 있다. 일본 회사법은 '설립시 발행주식'이라는 개념을 도입하고 있고 설립시 발행주식에 대한 주주라는 개념을 사용하면서 우리의 권리주와 유사하게 규정하지만(일회35), 이 역시 출자를 이행한 경우에 설립시 발행주식의 주주가 된다고 정하고 있어(일회50.1) 우리법과 유사하게 해석된다.

(3) 효력의 한계

1) 개별적 동의 : 개별주주의 동의를 얻어 회사채무를 주주들이 분담하는 것은 유효한가? 유한책임의 원칙은 강행법규적인 성질을 가지므로 주주에게 추가출자의무를 부담시키는 정관규정은 무효이지만, 주주의 출자약속은 주주의 개별적 동의가 전제되므로 이는 유효이고 불이행시 강제집행할 수도 있다. 그리고 소규모 폐쇄회사에서는 회사와 거래하는 자가, 지배주주인 대표이사 등의 개인적 연대·물상보증 등을 요구하는 경우도 있어 실질적으로 유한책임원칙의 기능이 제한되고 있다. **판례**도 주주 유한책임의 원칙은 주주의 의사에 반하여 주식의 인수가액을 초과하는 새로운 부담을 시킬 수 없다는 취지에 불과하고 주주들의 동의 아래 회사채무를 주주들이 분담하는 것까지 금하는 취지는 아니라고 본다(89다카890). 생각건대 주주의 개별적 동의에 의한 추가출자는 주주 유한책임원칙의 예외로 보긴 어렵고, 해당 주주와 회사간에 '합의에 의한 추가출자'로 봐야 한다. 왜냐하면 추가출자를 합의한 해당 주주에게도 합의된 추가출자 이외에는 유한책임원칙이 적용되기 때문이다.

2) 사실상의 이사의 책임 : 주주가 이사인 경우 회사 또는 제3자에 대해 손해배상책임을 부담할 수 있는데(상339,401), 이는 주주로서의 책임이 아니라 이사라는 지위에서 임무해태를 한 데 대한 책임이므로 유한책임과는 무관하다. 그런데 지배주주가 회사의 이사가 아니면서 회사에 대한 자신의 영향력을 이용하여 이사에 대해 업무집행을 지시하거나, 이사 등의 명의로 직접 회사의 업무를 집행하는 경우에는 회사 또는 제3자에 대해 손해배상책임을 진다(상401의2). 지배주주는 동

규정에 의해 추가출자의무를 부담하지는 않지만, 영향력 행사에 따른 손해배상책임의 부담은 주주 유한책임의 원칙에 반하는가? 하지만 지배주주의 손해배상책임도 주주 지위에 따른 책임이 아니라 업무집행지시라는 자신의 경영간섭행위에 따른 책임이므로, 사실상 이사의 책임은 행위에 따른 책임으로서 유한책임원칙의 예외로 보기 어렵다.

3) **법인격 부인론 등** : 주식회사에 법인격을 부여한 목적에 반하여 탈법, 채무면탈 등 법인격이 남용되는 경우 법인격을 무시하고 그 배후에 있는 주주의 책임을 인정하는 **법인격 부인론**도 주주 유한책임의 원칙에 대한 판례상 허용된 예외라 할 수 있다. 앞서 본 바(1편2장3절2)와 같이 법인격부인론이 적용될 경우 책임분리가 인정되지 않고 회사의 채무에 대해 배후에 있는 주주가 책임을 부담하게 된다. 다만 법인격 부인론은 법인격의 박탈이 아니라 법인격이 남용된 특정 사안에 한해서만 주주의 유한책임이 부인되므로 제한적 예외로 볼 수 있다. 그밖에 상호저축은행법에도 과점주주는 상호저축은행의 예금 등과 관련된 채무에 대하여 상호저축은행과 연대하여 변제할 책임이 있다고 규정하여(상호37의3.1) **특별법상 무한책임**의 예외가 있다.

(4) 관련 논의

1) **주주의 인적 담보** : 주주 유한책임의 원칙에 따른 회사의 책임 불이행의 위험을 줄이기 인해 주식회사와 거래하는 자는 회사의 대표이사·임원을 보증인으로 세우는 등 인적담보를 요구하는 경우가 많다. 대표이사·임원이 주주라 하더라도 이러한 책임은 주주로서의 책임이 아니라 보증인으로서의 책임 또는 이사 등의 지위에 근거한 책임이므로 주주의 유한책임원칙에 반하는 것은 아니다. 다만 회사의 보증인이던 대표이사가 사임한 경우 보증계약의 효력이 문제되는데, 판례는 회사의 이사가 채무액과 변제기가 특정되어 있는 회사 채무에 대하여 보증계약을 체결한 경우에는 계속적 보증이나 포괄근보증의 경우와는 달리 이사직 사임이라는 사정변경을 이유로 보증인인 이사가 일방적으로 보증계약을 해지할 수 없다고 본다(2004다30675).

2) **주주의 충실의무 등** : 대주주라 하더라도 경영에 관여하지 않을 경우에는 원칙적으로 회사에 대한 보증책임으로부터 자유롭다. 대주주에게 신인의무 위반

에 따른 책임, 불법행위채권, 임금채권처럼 회사의 비자발적 채무에 대해 실질적 행위자 책임, 법인주주의 무한책임 등이 주장되고 있다. 하지만 대주주는 이사와 달리 업무를 수행하는 자가 아니므로, 충실의무에 따른 책임을 인정하기 위해서는 주주총회결의에 대한 책임이 전제되고 그 범위도 신의칙에 반하는 경우로 엄격하게 제한할 필요가 있다. 그리고 비자발적 채무에 관한 대주주의 책임은 회사에 대한 투자를 위축시킬 우려가 있고, 법인주주의 무한책임은 회사가 무한책임사원이 될 수 없도록 한 회사법(상173)의 취지에 반해 해석론으로 어렵고 신중한 검토를 거친 제한적 입법시도만 가능하다고 본다. 즉 유한책임원칙은 주식양도자유의 원칙과 함께 주식회사를 발전시킨 토대원리임을 고려하여 주주의 유한책임을 부인하려는 법리는 신중한 검토를 거쳐 도입 여부를 결정할 필요가 있다.

4. 주식회사의 유형과 법제

(1) 규모에 따른 유형

주식회사법제는 회사의 규모에 따라 별개의 법제를 마련하고 있지 않지만, 개별 규정으로 소규모회사, 일반회사, 상장회사로 구별하고 있다. 주식회사법제에서 표준이 되는 일반회사는 자본금 10억 이상의 **비상장주식회사**라 할 수 있다. 자본금 10억미만의 **소규모 회사**에 대해서도 일반회사에 관한 규정 중에 특별규정을 두고 있고, **상장회사**에 관해서는 일정한 사항에 국한하여 특례규정을 두고 있다. 회사법은 규모에 따른 소규모 주식회사, 일반 주식회사, 상장 주식회사의 구별 이외에도, 상법시행령에서 상장회사에 관해 '자본금이 1천억원' 기준(상령32, 소수주주권 완화), '자산총액이 1천억원' 기준(상령36, 상근감사설치), '자산총액 5천억원' 기준(상령39, 준법지원인제도 적용), '자산총액 2조원' 기준(상령33,37,38.2 집중투표, 필요적 감사위원회, 감사위원회위원 선임시 의결권제한)으로 특별규정을 두고 있다. 그밖에 직전 사업연도 말의 '자산총액이 500억원' 기준으로 주식회사 외부감사에 관한 법률에서 외부감사 필요여부가 결정된다(외감4).

(2) 주식회사 법제

1) **회사의 이해관계** : 주식회사는 자본단체로서 투자자인 주주와 사단법적 관계를, 경영자인 이사·집행임원과는 위임관계를, 종업원, 회사채권자, 제품·서비스의 소비자와는 계약관계를, 공동체와는 구성원관계 등 다양한 이해관계를 형성

하고 있다. 주주는 회사의 설립에 발기인으로 참여하여 주주가 되는 경우도 있지만 주식을 양수하여(계약관계) 주주가 되기도 한다. 주주와 회사의 관계는 통상의 계약관계와는 달리, 주주는 회사의 의사결정기관인 주주의 구성원이 되고 회사이익의 종국적 귀속주체가 된다는 **사단법적 관계**에 있다. 그리고 경영자인 이사·집행임원도 회사와 단순한 계약관계가 아니라 회사의 업무집행을 수임하는 업무집행기관이 되어 회사의 행위를 대표하는 사단법적 관계에 있다. 이에 반해 종업원, 회사채권자, 소비자와는 계약관계를, 공동체와는 구성원관계라는 통상적·추상적 계약관계 등 **이해자관계**를 가진다.

2) **회사법관계** : 주식회사는 다수 주주의 의사결정에 따라 업무집행기관인 이사들이 업무를 집행한다. 하지만 주식회사의 업무집행은 일부 대주주와 그의 이익을 대변하는 이사·집행임원들에 의해 이루어진다(**사단법관계**). 주식회사의 의사결정은 주주총회의 다수결을 기반으로 이사회결의, 대표이사의 판단에 따라 이뤄지므로 구성원 개인 주주의 의사와는 달리 결정되더라도 효력을 가진다(**단체법관계**). 그리고 회사와 주주간의 합의 또는 다수의 합의(정관 등)에 의해 소수의 이익이 침해되지 않도록 회사법은 강행법규성을 가지고(**강행법관계**). 이를 위반한 경우 행위의 효력이 부인되고 벌칙 등이 규정되어 있다(**규정의 엄격성**). 주주와 회사 경영자가 분리되므로 회사 경영에 관한 사항이 공개될 필요가 있어 등기제도, 주주명부·회계서류 등의 공개·공시가 요구된다(**공시주의**). 그리고 법률관계에 다툼이 있을 경우 그 판단은 구성원간은 물론 누구에게나 동일하게 적용되는 회사법상의 소송이 요구된다(**법률관계의 집단적 처리**).

3) **회사법관계의 변화** : 회사는 소규모로 설립되었다가 수익성이 높아짐에 따라 추가적인 투자를 얻어 대규모회사로 성장한다. 회사가 설립되어 주주가 소수인 소규모회사에서는 회사는 개방적 구조보다는 폐쇄적인 구조가 더 효율적일 수 있다. 에를 들어 이질적인 주주가 회사의 업무수행을 어렵게 할 수 있으므로 주식 양도의 자유가 어느 정도 제한되는 것이 요구된다. 그리고 주주가 회사를 경영하고 지배와 경영의 엄격한 분리(기관분화)도 완화되며(예, 1인회사) 경영 성과가 공동체에 미치는 영향도 적으므로 공동체에 대한 책임이 크게 문제되지 않는다. 긴밀한 사단법적 관계의 비중이 큰 소규모회사가 규모가 커져 상장법인이 되면 회사법관계가 변화된다. 주주의 지위는 금융상품화되어 주식의 양도가 용이하게

되고 경영자도 전문경영인 체제가 되어 지배와 경영이 분리됨으로써 사단법적 관계 이외에 공동체에 대한 책임(사회적 책임) 등 이해자관계의 비중이 높아진다.

(3) 상장회사 법제

1) **상장회사의 특징** : 대규모 상장회사의 소유구조를 보면, 투자자인 주주는 다수이며 **주식이 분산**되어 있으며 언제든지 주식시장을 통해 주식을 매각하여 투자금을 회수할 수 있어 주식(주주)의 유동성이 높아 회사에 대한 주인의식은 상대적으로 낮다(**개방적 주식소유**). 회사의 규모가 확대되어 지배구조는 **지배와 경영이 분리되어** 전문경영인이 경영을 전담하는 경우가 많다. 하지만 전문경영인이 아닌 대주주의 직접 경영을 흔하게 볼 수 것은 안정적 경영, 대리인비용의 감소라는 장점, 경영자의 책임추궁이 쉽지 않다는 현실 등이 반영되었다고 본다. 상장회사의 주주는 회사의 부실한 경영을 시정하기 보다는 주식의 매각을 선택하는 것이 일반적이어서, 부실경영에 대한 **소극적 감시권한**을 행사한다. 요컨대 대규모 상장회사는 개방적 소유구조에 있는 다수 주주들이 회사의 경영성과를 주가를 통해 인식하고 주식 매입·매각을 통한 이익을 실현시키려는 경향이 강해 소액주주의 **경영감시기능이 형식화**되어 지배구조에 의한 **실질적 감사제도**가 요구된다.

2) **상장사 특례규정** : 상장회사란 자본시장법에 따라 증권의 매매를 위하여 개설된 시장(증권시장)에 상장된 주권을 발행한 주식회사를 의미한다. 상장회사에 관해서도 원칙적으로 회사법이 적용되지만 일정한 사항에 관해서는 상장회사에 대한 특례(상542의2−542의13) 규정을 따로 두고 있다.[51] 상장회사에 대한 특례(제13절)는 회사법상 '지배구조'에 관해 상장회사의 경우 달리 정할 필요가 있는 사항들을 따로 규정한 특례규정이며, 상장회사의 '자본구조'에 관해 일반 회사와 달리 정할 필요가 있는 사항들은 자본시장법에서 규정하고 있어(자본165의2−20) 상장회사의 특례규정은 **이원적 규율체계**를 형성하고 있다.

---

51) 상장회사에 적용되는 특례규정을 보면, 주식매수선택권, 주주총회 소집공고, 이사·감사의 선임방법, 소수주주권, 집중투표에 관한 특례, 사외이사의 선임, 주요주주 등 이해관계자와의 거래, 상근감사, 감사위원회, 감사위원회의 구성 등, 주요주주 등에 관한 특례규정을 마련하고 있다. 다만 이러한 특례규정은 2인 이상에게 투자권유를 하여 모은 금전이나 그 밖의 재산적 가치가 있는 재산을 취득·처분, 그 밖의 방법으로 운용하고 그 결과를 투자자에게 배분하여 귀속시키는 집합투자를 수행하기 위한 주식회사는 제외한다(상542의2).

3) 회사법과의 관계 : ① **적용순위** – 회사법의 일반규정과 상장회사의 특례에 관한 규정의 관계에 관해서 회사법은 제13절이 다른 절에 우선하여 적용됨을 명시하고 있고(상542의2.2), 자본시장법도 특례규정이 주권상장법인에 관하여 「상법」 제3편에 우선하여 적용된다고 정하고 있다(자본165의2.2). 동 규정들을 문리해석한다면 회사법의 일반규정이 일반법적으로 적용되지만 회사법과 자본시장법상의 상장회사에 대한 특례가 규정되어 있는 사항에 관해서는 일반회사에 관한 규정에 우선하여 특례규정이 먼저 적용된다고 해석된다.

② **우선적용의 의미** – 회사법이든 자본시장법이든 동 법률들이 적하고 있는 상장회사 특례의 **우선적용의 의미**는 무엇인가?(쟁점11)[52] 상장회사에는 회사법의 일반규정은 적용되지 않고 특례규정만 적용된다는 **배타적 우선적용설**, 특례규정이 우선 적용되지만 당사자가 원할 경우 회사법상의 규정도 적용될 수 있는 **선택적 우선적용설** 등이 주장된다. **판례**는 우선적용(상542의2.2)은 특례규정과 관련된 모든 경우에 상법 일반규정의 적용을 배제한다는 의미라기보다는 '1차적'으로 적용한다는 원론적 의미의 규정이므로, 상법 일반규정의 배제 여부는 특례의 각 개별규정에 따라 달리 판단하여야 한다고 보면서, 상장회사의 주주는 6개월의 보유기간 요건(상542의6)을 갖추지 못하더라도 주총소집요건(상366)을 갖추고 있으면 주주총회소집청구권을 행사할 수 있다고 보았다(2011라123).

③ **검 토** – 상장회사 특례규정의 우선적용이 문제되는 것은 소수주주권 행사와 관련해서이다. 왜냐하면 특례규정에서 지주요건을 완화시키면서 보유기간요건을 신설하고 있어 일반규정의 적용이 더 유리할 수 있기 때문이다. 논리적으로 볼

---

52) **상장회사특례규정의 우선적용의 의미(쟁점11)**에 관해, **배타적 우선적용설**은 상법 제542 조의2 2항은 특례규정의 배타적 적용을 위해 도입된 것으로 보는 견해이다(정찬형, "2009 년 개정상법중 상장회사에 대한 특례규정에 관한 의견", 「상사법연구」, 2009(vol.28, no.1, 통권 62호), 274면). **선택적 우선적용설**은 상법 제542조의2에 우선적용의 규정이 있음에도 불구하고 이는 특별규정의 우선적용의 속성을 언급한 것이고 배타적 우선적용을 의미하지 않는다고 보고, 각 특별규정의 성질(양자택일적 경합, 배제적 경합, 중첩적 경합)에 따라 우선적용 여부가 결정되어야 한다고 본다. 특히 소수주주권에 관한 특례규정은 회사법 일반회사의 지주요건과 특례규정상 완화된 지주비율과 보유라는 요건은 택일적 관계에 있다고 이해하면서, 상법 제542조의8 2항 5호의 특수관계인 관련 해석에서는 배제적 경합으로 이해하는 견해(이철송11~13), 법제실무상 "우선하여 적용된다"는 문구는 다른 법률이나 조문을 적용한다는 의미로 사용되는 문구로서, 다른 법률이나 조문의 적용을 배제하거나 그에 따른 권리를 박탈하는 취지가 아니라고 이해하는 견해(천경훈, "상장회사의 소수주주권 행사요건", 「상사판례연구」, 32권 3호(2019), 한국상사판례학회, 20~30면) 등이 있다.

때, 특별한 규정이 없을 때 충돌하는 양 조항간의 우선적용관계는 선택적 우선성설과 같이 규정의 해석에 따라야 한다. 하지만 '동일법(주식회사법)상의 다른 규정에 대한 우선적용을 규정'(상542의2.2)의 취지를 고려할 때 단순한 타법 규정에 대한 우선적용의 의미를 넘어 특별한 규정이 없는 이상 특례규정의 배타적 우선적용을 의미한다고 이해되므로 배타적 우선적용설이 논리적으로 타당하다고 본다. 하지만 최근 상법이 개정되어 상장회사의 특례규정 중 **소수주주권**의 행사요건에 관한 규정(상542의6.1~7)은 우선적용규정(상542.2)에도 불구하고 일반규정(이장의 다른 절)에 따른 소수주주권의 행사에 영향을 미치지 않는다고(선택적 우선적용) 규정함으로써 상장회사의 소수주주권 행사시 우선적용에 관한 논란을 종식시켰다. 상장회사의 집중투표에 관한 특례규정도 상법과 다른 소수주주권을 규정하고 있지만 동조는 '계속점유요건'을 별도로 규정하지 않으면서 소수주주의 지분율만 1/100으로 햐향시키고 있어(상542의7.2) 일반규정(3/100, 상382의2)의 적용이 논란이 될 여지가 없다.

4) **대리비용** : ① 개 념 – 대규모회사의 경영자중심의 지배구조[53]에서 주주의 대리인인 경영자의 사익추구를 방지하기 위한 비용을 대리비용이라 한다. 법학적 관점에서 보면, 회사경영자는 대리인이 아니라 수임인 또는 대표자적 지위에 있어 대리인비용이 적절한 용어는 아니지만 보편적으로 사용되고 있어 본서에서도 이에 따른다. 주주가 직접 회사를 경영하여 지배와 경영의 분리가 없는 소규모회사의 경우에는 대리비용이 발생하지 않지만, 회사의 규모가 큰 상장회사의 경우 경영자의 감시비용을 포함하여 경영자의 사익추구 등 위법행위에 따른 보상비용도 만만치 않아 대리비용의 증가가 문제된다.

② **주주우선주의** – 대리비용의 감소를 위한 방안으로 주주우선주의가 주장되

---

53) 상장회사의 이사·집행임원 등 경영자는 회사의 존속과 규모의 최대화를 추구하는 경향이 있다. 회사의 존속은 경영자의 보수·이익의 계속을 의미하고, 규모의 확대는 보수·이익의 증대를 의미한다고 보아, 주주이익극대화 이외의 목표를 추구한다는 경영자지배의 문제를 거론하는 견해(江頭憲治郎,49)가 있다. 하지만 주주우선주의(극단적 주주중심주의)의 입장에서 경영자중심주의를 경영자우선주의로 보고 비판하는 것은 적절하지 못하다고 본다. 왜냐하면 회사의 경영자는 주주의 대리인이 아니라 회사의 기관으로서 주주에게는 선관주의의무를 다해 법률에서 정한 이익의 배당을 하면 되고, 회사의 이익을 넘어서 주주의 이익극대화를 추구할 의무를 가지지 않고 이는 오히려 위임인인 회사에 대한 선관주의의무의 위반이 될 수 있다. 주주(사원)와 분리·독립된 법인으로서 회사의 실체를 인정하는 이상 주주와 회사를 동일시하는 주주우선주의의 주장은 설득력이 없다고 본다.

고 있다. 적극적 주주활동을 통해 대리비용의 증가를 감시할 수 있도록 함으로써 대리비용의 감소를 도모하고자 하는 입장이다. '주주에 의한 회사 통제'는 대리비용의 감소를 위한 방안의 하나이긴 하지만 주주의 회사경영에의 무관심, 경영자의 단기이익에 의한 주가관리전략 등으로 어려운 경우가 많다. 그리고 대주주가 회사를 지배·경영할 경우 오히려 경영자(이사회)의 지배주주에의 종속(**대주주 지배구조**)으로 인해 대주주의 사익추구에 따른 폐해도 예상되고 이 경우에는 오히려 대주주로부터 경영자의 독립성 보장이 회사의 이익에 더 기여할 가능성마저 있고 대주주와 소수주주간의 이해관계도 일치하지 않을 수 있다.

③ 검 토 – 주주제안제도, 대표소송 등 **주주의 적극적 활동**을 통한 대리비용의 감소도 유력한 수단이고 기관투자자에 의해 실현될 수도 있고 **수탁자 책임활동**(stewardship)을 통해 더 구체적으로 현실화될 수 있다. 하지만 주주 활동에 의존한 경영 통제는 단기적 주주이익의 극대화, 대주주 경영에 따른 문제점, 이해관계자 이익의 침해 등의 문제점을 야기하고 있어, 상장회사의 문제에 관한 주주우선주의적 접근만으로는 한계를 가진다고 본다. 영리성 못지않게 사회성이 요구되는 상장회사는 다양한 이해관계가 접점을 이루고 있어 대리비용의 감소를 위해서는 우선 **회사법의 입법·해석에 의한 규율**에 의해 사익추구의 통제(자기거래, 이사책임 등)가 요구되고 회사법의 규율에 따른 지배구조의 투명성이 회사를 평가하는 기준(ESG 등)으로 정착할 필요가 있다.

5) 상장회사의 지배구조 : 경영에 무관심한 다수의 투자·투기주주들로 구성된 상장회사는 경영자의 사익추구을 방지하기 위한 **주주·경영자의 상충**과 대주주가 경영에 개입할 경우 **대주주·소수주주의 상충**이라는 이원적 상충구조에서 대리비용문제를 해결해야 한다. 이렇게 볼 때 어느 특정 기관의 적극적 활동만으로 상충구조의 균형을 달성하기는 어렵고, 회사법상의 감독·감사제도나 소수주주, 공동체나 이해관계자의 노력이 요구된다고 본다. 먼저 회사의 이사회·사외이사제도, 감사제도나 준법통제 등 **감독·감사기능**이 경영자의 전횡을 막아야 하며, 그렇지 못하는 경우 이차적으로 주주에 의한 견제 즉 기관투자자나 적극적 소수주주들의 **감시기능**을 통한 경영권통제를 기대하여야 한다. 그럼에도 불구하고 여의치 않을 경우 마지막으로 다른 이해관계인(근로자, 채권자, 소비자 등)이 예외적 개입할 수 있는 **공동체기능**을 활용한 방안의 도입도 검토할 필요가 있다고 본다. 요컨대 경영자의 회사행위를 이사(회)에 의한 감시·감독, 감사(위원회)에 의한 감사, 주

주에 의한 감시가 엄격하게 이뤄질 수 있도록 하고 이를 전제로 기타 이해관계자인 채권자·공동체에 의한 감시가 요구된다고 본다.

(4) 소규모회사 법제

1) **비상장사 특징** : 주식회사는 주주들로 구성된 사단을 실체로 하는 법인이다. 비상장회사의 소유구조를 보면, 투자자인 주주는 소수여서 주식이 분산되어 있지 않고, 주주는 투자금을 회수하기가 쉽지 않으므로 주주의 유동성이 낮아 회사에 대한 주인의식이 매우 강하다. 지배구조는 대주주를 중심으로 주주가 경영하는 참여하는 경우가 많아 **지배와 경영이 일치**하여 주주간의 이익충돌은 의사결정과정에서 해소되거나 문제되는 경우가 많다. 감시구조를 보면 주주는 회사의 이익이 곧 자신의 이익이라는 이익의 공통성에 관한 인식을 바탕으로 회사의 이익을 침해하는 회사경영이 있을 경우 그 정보의 획득이 비교적 용이하고 이에 대해서는 적극적으로 개입하는 경우가 많다. 요컨대 소규모 비상장회사는 **폐쇄적 소유구조**에 있는 주주들이 회사 경영에 참여하거나 적극적으로 감시함으로써 자신의 이익을 방어할 수 있어 경영자의 사적이익 추구가 나타날 가능성이 상대적으로 낮다. 이렇게 볼 때 비상장회사는 그 규모에 따라 일반회사와 소규모회사로 구분될 수 있고, 소규모회사의 폐쇄적 소유구조를 고려할 때 일반회사의 이사회, 감사 등의 기관구조의 필요성이 달리 판단될 수 있다.

2) **소규모회사의 특별규정** : 소규모회사란 자본금총액이 10억 미만인 주식회사를 의미한다. 소규모회사는 ⅰ) 발기설립시 정관에 대한 공증의무가 면제되고(상292), ⅱ) 주금납입금 보관증명서를 잔고증명서로 대체할 수 있으며(상318), ⅲ) 주주총회소집절차가 간소화되었으며(상363), ⅳ) 감사선임의무가 면제되어 있다(상409.46). 소규모 주식회사에 관해 상장회사와 같은 특례규정을 마련하지는 않고 회사법의 일반규정을 적용하면서 특정 규정에 관해 특별규정을 두고 있다. 특별규정의 취지는 소규모회사의 설립을 간편, 용이하게 하고 회사법의 복잡한 지배구조 관련 규정의 적용을 일부 면제함으로써 회사의 운영을 간소화시켰다. 소규모회사에 관한 특별규정은 소규모회사에 대한 이익규정이므로 소규모회사가 일반 주식회사의 규정의 적용을 따르는 것은 무방하고 이 경우 그 효력을 부인할 수는 없으므로 상장회사 특례규정과 같은 다툼은 생겨나지 않는다.

3) **소규모회사 지배구조** : 소규모 주식회사에서는 지배와 경영의 분리가 나타나지 않고 주주는 회사 경영 참여를 목적으로 투자하는 것이 일반적이다. 왜냐하면 경영에 참여하지 못할 경우 주식양도도 쉽지 않고(폐쇄형 회사) 경영자가 회사운영(이익배당 실시여부 등)에 따른 불이익을 받을 수 있으므로, 통상적으로 경영참여를 목적으로 소규모회사에 투자가 이뤄진다. 소규모회사에서 주주총회 다수결에 의한 승자독식의 지배구조는 지배주주와 소수주주의 분쟁으로 소규모회사의 잠재력을 감소시킬 수 있고 결과적으로 주식회사의 설립을 어렵게 할 수 있다. 물론 소수주주는 사후적으로 주식매수·매도청구권에 의해 자신의 이익을 보호할 수 있지만, 주주간 지배구조의 타협이 회사설립시부터 주주간계약이나 정관규정, 종류주식제도를 통해 이뤄질 수도 있다. 여기서 주주간계약이나 정관자치는 회사법의 강행법규성과 충돌하므로 양자를 어떻게 조화시킬 것인가 하는 것도 회사법의 과제 중 하나이다.

제 2 장 주식회사의 설립절차

제 1 절 설립행위

1. 의 의

1) **개 념** : 주식회사의 설립행위란 회사의 실체(사단)를 형성하고 법인격을 취득하기 위한 행위로서, 정관의 작성으로 시작하여 설립등기로 마무리 되는 일련의 행위를 의미한다. 정관작성만으로 회사의 실체가 거의 형성되는 인적회사와 유한회사의 설립절차와 달리, 주식회사의 설립절차는 정관작성 이외에 주주 확정을 통해 자본을 형성하는 절차가 진행되고 지배와 경영이 분리되어 임원선임이 요구되고 엄격준칙주의에 따른 설립감독절차가 요구되어 보다 복잡하다. 주식회사의 설립절차의 개요를 보면, 정관을 작성하고 사원(발기인 또는 투자자)을 확정하여 출자를 이행시키며, 기관의 구성원(이사, 감사, 집행임원 등)을 선임하고 설립감독절차를 거쳐 설립등기의 단계로 진행된다.

2) **설립의 효과** : 회사는 설립행위에 의해 설립되고 그 설립요건의 충족여부는 등기시점에 판정된다(준칙주의). 주식회사가 설립되면 회사의 **법인격**이 탄생하며, 그에 따라 투자자인 주주와 회사간 **명의·책임분리**의 효과가 발생한다. 정관이라는 회사의 최상위 규범이 형성되고, 사원의 지위를 나타내는 주식의 개념이 성립되어 주식인수인은 주주가 되고, 주식인수인이 납입한 재산은 회사의 자본이 된다. 설립행위와 등기에 의해 회사의 법인격이 부여되는 것이 원칙이지만, 설립행위 없이도 법인격이 부여되는 경우도 없지 않다. 그 대표적인 예가 회사의 합병인데, 신설합병의 경우에는 기존의 회사는 소멸하고 새로운 회사가 탄생하지만 설립행위가 요구되지는 않는다(상530 → 234). 하지만 신설분할의 경우에는 회사설립절차를 준용하므로(상530의4) 설립행위가 요구된다고 보아야 하며, 유한회사의 주식회사로의 조직변경의 경우에는 설립행위가 요구되지 않고(상607) 설립등기는 요구되지만(상606), 기존 유한회사의 조직이 변경되는 것이고 새로운 회사가 탄생

하는 것은 아니다.

2. 법적 성질

1) 논 의 : 주식회사의 설립행위의 법적 성질은 어떠한가?(쟁점12)[54] 이에 관해 계약설·단독행위설·합동행위설 등이 주장되는데, 영미법, 독일 주식법 모두 정관을 주주간의 계약으로 이해하면서 **계약설**에 따르지만 정관작성시에 계약의 상대방이 존재하지 않는데 이를 청약과 승낙이라는 대립적 의사표시의 합치로 보는 계약설은 부자연스럽다고 본다. 우리법상 통설은 사단의 설립행위를 합동행위로 이해한다. 다만 정관작성은 합동행위로 볼 수 있지만, 주식인수를 계약으로 보고 합동행위와 계약이 병존하는 것으로 보는 **합동행위(병존)설**과 회사의 1인 설립도 가능하므로 계약설, 합동행위설 모두 부적절하므로 회사설립행위라는 별도의 법률행위의 유형을 주장하는 **특별법률행위설**도 있다.

2) 검 토 : 설립행위는 정관작성이 중심이 되지만 설립등기까지 포함하는 모든 행위를 포괄하고 있어 복합적 행위이므로 설립행위의 법적 성질을 논하는 것은 무의미하고 구체적 개별적 설립행위의 성질을 논의하는 것이 적절하다. 먼저 대표적인 설립행위라 할 수 있는 정관작성행위는 거래상대방에 대한 (교환적) 의사표시가 아니고[55] 정관작성이라는 동일 방향의 의사표시라는 점에서 합동행위

---

54) **주식회사의 설립행위의 법적 성질(쟁점12)**에 관해, **합동행위설**은 회사의 설립이란 공동의 목적을 위한 복수인의 일방적 의사표시가 결합된 합동행위라 본다(통설). 하지만 정관작성은 합동행위이고 주식회사 이외의 기타 회사의 설립행위는 정관작성을 의미하므로 합동행위의 성질을 가지지만, 주식회사의 경우 주식인수는 합동행위가 아니므로 합동행위와 계약이 병존하는 것으로 본다(정찬형493). **특별법률행위설**은 합동행위가 설립행위의 특성을 모두 포섭하지 못하고 실익도 없으며, 회사의 1인설립도 가능하므로 계약설, 합동행위설이 부적절하므로 종래의 법률행위 분류론을 벗어나, 회사설립행위라는 별도의 법률행위의 유형을 주장한다(이철송99). 그리고 설립절차 상 대표적인 합동행위라 할 수 있는 정관 적성행위도 합동행위로 보지 않고 발기인조합계약의 이행행위로 볼 수도 있어 합동행위의 개념의 실익이 있는지 의문을 제기하면서 **계약설**이 주장된다. 계약설은 주식회사의 정관작성도 같은 방향의 의사표시가 모여서 완성되는 행위가 아니라, 발기인 전부가 참여하거나 대리권을 위임받은 일부 발기인이 발기인계약에서 합의된 대로 정관 규정을 작성하는 발기인계약의 이행행위(사실행위)로 이해하여, 회사의 설립행위를 조직(사단)법적 계약행위로 본다. 독일 주식법도 이러한 입장에서 주식회사의 정관을 주주간의 계약으로 규정하고 있다.
55) 후술하는 설립중의 회사의 형성시기에 관해, 설립중의 회사는 정관이 작성되고 발기인이

적 성질이 강하며, 발기인의 주식인수도 이와 유사하여 합동행위로 볼 수 있다. 하지만 1인의 발기인에 의한 주식인수는 단독행위이고, 발기인이 아닌 제3자의 주식인수는 설립중의 회사와 주식인수인간의 계약으로 볼 수 있다. 그리고 주식인수인의 납입행위는 계약의 이행행위로서 사실행위이고 임원선임행위는 합동행위적 성질을 가진다고 볼 수 있지만 설립경과조사절차는 사실행위에 해당하고 설립등기신청은 단독행위적 성질을 가진다. 요컨대 주식회사 설립행위 전체의 법적 성질을 논의함은 무의미하며, 대표적인 설립행위라 할 수 있는 정관작성행위는 합동행위로서의 성질을 가진다고 할 수 있다.

3. 회사법의 간섭

1) 이 념 : 주식회사의 설립에 대한 규율은 그 시대의 회사관에 따라 달라져 왔다. 계약자유의 원칙에 바탕을 둔 사경제의 중요한 주체인 주식회사의 설립에 관한 회사법의 규율에 대한 근거는 회사의 본질에서 찾을 수 있다. 개인기업이나 조합과 달리 명의분리, 책임분리(유한책임), 타인재산관리 등의 법인특권이 완전하게 부여되는 주식회사가 사익추구의 수단으로 전락할 위험성으로부터 건전한 투자자, 채권자, 소비자의 회사에 대한 신뢰를 보호(이른바 **"공동체보호"**)할 필요가 있다. 그밖에 법인격이 부여되는 시점의 특정, 회사의 내부사항의 공시 등을 위해서도 회사의 설립절차를 통해 엄격한 법적 규율이 요구된다. 사기적 회사설립을 방지함으로써 거래와 공동체 보호를 위해 등기제도 등을 통해 법률관계를 명확하게 하고 이를 공시한다. 요컨대 주식회사의 설립은 원칙적으로 자유롭지만 회사의 '신뢰보호'를 위해 설립절차가 규율되고 등기가 강제된다.

2) 연 혁 : 회사가 처음 형성되는 시기에는 **자유설립주의**를 취했으나 회사가 사기적·투기적인 수단으로 사용되자(South Sea 사건 등) 회사의 설립에 대한 엄격한 규제(Bubble Act)가 시작되었다. 특허주의에 의하면 회사가 설립되기 위해서는 군주의 특허장, 의회의 특별입법이 요구되었다. 이후 회사설립에 대한 규제가 점차 완화되어 면허·인가(행정처분)주의로, 다시 준칙주의로 변경되었다. **준칙**

최소한 1주 이상을 인수하는 시점에 형성된다고 본다(다수설). 따라서 다수설에 따를 경우 정관작성, 발기인의 최초 주식인수 단계에서는 설립중의 회사 개념도 형성되지 않아 거래상대방이 존재한다고 볼 수 없어 계약적 구조를 도입하기 어려운 점이 없지 않다.

주의란 법인(회사)의 성립에 필요한 일정한 요건을 법률상 규정하고 이러한 요건을 충족하였는지를 등기시점에 판정하여 법인격을 부여(법인 설립)하는 제도이다. 준칙주의에는 일반적으로 회사설립을 위한 요건을 법정하고 요건을 구비하면 등기에 의해 법인격을 인정하는 **단순준칙주의**도 있고, 준칙주의이면서도 관계자의 책임을 가중하는 **엄격준칙주의**가 있다. 우리 상법은 설립의 요건을 강화하고 설립에 관한 발기인의 책임을 가중하고 있어 엄격준칙주의를 취하고 있다고 본다. 그러나 이는 일반적인 회사의 설립에 관한 것이고 특별한 회사, 즉 은행·보험회사·증권회사 등은 관련 법률에서 또 다른 인가요건을 정하고 있다.

제 2 절 설 립 개 요

1. 의 의

주식회사의 설립절차는 정관의 작성, 사원의 확정, 출자의 이행, 기관의 선임행위 등의 실체형성절차를 경료한 뒤 설립에 관한 감독절차를 거쳐 설립등기에 의한 법인격 취득절차를 포괄한다. 주식회사의 설립절차는 인적회사의 설립절차에 비하여 복잡한데,[56] 회사 설립을 자유롭게 하면서도 사기적 설립에 의한 공중의 신뢰 훼손을 방지하기 위해 설립경과에 대한 조사와 공시를 요구하는 엄격준칙주의를 취하고 있다. 회사의 설립사무를 진행하는 '**발기인**'은 회사설립을 위해 '**발기인조합**'을 구성하므로 설립절차의 진행은 조합계약의 이행으로서 의미를 가지지만, 발기인이 1인인 경우 조합계약의 성립 없이 절차가 진행된다. 설립과정에 '**설립중의 회사**'가 성립되더라도 여전히 설립행위는 발기인에 의해 설립중의 회사의 명의로 이뤄지고, 설립등기가 완료되면 설립행위의 효과는 성립 후의 회사에 귀속하여 회사의 권리·의무가 된다.

---

56) 회사설립절차는 실체형성절차와 설립등기로 구성된다. 인적회사의 설립절차는 정관작성에 의해 사원과 출자액이 확정되므로(상179.4호), 정관작성만으로 실체형성절차가 완료된다. 업무집행권한을 가지는 무한책임사원이 존재하므로 기관구성절차도 불필요하고 출자이행절차도 불필요하다. 유한회사의 설립절차도 사원의 성명, 출자좌수가 정관에 기재되므로 정관의 작성에 의해 실체형성절차가 완료되지만, 회사설립 전에 출자이행절차, 정관으로 정하지 않은 경우 기관구성절차가 요구된다.

2. 발기인

(1) 의 의

1) **개 념** : 발기인(incorporator)이란 실질적으로 회사설립의 기획자이며 설립사무의 담당자를 의미하지만, 회사법상의 개념은 설립사무를 담당한 자 중 정관에 발기인으로 기명날인·서명한 자이다. 따라서 설립사무를 직접 담당하였다 하더라도 정관에 발기인으로 기재되지 않은 자(사실상 발기인)는 회사법상 발기인이 아니므로, 대리·대행의 법리에 따라 발기인의 행위로서 효과가 발생할 수 있지만 발기인의 책임(상321~326)은 부담하지 않는다. 발기인은 반드시 1주 이상을 인수하여야 하며(상293), 복수의 발기인이 반드시 요구되는 것은 아니어서 **1인의 발기인도** 인정되어(상288). 회사법은 1인회사의 설립을 허용한다. 1인 발기인에 의한 1인회사의 설립57)은 인적회사의 경우 허용되지 않지만, 주식회사, 유한회사(상543.1), 유한책임회사(상287의12) 등 물적회사에서 허용된다.

[비교법] 발기인의 개념에 관해, MBCA는 설립정관을 주무관청에 제출하는 것을 발기인이 되기 위한 요건으로 규정하고 있다(MBCA2.01). 그리고 발기인의 주식인수의무에 관해 일본 회사법은 각 발기인은 주식회사를 설립할 때, 설립 시 발행주식을 1주 이상 인수해야 한다고 정하고 있다(일회25.2). 독일 주식법은 회사계약의 작성 시에는 출자하여 주식을 인수한 1인 혹은 수인(數人)이 반드시 참여하도록 정하면서(독주2), 발기인들이 모든 주식을 인수하게 되면 회사가 설립된다고 정하고 있다(독주29). MBCA, DGCL은 발기인의 주식인수의무를 정하고 있지 않아 주식을 인수하지 않는 즉 주주가 되지 않는 발기인도 가능하여 발기인은 순수하게 설립사무에만 종사할 수도 있게 된다. 1인의 발기인에 의한 회사설립에 관해서도 외국 회사법은 이를 대체로 허용하고 있다 (DGCL § 101, MBCA § 2.01, AktG §1, 일본 회사법 26조 참조).

2) **지 위** : 발기인은 **설립중의 회사의 기관**으로서 위임계약에 따른 선량한 관리자의 주의로써 설립사무를 집행하여야 한다. 발기인이 선관주의 의무를 해태하여 손해를 발생시킨 경우 회사가 성립하게 되면 성립 후 회사에 대하여 책임을 부담하게 된다. 설립중의 회사의 기관으로서 발기인이 한 법률행위의 법률효과는

---

57) 1995년 상법개정 전에 7인 이상이었던 것을 3인 이상으로 개정한 것인데, 2001년에는 상법을 개정하여 발기인의 숫자에 관한 규정을 폐지하여 1인의 발기인에 의한 회사 설립도 허용하였다.

회사가 설립등기를 경료하게 되면 **성립 후 회사**에 귀속된다. 회사의 설립등기 후에 발기인은 권한을 상실하며, 일정한 경우 자본충실책임(상321) 및 손해배상책임(상322)을 부담하고 회사가 불성립할 경우에도 법정 책임(상326)을 부담한다. 실제 발기인이 아니면서 주식청약서 기타 주식모집에 관한 서면에 성명과 회사의 설립에 찬조하는 뜻을 기재할 것을 승낙한 자를 **유사발기인**이라고 하며 유사발기인은 발기인과 동일한 책임을 부담한다(상327).

(2) 권 한

1) **권한 범위** : 발기인은 설립중의 회사의 업무집행기관으로서 설립행위를 직접 하거나 절차를 진행할 권한과 의무를 부담하고 설립행위의 효과는 설립중의 회사에 귀속한다. 발기인이 설립행위 이외의 행위(예, 개업준비행위)를 하더라도 그 효과가 회사에 귀속하는가? 이는 **발기인의 권한범위**의 문제인데, 우선 회사 설립단계에서 발기인이 할 수 있는 **설립관련행위**는 다음과 같이 유형화할 수 있다. 첫째, 정관작성, 주식인수, 주식배정, 창립총회의 결의, 설립등기 등의 **설립행위**, 둘째, 정관의 공증 위임계약, 설립사무소·창립총회장의 임차계약, 주식청약서 인쇄계약 등 설립행위를 하기 위한 행위(**설립준비행위**), 셋째, 장차 성립될 회사가 영업을 하기 위해 회사설립 등기 전에 이뤄지는 점포, 기계, 공장의 구입, 영업의 양수 등의 행위(**개업준비행위**) 등으로 유형화될 수 있다. 다만 발기인이 회사를 설립하기 위한 자금을 차용하는 행위는 영업과 직접 관련성이 없어 개업준비행위와는 구별된다. 판례도 회사설립자금의 차용행위는 보조적 상행위로서 개업준비행위 등에 해당한다고 볼 수 없다고 보아 발기인의 차용금채무가 상사채무로서 5년의 소멸시효가 적용되지 않는다고 보았다(2011다43594). 발기인의 설립자금 차용행위는 **발기인의 개인적 행위**로서 개업준비행위와 구별된다.

2) **회사법 규정** : 회사법에는 발기인의 권한범위에 관한 규정을 두고 있지 않다. 따라서 발기인이 회사 설립과정에 한 행위 중 어떠한 행위가 발기인 개인이 아닌 회사에 효과가 발생하는가(**발기인 권한행위**)가 문제된다. 발기인의 개인적 행위는 발기인의 권한행위에 포함되지 않지만, 회사법은 개업준비행위의 성질을 가지는 재산인수에 관해 정관에 기재하여야만 재산인수가 효력을 가진다고 규정하므로(상295), 발기인의 '**정관 기재의 재산인수**'는 발기인 권한행위에 포함된다고 볼 수 있다. 설립행위는 당연히 발기인 권한행위에 포함되고, 개업준비행위 중 정

관 기재 재산인수는 발기인 권한행위에 포함되어, 발기인의 권한범위 문제는 설립을 위한 행위와 '정관 불기재의 개업준비행위'를 할 수 있는가 하는 점이 된다.

3) 논 의 : 발기인은 정관기재의 재산인수 이외의 개업준비행위를 할 수 있는가?(쟁점13)[58] 이에 관해, 발기인의 지위 남용을 억제하기 위해 회사 설립 자체를 직접적인 목적으로 하는 행위에 국한된다는 보는 **설립행위설**, 회사의 설립을 위해 필요한 법률상, 경제상의 행위가 발기인의 권한에 포함된다는 **설립준비행위설**, 영업의 개시(개업)를 준비하는 행위도 발기인의 권한에 포함된다는 **개업준비행위설**, 회사의 설립목적에 반하지 않는 한 모든 행위가 다 포함된다는 **무제한설** 등이 주장된다. 다만 '정관 기재 재산인수(상290.3호)'가 발기인의 권한 범위에 포함된다는 점에는 이견이 없다. **판례**는 발기인이 개업준비행위의 실질을 가지는 회사의 영업을 위하여 체결한 자동차조립계약을 발기인의 권한 범위 내의 행위로 보고 설립 후의 회사에 책임을 인정하였으나(70다1357), 이후 발기인이 되는 자에 의한 재산인수를 무효로 보아(91다33087) 개업준비행위를 발기인의 권한에 포함되지 않는 것으로 본 듯한 판시를 하였다.

4) 소 결 : 설립행위는 설립준비행위(예, 주식청약서 인쇄계약) 없이 실행하기 어려우므로 발기인의 권한에서 설립준비행위를 배제하는 설립행위설은 부적절하다. 그리고 설립등기 전인 설립단계에서는 거래안전의 보호보다 발기인의 권한 남용으로 인한 회사의 자본충실의 훼손이 더 문제된다는 점을 고려할 때 다음과

---

58) **발기인의 권한범위(쟁점13)**에 관해, **설립행위설**은 회사 설립 자체를 직접적인 목적으로 하는 행위에 국한된다는 견해로서, 회사설립사무가 발기인의 고유한 기능이고 발기인의 지위 남용을 억제하려는 회사법제의 취지를 고려하고 회사 불성립시 원상회복의 혼란을 방지하기 위해서도 설립행위설이 타당하다고 본다(이철송, 최기원551). **설립준비행위설**은 회사의 설립을 위해 필요한 법률상, 경제상의 행위(정관의 공증 위임계약, 설립사무소·창립총회 회의장의 임차계약, 주식청약서 인쇄계약 등)가 발기인의 권한에 포함된다는 견해로서, 설립중의 회사는 설립을 목적으로 존재하는 특수한 단체이므로 회사설립에 필요한 행위까지 권한의 범위에 포함될 수 있다고 본다(김정호15년,94, 권기범309, 이기수225, 정동윤145, 홍복기19년,162). **개업준비행위설**은 회사 성립 후의 영업의 개시(개업)를 준비하는 행위도 발기인의 권한에 포함된다는 견해로서 개업준비행위와 설립을 위한 행위의 구별이 어렵다는 점, 회사설립에 관해 엄격책임을 부담하는 발기인의 광범위한 권한을 부여하여도 무방하다는 점 등을 논거로 하며(정찬형660, 장덕조81), 기타 무제한설도 있지만 개업준비설과 다르지 않다고 본다. 개업준비행위설은 물론 설립행위설이나 설립준비행위설 모두 상법이 허용하고 있는 '정관에 기재된 개업준비행위(재산인수, 상290.3호)'는 발기인의 권한 범위에 포함된다는 점에는 이견이 없다.

같은 이유로 설립준비행위설이 타당하다고 본다. 첫째, 설립을 위한 행위는 '설립행위와의 관련성'이, 개업준비행위는 '영업과의 관련성'이 전제되므로 양 행위는 구별이 가능하여 구별의 어려움에 따른 문제는 없다. 둘째, 개업준비행위인 정관기재 재산인수만 유효(상290.3호)로 한 취지는 정관 불기재의 재산인수는 무효여서 발기인의 권한에 포함되지 않는다는 것을 전제하였다고 해석함이 논리적이다. 셋째, 재산인수가 아닌 일부 개업준비행위(예, 영업계약)는 정관에 기재할 수 없고 이를 재산인수와 달리 해석할 이유가 없으므로 전체로서 재산인수는 허용되지 않는다고 보아야 한다. 넷째, 회사의 설립단계에는 설립관련행위를 통제하는 기관(감사, 주주 등)이 형성되지 않아 발기인의 권한 남용으로부터 설립중의 회사에 투자하는 자를 보호하기 위해 발기인의 권한은 제한될 필요가 있다. 다섯째, 회사가 동의할 경우 상계에 의한 납입도 가능한데(상421.2) 발기인의 권한을 개업준비행위까지 확장할 경우 설립중의 회사에 대한 허위채무를 형성하고 이를 상계처리하여 자본충실원칙을 침해할 우려가 있다.

(3) 권한의 행사방식

1) **명 의** : 발기인이 자신의 권한 범위 내라고 할 수 있는 설립행위, 설립을 위한 행위, 정관기재의 재산인수(이하 '권한행위'라 함)를 함에 있어, 발기인·발기인조합·설립중회사의 명의로 할 수도 있다. **발기인·발기인조합의 명의**로 '발기인 권한행위'를 할 경우 일단 발기인에게 행위의 효과가 귀속하고, 이를 다시 성립 후의 회사에 이전하여야 한다. 판례도 발기인명의로 취득한 부동산에 대해 회사의 자금으로 취득하였다는 기재와 그 토지를 관리하였다는 사실만으로 발기인의 매수인의 지위를 회사가 양수하였다고 볼 수 없어(90누2536) 별도의 매수행위가 요구된다. 하지만 발기인이 **설립중의 회사의 명의**로 발기인 권한행위를 할 경우에는 설립중의 회사에 그 효과가 귀속되었다가 회사가 설립되면 성립후 회사에 귀속된다. 왜냐하면 설립중의 회사와 성립 후의 회사는 법인격 유무만 차이가 있을 뿐 실질적으로 동일한 회사이므로(동일성설) 별다른 이전행위 없이 성립 후에 귀속된다(통설).

2) **정관기재** : 발기인이 설립행위, 설립을 위한 행위를 할 경우 정관에 기재할 필요가 없다. 하지만 발기인의 재산인수행위는 정관에 기재되어야 유효하게 된다(상295,3호). 설립을 위한 행위도 회사의 비용이 발생될 경우(설립비용) 정관에 기

재되어야 회사부담의 효력이 발생한다(상295,4호). 물론 설립비용을 정관에 기재하지 않더라도 설립을 위한 행위를 할 수 있고 그 행위 자체는 유효하지만, 성립 후 회사에 발기인이 청구할 수 없게 된다. 이는 정관에 기재되지 않으면 행위의 효력이 발생하지 않는 재산인수의 효과와는 구별되며, 발기인에게 특별이익·보수의 지급계약과도 유사하다(상295,1호). 재산인수, 설립비용, 발기인의 특별이익·보수는 발기인의 권한남용의 가능성이 높은 사항(변태설립사항)이어서 이를 통제하기 위해 정관에 기재해야 효력이 발생하도록 정하고 있다(상대적 기재사항).

[비교법] 발기인의 권한에 관해 미국법은 특별한 논의가 없고 대륙법(한,일,독)에서는 정관의 기재사항에 財産引受(Sachübernahmen)를 두고 있어(상290,일회28,독주27.1) 발기인의 권한의 범위가 문제된다. 미국 회사법에 의하면 설립정관의 접수에 의해 회사가 설립되므로 설립중의 회사의 논의의 실익이 적고 발기인의 권한 범위가 크게 문제되지 않는다. 따라서 회사 설립 전(대체로 정관 작성 전)에 행해진 발기인의 행위(pre-incorporation contacts)는 원칙적으로 개인적 행위이고 예외적으로 성립후 회사가 책임을 부담한다. 하지만 대륙법에서는 정관 작성 이후에도 설립등기시점까지는 다양한 회사의 실체형성절차가 요구되어 설립중의 회사라는 개념이 생겨났고, 발기인은 설립중의 회사의 기관의 지위를 가지게 된다. 따라서 설립중의 회사의 기관으로서 발기인의 권한 범위가 문제되는데, 일본의 다수설·판례는 설립을 위한 행위는 허용되지만 개업준비행위는 정관에 기재된 재산인수만이 가능하다고 본다(최판소38·12·24민집17권12호1744혈, 대계1-222). 따라서 발기인이 한 개업준비행위의 효과는 설립중의 회사에 귀속하지 않게 되어 개업준비행위의 추인 가능성이 문제되는데, 다수설·판례는 정관에 기재 또는 기록되지 않은 재산인수는 당연무효이고 성립후 회사가 이를 추인할 여지가 없다고 본다. 독일법은 회사설립전에 회사의 명의로 행위한 자는 개인적 책임을 부담하는 것이 원칙이고, 회사설립전 회사명의로 채무를 부담한 경우 회사가 채무를 인수할 것을 설립등기후 3월내 합의하고 채권자에게 통지한 경우 회사의 채무가 된다(독주41.1,2). 대체로 일본과 우리나라에서만 발기인에게 개업준비행위를 허용하려는 소수설이 존재하고 다수설, 미국, 독일의 입법은 개업준비행위 관련 발기인의 책임의 인수는 논의되어도 발기인의 권한으로 보지는 않는다.

3. 발기인조합

(1) 개 념

2인 이상의 발기인이 회사를 설립할 경우 주식회사의 설립이라는 공동의 목적을 위해 발기인조합이 성립한다. 그리고 발기인조합은 회사가 설립되거나 불성립이 확정된 경우 특별한 의사표시 없이 해산된다. 발기인조합은 민법상의 조합에 해당하므로 발기인조합의 의사결정은 발기인의 과반수 찬성에 의하고(민706.2), 조합부담채무에 대해 조합원은 분할책임을 부담한다(민712). 발기인조합은 법인이 아니므로 발기인조합의 명의로 법률행위를 하기 위해서는 모든 발기인이 함께 하거나 대리권을 위임받아 법률행위를 하여야 한다. 그리고 조합명의로 한 설립행위의 효과는 발기인의 명의로 한 설립행위와 유사하게 설립중의 회사나 성립후 회사에 귀속되지 않는데, 성립후 회사에게 효과가 귀속되려면 별도의 이전행위가 요구된다. 회사법은 1인의 발기인을 허용하고 있어(상288) 이 경우에는 발기인조합은 형성되지 않는다.

(2) 설립중의 회사와 구별

2인 이상의 발기인이 있는 경우 형성되는 발기인조합과 설립중의 회사는 발기인들로 구성되고 회사의 설립등기시점까지 존속한다는 점에서 유사하다. 하지만 발기인조합은 설립중의 회사의 운영주체로서 양자는 구별되는데 이 밖에도 첫째, 성립 시점에서 발기인조합은 발기인들이 회사 설립을 합의한 시점에 계약에 의해 형성되는데 반해, 설립중의 회사의 회사는 회사 설립절차가 일정 부분 진행된 시점에 탄생한다. 둘째, 법률관계를 보면, 발기인조합의 법률관계는 조합관계이지만, 설립중의 회사는 성립 후의 회사의 전신으로서 사단관계(비법인사단)이다. 셋째, 발기인의 설립행위의 명의와 관련해서도 발기인조합 명의로 한 경우 발기인조합에 그 법률효과가 귀속되어 성립 후 회사에 이전행위가 요구되지만 설립중의 회사의 명의로 한 경우 별도의 이전행위 없이 성립 후 회사에 그 법률행위의 효과가 귀속된다. 넷째, 발기인과의 관계를 보면, 발기인은 발기인조합의 구성원이 되지만 설립중의 회사에서는 그 기관이 되며, 발기인의 설립행위는 조합계약의 이행행위이지만 설립중의 회사의 업무집행행위가 된다.

(3) 효과 귀속

발기인이 발기인조합의 명의로 설립행위를 하면, 발기인조합은 법인격이 없어 법률행위의 효과는 각 조합원에게 귀속한다(합유관계). 따라서 발기인 명의로 한 법률행위의 효과를 성립 후 회사에 귀속시키기 위해서는 발기인에게 귀속한 효과를 다시 성립 후 회사에 이전하는 별도의 이전행위가 요구된다. 판례도 설립중의 회사로서의 실체가 갖추어지기 이전에 발기인이 취득한 권리·의무는 구체적 사정에 따라 발기인 개인 또는 발기인 조합에 귀속되는 것인바(2005다18740),

X가 발기인이던 회사의 장부에 X가 토지매입자금을 입금하여 회사자금으로 토지를 매입한 것으로 기재되었다는 사실만으로는 회사가 X로부터 토지의 매수인으로서의 지위를 인수하였다고 보기는 어렵다고 보아(90누2536) 발기인이 설립중의 회사의 명의로 법률행위를 하지 않은 경우 성립후 회사의 권리·의무의 인수행위가 요구된다.

4. 설립중의 회사

(1) 개 념

설립중의 회사란 회사 설립 중 실체의 중요한 부분만 완성된 **미완성의 회사**를 의미한다. 설립중의 회사는 태아처럼 설립 중임에도 일정한 권리와 의무를 부담하는 것이 허용되어, 동 개념을 통해 회사의 설립절차가 보다 간편하게 될 수 있다. 설립단계에 있는 회사는 아직 권리능력을 가지지 않았으므로 발기인은 예컨대 주식인수청약서의 인쇄계약이나 창립총회장 임차계약(설립을 위한 행위) 등을 자신의 명의로 할 수밖에 없고 나중에 성립후 회사(성립회사)에 이전하여야 한다. 이러한 불편함을 제거하기 위해 설립중의 회사의 명의로 계약을 체결하고 계약의 효과는 나중에 성립회사에 귀속되도록 하기 위해 학설과 판례에서 설립중의 회사의 개념을 도입하였다. 판례도 '설립중의 회사는 주식회사의 설립과정에서 발기인이 회사의 설립을 위하여 필요한 행위로 인하여 취득하게 된 권리의무가 회사의 설립과 동시에 그 설립회사에 귀속되는 관계를 설명하기 위한 강학상의 개념'으로 본다(93다50215).

(2) 법적 성질

설립중의 회사의 법적 성질에 관해, 그 자체가 일정한 목적을 가진 단체가 아니므로 조합이나 사단이 아닌 회사법상의 특수한 성질의 단체로 보는 **특수성질 단체설**, 설립중의 회사를 회사설립을 목적으로 하는 권리능력 없는 사단으로 이해하는 **권리능력 없는 사단설**(통설) 등이 주장된다. 그러면서 대부분의 견해는 설립중의 회사와 성립회사의 관계에 관해서, 법인격의 유무에서 차이가 있을 뿐 실질적으로 동일한 존재로 이해하는 **동일성설**을 따르고 있다. **판례**는 설립중의 회사에 관해 회사의 성립·불성립을 조건으로 하여 발기인·성립회사에 귀속된다고 보아 설립중의 회사를 조건에 의존하는 실체로 본 판례가 있었지만(70다1357),[59] 이후

설립중의 회사를 긍정하고 설립중의 회사에 권리가 귀속될 수 있음을 인정하고 있다(93다50215) 하지만 판례는 설립중의 회사의 법적 성질이 무엇인지에 관해서는 침묵하고 있다. 생각건대 설립중의 회사가 완전히 사단의 실체를 갖추기 전이어서 권리능력 없는 사단으로 보기에는 무리가 없지 않다. 하지만 이런 형식적 논의에도 불구하고 법인격의 취득을 위해 발기인의 다양한 설립행위의 효과의 귀속관계를 간편하게 하기 위한 설립중의 회사 개념의 실질적 도구성·편의성을 고려할 때 동일성설을 전제한 권리능력 없는 사단설이 타당하다.

(3) 제한된 권리능력

1) **제한된 능력** : 설립중의 회사는 '회사설립'이라는 목적의 범위 내에서 권리의무의 주체가 되는데, 이는 청산중의 회사가 청산목적의 범위 내에서 권리의무의 주체가 되는 것과 유사하다. 설립중의 회사의 권리·의무는 그 기관인 발기인의 행위를 통해 형성, 변동된다. 설립행위와 설립준비행위까지 가능한 발기인의 권한범위(설립준비행위설)를 고려할 때, 설립중의 회사도 설립행위·설립준비행위의 범위 내의 발기인의 행위에 의해 권리·의무를 취득할 수 있고 예외적으로 정관에 기재할 경우 재산인수도 가능하다. 그리고 설립중의 회사는 권리능력 없는 사단이어서 소송상 당사자능력(민소52), 등기능력(부동30), 어음행위능력, 예금거래의 주체가 될 수 있는 능력 등이 학설상 인정된다.

2) **불법행위능력** : ① 논 의 – 설립중의 회사의 발기인이 불법행위를 할 경우 설립중의 회사 또는 성립회사의 불법행위책임이 발생하는지 설립중의 회사의 **불법행위능력**이 문제된다. 판례 중 발기인이 회사 설립중 실질적 타인 소유의 기계를 취득한(개업준비) 후 회사 성립회사의 대표이사가 되어 이를 처분한(불법행위)

---

59) 조건이 성취되어야 성립회사에 귀속되고 조건 성취가 되기 전에는 발기인에게 귀속된다고 판시하고 있어 설립중의 회사를 부인한 판례로 해석된다. 그리고 동일한 사실이 한편에서 정지조건이 되고 한편에서 해제조건이 된다는 판례의 표현은 부적절하다고 본다. 왜냐하면 권리의 귀속 등 법률효과의 발생은 하나의 효과만 발생하고 다만 조건이라는 부관이 붙을 뿐이다. 그리고 조건(회사의 성립)은 현재 상태의 변화를 의미하고 조건에 대한 반대조건 즉 조건불성립(회사불성립)은 조건이라 보기 어렵고 현재의 상태를 의미하는데 지나지 않기 때문이다. 다만 발기인의 책임은 단순히 회사불성립을 정지조건으로 하는 것이 아니라 '회사불성립의 확정'을 정지조건으로 하고 있는 바, 회사불성립은 현재의 상태(조건성취전의 상태)이므로 조건이 될 수 없고 현재 상태의 '확정'은 회사성립이라는 정지조건이 성취되지 않았다는 증명에 의해 달성될 수 있을 뿐이라 본다.

사례(99다35737)가 있는데, 이에 관해 설립중의 회사의 불법행위능력을 인정한 것으로 본 견해도 있고, 동 판례는 설립중 회사의 불법행위능력의 인정한 것이 아니라고 본 견해도 있다. 생각건대 동 판결은 X의 소유인 기계(크라샤)를 형식적으로 취득하였는데 이는 발기인(B)의 개업준비행위이지만, 회사가 설립된 후에 대표이사(B)가 동 기계를 처분한 것이 불법행위인지 문제되어 이를 인정한 판결이므로 설립중의 회사의 불법행위능력과 관련된다고 보기는 어렵다.

② 검 토 – 불법행위능력을 인정할 경우 불법행위에 관해 업무집행행위를 한 발기인과 설립중의 회사(성립회사)가 연대배상책임을 부담하게 된다. 설립중의 회사는 법인격이 없어 제한적으로만 권리능력이 인정되어야 하고, 감독기관이 부재한 상태에서 발기인의 권한을 벗어난 위법행위(대체로 개업준비행위와 관련됨)가 발생하기 쉬운 환경이어서 발기인의 불법행위를 성립회사의 책임으로 귀속시킬 경우 성립회사의 부당한 부담이 될 수 있다고 본다. 요컨대 발기인이 설립단계에서 설립중의 회사의 명의로 불법행위를 한 경우 설립행위와의 관련성이 인정된다고 하더라도 설립중의 회사의 불법행위능력을 부인하여 발기인의 불법행위로 보아야 하고, 성립회사가 책임을 부담하지 않는다고 보아야 한다. 설립중의 회사는 비법인사단의 성질을 가진다 하더라도 후술하는 바와 같이 정관작성과 발기인이 1주 이상의 주식만 인수하면 성립된다고 보므로(다수설), 이 단계에서 설립중의 회사에 불법행위능력까지 인정하는 것은 적절하지 못하다 본다.

(4) 성 립

1) **성립시점** : 설립중의 회사는 언제 성립하여 제한적 권리·의무의 주체가 될 수 있는가?(**쟁점**14)[60] 이에 관해 정관작성시에 설립중의 회사가 성립한다고 보는 **정관작성시설**, 발기인이 정관을 작성하여 공증인의 인증을 받고 발기인이 1주 이

---

60) **설립중의 회사의 성립시기(쟁점**14)에 관해, **정관작성시설**은 발기인은 반드시 한 주 이상을 인수하여야 하므로 이미 정관작성시에 발기인이 기재되므로 구성원의 확정은 이루어지고, 정관작성에 의해 바로 단체법적 규율이 개시되며, 정관작성 후 발기인의 주식인수 전에도 설립중의 회사 개념이 필요한 점 등을 논거로 한다(이철송234; 최준선131). 다음으로 **발기인인수시설**은 발기인이 정관을 작성하여 공증인의 인증을 받고 발기인이 1주 이상을 인수한 때로 보는 견해로서 다수설이며, 발기인의 주식인수가 예정되어 있어도 주식인수 전에는 사원의 자격으로 볼 수 없다는 점 등을 논거로 한다(정찬형663, 권기범428, 김정호84, 김홍기344, 장덕조79, 채이식434, 최기원147), **주식총액인수시설**은 발행주식총수의 인수가 확정되어야 주주가 확정되므로 실체의 중요부분이 형성된다고 보아 설립중의 회사가 성립된다고 보는 견해로서 독일 주식법상의 회사 창립(AG29, Enrichtung) 시점에 근거한다(정동윤139).

상을 인수한 때로 보는 **발기인인수시설**(다수설), 발행주식총수의 인수가 확정된 시점에 설립중의 회사가 성립된다고 보는 **주식총액인수시설** 등이 주장된다. **판례**는 설립중의 회사는 정관이 작성되고 발기인이 적어도 1주 이상의 주식을 인수하였을 때 비로소 성립한다고 본다(97다56020, 발기인인수시설). 회사법은 주식인수 완료에 특별한 법적 효과(창립)를 부여하지 않아 주식총액인수시설과 같이 창립 시점을 근거로 보기는 어렵고, 총액인수시점은 이미 설립행위가 대부분 진행된 후라 설립중의 회사 개념의 효용성이 떨어진다. 정관작성시설은 가장 이른 시점에 개념 도입이 가능해 설립중의 회사의 개념의 효용성을 가장 높이지만, 정관만으로는 아무런 재산적 기초(발기인의 구체적인 납입의무)가 형성되지 않았음에도 물적회사의 전신으로 보아 제한적 권리능력을 허용하는 것이 적절한지는 의문이다.

   2) **검 토** : 설립중의 회사의 개념의 효용성에서는 정관작성시설이 돋보이지만, 사원·재산의 기초가 전혀 형성되지 않은 상태에서 제한적 권리능력을 인정하는 것은 개념의 적정성에 문제가 있다고 본다. 정관만 작성된 경우 설립중의 회사의 업무집행기관인 발기인이 정관에 기재되어 특정할 수는 있지만, 발기인으로 선언만 되어 있을 뿐 설립중의 회사와 아무런 자본적 관련성을 가지지 않은 상태여서 이러한 상태에서 설립중의 회사의 제한적 권리능력을 인정하는 것은 물적회사의 특성상 적절하지 않다고 본다.[61] 이렇게 볼 때 설립중의 회사는 어느 정도의 주식회사의 실체, 적어도 출자약속에 의한 자본금의 원형이라도 형성됨을 전제로 성립된다고 함이 적절하다고 보며, 정관이 작성되고 발기인이 1주 이상의 인수하여 설립중의 회사와 자본적 관련성을 가지는 시점에 설립중의 회사가 성립한다고 본다(발기인인수시설).

(5) 법률관계
   1) **원 칙** : 권리능력 없는 사단의 실체를 가진 설립중의 회사에는 사단법리가 적용된다. 발기인은 설립중의 회사의 **업무집행기관**이 되고 창립총회는 설립중의

---

61) 인적회사의 경우에는 정관작성만으로 사원이 확정된다. 그러나 주식회사의 경우 정관에서 발기인이 특정되고 발기인이 주식인수의무를 부담하나 확정적으로 발기인에게 출자를 이행할 의무가 발생하였다고 볼 수 없다. 출자이행의무는 발기인이 인수대상 주식을 정하여 설립중의 회사에 인수행위를 한 시점에 확정되므로 정관의 작성만으로는 사원의 개연성은 인정되나 확정적으로 사원이 탄생하였다고 볼 수는 없다.

회사의 사원총회에 상응한다. 설립중의 회사의 업무는 설립행위이고 영업행위가 아니므로 설립중의 회사가 이사·감사를 선임하게 되더라도 발기인이 여전히 업무집행기관이고, 이사·감사는 설립중의 회사에서는 감독기관에 해당한다. 설립중의 회사의 **설립행위**는 복합적 행위로서 단독행위(발기인의 최초 주식인수행위, 설립등기신청 등), 합동행위(주식발행사항의 결정, 창립총회결의 등), 계약행위(정관공증 위임계약, 주식인수계약 등)의 성질을 가진 행위들의 집합이다. 권리능력 없는 사단의 실질을 가지는 설립중의 회사의 업무집행기관인 발기인은 발기인의 권한 범위 내에서 설립중의 회사의 명의로 하여야 하고, 그 법률행위의 효과는 설립중의 회사에 귀속하고 설립중의 회사가 (준)총유한다.

2) **효과 귀속** : 설립중의 회사의 권리·의무가 성립회사에 귀속하는 근거는 무엇인가? 이에 관해 설립중의 회사는 회사설립을 목적으로 하는 권리능력 없는 사단으로서 성립회사와 법인격의 유무에서 차이가 있을 뿐 실질적으로 동일한 존재로 이므로, 설립중의 회사의 권리·의무는 별다른 이전행위 없이도 성립 후의 회사의 권리·의무가 된다고 보는 견해(**동일성설**)가 통설이다. 제한된 권리능력을 가진 주체가 설립등기에 의해 제한이 제거되어 성립회사가 설립중의 회사가 적법하게 취득한 채권, 채무, 물권, 사원권 등을 그대로 가지게 된다. 판례도 발기인이 회사설립을 위하여 취득하고 부담한 권리·의무는 그 실질에 따라 회사의 설립과 동시에 회사에 귀속된다고 보고 있다(97다56020). 생각건대 태아와 출생한 아이는 동일한 사람이므로 태아의 권리를 별다른 이전행위 없이 취득하는 것과 동일하게 성립회사는 설립 중의 회사의 권리의무를 취득한다고 볼 때 동일성설이 타당하다고 본다. 다만 성립회사에 권리·의무가 **승계되기 위해서는, 발기인의 행위가** i) 권한범위 내에서, ii) 설립중의 회사의 명의로 하여야 하고, iii) 기타 재산인수의 경우에는 법정요건을 갖추어야 한다.

3) **발기인 개인행위** : ① 효 과 – 발기인의 권한 밖의 행위는 설립중의 회사에 귀속되지 않아 회사의 행위로서는 무효여서 성립회사에도 당연히 귀속되지 않는다. 발기인의 개인적 행위도 회사행위에 포함될 수 없어 설립중의 회사, 성립회사와는 무관하다. 다만 회사의 설립을 위한 행위를 발기인·발기인조합의 명의로 한 경우 이로 인해 발생한 권리·의무는 일단 발기인·발기인조합에 귀속하고 회사가 이를 검토하여 회사의 설립을 위한 행위임이 확인될 경우 그 권리·의무를

인수할 수 있다. 만일 회사가 발기인·발기인조합 명의의 설립을 위한 행위로 인한 권리·의무의 인수를 거절할 경우 발기인·발기인조합은 성립회사가 얻은 이득에 관해 회사에 부당이득반환청구를 할 수 있다고 본다.

② **채무초과설립** – 설립중의 회사가 성립회사의 재산보다 많은 채무를 부담하게 될 경우 그 채무에 대한 책임은 누가 부담하는가? 특히 성립회사에 권리가 귀속됨으로써 설립등기 시에 회사의 자본금과 실제의 재산 사이에 차이가 발생한 경우, 발기인(상321), 주주·이사·감사(상607.4)에게 차액책임을 지울 수 있다는 **차액책임이론**[62]이 주장된다. 생각건대 발기인의 인수·납입담보책임(상321)은 초과채무와 무관한 자본형성흠결(공시자본과 납입자본의 차액)에 대한 책임이어서 취지가 다르고, 조직변경시 차액책임(상607)은 순자산액 기준을 정해 유사하지만 이는 법정 책임이어서 특별한 규정 없이 설립 관계자에게 적용할 순 없다. 회사법은 채무초과설립이 우려되는 사항을 변태설립사항(상290)으로 공시하도록 하고 있어, 이를 인지하고 투자를 한 자에 대한 책임을 인정할 필요가 없다고 본다. 다만 주주를 제외한 설립관계자에게 임무해태가 있을 경우 손해배상책임이 성립할 수는 있다(상322,323).

4) **무권한행위의 추인** : 발기인의 무권한행위, 예컨대 정관에 기재되지 않은 재산인수행위는 무효로서 회사는 물론 거래상대방도 그 무효를 주장할 수 있다. 성립회사는 발기인의 무권한행위를 추인할 수 있는가?[63] 이에 관해, 무효행위의 추인을 인정하는 것은 변태설립사항(상290)의 취지에 반한다고 보는 **추인부정설**과 무권대리행위의 실질을 근거로 추인을 인정하는 **추인긍정설**, 재산인수의 경우

---

[62] 차액책임이론은 동일성설에 따를 경우 설립중의 회사의 권리의무가 어느 범위 내에서 성립 후의 회사에 귀속되는가에 관해 명확한 지침을 제공하지 못하여 거래상대방 보호에 문제가 있다고 비판하면서 동일성설의 난점을 해결할 것을 주장한 이론이다. 동 이론에 따르면 설립중의 회사의 권리의무는 모두 성립 후의 회사에 포괄승계되지만 실제 재산과의 차이가 발생하는 경우 회사의 구성원(주주)이 그 차액에 대하여 지분의 비율에 따라 책임을 부담함으로써 설립된 회사의 재산상 위험을 보강하고자 하는 이론으로 소개되고 있다(홍복기161).

[63] **발기인의 무권한행위의 회사의 추인가능성**에 관해, 발기인의 권한 외의 행위는 무효이고 추인을 인정하는 것은 변태설립사항을 정한 상법 제290조의 취지에 반한다고 보는 **추인부정설**(최기원558, 정동윤414, 홍복기162)과 이를 무권대리행위로 보고 원칙적으로 추인할 수 있다고 보는 **추인긍정설**(정찬형588), 재산인수의 경우에는 추인을 부정하고 기타 행위의 경우 추인을 인정하는 **구별설**(장덕조161)이 대립되고 있다. 긍정설은 추인을 부정하더라도 동일한 행위를 반복할 수 있고 이 경우 무권한임을 알고 있는 상대방에게 선택권을 준다는 점에서 부정설이 부당하다고 주장한다.

에는 추인을 부정하고 기타 행위의 경우 추인을 인정하는 **구별설**이 대립되고 있는데, 이는 특히 후술하는 정관불기재 재산인수의 추인문제와 관련된다. **판례**는 일반적인 발기인의 무권한행위가 아닌 정관기재 없는 재산인수에 관해 추인을 허용한 듯하다(91다33087). 생각건대 발기인의 무권한행위의 성질에 따라 논의를 달리할 필요가 있는데, 먼저 **정관에 기재되지 않은 재산인수** 등은 강행법규에 반하므로 추인의 대상이 될 수 없다고 본다(추인부정설). 다음으로 발기인이 설립중의회사 명의로 **개업준비행위**(예, 용역계약을 미리 체결)를 한 경우, 이는 강행규정에 반하지 않는 무권한행위이므로 사적자치의 원칙상 성립회사의 추인의 대상이 될수 있다고 본다.

5. 설립 유형

1) **발기설립·모집설립** : 회사 설립시 발기인에 의해 주식 전부가 인수되는지를 기준으로 설립유형이 구별된다. **발기설립**이란 회사설립시 발행하는 주식의 총수를 발기인이 모두 인수하는 회사설립방식으로서, 설립절차가 간단하지만 그만큼 부실설립의 우려가 커 법원의 엄격한 설립경과 조사제도가 요구된다. **모집설립**이란 설립시 발행주식 총수 중 일부는 발기인이 인수하고 나머지 주식에 관해서는 일반 주주를 모집하는 회사설립방식이다. 양 설립절차의 주요한 **차이점**을 보면, 모집설립에서는 발기인 외의 주식인수인이 존재하게 되어 주식인수인이 주식의 납입을 해태한 경우에는 실권절차가 인정되고, 창립총회가 개최되어 여기에서이사·감사의 선임이 이루어진다. 과거 발기설립에 요구되던 법원의 엄격한 설립경과조사제도를 회피하기 위해 발기설립 대신 복잡한 모집설립절차를 이용하는관행(**형식상 모집설립**)이 있었으나, 발기·모집설립 동일하게 변태설립사항이 없는한 이사·감사가 설립경과를 조사하도록 설립경과조사제도가 경감되어(상298) 형식상 모집설립의 관행이 없어지게 되었다.

2) **발기인의 납입의무 불이행** : 발기설립절차와 모집설립절차는 처음부터 별개의 절차가 아니고 발행하려는 주식 전부를 발기인이 인수하면 그 때부터 발기설립절차가 되고, 발기인이 일부만 인수·확정하고 나머지 주식에 대해 인수인을 모집하면 모집설립절차가 된다(상295,301). 만일 발기인이 모든 주식을 인수하였지만 납입을 하지 않은 경우에 다시 주주를 모집할 수 있는가? 회사법은 발기인의

납입의무 불이행에 관해 아무런 규정을 두고 있지 않지만, 발기인의 납입의무 불이행한 주식에 관해 주식인수인을 모집할 수는 없다고 본다. 왜냐하면 발기·모집설립의 구분은 발기인에 의한 주식 전부의 인수여부이고(상295,301) 발기인이 주식 전부를 인수하면 발기설립절차가 개시되기 때문이다. 발기인의 주식인수는 회사의 설립행위로 이해되고 제3자의 주식인수와 달리 실권절차(상307)를 규정하고 있지 않아 발기인의 주식인수가 실효되기는 어렵다고 본다. 따라서 발기인이 금전출자의 경우 지체없이(상295.1), 현물출자의 경우 납입기일까지(상295.2) 납입을 하지 않으면 발기인의 채무불이행이 되고 설립경과의 흠결이 된다.

　　3) 유형별 설립절차 : 각 설립유형에 따른 설립절차를 보면 ⅰ) 정관작성, ⅱ) 주식발행사항의 결정, ⅲ) 발기인의 주식의 인수까지는 양 유형에서 공통적으로 진행된다. 이후 발기설립에는 없지만 모집설립절차에서는 주주의 모집(ⅲ-1), 주식인수의 청약(ⅲ-2), 주식의 배정(ⅲ-3)의 절차가 진행된 후, ⅳ) 출자의 이행절차는 공통적으로 진행되고 모집설립절차에서 제3자인 주식인수인이 출자이행을 하지 않을 경우 실권절차(ⅳ-1)가 진행된다. 이후 절차는 발기·모집설립절차가 설립순서가 동일하지 않다. 먼저 발기설립절차에서는 ⅴ) 발기인이 이사·감사를 선임하고, ⅵ) 이사가 설립경과의 조사를 위해 검사인의 선임절차를 진행한다. 이와 달리 모집설립절차에서는 ⅴ) 발기인이 변태설립사항의 조사를 위해 검사인을 선임하고, ⅵ) 창립총회를 개최하여 이사·감사를 선임한다. 마지막으로, ⅶ) 발기인의 설립등기절차는 양 유형에 공통된 절차로서 설립등기가 완료하면 회사가 성립한다.

　　4) 형식상 모집설립 : 발기인이 주식 전부를 인수하는 발기설립이지만 인수절차가 타인명의로 진행된 모집설립절차(형식적 모집설립)는 유효한가? 판례는 명의자의 허락을 얻지 않는 **명의모용**에 의한 형식상 모집설립에 관해, 발기인이 주식모집 전에 주식의 대부분을 인수하고 형식상 일반 공중으로부터 주식을 모집함에 있어, 발기인이 타인의 명의를 모용하여 주식을 인수하였다면 명의모용자가 주식인수인이라 할 것이어서 결국 주식 전부를 발기인이 인수한 결과가 된다 할 것이므로 회사의 설립을 발기설립으로 보고, 정관의 작성, 검사인의 조사보고 등 발기설립의 절차를 전혀 밟지 아니하여 무효라고 판단하였다(91다31494). 하지만 **명의대여**에 의한 형식상 모집설립의 경우라면, 타인명의의 주식인수도 유효하므

로 모집설립절차의 형식의 선택도 유효하다고 본다. 특히 2017년 전원합의체 판결(2015다248342)에 의하면 타인명의로 인수된 주식도 회사와의 관계에서는 타인의 주식으로 간주되므로 명의대여 형식상 모집설립을 발기설립의 탈법적 형태로서 명의모용과 같이 무효로 보기는 어렵다고 본다.

제 3 절   정관 작성

1. 정관의 의의

(1) 개 념

1) **자치법규** : 회사가 제정한 자치법규로서 회사의 조직 및 활동에 관한 단체법상의 근본규칙을 의미한다. 정관의 법적 성질을 계약으로 이해하는 견해도 있지만, 회사설립행위는 사단법인 설립이라는 합동행위이고 설립시 회사의 기관·자본구조가 정해지는 정관은 사단(회사)의 자치법규로 이해하는 것이 타당하다고 보며, 판례도 정관을 자치법규로 이해한다(99다12437). 정관은 회사 관계자의 법률관계에 막대한 영향을 미치므로 그 진정성 확보를 위해 회사설립시에 작성하는 원시정관에는 발기인 전원의 기명날인·서명(상289.1), 공증인의 인증(상292)이 요구된다. 자본금총액이 10억원 미만인 소규모회사가 원시정관(상292)을 제정하거나, 통상 회사라 하더라도 설립 후 정관을 변경할 경우에는 공증인의 인증이 불필요하다. 정관은 자치법규의 성질을 가져 그 내용이 법령의 강행법규에 반하지 않는 한 발기인뿐만 아니라 회사의 주주 및 기관을 구속하는 효력(**구성원에 대한 구속력**)이 있고, 그 구속력은 이를 작성한 사원뿐만 아니라 그 후에 가입한 사원이나 사단법인의 기관 등에도 미친다. 하지만 정관에 제3자에 관한 규정이 존재하더라도 **제3자에 대한 효력**은 가지지 않는다. 정관의 기재사항은 절대적 기재사항, 상대적 기재사항, 임의적 기재사항 등으로 구분된다.

2) **정관의 해석** : 정관 규정의 의미가 모호할 경우 그 해석을 구성원(주주)들의 총의를 물어 확정할 수 있는가? 정관을 계약으로 볼 경우 당사자의 의사는 정관 내용의 해석에 중요한 기준이 될 수 있지만 자치법규로 볼 경우 당사자의 의사를 기준으로 해석하는 것은 적절하지 않다. 판례도 보궐선거로 사단법인의 회장

을 선출함에 있어 정관상 중임제한규정의 해석이 문제된 사건에서, 사단법인의 정관의 자치법규적 성질에 따라 객관적인 기준에 따라 그 규범적인 의미 내용을 확정하는 법규해석의 방법으로 해석되어야 하고 작성자의 주관이나 해석 당시의 사원의 다수결에 의한 방법으로 자의적으로 해석될 수는 없어, 사원총회의 결의에 의한 해석은 그 사단법인의 구성원인 사원들이나 법원을 구속하는 효력이 없다고 보았다(99다12437).

3) **작성 시점** : ① **원시정관** – 회사설립절차에서 발기인에 의해 작성되는 정관을 원시정관이라 하는데, 정관의 절대적 기재사항(상289)들은 설립절차의 개시시점에 원시정관에 정해질 수 있다. 하지만 상대적 기재사항(예, 설립비용)들 대부분은 회사설립절차가 상당부분 진행되어야 확정되는 내용들이어서 설립절차 개시시점에 상대적 기재사항의 기재, 공증인의 인증절차 등 정관작성절차가 완결될 수 없다. 따라서 정관의 개요가 정해지고 설립절차를 진행하면서 발생한 설립비용, 현물출자, 재산인수 등을 기재한 후 발기인이 확인하고 공증을 받게 된다. 이렇게 볼 때 설립절차에서 정관작성이란 공증인의 인증까지 받은 정관을 의미하는 것이 아니라 정관의 절대적 기재사항이 기재되고 이를 확정하는 의미에서 발기인의 기명날인·서명이 이뤄지는 것을 의미한다.

② **정관 변경** – 정관은 자치법규이므로 원시정관에 의해 회사가 설립된 이후 언제든지 주주에 의해 변경될 수 있다. 즉 회사 설립 이후 정관은 주주총회의 특별결의에 의해 변경될 수 있고(상433,434), 새로운 구성원들도 회사법의 강행법규의 범위 내에서 자신들의 이익을 위해 정관을 변경할 수 있다. 정관을 변경함에 있어 원시정관에 포함된 정관의 절대적 기재사항도 변경할 수 있어 회사법 등에 반하지 않는 이상 제한이 없지만 절대적 기재사항을 삭제할 수는 없다. 회사 설립 중 정관의 변경에 관해서는 특별한 절차가 없는데 공증을 거쳐 설립등기 전까지는 설사 정관을 확정하였다 하더라도 발기인의 합의만 있으면 이를 변경할 수 있다고 본다. 이때 발기인의 합의는 정관에 발기인의 인적사항이 기재되어(상290.1.8호) 발기인의 책임이 발생하고(상321–323) 주식발행사항의 결정을 위해서는 발기인의 전원 동의가 요구된다는 점(상291.1)을 고려할 때 발기인이 전원 동의가 요구된다고 본다.

(2) 정관자치

1) 의 의 : 개인은 사적자치의 원칙에 따라 자유롭게 계약을 체결하고 자신이 체결한 계약에 구속된다. 회사도 개인과 유사하게 사적자치의 원칙에 따라 타인과 자유롭게 계약을 체결할 수 있는가? 회사의 사적차치는 회사가 거래상 계약을 자유롭게 체결할 수 있다는 점에서 자연인과 동일하다. 하지만 회사 내부관계에서 사적자치의 원칙은 단순히 계약자유의 원칙에 그치지 않고, 정관자치가 허용될 경우 정관으로 자유롭게 내부관계를 형성할 수 있어 회사의 자본구조를 다양화하고 지배구조 등을 탄력적으로 유지할 수 있게 된다. **회사의 자율성**의 관점에서 보면 정관자치를 허용하여 회사의 자유로운 이익추구를 허용함으로써 **시장경제의 효율성**을 증진시킬 필요가 있다.

2) 한 계 : ① 단체성 – 회사의 내부적 법률관계에서 모든 사원은 지분에 따라 평등하여야 하지만, 평등한 법률관계를 이유로 정관자치에 한계가 있다고 보기는 어렵다. 하지만 회사의 내부적 법률관계(예, 주총결의, 주식의 효력, 회사소송의 효과 등)가 구성원에 따라 다르게 형성될 수 있다면 회사를 중심으로 한 법률관계는 극도의 혼란(예, 결의의 하자, 주식효력의 불일치, 법률관계의 불일치 등)에 빠질 수 있다. 따라서 다수의 사원으로 구성되는 회사는 내부적 법률관계에서 일정한 사항에 관해 본질적으로 각 구성원에 동등한 효과가 발생함이 요구되는 특성(**단체성**)이 요구되어 회사의 외부관계에서 허용되는 사적자치가 내부관계에서 제한될 필요가 있고, 이런 이유에서 정관자치도 **회사법률관계의 안정**을 위해 제한된다(다수결의 원칙, 제한 등). 회사의 단체성이라는 본질로 인해 회사를 규율하는 회사법은 회사의 법률관계에서 계약에 의한 자율적 법률관계 형성을 부인하고 구성원에게 획일적 법률관계(획일성)을 요구하는 경우가 있으며(예, 결의요건, 주식무효주장의 제한. 판결의 대세효 등), 이는 회사법의 강행법규성의 하나의 근거가 된다.

② 강행법규성 – 회사의 단체성은 정관자치의 한계의 논거가 될 뿐만 아니라 이는 회사법의 강행법규성으로 나타나 정관자치를 제한한다. 주식회사는 그 단체성이라는 본질과 **법인특권**(명의·책임분리, 타인재산수탁)에 따라 회사 경영자의 사익추구의 위험으로부터 소수주주, 채권자 등의 보호를 위해 **강행법규**가 요구되어 정관자치가 제한된다. 이를 구체적으로 보면, 주식회사의 설립절차·자본구조는 회사 채권자를 보호하기 위해 엄격하게 관리되어야 하고, 주식회사의 지배구

조도 소수주주의 보호를 위해 정관자치를 제한할 수밖에 없다. 요컨대 주식회사의 자율성은 원칙적으로 정관자치를 허용하지만 회사법의 강행법규성의 범위 내에서만 허용된다고 본다.

　③ **소규모회사** – 정관자치의 허용과 허용범위는 회사의 자율성에 따른 효율성과 회사의 단체성에 따른 법률관계의 안정, 소수주주·회사채권자의 보호라는 대립되는 이익관계에서 결정된다고 볼 수 있다, 대규모회사 특히 상장회사는 현재의 구성원뿐만 아니라 잠재적 구성원(주식시장의 투자수요)까지 보호할 필요가 있어 정관자치는 더욱 제한된다. 하지만 **소규모 폐쇄회사**에서는 회사법률관계의 안정이라는 회사법의 본질을 침해하지 않는 이상 구성원 보호, 대외적 신용의 요구가 상대적으로 약하고, 오히려 회사의 자율적 경영에 따른 효율성이 더 존중될 필요가 있으므로 정관자치가 더 넓은 범위에서 요구된다. 하지만 회사법의 강행법규적 성질을 고려할 때, 회사법의 해석보다는 입법론적으로 검토함이 타당하다고 본다(예, 주식양도제한, 상335.1).

　3) 정관자치의 범위 : ① **회사법상 허용** – 회사의 단체성, 법인성으로 인해 회사법은 원칙적으로 강행법규성을 가진다. 정관자치가 허용되는 사항은 회사법에 규정될 이유가 없고 정관자치에 맡겨져야 하지만, 회사법이 정하고 있는 원칙에 대해 정관상 예외를 허용할 필요가 있는 경우에는 입법적으로 정관자치를 규정할 필요가 있다. 요컨대 회사법상 정관자치는 원칙적으로 허용되지 않지만 입법적으로 허용하고 있는 경우가 다수 있는데 그 중요한 예는 다음과 같다. 주식양도제한(상335.1), 종류주식의 발행(상344.2), 주주총회의 권한(상361), 이사·집행임원의 보수(상388,408의2.3.6호), 감사위원회 설치(상415), 신주의 제3자배정(상418.2) 등이 있다.

　② **해석상 허용** – 강행법규인 회사법 규정에 관해 정관 등에 의한 예외가 허용되지 않는데 해석상 임의규정화 하는 것이 허용되는가? 회사법은 강행법규로 구성되어 있고 그 예외는 입법이 허용하는 범위 내에서 정관 규정에 의해 가능하다. 그리고 해석상 임의규정으로 해석될 사항이라면 회사법에 규정될 이유가 없는 사항이라 볼 수 있다. 생각건대 절차규정이나 요건규정 등은 해석의 여지가 없지 않으나(예, 주권기재사항, 1인주주에 의한 주총결의 대체 등), 회사행위의 효력에 관한 규정은 회사법의 명문 규정과 달리 해석할 수는 없다고 본다. 예컨대 대표이사가 이사회결의 없이 회사행위를 한 경우 회사법이 그 효력을 정하고 있지

는 않고 있어 전단적 대표행위를 유효로 해석할 여지는 있다. 하지만 주주명부의 효력을 대항력으로 정하고 있는 회사법 규정(상337)에도 불구하고 해석상 확정력을 부여하는 것은 허용되지 않는다고 볼 때, 형식주주의 권한행사에 관한 판결(2015다248342)의 타당성에 의문이 있다.

③ **입법의 흠결** – 회사법은 회사의 조직과 운영에 관해 대부분의 규정을 두고 있지만 회사법의 흠결도 여러 군데에서 발견된다. 회사법의 흠결이 있을 경우 정관자치는 항상 허용되는가? 회사법은 회사의 조직과 활동에 관해 영리성, 단체성, 법인성, 사회성에 따라 규율이 요구되는 사항을 강행법규로 규율하고 있으므로, 기타 사항은 입법자가 규율이 요구되지 않는 자율적 사항으로 판단한 것으로 볼 여지가 있어 정관자치가 허용된다고 할 수 있다. 하지만 회사법의 흠결이 있더라도 **회사의 특성(영리·단체·법인·사회성)**에는 변함이 없으므로 이러한 특성을 유지하는데 필요하다면 회사법의 규정의 유추해석에 의한 보완이 선행될 필요가 있다. 예컨대 설립단계에 회사의 대표이사 선임에 관한 규정은 없지만 대표이사의 인적사항은 등기사항으로 되어 있어(상317.1.9호), 이는 입법의 흠결로 판단된다. 이 경우에도 회사의 단체성과 법인성을 고려할 때 '의사결정기구의 결의에 의한 대표선임'이라는 원칙에 따른 유추해석이 요구된다.

2. 절대적 기재사항

(1) 개 념

정관에 반드시 기재하여야 하고 기재가 누락될 경우 정관이 무효로 되어 결과적으로 회사의 설립이 무효가 될 수 있는 기재사항을 정관의 **절대적 기재사항**이라 한다. 절대적 기재사항은 정관에 기재되지 않아도 정관의 효력에는 영향을 미치지 못하는 상대적 기재사항, 임의적 기재사항 등과는 구별된다. 상법은 정관의 절대적 기재사항으로 8가지를 열거하고 있는데(상289.1), 회사의 동일성, 자본, 영업사항, 설립책임자 등으로 유형화하여 검토한다.

[비교법] 미국법에서는 설립정관(원시정관, articles of incorporation, charter)을 제출하는 것이 설립절차이므로 정관의 기재사항(상289)과 설립등기사항(상317)의 구별이 없다. MBCA 2.02는 정관기재사항으로 상호, 발행예정주식총수, 최초 등록사무소의 주소와 등록대리인(registered agent)의 성명, 발기인(incorporator)의 성명·주소 등 4가지 사항을 절대적 기재사항으로 정하고 있다. 그밖에 상대적 기재사항으로 이사 성명과 주

소, 회사의 목적(purpose), 영업경영·업무관리, 회사·이사회·주주의 권한(powers of corporation——)의 설정·제한·규제, 액면가·종류주식, 회사채무한도, 회사채무에 대한 주주 개인책임의 조건·한도, 회사·주주에 대한 이사의 책임(liability)의 면제·제한, 이사의 의무적 배상책임(obligatory indemnification)의 부과 등을 정하고 있다.

(2) 회사의 동일성

1) **회사의 목적** : 절대적 기재사항에는 우선 회사의 동일성을 인식할 수 있는 요소로서 ⅰ) 목적, ⅱ) 상호를 기재하여야 한다. 회사의 **목적**이 정관의 절대적 기재사항으로 규정되어 있는데, 여기서 회사의 목적은 단순한 '영리목적'을 의미하는 것이 아니라 회사가 영업할 '영리업종'을 구체적으로 기재하여야 한다고 본다. 회사가 정관에 기재된 구체적 영리업종에 구속되는가? 이에 관해서는 회사의 권리능력과 관련되어 논의가 있음을 앞서 보았으며, 제한긍정설에 따를 경우 회사의 목적은 회사의 권리능력을 결정하여 회사행위의 효과에 영향을 미치는 매우 중요한 사항이 된다. 하지만 통설인 제한부정설에 따를 경우 목적은 이사에 대한 손해배상청구권이나 해임, 정관에 위반하는 행위에 대한 유지청구권 등을 행사함에 있어서 의의를 가질 뿐이고 회사행위의 효과에는 영향을 미치지 않게 된다.

2) **상 호** : 회사의 **상호**도 정관의 절대적 기재사항이다. 상호란 회사의 동일성을 식별하기 위해 거래상 요구되는 회사의 명칭을 의미한다. 상호 선정은 자유롭지만 회사는 회사의 종류를 명시하여야 하므로 주식회사의 경우 상호 중에 주식회사라는 문자를 반드시 사용하여야 하는데(상19), 주식회사를 의미하는 문자('(주)')의 사용도 허용되고 회사의 고유명칭 앞에 주식회사라는 문자가 놓여도 된다고 본다. 그밖에 은행·신탁·보험·증권 등의 사업을 운영하는 주식회사는 회사의 상호 중에 그 업종도 표시될 것이 특별법상 요구된다. 회사의 상호는 일반 상인의 상호와 동일하게 상호사용권, 상호전용권(상23)에 의해 보호되고, 일반 상호와 달리 회사의 설립등기 등을 통해 상호의 등기가 요구된다.

(3) 자 본

1) **발행예정주식총수** : 회사의 자본금액에 대한 공시로서, ⅲ) 회사가 발행할 주식의 총수, ⅳ) 1주의 금액(액면금액), ⅴ) 회사의 설립시에 발행하는 주식의 총수를 기재하여야 한다. 우리 상법은 수권자본제도를 도입하여 회사가 설립시 발행하는 주식의 총수(설립시발행주식총수, **발행자본**) 외에 회사가 장래 발행할 주

식의 총수(발행예정주식총수, **수권자본**)를 기재하여야 한다. 수권자본 중 발행자본이 되지 않은 부분은 회사설립 후에 이사회결의에 의해 신주발행을 할 수 있게 되며, 수권·발행자본간의 비율에 관한 제한을 삭제하여 자유롭게 수권자본을 정할 수 있게 되었다. 수권자본은 정관변경절차(주총의 특별결의)를 거치는 한 얼마든지 증액이 가능하며 한도를 법정하고 있지 않다.

　2) **액면금액** : 액면금액이란 1주의 발행가액 중 자본금에 편입되는 금액을 의미하는데, 이는 정관의 절대적 기재사항이다. 액면금액은 100원 이상으로 균일하여야 하는데(상329.3,4), 액면금액은 액면주식을 발행하는 경우에만 기재하여야 하고 무액면주식을 발행할 경우에는 액면금액이 있을 수 없으므로 기재할 필요가 없다. 회사가 무액면주식을 발행할 경우 **자본금계상금액**을 정하여야 하는데 그 기능은 액면금액과 유사하게 자본금 형성에 기여한다. 무액면주식 1주당 자본금계상금액도 역시 100원 이상이어야 하는가? 이에 관한 규정은 없지만 액면주식의 최저액면금액은 무액면주식의 최저 자본금계상금액에 유추된다고 본다.

　3) **설립시 발행주식총수** : 회사의 정관에 회사설립시 발행주식총수를 기재함으로써 액면주식과 함께 회사의 자본금액(설립자본금액)이 정관에 나타난다. 하지만 설립시 발행주식총수는 회사 설립 이후 자본금의 증액(증자)이 이뤄질 경우 특별한 의미를 가지지 못하게 되고 회사의 현재의 자본금은 정관에 공시되지 않게 된다. 회사의 현재의 자본금액은 등기사항이므로(상426), 회사 증자시 정관변경은 요구되지 않고 변경등기만 요구될 뿐이다.

(4) 영업상 중요사항

　1) **본점소재지** : 정관에는 주식회사의 영업상으로 중요한 최소한의 사항이 기재되어야 하는데, vi) 본점소재지, vii) 회사가 공고를 하는 방법 등이 그에 해당한다. 회사의 전 영업을 통괄하는 주된 영업소로서 **본점의 소재지**를 정관에 기재하도록 되어 있는데, 이는 본점이 있는 곳의 최소행정구역(예: 종로구·일산시)만 표시하면 족하다. 회사의 본점소재지는 회사의 주소로 간주된다(상171). 회사의 본점은 지점과 함께 영업소에 해당하고 기업의 영업활동의 중심이 되는 장소로서 독립성·계속성·고정성을 갖추어야 한다고 본다. 회사의 본점의 소재지는 회사의 설립등기를 포함한 관할등기소와 소송관할법원을 결정하고 소송서류 송달장소가

되며, 영업채무의 변제장소가 된다. 이렇게 볼 때 본점은 등기·소송의 관할지를 결정하는 형식적 개념이라 할 수 있고 본점이 반드시 회사 전 영업의 중심지여야 하는 것은 아니므로 본점 이외의 장소에 실질적 영업의 중심지를 두고 활용하더 라도 무방하다고 본다.

2) **공고방법** : 회사는 회사법의 공시주의 이념에 따라 예컨대, 주식병합시 주권 제출(상440), 대차대조표(상449.3) 등 일정사항을 공고할 필요가 있는바, **공고방법** 으로 이를 게재할 관보 또는 일간신문을 특정해야 한다(상289.3). 다만 회사는 공 고를 정관으로 정하는 바에 따라 전자적 방법으로 할 수 있는데(**전자식 공고**), 이 경우 회사는 대통령령으로 정하는 기간까지 계속 공고한다. 특히 재무제표의 전자 식 공고기간은 2년(상450)이며, 공고기간 이후에도 누구나 그 내용을 열람할 수 있 도록 하여야 한다(상289.3,4). 전자식 공고시 그 게시기간·내용에 대한 증명책임을 회사가 부담하며, 회사의 인터넷 홈페이지에 게재하고 인터넷 홈페이지 주소의 등 기 등(시행6.1,2) 대통령령으로 공고에 필요한 사항을 정한다(상289.5,6).

[비교법] 우리 회사법은 본점 소재지를 정관의 기재사항으로 정하고 본점소재지에서의 설립등기를 회사 성립의 요건으로 정하며(상172), 회사의 주소는 본점소재지로 간주한 다(상171). 일본 회사법도 회사 주소를 본점의 소재지로 간주하고(일회4), 정관에 본점 소재지를 규정하도록 하고 있다(일회27.3호). 독일 주식법은 본점이라는 용어를 사용하 지 않고 회사의 소재지는 정관이 정하는 국내의 장소로 정하고 있으며(독주5), 주식회 사의 정관에는 회사의 소재지를 규정하도록 하고 있다(독주23.3.1호). MBCA는 회사의 주소 대신 정관에 회사의 최초의 등록사무소의 주소 및 그 사무소의 최초의 등록대리인 의 성명을 기재하도록 하고 있다(제2.02(3)). DGCL도 MBCA와 유사하게 정관에 델라웨 어에 소재한 회사의 등록사무소의 주소(카운티, 시, 가, 번지를 포함한다) 및 그 주소에 있는 등록 대리인의 성명을 기재하도록 하고 있다(DGCL1.02(a)). 그러면서 DGCL은 등 록사무소에 관해 모든 회사는 주내에 이를 두고 계속하여 유지하도록 하면서. 등록사무 소는 회사의 영업장소와 같은 장소에 있을 수 있으나 같은 장소에 있을 필요는 없 다고 정하면서(DGCL131(a)), 주내의 본점(corporation's principal office), 영업점(place of business)을 등록사무소와 동일한 의미로 보고 있다(DGCL131). 한국과 일본은 본점 개념을, 독일은 정관 기재장소로, 미국은 등록사무소를 중심으로 회사의 주소가 결정되고 모두 정 관의 기재사항으로 정하고 있다.

(5) 설립책임자

1) **인적사항** : 회사의 설립단계에서 설립등기 성공여부와 무관하게 설립절차

에 관하여 발생하는 모든 책임의 일차적 부담자가 요구된다. 회사법은 이를 발기인으로 보고, 발기인의 인적 사항, 즉 ⅷ) 발기인의 성명·주민등록번호·주소를 정관의 절대적 기재사항으로 규정하고 있다. 정관에 기재되는 발기인의 인적사항으로는 발기인의 성명, 주민등록번호, 주소 등이고, 발기인의 기명날인·서명은 별도로 정하고 있다.

2) **기명날인·서명** : 8가지의 정관 절대적 기재사항과 함께 발기인이 정관작성에 관해 책임을 부담한다는 것을 확인하는 취지에서 회사법은 정관에 발기인의 기명날인·서명을 요구한다. 발기인은 설립중의 회사의 업무집행기관으로서 회사설립사무를 담당하는 중요한 지위에 있으므로, 회사가 설립한 경우에도 주식회사의 이사와 유사하게 회사·제3자에 대한 손해배상책임을 부담하고 자본에 일정한 흠결이 발생한 경우 자본충실책임을 부담한다(상321,322,323). 뿐만 아니라 회사가 불성립한 경우에 발생하는 손해에 관해서도 발기인의 법정책임을 부담하므로(상326), 회사법은 발기인의 인적사항을 정관에 공시하도록 할 뿐만 아니라 정관작성에 대한 책임을 확정하기 위해 정관에 발기인의 기명날인·서명을 하도록 하고 있다.

3. 상대적 기재사항

(1) 의 의

1) **개 념** : 정관의 절대적 기재사항은 아니어서 기재되지 않아도 정관은 유효하지만, 그 내용이 정관에 기재되어야만 기재내용 자체가 효력을 가질 수 있어 정관에의 기재(공시)가 요구되는 사항을 정관의 상대적 기재사항이라 한다. 상대적 기재사항은 일종의 계약자유(방식의 자유)의 제한의 성질을 가지며, 정관에의 공시를 효력발생의 요건으로 하는데 변태설립사항도 그 중 하나이다. 회사법은 건전한 자본형성과 관련되는 사항을 계약자유의 원칙에 맡기지 않고 정관에 공시되도록 함으로써 제3의 투자자의 회사에 대한 신뢰를 보호한다. 회사법은 설립 단계에서 변태설립사항 4가지 사항 이외에도 정관에 기재하여야 그 내용이 효력을 가지는 상대적 기재사항(예, 주식양도제한:상335.1, 종류주식:344)을 다수 법정하고 있다.

[비교법] 변태설립사항에 관한 각국의 입법례를 보면, 일본 회사법은 변태설립사항이라 표현을 사용하지 않고 상대적 기재사항으로서 현물출자(금전이 아닌 재산을 출자하는 자의 성명), 재산인수(주식회사 설립 후 양도받기로 약속한 재산 및 그 가액 등), 발기인의 보수·특별이익, 설립비용(인증 수수료 등 제외)을 규정하고 있다(일회28). 독일 주식법은 발기인에 한정하지 않고 주주·제3자에 주어지는 특별이익·보수, 설립비용(독주26.1,2) 등은 상대적 기재사항으로 정하고(독주26.3), 현물출자, 재산인수 등은 정관에 기재하도록 하고 있지만(독주27.1) 해석상 절대적 기재사항이 아닌 상대적 기재사항과 유사하게 해석되고, 단순한 기재사항의 효력이 아니라 기재의무를 부과하고 있어 발기인의 책임과도 관련될 여지가 있다고 본다.

2) **변태설립사항** : ① 원 칙 – 변태설립사항이란 통상적인 설립절차(단순설립)와 구별되는 설립절차(변태설립)로서, 자본충실을 해할 수 있는 설립절차이다. 변태설립사항에 대한 회사법상의 규율을 보면, 먼저 ⅰ) 공시주의에 따라 정관의 상대적 기재사항(상295), 주식청약서에의 기재사항(상302.2 2호)이고, ⅱ) 원칙적으로 법원에 검사인의 선임청구, 조사대상이고 부당한 경우 법원(모집설립시 창립총회)이 변경할 수 있으며(상299조의2,314.1), ⅲ) 발기인이 임무해태로 변태설립사항에 관해 부실이 발생할 경우 발기인은 회사나 제3자의 손해에 관해 배상책임을 부담한다(상322).

② 예 외 – 변태설립사항이 소규모(자본금 1/5 이하)이거나 거래소 시세 있는 소규모 유가증권의 현물출자·재산인수인 경우 검사인 선임조사가 면제되고, 변태설립사항의 검사가 공증·감증제도에 의해 대체할 수 있다. 즉 발기인의 특별이익, 설립비용(상290.1호,4호)은 공증인의 조사보고로 갈음할 수 있고, 현물출자와 재산인수(상290.2,3호), 현물출자의 이행(상295)은 공인된 감정인의 감정으로 갈음할 수 있어(상299의2), 동 절차를 활용할 경우 검사인의 선임이 요구되지 않는다.

[입법론] 검사인의 선임·조사절차는 발기설립뿐만 아니라 모집설립절차에서도 준용되는데, 상법 제310조는 발기설립절차에서 검사인조사의 예외사유인 상법 제299조를 준용하고 있지 않아(상310.3) 문리해석상 모집설립의 경우에는 소규모 재산 또는 소규모 유가증권의 현물출자·재산인수에도 검사인의 선임·조사(또는·공증감정에 의한 대체)가 요구되는 것으로 해석된다. 이는 공증·감정에 의한 대체가 용이하므로 모집설립절차에는 모든 현물출자·재산인수의 감정을 받도록 한 것으로 이해할 수도 있지만, 모집설립의 경우 발기설립과 달리 규율할 필요가 있는지 의문이며 오히려 모집설립의 경우 발기인 이외의 자가 설립에 참여하고 정관에 공시되어야 하므로 소규모 현물출자·재산

인수의 적절성을 감시할 수 있다는 점에서 달리 규정한 취지를 이해하기 어렵다. 입법의 오류로 판단되어 모집설립절차에서도 소규모 재산·유가증권의 현물출자·재산인수에 검사인 선임·조사를 면제시키도록 상법 제310조 3항에 상법 제299조를 준용하도록 개정할 필요가 있다.

(2) 발기인의 특별이익

1) **개 념** : 발기인이 받을 특별이익이란 발기인이 회사의 설립업무를 담당하고 그 책임을 부담하는 등의 위험인수에 대한 보상으로 해석된다. 회사가 발기인에게 이익배당·잔여재산분배·신주발행시 우선권을 부여한다든지 회사설비를 무상 이용할 수 있게 하고, 제품을 할인가격으로 구매할 수 있게 하는 등의 이익이 특별이익을 부여하는 것을 허용하면서도, 이를 위해 정관에 특별이익·수령인을 기재할 것을 요구하고 있다. 그런데 발기인에 지급되는 특별이익은 설립사무 담당자인 발기인이 자신에게 부여하는 것이므로 자기거래적 성질을 가져, 회사법은 이를 변태설립사항으로 규정하고 반드시 정관에 기재하게 함으로써 발기인의 부당한 규모의 이익취득을 규제하고 있다. 특별이익을 받을 자는 발기인에 제한되고 특별이익의 제3자 제공을 원시정관에 기재하는 것은 허용되지 않는다고 본다.

2) **법적 성질** : 정관에 의해 발기인에게 부여된 특별이익의 법적 성질은 회사에 대한 채권적 권리로서 회사의 성립을 조건으로 효력이 발생하고 회사법이 허용하는 범위 내에서만 가능하다. 따라서 자본충실의 원칙에 반하는 이익, 예컨대 주식에 대한 납입의무의 면제, 무상주교부 등의 이익은 허용되지 않고 정관에 기재되더라도 무효이다. 조건부 채권적 권리인 발기인의 특별이익은 회사 설립 전에 타인에게 이전될 수 있는가? 이에 관해 주식인수인의 권리 즉 권리주의 양도 제한(상319)과 같은 금지조항이 없고, 권리의 성질상 양도될 경우 회사의 설립절차에 영향을 주는 권리가 아닌 이상 회사 성립 후에는 물론 성립 전에도 채권양도 방식으로 제3자에게 양도가 허용된다고 본다. 회사는 이미 부여된 특별이익에 관해 정관을 개정하여 이를 박탈할 수 있지만, 수익자인 발기인이었던 주주 또는 그 특별이익 양수인의 동의가 있어야 특별이익을 중단할 수 있다고 본다.

3) **보수와 구별** : 발기인의 특별이익과 발기인의 보수액(상290.4호)은 어떤 관계에 있는가? 보수액은 발기인의 근로에 대한 대가이고 특별이익은 위험에 대한 보상이어서 개념상 구별될 수는 있지만, 발기인이 회사 설립절차 중 회사로부터

받는 재산상 이익인 점에서는 동일하다. 금전적으로 평가되는 보수와 달리 특별 이익은 유무형의 이익이 포함될 수 있다. 발기인에게 부여되는 특별이익이 부당 할 경우 검사인의 검사를 거쳐 법원이 변경처분을 할 수 있는데, 변경되지 않은 특별이익을 회사가 설립 이후에 변경할 수 있는가? 회사는 발기인의 특별이익은 원시정관의 기재사항이긴 하지만 정관변경절차를 거쳐 특별이익을 변경할 수 있 다는 점에서 발기인의 보수와 구별된다고 본다. 발기인의 보수는 발기인의 근로 에 대한 대가여서 발기인과 설립중의 회사간의 계약에 근거하고 정관에의 기재는 공시의 의미만 가지지만, 발기인의 특별이익은 근로에 대한 대가의 성질을 가지 지 않고 발기인의 위험인수에 대한 회사의 일방적 보상이어서 정관에의 기재를 통해 공시될 뿐만 아니라 특별이익의 부여가 확정된다고 본다.

(3) 현물출자

1) **의 의** : ① **개 념** – 현물출자란 금전 이외의 재산을 목적으로 하는 출자를 의미하며, 금전출자에 대비되는 개념이다. 회사 설립 시 현물출자에 관해, 현물출 자자의 성명과 출자재산의 종류·수량·가격과 그 대가로 부여되는 주식의 종류· 수가 정관에 기재되어야 한다. 출자재산의 종류라 함은 출자재산(부동산, 동산, 유가증권 등)을 특정할 수 있는 정보를 의미하고 출자재산의 수량이란 출자재산 의 규모·분량(부동산·동산의 개수, 유가증권의 매수 등)이고, 출자재산의 가격은 출자재산을 평가한 금액을 의미한다, 특히 출자재산의 가격의 평가방법에 관해 회사법은 특별한 규정을 두지 않아 임의로 평가한 시장가액도 가능하다고 본다. 다만 평가금액의 공정성은 다른 변태설립사항과 같이 정관공시규제, 검사인조사, 발기인책임 등을 통해 보장될 수 있다고 본다. 현물출자가 정관의 상대적 기재사 항인 취지는, 정관공시를 통해 출자된 자산에 대한 과대평가를 방지(자본충실)하 여 회사의 대외적 신용확보(주주·회사채권자 보호)에 있다.

② **성 질** – 현물출자는 주식인수인과 설립중의 회사가 주식인수계약을 체결 하면서 주식인수의 대가로 금전이 아닌 현물을 약정한 것이다. 따라서 현물출자 는 금전출자를 현물로 대납하는 이른바 대물변제와는 구별되고, 주식인수계약에 서 주식배당의 대가가 금전이 아닌 현물로 지급한다는 내용의 특수한 주식인수계 약이다. 현물출자는 주식인수계약의 한 유형으로 볼 수 있고, 현물출자자는 발기 인으로 제한되지 않고 제3자도 현물출자가 가능하다.

2) **출자의 목적** : ① 범 위 - 현물출자의 목적은 금전 이외의 재산으로서 경제적 가치를 확정할 수 있고 양도가 가능하고 대차대조표의 자산으로 계상할 수 있는 재산이다. 동산·부동산·채권·유가증권·특허권·상호 등의 재산뿐만 아니라 영업의 전부 또는 일부, 재산적 가치 있는 사실관계도 현물출자의 목적이 될 수 있지만, 인적회사에서 허용되는 노무·신용출자는 주식회사에서 금지된다. 판례는 전환사채를 인수한 자는 아직 전환권 행사기간이 도래하지 않아 전환권을 행사할 수 없는 전환사채를 발행회사에 현물출자할 수 있다고 본다(2015두46239).

② 영업출자 - 영업도 현물출자(**영업출자**)할 수 있으며, 영업양도절차에 따라 각 영업용 재산의 이전행위가 요구된다. 상호속용의 영업출자시 상법 제42조가 적용되는가? **판례**는 영업을 출자하여 주식회사를 설립하고 그 상호를 계속 사용하는 경우에는, 영업의 양도는 아니지만 출자의 목적이 된 영업의 개념이 동일하고 법률행위에 의한 영업의 이전이란 점에서 영업의 양도와 유사하며 채권자의 입장에서 볼 때는 외형상의 양도와 출자를 구분하기 어려우므로, 새로 설립된 법인은 상법 제42조 1항의 규정의 유추적용에 의하여 출자자의 채무를 변제할 책임이 있다고 보았다(95다12231).

3) **출자의 이행** : ① 이행 방법 - 금전출자자는 납입기일에 금전을 납입장소에 지급하여야 하지만, 현물출자자는 납입기일에 지체 없이 출자의 목적인 재산을 인도하고, 등기·등록 기타 권리의 설정·이전을 요할 경우에는 이에 관한 서류를 완비하여 교부하여야 한다(상295.2,305.3). 현물출자의 목적이 동산인 경우에는 동산의 인도가 요구되고 출자의 목적이 부동산인 경우에는 명도와 함께 부동산의 등기·등록에 필요한 서류를 교부하여 설립중의 회사가 단독으로 이전등기·등록을 할 수 있게 하여야 한다. 금전출자를 불이행할 경우 발기인이 인수인이면 강제집행만 가능하지만 제3자가 인수인일 경우 실권절차가 진행될 수 있지만 현물출자의 경우 논란이 있다.

② 현물출자의 불이행 - 현물출자자가 현물출자를 이행하지 않을 경우 금전출자와 동일하게 실권절차가 적용되는가? 발기인이 현물출자자인 경우 실권에 의한 주주 모집이 불가능하므로 실권절차는 적용되지 않는다. 제3자가 현물출자자인 경우 현물출자를 불이행한 경우 논란의 여지는 있지만, 실권절차규정(상307)은 '납입하지 아니한'이라고 규정하고 있어 현물출자가 '이행되지'(상295.2) 않은 경우와 구별되어 문리해석상 적용되지 않는다고 본다. 그리고 현물출자는 출자목적물

이 특정되어 있어 대체성이 낮아 실권절차에 의한 대체가 금전출자만큼 용이하지 않을 뿐만 아니라 실권 후 금전출자로 대체시킬 경우 현물출자에 관한 정관의 부실기재가 생기게 되어 부적절하다. 요컨대 현물출자에는 출자자가 발기인인지 여부를 불문하고 실권절차를 적용하기 어렵고 채무불이행에 따른 강제집행의 대상이 된다고 본다.[64]

(4) 재산인수

1) **개 념** : 재산인수란 회사 성립을 조건으로 한 설립중의 회사의 일정한 재산매수계약을 의미한다. 재산인수는 대부분의 경우 설립행위가 아닌 개업준비행위로서의 성질을 가지고 있어 원칙적으로 발기인의 권한범위에 포함되지 않는다(전술함), 개업준비행위는 원칙적으로 발기인의 업무가 아니고 주식회사가 성립한 후 대표이사가 하여야 할 회사행위이다. 하지만 일정한 경우 회사 설립단계에서 중요한 재산의 매수가 필요할 수 있는데 이를 금지시키는 것은 성립 후 회사에 불이익할 수도 있다. 이러한 이유에서 원칙적으로 금지되는 개업준비행위의 하나이긴 하지만 재산인수를 정관에 공시한 경우에 그 효력을 인정하는 정관의 상대적 기재사항에 포함시켰다. 뿐만 아니라 현물출자를 정관의 상대적 기재사항으로 규정하여, 현물출자의 출자대상을 매수할 경우 현물출자의 과대평가 위험이 재산인수에서도 그대로 나타날 수 있기 때문에 현물출자에 대한 탈법을 금지하는 의미도 가지고 있다. 현물출자와 재산인수는 타인의 재산이 회사의 재산으로 귀속된다는 점에서 유사하여, 재산인수의 대상이 되는 재산도 현물출자와 동일하다고 본다.

2) **법적 성질** : 재산인수는 매매계약이다. 향후 성립회사가 체결할 계약에 대한 예약의 성질을 가진 것으로 볼 여지도 있지만, 설립중의 회사도 재산인수계약을 직접 체결할 수 있으므로 재산매수계약으로 이해함이 타당하다. 다만 설립중의 회사의 설립절차가 좌절될 경우 재산인수계약에 관해 발기인이 책임을 부담하는 것은 부적절하다고 볼 수 있으므로 회사법은 재산인수계약을 회사 성립을 조

---

64) 만일 현물출자가 이행되지 않은 상태에서 설립등기가 완료되었다면 발기인이 자본충실책임을 부담하는가? 이에 관해, 후술하는 바와 같이 학설이 대립되는데 발기인의 자본충실책임이 회사설립무효의 예외규정적 성질을 가지고 있음을 고려할 때 제한적으로 적용할 필요가 있어 부정설이 타당하다고 본다.

건으로 한 계약으로 하기 위해 '회사 설립 후에 양수할 것을 약정'으로 정하고 있다. 판례도 회사의 성립 후에 양수할 것을 약정한다 함은 이른바 재산인수로서 발기인이 회사의 성립을 조건으로 다른 발기인이나 주식인수인 또는 제3자로부터 일정한 재산을 매매의 형식으로 양수할 것을 약정하는 계약으로 본다(91다33087). 재산인수는 정관에 기재된 개업준비행위로서 그 효과는 성립한 회사에 대해서 발생하고 회사가 설립하지 못할 경우 계약은 효력을 상실하므로 회사의 설립을 조건으로 한다. 요컨대 재산인수는 설립중 회사의 **회사성립을 조건으로 하는 재산 매수계약**이다.

3) 재산인수의 정관불기재 : 정관에 기재되지 않은 재산인수계약은 회사는 물론 거래상대방에 대해서도 무효이며, 판례도 정관에 기재되지 않은 광업권 인수계약을 무효로 보았다(94다323). 회사의 설립단계에서 재산을 인수할 필요성이 있을 경우 발기인은 이를 정관에 기재하든지, 아니면 회사 성립 후에 이를 취득하여야 하며 일정한 규모 이상의 재산의 경우 사후설립 요건(상375)을 갖추어야 한다. 사후설립제도도 회사설립 전후에 회사의 지배구조가 안정화되기 전에 과다한 대가를 지급하고 재산을 취득하는 것을 방지하여 회사의 자본충실을 기하려는 제도로서 현물출자, 재산인수와 유사한 취지이다. 하지만 소규모의 재산(자본의 5% 미만 가액)이나 회사 성립 2년이 경과한 시점에 이후에 취득할 경우에는 통상적인 업무집행방법으로 재산을 취득할 수 있다(상375 반대해석). 다만 정관에 기재되지 않은 재산인수의 무효주장에 관해, 판례는 재산인수 이행 후 회사 경영에 관여한 후 15년이 지난 후에 재산인수의 무효주장은 신의성실의 원칙에 반하여 허용될 수 없다고 보았다(2013다88829 판결).

4) 무효인 재산인수의 추인 : 정관에 기재되지 않은 재산인수에 대해 성립 후 회사가 추인할 수 있는가?(쟁점15)[65] 이에 관해, 정관에 기재되지 않은 재산인수는

---

65) **정관불기재의 재산인수의 추인가능성(쟁점15)**에 관해, **추인긍정설**은 발기인이 권한 범위 외의 행위를 한 경우에도 성립회사는 주주총회의 특별결의로써 이를 추인할 수 있다고 보는데, 이는 재산인수는 출자에 해당하는 현물출자와 구별되고 사후설립과 유사하여 사후설립에 관한 규정이 유추적용될 수 있다고 본다(정찬형676; 이기수164, 정동윤114, 최준선136, 채이식409). **추인부정설**은 위법한 재산인수행위의 추인에 관해서는 실정법상 근거가 없을 뿐만 아니라 재산인수를 변태설립사항으로 규정한 상법 제290조의 취지를 무의미하게 한다는 점 등을 근거로 추인을 부정하며(이철송249), 그리고 개업준비행위는 설립중의 회사의 권리능력의 범위에 포함되지 않으므로 설립 후 회사의 승인에 의해서도

설립중의 회사의 권리능력의 범위 밖이므로[66] 설립 후 회사의 승인에 의해서도 치유될 수 없다고 보는 **추인부정설**, 이는 발기인의 무권대리행위로서 민법 제130조 이하의 규정에 의하여 추인할 수 있다고 보는 **추인긍정설** 등이 주장된다. **판례**는 정관에 기재가 없는 재산인수에 관해 무효라고 하면서 재산인수가 사후설립의 요건을 갖출 경우에 주주총회의 특별결의에 의한 추인을 인정한 듯하게 판시하였지만(91다33087), 동 판결도 재산인수의 추인이 아니라 사후설립에 관한 추인으로 이해된다.[67] 생각건대 대리행위의 본인의 이익보호만 문제되어 본인의 추인으로 하자는 완전하게 치유되는 무권대리와는 달리, 정관에 기재되지 않은 재산인수의 규제는 회사, 주주 보호뿐만 아니라 자본충실과 관련되어 회사채권자, 의결권 없는 주주 등의 이해관계와도 관련되는 강행법규이다. 따라서 이를 위반한 행위는 주주총회의 특별결의에 의한 추인만으로 하자가 완전하게 치유된다고 보기 어려워 추인을 부정하는 견해가 타당하다고 본다(추인부정설).

5) 재산인수 형식의 현물출자 : ① 현물출자·재산인수·사후설립의 구별 — 현물출자와 재산인수(상290.2호,3호)는 일정한 재산을 취득한다는 점에서는 동일하지만, 회사가 지급하는 현물출자의 대가는 주식이지만 재산인수의 반대급부가 금전인 점(98두7558), 현물출자는 회사의 설립단계에서 출자행위이므로 회사 설립 전에 효력이 발생하는데 반해 재산인수는 회사의 성립을 조건으로 하므로 설립단계에서 완전하게 효력이 발생하지 않는 점에서 구별된다. 그밖에 사후설립(상375)도 일정한 재산을 취득한다는 점에서 현물출자·재산인수와 유사하지만, 회사의 반대급부가 주식이 아니므로 현물출자와 구별되고 회사 설립단계에서 가능하지 않으

치유될 수 없다고 본다.

66) 설립중의 회사는 권리능력 없는 사단으로 이해되므로(통설) 권리능력의 부존재라는 사실을 제외하고는 사단법인에 관한 논의가 대체로 유추적용될 수 있다. 이렇게 볼 때 회사의 권리능력에 관해 무제한설(통설), 실질적 무제한설(판례)을 따를 경우 설립중의 회사의 목적이라 할 수 있는 '회사의 설립'이라는 개념을 근거로 설립행위의 범위를 정하는 것은 맞지 않다. 즉 정관에 기재되지 않은 재산인수라 하더라도 설립중의 회사의 권리능력 범위를 벗어났으므로 효력이 없다는 주장은 (실질적) 무제한설의 입장과 일치되지 않는 면이 있다. 따라서 정관에 기재되지 않은 재산인수의 효력문제는 설립중의 회사의 권리능력의 문제가 아니라 발기인의 권한의 범위 문제로 이해함이 적절하다고 본다.

67) 다만 동 판결은 주주총회의 특별결의에 의한 '추인'이라는 표현을 사용하고 있어 마치 무효한 재산인수의 추인으로 오해할 소지가 없지 않지만, 동 판결에서는 재산인수의 추인을 긍정한 원심을 받아들이고 있지 않으며 '사후설립에 해당하고 이에 대하여 주주총회 특별결의에 의한 추인'이라고 표현하고 있어 이는 '사후설립에 해당하는 계약을 체결한 후에 이뤄진 승인'이라는 의미로 '추인'이라는 용어를 사용하였다고 보아야 한다.

므로 현물출자·재산인수와 구별된다. 회사 설립단계에서 일정한 재산을 취득하는 과정에, 실질적 현물출자이지만 재산인수의 형식(반대급부로 주식을 직접 부여하지 않음)을 차용하였지만 재산인수의 유효요건을 갖추지 못한 경우, 회사 설립 후 사후설립의 절차를 거친다면 회사의 재산취득이 유효하게 되는가?

② **효 력** – '매매계약에 의한 현물출자약정' 즉 현물출자에 따른 번잡함을 피하기 위하여 당사자간의 매매계약에 의한 소유권이전등기의 방법으로 현물출자를 완성하기로 한 약정이 판례(91다33087,94다323)에서 문제된 바 있다. 현물출자나 재산인수는 반대급부가 구별되지만(주식/대금), 현물출자의 목적으로 매매계약의 형식을 취한 경우, 매도인은 주식이 아닌 대금을 지급받지만(재산인수의 형식) 나중에 다시 주식으로 상환되어(현물출자의 효과) 법적 성질의 모호하게 된다. 판례에서는 이를 정관에 기재되지 않은 재산인수로 무효로 보지만, 성립 후 회사가 위 매매계약에 대해 주총특별결의로 승인결의를 한 경우 이러한 절차가 재산인수의 추인이 아닌 사후설립의 요건을 충족하였다면 사후설립으로서 재산의 인수행위가 효력을 가질 수는 있다고 보았다(87다카1128).[68]

(5) 설립비용, 발기인의 보수

1) **개 념** : 설립비용이란 회사설립을 위한 행위를 수행하는데 소요된 비용을 의미하며, 예를 들어 정관·주식청약서의 인쇄비, 광고비, 통신비, 설립사무소 임차료, 급료, 창립총회비용 등이 이에 해당된다. 발기인의 보수란 회사의 설립을 위하여 발기인이 제공한 노무에 대한 보수로서, 이 역시 다른 변태설립사항과 유사하게 과다책정으로 인한 회사의 과중한 부담 발생을 막아 자본충실을 도모하려는 취지이다. 발기인의 보수는 발기인에 대한 특별이익과는 구별되며 정관 기재가 요구되므로 설립비용은 엄격하게 제한할 필요가 있다. 따라서 주권의 인쇄비용, 소송비용, 등록세 등은 설립비용에의 포함여부에 논란이 있을 수 있지만, 주권 발행, 소송 진행은 회사설립에 필수적인 절차(설립·준비행위)가 아니며 법인등기시 요구되는 등록세는 엄밀히 보면 등록한 회사(성립회사)의 비용이어서 설립비용에 포함시키기 어렵다고 보며, 개업준비비용(홈페이지 구축비용 등)

---

68) 동 판례는 甲과 乙회사 사이의 토지매매가 현물출자에 관한 상법상의 규제를 회피하기 위한 방편으로 행하여져 무효인지의 여부를 가리기 위하여는 그 매매행위가 회사의 성립 전에 발기인들에 의하여 이루어진 재산인수(상290.3호)인지 아니면 회사가 성립된 후에 회사의 대표이사에 의하여 이루어진 사후설립(상375)인지를 심리, 확정한 후에 그것이 유효요건을 갖추었는지 여부를 심리하여 그 유·무효를 판단하여야 한다고 판시하였다.

도 포함되지 않는다.

2) 설립비용의 부담 : 정관에 기재된 설립비용은 회사가 부담하고, 정관에 기재되지 않은 설립비용은 설사 회사설립의 목적으로 지출된 비용이라 하더라도 회사에 청구할 수 없다. 이는 회사의 부당이득이 되고, 회사법에 정관에 기재된 설립비용만이 설립비용으로 회사의 지급이 허용되므로 이익이 현존하는 범위 내에서 회사에 부당이득반환청구를 할 수 있다고 본다. 회사 설립단계에서는 납입자본금은 납입금보관은행에 보관되고 이를 설립비용의 지급을 이행할 수 없어 정관에 기재된 설립비용은 발기인이 체당하거나 성립회사가 이행할 수밖에 없다.[69] 발기인이 설립행위와 설립을 위한 행위를 하면서 발생한 비용을 발기인이 직접 지급한 경우는 설립중의 회사의 비용을 체당한 것이 되고, 이를 정관에 기재한 후 회사가 성립하면 정관의 기재된 범위 내에서 회사에 체당금 반환청구를 할 수 있다.

3) 설립비용채무 부담 : ① 쟁 점 – 만일 발기인이 설립비용을 체당하는 과정에 직접 지급하지 않고 채무를 부담하는 경우도 있을 수 있다. 채무 부담 주체는 설립중의 회사가 될 수 있으며 이는 회사가 설립되면 별도의 채무인수절차가 없더라도 성립회사의 채무가 된다. 그런데 설립중의 회사가 부담하였는데 정관에 기재되지 않은 경우, 또는 설립비용채무를 발기인이 부담하고 정관에 기재한 경우 설립비용채무의 부담주체는 누가인가?(쟁점16)[70] 발기인이 부담하고 정관기재 범위 내에서 회사에 대해 구상할 수 있다는 **발기인부담설**, 회사가 부담하고 정관 기재 범위 외에서 발기인에게 구상할 수 있다는 **회사부담설**, 설립비용에 관해 회

---

69) 설립중의 회사의 명의로 대출을 일으켜 설립경비로 사용하는 것도 생각할 수 있지만, 대출계약은 설립행위 또는 설립을 위한 행위로 보기 어려워 발기인의 권한 범위에 포함되지 않는다고 본다(설립준비행위설). 대출계약에 관해 성립회사는 이에 관한 채무를 부담하지 않고 발기인 개인채무가 되므로 대출계약이 성립하기 어렵다고 본다.
70) **설립비용의 부담**(쟁점16)에 관해, **발기인부담설**은 발기인이 지급하고 회사가 성립하면 정관에 기재된 범위 내에서 회사에 대하여 구상하여야 한다는 견해로서 자본충실을 논거로 하는 견해이다(최기원165). **회사부담설**은 설립비용은 회사가 부담하고 정관에 기재된 금액을 초과하는 경우 발기인에게 구상하여야 한다는 견해로서 거래상대방 보호를 논거로 한다(이철송249, 정동윤116, 정찬형642, 홍복기171). **회사·발기인 중첩부담설**은 설립비용에 관해 회사, 발기인이 중첩적으로 책임을 부담한다는 견해이고(손주찬560), **회사·발기인 분담설**은 정관기재가 된 설립비용은 회사가 부담하고 정관에 기재되지 않은 비용은 발기인이 부담하는 분담구조라는 견해이다.

사, 발기인이 중첩적으로 책임을 부담한다는 **회사·발기인 중첩부담설**, 정관기재 여부에 따라 회사와 발기인이 각각 분담하여야 한다는 **회사·발기인 분담설** 등이 주장된다. **판례**는 회사의 설립비용은 발기인이 설립중의 회사의 기관의 지위에서 회사설립을 위하여 지출한 비용으로서 원래 회사성립 후에는 회사가 부담하여야 한다고 본다(93마1916).

② **검 토** – 각 학설은 채무부담의 적법성, 채권의 효력에 관한 부분적 설명만 하고 있는데, 발기인과 (설립중의) 회사의 관계는 위임관계이고 발기인은 회사의 업무라 할 수 있는 회사설립업무를 담당한 자이므로 다음과 같이 해석할 수 있다고 본다. 첫째, 요건(발기인이 설립중의 회사의 명의로 지출한 정관기재의 설립비용)을 충족한 설립비용은 수임사무 처리과정에 발생한 설립비용으로서 그 부담의 주체는 당연히 위임인인 (설립중의) 회사가 되고 성립회사의 채무가 된다(회사부담설). 둘째, 발기인명의로 부담하였다면 설립중의 회사의 행위가 되지 않으므로 발기인의 채무가 되지만 설립비용이 정관에 기재된 경우라면 발기인은 동 채무를 성립회사에 이전하거나, 발기인이 그 채무를 변제하였다면 성립회사의 채무를 변제한 것이므로 성립회사에 구상할 수 있다고 본다. 셋째, 설립중의 회사가 부담한 설립비용채무 중 정관에 기재되지 않은 비용채무는 성립회사의 채무이지만 회사 채무로서 효력이 없으므로(상290.4호) 발기인이 채무변제의 책임을 부담하고 회사에 대해 이익이 현존하는 범위 내에서 부당이득반환청구를 할 수 있다고 본다.

(6) 기타 상대적 기재사항

변태설립사항 이외에 상대적 기재사항은 회사법에 산재되어 있는데, 예를 들면 주식의 양도제한(상335.1단서), 수종의 주식발행(상344), 이사선임을 위한 집중투표의 배제(상382의2.1), 이사회의 소집통지기간의 단축(상390.3), 이사회의 결의요건의 가중(상391.1단서), 명의개서대리인의 설치(상337.2) 등이 있다. 이들 상대적 기재사항도 변태설립사항과 마찬가지로 정관에 기재되어야 효력을 가질 수 있어, 회사가 주식의 양도를 제한할 경우에는 주주간의 약정으로는 효력이 없고 반드시 정관에 주식양도가 제한될 수 있음이 규정되어야 주식양도제한이 효력을 가질 수 있게 된다. 수종의 주식을 발행하는 경우에도 이를 정관에 주식의 종류를 기재한 범위 내에서 수종의 주식을 발행할 수 있고 정관기재 없이 발행된 수종의 주식은 무효로 된다. 집중투표를 배제하기 위해서는 정관이 이를 명시하여야 하고 정관에 명시가 없을 경우 집중투표를 청구하면 회사는 이를 거부할 수 없게 된다.

4. 임의적 기재사항

1) 개 념 : 정관의 임의적 기재사항이란 기재되지 않더라도 정관이 유효할 뿐만 아니라 정관 이외의 형식(예, 계약)으로 정하더라도 무방한 사항이지만 정관에 기재되는 사항을 의미한다. 강행법규, 선량한 풍속 기타 사회질서, 주식회사의 본질에 반하지 않는 사항은 정관에 기재할 수 있다. 정관의 임의적 기재사항에는 주식발행사항, 주식의 명의개서절차, 주권의 종류, 영업연도, 인감신고, 주주총회의 장소·의장, 이사·감사의 인원수 등이 포함될 수 있다.

2) 효 력 : 임의적 기재사항이라 하더라도 정관에 기재된 이상 회사 내부 구성원을 구속하는 효력을 가지며, 이를 변경하려면 정관변경의 절차를 밟아야 한다. 따라서 수시로 변경될 필요가 있는 사항은 정관에 기재하는 것이 바람직하지 않고 기타 내규 형식으로 규정하는 것이 적절하다.

5. 공증인의 인증

1) 원시정관 : 회사 설립시 마련되는 정관을 원시정관이라 하고 원시정관은 공증인의 인증을 받음으로써 효력이 생긴다(상292). 정관은 회사의 근본규범을 정하고 있어 회사관계자의 권리·의무에 중요한 영향을 미치므로 정관 규정의 내용에 관해 다툼이 발생할 여지가 있으므로 상법은 원시정관은 공증인의 인증을 조건으로 효력이 발생하는 것으로 규정하고 있다. 그러나 2009년 상법개정에서 자본금총액이 10억 미만인 소규모회사의 경우 설립이 간이·신속하게 이루어질 수 있도록 발기설립시 정관에 대한 공증의무를 면제시켰다(상292.2문).

2) 정관 변경 : 원시정관이 아닌 정관 즉 성립회사의 정관을 변경할 경우에는 공증인의 인증을 받을 필요가 없다. 주식회사의 원시정관은 공증인의 인증을 받음으로써 효력이 생기지만, 일단 유효하게 작성된 정관을 변경할 경우에는 주주총회의 특별결의가 있으면 그때 유효하게 정관변경이 이루어지는 것이고, 서면인 정관이 고쳐지거나 변경 내용이 등기사항인 때의 등기 여부 내지는 공증인의 인

증 여부는 정관변경의 효력발생에는 아무 영향이 없다(2006다62362).

6. 회사 내규

1) 개 념 : 회사의 조직과 활동에 관한 근본규범인 정관과 구별하여 실무상 회사내규를 제정하여 활용하고 있다. 회사 내규란 법률과 정관에 따라 회사의 업무집행에 관한 사항을 정한 회사의 내부규범을 의미한다. 회사 내부규범도 대외적 거래행위의 요건·기준 등을 규율하는 내규(권한내규)와 대내적 업무집행의 절차 등에 관한 내규(절차내규)로 구분할 수 있다. 정관에 기재될 사항 특히 정관의 상대적 기재사항(예, 종류주식 등)을 내규에 기재하더라도 이는 효력을 가지지 못하지만, 기타 정관의 임의적 기재사항은 정관에 기재할 수도 있고 내규에 기재할 수도 있는데, 그 효력은 아래에서 보는 바와 같이 차이가 있을 수 있다. 회사의 내규에는 이사회운영규정, 취업규칙, 업무운용준칙, 감사위원회규정·가버넌스규정·CSR위원회규정, 임원보수에 관한 내규, 여신업무에 관한 내규, 매출채권관리내규, 퇴직금지급내규 등이 있다.

2) 대내적 효력 : 권한내규이든 절차내규이든 회사의 업무를 집행하는 이사, 집행임원, 감사 등의 임원이 부담하는 선관주의의무는 법령, 정관뿐만 아니라 회사의 내규에도 따르는 것을 포함하고 있다고 해석하여야 한다. 따라서 회사 내규에 위반하여 손해가 발생할 경우에는 이사는 회사에 대한 손해배상책임을 부담하게 되지만, 이사가 내규에 위반한 행위를 하여 제3자에게 손해가 발생한 경우에는 이사의 중과실을 증명하기가 법령·정관을 위반한 경우와 비교할 때 쉽지 않으리라 예상된다. 다만 내규 위반이 이사의 해임사유 즉 해임의 정당한 이유(상385.1)가 될 수도 있다.

3) 대외적 효력 : ① 권한내규 – 대표이사가 의사결정절차를 거쳐 회사의 명의로 하는 회사행위(corporate action)에 대한 권한의 내부적 제한이 되어 결국 **대표권의 제한**으로서 성질을 가진다. 대표권 제한의 성질을 가지는 권한내규의 효력은 대표권에 관한 내부적 제한이 되어 선의의 제3자에게 대항할 수 없다(상389.3 →209). 판례도 대외적인 업무 집행에 관한 결정 권한으로서의 대표권은 법률의 규정에 의하여 제한될 뿐만 아니라 회사의 정관, 이사회의 결의 등의 내부적 절차

또는 내규 등에 의하여 내부적으로 제한될 수 있으며, 대표권의 제한을 위반한 행위라 하더라도 그것이 회사의 권리능력의 범위 내에 속한 행위이기만 하다면 대표권의 제한을 알지 못하는 제3자는 그 행위를 회사의 대표행위라고 믿는 것이 당연하고 이러한 신뢰는 보호된다고 본다(97다18059).

② **절차내규** - 이는 제3자와 관련이 없고 단지 회사업무 처리방법에 지나지 않아 이를 위반하더라도 원칙적으로 대외적 효과는 발생하지 않는다. 하지만 절차내규 중 의사결정절차(예, 이사회결의)와 관련되는 규정은 단순한 절차내규로 볼 수 없고, 대표권 행사방법에 관한 내규의 성질을 가져 실질적 권한내규로 봐야 한다. 특히 내규로 정한 이사회결의를 거치지 않고 대표이사가 대표권을 행사한 경우 이 역시 대표권 제한의 성질을 가지며 그 위반을 선의의 제3자에 대항할 수 없으며(상389.3 → 209) 넓은 의미의 전단적 대표행위가 된다. 경과실 있는 제3자를 보호할 것인지 문제되고 학설이 대립되지만 최근 대법원 판결은 경과실은 보호되고 중과실만 보호된다고 보면서 전단적 대표행위에서도 동일하게 해석하였다(2015다45451, 중과실배제유효설).

[비교법] - **부속정관**(bylaws) 우리의 내규와 유사한 개념이 미국법상 부속정관이지만, 부속정관은 그 제정·개정권한이 법정된 회사법상 개념이라는 점에서 내규와는 구별된다. MBCA 및 미국 주법들은 부속정관(bylaws)에 관한 규정을 두고 있는데, 부속정관에는 법률과 원시정관과 상충하지 않는 어떠한 사항도 규정할 수 있다(MB2.06a), 부속정관은 회사의 기본적인 내부운영규칙으로서 정관과는 구별되지만, 이는 주정부에 제출할 의무가 없으며 정관보다는 개정이 용이할 뿐만 아니라 부속정관과 정관이 충돌할 경우 정관이 우선한다. 회사가 설립되면 창립회의(organizational meeting, 이사/발기인의 회의체, 우리법상 창립총회와 구별)를 개최하여, 이사(원시정관에서 이사가 특정되지 않은 경우 발기인)가 임원 선임, 부속정관 채택 등을 진행한다. 부속정관의 기재사항에 관해 MBCA는 구체적 규정을 두고 있지 않으며, DGCL은 회사의 영업, 업무처리, 회사의 권리·권한, 주주·이사·임원·직원의 권리·권한 등에 관한 어떠한 규정도 둘 수 있지만 주주에게 책임을 부과하는 사항은 규정할 수 없다(DG109b). 대체로 부속정관 기재사항에 관해 일반적으로 이사의 수·자격·결원, 주총·이사회의 정족수·통지요건, 주식양도제한, 임원의 직함·의무 등에 관한 사항이 포함된다(Bain16). 다만 부속정관의 개정권한에 관해 원칙적 주주의 권한으로 보는 입법(DG109a)과 원칙적 이사회/주주의 권한으로 보는 입법(MB10.20a)이 나뉘고 있어 그 해석을 둘러싸고 논란이 있다.

제4절 실체 형성

1. 주식발행사항의 결정

1) **주식발행사항** : 회사설립 시 주식발행사항을 결정하여야 한다. 주식발행사항이라 함은 주식의 발행가액, 종류주식·무액면주식을 발행할 것인지, 종류주식을 발행할 경우 주식의 종류, 무액면주 발행시 자본금계상금액 등을 의미한다. 주식발행사항의 일부는 정관의 상대적 기재사항이고 일부는 임의적 기재사항이지만, 이를 정함에 있어서는 결의방법에 특별규정을 정관에 두지 않았을 경우 발기인의 전원동의로 정하여야 한다(상291), 그런데 주식발행사항 중 **주식의 종류**는 상대적 기재사항이어서 정관에서 정해야 효력을 가지므로(상344.2), 주식의 종류를 발기인의 동의로 정하도록 한 것은 상법 제344조와 일치하지 않는다. 따라서 발기인의 전원동의로 정하더라도(결정방법) 해석상 정관에 기재하여야 효력이 발생한다. 하지만 주식 발행가액, 무액면주식의 자본금계상금액은 정관의 상대적 기재사항이 아니어서 이는 발기인의 전원동의를 거치면 그 자체로 효력을 가진다고 볼 수 있다.

2) **결정절차의 흠결** : ① 전원동의의 흠결 – 주식발행사항을 결정함에는 발기인의 전원동의가 요구된다(상291). 상법 제291조을 위반한 경우 주식발행사항 결정이 무효하게 되므로, 발기인 전원동의가 없이 주식발행사항을 결정하고 이를 정관에 기재한 경우 결정절차에 흠결이 있어 정관의 당해 기재사항은 무효이다. 하지만 이는 정관의 절대적 기재사항이 아니므로 그 흠결로 인해 정관 자체가 무효로 되지는 않아 정관무효에 따른 회사의 설립무효의 원인이 되지 않지만 절차흠결의 하자는 그대로 남아 주식발행의 효력이 문제될 수 있다고 본다.

② 발행주식의 효력 – 주식발행사항의 결정절차에 흠결에도 불구하고 주식이 이미 발행되어 회사가 성립한 경우 발행된 주식은 무효가 되는가? 이에 관해 발기인의 전원동의 없이 주식발행이 이뤄졌다면 발기인의 주식발행사항에 대한 전원동의를 회사성립 이후에 얻어도 하자가 보완된다는 견해가 있다. 그런데 발기인은 설립단계에서만 존재하는 개념이므로 회사가 설립등기를 완료하고 나면 발기

인은 그 지위를 상실하여(책임은 존속) 발기인의 동의는 무의미하고, 회사법상 특별한 규정 없이 주주의 전원동의로 대체하는 것도 그 타당성이 의문시 된다. 생각건대 발기인의 전원동의 없이 주식이 발생된 후 회사가 설립되었다면 주식발행무효에 따른 설립무효의 원인이 된다고 본다. 하지만 회사설립무효를 주장하더라도 이미 주금액이 정상적으로 납입되었다면 재량기각(상328 → 189)의 대상이 된다고 보며, 설사 발기인의 전원동의라는 하자는 남지만 회사 설립후에는 보완할수 없는 하자이므로 재량기각에 장애가 되지 않는다.

 3) **절차 흠결의 효과** : 발기인 전원동의의 절차를 흠결한 경우 정관상의 효력에는 문제가 없고 **회사 설립의 효과**는 재량기각의 대상이 된다고 보더라도 발행주식 등의 효력문제는 여전히 남는다. 발행된 **주식의 효력**이나 **종류주식의 발행**, 은 **주식의 발행가액**, 무액면주식 발행시 **자본금계상금액**의 결정은 여전히 하자가 존재하여 발행주식이나 자본금계상의 효력이 문제될 여지가 없지 않다. 하지만 이들 하자는 '설립시 무권한 주식발행'에 해당하고 이는 설립의 하자로서 회사설립무효의 원인이 되지만, 2년 내에 주장하지 않을 경우 더 이상 이들 하자를 주장할 수 없다고 본다. 다만 회사 설립후 2년내에 주장할 경우 다시 문제가 될 수 있지만 발행가액 등에 관한 발기인의 전원동의가 없이 발생된 주식, 자본금계상금액에 대한 발기인 전원동의 없더라도, 이미 주식이 발행되어 유통된 경우 주식의 유통보호를 통한 거래안전을 위해 이사회결의 흠결의 신주발행시 효과를 유효하게 보는 학설·판례(2005다77060)와 유사한 취지에서 유효로 해석할 필요가 있다.

2. 주식인수

(1) 발기인의 주식인수

 1) **서면행위** : 발기인은 발기설립시 주식 전부를 모집설립시 주식 일부를 인수하지만, 최소한 1주 이상을 인수하여야 한다. 주식인수의 의사표시는 서면에 의하고(상293) 이는 회사설립등기 신청시에 첨부서류가 되는데(상등80 2호), 주식인수청약서를 이용할 필요는 없다(상302). 발기인별로 별도 작성 없이 1매의 서면에 각자의 인수내용을 기재하고 전원이 기명날인·서명해도 무방하고 더 나아가 정관에 인수내용을 기재하여도 무방하다는 견해가 있다. 그밖에 회사 정관에의 기재를 통해 인수행위를 할 경우 서면요건(상293)이 충족되고, 이는 정관의 임의적

기재사항으로 이해할 수 있다는 견해도 있다. 하지만 정관과 주식인수증명서면 (상등80)을 별개의 등기제출서면으로 규정하고 있는 취지와 발기인의 주식인수는 회사의 조직과 운영에 관한 사항이 아니므로 정관 기재사항으로는 부적절하다고 볼 때 정관에 의한 인수는 허용되지 않는다고 본다.

　　2) **주식인수의 법적 성질** : 발기인의 주식인수의 법적 성질은 무엇인가?(쟁점 17)[71] 합동행위설(다수설), 발기인간 계약설(조직계약설), 입사계약설 등이 대립 되고 있다. 생각건대 조직계약설·입사계약설에 따르면 발기인의 주식인수를 계약 행위로 보는데 이는 다음과 같은 이유에서 부적절하다고 본다. 첫째, 회사법은 모 집주주의 주식인수에 '배정'이라는 승낙행위를 규정하고 있는 것(상303)과 달리 발기인의 주식인수에는 회사의 승낙절차를 규정하고 있지 않다(상293). 둘째, 발 기인의 인수에 대해 회사가 거절할 수도 없으므로 인수행위만으로써 효력이 발생 하게 된다(상295). 셋째, 발기인이 주식인수 후 납입을 하지 않을 경우 이를 실권 처리에 관한 규정도 없어 다시 주주를 모집할 수 없으며, 발기인은 주식인수의무 가 있어 납입 불이행시에도 회사가 채무불이행을 이유로 해제할 수 없어 제3자의 주식인수와 본질을 달리한다. 넷째, 발기인의 주식인수는 설립중의 회사가 형성되 기 전의 행위이므로(다수설) 상대방이 존재하지 않는 행위의 특수성을 가진다.[72] 이렇게 볼 때 발기인의 주식인수행위는 모집설립에서 제3자의 주식인수와 구별되 고, 상대방이 존재하지 않는 행위로서 설립중의 회사의 실체형성 행위(설립행위) 로서 동일한 방향의 의사표시가 결집된 합동행위로 보는 견해가 타당하다.

---

71) **발기인의 주식인수의 법적 성질(쟁점17)**에 관해, **합동행위설**은 발기인의 주식인수는 정관 의 작성과 더불어 회사의 설립행위를 이루고 설립행위는 발기인들의 동일한 목적을 위한 의사표시의 합치에 의하여 효력이 발생하는 합동행위라는 견해(다수설)이고, **발기인간 계 약설**(조직계약설)은 발기인의 주식인수를 발기인간의 계약이라는 견해이며(정동윤119), **입사계약설**은 정관의 작성으로 설립중의 회사가 이미 창립되었으므로 정관작성 후의 발 기인의 주식인수는 '설립중의 회사에의 입사계약'이라고 본다(이철송252). 입사계약설은 계약의 상대방은 설립중의 회사로 보므로, 설립중의 회사의 성립시점도 정관작성 시점으 로 보아야 논리적으로 모순되지 않게 되므로 이 견해는 설립중의 회사의 성립시점을 정 관작성 시점으로 보고 있다.

72) 물론 이는 설립중의 회사의 성립시기에 관해 다수설을 따랐을 경우 주장될 수 있는 논거 이고, 다수설을 따르더라도 발기인이 최초의 주식을 인수하는 것에만 적용되고 이후 나 머지 주식을 인수하는 시점에는 설립중의 회사가 존재한다고 볼 여지도 논리적으로 없지 않다. 하지만 발기인의 주식인수는 하나의 행위로서 이뤄지므로 1주 인수와 기타 주식인 수를 분리하는 것은 적절하지 않은 분석이라 본다.

3) **인수시기** : 발기인이 주식을 정관 작성 전에도 인수할 수 있는가? 이에 관해 발기인의 주식인수는 정관작성 전이라도 무방하다고 하는 **무제한설**(통설), 발기인의 주식인수는 정관작성 이후에 이루어져야 한다고 보는 **제한설** 등이 주장된다. 제한설은 정관작성 전에는 발기인이란 지위도 생기지 않고 정관조차 작성되지 않았다는 것은 발행할 주식도 생겨나지 않았음을 뜻하는데, 이 단계에서 주식인수인의 지위를 취득하는 행위가 있을 수 없다고 이해한다. 생각건대 정관작성 전에는 회사가 설립시에 발행할 주식의 총수가 확정되지 않았으므로 인수행위가 사실상 이루어지기 어렵다. 하지만 정관작성 전에 인수행위가 행해지고 이와 모순되지 않게 정관이 작성된 경우 정관작성 후 주식인수라는 설립절차의 순서가 뒤바뀌었다고 하여 설립행위의 효력을 부인하는 것은 적절하지 않다고 볼 때, 무제한설이 타당하다고 본다.

(2) 제3자 주식인수 청약(모집설립)

1) **주식청약서주의** : 모집설립절차는 발기인에 의해 주식 총수의 인수가 이루어지지 않고 일부만 인수되고 나머지 주식에 대해서 발기인이 아닌 제3자의 인수청약을 받는 절차를 의미한다(상301). 주식인수의 청약을 하고자 하는 자는 주식청약서 2통에 인수할 주식의 종류와 수 및 주소를 기재하고 기명날인 또는 서명하여 발기인에게 주식인수를 청약하여야 한다(상302.1). 주식청약서주의는 정관의 기재와 유사하게 회사법의 공시주의 이념에 기여하여 주식인수인의 이해관계에 영향을 미치는 사실을 공시하게 함으로써 주식인수인에게 불의의 피해가 발생하지 않도록 하려는 취지이다. 주식청약서에는 정관의 절대적 기재사항 전부와 변태설립사항 등 주식인수인에게 중요한 사항이 기재된다(상302.2). 주식청약서 1통은 회사에 보관하고 나머지 1통은 설립등기의 신청서에 첨부하여야 한다. 주식의 청약시 주식수에 비례하여 납부되는 청약증거금은 납입금에 충당되거나 위약금의 역할을 하게 된다.

2) **타인명의의 청약** : ① **주금납입의무** - 가설인 명의 또는 승낙 없는 타인명의로 주식을 인수한 자는 주식인수인으로서 책임이 있고(상332.1), 타인승낙명의로 주식을 인수한 자는 타인과 연대하여 납입할 의무가 있다(상332.2). 주식인수를 한 자는 주금액의 납입의무를 부담하는데 타인명의로 청약한 경우(실질과 형식의 불일치) 누가 납입의무를 부담하는가를 규정하고 있다. 동 규정은 주식명의에 관

해 형식과 실질이 불일치하는 경우(명의차용의 법률관계)라도 그 불일치만으로 계약이 무효하게 되지 않음을 전제하면서 주식회사의 주식소유에 있어 명의차용 관계를 합법적으로 보고 있다.

② **주주확정(주주권의 귀속)** – 동조는 주식인수인의 납입의무만을 규정하고 있을 뿐 납입이 완료된 경우 명의 차용자·대여자 중 누가 주주로 되는지(**주주확정**)는 명확하게 규정하고 있지 않다. 다만 동조는 주식인수에 대한 납입의무자를 규정하면서 행위자(명의차용자)는 항상 책임을 부담하고 승낙자(명의대여자)가 부대하여 연대책임을 부담한다. 즉 자기명이든 타인명의이든 명의와 무관하게 행위자인 주식인수인은 납입의무를 부담한다는 행위책임(실질에 따른 책임)의 사법 일반의 원칙을 따르면서 회사의 이익보호를 위해 명의대여자에게도 연대책임을 인정한 것으로 이해된다. 그리고 타인명의를 무단 사용한 경우 무단사용에 대한 처벌규정이 있다(상634).

③ **주주권의 행사** – 동조는 주금납입의무만 정하고 있을 뿐 주주확정문제, 주주권 행사권한에 관해 아무런 규정을 두고 있지 않다. 그렇다면 가설인 또는 명의 피도용자는 주주권을 행사할 수 없다고 보더라도, 명의 대여자·차용자 중 회사에 대해 누가 주주의 권리를 행사할 수 있는가? '권리자의 권리행사'라는 사법의 일반원칙상 주주인 자 즉 주주권이 귀속되는 자가 주주권을 행사할 권한을 가진다고 볼 필요가 있고, 주식은 회사에 대한 권한행사가 그 권리내용의 전부이므로 회사에 대한 권한행사와 주주확정이 일치되도록 해석할 필요성이 더 강하다. 하지만 명의차용시 주주권 행사권한은 주주명부제도와 밀접하게 관련되고 회사법이 주주명부에 대항력(상337), 면책력(상353)을 부여하고 해석상 추정력이 인정되어 주주권 행사권한은 주주명부의 효력에 관한 해석에 부합하여야 한다.

3) 명의대여시 주주(주주확정) : 타인(명의대여자)의 승낙을 얻어 주식을 인수하여 명의차용자가 주금액을 납입하였다면 누가 주주가 되는가(쟁점18)[73]? 주식

---

[73] **명의대여시 주주확정(쟁점18)**에 관해, **형식설**은 형식주주(명의대여자)가 주식인수인의 권리를 취득하고 명의차용자는 납입의무만 부담한다고 보는 견해로서, 주식청약의 집단적 처리를 위해 형식적 기준이 필요하므로 단체법률관계의 명확성과 확실성을 위해 명의상의 주식인수인을 주주로 보아야 한다는 견해(이철송327~8)이다. **실질설**은 실질주주(명의차용자)가 주식인수인의 권리를 가진다는 견해로서 법률행위의 일반이론에 비추어 적합하고 실질적 투자자를 보호할 필요라는 점 등을 논거로 한다(정찬형682). 실질설은 그밖에도 주식인수에 따른 납입의무를 이행한 자가 주주로서 회사에 대해 주주로서 권리를 가진다는 점과 행위의 명의주체와 무관하게 인수행위를 누가 실질적으

청약의 집단적 처리를 위해 형식적 기준이 필요하다는 점을 근거로 명의대여자가 주식인수인 권리를 취득한다고 보는 **형식설**, 실질적 청약자인 명의차용자가 주식인수인의 권리를 가진다고 보는 **실질설** 등이 주장된다. **판례**는 실제로 주식을 인수하여 그 대금을 납입한 명의차용인만이 주주가 된다고 보아(2002다29138) 실질설을 따랐으나[74], 최근 판례를 변경하여 특별한 사정이 없는 한 주주명부에 적법하게 주주로 기재되어 있는 자는 회사에 대한 관계에서 그 주식에 관한 의결권 등 주주권을 행사할 수 있고, 주주명부에 기재를 마치지 아니한 자의 주주권 행사를 인정할 수 없다고 보아 형식설을 따른다(2015다248342). 동 판결은 회사에 대한 권리행사자를 주주명부를 기준으로 판단하여 주주확정의 논지와 개념상 구별되지만, 주식은 회사에 대한 권리행사가 그 권리내용의 전부이므로 사실상 주주확정문제와 동일하게 볼 수 있다(자세한 내용은 2편3장4절4. 참조).

4) **주식인수청약의 하자** : 주식인수계약은 인수인의 인수청약과 회사의 배정의 의사표시 합치에 의해 성립한다. 인수청약의 의사표시에 하자가 있을 경우 주식인수계약이 무효로 되고 설립절차마저 무효하게 될 수 있는데, 이는 단체법적 특성에 맞지 않는다. 따라서 회사법은 의사표시상의 하자의 주장을 법률로써 제한하는데, 첫째, 주식인수청약이 비진의의사표시이지만 상대방이 비진의임을 안 경우 무효라는 규정(민107.1.단서)은 적용되지 않고(상302.3), 둘째, 주식인수청약에 청약서 기재사항의 흠결, 청약에 착오·사기·강박의 흠결이 있는 경우에는 이를 주장할 수 있지만 일정한 시점, 즉 회사가 성립한 후이거나 회사성립 전이라도 창립총회에서 주주의 권리를 행사한 경우에는 이들 하자를 주장하지 못한다(상320). 하지만 청약자가 무능력자이거나 주식인수청약이 통정한 허위표시일 경우 상법에

로 하였는가 하는 당사자의 의사를 존중할 필요가 있다는 점 등도 논거로 한다.
74) 판례는 회사는 주주명부상의 형식주주의 주주권 행사를 부정하는 것이 가능하지만, 주주명의의 추정력에 비추어 실질주주임(실질주주의 납입사실) 뿐만 아니라 형식주주와 실질주주의 관계(명의차용관계, 예를 들어 명의신탁약정 등)까지 증명하여야 한다고 보았다(대법원 2007. 9. 6. 선고 2007다27755 판결). 주주명부상의 주주는 회사의 주주로 추정되며 이를 번복하기 위해서는 그 주주권을 부인하는 측에 입증책임이 있으므로(대법원 1985. 3. 26. 선고 84다카2082 판결), 위 판결은 주주명부의 주주 명의가 신탁된 것이고 그 명의차용인으로서 실질상의 주주가 따로 있음을 주장하려면 그러한 명의신탁관계를 주장하는 측에서 명의차용사실을 입증하여야 한다고 보았다. 그러면서 제3자의 의한 주식인수절차의 원인관계 내지 실질관계를 규명함이 없이 단순히 제3자가 신주인수대금의 납입행위를 하였다는 사정만으로는 그 제3자를 주주 명의의 명의신탁관계에 기초한 실질상의 주주라고 단정할 수 없다고 보았다.

특별한 규정을 두고 있지 않으므로 주식인수청약을 취소할 수 있게 되거나 청약이 무효하게 된다.

(3) 주식의 배정(모집설립)

1) **의 의** : 주식의 청약에 대해 발기인은 주식을 배정한다. **주식의 배정**이란 주식청약자에 대하여 주식의 인수를 승낙하는 설립중의 회사의 의사표시로서 발기인에 의해 행해진다. 제3자의 주식인수의 법적 성질을 설립중의 회사에 대한 입사계약으로 보고, 주식인수에 대한 회사의 배정행위의 법적 성질은 주식인수의 청약에 대한 승낙의 의사표시로 이해된다. 발기인이 주식을 배정함에 있어서는 청약자의 자금능력 등을 고려하여 자유롭게 배정할 수 있으며(**배정자유의 원칙**), 이는 회사성립 후 신주발행시 보유주식에 따른 비례배정원칙과는 구별된다. 주식청약자에 대해 주식을 배정하게 되면 주식인수계약이 성립하게 되어 주식인수인에게 납입의무(출자이행의무)가 발생한다(상303). 배정의 의사표시에 하자가 있을 경우 주식인수청약의 경우와 달리 의사표시의 하자의 주장을 제한하는 규정이 없다.

2) **법적 성질** : 주식을 인수하고자 하는 자는 주식인수청약서에 의해 주식인수청약을 하면 설립중의 회사는 배정을 하여 주식인수가 성립하고, 주식인수 청약자는 주식인수인이 된다. 발기인의 주식인수와 달리 모집설립시 제3자의 주식인수의 법적 성질에 관해서는 **입사계약설**이 통설이다. **입사계약의 상대방**에 관해 성립후 회사로 보는 견해가 있지만, 설립중의 회사로 보는 견해가 통설이다. 판례도 신주인수의 법률적 성질을 상법상으로는 사원관계의 발생을 목적으로 하는 입사계약으로 보고 있다(2002두7005). 생각건대 발기인의 주식인수와 달리 계약 당사자의 자유로운 의사에 의해 체결되는 제3자의 주식인수는 입사계약의 성질을 가진다고 본다.[75] 다만 입사계약의 상대방에 관해 설립중의 회사라는 실체가 형성되어 있고 이를 장래의 회사(성립회사)의 입사계약으로 볼 경우 회사성립을 정지조건 또는 해제조건으로 하는 행위가 되어 확정적 법률관계(예컨대 출자의 이

---

75) 주식인수는 법인설립을 위한 회사내부의 사단적 법률관계로서 획일적으로 취급하여야 하므로 그 상행위성은 부정하여야 할 것이어서 상사소멸시효나 상사법정이율의 적용은 없다고 본다(정동윤126). 입사계약에는 민법의 규정이 적용되므로, 예컨대 주식인수로 인한 채권은 5년의 상사채권소멸시효가 아니라 10년의 민사채권의 소멸시효에 걸린다고 본다(최준선157).

행 등)가 발생할 것을 요구하는 설립절차의 법적 안정성을 해칠 우려가 있어, **설립중의 회사**가 계약의 상대방이 된다고 본다.

  3) **주식인수인의 지위** : 주식인수(계약)가 성립하면 발기인 또는 제3자는 주식인수인이 될 뿐이고 아직 주주의 지위를 가지지는 못한다. 회사가 설립등기를 하게 되면 주식인수인은 주주가 되게 된다. 주식인수인은 설립중의 회사의 구성원인가? 발기인은 주식인수에 의해 설립중의 회사(비법인사단)의 구성원(사원)이 되지만, 제3자는 주식인수를 하더라도 설립중의 회사의 **계약상대방**에 지나지 않고 설립중의 회사의 구성원이 되는 것은 아니다. 설립중의 회사는 완전한 법인이 아니므로 그 구성원이 유한책임의 보호를 받지 못하고 설립등기에 의해 유한책임원칙이 사원에 적용된다. 하지만 주식인수인인 제3자는 아직 설립중의 회사의 구성원이 아니므로 설립중의 회사가 부담하는 채무에 관해 발기인과 달리 책임이 문제되지 않는다. 설립등기가 완료되면 제3자인 주식인수인도 주주가 되므로 이후에는 유한책임원칙이 적용되고, 설사 성립회사가 설립무효의 판결을 받더라도 후술하는 '**사실상의 회사**' 등의 원칙에 의해 주주의 유한책임으로 보호된다.

3. 출자의 이행

(1) 납입의무

  발기인은 회사 설립시 발행하는 주식을 인수한 때에 지체 없이 각 주식에 대하여 그 인수가액의 전액을 납입(출자이행)[76]을 하여야 한다(상295). 제3자의 주식인수청약에 대해 배정이 이뤄지면 주식인수계약이 성립하게 되고 제3자인 주식인수인은 배정받은 주식에 대한 인수가액의 납입의무를 부담하는데(상303), 발기인은 주식총수가 인수되면 주식인수인으로 하여금 인수가액의 전액을 납입시켜야 한다(상305.1). 출자의 종류에는 출자의 목적에 따라 금전출자와 현물출자로 구별되어 각 이행방법에 따르는데, 출자의 이행과정에 외형상 출자가 이루어진 것으로 보이지만 실질적으로 출자가 이루어지지 않는 경우(**가장납입**), 출자가 불이행되는 경우의 절차(**실권절차**)가 문제된다.

---

76) 주식회사에서는 출자의 방식에 관해 금전출자와 현물출자를 인정하고 있는데, 우리 상법은 금전출자의 이행에 관해서는 '납입'이라는 용어를 사용하고 있고 현물출자의 경우에는 '이행'이라는 용어를 사용하고 있다(상295,303).

(2) 금전출자의 이행

1) **전액납입주의** : 발기인은 지체 없이 인수가액의 전액을 납입하여야 하며 (상295.1), 발기인이 출자이행을 하지 않을 경우 실권절차가 허용되지 않으므로 강제집행에 의할 수밖에 없다. 발기인, 제3자에 의해 주식의 총수가 인수된 때에는 발기인은 지체 없이 주식인수인에 대하여 각 주식에 대한 인수가액의 전액을 납입시켜야 하는데(상305.1) 이를 전액납입주의라 한다. 전액납입주의에서는 주식인수인에게 납입의무를 일부 이행시켜야 하고 회사 성립후 납입의무를 이행시킬 수는 없으며, 이는 현물출자의 경우에도 동일하다(상295.2,305.3). 그리고 납입시기도 주식총수가 인수된 때 지체없이 납입하여야 하고 변제기가 따로 정해지지 않는다.

[비교법] 우리 회사법은 전액납입주의를 취하고 있다. 일본 회사법은 설립 시 모집주식 인수인은 제58조 제1항 제3호의 기일 또는 동호 기간 내에 발기인이 정한 은행 등의 납부 취급 장소에서 각각 설립 시 모집주식의 납부금액 전액을 납부해야 한다고 정하고 있어(일회63.1) 전액납입주의를 취하고 있다. 독일 주식법은 금전출자에 있어서 요구되는 금액(제36조 제2항)은 적어도 최저 발행가액의 4분의 1, 이보다 더 높은 가액의 주식 발행 시에는 금액도 그에 따라 높아져야 한다고 정하고 있는 바(독주35a.1) 전액납입주의를 취하고 있는지 불명확하다. 그리고 MBCA는 회사가 주식을 발행하기 전에 이사회가 발행될 주식에 대하여 수령하였거나 수령할 대가가 적당한지의 여부를 결정하여야 하고, 이사회에 의한 결정은 주식이 유효하게 발행되고 완전납입되며 평가액의 결정여부에 관계되는 주식의 발행을 위한 대가가 적정한 범위내에서는 확정적이다고 정하고 있어(MBCA6.21.c) 전액납입주의를 취한 것으로 판단된다. DGCL은 발행된 주식은 회사가 그 주금액을 수령함으로써 전액납입주식 및 불산정주식으로 본다. 다만, 이 조의 규정은 이사회가 이 편 제156조에 의하여 부분납입주식을 발행하는 것을 금지하는 것은 아니고(DGCL152), 회사는 주금액의 일부 납입 및 납입될 주금액의 나머지를 요구함으로써 그 주식의 전부 또는 일부를 발행할 수 있다고 정하여(DGCL152), 원칙적으로 전액납입주의를 취하지만 부분납입주의도 예외적으로 허용한 것으로 판단된다.

2) **납입 방법** : ① 납입장소 – 금전출자의 경우 인수계약상의 납입금액 즉 자신이 인수한 주식에 대한 발행가액의 총액에 해당하는 금전을 설립중의 회사에 납입하여야 한다. 다만 부실하거나 사기적 회사설립의 폐해로부터 투자자를 보호하기 위해 공신력 있는 금융기관에 납입금을 납입하도록 정하고 있다. 즉 발기인은 납입을 맡을 은행 기타 금융기관(**납입금 보관자**)과 **납입장소**(본·지점 등)를 지정

하여야 하고(상295.1). 납입금보관자·납입장소는 주식청약서의 기재사항이다(상 302.2,9호), 따라서 납입의무의 이행은 주식청약서에 기재된 납입장소에서 하여야 한다(상305.2).

② **상 계** – 주금납입에 관하여 상계로써 회사에 대항할 수 없는 규정(구상 334)은 삭제되었는데, 예컨대 발기인이 자신의 보수채권으로, 주식을 인수한 설립 사무소 임대인이 차임채권 또는 재산인수 대금채권 등으로 주금납입을 **상계**할 수 있는가? 주금납입의 상계금지조항의 삭제가 채권의 출자전환을 위한 취지이긴 하 지만 회사의 동의가 없으면 납입채무와 회사에 대한 채권을 상계할 수 없으므로 (상421.2), 회사가 상계에 동의한 경우 즉 상계계약에 의한 납입대체만 허용된다 고 본다. 설립중의 회사는 설립준비행위와 정관기재의 재산인수만 할 수 있으므 로 설립중의 회사의 채무 발생도 제한된다고 볼 때, 부당한 채무에 대한 회사의 상계 동의로 인한 자본충실원칙의 침해는 문제되지 않는다고 본다. 그리고 판례 는 종전 상계금지규정에도 불구하고 전환사채는 발행 당시에는 사채이며, 사채권 자가 전환권을 행사한 때 비로소 주식으로 전환되어 회사의 자본을 구성하게 되 므로, 전환사채의 인수에 관해서는 상계가 허용된다고 보았다(2003다20060).

③ **대물변제·경개** – 출자를 이행함에 있어 대물변제나 경개도 가능한가? 대물 변제나 경개는 상계와 달리 설립중 회사의 동(합)의가 요구되므로 일방적 의사표 시에 의한 회사의 피해는 생기지 않는다. 하지만 금전출자와 현물출자를 구별하 여 규정을 달리하고 있는 상법의 취지를 고려하고 납입금 보관은행에 납입하여야 하는 점을 고려할 때, 금전 대신 현물로 이행에 갈음하는 대물변제나 경개의 방법 은 회사법이 배제하고 있다고 본다. 따라서 금전출자에 대물변제나 경개는 허용 되지 않는다고 해석된다.

④ **어음·수표에 의한 납입** – 회사법에 현금에 의한 납입을 정하고 있지 않아 발기인·주식인수인이 어음·수표에 의해 납입하는 것도 허용되는지 의문이다. 만 일 허용된다면 어음·수표가 교부된 시점에 출자의 이행이 있는지 아니면 어음· 수표금액의 지급이 있는 시점에 출자의 이행이 있는 것인지 논란의 여지가 있다. 생각건대 어음·수표에 의한 대물변제 역시 허용되지 아니하고, 출자의무는 지체 없이 전액납입(이행)하도록 규정하고 있는 점(전액납입주의,상295,305), 납입금 보관은행에의 납입 등을 고려할 때, 원칙적으로 원인관계상의 의무(출자의무)의 이행 효과가 발생하지 않고 납입의무와 어음(수표)금 지급의무가 병존하는 효과 가 생기는 어음(수표)에 의한 납입은 회사법 규정에 반하여 허용되지 않는다고 판

단된다.

3) 납입금 보관 : ① **지정·변경** – 납입을 맡을 은행 기타 금융기관(**납입금 보관자**)과 **납입장소**(본·지점 등)가 지정된 경우(상295.1), 설립중의 회사와 납입금 보관자는 위임관계에 놓인다. 따라서 납입금 보관자는 선관주의로써 납입금을 수령하여 정해진 시점에 성립회사에 반환할 의무를 부담한다. 납입금의 보관자 또는 납입장소를 변경할 때에는 법원의 허가를 얻어야 한다(상306).

② **납입금 보관증명서** – 납입금 보관자는 발기인 또는 이사의 청구가 있는 때에는 그 보관금액에 관하여 증명서(납입금보관증명서)를 교부하여야 하며, 납입금 보관자는 증명한 보관금액에 대하여는 납입의 부실 또는 그 금액의 반환에 관한 제한이 있음을 이유로 하여 회사에 대항하지 못한다(상318). 납입금보관증명서는 회사설립등기를 위해 제출하여야 하는 서류로서, 설립등기를 하려면 자본금에 상당한 금액의 보관이 사실상 강제되게 된다. 다만 소규모회사(자본금 총액이 10억 원 미만인 회사)를 발기설립 하는 경우에는 납입금보관증명서를 은행이나 그 밖의 금융기관의 잔고증명서로 대체할 수 있다(상318.3).

4) 납입금 반환 : ① **반환권자** – 회사설립단계에 보관되었던 납입금은 회사 설립등기 이후 즉 회사가 성립하면 이를 반환받아 자본금으로 보관하고 이를 회사의 운영자금에 활용할 수 있다. 명문의 규정은 없지만 납입금보관제도가 설립단계의 납입금을 회사의 자본금으로 연결시켜 자본충실원칙을 실현하기 위한 제도임을 고려할 때, 납입금 반환을 청구할 수 있는 자는 성립회사의 대표이사 또는 그 대리인이고 설립중의 회사 또는 발기인은 반환청구권자가 될 수 없다.

② **반환시기** – 납입금의 반환은 회사설립등기 이후로 해석된다. 납입금은 자본형성의 부실을 막기 위해 회사의 설립등기 전에 반환하는 것이 금지되고, 설사 발기인 등에게 조기 반환하였다 하더라도 회사 성립 후 회사를 대표하는 자가 그 반환을 청구하면 납입금 보관자는 다시 이를 반환하여야 한다. 왜냐하면 회사 성립후 대표이사에 대한 반환의무가 있어 다른 사정으로 항변(납입부실, 반환제한의 항변)할 수 없기 때문이다(상318.2). 다만 설립비용 등의 지급 등의 현실적 필요성을 고려하여 창립총회가 종료하면 반환되어야 한다는 견해도 있지만, 회사설립등기 전의 반환은 부실회사의 출현을 막을 수 없다는 점에서 문제가 있다고 본다. 만일 설립비용의 현실적 지급이 요구될 경우 발기인이 체당하고 성립후 회사

에 반환청구하여야 한다고 본다.

(3) 현물출자의 이행

1) **출자 이행** : 현물출자는 금전 이외의 재산에 의한 출자로서 금전출자와 달리 납입금 보관자라는 개념은 존재하지 않고 설립중 회사에 직접 현물의 인도(명도) 등 권리이전을 하여야 한다. 현물출자는 발기인에게만 허용된 것은 아니지만 회사법에는 발기인의 현물출자 이행에 관한 규정만 두고 있다. 즉 현물출자를 하는 발기인은 납입기일에 지체없이 출자의 목적인 재산을 인도하고 등기, 등록 기타 권리의 설정 또는 이전을 요할 경우에는 이에 관한 서류를 완비하여 교부하여야 한다(상295.2,305.3). 따라서 현물출자의 목적이 동산인 경우에는 동산의 인도가 요구되고 출자의 목적이 부동산인 경우에는 부동산의 등기·등록에 필요한 서류를 교부하여야 한다. 발기인이 아닌 주식인수인이 현물출자를 불이행할 경우 설립중의 회사는 ⅰ) 현물출자의 이행을 강제집행을 할 수 있고, ⅱ) 실권절차를 거쳐 다시 주주(금전·현물출자자)를 모집할 수 있지만, ⅲ) 후술하는 발기인의 자본충실책임의 대상이 되는지에 관해서는 논란이 있다.

2) **검사인의 조사보고** : 금전출자는 납입금 보관자를 통해 부실한 납입을 일정 부분 막을 수 있지만, 현물출자는 설립중의 회사에 직접 이행되므로 설립단계에서 부실이 발생할 수 있다. 따라서 회사법은 현물출자의 이행에 관해 다른 변태설립사항과 함께 검사인의 조사·보고절차를 거치도록 정하고 있다(상299). 발기설립의 경우 현물출자를 포함한 변태설립사항을 조사하기 위해 검사인의 선임을 법원에 청구하여야 하고(상298.4), 검사인은 변태설립사항 및 현물출자의 이행에 관해 조사하여 법원에 이를 보고하여야 한다(상299.1). 다만 이러한 검사인의 조사보고의 원칙에 대해 현물출자액이 자본금이 1/5 이하이거나 거래소 시세 있는 유가증권인 경우에는 아예 검사인의 조사보고가 면제되고(상299.2), 현물출자의 이행에 관해 공인된 **감정인의 감정**으로 검사인의 조사보고를 갈음할 수 있는데, 이는 발기인의 현물출자의 이행(상299의2)은 물론이고 제3자가 현물출자한 경우에도 동일하게 대체될 수 있다(상310.3).

(4) 실권절차(모집설립)

1) **취　지** : 발기인이 금전출자의 납입, 현물출자의 이행을 지체할 경우에는

회사는 해당 발기인에 대해 강제집행할 수 있을 뿐이다. 하지만 모집설립에서 주식인수인이 상법의 전액납입주의(상305.1)에 따른 납입을 하지 아니한 때에는 강제집행절차를 밟을 수도 있지만, 상법이 규정하는 실권절차를 진행할 수 있다. **실권절차**란 발기인이 일정한 기일을 정하여 그 기일 내에 납입을 하지 아니하면 그 권리를 잃는다는 뜻을 기일의 2주 전에 그 주식인수인에게 통지(**실권예고부 최고**)하여야 하고, 통지를 받은 주식인수인이 그 기일 내에 납입의 이행을 하지 아니한 때에는 주식인수인의 권리를 잃게 하는 절차이다.

  2) **실권후 처리** : 모집설립절차에서 출자이행을 하지 않는 주식인수인에게 실권예고부 최고를 하여도 납입하지 않을 경우 주식인수계약이 무효하게 되지 않지만 주식인수인의 권리는 소멸된다. 따라서 발기인은 다시 그 주식에 대한 주주를 모집할 수 있으며(상307.2) 발기인이 스스로 인수할 수도 있지만, 주식인수인의 채무불이행의 효과는 그대로 남아 있으므로 회사가 실권절차를 진행하더라도 주금을 납입하지 않은 주식인수인에 대해 손해배상청구를 할 수 있다(상307.3). 다만 주식인수인이 청약을 할 때에 청약증거금 등의 명목으로 발행가액의 전액을 납입시킬 경우 실권절차나 강제집행절차는 문제되지 않는다.

4. 가장납입

  주식의 인수가액이 실질적으로 납입되지 않고 형식적으로만 이루어지는 일련의 행위를 가장납입이라 한다. 이는 자본충실의 원칙에 정면으로 반하여 회사의 자본적 기초를 위태롭게 하므로 상법은 이를 규제하고 있다. 가장납입에는 납입금 보관은행과의 공모에 의한 경우와 일시적 차입금에 의한 경우 등이 있는데, 전자에 대해서는 상법에 규정(상318.2)을 두어 해결되었으나, 후자에 관해서는 규정이 없어 그 효력에 관해 논란이 있다.

(1) 공모에 의한 납입가장(예합)

  발기인이 납입금 보관자(은행 등)로부터 금전을 차입하여 납입금에 충당하고 '회사설립 후에 차입금을 변제하지 않고는 납입금을 인출하지 않는다'는 것을 납입금 보관자와 발기인이 약정(공모)하는 형태의 가장납입이다. 이 경우 실제 금전의 이동 없이 장부상의 기재(회사의 납입금과 차입금의 기장)만으로 이뤄질 수 있어 자본금이 존재하지 않는 회사가 설립될 수 있다. 상법은 공모에 의한 가장납입을 막기 위해 **납입금 보관자의 항변제한**(상318.2)을 두어 납입금은 항상 회사에 반환되도록 하였다. 즉 납입금 인출제한에 관한 약정은 상법 제318조 2항의 '납입금액의 반환에 관한 제한'에 해당하고 이로써 회사에 대항할 수 없으므로, '회사는 차입금을 변제하지 않고는 납입금을 인출하지 않는다'는 합의를 납입금보관자와 하였더라도 납입금보관자는 회사의 납입금 인출을 거절할 수 없게 된다. 결과적으로 납입금 보관자는 담보 없는 대출채권만 가지게 되어 불이익해지므로 현행법상 공모에 의한 납입가장은 은행 또는 금융기관이 이를 협조하지 않게 되어 사실상 불가능하게 되었다.

(2) 일시차입금에 의한 가장납입(위장납입)

1) **개　념** : 일시차입금에 의한 납입이란 발기인이 제3자로부터 납입금 전액을 차입하여 주금으로 납입하고 회사를 설립한 다음 납입금 전액을 인출하여 반환하는 행위를 의미하며 위장납입, 가장납입으로 표현되기도 한다. 장부상의 조작에 의해 납입이 가장될 수 있는 공모에 의한 납입가장과 달리, 가장납입은 차입금에 의해 납입이 현실적으로 이루어진다. 가장납입의 범위에 관해, 발기인 전원·일부의 납입가장, 제3자의 납입가장, 납입금 일부의 납입가장, 신주발행시 납입가장 등 다양한 유형이 발생할 수 있다. 다만 일시차입금에 의한 가장납입을 할 수 있는 회사 설립 후에 납입금을 인출하여 채무변제에 사용할 수 있어야 하므로 회사에 영향력을 행사할 수 있는 자에 한정된다고 볼 수 있다. 1인의 발기인에 의하든 전원에 의하든 또는 납입금의 일부가 납입가장 되었든 이하에서 설명하는 납입행위로서의 효력에 관한 논의는 해당 발기인의 납입행위, 납입부분, 신주발행에 그대로 적용된다.

2) **납입의 효력** : 일시차입금에 의해 납입이 이루어진 경우 납입행위는 유효한가?(**쟁점19**)[77] 이에 관해, 회사의 설립 후에 모두 인출하여 반환할 의도로 납입한

---

77) **일시차입금에 의한 가장납입(위장납입)의 효력(쟁점19)**에 관해, **무효설**은 차입금에 의한 납입도 유효하지만 회사의 설립 후에 모두 인출하여 반환할 의도로 납입하였다면 실질적인 자금유입이 없으므로 이는 자본의 확보와 충실을 위하여 법정한 강행법규의 탈법행위이고 납입금의 차입과 반환은 하나의 계획된 납입가장행위로 무효라 보는 견해이다(이철송267). **유효설**은 위장납입의 경우에도 자금의 이동이 현실적으로 있었다는 점, 회사는 주주에 대하여 납입금의 상환을 청구할 수 있고 또한 발기인은 회사에 대하여 연대하여

납입가장행위는 자본충실원칙에 반하고 강행법규의 탈법행위이고 무효라 보는 **무효설**과 차입금이긴 하지만 사실상 금원의 이동에 의한 주금액의 납입이 있었으므로 유효라 보는 **유효설**(다수설)이 대립한다. 유효설은 납입행위와 회사설립등기 후에 납입금에 의한 채무변제행위를 분리하여, 변제행위는 발기인이 회사의 자본으로 자신의 채무를 변제하는 것이므로 형법상의 배임죄, 업무상 횡령죄, 상법상의 특별배임죄에 해당하지만 납입행위 자체는 합법적이라 본다. **판례**는 주금의 가장납입의 경우에도 금원의 이동에 따른 현실의 불입이 있는 것이고, 설령 그것이 실제로는 주금납입의 가장 수단으로 이용된 것이라고 할지라도 이는 그 납입을 하는 발기인 또는 이사들의 주관적 의도의 문제에 불과하므로, 이러한 내심적 사정에 의하여 회사의 설립이나 증자와 같은 집단적 절차의 일환을 이루는 주금납입의 효력이 좌우될 수 없다고 보아 납입행위를 유효로 보았다(84다카1823, 95다5790).

3) 검 토 : 가장납입은 차입행위·납입행위·변제행위 등 3가지의 행위로 구성되어 있다. 회사의 자본금으로 발기인의 개인채무를 변제하는 것(변제행위)이 위법한 것에는 의문의 여지가 없다. 그러나 차입행위·납입행위는 그 자체로는 적법하나, 단지 변제행위와 연결되어 하나의 행위로 파악될 경우 일체로서 납입을 가장하는 행위가 되어 무효라는 것이 무효설의 설명이지만 다음과 같은 지적이 가능하다. 첫째, 행위자의 표시되지 않은 동기(반환할 의도)를 기준으로 행위(납입행위)의 효력을 결정하는 것은 부적절하고, 둘째, 회사설립 후의 회사의 행위(변제행위)에 의해 자본금(납입행위)과 회사설립의 효력이 결정되어 되어 법적 안정성을 해치고, 셋째, 점유와 소유가 일치하는 금원(화폐)의 속성상 자기자본·타인자본에 따라 납입행위의 효과가 달라지는 것은 부적절하고, 넷째, 납입행위와 변제행위는 별개의 행위인데 변제행위의 위법성으로 인해 요건을 갖춘 납입행위가 위법하게 되는 것은 부적절하다고 본다. 요컨대 가장납입의 차입행위, 납입행위는 문제가 없이 유효하고, 변제행위는 회사의 자본금으로 개인채무를 변제하는 되어 책임(민형사책임)이 문제될 뿐이므로, 가장납입은 납입으로서 유효하다고 본다.

손해배상책임을 지므로 자본충실을 유지할 수 있다는 점을 근거로 한다(정찬형688).

4) **손해배상책임** : 가장납입이 유효이고 가장납입에 의한 회사 설립 역시 유효하지만, 빌기인의 가장납입행위는 설립되는 회사의 자본을 부실하게 하였으므로 발기인의 선량한 관리자의 주의의무를 위반한 것으로 볼 수 있다. 발기인의 의무위반 즉 임무해태로 회사에 자본흠결의 손해가 발생하였으므로 발기인은 회사에 대하여 연대하여 손해를 배상할 책임을 부담한다(상322.1). 판례도 발기인인 갑, 을이 가장납입을 공모하고 회사설립과 동시에 납입하였던 주식인수대금을 인출하였다면 갑과 을은 회사의 설립에 관하여 자본충실의무 등 선량한 관리자로서의 임무를 다하지 못해 입힌 공동불법행위자로서의 책임을 부담한다고 보았다(89누916). 만일 발기인이 가장납입에 의해 회사를 설립하고 회사 자본금을 인출하여 자신들의 채무변제에 사용함으로써 주주에게 입힌 손해(간접손해)에 관해 배상책임(상322.2)을 부담하는지는 논란이 있을 수 있다.

5) **형사책임(판례)** : 가장납입의 의도로 납입과 인출이 이뤄진 경우, 이를 회사를 위하여 사용하였다는 특별한 사정이 없는 한 실질적으로 회사의 자본이 늘어난 것이 아니어서 **납입가장죄** 및 공정증서원본불실기재죄와 불실기재공정증서원본행사죄가 성립한다. 하지만 가장납입은 등기를 위하여 납입을 가장하는 편법에 불과하여 회사의 돈을 임의로 유용한다는 불법영득의 의사가 없어, 상법상 납입가장죄의 성립을 인정하는 이상 **업무상횡령죄**가 성립하지 않는다(2003도7645전합). 유사한 취지에서 불법이득의 의사가 있다거나 회사에 재산상 손해가 발생한다고 볼 수는 없으므로 **업무상배임죄**의 성립도 보인하였다(2005도856). 그리고 주식회사의 설립 또는 증자를 위하여 은행에 납입하였던 돈을 그 설립등기 내지 증자등기가 이루어진 후 바로 인출하였다 하더라도 그 인출금을 주식납입금 상당의 자산을 양수하는 대금으로 사용한 경우에는 납입가장죄가 성립하지 아니한다(2005도856).

(3) 인수인과 회사의 관계

1) **체당 관계** : 회사의 자본이 가장납입된 경우 납입행위로서의 효력을 인정하더라도 납입금이 인출되어 개인채무의 변제에 사용됨으로써 회사의 자본에 공백이 발생한다. 가장납입의 실체는 회사의 자본금에 의한 발기인(인수인) 개인채무의 변제이므로 회사는 발기인 등에 대한 권리를 가진다. 이에 관해 판례는 회사의 자본금으로 타인(인수인)의 채무를 변제하였으므로 타인은 회사에 대해 채무

를 변제할 책임을 부담한다고 의제할 수 있으며, 회사는 인수인의 **주금납입채무를 체당**한 것으로 볼 수 있어 인수인은 회사에 대해 주금상환채무를 부담한다고 보았다(**체당납입설**, 2005두5574). 가장납입한 자는 회사의 주주이고, 그 후 그들이 회사가 청구한 주금 상당액을 납입하지 아니하였다고 하더라도 이는 회사 또는 대표이사에 대한 채무불이행에 불과할 뿐 그러한 사유만으로 주주로서의 지위를 상실하지 않으며 납입 없이 상당 기간이 지난 후 회사의 주주임을 주장하더라도 신의성실의 원칙에 반하지는 않는다고 본다(97다20649).

2) **검 토** : 가장납입의 효력에 관한 유효설에 따르면 회사의 주금은 이미 유효하게 회사에 납입되어 회사의 자본금이 되었고, 이를 인출·변제한 행위는 회사가 발기인의 개인채무를 대신 변제한 것이 되므로 발기인에 대해 체당에 따른 권리 또는 변제자 대위권을 가진다. 변제행위를 회사업무집행의 관점에서 보면, 회사의 자본금을 사용할 수 있는 권한을 가진 자는 대표이사인데, 대표이사가 회사의 자본금으로 자신 또는 타인의 개인적 채무를 변제한 것은 회사의 권리능력 범위를 벗어나므로 무효이거나(학설대립), 대표권의 남용에 해당하여 변제행위는 원칙적으로 유효이지만 악의·과실의 상대방에 대해 무효를 주장할 수 있다. 가장납입에서 변제의 상대방도 대개 악의라 볼 수 있어 회사는 그 반환을 주장하거나(학설대립) 회사는 이사에게 손해배상청구(상399)를 할 수 있다(**대표권남용설**). 만일 무효 또는 무효를 주장할 수 있을 경우 변제대금을 반환받을 수 있으므로 자본금은 보존되고 단지 발기인들의 개인채무만 남게 된다. 요컨대 가장납입의 실체인 회사 자본금에 의한 개인채무 변제는 무효 또는 회사의 체당에 해당하므로 회사는 인수인에 대해 체당금 반환 또는 부당이득반환을 청구할 수 있게 된다.

3) **명의차용 가장납입** : 주금의 가장납입의 경우에도 주금납입의 효력을 부인할 수는 없어(84다카1823). 설사 주주가 주금을 가장납입하였다 하더라도 그 주주를 실질상의 주식인수인에게 명의만을 빌려 준 차명주주와 동일시 할 수는 없다(93마1916). 왜냐하면 가장납입을 한 주주에게는 명의대여주주와는 달리 '주주가 되려는 의사'가 있기 때문이다. 만일 명의차용자(B)에 의해 타인(A)의 명의로 가장납입(**명의차용의 가장납입**)한 경우 명의차용자(B)가 납입의무(상332.2)를 부담하는가? 가장납입을 유효로 보는 다수설에 따를 경우 납입행위는 이미 완료되었으므로 납입의무(상332.2)는 적용될 여지가 없다. 판례도 이미 주금납입의 효력이

발생한 주금의 가장납입의 경우에는 납입의무(상332.2)는 적용되지 않고(2001다
44109), 주주의 주금상환채무도 명의대여자가 아닌 실질상 주주인 명의차용자가
부담한다고 보았다.

(4) 유사 가장납입

1) **대출형 납입가장** : 발기인이 개인자격으로 직접 납입금보관은행으로부터 금
전을 차입하여 납입에 충당하고 회사의 성립 후 대표이사가 납입금을 반환받아
발기인에게 빌려주어 그가 은행차입금을 변제하는 경우(절충형 가장납입)에 관해,
이를 일시차입금에 의한 납입가장행위의 일종으로 보는 견해, 통모가장납입의 변
형으로 보는 견해가 주장된다. 생각건대 이는 납입금보관은행이 관련되므로 공모
에 의한 납입가장과 유사하지만, 차입약정시 은행과 발기인 간에 통모가 없어 납
입금의 반환에 아무런 제한(상318.2)이 없으므로 공모에 의한 가장납입과 구별된
다. 대출형 납입가장행위는 납입금보관은행을 이용하지만 회사와 통모하지 않으
므로 통상의 가장납입과 차이가 없고, 단지 납입금을 반환받아 발기인(주주)의 채
무변제 대신 주주에게 대여를 한다는 점만 다르다. 따라서 대출형 납입가장도 납
입행위는 유효이고 회사의 자본을 이용한 체당금반환관계가 아니라 대출채무관계
가 형성될 뿐이다. 회사는 부실한 대출금채권을 주주에 대해 가지므로 실질적 가
장납입이라 할 수 있어 납입가장죄를 비롯한 형사책임을 부담한다고 본다.

2) **자금대여에 의한 가장납입** : 회사가 신주를 발행하면서 주식인수인에게 자
금을 대여하여 그 자금으로 인수·납입하게 하였다면 그 납입행위는 유효한가? 이
에 관해 회사에 대출금 회수의사가 있는 정상적 대출인지 여부를 기준으로 두가
지 유형으로 분류하여 고찰할 필요가 있다.

① 회수의사 없는 경우 – 신주발행을 위해 대출금 회수의 의사 없이 형식상 대
출하여 그 자금으로 신주를 인수·납입하게 하였다면 실질적으로 회사가 신주를
인수한 것이 되어 신주발행의 효력에 하자가 있게 된다. 이는 두 가지 관점에서
볼 수 있는 바, 먼저 회사의 자금이 사용되어 회사가 실질주주라고 볼 때 이는 **자
기주식의 취득**으로 볼 여지가 있다. 둘째, 제3자의 자금이 아닌 회사자금에 의한
납입은 실질적 자본증가가 없어 자본충실의 원칙에 반하는 **가장납입**으로서 효력
에 문제가 있다. **판례**는 대여금을 회수할 의사가 없는 회사의 자금대여에 의한 가
장납입은 단순히 납입을 가장한 것이어서 무효로 보았다(2001다44109). 생각건대

자기주식의 인수로 보는 입장은 주식이 아직 발행되지 않은 상태이므로 자기주식의 취득행위가 될 수 없어 부적절하므로, 자금대여에 의한 가장납입은 자기주식의 취득이 아닌 자본충실을 해하는 가장납입으로 무효로 봄이 타당하다고 본다.

② 회수의사 있는 경우 – 회사가 회수의사를 가지고 주주에게 개인법상 유효한 대출을 하였다면 이를 이용한 주식인수·납입도 유효하다. 주주는 회사에 대해 대출금 반환의무를 부담하게 된다. 요컨대 주식인수인이 자신의 계산으로(회사는 대출금 회사의사를 가지고) 회사로부터 대출을 받아 주식을 인수·납입하였다면 납입행위는 유효하지만, 회사의 계산으로(회사의 대출금 회수의사 없이) 인수주식을 납입하였다면 이는 자본충실의 원칙에 반하는 무효한 납입행위가 되어 신주발행이 무효하게 된다.

5. 기관구성절차

금전출자의 납입과 현물출자의 이행이 완료된 경우 발기인은 발기설립절차에서는 지체 없이 의결권의 과반수로 이사와 감사를 선임하여야 하고(상296), 모집설립절차에서는 지체 없이 창립총회를 소집하여(상308) 임원 선임 등의 절차를 진행하여 성립회사의 업무를 집행할 기관을 구성하여야 한다.

(1) 발기인에 의한 임원 선임(발기설립)
1) **이사·감사의 선임** : 발기설립절차에서는 발기인들은 이사·감사의 선임결의를 하고(상296), **발기인회의**의 의사록을 작성하여 의사의 경과와 결과를 기재하고 기명날인·서명하여야 한다(상297). 발기인회의는 **지분다수결**(1주1의결권)에 의해 의결하고(상296.2) 의사록에는 발기인의 의결권 행사내용을 기재하여야 한다. 하지만 발기인회의는 회사법상 법정되어 있지 않으므로 발기인회의를 반드시 개최하여야 하는 것은 아니고 개최함이 없이 발기인들의 **의결권집계**를 통해 이사·감사의 선임을 확정하고 이를 의사록에 기재하면 무방하다고 판단된다. 다만 **1인의 발기인**만 있는 경우 회의체가 있을 수 없고 1인의 발기인의 의사가 발기인회의의 결의를 대신하게 되지만 이 경우에도 의사록 작성은 요구된다고 본다. 2인 이상의 발기인은 **발기인조합**을 형성하게 되는데, 발기인회의는 지분주의를 취하고 있어(상296.2), 두수주의(조합원의 과반수)를 취하는 발기인조합의 의사결정(민706.2)과 구별된다.

2) 설립등기사항과 관계 : ① 선택적 등기사항 – 공동대표이사는 물론 명의개서
대리인, 감사위원회의 위원의 인적사항 등도 등기사항이지만(상317.2.10호,11
호,12호) 선택적 설립등기사항이다. 설립중의 회사의 선택적 설립등기사항의 구성
에 관해 회사법은 아무런 규정을 두고 있지 않으므로 정관자치의 이념에 따라 정
관으로 그 설치방법에 관해 규정(임의적 기재사항)을 둔다면 그에 따라서 설치될
수 있고 설치내용을 설립등기에 포함시키면 된다. 하지만 이들 기관은 반드시 두
어야 하는 필수적 회사기관이 아니므로 이를 선택하지 않아 등기에 포함시키지
않아도 무방하다.

② 절대적 등기사항 – 회사법은 발기·모집설립절차 모두에서 대표이사의 선임
에 관한 규정을 두고 있지 않다. 하지만 설립등기사항에는 대표이사의 인적사항
이 포함되어 있고 대표이사 대신 집행임원을 둔 경우에는 집행임원의 인적사항도
포함되어 있다(상317.2.9호). 대표이사는 주식회사의 필수적 업무집행기구로서 반
드시 선임되어야 하므로 대표이사는 절대적 등기사항이라 할 수 있다. 하지만 절
대적 등기사항인 대표이사에 관해 설립단계의 회사법 규정(상296,312)에서 별다
른 규정을 두지 않아 정관자치에 맡길 것인지가 의문이다.

③ 대표이사의 선임 – 회사의 설립단계에서 대표이사가 선임되어야 설립등기
를 할 수 있는데(상317.2.9호), 설립단계에서 대표이사 선임절차에 관한 규정이 없
어 어떠한 절차로 대표이사를 선임할 수 있는가? 이에 관해 존립중의 회사에서 원
칙적으로 이사회가 대표이사를 선임하는 것과 같이 설립중의 회사에서도 이사들
이 선임한다고 할 것이나, 정관으로 발기인 등이 선임하도록 달리 정할 수 있다는
견해가 있다. 생각건대 설립중의 회사에서 이사·감사는 업무집행기관이 아니라
감독기관에 지나지 않고 이사회가 구성되지 않으므로 이사회에 의한 대표이사의
선임(상389.1)은 타당하지 않다고 본다. 발기인은 설립중의 회사의 업무집행기관
의 지위에 있고 창립총회는 설립중의 회사의 주주총회에 상응하는 지위에 있으므
로, 발기설립절차의 발기인의 결의, 모집설립절차의 창립총회의 결의로 대표이사
를 선임할 수 있다고 해석함이 타당하다고 본다. 정관자치도 고려할 수 있지만 설
립단계에선 정관이 유동적이며 설립등기에 즈음하여 확정된다는 점을 고려할 때
'의사결정기구의 결의에 의한 대표이사의 선임'이라는 성립회사의 틀을 유지할 필
요가 있어 정관자치에 앞서 해석론이 요구된다고 볼 수 있는데, 여하튼 회사법 규
정의 흠결이므로 입법론적 보완이 요구된다.

(2) 창립총회(모집설립)

1) 개   념 : 창립총회란 주식인수인으로 구성된 설립중의 회사의 의결기관이
자 주주총회의 전신으로서 모집설립절차에만 있는 기관이다. 창립총회는 주식인
수인이 납입과 현물출자의 이행을 완료한 때 발기인에 의해 소집된다(상308.1).
발기설립절차에서는 발기인이 이사·감사를 선임할 수 있으므로 창립총회절차가
진행되지 않지만, 모집설립절차에서 발기인 이외에 제3자에 의한 지분참여가 있
으므로 창립총회를 통해 기관선임절차가 진행된다(상312). 창립총회는 변태설립
사항에 관한 검사인의 보고서 수리(상310), 발기인의 창립보고의 수리(상311), 임
원선임(상312), 이사·감사의 설립보고 수리(상313), 필요시 변태설립사항의 변경
(상314) 등의 절차를 진행한다. 창립총회에는 주주총회에 관한 회사법의 규정(소
집의 통지·공고, 소집지, 의결권의 대리행사·제한·불통일행사, 의결권수 및 그
계산, 연기·속행 결의, 의사록, 결의취소·무효확인·부존재확인의 소, 종류주주총
회)을 준용한다(상308.2).

2) 결의 요건 : 창립총회의 결의는 출석한 주식인수인의 의결권의 2/3 이상이
며 인수된 주식의 총수의 과반수에 해당하는 다수로 한다(상309). 이와 같이 창립
총회의 결의요건을 강화하고 있는 것은 주식발행사항의 결정과 유사하게 회사의
조직이 완비되지 않은 상태에서 업무집행을 신중하게 하려는 취지이다. 창립총회
에서 결의가 요구되는 절차로는 이사·감사의 선임이 대표적이며, 변태설립사항의
변경을 위해서도 결의절차가 요구된다고 본다. 만일 이사·감사의 선임결의를 함
에 있어 의결권의 2/3 이상의 득표자가 없으면 다시 선임절차를 진행하여야 한다.
하지만 계속 요건을 충족하지 못하여 임원선임의 정돈(停頓)상태가 발생할 수(예,
인수인 전원이 출석하여 의결권 2/3의 요건이 충족되지 않을 경우)가 있으므로,
해석상 인수된 주식의 과반수에 의해 갈음할 수 있다고 해석할 필요가 있지만 입
법론적 보완이 요구된다.

3) 권   한 : 창립총회의 권한에는 임원을 선임하는 권한을 중심으로 회사설립
경과를 감독하는 권한 등이 포함된다. 회사설립경과 감독권한은 발기인과 이사
등의 보고를 수리하는 권한, 변태설립사항의 변경권, 정관변경·설립폐지권한 등
을 내용으로 한다. **보고수리권한**은 발기인이 회사의 창립에 관한 사항을 서면에
의하여 창립총회에 보고하면 이를 수리하는 권한으로서, 보고서에는 주식인수와

납입에 관한 제반상황과 변태설립사항에 관한 실태를 명확히 기재하여야 한다(상 311). 이사와 감사는 취임 후 지체 없이 회사의 설립에 관한 모든 사항이 법령 또 는 정관의 규정에 위반되지 아니하는지의 여부를 조사하여 창립총회에 보고하여 야 하는데(상313.1), 발기설립시 이사·감사의 조사·보고에 관한 규정(상298.2,3) 을 준용한다(상313.2). 창립총회는 변태설립사항이 부당하다고 인정될 경우 이를 변경하는 결의를 할 수 있으며(상314), 이러한 **변경결의**는 발기인에 대한 손해배 상책임에 영향을 미치지 않는다(상315). 그리고 창립총회의 소집통지서에 기재가 없더라도 **정관변경·설립폐지 결의**도 할 수 있다(상316).

6. 설립경과의 조사절차

1) **이사·감사의 권한** : ① 위법사항 조사보고 – 설립절차에서 선임된 이사와 감 사는 취임 후 지체 없이 회사의 설립에 관한 모든 사항이 법령 또는 정관의 규정 위반 여부를 조사하여 발기설립의 경우 발기인에게(상298), 모집설립의 경우 창 립총회(상313)에 보고하여야 한다. 발기인·현물출자자·재산인수거래당사자인 이사·감사는 조사·보고에 참가하지 못하고(상298.2), 전원에 결격사유가 있을 경우에는 공증인이 대신한다(상298.3).

② 검사인 선임청구 – **변태설립사항**이 있을 경우에는 조사를 위해 이사(모집설 립의 경우 발기인)는 검사인의 선임을 법원에 청구하여야 하나(상298.4,310.1) 후 술하는 바와 같이 다른 수단으로 대체 가능하다(상299의2,310.3). **검사인**이 선임된 경우에는 **검사인**은 변태설립사항과 현물출자의 이행을 조사하여 법원(발기설립절 차) 또는 창립총회(모집설립절차)에 보고하고 조사보고서를 작성하여 그 등본을 발기인에게 교부하여야 한다(상299.1,2, 310.2). 발기설립절차에서 발기인은 조사 보고서에 사실과 상위한 사항이 있는 경우 법원에 설명서를 제출할 수 있으며(상 299.4), 모집설립절차에서는 창립에 관한 전반적 사항을 서면의 보고서에 의해 창 립총회에 보고하도록 하고 있다(상311). 법원(또는 모집설립절차에서 창립총회)은 검사인의 조사보고서와 발기인의 설명서를 심사하여 변태설립사항이 부당하다고 인정한 때에는 이를 **변경**하여 각 발기인에게 통고할 수 있다(상300.1).[78]

---

78) 이에 불복하는 발기인은 그 주식의 인수를 취소할 수 있다. 이 경우 정관을 변경하여 설 립에 관한 절차를 속행할 수 있다(상300.2,314.2). 법원(또는 모집설립절차에서 창립총회) 의 통고가 있은 후 2주 내에 주식의 인수를 취소한 발기인이 없는 때에는 정관은 통고에

2) **조사의 면제·대체** : 설립경과조사는 일정한 경우 면제되거나 다른 수단에 의해 대체될 수 있다. **조사면제**는 첫째, 현물출자나 재산인수 총액이 자본금의 1/5를 초과하지 아니하고 대통령령으로 정한 금액을 초과하지 아니하는 경우(소액출자), 둘째, 현물출자나 재산인수의 재산이 거래소에서 시세가 있는 유가증권인 경우로서 정관에 적힌 가격이 대통령령으로 정한 방법으로 산정된 시세를 초과하지 아니하는 경우(유가증권출자), 셋째, 기타 이에 준하는 경우로서 대통령령으로 정하는 경우79)가 이에 해당한다. 다음으로 설립경과조사의 **조사대체**도 가능한데, 변태설립사항 중 발기인이 받을 특별이익이나 설립비용·발기인의 보수액(상290 1호,4호)에 관하여는 공증인의 조사·보고로, 현물출자·재산인수(상290 2호,3호)와 제295조의 규정에 의한 현물출자의 이행에 관하여는 공인된 감정인의 감정이 그에 해당하고(상299의2,310.3), 공증인 또는 감정인은 조사 또는 감정결과를 법원에 보고하여야 한다(상299의2).

제 5 절   설립등기

1. 의   의

1) **취   지** : 회사가 설립되어 법인격을 취득하기 위해서는 설립등기가 되어야 한다. 회사의 설립에 관해 준칙주의를 취하고 있는 현행 상법하에서 회사설립요건의 구비 여부를 검토하려는 취지와 공시주의의 이념을 실천하고자 하는 취지이다. 설립등기절차를 통해 법인특권을 누리는 주식회사의 자본형성과 기관구성 등 회사의 요건을 갖추고 있는지를 검토할 수 있고, 회사의 중요한 내부적 사실을 외

따라서 변경된 것으로 본다(상300.3,314.2).

79) 동조는 일정한 사항들을 대통령령에 위임하고 있는데 먼저, 검사인조사·보고의무가 면제되는 소액출자는 5천만원으로 정하고 있다(상령7.1). 둘째, 유가증권출자 즉 재산이 유가증권인 경우 대통령령으로 정한 방법으로 산정된 시세(상299.2.2호)란 정관의 효력발생일(상292)로부터 소급한 거래소에서의 1개월 평균 종가, 효력발생일부터 소급한 거래소에서의 1주일 평균 종가 및 효력발생일의 직전 거래일의 거래소에서의 종가를 산술평균하여 산정한 금액과 효력발생일의 직전 거래일의 거래소에서의 종가 중 낮은 금액을 말한다. 다만 현물출자, 재산인수의 재산에 그 사용, 수익, 담보제공, 소유권 이전 등에 대한 물권적 또는 채권적 제한이나 부담이 설정된 경우에는 적용하지 아니한다(상령7.2). 셋째, 소액출자나 유가증권출자자 이외의 예외로서 대통령령이 정하는 경우에 관해서는 시행령에 특별한 규정을 두고 있지 않다.

부적으로 공개함으로써 회사와 거래하는 당사자들의 이익을 보호할 수 있다. 설립등기로 주식회사는 법인격을 취득하고 설립중의 회사의 모든 권리의무는 성립회사에 귀속된다.

2) **등기의무** : 발기설립의 경우 법원의 변경처분이 완료된 후, 모집설립의 경우에는 창립총회의 종료일 또는 변태설립사항의 절차가 완료된 날로부터 2주 내에 이사가 설립등기를 공동신청 하여야 한다(상317.1). 등기에는 정관의 기재사항과 이사·감사·대표이사의 성명과 공동대표인 경우 그 사실 등을 기재하여야 한다(상317.2). 설립등기를 해태한 때에는 과태료의 제재가 있고(상635.1.1호), 등기사항의 변경시에는 본점소재지에서 2주 내, 지점 소재지에서 3주 내에 변경등기를 하여야 한다(상317.4 → 183).

2. 등기사항과 심사

1) **등기사항** : 설립등기사항을 구체적으로 살펴보면, ⅰ) 정관기재사항(상289.1.1호~4호,6호,7호), ⅱ) 자본금액 관련(자본총액, 발행주식의 총수·종류, 각종 주식의 내용·수), ⅲ) 주식 관련 사항(주식양도제한, 주식매수선택권, 전환주식 발행사항, 이익소각, 명의개서대리인), ⅳ) 회사의 존립기간 또는 해산사유, ⅴ) 지배구조(임원·대표이사·감사위원회위원의 인적사항, 공동대표임원) 등이 포함된다.[80) 그리고 지점등기사항은 정관기재사항 중 일부로서, 목적, 상호, 본점소재지, 회사공고방법, 회사의 존립기간 또는 해산사유, 대표임원의 주소 및 인적사항, 공동대표임원 등이다.

2) **심사권의 범위** : ① **논 의** – 발기인에 의한 설립등기신청에 대해 등기공무원의 권한은 어떠한가? 이에 관해 **형식적 심사주의**는 등기공무원은 등기신청사항의 적법성만 심사할 수 있을 뿐이고 그 내용의 진실성까지 심사할 권한은 없어 신청서, 첨부서류 및 등기된 사항을 서면심사하고 그 신청이 적법한지 여부를 심사

---

80) 개정상법에서 건설이자에 관한 사항이 등기사항에서 삭제되고 집행임원제도 도입에 따라 집행임원의 인적사항, 대표집행임원, 공동집행임원에 관한 사항이 등기사항으로 추가되었다. 그리고 회사의 성립시 발생주식총수 및 1주의 금액을 지점등기사항에서 삭제하였다(상317.3).

함에 그쳐야 한다고 보는데, 등기공무원은 재판관은 아니고 기록관이므로 심사에
는 한계가 있다는 점을 논거로 들고 있다. **실질적 심사주의**는 등기공무원은 등기
신청사항의 형식적 적법성뿐만 아니라 실체적 진실성까지도 심사할 권한이 있다
고 보며, 상업등기의 관할이 법원이므로 등기공무원에게 사실탐지의 의무가 존재
하며, 등기공무원의 경정권한(상등76) 등을 논거로 든다. 그밖에 절충설로 실질적
심사주의(적법성·진실성의 심사권한)의 원칙을 신청사항에 대하여 현저한 의문이
있는 경우로 제한하는 **수정실질적 심사주의**, 형식적 심사주의의 원칙을 등기신청
사항의 진실성에 관하여 의심할 여지가 있을 때에는 그 진실성을 조사하여야 한
다는 **수정형식적 심사주의**가 주장된다.

　② **검　토** - 회사법은 회사설립을 용이하게 하도록 준칙주의를 취하고 있는
데, 실질적 심사주의는 등기공무원이 등기서류의 진실성까지 조사하게 되어 회사
설립에 관한 준칙주의의 취지가 훼손될 수 있다. 회사설립에 관한 준칙주의에 따
를 경우 형식적 심사주의가 원칙적으로 타당하다고 본다. 하지만 상업등기법의
신청의 각하사유로 '등기할 사항에 관하여 무효 또는 취소의 원인이 있는 때'(상등
26)를 규정하고 있어 무효사유의 존재 여부를 판단하기 위해서는 등기사항의 진
실성에 관한 실체 판단이 전제되지 않을 수 없다. 따라서 형식적 심사주의를 따르
면서도 신청사항에 의심의 여지가 있을 때 예컨대 등기사항에 무효·취소원인이
있을 때(상등26)에는 예외적으로 그 진실성을 조사할 수 있다고 보는 **수정형식적
심사주의**가 타당하다고 본다.

3. 설립등기의 효력

　1) **취　지** : 상업등기는 등기사항을 등기하지 않은 경우 선의의 제3자에 대항
하지 못하고(소극적 공시원칙) 등기한 경우에는 원칙적으로 선의의 제3자에게도
대항할 수 있는 효력(적극적 공시원칙)이 발생하며(상37), '대항력'이 상업등기의
효력의 중심이다. 그런데 (주식)회사의 설립등기의 효력은 단순히 상업등기사항의
대항력을 확보하는 것이 아니라 회사를 창설하는 효력이 발생한다는 점에서 상법
제37조가 적용되는 등기로 보기는 어렵다. 즉 설립중의 회사가 설립등기를 하지
않으면 회사가 존재하고 이를 선의의 제3자에게 대항할 수 없는 것이 아니라 회
사의 법인격이 아예 부여되지 않게 되고, 설립등기를 하였다면 회사는 법인격이
창설되게 된다. 이렇게 볼 때 상업등기는 법률관계의 공시가 목적이지만 회사의

설립등기는 법률관계의 공시 이외에 회사의 법인격 성립의 확정력을 부여하는 더 큰 의미를 가지고 있다고 본다.

2) **효 력** : ① **법인격 부여** – 회사가 설립등기를 하게 되면 첫째, 설립중의 회사에 법인격이 부여되어 권리능력 있는 회사가 탄생하게 된다(상172), 이는 모든 형태의 회사에 공통된 효과일 뿐만 아니라 법인 일반에 공통된 제도라 할 수 있다. 설립중의 회사는 설립등기를 함으로써 설립중의 회사의 제한된 권리능력이 완전한 법인의 권리능력을 가지게 되어 명의의 분리, 책임의 분리 현상이 나타난다. 그리고 회사의 설립에 참여했던 발기인, 제3자인 주식인수인은 설립등기에 의해 주주 즉 회사의 구성원(사원)이 되어 유한책임을 부담하게 되고 주식인수인의 지위를 의미하는 권리주(상319)는 주식으로 전환되어 양도가 가능하게 된다.

② **기타 효력** – 회사의 설립등기는 법인격이 창설되는 효력 이외에도, ⅰ) **인수하자 주장금지** 주식인수인은 주식청약서의 요건의 흠결을 이유로 그 인수의 무효를 주장하거나 사기, 강박 또는 착오를 이유로 그 인수를 취소하지 못하게 되고(상320.1), ⅱ) **자본충실책임 성립** 설립등기 이후에 자본의 흠결(불인수주식, 인수청약 취소, 납입미완주식)이 발견되면 발기인의 자본충실책임이 발생하고(상321), ⅲ) **주권발행 허용** 회사는 회사 설립등기 이후 주주의 지위(주식)을 표창하는 주권의 발행이 허용될(상355.2) 뿐만 아니라 발행할 의무를 부담한다(상355.1). 그리고 설립등기 전에 발행한 주권은 무효이며(상355.3), 설립등기 이후 6월 내에 주권을 발행하지 않으면 주권발행 없이 주식의 양도가 가능하게 된다(상335.3).[81]

[비교법] 회사의 성립시점에 관해 일본 회사법은 주식회사는 그 본점 소재지에서 설립등기를 함으로써 성립한다고 정하여(일회49). 우리 상법 제172조와 유사한 조항을 두고 있다. 독일 주식법은 회사는 발기인 전원, 이사회와 감사회의 구성원 전원에 대한 상업등기부에 등록을 법원에 신청하여야 한다고만(독주36.1) 정할 뿐 회사의 성립시기에 관한 조항을 찾기 어렵다. 오히려 발기인들이 모든 주식을 인수하게 되면 회사가 설립된다는 규정을 두고 있다(독주29). MBCA는 유예효력 발생일이 특정되지 않은 경우에는

---

81) 미국 회사법은 주의 주무장관에 원시정관이 제출되면 주무장관은 회사설립인가증(certification of incorporation)을 발급하는 주도 있고, 원시정관의 사본을 발기인에게 반환하는 주도 있다. 구체적으로는 주무장관에 제출된 원시정관이 수령되는 시점에 법인이 설립된 것으로 본다(Stephen M. Bainbridge, 「Corporate Law」, 3rd. Foundation Press, 2015. p.13).

회사의 성립은 정관이 보존된 때에 개시된다고 정하고 있다고 있으며(MBCA2.03.a), DGCL은 이 법의 제103조에 따라 작성되고 인증된 정관이 주무장관에게 제출됨에 의하여 그 정관에 서명한 1인 이상의 발기인, 그 발기인의 승계인 및 양수인은 정관의 제출일부터 정관에 기재된 상호로 회사의 조직을 구성한다고 정하고 있다(DGCL106).

제 6 절 설립에 관한 책임

주식회사의 설립절차는 복잡하지만 회사법은 준칙주의를 취하고 있어 설립등기요건만 형식적으로 충족하면 실질적 하자가 있어도 설립등기절차가 완료될 수 있으므로, 설립과정에 오류(예, 자본형성 흠결, 회사 손해 발생)가 발생할 가능성이 높다. 하지만 이미 성립한 회사는 설립무효사유를 이유로 법원의 설립무효판결을 받지 않는 한 유효한 법인격의 주체로서 존속한다. 준칙주의의 문제점을 보완하기 위해 회사법은 설립경과조사제도 이외에 발기인, 이사, 감사, 검사인 등 설립관여자에게 엄격한 책임을 인정하는 **엄격준칙주의**를 취하고 있다. 회사의 신뢰보호를 위해 자본흠결이나 회사의 손해를 설립관여자의 책임으로 보완하고, 회사가 불성립한 경우 투자금의 반환 등에 대한 책임을 발기인에게 지우고 있다.

[비교법] MBCA는 발기인의 책임규정을 따로 두지 않고 설립중의 회사의 행위에 관해 회사를 대표·대리하여 행위한 자의 책임을 규정하고 있다. 회사불성립에 관해 악의로 행위한 자는 설립중의 회사의 채무에 관해 연대채무를 부담한다고 규정한다(MBCA2.40). 발기인은 회사의 설립사무를 담당하지만 주식인수의무를 부담하지 않아 우리 회사법상 발기인과는 구별되고 따라서 발기인이 아닌 다른 주식인수인에 의한 설립중 회사의 업무집행도 전제한 것으로 본다. 따라서 발기인뿐만 아니라 다른 주식인수인도 회사의 행위를 대표·대리한 경우 원칙적으로 유한책임을 부담하지만, 악의인 경우에는 연대책임을 부담하도록 하고 있다.

1. 발기인의 책임

(1) 자본충실책임

1) **의 의** : 발기인의 자본충실책임이란 설립등기를 마친 회사의 자본흠결에 대해 부담하는 발기인의 책임을 의미하며, 이는 인수담보책임과 납입담보책임으로 구별된다. 회사는 설립시에 발행하는 주식총수에 대해 인수가 이루어지고 이

에 대해 전액 납입이 완료되어야 설립등기를 신청할 수 있다. 따라서 설립등기를 마친 회사에는 원칙적으로 자본에 흠결이 있을 수 없으나, 예외적으로 주식인수의 취소, 미납입의 간과 등으로 자본에 흠결이 있는 상태에서 설립등기가 이루어질 수 있다. 이들 사유는 설립무효의 사유이지만 설립무효시 설립과정의 비용과 노고가 무위로 될 수 있어, 설립무효를 대신하여 발기인에게 자본충실책임을 부담시킴으로써 자본충실을 도모한다. 발기인의 자본충실책임은 설립무효의 구제뿐만 아니라 다른 주주나 회사채권자 보호에도 기여한다.

  2) **책임의 성질** : ① **법정책임** – 발기인의 자본충실책임은 특정 발기인의 고의·과실이 없더라도 회사 성립 후 자본이 흠결된 경우 발기인 전원에게 발생하는 책임인 **법정책임**으로서 발기인의 손해배상책임과는 그 성질을 달리한다. 그리고 동 책임은 자본 흠결이 발생한 때가 아니고 회사의 설립등기시점에 발생한다고 보아야 한다. 발기인의 인수담보책임은 회사의 성립 전에 인수가 안 되었거나 인수가 취소된 주식의 발견(인식)한 시점이 아니라 회사의 설립등기시점부터 발생하고, 회사 성립 후에 주식인수가 취소된 경우에는 취소시점에 발기인의 인수담보책임이 발생한다. 그리고 발기인의 납입담보책임도 회사 성립후 납입이 안 된 것을 발견한 시점이 아니라 회사의 설립등기시점에 발생한다고 본다.

  ② **책임의 소멸** – 발기인의 책임을 추궁하기 위해서는 소수주주에 의한 대표소송이 인정되고(상324 → 403~406), 발기인의 자본충실책임은 회사의 성립시(또는 책임발생시점)로부터 10년의 소멸시효의 경과로 소멸된다고 볼 수 있다. 그러나 일반의 손해배상책임(상324 → 400)과는 달리 총주주의 동의로도 발기인의 자본충실책임을 면제할 수는 없다.

  3) **인수담보책임** : ① **개 념** – 회사설립시에 발행한 주식으로서 회사성립 후에 아직 인수되지 아니한 주식이 있거나 주식인수의 청약이 취소된 때에는 발기인이 이를 공동으로 인수한 것으로 본다(상321.1), 즉 설립중의 주식인수 흠결로 인해 회사 성립후 발기인의 인수의제에 따른 책임을 인수담보책임이라 한다. 물론 주식인수의 취소는 회사법에서 제한하고 있지만(상320) 예를 들어 인수인이 행위능력이 없는 상태에서 주식인수를 한 경우 등 상법 제320조 제1항에서 제한한 경우 이외의 취소사유가 있을 경우에는 인수행위가 취소될 가능성은 여전히 남아 있다.

② **인수의제** – 인수담보책임을 지는 경우에는 인수가 흠결된 주식(인수가 안된 주식, 인수가 취소된 주식 등)에 대하여는 발기인의 공동 주식인수가 의제되어 발기인이 바로 주식인수인이 되고, 인수의 의사표시를 하여야 할 의무가 있는 것이 아니다. **공동인수** 의제된 주식에 대하여 발기인은 **연대납입의무**를 부담한다. 발기인이 1인인 경우에는 공동인수가 아니라 단독 인수가 되고 인수된 주식에 관해 1인의 발기인은 납입의무를 부담하게 된다. 납입의무를 이행한 발기인은 **주주가** 되고 공동으로 납입하면 주식을 공유하게 된다. 그밖에 발기인의 주식인수도 취소할 수 있는지, 취소할 수 있다면 취소된 주식은 나머지 발기인에게 인수담보책임일 발생하는지, 1인의 발기인인 경우에도 주식인수를 취소할 수 있는지 등이 문제될 수 있다.

4) 납입담보책임 : ① 개 념 – 회사성립 후 납입을 완료(상295.1,305.1)하지 아니한 주식(납입흠결)이 있는 때에는 발기인은 연대하여 그 납입을 하여야 한다(상321.2). 회사가 성립한 후에는 납입 흠결이 있더라도 실권절차를 진행하여 새로운 주주를 모집하는 것은 불가능하므로 회사법은 이를 발기인의 납입담보책임에 의해 회사설립의 흠결을 보완하고 있다. 주식인수가 취소되어 납입금이 반환된 경우에는 발기인의 인수담보책임만 발생하고 납입담보책임은 발생하지 않으므로 발기인의 납입담보책임은 주식인수가 유효함을 전제한다.

② 대위 납입 – 발기인의 납입담보책임이 발생하는 경우 인수담보책임과는 달리 주식인수인이 따로 존재한다. 따라서 발기인이 의무를 이행하여 납입하더라도 당해 주식에 대한 주주가 되는 것이 아니라 주식인수인의 의무를 대신 이행한 것이 되어, 원래의 주식인수인이 주주가 되고 발기인은 주식인수인에 대해 구상권을 취득한다. 발기인이 주식인수인에 대해 구상권을 행사하는 과정에, 회사의 납입청구권을 대위행사하여 회사로부터 주권의 교부를 받아 유치할 수 있다. 요컨대 회사설립 후 납입되지 않은 부분이 발견되면 이 부분에 대해 주식인수인과 발기인이 부진정연대책임을 부담하고, 납입을 대행한 발기인은 납입의무를 이행하지 않은 주식인수인에 대하여 구상권을 행사할 수 있다.

5) 현물출자 불이행 : ① 자본충실책임 – 현물출자를 약속하였으나 이행되지 않은 경우에도 발기인이 자본충실책임을 부담하는가?(**쟁점20**)[82] 이에 관해, 현물출자의 불이행의 경우에는 발기인의 자본충실책임이 적용되지 않는다는 **부정설**, 헌

물출자의 '대체가능성'에 따라 구별하여 책임을 인정하여야 한다는 **구별설**(**제한적
긍정설**), 대체불가능할 경우에도 금전출자를 시킬 수 있다고 보는 **긍정설** 등이 주
장된다. 다만 회사법은 '납입'과 '이행'을 구별하여 사용하고 실권절차도 납입불이
행을 요건으로 하지만(상307), 제3자의 현물출자 불이행의 경우에도 회사가 실권
절차를 진행할 수 있다고 해석되어 회사법상 용어사용을 본 쟁점의 논거로 보기
는 부족하다고 본다.

　② 검　토 - 현물출자의 대체가능성을 기준으로 담보책임을 인정해야 한다는
견해도 경청할 만하지만, 첫째, 대체가능성 판정이 쉽지 않고 회사설립무효 여부
는 다수 당사자에게 영향을 미치는 중요한 법률요건이어서 이를 대체가능성 또는
목적사업수행에의 불가결성의 판단에 의존시키는 것은 법률관계를 불안정하게 할
우려가 있으며, 둘째, 자본충실책임은 회사설립무효의 원인을 구제하는 예외적인
제도이어서 금전출자와 달리 현물출자의 개성을 감안할 때 완전한 대체가 대부분
의 경우 불가능하므로 원칙으로 돌아가 설립무효원인으로 보는 것이 적절하고,
셋째, 회사법은 현물출자에 관해 매우 엄격한 조사절차를 규정하고 있음에 불구
하고 그 이행에 흠결이 있는 상태에서 회사의 설립등기가 이뤄졌을 경우 엄격준
칙주의의 취지상 발기인의 자본충실책임의 대상이 아니라 보는 부정설이 타당하
다고 본다.

　6) **자본충실책임의 한계** : ① 논　의 - 자본의 흠결은 무제한 발기인의 자본충
실책임으로 해결될 수 있는가? 이에 관해 **제한설**은 설립된 주식회사의 자본상의
흠결보완에 관해, 흠결의 정도가 경미한 경우에만 발기인의 자본충실책임으로 보
완하여야 하고 현저한 경우에는 설립무효의 사유가 된다는 본다(통설). 이에 대
해, **무제한설**은 회사채권자 및 주주의 보호를 위해 자본충실책임은 회사의 설립무

---

82) **자본충실책임의 현물출자에의 적용여부**(쟁점20)에 관해, **긍정설**은 현물출자도 대체가능한
　　경우가 있고 또 대체불가능한 경우에도 그 가액에 해당하는 금전을 출자시켜 사업을 하
　　는 것이 가능하므로 발기인의 납입담보책임을 긍정하는 견해이다(권기범464,정동윤425).
　　부정설은 현물출자는 개성이 강한 것으로 일반적으로 타인이 대체이행을 하는 것이 곤란
　　하고 또 상법은 금전출자의 납입과 현물출자의 이행을 달리 표현하고 있으므로 현물출자
　　에는 발기인의 자본금 충실의 책임을 부정한다(정찬형701, 김건식129, 장덕조103, 최기
　　209). **구별설**은 현물출자가 이행된 경우에는 사업목적의 수행과 관련하여 그 효력을 다
　　투는 것이 합리적이라 보면서, 현물출자의 목적재산이 목적사업의 수행에 불가결한 것이
　　라면 설립무효사유로 보고, 그렇지 않다면 발기인이 그 부분의 주식을 인수하여 금전으
　　로 납입할 nt 있다고 보는 것이 기업유지를 위해 바람직하다고 보아 현물출자재산과 목
　　적사업과의 관계에 따라 구분하는 견해이다(이철송272).

효 여부와 관계없이 생긴다고 보고 주금액의 납입이 전혀 없는 경우에도 발기인의 납입담보책임이 생긴다고 본다.

② **검 토** - 회사법에 발기인의 자본충실책임에 관해 특별한 제한을 두고 있지만 해석상 제한설이 다음과 같은 이유에서 타당하다고 본다. 첫째, 발기인의 자본충실책임은 설립절차상의 하자가 있음에도 불구하고 경제적 관점에서 예외적으로 발기인의 책임을 통한 하자의 보완이어서 하자의 정도가 현저한 경우에까지 이를 인정하는 것은 자본충실의 원칙이 침해될 가능성이 높다. 둘째, 극단적으로 주금액 납입이 전혀 없는 경우에도 발기인의 자본충실책임을 인정하는 것은 결국 전액납입주의를 취하고 있는 회사법에 반하여 발기인의 채무부담만으로 회사가 설립되는 것이 되어 부당하다. 셋째, 자본의 흠결이 현저하여 회사설립이 무효가 된 경우 주주와 회사채권자 보호는 자본흠결이 있는 회사 설립에 책임이 있는 발기인에 대한 손해배상책임으로 해결하여야 하고, 무과실책임인 자본충실책임으로 해결할 성질은 아니라고 본다.

(2) 회사에 대한 손해배상책임

1) **개 념** : 발기인은 자본충실책임뿐만 아니라 회사 또는 제3자에 대하여 일정한 요건을 전제로 손해배상책임을 부담한다. 발기인이 회사의 설립에 관하여 그 임무를 해태한 때에는 그 발기인은 회사에 대하여 연대하여 손해를 배상할 책임이 있다(상322.1). 발기인은 **설립중의 회사의 기관**으로서 민법상의 위임계약에서 규정하고 있는 선량한 관리자의 주의로써 설립사무를 집행하여야 한다. 발기인이 선관주의 의무를 해태하여 손해를 발생시킨 경우 회사가 성립하게 되면 성립 후의 회사에 대하여 책임을 부담하게 된다. 회사가 불성립한 경우에는 배상책임을 물을 수 있는 주체가 없어 동조의 책임은 문제되지 않으나, 회사가 성립한 후 설립이 무효하게 된 경우에는 성립이 전제되므로 동조의 책임이 발생한다고 본다. 회사설립단계에서 이사·감사가 임무를 해태하여 회사·제3자에 대해 손해배상책임을 부담할 때 이사·감사와 발기인은 연대하여 손해배상책임을 부담한다(상323).

2) **법적 성질** : ① 과실책임 - 발기인의 회사에 대한 책임은 발기인의 임무해태를 요건으로 하고 있다는 점에서 **과실책임**이고 무과실책임인 자본충실책임과는 구별된다. 발기인의 책임을 규정한 동조는 발기인이 수임인의 지위에서 부담하는

책임을 규정한 것에 지나지 않는다는 점에서 그 실질은 **채무불이행책임**으로 볼 수 있다. 물론 발기인은 설립중의 회사에 대해서 이러한 책임을 부담하지만, 설립중의 회사의 모든 채권·채무는 설립 후의 회사에 귀속되므로 발기인이 성립회사에 대해서 책임을 부담하게 된다.

② 책임의 소멸 – 회사가 발기인에 대한 책임을 추궁하지 않을 경우 소수주주에 의해 대표소송이 제기될 수 있으나, 발기인의 손해배상책임은 총주주의 동의에 의해 면책될 수 있다(상324 → 400)는 점에서 자본충실책임과는 구별된다. 발기인의 회사에 대한 손해배상책임은 10년의 소멸시효 완성으로 소멸되며, 성립후 회사의 이사의 회사에 대한 손해배상책임과 구조 및 성질이 유사하다. 하지만 이사의 손해배상책임은 주주총회에서 재무제표 승인 후 2년이 경과하면 책임해제되고(상450), 정관으로 책임의 한도를 설정할 수 있지만(상400.2), 발기인의 손해배상책임에는 책임해제, 책임한도 등이 적용되지 않는다.

3) 변태설립사항 관련 책임: 예컨대 설립중의 회사가 재산인수의 재산가액 또는 현물출자의 출자가액을 과대하게 평가하거나 설립비용·발기인의 특별이익의 과대 계상으로 설립중의 회사의 손해가 발생할 우려가 있을 경우 등 변태설립사항이 부당하면 설립중의 회사의 창립총회는 이를 변경할 수 있다(상314.1) 그리고 창립총회의 변태설립사항의 변경은 발기인에 대한 손해배상의 청구에 영향을 미치지 않는다(상315). 따라서 창립총회에서 변태설립사항이 수정되어 적정한 금액으로 변경되었다고 하더라도 변태설립사항에 관해 발기인의 임무해태가 있었으므로 이로 인해 회사에 손해가 발생하였다고 한다면 발기인은 변태설립사항의 변경에도 불구하고 그 손해를 배상할 책임을 부담한다.

(3) 제3자에 대한 손해배상책임

1) 개 념: 발기인은 회사에 대한 손해배상책임뿐만 아니라, 제3자에 대해 손해배상책임을 부담하는 점은 성립회사의 이사·감사의 책임과 동일하다. 발기인이 악의 또는 중대한 과실로 인하여 그 임무를 해태한 때에는 그 발기인은 제3자에 대하여도 연대하여 손해를 배상할 책임이 있다(상322.2). 그리고 회사에 대한 손해배상책임과 유사하게, 회사설립단계에서 이사·감사가 임무해태하여 제3자에 대해 손해배상책임을 부담할 경우 이사·감사와 발기인은 연대손해배상책임을 부담한다(상323).

2) **법적 성질** : ① 논 의 – 발기인의 제3자에 대한 책임의 성질에 관해 **불법행위책임설**(서·정335)과 **법정책임설**(통설)이 대립하고 있다. 이사의 제3자에 대한 책임에 관해서도 법정책임설이 다수설이고, 이사는 완전히 성립한 법인격체인 회사의 업무집행기관이어서 제3자를 보호하기 위해 법정책임을 도입한 것으로 이해할 수 있다. 하지만 발기인은 제한적 권리능력을 가질 뿐인 설립중의 회사의 기관에 지나지 않으며, 설립중의 회사의 발기인과 거래하는 자는 성립후 회사의 거래상대방과 달리 발기인에 대한 신뢰를 고려하고 발기인을 회사가 불성립할 경우 책임의 주체로 인식한다고 볼 수 있어, 이사의 제3자에 대한 손해배상책임과는 본질을 달리한다고 생각된다. 이렇게 볼 때 이사는 제3자와 직접적 법률관계가 없으므로 법정책임설이 타당하다고 볼 수 있지만 발기인에도 동일한 논리를 적용함에는 의문이 있다.

② **검 토** – 설립중의 회사는 발기인의 의사에의 의존성이 강한 불완전한 법인격체이고, 성립후 회사와 달리 이를 감시·감독하는 기관도 형성되어 있지 않아 설립중의 회사가 발기인과 제3자간의 관계를 완전히 절연한다고 보기 어렵다. 그리고 설립중의 회사의 개념은 설립중의 회사의 권리의무를 성립후 회사에 간편하게 귀속시키기 위한 수단적 개념인데, 이를 확대해석하여 발기인과 제3자간의 간접적 관계로 이해하는 것은 설립중의 회사의 취지에 반하는 해석론이라 할 수 있다. 발기인은 제3자와 완전히 간접적인 관계가 아니어서 발기인의 악의·중과실에 의한 임무해태로 인해 위법성이 인정될 경우 제3자에게 손해가 발생할 경우에는 제3자에 대한 불법행위책임이 성립할 수 있다고 볼 수 있다. 하지만 발기인의 제3자에 대한 책임은 고의·중과실에 의한 임무해태를 요건으로 하고 있는 등 일반 불법행위의 요건과 다르게 정하고 있어 **특수불법행위책임**으로 이해되고, 일반 불법행위책임과 경합하지 않는다고 볼 필요가 있다.

3) **제3자의 범위** : ① 논 의 – 회사가 성립하지 않은 경우에도 발기인의 임무해태로 인한 손해가 발생할 여지가 있고, 이러한 손해는 후술하는 발기인의 회사 불성립시의 책임으로 보전될 수 없으므로 본조의 발기인의 책임이 발생한다고 본다. 본조에서 규정하는 제3자에 주식인수인, 회사채권자가 포함되지만, 제3자에 **주주**가 포함될 수 있는가? 이에 관해 **불주주는** 제3자에 포함되지 않는다고 보는 **포함설**, 회사의 손해와 관계없이 직접 손해를 본 경우에만 제3자에 포함된다고 보는 **제한적 포함설**, 직접 손해를 입은 주주뿐만 아니라 회사의 손해로 인해 간접손

해를 본 주주도 제3자에 포함된다고 보는 **포함설**(통설) 등이 주장된다.

② **검 토** – 회사의 손해가 동시에 주주의 손해이기도 한 경우에, 발기인이 회사에 대하여 모든 손해를 배상한 때에는 주주에 대한 동일한 손해의 배상책임은 소멸한다고 보는 데는 의문이 없다. 다음으로 주주의 지위는 회사가 성립한 후에 탄생하는 개념이고 설립중의 회사의 단계에서는 주주가 아닌 주식인수인만 존재하므로 발기인의 행위시점을 기준으로 본다면 정확하게는 주식인수인에 대한 책임이라 이해할 수 있다. 발기인의 제3자에 대한 책임의 성질론에서 본 바(특수불법행위책임설)와 같이 발기인은 주식인수인과 직접적 관계와 유사하므로 주식인수인(성립후 회사의 주주)도 당연히 포함된다고 본다.

(4) 회사 불성립시 책임

1) **의 의** : 회사가 성립한 경우 회사는 정상적인 영업을 시작하고 회사 설립 단계에서 부담하였던 모든 채무는 성립후 회사가 부담하게 된다. 단지 자본흠결이 있거나 회사·제3자의 손해가 발기인의 임무해태로 발생한 경우 발기인의 자본충실책임, 손해배상책임으로 해결된다. 하지만 회사가 불성립한 경우에는 설립단계에서 부담하였던 채무에 대해 누가 책임을 부담하는가? 회사불성립시 책임관계가 명확하여야 회사에 투자하는 자들이 안심하고 투자를 결정할 수 있게 되어 설립중 회사의 신뢰와도 관련된다. 회사가 불성립하여 책임주체가 없을 경우에 관해 회사법은 발기인이 설립에 관한 행위와 설립비용에 대한 책임을 부담한다고 규정한다(상326). 다만 설립등기를 경료하였으나 설립무효의 판결이 확정된 경우는 '회사의 불성립'에 해당되지 않으므로 동조가 적용되지 않는다.

2) **책임의 성질** : 발기인의 책임의 성질에 관해, 회사불성립의 경우에는 권리·의무의 귀속주체가 존재하지 않으므로 주식인수인의 이익보호를 위해 인정한 무과실연대책임이라고 이해하는 **당연설**, 설립이 좌절되어 사실상 청산절차를 수행하는 경우에도 설립중의 회사가 권리·의무의 주체가 되나 상법은 주식인수인과 채권자보호를 위하여 정책적으로 모든 발기인의 연대책임을 인정하고 있다고 보는 **정책설** 등이 주장된다. 본다. 생각건대, 발기인이 설립중의 회사의 명의로 한 설립행위, 설립을 위한 행위 등의 주체는 행위 당시에는 제한적 권리능력을 가지는 설립중의 회사이지만, 설립등기가 좌절(불성립이 확정)된 경우에는 더 이상 설립중의 회사라는 개념은 존재하지 않는다. 발기인은 설립중의 회사의 기관이고

설립중의 회사는 법인격체는 아니므로 설립중의 회사의 행위 효과가 성립회사에 승계되지 않는 이상 발기인의 설립행위는 발기인이 행위주체가 되므로 책임부담은 당연하다고 본다.

3) 책임 범위 : ① 설립준비행위 – 회사가 설립등기까지 이르지 못한 경우 발기인이 회사의 설립에 관한 행위에 대하여 연대책임을 부담한다(상326.1). 이러한 책임은 회사의 설립행위, 설립을 위한 행위, 예컨대 설립사무소의 임차, 사무원의 고용 등에서 발생하는 비용에 국한된다. 그밖에 예외적으로 정관에 기재된 재산인수 등 변태설립사항으로서 정관에 기재된 사항에 대해서도 발기인의 권한 범위에 포함된다고 볼 수 있어 회사법의 취지상 발기인 책임에 포함된다고 본다.

② 개업준비행위 – 개업준비행위는 발기인의 권한에 포함되지 않으므로 그러한 행위에 대한 책임에는 상법 제326조가 적용되지 않는다고 본다. 다만 개업준비행위는 설사 발기인이 설립중의 회사의 명의로 하였다고 하더라도 그 효과가 설립중의 회사에 귀속되지 않고 발기인에게 개인적으로 귀속되므로 발기인이 개인적으로 책임을 부담한다. 따라서 개업준비행위를 한 발기인의 개인책임이므로 행위에 관여하지 아니한 발기인은 연대책임을 부담한다고 볼 수 없다. 하지만 개업준비행위가 발기인조합의 행위로 볼 수 있을 경우 그 행위에 따른 채무를 다른 발기인이 합유할 수는 있다고 본다.

4) 설립비용의 부담 : 발기인이 설립행위, 설립을 위한 행위, 정관에 기재된 변태설립행위 등('설립관련행위')을 함에 있어 발생하는 비용을 설립비용이라 한다. 회사의 설립비용은 설립중의 회사를 위해 지출한 비용이므로 이론상 당연히 설립중의 회사가 부담하여야 하지만, 회사법은 자본충실(회사의 신뢰확보)를 위해 정관에 기재된 설립비용만이 회사의 부담으로 할 수 있다. 그런데 회사가 성립되지 않은 경우에는 그 비용부담주체가 존재하지 않게 되므로 회사법은 설립에 관하여 지급한 비용은 발기인이 부담한다고 정하고 있다(상326.2). 발기인의 회사설립비용의 부담관계를 좀 더 구체적으로 보면, 정관에 기재된 설립비용은 상법 제326조 제2항에 따라 발기인이 부담하고, 정관에 기재되지 않은 설립비용은 원래 발기인 부담이었고 부당이득의 반환을 청구할 상대방이 부존재하기 때문에 발기인이 사실상 부담한다고 이해된다.

2. 기타 설립관여자의 책임

(1) 이사·감사·검사인의 책임

1) **의 의** : 회사가 성립되기 전에 선임된 이사·감사는 발기설립절차에서는 발기인에게, 모집설립절차에서는 창립총회에 설립경과에 대한 보고의무를 부담한다(상298.1,313), 그리고 법원이 선임한 검사인은 변태설립사항을 조사·보고할 의무를 부담한다(상299,310). 이들이 임무를 해태한 때에는 회사 혹은 제3자에 대해 발기인과 동일한 책임을 부담한다(상323,325), 설립중의 회사의 이사·감사·검사인에게도 발기인과 동일한 책임을 인정하였을 뿐만 아니라 만일 발기인의 책임요건도 충족될 경우에는 이사·감사는 발기인과 연대책임을 부담하지만(상323), 검사인의 경우에는 발기인의 책임과 검사인의 책임은 연대책임이 아니고 독립된 책임이 된다.

2) **임무해태** : 이사·감사의 책임요건이 '임무해태'로만 규정되어 있어(상323) 이사·감사는 마치 고의·중과실 없이 경과실에 의한 임무해태의 경우에도 제3자에 대한 손해배상책임을 부담하는 것처럼 보인다. 그리고 검사인의 경우에는 고의·중과실에 의한 임무해태가 있어야 회사에 대한 책임이 성립하고 경과실에 의한 임무해태의 경우에는 책임이 성립하지 않는 것처럼 규정하고 있다(상325). 그러나 이사·감사·검사인 모두 설립관여자로서 회사와는 위임관계에 있으므로 앞서 본 발기인의 책임과 달리 해석할 아무런 이유가 없어 이는 입법 오류로 판단된다. 따라서 해석상 위임관계에 따라 이사·감사·검사인은 발기인과 동일하게, 회사법 규정에도 불구하고 **고의·중과실로 임무해태**한 경우에 책임을 부담한다고 해석하여야 한다.

3) **책임의 면제·추궁** : 책임추궁의 방법이라든가 책임면제는 발기인의 경우에는 이사의 책임추궁에 관한 규정을 준용하고 있지만, 설립중의 이사·감사의 임무해태, 검사인의 임무해태에 관해서는 준용규정을 두고 있지 않다. 검사인의 경우에는 대표소송, 책임면제 등의 회사법상 제도가 적용되지 않는다는 점에 이론이 없다. 이에 관해 설립중의 회사의 이사·감사에 관해서는 직접 책임면제(상400), 대표소송(상403)에 관한 규정의 적용을 받는 자이므로 준용규정이 필요 없다고

생각할 수도 있다. 하지만 동 규정은 성립후 회사의 이사·감사에 관한 책임규정
이고, 임무해태에 대상도 성립후 회사의 임무인데 반해, 설립중의 회사의 이사·감
사는 설립중의 회사의 업무집행기관이 아니라 설립사무 감독기관에 지나지 않는
다. 그리고 임무해태도 설립경과보고에 관한 임무해태로 제한되기 때문에 동 규
정을 설립중의 회사의 이사·감사에 적용될 수 없다고 본다. 따라서 설립중의 회
사의 이사·감사에 책임면제 또는 대표소송제도를 해석상 유추적용하는 것은 곤
란하다고 보며, 동 규정의 적용을 위한 입법 보완이 요구된다.

(2) 유사발기인의 책임

1) **취 지** : 회사의 설립절차에서 사실상 발기인은 아니라도 주식청약서 기타
주식모집에 관한 서면에 성명과 회사의 설립에 찬조하는 뜻을 기재할 것을 승낙
한 자를 **유사발기인**이라 한다. 유사발기인은 발기인과 동일한 책임을 부담한다(상
327). 정관상에는 발기인으로 기명·날인하지 않았지만 주식청약서나 사업설명서,
주주모집광고 등에 회사의 설립에 관여하는 듯한 외관을 만든 경우 제3자의 신뢰
가 형성되므로, 유사발기인이 만든 외관을 신뢰한 제3자에게 유사발기인이 책임
을 부담한다는 취지이다. 이는 **외관존중의 법리**, 금반언의 법리의 표현으로서, 책
임발생을 위해 유사발기인에 해당하는 행위가 있어야 하며(외관의 존재), 그러한
행위에 대해 유사발기인에게 귀책사유가 있어야 하며(외관에 대한 귀책사유), 설
립중의 회사에 투자하거나 거래한 자는 유사발기인을 진정한 발기인으로 신뢰(외
관에 대한 신뢰)하였어야 하며 신뢰에 중과실이 없어야 한다.

2) **책임의 범위** : 유사발기인은 발기인과 동일한 책임을 부담하는데, '동일한
책임'을 어떻게 해석할 것인가? 먼저, 주식청약서를 신뢰한 주식인수인 기타 제3
자 보호라는 취지에 비추어 본다면, 회사가 성립한 경우 유사발기인은 발기인과
동일한 자본충실책임을 부담한다는 점은 외관신뢰보호를 위해 당연히 인정된다.
다음으로 발기인의 손해배상책임에 관해 보면, 유사발기인은 실제 설립상의 회사
의 설립사무를 담당할 권한을 가지지 않아 임무해태가 성립할 수 없다. 하지만 만
일 발기인이었다고 한다면 부담하였을 선관주의의무를 가정할 수 있고, 이를 위
반하고 행위하였다면 발기인과 동일한 책임을 부담하게 된다.[83] 마지막으로 회사

---

83) 이러한 해석론은 사실상의 이사의 책임규정인 상법 제401조의2에서도 업무집행지시자 등
은 회사와 위임관계에 있지 않으므로 이들에게 임무해태가 있을 수 없지만 위와 유

가 불성립한 경우의 책임, 즉 주식인수인에 대한 납입금 및 증거금 반환에 관한
책임을 포함하여 기타 제3자, 예를 들어 유사발기인에게 설립비용을 대여한 금융
기관 등에 대해서도 책임을 부담한다고 해석함에 있어서도 별 어려움은 없다고
본다. 그리고 유사발기인의 책임의 면제, 추궁방법 등도 '발기인과 동일한 책임'에
포함된다고 보아 발기인의 경우와 동일하게 적용된다고 본다.

제 7 절 회사설립의 무효

1. 의 의

1) **설립의 하자** : 주식인수의 의사표시상의 하자는 상법에 규정을 두어 그 취
소·무효주장을 제한하고 있고(상320), 현저하지 않은 자본흠결이 있을 경우 발기
인의 책임으로 설립의 하자가 보완된다. 하지만 현저한 자본흠결이 있다든지 기
타 설립절차에 흠결이 있어 **설립의 하자**가 있을 경우, 예를 들어 주식발행사항을
결정하면서 발기인 전원의 동의를 얻지 않았다든가, 정관의 절대적 기재사항에
흠결이 있다든가 하는 경우에 회사설립이 무효하게 된다. 법률행위의 무효주장에
관해 일반법리에 따를 경우, 다수가 참여하는 회사의 설립행위와 설립된 회사가
진행시킨 법률관계의 혼란이 예상된다. 따라서 회사의 설립절차를 포함하여 회사
법상의 법률관계는 그 **단체법적 법률관계**의 특성상, 다수의 관련자들에게 획일적
으로 확정하고 이미 형성된 법률관계의 보호가 요구된다.

2) **회사설립무효의 소** : 회사의 단체법적 특성에 따라 **회사법상의 소송**이라는
방식에 의해서만 설립행위의 무효를 주장할 수 있도록 하고 있다(상184,269,287의
6,328,552). 판례도 다수의 이해관계인이 참여하는 회사의 설립에 관하여 일반원
칙에 따라 제한 없이 설립의 무효를 주장할 수 있도록 허용하면 거래안전을 해치
고 회사의 법률관계를 혼란에 빠지게 할 수 있으므로 소송으로만 회사 설립의 무
효를 주장할 수 있다고 보았다(2019다299614). 회사의 설립 하자의 주장을 소송에
의하도록 할 뿐만 아니라, 설립무효판결의 효과도 소송당사자에만 발생하는 것이

사하게 해석하여 상법 제399조의 책임이 인정되는 것과 유사하다.

아니라 모든 자에게 발생한다(**대세효**). 그리고 회사가 설립되면 많은 법률관계가 형성되므로 이를 보호하기 위해 **불소급효**를 인정하여 법률관계의 안정을 도모하고 있다. 다만 회사의 설립절차가 전혀 없거나 설립등기만 존재하는 경우, 즉 설립절차의 하자가 현저할 경우에는 이른바 **회사의 부존재**에 해당하고, 이 경우에는 이러한 설립무효의 소에 관한 상법의 규정은 적용되지 않고 소송법의 일반이론에 따라 무효확인의 대상이 된다고 볼 수 있다.

2. 설립무효의 원인

1) **특 징** : 주식회사를 제외한 합명회사와 합자회사, 유한책임회사와 유한회사에 대해서는 설립취소의 소가 허용되지만(상184,269,287의6,552), 주식회사에는 설립취소의 소가 허용되지 않는다. 회사의 설립절차에 의사표시의 하자 등 **취소사유**가 존재하더라도 주식회사에 있어서는 이를 이유로 회사 설립의 효력을 다툴 수 없고, 주식인수의 의사표시의 취소도 일정한 경우 제한된다(상320). 요컨대 주식회사의 설립과 관련된 주주 개인의 의사표시의 하자는 회사설립무효의 사유가 되지 못하고, 주식회사의 설립 자체가 강행규정에 반하거나 선량한 풍속 기타 사회질서에 반하는 경우 또는 주식회사의 본질에 반하는 경우 등에 한하여 회사설립무효의 사유가 된다(2019다299614).

2) **무효원인** : 회사의 설립절차를 위반하였을 경우 설립무효의 원인이 되지만 설립등기 이후에는 주장이 허용되지 않는 주식인수 의사표시상의 하자는 제외된다. 설립무효사유는 발기인의 자본충실책임으로 보완되지 않는 현저한 자본흠결(학설 대립), 기타 회사법에 규정된 설립절차를 위반한 경우, 회사의 설립 자체가 선량한 풍속 기타 사회질서, 주식회사의 본질에 반하는 경우 등 **객관적 하자**가 이에 해당한다. 이를 구체적으로 보면, 정관의 절대적 기재사항을 기재하지 않았다든지 상법에 위반한 기재시, 정관에 공증인의 인증이 없는 경우, 현물출자의 불이행, 변태설립사항에 관한 조사 등의 규정위반이 있는 경우, 창립총회가 무효한 경우 등을 들 수 있다.

3. 설립무효의 소

1) 요 건 : 주식회사설립의 무효는 주주, 이사 또는 감사에 한하여 회사성립의 날로부터 2년 내에 소(訴)만으로 이를 주장할 수 있다(상328.1). 상법은 설립무효를 주장할 수 있는 자격(제소자격, 원고적격)을 제한하고 반드시 소의 형태로만 무효주장이 가능하도록 정하고 있다. 회사설립무효의 소는 설립의 무효를 주장하는 소임에도 불구하고 **제소기간**을 2년으로 한정하고 있다. **원고적격(제소자격)**은 주주·이사·감사로 제한되는데, 주주에는 모든 종류주식의 주주가 다 포함되며 의결권 없는 주식을 가진 주주, 회사가 성립한 이후에 주식을 취득한 자도 포함된다. 이사·감사는 회사 설립단계에서 선임된 이사·감사도 포함하며, 법원이 선임한 가이사(상386.2)도 포함된다. 발기인이나 회사채권자 등은 법률적인 이해관계가 있더라도 설립무효의 소를 제기할 수 없다.

2) 소의 성질 : 회사설립무효의 소의 피고는 성립회사가 되고, 회사는 대표이사에 의해 대표되지만, 이사가 회사설립무효의 소를 제기할 경우 감사가 회사를 대표하게 된다(상394.1). 설립무효의 소는 취소의 소가 아니어서 확인의 소로 볼 여지가 없지 않지만. 제소권자를 법정하고 있고 제소기간도 2년으로 제한하고 있다는 점을 볼 때 **형성의 소**의 성질을 가진다고 본다. 따라서 설립무효의 소송을 제기하지 않고 2년이 경과한 후에는 설사 회사설립무효의 원인이 있었다고 하더라도 더 이상 회사설립무효를 주장할 수 없게 되고 회사설립은 확정적으로 유효하게 된다. 다만 회사부존재에 해당하는 하자가 있을 경우에는 제소기간에 상관없이 민사소송법상의 일반의 **회사부존재확인의 소**를 제기할 수는 있고 부존재의 원인이 인정될 경우 회사설립은 처음부터 무효여서 확인의 소의 대상이 된다. 회사설립무효의 소는 **회사법상의 소**의 일종으로서 그 판결이 효과(대세효, 불소급효)를 회사법이 법정하고 있다.

3) 소송절차 : 관할을 비롯하여 소송에 관련된 규정은 합명회사의 설립무효·취소의 소에 관한 규정을 준용하고 있다(상328.2). 따라서 회사설립무효의 소는 본점소재지의 지방법원의 관할에 전속하고(상328.2 → 186), 소가 제기된 때에는 회사는 지체 없이 공고하여야 한다(상328.2 → 187). 수 개의 회사설립무효의 소가

제기된 때에는 법원은 이를 병합심리하여야 하고(상328.2 → 188), 설립무효의 소가 그 심리 중에 원인이 된 하자가 보완되고 회사의 현황과 제반 사정을 참작하여 설립을 무효로 하는 것이 부적당하다고 인정한 때에는 법원은 그 청구를 기각하는 재량기각이 가능하다(상328.2 → 189). 다만 예컨대 주식발행사항의 합의에 발기인의 전원동의가 없었고 일부 발기인이 사망한 경우와 같이 하자보완이 불가능할 경우에도 이미 회사가 성립하였고 회사의 설립이 무효가 됨으로써 얻는 이익보다 회사 설립이 유효하다고 볼 경우 이익이 더 크다면 재량기각을 할 수 있다고 본다(2008다37193).

4. 설립무효판결의 효과

(1) 원고승소의 경우

1) **대세효** : 설립무효의 판결은 제3자에 대하여도 그 효력이 있다(상328.2 → 190본문). 원고가 승소한 경우에 내려지는 판결인 설립무효의 판결은 원고인 주주 또는 이사, 감사, 피고인 회사, 제소하지 않은 주주를 포함하여 소송당사자뿐만 아니라 제3자에게도 효력이 미치는 이른바 대세효(대세적 효력)를 가진다. 소송당사자에게만 기판력이 미치는 민사소송법의 일반원칙에 따를 경우 회사설립의 효력이 관련자 개개인마다 달라져 제소주주와 제소하지 않은 주주간 회사의 적법성 판단에 관해 불일치한 결과가 발생되게 되므로, 법률관계의 혼란을 방지하고 다수의 법률관계를 획일적으로 확정하기 위해 상법은 대세효를 규정하고 있다.

2) **불소급효** : ① 취 지 – 설립무효판결은 판결확정 전에 생긴 회사의 사원 및 제3자간의 권리의무에 영향을 미치지 아니한다고 정하고 있어(상328.2 → 상190단서), 소급효가 인정되는 무효의 일반의 법리와는 달리 불소급효를 인정하고 있다. 이는 설립무효의 판결이 있더라도 기존의 법률관계는 이로부터 영향을 받지 않게 함으로써 법률관계의 안정을 도모하려는 취지이다. 따라서 설립무효의 판결이 있기까지 성립회사와 발기인·주주·제3자간의 각종 권리·의무, 계약상·불법행위상의 책임 등은 회사가 유효하게 설립된 경우와 같은 법률적 효력을 가지게 되어, 설립무효의 판결시까지 사실상 회사가 존속하는 것과 동일한 효과가 생긴다.

② **사실상의 회사** – 회사설립무효판결이 불소급효를 가지므로 설립이 무효한 회사이긴 하지만 설립무효판결이 확정되기 전의 회사행위는 영향을 받지 않고 계

속 유효하게 되어 마치 회사가 존재했던 것과 동일한 법률효과가 생기게 된다. 이와 같이 회사설립무효판결의 불소급효로 사실상 존속한 것처럼 간주되는 관념상의 회사를 **사실상의 회사**라 한다. 하지만 설립무효의 판결확정 이후에 성립하는 법률관계에 있어서는 회사가 법인격을 상실한 효과가 미친다. 설립무효판결의 불소급효(사실상의 회사)에 따라 회사재산의 **청산절차**가 요구될 뿐만 아니라, 주주도 회사설립이 무효하게 되더라도 무효판결 전에 회사가 부담한 채무에 관해 **유한책임**만을 부담한다.

3) **청산절차** : 설립무효의 판결이 확정된 때에는 해산의 경우에 준하여 청산하여야 하고 이 경우 법원은 사원 기타 이해관계인의 청구에 의하여 청산인을 선임할 수 있다(상328.2 → 193). 설립무효판결의 불소급효로 인해 사실상의 회사가 인정되고 사실상의 회사가 가진 법률관계는 청산절차를 거쳐 정리되도록 함으로써 법률관계의 안정적 해소를 도모하고 있다. 설립무효의 판결이 확정된 때에는 본점과 지점의 소재지에서 등기하여야 한다(상328.2 → 192). 사실상의 회사의 청산절차의 진행 또는 종결과는 별도로 회사의 설립무효판결은 대외적으로 영향을 미치는 중요한 법률사실이므로 공시의 원칙에 따라 상업등기부에 등기하여야 한다.

(2) 원고패소의 경우

원고가 패소한 경우라 함은 설립무효원인이 인정되지 않은 경우를 의미하고 회사의 설립행위는 유효하다는 판단을 의미한다. 따라서 설립무효의 소의 원고패소 시에는 회사의 존속이 인정되므로 불소급효는 문제되지 않는다. 다만 제소기간 내에 다른 제소권자가 동일하거나 다른 원인으로 설립무효의 소를 제기할 수 있으므로 원고승소판결(설립무효판결)에 인정되는 대세효가 인정되지 않는다. 원고승소판결에 대세효를 부여하지 않은 것은 원고와 회사가 공모하여 원고패소의 판결을 확보함으로써 다른 주주들이 설립무효의 소를 제기하지 못하게 하는 것을 방지하기 위한 취지이다. 설립무효의 소를 제기한 자가 패소한 경우에 악의 또는 중대한 과실이 있는 때에는 회사에 대하여 연대하여 손해를 배상할 책임을 인정하여(상191) 남소의 폐해를 예방하고 있다.

제 3 장 주식제도

제 1 절 주식의 의의

1. 개 념

(1) 지분과 주식

회사의 자본은 **주식**으로 구성되고(상317,329) 주식은 균일한 **자본구성단위**이다. 주식에 투자(주식의 인수·납입, 양수)한 자는 그 대가로 회사에 대한 권리·의무(사원권)를 가지므로 주식은 동시에 회사에 대한 균일한 **권리·의무의 구성단위**의 의미를 가진다. 주식회사법에서는 지분이라는 용어를 사용하지 않고 지분의 구성단위라 할 수 있는 주식에 의해 주주의 권리·의무를 규율한다. 다만 주식회사이외의 회사(기타 회사) 형태에서는 **지분**이라는 개념을 사용하지만, 이 때 지분의 의미는 권리·의무의 구성단위를 의미하는 것이 아니라 사원이 가지는 권리·의무의 총체(**지분단일주의**)[84]를 의미하므로 주식의 개념과는 구별된다. 주식회사의 주주는 1개의 주식의 일부를 양도할 수 없지만, 기타 회사의 지분은 전부·일부의 양도가 가능하다(상197,276,287의8,554).

> [비교법] 주식(Shares)의 개념에 관해 MBCA는 회사의 소유적 이익(proprietary interests of a corporation)의 분할단위라고 정의하고 있다(MB1.40(22)). 독일은 주식회사는 주식으로 분할된 자본(ein in Aktien zerlegtes Grundkapital)을 가진다고 정하고 있어(독주1.2), 주식은 자본분할단위로 이해하고 있다. 우리나라와 일본은 주식에 관한

---

84) 주식회사에서 '지분복수주의'라는 표현을 흔히 사용하는데 적절한지 의문이다. 왜냐하면 주식회사법에는 지분이라는 용어를 사용하지 않고 있으며 주식과 지분은 구별되며, 사회적으로도 주주의 지분이라고 할 때 전체 자본금에서 자신의 투자금이 차지하는 비율을 의미하므로 비율이 복수일 수 없기 때문이다. 주식회사에서 주식은 복수이지만 지분은 단일하다고 보아야 하고, 지분복수주의가 아니라 지분단일주의를 취하고 지분의 구성단위를 주식이 복수라고 보아야 한다. 주식회사의 의사결정에 있어 인적회사의 두수주의와 달리 지분주의를 취하고 있다고 할 때에도 지분의 의미는 주식 소유비율(지분)에 따른 의사결정을 의미하고 각 주주는 모두 주식보유에 비례한 차별적인 '단일 지분'을 가진다고 본다.

적극적 정의규정을 두지 않고 이론적으로 주식을 자본구성단위, 주주지위(지분권)로 이해한다. 다만 MBCA가 소유적 이익이라고 명시한 것은 사단이 소유권의 대상이 될 수 없음을 고려할 때, 사단법인인 주식회사의 본질과 맞지 않아 우리법상 받아들이기 어려우며 지분적 이익으로 이해함이 타당하다고 본다.

(2) 법적 성질

1) **학설 대립** : 주주의 회사에 대한 권리·의무의 구성단위로서의 주식의 법적 성질에 관해, 자익권과 공익권으로 구성되는 사원권으로 보는 **사원권설**(통설). 공익권을 주주가 회사의 기관의 자격에서 가지는 권한으로 파악하는 **사원권부인설**, 기업의 소유와 경영의 분리현상에 착안하여 주주의 권리를 이익배당청구권이라는 사단법상의 채권으로 보고 공익권은 회사의 구성원으로서의 권리로 보는 **채권설** 등이 주장된다. 사원권설도 단일권설(원천적·파생적 권리), 권리집합설, 지위설 등으로 나뉜다. 생각건대 사원의 지위와 사원의 권리는 별개의 개념이지만 주주의 개별 권리 역시 분리양도가 불가능하므로, 주식은 주주의 권리의 집합이 아니라 구성부분인 권리를 포괄하는 특수한 지위를 의미한다고 볼 필요가 있다. 요컨대 회사에 대한 권리·의무의 구성단위로서 주식은 주주의 지위를 의미하는 사원권의 성질(**지위설**)을 가진다.

2) **주식평등의 원칙** : ① 개 념 – 모든 주식은 회사에 대하여 평등한 지위(권한)를 가진다는 원칙으로서 주주평등의 원칙(2편3장2절1.(3))으로 표현되기도 한다. 주주는 주식수에 비례한 지분을 가지므로 모든 주주가 동등한 권리를 가질 수 없고 지분의 구성단위인 주식이 평등하므로 주주평등보다는 주식평등이 적절한 표현이라 본다.

② **법적 근거** – 주식평등의 원칙의 법적 근거를 회사법에 명시하고 있지 않다. 하지만 회사법의 많은 중요한 규정들은 주식평등의 원칙을 전제하고 규정되어 있다고 볼 수 있어 주식평등의 원칙은 우리 회사법의 근본원칙(규범)으로 본다. 회사법상 주식평등원칙을 전제한 규정들을 열거해 보면, 첫째, 주식 액면금액의 균일성(상329.2)은 주식평등의 기초를 제공하고 있고, 둘째, **1주1의결권의 원칙**(상369.1)을 통해 주식의 가장 중요한 권한이라 할 수 있는 의결권의 평등성을 선언하고 있으며, 셋째, 신주인수권(상418.1) 이익배당(상464), 잔여재산분배(상538), 자기주식의 취득방법(상341.1.2호) 등 회사법상 주주의 중요한 권한 행사를 모두 '각 주주가 가진 주식에 따라' 행사하도록 하고 있어 주식수에 의한 비례적 평등을

규정하여 그 전제인 단위 주식의 평등성이 전제되어 있으며, 넷째, 주식평등의 원칙에 반하는 제도 종류주식제도, 소수주주권 등은 회사법이 허용하는 경우에만 허용된 절차를 따라서만 인정된다는 점은 그 전제로 주식평등의 원칙이 전제되어 있다.

③ 예 외 – 회사법이 허용하고 있는 주식평등의 원칙에 대한 예외로는 종류주식제도(상344), 소수주주권(상366), 감사선임시 3%룰(상409) 등을 들 수 있으며, 그밖에 단주처리(상443)도 대부분의 견해가 주식평등원칙의 예외에 포함시킨다. 하지만 단주는 1주 미만의 '주식'으로서 사실상 주식이 아니므로 단주가 주식으로서 기능을 하지 못하여 이를 일괄처리 하도록 정하고 있는 회사법 규정을 주식평등의 원칙의 예외로 보기 어려운 점도 있다.

[비교법] 주식평등의 원칙에 관해 회사법은 원칙규정을 두고 있지 않지만 독일 주식법과 일본 회사법은 주주평등의 원칙에 관한 근거규정을 가지고 있다. 독일 주식법은 '주주는 동일한 조건하에서는 평등하게 취급된다'고 규정하고 있고(독주53a), 일본 회사법은 '주식회사는 주주를 그 소유하는 주식의 내용 및 수에 따라 평등하게 취급하여야 한다'고 규정하면서(일회109.1), 동조 제2항에서 공개회사가 아닌 주식회사는 이익배당청구권, 잔여재산분배청구권, 의결권에 관한 사항에 대하여 주주별로 다르게 취급한다는 것을 정관으로 정할 수 있다고 규정하여(일회109.2). 우리 회사법 해석론보다 정관자치를 보다 광범위하게 인정하고 있다. 우리 회사법에도 주주평등의 원칙을 선언하고 그 예외를 명확하게 하는 것도 입법론적으로 검토해 볼 필요가 있다.

④ **강행규범** – 주식평등의 원칙에 관한 명문의 규정은 없지만 동 원칙은 강행규범으로 해석된다. 따라서 회사법에 예외를 허용하는 특별규정 없는 경우, 주식평등원칙에 반하는 정관 규정(차등의결권), 주주총회의 결의, 이사회의 결의, 대표이사의 업무집행은 무효이다. 주식(주주)평등원칙의 **강행법규성**은 사실상 다수 주주로부터 소수 주주를 보호하는 기능을 한다. 다수결의 원리에 의해 소수 주주의 권한을 박탈하거나 제한하는 것은 주식평등의 원칙에 반하여 무효가 되기 때문이다. 다만 주주의 개별적 동의에 의한 추가출자를 허용한 판례(89다카890)가 있지만, 이는 회사와 주주간 개별적 합의에 따른 추가출자이므로 이를 강행법규성의 예외로 볼 수는 없다. 특정 종류주주에 대한 침익적 정관변경은 주식평등의 원칙에 반하지만 정관변경의 요건 이외에 종류주주총회의 결의를 요구하는 회사법 규정(상435)을 두고 있다.

⑤ 판 례 – 판례상으로도 주주평등의 원칙의 강행법규성을 확인할 수 있는

데, 주주평등의 원칙을 위반하여 회사가 일부 주주에게만 우월한 권리나 이익을 부여하기로 하는 약정은 특별한 사정이 없는 한 무효로 본다(2018다9920), 회사가 해당 주주에 대하여만 투하자본의 회수를 절대적으로 보장함으로써 다른 주주들에게 인정되지 않는 우월한 권리를 부여하는 것은 주주평등의 원칙에 위반되어 무효로 보면서, 이러한 약정의 내용이 주주로서의 지위에서 발생하는 손실의 보상을 주된 내용으로 하는 이상, 그 약정이 주주의 자격을 취득하기 이전에 체결되었다거나, 신주인수계약과 별도의 계약으로 체결되는 형태를 취하였다고 하여 달리 볼 것은 아니라 보았다(2018다236241).

(3) 주식의 발행과 주권

1) **주식의 발행** : 주식을 인수하고 납입한 자(주식인수인)에게 일정한 시점(회사설립, 신주납입기일 익일)에 관념적으로 주식이 발행된다. 따라서 주주의 지위를 의미하는 주식은 이를 표창하는 유형적인 주권과는 구별된다. 주식이 발행되면 형식적으로 주주명부에 기재되지만, 실질적으로는 회사 설립등기 시점 또는 주금납입기일의 익일에 주식 발행의 효력이 발생한다. 주식의 발행은 주식인수인의 지위가 주주의 지위로 전환되는 것을 의미하며, 회사는 주식을 발행한 때에는 주주명부에 주주의 성명과 주소, 각 주주가 가진 주식의 종류와 수 등을 기재하여야 한다(상352.1). 주주명부에의 기재는 주식의 효력발생요건은 아니며 특정 주식의 특정 주주에의 귀속관계를 증명하는 일종의 추정적 증명수단에 지나지 않아, 주주명부에 기재되지 않더라도 당해 주주의 권리행사의 문제는 별도로 하더라도 주식 발행의 효력은 생긴다.

2) **주식과 주권** : ① 개 념 – 주식은 자본구성단위이자 지분구성단위라는 이중적 의미를 가지며, 주식은 지분구성단위로서 회사에 대한 지위(권리)의 성질을 가진다. 주권은 이러한 주식의 권한행사·양도가 용이하도록 주식을 표창한 유가증권을 의미한다(자세히 후술함).
② **주권의 성질** – 주식이라는 회사에 대한 지위(권리)가 먼저 성립하고 이를 사후적으로 유가증권화 하는 것이므로, 주권은 어음이나 수표와 같은 설권증권(증권에 의해 권리가 성립하는 성질)이 아니고 **비설권증권**(권리가 먼저 성립하고 증권이 사후적으로 이를 표창하는 성질)이며, **유인증권**(권리성립계약이 무효하면 증권도 무효하게 되는 성질)이다. 따라서 주권이 발행되고 선의의 제3자에게 양도

되어 선의취득하였다 하더라도 주권이 표창하고 있는 주식의 발행에 하자가 있어 주식발행이 무효로 되면 주권도 따라서 무효하게 되어, 주권의 선의취득자는 주식에 대한 권리를 상실한다.

③ **주권의 발행** – 주식은 법정요건의 충족에 따른 관념적 권리인데 반해, 주권은 법정기재사항의 기재와 대표이사의 기명날인·서명의 형식적 요건을 갖추고 주주에의 교부라는 절차를 거쳐 탄생되는 권리의 대상인 유형물이다. 주주의 지위가 형성되어가는 과정을 시간적 순서에 따라 보면 먼저 주식인수와 배정, 납입에 따라 주식인수인의 지위(권리주,상319)가 형성되고, 이후 회사설립·주금납입 기일경과로 주식이 발행되어 주식인수인은 주주가 되고, 회사가 주권을 발행하여 주권을 교부받으면 주권을 소지한 주주가 된다. 주주는 주권의 제시 또는 교부를 통해 주주권을 행사하거나 주식을 양도할 수 있게 되며, 회사는 권리증명을 위해 주주명부를 두어 권리귀속관계를 기재한다.

(4) 주식의 유형

1) **액면주식·무액면주식** : 주금액이 정관과 주권에 표시된 주식(상289.1.4 호,356.4호)을 액면주식이라 하고 그렇지 못한 주식을 무액면주식이라 한다. 회사가 액면주식을 발행할 경우 액면주 1주의 금액(액면가)는 100원 이상으로 균일하여야 한다. 액면가와 발행가는 일치하지 않지만 액면미달발행은 자본충실의 원칙상 상법에서 엄격하게 제한하고 있으며(상330,417) 액면초과발행은 아무런 제한이 없다. 액면초과 발행시 액면금액은 자본에 계입되나 초과액은 자본준비금으로 적립된다(상459.1.1호). 무액면주식은 액면금액이 없고 그에 상응하는 자본금계상 금액이 정해지지만 주권에는 기재되지 않으며, 액면주식, 무액면주식을 동시에 발행할 수 없고 회사는 하나를 선택하여 발행하여야 한다(상329.1).

2) **유상주·무상주·단주** : 신주를 발행함에 있어서 주금을 납입시키고 발행하는 주식을 **유상주**라 하고, 자본의 재평가적립금이나 준비금을 자본에 전입하여 주주에게 무상으로 교부하는 주식을 **무상주**라 한다. 그리고 **단주**라 함은 1주 미만의 주식을 의미하는데, 예컨대, 신주발행시에 구주 5주당 3주를 배정할 경우 3주를 가진 주주는 1주와 0.8주의 주식을 배정받는다. 이때 0.8주와 같이 1주 미만의 주식을 단주라 한다. 이는 신주발행 이외에도 주식배당, 준비금의 자본전입에 의한 무상주의 교부, 자본감소를 위한 주식병합, 합병, 전환사채의 전환, 신주인수권부

사채에 의한 신주인수권의 행사로 신주를 발행하는 경우에도 발생한다. 단주가 발생한 경우 단주를 경매하여 각 주수에 따라 그 대금을 종전의 주주에게 지급하나, 거래소의 시세 있는 주식은 거래소를 통하여 매각하고 거래소의 시세가 없는 주식은 법원의 허가를 받아 경매 외의 방법으로 매각할 수 있다(상443.1).

　3) 기명주식·무기명주식 : **기명주식**이란 주주의 성명이 주주명부와 주권에 공시되는 주식으로서, 주주가 회사에 대해 주주권을 행사할 때에 주권을 회사에 제시할 필요가 없다. 회사로서도 주주명부를 통해 주주를 확정할 수 있으므로 주주에게 통지를 함에 있어서 편리한 점이 있다. **무기명주식**은 주주명부나 주권에 주주의 성명이 공시되지 않고 주권을 점유하는 자가 주주로서 추정되는데, 회사에 대한 권리행사시에 주권의 소지를 요하고, 회사가 권리자를 확정할 수 있도록 1주 전에 주권을 회사에 공탁시켜야 했다(구상358,368.2). 하지만 2014년 상법개정시 무기명주식에 관한 규정을 삭제하여, 현재 주식회사는 무기명주식을 발행할 수 없게 되었다(상537,358삭제).

2. 종류주식

(1) 의 의

　1) 개 념 : ① **취 지** – 종류주식이란 이익배당·잔여재산분배, 주주총회에서 의결권행사, 상환·전환 등에 관해 일반주식과 내용을 달리 하여 발행한 주식을 의미한다. 회사는 다른 종류의 주식을 발행할 수 있는데(상344.1,2), 4가지 유형으로 제한된다. 종류주식은 투자자의 수요에 맞게 선택할 수 있게 함으로써 자본조달을 용이하게 하려는 취지로 도입된 제도로서 **주식평등원칙에 대한 예외**가 된다. 회사법은 종류주식을 이익배당·잔여재산분배 등 자익권적 권리행사에 차등을 두는 유형(이익형 종류주식), 주주총회에서 의결권 행사가 배제되거나 제한되는 유형(의결권형 종류주식), 회사의 이익으로 상환이 예정되어 있는 유형(상환형 종류주식), 다른 종류주식으로 전환이 예정된 종류주식(전환형 종류주식) 등 **4가지 유형**만 허용하고 있다.

　② **규 율** – 회사법은 종류주식을 규율하면서 총칙적 규정(상344)과 각칙 규정(상344의2–351)을 구별해서 두고 있다. 총칙 규정(상344)을 근거로 각칙에서 허용하지 않는 유형의 종류주식(예컨대, 복수의결권주식 등)을 발행할 수 있는가?

생각건대 종류주식은 주식평등원칙에 대한 예외이므로 법률에 규정된 유형으로 엄격하게 제한된다고 보아야 하므로 각칙에 규정된 종류주식은 예시가 아니라 열거된 것으로 보아야 한다. 종류주식의 유형 중에도 이익형 종류주식은 주식간의 차등을 규정할 수 있도록 허용한 일종의 **차등주식**이라 할 수 있다. 이와 달리 의결권형, 상환형, 전환형은 일반주식에 대한 특별한 제한·권한 등을 인정한 순수한 종류주식(**특수주식**)이라 할 수 있다. 앞서 소개한 무기명주식·무상주식·무액면주식 등도 주식의 한 유형이고 특징을 달리하지만, 종류주식이 아니고 종류주식에 관한 규정(예컨대 종류주주총회, 상435.1)은 이들에 적용되지 않는다.

   2) **보통주식과 종류주식** : 이익형 종류주식에서 기준이 되는 '보통주식'도 종류주식에 해당하는가?(**쟁점21**)[85] 특히 상환주식, 전환주식에 관한 규정을 해석함에 있어 문제가 되고 있다. 이에 관해, 전환주식에서 보통주식으로의 전환(상346.1, '다른 종류주식으로 전환')을 허용하기 위해서는 보통주식도 종류주식에 포함되어야 한다는 **포함설**, 보통주가 상환주식이 되는 것은 허용되지 않으므로 종류주식(상345.5, '상환주식은 종류주식에 한정하여 발행')은 보통주를 포함하지 않는다고 보는 **불포함설**, 보통주식을 광의의 종류주식에 포함시켜 개념적 절충을 시도하는 **절충설** 등이 주장된다. 그런데 종류주식은 회사법상 개념으로서 4가지 유형의 주식을 가리키는 것은 명확하지만, 보통주식은 회사법상 용어가 아니라 실무에서 사용되는 용어로서 이익형 종류주식 내의 상대적 유형을 의미하면서도 의결권 종류주식이나 상환·전환형 종류주식의 성질을 배제하는 주식을 의미하는 경우도 있어 그 의미가 명확하지 않다.

   3) **보통주식의 의미** : 보통주식은 이익형 종류주식의 기준이 되고 의결권·상

---

85) **보통주식의 종류주식 해당성**(**쟁점21**)에 관해 **포함설**은 보통주식도 종류주식에 포함된다고 보고 종류주식의 특별규정은 보통주식에도 적용된다고 해석하는 견해로서, 보통주과 다른 종류주식과의 구별의 상대성, 주식발행사항 결정시(상291) 주식의 종류에는 보통주가 포함된다는 점, 전환주식의 전환(상346.1)은 보통주로의 전환도 포함되고 실무상 일반적이라는 점, 종류주총의 취지상 보통주에 불리한 결의시 보통주 동의를 얻어야 한다는 점 등에서 보통주식도 종류주식에 포함된다고 본다(임재연382~3). 보통주식을 종류주식과 구별하는 **불포함설**은 상법 제344조의 규정 취지상 이익배당, 의결권, 상환·전환에 있어 특수한 정함이 있는 주식을 종류주식으로 보아야 한다는 점(이철송287), 보통주가 종류주식에 포함된다면 종류주식에 한정하여 발행할 수 있다는 규정(상345.5)이 무의미해지는 점(송옥렬794) 등을 근거로 한다. 그밖에 보통주식을 광의의 종류주식에 포함시키는 **절충설**(권기범424) 등도 있다.

환·전환형 종류주식의 성질을 가지지 않는 주식을 의미한다고 본다. 즉 보통주식을 '**종류주식의 특수성이 없는 주식**'을 의미한다고 전제할 때, 종류주식에 허용되는 특수한 정함(상344.3), 종류주주총회(상435) 등의 규정을 해석함에 있어서는 '특수', '종류'라는 개념은 '보통(일반)'을 배제한 개념이 되므로 논리적으로 보통주식(일반주식)은 종류주식에 포함되지 않게 된다. 보통주식에 불리한 결정을 할 경우에도 종류주주총회(상435)가 개최되어야 하는가? 생각건대 의결권형 종류주식은 발행한도가 제한(1/4 이하)이 되지만 기타 종류주식은 발행한도의 제한이 없어 정관에 발행근거만 있다면 다수의 주식이 종류주식이 될 가능성도 있다. 하지만 보통주식은 종류주식의 특수성이 없는 주식이므로 그 수의 다과에 관계없이 보통주식에 관한 결정은 원칙적으로 모든 주식에 적용되고 종류주식과 달리 보통주식에 특수한 정함(상344.3)을 할 수는 없다. 따라서 보통주식에만 손해가 미치게 되는 정관변경결의는 있을 수가 없으므로 **보통주식의 종류주주총회**는 논리상 성립할 수 없어 종류주주총회가 요구되지 않고, 종류주식에 적용되지 않게 하려면 오히려 이를 위한 사항이 정관(상344.2) 또는 이사회결의(상344.3,416)로 정해야 한다.

4) **소 결** : 상환·전환주식에 관한 규정(상345.4,5,346.1)의 해석을 함에 있어서도 다음과 같은 이유에서 불포함설이 타당하다고 본다. 첫째, 포함설에 의하면 보통주식의 상환도 허용되고(상345.5) 이는 '출자 환급'을 허용하는 것이 되어 주식회사제도와 맞지 않다. 둘째, 종류주식의 발행시 정관·주식청약서·주권·등기부에 공시하여야 하는데 보통주식은 공시의 필요성이 없어 불포함설이 타당하다. 셋째, 보통주식은 모든 회사에서 설립시 발행되는 주식이므로 단순히 하나의 유형으로 보기는 어렵고 보종주식에 관한 종류주주총회가 구성되지 않는다. 넷째, 다만 '종류주식'이라 명시하지(상345.5) 않고 '다른 종류주식'으로 명시한 경우(상346.1,2,344.1,345.4)에는 보통주식도 종류주식과 다른 유형의 주식이어서 '**다른 종류주식**'에 해당하므로, 보통주식으로의 전환이 허용되어(상346.1) 포함설이 지적하는 불포함설의 문제도 해소된다. 요컨대 보통주식은 '종류주식'에 해당하지 않고 종류주식의 특별규정(상345.5 등)은 보통주식에 적용되지 않지만(불포함설), '다른 종류주식'(상346.1)에는 보통주식도 포함될 수 있다고 본다.

(2) 종류주식의 발행

1) **발 행** : ① 발행결의 – 회사 설립시 종류주식을 발행할 경우 발기인 전원의

합의로써 결정하여야 한다(상291.1호). 성립회사가 종류주식을 발행할 경우에는 종류주식의 내용·수가 정관의 기재사항이어서 정관변경이 요구되므로 주주총회의 결의가 있어야 하지만, 이미 정관에 종류주식이 규정되어 있는 경우에는 종류주식인 신주를 발행하는 것은 이사회의 권한이라 할 수 있다(상416.1).

　② 공 시 – 종류주식의 발행결의에 따라 종류주식을 발행하기 위해서는 다양한 **공시**가 요구된다. 정관에 그 내용과 수를 정하여야 한다(상344.2, 정관의 상대적 기재사항). 그리고 발기인이 인수한 주식을 포함하여 주식의 종류·수는 회사설립시 주식청약서 기재사항에 포함되어야 하지만(상302.2.4호,5호), 신주발행의 경우 회사가 발행한 종류주식의 내용과 수는 주식청약서·신주인수권증서의 기재사항에 포함되지 않는다(상416). 다만 발행하는 신주가 종류주식일 경우에는 이는 주식청약서·신주인수권증서의 기재사항이 된다(상420.3호 → 416.1호). 발행주식의 종류·내용·수는 설립등기사항에 포함되어 공시가 요구되고(상317.2.3호), 주권 발행시에도 종류주식은 주권의 기재사항이며(상356.6호), 신설합병시 합병계약서, 회사분할시 분할계약서의 기재사항이다(상524.1호,530의5.1.3호).

　③ **특수한 정함** – 회사는 종류주식을 발행함에 있어 종류주식의 종류에 따라 **신주인수, 주식배정**(주식병합·분할·소각·회사합병·분할)에 관해서는 정관규정 없이 특수하게 정할 수 있다(상344.3). 즉 정관에 종류주식에 관한 규정을 두면 종류주식의 발행시 신주인수, 주식배정 등에 관해 일반 주식과 달리 신주인수권의 부인·차등, 차등소각, 분할·합병시 차등주식배정 등을 통해 차별적인 경제적 가치를 구현할 수 있는데, 이를 종류주식의 특수한 정함(**특수사항**)이라 한다.

　2) **특수사항** : 종류주식을 일반(보통)주식과 달리 정할 경우(상344.3), 특수한 정함(**종류주식의 특수사항**)은 신주인수와 주식배정에 한정되는가? 이에 관해 주식양도제한도 종류주식의 특수한 정함에 포함될 수 있다는 **예시규정설**과 종류주식의 특수사항은 회사법의 규정에 따라, 신주인수, 주식배정에 한정되고 종류주식에만 주식양도제한을 하는 것은 주식평등의 원칙에 반한다는 **제한규정설**이 주장된다. 생각건대 제한규정설이 다음과 같은 이유에서 타당하다고 본다. 첫째, 주식양도제한에 관한 회사법 규정에서도 주식의 종류별 제한을 예정하고 있지 않아 이를 확대해석하는 것은 주식양도자유의 원칙에 대한 제한이 되어 부적절하다. 둘째, 주식평등의 원칙에 대한 예외인 종류주식은 한정적으로 해석될 필요가 있어 '특수한 정함' 역시 회사법에 명시된 제한되어야 한다. 셋째, 문리해석상 신주인

수, 주식배정 '등' 이라는 표현을 사용하지 않아(상344.3) 한정적 열거규정으로 보아야 한다. 넷째, '특수한 정함'은 정관 기재사항이 아니라 이사회가 결정하게 되는데 명문규정(예, 상393) 없이 종류주식의 권한제한을 포괄적인 위임은 부적절하다. 요컨대 종류주식에 관한 특수한 정함은 종류주식의 신주인수와 주식배정에 한정된다고 본다(제한규정설).

3) **특수사항의 한계** : ① **주식평등** – 종류주식의 특수사항을 신주인수, 주식배정에 한정하더라도 신주인수·주식배정의 제한 범위는 어떠한가? 예를 들어 종류주식에 신주인수권을 배제하거나 다수의 보통주식을 부여하거나, 합병시 주식배정을 배제하거나 다수 주식을 부여하는 것이 허용되는지 의문이다. 종류주식의 특수사항에 관해 주식의 종류에 따른 실질적 평등(경제적 가치)을 실현하려는 취지이므로, 주주간의 실질적 평등을 실현하는 범위 내에서 가능한 차별을 뜻하고 주식평등을 파괴하는 내용을 정할 수는 없다는 제한설은 주식평등의 범위 내에서만 허용된다. 회사법에는 주식배당에 관해서는 회사가 종류주식을 발행한 때에는 각각 그와 같은 종류의 주식으로 할 수 있다고 정하고 있다(상462의2.2). 종류주식의 특수사항을 정함에 있어 **종류주식 내의 주식평등**은 부인할 수 없고 이를 위반하면 주식평등의 원칙에 반한다고 본다.

② **'다른 종류주식'과의 불평등** – 종류주식은 일반주식과 다른 가치의 주식의 발행이 허용되어 있다고 본다. 따라서 종류주식의 내용을 정함에 있어 다른 종류주식과의 주식평등원칙에 따른 제한을 가하는 것은 논리상 모순이고 다양한 주식발행을 통한 자본형성이라는 취지에도 반한다. 다만 **신주인수권**에 관해서는 특정 종류주식을 가진 자에게 신주발행절차를 통해 다수의 신주인수권을 부여할 경우 실질적으로 보통주주의 신주인수권을 침해하게 되어 이는 종류주식제도의 취지를 일탈한 것이 된다. 보통주식의 신주인수권의 배제, 제한이 예외적인 경우(정관으로 정하고 일정한 목적에 해당하는 경우)에만 허용되도록 한 회사법(418.2)의 취지에서 볼 때, 신주인수, 주식배정에 관한 특수한 정함(특수사항)이란 보통주식과 비교할 때 종류주식에 대한 **신주인수·주식배정의 소극적 정함**(배제, 제한 등)을 의미한다고 보아야 한다. 특수사항이 적극적 정함(보통주식보다 더 많은 권리 부여)이 될 경우 일반주식의 신주인수권의 침해가 되어 허용되지 않는다고 본다.

4) **특수사항의 결정주체** : ① 정관 기재시 – 회사법은 종류주식의 발행시 특수

사항을 정할 수 있다고 규정하면서 그 결정주체에 관해서는 침묵하고 있다. 먼저 종류주식의 특수사항은 반드시 정관에 기재할 것을 회사법이 요구하지 않으므로 이는 정관의 임의적 기재사항이라 할 수 있고, 정관 기재여부는 다른 정관의 임의적 기재사항과 마찬가지로 주주총회의 결의에 따른다. 회사가 정관에 종류주식의 특수사항을 정하도록 주주총회에서 결의하였다면 종류주식에 관한 규정을 두면서 특수사항도 함께 정하게 되고 이를 변경할 경우에도 주주총회의 특별결의가 요구된다.

② 정관 불기재시 – 종류주식의 특수사항을 정관에 규정하지 않는 경우에는, 첫째, 회사 **설립시**라면 주식발행사항의 결정이 발기인의 권한으로 되어 있어(상 291) **발기인의 전원동의**에 의해 종류주식의 특수사항도 결정할 수 있다. 둘째, 정관상의 발행근거에 기해 종류주식을 **신주발행**하는 경우에는 신주발행권한이 원칙적으로 이사회에 있으므로(상416) **이사회**가 발행되는 종류주식의 특수사항을 결정할 수 있다고 본다. 셋째, 이미 발행된 종류주식의 특수사항을 **도입·추가·변경**하려고 할 경우 주주총회는 권한이 법상 한정되어 있고(상361) 회사의 중요한 업무집행에 해당하므로 **이사회**가 정할 수 있다고 본다(상393). 다만 종류주식의 내용은 정관에 정할 수 있고 그 기재사항에 제한을 두고 있지 않으므로(상344) 주주총회가 특별결의로 정관에 기재함으로써 이사회결의를 번복할 수 있다고 본다.

③ **종류주주총회** – 종류주식의 특수사항이 발기인·주주총회·이사회에 의해 정해지더라도 이는 다시 종류주주총회의 결의를 거쳐야 한다(상436). 그밖에 종류주식이 발행된 경우 정관을 변경함으로써 어느 종류주식의 주주에게 손해를 미치게 되거나(상435.1), 회사의 분할·분할합병·주식교환·주식이전·합병으로 어느 종류의 주주에게 손해가 미치게 될 경우도 종류주주총회의 결의를 얻어야 한다(상436). 종류주주총회의 결의에는 종류주식총수의 1/3, 출석종류주식의 2/3 이상의 찬성이 있어야 한다(상435.2). 그런데 동 규정은 종류주주총회에 관해 다시 준용규정을 두고 있어(상344.4), 동 준용규정(상344.4)은 정족수 규정(상435.2)이 적용되므로 중복규정으로서 무의미하다고 보는 견해가 있다. 이는 종류주주총회는 종류주주에 대한 침익적(侵益的) 정관변경(상435.1), 특수한 정함과 침익적 조직재편(상436)에만 기능할 수 있는가 하는 쟁점과 관련된다. 생각건대 회사법은 위의 사항에 관해 종류주주총회의 결의가 요구되는 것으로 규정하지만, 그밖의 경우 예컨대 정관의 규정으로 종류주주에 손해가 없는 정관변경에도 종류주주총회의 결의를 요건으로 할 수 있어 종류주주총회의 결의가 요구될 수 있다. 이렇게

볼 때 종류주주총회에 침익적 정관변경 등에 관한 규정(상435.2)에 관한 준용규정
(상344.4)도 의미를 가진다고 본다.

(3) 이익형 종류주식

1) **의 의** : ① 개 념 – 주식의 재산적 이익(이익배당, 잔여재산분배)에 관해
내용을 달리하는 종류주식을 의미한다.[86] 재산적 이익을 차등함에 있어 기준이
되는 주식을 **보통주**(common share, Stammaktie)[87]라 하고, 보통주보다 우월한 지
위를 가지는 **우선주**(preference share, Vorzugsaktie), 열등한 지위를 가지는 **후배주**
(deferred share, Nachzugsaktie), 부분적 우선, 부분적 열후한 **혼합주**가 이론상·실
무상 논의된다. 우월한 지위란 배당순위(예, 우선주 배당 후 남은 배당가능이익이
있을 경우 보통주에 배당)나 배당금액(우선주에 '주당 1000원', '액면가의 20%',
'보통주 배당액＋액면가 1%' 등 고율의 우선배당률을 미리 정함)에서의 차이를 의
미하고 순위·금액에서 모두 차이를 둘 수도 있다. 반대로 후배주의 열등한 지위
란 보통주보다 배당순위·금액에서 후순위, 저배당률인 것을 의미한다.

② 유 형 – 이익형 종류주식은 그 이익의 내용에 따라 **이익배당 종류주식**(우
선·보통·후배·혼합)주식과 **잔여재산분배 종류주식**(우선·보통·후배·혼합)주식으
로 구분된다. 이익배당 종류주식의 경우, 우선주는 정관소정의 우선적 배당(**예, 주
당 1,000원의 우선 배당**)을 받고 보통주에 대한 배당시 보통주와 동일한 배당률로
배당에 참가할 수 있는 **참가적 우선주**와 그렇지 못한 **비참가적 우선주**로 구별된다.
그리고 배당가능이익이 없어 우선주에 우선배당률에 못 미치는 배당을 실시한 경
우 다음 연도의 이익배당에서 이를 보상받을 수 있는(예, 전기에 주당 800원만 배
당받은 경우 당기에 주당 1,200원을 배당) **누적적 우선주**와 그렇지 못한 **비누적적
우선주**로 구별된다. 양 유형이 중복된 참가적 누적적 우선주도 가능하다.

[쟁점 검토 – 우선주의 허용범위] 1) **무배당·무분배의 허용성** 이익배당이나 잔여재
산분배에 있어 이익배당권을 아예 부인하거나 잔여재산분배를 받지 못하는 종류주식

---

86) 이는 회사법 개정전 이른바 '수종의 주식'에 해당한다.
87) 이익형 종류주식제도를 이용하여 다양한 주식을 고안할 수 있으며(차등주식, 예컨대 a·
b·c형), 이익형 종류주식이 발행된 이상 우선주, 후배주, 혼합주는 물론 이들 주식과 부
여되는 이익에서 상대적인 차이를 가지는 보통주도 사실상 차순위 주식여서 종류주식에
포함된다고 보아야 하고(기준의 상대성) 앞서 언급한 바와 같이 보통주를 일반주식과 동
일시하기는 어렵다고 본다.

(후배주)도 허용되는가? 의결권형 종류주식에서는 의결권의 행사를 부인하는 것도 허용된다고 회사법에서 정하고 있지만 이익형 종류주식에서는 내용을 달리할 수 있도록 하고 있어 의문이 있다. 주식회사에서 이익배당은 주주가 투자를 하는 목적이 되므로 이를 부인하는 것은 허용되지 않는다고 볼 여지도 있다. 하지만 양도차익을 목적으로 주식을 취득할 수도 있어 이익배당을 부인하는 종류주식도 허용될 수 있다. 그리고 이익배당의 내용을 극단적으로 열악하게 만들 경우 실질적으로 권리를 부인하는 것과 유사하게 될 수 있고 이는 회사법의 규정에 형식적으로 반하지 않는다는 점을 고려한다면 이익배당을 부인하는 종류주식의 발행도 허용된다고 본다. 잔여재산분배에 있어서도 보통주에 대한 잔여재산분배를 많이 할 경우 후배주에게는 배당할 잔여재산이 없게 될 수 있으므로 잔여재산 무분배 종류주식의 발행도 허용된다고 본다. 2) **구분배당주식** 회사가 사업부문을 독립적으로 운영, 회계처리하여 특정사업부문에서 생긴 이익은 특정사업부문에 투자한 주주에게 배당하도록 발행된 주식을 의미한다. 구분배당주식제도를 배당재원의 차별화로 이해하고 주주평등의 원칙에 어긋나는 문제점에도 불구하고 상법 제344조 1항이 정하는 종류주식의 하나로 봄으로써 해소될 수도 있다고 보면서도, 이익이 회사 전체의 재무상태에 따라 산출되는 특성상 보장되지는 않을 수 있다고 보는 견해가 있다. 하지만 상법 제344조 제1항이 정하고 있는 것은 하나의 회사 내에서 통일적인 종류주식의 발행을 허용한 것이므로, 부문간의 구별되는 종류주식 발행을 허용한 것으로 볼 수 없어 이를 근거로 구분배당주식의 발행이 허용된다고 볼 수는 없다. 구분배당은 영업양도나 회사 분할 등에 의해 사업부문이 법적 독립성을 가지지 않는 이상 회사내부에서는 독립적 회계처리의 대상이 될 수 없으므로 현행법상 구분배당주식의 발행은 주식평등의 원칙에 반한다고 본다. 그리고 배당가능이익의 산정시 사업부문별 구분가능성을 전제하고 있지 않으므로(상462) 구분배당주식은 부적법하다고 보며, 구분배당주식의 발행을 위해서는 상법의 개정이 요구된다고 본다.

2) **이익배당 종류주식** : 이익배당 종류주식을 발행할 경우 회사는 정관에 주주에게 교부하는 배당재산의 종류 · 가액의 결정방법, 이익을 배당하는 조건 등 이익배당에 관한 내용을 정하여야 한다(상344의2.1). **배당재산의 종류**라 함은 금전배당(상462), 주식배당(상462의2), 현물배당(상462의4) 등을 의미하고, 특정 종류주식에 특정종류의 배당재산을 배당하도록 정할 수 있게 된다. 이에 관한 특별한 정함이 없을 경우 금전배당원칙(상462,462의2,462의4)에 따라 금전에 의한 배당을 의미하므로 배당재산의 종류를 특정하지 않더라도 위법하지 않다. **배당재산가액의 결정방법**은 금전배당에는 해당하지 않고 주식 · 현물배당에만 해당하고, 모든 주주들에게 주식이나 현물을 배당할 경우에는 주총결의 또는 정관의 규정에 의하므로 따로 종류주식에 배당되는 주식 · 현물의 가액을 결정하는 방법을 특별히 정할 필요는 없다고 본다. 하지만 특정 종류주식에만 주식 · 현물로 배당하는 경우에는 배

당재산(주식·현물)의 가액의 결정방법(결정기준, 결정절차·주체 등)을 정하여야 한다. 그리고 **이익배당조건**이란 앞서 설명한 우선성·참가성·누적성 등을 의미하고 보통주와의 차이, 잔여이익에 대한 배당, 무배당시 이월 등을 정관에 규정하여야 한다. 그밖에 **배당률**은 회사법에서 특별히 정관규정사항으로 명시하지 않았지만 이 역시 이익배당조건에 해당할 수 있어 정관에 규정하여야 한다.

3) 잔여재산분배 종류주식 : 회사가 잔여재산의 분배에 관하여 내용이 다른 종류주식을 발행하는 경우에는 정관에 잔여재산의 종류·가액의 결정방법, 그밖에 잔여재산분배에 관한 내용을 정하여야 한다(상344의2.2). 잔여재산의 분배는 회사가 청산할 경우 청산자산으로 채무변제를 한 후에 남은 재산을 주주에게 분배하는 절차를 의미하고, 잔여재산이 없을 경우에는 분배는 불가능하게 된다. 잔여재산분배는 원칙적으로 주주가 가진 주식의 수에 따라 분배하여야 하지만 잔여재산분배 종류주식은 그 예외에 해당한다(상538). 회사법은 **잔여재산의 종류**에 관해 청산절차에서 재산분배에 관한 규정이 없어 그 내용이 불분명한데, 특정 재산에 의한 잔여재산의 분배를 예정하지 않은 한 잔여재산의 종류의 특정이 가능한지 의문이다. 그리고 **잔여재산의 가액**의 결정방법(결정기준, 결정절차·주체 등)은 현물분배의 경우 의미를 가지는데 현행법상 현물분배가 가능한지도 의문이다. **잔여재산분배의 내용**으로서 잔여재산분배의 순서는 중요한 의미를 가질 수 있고 그 순서에 따라 우선주, 보통주, 후배주 등이 결정될 수 있다.

(4) 의결권형 종류주식

1) 의 의 : 의결권형 종류주식이란 의결권이 없거나 제한되는 종류주식을 의미한다. 회사의 경영자는 의결권형 종류주식의 발행을 통해 회사의 지배구조에는 영향을 최소화하면서 자본을 조달할 수 있고, 회사의 지배구조에 관심이 없는 투자자의 입장에서는 낮은 비용으로 주식을 인수하거나 고율의 배당을 받으며(우선주와 결합된 경우)[88] 투자를 할 수 있어 유리한 면이 있는데, 이는 결과적으로 지

---

88) 2011년 개정전 상법에서는 무의결권주식을 우선주의 속성으로 정하고 있어 우선주에 한해서만 무의결권주식이 될 수 있게 하였는데, 개정 상법에서는 우선주가 아니더라도 의결권배제주식이 될 수 있어 의결권배제주식에 반드시 고율의 배당이 지급되어야 하는 것은 아니다. 하지만 통상 실무에서 의결권배제주식에는 고율의 배당을 지급하고 있으며, 후술하는 바와 같이 현행 회사법상에서도 의결권 부활제도를 통해 고율의 배당 미실현시 의결권행사가 허용되도록 함으로써 우선주와 연계시켜 발행할 수도 있다.

배와 경영의 실질적 분리를 실현시키는 수단이 될 수 있다. 회사가 의결권형 종류
주식을 발행하는 경우에는 정관에 의결권행사 불가사항을 정하여야 하고, 의결권
행사나 부활조건을 정할 경우 그 조건을 정관에 기재하여야 한다(상344의3.1). 의
결권형 종류주식은 의결권배제·제한주식만 허용되고 주식 당 다수의 의결권이
인정되는 차등의결권주식(황금주 등)은 회사법 해석상 허용되지 않는다.

[쟁점 검토 - 의결권 제한의 요건] 1) **의결권 행사·부활 조건** 의결권제한주식의 경
우 의결권행사가 불가한 사항(소극조건)을 정관에 기재하여야 하는데, 회사법은 이와
별도로 의결권제한·배제주식 모두에 의결권 행사·부활의 조건(적극조건)을 정관에 기
재할 수 있도록 하고 있다(상344의3.1). 예컨대, 정관에 의결권제한·배제주식도 정관변
경에 관한 주주총회의 결의에서는 의결권을 행사할 수 있거나 의결권이 부활된다고 정
할 경우에는 의결권제한·배제주식도 정관변경결의에서는 일반주식과 동일하게 의결권
을 행사할 수 있고, 이 경우 의결권제한·배제주식의 수는 발행주식총수에 산입된다고
해석된다. 회사법은 의결권 행사조건과 부활조건을 구별하여 규정하고 있는 바, 행사조
건은 1회적인 행사를 의미하므로 주주총회의 특정 결의사항의 지정을 요구한다. 하지만
부활조건은 1회적이지 않고 일정한 조건이 충족되는 한 그 조건이 소멸될 때까지 의결
권을 행사할 수 있는 경우를 의미한다고 볼 수 있다. 이는 개정전에서 무의결권주식을
우선주의 속성으로 규정하면서 우선적 배당을 받지 못하는 경우 의결권이 부활되는 것
과 같이 현행 회사법에서도 유사한 부활조건을 정관에 규정하게 되면, 우선적 배당이
실시되지 않는 기간 동안에는 의결권배제주식도 의결권을 계속 행사할 수 있게 된다.
2) **정족수 계산** 의결권형 종류주식이 발행된 경우 주주총회 또는 종류주주총회에서
결의정족수 계산에서 의결권형 종류주식의 수는 어떻게 계산되는가? 이에 관해 회사법
은 의결권형 종류주식의 수는 발행주식총수에 산입하지 않는다고 정하고 있어(상
371.1), 이들 주식은 의결권을 행사할 수 없음은 물론 결석한 의결권수로도 계산되지 않
아 주주총회 성립에 장애를 초래하지 않는다. 하지만 의결권배제주식과 달리 의결
권제한주식은 제한된 주총안건에 대해서만 발행주식총수에서 배제되므로, 만일 동
일 주총에서 다수의 안건이 결의되고 일부 안건에 관해서만 의결권행사가 제한되
어 있다면 각 안건에 따른 정족수 계산을 달리하게 된다. 의결권행사가 제한된 하
나의 안건에 대해 주주총회 결의를 진행하던 중 연기 또는 속행결의를 하게 될 경
우 주주총회의 연기·속행결의에 의결권제한주식의 주주는 결의에 참여할 수 있는
가? 연기·속행의 주주총회결의는 정관에 제한된 사항이라고 볼 수 없으므로 설사
의결권행사가 제안된 안건을 결의하던 중 발생한 연기·속행의 결의라 하더라도 의
결권제한주식의 주주는 연기·속행의 결의에 의결권을 행사할 수 있다고 본다. 정관
에 적극적으로 제한된 사항과 그에 부수하는 주주총회의 연기·속행의 사항까지 규
정을 하지 않은 이상 제한사항을 확대해석할 수는 없다고 본다.

[비교법] 의결권 제한·배제주식과 유사하게 의결권행사에 관해 특별한 효력을 인

정하는 주식으로 외국법에서 단원주와 거부권부주식, 복수의결권주식(소위 황금주) 등이 논의되고 있다. 일본 회사법상 단원주식이라 함은 주식회사가 발행하는 주식에 대하여 일정한 수의 주식으로 주주가 주주총회 또는 종류주주총회에서 1개의 의결권을 행사할 수 있는 주식을 의미하며, 그 발행을 허용하고 있다(일회2.20호). 거부권부 주식이란 주주총회의 특정의 결의사항에 관하여 주주총회의 결의가 있은 외에 특정 종류주식의 주주들의 결의가 있어야 효력을 발휘할 수 있도록 하는 경우 그 특정종류주식을 의미한다. 이에 관해 우리 상법 제344조의3 제1항이 규정하는 의결권의 배제, 제한에 포섭되지 않으므로 상법상 발행이 불가능하다고 보는 견해가 있다. 생각건대 모든 결의사항에 거부권을 가지는 주식은 주주평등의 원칙에 반하므로 우리법상 발행이 불가능하고, 우리 회사법도 종류주주총회를 두고 있어 종류주주총회의 결의가 없으면 주주총회의 결의사항이 효력을 가질 수 없다는 점에서 제한적이긴 하지만 모든 종류주식이 특정사항에 관해 거부권을 가지는 주식(거부권부 주식)에 해당할 수 있다.

  2) **의결권배제주식** : 의결권이 배제된 종류주식(무의결권주식)을 의미하고, 이는 주식의 소유자와 회사의 경영자의 이익에 기여한다. 하지만 의결권형 종류주식 특히 의결권 배제주식이 악용되어 다수의 의결권배제주식이 발행될 경우 소유와 경영의 왜곡 현상이 생길 수 있어, 이를 방지하기 위해 의결권형 종류주식 **발행의 총수를 제한**하고 있다. 의결권배제·제한의 종류주식의 총수는 발행주식총수의 1/4을 초과하지 못하고, 1/4을 초과하여 발행된 경우에는 회사는 지체 없이 필요한 조치를 하여야 한다(상344의3.2). 그러나 상장법인의 경우에는 발행주식총수의 1/2까지 의결권배제주식을 발행할 수 있다(자본165의15.2). 의결권배제(제한)주식이 일정한 조건이 성취될 경우에는 의결권을 행사할 수 있게 되거나 부활될 경우 그 조건은 반드시 정관에 기재되어야 한다(상대적 기재사항). 의결권 부활조건은 예를 들어 의결권배제주식을 우선주의 형식으로 발행하면서 배당가능이익의 부족하여 정관에서 약정한 우선적 배당률을 실현하지 못하면 우선적 배당이 실현될 때까지 의결권이 부활되는 경우, '우선적 배당률의 미실현'이 의결권 부활조건이 된다.

  3) **의결권제한주식** : 일정한 사항에 관해 주주의 의결권이 제한되는 종류주식을 의미하고, 기타 사항에는 정상적으로 의결권을 행사할 수 있는 주식(**사항별 의결권제한주식**)을 의미한다. 의결권제한주식은 '의결권을 행사할 수 없는 사항(소극조건)'이 정관에 기재되어야만 의결권제한주식으로서 기능을 할 수 있다. 예컨대, 의결권제한주식을 발행하면서 기타 사항에는 의결권을 행사할 수 있지만, 이사·

감사 등 임원의 선임에는 의결권의 행사를 제한하는 주식이 될 수 있다. 의결권제
한주식은 제한된 사항에 관해서는 의결권배제주식과 동일하게 주주총회의 의결정
족수(발행주식총수, 상371.1) 계산에서 배제된다. 사항별 의결권제한주식 이외에
예컨대, 2주당 한 개의 의결권을 행사할 수 있게 하는 **비율적 의결권제한주식**의 발
행도 허용되는가? 일본 회사법은 이와 유사한 단원주의 발행을 허용하고 있는데,
우리법상 의결권제한주식의 경우 의결권을 행사할 수 없는 '사항'을 반드시 기재
하도록 하고 있어(상344의3) 비율적 의결권제한주식의 발행은 허용되지 않는다고
해석된다.

(5) 상환형 종류주식

1) **의 의** : ① 개 념 – 주식의 발행시부터 회사의 이익으로 소각이 예정되어
있는 주식을 **상환주식**이라 한다(상345.1). 상환이 예정되어 사채와 유사하지만 이
자지급이 없고 배당가능이익으로만 상환되므로 사채와는 다르다. 회사는 상환주
식을 발행하여 자금을 조달하면서도 나중에 **상환권**을 행사하여 추가적인 이익배
당과 지배구조의 부담을 면하고(경영권방어), 투자자는 상환주식을 취득함으로서
이익배당에 참여할 수 있지만 나중에 **상환청구권**을 행사하여 투자금을 쉽게 회수
할 수 있게 하는 제도이다.

② 유 형 – 상환결정 방법에 따라 강제상환(회사가 일방적 상환결정)과 임의
상환(회사·주주가 합의하여 매입), 의무상환(주주의 선택) 등으로 구별될 수 있지
만, 회사법은 누가 상환에 대한 권리를 가지느냐를 기준으로 회사가 상환권을 가
지는 주식(**상환권부주식**)과 주주가 상환청구권을 가지는 상환주식(**상환청구권부주
식**)으로 구분하고 있다. 상환권부주식과 상환청구권부주식을 포함한 모든 상환주
식은 전환주식을 제외한 종류주식에 한정하여 발행할 수 있어(상345.5), 이익형
종류주식와 의결권형 종류주식만 상환주식으로 발행할 수 있다. 보통주식은 종류
주식에 포함되는지 않으므로(불포함설, 전술함) 보통주식은 상환주식이 될 수 없
다. 따라서 회사는 보통주식을 상환주식으로 발행함으로써 사실상 경영권방어를
할 수 없다고 본다.

[쟁점 검토 – 차등발행] 상환주식을 발행하면서 동시에 상환조건을 달리하는 상환주식
을 발행(차등발행)할 수 있는가? 예를 들어 상환주식 10만주를 발행하면서 5만주는 상
환기간을 3년, 나머지 5만주는 상환기간을 5년으로 정한다든가, 5만주는 금전상환, 5만

주는 현물상환으로 정한다든가 또는 상환기간, 상환금액, 상환방법 등 모두 달리하는 상환주식의 동시발행이 가능한가 하는 문제이다. 이에 관해 회사법은 아무런 규정을 두고 있지 않으며 정관에 상환조건을 정하기만 한다면 상환조건이 유형화되더라도 그 이유만으로 자본충실의 원칙에도 반하지 않으므로 회사법 위반의 문제는 발생하지 않는다고 본다. 다만 상환권부주식은 회사의 계획대로 상환을 하면 되므로 회사의 업무집행에 혼란이 초래되지 않지만, 상환청구권부주식은 주주의 상환청구권 행사여부에 따라 상환되는데 이 경우에도 차등상환주식의 발행을 허용할 경우 회사 업무가 혼잡하게 되는 문제가 발생할 수 있다. 우리 회사법도 상황청구권부주식의 경우에는 '상환할 주식수'를 정관에 기재할 것을 요구하지 않는데, 상환할 주식수가 차등상환주식에서 의미를 가진다는 점을 고려할 때 상환청구권부주식의 차등발행은 허용되지 않는다고 본다.

2) **상환주식의 발행** : ① 상환조건 – 상환주식의 발행은 전환주식(상347)과 달리 회사법에 청약방식 등에 관한 제한이 없어 정관에 정해진 내용과 절차에 따르면 된다. 회사가 상환주식을 발행할 경우 정관에 상환가액, 상환(청구)기간, 상환방법, 상환주식수 등 상환조건을 기재하여야 한다(상345.1, 상대적 기재사항). 다만 상환권부주식은 상환주식수를 기재하지만, 상환청구권부주식은 상환청구권부주식임을 기재하여야 하고 상환주식수도 기재하여야 한다(상345.3,344.2). 상환청구권부주식의 경우 그 뜻을 특별히 기재하도록 하고 있어, 상환주식의 경우 특별한 기재가 없으면 상환권부주식이라고 볼 수 있다. **상환가액**은 상환주식 1주에 관해 회사가 상환대가로 교부하는 금액을 의미하며 통상 상환주식의 발행가액보다 높은 금액일 것이지만, 상환주식의 인수 역시 계약자유의 원칙에 따르므로 상환금액이 발행가액보다 낮더라도 자본충실원칙을 침해하지도 않고 이에 관한 회사법상 제한이 없으므로 가능하다고 본다. 오히려 상환금액이 발행가액보다 과다하게 높을 경우에는 자본충실의 원칙을 해칠 수 있지만, 회사법은 배당가능이익의 범위 내에서 상환하도록 제한하고 있어 그 범위내에서 자본충실은 유지된다고 본다. **상환기간**은 상환주식의 발행으로부터 상환까지의 기간(예, '발행후 3년에서 5년')을 의미하며 상환청구권부주식의 경우에는 상환청구기간이 정관에 기재된다. 상환기간내에 상환(청구)권의 행사가 예정되어 있지만 상환기간이 되어도 배당가능이익이 없으면 상환되지 않는다. **상환방법**이란 강제·임의상환 여부, 상환대가(현금·유가증권·자산)와 그 지급방법 등 상환이 실행되는 구체적 방법을 의미한다. **상환 주식수**는 종류주식의 총칙규정(상344.2)에 종류(상환)주식의 수를 정관에 기재하도록 하고 있는데(상344.2), 상환청구권부주식이 아닌 상환권부주식에만

'상환할 주식수'를 정관에 정하도록 재차 규정하고 있다. 이는 회사가 상환권부주식, 상환청구권부주식을 동시에 발행할 경우 양 주식수를 구분하기 위해 또는 차등발행시 차등발행되는 각 상환권부주식수를 구분하기 위한 취지로 이해된다.

② **상환대가** – 상환에 의해 회사가 상환주식을 취득하는데 이는 주식의 매매가 아니라 상환에 의한 주식의 법정 취득이라고 보아야 한다. 따라서 상환대가는 실제 거래가가 아니라 **상환가액**으로 정관에 기재된 금액으로서 이를 주주에게 지급하고 상환을 할 수 있다. 상환대가는 상환가액에 해당하는 **금전**이 일반적이지만 기타 자산에 의한 상환이 가능한가? 회사는 상환주식의 취득의 대가로 현금·유가증권·기타 자산을 교부할 수 있는데, 교부되는 자산의 장부가액은 배당가능이익을 초과할 수 없도록 하여(상345.4) 실질적 자본감소를 방지하고 있다. **유가증권**도 상환대가가 될 수 있어 모·자회사의 주식·사채가 상환대가가 될 수 있다. 자기주식의 경우에도, 자기주식 중 다른 종류주식, 다른 상환주식은 허용되지 않지만(상345.3) 보통주식은 종류주식에 포함되지 않아 가능하다고 보며, 자기사채도 유가증권이어서 허용됨에는 의문이 없다. 그런데 회사가 사채를 발행하여 이를 상환대가로 지급하는 것(이른바 '**사채전환주식**')은 가능한가? 현행 회사법은 상환대가로 현금, 유가증권, 자산만을 언급하고 있을 뿐인데(상345.4), 사채는 유가증권에 포함되며 동조가 회사보유사채라고 한정하지 않으며, 유가증권 중 다른 종류주식만을 제외하고 있어 다른 회사의 사채가 포함됨에는 의문이 없다. 하지만 당해 회사가 발행할 사채는 '자산의 장부가액(상345.4)'이 현존하지 않고 사채발생가액은 회사가 일방적으로 정해 상환대가의 적정성을 보장하기 어렵다는 점에서 사채전환주식은 허용되지 않는다 본다. **자산**에 의한 상환대가 지급도 가능하며 상환대가인 자산의 평가금액을 기초로 상환가액만큼의 자산이 부여되게 된다.

③ **배당가능이익** – 상환주식은 배당가능이익에 의해 상환될 수 있어 배당가능이익의 현존은 상환의 조건이 된다. 이익에 의한 상환이 상환권부주식에는 명시되어 있고 상환청구권부주식에는 명시되어 있지 않지만 상환방법에 관해 배당가능이익의 범위 내에서 가능함을 정하고 있어(상345.4) 상환청구권부주식도 상환권부주식의 이익상환규정을 유추적용할 수 있다. 그리고 이익발생이 상환주식 상환의 법정조건화되어 있어 배당가능이익이 존재하지 않는다면 상환은 금지되므로, 회사는 정상적 상환을 위해 매년 이익의 일부를 **상환기금**으로 적립할 필요가 있지만 회사법상 상환기금의 적립이 강제된 것은 아니다. **상환재원**으로서 배당가능이익은 연말 결산기가 지나 정기주주총회에서 확정되는데 상환권, 상환청구권

행사시 배당가능이익의 존부는 어떻게 판단되는가? 이에 관해 상환재원이 되는 이익은 직전결산기의 대차대조표상의 배당가능이익 중 미처분이익잉여금을 뜻한다고 보는 견해가 있다. 생각건대 당기의 배당가능이익의 확정은 불가능하므로 전기의 미처분이익잉여금이 될 수밖에 없다고 보며, 회사가 별도로 상환기금을 마련하고 있는 경우에는 배당가능이익으로 상환기금이 형성되었다면 문제가 없다고 본다.

3) **상환의 효과** : ① 상환(청구)권의 성질 - 상환(청구)권은 **형성권적 성질**을 가져 회사의 상환권 행사, 주주의 상환청구권 행사에 의해 상환의 효과는 발생하고 상대방의 승낙을 요하지 않는다. 다만 회사의 상환권 행사에 있어 상환주주에 대한 통지·공고가 요구되는데(상345.2), 통지·공고가 상환권의 행사에 해당한다고 볼 수 있고 다만 상환일(주식취득일)의 도래를 기한으로 하는 의사표시라 할 수 있다. 형성권적 성질을 가지는 상환(청구)권의 행사효과는 상환일이 도래하면 회사가 상환대가를 지급할 의무를 부담하고, 상환주식의 주주는 상환주식의 주권을 회사에 교부할 의무가 발생하고 양자는 동시이행관계에 있다고 본다. 다만 회사가 주권을 발행하지 않은 경우에는 상환대가의 지급과 동시에 주식은 별다른 의사표시 없이 이전된다고 본다.

② 주식의 취득 - 회사는 상환주식의 상환절차를 통해 회사의 상환주식을 취득하게 되어 자기주식과 유사한 외양을 가진다. 하지만 상환주식은 회사의 상환권 또는 주주의 상환청구권 행사와 그 조건(배당가능이익의 현존)의 성취, 기한(주식취득일)의 도래에 의해 주식으로서 실효되었다고 보아야 하므로 자기주식과는 구별된다. 상환주식의 주권 제출과 상환대금의 지급은 교환적으로 이루어지고 이를 통해 주식과 그 주권은 실효되게 된다. 따라서 이후 상환된 주식(주권)은 **실효된 주식(주권)**으로서 양도가 불가함은 물론 선의취득의 대상이나 압류·제권판결의 대상이 되지 않는다. 하지만 회사는 거래의 안전을 위해 소각할 필요가 있으며 이는 주식의 소각(상343)과 구별되는 **주권의 소각**(폐기처분)에 지나지 않는다. 다만 회사법에는 주권 제출에 관한 규정도 없고 주식병합(상442)을 준용하고 있지 않아, 설사 주권을 제출할 수 없는 주주가 있다고 하더라도 주식의 실효, 상환대금지급의무의 발생에는 아무런 영향을 미치지 않는다고 본다.

③ **효력발생시기** - 상환주식의 상환의 효력은 언제 발생하는가? 상환(청구)권은 형성권이지만 주식매수청구권과 달리 상환가액이 대체로 미리 정해져 있어(상

345.3) 상환가액 결정절차가 요구되지 않아, 상환일에 주식은 회사로 이전하고 상환대금은 주주에게 지급된다. 하지만 상환(청구)권을 행사하였지만 아직 상환대가를 취득하지 않은 상태에서 주식상환의 효과 즉 주식의 실효, 상환주주의 지위상실 등의 효력이 생긴다고 보기 어렵다. 이렇게 볼 때 상환주주의 보호를 위해 상환대가의 취득시에 상환의 효력이 발생한다고 볼 필요가 있어 상환(청구)권의 행사는 배당가능이익을 조건으로 하고 상환일을 기한으로 하여 상환대가 지급의무를 발생시키는 효과를 가진다고 본다. 판례도 주주가 상환권을 행사하면 회사는 주식의 취득의 대가로 주주에게 상환금을 지급할 의무를 부담하고, 주주는 상환금을 지급받음과 동시에 회사에게 주식을 이전할 의무를 부담한다. 따라서 정관이나 상환주식인수계약 등에서 특별히 정한 바가 없으면 주주가 회사로부터 그 상환금을 지급받을 때까지는 상환권을 행사한 이후에도 여전히 주주의 지위(주주지위설)에 있다고 보았다(2017다251564)

④ **자본금에의 영향** – 회사가 상환주식을 취득하는 것은 자기주식의 취득과는 구별되지만 취득재원이 배당가능이익이라는 점에서는 동일하다. 상환주식의 취득은 상환(청구)권 행사에 의한 법정취득으로서 자본금이 아닌 배당가능이익으로 이뤄지므로, 주식수의 감소에 따라 형식적 자본금은 감소되지만 실질적 자본금은 감소되지 않아 **형식적·실질적 자본의 불일치**(액면가액×주식수≠자본금)가 생긴다. 그리고 회사가 상환을 한 부분은 다시 발행예정주식수에 산입되어 **재발행의 가능성**이 문제되지만, 상환주식에 대해서는 이미 발행권한을 행사하였다는 점에서 우선주나 보통주 등을 재발행하지 못한다고 보는 견해가 다수설의 입장이고 수권자본제도의 취지에서 볼 때 타당하다고 본다. 상환주식이 상환되어 형식적 자본금이 감소되더라도 실질적 자본금은 변동되지 않았으므로 변경등기는 요구되지 않고 이는 전환주식(상351)과 구별된다.

4) **상환권부주식** : ① **개 념** – 상환권부주식이란 회사가 이익으로 주식을 소각할 수 있는 권한(**상환권**)을 가지는 상환주식을 의미하는데, 회사상환주식이라고도 한다. 상환권부주식을 발행하기 위해서는 정관에 상환가액, 상환기간, 상환방법, 상환주식수 등을 정하여야 한다(상345.1). 회사가 상환권을 가져 주주가 상환청구권을 가지는 상환청구권부주식과 구별되는데, 상환권은 형성권이고 상환권행사통지(기한부 의사표시)에 의해 표시된다. 회사의 상환권 행사는 상환대가 지급에 충분한 배당가능이익이 확보된 상태에서 상환기간이 도래하면 상환가액에 따라 정

관에서 정한 방법대로 이뤄진다. 회사가 상환권을 행사하더라도 상환기간·배당가
능이익이라는 상환기한·조건이 성취되지 않을 경우 상환의 효력이 발생하지 않
는다.

　② **상환권 행사** – 상환권은 상환대상인 주식의 취득일부터 2주 전에 그 사실
을 그 주식의 주주 및 주주명부에 적힌 권리자에 대한 **통지**에 의해 행사되는데,
통지는 공고로 갈음할 수 있다(상345.2). 회사는 상환기간(예, 발행후 2년 후 5년
내)이 도래하면 배당가능이익이 현존할 경우 상환권 행사를 결정하여, 상환일(상
환주식의 취득일)을 지정하여 그 2주 전에 상환주주에게 통지한다. 회사가 상환기
간 내에 상환권을 행사할 경우 이는 형성권적 성질을 가진 회사의 상환권의 행사
이므로 회사와 상환주주간의 합의에 의한 상환(임의상환)이 아닌 일종의 **강제상환**
에 해당하게 된다. 상환권이 회사의 권리이고 의무는 아니므로, 상환기간 내라고
하더라도 상환주식의 일부에 대한 상환도 허용된다고 본다. 상환기간을 지나 회
사가 상환할 경우에는 회사의 적법한 상환권의 행사라 볼 수 없으므로 이러한 상
환은 회사와 주주간의 합의에 의한 **임의상환**이라고 볼 수 있다. 임의상환은 회사
의 선택에 따라 주주간 획일적 효과가 발생하지 않는데, 주식평등원칙, 주금액 반
환금지 등의 관점에서 볼 때 임의상환이 허용되는가? 생각건대 상환주식은 상환
이 예정된 주식이어서 상환기간 경과후의 상환을 금지시키는 것은 아니므로 임의
상환은 허용되고, 주주간의 불평등은 종류주식의 특성에 따른 것이므로 허용된다
고 본다.

　③ **분할상환** – 상환주식 1주의 일부 상환은 주식분할금지의 원칙(329의2.2)에
따라 당연히 금지된다. 하지만 상환기간 내라면 상환방법으로 상환주식의 일부를
상환하고 나머지를 다음에 상환하는 **분할상환**은 회사법이 특별히 금지하고 있지
않으므로 허용된다. 다만 이는 상환방법에 해당하므로 정관에 기재할 필요가 있
다. 그리고 정관에 분할상환에 관한 기재가 없더라도 상환기간 내에 배당가능이
익의 범위 내에서 일부 상환하고 차후에 다시 배당가능이익의 범위 내에서 상환
하는 것은 회사법 규정에 따른 불가피한 상환이므로 허용되고, 상환권은 회사의
권리이므로 정관에 기재되지 않은 분할상환도 금지할 이유는 없다고 본다.

　5) 상환청구권부주식 : ① **개　념** – 상환청구권부주식이란 주주가 회사에 대하
여 **상환청구권**을 가지는 종류주식으로서 주주상환주식이라고도 한다. 상환청구권
부주식의 발행을 위해 회사는 정관에 상환청구권(주주가 회사에 대하여 상환을

청구할 수 있다는 뜻)을 기재하여야 하고 상환가액·상환청구기간·상환방법 등을 정하여야 한다(상345.3). 상환청구권도 상환권과 같이 형성권적 성질을 가지고 있으므로 상환청구권을 행사하면 동 의사표시가 회사에 도달하는 즉시 상환의 효과가 발생한다. 상환청구권을 가진 주주는 상환청구권을 행사할 권한을 가지지만 이를 행사할 의무를 부담하지 않으므로 상환기간이 도래하더라도 상환청구권을 행사하지 않고 상환기간을 도과할 수 있다. 상환기간이 경과한 후에 주주의 상환청구권은 상실되지만 회사와 합의에 의한 임의상환은 가능하다.

② **상환청구권 행사** – 주주의 상환청구권 행사는 회사의 상환권 행사와는 달리 일정한 형식의 통지를 요구하지도 않고, 전환주식에서 전환청구권 행사와 같이 일정한 서면형식(상349)을 요구하는 것도 아니므로(상345.3), 상환청구의 의사표시가 어떤 형식이든 회사에 도달하면 족하다. 다만 정관에서 상환청구를 하는 방법에 관해서 정하고 있다면 그 방식을 따라야 한다. 상환청구권부주식의 상환도 상환권부주식과 동일하게 상환기간의 도래는 물론 회사의 배당가능이익이 존재하여야 행사할 수 있다. 따라서 상환기간이 도래하여 주주가 상환청구권을 행사하더라도 회사에 배당가능이익이 존재하지 않을 경우 상환의 효력이 발생하지 않으므로, 주주의 상환청구권 행사는 배당가능이익의 부존재를 해제조건으로 하는 **해제조건부 의사표시**로 이해된다. 즉 상환청구권 행사시 상환의 효과가 발생하지만 회사에 배당가능이익이 부존재할 경우 이를 해제조건으로 하여 상환의 효과가 소급해서 소멸한다.

③ **분할상환** – 상환청구권부주식의 경우에는 주주의 상환청구권 행사에 따라 회사는 상환의무를 부담하므로 상환권부주식과 달리 **분할상환**은 원칙적으로 금지된다. 회사가 분할상환을 하려면 상환방법으로서 정관에 분할상환방법을 기재하여야 한다고 본다. 다만 다수의 상환주주가 상환청구권을 행사하는데 배당가능이익이 전체 상환에 부족할 경우 상환청구권 행사의 효과는 어떠한가? 이 경우 상환청구권 행사 주주의 상환에 필요한 상환대금에 대한 배당가능이익의 비율에 따라 분할상환이 되어야 한다고 본다.

(6) 전환형 종류주식

1) **의 의** : ① **개 념** – 전환형 종류주식이란 다른 종류주식으로 전환할 수 있는 권리가 인정된 종류주식을 의미하며, **전환주식**이라고도 한다(상346.1,2). 전환주식 역시 주식의 다양성을 통한 회사의 자금조달·재무관리와 투자자의 선택

을 용이하게 하기 위한 제도이다. 개정전 상법과 달리 전환주식은 우선주와 무관하게 발행될 수 있는 종류주식의 일종이다. 회사는 전환(청구)기간 내에 전환으로 발행하게 될 종류의 주식(**전환발행주식**)의 발행권한을 유보하여야 한다(상346.2). 전환발행주식의 발행권한 유보는 전환(청구)권 행사의 전제로서 회사가 전환발행주식을 확보하지 못한 상태에서 전환청구 하여도 전환의 효력이 발생하지 아니한다. 전환주식에 관해 회사·주주가 가진 전환(청구)권은 상환주식에서 상환(청구)권과 동일하게 **형성권**으로 본다.

② **보통주로의 전환** – 전환주식은 다른 종류주식으로 전환할 수 있는 주식인데, '다른 종류주식'으로 전환이란 의결권배제주식이 의결권제한주식으로 보통주가 우선주로의 전환을 포함함에는 의문이 없다. 그런데 우선주·의결권배제주식 등의 **보통주로의 전환**도 가능한가? 보통주식이 종류주식에 포함되느냐에 관해 부정적 입장이 타당하므로(전술), 보통주식은 '종류주식'(상345.5)에는 포함되지 않지만(불포함설) '다른 종류주식'에는 포함될 수 있고 보통주식으로의 전환을 불허해야 특별한 이유가 없어[89] 보통주로의 전환도 허용된다고 본다. 다만 입법론적으로 동조를 '다른 종류의 주식'으로 개정하여 논란을 없앨 필요는 있다고 본다. 전환주식은 전환권이 회사·주주 중 누구에 귀속하느냐에 따라 **전환권부주식과 전환청구권부주식**으로 구별된다.

[쟁점 검토 – 자동전환주식] 정관의 규정으로 일정한 기한의 도래, 조건의 성취에 의해 다른 종류의 주식으로 자동전환 되는 주식은 상법상의 전환주식이 아니라고 보는 견해가 다수설이다. 상법 제346조는 일정한 사유가 발생할 때 전환의 효과가 발생하는 것이 아니라 회사의 전환권의 행사가 요구되어 자동전환주식과는 구별되기 때문이다. 그리고 이사회가 전환의 통지를 하여야 하고(상346.3), 전환의 효력도 자동발생이 아니라 전환통지 상에 명시된 주권제출기간이 경과한 시점에 효력이 발생하므로(상350.1) 현행법상의 전환권부주식과 불일치함도 부정할 수 없어 다수설도 설득력을 가진다고 본다. 회사법은 종류주식을 4가지 유형으로 제한하고 정관의 상대적 기재사항으로 하여 기타 종류주식(예, 복수의결권주식)을 불허하고 있는데, 실무상 이용되는 자동전환주식만을 허용하는 것도 부적절하다고 할 수 있다. 하지만 개정전 상법과 달리 전환청구권부주식뿐만 아니라 전환권부주식도 전환주식에 포함되었고, 전환권부주식은 정관에 전환사유를 기재하게 되어 있어 전환사유의 발생에 의해 회사가 전환권을 행사하여야 한다면 자동전환주식과 크게 다르지 않다. 정관

---

89) 전환주식은 미국법을 계수한 부분인데, 미국에서는 오히려 우선주를 보통주로 전환(downstream conversion)하는 것만 허용하고 보통주를 우선주로 전환(upstream conversion)하는 것은 금지하는 주법이 많았다고 한다(이철송295).

에 자동전환이라는 전환방법을 명시하여 자동전환주식을 발행할 경우 정관에 공시도 되고 전환권주식에서 회사의 전환권 행사만을 생략한 것으로 볼 수 있어 그 효력을 부정하여야 하는지 의문이다.

2) **발 행** : ① **전환주식의 발행** – 회사가 전환주식을 발행하기 위해서는 종류주식의 특성상 정관에 전환주식의 내용과 수를 기재하고(상344.2) 기타 종류주식의 **공시요건**[90]을 충족하여야 한다. 그리고 전환주식의 구체적 내용이라 할 수 있는 전환조건, 전환(청구)기간, 전환발행주식의 수와 내용, 그리고 전환권부주식의 경우 그 취지, 전환사유도 정관에 기재하여야 한다(상346.1,2).[91] 전환주식의 전환조건 등은 정관기재사항이므로 회사 설립시 발기인 전원의 동의(상291.1호), 성립회사의 주주총회의 특별결의가 요구된다. 다만 이미 정관에 전환주식의 내용(전환조건 등)과 수에 관한 규정을 두고 있다면 이사회가 신주발행의 결의(상416)를 하면 전환주식을 발행할 수 있다. 전환발행주식의 수를 제외하고 전환조건 등은 정관 외에 **주식청약서·신주인수권증서**에 기재된다(상347). 그밖에 신주발행시 주식청약서·신주인수권증서에 기재된다는 점에서 다른 종류주식과 다르다(상420, 420의2).

② **전환사유** – 전환권부주식은 전환청구권부주식과 달리 '전환사유'도 정관에 명시하도록 하고 있지만, 주식청약서·신주인수권증서에는 기재하지 않아도 된다.[92] **전환사유**라 함은 회사가 전환권을 행사할 수 있는 객관적 사유를 의미한다

---

90) 종류주식의 공시에서 본 바와 같이, 정관에 그 내용과 수를 정하여야 하고(상344.2, 정관의 상대적 기재사항), 발기인이 인수한 주식을 포함하여 주식의 종류와 수는 회사설립시 주식청약서 기재사항에 포함되어야 하지만(상302.2.4호,5호), 신주발행의 경우 회사가 발행한 종류주식의 내용과 수는 주식청약서·신주인수권증서의 기재사항에 포함되어 있지 않다(상416). 다만 발행하는 신주가 종류주식일 경우에는 이는 주식청약서·신주인수권증서의 기재사항이 된다(상420.3호 → 416.1호). 발행주식의 종류와 내용, 수는 설립등기사항에 포함되어 공시가 요구되고(상317.2.7호), 주권 발행시에도 종류주식은 주권의 기재사항이며(상356.6호), 신설합병시 합병계약서, 회사분할시 분할계약서의 기재사항이다(상524.1호,530의5.1.3호).

91) 전환주식의 구체적 내용이라 할 수 있는 전환조건 등은 상환주식과 달리 정관에의 기재를 명확하게 규정하지 않아 다소 의문이 있다. 하지만 전환조건도 상법 제346조 제1항의 '정관으로 정하는 바'에 포함된다고 볼 수 있고 '전환주식의 내용(상344.2)'을 전환조건으로 볼 수 있어 이는 정관에 기재되어야 한다고 본다(상346.1,2)

92) 전환사유의 중요성에 비추어 전환사유가 주식청약서, 신주인수권증서의 기재사항의 기재사항에서 빠진 것을 일종의 누락으로 보고 전환사유의 기재를 주장하는 견해가 있다(이철송297). 물론 전환사유가 전환권부주식에서 중요한 내용이고 누락으로 볼 여지도 있지만, 전환권에 관한 기재가 주식청약서·신주인수권증서에 기재되어 있고 전환사유가 정관

고 볼 수 있으며, 객관적 명확성만 확보된다면 구체적인 자본의 변화(예, 발행주식이 100만주를 초과한 경우), 일정한 결의(예, 이사회의 전환권 행사결의) 등도 될 수 있다. 그러나 대표이사의 판단 등과 같이 객관적이라고 보기 어려운 사유는 전환사유가 될 수 없다고 본다. 회사의 전환권 행사를 위해 이사회는 전환할 주식, 주권의 회사제출(2주 이상 기간), 부제출시 주권의 무효화 등에 관해 그 주식의 주주 및 주주명부에 적힌 권리자에게 통지·공고하여야 한다(상346.3). 회사가 전환권 행사의 통지를 하면 주권제출기간이 경과한 시점에 전환의 효력이 발생하는데(상350.1), 이는 회사의 전환권도 **형성권적 성질**을 가지고 있어 해당 주주의 동의가 요구되지 않고 효력이 발생하지만 전환전주권의 제출과 전환주식의 발행이 교환적 관계에 있고 이를 모든 주주에게 동일한 시점이 되게 하려는 취지이다.

③ **전환발행주식의 발행권한 보유** – 전환주식을 전환할 경우 새로운 주식이 발행되어야 하므로, 회사는 새로운 주식을 발행할 권한을 전환(청구)기간 내에 유보하여야 한다(상346.4). 회사가 전환발행주식의 발행권한을 확보하지 못하게 되면 이행불능상태가 되는데, 구체적으로 정관의 발행예정주식총수, 전환발행 종류주식의 내용과 수가 정관에 기재되어 확보되어 있어야 한다. 다만 전환시 전환전주식이 실효되어 전환전주식의 수만큼 발행주식총수가 감소되어 실효되는 전환전주식의 수만큼 회사의 발행권한이 다시 회복된다고 본다(통설). 그리고 전환발행주식이 보통주식이 될 수도 있는데 보통주식은 정관에 내용과 수가 기재되어야 하는 종류주식에 포함되지 않으므로 발행예정주식총수만 확보되어 있다면 충분하다.

3) 전환의 효과 : ① 신주식의 발행가액 – 전환으로 인하여 신주식을 발행하는 경우에는 전환전의 발행가액을 신주식의 발행가액으로 한다(상348). 동조의 의미에 관해, 신주의 액면미달발행을 방지하는 규정으로 해석하는 견해와 액면미달발행의 방지를 넘어 전환권의 행사로 인한 **실질적인 자본의 증감을 방지**하자는 취지로 보는 견해 등이 주장된다. 즉, 구주식의 주당 발행가액[93]이 2만원이었을 경우

에 명확히 기재가 되어 있다면, 이는 객관적으로 명확한 사유이어야 하므로 주식청약서·신주인수권증서에 기재되지 않아도 무방하다고 본다.
[93] 동조의 발행가액을 주당 발행가액으로 이해할 경우 항상 동액이 되어 1:1의 전환조건밖에 될 수 없다고 보는 견해가 있다(이철송299). 하지만 주당발행가액이 같더라도 프리미엄이 달라질 수 있으므로 반드시 1:1의 조건으로 되는 것은 아니라 본다. 주당 발행가액으로 보더라도 동 견해가 주장하는 '총발행가액'으로 이해한 것과 결과는 동일하게

(액면가는 5,000원, 프리미엄이 15,000원) 전환권을 행사하여 발행되는 주식수에 무관하게 신주식의 주당 발행가액은 2만원이 되어 결과적으로 4주를 초과하는 주식배정은 불가능하게 된다. 4주의 범위 내 예컨대, 발행가액(액면가와 프리미엄을 합한 금액)이 10,000원인 2주 또는 20,000원인 1주 또는 액면발행의 4주 등으로 전환조건을 결정하게 되어 추가 자본금의 투입(실질적 자본증감) 없이 전환이 완료될 수 있다. 만일 4주를 초과하여 전환되게 되면 액면미달 발행이 되어 허용되지 않는다.

② **자본 변경** – 발행가 20,000원 1주로 전환한 경우에는 문제 없지만 기타의 경우(2주, 또는 4주로 전환한 경우)에는 **형식적 자본**(액면가×발행주식총수)의 증가(주당 5,000원에서 10,000원 또는 20,000원으로)가 발생하게 된다. 그리고 전환으로 소멸된 전환주식의 수만큼 그 종류의 주식의 미발행분이 다시 회복되어 **재발행**이 가능한가? 이에 관해 부정설도 있지만, 상환주식과 달리 전환주식은 전환으로 인하여 다른 종류의 주식으로 교체되었으므로 전환으로 인하여 소멸된 주식 종류의 미발행주식으로 부활한다고 보아 재발행이 가능하다고 보는 긍정설(통설)이 타당하다.

③ **효과 발생** – 전환청구권부주식은 주주가 전환을 청구한 때, 전환권부주식은 주권을 회사에 제출하도록 정한 기간(주권제출기간)이 끝난 때에 그 효력이 발생한다(상350.1). 이는 전환(청구)권이 **형성권적 성질**을 가지므로 상대방의 의사표시 없이 전환(청구)권의 행사만으로 효력이 발생하지만, 전환권부주식의 경우에는 주권의 반환이 요구되고 모든 전환주식에 대해 같은 시점에 전환의 효력이 발생하게 하고자 전환권을 **기한(주권제출기한)부 형성권**으로 규정한 것으로 이해된다. 그리고 주주명부 폐쇄기간 중에 전환된 주식의 주주는 그 기간 중의 총회의 의결에 관하여는 의결권을 행사할 수 없다(상350.2).

④ **주식실효와 신주발행** – 전환주식도 상환주식과 동일하게 전환(청구)권을 형성권으로 보고 있어 전환(청구)권을 행사하면 일정한 조건·기한이 성취되면 전환의 효과가 발생한다. 즉 전환전의 주식은 실효되고 전환후의 주식이 발행되는데, 전환전 주식은 전환후 주식의 발행이 유효할 것을 조건으로 실효된다. 전환후의 주식은 특수한 신주발행으로서 이사회의 통상 신주발행의 결의가 요구되지 않고, 정관의 규정에 따라 전환의 효과가 발생하는 시점에 신주가 발행된다(상350). 그

되므로, 굳이 회사법의 명문규정을 달리 해석할 이유는 없다고 보아 이를 주당 발행 가액으로 이해하는 것이 적절하다고 본다.

리고 주식전환으로 인한 변경등기는 전환시점 또는 주권제출기간의 종료시점이 속하는 달의 말일부터 2주 내에 본점소재지에서 이를 하여야 한다(상351). 전환주식에 **질권**이 설정된 경우에는 전환된 신주식에 그 효력이 미치고(상339), 주식전환이 있게 되면 전환효력발생일이 속하는 달의 말일로부터 2주 내에 **변경등기**를 하여야 한다(상351).

⑤ **주주권 행사** – 전환의 효력발생시점에 구주식은 실효되고 신주식은 효력을 가지게 된다(상350.1). 주주명부 폐쇄기간 중에 전환된 주식의 주주는 그 기간 중의 총회의 결의에 관하여는 **의결권**을 행사할 수 없다(상350.2). 그리고 전환에 의하여 발행된 주식의 **이익배당**에 관하여는 전환효력발생시점이 속하는 영업연도 말에 전환된 것으로 보고 정관으로 이를 변경할 수 있다는 규정(구상350.3)은 삭제되었고, **중간배당**에 관해서도 정관에 의한 신주발행시점을 달리 정할 수 있다는 규정(구상462의3.5 일부준용규정)이 삭제됨으로써 이익배당 귀속시점에 관한 회사의 선택권은 없다고 본다. 즉 신주의 이익배당에 관한 귀속시점에 관한 규정(상350.3)의 삭제에 따라, 신주에 대한 이익배당에 관해 상법에 특별한 규정이 없어졌으므로 정관에 이에 관한 특별한 규정을 두든지, 특별한 규정이 없다면 주식취득의 효력발생시점을 기준으로 일할배당을 하여야 한다고 본다.

4) **전환청구권부주식** : ① 개 념 – 전환청구권부주식이란 주주가 다른 종류주식으로의 전환청구권을 가진 전환주식으로서 주주전환주식이라고도 한다. 전환권부주식은 전환사유를 따로 정관에 명시하여야 하고, 이를 명시하지 않았을 경우 전환청구권부주식이 되므로 전환청구권부주식이 전환주식의 원칙적 형태(default form)라 할 수 있다.[94] 전환청구권부주식을 발행할 경우에는 정관에 전환조건·전환청구기간, 전환발행주식수·내용을 정관에 정하여야 한다(상346.1). 전환주식을 소유한 주주의 전환청구권은 형성권적 성질을 가지만 전환조건의 충족이 되어야 행사할 수 있다.

② **전환청구권의 행사** – 전환주식을 소유하고 있는 주주는 전환기간이 도래하게 되면 회사에 대하여 전환청구를 할 수 있다. 이를 위해서는 전환하고자 하는 주식의 종류, 수와 청구연월일을 기재하고 기명날인·서명한 청구서 2통에 주권을

---

[94] 전환주식과 달리 상환주식의 경우에는 오히려 상환권부주식이 원칙적 형태라 할 수 있다. 왜냐하면 상환청구권부주식이 되기 위해서는 '상환을 청구할 수 있다는 뜻'(상환청구권)을 정관에 기재하여야 하기 때문이다.

첨부하여 회사에 제출하여야 하며(상349), 전환청구시점, 구체적으로 전환청구서 2통이 주권과 함께 회사에 도달한 시점에 전환의 효력(구주식의 소멸, 신주발행의 효력)이 발생하는데(상350.1), 주식전환을 위해서 **주권제출**이 요구된다.

③ **주권 제출** – 주권이 제출되어야 주식전환의 효력이 발생하는가? 생각건대 전환청구권부주식은 주주가 청구권을 행사하는 시점에 전환의 효력이 발생하므로 주권제출이 주식전환 효력발생요건으로 보기는 어렵고, 주주가 주권을 제출하지 못할 경우 채무불이행에 따른 책임을 부담하게 된다. 주권이 발행되지 않았을 경우에는 전환청구서의 제출만으로 효력이 발생한다고 보며, 주권을 상실하여 제권판결에 의해 주권을 재발행 받았을 경우에는 재발행된 주권을 제출하여야 하고, 제권판결을 받지 않았을 경우에는 주권상실을 소명하고 전환청구서를 제출할 수 있다고 본다. 다만 주권의 선의취득자가 나타날 경우 전환청구의 효력이 소급적으로 상실된다고 보아야 하므로, 주권 없는 전환청구서의 제출은 타인에 의한 주권의 선의취득을 해제조건으로 효력이 발생한다고 이해할 수 있다.

④ **신주발행권한 흠결** – 전환주식을 발행한 회사가 발행예정주식총수, 전환발행 종류주식수를 확보하지 못한 경우 전환청구권을 행사할 수 있는가? 신주에 해당하는 종류주식이 정관에 기재되어 있지 않다든지, 신주의 수에 해당하는 주식이 정관에 기재된 발행예정주식 총수를 초과하는 경우에 문제된다. 신주발행권한의 확보는 정관에 기재된 전환조건 등(행사요건)과는 구별되므로 확보와 무관하게 주주는 전환청구권을 행사할 수 있지만, 신주발행은 강행법규 위반이 되어 전환권 행사는 무효하게 된다(효력요건). 하지만 이는 회사의 임원들의 중과실에 의한 주주의 이익침해가 되어 이사의 책임(상401)이 문제될 수 있다고 본다.

5) 전환권부주식 : ① **개 념** – 전환권부주식이란 회사가 다른 종류주식으로의 전환권을 가진 전환주식으로서 회사전환주식이라고도 한다. 회사는 전환권부주식을 발행하기 위해서는 정관에 전환사유·조건·기간, 전환발행할 주식수·내용을 정해야 한다(상346.2.2문). 다만 동조항은 단순히 전환권부주식의 전환조건 등을 정해야 한다고만 규정하고 있어, 전환조건 등을 결정만 하면 되고 정관에의 기재가 요구되지 않는 것으로 해석될 여지가 없지 않다. 하지만 특별히 다양한 종류주식 중 전환권부주식만 그 구체적 내용을 정관에 기재하지 않도록 할 특별한 이유를 발견하기 어려울 뿐만 아니라, '전환주식의 내용(상344.2)'이 전환조건 등을 의미하며, 전환조건은 상법 제346조 제2항 1문의 '일정한 사유'를 의미하므로 정관

에 기재되어야 한다고 본다(상346.1,2).

② **전환권의 행사** - 전환권부주식이 발행되고 정관에서 정한 전환사유가 발생하면 회사는 반드시 전환하여야 하는가? 이에 관해 회사법은 전환권부주식을 정의하면서 전환사유가 발생할 경우 '전환할 수 있음'이라고 규정하고 있어 회사의 재량권적 사항이라고 본다. 그리고 전환사유가 발생할 경우 전환여부를 결정할 수 있는 권한의 귀속에 관해서는 명문의 규정을 두고 있지 않지만, 전환시 주주에 대한 통지의 주체를 이사회로 정하고 있는 규정(상346.3)을 고려할 때 이사회가 결정권한을 가지고 오히려 통지의 주체는 회의체기관인 이사회보다는 대표이사로 보아야 한다. 그리고 전환사유가 없음에도 불구하고 이사회가 전환권 행사를 결의할 경우 이는 이사들의 의결권 행사에 선관의무 위반이 있게 되어 손해배상책임이 발생할 수 있다(상399,401). 하지만 주식전환은 신주발행과 관련되어 거래안전의 보호가 중요하므로 이사회결의에 하자가 있더라도 전환(신주식 발행)은 유효하다고 본다.

3. 무액면주식제도

(1) 의 의

1) **개 념** : ① **액면금액** - 주식은 액면금액이 정해지는지 여부에 따라 액면주식과 무액면주식으로 구분되고, 액면금액이 있을 경우(액면주식) 이는 주권과 정관에 1주의 금액(주식의 권면액)을 기재된다. **액면주식**(par value stock, Nennbetragsaktie)이란 주권·정관에 1주의 금액이 표기되는 주식(상289.1.4호, 356.4호)이고, 무액면주식은 주권·정관에 액면가는 표기되지 않고 주식의 수만 표기되는(상289.1.3,5호) 주식으로서 회사의 **총자본에 대한 비율적 지위**만 인식되고 주권에 표창된다. **무액면주식**(no par valude stock, Quotenaktie)은 액면주식이 가지는 최초자본금의 공시효과(액면가×주식수=자본금, 상451.1)는 나타나지 않지만, 액면금액에 따른 주식발행의 제한(액면미달발행 금지, 상330,417)이 없어 재무관리의 편의성이 제고되고 주식의 시가가 액면가를 하회하고 있을 경우에도 주식 발행이 가능하다.

② **정관규정** - 액면주식을 발행할 경우 정관에 액면금액이 기재될 뿐(상289.1.4호) 그 발행에 관한 특별한 규정이 기재될 필요가 없으나, 무액면주식은 정관에 무액면주식 발행을 정한 경우에만 발행될 수 있어(상대적 기재사항, 상

329.1) 정관으로 무액면주식을 발행한다는 사실이 정관에 기재되어야 한다. 무액면주식은 자본금계상금액을 정관에 기재할 수도 있지만 액면주식의 액면금액처럼 기재가 강제되는 것은 아니다(임의적 기재사항). 요컨대 액면주식의 경우 액면가액이, 무액면주식의 경우 무액면주식의 발행한다는 사실이 정관에 기재되어야 하므로 정관에 액면·무액면주식의 발행여부가 나타나게 되는데, 액면·무액면주식을 병행하여 발행할 수는 없고 하나를 선택하여 발행하여야 한다(상329.1.단서).

　　2) **자본금계상금액** : ① 개　념 – 액면주식이 발행될 경우 액면주식의 총수에 해당하는 액면금액의 총액은 회사에 자본금으로 유입되는데, 동 자본금과 형성된 부채가 회사 경영을 위한 자산으로 구성된다. 무액면주식을 발행할 경우 액면금액이 없지만 무액면주식의 발행가액 중 자본금이 되는 금액을 **자본금계상금액**이라 하고 이를 발기인·이사회가 정한다(상291.3호,416),

　　② **자본충실** – 무액면주식의 자본금계상금액은 발행가의 1/2 이상으로 결정하여야 하므로(상451.2), 무액면주식 발행시 총 자본금계상금을 통해 자본금이 형성되어 액면금액과 유사한 기능을 하며 자본충실원칙에 실질적인 변화는 없게 된다. 오히려 액면주식의 발행가액 중 액면가액을 초과하는 금액은 모두 자본잉여금이 되고 형식적 자본금에 귀속되지 않지만, 무액면주식의 경우에는 최소한 발행가액의 1/2 이상은 형식적 자본금에 귀속되게 형식적 자본금 형성에 더 유리할 수도 있다. 요컨대 무액면주식제도는 자본금계상금액을 법정함으로써 자본충실의 원칙을 도모하고 있다고 볼 수 있다.

　　3) **공　시** : ① 정관 공시 – 액면주식을 발행할 경우 1주의 금액(액면금액)과 설립시 발행주식총수와 수권주식수는 정관 기재사항이다. 하지만 무액면주식을 발행할 경우 액면금액의 기능을 하는 자본금계상금액은 정관 기재사항이 아니어서 정관에 공시되지 않는다. 액면주식의 경우에도 자본금액이 정관에 기재되지 않지만 액면금액과 발행주식총수에 의해 회사 설립시 자본금액의 추지가 가능하다. 하지만 무액면주식 발행시에는 액면금액이 정관에 기재되지 않아 회사 설립시라 하더라도 정관 기재만으로 자본금액을 알 수 없다.

　　② 등기 공시 – 액면주식은 물론 무액면주식을 발행하는 경우에도 발행주식의 총수는 존재하고, 현재 발행주식총수와 자본금액는 정관기재사항은 아니지만 등기사항이다(상317.1.3호). 따라서 액면주식 발행시뿐만 아니라 무액면주식을 발행

할 경우에도 회사등기부를 통해 회사의 현재 자본금액이 공시되며, 회사가 무액면주식의 형태로 신주를 발행하는 경우에도 발행주식총수와 자본금액의 변경사항을 변경등기하여야 한다. 액면·무액면 주식 모두 회사의 현재의 자본금액은 등기부를 통해 공시된다고 볼 수 있다.

　4) **액면·무액면주식의 비교** : 액면주식의 액면금액의 기능은 무액면주식의 자본금계상금액에 의해 대체되지만 양자는 다음과 같이 차이점을 가진다. 첫째, 회사가 액면주식을 발행할 경우 정관에 1주의 금액(액면금액)을 기재하여야 하지만, 무액면주식을 발행할 경우 자본금계상금액은 정관에 공시하지 않아도 되어 이를 변경할 경우에도 정관변경이 요구되지 않는다. 둘째, 액면주식 발행시 액면가는 균일하여야 하고 100원 이상으로 제한되지만(상329.2,3), 무액면주식의 자본금계상금액에는 그러한 제한이 적용되지 않아 균일성이 요구되지 않고 100원 미만이어도 무방하다. 다만 회사 설립시 또는 신주발행시 또는 액면주식을 무액면주식으로 전환시 동시에 발행·전환되는 신주의 자본금계상금액은 균일하여야 한다고 보지만(← 주주평등원칙, 단체법리), 이후의 신주발행시 이사회는 자본금계상금액을 달리 결의할 수 있다고 본다. 셋째, 액면주식 발행시 액면미달발행이 엄격하게 제한되지만(상330) 무액면주식 발행시 발행가에 제한이 없어 언제든지 신주발행이 가능하다. 넷째, 액면주식 발행시 액면금액과 발행가액간의 비율에 관해서는 아무런 제한이 없지만 무액면주식 발행시 자본금계상금액은 발행가액의 1/2 이상으로 제한된다. 다섯째, 액면주식은 액면금액에 고정되어 주식의 병합·분할이 액면금액의 병합·분할의 의미를 가지는데 반해, 무액면주식은 '액면금액의 고정성이 없는 자본의 비율적 단위로서의 성격'을 가져 주식의 병합·분할이 불가능하지는 않지만 의미를 가지지 않는다.

(2) 발행 요건

　1) **주식발행사항 결정** : 무액면주식을 발행하는 경우 정관에 발행에 관한 근거규정을 두어야 하고 필요한 경우 액면주식으로의 전환에 관한 규정을 둘 수 있다(상329.1). 무액면주식을 발행한 경우 액면주식과의 병행발행은 금지되며(상329.1), 회사설립·증자시 발기인·이사회가 주식발행사항을 결정함에 있어 무액면주식의 발행가액과 자본금계상금액에 관한 사항을 포함하여야 한다(상291.3호,416.2의2호). 액면주식 발행시 자본형성의 단위인 액면금액을 대체하여 자본금

계상금액의 결정이 법정화 되어 있어, 자본금계상금액은 자본충실원칙에 기여하고 주식회사의 대외적 신용유지를 위한 중요한 개념이 된다.

2) **발행가액** : 무액면주식을 발행함에 있어 액면금액이 없어 최저액면가의 제한이 없고 액면미달발행이 있을 수 없으나, 주식인수인의 투자금액인 주식의 발행가액은 정해진다. 회사설립시에는 정관 또는 발기인의 전원동의로 주식의 발행가액을 정하고(상291.3호), 신주발행시 이사회(예외적으로 주주총회)가 발행가액과 자본금비율 결정권한을 가진다(상416의2.2호,451.2). 다만 무액면주식 1주의 발행가액은 주당 자본금계상금액의 2배를 초과하여 정할 수는 없다(상451.1). 최저액면가, 액면미달발행금지 등의 제한이 없는 무액면주식을 발행하는 회사는 시가 미달발행(**불공정한 발행가액**)의 위험이 더 높은데, 불공정한 가액으로 무액면주식이 발행될 경우 신주발행의 효력이 발생하기 전이면 신주발행유지청구의 소를 제기할 수 있고(상424), 신주발행이 효력이 발생한 이후에는 6월내에 신주발행무효의 소를 제기할 수 있다(상429). 다만 발행가액의 불공정성이 신주발행무효의 소의 원인이 되는가에 관해 학설이 대립되며, 그밖에 발행가액에 관한 이사회의 결의가 이사의 선관·충실의무를 위반한 경우에는 해당 이사에 대해서는 이사의 책임을 물을 수 있다.

3) **자본금계상금액** : ① 기 능 – 무액면주식을 발행하는 주식회사가 회사의 자본금에 포함시키기로 결정한, 발행가액 중 일정부분을 의미하는 자본금계상금액은 회사의 자본금에 귀속된다는 점에서 실질적으로 액면주식 발행회사의 액면금액과 유사한 기능을 한다. 하지만 자본금계상금액은 정관기재사항이 아니고 분할제도가 없으며, 최저금액제한·액면미달발행이 적용되지 않는다는 점에서 액면금액과는 구별된다.

② 제 한 – 최저 자본금계상금액의 제한이 없어 경우 100원 미만의 자본금계상금액을 설정하더라도 무방하며, 그 상한 역시 없어 발기인·이사회가 자유롭게 설정할 수 있다. 그리고 액면주식의 경우 액면가의 분할 즉 주식분할이 가능하지만(상329의2) 무액면주식의 경우 액면금액이 없어 동조가 적용되지도 않을 뿐만 아니라 자본금계상금액의 분할제도를 두고 있지 않다. 하지만 주식의 시가가 너무 높아 주식의 유통성을 증진하기 위해 주식분할이 요구될 경우에는 무상신주를 발행하면 실질적으로 액면주식의 액면분할의 효과가 나타난다. 따라서 액면금액

의 분할이 요구되지 않으므로 주식분할시 요구되는 주주총회의 특별결의(상329의
2.1), 신주권 교부절차(상329의2.3)가 요구되지 않는다.

(3) 액면·무액면주식의 전환

1) **의 의** : 주식의 전환이란 액면주식을 무액면주식으로, 무액면주식을 액면
주식으로 변경하는 것을 의미한다. 무액면주식과 액면주식은 병용할 수는 없어
개별 주식에 해당하는 절차가 아니라, 회사 전체의 주식을 변경하는 절차이다. 앞
서 본 전환주식은 종류주식간의 전환(청구)권이 있는 주식인데 반해, 무액면주식
은 종류주식이 아니므로 무액면주식의 전환은 전환주식과는 무관하고 액면·무액
면주식간의 전환만을 의미한다. 그런데 액면주식에는 액면금액이 존재하고 정관
기재사항이며 무액면주식에는 자본금계상금액이 존재하는데, 양자는 동일한 개념
이 아니어서 전환시 개념의 전환문제가 요구된다. 그리고 회사법은 회사의 자본
금은 액면주식을 무액면주식으로 전환(**무액면주전환**, PTN: 'par value' to 'non par
value')하거나 무액면주식을 액면주식으로 전환(**액면주전환**, NTP: 'non par value'
to 'par value')함으로써 변경할 수 없다고 하여(상451.3), 주식의 전환시 자본금의
변경이 생기지 않도록 규정하고 있다.

2) **절 차** : ① 의사결정 − 주식전환의 의사결정권한에 관한 규정은 없지만, 무
액면주식을 액면주로 전환 즉 액면주전환(NTP)시 액면금액에 관한 정관규정을
두어야 하므로(상329.1) **정관변경**을 위한 주주총회의 특별결의가 요구된다. 그리
고 액면주식을 무액면주식으로 전환 즉 무액면주전환(PTN)시에도 정관상의 액면
금액을 삭제하여야 하므로 역시 정관변경을 위한 주주총회의 특별결의가 요구된
다. 따라서 주식전환의 의사결정권한은 **주주총회**에 있고 그 의사결정 정족수는 특
별결의로 볼 수 있다.

② **주식병합 준용** − 주식전환의 절차에 관해 주식병합에 관한 규정을 준용한
다(상329.5 → 440,441본문,442). 무액면주전환(PTN)시 액면가, 액면주전환(NTP)
시 자본금계상금액을 결정하고 이에 따라 전환주식수도 결정된다. 회사법은 주식
의 전환에 주식병합에 관한 규정을 준용하면서 상법 제441조의 본문만을 준용하
고(상329.5 → 상441), 채권자이의 등 사채권자보호절차에 관한 동조의 후문(상
232)을 준용하고 있지 않음을 미루어 볼 때 지본금이 감소되는 주식의 전환은 회
사법상 배제되어 있다고 판단된다.

③ **주식수 변경** – 액면주식과 무액면주식간의 주식수를 달리하는 것도 가능한
가? 이에 관해 회사법에 규정은 없지만 액면금액과 주식발행사항의 비율에 따라
양자의 주식수 변경도 가능하다고 본다. 예를 들어 액면금액이 5천원인 주식 10만
주를 발행한 회사가 자본금계상금액 1천원인 주식으로 전환한다고 하면 발행주식
의 총수는 50만주가 되게 된다. 이와 같이 액면금액×발행주식총수＝자본금계상
금액×발행주식총수의 등식관계가 유지되어야 하고 그렇지 않을 경우 자본금의
증감이 있게 되어 별도의 자본금 변경절차가 요구된다. 회사의 자본금은 주식전
환으로 변경될 수 없고(상451.3), 주식전환에 주식병합절차를 준용하면서 채권자
보호절차를 준용하지 않아(상329.5 → 441본문) 특히 자본금이 감소되는 주식전환
은 배제하고 있다.

④ **주권교체** – 주권이 발행되지 않은 경우에는 주식의 전환이 있더라도 주권
의 교체가 요구되지 않으므로 주권 관련절차가 진행될 필요가 없다. 하지만
주권이 발행된 구주권을 신주권으로의 주권교체를 위해 주권제출기간 설정,
주권제출공고, 신주권의 교부절차 등이 요구되는데 회사법은 주식병합절차를
준용하도록 하고 있다(상329.5). 이를 구체적으로 보면, 회사는 1월 이상의 기간
(주권제출기간)을 정하여 그 뜻과 그 기간 내에 주권을 회사에 제출할 것을
공고(주권제출공고)하고 주주명부에 기재된 주주와 질권자에 대하여는 각별
로 그 통지를 하여야 한다(상329.5 → 상440). 그리고 주주가 전환전 주권을 제출
할 수 없는 경우에는 회사는 동 주주의 청구에 의하여 3월 이상의 기간(이의
제출기간)을 정하고 이해관계인에 대하여 그 주권에 대한 이의가 있으면 그
기간 내에 제출할 뜻을 청구자의 부담으로 공고하고 그 기간이 경과한 후에
전환후 주권을 청구자에게 교부할 수 있다(상329.5 → 상442).

⑤ **구주권·신주권 교부** – 회사는 주권제출기간이 종료된 후 구주권(액면·무
액면주권)을 제출한 주주에게 무액면·액면주권을 교부하는데 구주권의 제출과
신주권의 교부는 동시이행의 관계에 있지 않고, 주권제출기간이 정해져 구주권
의 선이행이 법상 강제되어 있다고 볼 수 있다. 회사가 구주권을 회수하고도 신
주권을 교부하지 않을 경우 회사는 채무불이행의 책임을 부담하게 되는데, 이와
별도로 주주의 권리행사는 신주권의 교부지체에도 불구하고 부인되지 않는다.
주권은 이미 주주가 가진 주주의 지위 주식을 표창하는데 지나지 않으므로(비설
권증권), 이미 주주의 신주권이 표창하려고 하는 주식은 주권제출기간의 만료로
발행되었으므로 주권의 교부와는 무관하게 권리를 행사할 수 있다.

⑥ **공 시** – 주식의 전환절차가 종결되고 나면 주식의 전환을 공시하여야 한다. 앞서 본 바와 같이 정관기재사항이 변경되므로 **정관변경절차**를 전행하여야 한다. 주식전환은 등기사항이 아니어서 변경등기가 원칙적으로 요구되지 않지만 주식전환으로 발행주식총수가 변경될 경우에는 변경등기가 요구된다(상317). 무액면주식에 관한 사항은 회사설립시 주식청약서의 기재사항에 포함되어 있으나(상302.2.5호), 신주발행시에는 **주식청약서·신주인수권증서**의 기재사항에서는 배제되어 있다(상420,421), 무액면주식이 발행되는 경우에는 투자자인 주식인수인, 신주인수권의 취득자를 보호하기 위해 무액면주식이라는 뜻을 공시할 필요가 있으므로 입법론적으로 주식청약서·신주인수권증서에 명시할 필요가 있다고 본다. 그리고 주식전환이 있으면 주주의 주식수에 변동이 있을 수 있고 소유주식의 성질이 변경되므로 **주주명부**의 개서절차가 요구된다고 해석된다.

3) 효 력 : ① **효력발생시점** – 주식전환의 효력은 주권제출기간의 만료시점에 효력이 발생한다(상329.5 → 상441). 주식전환시 주식의 수에는 변화가 생길 수 있는데, 이에 관해 상법에는 특별한 규정을 두고 있지 않다. 주식전환으로 자본금이 변경될 수 없으므로(상451.3), 액면주식의 액면가와 무액면주식의 자본금계상금액의 비율에 따라 무액면·액면주식의 수가 결정되게 된다. 이와 같이 전환 후 액면·무액면주식의 수가 변경될 경우 주주명부의 기재사항이 변동되는데, 주식의 전환과 주식수의 변동은 주주와 무관하게 회사가 진행하는 절차이므로 주주의 신청 없이 회사가 직권으로 주식수의 변경을 주주명부에 기재해야 한다고 본다. 다만 주권 불발행 회사의 경우 주권제출을 기준으로 주식전환의 효력이 발생하지 않아 해석론에 맡겨져 있는데, 주식전환이 주주총회의 특별결의를 통한 절차임을 고려할 때 획일적 효과발생을 위해 주주총회결의의 효력발생시점에 주식전환의 효력이 발생한다고 해석된다.

② **자본금 변경금지** – 주식의 전환시 회사의 **자본금**은 액면주식의 주식전환에 의해 변경할 수 없어(상451.3) 자본금의 변동은 발생하지 않는다. 그리고 주식전환에 준용되는 주식병합절차에서도 회사채권자보호절차(상411후문 → 상232)를 배제하고 있어(상329.5) 주식전환으로 자본금이 변경될 수 없음을 재확인하고 있다. 이는 결과적으로 앞서 본 액면금액×발행주식총수=자본금계상금액×발행주식총수의 등식관계가 유지될 것을 회사법이 요구한 것으로 이해된다. 따라서 주식전환시 회사는 발행주식총수를 자유롭게 변경할 수는 없고 액면금액과 자본금

계상금액의 비율에 따라 발행주식총수를 변경하여야 한다고 할 수 있다.

(4) 자본 구성

1) **의 의** : ① **자본금 계상** – 주식회사는 자본금을 그 존립의 기초로 하고 있으므로 무액면주식을 발행하더라도 무액면주식 1주당 얼마의 자본금이 형성되는지 하는 자본구성의 문제가 발생한다. 발행가액 전부가 자본금으로 계상되는지 아니면 일부는 자본금으로 계상하고 나머지를 다른 항목(예, 자본잉여금)으로 계상되는지 하는 문제이다. 회사의 자본금을 일정 수준으로 유지한다는 것은 회사 채권자 보호를 위해 필요하고 무액면주식 발행가액의 자본구성은 회사의 담보가치와 관련된다고 볼 수 있어, 무액면주식제도에서 자본 구성의 문제는 회사법상 매우 중요한 문제가 된다.

② **제 한** – 회사법은 무액면주식을 발행하는 주식회사의 자본 구성은 자본금 계상금액을 얼마로 하느냐에 의해 결정된다. 회사법은 무액면주식의 자본금계상금액의 결정에 관해 설립시에는 정관·발기인전원동의에 의해(상291.3호) 신주발행시에는 이사회의 결의(상416.2의2호)에 의해 자율적으로 결정하되, 주식의 발행가액의 1/2 이상이어야 한다. 즉 회사는 무액면주식의 발행가액의 1/2 이상의 범위 내에서 자율적으로 결정할 수 있고(상451.2). 최소 자본금계상금액의 제한은 없다.

2) **자본금계상금액의 변경** : 무액면주식을 발행한 회사가 자본금계상금액을 변경하려고 하는 경우 이는 액면금액과 달리 정관기재사항이 아니므로 정관변경절차가 요구되지 않는다. 그리고 자본금계약금액은 주권의 기재사항도 아니므로 주권을 수정할 필요가 없어 주식의 분할에서 요구되는 주권의 교체 즉 신주권의 교부절차가 요구되지 않는다. 회사법은 자본금계상금액의 변경에 관한 규정을 두고 있지 않아, 신주 발행시 자본금계상금액의 결정권한이 원칙적으로 이사회에 있음을 근거로 이사회가 자본금계상금액의 변경권한도 가진다고 추론할 수 있다. 하지만 자본금계상금액의 감소는 절대적으로 자본금계상금액을 감소시키는 것과 자본금을 자본준비금으로 전환시키는 것이 되는데, 양자 모두 **실질적 자본감소**에 해당하게 되므로 자본감소절차에 따르는 절차적 요건 즉 주주총회의 특별결의, 사채권자보호절차 등이 요구된다고 보아야 하고 이사회가 결정권한을 가진다고 보기 어렵다. 그러나 자본금계상금액을 증가시키는 변경은 회사법이 주식의 발행가

액을 자본금계상금액과 자본준비금에만 귀속시키도록 한 취지(상451.2)를 고려할 때, 자본금계상금액의 증가는 실질적으로 자본준비금의 자본전입을 의미하게 되어 원칙적으로 이사회의 결의만으로 가능하다.

3) 자본감소와 주식분할·병합 : 무액면주식 발행시 액면금액에 상응하는 자본금계상금액이 존재하지만, 이는 자본금 편입금액만 나타낼 뿐 액면주식과 같은 액면금액의 고정성이 주식에 발생하지 않는다. 따라서 액면금액의 분할·병합을 의미하는 주식분할·병합이 자본금계상금액을 기준으로 개념상 가능하지만 사실상 의미를 가지지는 않는다. 예컨대 자본금계상금액이 1,000원인 무액면주식 10만주를 자본금계상금액 500원인 무액면주식 20만주로 변경하더라도 형식적·실질적 자본금의 변경이 생기는 것은 아니다. 무액면주식 발행시 주식이 비율적 지분을 의미할 뿐이므로 이는 실질적 자본금의 변경 없이 주식수만의 증감(20만주)은 단위주식의 크기변화(500원으로 축소)에 지나지 않기 때문이다. 다만 무액면주식의 발행시 실질적 감자는 주식수 감소나 자본금계상금액의 일방 또는 쌍방의 변경을 통해 가능하므로, 주식수 감소(주식병합·소각)를 하지 않고도 자본금계상금액만의 감소를 통해서도 자본감소가 가능하다.

4. 주식의 소각

(1) 의 의

1) 개 념 : ① 일부주식의 소멸 – **주식의 소각**이란 회사의 존속 중에 특정한 주식을 절대적으로 소멸시키는 회사의 행위이다(상343). 회사의 존속 중에 일부 주식에 관해서 자본감소절차가 진행된다는 점에서, 전체 주식이 자본감소절차의 대상이 되는 **주식병합**과 구별되고, 전체 주식이 사실상 소각이 이뤄지는 **회사의 해산**과 구별된다. 그리고 주권의 소멸이 아니라 주식의 소멸이라는 점에서 제권판결에 의한 **주권의 무효선언**과는 구별되며, 주권을 발행한 회사가 주식을 소각할 경우 발행된 주권의 회수가 요구되어 주권의 실효처리 절차가 요구되는데 주권의 실효와도 구별된다.

② **자본감소** – 자본감소의 방법에는 **감자소각**과 같이 주식의 소각이 수반되는 경우도 있고, **액면금액의 감액**에 의한 자본감소의 경우에는 주식의 숫자는 줄어들지 않고 각 주식의 액면금액이 감소되어 자본금이 감소되게 되므로 주식의 소각

은 수반되지 않는다. 회사법은 주식의 소각에 관해 주식은 자본금 감소에 관한 규정에 따라서만 소각할 수 있으며(감자소각) 이 경우 자본금감소절차(상440,441)를 준용하면서, **자기주식의 소각**(이익소각)을 예외로 정하고 있다(상343). 주식소각절차의 일부로 주식매매가 이뤄질 수 있는데, 판례는 주식 매도가 자산거래인 주식 양도에 해당하는지 또는 자본거래인 주식 소각 내지 자본 환급에 해당하는가는 법률행위 해석의 문제로서 그 거래의 내용과 당사자의 의사를 기초로 하여 판단한다. 그러면서 주식 매매가 거래의 과정을 전체적으로 살펴볼 때 단순한 주식의 양도가 아닌 주식소각방법에 의한 자본감소절차의 일환으로 이루어진 경우 주주에 대한 자본의 환급에 해당한다고 보았다(2001두6227).

　　2) 유　형 : 주식소각은 소각방법(주주동의)에 따라 임의·강제소각으로 구별된다. 주주의 동의를 얻어 회사가 자기주식을 매입하여 소각하는 행위를 **임의소각**이라 하고, 추첨·안분비례 등 회사의 일방적 행위에 의해 주주의 동의 없이 소멸시키는 행위를 **강제소각**이라 한다. 회사법은 자본금 감소유무에 따라 감자·이익소각으로 구별하여, 감자규정에 따른 주식소각을 **감자소각**이라 하고 배당가능이익을 재원으로 소각하는 **이익소각**이라 한다. 이익소각에는 자기주식의 소각(상343.1)과 **상환주식의 소각**(상345.1)이 포함된다. 그리고 주식소각은 소각되는 주식에 대해 소각대가의 지급유무에 따라 **유상·무상소각**으로 구별될 수 있다. 이상과 같이 소각을 구별하는 기준에 따라 이렇게 다양한 구분이 가능하지만, 회사법의 구별기준인 소각재원에 따라 감자소각, 이익소각(자기주식소각, 상환주식소각)으로 구별하여 고찰한다.

(2) 감자소각

　1) 개　념 : 감자소각 또는 자본감소소각이란 자본감소를 위해 주식을 소각하는 회사행위를 의미한다. 감자소각은 자본금을 소각을 위한 주식취득의 재원으로 사용하고 배당가능이익을 재원으로 하지 않는다는 점에서 이익소각과 구별되는데, 취득재원을 배당가능이익으로 엄격하게 제한하는 자기주식(상341.1)은 감자소각과 구별되는 이익소각이 된다. 감자소각도 구체적으로 보면, 개별 주주의 동의 없이 진행되는 강제소각과 개별주주의 동의를 얻어 진행되는 임의소각으로 구별될 수 있다. 회사법은 강제감자소각은 자본감소절차에서 규정하며, 임의감자소각은 실질적 출자환급이란 점에서 자본불감소의 원칙을 고려할 때 현행법상 허용되

는지 여부에 논란이 있을 수 있다.

2) **강제감자소각** : ① 개 념 - 강제(감자)소각이란 모든 주주에 대해 일률적으로 일정 비율의 주식을 소멸시키는 소각(예, 5주당 2주씩 총 2만주 소각)을 의미한다. 강제소각의 경우 회사 외부로 자본금이 유출되는 것은 아니므로 실질적 자본은 감소되지 않지만, 형식적 자본(상451.1)은 당연히 감소된다(형식·실질자본 불일치). 그리고 감소된 자본이 주식소각의 재원으로 사용된 것으로 볼 수 있어 채권자보호를 위한 엄격한 절차가 규정되어 있는데, 강제소각을 위해서는 먼저 주주총회의 감자결의(특별결의)를 한 후(상438.1) 채권자보호절차(채권자에 대한 통지 등, 상439.2,232)를 거치고 주식병합절차(상343.2,440,441)를 거쳐서 마지막으로 변경등기(상37)한다.

② 효 과 - 감자소각이 되면 (형식)자본감소의 효과(예, 총주식수 3/5으로 축소됨)가 발생하고, 주식소각의 효력(2만주 소각의 효력)은 주권제출기간이 만료한 때에 발생하나 채권자이의에 따른 절차(상232)가 종료하지 아니한 때에는 채권자보호절차가 종료한 때에 발생한다(상441). 요컨대 강제감자소각의 경우 주식의 실효절차 없이도 강제주권제출절차에 의해 주식의 실효가 진행되고 주식실효의 효력발생시점도 법률의 규정에 의해 명확하다.

3) **임의감자소각** : ① 개 념 - 임의(감자)소각은 특정 주식의 소각에 관해 주주의 동의를 얻어 회사가 주식을 취득하여 진행하는 감자소각(예, A,B로부터 2만주를 매입하여 소각)을 의미한다. 취득자금이 배당가능이익이 아니라 자본금이라는 점에서 통상의 자기주식의 취득과는 구별된다. 임의(감자)소각 역시 자본감소가 수반되므로 강제감자소각과 동일하게 채권자를 보호하기 위해 감자결의, 채권자보호절차를 거쳐야 한다. 임의소각절차는 먼저 특정 주주로부터 회사의 자금으로 주식을 매입한 후 회사는 감자결의 등 자본감소절차를 진행할 수도 있고(선취득-후감자), 감자결의를 먼저 하고 특정 주주로부터 주식을 매입한 후 기타 자본감소절차를 진행(선감자-후취득)할 수도 있다. 판례는 전자의 경우 회사가 주식취득 이후에 감자절차를 거치지 아니하였다 하여 주식취득약정이 무효가 되지는 않는다고 보았다(90다카22698).

② **주식소각절차** - 강제감자소각의 경우 주식병합절차를 거쳐 강제적으로 제출된 주권은 실효되지만(상343.2), 임의감자소각의 경우 회사의 자기주식 취득절

차를 수반하므로 강제적 주권제출을 요구하는 주식병합절차 대신 취득주식의 실
효절차(소각)이 요구된다고 본다. 하지만 회사법은 구법상의 자기주식의 처분규정
(상342)에서 **자기주식의 실효절차**를 삭제하여[95] 감자절차를 거쳐 취득한 주식을
실효절차에 관한 규정이 없는 상태이다. 그렇다면 임의감자를 위해 자기주식을
취득하는 것이 회사법상 허용되는가? 이에 관해 학설은 대체로 임의감자소각을
허용된다는 입장에서 그 법률효과를 설명하고 있으며, 개정전 회사법에 따른 판
례이긴 하지만 판례는 임의(감자)소각을 허용한다는 입장이다.

　③ **허용성 검토** – 회사법은 감자소각을 허용하면서 **소각방법**을 구체적으로 명
시하지 않고(상343.1) 자본금 감소의 방법에 관해서는 아무런 규정을 두고 있지
않으며 주주총회의 감자결의만을 정하고 있다(상439.1). 다만 감자소각에는 주식
병합절차(상440,441)를 준용하고 있는데(상343.2), **주식병합절차**는 주권의 강제제
출이 요구되는 등 강제소각에 해당하여 임의소각에 적용하기 어렵다. 그리고 임
의감자소각을 위해 회사가 주식을 취득할 경우 이는 **자기주식의 취득**이 되는데 자
기주식은 배당가능이익만으로 취득할 수 있어(상341), 자본금에 의한 취득인 감자
절차와 결합될 수 없다. 그리고 임의감자를 위해서는 취득한 **주식의 실효절차**가
요구되는데, 회사법에는 주식실효에 관한 규정(구상342)을 삭제하여 어떻게 주식
실효절차를 진행할 것이며, 주식실효의 효력이 언제 발생하는가 하는 점이 불명
확하다. 그리고 임의감자소각을 허용할 경우 특정주주로부터 주식을 취득하게 되
는데 이는 **투자금 반환**에 해당하고 특정 주주만 투자금을 반환하는 것은 주주평등

---

95) 자기주식의 실효절차(구상342)가 삭제되었는데, 동 규정의 삭제한 취지는 모호하다. 2011
　　년 회사법을 개정하면서 배당가능이익 범위내의 자기주식 취득을 허용하면서 취득한 자
　　기주식의 처분을 이사회의 결의에 맡기도록 한 바 있는데, 이 과정에서 주식소각 목적의
　　자기주식취득(구상341의2.1호), 자기주식의 실효(구상342) 규정을 삭제하였다. 임의소각절
　　차에서 취득한 자기주식은 무효처분하여야 하므로 자기주식의 실효절차가 요구되므로,
　　특히 자기주식의 실효절차규정의 삭제는 오류로 생각된다. 다만 구상법상으로도 주식실
　　효처분이 구체적으로 무엇을 의미하는지 예컨대 회사가 주권을 취득한 때인지, 대금을
　　지급한 때인지, 주권에 실효표시를 한 때인지, 주권을 파기한 때인지 아니면 주주명
　　부에 소각의 기재를 한 때인지에 대하여는 해석상 의문이 있었다. 이에 관해 주권이
　　유가증권으로서 갖는 강력한 효력 및 유출된 주권의 선의취득 가능성 등을 감안할
　　때 가급적 입법적 해결을 할 필요가 있다고 보았다(권기범405면), 이 견해는 일본의
　　해석론으로는 주권의 파기 등과 같은 주권의 멸각행위까지는 필요 없고, 실효주식번
　　호의 삭제 등 소각될 주식을 특정하는 것만으로 충분하다는 견해가 유력하다고 소
　　개하고 있다. 생각건대 주식실효처분이란 주식에 무효인을 날인하는 등 취득한 자기
　　주식의 주권을 사실상 무효처분하는 것을 의미한다고 생각되며, 하급심 판례는 '주식
　　을 소멸시킨'(서울고등 2005. 3. 30. 선고 2004나2054 판결)이라는 표현을 사용하고 있다.

의 원칙에 반하므로 회사법상 규정 없이 이를 실행하는 것은 어렵다고 본다. 이렇게 볼 때 현행 회사법은 자기주식의 취득은 배당가능이익만으로 가능하고 감자목적의 자기주식 취득, 즉 임의감자소각은 허용되지 않는다고 보며, 입법론적 검토는 별론이다.

④ **구상법상 임의(감자)소각** − 자기주식취득제도 등 회사법이 개정되기 전의 구상법하에서는 판례상 임의소각이 허용된다고 보았다. 회사가 특정 주식의 소각에 관하여 주주의 동의를 얻고 그 주식을 자기주식으로서 취득하여 소각하는 이른바 주식의 임의소각에 있어서는, 회사가 그 주식을 취득하고 상법 소정의 자본감소의 절차뿐만 아니라 구상법 제342조가 정한 주식실효 절차까지 마친 때에 소각의 효력이 생긴다고 보았다. 판례도 그 주식을 취득하고 상법 소정의 자본감소의 절차와 실효절차를 마친 때에 소각의 효력이 생긴다고 보는데(90다카22698), 주식실효절차가 상법 개정에 의해 삭제된 후 동 판결은 그대로 적용되기 어렵다고 본다. 그리고 주식 임의소각의 경우 그 소각의 효력이 상법 제342조의 주식실효 절차까지 마쳐진 때에 발생한다 하더라도, 임의소각에 관한 주주의 동의가 있고 상법 소정의 자본감소의 절차가 마쳐진 때에는 주식소각대금채권이 발생한다고 보았다(2005다24981).

(3) 이익소각

1) **개 념** : 자본을 감소시키지 않고 배당가능이익을 사용하여 주식을 소각하는 절차를 이익소각이라 하며, 이에는 자기주식의 소각과 상환주식의 소각이 포함된다. 회사법은 이익소각에 관해서는 따로 규정을 두지 않고 감자소각에 관한 주식소각의 일반 규정(상343)에 대한 예외규정의 형식으로 자기주식의 소각을 규정하고 있을 뿐이다(상343.1단서). 상환주식의 상환시에도 주식의 소각은 요구되지 않지만 주식의 실효절차가 요구되는데, 회사법은 이에 관해서 구체적인 규정을 두고 있지 않다.

2) **자기주식의 소각** : 상법은 자기주식의 취득을 원칙적으로 허용하였는데, 회사는 이사회의 결의에 따라 언제든지 **자기주식의 소각**을 할 수 있으며 채권자보호절차가 요구되지도 않는다(상343.1단서). 이는 이미 배당가능이익의 재원으로 취득한 주식이므로 자본금을 변경하지 않고 주식을 소각할 수 있기 때문이며 임의적 이익소각에 해당한다. 다만 개정 회사법에서는 자기주식의 실효절차(구상342)

를 삭제하였고, 감자소각에만 주식병합절차를 준용하고 있어(상343.2) 임의소각시에는 주식병합절차를 거칠 필요가 없게 되었다. 하지만 주식의 효력을 절대적으로 소멸시키는 행위는 요구되는데(채권자보호절차는 불요) 그 의사결정과 소멸절차에 관해서 상법은 규정이 흠결되어 있다. 다만 자기주식에 대한 이사회의 처분결의(상342)의 '처분방법'에 소각이 포함되는 것으로 해석될 여지는 없지 않지만, 동조 3호는 처분방법 결정시 상대방을 정하도록 하고 있어(상342.3호) 처분방법에 주식소각이 포함된 것으로 해석하기는 어렵다고 볼 때 입법흠결의 보완이 요구된다.

3) **상환주식의 소각** : 자기주식 취득 후 소각과는 달리 상환주식에 관한 상법의 규정을 준수할 것이 요구된다. 상환조건이 성취되고 배당가능이익이 있을 경우 상환권부주식은 회사가 직접 상환하며 상환청구권부주식은 주주의 신청에 의하여 상환절차를 진행한다. 그런데 주금의 상환절차를 진행하고 나서 취득한 상환주식에도 상법 제342조의 자기주식 처분에 관한 규정이 적용되는가? 생각건대 회사가 취득한 상환주식의 실체도 자기주식이지만 상환주식은 상환조건이 성취되어 상환이 예정되었던 주식이므로 보통주식과 구별되어 회사가 취득하더라도 이는 이사회가 처분할 대상이 아니라 상환주식의 실효절차만 문제될 뿐이다. 그리고 자기주식의 소각이나 상환주식의 소각 모두 형식적 자본에는 변화가 없지만 실질적 자본의 변화를 일으켜 형식적인 자본과 실질적인 자본 간의 불일치가 발생한다는 점에서는 동일하다.

5. 주식의 병합

(1) 의 의

1) **개 념** : 수 개의 주식을 합하는 회사의 행위를 의미하며, 주식의 병합에 의해 주식수는 감소한다. 주식병합은 자본을 감소하려는 경우에 이루어지나 기타 특수한 목적 즉 합병시 당사 회사의 1주의 가치가 서로 상이할 경우 예컨대 합병 전 주식 5주를 합병 후 주식 3주로 병합하는 경우도 이에 해당한다. 이와 달리 단순히 주권의 단위를 더 큰 상위 주권 단위로 합치는 절차는 **주권의 병합**이라 하고 주식의 병합과는 구별된다. 주식의 병합이 있게 되면 주식을 표창하는 주권도 변경되므로 구주권제출과 신주권교부의 절차가 수반된다.

2) 유 형 : 주식의 병합은 자본감소를 위한 병합(**감자병합**)과 자본감소 없이 1주의 금액을 더 큰 단위로 만드는 병합(**액면병합**, 2008다15520)으로 구별될 수 있다. 어느 경우이든 주식병합에 의해 구주식의 실효와 신주식의 발행이 수반된 다는 점에서 동일하다. 하지만 감자병합은 자본감소가 수반되므로 주주총회 특별 결의에 의한 의사결절차, 사채권자보호절차 등이 요구되고, 감자병합이 완료되 면 정관변경은 요구되지 않지만 변경등기가 요구된다. 이에 반해 액면병합의 경 우에는 자본감소가 발생하지 않으므로 자본감소에 따른 주주총회 특별결의라든가 사채권자보호절차가 요구되지 않지만 액면금액이 변경되므로 정관변경에 따른 주 주총회의 특별결의가 요구된다.

(2) 감자병합

1) 개 념 : 감자병합이란 자본금을 감소하는 방법(상439.1)으로서 주식을 병 합하는 절차이다(상440). 감자방법에는 주식수의 감소, 액면금액의 인하, 주식소 각 등의 방법이 있는데, 감자병합은 주식수의 감소에 의한 감자절차이다. 예를 들 어 발행주식총수 10만주인 회사가 주식수를 감소를 통해 자본을 감소시킬 목적으 로 5주를 3주로 병합하여 발행주식총수를 6만주로 변경할 수 있다. 그런데 감자병 합은 주식수와 자본이 동시에 감소되는 효과에서 주식의 강제소각과 동일하지만 절차에서 구별된다. 즉 감자병합은 모든 주식이 변화되어 모든 주권의 제출이 요 구되는데 반해, 강제소각의 경우에는 소각의 대상이 된 주식(예, 5주 중 2주)만이 소각되고 나머지 주식은 영향을 받지 않아 소각대상이 된 주식만 제출하면 된다.

2) 절 차 : 주식병합시 회사의 자본금이 감소하므로 회사는 먼저 i) 자본금감 소절차(주총특별결의, 채권자보호절차)와 ⅱ) 주식병합절차(주권제출기간공고, 통 지), ⅲ) 신주권 교부절차를 차례로 진행하여야 한다.

① 자본감소절차 – 주주총회를 개최하여 감자의 방법으로 주식병합의 특별결 의(상438.1,439.1)를 한 후, 결의일로부터 2주내에 회사채권자에 대하여 감자병합 의 결의에 이의가 있으면 1월 이상의 기간을 정하여 그 기간 내에 이를 제출할 것 을 공고하고 알고 있는 채권자에 대하여는 이를 최고하여야 하고(상439.2→ 232.1), 이의부제출시 감자병합승인간주의 효과, 이의제출시 변제·담보제공·신탁 의무가 발생한다(상232.2,3). 다만 결손의 보전을 위하여 자본금을 감소하는 경우 에는 채권자보호절차가 요구되지 않는다(상439.2.단서)

② **주식병합절차** – 주식을 병합할 경우에는 회사는 1월 이상의 기간을 정하여 그 뜻과 그 기간 내에 주권을 회사에 제출할 것을 공고하고 주주명부에 기재된 주주와 질권자에 대하여는 각별로 그 통지를 하여야 한다(**주권제출공고·통지**,상440). **주권제출기간**은 주식병합의 효력 발생의 기준이 되므로 명확하게 지정하여 이를 공고·통지하여야 한다.

③ **신주권교부절차** – 주주들이 모두 주권을 제출한 경우 신주권의 교부절차가 진행되는데, 구주권을 제출한 주주에게 병합이 완료된 신주권을 교부한다. 만일 구주권 제출이 불가할 경우 회사는 이의신청기간(3월 이상)을 거쳐 그 기간이 경과한 후에 신주권을 청구자에게 교부할 수 있고(상442.1), 공고의 비용은 청구자가 부담한다(상442.2). 병합에 적당하지 아니한 수의 주식이 있는 때에는 그 부분에 대하여 발행한 신주를 경매·거래소매각·법원허가매각을 하여 각 주식수에 따라 그 대금을 종전의 주주에게 지급하여야 한다(상443.1).

(3) 액면병합

1) 개 념 : 액면병합이란 자본금의 감소나 증가 없이 단순히 액면금액을 인상하기 위한 병합절차(**액면증액**)이다. 예를 들어 액면금액 1,000원의 발행주식총수 10만주의 회사가 각 주식의 액면금액을 5,000원으로 인상하기 위해서는 액면병합이 필요한데, 액면병합을 통해 동 회사는 액면금액 5,000원의 발행주식총수 2만주를 가지게 된다. 회사법은 감자병합만 규정하고(상440), 액면병합에 관한 규정을 두고 있지 않다. 액면금액은 정관기재사항이어서 액면병합에는 정관변경의 절차 즉 주주총회의 특별결의에 의한 의사결정이 요구되고, 액면금액이 변경되면 주식이 변경될 뿐만 아니라 주권도 변경되어 구주식(권)은 신주식(권)으로 전환되어야 하므로 주권제출·교부절차가 요구된다. 따라서 액면병합을 위한 주권제출·교부절차를 위한 해석론이 요구된다.

2) 절 차 : 액면병합의 경우 자본은 감소하지 않지만 주식이 액면금액이 변경되므로 ⅰ) 정관변경절차가 요구되고 주권상의 액면금액만 변경되어 주식수의 변화가 발생하므로 ⅱ) 주식병합절차, ⅲ) 신주권교부절차가 요구된다. 다만 액면병합의 경우 자본이나 주주의 지분에 변화가 없고 주식병합절차, 신주권교부절차에 관한 근거규정이 없어 주식병합절차가 요구되는지 의문이 없지 않다. 하지만 주식·주권의 변경이 발생할 뿐만 아니라 동일하게 자본과 지분변화가 없는 주식분

할에 주식병합절차를 준용하고 있으므로(상329의2.3) 그 반대현상인 액면병합에
도 주식병합절차가 요구된다고 본다.

① **정관변경절차** – 액면금액은 정관과 주권의 기재사항이므로(상289.1.4호,
356.4호) 먼저 **정관변경**을 위한 주주총회의 특별결의가 있어야 하고, 이후에 구주
권을 실효시키고 신주권으로 교체하기 위한 절차가 요구된다. 액면병합으로 자본
금이 감소되지는 않으므로 감자병합에서 요구되는 채권자보호절차는 불필요하다.
주식의 액면병합이 있게 되면 병합전의 액면금액을 기준으로 산정된 정관상의 **발
행예정주식총수**는 액면병합의 비율에 따라 축소된다고 보는 것이 수권자본제도의
취지에 맞는 해석이어서, 액면병합의 주총결의에는 당연히 발행예정주식총수의
비례적 감축을 위한 정관변경도 포함된다고 본다.

② **주식병합절차** – 액면병합이나 감자병합은 자본감소 유무의 차이만 있을
뿐 모든 구주권의 제출과 신주권의 교부라는 점에서는 차이가 없으므로, 감자병
합시 주권제출절차 등 주식병합(감자병합)에 관한 규정(상440,441본문)을 유추적
용할 수 있다. 따라서 회사는 1월 이상의 주권제출기간을 공고하고 주주명부상의
주주·질권자에게 개별적으로 통지를 하여야 한다.

③ **신주권 교부절차** – 신주권의 교부를 위한 절차에 관해서도 감자병합에 관
한 규정(상442,443)을 액면병합에 유추적용할 수 있다. 다만 자본감소가 수반되지
는 않으므로 감자병합규정 중 자본감소와 관련되는 규정(상441단)은 유추적용되
지 않는다고 본다. 따라서 액면병합의 결의가 있게 되면 감자병합에서와 동일하
게 주식병합절차(주권제출기간공고·통지), 신주권 교부절차, 이의신청절차, 단주
처리절차 등을 차례로 진행하여야 하며(상442,443) 그 내용은 감자병합에서와 동
일하다.

3) 단주처리와 주주보호 : ① **쟁 점** – 액면병합은 자본을 감소하지 않으면서
단순히 액면을 상향시키는 주식병합절차로서 액면금액의 단위주식에 미달하는 주
식은 단주처리된다. 주식병합에서 단주가 발생하고 그 처리절차(상443)를 회사법
은 정하고 있다. 그런데 액면병합비율이 과다할 경우(예, 10,000:1)에도 회사법의
단주처리절차가 적용되어야 하는가? 액면병합비율이 극단적일 경우 많은 주식
(10,000주 미만의 주식)이 단주처리되어, 대주주인 회사 경영자가 소액주주를 현
금축출(cash-out)하는 방법으로 악용될 가능성이 없지 않다.

② **판 례** – 액면병합비율이 극단적인 사례에서 단주의 처리 방식은 상법에서

명문으로 인정한 주주평등의 원칙의 예외이므로, 주식병합의 결과 주주의 비율적
지위에 변동이 발생하지 않았고 특정 주주가 주식의 수에 따라 평등한 취급을 받
지 못한 사정이 없는 한 이를 주주평등원칙의 위반으로 볼 수 없고, 회사의 결정
은 대다수가 찬성하여 이루어진 것으로 볼 수 있어, 회사의 단체법적 행위에 현저
한 불공정이 있다고 보기 어렵다고 보았다(2018다283315). 극단적 비율의 주식병
합이 지배주주의 소수주주 축출을 위한 소수주식매수청구제도의 탈법행위라는 주
장에 관해, 단주 처리를 위해서는 법원의 허가가 필요하고 이때 단주 금액의 적정
성에 대한 판단도 이루어지므로 주식가격에 대해 법원의 결정을 받는다는 점은
소수주식의 강제매수제도와 유사하다고 보아 결과적으로 주식병합으로 소수주주
가 주주의 지위를 상실했다 할지라도 그 자체로 위법이라고 볼 수는 없다고 보았
다. 하지만 결과적으로 대주주가 액면병합을 위한 주주총회의 특별결의를 통해
지배주주 또는 1인주주가 될 수 있어 설사 법원의 단주 금액의 적정성 판단이 액
면병합제도의 취지를 보장할 수 있는지 의문이다.

　③ 검 토 - 단주처리는 **주주평등의 원칙**의 예외이긴 하지만, 단주처리는 지분
비율이 유지되는 자본변동에서 예외적으로 발생된 주식에만 인정되는 원칙이다.
그리고 **지배주주의 강제매수제도**(상360의24)도 지배주주의 요건(95% 초과 주식보
유)이 요구되어 지배주주의 회사경영이 효율화를 도모하기 위한 취지이다. 그리
고 단주처리에서 **법원의 허가**는 단주 대금과 관련되고(상443).1) 회사의 지배구조
의 적정성을 평가하기 위한 법원의 개입이라고 볼 수 없으므로 단주 대금이 적정
할 경우 소수주주가 축출되더라도 법원이 허가하지 않기는 어렵다고 해석된다.
요컨대 극단적 비율의 액면병합은 소수주주 축출이라는 결과가 발생하고 이는 액
면병합, 단주처리, 강제매수제도의 취지를 왜곡하여 **회사 지배구조의 변화**라는 결
과가 발생하므로 탈법행위라 볼 수 있어 회사법의 강행법규성에 반하고 주주평등
의 원칙에 반하여 위법하다고 본다. 다만 이러한 해석에는 액면병합이 허용되는
범위가 문제되지만 액면병합으로 회사의 지배구조의 변화가 없을 것을 판단의 기
준으로 볼 필요가 있다.

(4) 주식병합의 효과

　1) **효력발생시기** : 주식병합에 의해 수 개의 주식이 그보다 적은 수의 주식으
로 합쳐져 주식수가 감소하는 효과가 발생하는데, 이는 주권제출기간이 만료한
때에 발생한다(상441본문). 하지만 주식병합은 자본의 변경을 초래하여 채권자보

호절차(공고·개별최고)가 요구되는데, 이러한 채권자이의절차가 종료하지 아니한 때에는 그 종료한 때에 효력이 생긴다(상441.단). 그리고 주식병합이 완료되면 주식수가 감소하게 되지만 회사의 자금이 외부로 유출되지는 않으므로 실질적 자본은 그대로 유지된다. 그리고 감자병합에서는 발행주식의 액면총액인 형식적 자본이 감소되어 **형식·실질자본 불일치**가 생겨나지만, 액면병합에서는 주식감소비율만큼 액면금액이 인상되므로 형식적 자본도 그대로 유지되어 양자의 불일치가 생기지 않는다.

2) **주식병합의 하자** : ① 감자무효의 소 – 주식병합 절차에 의하여 실효되는 구주식·신주식이 개념적으로 병존하여 감자병합의 효력을 다툴 경우에는 상법 제445조의 감자무효의 소(주식병합무효의 소)가 적용된다. 따라서 주식병합으로 인한 변경등기가 있는 날로부터 6월 내에 감자무효의 소(**주식병합 무효의 소**)로써만 주식병합의 무효를 주장할 수 있다(2편5장5절5.(1)). 그리고 상법 제445조의 감자무효의 소는 **형성의 소**를 의미하는 것으로서, 일반 민사상 무효확인의 소로써 주식병합의 무효확인을 구하거나 다른 법률관계에 관한 소송에서 선결문제로서 주식병합의 무효를 주장하는 것은 원칙적으로 허용되지 아니한다(2008다15520).

② 무효원인 – 회사법은 자본금감소의 무효와 관련하여 개별적인 무효사유를 열거하고 있지 않다. 감자무효의 소의 원인에 관해, 판례는 자본금감소의 방법 또는 기타 절차가 주주평등의 원칙에 반하는 경우, 기타 법령·정관에 위반하거나 민법상 일반원칙인 신의성실원칙에 반하여 현저히 불공정한 경우에 무효소송을 제기할 수 있다고 본다(2018다283315). 특히 감자병합에 하자가 있을 경우 감자무효의 소로 다툴 수 있으며 이에 관해서는 자본감소절차에서 자세히 살펴본다. 하지만 주식병합의 실체가 없음에도 주식병합의 등기가 되어 있는 외관이 존재하는 경우 등과 같이 주식병합의 절차적·실체적 하자가 극히 중대하여 주식병합이 존재하지 아니한다고 볼 수 있는 경우에는, 주식병합 무효의 소와는 달리 출소기간의 제한에 구애됨이 없이 그 외관 등을 제거하기 위하여 **주식병합 부존재확인의 소**를 제기하거나 다른 법률관계에 관한 소송에서 선결문제로서 주식병합의 부존재를 주장할 수 있다(2008다15520).

3) **액면병합의 무효주장** : 주식병합의 하자는 감자무효의 소로써만 주장할 수 있는데, 이는 물론 감자병합에만 해당하고 자본감소가 없는 액면병합에는 적용되

지 않는다. 하지만 **액면병합**의 경우에도 감자병합과 마찬가지로 구주식·신주식이 개념적으로 병존하여 당사자간의 법률관계의 혼란이 초래될 수 있고 주권을 둘러싼 회사법관계의 획일적 확정을 위해 확정을 위해 회사법상의 소를 통한 권리주장이 요구된다. 따라서 액면병합에 관해 감자무효의 소가 직접 적용될 수는 없지만 **감자무효의 소의 유추적용**이 요구되며, 판례의 입장도 동일하다(2008다15520).

6. 주식의 분할

(1) 의 의

1) **개 념** : 주식의 액면금액(무액면주식의 경우 자본금계상금액)을 분할함으로써 발행주식수를 증가시키는 회사의 행위이다. 주식의 분할은 주식의 단위를 변경함으로써 주식수만 증가시킬 뿐(**액면분할**)이지 자본금을 증가시키지는 않으므로(상329의2) 신주발행과는 당연히 구별된다. 주식의 분할은 **액면병합의 역현상**으로서 둘 다 자본의 변화는 없고, 액면병합의 경우에는 액면금액을 증액, 주식분할은 액면금액을 감소하는 절차이다. 예컨대 액면가 5,000원의 발행주식총수 2만주인 회사가 주식의 액면금액 1,000원의 발행주식총수 10만주의 주식으로 분할할 수 있으며, 이 경우 구주식 1주는 신주식 5주로 분할되는 셈이다.

2) **구별 개념** : 이론적으로 주식분할도 증자분할(예, 구주 3주를 신주 5주로 분할)과 액면분할(예, 액면금액 5,000원 주식을 액면금액 1,000원 주식 5주로 분할)로 구분할 수 있지만, 우리 회사법은 증자는 신주발행절차를 거쳐야 하므로 증자분할은 허용되지 않아 주식분할은 액면분할만 의미한다. 그리고 주식분할은 100주권을 10주권 10매로 주권상의 표창 주식수를 나누는 **주권의 분할**과는 구별된다. 주식의 분할은 시장에서 주가가 너무 높을 경우(예, 구 삼성전자주식) 유동성이 낮아질 수 있으므로 주식의 유통성을 제고하기 위해 또는 합병시 합병비율의 결정에 편의를 제공하기 위해 실시된다. 주식이 분할되더라도 주주의 입장에서는 주식수가 증가되나 기존 주식수에 비례하여 증가하므로 지분이 변동되는 것은 아니다.

3) **무액면주식의 분할** : 무액면주식도 주식분할이 가능한가? 회사법은 무액면주식의 경우 주식분할을 배제하는 특별한 규정을 두고 있지 않아 무액면주식도

일응 분할이 가능하다고 본다. 무액면주식의 분할은 액면가가 존재하지 않으므로 액면분할의 의미는 없지만, 주당 자본금계상금액(상219.3호,416.2의2)을 분할하는 의미를 가질 뿐만 아니라 주식수가 분할비율에 따라 증가되는 것은 액면주식과 동일하다. 무액면주식의 경우도 액면주식의 분할과 동일한 절차가 요구되지만 정관에 액면가가 기재되지 않으므로 정관변경이 요구되지 않는다.

4) **주식의 변경** : 주식의 액면병합이나 주식의 (액면)분할시 주식과 주식수가 변경되므로 신주권의 발행절차가 요구될 뿐이고, 주식회사의 형식적·실질적 자본의 변경을 가져오는 신주발행의 법적 성질을 가지지 않으므로 특별한 신주발행에도 해당하지 않는다. 후술하는 주식분할의 주주총회 특별결의가 효력을 발생하면 주식은 그 결의에 따라 변경되고 변경된 주식을 표창하는 신주권의 발행과 신주권과 구주권의 교환이 예정될 뿐이다. 다만 회사법은 주식변경의 성질을 가진 주식분할시 액면가를 100원 미만으로 변경할 수는 없으며(상329.3,329의2.2), 주권제출공고·통지, 신주권의 교부 등의 주식병합절차(상440-443)를 준용한다(상329의2.3).

(2) 주식분할의 절차

1) **주주총회의 특별결의** : 주식을 분할하기 위해서는 주주총회의 특별결의가 요구된다(상329의2.1). 주주총회에서는 주식을 분할한다는 의사를 결정할 뿐만 아니라 액면가를 어떻게 변경할 것인지 즉 분할비율도 결정하여야 한다. 특히 무액면주식에 대한 주식분할을 결의할 경우 변경될 자본금계상금액을 결정함으로써 분할비율이 결정되어야 한다. 주주총회의 특별결의에 따라 주식분할이 있게 되면 정관의 기재사항인 액면금액이 변경되는데 주식분할의 결의 외에 정관변경의 별도의 주주총회결의가 요구되는가? 주식분할의 주주총회 결의를 함에 있어 설사 별도의 정관변경의 주주총회의 의제가 포함되지 않았더라도 주식분할결의에는 정관변경도 당연히 결의된 것으로 본다(**정관변경의 종속성**). 따라서 주주총회의 안건을 주식분할건으로만 명기하여 결의하더라도 주식분할·액면금액에 관한 정관변경절차에 하자가 있다고 볼 수 없다.

2) **정관변경** : 주식분할에는 **액면금액의 변경**이 요구되는데, 액면금액은 정관의 절대적 기재사항이므로 주식분할을 위해서는 정관의 변경이 요구된다(상

289.1.4호). 주식분할을 위한 주주총회의 특별결의(상329의2.1)는 당연히 정관변경의 주총결의를 포함하므로 동 결의에 의해 정관변경의 효력이 발생한다. 무액면주식의 경우에는 액면가가 존재하지 않고 액면금액을 대체하는 **자본금계상금액의 변경**이 요구되는데, 이는 정관기재사항이 아니므로 주식분할의 결의에 정관변경의 효력이 포함되지 않는다. 그런데 주식분할시 무액면주식의 자본금계상금액(상291.2호,416.2의2)이 비례적으로 분할되는데, 자본금계상금액은 이사회결의(설립시는 발기인 전원동의) 사항이다. 하지만 주주총회의 특별결의에 의해 주식분할결의가 있을 경우 이와 모순되는 이사회결의가 있어서는 안 되므로, 주식분할의 주총결의에서는 자본금계상금액의 구체적 변경도 결의할 수 있고 별도의 이사회결의는 요구되지 않는다고 본다(**주총결의의 포섭**). 이는 주총특별결의가 요구되는 영업용자산의 양도시 별도의 이사회결의(상393)가 요구되지 않는 것과 유사한 해석이다.

  3) **발행예정주식총수** : 주식분할의 경우 발행주식총수가 증가되어 정관에 기재된 발행예정주식총수를 초과할 가능성이 있다. 따라서 발행예정주식총수의 범위를 벗어난 주식분할의 경우 발행예정주식총수 증가를 위한 정관변경도 필요한가? 이에 관해 미발행분이 충분하지 않다면 발행예정주식총수도 늘려야 하므로 정관변경이 요구된다는 견해가 있지만, 발행예정주식총수도 액면가 변동에 따라 비례적으로 증가되어야 하므로 주식분할시 발행예정주식총수의 범위는 문제되지는 않는다고 본다. 즉 수권자본제도의 취지상 특별한 주주총회 결의 없이도 발행예정주식총수는 비례적으로 증가하여 정관의 변경이 아닌 정정에 해당한다고 보며, 이는 액면병합시 정관상의 발행예정주식총수의 축소기재가 요구된다는 논의와 맥을 같이 한다. 그리고 변경되는 액면가의 하한은 100원이며(상329의2.2) 액면가 변경으로 단주가 발생하여도 무방하며 그 처리절차는 상법 제443조를 준용한다(상329의2.3).

  4) **주권의 변경** : 주식분할의 주주총회 특별결의가 있게 되면 구주권상의 액면금액과 주식수가 변경되므로 구주식을 표창하던 구주권은 효력을 상실하게 되어 신주권으로의 교체가 요구된다. 주식분할시 주권의 교환절차에는 주식의 병합시 절차를 준용하고 있다(상329의2.3 → 440~443). 따라서 1월 이상의 기간을 정한 주권제출기간공고(상440), 공고기간 만료시 주권변경의 효력발생(상441), 미제출

구주권에 대한 이의제출공고(상442), 단주처리(상443) 등의 절차가 준용된다. 그리고 상법 제445조는 준용대상규정에서 제외되어 있으므로 주식분할절차에 하자가 있더라도 감자무효의 소 또는 상법 제445조에 따르는 주식분할무효의 소를 제기할 수는 없고 일반법상의 주식분할 무효확인의 소를 제기할 수 있을 뿐이다.

(3) 주식분할의 효과

1) **효력발생시기** : 주식분할은 회사의 자본금을 변경하지 않아 제3자의 이해관계와 관련이 없으므로 주식분할에 관한 주주총회의 특별결의만에 의해 효력이 발생한다고 볼 필요가 있다. 하지만 회사법은 주권분할에 주식병합에 관한 규정을 준용하므로(상291의2.3 → 상440 − 443), 주식의 분할은 주권제출공고기간(1월 이상의 기간)이 만료한 때에 효력이 발생한다고 규정한다(상441.1문). 그러나 주식분할은 감자절차가 아니므로 채권자보호절차가 요구되지 않아 상법 제441조의 후문은 적용될 이유가 없고, 주식은 주권의 발행과 무관하게 효력을 가지므로(유인증권성) 주식분할의 효력을 주권이 교환과 관련시키는 것은 입법론적으로 적절한지 의문이 없지 않지만, 주권이 발행된 경우 주식거래의 안전을 위해 주권을 중심으로 권리관계가 통일되도록 하기 위한 입법으로 이해된다. 다만 주권을 발행하지 않은 회사의 경우에는 상법 제440조를 준용할 수 없어 당연히 주식분할의 결의로 주식분할의 효력이 발생한다고 보게 되어, 주권 발행여부에 따라 주식분할의 효력발생시점이 다르게 된다.

2) **정관변경·등기·담보권** : 주식분할의 주주총회 특별결의가 있으면 주주의 보유주식의 내용과 주식수는 변경되고, 회사의 총발행주식, 발행예정주식수가 비례적으로 증가한다고 본다. 주식분할시 액면금액(자본금계상금액)의 변경의 효과만 있을 뿐이고 회사의 자본에는 변경이 없고 주주의 지분에도 변동은 없다. 하지만 액면금액이 정관과 등기의 기재사항이므로 정관이 변경되고 변경등기가 요구된다. 정관변경은 주총결의시에 효력이 발생하므로 앞서 언급한 바와 같이 주식분할결의시에 액면금액에 관한 정관변경의 효력이 발생한다고 보아야 하며, 변경등기는 절대적 등기사항의 성질을 가지므로 별도로 변경등기 신청을 하여야 한다. 물론 변경등기가 없더라도 주식분할의 효력에 영향을 미치지는 않고 제3자에 대한 대항력에 영향을 미치게 될 뿐이다(상37). 주식분할은 신주발행이 아니라 주식변경의 성질을 가지므로, 액면금액의 변경에 따라 주권은 교환되지만 구주식과

신주식은 동일한 것으로 보아야 하므로 주권에 설정된 담보권도 그대로 존속한다고 보아야 한다. 따라서 회사법은 주식에 대한 질권의 물상대위규정을 두어 주식의 분할로 종전의 주주가 받을 주식에 대하여도 종전의 주식을 목적으로 한 질권을 행사할 수 있도록 정하고 있다(상339).

제 2 절 주 주

1. 의 의

(1) 개 념

1) **주식의 소유** : 주주란 주식을 취득(인수·납입, 양수, 합병·상속 등)하여 자기·타인명의로 소유하고 있는 자를 의미한다. 회사가 설립되거나 성립회사가 신주를 발행할 경우에 인수절차를 거쳐 주식을 원시취득하거나 타인으로부터 주식을 양수하거나 합병절차·상속 등에 의해 주주의 지위를 승계하기도 한다. 다양한 원인에 의해 주식을 취득한 자는 주주가 되어 주식의 소유자로서 개인법상의 권리뿐만 아니라 회사에 대해 다양한 권리를 행사할 수 있다. 주주는 사단인 주식회사의 구성원으로서 회사의 의사결절절차(주주총회)에 참여하고(의결권), 회사의 업무에 관여하고(기타 공익권), 회사로부터 이익을 분배받을 수 있으며(이익배당청구권), 회사에 자본참여할 수 있으며(신주인수권), 회사의 잔여재산을 분배받을 수 있다(잔여재산분배청구권). 주주는 합동행위·계약 등에 의해 주주가 되고 주주의 지위(주식)의 취득·이탈을 강제할 수는 없지만, 지배주주가 소수주주에게 주식매도청구권(상360의24)을 행사한 경우는 그 예외이다.

2) **주주와 주식** : 주주는 회사에 대해 출자자이면서 사단의 구성원(사원)의 지위에 있다. 주주는 주식을 소유한 자인데, 주식은 회사 성립(설립등기)으로써 비로소 발생하는 개념이어서 주식을 인수하더라도 회사성립 후부터 주주가 되고 그 이전에는 주식인수인에 지나지 않는다. 주주의 지위는 **주식**으로 나타나며 이는 회사에 대한 권리·의무를 내용으로 하는데, 주식을 유가증권화 시킨 것이 **주권**이다. 주주의 권리는 주식의 내용인 **추상적 권리**를 의미하며, 주주는 개별적 권리를 처분할 수 없으며 주식의 양도 등을 통해 포괄적으로 이전될 수 있을 뿐이다. 다만

구체화된 권리 예를 들어 주주총회의 이익배당결의가 있은 후의 배당금청구권이라든가 이사회의 신주발행결의가 있은 후 개별 주주에게 귀속되는 신주인수권 등은 **구체적 권리**로서 개별적으로 이를 처분하는 것이 허용된다.

3) **의무와 책임** : 주주는 회사에 투자를 하여 회사 자본구성에 참여한 자로서 주식회사의 실체인 사단의 구성원이다. 하지만 주식회사의 주주는 사단법인의 사원과 달리 그가 가진 주식의 인수가액을 한도로 **유한책임**을 부담한다(상331). 주주유한책임의 원칙은 강행법규로서 이에 반하는 정관규정이나 주주총회결의, 이사회결의는 효력을 가지지 못하지만 개인적 동의가 바탕이 되어 추가출자의무를 부담하는 것까지 금지하는 것은 아니다. 요컨대 주주는 회사에 대해 아무런 의무를 부담하지 않으므로 회사의 채무에 관해서도 아무런 책임을 부담하지 않는다. 하지만 회사경영에 실질적으로 관여하는 대주주의 경우 회사에 대해 일정한 의무를 부담한다고 하는 주주의 충실의무가 논의되고 있는데 이에 관해서는 후술한다.

4) **주주의 제명** : 인적 회사인 합명·합자회사의 경우 사원 제명에 관한 규정을 두고 있는데, 물적 회사인 주식회사에 동 규정을 유추적용하여 주주의 제명을 허용할 수 있는가? 판례는 동 규정이 주식회사에는 유추적용될 수 없을 뿐만 아니라, 주주 간의 분쟁 등 일정한 사유가 발생할 경우 어느 주주를 제명시키되 회사가 그 주주에게 출자금 등을 환급해 주기로 하는 내용의 규정을 회사의 정관이나 내부규정에 두는 것은 물적 회사로서의 주식회사의 본질에 반하고 자기주식의 취득을 금지하는 상법의 규정(구상341)에도 위반되어 무효로 보았다(2005다60147). 개정 상법에 따라 회사는 배당가능이익의 범위 내에서 자기주식을 취득할 수 있지만(상341.1) 여전히 자기주식의 취득재원·방법이 제한되어 예외적으로만 취득을 인정하고 있어, 자기주식의 취득이 요구되는 주주의 제명은 허용될 수 없고 자본의 환급이 되어 물적회사의 본질에 맞지 않다.

(2) 주식의 공유

1) **공유주주** : 주식은 1주 미만의 단위로 분할할 수는 없으나 1주를 여러 사람이 공동으로 소유하는 것은 허용된다. 예를 들어 다수의 발기인이 인수담보책임을 부담하는 경우 각 발기인은 인수담보책임을 연대적으로 부담하므로(상333.1)

인수담보책임을 이행한 발기인들은 주식을 공유하게 된다. 그밖에 주식공유를 목적으로 하는 주식의 인수도 가능한가? 회사법은 이를 허용하여 수인이 공동으로 주식을 인수한 경우 연대납입의무를 규정하고 있어(상333.1), 공유목적의 주식인수도 허용된다고 본다. 다만 회사는 계약자유의 원칙에 따라 인수청약에 대한 승낙의 의사표시인 배정을 함에 있어서 허용여부를 결정할 자유를 가지게 된다. 주식공유가 성립한 경우, 주식은 회사에 대한 권리를 내용으로 하고 있어 주주가 공유주식, 주주의 권리를 어떻게 행사하느냐가 문제된다.

2) 권리 행사 : 주식을 공유할 경우 1주 1의결권을 원칙으로 하는 단체법적 원리에 따라 주주권을 공동으로 행사할 수는 없고, **행사자를 지정**하여야 한다(상333.2). 회사법은 행사자 지정에 관한 규정만 두고 있지만, 주식 공유자가 권리행사자를 지정하게 되면 이를 회사에 **통지**할 필요가 있으며, 그 내용은 주주명부에 기재될 필요가 있다고 본다. 만일 주주의 권리를 행사할 자가 없는 때에는 공유자에 대한 통지나 최고는 공유자 중 1인에 대하여 하면 된다(상333.3). 공유주식에 관한 **주주명부**의 기재는 공유주주를 모두 기재하여야 하고, 공유주식의 행사자 명의로 기재하는 것은 특별한 이유(명의신탁 등)가 없는 경우 부적법한 기재라 판단된다. 왜냐하면 회사법은 공유주주의 전원기재를 전제로 공유자 중 1인에 대한 통지·최고를 규정(상333.3)하고 있다고 볼 수 있기 때문이다. 그리고 판례는 주식의 공유자는 공유주식을 분할하여 공유관계를 해소함으로써 분할된 주식에 대한 단독소유권을 취득하기 위하여 공유물 분할의 소를 제기할 이익이 있다고 보았다(98다17183).

3) 신주인수권 : 공유주식에 대한 권리행사자가 지정된 경우 회사가 신주를 발행하여 발생한 공유주식에 대한 신주인수권은 누구에 귀속되는가? 이에 관해 회사법에 특별한 규정이 없으므로 회사와 공유자간에 공유주식에 대한 신주인수권의 귀속에 관한 합의(지분비례 개별귀속, 공유귀속 등)가 주주평등의 원칙에 반하지 않는 범위 내에서 허용된다고 본다. 특별한 합의가 없다면 신주인수권도 공유하게 되고 권리행사자에 의해 신주인수권을 행사할 수 있으며 신주는 공유자의 공유로 된다고 본다. 회사와 공유자간에 신주인수권의 지분비례 개별귀속을 합의한 경우에는 각 공유주주는 자신의 지분에 따른 신주인수권을 행사하여 인수한 신주에 대해서는 공유가 아닌 단독으로 소유하게 된다. 다만 공유주주가 비례적

신주인수권을 행사한 후 1주 미만의 주식이 발생할 경우 이는 단주처리의 대상이 되지 않고 공유주식에 편입된다고 보아야 하고, 공유주식에 편입된 주식이 다시 1주 미만일 경우에는 단주가 되어 단주처리 된다고 본다.

(3) 주주평등의 원칙(주식평등의 원칙)

1) **개 념** : 주주는 회사로부터 그가 가지고 있는 주식의 수에 따라 평등한 취급을 받아야 한다는 원칙을 주주평등의 원칙이라 하며, 이는 **주식평등의 원칙**(2편3장1절1.(2).2))에 바탕을 둔 주주간의 배분적 정의를 의미한다. 판례도 주주평등의 원칙을 주주는 회사와의 법률관계에서는 그가 가진 주식의 수에 따라 평등한 취급을 받아야 함을 의미하고, 이를 위반하여 회사가 일부 주주에게만 우월한 권리나 이익을 부여하기로 하는 약정은 특별한 사정이 없는 한 무효로 보았다(2018다9920). 이는 대표적으로 **1주 1의결권 원칙**으로 나타나며(지분주의), 비영리 사단법인의 두수주의와 구별되어 각 주식은 동일한 지위를 가진다는 의미기 되며, 기타 주주권에 관해서도 적용된다.

2) **근 거** : 상법상 주주평등의 원칙을 선언한 조문은 없으나 다수의 규정에서 주주평등의 원칙을 전제하고 있다고 보며, 1주1의결권 원칙을 선언하고 있는 상법 제369조 1항은 주주평등원칙이 구현된 규정으로 본다. 판례도 상법 제369조 제1항에서 주식회사의 주주는 1주마다 1개의 의결권을 가진다고 하는 1주 1의결권의 원칙을 규정하고 있는바, 위 규정은 강행규정이므로 법률에서 위 원칙에 대한 예외를 인정하는 경우를 제외하고, 정관의 규정이나 주주총회의 결의 등으로 위 원칙에 반하여 의결권을 제한하더라도 그 효력이 없다고 본다(2009다51820). 의결권 행사에서 주주평등 이외에도 신주인수권(상418) 등에서 '주식 수에 따라서' 권리가 부여됨을 정하고 있고 자기주식의 취득에서도 자기주식의 취득에서도 "주식 수에 따라 균등한 조건으로" 취득할 것을 정하고 있어(상341.1.2호), 비례적 평등의 원리를 내용한 주주평등의 원칙을 선언하고 있다.

3) **효 력** : 1주 1의결권의 원칙을 내용으로 하는 주주평등의 원칙은 다수결의 남용으로부터 소수주주의 이익을 보호하는 기능을 하므로 주주이익보호(다수결에 의한 소수주주의 권리 박탈위험 방지)를 위한 **강행법적 성질**을 가진다. 따라서 상법에 근거를 가진 경우를 제외하고는 주주평등의 원칙을 위반한 정관규정, 주주

총회, 이사회결의사항, 주주간계약 등은 효력이 없다. 판례도 회사가 신주인수인과 신주인수대금으로 납입한 돈을 전액 보전해 주기로 약정하거나, 법률의 규정에 의한 배당(상462) 외에 다른 주주들에게는 지급되지 않는 별도의 수익을 지급하기로 약정한다면, 이는 회사가 해당 주주에 대하여만 투하자본의 회수를 절대적으로 보장함으로써 다른 주주들에게 인정되지 않는 우월한 권리를 부여하는 것으로서 주주평등의 원칙에 위반되어 무효로 보았다(2018다236241). 이렇게 주주평등의 원칙이 소수주주의 보호를 위해서는 매우 중요한 법원칙이지만, 회사의 입장에서는 획일적인 주식만 발행할 수 있게 되어 자금조달 · 지배구조의 유연성을 가지기 어려워, 주주평등의 원칙을 완화하여 종류주식제도를 도입하고 있고 그밖에 의결권차등주식의 도입이 논의되고 있다.

4) 예 외 : 상법은 자금조달의 유연성 등을 위해 주주평등의 원칙에 대한 예외로서 ⅰ) 종류주식(예, 이익형, 의결권형, 상환주, 전환주 등, 상344)을 인정하고 있다. 그밖에도 ⅱ) 감사선임에 있어서 대주주의 의결권 제한(상409,3%룰), 소수주주권에 관한 특수한 정함(상366 등), ⅲ) 단주를 매각하여 그 대가를 지급하도록 하는 단주처리방식(상443, 530.3) 등은 주주평등의 원칙에 대한 회사법상의 예외로 이해된다. 상법 제542조의12에서 감사 또는 사외이사가 아닌 감사위원회위원을 선임 · 해임에 있어 최대주주와 그 관련인에게 3%룰(최대주주확대3%룰)을 적용하고 있는데, 만일 회사 정관이 최대주주가 아닌 모든 주주와 그 관계인에게 3%룰(전원확대3%룰)을 적용한다는 규정을 둘 경우 그 정관의 효력이 문제된 바 있다. 이에 관해 판례는 '최대주주가 아닌 주주와 그 특수관계인 등'에 대하여도 일정 비율을 초과하여 소유하는 주식에 관하여 감사의 선임 및 해임에 있어서 의결권을 제한하는 내용의 정관 규정이나 주주총회 결의 등은 상법의 규정에 반하여 무효라고 보았다(2009다51820).[96]

---

96) 동 판례는 그 논거로 원심이 제시한 1주1의결권원칙의 강행법규성을 들고 정관조항은 강행법규에 위반되고 주주의 의결권을 부당하게 제한하는 무효의 조항이라고 보았다. 따라서 이에 따른 결의는 결의방법에 법령에 위반한 하자가 있는 경우로서 주주총회결의의 취소의 원인이라는 원심을 판단을 받아들였다.

2. 타인명의의 주식보유

(1) 의 의

1) **개 념** : 주주가 되기 위해서는 증여, 상속 등 일부의 경우를 제외하고는 유상·쌍무계약에 의해 주식을 취득한 대가로 인수대금의 납입, 또는 양도대금의 지급, 합병대가의 지급 등이 있어야 한다. 주주가 되고자 하는 자가 대금을 지급함에 있어, 주주명의와 대금지급주체가 분리될(불일치할) 경우에는 누구를 주주로 볼 것인가? 이는 **주주확정** 문제로서, 주식회사의 주주는 주주명부에 기재되게 되어 주주명의가 형식적으로 확정되므로 주식대금 지급주체와 분리될 가능성을 내포하고 있다. 예를 들어, 다른 사람(A)의 명의로 B가 주식을 인수하거나(명의차용), A로부터 B가 주식을 양수받으면서 양수인 B가 주주명부상의 명의(A)를 양수인(B) 명의로 개서하지 않은 경우, 명의대여인(형식주주·양도인, A)을 주주로 볼 것인지 명의차용인(실질주주, 양수인, B)을 주주로 볼 것인가 하는 문제이다.

2) **주식의 특성** : 명의대여 또는 주식양도시 주식에 대한 **권리의 귀속문제** 즉 명의대여자·양도인과 명의차용자·양수인간에 누가 주식을 소유하느냐 하는 문제와 누가 회사에 대해 권리를 행사하느냐 하는 **권리의 행사문제**는 개념적으로 구별된다. 전자 즉 주식의 귀속문제는 소유권의 문제이고 후자는 권리의 행사문제이므로 전자가 결정되고 나서 별개의 문제로서 후자가 문제된다. 하지만 주식 즉 주주권의 경우 권리의 내용이 회사에 대한 권리행사가 전부여서 마치 채권과 유사한 대인적 권리와 유사한 성질을 가지고 있다. 따라서 권리의 행사 즉 회사(채무자적 지위)에 대한 권리행사가 부정된다면 권리의 귀속은 아무런 의미를 가지지 못하게 되므로 권리의 귀속과 행사가 동일한 문제라는 특성을 가진다. 따라서 주주의 확정은 A, B간의 주주권 귀속의 문제이지만 이는 동시에 A, B간의 회사에 대한 권리행사라는 실질을 가진다고 볼 수 있어, 권리의 행사권한의 귀속에 관한 판단은 **실질적 권리귀속**에 관한 판단으로 볼 수 있다.

3) **권리의 귀속과 공시** : 주주권은 일반 동산이나 채권과는 달리 주주명부에 공시되는 특성을 가진다. 하지만 주식의 공시는 부동산 등의 공시와 달리 권리의 귀속관계에 관한 공시가 아니라 회사에 대한 권리행사에 관한 정보를 공시함으로

써 회사의 업무집행에 편의를 제공하는데 지나지 않는다. 따라서 주주명부는 후술하는 바와 같이 권리이전의 성립·효력요건은 물론 아니고 추정력을 지니는 회사의 장부에 지나지 않으며, 회사법은 단지 주식양도시 대항력과 회사의 통지시 면책력을 부여하고 있을 뿐이다. 즉 주주명부는 주주간의 권리귀속에 관한 장부가 아니라 주주의 회사에 대한 권리행사에 관해서도 비권리자의 등재가 허용되는 **제한적 공시력**을 가진 장부에 지나지 않는다. 따라서 권리의 귀속(진정한 주주, B) 문제는 권리관계 당사자간의 계약자유의 원칙에 맡겨져 있으므로 회사에 대한 권리행사는 진정한 주주가 주주권을 행사하는 것이 사법의 이념(권리자의 권리행사)에 부합하고, 실질주주는 회사법에 규정된 범위 내에서 불이익(대항력 제한, 회사의 면책)을 받을 뿐이다.

(2) 형식·실질주주

1) **개 념** : 타인(A)의 명의로 주식을 보유하는 자(B)를 실질주주라 하고 그 타인(A)을 형식주주라 한다. 사법학에서는 타인의 명의로 법률행위를 하는 것은 법령으로 금지되는 경우를 제외하고는 허용된다. 명의대여(상24)는 타인의 명의로 영업을 하는 대표적인 예로서 명의대여자의 책임에 관해 정하고 있다. 타인명의의 법률행위와 달리 타인명의로 주식을 보유한다는 것은 어떤 의미인가? 주식은 회사에 대한 권리행사를 내용으로 하고 회사는 주주명부라는 권리자명부를 가지고 있으므로 주식의 소유권 귀속과 권리행사자가 불일치 할 수 있어 타인명의의 주식보유가 가능하다. 즉 주식의 소유권은 B에게 귀속되지만 주주명부에 A의 명의로 보유하는 경우 B는 A의 명의로 주식을 보유하게 된다. 소유자(실질)와 소유자의 공시(형식)가 불일치할 경우 소유자(B)를 실질주주라 하고 공시된 소유자(A)를 형식주주라 한다.

2) **유 형** : 타인명의로 주식을 보유하는 경우를 유형화하면, 첫째, A의 명의로 B가 주식을 인수한 경우(**명의차용**, 상332), 둘째, A로부터 B가 주식을 취득하고도 회사의 주주명부에는 A로 그대로 기재하여 두는 경우(**명의개서미필**, 상337.1), 셋째, 주주(B)의 계산으로 타인(AA)의 명의로 주식거래가 일어나는 경우(**주식의 위탁매매**), 예를 들어 주권예탁결제제도 하에서 상장회사의 주식을 실질적으로 소유하고 있는 자(B)는 증권회사에 주식을 위탁하여 거래를 하게 되는데 증권회사는 고객(B)의 주식을 증권사(AA)의 명의로 한 거래이다. 주식의 위탁매

매시 주식의 소유권은 위탁자(B)에게 이전되지만 주권예탁결제제도 하에서는 회사의 주주명부에는 예탁결제원(A)이 주주로 등재되므로 B는 타인명의로 주식을 보유하는 것이 된다. 그밖에 주식신탁의 경우에도 유사한 현상이 발생할 수 있고 기타 특별법상으로도 이와 유사한 구조가 발생할 수 있다. 명의차용, 명의개서미필, 증권예탁결제시 주주(B)는 회사에 대한 관계에서는 타인A)의 명의로 주식을 보유하게 된다.

3) 소유와 공시 : 소유와 공시가 불일치할 경우 즉 주식의 소유자와 회사의 주주명부상 공시된 소유자가 불일치할 경우 누구의 권리행사가 적법한가? 사법학의 권리행사에 관한 원칙은 **권리자의 권리행사**에서 출발한다. 누구의 명의로 되어 있는 권리이든 명의자는 자신의 권리행사가 합의·법정되어 있지 않은 경우에는 권리자가 아니며, 소유자가 권리자가 되고, 공시와 다른 권리행사에 따른 책임을 부담한다. 명의자의 권리행사가 합의된 경우의 대표적인 예가 신탁법리이며, 법정된 예가 실명제법리라 볼 수 있다. **주주명부**에는 명의자의 권리행사를 인정하는 효력(확정력)을 법정하고 있지 않으므로 명의자(A)의 권리행사는 부적법하고, 실질 권리자(B, 소유자)의 권리행사가 적법하고 다만 공시위반의 권리행사에 따른 법적 책임을 부담한다. 회사법상 공시위반에 따른 책임이란 명의개서 미필주주는 회사에 대항할 수 없고(상337.1), 회사는 주주명부상의 주주에게 권리행사의 기회를 부여하면 면책됨(상353.1)을 의미한다. 특히 주식과 같이 회사에 대한 권한행사가 권리의 전부인 권리의 행사권한을 소유자로부터 배제하기 위해서는 해석론으로서는 부족하고 회사법상의 명확한 규정이 요구된다.

(3) 타인명의 주식인수

1) 납입의무 : B가 타인(A)의 승낙을 얻어 A의 명의로 주식을 인수한 경우 누가 주금납입의무를 부담하는가? 이는 누가 주주인가 하는 주주확정문제와 직결되는 쟁점으로서 당연히 주주가 주금납입의무를 부담한다. 그런데 회사법은 주주가 누가 되든 명의대여자(A)와 명의차용자(B)에게 **연대납입의무**를 부담시키고 있다(상332.2). 이는 회사법이 주주확정의 문제와는 별개로 회사의 자본충실을 위해 명의대여자·차용자에게 연대책임을 인정한 것으로 이해된다. 이는 회사가 설령 타인명의 주식인수라는 사실을 인지하고 있었다 하더라도 명의대여·차용자는 연대책임을 부담하므로, 이를 회사법의 외관신뢰보호의 원칙으로 표현으로 보기는

어렵고 **자본충실원칙**의 표현으로 볼 수 있다. 물론 가설인의 명의로 주식을 인수하거나 타인의 승낙 없이 그 명의로 주식을 인수한 자는 주식인수인만 책임을 부담한다(상332.1)

　　2) **주주 확정** : 타인(명의대여자,A)의 승낙을 얻어 주식을 인수하여 명의차용자(B)가 주금액을 납입하였다면 누가 주주가 되는가?(**쟁점18**)[97] 이 문제는 명의대여자·차용자간의 문제이고 누가 회사에 대해 주주권을 행사하는가 하는 문제는 주주·회사간의 문제여서 개념상 구분되지만, 주식은 회사에 대한 권리가 권리 내용의 전부이므로 양자는 본질을 같이 한다. 명의대여자(A)가 주식인수인 권리를 취득하고 명의차용자는 납입의무만 부담한다고 보는 견해로서 주식청약의 집단적 처리를 위해 형식적 기준이 필요하다는 점을 근거로 하는 **형식설**, 실질적 청약자인 명의차용자(B)가 주식인수인의 권리를 가진다는 견해로서 당사자의 의사와 실질관계를 존중하는 입장인 **실질설** 등이 주장된다. **판례**는 실제로 주식을 인수하여 그 대금을 납입한 명의차용인만이 실질상의 주식인수인으로서 주주가 된다고 보았던(2002다29138) 입장(실질설)을 아래에서 보는 바와 같이 형식설로 변경하였다(2015다248342). 물론 동 판례는 회사에 대한 권리행사자에 관한 판단이어서 주주확정과 구별되지만, 회사에 대한 권리행사가 주식소유자의 권리행사의 전부이므로 권리행사자 판단은 실질적 주주확정을 의미한다고 볼 수 있다.

　　3) **판례의 변경** : ① 변경전 판례 – 주주명부에 주주로 등재되어 있을 경우 **주주로 추정**된다고 보고 명의차용관계를 주장하려면 주주명부상 주주의 주주권을 부인하는 측에 명의신탁관계 등에 관한 입증책임이 있다고 보았다(2007다27755, 2014다218511). 그리고 주주명부의 주주 명의가 신탁된 것이고 그 명의차용인으로서 실질상의 주주가 따로 있음을 주장함에 있어 – – 제3자의 의한 주식인수절

---

97) **명의대여시 주주확정(쟁점18)**에 관해, **형식설**은 형식주주(명의대여자)가 주식인수인 권리를 취득하고 명의차용자는 납입의무만 부담한다고 보는 견해로서, 주식청약의 집단적 처리를 위해 형식적 기준이 필요하므로 단체법률관계의 명확성과 확실성을 위해 명의상의 주식인수인을 주주로 보아야 한다는 견해(이철송327~8)이다. **실질설**은 실질주주(명의차용자)가 주식인수인의 권리를 가진다는 견해(다수설)로서 법률행위의 일반이론에 비추어 보나 실질적 투자자를 보호할 필요라는 점(정찬형682), 주식인수에 따른 납입의무를 이행한 자가 주주이고 회사에 대해 주주로서 권리를 가진다는 점, 행위의 명의주체와 무관하게 인수행위를 누가 실질적으로 하였는가 하는 당사자의 의사를 존중할 필요가 있다는 점 등을 근거로 한다.

차의 원인관계 내지 실질관계를 규명함이 없이 단순히 제3자가 신주인수대금의 납입행위를 하였다는 사정만으로는 그 제3자를 주주 명의의 명의신탁관계에 기초한 실질상의 주주라고 단정할 수 없고(2007다27755), 주주명부상의 주주는 순전히 당해 주식의 인수과정에서 명의만을 대여해 준 것일 뿐 회사에 대한 관계에서 주주명부상의 주주로서 의결권 등 주주로서의 권리를 행사할 권한이 주어지지 아니한 형식상의 주주에 지나지 않는다는 점이 증명되어야 한다고 보았다(2007다51505). 그리고 주주가 단순히 명의만을 대여한 이른바 형식주주에 불과하여도 그 의결권 행사는 적법하지만, 주식회사가 주주명부상의 주주가 형식주주에 불과하다는 것을 알았거나 중대한 과실로 알지 못하였고 또한 이를 용이하게 증명하여 의결권 행사를 거절할 수 있었음에도 의결권 행사를 용인하거나 의결권을 행사하게 한 경우에는 그 의결권 행사는 위법하게 된다고 보았으며(96다45818, **면책력의 한계**), 명의개서를 하지 아니한 실질상의 주주를 회사측에서 주주로 인정하는 것은 무방하다고 보았다(89다카14714, 2001다12973, **편면적 구속력**)

②**변경 판례** － ⅰ) **주주명부제도의 취지** 단체법적 법률관계의 특성상 회사가 다수의 주주와 관련된 법률관계를 외부적으로 용이하게 식별할 수 있는 형식적이고도 획일적인 기준에 의하여 처리할 수 있도록 하여 이와 관련된 사무처리의 효율성과 법적 안정성을 도모하기 위함이라고 전제하면서, ⅱ) **형식설과 그 적용범위** 회사에 대하여 주주권을 행사할 자가 주주명부의 기재에 의하여 확정되어야 한다는 법리는 주식양도의 경우뿐만 아니라 주식발행의 경우에도 마찬가지로 적용된다고 보았다. 따라서 주식을 양수하였으나 아직 주주명부에 명의개서를 하지 아니하여 주주명부에는 양도인이 주주로 기재되어 있는 경우뿐만 아니라, 주식을 인수하거나 양수하려는 자가 타인의 명의를 빌려 회사의 주식을 인수하거나 양수하고 타인의 명의로 주주명부에의 기재까지 마치는 경우에도, 회사에 대한 관계에서는 주주명부상 주주만이 주주로서 의결권 등 주주권을 적법하게 행사할 수 있다고 본다. 그러면서 ⅲ) **신의칙과의 관계** 주주명부상 주주가 주식을 인수하거나 양수한 사람의 의사에 반하여 주주권을 행사한다 하더라도, 이는 주주명부상 주주에게 주주권을 행사하는 것을 허용함에 따른 결과이므로 주주권의 행사가 신의칙에 반한다고 볼 수 없다고 보았다. 그리고 ⅳ) **대항력의 회사 구속(쌍면적 구속력)** 주주명부상의 주주만이 회사에 대한 관계에서 주주권을 행사할 수 있다는 법리는 주주에 대하여만 아니라 회사에 대하여도 마찬가지로 적용되므로, 회사는 특별한 사정이 없는 한 주주명부에 기재된 자의 주주권 행사를 부인하거나 주주

명부에 기재되지 아니한 자의 주주권 행사를 인정할 수 없고, 따라서 ⅴ) **악의의 회사도 구속(면책력 한계 부인)** 특별한 사정이 없는 한, 주주명부에 적법하게 주주로 기재되어 있는 자는 회사에 대한 관계에서 주식에 관한 의결권 등 주주권을 행사할 수 있고, 회사 역시 주주명부상 주주 외에 실제 주식을 인수하거나 양수하고자 하였던 자가 따로 존재한다는 사실을 알았든 몰랐든 간에 주주명부상 주주의 주주권 행사를 부인할 수 없으며, 주주명부에 기재를 마치지 아니한 자의 주주권 행사를 인정할 수도 없다고 보았다(2015다248342전합).

　　4) **주식의 귀속과 행사** : ① 귀속·행사의 구분 – 판례는 상법은 주주명부의 기재를 회사에 대한 대항요건으로 정하고 있을 뿐 주식 이전의 효력발생요건으로 정하고 있지 않으므로 명의개서가 이루어졌다고 하여 무권리자가 주주가 되는 것은 아니고, 명의개서가 이루어지지 않았다고 해서 주주가 그 권리를 상실하는 것도 아니라 보았다(2017다221501). 이와 같이 주식의 소유권 귀속에 관한 권리관계와 주주의 회사에 대한 주주권 행사국면은 구분되는 것이고, 회사와 주주 사이에서 주식의 소유권, 즉 주주권의 귀속이 다투어지는 경우 역시 주식의 소유권 귀속에 관한 권리관계로서 마찬가지라 보아(2017다278385) 주식의 귀속과 행사를 구분하고 있다. 주주명의 차용관계에서 실질설은 주식이 귀속되는 자의 회사에 대한 권리행사를, 형식설은 주식의 귀속자가 아닌 명의자를 회사에 대한 권리행사자로 보고 있다.

　　② 문제점 – 주식의 귀속과 행사를 구분하는 것은 개념상 가능하지만, 주식의 내용이 되는 권리는 모두 회사에 대한 권리여서 이를 배제할 경우 주식의 귀속은 아무런 의미를 가질 수 없다. 물론 명의차용관계를 중단하면 회복될 수는 있지만 거래상 필요에 의한 명의차용관계가 있는 상태에서는 명의차용인은 주식을 가지지 않은 것과 동일한 상태가 되는데 이는 다음과 같은 문제점이 있다. 첫째, 명의차용계약이 사회상규 기타 상행법규에 반하지 않는 경우 계약자유의 원칙에 따랐음에도 불구하고 권리의 귀속·행사를 구분함으로써 '권리자에 의한 권리행사'라는 사법의 기본원칙이 침해되게 된다. 둘째, 회사법상 추정력, 대항력, 면책력이 부여되는 주주명부의 효력에 회사와의 관계에서 주주를 확정하는 효력(확정력)을 부여하여 권리자에 의한 권리행사를 부인하는 것은 명문의 규정 없는 주주명부제도 취지의 확대해석이다. 주주명부에 확정력 부여를 위해서는 해석이 아닌 회사법 규정이 요구된다. 셋째, 회사가 주주명부상의 명의자(명의대여자)가 권리자가

아님을 알고 있더라도 그 권리행사를 허용함은 신의칙에 반한다는 비판에서 자유롭지 못하다.

5) 검 토 : 회사법은 명의대여에 의한 주식인수를 허용하고 있다(상332). 그런데 회사의 법률관계의 획일적 확정이라는 이유만으로 '주주가 되려고 하는 의사'를 가지고 있는 명의차용자를 무시하고 '주주가 되려는 의사'가 없는 명의대여자를 주주로 인정하는 것은 부당하다. 이렇게 해석하기 위해서는 주주명부에 주주를 확정하는 효력이 규정되든지 주식의 명의대여를 금지하는 명문규정이 요구되고, 해석론에 의해 실질주주의 권리를 박탈할 수는 없다. 이러한 실질설의 긍정적 논거 이외에 형식설이 주장하는 실질설의 문제점을 검토한다.

① **회사 부담** – 실질주주의 권리행사를 허용할 경우 회사는 주주총회 개최시에 권리행사를 할 주주를 정함에 있어 회사의 부담이 크게 된다는 점을 지적한다. 하지만 실질설을 따르더라도 회사는 주주명부의 대항력·면책력에 따라 주주명부상의 주주를 회사에 대한 권리행사자로 인정하면 되므로 회사의 부담이 증가되는 것은 아니다. 다만 대항력은 주식양도에 적용되고 면책력은 회사의 주주에 대한 통지에 적용되는 규정이어서 명의차용관계에 적용이 어려울 수 있다. 하지만 변경 판례에서 판시하고 있는 바와 같이 주식의 발행이나 주식의 양수에 회사의 권리행사와 관련해서 동일한 법리를 적용하는 것이 적절하다는 점에서 유추적용이나 확대해석이 가능하다고 볼 때, 명의차용관계에 주주명부의 대항력 규정(상337.1)의 유추적용, 면책력(상353.1)의 확대해석 등에 의해 선의의 회사를 보호함이 적절하다.

② **회사의 주주선택문제** – 판례는 주주명부 대항력에 관해 편면적 적용설에 따를 경우 회사의 주주 선택문제가 발생한다고 보는데, 회사가 형식·실질주주 모두 권리행사를 부정할 수는 없으므로(주총하자) 형식주주의 권리행사의 부정이 주로 문제된다고 본다. 하지만 주주에게 명의개서의무가 있지 않고 명의개서에 대항력이 규정된 이상, 회사가 실질주주를 모르는 경우(선의) 형식주주에게 권한을 행사하게 할 수밖에 없고(대항력), 회사가 실질주주를 아는 경우(악의) 대항력을 주장하지 않고 실질주주의 권한행사를 허용하는 것은 적절하므로(면책력의 한계) 편면적 적용설에 따르더라도 회사의 선의·악의에 따라 권한행사 주주가 정해지므로 주주선택의 문제는 발생하지 않는다. 만일 악의의 회사가 편의에 따라 형식주주를 선택할 경우 회사의 주주선택문제가 생길 수 있는데 악의의 회사가 형식주

주에게 권리행사기회를 제공하는 것은 신의칙에 반하는 것으로 해석되고 변경전 판례도 이 경우 악의의 회사가 면책되지 않는 것으로 본다(96다45818). 이는 결과적으로 무권한 주주에게 주주권 행사기회를 부여한 것에 지나지 않고 회사의 책임이 발생하게 되어 주주선택문제는 실체가 없는 과장된 주장으로 판단된다.

③ **회사 인식의 모호성** – 실질주주 권한행사를 허용할 경우 실질주주에 대한 회사의 인식(선의·악의)가 권리행사자를 정함에 있어 전제되는데, 실질주주에 대한 회사인식 모호성을 지적한다. 회사의 경영진은 교체되므로 회사의 인식을 판단함에 있어 어려움이 예상되지만, 이사 교체와 무관하게 회사행위시점의 이사의 인식을 기준으로 실질주주에 대한 선악 판단을 하므로 오히려 증명책임이 문제될 뿐이다. 실질설에 따르더라도 실질주주가 권한을 행사하기 위해서는 자신이 실질주주임을 증명할 책임을 부담하므로 회사의 인식의 모호성은 문제되지 않는다. 오히려 형식설에 의할 경우 형식주주 대신 실질주주의 권리행사를 인정해 오다가 특정 사안에서 경영진 자신의 이익을 위해 합의에 반해 형식주주의 권리행사를 인정할 우려가 있다. 정작 실무에서 경영진은 많은 경우 실질주주의 존재를 알고 있거나 다양한 이유에서 형식주주의 존치에 합의한 경우가 많은데 형식설에 따르면 경영진의 편의에 따라 실질주주의 권리행사를 부정할 수 있게 되었다.

④ **판례 비교** – 이상에서 보는 바와 같이 실질설을 따르더라도 회사의 부담이 증가되지 않고 주주 선택은 오히려 형식설을 취할 때 나타날 수 있으며 회사 인식의 모호성은 증명책임의 문제를 부적절하게 지적한 것으로 본다. 그리고 변경 판례는 회사법의 근거 없이 '권리자에 의한 권리행사'라는 사법의 기본원칙에 반하는 해석을 전개하고 있어 해석론의 한계를 넘어서고 있으며, 그러한 해석을 위해서는 회사법의 개정(주주명부의 확정력 도입)이 요구된다. 요컨대 변경 판례에서 주식의 명의차용관계를 부정하려는 의도(목적론적 해석)를 추측할 수 있는데, 일부 영역을 제외하고는 명의차용이 합법적이고 주식의 명의차용은 다양한 이유에서 실무에서 많이 활용되고 있다는 점에서 판례의 의도는 위험하다고 판단된다. 게다가 주주명부의 확정력에 근거하여 형식주주만 회사에 대한 권리행사가 가능하다고 하지만 추정·대항·면책력만 규정된 주주명부의 효력을 해석함에 있어 법적 엄정성을 무시하고 논리성을 결여하고 있다. 요컨대 변경판례는 실질주주에 대한 회사의 선·악의를 불문하고 형식주주의 권한만 인정함으로써 회사의 형식적 편리성, 획일성을 추구하는 편의적 해석론을 전개함으로써 실무에서의 다양한 사실관계를 고려하는 법해석의 구체적 타당성을 외면하고 있어, 변경 판례를 종

전 판례와 비교할 때 그 퇴행성을 지적하지 않을 수 없다.

3. 주주의 권리와 의무

(1) 주주의 권리(주주권)

1) **의 의** : ① **성 질** – 주주의 지위를 나타내는 주식은 다수의 주주의 권리 (주주권)로 구성되어 있다. **주주권**은 집합적 권리로서 전체로서 소유·이전되고 분리해서 소유·이전될 수 없지만, 권리를 행사함에 있어서는 **개별적인 주주권**으로 분리되어 행사된다. 주주는 회사의 구성원으로서 주주권은 회사라는 법인의 권리와는 구별된다. 판례도 회사의 주주는 그 회사재산에 대하여 소유권을 행사할 수 없고(4290민상496), 주주권은 상법상의 이익배당청구권 등의 자익권과 의결권 등의 공익권을 그 본질적 내용으로 할 뿐 주식회사 소유의 재산을 직접 이용하거나 지배, 처분할 수 있는 권한은 여기에 포함되지 않는다고 보았다(90다카10862).

② **추상성·구체성** – 주주권 중 일부 권리는 언제든 행사할 수 있지만, 일부 권리는 추상적 권리로 머물다가 일정한 조건이 충족되면 구체적 권리가 되는 경우도 있다. 예컨대, 주주제안권 등은 주주총회 개최가 예정되어 있으면 요건만 충족된다면 언제든지 행사할 수 있는 권리이지만, 이익배당청구권 등은 주주총회에서 이익배당결의가 있기 전에는 추상적 권리에 지나지 않고 주주총회가 이익배당결의를 하게 되면 구체적인 이익배당청구권이 발생한다. 신주인수권도 이사회가 신주발행결의를 하게 되면 구체적 신주인수권이 발생한다. 추상적 권리에서 파생된 이들 **구체적 청구권**은 주주권과 분리할 수 있는 독립된 청구권으로서 **채권적 권리**의 성질을 가지고 주주권과 분리하여 양도할 수도 있고 압류의 대상이 된다고 본다. 그리고 그 권리가 유가증권화(예, 신주인수권증서) 하지 않은 경우에는 이를 이전함에 있어서는 채무자적 지위에 있는 회사의 동의나 승낙이 요구된다고 본다.

2) **유 형** : ① **자익권·공익권** – 주주권은 구체적으로는 보호하는 이익에 따라 자익권과 공익권으로 구별된다. **자익권**이라 함은 주식회사의 투자자인 주주의 재산적 이익을 위하여 인정한 모든 개인적 권리를 의미한다. 이익배당청구권·잔여재산분배청구권·신주인수권·명의개서청구권·주식매수청구권 등이 포함된다. 이에 반해, **공익권**이라 함은 주주가 자기의 이익뿐만 아니라 회사의 이익을 위하여

회사운영에 관여하는 권리로서 의결권, 주주제안권, 단독주주권·소수주주권 등이 이에 속한다. 회사가 회사의 주식을 취득할 경우(자기주식) 공익권(의결권 등)이 정지된다고 보며, 자익권(신주인수권 등)을 행사할 수 있는가에 관해 논의가 있으며 후술한다.

② 단독·소수주주권 - 주주의 공익권을 행사방법에 따라 단독주주권과 소수주주권으로 구별할 수 있다. **단독주주권**이라 함은 1주를 소유하는 주주라도 행사할 수 있는 주주권을 의미한다. 의결권·설립무효판결청구권·합병무효판결청구권·신주발행유지청구권 등이 이에 속한다. **소수주주권**이라 함은 일정한 수의 주식수가 모여야 행사할 수 있는 권리를 의미하며 대체로 공익권에 속하는 권리들 중의 일부이다. 소수주주권의 보유비율(**지주비율**)은 1인이 보유하는지 수인이 보유하는지를 불문하고 일정한 수의 주식이 모여 지주비율만 충족되면 권리를 행사할 수 있다. 예컨대 이사해임의 소 제소권은 소수주주권으로 규정되어 있는데, 그 지주비율은 3/100이어서(상385.2) 1인의 주주이든 수인이든 발행주식총수의 3/100의 요건이 충족되어야 이사해임의 소를 법원에 제기할 수 있다.

③ 고유권·비고유권 - 권리의 박탈가능성을 기준으로 고유권과 비고유권으로 구별할 수 있다. **고유권**이란 주주의 동의가 없이는 정관이나 주주총회 그리고 이사회의 결의로도 박탈할 수 없는 권리이고, **비고유권**은 정관이나 주주총회·이사회 결의 등으로 박탈할 수 있는 권리이다. 고유권·비고유권의 구별에 관해 주주권의 부여에 관한 규정은 모두 강행법규로서 다른 주주 전원의 일치로써도 이를 박탈할 수 없으므로 그 구별의 실익이 없다는 견해가 있다. 대체로 타당한 견해라고 생각하여 주주평등의 원칙에 따라 모든 주식은 개별주주의 동의 없이는 불이익을 받지 않으므로 원칙적으로 모든 주주권은 고유권이라고 볼 수 있다. 하지만 신주인수권의 경우에는 정관의 규정에 의해 일반 주주의 동의 없이도 일정한 요건을 충족할 경우 신주인수권은 제한(박탈)된다고 할 수 있어(상418.2) 법령에 의한 비고유권이 발생할 가능성은 있다고 본다.

3) **주주권의 포기와 상실** : 주주는 주주권을 포기할 수 있는가? 주주권은 주주(사원)의 지위인 주식의 내용이므로 일반의 재산권과는 달리 권리의 불행사는 인정되지만 주주권의 포기·상실은 제한된다. 주주의 **주주권의 포기**로 발행주식수가 줄어든다면 이는 주주총회 등에서 정족수 확보·계산 등 회사의 법률관계가 복잡하게 되고 지분율이 변경되는 등 다른 주주의 권리 행사에도 영향을 미치게 되어

주주권의 포기는 허용되지 않고 주주권의 불행사만 인정될 뿐이다. **주주권의 상실**에 관해서도 주주의 퇴사나 제명이 허용되지 않아 양도 등에 의한 상대적 상실 이외에 절대적 상실은 허용되지 않는다고 본다. 후술하는 바와 같이 주주가 **주권을 상실**하더라도 주주의 지위가 상실되는 것은 아니며 제권판결 등을 통해 주권을 재발행 받을 수 있어(상360), 주주권의 존속에는 영향을 미치지 않는다. 판례도 주주권은 주식의 양도나 소각 등 법률에 정하여진 사유에 의하여서만 상실되고 단순히 당사자 사이의 특약이나 주주권 포기의 의사표시만으로 상실되지 아니하며 다른 특별한 사정이 없는 한 그 행사가 제한되지도 아니한다고 보았다(2002다54691).

4) **주주와 회사** : 주주는 회사와 별개의 인격체이고 주주는 회사법에 정해진 권한 행사를 통해서만 회사의 법률관계에 관여한다. 주식회사의 주주는 주식의 소유자로서 회사의 경영에 이해관계를 가지고 있다고 할 것이나, 회사의 재산관계에 대하여는 단순히 사실상, 경제상 또는 일반적, 추상적인 이해관계만을 가질 뿐, 구체적 또는 법률상의 이해관계를 가지 않는다. 주주는 직접 회사의 경영에 참여하지 못하고 주주총회의 결의를 통해서 또는 주주의 감독권에 의하여 회사의 영업에 영향을 미칠 수 있을 뿐이므로 주주는 이사의 행위에 대하여 유지(留止)청구권을 행사하여 그 행위를 유지시키거나, 또는 대표소송에 의하여 그 책임을 추궁하는 소를 제기할 수 있을 뿐 직접 제3자와의 거래관계에 개입하여 회사가 체결한 계약의 무효를 주장할 수는 없다(2000마7839). 특별한 사정이 없는 한 대표이사의 업무집행권 등이나 주주의 주주권에 기하여 회사가 제3자에 대하여 가지는 특정물에 대한 물권적 청구권 등의 재산상의 청구권을 직접 또는 대위 행사할 수 없으며(95다6885), 주주는 대표소송(상403)의 경우를 제외하고 회사의 재산관계에 대하여 당연히 확인의 이익을 갖는다고 할 수 없으므로 구체적 또는 법률상의 이해관계가 없는 한 회사가 체결한 계약에 관한 무효확인을 구할 이익이 없다(78다1117).

(2) 소수주주권
1) **취 지** : 일정한 수의 주식수가 모여야 행사할 수 있는 권리를 의미하는 소수주주권은, 주식수에 따른 비례적 권리행사를 부정하고 일정수가 충족되어야만 권리를 행사할 수 있어 **주식(주주)평등의 원칙**에 반한다고 볼 수 있다. 소수주주권

이 보편적인 입법 태양이 아니고 주주의 권리행사를 어렵게 만든다는 점에서 제도의 취지에 의문을 제기하는 견해도 있다. 하지만 소수주주권의 입법 취지는 주식회사 운영의 효율성보다는 남용이 우려되는 **주주권의 신중한 행사**를 도모하도록 함에 있다. 이렇게 볼 때 주주권 남용의 위험성과 주주권 행사의 필요성의 교량 속에서 입법적으로 소수주주권이 특정되고 그 지주비율이 결정되었다고 볼 수 있다. 다만 회사법 개정논의에서 소수주주권의 **지주비율의 적정성**이 항상 논란이 되는데, 이는 논리적 타당성의 문제라기보다는 입법 당시 특정 주주권의 성질을 바탕으로 그 남용의 위험성과 행사 필요성간에서 입법정책으로 결정될 문제이다.

2) 지주비율 : 소수주주권은 권리에 따라 권리행사를 위한 주식수 요건(지주요건)을 달리하며, 요건주식수(지주비율)는 1인 주주에 의해 충족되거나 다수의 주주에 의해 충족되거나 불문한다. 1% **소수주주권**은 전체 의결권주식의 1/100 이상이 결집되어야 행사할 수 있는 권리로는 대표소송제소권(상403), 위법행위유지청구권(상402), 검사인선임청구권(상367.2) 등이 포함된다. 다음으로 3% **소수주주권**은 전체 의결권주식의 3/100 이상이 결집되어야 행사할 수 있는 권리로는 총회소집청구권(상366), 회사의 업무와 재산상태의 검사청구권(상467), 이사·감사·청산인의 해임청구권(상385.2,415,539.2), 주주제안권(상363의2), 집중투표청구권(상382의2) 등이 포함된다. 마지막으로 10% **소수주주권**은 전체 의결권주식의 10/100 이상의 주식이 결집되어야 행사할 수 있는 권리로는 회사법에 회사의 해산판결청구권(상520)이 있다. 다만 상장법인의 경우 주식의 분산성을 고려하여 요건주식수를 낮추어 별개의 규정을 두고 있다.[98]

3) 보유기간 : ① 상장회사 특례규정 - 단독주주권이든 소수주주권이든 주주권을 행사할 경우 주식을 얼마나 오래 보유하였는지는 회사법에서 문제되지 않는다. 즉 권리행사 직전에 주식을 매수한 자도 권리행사를 할 수 있으므로 권리를 행사하는 주주의 **주식의 보유기간**은 문제되지 않는다. 다만 상장회사 특례규정에는 소수주주권 행사를 위해서는 주식보유기간을 설정하고 있어 행사시점에서 소

---

98) 상장회사 특례규정상의 소수주주권 행사에 관한 특별규정을 보면, 1% 소수주주권인 대표소송제소권(0.01%, 상542의6.6), 위법행위유지청구권(0.05%, 상542의6.5), 3% 소수주주권인 총회소집청구권(1.5%, 상542의6.1), 회사의 업무와 재산상태의 검사청구권(1.5%, 상542의6.1), 이사·감사·청산인의 해임청구권(0.5%, 상542의6.3), 주주제안권(1%, 상542의6.2), 집중투표청구권(1%, 상542의7.2) 등이 규정되어 있다.

급하여 6개월 전부터 계속하여 주식을 보유할 것을 요구하고 있다. 주식의 계속보유란 6월의 기간 중 단절됨이 없이 주식을 보유함을 의미하고 주식 보유가 총 6월을 초과하더라도 산정대상이 되는 권리행사시점으로부터 6월간에 주식보유가 단절되었다면 이는 주식보유요건을 충족시키지 못한 것이 된다.

　② 계속 보유 – 형식주주의 명의로 보유하다가 실질주주의 명의로 명의를 변경 또는 그 반대의 경우에는 보유요건을 충족하는가? 상장회사 특례규정에서는 '주식을 보유한 자'란 주식을 소유한 자, 주주권 행사에 관한 위임을 받은 자, 2명 이상 주주의 주주권을 공동으로 행사하는 자를 의미한다(상542의6.9), 따라서 주식의 소유자 이외에도 주주권 행사의 수임인이나 공동행사자가 포함되므로 이들 간에 지위의 변동이 있더라도 계속 보유에 해당한다고 본다. 예컨대 동일 주식을 소유자로 4개월 보유하다가 주식을 매각하였지만 계속 주주권 행사의 수임인으로 2개월 보유하였다면 6개월 계속보유 요건을 충족한다고 본다. 다만 주식 소유자의 개념도 주주확정에 관한 실질설, 형식설에 따라 다르게 해석될 여지가 있는데, 판례의 입장인 형식설에 따르면 소수주주권의 행사도 회사에 대한 주주의 권리행사이므로 주주명부를 기준으로 판단하여야 하고 실질주주로 보유한 기간은 보유요건 계산시 산입되지 않는다고 해석된다.

　4) **주주자격의 유지** : 소수주주권 행사시 권리행사의 효력발생시까지 주식을 계속 보유하여야 하는가? 이는 단독주주권이나 소수주주권 모두에서 문제될 수 있지만 특히 소수주주권의 경우 요건주식수의 유지문제가 있어 특히 더 문제된다. 예컨대 주주총회의 소집을 청구하기 위해서는 3/100 이상의 주식이 결집되어야 하므로 소위 3% 소수주주권에 포함되는데, 주총소집청구시에는 당연히 3%가 유지되어야 하는지 아니면 이후 소집청구에 따라 소집된 주주총회결의시점까지 보유하여야 하는지 하는 문제이다. 주주의 권리행사 자체로서 법적 효과가 발생하고 더 이상 일정한 절차 진행이 예정되지 않은 경우 예를 들어 위법행위유지청구권, 업무·재산상태 검사청구권 등은 주식유지가 문제되지 않는다. 그밖에 주주의 권리행사 이후에 그로 인한 일정한 절차진행이 예정된 권리, 예를 들어 대표소송제소권, 총회소집청구권, 이사·감사해임청구권, 주주제안권, 집중투표청구권 등의 권리도 회사법상 특별한 규정(상403.5)이 없으면 동 권리(총회소집청구, 해임청구, 주주제안, 집중투표청구 등)의 행사시점에만 지주비율을 유지하면 족하고 동 권리행사로 인한 절차진행시점에는 주주자격을 유지할 필요가 없다고 본다.

5) **요건의 경감** : 회사법에 규정된 소수주주권의 **지주요건·보유기간**을 더 엄격하게 하는 회사행위(정관규정, 주총·이사회결의, 개별약정)는 회사법에 반하여 무효라 할 수 있다. 반대로 소수주주권의 지주요건, 보유기간을 경감시키는 것은 허용되는가? 이에 관해 **상장회사** 특례규정은 상장회사의 정관에서 상장회사 특례규정보다 단기의 주식 보유기간을 정하거나 낮은 주식보유비율을 정할 수 있다고 정하고 있다. 동 규정은 **요건강화**(소수주주권의 약화)는 불허하지만 **요건완화**(소수주주권의 강화)를 허용하면서 이를 **정관에 규정**한 경우에만 허용됨을 선언하였다고 볼 수 있다. 일반 **비상장회사**의 소수주주권에 관한 규정에는 이러한 요건완화를 허용하는 규정이 없지만, 소수주주권의 본질이 회사법에 의한 주주의 권리행사의 제한의 성질을 가지고 있으므로 요건의 경감은 소수주주권의 강화를 의미하므로 유효로 본다. 단체법 관계의 특성상 상장회사와 동일하게 내부규범인 정관에 규정화된 경우에만 허용된다고 보고 주총·이사회결의, 개별약정로는 부족하다고 본다. 이렇게 볼 때 비상장회사에도 상법 제542조의6 제7항의 규정이 유추적용된다.

6) **상장회사 특례규정** : ① 쟁 점 – 상장회사에 대한 특례규정(상3편4장13절)은 주식회사 중 상장회사에 적용되는 별도의 규범으로서, 상법 제3편 제4장 '일반주식회사에 관한 규범'에 대한 특별규정의 지위를 가진다. 상장회사의 주주가 소수주주권(예, 이사해임청구권) 행사를 위한 지주율(상542의6.3, 50/10,000)은 충족하지만 특례규정상 보유기간을 충족하지 못할 경우 지주율은 더 높지만 보유기간이 요구되지 않는 회사법상의 소수주주권(상385.2)을 행사하는 것이 허용되는가? 상장된 주식회사에 대한 특별규정이므로 당연히 상장회사에는 상장회사에 대한 특례규정이 우선적용되지만 규정적용상의 논란을 없애기 위해 우선적용에 관한 근거규정(상542의2)을 두고 있다. 그럼에도 불구하고 우선적용의 의미에 관해 논란이 있어 왔고(→ **쟁점**11), 특히 소수주주권 행사에 관해서는 **선택적용설**이 유력하게 주장되었다(2편1장4.(3).3)).

② **개정 상법** – 상법은 이러한 논란을 불식하고자 상법을 개정하여 소수주주권 행사와 관련하여 '6개월 전부터 계속하여 상장회사 발행주식총수의 1만분의 50 이상에 해당하는 주식을 보유한 자는 제406조의2(제324조, 제408조의9, 제415조 및 제542조에서 준용하는 경우를 포함한다)에 따른 주주의 권리를 행사할 수 있다(상542의6.7).'고 하여 상장회사 특례규정의 **우선적용에 관한 예외규정**을 두었

다. 그러면서 소수주주권에 관한 규정은 상법 제542조의2 제2항에도 불구하고 일
반 주식회사의 소수주주권의 행사에 영향을 미치지 아니한다(상542의6.10)고 규
정함으로 논란을 불식시켰다. 따라서 상장회사의 소주주주는 낮은 지주율과 보유
기간을 충족하여 특례규정에 따라 소수주주권을 행사할 수도 있고, 보유기간을
충족하지 못할 경우에는 높은 지주율을 정한 일반 주식회사에 관한 규정에 따라
소수주주권을 행사할 수 있게 되었다.

(3) 주주의 (충실)의무

1) **의 의** : ① 유한책임제도 – 주주는 출자금액으로 회사의 채무에 관해 책임
을 부담할 뿐 다른 어떤 책임도 부담하지 않는다. 주주는 이사·감사 등 임원과 달
리 회사와 위임관계 등에 있지 않으므로 선관·충실의무를 부담하지 않는데, 주주
가 의결권 등을 행사할 때 자신의 이익만 추구하면 되고 회사나 다른 주주의 이익
도 고려하지 않아도 되는가? 특히 대주주가 주주총회의 결의를 함에 있어 사익추
구를 하더라도 아무런 책임을 부담하지 않는가 하는 의문에서 주주의 충실의무가
논의되고 있다.

② **개 념** – 주주의 충실의무란 주주가 그 권리를 행사함에 있어서 회사와 다
른 주주의 이익을 고려하여야 하는 의무를 의미한다. 이를 긍정하는 견해는 주주
가 의결권을 행사하거나 회사와 거래함에 있어서 회사의 이익과 다른 주주의 이
익을 고려하여 회사 또는 다른 주주의 이익을 보호하여야 하고 이를 위반한 경우
손해배상책임을 부담한다고 본다. 주주의 충실의무는 주주총회의 **다수결원리**에 따
른 회사·소수주주의 이익의 침해문제를 해결하기 위한 이론으로서 등장하였지만,
주주 유한책임의 원리에 반하고 회사법상 근거규정을 가지고 있지 않아 이를 인
정하는 것이 쉽지 않다. 이하에서는 이론적, 입법론적 관점에서 주주의 충실의무
에 관해 간단히 살펴본다.

2) **의무의 범위** : 주주의 충실의무는 미국이나 독일에서 판례상 도입된 개념
이긴 하지만, 우리 회사법상 아직 논의 수준에 머물러 있어 그 실체가 명확하지
않아 인정여부, 인정범위가 문제된다. 주주 충실의무의 범위에 관한 논의를 보면,
지배주주의 충실의무만을 인정할 것인지 아니면 일반주주의 충실의무까지 확대할
것인지(**의무의 주체**), 회사에 대한 충실의무인지 아니면 다른 주주 특히 소수주주
에 대한 충실의무인지(**의무의 객체**), 주주총회결의에서 지배주주의 의결권에 적용

되는지 아니면 주총결의 이외에 지배주주와 관련되는 회사의 거래행위에도 적용되는지(**의무의 대상**) 등이 문제된다. 이와 같이 주주의 충실의무는 법적 근거가 마련되어 있지 않아 의무의 범위에 관해서도 다양한 논의가 전개되고 있는 실정이다.

3) 우리법상 논의 : 현행법상 근거를 가지고 있지 않은 주주의 충실의무를 인정할 수 있는가?(**쟁점22**)[99] 이사의 충실의무(상382의3)와 달리 주주의 충실의무에 관해 직접적 근거규정은 없지만, 회사법은 자기거래의 요건을 규정하면서 이사 이외에 주요주주를 자기거래의 범주에 포함시키고 있어(상398.1호) 주요주주의 충실의무를 인정할 간접적 근거는 생겨났다고 본다. 주주의 충실의무에 관해, 다수결원칙 하에 지배주주가 소수주주를 희생시키면서 이기적 이익을 추구하는 것을 막기 위해 주로 지배주주에 한하여 주주의 충실의무를 인정하여야 한다고 보는 **긍정설**, 주주의 충실의무는 구체성이 없고 현행법상 근거가 없음을 이유로 부정하는 **부정설** 등이 주장된다. 그밖에 주주권의 행사가 회사 또는 다른 주주에게 영향을 미치는 경우 이들의 이익을 배려하여 권리를 행사하여야 한다는 제한은 회사 법률관계에서 권리가 갖는 영향력에 따르는 제한으로 이해하고자 하는 견해[100]도 있으나, '영향력'이라는 개념 역시 상대적이어서 모호성은 여전하다고 본다.

4) 주요 주주의 책임 : 회사법상 주주가 회사·소수주주와 관계에서 영향력을 행사하여 사익을 추구하는 것은 주주총회의 결의에서 다수결에 의한 결의, 자신의 주주총회에서 영향력(이사 선임 등)을 이용하여 회사의 업무집행에 관여, 그밖에 회사와의 거래 등을 통해서 가능하다고 본다. 회사법은 대주주의 사익추구를 방지하기 위해 주주총회의 결의와 관련해서는 특별이해관계인의 의결권 제한, 감

---

99) **주주 충실의무의 인정여부(쟁점22)**에 관해, **긍정설**은 주주의 충실의무를 지배주주의 충실의무로 한정하여 긍정하는 견해(권기범401, 정동윤462, 최기원287, 홍복기240)와 지배주주, 소수주주 구별 없이 충실의무를 인정하는 견해(김정호181)로 구별된다. 지배주주의 충실의무는 지배주주가 지분 이상으로 권한을 행사한다면 그에 상응하는 의무와 책임을 부담하여야 하고, 소수주주의 보호필요성 등을 근거로 제시한다(김홍기401). **부정설**은 주주의 충실의무가 주주들에게 제시하는 행동기준이 매우 불투명하고 그 충실의무에 위반하는 행동의 사법적 효과에 관한 법리가 확립된 것도 아니므로 예측가능성을 부여할 수 없으므로 주주의 충실의무는 입법론이 아닌 해석론으로는 위험한 시도로 본다(이철송324).

100) 김재범, "주주 충실의무론의 수용", 「비교사법」, 22권 1호(2015), 한국비교사법학회, 195~197면 참조.

사선임시 의결권제한(3%) 등의 제도를 두고 있다. 그리고 주주가 자신의 영향력을 이용하여 회사의 업무집행에 관여할 경우 사실상 이사의 책임을 인정하고 있고, 주주가 회사와 거래한 경우 주요 주주인 경우 자기거래가 되어 이사회의 승인을 얻지 않으면 거래의 효력이 생기지 않도록 통제하고 있다. 그런데 주주총회의 결의, 회사의 업무집행 관여, 자기거래 모두 소수주주와는 무관하여 일정 지분율 이상을 가지고 회사에 영향력을 행사하는 대주주와 관련된다.

5) 검 토 : ① **개별적 충실의무** – 주주의 충실의무는 이를 부인하는 견해, 지배주주의 충실의무를 주장하는 견해, 모든 주주의 충실의무를 주장하는 견해로 대립되어 있다. 그런데 회사법은 대주주의 의결권제한, 사실상 이사의 책임, 자기거래의 확대를 통해 이미 대주주의 사익추구를 제한하고 있어 이들 규정이 도입된 근거는 대주주의 사익추구를 방지하여 회사의 이익에 충실하도록 하는 충실의무가 전제된 것으로 이해할 수 있다. 그러나 모든 주주가 특별이해관계가 있을 경우 의결권이 제한되지만 소수주주는 결의에 영향력이 낮아 의결권 제한이 의미를 가지지 못해 소수주주의 충실의무에 관한 규정은 없다고 할 수 있으며 충실의무를 소수주주까지 확장할 실익도 없다고 본다.

② **일반적 충실의무** – 회사법에 대주주의 충실의무가 이미 도입되어 있다고 보더라도 개별 규정에 의한 의무 이외의 영역에서 일반적인 대주주의 충실의무를 인정할 것인가, 인정하는 근거는 무엇인가 하는 점이 오히려 쟁점이라 본다. 대주주는 이사와 같이 회사의 기관이 아니므로 위임계약에 의한 선관·충실의무가 발생될 여지는 없다. 하지만 대주주는 주주총회라는 회사 기관에서 의사결정의 권한을 실질적으로 가지고 있다는 점에서 보면 회사와 사실상의(실질적) 수임관계에 놓여 있다고 본다. 즉 대주주는 회사의 주주총회의 결의를 통해 회사의 의사를 결정하는 주주총회라는 회사 기관의 사실상의 담당자라 할 수 있어 회사의 이익과 자신의 이익이 충돌할 경우 회사의 이익을 우선시킬 의무를 실질적으로 부담한다고 본다. 회사의 적극적 이익인 영리추구(영리성)뿐만 아니라 회사의 소극적 이익이라 할 수 있는 사회적 책임(사회성)까지 포함된다고 볼 때 대주주의 충실의무에 소수주주의 억압을 방지할 의무도 포함된다고 본다.

4. 주주권의 처분

(1) 주주간계약

1) 개 념 : 주주는 주식을 자유롭게 처분할 수 있지만 주식의 내용이라 할 수 있는 개별적인 주주권을 처분할 수는 없다. 왜냐하면 개별 주주권은 주식이라는 **집합적인 권리의 내용**으로서 주주의 지위와 함께 처분되기 때문이다. 따라서 주주가 다른 주주 또는 제3자에 대해 주주권을 처분하는 계약을 하더라도 이는 무효이다. 그렇다면 주주가 특정 주주권 예를 들어 의결권을 처분하는 것이 아니라 일정 기간 타인에게 사용하게 하거나 권리행사를 제한하는 계약(**주주권의 제한적 처분계약**)을 체결하였다면 이러한 계약은 유효한가? 주주권의 제한적 처분계약은 사원의 지위로부터 일정한 주주권을 절연시켜 이를 타인에게 이전하는 계약이 아니라 그 권한행사를 일부 제한하는 계약이고 제한조건이 상실되면 다시 주식에 복원되므로 주주권의 처분과는 달리 볼 가능성이 있다. 주주권의 제한적 처분계약으로서 논의되고 있는 **주주간계약**은 주주의 권리행사나 회사운영에 관한 약정이라 정의할 수 있으며 그 유효성이 회사법의 강행법규정성과 사적자치의 한계로서 문제된다.

2) 유 형 : 주주간계약에는 다양한 유형의 계약이 있을 수 있겠지만, 동업관계에 있는 주주들간에 주식의 양도나 이사 등 임원선임과 관련된 의결권 행사나 이사회의 의사결정에 관한 약정이 실무에서 문제되곤 한다. 주로 설립단계나 소규모의 폐쇄회사에서 이용되지만 대규모의 상장회사에서도 체결될 수 있어 회사의 규모에 따른 쟁점은 아니라 본다. 주주간계약은 그 구별기준에 따라, 주식·지배구조·자본구조에 대한 계약, 설립·인수·자본참여시 계약 등으로 유형화될 수 있다. 하지만 다양한 유형을 모두 고찰하기는 어려우므로 학설이나 판례상 문제되고 있는 주식양도에 관해 일정 기간 동안 양도를 금지·제한하는 약정으로서 **주식양도제한계약**, 주주총회의 결의를 함에 있어서 대주주간에 임원 선임에 관해 서로 약정하여 임원선임의 의결권행사를 구속하는 계약(**의결권계약**), 주주들간에 회사의 운영 예를 들어 신주발행에 관한 사항이라든가 대표이사의 선임 등 이사회의 업무집행권한 등과 관련되는 **업무집행계약**의 세 가지 유형에 관해, 먼저 효력에 관한 일반론을 고찰한 후 개별 유형의 효력에 관해 살펴본다.

3) **효력 일반론** : 주주간계약은 회사법의 **강행법규성**에 반한다. 회사의 실질을 단순히 계약관계로 이해하려는 견해도 있지만 주식회사는 법인격을 가지고 투자자인 다수의 주주들에게 위험부담을 제한하면서(유한책임) 투자수익을 실현시킨다는 점에서 다른 공동기업의 유형인 조합과는 실체를 달리한다. 주주의 유한책임과 주권을 통한 자유로운 주식양도, 증자·사채발행 등이 허용되는 자본구조, 회사채권자를 보호하기 위한 엄격한 감독제도와 공시제도, 경영자의 엄격한 책임 등을 내용으로 하는 지배구조에서 조합이나 기타 회사와 많이 다르다. 이러한 자본·지배구조에 관한 **엄격한 회사법규정**은 **법인특권**(**명의·책임의 분리, 유한책임, 자산수탁**)에 따른 회사신용(채권자) 보호를 위한 장치이며, 사적자치를 기반으로 하는 조합이나 인적회사와 구별된다. 뿐만 아니라 다수의 투자자(주주)가 관여하므로 회사의 법률관계의 획일적 확정이라는 **단체법적 성질**도 사적자치를 더욱 제한한다. 요컨대 회사와 직접 관련이 없는 주주간의 계약은 주식회사의 **기능·신뢰의 보호, 단체법적 특성**에 따른 회사법의 강행법규성을 고려할 때 원칙적으로 **회사에 대한 효력**은 가지지 못하지만, 사회상규에 반하지 않는 한 효력이 부인되지 않으므로 주주간계약은 당사자간의 효력(**채권적 효력**)을 가진다고 본다.

(2) 주식양도 제한약정

1) **취 지** : 주식양도 제한계약은 주주간에 회사 설립 또는 주식인수시에 회사 경영의 안정 또는 이익실현을 위해, 일정 기간 동안 주식양도를 할 수 없게 하거나 주식양도를 하려면 일정 주주에게만 양도하도록(우선매수권) 하는 등 회사의 인적구성 변화의 제한을 통해 회사의 특정한 목적을 위해 주식양도를 제한하려고 체결되는 주주간의 계약이다. 회사나 일정 주주의 이익을 위해 다른 주주의 주식양도를 제한하는 구조이므로, 추구하는 이익이 반사회적이지 않고 다른 주주(제한당하는 주주)의 동의에 근거한 주식양도 제한계약이라면 그 자체가 사회상규에 반하지 않는다고 본다. 하지만 회사법은 주식양도자유의 원칙을 선언하면서 주식양도의 제한은 회사법에서 규정한 경우와 정관에서 이사회승인을 얻도록 하는 방법으로만 제한하고 있는데, 그럼에도 불구하고 주식양도 제한약정은 유효한가?

2) **논 의** : 주식양도 제한약정의 효력은 신세기통신사사건(99다48429)에서 쟁점이 되었는데, 회사와 주주들 사이에서 혹은 주주들 사이에서 회사의 설립일로부터 5년 동안 주식의 전부 또는 일부를 다른 당사자 또는 제3자에게 매각·양

도할 수 없다는 내용의 약정을 하여 문제가 되었다. 동 주식양도 제한약정은 설립 후 5년간 일체 주식의 양도를 금지하는 내용이었는데, 판례는 이는 주주의 투하자 본회수의 가능성을 전면적으로 부정하는 것으로서 무효라는 이유로 정관으로 규정이나 회사와 주주들 사이, 주주들 사이에서 약정한 경우 무효로 보았다. 동 판결의 타당성에 관해 논란이 있었지만, 통설은 주식양도자유를 제한하기 위해서는 정관의 규정에 의한 이사회 승인의 방법에 의해야 하고 이는 강행법규이므로 이를 위반한 약정은 회사에 대해 효력을 주장할 수 없다고 본다. 다만 회사법 제335조 제1항 단서의 취지에 비추어 볼 때, 주주들 사이에서 주식의 양도를 일부 제한하는 내용의 약정을 한 경우, 그 약정은 주주의 투하자본회수의 가능성을 전면적으로 부정하는 것이 아니고, 공서양속에 반하지 않는다면 당사자 사이에서는 원칙적으로 유효하다고 본다(2007다14193). 그리고 A, B 주주 당사자간에 일정한 조건이 성취될 경우 A가 주식을 매도하면서 B의 주식도 함께 매도할 것을 청구할 수 있는 권리(**동반매도요구권**)가 약정된 사안에서, 판례는 동 약정의 유효성을 전제하고 당사자간의 협조의무에 관해 판단한 바 있다(2018다223054).

　　3) **검　토** : **주식양도자유**는 회사법상 중요한 원칙이다. 투하자본의 회수가능성은 투자결정의 가장 중요한 요소가 되고, 주식양도를 제한할 경우 주주는 투자금의 회수가 불가능하게 되어 주식회사의 투자유치기능에 문제가 생길 수 있기 때문에 주식양도자유는 강행법적으로 보호되어야 한다. 하지만 주식양도의 **제한필요성** 또한 실무에서 이질적인 주주 참여 배제 등 자주 발생하여, 회사법은 주식양도제한을 허용하되 이사회승인과 정관 규정이라는 방식으로만 제한방식을 엄격하게 한정하고 있다. 이러한 주식양도자유와 한정적 제한의 원칙은 강행법규로서, 이에 반하는 계약의 효력은 회사에 대해 효력을 가지지 못한다. 하지만 주식양도 제한약정은 주주간의 사법상 계약이므로 회사와의 관계에서 효력이 없을 뿐이지 계약이 무효인 것은 아니고 주주간에는 유효하므로(**대내·외적 효력구분설**), 주식양도 제한약정을 체결한 후 이를 이행하지 않으면 채무불이행에 따른 손해배상책임이 발생한다. 요컨대 주식양도 제한계약은 당사자간에는 원칙적으로 유효하지만 회사에 대해서는 그 효력을 주장할 수 없어 이에 반하여 주식을 취득하였다 하더라도 주식양수인은 적법하게 회사에 대해 주주권을 행사할 수 없다.

(3) 의결권구속계약

1) **의 의** : ① **개 념** - 의결권구속계약이란 주주간에 주주총회에서 특정 안건에 관한 결의에서 찬성·반대·기권 등의 일정한 방향으로 의결권을 행사할 것을 약정하는 계약을 의미한다. 예를 들어 회사를 설립·인수하는 경우 자본참여를 하는 주주들간에 표결을 통한 이사 선임을 지양하고 지분비율 또는 기타 기준에 따라 주주들이 원하는 이사의 숫자를 미리 약정하여 이에 따른 주주총회에서의 의결권 행사를 하도록 하는 합의가 이에 해당한다.

② **취 지** - 의결권구속계약에 의해 자본참여 하는 주주들은 다수결원칙에 의해 소수주주의 배제가 아니라 안정적인 경영 참여가 보장될 수 있어 긍정적인 측면이 있다. 이사 선임시 선임될 이사를 미리 약정하는 것이 소수주주의 의결권 행사를 제한하지 않고 오히려 실질적 이익의 안배가 실현될 수 있다. 주주간 약정의 효력 일반론에 따라 의결권구속계약도 사회상규나 주식회사의 본질에 반하는 계약이 아니므로 계약당사자를 구속하고 이를 위반한 경우 채무불이행에 따른 손해배상책임이 발생할 수 있다고 본다. 하지만 의결권구속계약을 위반하여 약정에 반하는 주주총회의 결의가 이뤄진 경우 계약 위반을 이유로 **주총결의에 하자**를 주장할 수 있는가?

2) **논 의** : 의결권구속계약의 효력에 관해 계약당사자간의 효력만 인정하고 회사에 대한 효력을 부인하는 **부정설**이 다수설이다. 부정설에 의하더라도 주주총회결의의 하자는 법령 또는 정관에 위반한 경우만 해당되므로 주주간 계약에 위반한 것은 주주총회결의의 하자가 될 수 없다고 본다. 의결권구속계약에 관해 법인격의 관점에서 구속력을 부인하는 견해가 있다. 주주간 즉 사인간의 계약이 별개의 법인격을 가지는 회사에 효력을 미친다는 것은 채권계약 일반의 효력에 맞지 않다고 본다. 이에 대해 합작기업 등 폐쇄회사에서의 의결권구속계약에 회사에 대한 효력을 부여하려는 **긍정설**이 주장된다. 긍정설에 따르면 의결권구속계약이 정관에 기재되면 이를 위반한 의결권 행사는 정관위반의 주총결의가 되므로 의결권구속계약이 회사에 대해 효력을 가질 수 있고, 정관에 실제 기재가 되지 않았다고 하더라도 합작계약은 주주 전원이 당사자가 되므로 주주 전원이 당사자가 된 계약은 정관 규정과 동일한 효력이 있으므로 이 역시 정관위반과 동일하게 회사에 대해 구속력을 가진다고 본다. 긍정설 중 특히 **주주 전원이 당사자**가 되어 체결한 의결권구속계약의 회사에 대한 구속력을 긍정하는 **제한적 긍정설**은 의결권

구속계약에 위반해서 의결권을 행사하면 결의의 하자를 구성하고 계약에 위반한 주주제안은 의장이 이를 상정하지 않을 수 있고 법원에 위반 주주의 의결권 행사를 대신하는 판결도 청구할 수 있다고 본다.

3) 검 토 : ① **주주전원계약** – 의결권구속계약의 회사에 대한 효력을 긍정하는 견해가 논거로 내세우는 합작계약의 실효성 확보는 회사 규범을 수정하는 해석론의 논거로서는 부족하다고 본다. 주식회사의 형태를 선택한 이상은 주식회사법제 내에서의 실효성만이 허용되기 때문이다. 제한적 긍정설은 주주 전원이 합의한 경우 정관에 기재된 것과 동일하게 해석하는데, 주주 전원이 합의하였다고 하더라도 이는 정관변경절차를 거치치 않는 이상 주식회사에서는 정관 규정과 동일하게 볼 수 없다. 왜냐하면 주주간계약은 설사 주주 전원이 합의하였다 하더라도 공시가 되지 않기 때문에 회사의 규범이 될 수 없지만 정관은 엄격한 작성·변경절차를 거쳐 확정되어 공시되는 회사의 내부규범이기 때문이다. 주식회사의 정관을 주주간의 계약으로 보는 입장에 서면 주주 전원이 동의한 경우 정관과 동일한 효력을 가진다고 볼 수 있고 독일 주식법은 정관을 주주간의 계약으로 보고 있지만, 우리 회사법은 정관은 계약이 아닌 회사의 조직·활동에 관한 내부규범으로 보는 것이 통설이어서 동일시 할 수 없다.

② **의결권구속 정관규정** – 정관에 기재된 의결권구속규정은 유효한가? 이는 정관의 임의기재사항으로 볼 수 있지만 정관은 회사법과 회사법 원칙이 허용하는 범위 내에서 효력을 가진다. 의결권구속을 내용으로 하는 정관은 주주총회의 결의를 미리 예정하고 있어, 1주1의결권원칙, 의결권 대리행사의 요건 등 회사법규와 상충한다. 따라서 의결권구속계약은 정관에 반영되었다 하더라도 많은 경우 정관자치의 범위를 벗어난 계약으로서 무효라 본다. 회사의 본질을 계약결합체로 보는 견해에 따를 경우 의결권구속계약의 효력을 인정하지만, 앞서 회사의 본질에서 자세히 살펴본 바(1편1장3절2)와 같이 회사의 실체성을 인정하고 있는 우리 회사법제에서 받아들일 수 있는 논의는 아니다.

③ **사 견** – 의결권구속계약은 의결권의 신탁계약, 자격양도계약 등과 유사하게 주주의 지위로부터 의결권만을 거래하는 것이어서 다음의 이유에서 회사에 대해 효력이 없다고 보아야 한다. 첫째, 주주간의 계약이므로 계약당사자가 아닌 회사를 구속할 수 없다는 점, 둘째, 주주의 의결권은 회사법이라는 조직(단체)법상의 권한이어서 행사만 할 수 있을 뿐 처분에는 적합하지 않은 권리라는 점, 셋째,

주총결의하자소송은 단체법적 이유(소집·결의방식 등)만 허용되지 의결권 행사에 관한 개인법적 권리는 고려하지 않는다는 점. 넷째, 주주의 의사는 정관과 주주총회의 결의를 통해서만 회사법관계에 반영될 수 있지 계약 등 기타 방식은 허용되지 않는다는 점, 다섯째, 의결권행사의 공정성을 위해 회사의 이익공여를 금지하고 있어(상467의2) 동일한 취지에서 의결권의 유상매수도 금지된다고 볼 수 있으며, 의결권구속계약에 대가가 제공되면 의결권의 매수가 되고 이는 의결권의 공익적 성질에 반하게 되어 회사의 정상적인 운영을 방해할 위험이 있게 되므로, 이는 금전적 대가가 결부됨으로써 거래가 반사회질서적인 것이 된다(99다56833). 따라서 당사자간에 제한적 효력을 가지는 의결권구속계약을 위반 즉 의결권계약에 반하는 의결권행사가 있더라도 이는 당사자간의 채무불이행 문제가 될 뿐, 주주총회결의의 하자를 구성하지 않고 이를 이유로 주주제안을 거부할 수 없으며 이는 법원의 강제집행의 대상이 되지 않는다.

(4) 업무집행계약

1) **의 의** : ① 개 념 – 업무집행계약이라 함은 이사회의 권한행사에 관해 주주간에 한 약정으로서 주주간 계약의 일종이다. 주주들간에 이사회결의 전에 일정한 자를 대표이사로 내정하거나 일정한 투자자에게 이익에 관한 일정 배당률을 의무화하는 약정을 체결하는 경우가 이에 해당한다. 이러한 업무집행계약 자체가 사회상규에 반할 정도의 문제가 있는 것은 아니므로 업무집행계약 역시 계약당사자간에는 효력이 있고 이를 위반한 경우 채무불이행의 책임이 발생할 수 있다고 본다. 하지만 업무집행계약이 주주간의 관계를 넘어 회사법상 효력을 인정할 것인지는 다른 주주간계약과 동일하게 문제된다.

② 취 지 – 주식회사의 주요 주주는 경영에 많은 관심과 이해관계를 가지고 있고 이는 자신들의 지분에 비례하여 선임된 이사들에 의해서 대표될 수 있지만, 이사회결의에서 표결을 지양하고 주주들간에 사전 약정에 의해 이사회의 결의사항에 관해 합의함으로써 경영권의 안정적 분배가 가능하게 된다. 이는 경영권 쟁탈에 의한 회사의 정돈상태가 발생하는 것을 막을 수 있고, 회사의 설립·인수시 업무집행계약을 통해 권한분배를 실현함으로써 더 많은 자본을 조달할 수 있게 하는 장점이 있다. 이러한 취지를 존중하여 체결된 업무집행계약에 위반하여 이사회결의가 이뤄진 경우 주주는 업무집행계약 위반을 근거로 이사회결의무효확인의 소를 제기할 수 있는가? 그리고 이사가 주주간의 업무집행계약에 따랐다면 회

사에 손해가 발생하였다 하더라도 손해배상책임을 면하는가?

2) 논 의 : 주주간계약으로서 업무집행계약의 효력에 관해서는 견해가 대립하고 있다. 먼저 **부정설**은 이사의 권한과 책임의 독자성은 주식회사의 소유와 경영의 분리라는 대원칙에서 귀결되는 회사의 운영원리로 보고, 단체적 획일성과 책임소재의 명확성이 이해관계인의 편익보다 중요한 법익이라고 보아, 업무집행합의에는 회사법적인 효력을 인정할 수 없음은 물론, 기관을 주주의 개인적 이익실현의 도구로 삼고 있어 강행법규와 공서양속에 반하므로 채권적인 구속력도 부인하고 주주간 합의를 따른 이사의 행위에 대한 책임에 영향을 미치지 않는다고 본다[101]. 이에 대해 **긍정설**은 자본다수결에 입각한 주식회사 지배구조는 특히 소수지분을 갖는 동업자 이익을 보호하는데 한계가 있다고 보고 주주간계약은 바로 제정법의 그런 한계를 보완하기 위한 실무상의 자구책으로 이해한다. 그러면서 회사법을 일종의 디폴트룰로 이해하면서 이는 계약에 의한 수정이 가능하고 업무집행계약은 이사회의 의사결정에 관한 수정으로 이해하고 있다. 특히 업무집행계약에 따른 이사의 의무 위반과 관련해서 주주가 자기 쪽 이사에게 지시를 하거나 이사가 그 지시를 수용하는 것을 바로 위법으로 볼 것은 아니며, 이사 재량의 제한도 반드시 그 자체로 신인의무에 반한다고 볼 것은 아니라며 소극적인 논거만 제시하고 있다.

3) 검 토 : ① **채권적 효력** – 부정설은 업무집행계약의 당사자간의 효력도 부정하고 있지만, 주식회사의 지배구조에 반하는 계약이라 하더라도 이는 회사법의 원리에 반하는 것이지 공서양속에 반하는 계약이라 할 수 없다. 그리고 이사가 업무집행계약에 따를 의무가 없어 계약 자체가 주식회사에 피해를 발생시키지도 않으므로 업무집행계약도 다른 주주간계약과 마찬가지로 당사자간의 효력은 긍정된다고 본다.

② **회사에 대한 효력** – 긍정설은 소수지분을 갖는 동업자의 이익보호를 그 정책적 이유로 들고 있으며 그 취지는 공감할 수 있지만, 회사법체계를 임의규정 체계(계약관계)로 이해하는 근본적 오류에 기초하고 있다. 주식회사는 유한책임·주

---

101) 주주간계약에 관한 논의는 아직 활성화되지 않아 학설은, 이철송, "주주간계약의 회사법적 효력론의 동향", 「선진상사법률연구」, 제86호(2019. 4), 법무부, 25~26면을 참조하여 재인용, 재구성하였다.

권발행 등의 법적 이익에 대해 회사의 신뢰보호를 위해 엄격한 법적 규율(강행규범)로써 균형을 잡고 있으며, (소수)주주, 회사채권자, 잠재적 투자자에 대한 회사의 신뢰보호는 주식·지배·자본구조의 원칙적 강행법규성에 의해 보장된다. 그리고 업무집행계약에 따라 업무를 집행한 이사의 책임에 관해, 이사의 주주의 지시 수용, 재량제한 등은 위법성 또는 책임을 조각하는 사유가 될 수 없고 '이사의 업무집행의 위법성'이 인정될 경우에 이사는 손해배상책임을 부담한다.

③ **자율적 이익분배** – 업무집행계약이라는 개념이 형성되게 된 배경은 소수지분을 갖는 동업자의 이익보호, 권한분배 등 자율적 이익분배로 볼 수 있다. 그런데 소수지분의 보호는 자율성이 강한 다른 회사형태(인적회사, 유한책임회사 등)를 선택하여야 해소할 수 있고 유한책임·주권발행 등이 가능한 주식회사를 선택한 경우 엄격한 자본·지배구조를 준수하여야 하므로 자율성은 유보될 수밖에 없다. 그리고 주식회사는 지분다수결원칙 하에서 소수주주의 이익은 보호되고 있어서 주주(식)평등의 원칙, 주총특별결의사항, 주식매수청구권, 종류주주총회, 소수주주권, 감사선임에서 3%룰, 회사업무집행에 관한 개입권한(소권, 유지청구권, 장부열람권 등)에 의한 제한적 보호가 예정되어 있다. 이사회중심주의적 회사법 지배구조에서 업무집행계약은 책임으로부터 자유로운 주주에 의해, 엄격한 책임을 부담하는 이사의 자율적 경영판단이 침해될 우려가 있다.

④ **사 견** – 주식회사의 이사회는 회사의 수임자로 구성된 업무집행의 의사결정기관으로서 주주의 이익이 아닌 주식회사의 이익보호를 목적으로 하고, 회사이익과 주주이익은 구분되어야 한다. 회사의 본질에 관한 소위 계약설은 법인의 실재성을 인정하고 있는 우리 회사법상 받아들이기 어려운 이론인데, 업무집행계약은 회사를 계약결합체로 이해하여 회사의 본질에 관한 이해 부족에서 출발했다고 볼 수 있다. 그리고 회사법 체계는 이사회를 중심으로 하는 지배구조인데 업무집행계약은 이사회를 형해화시켜 주주들간의 공시되지 않은 사적 계약으로서, 영리성뿐만 아니라 사회성도 가지는 주식회사의 지배구조, 강행규범인 회사법제와 상충한다. 그리고 이사는 회사의 수임인으로서 회사에 대해 선관·충실의무를 부담하며 자신을 선임한 주주에 대해서는 직접적으로 아무런 의무를 부담하지 않으므로, 이사는 업무집행계약에 따를 의무도 없고 이를 따랐다 하더라도 면책되지 않는다. 요컨대 회사의 수임인인 이사들의 업무집행에 간섭하는 주주들간의 업무집행계약은 다른 주주간계약과 동일하게 회사법에 반하는 계약으로서 당사자간에 효력은 인정되지만 회사에 대해서는 효력이 없다고 본다.

제 3 절 주 권

주주는 주식을 소유한 자로서 그 소유관계는 주권과 주주명부에 의해 공시되므로 주주에 관해 주권·주주명부는 **공시수단**이 된다. 주주는 주권의 점유를 통해 주식의 소유자임을 공시하게 되는데, **주권**은 단순한 공시수단을 넘어 **주식양도의 수단**으로 기능을 한다. 주주는 주권을 교부함으로써 양수인에게 주식을 이전하게 되므로 회사가 주권을 발행하지 않으면 주식양도가 어려워져 주권의 발행 여부에 관해 주주는 중요한 이해관계를 가지게 된다. **주주명부**도 주식과 주주를 공시하는 수단이지만, 동시에 회사로서는 주주의 권리행사를 통제하는 수단이 된다. 주주명부상의 주주에게 원칙적으로 회사에 대한 권리행사의 기회를 제공하도록 함으로써 회사로서는 회사의 단체법관계를 보다 효율적으로 관리할 수 있게 된다. 그리고 주권을 점유하는 자는 주주로 추정되고 주주명부에 주주로 기재된 자도 주주로 추정되므로, 주권과 주주명부는 주주를 추정하는 **추정력**을 가진다는 점에서 유사하다.

1. 주권의 의의

(1) 개 념

1) **주식의 표창** : 주권이란 주식(주주의 지위, 주주권)을 표창한 유가증권을 의미하며, 회사는 성립 후 또는 신주의 납입기일 후 지체 없이 주권을 발행하여야 한다(상355.1). 주식을 양도하기 위해서는 주권의 교부가 요구될 뿐만 아니라(상356.1), 퇴사제도가 없는 주식회사에서 주권은 주주가 투자한 자금을 회수하기 위해 주식양도가 투자자금을 회수하기 위한 유일한 방법이므로 회사는 주권의 발행 의무를 부담한다(상355.1). 주주는 회사설립등기, 회사납입기일 경과 후에 주권을 발행하지 않는 회사에 대해 주권발행을 요청할 수 있는 권리(주권발행·교부청구권)를 가진다. 다만 회사가 주권을 발행하지 않을 경우 주주는 후술하는 바와 같이 지명채권 양도방식에 의해 주식을 양도할 수도 있다.

2) **효 력** : 주주의 지위(주식)는 설립등기(상355.1), 주금납입기일 익일에 발

생하는데(상423.1), **주식의 효력**이 발생하기 전에 주권발행은 금지되어 있다. 즉 회사설립이나 주금납입기일 전에는 주권의 발행이 금지되는데(상355.2), 이는 회사 설립 전이나 증자시 주금납입절차가 완료되기 전에는 주식이 효력을 가지기 전이고 주권 발행시 회사의 설립·증자절차에 혼란의 우려가 있기 때문이다. 주권발행 금지규정에 위반하여 회사설립등기·회사납입기일만료 전에 발행된 주권은 상법 제355조 2항에 반하여 원칙적으로 무효이며, 이는 회사법의 강행법규성, 주권의 유인증권성에 따른 효과로 볼 수 있다. 주식의 효력발생 전에 발행된 주권을 회사가 **추인**할 수 있는가? 생각건대 증권에 기재되지 않는 추인의 의사표시에 주권의 효력을 의존시키는 것은 단체법 관계의 법적 안정성에 반하므로 무효한 주권의 추인은 허용되지 않는다고 본다.

(2) 주권의 특성

1) **유가증권성** : 주권은 유가증권이기는 하나 어음·수표 등의 유가증권과 비교할 때 유가증권성이 일부 제한된 **불완전유가증권**이다. 이를 구체적으로 보면, ⅰ) 주식의 인수·납입완료(설립등기)되면 권리(주식)가 먼저 성립하고 주권은 이미 성립한 권리(주식)를 표창하며(**비설권증권**), ⅱ) 주식의 인수행위 등 주식발행의 원인행위에 하자가 있을 경우 주식이 무효하게 되면 주권도 효력을 상실하게 되며(**요인증권**), ⅲ) 주권의 내용은 주권에 기재가 아니라 주식인수계약에 따른 주식의 내용에 따르고(**비문언증권**), ⅳ) 주권의 법정된 기재사항(상356) 중 중요하지 않은 일부 기재사항(예, 주식발행연월일 등)이 일부 기재되어 있지 않더라도 주권은 유효하고(**완화된 요식증권성**, 94다24039), ⅴ) 주주권을 행사할 경우 주권과 상환하여야 하는 것은 아니지만(**비상환증권성**), ⅵ) 주권을 제시하여야만 주주권을 행사할 수 있고(**제시증권성**), ⅶ) 배서 없이 교부만에 의해 양도되는 성질(**지시증권성**)을 가지고 있다.

2) **대체성** : 주권은 상호 대체성을 가지는가? 즉 주권을 반환할 의무를 부담할 경우 수령하였던 주권이 아닌 다른 주권을 반환하여도 의무를 이행한 것이 되는가? 이에 관해 판례는 주식매매계약 이후 액면 500원의 주식 10주가 액면 5,000원의 주식 1주로 병합되고 1,000주권, 10,000주권 등으로 교환된 사례에서, 교환된 주권은 매도인들과 매수인 사이에 매매된 주식을 여전히 표창하면서 그와 동일성을 유지하고 있는 것이고, 그 주권은 그것이 표창하는 주식의 수를 중

요한 요소로 할 뿐 주권 상호 간의 개성이 문제되지 아니하는 대체물이므로, 매매계약이 취소되었다면 매수인은 매도인들에게 그 교환 소지하고 있는 주권 중당초 매수한 각 주식수에 상응하는 매수를 반환할 의무가 있다고 보아(93다49482) 주권의 대체성을 긍정하고 있다. 생각건대 주권에는 주권번호가 기재되어 특정성을 가질 수도 있지만, 주권은 회사에 대한 사원권을 내용으로 균일한단위의 주식을 표창하는 무기명식 증권의 성질을 가지므로 다른 유가증권과 달리 대체성을 가진다고 본다.

2. 주권의 발행

(1) 개 념

1) **기재사항** : 주권의 발행이란 형식적 요건을 충족한 주권을 작성하여 주주에게 이를 교부하는 것을 의미한다. 주권은 유가증권이므로 제한적이지만 요식증권성을 가진다. 주권에는 ⅰ) 회사의 상호, ⅱ) 회사의 성립연월일, ⅲ) 회사예정주식총수, ⅳ) 액면주식의 액면금액, ⅴ) 회사 성립 후 신주 발행시 그 발행연월일, ⅵ) 종류주식이 있는 경우 그 주식의 종류와 내용, ⅶ) 주식 양도의 이사회 승인규정을 둔 경우 그 승인규정, 주권번호(상352.1.2의2) 등이 기재된다. 주권의 기재사항을 기재하고 대표이사가 기명날인·서명(상356)함으로써 주권은 완성된다. 주권 발행의 형식적 요건이라 할 수 있는 주권의 기재사항을 흠결한 경우 원칙적으로 주권은 효력을 가지지 않는다.

2) **기재사항 흠결** : 주권은 요식증권성을 가지지만 다른 유가증권에 비해 완화되어 있다고 보아, 주권 기재사항 중 중요하지 않은 사항의 일부가 기재되지 않더라도 주권을 유효하다고 본다. 판례도 기명주권의 경우에 주주의 이름이 기재되어 있지 않다거나 주식의 발행연월일의 기재가 누락되어 있다고 하더라도 이는주식의 본질에 관한 사항이 아니므로 주권의 무효 사유가 아니라고 보았다(94다24039). 다만 판례에서 언급하고 있는 **주식의 본질에 관한 사항**이 무엇인지 논란의여지가 있지만, 주권은 지시증권성을 가지는 유가증권으로서 주권의 동일성·유통성·효력 등과 관련되는 사항이 이에 해당한다고 본다. 이렇게 볼 때 회사의 상호,액면가, 종류주식의 종류·내용, 주권번호, 대표이사의 기명날인(서명) 등은 '주식의 본질'에 관한 사항이라고 본다. 회사는 주권을 발행하는 대신 정관으로 정하는

바에 따라 전자등록기관의 전자등록부에 주식을 등록(상356의2.1, 등록발행)함으로써 주권발행을 대신할 수 있다.

(2) 주권의 효력발생시기

1) **의 의** : 회사는 성립 후 또는 신주납입기일 후 주권을 발행하여야 하는데(상355), 주권은 대표이사가 법정기재사항을 기재한 후 기명날인·서명함으로써 발행된다(상356). 주권은 발행시기와 법정요건(기재사항)을 준수하여 작성되면 효력을 발생하는가? 가령 회사 설립등기 후에 주권의 형식적 요건을 모두 구비한 상태에서 주식을 특정 주주(주주명부에 기재된 주권번호에 해당하는 주권의 해당 주주, 상352.1.2의2호)에게 교부하기 전에 주권이 상실되어 유통되었다면 이를 선의로 취득한 자는 선의취득을 할 수 있는가? 이는 주권이 형식적 요건을 구비하면(**작성시**) 즉시 효력을 발생하는지 아니면 해당 주주에게 주권이 교부된 시점(**교부시**)에 주권이 비로소 효력을 발생하는지 하는 주권의 효력발생시점에 관한 논의이다. 주권의 효력이 작성시에 발생한다고 보면 주권의 선의의 취득자를 보호할 수 있게 되어 거래안전에 유리하지만, 진정한 주주에게 교부되지 않은 주권이 유통될 수 있어 진정한 주주보호에는 불리하다.

2) **논 의** : 주권은 언제부터 효력이 발생하는가?(쟁점23[102]) 주권의 효력발생시기에 관해, 회사가 주권을 작성(법정요건의 충족)함과 동시에 주권의 효력이 발생한다는 **작성시설**, 회사가 주권을 작성한 후 이를 타인에게 교부한 시점에 주권의 효력이 발생한다는 **발행시설**(65다968), 회사가 주권을 작성한 후 당해 주권의 주주에게 교부된 시점에 주권의 효력이 발생한다고 보는 **교부시설**(통설) 등이 주장된다. **판례**를 보면, 비주주에 대한 주권발행도 유효하다고 본 초기 판례(65다

---

102) **주권의 효력발생시기(쟁점23)**에 관해 **작성시설**은 주권은 어음과 같이 유가증권에 속하고 그 거래의 안전을 중시하여야 하므로 작성시설이 취하여야 한다고 보며, 주권 작성 이후 주주에게 교부 전에 분실된 경우 주주는 그 손해에 관해 회사에 손해배상청구할 수 있다고 본다(임홍근220), **발행시설**은 회사가 주권을 작성하여 의사에 기해 교부하면 설사 주주에게 교부되지 않아도 주권은 효력이 발생된다는 견해(현재, 주장하는 견해 없는 듯)로서 이를 따른 판례가 있다(대법원 1965. 8. 24. 선고 65다968 판결). **교부시설**은 주권이 주주에게 교부되기 전에는 주권으로서의 모습을 갖추더라도 무용한 종이장에 불과하므로 선의취득이 성립할 수 없으며, 주주는 주권의 발행·교부청구권을 가지며 주주의 채권자는 동 권리를 압류할 수 있다고 본다(이철송333, 김정호188, 정찬형749, 손주찬634, 정동윤467, 최완진92, 홍복기242).

968)도 있었으나, 이후 판례는 '주권발행은 소정의 형식(상356)을 구비한 문서를 작성하여 이를 주주에게 교부하는 것을 말하고 위 문서가 주주에게 교부된 때에 비로소 주권으로서의 효력을 발생하는 것이므로, 회사가 주주권을 표창하는 문서를 작성하여 이를 주주가 아닌 제3자에게 교부하여 주었다 할지라도 위 문서는 아직 회사의 주권으로서의 효력을 가지지 못한다'고 하여(99다67529) 교부시설을 따르고 있다. 이 점은 주권과 같은 유가증권인 어음, 수표의 발행에서 그 효력발생시기에 관해 작성시설을 따르는 것(88다카24776)[103]과 비교된다.

3) 검 토 : 주권의 효력발생시점은 거래의 안전(동적 안전)과 주주의 이익(정적 안전)의 상충된 이해관계와 관련된다. 작성 후 교부전에 유통된 주권이 **선의취득, 압류·제권판결**의 대상이 되는지, 교부받지 못한 주주가 회사에 대해 **주권교부청구권**을 행사할 수 있는지와 관련된다. 작성시설에 의하면 주권의 선의취득·압류·제권판결 모두 가능하고 주주의 주권교부청구권은 부인되는데 반해, 교부시설은 주권의 선의취득·압류·제권판결은 불가능하고 주주의 주권교부청구권은 인정된다. 발행시설은 주권이 절취되지 않고 제3자에게 교부되면 작성시설과 동일한 효과가 인정된다. 생각건대 주권은 어음·수표와 달리 유인증권성·비설권성을 가진 불완전 유가증권으로서 그 원인관계에 의존하므로 진정한 당사자의 권리가 더 존중된다고 본다(**교부시설**). 그리고 무교부 주권의 선의취득·압류·제권판결이 부인될 경우 거래안전이 침해되지만, 통상 폐쇄회사의 주식거래는 신뢰관계자들간에 이뤄져 위험이 낮으며, 신뢰관계가 없는 자간의 거래일 경우 취득(담보권)자는 주권의 특성상 주권의 사고유무를 회사에 확인하고 취득할 필요가 있다. 요컨대 주권은 정당한 주주에게 교부된 시점에 효력이 발생하여 그 때부터 선의취득·압류·제권판결의 대상이 되고, 무권한 주주에게 주권이 발행·교부되었더라도 정당한 주주는 회사에 대해 주권의 교부를 청구할 수 있다.

(3) 주식 실효와 주권 소각

1) 주식의 실효 : ① 개 념 – 회사가 상환주식을 상환하거나 전환주식을 전환하는 경우 상환주식, 전환주식은 상환(청구)권, 전환(청구)권의 행사에 의해 실효된다. 이와 같이 **상환·전환(청구)권**을 가진 자(회사, 주주)가 그 권한을 행사한 효

---

103) 동 판결은 약속어음의 작성자가 어음요건을 갖추어 유통시킬 의사로 그 어음에 자기의 이름을 서명날인하여 상대방에게 교부하는 단독행위를 발행이라 보았다.

과로서 주식이 효력을 상실하는 것을 주식의 실효라 한다. 주식의 실효와 구별되는 개념으로 앞서 살펴 본 **주식의 소각**이 있다. 주식의 소각(상343)은 주식의 효력 상실을 목적으로 하는 회사행위이다. 주식의 실효는 일정한 권한을 행사함으로써 결과적으로 주식이 효력을 상실하게 되며, 주주도 실효의 원인을 제공할 수 있어 회사의 행위로 볼 수 없는데 반해, 주식의 소각은 주식의 효력상실을 목적으로 한 회사의 행위라는 점에서 서로 구별된다. 하지만 양자 모두 주식의 효력이 소멸되어 주식의 내용이라 할 수 있는 주주권은 모두 소멸된다.

② 실효 시점 – 상환주식은 주금액의 상환과 대가관계에 있어 상환주식의 실효시점이 문제된다. 상환청구권부주식의 경우 상환주주가 상환청구권을 행사하면 상환청구권의 형성권적 성질에 따라 상환대금을 받지 않더라도 상환주식은 실효하고 회사에 대해 상환대금청구권을 가지게 되는가? 상환주주의 보호를 위해서 상환주식의 실효와 상환대금청구권은 동시이행관계에 있다고 보아야 하고, 만일 회사가 상환대금을 지급하기 전이라면 상환주주가 상환청구권을 행사하였다 하더라도 상환주식에 대한 권리를 그대로 가져 회사는 주총 소집시 상환주주에게도 소집통지를 하여야 한다. 판례도 주주가 상환권을 행사하면 주주는 상환금을 지급받음과 동시에 회사에게 주식을 이전할 의무를 부담하므로, 정관이나 상환주식 인수계약 등에서 특별히 정한 바가 없으면 주주가 회사로부터 상환금을 지급받을 때까지는 상환권을 행사한 이후에도 여전히 주주의 지위에 있다고 보았다(2017다251564)

2) **주권의 소각** : ① 개 념 – 주식의 효력상실을 목적으로 하는 회사행위인 **주식의 소각**(상343)과 달리, 주권의 소각은 **실효 주식**을 표창하는 주권(**실효주권**)을 폐기하거나 주권 자체를 불발행 상태에 두기 위해 주권을 폐기하는 회사의 사실행위를 의미한다. 주권의 소각은 **주식의 소각**과 달리 주식 효력에 영향을 미치지 않고 주권만 폐기한다는 점에서 구별된다. 그리고 후술하는 제권판결에 의한 **주권의 실효**는 주식의 효력에 영향을 미치지 않지만 법원이 주권의 효력을 소멸시키는 행위인데 반해, 주권의 소각은 이미 실효된 주식을 회사가 폐기하는 것에 지나지 않는다는 점에서 구별된다. **주권불소지제도**(상358의2)에 따라 제출된 주권은 실효된 주권은 아니지만 회사가 주권을 불발행상태에 두기 위한 특별 제도로 보아야 하고, 이 역시 주식의 소각(상343)에는 해당하지 않고 주식에 영향을 주지 않는 주권의 소각으로 보아야 한다.

② **주식소각 절차와 구별** – 상환주식, 전환주식의 상환·전환권 행사로 이미 주식은 실효되었으므로 **상환·전환주권의 소각을** 위한 회사에의 제출은 주식소각 시 주권의 제출과는 의미를 달리한다. 왜냐하면 주식의 소각에 요구되는 주권의 제출은 아직 권리가 살아있는 주식을 표창하는 주권의 제출이므로 주권제출은 매우 중요한 의미를 가지고 주권제출기간에 따라 주식 소멸의 효력이 발생하게 되지만(상441), 제출되는 상환·전환주권은 이미 효력을 상실한 주권이어서 주권의 소각에 의해 권리가 발생되거나 소멸되지 않는다고 본다. 물론 자기주식 또는 감자목적 주식소각의 경우에도 주권의 폐기 즉 주권의 소각절차는 뒤따르게 되지만, 주권의 소각방법에 관해서는 회사법에 규정이 없다. 주권에 무효인을 날인하든지 물리적 폐기 등 주식이 정상적으로 유통될 수 없도록 하면 족하고 주주명부상에 동 주식에 대한 주식·주주에 관한 기재를 삭제하는 등의 방법에 의하게 된다.

3. 주권의 상실

(1) 의 의

1) **개 념** : 주권이 우연한 사고로 물리적으로 훼손되거나 주권의 점유를 잃어 주주권을 행사할 수 없는 상태를 주권의 상실이라 한다. 주권의 상실은 주식이 실효되지 않은 상태에서 발생하는 사건이므로, 회사가 실효된 주식을 표창하는 주권을 의도적으로 훼멸시키는 **주권의 소각**과 구별된다. 주권의 상실에는 주권 기재사항이 삭제되거나 주권이 소훼되는 등 주권의 물리적 훼손과 같은 **절대적 상실**과 분실, 도난 등 주권의 점유상실과 같은 **상대적 상실**이 포함된다. 주식을 표창하는 주권은 제시증권인데, 주권을 상실하면 주주는 주식에 대한 권리(주주의 지위)도 잃는가?

2) **주권상실의 효과** : 주주가 주권을 상실하였다고 주주권을 동시에 상실한 것은 아니다. 주권을 상실한 주주도 자기가 주주임을 증명하여 주주권을 행사할 수 있으며, 특히 주권을 상실한 주주가 명의개서된 주주라면 주권 없이도 권리를 행사할 수 있어 권리행사를 위한 주권재발행은 필요하지 않다. 하지만 상실된 주권은 제3자에 의해 선의취득될 가능성이 있어 주권이 선의취득되지 않도록 주권에 대한 무효선언이 요구될 뿐만 아니라, 주식을 제3자에게 양도하려면 주권의 재발행이 요구된다. 분실한 주권을 제3자가 선의취득하게 되면 주권을 상실한 주주는

주권의 반환을 청구할 수 없고 선의취득한 주주가 회사에 대해 명의개서를 신청할 경우 주권상실 주주는 주주권을 행사할 수 없게 된다.

  3) **주권의 회복** : 제3자에 의해 주권이 선의취득 되는 것을 막기 위해, 상실된 주권을 무효하게 하고 다시 주주의 권리를 회복하는 절차를 필요하다. 하지만 이미 주권이 발행되어 유통되고 있으므로 상실된 주권의 유가증권성을 부인하여 주권 발행전 주식으로 환원시키는 절차가 요구된다. 상실 주권에 대한 권리회복을 위해 **공시최고절차**와 **제권판결절차**에 의해 주권을 무효화 하여야 하고(상360.1), 이 경우 주권을 상실한 자는 제권판결을 얻지 아니하면 회사에 대하여 **주권의 재발행**을 청구하지 못한다(상360.2). 민사소송법에는 주권을 포함하여 유가증권 일반에 대해 공시최고절차(민소475)와 제권판결절차를 규정하고 있다.

(2) 공시최고절차

  1) **개 념** : 공시최고라 함은 일정한 기간 내에 신고를 하지 않으면 실권한다는 취지로 그 권리의 신고를 최고하는 법원의 공고를 말한다. 이는 **광의의 공시최고**이며 이에 관해서는 민사소송법 제475조 이하에서 규정을 두고 있다. 유가증권의 공시최고는 도난·분실·멸실된 증권을 무효화하기 위하여 권리의 신고를 최고하는 것을 의미하는 **협의의 공시최고**이다. 이에 관해서는 민사소송법 제492조에서 제497조까지 별도의 규정을 두고 있다(민소492.1). 공시최고제도는 일정한 기간 내에 권리의 신고가 없으면 신청된 유가증권을 무효화 하는 제권판결을 위한 사전절차로서의 의미를 가진다.

  2) **절 차** : ① 신 청 – 도난·분실되거나 없어진 증권 등에 관해 공시최고를 신청할 수 있는데(민소492), 이는 신청이유와 제권판결(제권판결)을 청구하는 취지를 밝힌 신청서에 의한다(민소477.1,2). 신청인은 증서 등본의 제출 또는 필요사항을 제시하여야 하며, 증서가 도난·분실되거나 없어진 사실과, 그 밖에 공시최고절차를 신청할 수 있는 이유가 되는 사실 등을 소명하여야 한다(민소494). 주권의 최종소지인이 공시최고절차를 신청할 수 있으며(민소493). 공시최고신청에 대해서는 법원은 증권이나 증서에 표시된 이행지, 즉 지급지의 지방법원이 관할하며 이는 전속관할이다(민소476.2,3).
  ② 결 정 – 공시최고의 허가 여부에 대한 재판은 결정으로 한다. 허가하지 아

니하는 결정에 대하여는 **즉시항고**를 할 수 있다(민소478.1). 공시최고를 허가한 경우 대법원규칙이 정하는 바에 따라 **공고**하여야 하며(민소480), 공시최고의 기간은 공고가 끝난 날부터 3월 뒤로 정하여야 한다(민소481). **공시최고**에는 공시최고기일까지 권리 또는 청구의 신고를 하고 그 증서를 제출하도록 최고하고, 이를 게을리 하면 권리를 잃게 되어 증서의 무효가 선고된다는 것을 경고하여야 한다(민소495).

3) **공시최고의 효과** : 제권판결이 선고되기 전까지 주권은 정상적으로 주식을 표창하므로 공시최고기간 중이라도 주권은 선의취득 될 수 있을 뿐만 아니라 주권의 선의취득자는 주주의 권리를 행사할 수 있고 주권에 의해 주식을 양도할 수 있다. 공시최고는 최고의 효력만 있을 뿐 권리를 확정하는 효력이 없으므로, 공시최고기간 중에 증권을 선의취득한 자는 주주명부에 명의개서를 신청할 수 있고 회사는 주권을 확인하고 명의개서를 한 뒤 명의개서한 선의취득자에게 권리행사의 기회를 주면 회사는 면책된다. 회사가 해당 주권이 공시최고 되었다는 사실을 알았다 하더라도 주권의 소지자가 불법적으로 주권을 취득하여 무권리자라는 것을 인식하지 않은 이상 주권소지자의 명의로 주주명부를 명의개서하고 적법하게 권리행사의 기회를 부여할 수 있다.

(3) 주권의 제권판결

1) **권리의 신고** : 공시최고기간 중은 물론이고 공시최고기간이 지난 뒤에도 제권판결에 앞서 권리 또는 청구의 신고가 있는 때에는 그 권리를 잃지 아니한다(민소482). 신청이유로 내세운 권리 또는 청구를 다투는 신고가 있는 때에는 법원은 그 권리에 대한 재판이 확정될 때까지 공시최고절차를 중지하거나, 신고한 권리를 유보하고 제권판결을 하여야 한다(민소485). 제권판결은 권리의 귀속 여부에 다툼이 있는 경우 이를 판단함을 목적으로 하지 않고 신고가 부존재할 경우에 주권의 무효를 선언하는 법인의 판결이므로, 권리의 신고가 있을 경우에는 실체법상 권리의 귀속에 관한 분쟁이 전제되어 있으므로 정상적인 제권판결을 할 수 없게 된다.

2) **제권판결의 효력** : 공시최고기간에 권리의 신고가 없을 경우 법원은 제권판결을 하게 되는데, 제권판결은 증권·증서(주권)의 무효를 선고하는 판결이다(민

소496), 주권에 제권판결이 내려진 때에는 신청인은 주권에 따른 의무부담자(회사)에게 주권에 따른 권리(주주권)를 주장할 수 있다(민소497). 이와 같이 제권판결은 소극적·적극적 효력을 가진다. 주권에 관한 제권판결의 **소극적 효력**이란 주권의 효력을 상실시키는 효력을 의미하고, **적극적 효력**이란 제권판결 신청인이 주권을 소지하지 않고도 주권상의 권리를 행사할 수 있게 하는 효력을 의미한다. 제권판결의 적극적·소극적 효력에 관해 판례는 증권이나 증서의 무효를 선고한 제권판결의 효력은 공시최고 신청인에게 그 증권 또는 증서를 소지하고 있는 것과 동일한 지위를 회복시키는 것에 그치고 공시최고 신청인이 실질적인 권리자임을 확정하는 것은 아니라 본다(2011다112247).

3) 주권의 재발행 : 주권을 상실한 자가 제권판결을 얻어 주권을 발행 받는 것을 주권의 재발행이라 한다(상360.2). 따라서 주권을 제출한 **주권불소지의 주주**(상358의2)가 회사에 주권을 신청하는 것은 이미 회사에 의해 주권이 소각되었으므로 이를 다시 발행받는 것이므로 **주권의 발행**이지 주권의 재발행과는 구별된다. 제권판결에 의하여 상실 주권이 무효가 되면 제권판결 취득자는 주주권의 행사·이전을 위해 주권의 재발행을 회사에 신청할 수 있다. **주권재발행 신청**은 제권판결의 취득을 요건으로 하므로(상360.2). 주주가 주권을 상실하였다는 사유만으로 주권 재발행의 신청은 허용되지 않는다. 판례도 주권을 분실한 것이 원고가 아니고 주권발행 회사라 하더라도 위 주권에 대한 제권판결이 없는 이상 동 회사에 대하여 주권의 재발행을 청구할 수 없다고 보았으며(81다141), 상법 제360조는 주권은 주식을 표창하는 유가증권이므로 기존의 주권을 무효로 하지 아니하고는 동일한 주식을 표창하는 다른 주권을 발행할 수 없다는 의미로서, 위 규정에 반하여 제권판결 없이 재발행된 주권을 무효로 보았다(2011도10302)

(4) 제권판결과 선의취득의 관계
1) 의 의 : 제권판결이 확정되면 그 이후부터는 주권은 효력을 상실하므로 더 이상의 선의취득은 있을 수 없다. 하지만 제권판결이 확정되기 전에는 상실된 주권이 제권판결 진행 중이라 하더라도 유효하게 유통될 수 있으므로 선의의 제3자에 의해 취득될 수 있다. 동일한 주식에 관해 주권을 상실하여 제권판결을 얻은 주주(**제권판결취득자**)와 상실된 주권을 선의로 취득한 주주(**선의취득자**)가 공존할 수 있는데, 이 경우 선의취득자와 제권판결취득자간에 누구의 권리가 우선하는

가?(**쟁점24**)[104] 제권판결제도의 취지를 고려하면 제권판결취득자가 우선하여야 하고 주권의 유통 즉 거래안전을 위해서는 선의취득자가 우선하여야 하게 되어 양 법익이 상충하게 된다.

2) 논 의 : 이에 관해 제권판결을 취득한 자가 선의취득자에 우선해서 권리를 행사할 수 있다는 **제권판결취득자우선설**, 권리신고를 하지 않더라도 선의취득자는 권리를 잃지 않는다고 하는 **선의취득자우선설**, 공시최고에 관해 선의인 선의취득자만 제권판결취득자에 우선한다고 보는 **절충설(제한적 선의취득자우선설)** 등이 주장된다. **판례**는 제권판결 이전에 주식을 선의취득한 자는 위 제권판결에 하자가 있다 하더라도 제권판결에 대한 불복의 소에 의하여 그 제권판결이 취소되지 않는 한 회사에 대하여 적법한 주주로서의 권한을 행사할 수 없다고 하여(90다6774), 선의취득자가 권리행사를 위해 제권판결 취소판결을 받아야 하는 것처럼 보았다. 하지만 그 후 판결은 증권이나 증서의 무효를 선고한 제권판결의 효력은 공시최고 신청인에게 그 증권 또는 증서를 소지하고 있는 것과 동일한 지위를 회복시키는 것에 그치고 공시최고 신청인이 실질적인 권리자임을 확정하는 것은 아니고 보아(2011다112247), 선의취득자가 **증권 또는 증서에 따른 권리를 행사**할 수는 없지만 실질적 권리증명 또는 제권판결 취소판결에 의한 권리행사는 허용되는 듯한 표현을 사용하고 있다.

3) 검 토 : ① 제권판결 효력의 범위 – 제권판결은 주권을 무효하게 하고(소극

---

104) **선의취득과 제권판결의 우선관계(쟁점24)**에 관해, **제권판결취득자우선설**은 제권판결제도의 취지를 존중하여 제권판결을 취득한 자가 선의취득자에 우선해서 권리를 행사할 수 있으며, 선의취득자는 권리신고를 하지 않는 한 제권판결에 의해 권리를 잃는다고 본다. 사실상 제권판결 이후에 취득한 자까지 선의취득자로 보호되는 경우가 있다는 점, 취득자의 악의·중과실 증명이 어렵다는 점, 제권판결제도의 취지를 존중할 필요가 있다는 점(이철송340), 주권의 선의취득자도 공시최고기간 중에 권리신고를 하지 않았다면 이러한 제권판결의 효력으로부터 예외가 될 수 없고, 선의취득자는 유효한 주권을 취득하여야 하는데 제권판결로 효력이 상실된 이상 보호근거가 없다는 점(김건식184) 등을 근거로 한다. **선의취득자우선설**은 제권판결절차는 소송절차가 아니고 비송사건절차이며, 공시최고제도의 한계, 제권판결제도의 악용가능성 등을 논거로 권리신고를 하지 않더라도 선의취득자는 권리를 잃지 않는다고 한다. 현재의 공시최고제도는 공시방법으로서 불충분할 뿐만 아니라 제권판결은 신청인의 실질적 권리를 확정하는 제도가 아니라는 점(정동윤471) 등을 근거로 한다. **절충설(제한적 선의취득자우선설)**은 공시최고에 관한 악의의 선의취득자는 배제하고 공시최고에 관해 선의인 선의취득자 또는 명의개서를 한 선의취득자만 제권판결취득자에 우선한다고 보는 견해이지만 현재 주장자는 없는 듯하다.

적 효력) 주주는 주권 없이도 권리행사를 할 수 있게 된다는 효력(적극적 효력)만 가질 뿐 누가 실질적 권리행사자인가 하는 실체판단의 효력을 가지고 있지는 않다. 제권판결취득자우선설은 선의취득자가 권리신고를 하지 않은 경우 권리를 상실한다고 주장하는데, 이는 제권판결의 효력에 포함되어 있지 않은 효과이고 제권판결에 의해 선의취득자가 점유하고 있는 주권으로써 권리행사가 불가하게 될 뿐이다. 그리고 선의취득자우선설을 취할 경우 취득자의 악의·중과실의 증명이 쉽지 않으므로 제권판결 이후에도 선의취득이 주장될 수 있음을 우려하지만, 제권판결 이후 취득시에는 취득자의 악의·중과실가 아니라 판결 확정으로 주권이 무효로 되어 선의취득이 불가능하기 때문이므로 부적절한 지적이라 본다.

② **선의취득의 특성** – 제권판결 이후 권리의 귀속에 다툼이 현실화된 경우, 하나의 주식에 두 개의 권리가 존재하는 것으로 주장된 경우, 사실 하나의 주식에 두 개의 권리가 존재하는 것처럼 보인다. 하지만 선의취득제도는 권리를 상실한 자의 권리를 배제하고 새롭게 선의취득자가 권리를 원시취득하게 하는 제도이다. 따라서 선의취득이 허용될 경우 하나의 권리객체에 관해 구권리자와 신권리자가 병존하는 듯한 외양이 생기지만, 선의취득의 효과는 구권리자의 권리배제를 본질로 하므로 하나의 권리객체에 하나의 권리 즉 선의취득자의 권리가 존재할 뿐이다.

③ **제권판결의 불소급효** – 제권판결의 효력은 소급효를 가지지 않고 제권판결이 확정되는 시점부터 주권의 효력을 소멸시키므로(소극적 효력), 선의취득자가 주권을 취득하는 시점에는 주권은 유효하였고 따라서 제권판결이 선의취득의 효력에는 아무런 영향을 미칠 수 없다. 따라서 선의취득이 효력을 발생하는 시점에 선의취득의 효과로서 구 주주의 권리는 이미 소멸하였고, 이후 주권을 상실한 주주가 설사 제권판결을 취득하더라도 제권판결에 실체적인 권리를 부활시키는 효력은 없으므로 선의취득에 의해 구주주의 주식(주주권)의 효력의 상실은 그대로 지속된다.

④ **사 견** – 제권판결은 주권의 실효라는 소극적 효력을 절대적으로 부여하지만, 주권에 의하지 않은 권리행사의 허용이라는 적극적 효력은 다른 진정한 권리자가 없다는 것을 당연한 전제로 한다. 따라서 상실된 주권이 선의취득된 경우 이미 주권상실자의 권리가 소멸된 상태이므로 제권판결을 취득하더라도 주주권이 회복되지 않는다. 제권판결취득자가 주주의 권리를 행사할 수 있는 것은 선의취득이 발생하지 않은 경우에 한한다고 보아야 하므로 선의취득이 성립한 경우라면 선의취득자가 주주권을 행사할 수 있다고 본다.

(5) 제권판결 불복의 소

1) **개 념** : 공시최고기간 중 권리신고가 없으면 제권판결이 선고되는데, 제권판결은 권리의 실질관계에 관한 심리를 통한 재판이 아니며, 제권판결에 대해 상소하지는 못한다. 하지만 일정한 사유가 있을 경우 권리자가 제권판결에 대해 불복하여 제기한 소송을 제권판결 불복의 소라 한다(민소490). 제권판결 불복사유를 보면, 공시최고의 형식적 요건 불비(민소490.2 1−3호), 제척·관할위반·재심사유 일부(4−5, 8호), 권리·청구신고시 판결(6호), 제권판결편취(7호) 등이다. 제권판결 불복의 소는 제권판결이 있다는 사실 또는 제권판결불복사유가 있다는 사실을 안 날로부터 1월내 그리고 제권판결 선고일로부터 3년내에 제소하여야 한다(민소491). **제권판결편취**라 함은 무권리자가 거짓 또는 부정한 방법으로 제권판결을 받은 경우를 의미한다.

2) **제권판결 취소판결** : ① 개 념 − 권리자는 제권판결취소의 소를 제기하여 원고의 청구에 이유가 있다고 판단될 경우 법원은 **제권판결 취소판결**을 하게 된다. 판례도 증권을 소지한 사실이 없음에도 불구하고 이를 소지하다가 도난당하거나 분실한 것으로 꾸며 공시최고를 신청하여 제권판결을 받았다면, 이는 민사소송법 제490조 제2항 제7호 소정의 '거짓 또는 부정한 방법으로 제권판결을 받은 때'에 해당한다고 보았다(2009다73868).

② 효 력 − 제권판결취소의 판결이 확정된 경우 그 효력은 소급하여 제권판결의 효력이 상실된다. 그런데 제권판결에 기해 **재발행된 주권**의 효력도 상실되는가? 이는 취소판결의 형성력(소급효)과 재발행된 주권이라는 유가증권의 유통보호라는 법익의 충돌이 발생하고 어느 법익을 우선시킬 것인가 하는 문제가 된다. 판례는 만일 제권판결에 대한 불복의 소가 제기되어 제권판결을 취소하는 판결이 확정되면 제권판결은 소급하여 효력을 잃고 정당한 권리자가 소지하고 있던 증권 또는 증서도 소급하여 그 효력을 회복하게 되고, 기존 주권을 무효로 하는 제권판결에 기하여 주권이 재발행되었다고 하더라도 제권판결에 대한 불복의 소가 제기되어 제권판결을 취소하는 판결이 선고·확정되면, 재발행된 주권은 소급하여 무효로 되고, 그 소지인이 그 후 이를 선의취득할 수 없다고 보았다(2011다112247).

4. 주권의 대체제도

주권은 회사에 대한 지위(주주권)로서 주식을 표창하는 수단으로서 주주가 주주권을 행사하거나 주식을 양도하고자 할 경우 주권의 제시·교부에 의해 가능하므로 주주에게 매우 편리한 수단이다. 만일 주권이 없으면 자신의 권리를 증명하여야 하며 채권양도방식으로 이전할 수밖에 없는데 주권을 통해 권리행사·이전이 간편하게 되었다. 하지만 주주명부에 명의개서된 주주의 경우 주권은 거추장스러운 수단이 될 수도 있으며, 주권이라는 권리표창수단 역시 유체물이어서 주권의 교부는 온라인주식거래를 어렵게 한다. 이러한 이유에는 주권의 점유 없이 권리 행사를 허용하는 **주권불소지제도**가 생겨났고, 더 나아가 발행된 주권을 집중예탁하고 장부상의 방법으로 주식을 이전하는 부동화(**증권예탁결제도**)단계를 거쳐, 현재는 주권의 발행 없이 전자등록방식으로 권리가 표시되는 무권화(**전자등록제도**)단계로 진화해 왔다.

(1) 주권불소지제도

1) **의 의** : ① 개 념 – 주식은 주권의 교부로 양도할 수 있으므로 주권은 권리양도·투자금 회수에 매우 유용한 수단이다. 그런데 주권을 통한 주식행사·양도의 편의성은 동시에 주주가 주권의 점유를 잃을 경우에는 타인에 의해 쉽게 선의취득 될 수 있는 위험도 증가시킨다. 주권상실의 위험에서 벗어날 수 있도록 주주의 신청에 의해 주권의 소지 없이 회사에 대한 권리행사를 가능하게 하는 제도가 주권불소지제도이다(상358의2). 주주권 행사의 편의성은 유지되지만 주식양도의 편의성을 포기함으로써 동시에 주식상실의 위험에서 벗어나게 하는 제도이다. 따라서 주권불소지 주주가 주식을 양도하기 위해서는 회사에 주권의 발행을 신청하여야 한다.

② 명의개서와 관계 – 주주는 주주명부에 자신의 명의로 명의개서하면 이후에는 주권을 소지하지 않더라도 자신의 권리를 행사할 수 있어 명의개서된 주주도 주식행사의 편의성을 누릴 수 있다. 하지만 명의개서된 주주는 주권을 자신의 위험 하에 보관하면서 주권 없는 권리행사만 가능할 뿐이므로 여전히 주권상실의 위험에 노출되어 있어 주권상실의 위험에서 벗어나게 하는 취지의 주권불소지제도와는 구별된다. 회사법은 주권불소지를 위해 주주가 주주명부상에 명의개서되

어야 하는지 규정하고 있지 않지만, 주권에 의해 명의개서를 하거나 주권 발행 전에 자신이 주주임을 증명하여 명의개서를 한 후 주권불소지를 신고할 수도 있고 명의개서 없이 자신의 권리를 증명하여 주권불소지를 신고하는 것도 허용된다고 본다.

　2) **절　차** : ① 신　고 – 주권불소지를 원하는 주주는 정관에 다른 정함이 있는 경우를 제외하고는 주식에 대하여 주권의 소지를 하지 않겠다는 뜻을 회사에 신고할 수 있다(상358의2.1). 주권불소지 신고를 수령한 회사는 주권불발행의 뜻을 주주명부와 그 복본에 기재한 후 그 사실을 주주에게 통지하여야 한다(상358의2.2).

　② **주권발행시** – 발행된 주권이 있는 때에는 주주는 회사에 **주권을 제출**하여야 하며, 회사는 제출된 주권을 무효로 하거나 명의개서 대리인에게 임치하여야 한다(상358의2.3). 주주가 주권불소지 신고를 할 때 주권도 함께 제출하여야 하며, 주권을 제출함으로써 주권불소지가 효력을 발생한다. 주권의 회수(소각·임치)를 조건으로 주권 없는 권리행사가 가능하므로 주권이 발행된 경우 주권의 제출은 주권불소지의 효력요건으로 이해된다.

　③ **주권미발행시** – 주권이 아직 발행되지 않은 상태에서도 주권불소지신고가 가능한데, 이 경우 회사는 주권발행권한을 상실하고 의무도 면한다. 만일 회사가 이에 위반하여 주권을 발행하였다면 이는 회사가 권한 없이 발행한 주권이 되고, 주권의 요인증권성에 비추어 볼 때 무효한 주권으로 이해되어 선의취득의 대상이 될 수 없다고 본다. 다만 주주가 이를 추인한 경우 주주의 주권발행청구권 행사에 의해 이미 발행된 주권이 소급적으로 유효하게 된다고 볼 수 있다.

　3) **발행·반환청구** : 주권불소지 주주라 하더라도 주식을 양도하기 위해서는 주권이 요구되므로 주주는 주식양도 등을 이유로 불소지 주권의 발행·반환을 청구할 수 있다(상358의2.4). 회사가 제출 주권을 보관한 경우에는 이를 반환하게 되고 제출 주권을 폐기(주권소각)한 경우에는 회사가 **주권재발행**을 하게 되는데, 주권재발행비용은 주주의 선택에 따라 발생한 비용이므로 주주가 부담한다고 본다. 회사에 제출된 주권은, 불소지신청시에 주권제출을 조건으로 실효되고 주주의 반환청구시점에 효력이 회복된다고 본다. 그리고 회사가 주권을 폐기(주권소각)하는 경우에는 주주가 요청할 경우에는 주권을 발행하여야 하며 이는 제권판결에

의한 주권의 재발행(상360.2)과는 구별된다.

(2) 증권예탁결제제도(증권대체결제제도)

1) **의 의** : ① 개 념 – 주식의 소유자가 주권을 증권회사에 예탁하면서 투자자계좌부에 고객의 권리를 기재하고, 증권회사는 이를 다시 예탁기관(예탁결제원)에 예탁하면서 예탁자계좌부에 증권사의 권리를 기재하여 주식의 이전·담보설정을 장부상의 기재로 대체하여 주권의 교부 없이 주식을 양도하는 방식을 의미한다. 주식의 양도에는 주권의 교부가 요구되는데, 실물주권의 교부는 주식의 대량·신속유통에는 장애요소가 되어 이를 극복하고자 도입된 방식이다.

② **적용 범위** – 증권예탁결제제도가 적용되는 것은 **상장회사**의 주식에 한정된다. 즉 증권거래소에 상장된 주식의 경우 투자자(고객)가 주권을 예탁결제원에 모두 예탁하게 한 뒤 장부상의 기재만으로 주권의 교부를 갈음하게 하여 주식의 유통을 원활하게 하고 있다(자본294~323). 다만 투자자(고객)가 직접 자신의 주식을 상장할 수 없으므로 증권회사 등의 예탁자를 통해 예탁함으로써 주권대체결제제도는 고객·예탁자·예탁결제원의 피라미드구조를 가진다. 주권을 발행하지 않고 **주식등록제도**를 선택하는 상장회사의 경우에는 실물주권이 발행되지 않아 예탁할 주권이 없어 주권대체결제제도를 활용할 수는 없으므로, 전자증권법에에 따라 전자등록된 증권 등에 대해서는 예탁결제제도가 적용되지 않는다(자본308.1).

2) **증권의 예탁** : ① 예탁자에의 예탁 – 상장회사의 주주 등은 증권회사 등 예탁자에 계좌를 개설하고 주권 등 증권을 입고하여야 증권대체결제제도를 이용할 수 있다. 예탁자는 투자자(고객)로부터 증권 등을 예탁받아 투자자의 성명, 예탁증권의 종류·수 등을 **투자자계좌부**에 기재하고 투자자의 동의(자본309.2)를 받아 예탁받은 증권을 다시 지체없이 예탁결제원에 예탁하여야 한다(자본310.1,2). 다만 예탁자는 예탁받은 투자자의 증권 등을 예탁자의 자기소유분과 구분하여 보관하여야 하고(자본310.3) 이를 **투자자 예탁분**이라는 것을 밝히고 지체없이 예탁결제원에 예탁하여야 한다(자본310.2). 투자자계좌부에의 기재와 예탁결제원에의 예탁간에 시간적 간격이 있을 수 있지만 자본시장법은 투자자계좌부에 기재된 증권 등은 그 기재를 한 때에 예탁결제원에 예탁된 것으로 간주하고 있다(자본310.4).

② 예탁결제원에의 예탁 – 예탁결제원에 유가증권을 예탁하고자 하는 자는 예탁결제원에 계좌를 개설하여야 하는데, 예탁자는 자기가 소유하고 있는 유가증권

과 투자자로부터 예탁받은 유가증권을 투자자의 동의를 얻어 예탁원에 예탁한다 (자본309.2). 예탁결제원은 **예탁자계좌부**를 작성·비치하되, 예탁자의 자기소유분과 투자자예탁분을 구분해서 기재하고(자본309.3), 예탁유가증권을 종류·종목별로 혼합하여 보관한다(자본309.4). 예탁자 또는 그 투자자가 유가증권을 인수 또는 청약하거나 기타의 사유로 새로이 유가증권의 발행을 청구하는 경우에 당해 유가증권의 발행인은 예탁자 또는 그 투자자의 신청에 의하여 이들에 갈음하여 예탁원을 명의인으로 하여 당해 유가증권을 발행 또는 등록할 수 있다(자본309.5).

3) **계좌불기재의 효력** : 증권대체결제제도는 증권(주권)의 **점유**를 계좌부상의 기재로 대신하는 제도이므로 **계좌부상의 기재**에는 다양한 효력을 부여하고 있다. 먼저 투자자계좌부와 예탁자계좌부에 기재된 자는 각각 그 유가증권을 점유하는 것으로 보고(**점유간주**, 자본311.1), 투자자계좌부와 예탁자계좌부에의 대체의 기재가 유가증권의 양도 또는 질권설정을 목적으로 하는 경우에는 유가증권의 교부가 있었던 것과 동일한 효력을 가진다(**교부간주**, 자본311.2). 예탁증권등의 신탁은 예탁자계좌부 또는 투자자계좌부에 신탁재산인 뜻을 기재함으로써 제삼자에게 대항할 수 있다(**대항력**, 자본311.3). 그리고 투자자와 예탁자는 각각 투자자계좌부와 예탁자계좌부에 기재된 유가증권의 종류·종목 및 수량에 따라 예탁유가증권에 대한 공유지분을 가지는 것으로 추정한다(**공유추정**, 자본312.1). 예탁자의 투자자나 그 질권자는 예탁자에 대하여, 예탁자는 예탁원에 대하여 언제든지 공유지분에 해당하는 예탁유가증권의 반환을 청구할 수 있지만, 질권의 목적으로 되어 있는 예탁유가증권에 대하여는 질권자의 동의가 있어야 한다(자본312.2).

4) **예탁유가증권의 권리행사** : ① 예탁증권의 명의 – 예탁자는 투자자 소유의 증권을 투자자 명의로 예탁받고 예탁결제원은 예탁자가 보관하는 증권을 예탁자의 명의로 예탁받으며, 발행회사의 주주명부에는 예탁결제원의 명의로 기재되게 된다. 발행회사의 주주명부에 실제 투자자인 주주의 명의가 아닌 예탁결제원 명의로 기재되는 것은 첫째, 예탁결제원에 예탁되는 주권이 투자자명의가 아니라 예탁자의 명의로 예탁되어 실제 투자자(주주)의 파악이 어렵다는 점, 둘째, 예탁자 명의로 예탁결제원에 예탁되는 것에 관해 투자자의 동의가 전제되었다는 점(자본 309.2), 셋째, 간접보유방식의 증권대체결제제도의 취지에 따라 예탁결제원이 예

탁증권 등에 대하여 자기명의로 명의개서를 청구할 수 있는 근거규정을 두고 있다(자본314.2). 요컨대 상장회사의 주주명부에는 예탁결제원이 주주로 등재되게 되어 주주가 권리를 행사하고자 할 경우 주권발행회사가 주주를 확인하기 위한 또 다른 주주명부(실질주주명부)가 요구된다.

② **예탁결제원의 권리행사** - 예탁결제원은 예탁자 또는 투자자의 신청에 의하여 예탁유가증권에 관한 권리를 행사할 수 있다(자본314.1). 투자자의 예탁결제원 권리행사 신청은 예탁결제원에 직접 하는 것이 아니라 예탁자를 거쳐서 신청하도록 정하고 있다. 예탁결제원은 예탁유가증권에 대하여 자기명의로 명의개서·등록할 수 있어 발행회사의 주주명부에 자신의 명의로 명의개서 되어 있으므로, 실질주주인 투자자, 예탁자의 신청이 있으면 예탁결제원이 그 권리를 행사할 수 있다. 다만 주권불소지에 관한 사항(상358의2)과 주주명부의 기재 및 주권에 관해서는 예탁결제원의 명의로 명의개서되어 있다면 예탁자의 신청이 없더라도 주주로서의 권리를 행사할 수 있다(자본314.3).

③ **실질주주의 권리행사** - 예탁유가증권 중 주권의 공유자를 **실질주주**라 하며, 주주로서의 권리행사에 있어서는 각각 공유지분에 상당하는 주식을 가지는 것으로 본다(자본315.1). 따라서 실질주주가 주주권을 행사할 수 있지만 실질주주가 예탁결제원의 권리행사를 신청한 경우(상314.1)에는 실질주주가 주주권을 행사할 수 없는데, 회사의 주주에 대한 통지, 주주명부의 열람·등사청구(상396.2)의 권리행사는 예외로서 실질주주가 행사할 수 있다(자본315.2). 실질주주가 권리를 행사하려면 먼저 주권의 발행인은 주주명부폐쇄기간·기준일을 정한 경우에는 예탁결제원에 통지하여야 하고, 예탁결제원은 그 폐쇄기간 초일, 기준일의 실질주주의 성명, 공유추정 주식의 종류·수 등을 발행회사(주권발행인·명의개서대리인)에 통지하여야 한다(자본315.3), 다만 예탁결제원은 예탁자에게 실질주주에 관한 사항의 통보를 요청할 수 있다(자본315.4).

④ **실질주주명부** - 주권 발행회사의 주주명부에는 예탁결제원이 주주로 등재되어 있으므로 실질주주가 주권 발행회사에 대해 주주권을 행사하기 위해서는 실질주주를 확인하기 위한 실질주주명부가 요구된다. 주권발행회사가 권리행사의 기준일을 정하면 예탁결제원에 이를 통지하고 예탁결제원은 기준일의 실질주주의 성명·주식 등을 발행회사에 통지하면(자본315.3), 주권발행회사는 예탁결제원으로부터 받은 기준일의 실질주주에 관한 사항을 바탕으로 실질주주명부를 작성·비치하여야 한다(자본316.1). 예탁결제원에 예탁된 주권의 주식에 관한 **실질주주**

명부에의 기재는 주주명부에의 기재와 같은 효력을 가진다(자본316.2). 발행인·명의개서대리인은 주주명부에 주주로 기재된 자와 실질주주명부에 실질주주로 기재된 자가 동일인이라고 인정되는 경우에는 주주로서의 권리 행사에 있어서 주주명부의 주식수와 실질주주명부의 주식수를 합산하여야 한다(자본316.3).

5. 전자등록제도

(1) 의 의

1) **개 념** : 전자등록제도란 회사가 주권, 사채, 신주인수권증서 등의 유가증권을 발행하는 대신 전자등록기관의 전자등록부에 주식을 등록·공시함으로써 전자등록을 통해 주식을 유통할 수 있게 하는 제도이다(상356의2,420의4,478.3). 즉 실물증권을 직접 발행하는 대신 그 권리의 발생·이전·담보설정 등의 권리관계를 중앙등록기관의 전자등록부에 공시하고 등록부상의 기재에 권리관계 변동의 법적 효력을 인정하는 제도로 볼 수 있다. 주식의 전자등록에 관해서는 회사법에 근거 규정을 두고 있지만 그 상세한 내용을 상법시행령이 아닌 '주식·사채 등의 전자등록에 관한 법률'(이하 전자증권법이라 함)에서 정하고 있다. 전자증권법에서는 전자등록을 주식 등의 종류·종목·금액·권리자·권리내용 등 주식 등에 관한 권리의 발생·변경·소멸에 관한 정보를 전자등록계좌부에 전자적 방식으로 기재하는 것으로 정의하고 있다(동법2.2호). 전자등록제도는 일반 주식회사의 경우는 정관을 통해 선택적으로 도입할 수 있지만(상356의2.1) 상장회사 등은 반드시 전자등록할 것이 요구된다(등록25.1.1호).

2) **취 지** : 사원권의 실체를 가진 주식은 그 무체성으로 인해 이전이 용이하지 않은데(**채권양도단계**), 주식의 유통을 위해 유체물인 주권이 발행되지만(**유가증권단계**), 대량유통을 위해 주권대체(증권예탁)결제제도에 의해 발행된 주권을 혼장임치하고 계좌상의 기대체기제로 주식양도가 가능하게 되었으며(**부동화단계**). 더 나아가 주권 자체를 발행하지 않고 전자등록에 의해 발행·유통하게 되었다(**무권화단계**). 전자등록제도는 회사의 선택(정관 규정)에 따라 주식을 전자등록하여 발행하고 전자등록을 통해 유통되도록 함으로써(등록방식) 편의성과 비용절감에 기여한다. 전자등록제도와 주권제도가 하나의 회사에서 양립할 수는 없으므로(등록36), 회사는 주권·전자등록 중 하나를 선택하여야 한다고 해석된다.

3) **주권제도와 관계** : 전자등록제도의 도입으로 인해 주권제도가 폐지되거나 강제적인 전자등록제도로 대체된 것은 아니고 회사의 선택에 따른다. 신규 전자등록과 관련하여 주식의 발행인은 전자등록의 방법으로 주식 등을 새로 발행하려는 경우 또는 이미 주권 등이 발행된 주식 등을 신규 전자등록을 신청할 수 있어 전자등록여부는 일반 회사의 선택사항이다(**선택적 전자등록**). 다만, 상장회사 주식 등과 투자신탁의 수익권 또는 투자회사의 주식, 조건부자본증권에 표시되어야 할 권리, 파생결합사채 등 기타 일정한 경우에는 전자등록기관에 신규 전자등록을 신청하여야 한다(**의무적 전자등록**).

4) **주식의 발행과 전자등록** : 전자등록(계좌)부에의 유통등록에는 주식의 권리 추정력·이전력 등 강력한 효력이 부여된다. 하지만 전자등록부에의 발행등록에는 주식 발행의 효력이 부여되지 않는다. 주식은 회사의 설립시점 또는 신주발행시 납입기간만료 익일에 발행의 효력이 발생하고, 주식의 발행등록에 의해 주식발행의 효과가 발생하는 것은 아니다. 이는 주권이 발행되더라도 주권은 이미 발행된 주식을 표창할 뿐이지 주권 발행으로 주식발행의 효력이 발생하지 않는 것(비설권증권)과 동일한 구조이다.

(2) 전자등록의 구조

1) **기관구조** : 전자등록제도는 투자자·계좌관리기관·전자등록기관의 3단계 피라미드 구조를 가진 점은 투자자·예탁자·예탁결제원의 3단계 피라미드 구조의 증권예탁결제제도와 유사하다. 전자등록된 **투자자**의 주식에 관해 **계좌관리기관**은 개별 투자자별 정보가 아닌 총수량·금액을 **전자등록기관**에 통지하고 전자등록기관은 계좌관리기관별로 고객관리계좌부를 관리한다(등록22.3,4), 전자등록제도에서는 주식의 발행인과 주식의 소유자 사이에 전자등록기관과 계좌관리기관(양자를 편의상 '중계기관'105)이라 함)이 개재되는 구조이다. 발행인은 전자등록기관(등록5.1)과 법률관계를 가질 뿐이고, 주주는 원칙적으로 계좌관리기관(등록19)과 법률관계를 가지며 계좌관리기관은 전자등록기관과 하위·상위중계기관으로서 관계

---

105) 주식의 투자자 즉 주주와 계좌관리기관간의 관계는 위탁매매관계이고, 계좌관리기관과 전자등록기관간의 관계는 위임관계로 이해된다. 주식의 발행회사와 주주간의 사단법적 관계에 계좌관리기관과 전자등록기관이 개재된 모습인데, 양자는 상법상 중개인에 해당하지 않아 법률상 용어인 중개(상93)기관이라는 용어를 사용하지 않고 이 책에서는 편의상 비법률적 용어라 할 수 있는 중계기관이라 표현한다.

한다(주주 - 계좌관리기관 - 전자등록기관 - 발행인).

2) **계좌구조** : ① 개 요 - 전자등록제도에서 주식의 발행인과 주주간에 **계좌와 계좌부**(원장)의 구조로 연결된다. 계좌구조는 '발행인 → (발행인관리계좌 → 발행인관리계좌부)=중앙등록기관=(고객관리계좌부·자기계좌부 ← 고객관리계좌·자기계좌) ← 계좌관리기관=(고객계좌부 ← 고객계좌) ← 고객'의 구조를 가진다. 예탁결제제도에서는 투자자가 투자자계좌부에 기재된 증권에 관하여 공유지분이 추정되고 투자자는 공유지분에 해당하는 예탁증권을 반환청구할 수 있었지만(자본 312.1), 전자증권법에 따르면 투자자가 발행인에 대해 개별적·직접적 권리를 가지며(등록35), 주주는 전자등록된 주식에 대해 **단독 소유권**을 가진다.

② **발행인관리계좌**(부) - 발행된 주식을 등록하려면 발행인이 전자등록기관에 **발행인관리계좌**를 개설하여야 하고(등록21.1) 전자등록기관은 발행인별로 **발행인관리계좌부**를 작성, 관리한다(등록21.2). 전자등록기관이 관리하는 발행인관리계좌부와 발행인의 주주명부 등이 내용상 불일치할 경우 후자가 우선하므로(등록 21.3), 발행인관리계좌부의 기재사항은 약한 추정력만 부여되었다고 볼 수 있다.

③ **고계계좌**(부)·**고객관리계좌**(부)·**자기계좌**(부) - 주주가 계좌관리기관에 **고객계좌**를 개설하면 계좌관리기관은 권리자별로 **고객계좌부**를 작성하고(등록22.2) 계좌관리기관은 전자등록기관에 **고객관리계좌**를 개설하여(등록22.3) 고객계좌부상의 주식의 총수량·금액을 기록한다(등록22.3, 통합관리방식). 전자등록기관은 계좌관리기관별로 **고객관리계좌부**를 작성, 관리하는데, 계좌관리기관이 소유하는 주식에 관해서는 계좌관리기관등 **자기계좌**를 개설하고(등록23.1), 이에 대응하여 중앙등록기관은 계좌관리기관 등의 **자기계좌부**를 작성, 관리한다. 고객계좌부와 자기계좌부를 **전자등록계좌부**[106])라 하고(등록2.3호), 전자등록계좌부에는 권리추정력 등이 부여되어 있어(등록35) 약한 추정력만 부여되는 발행인관리계좌부와 구별된다.

3) **증명구조** : ① **소유자명세** - 전자등록주식의 발행인이 **기준일**을 정한 경우 등 전자등록기관에 그 기준일을 기준으로 해당 주식 등의 소유자의 성명 및 주소,

---

106) 전자증권법은 자기계좌부와 고객계좌부만 전자등록계좌부이고 이에 대한 기재행위를 **전자등록**이라 한다(등록2.2호). 고객관리계좌부와 발행인관리계좌부는 보조장부로서 이에 대한 기재행위를 **기록**이라 구별해서 사용하고 있다.

소유자가 가진 주식 등의 종류·종목·수량 등을 기록한 소유자명세를 요청할 수 있다(등록37.1). 그밖에 법령 등에 의한 소유자 파악, 주기별 소유자 파악, 공개매수신고서 제출시, 무기명식주식의 전환 등의 경우에도 소유자명세를 요청할 수 있다(등록37.2,3). 전자등록기관은 계좌관리기관에 소유자명세의 작성에 필요한 사항의 통보를 요청할 수 있고, 계좌관리기관은 지체 없이 그 사항을 전자등록기관에 통보하여야 한다(등록37.4). 소유자명세는 주주의 **단체적인 권리행사**를 위해 전자등록기관이 발행하는 실질주주 명세서로서 증권예탁결제제도에서 실질주주명부와 유사한 기능을 하여 소유자명세에 따라 발행회사는 주주를 확인하고 권리행사기회를 부여하게 된다.

② **소유자증명서·소유내용통지** ─ 전자등록주식 등의 소유자가 회사에 대한 **개별적인 권리행사**를 위해서는 해당 전자등록주식 등의 전자등록을 증명하는 문서인 **소유자증명서**를(등록39.1), 주식 등에 대한 소유 내용을 발행인 등에게 통지하는 **소유내용통지**(등록40.1)를 전자등록기관에 신청할 수 있다. 전자등록주식 등의 소유자는 계좌관리기관을 통하여 신청하여야 한다. 전자등록기관이 소유자증명서·소유내용통지를 발행한 경우 전자등록기관·계좌관리기관은 전자등록계좌부에 발행의 기초가 된 전자등록주식 등의 **처분제한 전자등록**을 하여야 하며, 그 소유자증명서가 반환되거나 통지유효기간이 경과한 때에는 처분제한 전자등록을 **말소**하여야 한다(등록39.4,40.3). 전자등록주식 등의 소유자가 소유자증명서나 소유내용통지 등을 발행인 등에 제출한 경우에는 발행인 등에 전자등록주식 등의 **소유자로서의 권리행사**가 가능하다(등록39.5,40.4).

(3) 전자등록의 절차

1) **당사자신청주의** : 주식 등의 전자등록은 발행인이나 권리자의 단독 신청(관공서의 촉탁)에 의함을 원칙으로 하지만, 예외적으로 전자등록기관 또는 계좌관리기관이 직권으로 할 수 있다(등록24). 당사자가 신청할 수 있는 전자등록의 대상에는 신규 전자등록(등록25)을 기본으로 하여 계좌간 대체의 전자등록(등록30), 질권등록(등록31), 신탁등록(등록32), 기타 권리등록(등록33) 등이 포함된다. 특히 **신규 전자등록**을 신청시, 해당 주식 등의 종목별로 최초로 전자등록을 신청하는 경우(등록령18.2), 해당 주식 등이 성질상 또는 법령에 따라 양도될 수 없거나 그 양도가 제한되는 경우, 같은 종류의 주식 등의 권리자 간에 그 주식 등의 권리 내용이 다르거나 그 밖에 해당 주식 등의 대체 가능성이 없는 경우 등에 관해, 발행

인이 신규 전자등록신청을 하기 전에 전자등록기관에 **사전심사**를 신청하여야 한다(등록25.2).

　2) **주식의 발행·전환** : ① 신규 전자등록 – 주식회사가 전자등록제도를 이용하기 위해서는 먼저 정관에 전자등록규정을 두어야 한다. 정관에 전자등록규정을 둔 주식회사가 주식을 발행할 경우(발행등록) 발행된 주식을 전자등록으로 전환할 경우(전환등록)에는 **신규 전자등록**을 신청하여야 하고(등록25). 특별한 사유가 없으면 전자등록기관은 원칙적으로 등록을 거부할 수 없다(등록25.6).

　② **발행등록** – 전자등록기관은 신청 내용을 ⅰ) 발행인관리계좌부에 기록하고, ⅱ) 계좌관리기관 등의 자기계좌부에 전자등록기관에의 등록사항을 전자등록하고, ⅲ) 계좌관리기관에의 등록사항은 고객관리계좌부에 기록하고, ⅳ) 지체 없이 그 신청 내용과 관련된 각각의 권리자가 고객계좌를 개설한 계좌관리기관에 통지하여야 하며, ⅴ) 통지를 받은 계좌관리기관은 지체 없이 그 통지 내용에 따라 전자등록될 사항을 고객계좌부에 전자등록 하여야 한다(등록26).

　③ **전환등록** – 이미 주권 등이 발행된 주식 등의 신규 전자등록을 신청하는 경우에는, 전자등록 기준일(신규 전자등록 하려는 날)의 직전 영업일을 말일로(부터 소급하여)[107] 1개월 이상의 기간을 정하여 일정사항을 통지하여야 한다. 통지 사항에는 기준일부터 주권의 실효, 기준일 직전 영업일까지 주권의 제출, 발행인의 전환신청 예정사실 등에 관해 공고하고, 주주명부상의 주주에게 이를 통지하여야 한다(등록27).

　3) **주식의 양도·질권설정** : ① 대체등록(이전등록) – 전자등록주식의 양도·포괄승계, 특별계좌에의 예외적 전자등록(등록29.2) 등의 경우 권리자는 전자등록기관(계좌관리기관)에 **계좌간 대체**의 전자등록을 신청하여야 한다(등록30.1). 신청방법은 대체 대상 주식의 종류·종목, 종목별 수량 또는 금액, 양도인·양수인의 성명·명칭 등(등록령25.2)을 기재하여 **대체등록**을 신청하면, 전자등록기관(계좌관리기관)은 지체 없이 전자등록계좌부에 계좌간 대체의 전자등록을 한다(동법30.2).

　② **입질등록 등** – 전자등록주식에 질권을 설정·말소(**질권등록**)하려는 자는 전

---

107) 법문은 '말일로 1개월 이상의 기간을 정하여'라고 되어 있어 의미가 애매하게 규정되어 있는데, 규정의 취지를 선해하면 '말일로부터 소급하여 1개월 이상의 기간을 정하여'라는 의미로 이해된다.

자등록기관(계좌관리기관)에 **질권 설정·말소의 전자등록**을 신청하면(등록31), 전자등록기관(계좌관리기관)은 지체 없이 전자등록주식 등이 질물이라는 사실과 질권자를 질권설정자의 전자등록계좌부에 전자등록하는 방법으로 질권 설정·말소의 전자등록을 한다. 전자등록주식 등에 대하여 신탁재산이라는 사실을 표시하거나 그 표시를 말소(**신탁등록**)하려는 자는 해당 전자등록주식 등이 전자등록된 전자등록기관 또는 계좌관리기관에 신탁재산이라는 사실의 표시 또는 말소의 전자등록을 신청하여야 하고(등록32), 신규 전자등록을 변경하거나 말소(**권리변경말소등록**)하려는 자는 해당 전자등록주식 등이 전자등록된 전자등록기관 또는 계좌관리기관에 신규 전자등록의 변경·말소의 전자등록을 신청하여야 한다(등록33).

(4) 전자등록의 효력

1) **요인성** : 주식은 비설권증권이므로 주식이 발행된 후에 주권 또는 전자등록에 의해 주식이 공시되고 주권·전자등록에 의해 주식이 발행되는 것은 아니다. 전자등록이 되는 시점에는 이미 주식이 발행되어 있는 상태이고, 전자등록은 주권을 대체하는 제도이고 주식의 발행시점(회사설립등기, 실주발행주금납입일 익일) 이후 전자등록계좌부에 기재되므로, 전자등록계좌부에의 기재는 주식발행의 요건이 아니라 주식의 공시수단(공시력)에 지나지 않는다. 주식이 적법하게 발행되지 않은 경우 그에 관해 발행된 주권이 효력을 가질 수 없듯이(요인증권성), 발행되지 않은 주식에 관해 전자등록이 이뤄지더라도 전자등록은 무효이다.

2) **권리추정력** : 전자등록(계좌)부에 주식을 등록한 자는 그 등록된 주식에 대한 권리를 적법하게 보유한 것으로 추정한다(상356의2.3). 회사법의 동 규정에 근거하여 전자등록법도 전자등록의 권리추정력을 명시하고 있다(등록35). 전자등록의 권리추정력은 주권 점유의 권리추정력에서 비롯되어, 증권예탁제도하에서는 투자자계좌부와 예탁자계좌부에 기재된 자는 각각 그 유가증권을 점유하는 것으로 간주하므로(자금311.1) 주권 점유에 따른 권리추정력이 **계좌부 기재의 추정력**으로 전환된다. 이러한 주권 점유 기반의 권리추정력은 주권의 개념을 초월한 전자등록제도에서는 더 이상 활용될 수 없어, 상법과 전자증권법은 주권 점유의 권리추정력에 대신하여 **전자등록에 권리추정력**을 부여하는 규정을 두게 되었다.

3) **권리이전력** : 전자등록(계좌)부에 등록된 주식의 양도·입질은 전자등록부

에 등록하여야 효력이 발생한다(상356의2.2). 전자등록법도 전자등록주식을 양도시 계좌간 대체, 질권설정시 질권설정의 전자등록을 하여야 효력이 발생한다고 정하여(등록35.2,3), 전자등록은 단순히 공시의 기능이 아니라 권리의 양도·입질의 효력발생요건으로 보고 전자등록에는 권리이전적 효력이 부여되었다고 볼 수 있다. 주권의 교부에 의한 권리이전력이 증권예탁결제제도에서 투자자계좌부와 예탁자계좌부에의 기재의 교부간주로 규정되었고(자본311.2), 전자등록제도에서는 전자등록 특유의 권리이전력에 관한 근거규정을 두고 있다. 주식양도(예, A가 B에게 주식양도)의 전자등록은 계좌관리기관(A·B의 계좌관리기관은 A'·B')과 전자등록기관을 통해 이뤄진다. 즉 A의 대체등록신청 → A'의 A계좌부(고객계좌부) 감액등록 → 전자등록기관의 A'계좌부(고객관리계좌부) 감액등록과 B'계좌부(고객관리계좌부) 증액등록 → B'의 B계좌부(고객계좌부) 증액등록되는데, 계좌관리기관의 고객계좌부에 기재됨으로써 권리이전력이 발생한다. 주식의 등록질(登錄質)은 질권자 성명을 전자등록계좌부에 전자등록한다(등록35.3).

4) **기타 효력** : 전자등록주식 등의 신탁은 제32조에 따라 해당 전자등록주식 등이 신탁재산이라는 사실을 전자등록함으로써 제3자에게 대항할 수 있다고 규정하여(등록35.4) **신탁등록의 대항력**을 부여하였다. 신탁재산의 편입 여부에 관한 당사자간의 직접 효력이 아니라 편입 여부에 관해 제3자에게 대해 주장할 수 있는 근거를 부여하고 있다. 그밖에 선의(善意)로 중대한 과실 없이 전자등록계좌부의 권리 내용을 신뢰하고 소유자 또는 질권자로 전자등록된 자는 해당 전자등록주식등에 대한 권리를 적법하게 취득한다고 규정하고 있다(등록35.5). 다만 점유의 대상이 없는 전자등록에 선의취득이 성립할 수 없음을 고려할 때 전자등록에 일종의 **공신력**을 부여한 것으로 이해된다. 발행등록은 전자등록계좌부, 즉 고객계좌부·자기계좌부에 권리내역이 등록된 때 효력이 발생한다.

(5) 전자등록의 법적 쟁점
1) **양도제한** : 주식을 발행한 후 주권 발행을 대신하여 전자등록이 이뤄질 경우 권리주 양도, 전자등록전 주식양도의 효력이 여전히 문제될 수 있다. 전자등록제도에서 권리주 양도 제한(상319), 주권발행전 주식양도제한(상335)이 적용되는가? 권리주 양도제한(상319)은 주식인수인의 지위를 양도할 수 없도록 한 취지이므로 전자등록주식에도 동일하게 적용될 필요가 있다. 다음으로 주권도 발행하지

않고 주식을 전자등록하지 않은 경우 주식을 양도할 방법이 없으므로 주식양도는 불가능하다. 이 경우 주식발행 후 6월이 경과하여도 주권발행이나 전자등록이 없을 경우 주식은 양도될 수 있는가? 전자등록이 되지 않은 주식이라 하더라도 이전 가능한 재산권이므로 전자등록에 관한 규정이 적용되지 않고 상법만 적용되어 당사자간의 합의에 의한 주식양도가 가능하다고 본다. 다만 대항요건에 관해 통설·판례에 따라 채권양도에 관한 규정이 유추적용된다고 본다.

2) **선의취득** : ① 선의자 보호제도 – 전자등록부에 주식을 등록한 자는 그 등록된 주식에 대한 권리를 적법하게 보유한 것으로 추정하며, 이러한 전자등록부를 선의로 그리고 중대한 과실 없이 신뢰하고 등록에 따라 권리를 취득한 자는 그 권리를 적법하게 취득한다(상356의2.3,등록35.3). 전자등록부상의 권리는 그 권리의 본질이 사원권 또는 채권일지라도 전자등록부에 등록된 이후에는 등록부상의 기재가 권리의 공시방법이 되는데, 전자등록부상의 공시에 추정력을 부여하고 추정력을 신뢰한 자를 보호하고 있다. 유통되는 재화에 대한 권리추정과 이에 대한 신뢰보호제도로서 선의취득제도와 유사한 구조를 취하고 있다.

② 문제점 – 전자등록부상의 기재를 신뢰하고 취득한 자에게 선의취득제도를 적용하는 것은 다음과 같은 문제점이 있다. 첫째, 장부의 기재를 신뢰하는 것은 장부기재 주체의 신뢰성과 관련되고 문제가 있을 경우 장부기재 주체에 대한 손해배상책임이 문제되는데 반해, 선의취득제도는 진정한 권리자(상실자)의 희생 하에 거래안전(취득자)을 보호하는 제도여서 전혀 다른 제도이다. 둘째, 장부의 신뢰성에 대한 과실 유무는 기재상 과실로서 장부작성자와 관련되고 취득자와는 무관한 개념인데 반해, 선의취득제도는 거래(외관)에 대한 신뢰로서 취득자와 관련되고 과실·중과실의 구별이 가능하다. 셋째, 장부에 대한 취득자의 신뢰에 과실 특히 중과실(상356의2.3,등록35.3) 개념이 무엇을 의미하는지 모호하며 이 역시 선의취득과 무관한 제도를 선의취득의 틀 속에서 해결하려는 시도의 문제점이다. 넷째, 장부 기재에 대한 신뢰보호제도는 당연히 초과기재에 관한 신뢰가 포함되는데, 장부기재에 대한 신뢰에는 권리 상실자가 존재하지 않으므로 선의취득으로 이해하기는 어렵다. 따라서 장부기재의 신뢰를 선의취득으로 이해할 경우 과다기재를 별개의 문제로 해결하게 되는데, 이는 동일한 본질의 문제를 다르게 해결하여 통일성을 상실하는 문제가 발생한다.

③ 검 토 – 선의취득제도는 동산의 점유보호를 위해 도입된 제도이다. 전자

등록부상의 기재사항을 신뢰한 자도 당연히 보호될 필요가 있지만, 이는 점유의 추정력이 아니라 장부기재의 추정력에 근거한 선의자보호제도이다. 뿐만 아니라 선의취득제도를 적용할 경우 위에서 본 바와 같이 요건, 적용범위에서 문제점이 발생하므로 전자등록제도에 따른 선의자 보호제도를 선의취득이 아닌 장부의 공신력을 부여에 따른 선의자 보호로 이해함이 타당하다고 본다. 요컨대 전자등록제도의 선의자보호는 선의취득제도가 아닌 장부기재의 신뢰 즉 장부의 공신력문제로 보아야 하고 그 요건, 적용범위를 재구성할 필요가 있다.

3) 등록부 기재 오류 : ① 취득자 보호 – 전자등록부에 과다기재된 경우에 관해 전자등록제도에서의 특수한 문제로서 상법에는 이에 관해서는 별도의 규정을 두고 있지 않다. 먼저 과다기재된 부분에 관한 **취득자의 권리보호**는 앞서 본 선의보호제도로 해결된다. 주식수가 과다기재된 경우 이를 신뢰하고 취득한 자는 취득한 주식이 특정되지 않아 무권리자로부터 취득이라고 보기 어려워 선의취득제도의 적용에 문제가 없지 않고 전자등록부 기재의 공신력에 따른 효과로 보는 것이 적절하지만, 전자증권법에 의하면 선의취득제도(등록35.5)에 의해 일괄 보호된다.

② 초과분의 해소문제 – 과다기재에서 문제되는 것은 선의보호를 넘어 과다기재된 부분은 진실한 권리관계와는 불일치하므로 정정될 필요가 있어, 과다기재부분의 삭제와 그에 대한 비용부담이 문제된다. 이는 원칙적으로 기재의 오류에 책임이 있는 자(전자등록기관, 계좌관리기관)의 재원으로 과다기재된 부분을 취득하여 말소하는 것이 한 방법일 것이고(등록42.3), 오류에 대한 책임이 있는 자가 없을 경우에는 시스템위험으로 보아 그 시스템에 참여하고 있는 자들이 그 비용을 부담할 수밖에 없다. 초과분을 해소할 의무를 부담하는 자가 이를 불이행할 경우 전자등록기관이 적립금을 사용하여 해소하고, 그 초과비용은 모든 계좌관리기관이 일정한 비율에 따라 분담하여 해소한다(등록42.3,등록령35).

③ 초과분에 대한 권리행사문제 – 초과분의 취득·말소가 즉시 이루어질 수 없을 경우 취득·말소시점까지 발행회사에 대한 권리행사가 문제될 수 있다. 이는 전자등록된 권리의 특정성이 부여되지 않아 특정 권리자에 귀속될 위험으로 볼 수 없고 과다기재가 발생한 종류의 권리자 모두에게 평균적으로 그 위험이 분배되어야 하므로 일시적인 '권리의 희석화 현상'이 발생한다고 보아야 한다. 그리고 권리의 희석화로 인해 발생한 손해에 관해서는 기재의 오류에 책임이 있는 자에게 손해배상을 청구할 수 있게 될 것이다.

4) 권리행사와 주주명부 : ① 권리행사명부 – 전자증권법은 앞서 본 바와 같이 주주의 권리는 집단적으로 행사될 경우에는 소유자명세(등록37), 개별적으로 행사될 경우에는 소유자증명서(등록38), 소유내용통지(등록40) 등의 개념을 도입하고 있다. **소유자명세**는 발행인의 신청으로 전자등록기관이 주식소유자 등(실질주주)을 기재한 명세로서 전자등록기관이 소유자명세를 통해 발행회사에 이를 통지하면 통지내용을 발행회사는 주주명부에 이를 반영하도록 할 수 있어(등록37.6) 증권대체결제제도에서의 **실질주주명부**는 불필요하다. 주식에 관한 **소유자증명서**는 주주가 개별적 주주권의 행사를 위해 전자등록기관에서 신청하여 발행받는 전자등록 내용을 증명하는 문서이고(등록39.1), **소유내용통지**란 주주의 신청에 따라 전자등록기관이 발행인에게 해당 주주의 주식보유내용을 통지하는 것이다(등록40.1).

② **주주명부의 대체가능성** – 전자등록제도에서는 전자등록기관의 전자등록계좌부에 의해 대체되는 것은 가능한가? 회사가 주주의 인적 사항을 파악할 필요가 있을 경우, 전자등록기관의 전자등록부를 통해 주주 확인이 가능하다고 보아 **주주명부폐지론**이 주장된다. 하지만 전자등록(계좌)부는 전자등록기관이 실질주주를 파악하여 항상 작성·관리하고 있는 것이 아니라 계층적 계좌구조에 따라 전자등록기관과 다수의 계좌관리기관에 의해 분산 작성되어 있고, 발행회사가 실시간으로 전자등록계좌부에 의해 실질 주주를 확인할 수 없다는 현실적 문제점이 있어 이를 대체가능성을 부정하는 견해가 있다. 생각건대 계좌관리기관이 관리하는 고객계좌부와 전자등록기관이 관리하는 고객관리계좌부를 동기화시키는데 기술적 문제만 없다면 자기계좌부의 기재내용을 고객관리계좌부에 포함시킴으로써 전자등록부를 통해 실시간으로 실질주주의 파악이 가능하게 되어 주주명부를 대체하는 것이 반드시 불가능하다고 보기는 어렵다고 본다.

5) 담보권의 설정 : ① 약식질 – 회사법은 주권의 교부에 의한 약식질(상338)과 주권의 교부 이외에 질권자를 주주명부·주권에 기재하는 등록질(상340)의 두 방식을 질권설정방식으로 정하고 있다. 전자등록제도에서 **약식질**의 경우 주권이 없으므로 주권 교부에 갈음하여 전자등록을 하게 되며, 전자등록계좌부에 질물이라는 사실과 질권자를 전자등록하게 되면(등록31.2) 입질의 효력이 발생한다(등록35.3).

② **등록질** – 질권자의 성명 등이 주주명부와 주권에 기재되는 **등록질**(상340)

의 경우에는 전자등록제도하에서 성립하기가 까다롭다. 주권에의 질권자 기재는 전자등록계좌부에의 기재로서 대체될 수 있지만 주주명부의 기재가 전자등록기관이 회사에 통지하는 소유자명세에 의해 이뤄지기 때문이다. 따라서 등록질이 성립하기 위해서는 전자등록계좌부에 질권자의 성명을 기재하고 소유자명세 통지시 질권 내용을 포함시킬 것을 요청하여야 한다(등록37.5). 소유자명세를 통지받은 발행회사가 통지내용에 따라 주주명부를 작성하면(등록37.6) 등록질이 성립하게 되는데, 전자등록계좌부에 등록되는 시점에 질권(약식질)의 효력이 발생하고(등록35.3), 등록질로서의 추가적 요건이라 할 수 있는 주주명부에의 기재가 효력발생 요건이라 할 수 있다(상340).

제 4 절 주주명부

1. 주주의 공시

(1) 주주명부제도

1) **개 념** : 회사는 주주에게 권리행사기회를 부여하기 위해 누가 주주인지, 주주의 보유주식 수와 주식의 종류에 관한 정보를 알고 있어야 한다. 주주의 입장에서도 자신이 주주임을 증명함이 없이 권리를 행사하기 위해 주주와 주식에 관한 사항을 공시할 수 있도록 주주 추적력을 가지는 주주의 명부가 요구된다. **주주명부**란 주주, 주식 및 주권에 관한 사항을 명확하게 하기 위하여 회사가 상법상의 의무로서 작성하는 장부이다. 이는 부동산등기부처럼 그 기재가 권리의 성립과 이전의 요건인 것은 아니고, 주주명부상의 기재는 단지 회사에 대한 권리행사와 관련되어 누가 주주인지를 증명하는 기능을 할 뿐이다.

2) **권리추정** : 주주명부상에 주주로 등재된 경우 주주로 추정되므로 주주명부는 자신의 권리를 증명함이 없이 주주로서의 권리를 행사할 수 있게 하는 효력을 가진다. 그런데 주주가 아님에도 주주명부에 주주로 등재된다면 주주로서 회사에 대해 권리를 행사할 수 있는가? 이는 주주명부의 효력문제(후술함)인데, 주주명부가 주주를 확정하기 위한 제도인지 아니면 회사의 편의를 위한 명부인지 하는 **주주명부제도의 취지(쟁점25)**[108)]와 관련된다. 이하에서는 주주명부 기재의 효력인 **주**

주명부의 추정력, 대항력, 면책력의 실질적 의미를 판단하기 위해 주주명부제도의
취지를 살펴본다.

(2) 주주명부제도의 취지

1) **논 의** : 주주명부제도의 취지에 관해, 단체법적 법률관계의 특성상 회사가
다수의 주주와 관련된 법률관계를 외부적으로 용이하게 식별할 수 있는 형식적이
고도 획일적인 기준에 의하여 처리할 수 있도록 하여 이와 관련된 사무처리의 효
율성과 법적 안정성을 도모하려는 취지로 이해하는 **주주확정설**(2015다248342). 회
사법은 주주명부에 추정적 효력만 부여하므로 주주명부제도는 주주를 확정하는
제도가 아니라 주주명부를 통해 주주를 추정함으로써 회사의 업무집행에 편의를
제공하려는 취지에 지나지 않는다고 보는 **회사편의설** 등이 주장된다. 회사편의설
에 의하면 실질주주는 주주명부상의 주주로 등재되어 있지 않더라도 주식을 소유
하므로 회사에 대해 권리를 행사할 수 있다고 본다.

---

108) **주주명부제도의 취지(쟁점25)**에 관해, **주주확정설**은 주주명부제도는 주식의 발행 및 양
도에 따라 주주의 구성이 계속 변화하는 단체법적 법률관계의 특성상 회사가 다수의 주
주와 관련된 법률관계를 외부적으로 용이하게 식별할 수 있는 형식적이고도 획일적인
기준에 의하여 처리할 수 있도록 하여 이와 관련된 사무처리의 효율성과 법적 안정성을
도모하려는 취지로 이해한다. 따라서 회사는 주주명부에 의해 주주에 대한 실질적인 권
리관계를 따로 조사하지 않고 주주명부의 기재에 따라 주주권을 행사할 수 있는 자를
획일적으로 확정할 수 있다고 본다. 주주권의 행사가 회사와 주주를 둘러싼 다수의 이
해관계인 사이의 법률관계에 중대한 영향을 줄 수 있음을 고려하였다고 볼 수 있는데,
이는 최근 대법원 판결의 입장이다(2015다248342전합). 주주명부에 관해 주주확정의 효
력을 인정하는 견해는 없는 듯하며, 주주확정(쟁점18)에 관해 실질설을 따르는 견해도
주주명부는 그 기재에 의해 주주권 자체를 발생시키거나 확정시키는 것은 아니고 누가
증명의 부담 없이 주주권을 주장할 수 있느냐는 형식적 자격의 근거로 보고 있어(이철
송354), 증명의 문제 즉 대항력으로 이해하는 듯하다. **회사편의설**은 회사법은 주주명부
에 추정적 효력만 부여하므로 주주명부제도는 주주를 확정하는 제도가 아니라 주주명부
를 통해 주주를 추정함으로써 회사의 업무집행에 편의를 제공하려는 취지에 지나지 않는
다고 본다. 주식을 가진 자는 주주권을 행사할 수 있고 주주는 주식을 인수·납입하거나
양수하는 등에 의해 주식을 소유하는 자이고 주주명부에 공시되는 자가 아니므로 주주명
부상의 주주와 실제 주주가 불일치할 경우 실제 주주가 주주명부상의 주주가 아님에도
불구하고 회사에 대해 권리를 행사할 수 있다고 본다. 설사 회사가 주식의 자유양도에
따라 수시로 변경되는 주주를 모두 인지할 수 없다고 하더라도, 주주권을 행사하는 자는
주주이여야 한다고 본다. 회사의 편의를 위해 도입된 주주명부제도로 주주의 권리행사를
법률에서 인정하고 있는 경우(주주명부의 대항력·면책력)를 제외하고는 제한할 수 없고
주주확정설이 주장하는 주주명부의 확정력은 회사법에 근거가 없으므로 이를 인정하기
위해서는 학설·판례가 아닌 입법에 의하여야 한다고 본다(정경영, "주식회사와 형식주
주, 실질주주의 관계", 「비교사법」, 제24권 2호(2017.5), 한국비교사법학회, 871−872면).

2) 판 례 : 주주명부제도는 주식의 발행 및 양도에 따라 주주의 구성이 계속 변화하는 단체법적 법률관계의 특성상 회사가 다수의 주주와 관련된 법률관계를 외부적으로 용이하게 식별할 수 있는 형식적이고도 획일적인 기준에 의하여 처리하여 사무처리의 효율성과 법적 안정성을 도모하는데 그 취지가 있다고 본다. 특별한 사정이 없는 한, 주주명부에 적법하게 주주로 기재되어 있는 자는 회사에 대한 관계에서 그 주식에 관한 의결권 등 주주권을 행사할 수 있고, 회사 역시 주주명부상 주주 외에 실제 주식을 인수하거나 양수하고자 하였던 자가 따로 존재한다는 사실을 알았든 몰랐든 간에 주주명부상 주주의 주주권 행사를 부인할 수 없으며, 주주명부에 기재를 마치지 아니한 자의 주주권 행사를 인정할 수도 없다고 본다(2015다248342). 그러면서 상법은 주주명부의 기재를 회사에 대한 대항요건으로 정하고 있을 뿐 주식 이전의 효력발생요건으로 정하고 있지 않으므로 명의개서가 이루어졌다고 하여 무권리자가 주주가 되는 것은 아니고, 명의개서가 이루어지지 않았다고 해서 주주가 그 권리를 상실하는 것도 아니라고 보아(2017다221501). 주식의 소유권 귀속에 관한 권리관계와 주주의 회사에 대한 주주권 행사 국면을 구분하고 있다(2017다278385).

3) 검 토 : 주주명부는 다음과 같은 이유에서 회사의 편의를 위한 제도로 보아야 한다. 첫째, 주주명부에는 해석상 추정력만이 부여되고 회사법은 주주확정의 효력을 주주명부에 부여하고 있지 않으며, 둘째, 회사는 주주명부에 따라 권리행사의 기회를 제공(통지·최고)하면 설사 주주가 아닌 자에게 권리행사의 기회를 제공하더라도 면책되는 것(상353)은 주주확정설에 따르면 불필요한 규정이어서 회사편의설에 따른 규정이라 볼 수 있으며, 셋째, 주식양도시 주주명부에의 명의개서를 하여야 회사에 대항할 수 있다는 것(상337.1)은 주주명부에 확정력이 없다는 전제하에 의미를 가져 주주확정설과 모순되며, 넷째, 주주명부에 주주확정의 기능이 부여되려면 주주명부에의 명의개서에 관해 엄격한 심사규정이 요구되는데 회사법에는 이에 관한 규정이 없으며, 다섯째, 주주확정설은 명의차용, 주식양도, 선의취득, 제권판결 등 회사에 대한 실체관계에 근거한 권리행사를 부인할 가능성이 있어 무권리자에 의한 권리행사를 허용하게 되어 바람직하지 않다. 요컨대 현행법의 해석상 주주명부제도를 회사의 편의를 위한 제도로 보아야 하는데, 주주명부에의 기재에 제한적 효력(추정력, 대항력, 면책력)을 넘어서 확정력을 부여하는 최근 대법원 판례는 부적절하다고 본다. 주주명부에 확정력을 부여하려는

취지는 일응 이해될 수 있지만, 확정력 부여를 위해서는 해석론이나 판결이 아닌 입법이 요구된다고 본다.

2. 주주명부의 유형

(1) 상법상 주주명부

주주 및 주권에 관한 사항을 명확하게 하기 위하여 회사가 상법상의 의무로서 작성하는 장부를 의미하며, 이는 상업장부는 아니다. 회사에 대한 권리행사는 주주만이 할 수 있어 회사로서는 권리행사자가 주주인지 여부를 확인할 필요가 있고 이를 위해 주주명부제도를 회사법상에 두고 있다. 주주명부상에 주주로 등재된 자는 주주로 추정되므로 주주명부상 등재된 주주에게 회사법상의 권리행사의 기회를 부여하면 설사 실제 주주가 아닌 자가 등재되었다 하더라도 원칙적으로 회사에는 책임이 발생하지 않게 된다. 하지만 주주는 주식의 양도를 통해 교체되므로 변동되는 주주를 확인하기 위해서는 주주명부의 명의개서를 간접적으로 강제할 필요도 있다. 따라서 주식양도에 의해 주주변동이 있으면 양수인이 주주명부에 명의개서를 하여야만 회사에 대해 자신이 주주임을 주장 즉 권리양도를 회사에 대항할 수 있게 된다(상337.1). 이와 같이 주주명부는 단체법관계에서 회사로 하여금 권리행사자를 결정하도록 하는 기능을 수행하기 위하여 탄생한 제도로 이해할 수 있다.

(2) 실질주주명부

1) **실질주주의 개념** : 실질주주란 증권예탁결제제도에 따라 상장회사의 주식의 주권을 예탁결제원에 혼장임치하여 발행회사의 주주명부에는 예탁결제원이 주주로 등재되어 있지만 주식을 실제 보유하는 자(**협의의 실질주주**)를 의미한다. 그밖에 타인(형식주주)의 명의로 주식을 보유하는 자 즉 명의차용주주, 주식을 양수하였지만 아직 명의를 개서하지 않은 명의개서미필주주, 신탁법상 신탁주주 등을 포함하는 의미로 실질주주(**광의의 실질주주**)가 사용되기도 한다. 그 외에도 주식을 양수하였지만 주식양도제한의 정관에 따른 이사회승인을 얻지 못하여 주식양도가 회사에 대해 효력이 없어(상335.2) 주주이긴 하지만 주주권을 행사할 수 없는 주식양수인, 주식발행 후 6월이 경과된 주권발행전의 주식양도를 하고 회사·제3자에 대해 대항력을 가지지 못하는 주식양수인(상335.3) 등은 주식을

양수하였지만 회사에 대한 효력·대항력을 가지지 못한다. 이 경우 결과적으로 회사에 대해 주주권을 행사할 수 없게 되어 제3자가 주주권을 행사하게 되는데 주주이지만 회사에 대해 주주권을 행사할 수 없는 주주(**최광의의 실질주주**)를 포함할 수도 있다.

2) **증권예탁결제제도** : 상장법인의 주식이 예탁결제원에 예탁된 경우에는 그 예탁주식의 발행회사의 주주명부에는 예탁결제원이 주주로 기재되고 (협의의) 실질주주는 주주명부에 기재되지 않는다. 그러나 예탁결제원은 증권예탁결제제도에 따라 주주가 되었고 주식을 소유한 주체는 아니므로 실질주주가 권리를 행사하도록 할 필요가 있다. 따라서 증권예탁결제제도하에서는 발행회사의 주주명부에는 예탁결제원이 주주로 등재되지만, 주권발행회사가 권리행사의 기준일을 예탁결제원에의 통지, 예탁결제원의 기준일의 실질주주사항을 발행회사에 통지(자본 315.3), 주권발행회사는 통지받은 실질주주에 관한 사항을 바탕으로 **실질주주명부**를 작성·비치하여야 한다(자본316.1). **실질주주명부에의 기재**는 주주명부에의 기재와 같은 효력을 가진다(자본316.2). 판례는 형식주주·실질주주의 회사에 대한 권리행사에서도 동일한 법리가 적용된다고 보고(2015다248342전합), 주주명부 열람, 등사청구권의 행사에서도 상법 제396조가 실질주주명부에 유추적용된다고 본다(2015다235841).

3) **전자등록제도** : 회사가 주권을 발행하지 않고 정관에 전자등록제도를 이용하는 것으로 정하고 회사가 발행등록을 한 경우에는 주주는 주식을 양도하더라도 주권이 이동되지 않고 전자등록에 의해 주식의 양도가 이뤄진다. 이는 증권예탁결제제도에서의 대체결제와 유사하게 전자등록기관의 고객관리계좌부에 계좌관리기관(예, 증권회사)이 기재되고 실질주주는 계좌관리기관의 고객계좌부에 기재될 뿐이다. 하지만 발행회사의 신청에 의해 전자등록기관이 (실질)주주에 관한 사항을 기재한 소유자명세를 발행회사에 통지하면 발행회사는 이를 주주명부에 기재하도록 되므로 전자등록제도 하에서는 실질주주가 실질주주명부가 아닌 주주명부에 직접 기재된다. 요컨대 전자등록제도에서는 전자등록기관이 실질주주에 관한 사항을 발행회사에 통지하면 통지내용을 발행회사가 관리하는 주주명부에 이를 반영하도록 하여(등록37.6) 증권대체결제제도에서 도입된 실질주주명부는 전자등록제도에서는 불필요하게 되었다.

4) **전자주주명부** : 회사는 정관으로 정하는 바에 따라 전자문서로 주주명부(전자주주명부)를 작성할 수 있다(상352의2.1). 회사법은 주주총회의 전자소집통지제도(상363.4)와 전자투표제도(상368의4)의 활성화를 위해 전자주주명부제도를 도입하였다. 전자주주명부에는 주주명부의 기재사항(상352.1) 이외에 전자우편주소를 기재하여야 하고, 전자주주명부의 비치·공시 및 열람의 방법에 관하여 필요한 사항은 시행령으로 정한다(상352의2.2,3). 회사가 정관의 규정에 따라 전자주주명부를 작성하는 경우에 회사의 본점 또는 명의개서대리인의 영업소에서 전자주주명부의 내용을 서면으로 인쇄할 수 있으면 주주명부를 갖춘 것으로 본다(시행11.1). 주주와 회사채권자는 영업시간 내에 언제든지 서면·파일의 형태로 전자주주명부에 기록된 사항의 열람·복사를 청구할 수 있지만, 회사는 다른 주주의 **전자우편주소**를 제외하는 조치를 하여야 한다(시행11.2). 전자우편주소의 복제·전달 등에 의한 주주의 피해를 방지하기 위해 전자우편주소에 관한 정보를 실제 주소에 관한 정보보다 더 강력하게 보호하고 있다.

3. 주주명부의 작성·공시

(1) 주주명부의 작성

1) **기재사항** : 주주명부에는 주주의 성명과 주소, 각 주주가 가진 주식의 종류와 그 수, 각 주주가 가진 주식의 주권을 발행한 때에는 그 주권의 번호, 각 주식의 취득연월일 등을 기재하여야 한다(상352.1). 전환주식을 발행한 때에는 주식을 다른 종류의 주식으로 전환할 수 있다는 뜻, 전환의 조건, 전환으로 인하여 발행할 주식의 내용, 전환을 청구할 수 있는 기간 등도 주주명부에 기재하여야 한다(상352.2 → 347). 주주명부는 주주·주식·주권에 관한 사항을 기재하는 장부이므로 회사법은 주주·주식·주권의 동일성을 확인할 수 있는 사항을 기재하게 하면서, 추가로 주식 취득연월일을 기재하게 하고 있다. 주식의 발행권한은 회사가 가지지만 기재사항에 오류가 있을 경우 주주 등 이해관계인이 주주명부의 정정신청을 할 수 있다고 본다. 그밖에 주식양도에 따라 주주가 변경될 경우 명의개서절차는 회사가 일방적으로 할 수 없고 양수인의 권리증명(주권 제시 등)에 의한 명의개서신청이 있어야만 행해진다.

2) **주주총회의 전자화** : 회사는 정관으로 정하는 바에 따라 전자문서로 작성된

주주명부를 **전자주주명부**라 한다(상352의2.1), 전자주주명부에는 주주명부의 기재 사항(상352.1) 이외에 전자우편주소를 기재하여야 한다는 점이 특징적인데, 회사 는 전자주주명부상의 전자우편주소를 이용하여 주주총회의 소집통지를 전자적으 로 발송할 수 있다(상363.1). 다만 전자문서로 주주총회의 소집통지(**전자소집통지**) 를 하기 위해서는 먼저 전자문서에 의한 소집통지에 관한 각 **주주의 동의**를 받아 야 한다. 전자소집통지는 소집통지의 편의성과 비용절감을 가져올 뿐만 아니라 **전 자적 방법에 의한 의결권 행사**를 허용할 경우 의결권행사에 필요한 양식과 참고자 료를 발송할 수 있게 한다(상368의4.3). 의결권의 전자적 행사(전자투표)는 현장 주주총회가 전제되고 의결권 행사만 전자화 한 것인데, 여기서 더 나아가 현장 주 주총회를 개최하지 않고 **전자주주총회**를 개최하는 것도 입법론적으로 검토할 필 요가 있다.

(2) 주주명부의 공시

1) **본점 비치** : 이사는 주주명부를 주주총회의사록과 함께 본·지점에 비치하 여야 한다. 회사가 명의개서대리인을 둔 때에는 주주명부 또는 그 복본을 명의개 서대리인의 영업소에 비치할 수 있다(상396.1). 주주명부는 주주가 자신의 권리 행사를 위해 확인할 필요가 있을 뿐만 아니라 주주총회 등에서 의결권 행사가 요 구될 경우 현재 회사의 소유구조를 파악하기 위해서도 주주명부의 열람은 중요한 수단이 된다. 주주명부의 비치의무를 이사의 의무로 규정하고 있어 이사가 다수 일 경우 대표이사뿐만 아니라 모든 이사의 의무로 이해된다. 본점 또는 명의개서 대리인의 영업소에 비치된 주주명부는 모든 자에게 열람이 허용되는 것은 아니고 주주와 회사채권자에 한해서 영업시간 내에만 제한적으로 허용된다(상396.2).

2) **주주명부 열람·등사청구권** : ① 취 지 – **주주·회사채권자**는 영업시간 내에 언제든지 주주명부나 주주명부의 복본의 열람·등사를 청구할 수 있다(상396.2). 이는 주주가 주주권을 효과적으로 행사할 수 있게 함으로써 주주를 보호함과 동 시에 회사의 이익을 보호하려는 데 목적이 있고, 그와 함께 소수주주들로 하여금 다른 주주들과의 주주권 공동행사나 의결권 대리행사 권유 등을 할 수 있게 하여 지배주주의 주주권 남용을 방지하는 기능도 담당한다(2015다235841).

② 허용범위 – 실질주주명부도 주주명부와 동일한 효력이 있으므로(자본 316.2) 실질주주가 실질주주명부를 열람·등사청구할 경우에도 상법 제396조 2항

이 유추적용된다. 실질주주명부 열람·등사청구권이 허용되는 범위도 '실질주주명부상의 기재사항 전부'가 아니라 그 중 실질주주의 성명 및 주소, 실질주주별 주식의 종류 및 수와 같이 '주주명부의 기재사항'에 해당하는 것에 한정되고 실질주주의 전자우편주소는 열람·등사의 대상에 포함되지 않는다(2015다235841).

③ 회사의 거절 – 주주·회사채권자가 주주명부의 열람·등사청구를 한 경우 회사는 그 청구에 정당한 목적이 없는 등의 특별한 사정이 없는 한 이를 거절할 수 없다. 회사가 열람·등사청구를 거절할 경우 정당한 목적이 없다는 점에 관한 증명책임은 회사가 부담하는데, 이는 실질주주명부에도 동일하다(2015다235841).

3) 주주권 확인 : 주주는 주식을 보유한 자이므로 자신의 주주권 확인을 법원에 구할 수 있다. 다만 주식을 취득한 자는 특별한 사정이 없는 한 점유하고 있는 주권의 제시 등의 방법으로 자신이 주식을 취득한 사실을 증명함으로써 회사에 대하여 단독으로 그 명의개서를 청구할 수 있는데, 실질주주가 명의개서를 하지 않고 법원에 주주권 확인을 구할 소익이 있는가? 판례는 을회사 주주 갑의 주식에 관해, 위조된 주식매매계약서에 의해 타인 앞으로 명의개서가 되었음을 이유로 을회사를 상대로 주주권 확인을 구한 사안에서, 갑이 을회사를 상대로 직접 자신이 주주임을 증명하여 명의개서절차의 이행을 구할 수 있으므로, 갑이 을회사를 상대로 주주권 확인을 구하는 것은 갑의 권리 또는 법률상 지위에 현존하는 불안·위험을 제거하는 유효·적절한 수단이 아니거나 분쟁의 종국적 해결방법이 아니어서 확인의 이익이 없다고 보았다(2016다240338).

4. 주주명부의 효력

(1) 개 요

1) 회사법상 효력 : 주주명부상의 기재는 어떠한 효력을 가지는가? 주주명부는 회사가 법상 의무의 이행으로서 작성하는 회사의 공적 장부이므로 기재내용의 진정성이 추정될 수 있다(**추정력**). 주주명부의 취지대로 회사는 주주명부상의 주주에게 권리행사의 기회를 부여하면 되고 설사 주주명부상 주주가 진정한 주주가 아니더라도 회사는 이를 알지 못하므로 면책된다(**면책력**). 진정한 주주나 주식을 양수한 주주가 자신의 권리행사를 보호받으려면 주주명부상의 명의를 개서하여야 회사에 대해 자신의 권리를 주장할 수 있다(**대항력**). 추정력은 공적 장부에 대한

법해석에 따른 효력이고 면책력(상353.1)과 대항력(상337.1)은 회사법이 규정한 주주명부 또는 명의개서의 효력이다.

 2) **해석상 쟁점** : 주권의 추정력과 주주명부의 추정력이 충돌할 경우 어느 추정력이 우선하는가(**추정력 충돌**)? 주주명부상의 주주(A)가 실질주주가 아니고 타인(B)이 실질주주임을 회사가 알더라도 회사는 비주주(A)의 권리행사를 허용하면 면책되는가(**면책력의 한계**)? 회사가 주식양수인(B)이 명의개서하기 전이라도 회사가 B의 주식양수 사실을 알고 있을 경우 양도인(A)의 권리행사를 부인하고 양수인(B)의 권리행사를 허용할 수 있는가(**대항력의 구속성**)? 이들 쟁점에 관해 회사법에 구체적 규정을 두고 있지 않아 해석론이 전개되어 왔으며 주주명부의 취지와도 관련된다. 주주명부가 주주를 확정하는 제도(2015다248342)라면 비주주(A)라 하더라도 A의 권리행사를 허용하고 B의 권리행사를 막아야 하고 논의의 실익이 없지만, 주주명부가 주주확정이 아닌 대항·면책력의 제한된 효력을 가진 회사장부로 규정하고 있는 현행 회사법에 따라 충실하게 해석할 경우 그러한 획일적 해결은 어렵게 된다.

(2) 주주자격의 추정력

 1) **의 의** : ① 개 념 - 상법상 주권의 점유자는 적법한 소지인으로 추정하고 있으나(상336.2), 주주명부에 기재된 주주에 권리추정력에 관해서는 상법에 명문의 규정을 두고 있지 않다. 자격(권리)의 추정력은 자신의 자격(권리)를 증명하지 않고 권리를 행사할 수 있는 효력을 의미하고 그 진실성을 담보하지는 않는다. 따라서 권리를 부인하고자 하는 자가 추정사실이 진실하지 않음을 증명하여야 하는데, 권리주장자가 아닌 권리부인자가 그 증명책임을 부담하므로 권리 추정력은 상대방에게 **증명책임이 전환**된다는 점이 기본적 효과라 할 수 있다.

 ② 근 거 - 주주명부에 추정력을 인정하는 근거는 주주명부에 주주의 성명과 주소를 기재하도록 하고 있고(상352 1호), 주주명부에 면책력, 대항력도 주주명부상의 주주가 진정한 주주임을 전제하고 부여하는 효력이라는 점에서 찾을 수 있다. 판례도 주식의 이전은 취득자의 성격과 주소를 주주명부에 기재하여야만 회사에 대하여 대항할 수 있는바(상337.1), 이 역시 주주명부에 기재된 명의상의 주주는 실질적 권리를 증명하지 않아도 주주의 권리를 행사할 수 있게 한 **자격수여적 효력**만을 인정하였다고 보았다(89다카5345). 자격수여적 효력은 증권의 점유자

에 부여되는 효력이지만(어16), 주주명부에 관해서는 주주자격의 '추정력'으로 이해된다.

③ **주권의 추정력** – 주권의 점유자는 적법한 소지인으로 추정하는데(상336.2), '적법 소지인 추정'의 구체적 의미는 유사한 규정을 두고 있는 민법 제200조에서 유추할 수 있다. 즉 '주권의 점유자가 주권에 대하여 행사하는 권리는 적법하게 보유하는 것으로 추정'한다는 의미로 해석될 수 있다. 따라서 권리를 증명함이 없이 권리를 행사할 수 있을 뿐만 아니라 증권의 점유자로부터 악의, 중과실 없이 주식을 취득한 경우 주식의 선의취득이 성립할 수 있다.

2) 추정력과 적법성 : 주권의 추정력이나 명의개서의 추정력 모두 주권취득·명의개서의 적법성을 묻지 않고 주권의 점유, 명의개서가 되어 있다는 사실에서 발생하는 효력이다. 만일 주권취득이나 명의개서절차에 위법성이 있을 경우에는 이를 주장하는 자가 그 위법성을 증명함으로써 추정력을 번복할 수 있다. 하지만 추정력은 절차의 적법성을 떠나 현재 기재된 사실에서 자격(권리)를 추정하는 것이므로, 주권취득의 적법성, 명의개서의 적법성을 추정력의 전제로 볼 수는 없다. 설사 위법한 주권 취득이라 하더라도 주주명부에 기재된 이상 추정력이 발생하고, 만일 위법한 주권 취득에 의한 명의개서라면 정당한 권리자가 이를 말소하여야 하지만 말소 전까지는 추정력은 여전히 발생한다.

3) 추정력의 범위 : 주주명부상의 주주(A)와 타인(B)이 주식의 소유권에 관해 다툴 경우 주주명부의 추정력에 따라 B가 증명책임을 부담하는가? 이는 주주명부 추정력의 효력범위에 관한 문제라 할 수 있다. 주주명부의 명의개서는 회사에 대해 자신이 주주임을 알리고 회사에 대한 주주의 권리행사기회를 제공받기 위해 이뤄지고 등기부처럼 제3자에 대한 권리를 공시하기 위한 수단으로 보기는 어렵다(2015다248342은 주주확정력 인정). 따라서 주주명부의 추정력은 회사의 업무집행과 관련되므로 **회사에 대한 추정력**을 의미하고 **제3자에 대한 추정력**은 가지지 않는다고 본다. 따라서 주주명부상의 주주와 제3자가 **주식의 소유권**에 관해 다툴 경우 권리주장자가 자신의 권리를 증명하여야 하고 추정력에 의한 증명책임의 전환이 발생한다고 보기 어렵다. 다만 주주명부의 명의개서는 회사에 대한 권리취득사실을 증명하여야 가능하므로 주주명부에 주주로 등재되어 있다는 사실은 주주임을 증명하는 간접사실이 될 수 있다고 본다.

4) **추정력의 부인** : 주주명부의 추정력은 반대사실을 증명함으로써 '회사에 대한 권리행사'를 부인할 수 있는데 판례에서 증명의 범위가 문제된 바 있다. 주주명부에 주주로 등재되어 있는 자(예, 형식주주)는 일응 그 회사의 주주로 추정되므로 이를 번복하기 위해서는 그 주주권을 부인하는 측에 입증책임이 있다(84다카2082). 그리고 판례는 **추정력 부인**을 위해선 형식주주가 아닌 실질주주가 주식인수대금을 납입한 사정만으로는 부족하고, 형식주주와 실질주주 사이의 내부관계, 형식주주가 주주명부에 등재된 경위 및 목적, 주주명부 등재 후 주주로서의 구체적인 권리행사 내용 등에 비추어, 형식주주가 순전히 당해 주식의 인수과정에서 명의만을 대여해 준 것일 뿐이고 피고 회사에 대한 관계에서 의결권 등 주주로서의 권리를 행사할 권한이 주어지지 아니한 형식상의 주주에 불과하다고 볼 수 있는지 여부를 심리·판단하여야 한다고 보았다(2007다51505).

5) **추정력의 충돌** : 동일한 주식에 관해 A는 주권을 점유하고 있고 B는 주주명부상 주주로 등재되어 있다면, 회사는 A, B 중 누구에게 주주권을 행사할 기회를 부여하여야 하는가? 양자 모두 추정력에 의해 주주로 추정되지만 회사는 B에게 권리행사의 기회를 부여하면 면책되고(면책력, 상353.1), A는 회사에 대해 대항력을 가지지 못하므로(대항력, 상337.1) **회사에 대한 권리행사**에서는 사실상 B의 추정력(**주주명부의 추정력**)이 우선한다고 본다. 하지만 동일한 주식에 관해 A, B 간에 주주권(**주식의 귀속**)에 관한 다툼이 있을 경우에는 주식양도가 주권에 의해 이뤄지므로 주주명부의 추정력보다는 주권을 점유하고 있는 A의 추정력(**주권의 추정력**)이 우선한다고 본다. 요컨대 주권의 추정력은 **주식의 양도**와 관련해서 주주권이 누구에게 귀속하느냐에 적용되는 추정력이고, 주주명부의 추정력은 **회사에 대한 주주권 행사**에 있어 누구를 주주로 추정할 것인가를 판단함에 적용되는 추정력이라 할 수 있어 적용국면이 다르다고 볼 수 있다.

6) **주주명부의 확정력(17년 변경판례)** : 형식설에 따르는 변경판례는 주주명부상의 주주를 회사와의 관계에서 권리자로 보므로(**확정력**) 주주명부의 추정력은 의미를 상실하는 것은 아닌가? 17년 변경판례(2015다248342)에 따르면, 회사와 형식주주간의 관계에서는 추정력이 아닌 확정력이 작용하므로 추정력은 의미가 없다. 하지만 회사와의 관계가 아니라 형식주주, 실질주주 또는 제3자간의 관계에는 확정력이라는 판례의 해석이 적용될 여지가 없으므로 주주명부의 추정력은 여전히

의미를 가질 수 있다. 즉 주주명부의 효력을 넓게 해석하여 제3자에 대한 권리공시기능까지 하는 것으로 이해한다면, 17년 변경판결 이후에도 제3자에 대한 추정력의 의미를 가질 수 있다.

(3) 회사에 대한 대항력

1) **의 의** : ① 개 념 - 기명주식의 이전은 취득자의 성명과 주소를 주주명부에 기재하지 아니하면 회사에 대항하지 못하는데(상337.1), 주주명부 대신 명의개서대리인의 주주명부의 복본에 기재한 경우도 동일한 효력으로 간주한다(상337.2). 이와 같이 주식 이전시 취득자가 명의개서하여야 회사에 대항할 수 있는 효력을 주주명부의 대항력이라 한다. 주식의 양도는 주식양도의 합의와 주권의 교부만으로 효력이 발생하지만 그 양도로써 회사에 대해 대항하기 위해서는 즉 회사에 권리를 행사하기 위해서는 주주명부에 양수인으로 명의개서가 되어야 한다.

② **명의개서미필주주** - 주식을 양수하더라도 명의개서를 하지 않으면(명의개서미필) 주주이지만 회사에 대한 권리행사가 부인된다. 판례도 주주로부터 기명주식을 양도받은 자라 하더라도 주주명부에 명의개서를 하지 아니하여 그 양도를 회사에 대항할 수 없는 이상 그 주주에 대한 채권자에 불과하다고 본다(90다6774). 명의개서미필주주라 하더라도 주식취득의 효과는 발생하여 주주이므로 양도인에 대한 채권자라는 판례는 잘못되었다 본다. 다른 판례에서 주권발행전 주식을 양수한 사람도 자신이 주식을 양수한 사실을 증명함으로써 회사에 대하여 그 명의개서를 청구할 수 있으므로, 주주명부상의 명의개서가 없어도 회사에 대하여 주주권자임을 주장할 수 있다고 보았다(94다36421).

③ **적용범위** - 주주명부에의 명의개서의 대항력은 **주식의 양도**에만 국한된 것은 아니고 상속, 합병 등 기타 사유에 의한 **주식의 이전**의 모든 경우에 적용된다. 판례는 주식양도 후 명의개서되었다가 그 주식양도약정이 해제되거나 취소된 경우에도 명의개서를 하지 않은 이상 양도인은 주식회사에 대한 관계에 있어서는 주주총회에서 의결권을 행사하기 위하여 주주로서 대항할 수 없다(2000다69927)고 보아 **주식양도의 해제·취소**에도 적용된다고 보았다. 그밖에 실질주주(B)가 형식주주(A)의 명의로 주식인수한 경우에도 실질주주(B)가 권한을 행사할 수 없는가? 주식인수는 주식의 이전과 구별되므로 주식이전시 명의개서(상337)에 해당하지 않지만, 주식인수인의 명의로 주주명부에 기재되지 않는 점에서는 동일하므로

이전시 명의개서의 효력을 주주명부의 효력으로 확대해석할 수 있다고 보아 **명의
차용**에도 주주명부의 대항력을 적용함이 타당하다고 본다(동지, 2015다248342).

　　2) 구속력의 방향 : ① 논　의 – 명의개서를 하지 않으면 주주가 회사에 대해
권리주장을 하지 못하는데, 회사는 명의개서가 되지 않은 주주에게 주주의 권리
행사를 인정할 수 있는가?(**쟁점26**)[109] 이는 **명의개서 전 회사의 주주지위 인정문제**
로서의 실질을 가지지만, 학설은 명의개서 대항력이라는 구속력의 방향문제로 보
고 있다. 이에 관해 진실한 권리관계가 존중되어야 하고 회사대항력에 관한 규정
은 회사의 편의를 위한 조항이라는 점을 논거로 회사는 명의개서 전에도 주주지
위를 인정할 수 있다고 보는 **편면적 구속설**, 회사가 주주명부상의 주주와 실질적
인 주주 사이에 주주선택권을 가지는 것은 주주평등의 원칙에 반하고, 양자 권리
를 모두 부인할 우려가 있어 회사법관계의 획일적 처리요청 등을 논거로 회사는
명의개서 전에 주주지위를 인정할 수 없다고 보는 **쌍면적 구속설** 등이 주장된다.
판례는 명의개서를 하지 아니한 실질상의 주주를 회사 측에서 주주로 인정하는
것은 무방하다는 입장(89다카14714)을 변경하여, 주주명부에 기재를 마치지 아니
한 자의 주주권 행사를 인정할 수 없다고 보았다(2015다248342). 그리고 주주명부
상 타인명의 주식에 관해, 회사가 실질주주에 관한 선악을 불문하고 형식주주의
주주권 행사를 부인할 수 없으며 실질주주의 주주권 행사를 인정할 수도 없다고
보아(2016다267722), 악의의 회사도 주주명부의 대항력에 구속된다는 입장(**쌍면
적 구속설**)을 취하고 있다.

　　② 검　토 – 대항력('대항할 수 없다') 규정의 의미는 '효력이 없다'는 규정(예,
권리주양도, 상319)과는 구별되어야 한다. '대항력'이라는 의미는 요건을 갖추지
못한 주주에 대한 구속력(불이익)을 의미하고 상대방(회사)을 구속하지는 않는다
는 점에서 회사도 구속되는 '효력이 없다'는 규정과 구별된다. 회사 특히 악의의

---

109) **명의개서 전 회사의 주주지위 인정문제(쟁점26)** 에 관해, **편면적 구속설**은 진실한 권리
　　관계가 존중되어야 하고, 회사대항력에 관한 규정은 회사의 편의를 위한 조항이라는 점
　　을 논거로 주주지위를 인정할 수 있다고 보는 견해로서, 상법 제337조 1항은 회사의 사
　　무처리상 편의를 도모하기 위한 것이므로 회사 스스로 이익을 포기하는 것은 무방하다
　　는 점(송옥렬839) 등을 근거로 한다(권기584, 정동512, 채이659, 최준285). 쌍면적 구속
　　설은 회사가 주주명부상의 주주와 실질적인 주주 사이에 주주선택권을 가지는 것은 주
　　주평등의 원칙에 반한다는 점, 양자 권리를 모두 부인할 우려가 있어 회사법관계의 획
　　일적 처리요청(이철송376－377) 등을 논거로 주주지위를 인정할 수 없다고 본다(서헌제
　　651, 최기원398).

회사(B가 실질주주임을 인지)는 대항력에 구속되지 않고 실질주주의 권리행사를 인정할 수 있는 편면적 구속설이 타당하다고 본다. 다만 편면적 구속설을 취할 경우 회사가 필요에 따라 A, B 중 **주주선택의 위험**이 문제되는데, 회사가 B를 주주로 인정하기 위해서는 B가 실질주주임을 증명할 수 있을 경우에 한정된다. 그렇다면 B가 주주임을 회사가 증명할 수 있음에도 A에게 권리행사를 부여한 경우 주주선택의 위험이 문제된다고 볼 수 있는데, 편면적 구속설에 의하더라도 악의의 회사가 비주주의 권리행사를 허용한 것이어서 이는 위법한 주주권 행사로 되어 주주권 행사의 효력이 부인되게 되어 주주선택의 위험은 나타나지 않는다.

③ 사 견 - 대항력의 일반적 의미를 고려할 때 편면적 구속설이 타당하므로 대항력을 규정하고 있는 회사법의 명문규정에 반하여 '회사에 대해 무효'의 취지로 보는 해석론은 그렇게 해석해야할 특별한 필요성이 있는 경우가 아니라면 허용되어서는 안 된다. 쌍면적 구속설이 주장하는 논거 중 '회사법 관계의 획일적 처리요청'보다는 '진정한 주주에 의한 권리행사'라는 법익이 훨씬 중요하다고 본다. 그리고 또 다른 논거인 '회사에 의한 주주선택위험'은 경우를 나눠서 보면 결국 회사에 의한 '비주주의 권리행사허용'이 되어 효력이 부인되므로 회사의 전횡에 지나지 않고 편면적 구속설로 인해 발생하는 문제는 아니다. 이렇게 볼 때 강행법규인 회사법의 명문규정(대항력)을 달리 해석할 특별한 이유가 없음에도 불구하고 주주명부에 확정력(회사에 대해 무효)을 부여하는 쌍면적 구속설(판례)는 부당하다고 본다.

3) 대항력과 면책력의 관계 : ① 개 요 - 주주명부의 대항력은 주주의 입장에서 본 효력이고 면책력은 회사의 입장에서 본 효력이다. 가령 A가 주식을 B에게 양도하였으나 B명의로 명의개서를 하지 않았거나 A의 명의를 B가 차용한 경우, 형식주주(A)와 실질주주(B)의 관계에서 회사에 대한 주주권 행사가 문제된 경우 대항력은 A가 주주임을 주장하는 것이고 면책력은 회사가 A에게 권리행사기회를 부여하면 면책된다는 효력이다.

② **회사의 악의** - 회사가 선의(A를 실질주주로 인식)인 경우에는 B의 권리주장에 대해 회사는 면책력을 주장할 수 있어 A가 권리행사하는 데 문제가 없다. 그런데 소규모회사의 회사의 경영자의 묵인하에 주식명의 차용관계가 형성되는 경우가 많아 회사가 악의(B를 실질주주로 인식)인 경우 대항력과 면책력은 충돌하지 않는가? **쌍면적 효력설**에 따르면 설사 회사가 B가 실질주주임을 알고 증명수단

을 가졌다 하더라도 대항력의 쌍면적 효력에 의해 B에게 권리행사기회를 부여할 수 없지만, **편면적 효력설**에 따르면 회사는 대항력에 구속되지 않으므로 회사는 일정한 조건(악의·중과실＋증명용이성)이 충족되면 A에게 권리행사기회를 줄 경우 면책될 수 없고, 실질주인 B에게 권리행사기회를 부여하여야 한다(**면책력의 한계**).

③ 사 견 – A가 주주명부상의 주주이므로 적법한 권리자로 추정되며(**추정력**), B는 주주명부에 명의개서가 되어 있지 않으므로 회사에 대항할 수 없고(**대항력**) 회사는 A에게 권리행사기회를 제공하면 면책된다(**면책력**). 쌍면적 효력설에 따르면 면책력의 한계는 허용될 수 없고 주주명부에 따라 회사법관계의 획일적 처리(A가 권리행사)가 가능하다. 회사경영자와 합의하여 주식명의 차용관계가 형성된 경우라 하더라도 쌍면적 효력설에 의하면 회사는 합의를 무시하고 자신에게 유리할 경우 주주가 아닌 자(A)에게 권리행사기회를 적법하게 부여할 수 있게 된다. 하지만 회사가 악의인 경우 대항력이 편면적 효력을 가진다고 해석하여 비주주(A)가 주주임을 주장하지 못하고 악의의 회사는 면책력 주장을 할 수 없게 하여(면책력의 한계) 실질주주가 권리를 행사할 수 있게 하는 것이, 주식의 명의차용관계가 적법하다는 전제하에서 구체적 타당성이 있는 해석이고 사법(私法)적 정의에 부합한다고 본다.

(4) 회사의 면책력

1) 의 의 : 회사는 주주명부상의 주주에게 권리행사의 기회를 제공하면 면책된다(**면책력**, 상353.1). 즉, 주주 또는 질권자에 대한 회사의 통지 또는 최고는 주주명부에 기재한 주소 또는 그 자(형식주주)로부터 회사에 통지된 주소로 하면 된다. 상법은 회사(대표이사 등)의 실질주주에 대한 인식여부를 묻지 않고 획일적으로 형식주주에게 권리행사의 기회를 제공하면 면책되도록 규정하고 있다. 회사가 실질주주(진정한 주주)를 알고 있음에도 불구하고 형식주주(비주주)에게 권리행사 기회를 제공할 경우 권리행사의 정합성에 문제가 있고(비권리자에 의한 권리행사), 특히 실질주주와 형식주주간에 다툼이 있을 경우 회사 행위의 정당성도 문제될 수 있어(신의칙에 반하는 결과) 면책력의 한계가 논의된다.

2) **면책력의 한계** : ① 개 념 – 회사가 형식주주가 진정한 주주가 아님을 알고 있는 경우에도 형식주주에게 권리행사기회를 부여하면 면책되는가? 이에 관해 회

사가 주주명부상의 주주(형식주주)가 진정한 주주가 아님을 알았거나 중대한 과실로 알지 못하고(**악의·중과실**) 회사가 형식주주가 주주가 아님을 쉽게 증명할 수 있었음(**증명 용이성**)에도 불구하고 권리행사의 기회를 제공한 경우에는 어음법 제40조 3항을 유추적용하여 회사는 면책되지 않는다고 보는 견해가 다수설이자 변경전 판례(96다45818)의 입장[110]이었으나 17년 전원합의체판결로 변경되었다. 물론 쌍면적 대항력설을 따를 경우 설사 회사가 악의라 하더라도 형식주주의 대항력문제가 되므로 면책력의 한계문제는 생기지 않는다.

② **회사 승낙** – 회사가 실질주주의 권리행사를 사전에 승낙한 경우 변경된 판례를 따르면 여전히 형식주주만 권리행사를 할 수 있는가? 타인의 승낙을 얻어 그 명의로 주식을 인수하면서 명의자와 실제 출자자가 실제 출자자를 주식인수인으로 하기로 약정한 경우 그 상대방은 명의자를 주식인수계약의 당사자로 이해하였다고 보는 것이 합리적이기 때문이라고 본다(2016다265351). 다만 동 판결에서 실제 출자자를 주식인수인으로 하기로 한 사실을 주식인수계약의 상대방인 회사 등이 알고 이를 승낙하는 등 특별한 사정이 없는 경우를 단서로 하고 있어, 회사가 명의차용계약에 근거한 주식인수계약에 승낙한 경우에는 실질주주의 권리행사를 허용한다고 볼 수 있는데 이는 대항력의 쌍면적 효력설을 따르는 17년 전원합의체판결과 모순된다고 본다.

③ **실질주주 인정** – 면책력의 한계라 함은 일정 조건(회사의 악의 등) 충족시 형식주주에게 권리행사기회를 부여하면 회사가 면책되지 않는다는 점(형식주주의 권리행사 부인)만을 의미하고, 실질주주에게 권리를 행사하게 하여야 하는지(실질주주의 권리행사 기회부여)와 직접 관련되지 않는다. 따라서 면책력의 한계를 인정하는 구판례의 입장에 서더라도 실질주주가 회사에 대해 권리를 행사하기 위해서는 주주명부의 추정력을 부인하기 위해 자신의 권리를 증명하여야 하는 문제가 남게 된다. 이를 위해서는 실질주주가 주식의 인수에서 **계산의 주체** 즉 자신이 주금을 납입하였다는 소극적 증명뿐만 아니라 **명의차용관계**(명의대여, 신탁관계 등

---

110) 종전 판례는 면책력의 한계를 적용하기 위한 요건으로 형식주주임에 대한 회사의 악의와 증명수단을 요한다고 보았는데, 만일 실질주주가 형식주주에게 권리행사를 허용한 경우 악의의 회사가 형식주주에게 권리행사 기회를 주더라도 면책된다고 보아야 한다. 즉 면책력의 한계는 실질주주가 권리를 행사하려고 할 경우에만 문제가 되고 악의의 개념에는 실질주주의 권리행사 의도도 포함되어야 한다고 본다. 따라서 만일 실질주주가 권리주장을 하지 않아 그의 의사가 확인되지 않아 형식주주가 종래 해오던 것처럼 의결권을 행사하고 있을 경우에는 설사 실질주주가 있음을 알고 이를 용이하게 증명할 수 있었다 하더라도 여전히 면책된다고 본다.

실질관계)에 대한 적극적 증명이 있어야 한다(2007다27755).

　　3) 17년 전합판결 평가 : 동 판결은 특별한 사정이 없는 한 주주명부에 적법하게 주주로 기재되어 있는 자는 회사에 대한 관계에서 그 주식에 관한 의결권 등 주주권을 행사할 수 있고, 회사 역시 주주명부상 주주 외에 실제 주식을 인수하거나 양수하고자 하였던 자가 따로 존재한다는 사실을 알았든 몰랐든 간에 주주명부상 주주의 주주권 행사를 부인할 수 없다고 보았다(2015다248342). 주주명부의 주주확정력에 의해 회사의 면책력 규정은 의미를 상실하게 되고 면책력의 한계 역시 불필요하게 되어, 회사가 무권리자임을 알고도 권리행사기회를 부여하는 것은 신의칙에 반한다는 기존 판례의 논리를 변경하고 있다. 요컨대 17년 전원합의체판결은 명문의 규정 없이 해석만으로 주주명부에 확정력을 인정하여 주주명부의 추정력을 무의미하게 만들고 대항력의 의미를 왜곡하고 면책력 규정을 불필요하게 만들어 회사법과 동떨어진 해석론이라 할 수 있다. 그리고 악의의 회사가 주주가 아닌 자의 권리행사를 허용함은 신의칙에 반하는 결과가 되어, 결과적으로 동 판결은 회사의 획일적 업무처리를 위해 학설·판례가 계약자유의 원칙 위에 주주명의에 관해 축적시킨 구체적 타당성을 위한 노력을 무위로 만들면서 신의칙에 반하는 결과를 초래하였다고 본다.

5. 주주권 행사자의 확정

(1) 취 지

　　주주는 수시로 주식양도를 통해 주주의 지위를 이전할 수 있어, 회사가 주주에게 집단적 권리행사기회를 부여할 경우(예, 주주총회, 신주발행) 주주권 행사자를 확정할 필요가 있다. 예를 들어 주주총회를 개최할 경우 일정한 시점의 주주명부상의 주주를 주주권 행사자로 본다고 공시를 하게 되면 동 주식에 관해 아직 명의개서미필주주가 있다면 그 지정일까지 명의개서를 하여야만 주주권을 행사할 수 있게 된다. 주식양도의 자유, 명의개서의 비강제성에 의해 실질주주와 형식주주가 불일치할 가능성이 상존하는 상태에서 특정 주주권 행사와 관련하여 회사가 주주권 행사자를 확정하는 제도가 요구된다. 이를 위해 회사법은 기준일제도와 주주명부폐쇄제도를 규정하고 있는데(상354) 이는 회사의 편의를 위한 제도로 볼 수 있다. 즉 일정 시점의 주주명부상의 주주가 주주권을 행사할 수 있다고 확정하기 위해 기준일을 정해도(기준일제도) 좋고, 일정기간 주주명부상의 주주변경을 불허함으로써 주주명부폐쇄 직전의 주주를 권리행사자로 확정해도 (주주명부폐쇄제도) 좋아, 양 제도는 회사의 선택에 따라 이용된다.

(2) 기준일제도

1) **의 의** : ① 개 념 – 회사가 주주권 행사자, 예를 들어 의결권 행사자 또는 배당을 받을 자 등을 확정하고자 할 경우 일정 일자(기준일)의 주주명부상의 주주를 주주권 행사자로 확정하는 제도를 **기준일제도**라 한다(상354.1). 회사가 기준일제도를 이용할 경우 **기준일** 현재의 주주가 주주권을 행사할 수 있고, 설사 **권리행사일** 직전에 주주의 변동(예, 주식양도)이 있었지만 명의개서를 할 시간적 여유가 없었다 하더라도 실질주주(주식양수인)는 권리행사가 금지된다.

② 취 지 – 기준일제도는 후술하는 주주명부폐쇄제도와 달리 일정기간 명의개서를 금지하는 것이 아니므로, 주식양도에 지장을 주지 않으면서 권리행사자를 확정할 수 있다는 장점이 있다. 주주가 권리행사를 하기 위해서는 기준일에 주주명부에 명의개서가 되어 있어야 하므로 기준일을 급박하게 지정할 경우 실질주주에게 명의개서의 기회를 박탈할 수 있다. 뿐만 아니라 기준일을 권리행사일보다 너무 앞선 날짜로 지정할 경우 이 역시 진정한 주주에 의한 주주권 행사를 침해할 우려가 있어 상법은 이를 제한하고 있다.

2) **절 차** : 기준일은 주주 또는 질권자로서 권리를 행사할 날에 앞선 3월내의 날로 정하여야 하고(상354.3), 회사가 기준일을 정한 때에는 기준일의 2주 전에 이를 공고하여야 하나, 정관으로 기준일을 지정한 경우에는 예외이다(상354.4). 회사의 편의를 위한 제도인 기준일제도가 실질주주의 권리침해를 막기 위해서는 권리행사일, 기준일, 공고일의 관계에 관해, 회사법은 권리행사일과 기준일은 간격은 3월을 초과할 수 없고 기준일과 공고일은 최소한 2주 이상의 간격을 두도록 규정하고 있다(공고일 ← (2주) → 기준일 → (3월) ← 권리행사일).

3) **효 과** : 기준일의 주주명부상의 주주가 설사 주식을 양도하였다 하더라도 주주권을 행사할 수 있는데, 이는 회사법이 형식주주를 주주권 행사자로 본 특별한 규정이라 할 수 있다. 기준일제도에도 불구하고 회사가 주주명부상의 주주가 실질주주가 아니고 형식주주에 지나지 않음을 알고 있을 경우 회사는 실질주주의

권리행사를 허용할 수 있는가? 당연히 이는 허용되지 않는다. 물론 17년 전원합의 체판결에 의하면 이는 형식주주가 항상 주주권을 행사할 수 있으므로 문제되지 않지만, 현재의 다수설, 종전의 판례 입장에서도 이 경우 형식주주만 권리행사가 가능하다. 이는 주주명부의 효력 때문이 아니라 기준일제도의 취지와 동 규정의 강행법규성 때문에 회사는 권리행사자인 주주를 선택할 수 없고, 기준일의 주주 를 권리행사자로 하여 권리행사의 기회를 부여하여야 하기 때문이다.

(3) 주주명부폐쇄제도

1) **의 의** : 회사가 주주 또는 질권자로서 권리를 행사할 자를 확정하기 위하 여 주주명부의 기재사항의 변경을 일시적으로 정지시키는 제도이다(상354.1). 기 준일제도와 동일한 기능을 하지만 특정한 주주권 행사자 확정을 위해서 이용되는 기준일제도와 달리, 주주명부폐쇄제도는 일정기간 다양한 주주권 행사에 활용할 수 있는 범용성이 있지만, 일정 기간 주주명부상의 명의개서가 허용되지 않아 주 주권을 제한하는 단점을 가지고 있다. 실무상 양 제도를 병용하는 것이 일반적이 다. 주주명부가 폐쇄되면 폐쇄되기 직전의 주주명부상의 주주가 폐쇄기간 동안 주주권을 행사할 수 있는 주주로 확정된다. 예를 들어 1월 1일부터 주주총회일까 지 주주명부를 폐쇄하면 그 전년도 12월 31일 현재의 주주가 주주권 행사자로 확 정되고 1월 1일부터 주주총회일까지 주주권을 행사할 수 있다.

2) **절 차** : 패쇄기간은 3월을 초과하지 못하며(상354.2), 통상적으로 매 결산 기의 익일부터 주주총회의 종료일까지 폐쇄한다. 폐쇄기간을 제한한 것은 지나친 장기간의 주주명부폐쇄는 주식양도자유의 원칙을 실질적으로 침해할 우려가 있기 때문이다. 회사가 주주명부폐쇄기간을 정한 때에는 그 기간의 2주 전에 이를 공고 하여야 하나, 정관으로 기간을 지정한 경우에는 예외이다(상354.4). 공고기간을 지키지 않은 경우 주주명부폐쇄의 효력은 어떠한가? 이에 관해 공고를 하지 않았 거나 공고일수가 부족한 경우 폐쇄의 효력은 없다고 보는 **무효설**과 폐쇄기간이나 공고기간의 경미한 위반은 효력에 영향이 없다는 **유효설**이 대립한다. 생각건대 유 효설을 따를 경우 다시 경미한 정도에 관해 다툼이 생길 여지가 있으며, 폐쇄·공 고기간은 주주보호를 위한 최소한의 기간이므로 폐쇄·공고기간 등은 엄격하게 해석할 필요가 있어 무효설이 타당하다고 본다.

3) **대상 주주권** : 회사가 주주명부폐쇄제도를 활용할 경우 행사 대상인 **주주권의 특정**이 요구되는가? 이는 기준일제도에서도 동일하게 문제될 수 있는데, 회사법은 이에 관해서 아무런 규정을 두고 있지 않다. 기준일 제도는 의결권 행사 또는 이익배당 등 행사 대상이 되는 주주권을 특정하는 것이 제도의 취지에서 보면 타당하다고 본다. 왜냐하면 대상 주주권이 정해져야 주주가 그 권리 행사를 위해 주주명부상 명의를 개서할 것이기 때문이다. 하지만 범용성을 가진 주주명부폐쇄제도의 경우에는 폐쇄기간 중 모든 주주권이 행사 대상이 되므로 이를 특정할 필요는 없다고 본다. 회사가 주주권의 **집단적 행사**를 위한 경우 예를 들어 의결권, 이익배당청구권 등은 이에 해당되어 주주명부폐쇄 직전 주주가 권리를 행하게 된다. 하지만 주주권의 **개별적 행사** 예를 들어 주주총회 결의취소의 소를 제기한다든지 주주명부열람청구권을 행사한다든지 할 경우에도 실질주주가 아닌 주주명부폐쇄 직전 주주가 그 권리를 행사할 수 있는가? 주주명부폐쇄제도는 회사의 편의를 위한 제도이므로 이는 주주권의 집단적 행사에 국한한다고 보아야 하고 주주권의 개별적 행사는 일률적으로 해석할 수 없고 당해 권리에 관한 규정의 해석에 따라 실질주주 또는 형식주주가 권리를 행사한다고 보아야 한다.

4) **효 과** : 주주명부 폐쇄기간 중 명의개서를 하지 못하지만 권리변경과 무관한 사항은 변경이 가능하다고 본다. 그리고 예외적으로 전환주식·전환사채의 전환청구, 신주인수권부사채권자의 신주인수권의 행사는 가능하다(상350.2, 516.2, 516의9). 만일 폐쇄기간 중 회사가 특정한 명의개서를 허용하였다면 명의개서의 효력은 어떠한가? 이에 관해, 명의개서를 확정적으로 무효로 보는 **무효설**, 명의개서는 유효하나 폐쇄기간 경과 후 효력이 발생한다고 보는 **유효설** 등이 주장된다. 생각건대 주주명부폐쇄제도(상354)는 주주권 행사자를 정하기 위한 일종의 강행법규적 성질을 가졌다고 생각되지만, 명의개서의 효력이 폐쇄기간 이후에 생긴다고 해석하더라도 특정주주에게 이익이 되거나 다수결에 영향을 주지 않으므로 폐쇄기 간 이후에 다시 명의개서신청을 하여야 하는 불편을 덜어주는 유효설이 타당하다고 본다.

제 5 절 주식의 양도와 제한

1. 주식양도

(1) 의 의

1) **개 념** : 주식양도란 사원권인 주식을 법률행위에 의해 이전하는 것을 의미하며, 승계취득에 해당한다. 주주권이 변동되는 원인에는 회사설립·증자시의 주식인수와 같이 주식의 발행이 수반되는 경우나 주식의 선의취득과 같이 법률의 규정에 의한 취득 등도 포함되지만 이들은 모두 주식의 원시취득에 해당한다. 그리고 상속이나 합병에 의해 주식이 취득되는 경우는 승계취득이지만 포괄승계여서 특정승계에 해당하는 주식양도와 구별된다. 주식양도는 주식매매계약과 같은 원인행위가 아니라 주주권이 종국적으로 이전하게 되어 이행의 문제를 남기지 않아 일종의 **준물권계약**으로 볼 수 있다.

2) **발행과 구별** : 주식양도의 대상은 회사의 발행절차가 완료된 **주식**이고 발행절차가 완료되기 전에는 주식의 양도가 있을 수 없다. 주식인수인의 지위인 **권리주**는 아직 주식이 효력을 발생하기 전의 지위여서 주식이 아니므로 양도의 대상이 되지 않는다(상319). 즉 권리주 양도는 회사에 대하여 효력이 없는데, 이는 주식인수인뿐만 아니라 회사의 설립, 신주발행절차를 진행하는 회사도 이에 구속되므로 회사가 주식의 발행단계에서 이를 타인에게 양도하는 것은 허용되지 않는다. 판례도 제3자가 직접 그 주식회사와 해당 **신주에 관한 매매계약**을 체결하여 그 주식회사로부터 해당 신주를 직접 매수하여 취득할 수는 없다(2008다42515)고 보았다.

(2) 양도의 대상

1) **포괄적 권리의 양도** : 주식은 집합적 권리로서 사원의 지위를 의미하므로 주식양도에 의해 양도인인 주주가 가지던 모든 권리는 양수인에게 그대로 이전되고, 주식양도계약으로 자익권·공익권(추상적 권리) 중의 일부를 양도에서 배제할 수 없다. 즉 주주의 지위와 주주권의 분리는 상법상 원칙적으로 인정되지 않는데,

다만 **구체화된 주주권** 예를 들어 구체적 신주인수권, 구체적 주식배당청구권은 이미 이사회의 결의 등을 거친 구체적 채권이므로 이러한 권리가 성립한 이후에는 이를 독립하여 양도하거나 주식을 양도하면서 이를 배제하고 주식을 양도할 수도 있다.

2) **경영권** : 회사의 지배주식을 양도하면 회사에 대한 지배권도 이전되는데, 회사의 경영권이 주식과 독립적인 양도의 대상이 되는가? 지배주식의 양도와 함께 경영권이 주식양도인으로부터 주식양수인에게 이전하는 경우라 하더라도 그와 같은 경영권의 이전은 지배주식(회사를 지배할 수 있는 지분)의 양도에 따르는 부수적인 효과에 불과하다고 본다. 따라서 양도대상 주식 중 일부만이 양도된 상태에서 주식 및 경영권 양도계약이 무효가 된 이상 양도대상 회사의 주주들은 주주총회에서 경영권의 양수회사가 지정한 이사 등을 해임하는 방법으로 경영권을 행사할 수 있으므로 양수회사에 주식 반환의무 외의 독립된 **경영권 반환의무**를 인정하기 어렵다고 보았다(2013다29424).

(3) 주식양도자유

1) **의 의** : 주식은 회사의 자본의 구성단위이면서 주주의 권리이자 재산이다. 주식의 소유자(주주)가 변동되는 주식양도는 물적회사인 주식회사의 운영에 영향을 미치지 않으면서 주주로서는 투자재산을 회수하는 중요한 수단이 된다. 인적회사와 달리 퇴사제도를 허용하지 않는 주식회사에서 주식양도는 투자자본의 유일한 회수방법이므로 유한책임의 원칙과 함께 주식회사의 발전을 위해 중요한 제도가 되어 왔다. 상법도 주식양도의 자유를 보장하기 위해 정관에 의하여서도 주식의 양도를 금지하거나 제한하지 못한다고 규정하여 이른바 **주식양도자유의 원칙**을 절대적으로 보장하고 있었다. 회사와 경쟁관계에 있거나 분쟁 중에 있어 그 회사의 경영에 간섭할 목적을 가지고 있는 자에게 주식을 양도하였다고 하여 그러한 사정만으로 이를 반사회질서 법률행위라고 할 수 없다(2008다37193).

2) **제한의 필요성** : 주주는 주주총회를 통해 회사의 중요한 의사결정에 참여하는데, 예컨대 이사를 선임하는 등의 의사결정을 함에 있어서 주주총회에 이질적 구성원이 참여하게 될 경우 회사 특히 소규모 폐쇄회사의 경영에 어려움이 있을 수 있다. 따라서 주식회사에 있어서도 주식의 양도를 회사가 자치적으로 제한할

수 있도록 허용하면서 동시에 주주의 투자자본회수를 보장할 수 있다면, 주식양
도자유의 원칙의 취지를 살리면서도 개별회사 **주주 구성의 동질성을 확보**할 수 있
게 된다. 이러한 취지에서 주식의 양도는 정관이 정하는 바에 따라 이사회의 승인
을 얻도록 할 수 있게 회사법을 개정함으로써 **주식양도제한**을 허용하였다. 결과적
으로 현행 상법은 주식양도자유를 제한적으로 보장하고 있다고 볼 수 있으며, 정
관에서 정하고 있는 이사회의 승인을 얻지 아니한 주식의 양도는 회사에 대하여
효력이 없다(상335).

(4) 주식양도의 제한 체계

주식양도제한은 ⅰ) 주주간 계약에 의한 주식양도제한, ⅱ) 정관에 의한 주
식양도제한, ⅲ) 상법 규정에 의한 주식양도제한으로서 권리주 양도제한, 주권발
행 전의 주식양도제한, 자기주식취득제한, 상호주취득제한 등이 포함되고, ⅳ) 특
별법에 의한 주식양도제한이 있다. 특별법에도 주식의 양도를 제한하는 규정이
산재해 있는데, 자본시장법에서는 공공적 법인이 발행한 주식의 소유를 제한(자
본167), 외국인의 주식취득 제한(자본168)을 통해 주식의 양도를 제한하고 있다.
독점규제 및 공정거래에 관한 법률은 직접 또는 특수관계인을 통해 기업결합을
위한 다른 회사주식의 취득·소유를 제한하고(독규7.1.1호), 상호출자제한 기업집
단의 계열회사 주식의 취득·소유를 제한하고 있다(독규9.1.1호). 그 밖에 은행법
은 동일인은 금융기관의 의결권 있는 발행주식총수의 100분의 10을 초과하여 금
융기관의 주식을 보유할 수 없다고 정하고 있다(은행15.1). 이하에서 이들 주식양
도제한에 관해 각 유형별로 자세히 살펴본다.

2. 계약에 의한 주식양도 제한

(1) 개 념

1) **주주간계약** : 주식양도제한계약은 통상 주주간계약의 하나의 유형으로 설
명된다. 회사법의 규정에 근거하지 않고 이루어지는 주주간의 합의로서 주주의
회사법상의 권리를 변경 또는 제약하거나 법상 정해진 회사의 운영방법을 변형하
는 주주들간의 합의이다. 의결권구속계약, 업무집행에 관한 주주간계약 이외에 주
식양도제한약정도 주주간계약으로 하나로서 문제된다. 만일 이를 허용한다면 적
대적 인수·합병을 방지하기 위한 수단 등 주주 구성을 안정적으로 유지하기 위해

주식양도제한약정이 이용될 수 있다고 본다. 다만 주식양도제한에 관한 주주간계약은 주식양도자유의 원칙과 관련되므로 기타 주주간계약과는 구별되며, 주주간계약의 당사자는 회사에 대해서도 효력을 주장할 수 있는지 그리고 계약당사자간에 계약이 유효한지 하는 점이 문제된다.

2) **유   형** : 주식양도제한계약은 계약당사자를 기준으로 주주간계약, 주주와 회사간의 계약, 주주와 제3자간의 계약으로 유형화할 수 있고, 양도제한방식에 따라 완전제한형, 기간제한형, 선매권부여형 등으로 유형화될 수도 있다. 즉 주식양도제한계약을 체결하면서 일체의 주식양도를 제한할 수도 있지만, 기간을 약정해서 그 기간 내에만 주식양도를 제한할 수도 있고, 주식양도의 완전한 제한이 아니라 양도할 경우 일정한 자에게 선매권을 부여하여 그 자에게 주식을 양도하도록 제한할 수도 있다. 회사법의 강행법규성에 비추어 주주간계약이 유효하냐가 문제되는데, 제한방식에 따른 유형은 효력론에 미치는 영향이 적지만 계약당사자가 누구이냐는 주주간계약의 효력 결정에 있어서 영향을 미칠 수 있다. 이하에서는 주식양도제한계약이 계약당사자들과 회사에 어떠한 효력을 가지는지 구분해서 보고, 회사가 계약당사자인 경우를 구분해서 고찰한다.

(2) 주식양도제한계약의 효력

1) **단체법과 사적자치** : 주식회사에서는 주식양도자유의 원칙에 의한 단체법적 원리에 따라 계약자유의 원칙, 정관자치의 원칙이 제한된다. 따라서 주식양도제한계약도 당사자의 자유로운 의사결정에 의한 것이라 하더라도 회사법적 질서에 반하므로 회사에 대해서 효력을 가질 수 없다. 하지만 회사법적 질서에 영향을 미치지 않는데도 계약당사자간의 효력을 무효로 보아야 하는가? 계약당사자간의 관계는 사적 자치의 영역이지 회사법적 관계가 아니므로 사회질서에 반하지 않는 계약임에도 단체법적 관계에 적용되는 법리로 이를 제한하는 것은 부당하다고 본다. 이하에서는 주식양도제한계약의 효력을 당사자간의 효력과 회사에 대한 효력으로 구분하여 고찰한다(**대내·외 효력구분설**).

2) **회사에 대한 효력** : ① 주주간계약 – 주식양도제한계약은 주주유한책임의 원칙과 함께 회사법의 근간이라 할 수 있는 **주식양도자유의 원칙**에 반한다는 점에서 계약의 유효성이 문제된다. 주주의 유한책임과 주식의 자유로운 양도가 보장되기

때문에 투자자는 쉽게 투자를 결정하고 투자금을 회수할 수 있게 된다. 따라서 양원칙은 주식회사의 발전과 함께 한 중요한 원칙이어서 이는 강행법적으로 보장되어야 한다는 점에 의문이 없다. 따라서 주식양도자유의 원칙에 반하는 정관, 주주총회결의, 이사회결의, 대표이사의 계약 등 모든 회사행위는 무효라고 하여야 한다. 요컨대 주식양도를 제한하는 주주간계약은 회사에 대해서 무효(**상대적 무효**)로 본다. **판례**도 주식양도제한약정을 포함한 주주간계약의 효력에 관해 당사자간에 채권적 효력을 가지지만 회사에 대하여 효력이 없다고 보는 것이 통설, 판례(2007다14193)이다.

② 회사·주주간계약 – 주주간계약으로 주식양도를 제한하는 것은 회사에 대해서 효력이 없지만, 회사와 주주간의 계약 또는 주주와 제3자간의 계약으로 주식양도를 제한하는 것은 효력이 어떠한가? 특히 회사가 당사자가 된다면 후술하는 바와 같이 회사에 대해 채권적·제한적 효력이 미친다고 볼 경우 회사에 대한 구속력이 발생할 여지가 있다. 하지만 회사가 회사법의 원칙에 반하는 계약을 체결할 경우 그 계약에 채권적·제한적 효력을 부여하는 것은 결과적으로 주식양도자유의 원칙을 반하게 되므로 당사자가 주주이든 회사이든 제3자이든 주식양도계약은 회사에 대해서는 효력을 가지지 못한다고 보아야 한다. 판례도 설립 후 5년간 일체 주식의 양도를 금지하는 내용을 회사와 주주들 사이에서, 혹은 주주들 사이에서 약정하였다고 하더라도 무효로 보았다(99다48429).

3) 계약 당사자간 효력 : ① **채권적 효력설** – 주식양도제한약정은 회사에 대해 효력이 없지만, 통설은 강행법규나 법의 일반원칙에 반하지 않을 경우 합의당사자간에 채권적 효력을 가진다고 이해하며(**채권적 효력설**), **판례**도 주주들 사이에 주식양도를 일부 제한하는 약정은 당사자 사이에서는 원칙적으로 유효하다고 본다(2007다14193). 통설의 '채권적 효력', 판례의 '당사자 사이에서 원칙적 유효'의 개념은 약정 위반자에 대한 손해배상책임의 근거가 된다고 의미(소극적 의미)로 이해되고, 더 나아가 주식의 귀속에 관해 장애요소가 되는 것은 아니다. 하지만 양도제한약정을 근거로 **주식양도금지가처분**을 허용할 경우 주식을 당사자 약정에 의해 양도할 수 없게 만들 수 있어 주식양도금지가처분은 주식양도자유의 원칙에 반하여 허용되지 않는다. 만일 주식양도금지가처분이 허용된다면 사실상 회사에 대해서도 효력을 가지는 것과 유사한 효과가 발생하기 때문이다. 이렇게 볼 때 주식양도제한계약에 의해 가처분으로 보호받을 수 있는 '채권'은 형성되지 않는다고

보아야 하므로, 주식양도제한약정은 엄밀하게 보면 채권적 효력과는 달리 손해배상책임의 근거가 되는 **제한적 효력**을 가진다고 볼 수 있다.

② **제한위반 주식양도** – 제한적 효력설에 따를 경우, 예컨대 甲회사 주주 A와 B가 주식양도제한약정을 체결한 상태에서 A가 약정에 위반하여 C에게 주식을 양도한 경우, A는 B에 대해 손해배상책임을 부담할 뿐이고 양수인 C는 완전한 주주가 된다. 따라서 C는 甲회사에 대해 명의개서청구를 할 수 있고 B를 포함한 모든 자에게 주주임을 주장할 수 있으며, 이는 C가 주식양도제한약정을 알고 있었다 하더라도(악의) 동일하다. 주식양도제한계약이 회사에 대해서는 효력이 없으므로 양수인의 선·악의와 무관하게 양수인은 주식을 유효하게 취득하게 된다.

③ **주주·회사간 계약** – 회사와 주주간의 주식양도제한약정은 회사가 강행법규에 반하는 약정을 하는 것이어서 달리 볼 여지도 있다는 **구별설**, 주주가 회사에 주식불양도의 의무를 부담하는 것은 공서양속에 반하는 것이 아니어서 주주간 주식양도제한약정과 동일하게 보는 **구별부인설** 등이 주장된다. 그런데 구별부인설에 따르면 회사는 주식양도제한계약에 위반한 주주에 대해 손해배상책임을 물을 수 있게 되어 회사 스스로 회사법 원칙에 반하는 계약을 체결하고 이를 위반하였다 하여 손해배상책임을 묻는 것이 적절한지 의문이다. 주주나 제3자는 사적자치의 원칙에 따라 당사자간의 효력을 주장할 수 있지만 회사가 이를 주장하는 것은 허용되지 않는다고 본다. 요컨대 주주간계약 또는 주주와 제3자간 계약에 의한 주식양도제한에는 제한적 효력이 인정되지만, 회사와 주주간계약에 의한 주식양도제한계약은 제한적 효력도 인정되지 않고 완전히 무효한 계약으로 보아야 한다(구별설).

3. 정관상 주식양도의 제한

(1) 의 의

1) **취 지** : 소규모 회사에서는 인적구성의 동질성 확보가 요구되는 경우가 많아 주식양도자유의 원칙을 훼손하지 않는 범위 내에서 주식양도의 제한의 필요성이 논의되어 왔다. 회사에 이질적인 주주의 참여를 배제할 수 있도록 하여 회사경영의 안전을 도모할 수 있게 하면서도 투자자본회수라는 주주의 이익을 침해하지 않는 입법이 모색되었다. 회사법은 이러한 취지를 반영하여 주식양도는 자유롭지만, 회사가 정관으로 정하는 바에 따라 그 발행하는 주식의 양도에 관하여 이사회

의 승인을 받도록 할 수 있다(상335.1). 즉, 주식양도에 이사회의 승인을 얻도록 함으로써 회사사원구성 즉 **주주의 동질성을 유지**할 수 있도록 하면서 **주주의 투자 자본회수**를 보호할 수 있도록 상법을 개정하였다(상335.1단서).

2) **정관자치의 제한** : 회사법이 도입하고 있는 정관에 의한 주식양도제한의 법리는 주식양도 제한을 허용하면서 그 제한방식을 법정하고 있다. 먼저 ⅰ) 정관에 규정이 있어야만 가능하고 정관 이외의 회사와의 계약이나 주주총회결의 등에 의해서 제한하는 것은 허용되지 않으며, ⅱ) 이사회의 승인을 얻는 방식에 의한 제한만 가능하지 주주총회의 승인 등을 얻도록 하는 것은 배제하고 있으며, ⅲ) 이사회 승인을 얻지 못할 경우 주주의 투자자본회수를 위한 방안으로 양수인지정청구의 방식과 매수청구의 방식을 구체적으로 규정하고 있다.

(2) 제한 방법

1) **이사회승인의 정관규정** : 회사가 주식의 양도를 제한하는 것은, 주식양도 시 이사회의 승인을 얻도록 정관을 두는 방법으로만 가능하다(상335.1 단서). '정관규정에 의한 이사회 승인' 이외에 정관에 규정이 없이 주식양도에 이사회의 승인을 요구하거나 정관에 주총의 승인, 그밖에 주주간계약, 정관에 의한 기타 방식의 제한 등은 허용되지 않는다. 그리고 동 규정의 취지는 양도제한에 그치고 양도금지까지 정관으로 규정할 수 있다는 취지는 아니라 본다. 판례도 정관의 규정으로 주식의 양도를 제한하는 경우에도 주식양도를 전면적으로 금지하는 규정을 둘 수는 없다고 보았다(99다48429).

2) **등기사항** : 이사회 승인절차는 정관에 규정되어야 하고 등기사항이며(상 317.2 3의2호), 주식청약서(상302.2 5의2호)나 주권(상356 6의2호) 등에 기재된다. 양도제한에 관해 공시하도록 함으로써 회사주식을 취득하려는 자를 보호하고 있다. 회사가 정관에 주식양도시 이사회의 승인을 얻도록 하는 제한규정을 두었음에도 이를 등기를 하지 않은 경우 정관규정을 알지 못하고 취득한 주주는 그 제한에 구속되지 않는가? 주식양도제한은 **상법상 등기사항**이므로, 등기사항을 등기하지 않았을 경우 등기의 효력규정(상37)에 따라 선의의 제3자에게 대항하지 못하게 된다. 즉 회사가 주식양도제한등기를 해태한 경우 양수인이 양도제한을 알지 못하였다면(선의의 제3자), 이사회의 승인 없이 주식의 양도가 행해졌더라도 회사

는 양도제한으로써 양수인에게 대항할 수 없게 된다(상37.1). 물론 주식양도제한
을 등기한 경우에는 설사 주식양수인이 선의라 하더라도 회사는 그 양도행위의
무효를 주장할 수 있다(상37.1 반대해석). 다만 주식청약서에 이를 기재하지 않은
경우를 '정당한 사유로 등기를 할지 못한 경우'(상37.2)에 해당하는가에 관해 논의
가 있다.

3) 주식청약서 기재사항 : ① **흠결 효과** – 주식양도제한규정은 주식청약서 기재
사항이기도 하다. 이를 흠결한 경우 주식청약서의 요건에 흠결이 있는 것으로 되
어 주식인수의 무효사유가 되지만, 설립등기 또는 신주발행·변경등기 후에는 무
효주장이 제한된다(상320,427). 그리고 주식청약서에 양도제한을 명시하지 않았다
하더라도 주식양도제한이 등기되어 있는 이상 회사는 양도제한으로써 주식양수인
에 대항할 수 있다고 볼 수 있다.

② **흠결시 선의 양수인** – 주식청약서에 기재가 흠결됨으로 인해 주주가 주식의
양수 시에 양도제한 사실을 알지 못하고 주식을 양도한 경우 양수인에게 양도제
한이 있다는 사실을 알지 못한 정당한 사유(상37.2)가 있다고 보아 등기의 효력으
로 대항할 수 없다고 보는 견해가 있다. 하지만 주식청약서 기재사항 흠결은 등기
사항의 흠결과는 구별될 뿐만 아니라 상업등기의 효력에 관한 상법 제37조 제2항
의 '정당한 사유'는 등기부를 열람할 수 없었던 객관적 사유로 한정된다(다수설).
따라서 등기와 무관한 주식청약서나 주권에 일정한 사항이 기재되지 않아 등기사
항을 더 쉽게 알 수 있었던 기회를 상실한 경우까지 본조에서 말하는 정당한 사유
에 해당한다고 볼 수 있을지 의문이다.

③ **검 토** – 주식양도제한에 관해 정관에는 기재되었고 이를 등기를 하였지만
주식청약서에 이를 기재하지 않은 경우에는 다른 주식청약서 기재사항의 흠결에
관한 규정이 적용되어야 하고 상업등기의 효력에 영향을 미치지 않는다고 본다.
왜냐하면 적극적 공시원칙(상37 반대해석)의 예외인 '정당사유'(상37.2)는 등기사
실을 알지 못한 데 관한 정당사유로 국한되어야 하므로 주식청약서의 부실기재는
등기사실과 무관하므로 정당사유에 해당하지 않기 때문이다. 그리고 주식청약서
기재의 흠결의 효과에 관해 별도의 규정을 두고 있지 않아 상업등기의 효력규정
에 따라, 주식인수인은 주식청약서에 주식양도제한이 기재되지 않았음을 이유로
회사설립등기 전이나 신주발행 변경등기 이전에는 인수의 무효를 주장할 수 있
다. 하지만 설립등기나 신주발행 변경등기 이후에는 인수의 무효주장이 제한된다

고 본다.

(3) 제한 대상

1) **대상 주식** : ① **종류주식의 양도제한** - 회사법은 주식양도제한규정에서 '그 발행하는 주식의 양도'라고만 규정하고 있어 양도제한 대상주식을 특정하고 있지 않다. 그렇다면 주식의 종류에 따라 정관으로 양도를 제한하는 것이 가능한가? 종류주식이 발행된 경우 주식의 종류에 따른 특수한 정함을 할 수 있는 경우로 신주의 인수, 주식의 병합·분할·소각, 합병·분할로 인한 주식의 배정(종류주식의 특수사항)의 경우를 정하고 있다(상344.3). 상법 동조의 **종류주식의 특수사항**에 관해 앞서 본 바와 같이 예시규정설과 제한규정설이 대립하고 있는데, 동 규정의 문리해석, 주식평등원칙과 주식양도자유의 제한규정의 확대해석금지 등의 취지에서 제한규정설이 타당하다고 본다.

② **지배주식의 양도** - 회사의 과반수 주식의 양도(**지배주식양도**)시에도 주식양도제한규정이 적용되는가? 회사의 지배주식의 양도는 단순히 주식양도라기 보다는 주식과 함께 회사의 지배권의 이전이라 할 수 있다. 그리고 지배주식을 양도할 경우 주주의 동질성 확보라는 주식양도제한의 취지를 이미 벗어났고, 이사회승인을 얻지 못할 경우 주식매수청구가 가능한가 하는 점에 의문이 있다. 생각건대 이 경우 주식매수청구권은 지배주주가 투자자금을 회수하는 수단으로 악용될 소지가 있으므로, 지배주식의 매수청구에는 적용되지 않는다고 해석하거나 입법론적으로 이를 제한하는 방안을 검토할 필요가 있다고 본다. 다만 지배주식의 범위가 문제되는데, 자력에 의한 정관변경이 가능한 발행주식총수의 2/3 이상을 보유한 주주의 주식이 적절하리라 본다.

2) **대상 행위** : ① **주식 양도** - 주식양도제한은 매매, 증여 등의 원인에 의한 양도 즉 특정승계만 제한할 수 있고 합병·상속 등 **포괄승계**를 제한할 수는 없다. 왜냐하면 합병·상속은 양도가 아닐 뿐 아니라, 합병은 주주총회의 특별결의를 요하므로 단순한 일부 주식의 양도와 동일하게 제한할 필요가 없으며, 상속은 주주의 의사에 의한 양도가 아니므로 이를 제한할 경우 상속인의 재산권을 침해할 수 있기 때문이다.

② **담보제공** - 양도만 제한할 수 있어 질권설정 등 담보제공행위 자체는 제한(이사회 승인)의 대상이 아니며, 주주의 채권자가 주식을 압류할 때에도 이사회의

승인을 요하지 않는다고 본다. 하지만 담보제공 이후 강제집행을 경료할 경우 주식양도와 동일한 효과가 발생할 수 있고 이는 주주의 동질성확보라는 주식양도제한의 취지를 몰각시킬 가능성이 있다. 따라서 주식에 관해 **담보권을 실행**(경매)하는 경우 이사회의 승인을 요한다고 해석하여야 한다. 즉 주식양도를 제한하고 있는 회사의 주식인 담보물에 강제집행을 하기 위해서는 회사 이사회의 승인을 얻어야 하고, 회사가 그 승인을 거절할 경우 경락인은 매수인의 지정, 매수청구를 할 수 있다고 본다.

③ **선의취득** – 양도제한된 주식을 **선의취득**하는 것이 가능한가? 선의취득하더라도 효력이 발생하기 위해 이사회의 승인이 요구되는가? 선의취득의 경우에도 선의취득자가 주주가 되기 위해 이사회의 승인을 얻어야 한다는 견해가 있다. 생각건대 선의취득은 원시취득이므로 승계취득과 구별할 필요도 있지만, 주주 구성의 동질성 확보라는 주식양도제한제도의 취지를 살리기 위해서는 선의취득자도 주주가 되기 위해서는 이사회 승인이 요구되고 불승인시 주식매수청구 등이 가능하다고 본다. 다만 회사가 주식양도제한을 등기하지 않은 경우에는 그 제한으로 선의의 제3자에게 대항할 수 없음은 물론이다(상37.1).

3) 제한 범위 : ① **양수인 제한** – 주식양도에 관해 다양한 방식의 제한이 활용될 수 있는데 그 적법성이 문제될 수 있다. 먼저 일정한 자(예, 외국인, 경쟁회사의 대주주)에 대한 양도만으로 제한(**양수인 제한**)하는 것은 적법한가? 일정한 자만 양수인이 될 수 없게 하는 것은 그 이외의 자에 대한 주식의 양도는 자유로우므로 보편적 양도제한보다는 제한을 완화한 것으로 볼 여지도 있지만 평등권 침해의 우려가 있다. 따라서 제한 자체가 회사의 영업과 무관하게 합리적 이유 없는 차별적인 내용인 경우에는 민법 제103조 위반이 될 가능성이 있지만, 영업과 관련된 **합리적 이유**가 있을 경우(예, 경쟁관계에 있는 회사에의 양도금지)에는 주식양도제한을 완화한 것으로 이해할 수 있어 허용된다고 본다.

② **양도시기 · 대가의 제한** – 예컨대 회사설립 후 5년내와 같이 양도시기를 제한하는 것이 가능한가? 역시 일반적 제한에 비해 제한을 완화한 것으로 볼 수 있어 상법의 규정을 준수한 제한일 경우 적법하다고 본다. 그리고 예컨대 경쟁사의 주가 기준으로 제한하는 등 **양도대가의 제한**은 제한기준이 명확하다면 일반적 제한보다 완화된 것으로 볼 수 있다. 하지만 양도 대가는 주주 구성의 동질성과 무관하여 제한이 합리성을 가지기 어려워, 양도대가의 제한은 계약자유의 원칙을 침

해하는 것으로 무효로 본다.

(4) 승인절차

1) **청구권자** : ① 주 주 – 주식양도제한시 주식을 양도하고자 하는 주주는 회사에 대하여 양도의 상대방 및 양도하고자 하는 주식의 종류와 수를 기재한 서면(**주식양도승인청구서**)으로 **양도의 승인**을 청구할 수 있다(상335의2.1). 양도승인 청구자는 주식을 '양도하고자 하는 주주' 즉 주식양도 전의 주주로 규정하고 있으며 양도 전(주식매매계약 전)에 이를 청구하여야 한다. 만일 주식매매계약이 체결되고 주권을 교부한 이후에 양도승인청구하게 될 경우 이미 양수인이 주주이므로 (당사자간의 제한적 효력) 양도인이 양도승인청구할 경우 이는 무권리자에 의한 청구가 된다.

② 양수인 – 양도승인청구권자는 원칙적으로 주식의 양도하고자 하는 주주이지만 '주식을 취득한 자' 즉 **주식의 양수인**도 양도승인청구를 할 수 있다(상335의7), 주식양도계약이 성립되기 전에는 주식양수인은 주식에 대한 권리자가 아니어서 청구할 수 없지만, 주식양도계약이 성립되어 주식양도계약이 이행되면 주식양수인이 주주가 되므로 청구권자가 된다는 취지로 해석된다. 주식양수인에 의한 승인청구시 주식의 양도에 대한 이사회의 승인을 얻기 위해 회사에 대하여 그 주식의 종류와 수를 기재한 서면(**주식취득승인청구서**)으로 그 **취득의 승인**을 청구하여야 하며(상335의7.1), 이에 관해서는 양도인에 의한 승인청구 규정을 준용한다(상335의7.2).

2) **양도승인절차** : ① 승인 청구 – 주식양도제한 주식을 양도하고자 하는 주주나 주식을 취득한 자는 주식양도승인청구를 할 수 있는데, 청구시한에 관해 특별한 규정을 두고 있지 않다. 주주 청구시에는 주식양도를 하려면 승인청구를 하여야 하므로 청구시한이 그다지 문제되지 않지만, 양수인이 주식양도승인청구를 할 경우에는 주식양도가 이미 이뤄졌으므로 주식양도일로부터 언제까지 승인청구를 할 수 있는지가 문제될 수 있다. 하지만 청구시한이 없더라도 주식양수인에 회사에 대해 권리를 행사하기 위해서는 주식양도가 회사에 대하여 효력을 가져야 하므로 양도승인청구가 전제되므로 시한이 없더라도 무방하다고 본다.

② 통지의무 – 회사는 양도승인청구가 있는 날부터 1월 이내에 주주에게 그 승인 여부를 서면으로 통지하여야 한다(**통지의무**, 상335의2.2). 회사가 양도승인을

하기 위해서는 **이사회결의**를 거쳐야 하고 이사회결의는 보통결의요건을 갖추면 된다. 이사회가 승인거부를 결의한 경우 이를 승인청구자에게 통지하여야 하는데, 회사가 1월 내에 주주에게 승인거부통지를 하지 아니한 때에는 주식의 양도에 관하여 이사회의 승인이 있는 것으로 본다(**승인간주**1, 상335의2.3). 양도의 승인·거부통지는 의사표시의 일반적 원칙에 따라 청구인(양도인 또는 양수인)에게 도달하여야 효력이 발생하는가? 생각건대 주식양도승인은 사단구성원인 주주의 지위변동에 관한 단체법적 절차여서 이사회의 승인결의에 의사표시의 도달과 무관하게 효력이 발생한다고 볼 여지도 있지만, 승인청구자의 보호를 위해서는 통지가 도달하여야 효력이 발생한다고 본다.

③ 승인거부 – 회사가 양도승인을 거부하는 경우에도 이사회결의로 거부결의를 하여야 하며 이 경우 승인간주가 되지 않으려면 1월 이내에 반드시 승인청구자에게 **양도승인거부통지**를 하여야 한다. 양도승인거부통지를 한 경우 양수인에 대한 주주의 주식양도를 이사회가 거절한 것이 되어 주식양도는 효력을 가지지 못한다(상335.3). 양도승인거부통지는 적법한 통지이어야 하므로 적법하지 않은 승인거부 즉 이사회의 결의 없이 또는 하자 있는 결의에 의해 양도를 거절한 경우에는 통지기간 내에 다시 적법한 거부의 통지가 없는 한 양도를 승인한 것으로 간주하여야 한다. 양도승인거부의 통지를 받으면 회사에 주식의 매수를 청구하거나 주식양도 상대방의 지정을 청구할 수 있다(상335의2.4).

3) 취득승인절차 : ① 양도승인절차의 준용 – 주식 양수인이 회사에 주식취득의 승인을 청구할 수 있는데, 이 경우에도 이사회가 승인을 하지 않을 경우(승인거부) 양도승인청구절차를 준용한다(상335의7.2 → 335의2.2~4,335의3~335의6). 취득승인청구시에도 회사는 1월 내에 승인여부를 서면으로 통지하여야 하고(상335의2.2), 거부통지 해태시 승인간주(상335의2.3), 승인거부 통지시 양수인이 양도상대방 지정청구(상335조의3), 주식매수청구(상335조의6)를 할 수 있다(상335의2.4).

② **양수인의 지위** – 양수인이 매수인 지정신청을 한 경우 양수인으로부터 지정상대방 또는 회사로 주식이 이전되는 것인지 아니면 양도인으로부터 이전되는지 불명확하다. 양수인이 청구하는 절차에 양도인의 청구시 절차규정을 준용하고 있으며(상335의7.2), 준용규정에는 상대방 지정(상335의3), 회사에 대한 양도(상335의6), 매수가액의 결정(상335의5)까지 포함되어 있다. 따라서 주식양수인이 상

대방 지정, 매수청구권 행사, 매도가액의 결정을 주도적으로 할 수 있다. 그리고 이사회승인이 없는 주식양도는 완전히 효력이 없는 것이 아니고 회사에 대해 효력이 없을 뿐이므로 이사회가 승인거부결의를 하더라도 양수인을 배제할 수 없다. 따라서 양수인이 지정신청을 할 경우에는 양도인의 주식은 양수인을 거쳐 지정상대방이나 회사에 양도되게 된다고 본다.

③ **주식양도계약의 유효성** – 주식의 양수인이 취득승인절차를 거치며 회사에 주식매수청구권을 행사하기 위해서는 유효한 주식양도계약이 전제된다. 주식양도계약에 하자가 있을 경우 양수인의 주식매수청구의 효력은 어떻게 되는가? 이에 관해 **판례**는 회사로부터 양도승인거부의 통지를 받은 양수인은 회사에 대하여 행사하는 주식매수청구권은 주식을 취득한 양수인에게 인정되는 이른바 형성권으로서 그 행사로 회사의 승낙 여부와 관계없이 주식에 관한 매매계약이 성립하게 되므로, **주식을 취득하지 못한 양수인**이 회사에 대하여 주식매수청구를 하더라도 이는 아무런 효력이 없고, 사후적으로 양수인이 주식 취득의 요건을 갖추게 되더라도 그 하자가 치유될 수는 없다고 보았다(2014다221258).

(5) 매수인 지정청구권

1) **개 념** : 주식양도승인이 거부된 경우 주주는 양도의 상대방을 지정하여 줄 것을 회사에 청구할 수 있는데, 이를 매수인 지정청구권이라 한다. 이 경우 이사회는 이를 지정하고 그 청구가 있은 날부터 2주 내에 주주·지정매수인에게 서면으로 이를 통지하여야 한다(상335의3.1). 이 기간 내에 주주에게 상대방지정의 통지를 하지 아니한 때에는 주식의 양도에 관하여 이사회의 승인이 있는 것으로 본다(**승인간주**2, 상335의3.2). 지정매수인의 지정에 관해 이사회가 지정권자이므로(상335의3.1), 이사회가 지정매수인 지정결의를 하여야 하는데, 주식양도 승인불허결의를 할 때 함께 결의하더라도 무방하다. 다만 이 경우 주주가 양도상대방 지정청구를 하지 않고 주식매수청구를 할 수도 있으므로 이는 일종의 예비적 결의의 성질을 가진다.

2) **지정매수인** : ① **지정 자유** – 매수인으로 지정될 수 있는 자에 관해 회사법에는 특별한 제한규정을 두고 있지 않아 주주(대주주)이든 제3자이든 이사회의 결의로 지정하면 무방하다고 본다. 이사회결의로 특정 주주를 지정매수인으로 함으로써 회사의 지분구조가 변경되고 이로써 회사의 **지배권에 변동**이 생기게 하는

경우 자기주식의 처분에서와 유사한 문제가 내포되어 있다고 보며, 그에 대해서
는 자기주식(2편3장5절6.(7).2))에서 함께 살펴본다.

② **회사 지정** – 회사가 매수인 지정청구를 받은 경우 당해 회사를 매수인으로
지정하는 것은 가능한가? 이를 허용할 경우 회사가 자기주식을 취득하게 되는데,
후술하는 회사에 대한 매수청구를 회사법이 별도의 권리로 정하고 있다는 점에서
회사 지정시 회사에 대한 매수청구와 동일한 효과가 발생하므로 지정청구와 매수
청구를 구별한 회사법의 취지를 고려할 때 허용된다고 보기 어렵다고 본다. 요컨
대 상대방 지정청구시 회사는 당해 회사를 지정매수인으로 정할 수 없다고 본다.

3) 지정매수인의 매도청구 : ① **매도청구** – **지정매수인**은 지정통지를 받은 날부
터 10일 이내에 지정청구를 한 주주에 대하여 서면으로 그 주식을 자기에게 매도
할 것을 청구할 수 있다(상335의4.1). 이 경우에도 지정매수인이 이 기간 내에 매
도의 청구를 하지 아니한 때에는 주식의 양도에 관해 이사회의 승인이 있는 것으
로 본다(**승인간주**3, 상335의4.2). 지정매수인이 매수청구는 청구기간(10일) 내에
의사표시 할 것을 조건으로 효력을 가지는 의사표시라 할 수 있으며, 10일이 경과
하면 의사표시를 하더라도 효력이 발생하지 않고 승인간주의 효과가 발생한다.

② **주식선매권** – 지정매수인의 매도청구권은 주식선매권의 성질을 가진다. **주
식선매권**(preemptive right)이란 특정 주식에 관해 우선적으로 주식을 매수할 수
있는 권리로서, 일방적 권리 행사에 의해 '계약성립 관련 효과'가 발생한다. 지정
매수인의 주식선매권(매도청구권)의 법적 성질은 형성권의 성질을 가지므로 지정
청구인의 승낙을 요하지 않고, 지정청구인은 지정매수인에게 주식을 양도해야 할
의무를 부담한다. 그리고 주식선매권은 형성권의 일반적 성질에 따라 포기할 수
도 있다고 보며, 이 경우 기간 내 매도청구를 하지 않은 것이 되어 이사회 승인이
간주된다(상335의4.2).

③ **행사 효과** – 지정매수인이 형성권인 주식선매권을 행사하면 법률관계가 형
성되는데, 형성되는 법률관계는 무엇인가? 주식매매계약이 성립하는가(**매매계약
설**) 아니면 주식매매계약을 성립시킬 의무가 발생하는가(**매수협의설**)? 매수협의설
은 매수협의의무가 구체적으로 무엇을 의미하는지 모호함이 있으며, 매매계약설
은 매도인이 가격협의를 지연하거나 법원의 결정절차에 소요되는 기간 동안 매매
계약 불이행(매수대금 부지급)에 따른 손해배상책임을 모두 매수인이 부담하게
되어 부당한 결과가 발생한다. 이렇게 볼 때 회사법에서도 매도가액 결정절차를

별도로 규정하고 있으며 법원의 개입도 예정하고 있어, 형성권인 주식선매권의 행사효과는 매도가액 결정을 조건으로 계약성립의 효과가 발생하는 것으로 보는 것이 타당하다고 본다(**조건부 매매계약설**).

4) **매도가액의 결정** : 지정매수인이 매도청구를 할 경우 **매도가액의 결정**이 문제되는데, 이에 관해 주식의 매도가액은 주주와 매도청구인간의 협의로 이를 결정함을 원칙으로 한다(상335의5.1). 그리고 청구 후 30일 내에 매도가액협의가 되지 않을 경우 영업양도 반대주주의 주식매수청구권 행사시 **법원의 매수가액결정**에 관한 규정을 준용한다(상335의5.2 → 374의2.4,5). 따라서 30일 내에 매도가액에 관한 협의가 이뤄지지 않은 경우 지정매수인 또는 양도인(양수인)은 법원에 매도가액 결정을 청구할 수 있고, 법원은 이 경우 회사의 재산상태 그 밖의 사정을 참작하여 공정한 가액으로 이를 산정하여야 한다(상374의2.4,5)

(6) 매수청구권

1) **개 념** : 주식양도승인이 거부된 경우 승인청구권자는 양도상대방 지정청구를 하지 않고 회사에 대해 매수청구권을 행사할 수도 있다. 주식양도제한에서 주식매수청구권이란 주식양도가 제한된 회사의 주주의 주식양도에 대해 양도승인이 거부된 경우 주주·양수인이 회사에 대해 양도대상주식의 매수를 청구하는 권리를 의미한다. 주주로부터 매수청구가 있을 경우 회사는 매수청구를 받은 날부터 2월 이내에 그 주식을 매수하여야 하며, 주식의 매수가액은 주주와 회사간의 협의에 의하여 결정하지만 협의가 되지 않을 경우 법원의 매수가액결정에 따른다.

2) **선택권의 귀속** : **매수인** 지정청구와 주식매수청구의 선택권을 누가 가지는가?(**쟁점27**)[111] 이에 관해, 주주가 출자금을 회수해 가는 것을 방지하기 위해 회사

---

[111] **상대방지정과 주식매수에 관한 선택권의 귀속(쟁점27)**에 관해, **회사선택설**은 회사가 선택권을 가져야 한다는 견해로서 법문의 표현은 주주의 선택권을 예정하고 있다고 볼 수 있으나, 주주에게 선택권을 인정할 경우 자본충실을 해하고 주주가 출자금을 회수해 가는 합법적인 수단으로 악용될 소지가 있다는 점, 양도인은 투자자금 회수만 하면 되므로 선택권을 가질 이유가 없다는 점(이철송395~396) 등에서 회사에 선택권을 부여하여야 한다는 견해이다. **주주선택설**은 주주가 선택권을 가진다는 견해로서 상법 제335조의2 제4항의 해석상 회사에 선택권을 인정하기는 어렵다고 보는데, 회사가 양도상대방의 지정통지를 하지 않으면 자동적으로 주주의 주식양도를 승인한 것으로 간주하는 규정

가 선택권을 가져야 한다는 **회사선택설**,[112) 회사법 규정(상335의2.4)의 해석상 회사에 선택권을 인정하기는 어렵고 주주·양수인이 가져야 한다고 보는 **주주선택설** 등이 주장된다. 생각건대 회사선택설에 따르더라도 대주주가 지배하는 회사가 이사회의 결의를 통해 매수청구를 선택할 수 있어 대주주의 전횡을 막을 수 없으므로 실익이 적다고 볼 때, 회사선택설의 타당성은 의문이다. 상법 제335조의2 4항의 문리해석에 따라 주주가 상대방지정청구, 주식매수청구를 선택할 수 있다고 보는 주주선택설이 타당하다고 본다.

 3) **매수청구권** : ① 법적 성질 – 회사가 주식양도를 승인하지 않을 경우 발생하는 주식매수청구권도 다른 매수청구권(영업양도 반대주주의 매수청구권 등)과 같이 주주의 일방적 의사표시에 의해 효력이 발생하므로 **형성권**적 성질을 가진다고 본다. 다만 형성권의 행사의 효과와 관련하여, 주식매수청구권이라는 형성권을 행사하게 되면 회사는 매수의무만 부담하게 되는지 아니면 형성권 행사에 의해 바로 회사가 주식을 매수하는 효과는 발생하는지 영업양도 반대주주의 매수청구권에서와 동일하게 학설이 대립되고 있다.

 ② 행사 효과 – 주주의 매수청구권 행사의 효과에 관해 **매매계약설**과 **매수협의설**이 대립되고, 판례는 주식매수청구권은 주식을 취득한 양수인에게 인정되는 이른바 형성권으로서 그 행사로 회사의 승낙 여부와 관계없이 주식에 관한 매매계약이 성립한다고 보아(2014다221258), 매매계약성립설을 따르고 있다. 생각건대 매수청구권 행사효과에 관한 논의는 주식선매권 행사의 효과에서 살펴 본 바와 같이 **조건부 매매계약설**이 타당하다고 본다.

 ③ 매수가액 – 회사에 대한 매수청구권을 행사하면 주주·양수인과 회사는 매수가액을 협의할 의무를 부담한다. 회사가 매수청구를 받은 날부터 30일 이내에 매수가액의 협의가 이루어지지 아니한 경우에는 회사 또는 주식의 매수를 청구한 주주는 법원에 대하여 매수가액의 결정을 청구할 수 있다. 법원이 주식의 매수가

(상335의3.2)을 무의미하게 하여 주주의 이익을 크게 희생하고 회사가 이를 악용할 우려가 있다는 점 등을 근거로 한다(정찬형801각주1, 송옥렬854, 정동윤485, 최기원340, 홍복기262).
112) 예컨대 전망이 어두운 회사의 대주주가 이사회에 대해 주식의 양도승인을 청구하는 동시에 내부적으로는 승인을 거부하도록 지시하고 거부당한 후 회사에 대해 매수청구를 한다면 대주주는 회사채권자들에 앞서 출자금을 환급받는 방법으로 주식매수청구권을 활용할 수 있다는 점을 지적한다(이철송299).

액을 결정 방법은 양도상대방 지정청구의 경우와 동일하게 법원이 회사의 재산상 태, 그 밖의 사정을 참작하여 공정한 가액으로 이를 산정하여야 한다(상335의6 → 374의2.4,5).

(7) 회사에 대한 효력

1) **상대적 무효** : 이사회의 승인 없이 한 주식양도는 회사에 대하여 효력이 없 다(상335.2). 주주의 동질성 확보라는 주식양도제한의 법리를 도입한 취지를 고려 할 때 회사와의 관계에서 사적 자치의 원칙은 후퇴할 수밖에 없어 이사회 승인이 없는 주식양도는 회사에 대해서는 효력을 가지지 못한다. 따라서 주식양도가 제 한된 회사의 주식을 이사회승인을 얻지 않고 한 주식양도는 양도당사자가 회사에 대해 효력을 주장할 수 없음은 물론 회사도 주식양도의 효력을 인정할 수 없다(상 대적 무효). 이는 주주명부상의 명의개서 미필주주가 회사에 대해 권리행사를 할 수 없는 대항력 흠결과도 그 효과를 달리한다.

2) **이사회의 추인** : ① 개 념 – 이사회의 추인이라 함은 주식양도제한 회사의 주식을 양도한 주주가 이미 주식의 매매계약을 체결한 후에 이사회의 사후적 승 인을 받는 것을 의미한다. 상법 제335조의2는 '주식을 양도하고자 하는 주주'라고 승인청구의 주체를 정하고 있어(상335의2.1) 사전 승인을 예정하고 있고, 주식양 수인 즉 '주식을 취득한 자'도 양도승인을 청구할 수 있는데(상335조의7) 이는 양 도계약 이후 사후승인을 의미한다. 따라서 주식양수인이 청구하는 경우는 항상 사후승인이므로 추인이 문제될 여지가 없고, 사전승인이 요구되는 '주식을 양도하 려고 하는 주주'가 양도 후에 이사회승인을 청구하는 경우에만 해당된다.

② **양도인의 이사회승인 청구** – 회사법의 문리해석상 주식양도가 성립하기 전 에는 양도인(양도하려는 주주)이, 성립한 후에는 양수인(취득자)이 이사회승인을 청구하는 것으로 정하고 있다고 이해된다. 따라서 이사회추인 문제는 주식양도 이후에 주식양도인이 이사회승인을 청구할 수 있는가 하는 문제가 된다. 생각건 대 주식은 주권에 의해 양수인에게 양도되면 회사의 승인 여부와는 무관하게 주 식에 대한 권리는 양수인에게 귀속하게 된다. 따라서 주식에 대한 무권리자인 양 도인은 이를 청구할 법익이 없을 뿐만 아니라 청구절차에서 매수인지정청구, 매 수청구 등을 선택하여야 하는데 이를 주식양도인이 행사하는 것은 적절하지 않으 므로 주식양도인은 이사회승인을 청구할 수 없다고 보며, 이사회추인도 허용되지

않는다고 본다.

3) 이사회승인의 재청구 : 주주·양수인이 양도승인을 청구하여 거절되었음에도 매수인 지정청구나 회사에 대한 매수청구권을 행사하지 않고 이사회 구성이 변경되었을 경우 이사회승인을 재청구할 수 있는가? 특히 주식양수인이 양도승인을 청구하는 경우 주식양수인이 이미 주주가 되었음에도 이사회승인이 없어 회사에 대해 주식양도가 효력이 없게 되므로 주주권을 행사할 수 없는 상태이다. 회사법은 단순히 이사회승인청구권과 승인거부시 후속절차만 규정하고 있을 뿐 이사회승인이 거부된 경우 재승인청구에 관한 규정을 두고 있지 않다. 생각건대 재신청을 금지하는 규정이 없을 뿐만 아니라 양수인은 회사에 대해 자신의 권리를 행사하지 못하는 불이익을 받고 있으므로 매수인 지정청구나 매수청구권의 행사시한에 관한 규정도 불필요하고 설사 이사회에 재신청하더라도 이를 불허할 이유는 없다고 본다.

(8) 당사자간 효력

1) 주식양도의 효력 : 이사회승인 없는 주식양도가 회사에 대해서는 무효라고 하더라도 주식양도는 사적계약에 의한 주식의 이전이므로 자유로운 의사의 합치에 의한 주식양도는 당사자간에는 원칙적으로 유효하다. 주주의 동일성 확보라는 취지로 상법이 주식양도제한의 법리를 도입하였으므로 이를 위반하였다 하더라도 당사자간이 효력을 무효로 보기는 어렵다. 우리 회사법도 이사회 승인과 무관하게 당사자간에는 주식양도가 유효하다는 전제하에서, 상법 제337조의7 1항에서 '주식을 취득한 자' 즉 주식양수인을 이사회승인 청구권자로 규정하고 있다고 볼 수 있다.

2) 양수인의 지위 : ① 주식의 소유 – 주식양도제한 주식을 양도하여 이사회승인을 얻지 않은 상태의 주식은 주식양도 당사자간에는 주주가 변동되지만 회사에 대해서는 주주변동의 효과가 발생하지 않게 된다. 예를 들어 A가 이사회 승인 없이 B에게 주식을 양도한 경우 B는 동 주식을 소유하지만 회사에 대해서는 자신이 주주임을 주장할 수 없게 되어 회사에 대한 권리행사는 부적법하고 주식양수사실을 회사가 알고 있다 하더라도 회사도 주주권을 행사하게 할 수 없다.

② 실질주주와 구별 – 당사자간에는 유효이지만 회사에 대해 무효인 주식양도

로 주식을 취득한 자(B)의 지위는 '회사에 대해 대항할 수 없는' 실질주주 즉 명의
개서전 주식양수인(상337), 명의차용주주와는 그 지위가 다르다(최광의의 실질주
주, 2편3장2절2.(2).2)). 왜냐하면 주식양도의 승인을 얻지 못한 B를 회사가 주주
로 인정할 수는 없지만, 실질주주(예, 명의차용주주, 명의개서전 주식양수인)의 경
우에는 회사가 이를 주주로 인정할 수 있고(구판례) 일정한 경우에는 신의칙상 주
주로 인정하여야 할 경우(면책력의 한계)도 있을 수 있기 때문이다. 다만 변경된
17년 전합판결에 의하면 형식주주만 주주권을 행사할 수 있어 실질주주와 최광의
의 실질주주(미승인 주식양수인) 양자의 지위의 차이는 거의 없어지게 되었다.

4. 권리주의 양도제한

(1) 제한 취지

회사 성립 전 또는 신주발행의 효력발생 전의 주식인수인의 지위를 **권리주**라
한다. 회사법은 주식인수인의 지위인 권리주의 양도는 회사에 대하여 효력이 없
다고 규정하고 있다(상319). 권리주의 양도를 제한하는 취지는 주식인수인의 지위
를 양도하게 될 경우 회사설립시에는 설립사무의 정체·혼란이 예상되고 설립단
계에서 투기주주가 개입될 경우 설립이 저해될 우려마저 있기 때문이다. 회사 성
립 후에도 회사가 신주를 발행할 경우 주식인수인의 지위가 생겨나는데 이 경우
에도 주식인수인의 지위는 권리주가 되고 그 양도가 제한되는데, 이 역시 신주발
행사무가 번잡하게 되고 투기행위에 의해 건전한 신주발행절차가 저해되는 것을
방지하기 위한 취지로 이해된다.

(2) 권리주 양도의 효력

1) **회사에 대한 효력** : ① 논 의 – 권리주 양도는 양도 당사자간에는 이전의
효력을 가지지만 회사에 대해서는 효력이 없다(**상대적 무효**). 회사에 대해 효력을
가지지 못하는 권리주의 양도를 회사가 스스로 승인할 수 있는가?(**쟁점28**)[113] 이
에 관해, 회사가 승인하는 것을 허용하자는 **유효설**, 회사가 권리주의 양도를 승인

---

[113] **권리주 양도의 회사의 승인가능성(쟁점28)**에 관해, **유효설**은 거래의 실정을 고려하여
회사가 승인하는 것을 허용하자는 입장이고(권기510), **무효설**은 회사가 권리주의 양도
를 승인해도 효력이 없다는 견해로서 투기방지라는 공익적 취지에서 볼 때 승인을 인
정할 수 없고 양도방법도 없으며 그 존속기간도 단기라는 점 등을 논거로 한다(장덕조
20년,173, 同旨, 이철송20년,400, 최기원342, 정찬형727–8, 정동윤488, 최준선227)

해도 효력이 없다는 **무효설** 등이 주장된다. **판례**는 이에 관해 직접적으로 판시하고 있지는 않으나, 동일하게 '회사에 대하여 효력'을 가지지 못하는 주권발행 전의 주식의 양도에서 그 양도를 승인하는 경우에도 그 효력이 부정된다고 본다(65다2069). 생각건대 권리주는 주권발행 전이어서 양도방법이 불확실할 뿐만 아니라 상법 제319조 법문에서도 명확하게 '회사에 대하여 효력이 없다'고 정하고 있으므로 회사에 대해 무효이고 설사 이사회 또는 대표이사가 이를 승인하여 효력을 회복할 수 없다고 보는 무효설이 타당하다고 본다.

② 양수인의 권리행사 – 권리주가 양도되더라도 회사에 대해 효력을 가지지 못하지만 당사자간에는 양도의 효력이 있어 '권리행사불가의 주주'가 탄생하게 된다. 통상의 실질주주는 명의개서에 의해 권리행사가 가능하지만 권리행사불가의 주주는 자력으로 명의개서를 할 수 없으므로 권리주 양도인의 조력을 받을 수밖에 없다. 권리주 양도인이 회사에 대해 주권발행을 청구하고 양도인 명의로 발행된 주권을 권리주 양수인에게 교부하면 양수인은 주권으로써 주식의 적법한 소지인으로 추정되므로 명의개서와 함께 회사에 대항할 수 있는 주주의 지위를 가질 수 있다.

2) 당사자간의 효력 : 권리주 양도제한규정도 회사법의 다른 규정과 마찬가지로 강행규정으로 해석된다. 하지만 권리주양도제한이 공서양속을 보호하기 위한 규정이 아니라 회사의 이익을 보호하기 위한 규정에 지나지 않으므로 이를 위반하더라도 절대적으로 무효하다고 해석할 이유는 없다고 본다. 즉 권리주를 양도하게 되면 양도인과 양수인간의 효력을 부인할 이유는 없다고 보아 당사자간에는 효력을 가진다고 해석된다(통설, **제한적 효력설**). 따라서 양수인은 주식을 소유하게 되고 양도인이 양수인의 의사에 반하여 주주권을 행사하게 되면 이는 불법행위 또는 채무불이행의 책임을 부담할 수 있다.

3) 하자 치유 : 권리주를 양도한 경우에 회사에 대해서는 효력이 없지만 당사자간에는 제한적 효력이 있다. 이 경우 회사가 성립하거나 신주가 효력을 발생한 경우 권리주를 보유한 양수인은 회사에 대항할 수 있는 적법한 주주가 되는가? 만일 이를 허용한다면 권리주 양도는 사실상 제한이 없게 되고 시간만 경과하면 효력이 생기게 되어 권리주 양도금지를 정한 상법의 규정이 무의미하게 된다. 생각건대 소위 '6월내 주권발행전 주식양도'가 기간경과로 하자가 치유(2000두1850)되

는 것은 주식양도자유의 원칙에 따른 해석으로 볼 수 있다. 하지만 권리주는 아직 주식이 성립되기 전이므로 권리주의 자유양도는 회사법상 인정되지 않고, 주권발행전 주식양도와 다르게 시간 경과에 의해 권리주 양도의 하자가 치유된다고 하기 어렵다고 본다.

5. 주권발행전 주식양도의 제한

(1) 의 의

1) **취 지** : 회사가 주권을 발행하기 전에 주식을 양도하더라도 회사에 대하여 효력이 없다(상335.3). 주식양도는 주권에 의해서만 가능하므로 주권발행 전에는 원칙적으로 주식을 양도할 수 없다. 주권발행 전에 주식이 양도될 경우 회사로서는 주주가 변경됨으로 인해 주권발행 사무가 번잡하게 되고, 주권 없이 주식이 양도될 경우 회사와의 관계에서는 누가 주주인지를 확인하는 것이 용이하지 않아 주주권 행사의 효력문제가 발생할 가능성이 높아져 단체법적 고려에서 주권발행 전 주식양도를 제어할 필요가 있다. 이러한 취지에서 회사법은 주권발행 전 주식양도는 회사에 대해서는 효력이 없다고 선언하고 있다.

2) **문제점** : 주권발행 전 주식양도는 회사에 대해서는 효력이 없음에도 불구하고 주권발행 전 주식양도가 종종 발생하였는데 회사에 대해 효력이 없음으로 인해 약간의 부작용이 발생하였다. 주권발행 전에 지배 주식을 양도함으로써 기업을 이전한 후 주식의 양수인의 회사경영을 성공적으로 하여 회사의 가치가 증대되면 주식양도인이 주식양도가 무효임을 이유로 기업을 다시 탈환하는 수단으로 악용하곤 했다. 그리고 회사가 주권을 계속 발행하지 않을 경우 주주는 회사에 대해 효력이 있는 주식양도를 할 수 없어 주식양도자유의 원칙이 실질적으로 침해되게 된다. 이러한 문제점을 해소하기 위해 회사법은 회사성립·신주발행시 주식이 효력을 발생(회사설립·신주납입기일경과) 후 6월이 경과한 후에도 주권이 아직 발행되지 않은 경우에는 주권 없이 주식양도하더라도 유효하다는 규정(상335.3단서)을 추가하여 문제점을 해소하였다.

(2) 6월 전 주식양도

1) **회사에 대한 효력** : 회사가 설립되고 아직 6개월이 경과되지 않았거나 신주

를 발행하고 납입기일이 경과한 후 6월이 경과되지 않은 경우에는 주권발행 전 주식양도는 회사에 대하여 효력이 없다(상335.3). '**회사에 대해서 효력이 없다**'는 것은 주권발행 전 주식양도를 한 당사자가 주식양도의 효력을 주장할 수 없음은 물론 회사도 그 효력을 인정할 수 없다는 의미로 해석된다. 회사의 승인에 관해서 학설 대립이 있긴 하지만 통설, 판례의 입장은 주권발행 전 주식양도에 대해 **회사의 승인**을 부정한다(80마446). 판례는 주권발행전의 주식양수인은 직접 회사에 대하여 주권발행교부 청구를 할 수 없고, 양도인을 대위하여 청구하는 경우에도 양수인 자신에게 주권발행 교부를 청구할 수는 없고(81다141), 다만 양도인인 주주에의 주권발행 및 교부를 구할 수 있다고 본다(82다카21). 더 나아가 주권발행 전 주식양도가 있은 경우 회사가 주식양수인에게 주권을 발행하여도 주권으로서 효력이 발생하지 않는다고 보았다(86다카982). 주권발행 전 주식양수인이 주주총회 결의에 참여하여 의결권을 행사하였을 경우 판례는 주식양수인이 참여한 이사선임결의는 효력이 없다고 보았다(83도1622).

  2) **당사자간 효력** : 주권발행 전 주식양도는 당사자간의 효력까지 부인되는가? 주권발행 전에는 주권이 없어 당사자간에도 유효한 주식양도가 어렵지만, 주권이 발행되면 이를 교부할 것(주권교부의무)을 약정하고 주식을 양도할 수는 있는데 이러한 계약의 효력은 어떠한가? 주권 교부에 의한 주식양도는 주식양도의 방법, 계약의 이행방법이고 설사 이를 위반하였더라도 공서양속에 반하는 것은 아니므로, 주권발행전 주식양도는 회사에 대해 주식양도의 효력이 없지만 주식양도·양수인간에는 효력을 가진다고 본다. 예컨대 A가 주권발행 전에 B에게 甲회사의 주식을 양도하였다면 주식양수인 B는 甲회사나 다른 주주 C에 대해 자신이 주주임을 주장할 수 없지만, 주권교부의무를 부담하는 A가 B에게 자신이 주주임을 주장할 수는 없다. 그리고 A는 주권발행 전 주식양도계약에 따라 주권이 발행되면 주권을 B에게 교부할 의무를 부담하고, 이를 이행하지 않을 경우 채무불이행의 책임을 부담하게 된다(이른바 **제한(채권)적 효력**).

  3) **하자의 치유** : ① 논 의 – 주식발행 후 6월 경과 전에 회사가 주권을 발행하지 않아 주주가 주권발행전 주식양도를 한 경우, 이후 6월의 기간이 경과하였다면 이미 발생한 주권발행 전 주식양도의 하자가 치유되는가? 이에 관해 이를 긍정할 경우 6월내의 주권발행 전의 주식양도를 조장할 우려가 있다고 보아 하자의

치유를 부정하는 **부정설**, 부정설에 따르면 6월이 경과한 시점에 동일한 절차를 반복해야 하는 번거로움만 가져다 줄 뿐이라고 보아 6월이 경과되면 하자는 치유된다는 **긍정설**이 대립한다. **판례**도 주권발행 전에 한 주식의 양도가 회사성립 후 또는 신주의 납입기일 후 6월이 경과하기 전에 이루어졌다고 하더라도 그 이후 6월이 경과하고 그 때까지 회사가 주권을 발행하지 않았다면, 그 하자는 치유되어 회사에 대하여도 유효한 주식양도가 된다고 본다(2000두1850).

　② 검 토 – 주식발행 후 6월 전의 주권발행 전 주식양도는 회사에 대해 효력이 없을 뿐 양도 자체가 공서양속에 반하는 계약이 아니므로 당사자간에는 효력이 있다. 그런데 이러한 회사에 대해 효력을 가지지 못하는 주권발행전 주식양도이더라도 6월이 경과되어 주권 발행 없이도 주식을 양도할 수 있는 상태가 되면, 회사에 대한 효력의 장애요인이 제거되므로 당사자간에 유효한 주식양도가 회사에도 효력을 가진다고 봄이 타당하다. 회사의 주권발행의무의 해태로 인해 동일 절차를 반복해야 하는 주주의 불이익을 막기 위해서도 주식발행 후 주권발행 없이 6월이 경과하면 주권발행 전의 주식양도의 하자는 치유된다는 긍정설이 타당하다고 본다.

(3) 6월 후 주식양도

1) **취 지** : 주식발행(회사설립·신주납입기일경과) 후 6월이 경과하여도 회사가 주권을 발행하지 않을 경우에는 주주는 주권 없이 주식을 양도할 수 있다. 즉 주식발행 후 6월 경과 후 주권발행 전의 주식양도는 당사자간은 물론이고 회사에 대하여도 유효한 주식양도가 된다(상335.3). 회사의 주권발행의무 해태로부터 주주의 이익을 보호하고 주식양도자유의 원칙이 훼손되지 않도록 회사법은 주식발행 후 6월 경과시 주권 없이 주식을 양도할 수 있도록 하였다. 판례도 채권담보의 목적으로 이루어진 주식양도 약정 당시에 회사의 성립 후 이미 6개월이 경과하였음에도 불구하고 주권이 발행되지 않은 상태에 있었다면, 그 약정은 바로 주식의 양도담보로서의 효력을 갖는다고 보았다(93다61338).

2) **양도방법** : ① 지명채권 양도방법 – 주권발행전 주식양도를 허용하더라도 주권이 없어 주식을 어떠한 방법으로 양도하여야 하는가? 주권발행 전에는 주식을 표창하는 수단이 없어 주식은 가치권적 성질을 가져 채권과 유사한 상태이므로, 민법상 **지명채권 양도방법**인 의사표시의 합치에 의하여 주식을 양도할 수 있

다고 본다. 아울러 **대항요건**으로 채무자적 지위에 있다고 볼 수 있는 회사에(의) 통지·승낙이 요구되고, 통지·승낙이 확정일자 있는 증서(민450)에 의할 경우에만 제3자에 대항할 수 있게 된다(통설·판례). 주식은 채권이 아니지만 가치권적 성질을 가지고 있고 회사에 대한 권리행사가 예정되어 있어, 회사·주주의 관계가 채무자·채권자의 관계와 흡사하므로 주권발행전 주식양도방식에 지명채권 양도방식을 유추적용할 수 있다. 주식·지명채권의 양도는 이른바 준물권행위 내지 처분행위의 성질을 가지므로 양도인이 주식·채권의 **처분권한**을 가지고 있어야 유효하다. 따라서 처분권한 없는 자가 지명채권(주식)을 양도한 경우 특별한 사정이 없는 한 채권(주식)양도로서 효력을 가질 수 없으므로 양수인은 채권(주식)을 취득하지 못한다(2015다46119[114]).

② **양도인의 의무** – 지명채권 양도방법으로 주권발행전 주식을 양도한 경우 양도인은 양수인이 회사에 대한 권리행사를 할 수 있도록 할 의무를 부담한다고 본다. 양수인이 회사에 대해 권리행사를 하기 위해서는 회사에 대한 대항력을 갖추어야 하므로 결국 양도인은 **회사에(의) 통지·승낙**에 대한 의무를 부담한다고 볼 수 있다. 판례도 양도인은 회사에 그와 같은 양도통지를 함으로써 양수인으로 하여금 제3자에 대한 대항요건을 갖출 수 있도록 해 줄 의무를 부담한다고 본다(2005다45537). 그렇다면 양도인이 확정일자 있는 증서에 의한 회사에(의) 통지·승낙이 이뤄지게 할 의무도 부담하는가? 생각건대 양도인은 양수인이 회사에 권리행사가 가능하도록 할 의무만 부담한다. 제3자에 대한 대항력은 이중양도시 문제가 되지만 이는 양도인의 의무가 아니라 일정한 경우 양도인의 권리침해 즉 불법행위가 문제된다.

3) 회사에 대한 대항요건 : ① **방 식** – 주식양도를 회사에 대해 대항하기 위해서는 회사의 승낙 또는 양도인의 회사에 대한 통지가 요구된다. 회사(채무자)에 대한 대항요건을 둔 취지는 회사(채무자)가 선의로 주주가 아닌 주식의 양도인에게 권리행사기회의 제공(변제)하지 않도록 하기 위함이다. 대항요건의 하나인 '회

---

114) 동 판례는 순수하게 채권 양도인과 양수인간의 채권양도의 합의만으로 채권이 양수인에게 귀속된다는 사실관계가 아니고, 양도인이 지명채권을 제1양수인에게 1차로 양도한 다음 제1양수인이 그에 따라 확정일자 있는 증서에 의한 대항요건을 적법하게 갖추었다면 이로써 채권이 제1양수인에게 이전하고 양도인은 채권에 대한 처분권한을 상실하므로, 그 후 양도인이 동일한 채권을 제2양수인에게 양도하였더라도 제2양수인은 채권을 취득할 수 없다는 취지이다.

사에 대한 통지'의 주체는 권리를 처분한 양도인이다. 하지만 판례는 일정한 경우 예외적으로 양수인이 통지를 대리하는 것은 허용하고 있다(2010다96911).[115] '**회사(채무자)의 승낙**'의 상대방은 양도인이든 양수인이든 무방하다고 본다. 채권양도시 채무자에 대한 대항력을 위해 채무자가 승낙할 경우 채무자 자신의 위험부담으로 승낙[116]을 하게 된다.

② 대항력의 의미 – 회사에 대한 대항요건을 가출 경우 회사에 대항할 수 있다는 효력(대항력)의 의미는 주주명부의 대항력과 어떠한 관계를 가지는가? 주주가 회사에 대해 자신이 주주임을 대항하기 위해서는 주주명부상에 자신의 명의로 명의개서가 되어야 하는데, 지명채권방식에 의한 6월 경과후 주권발행전 주식양도시에는 회사에(의) 대한 통지·승낙(**귀속관계의 대항요건**)만 하면 주주명부에의 명의개서(**권리행사의 대항요건**) 없이도 회사에 대항할 수 있는가? 주권발행전 주식양도시 통지·승낙의 대항요건과 주주명부 명의개서의 대항요건은 제도의 취지(양도 보호 vs 권리행사 보호)와 효력(귀속관계의 대항력 vs 권리행사의 대항력)을 달리하고 양도의 대항력과 명의개서의 대항력이 개념상 구별되지만, 권리행사의 주주가 양수인으로 변경되었음을 회사에 알린다는 내용을 공통으로 한다.

③ 대항력간의 관계 – **귀속관계의 대항력**(양수인이 주주임)이 인정될 경우 권리행사도 그에 따르는 것이 타당할 뿐만 아니라 주권이 발행된 경우 주권에 의한 권리증명이 용이하지만 주권이 발행되지 않은 경우에는 주주가 자신이 주주임을 사실상 증명하여 명의개서를 하여야 하므로, **권리행사의 대항력**은 귀속관계의 증명에 따르게 된다. 따라서 지명채권방식에 의한 6월 경과후 주권발행전 주식양도에서 회사에(의) 통지·승낙을 한 경우 회사에 대한 권리행사도 가능하다고 해석함

---

115) 판례는 대리통지에 관하여 그 대리권이 적법하게 수여되었는지, 그리고 그 대리행위에서 현명의 요구가 준수되었는지 등을 판단함에 있어서는 양도인이 한 채권양도의 통지만이 대항요건으로서의 효력을 가지게 한 뜻이 훼손되지 아니하도록 채무자의 입장에서 양도인의 적법한 수권에 기하여 그러한 대리통지가 행하여졌음을 제반 사정에 비추어 커다란 노력 없이 확인할 수 있는지를 무겁게 고려하여야 한다고 보고 있다(동판결). 특히 양수인에 의하여 행하여진 채권양도의 통지를 대리권의 '묵시적' 수여의 인정 및 현명원칙의 예외를 정하는 민법 제115조 단서의 적용이라는 이중의 우회로를 통하여 유효한 양도통지로 가공하여 탈바꿈시키는 것은 법의 왜곡으로서 경계하여야 한다. 채권양도의 통지가 양도인 또는 양수인 중 누구에 의하여서든 행하여지기만 하면 대항요건으로서 유효하게 되는 것은 채권양도의 통지를 양도인이 하도록 한 법의 취지를 무의미하게 할 우려가 있다.
116) 채무자가 스스로 채권양도의 효력을 인정하여 양수인에게 채무를 변제하였으나 양도인과 양수인 사이의 양도행위 자체에 흠이 있는 경우에는 이로 말미암은 위험은 채무자 자신이 부담한다고 본다(곽윤직, 민법주해(Ⅹ), 박영사, 2001, 578면).

이 타당하다. 판례도 주권발행전 주식을 양수한 사람은 양도인의 협력을 받을 필요없이 단독으로 자신이 주식을 양수한 사실을 증명함으로써 회사에 대하여 그 **명의개서**를 청구할 수 있고(92다16386), 주주명부상의 명의개서가 없어도 회사에 대하여 자신이 적법하게 주식을 양수한 자로서 주주권자임을 주장할 수 있다고 본다(94다36421).

④ **이중양수인의 대항력** − 주권발행 전의 주식이 양도인(A)로부터 양수인(B)에게 이전된 후 회사에(의) 통지·승낙이 없는 상태에서 A가 이중양수인(C)에게 주식을 이중양도하고 확정일자 없는 회사에(의) 통지·승낙을 하였다면 C가 회사에 대해 주주권을 행사할 수 있는가? 이는 민법 제450조 제1항과의 관계에서 불분명하다. 달리 해석될 여지가 없지 않지만 주권발행전의 주식 양도법리를 논리적으로 고찰할 때, 이미 주권발행 전에 양도된 주식은 B의 소유가 되고 A는 동 주식에 대한 처분권이 없는 상태에서 C에게 주식을 이중양도하였다. 따라서 회사에 대한 관계에서 C가 대항력을 가지는 유일한 경우는 C가 동조 제2항에 의해 확정일자 있는 증서에 의해 A에 대한 대항력을 가지는 경우로 보아야 하고, 이렇게 해석하지 않을 경우 권리의 불일치 상태[117]가 생겨 모순되게 된다. 요컨대 회사에(의) 통지(승낙)에 의한 대항력은 양수인(B)와 甲회사간의 주주권 행사에서 대항력 문제만 있을 뿐, 이중양수인이 확정일자 없는 회사에(의) 통지(승낙)만에 의해 대항력을 가질 수는 없다고 본다.

4) 제3자에 대한 대항요건 : ① **방 식** − 주권발행 전의 주식양도를 제3자에게 대항하기 위해서는 **확정일자 있는 증서에 의한 회사에(의) 통지·승낙**이 있어야 한다. 주식양도를 회사에 대해 주장하기 위해 회사에(의) 통지·승낙이 요구되지만 이는 동시에 주식양도·양수인, 회사 이외의 제3자에 대해 양수인이 주주임을 주장하기 위한 요건이 된다. 하지만 다수의 양수인임을 주장하는 자가 있을 경우 회사에(의) 통지·승낙을 하여 동일한 요건이 다수 발생할 수 있으므로 이들간의 우선적 효력을 부여할 필요가 있어 회사에(의) 통지·승낙의 일자를 기준으로 먼저 발생한 통지·승낙이 우선하게 된다. 이를 위하 회사에(의) 통지·승낙에 **확정일자**

---

117) 주권발행전 주식양도는 양도의 합의만으로 제1양수인(B)에게 이전하고 이중양도가 된 경우 제2양수인(C)과의 관계는 대항력의 문제가 되고 다만 확정일자 있는 증서에 의해 제2양수인이 제1양수인에 대항력을 가진다면 C가 실질적이 주주가 되므로 큰 문제가 없지만 만일 C가 확정일자 없는 증서에 의해 통지(승낙)한 경우에는 진정한 주주(B)과 대항력을 가진 주주(C)가 불일치하는 상태가 된다.

를 요구하며 이를 제3자에 대한 대항요건을 본다.

② 대항력의 의미 – 제3자에 대한 대항력은 특히 주식의 이중양도가 발생한 경우에 의미를 가지며, 확정일자 있는 증서에 의한 회사에(의) 통지·승낙은 이중양수인간의 관계에서 대항력을 결정하는 유일한 기준이 된다. 예컨대 주주 A가 주권발행전에 주식을 B에게 양도하고 확정일자에 의한 회사에(의) 통지·승낙을 갖춘 경우 설사 A가 동일 주식을 C에게 이중양도하더라도 B는 C에 대해 자신이 주주임을 대항할 수 있다. 판례는 그리고 확정일자 없는 증서에 의한 양도통지나 승낙 후에 그 증서에 확정일자를 얻은 경우에는 그 일자 이후에는 제3자에 대한 대항력을 취득하는 것이나(2005다45537), 그 대항력 취득의 효력이 당초 주식 양도통지일로 소급하여 발생하는 것은 아니라 하여(2009다88631), **대항요건의 소급효**를 부정하였다. 그리고 신주인수권증서가 발행되지 아니한 신주인수권 양도의 제3자에 대한 대항요건도 확정일자 있는 증서에 의한 양도통지 또는 회사의 승낙이라고 보았다(94다36421).

③ 대항력과 제3자의 명의개서 – 주권발행전 주식양도에서 확정일자 있는 증서에 의한 회사에(의) 통지·승낙으로 양수인(B)은 제3자(C)에 대한 대항력을 가지지만 대항요건을 갖추지 못한 제3자(C)가 회사의 주주명부에 먼저 명의개서를 한 경우 누구의 권리가 우선하는가? 이 역시 귀속관계에 관한 제3자에 대한 대항력과 권리행사의 대항력의 관계로 볼 수 있는데, 권리행사의 대항력은 주주명부가 주주를 확정하는 효력을 가지지 못하고 명의개서된 주주(C)가 진정한 주주임을 전제하고 인정되는 효력에 지나지 않는다고 보아야 한다. 따라서 주식의 귀속관계에 관한 제3자에 대한 대항력을 가지는 양수인(B)가 권리행사의 대항력을 가지는 이중양수인(C)에 우선한다고 본다. 이에 관한 보다 자세한 논의는 이중양도에서 살펴본다.

5) 양도계약의 해제 : ① 해제의 의사표시 – 주권발행전의 주식양도는 의사표시만에 의해 이뤄지므로 양도계약을 해지할 경우에도 역시 양도계약 해제의 의사표시만으로 복귀한다고 보아야 한다. 판례도 회사 성립 후 또는 신주의 납입기일 후 6월이 경과한 경우 주권발행 전의 주식은 당사자의 의사표시만으로 양도할 수 있고, 그 주식양도계약이 해제되면 계약의 이행으로 이전된 주식은 당연히 양도인에게 복귀한다고 보았다(2002다29411). 이와 유사하게 주식양도양수계약이 적법하게 해제되었다면 종전의 주식양수인은 주식회사의 주주로서의 지위를 상실하였

으므로, 주식회사의 주권을 점유하고 있다고 하더라도 주주로서의 권리를 행사할 수 있는 것은 아니고(93다44906), 주권발행 전 주식에 관하여 주주명의를 신탁한 사람이 수탁자에 대하여 명의신탁계약을 해지하면 그 주식에 대한 주주의 권리는 해지의 의사표시만으로 명의신탁자에게 복귀한다고 보았다(2011다109708).

② **대항력** – 주권발행전 주식양도계약의 해제만으로 주식은 양도인에게 회복되지만 이 경우에도 회사에(의) 통지·승낙이 요구되고 제3자에 대항하기 위해서는 이를 확정일자에 의해야 하는가? **회사에 대한 대항력**을 보면, 회사에(의) 통지·승낙이 주주에 대한 권리행사기회를 부여함에 있어서 회사를 보호하기 위한 제도이므로 주식양도계약의 해제시에도 적용된다고 본다. 따라서 해제로 주식이 양도인에 복귀되었음을 양수인이 회사에 통지하거나 회사가 이를 승낙한 경우 회사에 대항할 수 있다고 본다. **제3자에 대한 대항력**은 주식의 양도와 달리 주식양도계약의 해제의 문제이므로 제3자와 무관하다고 볼 여지도 있지만, 주식양수인이 주식양도계약의 해제에도 불구하고 주식을 주권 없이 제3자에 양도할 수도 있으므로 주식양도의 일반적인 경우와 유사한 상황이 문제될 수 있다고 본다. 따라서 주식양도계약 해제시에도 양도계약 해제에 관해 회사에(의) 통지·승낙이 확정일자 있는 증서에 의한 경우에만 제3자에 대항할 수 있다고 본다.

(4) 주권발행전 주식의 이중양도

1) **기본적 법률관계** : 가치권인 채권의 이중양도가 문제되듯이 주권발행전의 주식 역시 이중양도의 위험에 놓여 있다. 예컨대, 양도인인 주주(A)는 주식을 B(제1양수인)에게 양도한 후 A가 이를 다시 C(제2양수인)에게 양도한 경우 양수인 간의 권리관계의 변화를 보면, A와 B는 주식양도의 합의만으로 주식은 B에게 이전하여[118] B가 주주가 되어 A는 더 이상 주식을 처분할 권한이 없게 된다(2012다38780 참조), 그리고 주식양수사실이 甲회사에(의) 통지·승낙되면 회사에 대한 대항력을 갖추게 되고 회사는 이후 동일한 주식에 대한 이중양도에 관해 승낙하

---

118) 주권발행 전 주식의 양도는 양도인과 양수인 사이의 주식 양도에 관한 의사의 합치, 즉 주식양도계약만으로 그 효력이 발생하므로, 주식양도계약이 체결됨으로써 바로 양도인은 양도의 목적이 된 주식을 상실하고 양수인이 이를 이전받아 그 주주가 된다. 그와 같이 하여 주권발행 전 기명주식을 양도받은 사람은 다른 특별한 사정이 없는 한 양도인의 협력 없이도 그 주식을 발행한 회사에 대하여 자신이 주식을 취득한 사실을 증명함으로써 명의개서를 청구할 수 있고, 그 명의개서로써 회사에 대한 관계에서 주주로서의 권리를 행사할 자격을 갖추게 된다(대법원 2012. 11. 29. 선고 2012다38780 판결).

지 못한다. 물론 위 통지(승낙)이 확정일자 있는 증서에 의한다면 회사는 물론 이 중양수인(C) 등 제3자에까지 대항력이 확정된다.

2) 제3자에 대한 법률관계 : 주권발행전 주식양도의 제3자에 대한 대항력을 위의 사례를 통해 구체적으로 정리하면, 첫째, AC간의 주식양도거래가 AB간의 거래보다 먼저 甲회사에(의) 통지·승낙될 경우 C가 甲회사에 대한 관계에서 대항요건을 갖추게 되어 B의 권리에 우선하게 된다.[119] 둘째, 만일 AB, AC간의 거래 모두甲회사에 통지(승낙)되지 않았다면 대항력을 가진 양수인은 없지만 이미 B가 주식을 취득하여 주주가 되었으므로 A가 한 이중양도는 타인의 권리매매로서 효력이 없다. 셋째, 만일 AB간 거래든 AC간 거래든 먼저 확정일자 있는 증서로서 甲회사에(의) 통지(승낙)되었다면 이 경우 甲회사에 대한 대항력의 문제가 아니고 먼저 통지한 자는 다른 이중양수인에 대해 대항력을 가져 회사에 대한 권리를 행사한다. AB간 거래가 甲회사에 확정일자 있는 증서에 의하지 않고 통지되었더라도 이후 AC가 거래가 확정일자 있는 증서로 甲회사에 통지되었다면 당연히 C가 B에 우선하여 회사에 대해 권리를 행사할 수 있다.

3) 당사자의 책임 : ① 이중양수인의 악의 – 주식의 이중양도가 있을 경우 이중양수인(C)이 악의인 경우, 이는 대항력문제가 아니라 이중양도를 통해 양수인의

---

119) 이 경우 A로부터 B에게 주식이 양도된 후 다시 이중양도되어 A는 타인의 권리를 매각하였다는 의문이 생길 수 있지만 법률의 규정에 의한 대항력의 효력에 따라 C가 B의 권리에 우선한다. 엄밀하게 보면, A, B간에는 B가 주주, 甲회사와 B, C간에는 C가 주주로서 대항력을 가지는 이상한 결과가 발생한다. 하지만 채권은 대인적 권리로서 채무자에게 대항력을 가지지 못할 경우에는 채권을 보유한다는 것이 거의 의미가 없어지게 되어 대항력을 갖춘 C가 사실상 채권을 보유하는 것과 유사한 결과가 된다. 하지만 주식은 채권과 달리 하나의 권리가 아니라 여러 가지의 권리가 집합된 하나의 지위 즉 사원권을 의미하므로(통설), 주주가 누구인가 하는 문제와 회사에 권리를 행사할 수 있는 지위는 구별될 수 있다. 예를 들어 甲회사가 신주를 발행할 경우 甲회사는 대항력을 갖춘 C에게 신주인수권을 부여하고 C만이 신주인수권을 회사에 행사할 수 있고, B는 주주이지만 C에 대해 대항할 수 없어 C가 취득한 신주의 반환을 청구할 수 없게 된다. 결국 B는 주주이지만 C가 권리를 포기하기 전에는 회사에 대해서 권리를 행사할 수 없게 된다. 하지만 대항요건은 채무자(회사)를 위한 규정이므로 B는 채무자(회사)에 채권(권리행사)을 주장할 수 없고 C에게 채무(권리행사기회)를 이행(제공)하면 면책된다는 의미인데, 그렇다 하더라도 채무자(회사)가 이에 반드시 구속되는 효력은 발생하지 않는다. 따라서 채무자(회사가) C가 권리자가 아니라고 확신하면 C의 권리행사를 거절할 수 있고 오히려 진정한 권리자인 B에게 채무(권리행사기회)를 이행(제공)할 수 있다.

권리를 고의로 침해, 즉 불법행위가 된다. C가 A의 주식이 이미 B에게 양도되었다는 사실을 알고 또는 A와 공모하여 이중양수하고 회사에 대한 확정일자 있는 증서를 갖추었다면 이는 일종의 불법행위에 해당할 수 있고 C의 양수행위는 위법행위로서 효력을 가지지 못하므로 B가 권리를 가지게 된다. 판례도 양도인이 양수인에 대한 채권양도의 통지를 하기 전에 제3자에게 이중으로 양도하고 회사에게 확정일자 있는 양도통지를 하는 등 대항요건을 갖추어 줌으로써 양수인이 그 제3자에게 대항할 수 없게 되었고, 이러한 양도인의 배임행위에 제3자가 적극 가담한 경우라면, 제3자에 대한 양도행위는 사회질서에 반하는 법률행위로서 무효로 보았다(2005다45537).

② 양도인·회사의 책임 – 주권발행전 주식의 이중양도가 있을 경우 양도인(A)은 타인(B)의 권리를 침해한 것이 되어 불법행위에 따른 책임을 부담한다. 그리고 甲회사가 B에게 AB간의 주권발행전 주식양도에 관해 승낙을 한 후 다시 C에게 AC간의 주권발행 전 주식양도에 관해 확정일자 있는 증서에 의해 승낙한 경우, 회사의 이중 승락행위는 B의 권리를 침해하게 되어 선의의 C는 대항력을 주장할 수 있고 B의 권리에 우선하지만 甲회사는 권리침해로 인해 B에게 손해배상책임을 부담할 수 있다. 판례도 주권발행전 주식의 이중양도에서 양도인은 제1양수인이 적법하게 취득한 주식에 관한 권리를 위법하게 침해하는 행위로서 제1양수인에 대하여 그로 인한 불법행위책임을 지며, 이는 제1양수인이 제2양수인에 대하여 그 주식의 취득을 대항할 수 없게 될 수 있다는 것에 의하여 영향을 받지 아니한다고 보았다(2012다38780).

③ 이중양도와 배임죄 – 주권발행 전 주식의 양도는 양도인과 양수인의 의사표시만으로 효력이 발생하고 대항력을 갖추기 위해서는 확정일자 있는 통지나 승낙이 요구되지만, 양도인은 양수인으로 하여금 회사에 대항할 수 있도록 양도통지 또는 승낙을 갖추어 주어야 할 채무만 부담한다. 판례도 제3자에 대한 대항력 마련은 주식양도인의 자기의 사무라고 보아야 하고, 이를 양수인과의 신임관계에 기초하여 양수인의 사무를 맡아 처리하는 것으로 볼 수 없으므로 주권발행 전 주식에 대한 양도계약에서의 양도인은 양수인에 대하여 그의 사무를 처리하는 지위에 있지 아니하여, 양도인이 위와 같은 제3자에 대한 대항요건을 갖추어 주지 아니하고 이를 타에 처분하였다 하더라도 형법상 배임죄의 성립을 부인하였다(2015도6057).

4) 이중양도와 명의개서 : ① 양도통지와 명의개서신청 – 주식양도의 통지행위와 명의개서 신청행위는 둘 다 대항력 취득과 관련되지만 서로 구별된다. **주식양도 통지행위**는 주권발행 전 주식양도에서만 요구되고, 통지는 주식의 귀속에 관한 통지로서 통지에 의해 주식의 귀속에 관해 회사·제3자에 대해 대항력을 갖게 되며, 원칙적으로 양도인에 의한 주식양도사실의 통지에 지나지 않는다. 이에 반해 **명의 개서 신청행위**는 모든 주식양도에 요구되고, 주주권 행사를 위한 통지로서 명의개서를 통해 주주권 행사에 있어 회사에 대한 대항력을 가지며, 명의개서신청은 양수인에 의해 자신의 권리증명수단(주권 또는 주권 미발행시 주식양수의 증명수단)을 회사에 제출하여 신청한다. 요컨대 양도인에 의한 주식양도의 양도통지는 주식취득을 위한 대항요건인데 반해, 양수인에 의한 명의개서신청은 주주권 행사를 위한 대항요건이다.

② **이중양수인의 명의개서** – 주권발행 전 주식이 이중으로 양도되어 제2양수인 (C)이 회사에 먼저 명의개서한 경우 회사는 C에게 권리행사의 기회를 부여하여야 하는가? 생각건대 회사의 명의개서가 있더라도 이는 주식양도의 대항요건을 갖춘 것은 아니고 주주권 행사의 대항요건을 취득하였을 뿐이므로 주식양도의 대항력 결정에 고려될 수 없다. **판례**도 주권발행전 주식의 이중양도 사례에서, 주식 양수인은 주주명부상의 명의개서 여부와 관계없이 회사의 주주가 되고, 그 후 주식양도 사실을 통지 받은 바 있는 회사가 그 주식에 관하여 주주가 아닌 제3자에게 주주명부상의 명의개서 절차를 마쳤다고 하더라도, 그로써 그 제3자가 주주가 되고 주식 양수인이 주주권을 상실한다고 볼 수는 없다고 보았다(94다39598). 요컨대 주권발행 전 주식의 이중양도가 일어난 경우 제2양수인이 제1양수인보다 먼저 주주명부에 명의개서를 하더라도 이는 주식양도의 대항력 결정에 영향을 미치지 못한다.

③ **판례(형식설)의 문제점** – 주식의 이중양도시 ⅰ) A, B간에는 양도의 합의만으로 B가 주식을 취득하고, ⅱ) B가 회사에 권한을 행사하기 위해서는 회사에 (의) 통지·승낙이 요구되며(회사에 대한 주식양도의 대항력), ⅲ) B가 C에게 대항하기 위해서는 회사에(의) 통지·승낙이 확정일자 있는 증서에 의해야 하고(제3자에 대한 주식양도의 대항력), ⅳ) 양수인 둘 다 제3자에 대한 주식양도의 대항력을 갖추지 못한 경우에는 B가 이미 주식을 취득하였으므로 B가 C(설사 명의개서 하였더라도)에 우선하게 된다. 그런데 형식설로 변경한 17년 판결(2015다 248342)에 따르면 C는 주주명부상의 주주가 되어 B에 대한 명의개서 부당거절 등

의 사정이 없는 한 주주명부에 따라 권리행사기회를 부여되므로 회사가 C에게 기회를 부여하면 C의 권리행사는 적법하다고 판단된다. 그런데 이러한 해석론은 주주가 아니고 제3자에 대한 주식양도의 대항력도 갖추지 못한 자에게 권리행사 기회를 부여한 것이 되어 부당한 결론에 이르게 된다는 점에서 17년 판결은 문제가 있다고 본다.

④ **명의개서와 승낙의제** – 명의개서의 신청은 주식의 양수인이 하지만, 주권발행전 주식양도에서 회사에 대한 주식양도통지는 원칙적으로 양도인이 한다. 다만 채권(주식)양도통지에 관한 대리권을 양수인에게 부여한 경우 양수인에 의해서도 채권(주식)양도통지가 가능하다(판례). 주식양도통지에 관한 대리권을 가진 양수인이 하는 주식양도통지와 양수인에 의한 명의개서신청은 모두 양수인의 회사에 대한 행위여서 구별실익에 관해 의문이 있을 수 있다. 따라서 양수인의 명의개서신청에 따라 회사가 명의개서가 된 경우 별도의 주식양도통지가 없더라도 이를 주식양도에 관한 회사의 승낙으로 의제할 수 있는가? 특히 주권발행전 주식의 이중양도가 있었을 경우. 선양수인(B)과 후양수인(C)이 모두 확정력 있는 대항력을 갖추지 못하고 선양도에 관한 회사에(의) 양도의 통지(승낙)이 없는 상태에서 후양수인(C)이 먼저 하는 명의개서신청을 대리권자의 주식양도통지로, 회사의 명의개서를 주식양도의 승낙으로 볼 수 있는가? 앞서 본 바와 같이 주식양도통지와 명의개서신청은 엄격하게 구별되고 주식양도승낙과 명의개서신청의 수리와 주주명부 개서행위는 서로 행위의 실질을 달리할 뿐만 아니라,[120] 설사 이중양수인(C)가 확정일자 없는 회사에(의) 통지·승낙을 얻더라도 대항력에 영향을 미치지 못하므로 회사의 명의개서의 승낙의제는 부인되어야 한다.

---

[120] 주식양도승낙(통지)은 주식양도라는 법률행위가 있었다는 사실에 대한 승낙(통지)로서 다른 이중양수인에 대한 권리관계(대항력)를 확정지어 결과적으로 권리의 귀속관계에 영향을 미치는 법률요건이다. 이에 반해 명의개서 신청은 회사에 대해서만 권리행사가 용이하도록 주주명부상의 명의를 변경하려는 신청행위로서 실체법상의 권리귀속과는 무관하다. 따라서 승낙(통지)의 당사자(회사)의 의사는 명의개서신청을 수령하고 그에 따라 주주명부를 개서하는 당사자의 의사와는 확연히 구별된다. 그리고 전자는 회사에 대한 주식양도사실을 인식하고 있다는 관념의 통지로서 인정될 수 있으면 그 내용과 형식은 구애받지 않지만, 후자는 양수인의 주주지위에 관한 증명수단(주권, 주권발행 전이라면 주식양도계약서 등)에 의해 이뤄지고 양도인이 누구인지 등은 고려하지 않고 신청인이 현재 주주인지 여부에 관해 형식적 요건을 검토한다.

6. 자기주식의 취득제한

(1) 의 의

1) **개 념** : 자기주식이란 회사가 회사의 주식을 취득함으로써 스스로 주주가 된 주식을 의미한다. 회사가 스스로 회사의 구성원인 사단의 사원의 지위를 가지게 되어 모집합이 부분집합이 되는 논리적 모순을 안고 있다. 회사설립시에는 회사가 아직 법인격을 취득하기 전이므로 자기주식이 생겨날 여지가 없지만, 성립회사의 주식을 당해 회사가 취득하거나 신주발행시 회사가 신주를 인수하게 되면 자기주식이 생겨날 수 있다.

2) **규 제** : ① 취득제한 – 자기주식도 재산권의 하나로 볼 수 있지만 자기주식의 취득은 다음과 같은 여러 가지 문제점을 야기하므로 제한의 대상이 된다. 첫째, 회사가 회사의 구성원이 된다는 논리적 모순의 문제가 있다. 둘째, 실질적으로 주금의 환급이 일어나 자본의 공동화 현상을 초래하고 이는 자본충실에 반한다. 셋째, 이를 방치할 경우 회사가 회사의 재산으로 자기주식을 통한 투기의 위험이 있다. 넷째, 자기주식이 과다할 경우 적은 수의 주식을 보유한 경영진이 회사가 보유한 주식을 이용하여 회사를 지배하는 회사지배의 왜곡이 초래된다. 이러한 문제점을 방지하기 위해 종전 회사법은 회사의 계산에 의한 자기주식 취득을 금지하였다(구상341).

② 제한적 허용 – 개정 상법은 자본시장법이 주가관리, 우리사주·공로주 활용 등 자기주식 취득 허용한 취지와 유사한 취지에서 배당이익의 한도 내에서 회사의 자기주식 취득을 허용하였다. 취득재원에 제한을 둘 경우 자본공동화, 투기위험, 의결권의 왜곡 등이 제한적으로 나타나므로 자기주식 취득의 장점을 구현할 수 있다고 보았다. 그리고 자기주식의 취득은 이를 취득함에 있어 특정 주주에게 매각의 기회를 제공할 경우 주주평등의 원칙에 반할 우려가 있어 **취득방법**도 회사법이 규율하고 있다. 하지만 회사법은 자기주식의 처분에 관해 이사회에 광범위한 권한을 부여하고 있어 문제점으로 지적되고 있다.

3) **자기주식의 성질** : 자기주식은 회사가 스스로 회사의 구성원이 되어 사단법적 관계에서 본다면 순환론적 모순을 초래할 뿐만 아니라, 실질적으로 출자의 환

급에 유사하여 자기주식은 처분의 대상이 아니라 소각의 대상이 아닌가 하는 의문도 있다. 생각건대 주식은 자본단위이지만 동시에 금융상품(특히 상장회사의 주식)으로서의 **이중적 성질**을 가지므로, **자본단위성**을 중시하면 자기주식은 출자의 환급에 가깝게 이해되고 **상품성**을 중시하면 회사는 자산으로서 자기주식을 다시 처분할 수 있다고 이해된다. 이러한 자기주식의 이중적 성격으로 인해 자기주식에 근거한 주주권의 행사가 어느 범위까지 가능한지 그리고 자기주식의 처분이 자유로운지 하는 문제가 발생한다.

(2) 자기주식의 범위

1) **자기주식의 명의** : 자기주식은 회사가 회사의 명의로 취득한 주식이지만 회사가 **타인의 명의**로 회사의 계산(재산)으로 취득한 경우도 해당된다고 본다(통설). 왜냐하면 자기주식으로 인한 자본공동화, 투기위험, 지배구조의 왜곡은 회사명의로 취득한 자기주식에만 국한되지 않고 **타인의 명의**로 회사가 주식을 취득한 경우에도 그대로 나타날 수 있는 위험이기 때문이다. 판례도 회사 아닌 제3자의 명의로 회사의 주식을 취득하더라도 그 주식취득을 위한 자금이 회사의 출연에 의한 것이고 그 주식취득에 따른 손익이 회사에 귀속되는 경우 자기주식의 취득에 해당한다고 보았다(2001다44109; 2006다33609). 반대로 회사의 명의로 취득하였지만 **타인의 계산**으로 취득한 주식도 해당하는가? 계산의 주체가 명확하게 회사가 아닌 타인인 경우에는 자본공동화의 위험은 적고 지배구조의 왜곡이 발생할 가능성도 낮으므로 해석상 자기주식에 포함되지 않고 회사가 취득할 수 있다고 본다. 판례도 회사가 타인의 계산으로 자기주식을 취득하는 경우 등과 같이, 회사의 자본적 기초를 위태롭게 하거나 주주 등의 이익을 해한다고 할 수 없는 것이 유형적으로 명백한 경우에도 자기주식의 취득이 예외적으로 허용된다고 본다(2001다44109).

2) **질취·양도담보** : 회사가 자기주식을 질취하는 것은 원칙적으로 금지된다(상341의3). 자기주식의 취득은 재원·취득방법의 규제만 있을 뿐 금지되지 않는데 반해 자기주식의 질취는 금지되어 있다. 자기주식의 질취에 의해 초래되는 위험보다 자기주식의 취득시 더 크게 나타난다는 점에서 자기주식의 취득을 제한적으로 허용하면서 자기주식의 질취를 전면금지한 것은 균형적 입법이라 할 수 없어 입법론적으로 문제가 있다고 본다, 여하튼 자기주식의 질취가 금지되는 이상

회사가 자기주식을 양도담보로 취득하는 것도 금지된다고 해석된다. 그러나 법률행위에 의한 담보취득만 금지되고 법정담보권(유치권)을 취득하는 것은 가능하다고 본다.

    3) 신주인수 : 자기주식 취득제한 규정은 신주인수의 경우에도 적용되는가? 명문의 규정은 없지만 회사가 회사의 계산(재산)으로 자기주식을 인수·납입하는 것은 실질적 자산의 증가가 없는 증자여서 자본충실의 원칙에 반하는 일종의 가장납입으로 볼 수 있어 해석상 금지된다고 본다. 따라서 회사가 발행한 신주인수권증서·증권을 취득하여 신주인수권을 행사하는 것도 신주인수와 마찬가지로 금지된다고 본다. 만일 배당가능이익으로 신주를 인수한다면 이는 허용되는가? 주식을 매수하는 것과 주식을 인수하는 것은 둘 다 주식취득행위로서 동일하지만, 주식인수는 자본의 형성에 해당하고 자본충실의 원칙이 적용되고 주주의 신주인수권의 침해가 되어 지분구조에 변화를 초래할 수 있다. 요컨대 자기주식의 취득과 같은 허용 규정이 없는 배당가능이익에 의한 자기주식의 인수는 지분구조의 변경을 초래할 위험 등으로 허용되지 않는다고 본다.

    4) 자기사채 : 회사가 발행한 사채를 회사가 인수·취득할 수 있는가? 이른바 자기사채에 관해서는 자기주식과 달리 상환이 예정되어 있으므로 자본공동화, 지배구조의 왜곡, 투기 등의 우려가 없을 뿐만 아니라 회사법도 특별한 규제를 하지 않고 있어 자유롭게 취득할 수 있다고 본다. 다만 회사는 자기가 발행한 신주인수권부사채, 전환사채를 취득할 수 있다고 하더라도 회사가 동 사채에 근거하여 신주인수권, 전환청구권을 행사한다면 결국 자기주식을 인수한 것과 동일한 결과가 되므로, 사채 취득은 허용하더라도 신주인수권이나 전환청구권은 행사할 수 없다고 본다(통설). 회사법이 재원규제, 취득방법규제 하에서 자기주식의 취득만 허용하였을 뿐이므로 기타 자기주식인수는 물론 신주인수권·전환청구권 행사에 의한 주식취득은 특별한 허용규정이 없는 이상 금지되었다고 본다.

    5) 취득·인수자금 대여 : 회사가 신주를 인수하려는 주주·제3자에게 금전을 대여하거나 보증하는 경우가 있다. 특히 비상장회사에서 대주주가 회사로부터 자금을 차입하여 신주를 인수하는 경우, 금융기관이 거래기업에 대출한 자금으로 금융기관의 신주를 인수토록 하는 경우 등이다. 인수인이 회사에 환매청구권을

행사하여 회사대출금과 환매대금을 상계하기로 약정하는 경우에는 주식인수의 손익이 모두 회사에 귀속되므로 자기주식의 취득으로 보아야 한다는 견해가 있다. 판례는 회사가 제3자에게 주식인수대금 상당의 대여를 하고 제3자는 그 대여금으로 주식인수대금을 납입한 경우에, 회사가 처음부터 제3자에 대하여 대여금 채권을 행사하지 아니하기로 약정되어 있는 경우에는 그 제3자가 인수한 주식의 액면금액에 상당하는 회사의 자본이 증가되었다고 할 수 없으므로 납입가장으로 보아 무효하다고 하였다(2001다44109). 생각건대 우리법상 회사의 인수자금대여에 의한 주식취득에 관해 특별한 금지조항이 없지만, 회사가 실질적 주주가 되는 것은 아니므로 이를 자기주식의 취득으로 보기는 어렵고 회사의 자금에 의한 납입이므로 일종의 가장납입으로 이해된다.

6) **해석상 예외** : 자기주식 취득의 위험이 나타나지 않는 경우에도 자기주식취득이 제한되는가? 무상취득, 타인의 계산에 의한 취득 예컨대 위탁매매업자가 위탁자의 계산으로 자기주식을 매수하는 경우 등, 신탁회사가 자기주식의 신탁을 인수하는 경우 등이 이에 해당한다. 이들 경우에는 타인의 계산에 의한 취득이므로 자기주식의 취득과 달리 자본의 공동화가 발생하지 않거나 타인에 의한 주주권 행사가 예정되어 있어 지배구조의 왜곡 등의 우려가 발생하지 않는다. 따라서 이러한 특수한 경우의 자기주식 취득 시에는 자기주식취득과 달리 재원규제나 취득절차의 규제를 받지 않고 취득이 허용된다고 해석상 예외가 인정된다. 판례도 회사가 자기주식을 무상으로 취득하는 경우(96다12726), 타인의 계산으로 자기주식을 취득하는 경우 등과 같이, 회사의 자본적 기초를 위태롭게 하거나 주주 등의 이익을 해한다고 할 수 없는 것이 유형적으로 명백한 경우에도 자기주식의 취득이 예외적으로 허용된다고 본다(2001다44109).

(3) 취득에 대한 제한
1) **취득재원** : 회사는 일정한 취득방식에 따라 자기의 명의와 계산으로 자기주식을 취득할 수 있으나 그 취득재원을 제한하고 있다. 즉 자기주식 취득가액의 총액은 직전 결산기의 대차대조표상의 순자산액에서 자본금액, 그 결산기까지 적립된 자본준비금과 이익준비금의 합계액, 그 결산기에 적립하여야 할 이익준비금액 등(상462.1)을 공제한 금액(**배당가능이익**)으로 제한된다(상341.1). 다만 당해 영업연도 결산시 **배당가능이익 불발생의 우려**가 있는 경우에는 자기주식은 금지된

다(상341.3). 자기주식의 취득의 한도액인 배당가능이익은 결산기말에 발생여부가 확정되므로 회사의 책임 하에 전년도 배당가능이익의 범위 내에서 허용하되, 당해연도에 배당가능이익의 불발행이 예측되는 경우에는 자기주식취득을 제한하고 있다.

2) **공정한 취득** : ① **취 지** – 회사법은 자기주식의 취득을 원칙적으로 허용하였지만 자기주식 취득에 있어 회사의 재원으로 특정한 주주의 주식을 취득함으로써 주주평등의 원칙을 해하고 특정 주주의 이익을 도모할 우려가 있다. 이러한 폐해를 막기 위해 회사는 공개시장 즉 **거래소**에 시세 있는 주식을 취득하거나(1호), 회사의 주식이 거래소에서 거래되지 않아 거래소의 시세가 없는 경우에는 각 주주가 가진 주식수에 따라 **균등한 조건**으로 취득하는 것으로 시행령상의 방법(2호)에 따라 취득하여야 하지만, **상환주식**(상345.1)은 제외된다(상341.1). 즉 상장주식은 거래소를 통한 취득, 비상장주식은 공개매수 등의 방법에 의하여야 하고 상환주식은 이익으로 소각이 예정되어 있으므로 그 예외로 볼 수 있다.

② **비상장주식** – 상환주식을 제외한 거래소의 시세가 없는 비상장주식을 자기주식으로 취득하는 방법은 회사가 모든 주주에게 자기주식 취득의 **통지·공고**를 하여 주식을 취득하는 방법이나 **공개매수**(자본133~146)의 방법을 의미한다(상령9.1). 그리고 자기주식을 취득한 회사는 지체 없이 취득 내용을 적은 **자기주식 취득내역서**를 본점에 6개월간 비치하여야 하고, 주주·회사채권자는 회사의 영업시간 내에 이를 열람할 수 있으며, 사본·등본의 교부를 청구할 수 있다(상령9.2). **통지·공고에 의한 취득절차**란 회사가 양도신청기간 개시일 2주 전까지 회사의 재무현황, 자기주식 보유 현황 및 자기주식 취득내역(취득할 수 있는 주식의 종류 및 수, 취득가액의 총액의 한도, 1년을 초과하지 아니하는 범위에서 자기주식을 취득할 수 있는 기간 등의 사항)을 서면(주주 동의에 의한 전자문서)으로 주주에 대한 통지를 발송하거나 무기명식주권의 경우 3주간 공고하여야 한다(상령10.2호). **공개매수**란 불특정 다수인에 대하여 주식 등의 매수의 청약을 하거나 매도의 청약을 권유하고 증권시장 등의 밖에서 그 주식 등을 매수하는 것을 의미하는데(자본133.1), 공개매수를 하고자 하는 자는 공개매수공고를 하고 공개매수 공고일에 공개매수신고서를 금융위·거래소에 제출하며(자본134.1,2), 공개매수설명서를 작성하여 금융위·거래소에 제출한 후 이를 공시하여야 한다(자본137.1).

3) **주총·이사회결의** : 회사가 자기주식을 취득할 경우 미리 주주총회의 결의가 있어야 하나, 이사회의 결의로 이익배당을 할 수 있다고 정관에서 정하고 있는 경우에는 이사회의 결의로 갈음할 수 있다(상341.2). 주주총회·이사회결의에서는 **자기주식 취득내역**(취득할 수 있는 주식의 종류·수, 취득가액의 총액한도, 1년 내의 자기주식 취득기간 등)을 정해야 한다. 주주총회·이사회결의를 한 회사는 이와 별도로 이사회결의로 **자기주식 상세취득내역**(자기주식 취득 목적, 취득할 주식의 종류·수, 주당 취득대가인 금전·재산－해당 회사의 주식 등 제외－의 내용·산정방법, 주식 취득대가인 금전총액, 주식의 **양도신청기간**－20일~60일, 양도대가금전 교부시기－양도신청기간 종료일부터 1월 내, 주식취득조건 등)을 정하여야 한다. 특히 주식취득조건은 이사회가 결의할 때마다 균등하게 정하여야 한다(상령10.1호).

4) **자기주식수의 제한** : 회사는 배당가능이익의 범위 내이고 취득주식수로 정하기만 한다면 무제한 회사의 주식을 취득할 수 있는가? 회사법은 취득주식의 수에 관해 제한을 두고 있지 않아 배당가능이익에 여유가 있다면 1주를 제외한 발행주식총수의 취득도 가능하다고 보고 이러한 입법의 부당성을 지적하는 견해가 있다. 대주주인 회사 경영자가 1주식만 소유하고 나머지 주식을 모두 회사가 배당가능이익으로 취득하게 하여 자기주식으로 만들 경우 자본의 공동화, 지배구조의 왜곡 등 자기주식의 모든 문제점이 노정되므로 이는 입법의 흠결이라 본다. 따라서 외국의 입법례(독주71.2)를 참조하여 자기주식의 총수를 발행주식총수의 10% 범위 내로 제한하는 등의 규정을 도입할 필요가 있다.

(4) 제한위반 취득의 효과

1) **논 의** : 회사가 회사법의 규정에 위반하여 자기주식을 취득한 경우 그 효과는 어떠한가?(쟁점29)[121] 자기주식 취득행위의 효력에 관해, 이는 이사가 회사나

---

[121] **위법한 자기주식의 취득행위의 효력**(쟁점29)에 관해, **유효설**은 거래의 안전을 위해 취득은 유효이지만 이사는 위법행위에 대해 회사나 제3자에게 손해배상책임(상399,401)을 부담하고 이사의 해임사유가 되며(상385) 처벌될 수도 있다(상625)고 주장하며(강위두289), **무효설**은 자기주식 취득행위는 주식회사의 본질인 자본충실의 원칙을 해치므로 절대무효라고 주장한다(최기원669, 정찬형740, 정동윤496, 최기원362, 최준선239 장덕조399), 그밖에 원칙적 무효이지만 일정한 경우 유효로 보는 견해인 **상대적 무효설**은 자기주식취득행위는 원칙적으로 무효이지만 회사가 다시 자기주식을 처분하여 이를 전득한 자, 이후의 취득자, 압류채권자들이 권리를 잃게 되므로 자기주식 취득은 양도인의

제3자에게 손해배상책임(상399,401), 해임사유(상385), 처벌사유(상625)이지만 취득행위는 유효로 보는 **유효설**, 원칙적 무효이나 선의의 제3자에게는 대항할 수 없다고 보는 **상대적 무효설**, 원칙적 무효이지만 타인명의취득, 모회사주식 취득시 선의의 상대방에 대해 유효라는 **부분적 무효설**, 자본충실의 원칙에 반해 절대무효라는 **무효설** 등이 주장된다. **판례**는 중대한 손해를 회피하기 위하여 부득이한 사정이 있다고 하더라도 자기주식의 취득은 허용되지 않아 무효이고(2001다44109), 회사의 자본적 기초를 위태롭게 하거나 주주 등의 이익을 해한다고 할 수 없는 것이 유형적으로 명백한 경우가 아닌 한 자기주식의 취득 약정을 무효로 보았다(2005다75729). 다만 위 판례들은 자기주식취득을 금지하던 회사법에 따른 판결이어서 자기주식취득을 제한적으로 허용하는 현행 회사법에서는 달리 판단될 가능성이 없지 않다. 개정 상법에서도 자기주식취득 요건을 완화하였다고 하더라도 여전히 법이 정한 경우에만 자기주식취득이 허용된다는 원칙에는 변함이 없고 따라서 위 규정에서 정한 요건 및 절차에 의하지 않은 자기주식취득 약정은 효력이 없다고 본다(2020다208058)

　　2) **검 토** : 자기주식취득의 금지에서 제한으로 회사법이 개정되었지만 논의는 그대로 지속되고 있다. 회사의 주식이 양도인(A)로부터 양수인(甲회사)에 이전되어 자기주식이 되고 다시 이사회결의에 의해 제3자(B)에게 양도되고 다시 C에게 양도된 경우를 가정한다. 무효설(부분·상대무효설 포함)에 따르면 자기주식의 제한규정(재원, 취득방법)을 위반하여, 예컨대 배당가능이익을 넘어 취득한다든지 각 주주에게 균등하지 않은 조건으로 자기주식을 회사가 취득한 경우, 이를 무효로 해석(부분·상대무효설은 상대방의 악의인 경우)하게 된다. 이 경우 A의 주식을 취득한 B, C 등은 보호되지 않게 되는데, 현행 회사법상 취득재원·취득방법 제한을 위반하였다는 이유로 거래의 안전을 훼손하면서 무효로 해석하는 것은 비례성을 잃은 해석이라 볼 수 있다. 그리고 종전 회사법은 '회사는--취득하지 못한다'고 규정하고 있었지만, 현행 회사법은 '회사는--취득할 수 있다'로 자기주식의 취득을 원칙적으로 허용하는 방향으로 규정의 형식을 변경하여 금지규정

선의·악의를 묻지 않고 무효이지만 선의의 제3자에게 대항하지 못한다고 본다(이철송 420), **부분적 무효설**은 자기주식 취득행위는 원칙적으로 무효이지만 회사가 타인명의로 취득한 경우와 자회사가 모회사의 주식을 취득한 경우에는 상대방이 선의인 한 유효라 본다(손주찬713).

에 따른 무효해석도 그 근거를 상실하였다.

3) 사 견 : 무효설은 거래의 안전을 훼손하고 회사법 개정 취지에도 반할 뿐 아니라 다음과 같은 이유에서 부적절하다고 본다. 첫째, 회사법에 무효·금지를 선 언한 규정이 없음에도 불구하고 해석론으로 사적 거래행위의 무효를 주장하는 것 은 제한적이어야 한다. 둘째, 회사법이 자기주식취득을 허용하였으므로 그 절차규 정의 준수는 회사 경영자의 의무이고 그 위반은 경영자의 책임으로 문제 삼아야 하고 이를 이유로 거래의 효력을 부인하여 주식거래의 안전을 침해하는 것은 적 절하지 못한 해석론이다. 셋째, 배당가능이익을 초과한 자기주식 취득에 대한 이 사의 부족액 배상 연대책임은 이사가 배당가능이익의 존부를 판단함에 있어 주의 를 게을리 하지 아니하였음을 증명한 경우에는 면책되는데(상341.4), 이는 요건 흠결의 자기주식의 거래행위를 유효로 보고 이사의 책임(상399,401,385)을 정한 것으로 볼 수 있다. 요컨대 회사법에 위반한 자기주식 취득행위는 원칙적으로 유 효하고 이사의 책임(해임, 손해배상책임)이 발생할 뿐이지만 주주총회결의 요건을 흠결한 경우에는 무효로 보아야 한다.

(5) 특정목적에 의한 자기주식의 취득

1) 허용범위 : ① 특정 목적 – 회사는 배당가능이익에 의한 자기주식 취득 이외 에 특정한 목적을 달성하기 위해 자기주식을 취득할 수 있다(상341의2). 회사법이 허용하는 특정목적이란 첫째, **합병·영업양수**를 위한 취득으로서, 합병 또는 영업 양수할 경우 합병 또는 영업양수의 대상재산 속에 자기주식이 포함되어 있을 경 우에는 객관적 재산으로서 취득하는 경우(1호), 둘째, **권리의 실행**을 위한 취득으 로서, 회사가 강제집행·소송상화해·대물변제수령 시 채무자의 유일한 재산이 회 사주식일 경우(2호), 셋째, **단주처리**를 위한 취득으로서, 단주가 발생한 경우 회사 가 단주를 모두 매수하여 이를 환가처분한 후 그 금액을 반환하는 경우(3호), 넷 째, **주식매수청구권** 관련 취득으로서, 주주가 주식매수청구권 행사시 회사가 청구 권자의 주식을 매수하는 경우(4호) 등을 의미한다. 그러나 회사가 특정 주주와 사 이에 특정한 금액으로 주식을 매수하기로 약정함으로써 사실상 매수청구를 할 수 있는 권리를 부여하여 주주가 그 권리를 행사하는 경우는 특정목적 자기주식취득 (상341의2.4호)에 해당하지 않고 자기주식 취득요건(상341)을 충족하여야 회사의 자기주식취득이 허용된다(2020다208058) 그밖에 자본시장법상 신탁계약에 따라

상장사의 자기주식을 신탁업자가 취득한 경우 신탁계약의 해지·종료시 상장사가 자기주식을 반환받는 방법에 의해 자기주식을 취득할 수 있는데(자본165의3), 이 경우 신탁업자가 상장사의 자기주식 취득시에는 자기주식 취득방법(상341.1)을 따라야 한다.

　② **처분의무** – 개정전 회사법은 특정 목적으로 주식을 취득한 경우 상당한 시기에 이를 처분하도록 정하고 있었는데(구상342.3) 동 규정이 삭제되었다. 이에 관해, 규정 삭제의 이유가 불분명하여 동 규정을 부활할 필요가 있다는 견해가 있지만, 현행 회사법은 자기주식은 배당가능이익으로 취득하든 특정목적에 의한 취득이든 모두 이사회결의에 일임하고 있다고 본다. 왜냐하면 특정목적에 의한 자기주식 취득도 행사 요건이 엄격하게 제한되고 있으므로 일단 취득 이후에는 배당가능이익에 의한 자기주식과 구별하기도 쉽지 않고 구별할 적극적 이유도 없기 때문이다. 다만 배당가능이익·특정목적 자기주식 취득 모두 이사회결의에 따라 처분하도록 하는 것이 타당한지는 아래에서 검토한다.

　2) 주식매수선택권 관련 취득 : 회사가 일정한 임원 등에게 주식매수선택권을 부여한 경우(상340의2) 주식매수선택권자가 그 권한을 행사할 경우에 자기주식을 매수하여야 한다. 하지만 현행 회사법에서는 주식매수선택권 행사에 따른 자기주식의 취득을 특정목적에 의한 자기주식의 취득 허용범위에 포함되어 있지 않아, 회사는 일반적 자기주식 취득방법 즉 배당가능이익으로 자기주식을 취득할 수밖에 없다. 따라서 회사가 주식매수선택권자에게 회사의 주식을 교부하기 위해 배당가능이익의 한도 이내이고 발행주식총수의 10/100을 초과하지 않는 범위 안에서 회사가 자기주식을 취득하여 이를 주식매수선택권의 행사자에게 행사가액에 따라 교부할 수 있다.

　3) 주식소각을 위한 취득 : ① **주식소각절차** – 회사는 주식소각을 위해 회사의 주식을 취득할 수 있다(상343). 회사가 주식의 소각을 위해 당해 회사의 주식을 취득하므로 자기주식의 취득이라 할 수 있지만, 자본감소가 목적이므로 취득재원은 무상이거나 자본이 그 재원이 되므로 배당가능이익으로써 취득하는 자기주식의 취득과는 구별된다. 그리고 주식소각 목적으로 취득한 주식은 자본감소절차(상438이하)인 채권자보호절차(상439.2 → 232), 주권제출공고(상440) 등을 거쳐 소각할 수 있다.

② **자기주식의 소각** – 자기주식은 주식소각을 위해 회사가 취득한 것이 아니므로 주식소각을 위한 취득한 주식과는 전혀 다른 개념이다. 감자소각은 자본금감소 규정에 따르지만 자기주식 소각은 이사회결의에 의해 소각될 수 있어 주식 소각에 관한 규정에서 함께 규정하면서 소각 절차를 달리하고 있다(상343.1). 자기주식을 소각하더라도 이는 배당가능이익을 재원으로 하여 취득하였으므로 자본감소와는 무관하여 자본감소절차를 거치지 않는다.

(6) 자기주식의 지위

1) 공익권 : 회사가 보유하고 있는 자기주식의 지위에 관해 회사법은 자기주식은 **의결권**이 없다고 규정할 뿐이다(상369.2), 따라서 자기주식은 **의결권이 정지**되고 정족수 계산상 **발행주식의 총수에서 제외**된다(상371.1). 의결권 이외의 주주권에 대하여는 명문의 규정이 없어 해석상 문제되는데, 소수주주권이나 각종 소제기권 등과 같은 공익권은 성질상 인정될 수 없다는 점에 이견이 없다. 회사가 자기주식을 보유하는 동안 공익권의 **효력이 정지**되고 회사가 자기주식을 타인에게 양도하게 되면 공익권은 다시 회복된다. 자기주식에 대해 공익권을 부인하는 것은 회사의 경영진이 자기주식을 이용하여 의결권 등의 권한을 남용할 우려가 있어 제한된다고 본다. 자기주식의 공익권이 부인될 경우 다른 주주는 지분율이 증가하게 되어 반사이익을 얻게 되고 회사는 실질적 손해를 보게 되지만, 이는 모든 주주들에게 균등하게 나타나는 효과이므로 주식평등의 원칙에 반하지는 않는다.

2) 자익권 : ① **일반론** – 공익권과 달리 자기주식의 자익권에 관해서는 견해가 대립되고 있다. 이에 관해, 공익권과 마찬가지로 자익권도 휴지된다고 보는 **전면적 휴지설**, 자기주식의 경제적 가치를 유지하기 위해 이익배당청구권·잔여재산분배청구권을 인정하여야 한다는 **제한적 휴지설** 등이 주장된다. 생각건대 자기주식의 권한이 정지되면 자기주식의 손실로 다른 주주들이 비례적으로 반사적 이익을 얻게 되는데, 이는 공익권이나 자익권 모두에 공통되므로 자익권을 달리 해석할 이유는 아니라 본다. 그리고 제한적 휴지설에 따라 자기주식의 이익배당청구권, 잔여재산분배청구권을 인정하더라도 자기주식에 배당된 이익(잔여재산)은 다시 회사의 수입(재산)이 되어 차회계연도의 이익배당(분배)이 대상이 되고 계속 순환하게 되어 기술적인 면에서 이를 허용할 실익은 낮다고 볼 때 전면적 휴지설이 타

당하다고 본다.

② **신주인수권** – 자익권 중 신주인수권은 각 주주의 지분율과 관련되고 무상
주 교부라는 특수한 경우도 있어 이를 다른 자익권과 달리 해석할 것인가? 이에
관해, 회사가 자기주식의 가치를 유지해야 한다는 이유에서 인정해야 한다는 **전면
적 신주인수권허용설**, 준비금의 자본전입에 의한 무상주의 교부는 실질적으로 주
식분할에 해당하므로 준비금의 자본전입으로 인한 신주발행시에만 회사의 권리를
인정해야 한다는 **제한적 신주인수권허용설**, 준비금의 자본전입도 그 실질은 이익
배당과 같이 잉여금의 처분이므로 허용되지 않는다는 **부정설** 등이 주장된다. 생각
건대 자기주식에 배정된 유상신주는 회사자금의 납입이 요구되어 자본충실의 원
칙에 반하므로 이를 허용할 수 없지만, 주식분할과 유사한 무상신주는 납입이 요
구되지 않아 자본충실의 원칙에 반하지 않으며 각 주주의 지분율에 변화가 생기
지 않는다. 무상주 배정여부 역시 주주평등의 원칙과 관련되지는 않으므로 정관
등에 특별한 규정이 없을 경우 자기주식에 무상신주를 배정할 것인지 여부는 준
비금 자본전입을 위한 이사회결의(상461.1)에서 결정할 수 있다고 본다.

(7) 자기주식의 처분

1) **처분 결의** : ① 이사회결의 – 강제소각에 의한 자본감소절차에 의해 취득한
주식은 주식병합절차(상440,441)에 의해 실효되어 소각된다. 하지만 배당가능이익
으로 취득한 자기주식은 구상법상의 주식소각목적의 자기주식취득(구상341의2.1
호), 자기주식의 실효(구상342) 규정이 삭제되어, 그 처분이 이사회의 결의에 맡
겨져 있다고 볼 수 있다(상342). 따라서 회사가 배당가능이익으로 취득한 자기주
식은 **이사회의 보유·소각·매각결의**에 따라 보유할 수도 있고 소각할 수도 있으며
타인에게 매각할 수도 있다. 뿐만 아니라 특정목적을 위해 취득한 주식(상341의2)
역시 그 처분규정이 삭제되어 이사회의 결의에 따라 처분할 수 있다고 본다.

② **결의 사항** – 배당가능이익으로 취득한 자기주식, 특정목적을 위해 취득한
자기주식의 처분에 관해 정관에 규정을 둘 수 있다(정관자치). 정관에 특별한 규
정을 두지 않았을 경우 자기주식의 **처분**은 **이사회결의**에 의하는데, 이사회는 처분
할 주식의 종류와 수(1호), 처분할 주식의 처분가액과 대가의 지급일(2호), 주식을
처분할 상대방 및 처분방법(3호) 등의 사항을 결의하여야 한다(상342). 이사회의
처분결의(상342)에는 보유결의나 소각결의가 포함되는가? 보유는 자기주식의 상
태를 그대로 유지하는 것이므로 특별한 결의가 요구되지 않지만 자기주식의 소각

을 위해서는 회사의 결의가 요구된다. 그런데 자기주식의 소각은 자본감소절차에 의한 주식소각(감자소각, 상440)과는 구별되는데 자기주식의 소각에 관해 규정이 없으므로 이사회의 처분결의에 관한 규정을 유추적용하여야 한다고 본다.

③ **자기주식합병** – 흡수합병시 소멸회사의 주주에게 존속회사는 존속회사의 **신주**를 발행·교부할 수도 있지만(**신주합병**) 존속회사가 보유한 자기주식을 이전하는 자기주식합병(상523.3호)도 가능하다. 신주발행시에는 존속회사의 **자본증가**가 요구되지만 자기주식을 교부할 경우에는 자본의 증가가 없어 무증자합병이 된다. 자기주식합병을 할 경우 합병계약서에 합병으로 이전하는 자기주식의 총수·종류 등을 기재해서(상523.3호) 주주총회의 승인을 얻어야 하므로 **주주총회의 특별결의**가 요구된다(상522).

2) 처분의 자율성 : ① 신주발행절차의 유추적용 – 이사회결의에 의한 자기주식의 처분에 관한 규정만을 두고 있는 회사법에 의하면 이사회결의에 의해 회사의 지분구조가 변경될 가능성이 있다. 자기주식은 취득재원에 제한만 있을 뿐 한도에 제한이 없어, 이사회결의를 통해 2대주주에게 자기주식을 처분하게 되면 2대주주의 지분이 증가함으로써 최대주주가 되어 회사의 지배권이 변동될 수도 있다. 지분구조에서 볼 때, 자기주식의 처분은 그 상대방에 따라 회사의 지배구조가 변경될 수 있어 신주발행과 유사한 점이 있다. 이러한 이유에서 주주의 지분율이 유지되도록 자기주식의 처분을 이사회의 재량에 맡길 수 없고 신주발행에 관한 상법 규정의 유추적용이 논의되고 있다.[122] 생각건대 회사법은 자기주식의 취득은 제한하고 있지만 자기주식의 처분은 이사회결의를 통한 회사의 자율에 맡기고 있다. 회사의 자율성을 제고함으로써 회사의 지배구조 유지와 경영이 효율성을 제고할 수 있다는 장점은 있지만, 경영진에 의해 지배구조가 변경되는 것을 막고 있는 회사법의 취지에는 정면으로 반한다고 본다. 하지만 자기주식의 처분은 신주발행절차와는 전혀 다른 절차여서 이를 유추적용하는 것은 무리이고, 자기주식처분규정(상342)의 개정을 통해 주주의 지분율이 유지될 수 있도록 자기주식의 처분을 제한할 입법론적 고려가 요구된다.

② **자본거래의 수단** – 자기주식의 취득은 재원·방식요건만 갖추면 일정 범위

---

122) 최근 삼성물산이 제일모직과 합병하는 과정에서 삼성물산의 자기주식을 제일모직의 주요주주에 대한 매각행위의 효력이 문제되었는데, 하급심 판결에서 신주발행절차의 유추적용을 부정하였다(서울고법 2015. 7. 16. 선고 2015라20503결정).

내에서 취득이 자유롭고, 취득한 자기주식의 보유·처분 역시 자율성을 부여하였다. 회사는 자기주식을 활용하여 회사의 조직개편의 자원으로 활용할 수도 있을 뿐만 아니라 적대적 인수합병에 자기주식의 보유·처분을 통해 방어행위를 하는 것도 가능하게 되었다. 예를 들어 합병·분할·주식교환 등의 조직개편에서 상대 회사에 자기주식으로 지급할 수 있도록 하였고, 이사회에 처분권한을 부여하였으므로 이사회결의를 통해 우호적인 주주에게 자기주식을 양도하여 적대적 인수합병시도에 방어를 할 수 있게 되었다. 회사의 자금으로 취득한 자기주식으로 대주주의 경영권을 방어하는 것이 적절한가에 의문이 있으므로 자기주식의 보유·처분절차의 개정에 관한 입법론적 검토가 요구된다.

7. 주식의 상호소유금지

(1) 의 의

1) **취 지** : 자회사는 모회사(자회사 주식의 50/100을 초과하여 가진 회사)의 주식을 취득할 수 없다(상342의2). 주식의 상호소유란 A·B 두 회사간 A회사는 B회사의 주식을 소유하고 B회사는 A회사의 주식을 소유하는 것을 의미한다. 그러나 상법이 제한하고 있는 것은 A회사가 B회사의 주식 50%를 초과하여 소유하고 있는 상태에서(이 경우 A회사를 모회사, B회사를 자회사라 함) B회사(자회사)가 A회사(모회사)의 주식을 소유하는 것을 상호소유로 금지하고 있다. 주식의 상호소유를 금지시키는 것은 기업간의 횡적결합과 시장지배 목적으로 주식을 소유하는 것을 제한하고, 주식의 상호소유에 의해 자본이 공동화되는 현상을 막고, 자기주식과 유사하게 주금이 환급되어 자본충실을 해하는 것을 막으며, 상호소유를 통한 투기의 위험과 계획적인 상호소유에 의해 회사지배의 왜곡을 방지하기 위한 취지이다.

2) **범 위** : ① 자회사 확대 – 주식의 상호소유의 유형에는 직접상호보유, 순환형 상호보유, 행렬형 상호보유 등 다양한 유형이 있을 수 있는데, 이 중 상법은 **직접상호보유**만 금지하고 있다. 그리고 회사법은 자회사 개념을 확대해서 모·자회사가 합쳐서(모자합산형) 혹은 자회사(단순형)가 총 주식의 1/2을 초과하여 소유하는 다른 회사(손회사)도 '모회사의 자회사'(**합산형 자회사**)로 의제하고 있다(상342의2.3, A+B or B가 C주식의 50% 초과 소유. A는 모회사, B는 자회사, C는 손

회사가 됨). 즉 모회사(A)는 손회사(C)의 지분을 50% 초과 소유하고 있지 않아 직접 모회사는 아니지만, 자회사(B)와 합쳐 C회사 주식 50% 초과 소유할 경우 손회사(C)는 모회사(A)의 주식을 소유하지 못한다.

② **합산형 자회사의 모회사 범위** – 모·자회사(A+B)가 손회사(C)의 지분을 50% 초과 소유하고 있는 경우(합산형 자회사) C가 B의 주식을 소유하는 것은 가능한가? C는 A의 주식을 소유하지 못하지만, B는 C의 모회사가 아니므로 C가 B의 주식을 소유하는 것은 가능하다고 본다. 왜냐하면 C는 모회사(A)의 자회사로 의제되고 B의 자회사로는 의제되지 않기 때문이다. C가 A의 자회사로 의제되므로 A+B+C 또는 C가 D회사의 주식을 1/2 초과 소유할 경우에도 D도 A의 합산형 자회사로 의제되어 D는 A의 주식을 소유할 수 없으며 이는 동일한 구조로 계속 확대될 수 있다.

3) 증손회사 : 증손회사의 개념을 인정하고 손회사에 관한 규정을 유추적용할 것인가? 즉 C가 E의 지분 1/2을 초과하여 소유하고 있는 경우 E를 A의 증손회사로 보고 E가 A의 주식을 소유할 수 없는가에 관해 학설이 대립하고 있다. 생각건대 우리 상법은 상호소유를 판단함에 있어서 자회사와 손회사의 지분을 합하여 계산하도록 정하고 있어, 증손회사까지 자회사의 개념에 포함시킬 경우 상호소유의 범위가 과다하게 확장될 가능성이 있다. 뿐만 아니라 앞서 본 바와 같이 자회가가 의제규정에 의해 계속 확대될 수 있으므로 규정에 없는 증손회사에까지 유추적용할 경우 그 한계가 모호해질 우려도 있다고 본다. 왜냐하면 C가 E의 지분을 50% 초과 소유하는 단순형 증손회사로 있겠지만, B+C(자회사와 의제자회사가 합쳐서)가 E의 지분을 50% 초과 소유할 경우에 E는 B의 자회사로 의제될 뿐이라고 볼 수도 있고 자회사 그룹(B+C)에 의한 E의 소유로 보아 동조 유추적용에 의해 A의 자회사(증손회사)에 포함된다고도 볼 수 있어 다시 경계가 모호해지기 때문이다. 따라서 상법이 명문의 규정을 두고 있는 손회사까지 적용된다고 보는 견해가 타당하다고 본다. 그리고 주식의 상호소유금지규정은 주식회사와 유한회사간의 출자지분 상호보유에는 적용되지 않는다.

(2) 특정목적의 모회사 주식 취득

1) 특정한 목적 : 자회사에 의한 모회사 주식의 취득은 금지되는데 특정한 목적을 위한 경우에는 이에 대한 예외로서 자회사가 모회사의 주식을 취득하는

것이 허용된다. 먼저 **조직개편**을 위한 취득으로서, 주식의 포괄적 교환·이전, 합병·영업양수시 대상재산 속에 모회사의 주식이 포함되어 있을 경우(1호)에는 자기주식의 경우와 동일하게 객관적 재산으로서 취득하는 것이므로 취득 후 상당한 시기에 처분만 이루어진다면 모회사 주식의 취득의 문제점은 발생하지 않는다. 다음으로 **권리실행**을 위한 취득(2호)으로서, 회사가 회사채무자의 재산에 대해 강제집행을 하거나 소송상의 화해를 하는 데 또는 대물변제를 받는 데 있어, 채무자에게 다른 재산은 없고 모회사의 주식이 유일한 재산일 경우에는 권리실행을 위해 자기주식의 취득을 허용하고 있다(상342의2.1).

    2) 삼각합병 대가지급 : 흡수합병(A ← B)시 존속회사(A)는 합병대가로 소멸회사(B)의 주주들에게 재산을 제공할 수 있으며(상523.4호) 특히 **존속회사의 모회사(A′)의 주식**도 제공대상이 될 수 있다. 합병대가로 존속회사의 모회사(A′) 주식을 제공하는 합병을 **삼각합병**이라 하며, 이 경우 존속회사는 모회사주식을 보유하고 있어야 제공이 가능하다. 그런데 특정목적의 모회사 주식 취득(상342의2)은 합병으로 인한 모회사 주식의 취득만 허용하고 있는데, 이는 '합병으로 인한 취득'이어서, '합병을 위한 취득'의 근거규정이 되기는 어렵다. 따라서 상법은 합병대가가 모회사주식인 경우의 특칙으로, 상법 제342조의2에도 불구하고 제523조 제4호에 따라 소멸회사의 주주에게 제공하는 재산이 존속회사의 모회사주식을 포함하는 경우에는 존속하는 회사는 그 지급을 위하여 모회사주식을 취득할 수 있다는 규정을 두었다(상523의2.1).

    3) 처분의무 : 자회사가 **특정목적**을 위해 모회사의 주식을 예외적으로 취득한 경우 자회사는 그 '주식을 취득한 날'로부터 6월 이내에 모회사의 주식을 처분하여야 한다(상342의2.2). 회사법은 자회사의 모회사 주식 취득을 허용하면서 특정목적에 의한 자기주식의 취득(상341의2)과 달리 모회사 주식을 처분하도록 의무화하고 있다. 자기주식은 그 취득이 원칙적으로 허용되므로 그에 따라 자기주식의 처분도 일반취득이든 특정목적취득이든 모두 이사회의 결의에 따르지만, 자회사의 모회사의 주식 취득은 원칙적으로 금지되어 있으므로 예외적으로 취득한 모회사 주식에 대한 처분의무를 규정한 것으로 이해된다. **삼각합병**을 위해 존속회사가 합병을 위하여 취득한 모회사 주식을 합병 후에도 계속 보유하고 있는 경우에는 특정목적의 주식취득과는 달리 '합병의 효력이 발생한 날'로부터 6개월 이내에

그 주식을 처분하여야 한다(상523의2.2)

4) **모회사 주식의 지위** : ① 의결권 행사 제한 – 자회사가 특정목적을 위해 모회사의 주식을 취득하여 최대 6월까지 주식을 보유할 수도 있다. 이 기간 중 자회사가 보유한 모회사의 주식의 주주권은 어떤 상태에 놓이는가? 자회사가 보유한 모회사의 주식은 자기주식과는 성격이 다른 별개의 회사의 주식이므로 예외적으로 보유하는 기간 동안 주주권이 제한될 적극적인 이유는 발견하기 어렵다. 하지만 자회사가 보유한 모회사의 주식은 상호주가 되므로 의결권 행사는 정지되고(상369.3), 상호주는 발행주식총수에 산입되지 않는다(상371.1).

② 유사상호주 – 특정목적을 위해 자회사(B)가 모회사(A) 주식의 10% 이상을 취득하게 되면 유사상호주(개념을 후술함)에 해당하게 된다(상369.3). 따라서 자회사(B)가 모회사(A) 주식을 보유하는 기간(최대 6월) 동안 모회사(A)가 가지고 있는 자회사(B) 주식 전부의 의결권 행사가 정지되게 된다. 즉 자회사(B)가 역으로 모회사(A)의 유사모회사적 지위를 가지게 되고 모회사가 유사자회사적 지위를 겸병하게 되어 의결권 행사에 영향을 받아 B가 가진 A의 주식은 물론 같은 이유로 A가 가진 B의 주식도 의결권 행사가 정지된다.

(3) 위반의 효과

1) **학설 대립** : 회사법은 '모회사의 주식은 – 자회사가 이를 취득할 수 없다'고 규정하고 있다(상342의2.1). 이러한 상호소유금지규정에 위반해서 주식을 취득한 경우 그 행위의 효력은 어떠한가? 이에 관해 거래의 안전을 위해 취득은 유효하나 이사는 위법행위에 대해 회사나 제3자에게 손해배상책임(상399, 401)을 부담하고 이사의 해임사유가 되며(상385) 처벌될 수도 있다고(상625의2) 하는 **유효설**. 주식취득행위는 원칙적으로 무효이나 양도인은 무효를 주장할 수 없고 회사도 양도인이 선의인 경우 무효를 주장할 수 없어 결국 양도인이 악의인 경우 회사만 무효를 주장할 수 있다는 **상대적 무효설**, 상호소유금지규정을 강행규정으로 이해하고 이에 반하는 주식취득은 절대무효라 하는 **무효설**이 주장된다.

2) **검 토** : ① 강행규정성 – 상호소유 금지규정은 무효설의 주장과 같이 강행규정적 성질을 가지므로 회사가 정관이나 주주총회의 결의 등으로도 자회사에 의해 모회사의 주식취득을 허용할 수 없다. 그리고 적극적 금지규정은 회사법 취지

의 구현을 위해 위반행위의 효력에도 영향을 미친다고 보아야 하며 자회사가 주식을 모회사 주식을 취득하는 사적 주식거래계약도 무효로 볼 필요가 있다. 상호소유 금지규정이 이사에 대한 의무나 명령규정의 형식이 아닌데도 이를 단순히 이사의 책임(해임, 손해배상)규정으로 이해하는 유효설은 지나친 축소해석으로 이해된다.

② 선의의 양도인 – 상호소유 금지규정은 '회사에 대해 효력이 없다(상319, 335.2,335.3)'로 규정하고 있지 않고 '취득할 수 없다'라고 규정하고 있어 취득행위의 무효를 선의의 양도인에게 주장할 수는 없다고 본다. 그렇다면 회사에 대한 금지규정에 위반한 선의의 양도인은 주식양도계약의 무효함을 주장할 수 있는가? 생각건대 모회사 주주가 자신이 보유하던 주식을 자회사에 양도한 경우 자회사는 단체법적 취지(자본충실, 투기방지, 지배구조 건전성 등)로 인해 그 취득이 금지되어 있으므로, 모회사의 주주(양도인)와 자회사간의 모회사 주식거래에서 양도인이 악의인 경우 취득행위가 무효이다. 하지만 양수인이 자회사에 해당하는지 알 수 없는 선의의 양도인에게 무효를 주장할 수 없을 뿐만 아니라, 선의의 양도인도 주식양도계약의 무효를 주장할 수 없다고 본다(상대적 무효설).

3) 처분의무의 위반 : ① 취득행위의 효력 – 자회사가 특정목적을 위해 모회사 주식을 합법적으로 취득한 경우 이를 6월 내 처분하여야 하는데, 처분의무를 위반한 경우 효과는 어떠한가? 이는 회사법상 처분의무 규정(상342의2.2)을 위반함은 물론 실질적으로 주식의 상호소유 금지규정(상342의2.1)을 위반한 것이 된다. 따라서 이사의 책임(해임, 손해배상)은 당연히 문제되지만, 주식상호소유금지에 위반한 행위와는 달리 취득행위 자체는 합법적이었으므로 취득행위를 무효로 볼 수는 없다고 본다.

② 의결권정지 – 자회사가 모회사의 주식을 취득할 경우 취득행위가 무효이므로 자회사의 모회사 주식에 관한 의결권 행사는 당연히 허용되지 않는다. 뿐만 아니라 유사모자관계에서 발생하는 회사법상의 규정도 적용되지 않는다고 보아야 한다. 예를 들어 (자)회사가 다른 (모)회사의 주식 10% 이상 보유할 경우 (모)회사가 가진 (자)회사의 주식은 의결권 행사가 정지되는데(상342의3), 이 규정은 위법하게 보유한 모회사 주식에는 적용되지 않는다. 자회사의 위법한 모회사 주식 보유에 의해 모회사 주식의 의결권이 장기간 정지될 경우 모자회사간 지배구조가 비정상적으로 형성(자회사의 반란)될 수 있기 때문에, 유사상호주 의결권행사 정

지(상369.3)는 위법한 모회사 주식보유시 적용되지 않는다고 보아야 한다.

(4) 유사상호주

1) **의 의** : ① 개 념 – 상호(보유)주란 A회사가 B회사의 주식을 50% 초과 보유한 상태에서 자회사(B회사)가 보유한 모회사(A회사)의 주식을 의미한다. 회사법은 자기주식과 유사한 위험(자본의 공동화, 회사지배구조의 왜곡, 투기위험 등)을 막기 위해 모회사 주식의 취득(**상호주**)의 취득을 금지하는 데 그치지 않고, 모자관계가 아니라 하더라도 일정한 범위 내의 상호보유된 주식에 관해 의결권 행사를 제한하고 있다. 특정 회사(A)가 다른 회사(B)의 주식 50% 이하 소유할 경우 A회사는 모회사가 아니므로 다른 회사(B)는 A회사의 주식을 취득하는 것은 허용되지만, 일정한 경우(A가 B주식 10% 이상 보유시) B가 취득한 A주식을 **유사상호주**라 하며 그 의결권 행사를 제한하고 있다(상369.3).

② 범 위 – 요건 주식수(다른 회사 주식 10% 이상 소유)를 누가 소유한 경우에 유사상호주에 해당하는가 하는 점에 관해 상법은 모자관계의 회사를 합산하여 계산하여 손회사 개념까지 확대함으로써 상호주와 유사하게 규정하고 있다. 즉 유사상호주(상369.3)의 범위는 상호주의 범위와 마찬가지로 모회사(A), 자회사(B)의 관계에서, **손회사형 유사상호주**(B가 C의 주식 10% 이상 취득하는 경우), 모회사와 자회사 **합산형 유사상호주**(A＋B가 C의 주식 10% 이상 취득하는 경우)도 포함한다(상369.3). 그리고 상호주와 마찬가지로 증손형 등은 법률관계의 명확성을 위해 확대해석하는 것은 바람직하지 못하다고 본다.

2) **의결권의 정지** : 특정목적을 위해 취득한 상호주(상342의2)는 물론, 한 회사(A)가 다른 회사(B)의 유사상호주의 요건주식수를 보유할 경우 다른 회사(B)가 A의 주식을 1주라도 취득하면 유사상호주가 되고 B가 취득한 A의 주식은 의결권이 정지된다(상369.3). 회사(A, 유사모회사)가 다른 회사(B, 유사자회사)의 주식 10% 이상을 가지고 있을 경우 B는 A의 주식을 소유할 수는 있지만 B가 소유한 A의 주식은 의결권행사가 정지된다(상369.3). 이를 역으로 보면, 한 회사(A)가 다른 회사(B)의 주식 10% 이상을 보유하게 되면 다른 회사(B)가 보유한 A의 주식의 의결권을 정지시킬 수 있게 된다. 따라서 회사간 지배구조에 관한 다툼이 있을 경우 상대방 회사 주식 10% 이상을 보유하는 것은 상대방 회사가 보유하는 자사 주식을 무력화(의결권 행사정지)시키는 공격적 기능을 한다.

3) **상호주 통지의무** : ① 취　지 – 다른 회사 주식 10% 이상을 보유하는 것은 그 회사 보유 주식을 무력화시킬 수 있으므로(공격적 기능), 다른 회사의 주식 10% 이상을 취득한 때에는 취득회사(A, 유사모회사)는 다른 회사(B, 유사자회사) 에 대하여 지체없이 이를 통지하여야 한다(상342의3). 상호주 통지의무는 유사자 회사가 보유하는 유사모회사의 주식의 의결권이 정지됨을 알려주는 기능을 하고 유사자회사가 이에 대한 대비를 할 수 있게 한다.

② **방어행위** – 통지와 무관하게 유사자회사(B)가 가진 유사모회사(A)의 주식 의 의결권 행사는 정지된다. 하지만 유사자회사(B)가 유사모회사(A)의 주식을 추 가로 취득하여 10% 이상이 되게 하면, 역으로 유사모회사(A)가 보유하고 있던 유 사자회사(B)의 주식(10% 이상 보유하던 주식)마저도 유사상호주 의결권정지 요건 에 해당하게 되어 의결권 행사가 정지된다. 유사자회사의 방어행위에 따라 유사 모회사의 의결권 행사가 정지될 수 있어 유사상호주 통지의무는 다른 회사 주식 취득을 보다 신중하게 하는 기능을 한다. 판례도 회사가 다른 회사의 발행주식 총 수의 10분의 1 이상을 취득하여 의결권을 행사하는 경우 경영권의 안정을 위협받 게 된 그 다른 회사는 역으로 상대방 회사의 발행주식의 10분의 1 이상을 취득함 으로써 이른바 상호보유주식의 의결권제한규정(상369.3)에 따라 서로 상대 회사 에 대하여 의결권을 행사할 수 없도록 방어조치를 취하여 다른 회사의 지배가능 성을 배제하고 경영권의 안정을 도모하도록 하기 위한 것으로 보고 있다(2001다 12973).

제 6 절　주식양도방식

1. 주권의 교부

(1) 주권교부에 의한 양도

1) **원　칙** : 주식의 양도는 주식양도 당사자간의 주식양도에 관한 합의와 주권 의 교부만으로 가능하다(상336.1). **양도의 합의**라 함은 매매·교환 등 다양한 원인 에 의한 합의를 포함하며 특별한 방식을 요하지 않는다. 주식의 양도가 유효하기 위해서는 주권이 교부되어야 하는데, 이 역시 강행규정이므로 정관으로도 달리 정할 수 없다. **주권의 교부**는 주식양도의 대항요건이 아니라 성립요건으로 해석된

다. 따라서 주식양도의 합의를 하였지만 주권을 교부하지 않을 경우에는 제3자에 대한 효력은 물론 당사자간에도 주식양도의 효력이 발생하지 않는다. 주식양도인이 양수인에게 주권을 교부할 의무를 이행하지 않고 그 후의 임시주주총회결의의 부존재확인청구를 하는 것은, 주권교부의무를 불이행한 자가 오히려 그 의무불이행상태를 권리로 주장함을 전제로 하는 것으로서 신의성실의 원칙에 반하는 소권의 행사로 본 판례가 있다(90다카1158).

2) **주권교부의 방식** : 주식양도시 일반 유가증권의 양도와 달리 배서는 요구되지 않고 주권의 교부만에 의해 양도된다. 주권의 교부란 주식양도인이 주권의 점유를 양수인에게 이전하는 행위를 의미한다. 주권불소지자(상358의2)는 주권을 회사에 제출하여 주권을 소지하지 않으므로 주식을 양도하기 위해서는 회사에 주권의 발행 또는 반환을 청구하여 주권을 교부받아 이를 양수인에게 교부함으로써 양도할 수 있다. 교부방식에 관해, 주권의 점유를 취득하는 방법을 현실의 인도(교부) 외에 간이인도, 반환청구권의 양도로 제한한 판결(2008다96963)이 있었지만, 이후 교부방식은 현실의 인도 이외에 간이인도, 점유개정, 목적물반환청구권의 양도 등 기타 간이인도방식도 가능하다고 보아(2014다221258) **점유개정도** 포함시키고 있다. 그리고 반환청구권의 양도에 의하여 주권의 선의취득에 필요한 요건인 주권의 점유를 취득하였다고 하려면, 양도인이 그 제3자에 대한 반환청구권을 양수인에게 양도하고 지명채권 양도의 대항요건을 갖추어야 한다(97다48906).

3) **예 외** : 주식의 양도 이외에 상속·합병·유증 등이 원인이 되어 주식에 대한 권리가 이전되는 경우에는 주권의 교부 없이 주식이 이전된다. 판례는 주식양도계약이 해제되거나 신탁계약이 해지된 경우 주권의 반환이 없더라도 주식양수인·수탁자는 주주의 지위를 상실하고(93다44906), 양도인·신탁자는 권리를 회복한다고 본다. 주식의 압류 역시 주권의 점유에 의해 가능하다고 보지만(87다카2599), 회사성립 후 또는 신주발행 후 6월이 경과하도록 회사가 주권을 발행하지 않는 경우에도 주권 없이 지명채권양도방식에 의해 주식을 양도할 수 있다.

4) **대항요건** : 양도의 합의와 주권교부로 양도당사자간의 주식양도는 효력을 가진다. 하지만 기명주식의 경우 주주가 변경된 사실을 회사가 알 수 없으므로 회사에 대한 관계에서는 주식양수인이 자신이 주주임을 주장하기 위해 주주권 행사

의 대항요건으로서 **명의개서**가 요구되어, 취득자의 성명과 주소를 주주명부에 기재하지 아니하면 회사에 대항하지 못한다(상337.1). 요컨대 (기명)주식은 양도합의·주권교부(성립요건) 외에 주주명부의 명의개서가 회사에 대한 대항요건이 된다. 상속·합병·유증 등이 원인이 되어 주식에 대한 권리가 이전되는 경우에는 주권의 교부 없이 주식이 이전되지만 회사에 대해 주주임을 대항하기 위해서는 주식양도와 동일하게 회사에 대한 대항요건으로 명의개서가 요구된다.

(2) 주권발행 전 주식양도(6월 후) 방식

1) **양도의 합의** : 권리주의 양도는 금지되며(상319), 주권발행 전에 원칙적으로 주식을 양도할 수 없어 회사성립 후 또는 신주발행 후 6월이 경과하기 전에는 주식양도는 금지된다. 하지만 회사성립 후 또는 신주발행 후 6월이 경과하도록 회사가 주권을 발행하지 않는 경우에는 예외적으로 주권발행 전이라 하더라도 주권 없이 주식을 양도할 수 있도록 하여(상335.3) 주식양도자유를 보장하고 있다. 다만 이 경우 주권이 없는 주식의 양도방식이 문제될 수 있는데, 이에 관해서는 **지명채권 양도방식**에 의하여 양도될 수 있다고 보는 견해가 통설·판례이다. 주식양도인과 양수인의 합의만으로 주권발행 전의 주식은 양도인으로부터 양수인에게 이전된다.

2) **대항요건** : 주권 없이 이뤄지는 주식양도에도 채권양도와 동일하게 대항요건이 문제된다. 주식의 귀속에 대한 대항요건 즉 주식양도를 회사에 대해 대항하기 위해서는 양도인이 양도사실을 회사에 대해 통지하거나 회사가 이를 승인하여야 한다. 그리고 제3자에 대해 대항하기 위해서는 양도사실의 회사에(의) 통지·승낙이 확정일자 있는 증서에 의해 이뤄져야 한다. 따라서 주식의 이중양도가 발생한 경우에는 제3자에 대한 대항력이 문제되고 확정일자의 선후에 의해 대항력이 결정된다. 회사에 대한 주식양도의 통지와 명의개서를 위한 주식양도의 통지는 전자가 **주식의 귀속**에 대한 대항요건이고 양도인이 하는 통지인데 반해 후자는 **주주권 행사**에 관한 대항요건이고 양수인이 양도사실을 증명함으로 이뤄진다는 점에서 구별된다(2편3장5절5.(3).2)).

2. 명의개서

(1) 의 의

1) **개 념** : 주주명부에는 주주의 성명·주소, 주식의 종류·수량, 주권의 번호·취득연월일 등이 기재된다(상352). 주식을 취득한 자가 주식의 이전을 이유로 주식취득자의 성명과 주소를 주주명부에 주주로 기재하는 것을 **명의개서**라 한다. 주주의 동일성과 관련 없는 주주명부상의 기재사항을 수정하는 것은 명의개서에 포함되지 않는다. 주주명부는 회사가 주주에게 주주권 행사를 위한 기회를 부여하기 위해 주주의 명부이므로 이에 등재하여야 주주권을 행사할 기회를 부여받는다. 따라서 주주명부에의 명의개서는 주주권 행사를 위한 **대항요건**을 취득하는 것이 되며, 주식을 취득하였더라도 주주명부에 명의개서를 하지 않았을 경우에는 회사에 대해서 대항할 수 없다.

2) **권리행사요건** : 주식의 양도와 관련해서 명의개서는 회사에 대한 **대항력**을 확보하는 수단이 된다. 그밖에 명의개서된 자는 주주로 **법률상 추정**되고 자신이 주주임을 증명하지 않아도 되며, 주주임을 부인하려는 자가 명의개서인이 주주가 아님을 증명하여야 한다. 뿐만 아니라 회사는 주주명부상의 주주에게 권리행사의 기회(회사의 통지·최고)를 부여하면 **면책**되므로(상353), 주식이 양도되어도 명의개서를 하지 않아 양도인이 여전히 주주명부상의 주주로 기재되어 있다면 회사는 양도인에게 권리행사기회를 부여하더라도 면책된다. 이와 같이 **주주명부의 효력**은 주식 취득자의 명의개서에서 비롯된다고 볼 수 있어 주주가 권리행사를 하기 위한 전제조건이라 볼 수 있다.

(2) 절 차

1) **청구권자** : 주식을 양도받은 **양수인**은 단독으로 명의개서를 청구할 수 있는데, 청구의 상대방은 회사이고 양도인이 아니다(78나840). 기명주식의 취득자는 원칙적으로 취득한 기명주식에 관하여 명의개서를 할 것인지 아니면 명의개서 없이 이를 타인에게 처분할 것인지 등에 관하여 자유로이 결정할 권리가 있으므로, 주식의 **양도인**은 다른 특별한 사정이 없는 한 회사에 대하여 주식 양수인 명의로 명의개서를 하여 달라고 청구할 권리가 없다(2009다89665). **명의개서청구권**은 주

식을 취득한 자가 회사에 대해서 주권을 행사할 수 있는 기회를 보장받기 위해 회사에 취득사실을 알리고 주주명부에 주식취득자의 명의를 등재할 것을 청구하는 권리이다. 따라서 명의개서청구권은 모든 주주에게, 즉 주식을 양수한 자뿐만 아니라 상속·합병 등을 통해 주식에 대한 권리를 취득하거나 주권을 선의취득한 자에게도 발생한다는 점에서 양도인으로부터 이전되는 권리가 아니라 **원시적으로 발생**하는 권리로 볼 수 있다. 질권 등 담보권이 설정된 주식을 양수하더라도 주식양수인은 회사에 대해 명의개서를 신청할 수 있다.

2) **주권의 제시** : 회사법은 주식의 이전은 취득자의 성명과 주소를 주주명부에 기재하지 아니하면 회사에 대항하지 못한다고만 정할 뿐(상337.1) 주주명부에 취득자의 성명의 기재를 회사에 청구하는 행위 즉 명의개서의 방식에 관해서는 특별히 법정하고 있지 않다. 명의개서를 청구하기 위해서는 자신이 **주식을 취득한 사실을 증명**하여야 하는데 주권에 의해 주식이 양도된 경우에는 **주권을 제시**하여야 한다고 본다. 왜냐하면 주권의 점유자는 적법한 소지인으로 추정되므로(상336.2) 주권을 제시함으로써 자신의 주식취득사실을 증명할 수 있기 때문이다. 판례도 주식을 증여받은 자가 회사에 그 양수한 내용만 통지하였다면 그 통지 사실만 가지고는 회사에 명의개서를 요구한 것으로 보기 어렵다고 보았고(94다25735), 명의개서에 주권의 제시 이외에 양도인의 인감증명을 요한다든지 기타 서류의 제출을 요하는 것은 주권의 권리추정력에 반하는 제한으로서 구속력이 없다고 본다(94다47728). 다만 **주권발행 전의 주식양도**의 경우에는 양수사실을 증명함으로써 명의개서를 청구할 수 있는데, 이는 주식양도의 대항요건으로서 회사에 대한 주식양도의 통지와 구별된다. 그리고 상속·합병의 경우에도 상속·합병 사실을 증명함으로써 회사에 대하여 명의개서를 청구할 수 있다.

3) **회사의 심사** : 주권의 추정력에 의해 명의개서를 위해 주권을 제시를 받은 회사는 형식적 자격을 심사할 의무는 있지만 실질적 자격을 심사할 의무는 없다(**형식적 심사의무**). 그렇다면 주주가 주권을 제시하여 회사에 명의개서를 청구하면 회사는 **실질적 심사권한**을 가지는가? 이에 관해 청구자의 권리에 의심할 만한 상당한 이유가 있을 경우 회사는 조사를 위해 필요한 기간 명의개서를 거부할 수 있다고 보는 **긍정설**, 주권의 점유에 자격수여적 효력이 있으므로 청구자의 실질적 권리에 의문이 있는 경우에도 무권리를 증명할 수 없는 한 심사권이 없다고 보는

부정설이 주장된다. 긍정설은 요건에 부합하는 조사기간 중에는 명의개서의 지체에 대한 책임을 부담하지 않는다고 보지만, 부정설은 실질적 심사를 한 후 권한이 없음을 증명하지 못하게 되면 명의개서지연의 책임을 회사가 부담한다고 본다. **판례**는 회사는 청구자가 진정한 주권을 점유하고 있는가에 대한 형식적 자격만을 심사하면 족하고 실질적 자격까지 심사할 의무는 없다고 보는데(2017다231980) 실질적 심사권한에 관해서는 명확한 판단을 하지 않았다. 생각건대 주권의 권리추정력은 증명에 의해 추정을 번복할 수 있지만 증명의 성공에 대한 부담은 증명자가 부담하게 되므로, 설사 의심의 상당한 사유가 있더라도 증명실패에 대한 부담(명의개서지연에 대한 책임)은 회사가 부담한다고 본다(부정설). 따라서 설사 주권의 도난·분실신고, 공시최고가 있는 경우에도 주권의 제시자는 권리가 추정되므로 회사는 무권리를 증명할 수 없는 한 명의개서를 거절할 수 없다고 본다.

4) 명의개서의 거부 : 주주명부상의 명의개서는 주식을 취득한 자가 회사에 대한 관계에서 주주의 권리를 행사하기 위한 대항요건이므로 회사는 명의개서 신청주주의 권리가 주권 등으로 증명되면 명의개서를 할 의무를 부담한다. 그리고 주권발행전 주식양도시 그 주식을 취득한 자는 특별한 사정이 없는 한 상대방의 협력을 받을 필요 없이 단독으로 자신이 주식을 취득한 사실을 증명함으로써 회사에 대하여 그 명의개서를 청구할 수 있다. 판례는 명의개서의 청구에 소정 서류의 제출을 요한다고 하는 정관의 규정이 있다 하더라도, 이는 주식의 취득이 적법하게 이루어진 것임을 회사로 하여금 간이명료하게 알 수 있게 하는 방법을 정한 것에 불과하여 주식을 취득한 자가 그 취득사실을 증명한 이상 회사는 위와 같은 서류가 갖추어지지 아니하였다는 이유로 명의개서를 거부할 수는 없다(94다47728). 명의개서신청이 위법하게 거부되어 주주명부에 형식주주가 기재된 경우, 형식설에 따른 판례도 예외를 인정하여 실질주주가 회사에 대해 권리를 행사할 수 있다고 본다.

5) 명의개서의 제한 : 일정기간 주주명부상의 기재변경을 정지하는 주주명부폐쇄제도(상354.1)는 폐쇄기간 중 명의개서는 금지하지만, 권리변경과 무관한 사항의 변경이 가능하고 전환주식·전환사채의 전환청구, 신주인수권부사채권자의 신주인수권의 행사도 예외적으로 가능하다(상350.2,516.2,516의9). 만일 주주명부 폐쇄기간 중 회사가 특정한 명의개서를 허용하였다면 명의개서의 효력은 어떠한

가? 이에 관해 명의개서를 확정적으로 무효로 보는 **무효설**, 명의개서는 유효하나 폐쇄기간 경과 후 효력이 발생한다고 보는 **유효설**이 주장된다. 생각건대 주주명부 폐쇄제도(상354)는 주주권 행사자를 확정하기 위해 폐쇄기간 중 명의개서를 금지한 강행법규적 성질을 가졌지만, 폐쇄기간 중 명의개서의 효력이 폐쇄기간 이후에 생긴다고 해석할 경우 특정주주에게 이익이 되거나 다수결에 영향을 주지 않고 폐쇄기간 이후에 다시 명의개서신청을 하여야 하는 불편을 덜어주므로 유효설이 타당하다고 본다.

(3) 명의개서의 효력

1) 개 요 : 주주가 주주명부에 자신의 명의로 명의개서를 하게 되면 명의개서의 효력이 발생한다. 먼저 주식의 이전은 취득자의 성명과 주소를 주주명부상에 기재하지 아니하면 회사에 대항하지 못하므로(상337.1), 명의개서는 회사에 대한 **대항력**을 가진다. 그리고 주주명부상의 주주는 주주로서의 자격이 추정되어(**권리추정력**) 명의개서를 한 주주는 자신의 권리를 증명할 필요 없이 주주권을 행사할 수 있다. 그리고 회사도 주주명부상의 주주(질권자)에게 권리행사의 기회 즉 각종 통지나 최고를 하면 면책된다(상353.1, **면책력**). 주권의 추정력은 **주식의 양도**와 관련해서 주주권이 누구에게 귀속하느냐에 적용되는 추정력이고 주주명부의 추정력은 **회사에 대한 주주권 행사**에 있어 누구를 주주로 추정할 것인가를 판단함에 적용되는 추정력이라 할 수 있어 적용국면이 다르다고 볼 수 있다. 그러나 명의개서에 권리의 설정적 효력은 없으므로 명의개서 후라도 무권리자임이 증명되면 주주권행사는 소급해서 효력을 잃는다. 명의개서의 효력은 주주명부의 효력(추정력·대항력·면책력)에서 비롯되어 주주명부의 효력에 관한 논의와 동일하므로(2편3장4절4.). 이하에서는 자의·타의에 의해 명의개서를 하지 않은 주주의 지위(**명의개서미필주주의 지위**)에 관해서만 살펴본다.

2) 명의개서 부당거절 : 회사가 부당하게 명의개서를 거절할 경우 회사를 상대로 **명의개서청구의 소, 임시주주의 지위를 구하는 가처분**을 청구할 수 있고, 이사 등에게 벌칙이 적용된다(상635.1.7호). 그런데 이 경우 명의개서를 부당하게 거절당한 양수인이 **주주권을 행사**할 수 있는가? 이에 관해 신의칙상 주주권행사가 가능하다는 견해가 통설·판례의 입장이다. 따라서 명의개서청구 이후에는 이익배당·신주인수권을 주장할 수 있으며 주주총회 소집통지를 받지 못한 경우 그 결

의의 취소도 구할 수 있다. 그러나 주식취득자에 대한 주식양도의 효력이 다투어져 주주권확인소송 및 명의개서절차 이행청구의 소가 제기된 경우에는 명의개서가 거절될 수 있다고 한 판례(96다32768)도 있다. 주주명부상의 형식주주에게 주주권 행사를 허용한 17년 판결(2015다248342)에서도 명의개서가 부당하게 거절된 경우는 실질주주가 주주권을 행사할 수 있는 예외로 보고 있다.

(4) 명의개서의 대항력

1) **학설 대립** : 명의개서의 대항력(상337.1)에 회사도 구속되는가?(**쟁점**26) 이는 명의개서 전 회사가 주주지위를 인정할 수 있는가 하는 문제와 관련된다. 이에 관해, 진실한 권리관계에 부합되게 해석하여야 하고 대항력 규정은 회사의 편의를 위한 조항이므로 회사가 자기의 위험부담으로 주권의 점유자를 주주로 인정함은 무방하며, 주주명부의 기재로부터 생기는 주주의 자격은 주권의 점유가 갖는 권리추정력의 반영에 지나지 않으므로 주주명부에 기재된 주주와 다른 주권의 점유자가 나타난다면 주주명부의 효력은 부정되는 것이 타당하다는 점을 논거로 하는 **편면적 구속설**, 회사가 주주명부상의 주주와 실질적인 주주 사이에 주주선택권을 가지는 것은 주주평등의 원칙에 반한다는 점, 양자 권리를 모두 부인할 우려가 있다는 점, 대항력은 회사의 편익만 고려한 것이 아니고 회사법관계의 획일적 처리라는 요청에 따른 것이어서 단체법상 법률관계의 획일성·안정성을 추구할 필요가 있다는 점 등을 논거로 **쌍면적 구속설**이 주장된다.

2) **판 례** : 종전 판례는 기명주식의 취득자가 주주명부상의 주주명의를 개서하지 아니하면 스스로 회사에 대하여 주주권을 주장할 수 없다는 의미이고, 명의개서를 하지 아니한 실질상의 주주를 회사측에서 주주로 인정하는 것은 무방하다고 보았다(89다카14714). 그런데 최근 판례는 회사가 주식발행시 작성하여 비치한 주주명부에의 기재가 회사에 대한 구속력이 있음을 전제로 하여 주주명부에의 명의개서에 대항력을 인정함으로 주식양도에 있어서도 일관되게 회사에 대한 구속력을 인정하려는 것이므로, 대항력(상337.1)은 그 문언에 불구하고 회사도 주주명부에의 기재에 구속되어 주주명부에 기재된 자의 주주권 행사를 부인하거나 주주명부에 기재되지 아니한 자의 주주권 행사를 인정할 수 없다는 의미를 포함한다고 보아(2015다248342) 쌍면적 구속설로 입장을 수정하였다.

3) 검 토 : 대항력('대항할 수 없다')의 규정의 의미는 '효력이 없다'는 규정 (예, 권리주양도, 상319)과는 구별되어야 한다. '대항력'이라는 의미는 요건을 갖추지 못한 주주에 대한 구속력(불이익)을 의미하고 상대방(회사)을 구속하지는 않는다는 점에서 회사도 구속되는 '효력이 없다'는 규정과 달리, 회사 특히 악의의 회사(양수인이 실질주주임을 인지)는 대항력에 구속되지 않고 실질주주의 권리행사를 인정할 수 있는 편면적 구속설이 타당하다고 본다. 양도인(A)이 주식을 양수인 (B)에게 양도한 후 명의개서를 하지 않은 사례에서, 편면적 구속설을 취할 경우 회사가 필요에 따라 A, B 중 **주주선택의 위험**이 문제되는데, 회사가 B를 주주로 인정하기 위해서는 B가 실질주주임을 증명할 수 있을 경우에 한정된다. 그렇다면 B가 주주임을 회사가 증명할 수 있음에도 A에게 권리행사를 부여한 경우 주주선택의 위험이 문제된다고 볼 수 있는데, 편면적 구속설에 의하더라도 악의의 회사가 실질주주가 아닌 비주주의 권리행사를 허용한 것이어서 이는 위법한 주주권 행사로 되어 주주권 행사의 효력이 부인되게 되어 주주선택의 위험은 나타나지 않는다(2편3장4절4.(3).2)).

4) 사 견 : 대항력의 일반적 의미를 고려할 때 편면적 구속설이 타당한데, 대항력을 규정하고 있는 회사법의 명문규정에 반하여 '회사에 대해 무효'의 취지로 보는 해석론은 그렇게 해석해야할 특별한 필요성이 있는 경우가 아니라면 허용되어서는 안 된다. 쌍면적 구속설이 주장하는 논거인 '회사법 관계의 획일적 처리요청'보다는 '진정한 주주에 의한 권리행사'라는 법익이 사법관계의 일종인 회사법관계에서 훨씬 중요하다고 본다. 그리고 또 다른 논거인 '회사에 의한 주주선택위험'은 경우를 나눠서 보면 결국 회사에 의한 '비주주의 권리행사허용'의 실질을 가지게 되어 회사의 전횡에 지나지 않고 편면적 구속설로 인해 발생하는 문제는 아니다. 이렇게 볼 때 강행법규인 회사법의 명문규정(대항력)을 달리 해석할 특별한 이유가 없음에도 불구하고 주주명부에 확정력(회사에 대해 무효)을 부여하는 쌍면적 구속설(판례)은 부당하다고 본다.

(5) 실기주

1) 개 념 : 주식양수인이 명의개서청구를 지체하던 중 이익배당이 실시되거나 신주가 발행될 경우 배당된 이익이나 신주는 주식의 양도인·양수인 중 누구에게 귀속되는가? 명의개서를 하지 않은 주식양수인(B)은 자신이 주주임을 회사에

대항(주장)할 수 없지만, 주식의 과실(果實)이라 할 수 있는 이익배당·신주가 주주가 아닌 주식양도인에게 귀속되는 것은 적절하지 못하다. **실기주**란 주식을 양수한 후 명의개서를 지체하여 주주권 행사기일을 경과함으로써 이익배당청구권이나 신주인수권 등 자익권을 행사하지 못한 주식(**광의의 실기주**)을 의미하기도 하고, 특히 신주발행의 경우 구주의 양수인이 배정일까지 명의개서를 하지 않은 경우 양도인에게 배정된 신주(**협의의 실기주**)를 의미하기도 한다.

2) 회사행위 : 회사의 입장에서는 주주명부상의 주주인 양도인(A)에게 이익배당을 통지하여 양도인을 주주로 취급하면 면책되고, 주식양수인(B)은 명의개서를 지체하여 회사에 자신의 권리로 대항할 수 없으므로 회사법관계에서는 양도인(A)을 주주로 취급하면 문제가 없다. **광의의 실기주**는 주주명부의 효력 즉 추정력, 대항력, 면책력으로 해결되므로 특별한 문제가 발생하지 않고, 주주와 회사의 관계에서 양도인에게 주주권 행사기회를 부여한 회사행위는 적법하다. 하지만 주식양도인에게 배당된 이익이나 신주는 개인법적 관계에서 보면 무권리자에게 배당된 이익·신주가 되어 권리자인 주식양수인은 주식양도인에게 이익·신주의 반환을 청구할 수 있다고 본다.

3) 반환의 법률관계 : 명의개서를 지체한 주식양수인은 양도인과 별다른 합의가 없을 경우 양도인에게 귀속된 부당한 이득의 반환을 청구할 수 있는데(통설) 이는 회사법관계라기 보다는 개인법상의 문제라 할 수 있다. 주식양수인이 양도인에게 이익·신주의 반환을 청구할 수 있는 **법적 근거**가 무엇인가? 이에 관해 양도인이 법률상 원인 없이 이득을 얻었다고 보고 부당이득반환의 법리에 의해 그 이득을 양수인에게 반환하여야 한다고 설명하는 **부당이득설**, 사무관리의 법리에 따라 양도인에게 반환청구할 수 있다는 **사무관리설**, 양도인을 준사무관리의 관리자로 보고 이에 따른 의무를 부담한다는 **준사무관리설** 등이 주장된다. 생각건대 양도인에게 귀속된 이익·신주는 양도인이 보유할 경우 공평이나 정의에 반하거나 양수인에게 부여되어야 할 배타적 이익이 양수인의 동의 없이 양도인에게 부여된 것으로 볼 수 있어 부당이득을 구성한다고 본다. 따라서 양수인은 **부당이득반환의 법리**에 따라 협의의 실기주 반환을 청구할 수 있다고 본다.

4) 협의의 실기주 : ① 개 념 – 협의의 실기주란 주식양수인이 명의개서 지체

중 주식양도인에게 배정된 신주를 의미한다. 주식 양도인에게 배정된 신주(협의의 실기주)에 관해 양수인에게 반환되기 전까지 누가 주주의 권한을 행사하여야 하는가? 신주를 발행할 경우 기준일상의 주주에게 신주가 배정되고 무상신주의 발행이 아니라면 주식의 인수와 납입이 요구된다. 형식주주인 주식양도인이 주식을 인수하면 이는 자신의 권리가 아닌 주식양수인의 권리를 대신 행사한 것이 되고 주식양도인이 납입을 하면 타인의 채무를 체당한 것으로 보아야 한다. 따라서 주식양도인에게 배정된 신주의 주주는 주식양수인이고 주식양도인에 대해 체당금 반환의무를 부담하지만 그 이행여부와는 무관하게 주식양수인은 신주의 주주로서 권리를 행사할 수 있다고 본다. 다만 신주 역시 양수인 명의로 명의개서가 되기 전까지는 회사에 대해 권리를 주장할 수 없다.

② **형식설에 따른 법률관계** - 주주명부에 회사에 대한 권리행사와 관련하여 주주확정의 효력을 인정하는 17년 판결(형식설, 2015다248342)에 의하면 회사에 대한 권리로서 신주에 대한 권리는 주식양도인(A)에게 귀속된다. 형식설을 따르더라도 회사에 대한 권리행사에만 주주명부상의 주주를 주주로 보고 실질주주의 주식에 대한 권리를 부인하는 것은 아니므로 주식양수인이 협의의 실기주에 대한 권리를 주장할 수 있다고 본다. 다만 형식설에 따르면 주식양도인에게 배정된 신주(협의의 실기주)는 판례(형식설)의 법리에 따라 정당하게 배정된 것이므로 부당이득이 될 수 없고 주식양도인이 신주에 관한 **사무관리**를 한 것으로 볼 여지가 있다고 본다.

(6) 명의개서대리인제도

1) **의 의** : 주주명부의 명의개서는 회사의 업무이지만 정관이 정하는 바에 의해 명의개서대리인을 둘 수 있다(상337.2). **명의개서대리인**이란 회사의 위탁을 받아 주식의 주주명부·사채원부의 명의개서 사무를 대행하는 자를 의미한다. 주주명부·사채원부는 이사가 회사의 본점에 비치하여야 하고(상396.1), 주주와 회사 채권자는 영업시간 내에 언제든지 주주명부·사채원부의 열람·등사를 청구할 수 있다(상396.2). 주주·사채권자가 명의개서를 하기 위해서는 본점에 방문하여 명의개서를 신청하게 되는데, 회사가 명의개서대리인을 둔 경우 주주의 주소지 가까운 명의개서대리인의 영업소에 방문하여 주주명부·사채원부의 복본에 기재하면 명의개서가 된 것으로 간주되어(상337.2) 주주·사채권자가 본점을 방문하는 번거로움을 해소할 수 있게 된다. 명의개서절차의 편의성·신속성에 기여하기 위

해 주주명부에 규정된 명의개서대리인제도는 기명사채에도 준용된다(상479.2).

   2) 선임·공시 : 명의개서대리인을 선임하기 위해서는 정관에 명의개서대리인을 특정해도 되고 명의개서대리인을 둘 수 있다고만 정하고 이사회결의로써 명의개서대리인을 선임할 수도 있다. 명의개서대리인과 회사의 관계는 위임계약을 근거로 하는 위임관계로 볼 수 있으며, 명의개서대리인은 회사의 이행보조자와 같은 지위에 있어 명의개서를 부당하게 거절한 경우 회사가 이해관계인에 대해 손해배상책임을 져야 한다. 명의개서대리인의 **자격**에 관해서는 상법 부칙(1984년)에서 시행령에 위임하고 있는데, 명의개서대리인은 한국예탁결제원(자본294.1) 및 금융위원회에 등록된 주식회사(자본365.1)로 한다(상령8). 회사가 명의개서대리인을 둘 경우에는 그 상호·본점소재지를 **등기**하여야 하며(상317.2.11호), 주식청약서와 사채청약서에도 기재하여야 한다(상302.210호,474.2.15호).

   3) 대행의 효과 : 회사가 명의개서대리인을 둔 때에는 주주명부·사채원부 자체를 명의개서대리인의 영업소에 둘 수도 있지만 회사의 본점에 원본을 명의개서대리인의 영업소에 복본을 비치할 수도 있다. 주주명부·사채원부의 **복본**은 사본이나 등본과 달리 원본과 동일한 효력이 가지는 사본이라 할 수 있다. 주주명부·사채원부의 복본을 명의개서대리인의 영업소에 비치한 경우 복본에의 기재는 원본의 기재로 간주된다(상337.2). 따라서 명의개서대리인의 주주명부·사채원부의 복본에 명의개서가 되면 주주·사채권자로 추정되며(추정력), 회사에 대항할 수 있고(대항력) 회사는 주주명부·사채원부에의 명의개서가 없음을 주장할 수 없게 되고, 회사도 복본에 따라 통지·최고하면 면책된다(면책력) 자본시장법상으로는 **명의개서대행회사**는 명의개서의 대행 외에 배당, 이자 및 상환금의 지급을 대행하는 업무와 주권·채권 등 유가증권의 발행을 대행하는 업무를 영위할 수도 있지만(자본365,366), 이러한 업무를 행하기 위해서는 회사로부터 별개의 수권이 있어야 한다고 본다.

   4) 형식설과의 관계 : 17년 판결(형식설)에 의하면 주주명부상의 기재는 확정력에 상응하는 효력을 가진다고 본다. 따라서 회사가 명의개서대리인을 둔 경우라면 명의개서대리인의 영업소에서 관리하는 주주명부의 복본에도 동일한 효력이 발생하게 된다. 회사의 대주주간에 주식거래가 있었지만 동 거래행위의 효력에

관해 다툼이 있고 회사의 이사들은 이를 잘 알고 있는 상황에서 양수인임을 주장하는 자가 명의개서대리인의 영업소에 주권을 제시하여 주주명부의 복본에 명의개서를 하였다면, 17년 판결에 의하면 주주명부에 의한 주주의 획일적 확정이라는 취지에 따라 양수인이 주주권 행사가 보호되게 된다. 회사의 주주명부에의 명의개서를 하였더라면 주식거래의 효력에 하자가 있음을 이유로 양수인의 명의개서를 거절할 상황인데 그 사정을 모르는 명의개서대리인에 명의개서를 할 수 있어 발생하는 문제이다. 17년 판결이 판시하는 주주명부에 의한 주주의 획일적 확정이라는 취지는 명의개서대리인제도와도 잘 맞지 않은 면이 나타난다.

3. 주권에 의하지 않은 주식양도방식

(1) 주권대체결제제도

주권(증권)대체결제제도란 주권(증권)의 소유자가 그 주권(증권)을 증권회사(예탁자)에 예탁하고 증권회사(예탁자)는 이를 모아서 중앙기관인 대체결제회사(예탁결제원)에 예탁한 후 주권소유자는 증권회사의 투자자계좌부에, 증권회사는 대체결제회사의 예탁자계좌부에 각기 계좌를 개설하고 주권의 이전이나 담보권의 설정을 장부상의 기재로 대체하는 방식을 의미한다. (실물)주권교부에 의한 주식의 양도는 주식의 대량·신속유통에는 장애가 되어 자본시장법에서는 증권거래소에 상장된 주식의 경우 주권을 예탁결제원에 모두 예탁하게 한 뒤 장부상의 기재만으로 주권의 교부를 갈음하게 하여 주식의 유통을 원활하게 하고 있다(자본 294). 다만 고객이 직접 자신의 주식을 상장할 수 없으므로 증권회사 등의 예탁자를 통해 예탁함으로써 주권대체결제제도는 고객·예탁자·예탁원의 피라미드구조를 가지며 **주권의 부동화**를 실현시킨다(2편3장3절4.(2).2)).

(2) 전자등록제도

전자등록제도란 회사가 주권, 사채, 신주인수권증서 등 회사법이 규정하는 유가증권을 발행하는 대신 정관으로 정하는 바에 따라 전자등록기관의 전자등록부에 주식을 등록함으로써 발행된 주식을 등록하여 유통할 수 있게 하는 제도를 (상 356의2,420의4,478.3). 회사가 정관에 전자등록제도의 이용에 관한 규정을 둔 경우에만 이용할 수 있는 제도여서 주권제도를 완전히 대체한 것은 아니다. 전자등록제도와 주권제도가 하나의 회사에서 양립할 수는 없으므로, 회사는 주식을 전자등록을 하게 되면 주권을 발행할 수 없다. 주식·사채 등의 서면증권의 발행 없이 회사의 선택(정관 규정)에 따라 이를 발행하여 전자등록하고 전자등록부에 의해 유통되도록 함으로써 회사의 비용절감과 편의성을 증진한 제도할 할 수 있으며 **유가증권의 무권화**가 실현된다. 발행인이 전자등록기관에 발행인관리계좌를 개설, 전자등록기관은 발행인별로 발행인관리계좌부를 작성, 관리, 주주가 계좌관리기관에 고객계좌를 개설, 계좌관리기관은 권리자별로 고객계좌부를 작성, 계좌관리기관은 전자등록기관에 고객관리계좌·자기계좌를 개설, 전자등록기관은 계좌관리기관별로 고객관리계좌부·자기계좌부를 작성, 관리하는 구조이다(발행인─발행인관리계좌→ 발행인관리계좌부─중앙등록기관─고객관리계좌부·자기계좌부 ← 고객관리계좌·자기계좌─고객관리기관─고객계좌부 ← 고객계좌─고객)(2편2장3절5.(2)).

4. 주권의 선의취득

(1) 의 의

1) **개 념** : 주권의 선의취득제도란 주식을 양도한 자가 무권리자라 하더라도 양수인이 중과실 없이 선의로 주권을 취득한 경우, 양수인은 적법하게 주권을 취득하는 제도를 의미한다. 주식은 사원권적 성질을 가지고 있어 주식의 선의취득은 성립할 수 없고 주식을 표창한 주권의 선의취득이 가능하다. 주권을 선의취득한 자는 주권이 표창하는 권리인 주식도 취득하게 되어 주주권을 행사할 수 있다. 그리고 주권의 선의취득은 승계취득이 아닌 원시취득의 성질을 가진다.

2) **적용 법리** : 주권은 유가증권의 성질을 가지므로 유가증권에 인정되는 선의취득제도가 주권에 적용된 것으로 볼 수 있으며, 상법은 주권의 선의취득에 관해 수표법 제21조의 규정을 준용한다(상359), 주권을 포함한 유가증권의 선의취득제도는 유가증권의 유통을 보호하기 위한 제도로서, 유가증권의 점유자는 적법한 점유자로 추정되므로 이를 신뢰하고 취득한 자를 보호하는 제도이다. 주권의 선의취득에 준용되는 수표법 제21조는 소지인출급식 수표와 지시식 수표를 모두 대상으로 하고 있는데, 주권에는 배서제도가 없어 지시식수표에 관한 규정은 준용되지 않아 배서연속의 증명은 요구되지 않고 교부만에 의해 양도되는 소지인출급식 수표에 관한 법리가 준용된다.

(2) 요 건

1) 유효한 주권의 발행 : 주권의 선의취득이 성립하기 위해서는 유효한 주권의 발행이 전제되어야 한다. 위조, 실효, 주권불발행신고된 주권 등에 관해서는 선의취득이 성립할 수 없다. 주권의 형식적 기재사항이 모두 구비되었더라도 주주에게 교부되기 전에는 주권으로서 효력이 발생하기 전이므로(주권의 효력발생시기에 관해 교부시설, 99다67529) 이 상태에서 주권은 선의취득될 수 없다. 그리고 유효한 주권이 발행되었지만 주권을 발행한 주식회사의 정관에 의해 이사회승인을 얻도록 주식양도를 제한하고 있을 경우, 선의취득자는 회사의 이사회승인을 얻어야 선의취득이 회사에 대하여 효력을 가질 수 있다. 만일 이사회가 선의취득에 관해 승인을 하지 않을 경우 선의취득자(양수인)는 회사에 대해 상대방지정청구 또는 주식매수청구를 할 수 있다(상335조의7).

2) 양도인의 무권리 등 : ① 적용범위 확장 – 선의취득제도는 무권리자로부터 권리를 취득한 선의의 취득자를 보호하기 위한 제도이므로 주권을 무권리자로부터 선의로 양수한 경우 선의취득이 성립한다. 그런데 양도행위에 하자가 있어 양도행위가 무효한 경우에도 선의취득제도가 적용되는가? 어음·수표의 선의취득에 관해 다수설의 입장은 어음·수표의 선의취득을 양도인이 무권리인 경우에만 국한하지 않는다고 본다. 따라서 무권리자로부터 양수 이외에 무처분권자, 대리권의 흠결, 의사표시의 하자 심지어 무능력자로부터의 취득의 경우에도 주권의 선의취득이 성립한다고 볼 여지가 없지 않다.[123] **판례**도 주권의 선의취득은 양도인이 무권리자인 경우뿐만 아니라 무권대리인인 경우에도 인정된다고 보면서 어음·수표에 관한 유사 판례(94다55217)를 참조하고 있다(95다49646).

② 검 토 – 어음·수표의 선의취득을 확장하는 근거는 어음·수표의 선의취득 조항(어16.2,수21)이 양도인이 정당한 소유자가 아닌 때(민법 제249조) 이외의 '어떤 사유로'도 선의취득이 성립한다고 정하고 있기 때문이다. 생각건대 주권의 선의취득에 수표법 21조가 준용되는(상359) 이상 수표법상의 논의가 적용되어야 한

---

123) 어음·수표법에서는 선의취득제도는 형식적 자격을 신뢰한 자를 보호하는 제도이지 능력·대리권을 신뢰한 자까지 보호하는 제도는 아니라 보는 **무권리자 한정설**, 무권리뿐만 아니라 양도인의 사유로 인해 어음양도행위가 무효 또는 취소될 수 있는 경우에도 선의취득이 성립한다고 보는 **무제한설**, 무제한설에서 출발하지만 무능력제도를 통한 무능력자의 보호는 어음의 유통보호보다도 더 보호되어야 한다는 이유에서 선의취득의 적용범위에서 배제하는 **무능력자 제외설** 등이 주장된다.

다고 본다. 수표법 21조는 '사유여하를 불문하고' 선의취득을 인정하므로 선의취득의 범위는 확장될 수 밖에 없지만, 무능력자에 의한 주식양도시에도 선의취득제도를 적용하게 될 경우 무능력자 보호라는 법익과의 충돌이 있을 수 있어 배제된다고 본다(무능력자 제외설). 그리고 양수인이 양도인의 무능력(사기·강박)사실을 알고 취득하였다면 양수인은 악의자가 되어 주권의 선의취득이 성립하지 않는다고 본다.

3) **주권의 유통방법에 의한 양수** : 선의취득은 동산 또는 유가증권의 유통을 보호하기 위한 제도이므로 주권이 정상적인 유통방법에 의해 유통된 경우에만 양수인을 보호한다. 회사의 합병·상속 등에 의해 주권을 취득한 경우에는 주식의 유통과정이 있었다고 보기 어려우므로 합병이나 상속에 의해서는 주권의 선의취득이 성립할 수 없다. **주권의 유통방법**이라 함은 주식의 양도시에 요구되는 주권의 교부가 대표적인 주권의 유통방법이고 주권대체결제제도에서 주식매매를 할 경우 고객계좌부상에의 대체기재, 전자등록제도에 따라 계좌관리기관·전자등록기관에 이뤄지는 전자등록 등도 주권유통의 한 방법이라 할 수 있다. 하지만 권리주는 물론이고 주식발행 후 6월 경과 후라 하더라도 주권발행 전 주식양도는 주권에 의한 양도가 아니므로 선의취득제도가 적용되지 않는다.

4) **취득자에게 선의·무중과실** : 선의취득이 성립하기 위해서는 주권의 양수인은 선의이며 선의인 데 대해 중과실이 없어야 한다(상359 → 수21). **선의**이라 함은 양도인이 무권리자임을 알지 못함을 의미하지만, 주권의 선의취득 적용범위를 확장하는 견해는 양도인의 대리권·처분권한·의사표시의 하자에 관한 선의, 양도인이 무능력자에 대한 선의도 포함된다. 판례는 담보용으로 제공된 주식(주권)을 보관하는 자가 별도의 차명 대출을 받으면서 위 주식(주권)을 주주들의 동의 없이 무단으로 담보에 제공한 경우, 그와 같은 사정을 잘 알면서(악의) 위 주식을 담보로 제공받은 경우 주권에 대한 선의취득을 주장할 수 없다고 보았다(2005다38089). **중과실**이라 함은 무권리자인 사실 또는 하자 등에 관해 양수인이 조금만 주의를 기울였다면 알 수 있었음에도 이를 알지 못한 것을 의미한다. 주권의 선의취득은 동산의 선의취득(민249)과 달리 양수인의 경과실은 문제되지 않아 선의취득이 성립하며, 도품·유실품에 대한 특례(민250), 평온·공연한 취득(민249)도 요구되지 않는다.

(3) 효 과

양수인이 주권의 선의취득요건을 갖추어 주권을 취득하면 양수인은 주식을 유효하게 취득(원시취득)하고 주권을 상실한 자에게 주권을 반환할 의무가 없다. 하지만 회사에 대한 관계에서는 회사에 대해 주주권을 행사하기 위해서는 명의개서가 요구됨은 당연하고, 그밖에 정관에 이사회의 승인을 얻도록 하여 주식양도를 제한하고 있는 회사인 경우 이사회의 승인을 얻어야 회사에 대해 선의취득이 효력을 가진다. 다만 주권을 상실한 자가 공시최고신청을 하여 제권판결을 취득하더라도, 공시최고기간 중이거나 또는 제권판결이 확정되기 전까지는 주권은 유효하므로 주권은 선의취득될 수 있다. 이렇게 유효하게 주권을 선의취득한 자와 확정된 제권판결의 취득자간 누가 주권이 표창하는 주식에 대한 권리(주주권)을 가지는가 하는 점이 문제된다(2편3장3절3.(4)).

제 7 절 주식의 담보

1. 주식담보제도

(1) 주식담보자유

1) **원 칙** : ① 주권에 의한 입질 — 주식 특히 상장주식은 동산·부동산보다 담보설정이 용이하므로 금융거래에서 유용한 담보수단이 된다. 주주에게 담보설정은 양도 못지않은 금융재산의 활용방법이므로 **담보설정의 자유**가 보장되어야 할 뿐 아니라 담보설정거래의 안전성, 즉 담보권자의 보호도 요구된다. 민법상 채권·권리질권에 관한 규정을 두고 있지만 주식은 민법상의 지시채권 등 유가증권과 구별되는 특징이 있어, 회사법은 **주권을 질권자에게 교부**함으로써 주식에 질권을 설정할 수 있다는 특칙(상338.1)을 두고 있다.

② 대체기재에 의한 입질 — 상장회사의 주식은 주권이 예탁결제원에 예탁되어 있으므로 담보를 설정하는 방법은 대체기재에 의하고 **대체기재**는 주권의 교부와 같은 효력이 인정된다(자본311). 그리고 주식등록제도에서 질권설정은 약식질의 경우 주권이 없으므로 주권 교부에 갈음하여 전자등록을 하게 되며, 전자등록계좌부에 질물이라는 사실과 질권자를 **전자등록**하게 되면(등록31.2) 입질의 효력이 발생한다(등록35.3). 등록질은 전자등록계좌부에 질권자의 성명을 기재하고 소유

자명세 통지시 질권 내용을 포함시킬 것을 요청하여(등록37.5), 주주명부를 작성함으로써 성립한다(등록37.6). 전자등록계좌부에 등록되는 시점에 질권(약식질)의 효력이 발생하고(등록35.3), 등록질의 경우 추가적 요건이라 할 수 있는 주주명부에의 기재가 효력발생요건이라 할 수 있다(상340).

2) **법적 성질** : 주식의 입질이란 주식을 담보물로 제공하여 질권을 설정하는 것을 의미하며 주식에 대한 질권은 **권리질권**의 성질을 가진 것으로 이해된다. 가치권적 성질을 가지는 주식을 입질하는 방법은 주식을 표창하는 유가증권인 주권을 통해 이뤄진다. 즉 주권의 교부에 의해 주권의 점유를 질권자에게 이전하면 입질되고 주식의 입질 효과가 발생한다고 볼 수 있다. 다만 주권도 주식에 대한 권리를 공시하지만 주주명부도 주주를 공시하는 장부이므로 주권의 공시수단만 이용하여 입질하는 약식질과 주권은 물론 주주명부도 이용하는 등록질로 구분된다.

(2) 주식담보의 제한

1) **정관에 의한 제한** : 상법은 주식양도를 정관에 의해 제한할 수 있는 규정을 두고 있지만(상335.1단서) 주식담보의 경우에는 정관에 의한 제한규정을 두고 있지 않아 **자기주식의 질취 제한**(상341의3) 이외에는 원칙적으로 주식담보제한은 허용되지 않는다. 따라서 주주는 자유롭게 자신의 주식을 채권담보로 활용할 수 있는데, 다만 주주가 자신의 주식을 담보로 제공한 후 피담보채무를 변제하지 못해 채권자에 의해 담보권이 실행될 경우 주주가 변경되게 되어 사실상 주식양도와 동일한 현상이 발생한다. 만일 회사가 정관으로 **주식양도를 제한**하고 있는데 주식담보가 실행될 경우에는 주주 또는 채권자는 주식양도에 관해 **이사회의 승인**을 요구하여야 하고 승인을 얻지 못할 경우 회사에 양수인지정청구 또는 매수청구권을 행사할 수 있다.

2) **해석상 제한** : 회사가 정관에 의해 주식담보를 제한하는 것은 불가능하지만, 일정한 경우 상법이 주식의 양도를 제한하는 것과 유사하게 주식의 담보도 제한된다고 해석한다. 즉 권리주와 주권발행 전의 주식의 담보제공, 모회사의 주식을 담보로 취득하는 것에 관해 상법상 규정은 없지만, 양도·양수가 금지되는 취지와 동일한 이유에서 담보제공도 허용되지 않는다고 해석된다. 따라서 **권리주, 주권발행전의 주식의 담보계약**은 회사에 대하여 효력이 없고(상319,335.3 유추), **모**

회사주식을 담보로 취득하는 계약(담보설정계약)은 금지된다(상343의2.1 유추).

3) **자기주식의 질취** : 회사는 발행주식총수의 1/20분 이하의 범위 내에서 자기주식을 질취할 수 있다(상341의3). 따라서 동 범위 내에서는 자기주식의 취득과 달리 재원·취득방법규제를 받지 않는다. 자기주식의 질취를 제한적으로 허용하는 취지는 이는 자기주식의 취득과 달리, ⅰ) 자기주식취득의 문제점 즉 자본의 공동화나 회사지배구조의 왜곡이 생겨나지 않고 투기적 수단이 되지도 않기 때문에 자기주식의 취득과는 달리 이를 제한할 명분이 약하고, ⅱ) 자기주식의 질취에 의해 특정주주의 주식을 취득하여 투자금의 환급이라는 탈법적 수단으로 이용될 가능성도 있지만 이 역시 질취만으로 생겨나는 것은 아니고 질물인 자기주식에 대해 담보권을 실행하기 위해서는 다시 제한(상341의2.2호)을 받고 채무자의 다른 재산이 있을 경우 선집행되어야 하므로 이러한 우려도 그렇게 크지 않기 때문이다.

2. 주식에 대한 질권설정

(1) 질권의 유형

1) **약식질·등록질** : 주식의 입질은 주주명부에 질권설정 사실이 기재되느냐에 따라 등록질과 약식질로 구별된다. **약식질**은 질권설정합의와 주권의 교부만에 의해 질권이 성립하지만, **등록질**은 질권자와 질권설정자간에 질권설정을 합의하고 주권을 교부할 뿐만 아니라 주주명부에 질권을 등록함으로써 성립하는 방식이다(상340). **주주명부에 질권이 등록**되어야 한다는 점이 약식질과 다른 점이다. 약식질은 주주명부에 기재되지 않아 회사가 약식질이 설정되었는지 알 수 없는데 반해, 등록질의 경우 회사는 질권설정사실과 질권자가 누구인지를 알 수 있다. 따라서 회사는 약식질권자에게 권리행사기회를 부여할 수 없는데 반해 등록질권자에게는 권리행사기회를 부여할 수 있게 된다.

2) **등록의 효과** : 등록질에서 주주명부에의 등록은 어떠한 효력을 가지는가? 이에 관해 주식양도에서 주주명부의 명의개서와 같이 주주명부에의 등록은 회사에 대한 대항요건에 지나지 않는다고 보는 **대항요건설**, 주주명부에의 등록에 의해 등록질권이 되고 등록질권설정을 합의하였더라도 주주명부에 등록을 하기 전에는

약식질의 효력만 가지므로 주주명부에의 등록은 등록질의 효력요건으로 보는 **효력요건설**이 주장된다. 생각건대 등록질의 경우 주식양도시 명의개서의 대항요건(상337.1)과 같은 규정을 두고 있지 않아 대항요건으로 해석하는 것은 어렵다. 그리고 대항요건으로 보려면 권리주장자인 질권자가 등록청구자가 되어야 하는데, 회사법은 등록청구자를 질권설정자로 규정하고 있어 등록을 대항요건으로 보기 어렵다. 요컨대 당사자간에 등록질의 합의를 하였더라도 주권만 교부하면 (약식) 질권이 성립하고 이에 추가하여 질권설정자의 청구에 의하여 주주명부에 질권등록하면 등록질의 효력이 발생하게 된다(효력요건설).

(2) 질권설정 방법

1) **주권의 교부** : 주식을 질권의 목적으로 하는 때에는 질권자에게 주권을 교부하여야 하므로(상338.1), 약식질이든 등록질이든 주권의 교부가 주식의 입질방법이다. 그리고 질권자는 주권을 계속 점유하여야 질권으로써 제3자에 대항할 수 있다(상338.2). **주식질권의 성립요건**은 주식양도의 성립요건과 동일하게 질권자에 대한 **주권의 교부**이므로 주주(채무자)와 채권자간에 피담보채무의 담보로 주식에 대한 질권설정합의를 하고 주권을 교부하면 채권자는 질권자가 되며 주식질권은 성립한다. 그리고 판례는 **주권발행 전의 주식 입질**에 관하여는 상법 제338조 제1항의 규정이 아니라 권리질권설정의 일반원칙인 민법 제345조로 돌아가 그 권리의 양도방법에 의하여 질권을 설정할 수 있다고 보고 있다(99그1).

2) **주권의 계속점유** : ① 대항요건 – 주식질권이 성립한 후 질권자가 주권의 점유를 상실하더라도 질권설정의 효력에는 변화가 없으나 제3자에 대항할 수 있는 효력을 상실한다. 즉 질권설정자가 이중질권설정(주권을 수탁보관하던 주주가 다시 제3자에게 질권설정)한 경우, 상실된 주권이 제3자에 의해 선의취득(주권을 수탁보관하던 주주가 이를 선의자에게 양도한 경우) 된 경우 등 제3의 권리자가 등장한 경우 주권의 점유를 상실한 질권자는 제3자에 대한 대항력을 가지지 못한다. 회사법은 질권자는 계속하여 주권을 점유하지 아니하면 그 질권으로써 제3자에 대항하지 못한다고 규정하여(상338.2) 주권의 계속점유가 질권자의 **대항요건**이 된다. 이중질권설정의 경우에는 주권의 점유를 가지고 있는 자가 주식에 대한 대항력 있는 질권자가 되고, 선의취득자는 질권의 부담이 없이 주권을 선의취득하게 된다.

② **제3자의 선의성** – 주권의 점유를 상실한 질권자가 대항하지 못하는 제3자
는 선의의 제3자에 국한되는가? 회사법은 이에 관해 특별한 규정을 두고 있지 않
지만 질권자가 존재함을 알면서 취득한 이중질권취득자는 질권자의 권리를 침해
한 것이 되어 적법하게 질권을 취득한다고 볼 수 없다. 따라서 악의의 질권취득자
는 질권을 취득하지 못하므로 대항력문제도 발생하지 않는다. 하지만 주권을 선
의취득한 제3자는 질권이 설정된 주식이라 하더라도 양수할 수 있으나 선의취득
자가 질권이 존재함을 안 경우에는 질권이 부착된 채로 주식을 선의취득한다고
본다. 따라서 질권자는 악의의 제3자에 대해 질권을 주장할 수 있게 되므로 점유
상실의 질권자가 대항할 수 없게 되는 것은 선의의 제3자에 한정된다고 본다.

(3) 주식질권의 효력

1) **일반적 효력** : ① **권리질권의 효력** – 주식질권은 권리질권으로서의 성질과
효력을 가지므로 유치권·우선변제권·전질권·물상대위권 등을 가진다. 주식의 소
유권은 여전히 질권설정자인 주주에게 있지만 질권자는 유치권을 행사하여 피담
보채무가 변제될 때까지 주식을 **유치**할 수 있고, 주식이 강제집행될 경우 유치권
을 행사하여 사실상 **우선변제**를 받을 수 있다. 그리고 질물인 주식을 다시 자신의
피담보채무를 위해 입질할 수 있으며(**전질권**), 질물인 주식이 소멸하고 주주가 받
게 되는 물건 또는 권리(변형물)에 대해 **물상대위권**을 행사할 수 있다.

② **구체적 물상대위권** – 질권자는 질물인 주식의 가치를 지배하므로 주식의 소
각·병합·분할 또는 전환이 있는 때에는 이로 인하여 종전의 주주가 받을 금전이
나 주식에 대하여도 종전의 주식을 목적으로 한 질권을 행사할 수 있다(상339).
이는 질권에 일반적으로 인정되는 물상대위권을 주식을 입질한 경우에도 적용되
도록 한 구체적인 규정이라 볼 수 있다. 물상대위의 목적물은 회사법에서 정하고
있는 소각대금, 병합·분할·전환주식 이외에도, 주주가 회사에 대하여 주식매수청
구권을 행사한 경우에 받는 주식의 매수대금, 회사의 정리절차에서 주주가 권리
의 변경에 의하여 받는 금전, 신주발행무효에 의하여 주주가 반환받는 주식납입
금 등에 관해서도, 해석상 질권자의 권한이 이들 권리에 미친다고 본다.

2) **특수성** : ① **약식질** – 약식질도 유치권·우선변제권·전질권·물상대위권 등
을 가지지만, 회사는 약식질의 존재를 알 수 없어 질권자의 권리를 보장하지 않으
므로 질권자는 주주가 그 권리를 행사하기 전에 **권리를 보전**(압류 등)하여야 한다.

특히 물상대위권을 행사할 경우 변형물이 주주에게 지급되면 담보물이 상실(감소)되므로 약식질권자는 자신의 권리를 보전하기 위한 조치 즉 금전의 지급 또는 주권의 교부 전에 이를 압류하여야 한다.

② **등록질** - ⅰ) 변제충당 - 등록질권자는 회사로부터 이익배당, 잔여재산의 분배, 주식의 소각·병합·분할·전환으로 인하여 종전의 주주가 받을 금전의 지급을 받아 다른 채권자에 우선하여 자기채권의 변제에 충당할 수 있다(상340.1). 하지만 우선변제충당에 관해 아직 질권자의 피담보채권의 변제기가 도래하지 않은 때에는 질권자는 회사에 대하여 그 대금(이익배당, 잔여재산분배, 기타 금전)의 공탁을 청구할 수 있고 이 경우 질권은 공탁금에 존재한다(상340.2 → 민353.3). ⅱ) 주권교부청구 - 등록질권자는 주식의 소각·병합·분할·전환으로 인하여 주주가 받을 주권을 자신에게 **교부청구**할 수 있다(상340.3). 따라서 회사는 이익배당, 잔여재산의 분배, 주식의 소각·병합·분할·전환이 있는 경우에는 이익, 분배금, 금전·주식을 때에는 질권설정자인 주주에게 이를 교부하면 안되고 등록질권자에게 교부하여야 한다. 만일 회사가 등록질권자가 아닌 질권자설정자(주주)에게 교부함으로써 등록질권자의 권리를 침해하여 손해가 발생한 경우에는 회사는 등록질권자에 대해 손해배상책임을 부담한다.

3) 권리 행사 : ① **설정자의 권리행사** - 주식에 질권이 설정된 경우 주식에 대한 권리를 누가 행사하는가? 질권설정은 담보의 한 방법이지 주식에 대한 권리가 이전되는 것이 아니므로 질권설정자가 여전히 주식에 대한 권리를 행사한다고 보아야 한다. 판례도 주식에 대해 질권이 설정되었다고 하더라도 질권설정계약 등에 따라 질권자가 담보제공자인 주주로부터 의결권을 위임받아 직접 의결권을 행사하기로 약정하는 등의 특별한 약정이 있는 경우를 제외하고, 질권설정자인 주주는 여전히 주주로서의 지위를 가지고 의결권을 행사할 수 있다고 보았다(2015다5569).

② **행사권한 위임** - 질권설정자인 주주는 질권자에게 회사에 대한 권리행사를 위임할 수 있는데 이는 통상 질권설정계약에서 약정하게 된다. 판례도 질권자가 가지는 권리의 범위 및 그 행사 방법은 원칙적으로 질권설정계약 등의 약정에 따라 정하여질 수 있고(상59), 질권 등의 담보권의 경우에 담보제공자의 권리를 형해화하는 등의 특별한 사정이 없는 이상 담보권자가 담보물인 주식에 대한 담보권실행을 위한 약정에 따라 그 재산적 가치 및 권리의 확보 목적으로 담보제공자

인 주주로부터 의결권을 위임받아 그 약정에서 정한 범위 내에서 의결권을 행사하는 것도 허용된다고 본다(2013다56839).

③ 유질계약의 실행 – 유질약정(상59)이 포함된 질권설정계약이 체결된 경우 질권의 실행 방법이나 절차는 원칙적으로 질권설정계약에서 정한 바에 따른다(2017다207499). 비상장주식에 대하여 유질약정이 포함된 질권설정계약이 적법하게 체결된 경우, 일반적으로 허용된 여러 비상장주식 가격 산정방식 중 하나를 채택하여 그에 따라 처분가액을 산정한 이상, 설령 나중에 그 가격이 합리적인 가격이 아니었다고 인정되더라도, 다른 특별한 사정이 없는 한 유질약정의 내용에 따라 채권자와 채무자 사이에서 피담보채무의 소멸 범위나 초과액의 반환 여부, 손해배상 등이 문제될 여지가 있을 뿐이고 채권자와 처분 상대방 사이에서 채권자의 처분행위 자체가 무효로 된다고 볼 수는 없다(2018다304007).

3. 주식의 양도담보

(1) 의 의

1) 개 념 : 상법은 주식의 담보로서 질권만 규정하고 있지만 실무상 주식의 양도형식에 의한 주식의 담보방식인 주식의 양도담보가 활용되고 있다. 주식의 양도담보는 양도담보합의와 주권의 교부만에 의한 **약식양도담보**와 그 밖에 주주명부에 양도담보를 등록하는 **등록양도담보**가 있을 수 있다. 하지만 등록질과 달리 등록양도담보는 명의개서에 의해 이뤄지므로 특별한 근거규정이 없더라도 등록양도담보가 이용될 수 있다. 이렇게 볼 때 약식양도담보는 '명의개서가 없는 주식양도의 형식'으로, 등록양도담보는 '명의개서가 있는 주식양도의 형식'이 된다.

2) **주권발행전 주식양도담보** : 실무상 소규모 주식회사의 경우 주권이 발행되지 않는 상태에서 회사운영자금을 대여 받으면서 주식을 양도하고서 대여금상환시 주식을 반환한다는 약정을 하는 경우가 많은데, 이는 주식의 양도담보가 성립된 것으로 볼 수 있다. 다만 이 경우 **주권발행전의 주식양도담보**이므로 회사설립(신주납입기일) 후 6월 경과 전에 양도담보가 설정되었다면 이는 회사에 대해 효력을 가지지 못한다. 하지만 이 경우도 6월이 경과하게 되면 주권발행이 없더라도 주식양도가 효력을 가지게 되고(하자의 치유) 양도담보설정이 주식발행 후 6월 이후에 양도담보가 설정되었다면 이는 당사자간에 유효하게 된다. 다만 주권발행

전 주식양도에 유추적용되는 채권양도의 법리에 따라 회사에 대한 대항력, 이중
양도(담보설정)시 제3자에 대한 대항력이 문제될 수 있다.

(2) 양도담보 방식

1) **주권의 교부** : 약식양도담보는 주권이 교부되는 점에서 약식질과 외형이 동
일하다. 따라서 주식의 양도담보 설정자인 주주와 양도담보권자(채권자)가 양도담
보의 합의를 하고 설정자로부터 주권을 교부받으면 주식의 약식양도담보가 성립
한다. 등록양도담보는 양도담보의 합의와 주권의 교부 이외에 다시 주식양도에
따른 명의개서가 이뤄져야 하는데, 명의개서는 질권자가 양도사실을 증명(주권
등)하여 회사에 청구할 수 있다. 다만 약식양도담보와 약식질은 주권의 교부만에
의해 성립하므로 담보설정을 위해 주권이 교부된 경우 당사자의 의사가 분명하다
면 그 의사에 따라 질권설정 또는 양도담보설정으로 구별될 수 있다.

2) **약식질과 양도담보 구별** : 담보설정자(주주)와 담보권자(채권자)간에 질권·
양도담보 설정의 의사가 불분명할 경우 이를 약실질로 볼 것인가 아니면 약식양
도담보로 볼 것인가? 이에 관해 당사자의 의사에 좇아 입질이냐 양도담보이냐를
결정할 문제이지만, 당사자의 의사가 뚜렷하지 않을 경우에는 실정법상의 근거를
갖는 입질로 해석하는 것이 합리적인 이해조정으로 보는 **약식질추정설**. 당사자의
의사가 명확하지 않은 경우에는 채권자(담보권자)를 위해 해석해야 할 것이므로
약식양도담보로 추정해야 한다는 **양도담보추정설**이 주장된다. 생각건대 약식질과
마찬가지로 주식의 양도담보도 주식양도의 법리에 따르므로 실정법적 근거를 가
진다고 본다. 그런데 주권을 점유하는 자는 **주권의 추정력**에 의해 소유자로 추정
되므로 만일 주식에 담보가 설정되었다면 양도담보로 추정된다고 보고, 약식질의
성립은 주권의 추정력에 반하므로 이를 주장하는 자가 증명책임을 부담한다고 본
다(양도담보추정설).

(3) 주식양도담보의 효력

1) **일반적 효력** : 담보를 목적으로 소유권을 이전하는 양도담보의 특성상 주식
의 양도담보의 효력에 관해 대내적 효력·대외적 효력을 구분하는 민법상 논의가
적용될 수 있다. 따라서 양도담보 설정당사자간의 대내적 효력은 담보설정이어서
이를 위반하여 주식의 양도담보권자가 주식을 처분하면 담보설절계약 위반에 따

른 손해배상책임을 부담한다(대내적 효력). 하지만 제3자와의 관계에서는 주식에 대한 소유권이 양도담보권자에게 이전되었으므로 제3자가 주권을 점유하고 있는 양도담보권자로부터 주권을 교부를 통해 선의로 주식을 양수받은 경우 굳이 선의취득의 요건을 갖추지 않았다 하더라도 주식의 양수인은 주식을 취득한다(대외적 효력).

   2) **회사에 대한 권리행사** : ① **등록양도담보** – 양도담보가 설정된 경우 약식양도담보는 명의개서 없는 주식양도의 형식, 등록양도담보는 명의개서가 있는 주식양도의 형식을 취하게 된다. 양도담보가 설정된 주식의 회사에 대한 권리행사는 대외적 효력과 관련되므로 담보권자가 그 권리를 행사하게 되고 이러한 법리는 양도담보권자 앞으로 명의개서가 되어 있는 등록양도담보의 경우에는 쉽게 이해될 수 있다. 하지만 약식양도담보의 경우 주식에 관한 명의개서가 이뤄지지 않았으므로 명의개서미필주주와 유사하게 회사에 대한 권리행사는 제한되게 된다.
   ② **약식양도담보** – 약식양도담보의 경우에도 담보권자와 회사와의 관계는 등록질의 효력과 같은 특별한 규정이 없더라도 주주명부의 추정력, 대항력, 면책력의 규정과 해석법리에 의해서 결정된다. 주주(A)가 약식양도담보를 채권자(B)에게 설정한 경우, B가 회사에 대해 자신이 양도담보권자임을 주장하여 대항할 수 없고(**대항력**, 상337) 회사가 양도담보권자의 권리행사를 허용함에는 편면·쌍면적 효력설에 따르게 된다. 그리고 회사는 A에게 주주권을 행사하게 하면 면책되지만(상353) 회사가 B가 양도담보권자임을 알고 쉽게 증명할 수 있을 경우 A에게 주주권을 행사하게 한 경우 면책에 제한되는지(**면책력의 한계**)에 관해 논란이 있지만, 변경된 판례(2015다248342)는 이를 인정하지 않는다. 판례는 회사에 대한 관계에는 양도담보권자가 주주의 자격을 갖는다고 보았으며(92다84), 양도담보권자도 주주명부상의 주주가 되어, 채무자가 채무담보 목적으로 주식을 채권자에게 양도하여 채권자가 주주명부상 주주로 기재된 경우, 그 양수인이 주주로서 주주권을 행사할 수 있고 회사 역시 주주명부상 주주인 양수인의 주주권 행사를 부인할 수 없다고 보았다(2020마5263).

제 8 절 기타 주식이전제도

1. 주식매수선택권

(1) 의 의

1) **개 념** : 주식매수선택권(stock option)이란 회사의 설립·경영·기술혁신 등에 기여하였거나 기여할 수 있는 회사의 이사·집행임원·감사·피용자에게 특별히 유리한 가격으로 신주를 인수하거나 자기주식을 매수할 수 있는 권리를 의미한다. 주식매수선택권은 회사의 발전에 기여할 수 있는 유능한 인재를 확보하여 자신의 노력으로 주식의 가치가 상승시킴으로써 자신에게 귀속될 이익을 키우는 인센티브 역할을 하게 된다. 판례도 주식매수선택권 제도를 회사의 설립·경영과 기술혁신 등에 기여하거나 기여할 수 있는 임직원에게 장차 주식매수로 인한 이득을 유인동기로 삼아 직무에 충실하도록 유도하기 위한 일종의 **성과보상제도**로 보고 있다(2016다237714). 다만 경영진에게 주식매수선택권이 부여될 경우 회사의 장래의 가치보다는 단기적인 주가상승에만 집착하게 될 위험도 내재한다.

2) **법적 성질** : 주식매수선택권은 정관이 정하는 바에 따라 주주총회의 특별결의에 의해 부여된다(상340의2.1). 주식매수선택권자는 회사의 승낙 없이도 일방적 의사표시에 의해 주식매수 등의 일정한 효과가 발생하므로 주식매수선택권은 **형성권적 성질**을 가지며, 이를 양도할 수 없으며(상340의4.2 본문), 입질이나 압류도 허용되지 않는다고 본다. 주식매수선택권을 행사할 수 있는 자가 사망한 경우에는 그 상속인이 이를 행사할 수 있다(상340의4.2 단서).

3) **부여방식** : ① 신주인수권·자기주식 방식 – 주식매수선택권을 부여하는 방식에는 신주인수권을 부여하는 방식과 자기주식을 교부하는 방식의 두 가지가 있다(상340의2.1). **신주인수권방식**은 선택권 행사시 회사가 신주를 발행하여 교부하는 방식이며, **자기주식교부방식**은 주식매수선택권을 행사하면 회사가 미리 취득한 자기주식(10%내에서 취득가능, 상340의2.3)을 교부하는 방식이다. 양자 중 어떤 방식을 선택할 것인가가 주식매수선택권의 정관기재사항으로 명시되어 있지 않지

만, 정관기재사항과 주총결의사항에 발행하거나 양도할 주식의 종류와 수를 기재하도록 하고 있다(상340의3.2호,2.5호). 따라서 정관에 특별한 기재(예, 권리행사시 부여방식의 선택 등)가 없는 한 부여방식도 미리 선택하여야 한다고 본다.

② 회사의 **차액지급** – 권리자의 선택권 행사시 회사는 주주의 선택에 따라 신주를 발행하거나 자기주식을 확보하여 이를 교부하여야 한다. 하지만 신주발행이나 자기주식양도 대신 신주발행시 행사가액과 실질가액(발행가액)의 **차액 지급**, 또는 행사가액과 실질가액(주식시가)의 **차액 상당 자기주식 양도**도 가능하다(상340의2.1). 차액지급 또는 차액상당 자기주식양도는 주식매수선택권이 행사된 경우 회사가 원래의 의무이행에 갈음하여 이행할 수 있는 의무이행의 방식(회사의 선택권)이며, 매수선택권의 유형·부여방식(권리자의 선택권)의 하나로 볼 수 없다.

(2) 부여절차

1) **부여대상** : ① 제 한 – 주식매수선택권은 원칙적으로 **이사·감사·피용자**에게 부여할 수 있다(상340의2.1), 회사법은 대주주 등 회사 지배적 지위에 있는 자에게 동 제도가 남용되지 않도록 일정한 자에 대한 부여를 제한하고 있다. 의결권 없는 주식을 제외한 발행주식총수의 100분의 10 이상의 주식을 가진 주주(대주주,1호), 이사·감사의 선임과 해임 등 회사의 주요경영사항에 대하여 사실상 영향력을 행사하는 자(영향력 행사자, 2호), 대주주, 영향력 행사자의 배우자와 직계존·비속(3호) 등에 대해서는 부여할 수 없다(상340의2.2). 그리고 주식매수선택권에 의해 발행할 신주 또는 양도할 자기의 주식은 회사의 발행주식총액의 100분의 10을 초과할 수 없다(상340의2.3).

② 제3자 부여 – 회사가 고용·위임계약 없이 회사의 발전에 기여할 수 있는 제3자에게는 주식매수선택권을 부여할 수 없는가? 생각건대 주식매수선택권은 주주의 이익과 상충할 수 있어 제한적으로 부여되므로 회사와 주주의 이익을 보호하기 위해 회사법에 규정되지 않은 제3자에게는 부여할 수 없다고 본다. 주식매수선택권을 부여받는 자는 회사의 지배주주가 아닌 이사·집행임원·감사·피용자에 국한되고 기타 제3자는 회사에 대한 기여도가 높다고 하더라도 주식매수선택권자가 될 수 없다. 만일 제3자에게 부여할 필요가 있을 경우에는 고용계약 등을 체결하여 요건을 갖출 필요가 있다고 본다.

2) **부여 규정** : 주식매수선택권을 부여하기 위해서는 **정관**에 주식매수선택권 부여 규정 즉 ⅰ) 주식매수선택권을 부여의 취지와 그 요건, ⅱ) 권리 행사시 발행·양도주식의 종류·수, ⅲ) 부여 자격요건, ⅳ) 권리행사기간, ⅴ) 이사회결의에 의한 부여 취소권 등이 규정되어야 한다(상340의3.1). 그리고 주식매수선택권 부여규정(상340조의3.1)은 **등기사항**으로 되어 있다(상317.2.3의3호). 그런데 주식매수선택권을 행사하기 위해서 주총의결일로부터 최소한 2년의 재직기간이 요구되므로(상340의4.1) 행사기간은 최소한 2년 이상이어야 한다. 주식매수선택권 부여 규정은 회사가 정한 추상적 규범으로서 정관에 기재되고 구체적으로 누구에게 어떠한 권리를 어떠한 조건에서 부여할 것인가 하는 것은 주주총회의 특별결의로 정한다.

3) **주주총회의 특별결의** : 정관에 주식매수선택권 부여규정이 있을 경우 주식매수선택권을 부여하기 위해서는 주주총회의 특별결의로 구체적 사항을 정하여야 한다. 주주총회에서는 주식매수권의 **구체적 사항**, 즉 ⅰ) 주식매수선택권자의 성명, ⅱ) 부여방법, ⅲ) 행사가액과 그 조정에 관한 사항, ⅳ) 행사기간, ⅴ) 각 주식매수선택권자에 대한 발행·양도주식의 종류·수 등을 결의하여야 한다(상340의3.2). 주식매수선택권에 관한 정관규정(부여규정)의 범위 내에서 권리의 구체적 내용을 주주총회결의로 정하게 된다. 주식매수선택권의 **행사기간**은 정관기재사항, 주주총회의 특별결의사항에 모두 포함되는데 이 역시 전자는 일반적, 후자는 보다 구체적으로 정하라는 취지로 이해되고 만일 전자가 구체적으로 특정하고 있다면 주주총회결의는 불필요하다고 본다. 주식매수선택권의 **행사가액**은 상법에서 선택권을 부여하는 시점의 주식의 실질가액 이상이어야 하고 신주발생시에는 주식권면액 이상으로 정하도록 하고 있다(상340의2.4).

4) **부여계약의 체결** : 회사는 상법 제340조의3 2항의 주주총회결의에 의하여 주식매수선택권을 부여받은 자와 계약을 체결하고 상당한 기간 내에 그에 관한 계약서를 작성하여야 한다(상340의3.3). 그리고 회사는 주식매수선택권 계약서를 주식매수선택권의 행사기간이 종료할 때까지 **본점에 비치**하여야 하고 주주로 하여금 영업시간 내에 이를 열람할 수 있도록 하여야 한다(상340의3.4). 주식매수선택권계약은 주주총회결의에 따라 대표이사에 의해 대표되는 회사행위로서 주식매수선택권을 부여받은 자가 상대방이 되는 계약이다. 하지만 이는 개인법상의 계

약이 아닌 회사법상의 계약으로서 주식매수선택권자가 주식매수선택권을 행사하면 회사가 채무 이행 여부와 무관하게 신주·자기주식의 매수효과가 발생한다. 주총결의를 거쳐 부여된 주식매수선택권의 부여계약에 의사표시의 하자가 있을 경우 **부여계약의 무효·취소**가 발생될 수 있다.

  5) **주식매수선택권 부여 취소** : 이사회결의로 '주식매수선택권 부여의 취소'를 할 수 있는데 이는 정관에 기재되어야 한다(**정관기재사항**, 상340의3.1.5호). 이는 장래에 향하여 주식매수선택권 부여가 효력을 상실하는 효과를 가진다고 해석되어 그 법적 성질은 부여계약에 대한 해지권 행사로 판단되므로, 부여계약상의 의사표시의 하자에 따른 무효·취소와는 구별된다. 회사는 적법하게 주주총회의 특별결의에 의해 부여된 주식매수선택권을 이사회결의만으로 취소할 수 있게 되어 논리적 문제점이 있지만, 회사법은 취소권을 행사하기 위해서는 이를 허용하는 정관의 규정과 이사회의 취소결의를 요구함으로써 제한하고 있다. 정관기재사항인 이사회결의에 의한 취소권은 등기가 요구되므로(**등기사항**) 취소권의 등기를 하지 않았을 경우에는 주식매수선택권자가 취소권의 존재를 알지 못하였다면(선의) 취소권으로써 주식매수선택권자에게 대항할 수 없게 된다(상37.1).

(3) 행사요건
  1) **재직요건, 행사절차** : 주식매수선택권을 행사하기 위해서는 주식매수선택권 부여를 위한 주주총회결의일로부터 2년 이상 재임 또는 재직하여야 이를 행사할 수 있는데(상340의4.1), 이는 행사요건에 해당한다. 주식매수선택권은 권리부여에 관한 주주총회 결의일로부터 2년 이상 재임·재직하여야 권리를 행사할 수 있으므로(상340의4.1), 2년 내에 이직을 할 경우 권리를 상실한다. 그리고 정관에 규정이 있는 경우 주식매수선택권의 부여를 취소할 수 있다(상340의3.1.5호). 판례는 정관이나 주주총회결의로 위 요건을 완화하는 것은 허용되지 않고, 본인의 귀책사유가 아닌 사유로 퇴임·퇴직하게 되더라도 요건 불충족시 매수청구권을 행사할 수 없다고 본다(2010다85027).

  2) **행사가액** : 행사가액이란 주식매수선택권을 행사함에 있어 '회사에 지급하여야 할 가액'을 의미한다. 행사가액이 비정상적으로 낮을 경우 행사자의 이익으로 회사의 불이익이 발생할 수 있으므로 이를 제한하고 있다. 주식매수선택권의

행사가액은 신주발행방식의 권리부여일을 기준으로 주식 실질가액·권면액 중 높은 금액, 자기주식양도의 권리부여일 기준의 주식 실질가액이 최저액이 되며(상 340의2.4), 무액면주식 발행시 주당 자본금계상금액을 권면액으로 본다(상340의 2.3.1호). 따라서 무액면주식 발행 회사가 신주발행방식의 주식매수선택권을 부여하는 경우 자본금계상금액과 주식의 실질가액과 비교하여 높은 금액이 행사가액이 된다. 권면액 또는 주당 자본금계상금액을 주식매수청구권의 행사가액의 최저한으로 하는 것은 자본충실원칙에 따른 것으로 볼 수 있고 액면미달발행금지와 유사한 취지이다.

3) **행사절차** : **신주발행방식**으로 주식매수선택권을 부여한 경우에는 신주발행 절차가 진행되어야 하지만, 회사는 신주를 발행하지 않고 차액지급으로 대신할 수 있다. 회사법은 주식매수선택권의 행사절차에 관해 신주부여방식의 경우만 규정하면서 신주인수권부사채에 관한 규정을 준용하고 있어, 행사자는 청구서 2통을 회사에 제출, 금융기관의 납입장소에 행사가액 전액 납입해야 한다(상340의5 → 516의9). 하지만 **자기주식양도방식**의 경우에는 특별한 규정이 없는데, 선택권의 행사는 회사에 대한 의사표시이고 단체법상의 특성상 의사표시와 관련된 분쟁을 미연에 방지할 수 있도록 신주발행방식을 유추적용하여 청구서 2통을 작성하여 제출할 필요가 있다고 본다. 입법의 불비이므로 자기주식양도방식의 경우 권리행사절차에 관한 규정이 요구된다.

(4) 행사효과

1) **일반적 효과** : 주식매수선택권은 형성권의 성질을 가지는데, 선택권의 행사의 구체적 효과는 무엇인가? 이에 관해, 회사가 차액정산을 할 수 있으므로 자기주식의 양도나 신주발행의 효과를 인정할 수 없고 회사에 대해 자기주식의 양도 또는 신주발행 또는 이에 갈음하여 차액정산을 선택하여 이행할 의무를 발생시킨다는 견해가 있다. 생각건대 주식매수선택권을 행사한 경우 회사의 **차액정산**(상 340의2.1.단서)의 행사시한이 없을 뿐만 아니라 차액정산은 회사의 권리이지 의무로 볼 수 없으므로 형성권 행사의 효과를 회사의 차액정산을 선택할 의무발생으로 보기는 어렵다. 주식매수선택권 행사자의 형성권 행사시 회사는 신주발행·자기주식양도절차를 진행하여야 하므로, 매수청구권 행사의 효과는 매수절차의 진행(주금액의 납입·납부의 이행, 회사의 차액정산 포기, 주권의 교부 등)을 정지조

건으로 신주·주식을 취득하는 **정지조건부 권리가 발생**하고 회사는 **신주발행·매수 의 절차진행의무**를 부담한다고 본다.

2) **절차진행의무** : ① 매수·**발행절차** – 신주발행방식에선 회사가 신주발행절차 를 진행하여야 하고 행사자가 주금액을 금융기관에 납입하고, 자기주식양도방식 에선 행사자가 행사가액에 의한 대금을 회사에 납부하는 등 절차진행을 통해 주 식매수선택권자는 주주가 된다. 그리고 자기주식양도방식의 경우에 회사가 자기 주식을 보유하고 있더라도 특정되지 않았으므로 특정이 요구되고 자기주식을 보 유하고 있지 않다면 자기주식을 취득하는 절차가 진행되어야 한다. 신주발행절차 를 진행하는 경우 청구서 2통을 회사에 제출하고 행사가액 전액을 납입하는 등 신주인수권 행사와 동일한 절차를 진행하여야 한다(상340의5 → 516의8.1,3,4,516 의9 전단). 주주명부폐쇄기간 중에 주식매수청구권을 행사하는 경우 발행된 신주 에 대해 그 기간 중의 총회의 결의에 관하여는 의결권을 행사할 수 없고(상340의 5,350.2). 신주의 이익배당에 관한 귀속문제에 관해 일할배당이 가능하다고 본다.

② 회사의 **차액지급** – 회사는 차액지급방식(상340의2.1.단서)을 선택할 권리를 가지는데, **차액지급방식의 선택**은 권리자의 선택권 행사 이전에 할 수도 있고 그 이후에도 할 수 있다. 하지만 행사가액을 납입하는 시점에 특정주식에 대한 권리 취득을 위한 정지조건이 성취되므로 행사가액을 납입하기(정지조건성취) 전까지 회사가 차액지급방식의 선택권을 행사할 수 있다고 본다. 다만 회사가 차액지급 방식을 선택하더라도 그 자체만으로 주식매수의 효과가 발생하지는 않는다. 요컨 대 주식매수선택권을 행사하여 발생하는 주식매수의 효과란 매수절차의 진행을 **정지조건**으로 주식취득의 효력이 발생한다고 보아야 한다.

3) **자기주식의 취득문제** : 개정전 회사법은 주식매수선택권을 행사한 경우를 특정목적을 위한 자기주식취득의 원인으로 규정하고 있었으나 현행 회사법은 이 를 삭제하였다(상341의2). 하지만 주식매수선택권의 내용으로 신주인수 이외에 자기주식을 매수할 수 있도록 하고 있으므로(상340의2.1) 이 경우 회사의 자기주 식 취득은 불가피하다. 하지만 주식매수선택권 행사를 위한 자기주식의 취득은 특정목적을 위한 자기주식취득(상341의2)에 포함되어 있지 않아, 자기주식 양도 방식을 위해 회사는 일반규정에 따라 자기주식을 취득할 수밖에 없다고 본다. 왜 냐하면 주식매수선택권을 특정목적을 위한 자기주식 취득에서 배제한 취지, 그리

고 특정목적은 그 취지상 제한적으로 해석할 수밖에 없기 때문이다.

2. 반대주주의 주식매수청구권

(1) 의 의

1) **개 념** : 반대주주의 주식매수청구권이란 영업양도 등의 주주총회의 결의 사항에 반대하는 주주가 회사에 대하여 자기가 소유하는 주식의 매수를 청구할 수 있는 권리를 의미한다(상374의2). 영업양도, 주식의 포괄적 교환·이전·합병 등 회사의 조직개편과 관련되는 중요한 의사결정이 자신의 의견과 다른 방향으로 결의된 경우 결의에 반대한 주주는 주식매수청구권을 행사하여 회사에게 자신의 주식을 매수할 것을 요청하여 투자금을 회수할 수 있게 된다. 사원(주주)이 투자 금을 회수한다는 점에서 인적회사에 인정되는 퇴사제도와 유사하지만, 제한된 중 요한 주주총회의 의사결정에 반대할 경우에만 투자금 회수가 허용된다는 점에서 서로 구별되며, '**타율적 퇴사제도**'의 실질을 가진다. 반대주주의 주식매수청구는 다수 주주의 중요 조직개편결의가 전제된다는 점에서 결의에 소외된 소수주주의 지분매수청구라는 점에서 타율적이라 할 수 있으며 지배주주의 주식매도청구(상 360의24)와 유사한 점이 있다.

2) **취 지** : 주식회사의 주주는 **다수결의 원칙**에 따라 설사 결의에 반대한 주 주라 하더라도 그 결의에 구속되는 것이 단체법적 원칙이다. 다수결의 원칙에 따 라 다수주주의 입장은 관철되어 그 이익이 보호되는 데 반해 소수주주는 자신들 의 입장과 반대되는 중요한 주총결의에 따라야 하는 것은 소수주주의 희생으로 다수주주가 이익을 취하는 것으로도 볼 수 있다. 다수주주의 이익과 소수주주의 이익을 절충하는 방법으로 다수주주는 소수주주의 주식을 매수하는 비용부담을 가지고 회사의 중요한 의사결정을 하게 한다면 다수주주의 다수결에 따른 전횡이 방지되어 보다 신중한 의사결정이 이뤄질 수 있다. 그리고 소수주주는 자신의 의 견에 반하는 조직개편을 시도하는 회사로부터 이탈하여 투자금을 회수할 수 있어 소수주주의 이익에 기여한다. 상장법인의 경우 주식시장에서 소수주주가 자신의 주식을 매각할 수 있어 제도의 필요성이 적지만 주식매각이 용이하지 않은 비상 장회사의 소수주주의 이익보호를 위한 제도적 실익이 더욱 크다.

3) 개 요 : 주주총회결의에 반대하는 주주(상374의2)는 ⅰ) 주주총회 전에 회사에 서면으로 결의 반대의사를 통지하고(1항), ⅱ) 총회결의일로부터 20일(매수청구기간) 이내에 주식매수청구를 하고(1항), ⅲ) 매수청구기간 종료일로부터 2월 이내에 주식매수하여야 하지만(2항), ⅳ) 매수청구기간 종료일로부터 30일 내에 가액협의 불성립시 법원에 결정을 청구한다(4항). 예컨대 총회결의일이 3월 20일이라면 4월 10까지(**청구기간**, 20일내) 주식매수청구를 하고, 5월 10일까지(청구기간종료후 30일내) 매수가액이 결정되지 않으면 법원에 매수가액결정을 청구하는데, 회사는 6월 10일까지(청구기간종료후 2월내) 주식매수를 하여야 한다. 다만 회사법은 매매시점, 법원의 매수가액결정시한에 관해서는 회사법은 아무런 규정을 두고 있지 않아, 가액협상, 법원의 매수가액결정이 지연될 경우 언제부터 회사가 채무불이행에 따른 지연이자 지급의무가 발생하는지가 불명확하다.

(2) 법적 성질과 행사 효과

1) 법적 성질 : 주식매수청구권은 조직개편에 관한 결의의 효력으로 반대주주의 주식매수청구권은 일방적 의사표시에 의해 일정한 효과가 발생한다는 점에서 **형성권**으로 이해된다(통설). 따라서 회사의 승낙이 요구되지 않고 주주총회의 결의에 반대한다는 의사를 서면으로 통지한 주주에게 주식매수청구권이 발생하고 이를 자유롭게 행사할 수 있다. 주주총회의 결의와 관련되는 권리여서 의결권을 가진 주주만이 대상이 된다고 볼 여지가 없지 않지만, 회사법은 **의결권배제·제한주식**을 가진 주주도 결의에 반대할 경우 의결권을 가진 주주와 동일한 절차를 거쳐 매수청구권을 행사할 수 있다고 규정하고 있어(상374의2.1) 반대주주의 주식매수청구권은 주식에 내재된 권리이지 의결권에 종속된 권리가 아니라고 본다.

2) 행사의 효과 : ① 논 의 – 주식매수청구권은 형성권의 성질을 가져 그 행사로 일정한 법적 효과가 발생하는데, 회사법은 주식매수청구권 행사의 효과에 관해 '매수하여야 한다'라고 정하고 있다(상347.2). 주주의 주식매수청구권의 행사효과는 무엇인가?(**쟁점30**)[124] 이에 관해, 형성권인 매수청구권의 행사로 매매계약이

---

124) **주주의 주식매수청구의 효과(쟁점30)**에 관해, **매매계약설**은 매수청구권은 형성권으로서 회사가 2월 이내에 매수하여야 한다는 것은 2월 이내에 이행 즉 매수대금의 지급을 하여야 한다는 뜻으로 해석하여야 한다는 견해이다(이철송605, 권기범785, 서헌제755, 송옥렬951, 임재연210, 정동윤574, 최기원438). **매수협의설**은 매수가격이 합의되지 않은 상태에서 주식매수청구권자의 일방적인 의사표시만으로 매매계약이 체결되었다고 보는

성립하고 2월 이내에 이행을 하여야 한다는 **매매계약설**, 매수청구권의 행사로 회사에 대하여 매수가액협의의무를 생기게 할 뿐이라는 **매수협의설** 등이 주장된다. **판례**는 영업양도에 반대하는 주주의 주식매수청구권은 이른바 형성권으로서 그 행사로 회사의 승낙 여부와 관계없이 주식에 관한 매매계약이 성립하고, '회사가 주식매수청구를 받은 날로부터 2월(상374의2.2)'은 주식매매대금 지급의무의 이행기를 정한 것이라고 해석된다. 그리고 이러한 법리는 위 2월 이내에 주식의 매수가액이 확정되지 아니하였다고 하더라도 다르지 아니하다(2010다94953)고 하여 매수계약설을 따르고 있다.

　② 검 토 － 매매계약설은 주주의 매수청구권의 행사로 주식에 대한 소유권 이전과 주식대금 지급에 관한 의무가 발생한다고 이해함으로써 형성권 행사의 효과를 매매계약의 성립으로 보아 명확하고 주식매수청구권자의 이익에 기여하는 면이 있다. 하지만 첫째, 계약의 중요부분인 매수가액이 협의가 진행중인 상태에서 매수의무 이행효과가 발생하는 것이 타당한지, 둘째, 매수대금 결정전에 고액의 매수자가 나타나면 매수청구권을 행사한 주주가 매각할 수 있게 함이 주주 이익보호에 유리하지 않은지, 셋째, 회사가 매수하여야 한다는 규정을 매수간주 즉 매매계약의 성립으로 보는 것은 문리해석을 넘어선 해석은 아닌지,[125] 넷째, 매매계약설에 따를 경우 주주가 시중의 저금리를 대신하여 제도를 악용하여 가격결정절차를 지연할 경우 연6분의 지연이자에 관한 손해배상청구권을 행사할 가능성이 있고, 다섯째, 가격협의절차가 순조롭게 진행되지 않거나 회사가 부당하게 고액을 승인하게 되어 일부 주주의 이익이 다른 주주 및 이해관계자의 손실로 귀속될 위험이 우려되어 매매계약설의 타당성에 관해 의문이 제기된다. 그리고 상법 개정 전 조문은 '청구받은 날로부터 2월 이내'라고 규정하여 청구시점(형성권 행사시점)에 매매계약이 성립되고 2월을 이행기간으로 볼 여지(매매계약설)가 없지 않

　　것도 무리이고 또한 매수청구기간이 종료하는 날로부터 2월 이내에 그 주식을 매수하여야 한다는 의미를 매매계약의 이행의 완료로 보는 것도 상374의2.4와 관련하여 볼 때 무리인 점에서 매수청구기간이 종료하는 날로부터 2월 이내에 매매가격을 합의결정하여 매매계약을 체결하여야 한다는 뜻으로 해석하는 견해이다(정찬형929).

125) 주식매수선택권(상340의2)도 주식매수청구권과 동일하게 형성권적 성질을 가지고 있지만, 주주가 주식매수선택권을 행사한다고 바로 주식매수의 효력이 발생하는 것은 아니다. 앞서 설명한 바와 같이 주식가액을 납입(신주발행방식), 납부(자기주식양도방식)하여야 하고 회사가 차액정산을 할 수도 있기 때문이며, 따라서 형성권의 주식매수선택권 행사의 효과는 매수절차 이행(납입·납부의 이행, 회사의 차액정산 포기, 주권의 교부 등)을 정지조건으로 주식매수의 효과가 발생한다고 볼 수밖에 없다.

았다(2010다94953은 개정전 판례임), 하지만 개정 조문은 '매수청구기간이 종료하는 날로부터 2개월 이내'로 변경되어 형성권 행사시점 이후 청구기간 종료시점부터 2월의 이행기간이 개시되는 것이 되어, 결과적으로 형성권 행사에 따른 매매계약의 성립과 매매계약의 효과발생시점이 불일치하게 되어 매매계약설에 따를 경우 해석이 매끄럽지 않게 되었다.

③ **사 견** – 상법 제374조의2가 매수청구기간(20일), 가액협의기간(매수청구기간 종료로부터 30일), 매수기간(매수청구기간 종료로부터 2월)을 정하고 있는 취지로 볼 때, 주주는 매수청구 후 회사와 매수가액의 협의를 거쳐 회사가 매수청구인과 주식의 매수계약을 체결 즉 '매수하여야 할 의무'를 부담하는 것으로 이해된다. 매수가액이 결정되어 매수계약을 체결하기 전까지는 매수청구권자인 주주가 매수청구권를 행사하였다 하더라도 고액을 제시하는 다른 주식구매자에게 당해 주식을 매각할 수 있으며, 아직 매수계약이 체결되기 전이어서 채무불이행의 문제는 발생하지 않는다고 해석하는 것이 적절하고 주주에게 유리한 면도 있다. 이렇게 볼 때 주주가 형성권인 매수청구권을 행사하면 회사에 매수협의(가액결정)의무가 발생하고 가액결정을 위한 실질적 시한의 의미(청구기간 종료일로부터 30일간의 협의, 그 후 30일간은 법원에 의한 결정)를 가지는 '청구기간 종료 후 2개월내'를 매수협의의무의 시한으로 보는 편이 법문에 부합하고 형성권 행사에 따른 법률관계에 형성이라는 성질에도 맞는 해석이라 본다. 요컨대 주주가 주식매수청구권을 행사하면 일단 회사의 매수협의의무가 발생하고, 매수협의(가액결정)가 완성된 시점(청구기간 종료후 2월이 최장기간)에 매매계약이 성립되므로 그 이전에는 회사가 채무불이행에 따른 지연이자 지급의무를 부담하지 않게 된다. 이렇게 해석함으로써 주주의 협의지연에 의한 회사 부담증가를 막을 수 있어 소수주주와 회사의 이익균형이 달성된다고 본다.

(3) 매수청구권의 존속

1) **결의·절차와 관계** : 주식매수청구권은 영업양도, 합병 등 회사의 조직개편과 관련되어 발생한다. 주식매수청구권은 영업양도·합병 등을 원인으로 하여 발생하였으므로 이들 절차가 이행되지 않을 경우 주식매수청구권도 소멸하게 되는가? 또는 영업양도·합병의 주주총회결의에 하자가 있어 주총결의하자의 소 또는 특수절차(합병 등) 무효확인의 소에 의해 소급적으로 효력을 상실하게 될 경우 이미 행사한 주식매수청구권의 효력 또는 이미 발생한 효과도 상실하는가? 주식매

수청구권 또는 그 행사효과가 조직개편(영업양도·합병 등)·주주총회결의와 유인
관계에 있는지 하는 문제로 볼 수 있다.

2) **무인성** : 주주의 주식매수청구권은 조직개편의 주주총회결의나 절차를 전
제하지만 이들 결의·절차의 효력의 존속을 조건으로 한다고 보기 어렵다. 왜냐하
면 반대주주의 주식매수청구권은 주주총회의 중요결의로부터 소외된 소수주주의
이익보호를 위한 '타율적 퇴사제도'로서의 실질을 가지므로. 주주총회결의나 절차
의 진행과 그에 대한 반대의사가 권리행사의 조건이지만(타율성), 이러한 조건만
충족된다면 이후 주식매수청구권의 행사여부는 자율적인 주주의 선택이다. 따라
서 회사의 조직개편을 위한 주주총회결의나 절차의 효력이 존속하는지 여부는 주
식매수청구권 또는 그 행사의 효력에 영향을 미치지 않는다고 보아야 한다. 실무
상으로 보더라도 주주총회결의나 조직개편에 하자가 있을 경우 이는 소송으로 확
정되어야 하고 상당한 시일이 소요되는데 주식매수청구권 행사의 효과를 이에 의
존시킬 경우 주식 유통의 안정성을 해하고 주주의 보호에도 장애가 될 수 있어 **조
직개편과 주식매수청구권간에 무인관계**를 인정하는 것이 적절하다고 본다.

3) **소 결** : 주식매수청구권이 조직개편(영업양도·합병 등)의 효력 또는 조직
개편을 위한 주주총회결의와 무인관계에 있다고 보아야 하므로, 요건을 충족한
주주의 주식매수청구권은 주주총회결의나 절차의 효력 상실에 무관하게 효력을
가진다고 본다. 따라서 예컨대 합병결의에 따라 주주가 주식매수청구권을 행사하
였다면 이는 합병 당사회사의 채무가 되고 합병에 의해 합병후 회사에 귀속되므
로, 이후 합병절차가 무효로 되더라도 주주에 대한 채무는 합병후 회사의 연대채
무가 되어(상239.1) 이를 이행하여야 한다.

(4) 매수청구권자

1) **자 격** : 주식매수청구를 할 수 있는 자에는 주식교환·이전결의에 반대한
주주, 영업양도 등의 결의에 반대한 주주, 합병결의에 반대한 주주 등 **조직개편결
의에 반대하는 주주**이다. 이를 구체적으로 보면, 영업양도 등에 반대한 주주 즉 영
업의 전부·중요일부의 양도, 영업 전부 임대·경영위임, 영업손익 공유계약 등의
체결·변경·해약, 영업전부·중요일부의 양수 등의 결의사항에 반대하는 주주는
주식매수를 청구할 수 있는데, 주총 전에 회사에 결의반대의사를 서면통지한 주

주에 한정된다(상374의2). 그리고 주식교환·간이주식교환·주식이전·합병에 관련 주주총회 승인(결의)사항에 관하여 이사회결의가 있는 경우 그 결의에 반대하는 주주가 주주총회의 승인결의 전에 회사에 대하여 서면으로 그 결의에 반대하는 의사를 통지한 경우에 회사에 대하여 주식의 매수를 청구할 수 있다(상360의 5.1, 360의5.2, 360의22, 522의3).

  2) **기타 주식매수청구권과 구별** : 주식양도가 제한되는 경우 양도승인거부의 통지를 받은 주주는 회사에 대하여 주식의 매수를 청구할 수 있는데(상335의2.4), **양도불승인 주주의 주식매수청구권**은 주총결의 반대주주의 주식매수청구권과는 취지를 달리한다. 반대주주의 주식매수청구권은 회사의 조직개편에 관한 주주총회의 결의에 반대한 경우 주주가 투자금을 회수하는 취지인데 반해, 주식양도승인을 받지 못한 주주는 주주구성의 동질성 확보를 위해 상대방지정청구권과 함께 주주에게 선택적으로 인정되는 권리이다. 다만 주식양도 승인을 받지 못한 주주가 행사하는 주식매수청구권에도 영업양도 반대주주가 행사하는 주식매수청구권에 관한 규정을 준용하여(상335의6 → 374의2.2~5), 매수청구기간(20일), 가액협의기간(매수청구기간 종료로부터 30일), 매수기간(매수청구기간 종료로부터 2월) 등이 그대로 준용된다. 그밖에 **소수주주의 지배주주에 대한 주식매수청구권**은 소수주주 축출제도에 대응하여 소수주주를 보호하기 위한 제도이므로 이 역시 반대주주이 주식매수청구권과는 그 취지를 전혀 달리한다. 동 청구권에 관한 규정에서는 반대주주의 주식매수청구권에 관한 규정도 준용하고 있지 않다(상360의25).

  3) **의결권 유무 등** : 반대주주의 주식매수청구권은 의결권에 종속된 권한이 아니고 회사의 조직개편에 관한 의사결정에 반대할 경우 모든 주주에게 부여된 권리이므로 의결권배제주식, 의결권제한주식 등의 종류주식을 가진 주주와 같이 주주총회에서 반대의 결의를 할 수 없더라도 주식매수청구권을 행사할 수 있다(상374의2.1). 하지만 회사가 해산을 한 후, 채무자 회생 및 파산에 관한 법률에 의한 회생절차 중에는 허용되지 않는다(회생261.2, 269.3, 270.3, 271.5, 272.4). 회사가 해산된 경우 또는 회생절차는 회사가 정상적으로 영업을 하고 있는 상태가 아니므로 채권자의 이익보호를 위해 소수 반대주주의 주식매수청구권이 부인된다고 보아야 한다.

4) **사후취득 주주** : ① 주식취득 시점 – 회사가 영업양도, 합병 등의 주주총회 '결의사항에 관한 이사회결의'를 거친 후 주식을 취득한 자도 주식매수청구권을 행사할 수 있는가? 상장회사의 경우에는 이사회결의의 공시 이후에 주식을 취득한 주주의 주식매수청구권 행사를 배제함으로써, 이사회결의가 있은 사실이 공시되기 이전에 취득하였음을 증명할 것을 조건으로 반대주주의 주식매수청구권을 허용하고 있다(자본165의5.1). 생각건대 비상장회사의 경우 이사회결의가 공시되지 않고 이사회결의는 영업양도결의가 아니지만, 주주총회결의 전에 반대의사의 서면을 제출하도록 하고 있어 결의사항에 관한 이사회결의 후 이를 알고 취득한 주주는 주식매수청구권을 허용할 수 없다고 본다.

② 선의의 취득자 – 영업양도를 포함하여 조직개편에 관한 주주총회의 결의사항에 관한 이사회결의가 있었음에도 불구하고 이를 알지 못한 선의의 주식취득자는 주식매수청구권을 행사할 수 있는가? 생각건대 자본시장법은 이사회 공시 시점을 기준으로 주식매수청구권의 성립여부를 결정하고 있음을 고려할 때, 이사회결의 후라고 하더라도 이사회결의가 있었음을 알지 못하는 선의의 취득자는 주주총회 전에 반대의사서면 제출을 할 수 있다면 주식매수청구권을 행사할 수 있다고 본다. 요컨대 회사의 조직개편 결의사항에 관한 이사회결의를 있은 후 주식을 취득한 주주는 원칙적으로 주식매수청구권을 행사할 수 없지만 이사회결의를 알지 못하고 선의로 취득한 주주는 자신의 선의성을 증명하여 주식매수청구권을 행사할 수 있다고 본다.

5) **매수주식** : ① 매수대금 수령전 – 회사가 주식을 매수하는 효과는 대금지급 시에 생기므로 매수청구를 한 주주는 그 이전에는 주주의 지위를 잃지 않는다고 본다. 주주가 주식매수청구권을 행사하였으나 아직 주식매수대금을 지급받지 못한 경우 회사의 회계장부의 열람·등사청구권을 행사한 사안에서, 판례는 여전히 주주의 지위를 가진다고 보아 그 행사의 적법성을 인정하고 있다(2017다270916). 생각건대 주식매수청구권의 행사, 그에 따른 주주 지위 상실의 효과 발생과 회사의 주식매수대금의 지급은 **동시이행의 관계**에 있다고 본다. 따라서 회사가 주식매수대금을 지급하지 않을 경우에는 설사 주주가 형성권인 주식매수청구권을 행사하였다 하더라도 아직 주주의 지위를 가진다고 보고, 주주가 주식매수대금을 수령하면 주주의 지위는 상실된다고 본다. 참고로 지배주주 관련 주식매도·매수청구시에도 지배주주가 매매가액을 소수주주에게 지급한 때 주식이 이전된다(상360

의26.1).

② **매수대금 수령후** – 주식매수청구권을 행사한 주주가 주식매수대금을 회사로부터 수령한 경우 주권의 교부 없이 주식이 회사에 이전되는가? 주식매수대금을 수령한 주주가 주주의 지위를 상실하게 되는 데는 의문이 없지만, 주권의 교부 없이도 주식이 회사에 이전되거나 실효되는지 문제된다. 생각건대 영업양도 반대주주가 주식매수청구권을 행사함으로써 발생하는 주식의 이전은 통상의 주식매매가 아니고 법률의 규정에 의한 주식의 이전이라 할 수 있어 주주로부터 회사에 주권의 교부가 없더라도 주식매수대금을 수령하는 주주는 주주의 지위를 상실하고 주식에 대한 권리는 회사에 귀속한다고 본다. 회사에 주권이 교부되지 않고 선의의 제3자가 주권을 취득하더라도 주식에 대한 선의취득은 성립할 수 없다고 보며, 주권의 불완전유가증권성에 따른 해석이라 이해할 수 있다.

③ **매수주식의 성질** – 회사가 영업양도 반대주주에게 매수대금을 지급하고 취득한 주식은 어떠한 성질을 가지는가? 회사가 취득한 주식은 자기주식이 되고 회사의 취득행위는 **특정목적에 의한 자기주식 취득**(상341의2.4호)에 해당한다. 따라서 반대주주의 주식을 취득함에 있어 자기주식 취득에 적용되는 재원규제나 취득 절차규제 등을 받지 않고 한도 없이 주식을 매수할 수 있다. 매수주식의 처분에 관해서도 회사법에 특별한 규정을 두고 있지 않아 이사회결의에 따라 다시 처분할 수 있다고 본다(상342).

6) 매수청구의 철회 : 반대주주가 주식매수청구권을 회사에 행사한 후 이를 철회할 수 있는가? 이에 관해 매수청구권은 주주의 이익을 보호하기 위한 제도이므로 매수청구권의 행사, 불행사에 관해 회사가 반대의 이해를 갖는다고 볼 수 없기 때문에 철회가 가능하다고 보는 견해가 있다. 이에 대해 주주가 일단 매수청구를 해 놓고 추후 주식 시세가 형성되는 상황을 보아 매수 혹은 철회를 선택하는 일종의 남용을 허용할 소지가 있기 때문에, 일본 회사법은 회사의 승낙이 없으면 매수청구를 철회할 수 없다는 규정을 두고 있다(일회116.6). 생각건대 영업양도 반대주주가 주식매수청구를 철회하더라도 회사에 특별한 불이익이 발생하는 것은 아니라 볼 수 있다. 하지만 매수청구권 행사자체가 투기적 수단으로 전락할 가능성이 있어 회사의 조직개편 결정에 간접적으로 영향을 미칠 수 있음을 고려할 때 매수청구권 행사 철회를 제한하는 규정의 도입도 입법론적으로 고려할 필요가 있다고 본다.

(5) 매수청구·이행절차

1) 사전반대통지 : 영업양도 등의 결의(주식교환·이전·합병결의)에 반대하는 주주가 주주총회 전에 회사에 대하여 **서면으로** 그 결의에 반대하는 의사를 통지한 경우에만 주식매수청구를 할 수 있다(상374의2.1). 사전통지를 통해 주식매수청구의 규모를 예고함으로써 회사의 경영진이 이러한 비용부담을 감수하고 주주총회 결의를 추진할 것인지 신중하게 결정하도록 하자는 취지이다. 그리고 반대통지를 통해 파악된 주식매수청구자에 대한 매수대금지급을 위한 자금조달계획도 수립할 수 있게 한다.

2) 주식매수청구 : 영업양도·주식교환·이전·합병결의에 관한 주주총회의 결의일로부터 20일 내에 주식의 종류와 수를 기재한 **서면으로** 회사에 대하여 자기가 소유하고 있는 주식의 매수를 청구할 수 있다(상374의2.1). 주식매수청구권은 형성권으로 매수청구에 의해 회사는 주식에 관해 매수의무·매수협의의무(학설 대립)를 부담하게 된다. 따라서 매수청구 전에 매수의무가 성립하는 것은 아니므로 만일 주식매수청구권자가 서면에 의한 사전통지 후에 주식을 타인에게 양도하였다면 양수인이 주식매수청구권을 승계하는 것은 아니다. 주식매수청구를 한 주주가 영업양도의 주주총회결의 하자의 소를 제기할 수 있는가? 주식매수청구는 주주총회결의의 유효를 전제하지만 결의하자 주장은 주주총회결의의 효력을 부인하는 것이므로 양자의 권리를 동시에 행사하는 것은 일견 모순되게 보인다. 하지만 주주총회결의가 유효할 경우 예비적으로 매수청구하는 것으로 이해할 수 있고, 매수청구가 완료될 경우 주주 지위를 상실하므로 주주총회결의하자의 제소권을 상실하여 각하되므로 실질적으로 양 권리는 모순된다고 할 수 없어 양 권리를 동시에 행사할 수 있다고 본다.

3) 협의가액 : 주식매수청구가 있게 되면 회사는 주식매수의무를 부담하므로 회사는 매수청구기간 종료일(← 매수청구일: 구상법)부터 2월 이내에 그 주식을 매수하여야 한다. 매수가액 결정절차는 먼저 주주와 회사간의 협의(**협의가액**)에 의해 결정하는데, 협의가액이 주주마다 다를 수 있는가? 이에 관해 특정주주에게는 이익으로, 다른 주주에게는 손해로 가액이 결정될 수 있으므로 허용되지 않는다고 **부정설**, 우리 상법상 협의가액을 정하기 위한 기준일을 정하지 않고 또한 주식매수청구권자가 주식매수를 청구한 시기 및 소유하고 있는 주식수가 다름에 따

라 각 주식매수청구권자마다 협의가액이 다를 수 있음은 부득이하다는 **긍정설**이 주장된다. 생각건대 매수청구권자의 동시협의절차 등이 보장되어 있지 않은 이상 협의가액을 일치시키는 것은 사실상 불가능하고 주식시세가 변동한다는 점에서 긍정설이 타당하다고 본다.

4) **결정가액** : 매수청구기간 종료일(← 매수청구일: 구상법)로부터 30일 이내에 협의가 이루어지지 않아 협의가액이 정해지지 않으면 회사·매수청구주주는 법원에 대하여 매수가액의 결정(**결정가액**)을 청구할 수 있다. 법원이 주식의 매수가액을 결정하는 경우에는 회사의 재산상태 그 밖의 사정을 참작하여 공정한 가액으로 이를 산정하여야 한다(상374의2.4,5). 법원에 의한 결정가액도 법원에 따라 주식매수청구권자에 따라 다를 수 있다고 보는 견해가 있다. 그러나 법원은 다수의 가액결정청구를 병합심리할 필요가 있고, 일단 법원에 의해 가액이 결정된 이후에는 또 다른 주식의 가액청구가 있더라도 동일한 가액으로 결정하는 것이 법원에 의한 공정가액 산정방법이라 본다.

5) **매수·처분** : 주식매수청구권자인 주주가 주식매수청구를 하면 회사는 결정된 가액에 따라 매수한다. 매수계약설에 의하면 매수행위는 별도로 요구되지 않고 주주의 매수청구권의 행사 효과로서 매수의 효과가 발생한다고 보는 데 반해, 매수협의설에 의하면 매수계약이 따로 요구된다. **매수협의설**에 따르면 주식의 매수는 매수청구권 행사자와 회사간의 **매수계약**이 성립하지만 매수청구권자의 의사는 매수청구권 행사로 이미 표시되었으므로 회사가 매수청구기간 종료일로부터 2월 내에 협의된 가액에 따라 승낙의 의사표시를 하면 되고, 주주와 회사는 계약상의 의무를 부담하게 된다. 주주는 주권을 회사에 제출하여야 하고 회사는 매수대금을 주주에게 지급하여야 하는데 양자는 동시이행관계에 있다고 본다. 다만 매수계약설에 따르면 매수가액이 결정되지 않더라도 이는 회사가 매수대금지급의무를 지체한 것이 되어 회사에 부당한 부담이 가중될 가능성이 없지 않다. 회사가 주식을 매수하게 되면 매수한 주식은 **자기주식**에 해당하므로(상341의2.4호) 회사는 이를 이사회의 결의를 거쳐 처분하여야 한다(상342).

3. 지배주주의 주식매도청구권

(1) 의 의

1) **개 념** : 지배주주의 매도청구권이란 회사의 지배주주가 소수주주가 보유한 주식을 자신에게 매도할 것을 청구하는 권리를 의미한다. 지배주주는 회사법상 정립된 개념이 아니지만 매도청구권에서 지배주주는 회사의 주식의 95% 이상을 소유하여 소수주주가 지배주주의 회사 지배권에 아무런 영향을 미치지 못하는 상태에 있음을 전제한다. 회사법에는 주식매수청구권에 관해서는 다수의 규정을 두고 있지만 주식의 매도청구권에 관해서는 유일한 규정이라 할 수 있다. **매수청구권**은 소수주주의 권리를 보호하기 위해 특별히 상법에 규정을 한 것인데 반해 **매도청구권**은 지배주주의 권리를 보호하기 위한 것이라는 점에서 특징적이고 따라서 엄격한 요건이 요구된다.

2) **취 지** : 지배주주가 주식의 거의 전부를 소유하고 있는 회사(**유사 1인회사**)의 경우 소수주주는 회사의 의사결정에 아무런 영향력을 미치지 못하지만 소수주주권을 행사함으로써 회사경영에 상당한 비용을 초래하게 할 수 있다. 지배주주의 입장에서는 소수주주의 주식을 취득함으로써 불필요한 회사경영의 비용을 절약할 계기를 제공하고, 소수주주에게도 지배권에 영향을 미치지 못하는 상태에서 투자금을 회수할 수 있는 계기를 부여하는 것은 지배·소수주주 양측에 이익이 될 수 있다. 이러한 취지에서 지배주주로 하여금 회사의 경영상 목적을 달성하기 위하여 필요한 경우에는 소수주주에게 그 보유하는 주식의 매도를 청구할 수 있게 하였다(상360의24.1). 동시에 소수주주도 지배주주에게 자신의 주식의 매수를 청구하는 소수주주의 매수청구권(상360의25.1)을 도입함으로써 지배주주의 매도청구권에 대응하여 소수주주의 이익을 보호하고 있다.

3) **매도청구권의 법적 성질** : ① 논 의 - 지배주주의 매도청구권의 법적 성질에 관해, 이를 형성권으로 이해하는 **형성권설**이 다수설이다. 하지만 지배주주의 비용절감을 위해 소수주주의 재산을 동의 없이 일방적 의사표시에 의해 취득하는 것은 헌법상의 재산권 침해적 성질을 가진다는 점을 고려할 때, 매도청구권을 형성권으로 이해하지 않고 지배주주의 청약으로 이해하고 소수주주의 승낙이 있어

야 주식의 매매가 성립한다고 보는 **청약설**이 있을 수 있다. 특히 주식매수청구권과 달리 '경영상 목적 달성의 필요성'이라는 불명확한 요건을 전제하고 있어 형성권적 효과의 발생과 맞지 않은 점이 없지 않고, 청약설을 따를 경우 소수주주의 재산권 침해나 요건의 불명확성이 크게 문제되지 않아 입법론적으로 검토의 여지가 있다.

③ 검 토 – 지배주주의 일방적 의사표시에 의한 소수주주의 주식의 취득은 재산권 침해[126]의 요소가 있다고 보이지만 회사법이 경영목적 달성의 필요성이 있는 경우에만 제한적으로 행사를 허용하고 있어 헌법적 판단은 유보한다. 청약설을 따를 경우 매도청구의 효과 즉 '주식을 매도하여야 한다'(상360의24.6)는 규정은 소수주주의 청약거절을 배제하고 있어 청약설은 주식매도청구권의 입법취지에도 반하여 인정하기 어렵다고 본다(형성권설). 다만 지배주주가 개인적 목적으로 일방적 의사표시에 의해 소수주주의 주식을 취득하는 것은 여전히 재산권 침해적 요소가 있으므로 회사의 경영상 목적달성에 관해 보다 구체적인 해석이나 입법이 요구된다고 본다.

(2) 요 건

1) **청구권자** : 주식매도청구권의 청구권자는 지배주주인데, 회사의 지분관계를 근거로 다른 주주에게 주식의 매도를 청구할 수 있는 권리는 특정 주주가 회사 주식의 대부분을 소유하고 있는 경우에 한정되어 인정된다. 매도청구권을 행사할 수 있는 **지배주주**란 발행주식 총수의 95/100 이상을 보유하고 있는 주주를 의미하

---

126) 헌법재판소가 주식교환제도에 관해 판시하면서 매도청구권이 언급된 바 있다. 소수주식의 강제매수제도(상법 제360조의24)는 특정주주가 주식의 대부분을 보유하는 경우 주주 간 대등한 관계를 유지하기 어렵기 때문에 주주총회 개최비용 등 소수주주 관리비용을 절감하고 기동성 있는 의사결정을 할 수 있도록 하고자 함에 그 입법취지가 있으며, 회사의 발행주식총수의 95% 이상을 보유하는 주주인 지배주주가 회사의 경영상 목적을 달성하기 위하여 필요한 경우에만 주주총회의 승인을 받아 공정한 가격을 지불하고 소수주주의 주식을 강제로 매수할 수 있도록 함으로써 엄격한 요건 하에 허용되고 있다고 보았다. 그러면서 주식교환제도는 각 회사의 이사회 결의와 주주총회의 특별결의를 거치면 주식교환을 허용하여 완전지주회사의 설립을 용이하게 함으로써 기업의 구조조정 수단으로 활용되고 있으며, 기업의 구조조정을 지원하고, 경영의 효율성을 제고하여 기업의 경쟁력을 강화하고자 완전지주회사의 설립을 용이하게 하려는 것으로서 소수주식의 강제매수제도와는 그 입법목적, 요건, 절차 등이 전혀 다르므로, 주식교환으로 인하여 대상회사의 주주 지위를 상실한다는 사정만으로 '주식교환으로 축출되는 대상회사의 소수주주'와 '소수주식의 강제매수제도에 의하여 축출되는 소수주주'를 본질적으로 다르게 보았다(헌재 2015. 5. 28. 2013헌바82).

며 개인주주는 물론 회사 주주도 포함한다. 다만 지배주주 여부를 판단함에 있어 자기명의의 주식뿐만 아니라 타인 명의의 주식이라 하더라도 자신이 실질적으로 보유하는 주식 즉 자기의 계산으로 보유하고 있는 주식을 포함해서 계산한다. 형식설을 따른 17년 판결(2015다248342)에 의하더라도 지배주주의 권리는 회사에 대한 권리가 아니고 주식 소유에 따른 권리이므로 주식의 실질소유에 의해 지배주주가 판정되어야 한다고 본다.

2) **보유주식수** : ① **자기주식** – 지배주주의 보유주식수를 계산함에 있어 모회사와 자회사가 보유한 주식을 합산하는데, 개인 주주의 자회사(개인이 발행주식총수의 50/100을 초과하는 주식을 가진 회사)가 보유하는 주식도 개인주주의 보유 주식에 합산한다(상360의24.2). 예컨대 A회사의 모회사(A'회사)가 A회사 주식을 85% 가지고 있고 A회사가 자기주식을 13% 가지고 있는 경우 A'회사가 지배주주가 될 수 있는가? 판례는 상법 제360조의24 제2항은 모회사 주식과 자회사가 보유한 주식을 합산하도록 규정할 뿐 자회사가 보유한 자기주식을 제외하도록 규정하고 있지 않으므로 자회사가 보유하고 있는 자기주식은 모회사의 보유주식에 합산된다고 본다(2016마230). 생각건대 자기주식을 배제하는 특별규정이 없으므로 자기주식도 포함된다고 보아 위 사례에서 주식을 합산해서 계산할 때 결과적으로 98%를 소유하고 있는 것이 되어 모회사는 지배주주가 된다고 본다.

② **발행주식총수 산입여부** – 자기주식은 의결권 행사와 관련될 경우 발행주식총수에서 제외된다(상371.1). 주식매도청구권을 행사하는 지배주주의 주식보유비율을 계산함에 있어 자기주식도 발행주식총수에서 배제되는가? 판례는 아울러 상법 제360조의24 제1항은 회사의 발행주식총수를 기준으로 보유주식의 수의 비율을 산정하도록 규정할 뿐 발행주식총수의 범위에 제한을 두고 있지 않으므로 자회사의 자기주식은 발행주식총수에 포함되어야 한다고 본다(2016마230). 생각건대 지배주주의 주식보유비율을 계산하는 것은 의결권 행사와 구별되므로 의결권 행사에 적용되는 발행주식총수 불산입규정은 적용되지 않는다고 본다.

3) **매수청구의 목적** : 지배주주가 매수청구권을 행사하기 위해서는 회사의 경영상 목적을 달성하기 위해서만 허용된다. 회사의 경영상 목적이란 매우 광범위한 개념이어서 매수청구권에 대한 제한이 될 수 있을지 의문이다. '경영상 목적'의 의미에 관하여 소수주주들의 재산권 박탈을 정당화할 수 있는 회사이익의 실질적

인 증대를 뜻하는 것으로 해석하기도 하지만(2014가합578720), 회사이익의 실질
적 증대 역시 개념이 모호함은 마찬가지이다. 소수주주 축출이라는 지분구조와
경영상 목적 달성이라는 개념은 서로 관련성이 적다는 점을 고려할 때, 지배주주
의 개인적 목적달성을 위해서는 매수청구권을 행사할 수 없다는 소극적인 의미를
가진다고 볼 수 있다. 경영상 목적은 예컨대 회사의 운영비용을 절감한다든지, 소
수주주가 주주권을 남용하여 회사운영을 정돈상태에 빠뜨려 이를 해소할 필요성
이라든지 하는 경우 등 다양한 의미가 될 수 있지만, 회사경영에 정당한 권리를
행사하는 특정 주주를 축출하기 위해 활용할 경우 권리행사가 부적법할 수 있다
고 본다.

(3) 매도청구의 절차

1) **주주총회의 승인** : ① 소집통지 – 지배주주가 주식매도청구를 하기 위해서는
먼저 주주총회의 승인을 얻어야 한다(상360의24.3). 주식매도청구를 위한 주주총
회의 소집통지를 위해서는 지배주주의 회사 주식의 보유 현황, 매도청구의 목적,
매매가액의 산정 근거와 적정성에 관한 공인된 감정인의 평가, 매매가액의 지급
보증 등을 기재하여야 한다. 그리고 이렇게 소집된 주주총회에서 지배주주는 소
집통지서에 기재된 매수청구 관련사항을 설명하여야 한다(상360의24.4).

② 입법론 – 주식매도청구권을 행사요건으로 주주총회의 승인을 요구하는 점
에 관해 이미 지배주주가 주식 대부분을 보유하고 있는 점에 불필요한 형식적 절
차가 아닌가? 주주총회를 거치게 함으로써 소집통지에 일정한 사항이 공시된다는
실익이 없지 않지만, 주주총회가 매도청구권에 관한 공시는 후술하는 매도청구공
고에 의해 충분히 달성된다고 본다. 그리고 목적의 정합성 검토도 지배주주의 의
사에 반하기 어렵고 행위의 주체가 지배주주이므로 회사의 행위가 아니어서 회사
의 의사결정절차가 불필요하다는 점에서 입법론적으로 재고의 여지가 있다.

2) **공고·통지** : 지배주주는 매도청구일 1개월 전까지 일정 사항을 공고·통지
하여야 한다. 즉 소수주주는 매매가액의 수령과 동시에 지배주주에게 **주권의 교
부**, 불교부시 매매가액 수령·공탁일에 **주권이 무효**가 된다는 사실을 **공고**하고 주
주명부에 적힌 주주와 질권자에게 따로 그 **통지**를 하여야 한다(상360의24.5). 공
고·통지는 지배주주가 매도청구를 하기 위한 전제요건으로 볼 수 있다. 다만 지
배주주의 주식매도청구권은 발행주식 전부를 지배주주 1인의 소유로 할 수 있도

록 함으로써 회사 경영의 효율성을 향상시키고자 한 제도의 취지를 고려할 때 공고·통지의 대상은 **전체 소수주주**이어야 한다. 판례도 지배주주가 본 조항에 따라 매도청구권을 행사할 때에는 반드시 소수주주가 보유하고 있는 주식 전부에 대하여 권리를 행사하여야 한다고 본다(2018다224699).

3) 지배주주의 매도청구 : ① 시 한 – 지배주주는 주주총회 승인결의와 매도청구공고를 한 후 소수주주에게 주식의 매도를 청구할 수 있다. 매도청구를 받은 소수주주는 **매도청구일로부터 2개월 내**에 지배주주에게 그 주식을 매도하여야 한다. 지배주주의 매도청구권이 주주총회의 결의로 승인되면 매도청구일 1개월 전까지 소수주주에게 공고·통지를 한 후 지배주주가 매도청구를 하면 매도청구일로부터 2월 내에 소수주주는 주식을 매도하여야 한다(주총결의–공고·통지(1월전)–매도청구–매도의무(2월내)).

② 매도시한 – 소수주주의 매도의무에는 시한이 있어 2월 내에 매도할 의무를 부담한다. 따라서 2월의 시한이 경과되면 매도의무 불이행이라는 채무불이행의 효과가 이론적으로 발생하는데, 이는 2개월의 기간이 경과하면 매도계약이 체결된 것으로 간주되어 매매계약 불이행의 실질을 가진다고 이해할 수 있다. 이렇게 볼 때 매도시한(2개월)은 매매가액의 협의시한이 되고 첫 30일은 당사자간의 협의시한이 되고(상360의24.8), 그 이후의 기간은 법원이 매매가액 결정기간으로 이해된다. 만일 법원이 그 기간 중에 매매가액을 결정하지 못한 경우에도 소수주주는 매도의무 불이행, 실질적으로는 매도청구일로부터 2개월이 경과하면서 매매간주가 되므로 매매계약 불이행의 책임을 부담하게 된다고 본다.

③ 매도청구의 범위 – 지배주주의 매도청구권은 (수인의) 소수주주의 모든 주식에 대해서 행사하여야 하는가? 지배주주의 매도청구권은 사유재산 침해의 위험성이 있음에도 불구하고 회사경영의 효율성을 위해 도입한 제도이므로 소수주주의 배제라는 제도의 취지에 맞게 해석하여야 한다. 판례는 동 제도는 지배주주가 일정한 요건하에 발행주식 전부를 지배주주 1인의 소유로 할 수 있도록 함으로써 회사 경영의 효율성을 향상시키고자 한 제도이므로, 지배주주가 본 조항에 따라 매도청구권을 행사할 때에는 반드시 소수주주가 보유하고 있는 주식 전부에 대하여 권리를 행사하여야 한다고 보았다(2018다224699).

④ 매도청구의 효과 – 지배주주의 매도청구권은 **형성권적 성질**을 가진다고 보며, 지배주주가 매도청구권을 행사하면 소수주주는 주식을 매도하여야 한다(상

360의24.6). 소수주주가 주식을 '매도하여야 한다'는 의미는 무엇인가? 이는 영업양도 반대주주의 주식매수청구권 행사시 회사가 주식을 '매수하여야 한다'는 것과 유사한 규정을 두고 있다. 이에 관해서도 매도청구권의 형성권적 성질을 강조하여 매매계약이 성립한다고 보는 **매매계약설**과 지배주주가 매도청구를 하면 소수주주는 매도할 의무를 부담하고 이는 구체적으로 매도협의를 할 의무로 나타난다는 **매도협의설**이 대립할 수 있다. 생각건대 매도청구권이 형성권적 성질을 가졌다고 해서 매매계약이 체결된다고 보아야 하는 것은 아니고 오히려 형성권 행사의 효과는 법문을 중시하여 매도의무를 부담한다고 보는 것이 타당하다고 본다. 즉 매도청구의 효과를 '주식을 매도하여야 한다(상360의24.6)'로 봐야지 이를 '주식을 매도한 것으로 본다'로 해석하는 것은 부적절하다고 본다(매도협의설).

4) **매매가액의 결정** : 지배주주의 주식매도청구가 있으면 지배주주와 소수주주 간에 주식의 매매가액이 협의된다. 매매가액 협의가 매도청구일로부터 30일 내에 성과를 거두지 못하면 지배주주·소수주주는 법원에 매매가액의 결정을 청구할 수 있다(상360의24.8). 법원은 회사의 재산상태, 기타 사정을 고려하여 공정한 가액으로 주식의 매매가액을 결정하여야 한다(상360의24.9). 법원의 매매가액 결정에 특별히 시한을 정하고 있지 않지만, 소수주주는 매도청구일로부터 2개월 내에 주식을 매도하여야 하므로(상360의24.6), 법원은 매도청구일로부터 2개월 내에 가액을 결정할 필요가 있다. 매매계약설에 따르면 매도청구시점에 매매계약이 체결된 것으로 보지만, 매도협의설에 따르면 매도가액이 결정될 경우에는 그 시점, 결정되지 않을 경우에는 매도청구일로부터 2개월이 경과하는 시점에 매매계약이 체결된 것으로 봄이 타당하다.

(4) 효 과

1) **매매대금 지급** : 지배주주가 매도청구를 한 경우 매매계약은 지배주주의 매도청구시점(매매계약설) 또는 매매가액결정·매도청구후 2개월 경과 시점(매매협의설)에 체결되게 된다(상360의24.6). 매매계약이 성립하면 지배주주는 매매대금을 소수주주에게 지급하여야 하고 소수주주는 주권을 지배주주에게 교부할 의무를 부담하지만, 양자는 동시이행관계에 있지 않고 지배주주의 **매매대금 지급의무가 선이행** 되어야 한다고 본다. 왜냐하면 소수주주가 점유하는 주권은 지배주주에게 반환하지 않더라도 매매가액의 수령·공탁과 동시에 무효가 되기 때문이다. 이

때의 '매매가액'은 지배주주가 일방적으로 산정하여 제시한 가액이 아니라 소수주주와 협의로 결정된 금액 또는 법원이 상법 제360조의24 제9항에 따라 산정한 공정한 가액으로 보아야 한다(2018다224699).

2) **주주 지위** : 소수주주는 지배주주의 매도청구에 의해 자신의 의사와는 무관하게 주식에 대한 소유권을 상실하게 된다. 하지만 이는 지배주주의 매도청구에 의한 효과가 아니라 자신이 보유하던 주식의 매매대금을 지급받음으로써 주식에 대한 소유권이 상실된다고 보아야 하므로 지배주주의 매도청구가 있더라도 매매대금을 지급받을 때까지는 소수주주는 주식에 대한 권리를 가지고 주주권을 행사할 수 있다고 본다. 회사법도 지배주주가 주식매도청구권을 행사한 경우 주식을 취득하는 지배주주가 매매가액을 소수주주에게 지급한 때에 주식이 이전된 것으로 보고(상360의26.1), 매매가액을 지급할 소수주주를 알 수 없거나 소주주주가 수령을 거부할 경우에는 지배주주는 그 가액을 공탁할 수 있으며 이 경우 주식은 공탁한 날에 지배주주에게 이전된 것으로 정하고 있다(상360의26.2).

3) **주권의 교부** : 통상적으로 주식의 이전은 주권의 교부에 의해 이뤄진다. 주식이전에 관해 소수주주의 회사에 대한 주권교부시점을 기준으로 하지 않고 매매가액의 지급시점을 기준으로 정하고 있어 통상적 주식의 이전법리와 구별된다. 주식매매가 성립하면 지배주주는 소수주주에게 매매대금을 지급할 의무를 부담하고, 소수주주가 매매대금을 수령하면 주권은 무효가 되지만, 소수주주는 주권을 소지할 권한이 없으므로 지배주주에게 **주권반환의무**를 부담한다고 본다. 이는 회사법에서 매매가액 수령과 동시에 주권을 교부할 것 또는 매매가액 공탁시 주권의 실효(무효화)에 관해 공고·통지(상360의24.5)를 하였으므로, 주식매매가액의 교부 시점을 기준으로 주식이 이전되는 것으로 하더라도 주권교부시점을 기준으로 주식이 이전되는 회사법체제와는 충돌되지 않는다는 점을 고려한 것으로 이해된다.

4. 지배주주에 대한 주식매수청구

(1) 의 의

1) **개 념** : 소수주주의 지배주주에 대한 주식매수청구권이란 소수주주가 지

배주주에게 자신의 보유주식의 매수를 청구할 수 있는 권리를 의미한다. 이는 영업양도 등의 의사결정에 반대하는 소수주주가 일정한 기간 내에 회사에 대하여 자기가 소유하는 주식의 매수를 청구할 수 있는 권리인 반대주주의 주식매수청구권(상374의2,360의5)과도 구별되고 주식양도시 이사회승인을 얻지 못한 주주의 회사에 대한 주식매수청구와도 구별된다. 소수주주의 주식매수청구권은 지분관계에 따른 소수주주의 이익보호를 위해 '**지배주주에 대한 권리**'인데 반해, 반대주주의 주식매수청구권은 주주총회의 의사결정과 관련된 소수주주의 이익보호를 위해 그리고 이사회승인을 얻지 못한 주주의 매수청구는 주식양도자유의 원칙의 구현을 통한 주주의 이익보호를 위한 권리로서 양자 모두 '**회사에 대한 권리**'이다.

2) **취 지** : 소주주주의 주시매수청구권은 지배주주의 주식매도청구권에 대응하는 권리이다. 지배주주가 소수주주를 축출할 수 있는 유사 1인회사에서 회사의 의사결정에 영향을 미칠 가능성이 없는 소수주주가 주도권을 가지고 자신의 주식매수를 청구할 수 있게 함으로써 소수주주가 투자금을 회수할 수 있게 한다. 주식회사는 타인자산수탁에 근거하여 자본이 형성되고 출자금은 회사가 해산하기 전까지 회수될 수 없지만, 회사법은 회사가 아닌 지배주주에 대한 청구권을 허용함으로써 회사의 자본금을 변동하지 않고 소수주주의 출자금 반환을 가능하게 하였다. 소수주주가 주식매수청구권을 행사할 경우 지배주주는 소수주주의 투자금을 자신의 비용으로 반환하여야 하는 부담을 안지만, 소수주주를 축출함으로써 회사경영비용(주주제안, 주총소집권한 행사에 따른 비용)을 절감할 수 있다.

(2) 요 건

1) **청구권자** : ① 소수주주 – 주식매수청구권의 청구권자는 소수주주로서 지배주주에 대응한 개념이다. 지배주주가 발행주식의 95% 이상을 가진 주주이므로 그에 대응한 소수주주는 5% **미만의 주식**을 가진 주주이다. 매수청구권 행사시 지배주주를 판정함에 있어 주식매도청구시 모자회사의 합산산정(상360의24.2)가 적용되는가? 회사법은 매도청구권 행사시 지배주주 판정에서 모자회사 합산규정을 주식매수청구권에서는 정하고 있지 않다(상360의25). 하지만 지배주주의 매도청구와 소수주주의 매수청구는 서로 대응되는 권리로서 양자의 요건을 달리 해석할 아무런 이유가 없고, 지배주주의 개념은 상법 제2편 제4장 제2절 제4관(지

배주주에 의한 소수주식의 전부 취득)에 통용되는 것으로 정하고 있어 동일하게 해석된다. 판례도 소수주주의 주식매수청구사안에서 지배주주의 주식매도청구에 관한 규정(상360의24.2)를 적용하고 있다(2016마230).

② **기준시점** – 소수주주가 주식매수청구권을 행사하기 위해서는 지배주주·소수주주의 요건이 매수청구가 완료되는 시점까지 유지되어야 하는가? 지배주주·소주주주의 지분율(95%,5%) 요건을 판정하는 기준시점은 매수청구시점이지만 매수청구가 완료되는 시점까지 전 기간을 통해 지분율이 유지되어야 한다고 본다. 왜냐하면 주식을 초과하여 보유하게 되면 지배주주의 자격도 상실되고 소수주주의 자격도 상실되어 소수주주 배제·이탈의 취지도 소멸되었고 요건 흠결로 더 이상 주식매수청구절차가 진행될 수 없기 때문이다. 소수주주의 요건이 상실되기 위해서는 지배주주로부터 주식을 추가로 취득하여야 하는데, 지배주주의 소수주주에 대한 주식양도는 소수주주의 매수청구권 행사를 저지하기 위한 수단이 될 수 있다고 본다.

2) **매수청구의 목적** : 지배주주가 주식매도청구권을 행사하는 경우와 달리 소수주주가 주식매수청구권을 행사하는 경우에는 상법은 '회사의 경영상 목적을 달성할 필요'를 요구하지 않는다. 따라서 주식매수청구의 요건을 검토함에 있어 회사의 경영상 목적을 검토할 필요는 없고 주주의 개인적 이익을 위한 주식매수청구도 허용된다. 회사법도 지배주주가 있는 회사의 소수주주는 '언제든지' 지배주주에게 그 보유주식의 매수를 청구할 수 있다고 정하고 있다(상360의25.1).

(3) 매수청구의 절차

1) **매수청구권 행사** : 지배주주가 소수주주에게 주식매도청구권을 행사하기 위해서는 주주총회의 결의와 공고·통지절차가 요구되는데(상360의24.1,5) 반해, 소수주주가 지배주주에게 주식매수청구를 행사하기 위해서는 주주총회의 결의나 공고·통지절차 없이 바로 지배주주에 대해 매수청구할 수 있다. 소수주주의 지배주주에 대한 주식매수청구는 서면 또는 구두로 할 수 있다.

2) **매수청구** : ① **형성권** – 소수주주가 매수청구권을 행사함으로써 지배주주는 매수청구일로부터 2개월 내에 매수를 청구한 주주로부터 '그 주식을 매수하여야 한다'(상360의25.2). 소수주주의 매수청구권 역시 형성권으로 이해되지만, 형성권

행사의 효과에 관해 **매매계약설**과 **매수협의설** 등이 주장된다. 이 역시 앞서 영업양도 반대주주의 주식매수청구, 지배주주의 매도청구에서 논의한 바와 같이, 소수주주의 주식매수청구로 지배주주에게 주식매수의무가 발생한다고 보아야 하고 주식매수계약이 성립한다고 볼 수는 없다(**매수협의설**).

② 기 한 - 형성권인 소수주주의 매수청구권 행사의 효과에 관해 매매계약설을 따를 경우 매수청구에 의해 주식에 대한 매매계약이 성립하게 된다. 하지만 매수협의설에 따르면 소수주주의 매수청구에 의해 지배주주에게 주식매수의무만 발생하고 2개월의 기간 내에 매매가액을 협의하거나 법원이 결정하면 그 시점에 매매계약이 체결된다. 만일 법원이 매수청구일로부터 2개월 내에 매매가액을 결정하지 못할 경우에는 매수청구일로부터 2개월이 되는 시점에 매매계약 체결이 간주된다.

3) 매매가액의 결정 : 지배주주의 주식매도청구에 있어서 소수주주 보호를 위해 가장 문제가 되는 것은 매매가액의 산정이다. 매도청구주식의 가액은 원칙적으로 매도청구를 받은 소수주주와 청구한 지배주주간의 협의로 정해진다(**협의가액**, 상360의24.7). 지배주주의 매도청구를 받은 날로부터 30일 내에 매매가액의 협의가 성사되지 않으며 소수주주와 지배주주는 법원에 매매가액의 결정을 청구할 수 있다. 법원이 주식의 매매가액을 결정하는 경우에는 회사의 재산상태와 그 밖의 사정을 고려하여 공정한 가액으로 산정하여야 한다(**결정가액**, 상360의24.9). 다만 매수청구일로부터 2개월이 경과되면 매매계약이 성립간주되어(매수협의설) 채무불이행 문제가 발생함을 고려할 때 법원은 청구일로부터 1월 내에 매매가액을 결정할 필요가 있다고 본다.

(4) 효 과

1) 주식의 이전 : 소수주주가 지배주주에 대해 주식매수청구권을 행사한 경우 주식을 취득하는 지배주주가 매매가액을 소수주주에게 지급한 때에 주식이 이전된 것으로 본다(상360의26.1). 만일 매매가액을 지급할 소수주주를 알 수 없거나 소주주주가 수령을 거부할 경우에는 지배주주는 그 가액을 공탁할 수 있으며 이 경우 주식은 공탁한 날에 지배주주에게 이전된 것으로 보아(상360의26.2) 지배주주의 주식매도청구권 행사와 동일한 효과가 규정되어 있다. 따라서 소수주주의 주식매수청구에 따라 주식에 대한 매매계약이 체결되었다 하더라도 주식의 매매

대금을 소수주주가 수령하는 시점까지는 소수주주는 회사에 대해 주주권을 행사할 수 있다.

   2) **주권의 교부** : 소수주주의 주식매수청구시에는 매매가액 수령과 동시에 주권을 교부, 주권의 실효(무효화)에 관해 공고·통지에 관한 규정(상360의24.5)이 적용되지 않으므로 주권이 실효되지 않는다. 따라서 지배주주가 주권을 교부받는 것이 중요한 의미를 가지므로 주권교부와 매매대금 지급이 **동시이행관계**에 있다고 볼 수 있어 지배주주의 매도청구권 행사와 구별된다. 따라서 소수주주가 주권을 교부하지 않을 경우 지배주주는 주식매매대금을 지급하지 않을 수 있으므로 매매계약의 체결에도 불구하고 소수주주는 지배주주에 대해 채무불이행에 따른 손해배상책임을 물을 수 없게 된다.

제 4 장   주식회사의 기관

1. 지배구조의 의의

(1) 회사행위와 지배구조

1) **회사행위** : 법인인 회사의 법률행위 즉 회사행위는 자연인의 행위에 의하고 또 자연인에 적용되는 법리를 차용할 수밖에 없다. 즉 회사행위를 위해서 의사의 결정, 결정된 의사의 표시·실행이 요구되는데 이는 자연인을 통해 이루어진다. 주식회사의 의사를 결정하고 실행·감독하는 주체를 **주식회사의 기관**이라 한다. 기관(의사결정·집행·감독주체)은 투자자라 할 수 있는 **주주와 관계**는 어떠한가? 주주는 회사의 자본금을 형성하기 위해 투자를 한 자인데, 기관은 주주가 투자한 자본금으로 회사를 경영하는 자이다. 회사법은, 주주는 투자자의 지위에 있어 원칙적으로 회사의 업무집행에 직접 관여할 수 없고 기관이 회사의 업무집행(회사행위)을 하도록 제도화하고 있다. 주주는 스스로 기관이 될 수도 있지만 전문경영인에게 위임하여 회사의 더 많은 이익을 창출하도록 **지배와 경영의 분리**가 가능하다.

2) **지배구조** : 회사의 지배구조란 회사의 운영·행위를 위한 의사결정과 그 집행·감독에 관한 체계를 의미한다. 회사는 그 대내적 업무집행이나 대외적 회사행위를 위해 그 의사를 결정하고 결정된 의사를 집행하는 체계와 이를 감독할 체계(지배구조)가 요구되는데, 회사법은 이러한 회사의 지배구조에 관한 규범이라 할 수 있다. 주주가 주식회사의 경영을 담당할 경우(**자기기관**) 지배구조는 단순하지만, 주주가 회사의 경영을 제3자(전문경영인)에게 위임할 경우(**타인기관**) 이익창출의 가능성이 높아지지만 전문경영인의 감독을 위한 비용·위험(**대리비용**)을 부담하여야 한다. 사원이 무한책임을 지는 인적회사의 경우 타인기관에 따른 위험이 커서 자기기관(사원=기관)을 원칙으로 하지만(**개인주의적 회사**), 주주 유한책임의 원칙이 적용되는 물적회사는 타인기관에 따른 위험이 상대적으로 작아 타인기관을 허용하고 있다(**단체주의적 회사**).

3) **분할형구조** : 회사법은 의사결정기관으로 주주총회·이사회, 의사집행기관
으로 이사·대표이사·집행임원, 감독기관으로 감사·감사위원회를 두고 있다. 회
사법상 주식회사의 지배구조는 주주총회·이사회, 이사·대표이사·집행임원, 감
사·감사위원회 등의 회사의 기관이 회사의 경영에 권한과 책임을 부담하는 구조
(분할형구조)로 되어 있다. 즉 주식회사의 지배구조는 **의사결정기관**(주주총회와
이사회의 분화), **의사집행기관**(대표이사와 집행임원에 의한 대체), **감독기관**(감사
와 감사위원회에 의한 대체)이 각각의 직무를 독립적으로 수행하고 서로간에 견
제함으로써, 회사의 영리추구라는 목적을 가장 효율적으로 달성(경영)하게 한다.

(2) 지배구조론

1) **이사(회)중심주의**(Director Primacy) : 이사(회)중심주의는 회사의 지배권은
이사회에 있고 지배권은 주주의 부를 극대화하기 위해 사용되어야 한다는 입장이
다. 회사의 이사(회)의 임무는 주주의 부를 극대화하는 것이지만 이사회는 그러한
목적을 위한 수단의 선택에 있어 광범위한 재량을 가질 뿐만 아니라 대체로 주주
의 직접 지배로부터 자유롭다고 본다.[127]

2) **주주중심주의**(Shareholder Primacy) : 회사는 회사에 소유이익을 가지는 자
의 재산으로 보아야 하고, 회사의 이사는 주주에 대해 그들의 투자에 대한 가능한
최상의 보상을 확보할 신인의무를 부담한다고 본다. 주주중심주의는 주주이익을
우선시키는 회사의 구조에 따라, 이사회가 주주의 부의 증가에만 집중할 것을 요
구하고 비주주 이익의 고려는 직접적으로 이익상충이 되고 이사의 신인의무의 위
반으로 본다. 채권자, 근로자, 공급자와 고객 등 기타 회사 구성원은 회사의 지배
에의 참여를 통해서가 아니라 계약적이고 규제적인 수단에 의해 보호되는 이익을
가진다고 보고, 공개회사의 주식의 시장가치는 주주의 이익을 측정하는 주된 수
단이라고 보았다.

3) **양이론 비교** : 주주중심주의는 이사가 주주의 비용으로 과도한 재량권을 행

---

127) 이사회중심주의에는 회사 특히 공개회사를 주주, 경영자, 종업원 그리고 공동생산으로부
터 이익을 얻고자 하는 자들에 의해 투자된 공동성 자산의 결합체로서 이해하고 법인에
대한 지배권은 주주가 아니라 기업 전체에 대한 수탁자로서 역할을 하는 이사회가 가진
다고 이해하는 **공동생산설**도 포함한다.

사하는 데 대한 반작용으로 주장되었다.[128] 주주중심주의가 지배와 경영이 분리된 대규모 주식회사에서 이사·임원의 사익추구를 방지하기 위한 이념으로 등장한 배경을 고려할 때, 주주중심주의는 주주에 의한 회사경영의 감시가 가능하게 되어 회사의 건전성을 고양시키는 지배구조론이라 할 수 있다. 하지만 급진적 주주중심주의는 회사를 주주와 이사의 대리관계로 이해하여 대리비용을 최소화하기 위해 회사의 주인이 주주라든가 주주만이 회사의 유일한 이익귀속주체라는 주장함으로써 결과적으로 회사의 실체성을 부정한다.

4) **검 토** : 이사회중심주의는 회사의 지배권의 귀속(경영방식)에 관한 논의인데 반해 주주중심주의는 이사회의 지배권을 제한하면서 회사의 실체성(이익주체)에 관한 논의로서 양자는 서로 다른 국면의 주장이라 볼 수 있다. 따라서 이사회중심주의가 주주중심주의를 배척하는 것도 아니고, 주주중심주의도 이사회의 권한을 받아들이면서 그 재량권을 제한하면서 회사의 모든 가치를 주주로 집중시키는 극단성을 내포하고 있다. 그리고 양 이론은 회사의 규모에 따라 다르게 나타날 수 있는데, 소규모 주식회사는 주주중심주의적 지배구조가 적용될 수 있다. 하지만 대규모 공개회사의 경우 이사회가 지배권한의 중심이고 주주가 이사회의 지배권한에 대한 감시권한의 주체가 될 수 있다. 하지만 회사가 추구하는 모든 가치가 주주에 집중하여 주주이익극대화가 이사회와 회사의 목표가 되는 것은 대규모 공개회사의 영리성 국면만 확대해석한 편협한 주장으로 이해된다.

5) **사 견** : 주주중심주의는 회사의 사회성을 배제하고 주주이익극대화를 통

---

128) 주주중심주의는 1919년 'Dodge 판결'에서 체계화되었는데 동 판결에서, 영리회사는 우선적으로 주주의 이익을 위해 조직되었고 운영되고 이사의 권한은 그러한 목적을 위해 사용되어야 한다고 보았다(Joseph R. Shealy, "The Corporate Identity Theory Dilemma: North Carolina and the Need for Constructionist Corporate Law Reform", 94 N. C. Rev. 686(Jan. 2016), p.687). 이사의 과도한 재량권에 대한 미국법상 대응은 두 가지로 나타날 수 있다고 본다. 첫 번째 대응은 이사의 권한에 대한 법적 제한이 약하더라도 시장에 의한 제한 즉 생산물 시장, 자본시장, 회사지배시장 등은 이사로 하여금 이익과 주식가치의 극대화에 집중하므로 사실상 이사의 권한은 제한된다는 입장이다. 두 번째 대응은 이사의 재량을 비효율적인 것으로 비판하면서 이사에게 과도한 재량권을 부여하는 법원칙을 입법에 의한 "바닥으로의 경쟁(race to bottom)"으로 비난하면서, 이는 회사설립을 유인하려고 경쟁하는 각 주들이 회사 이사·임원들에게 제공한 것으로 본다(Margaret M. Blair, Lynn A. Stout, "Team Production in Business Organizations: an Introduction", 31 J. Corp. L. p.253),

해 주주를 회사와 동일시함으로써 회사의 독립성(실체성)에 의문을 갖게 한다. 하지만 주주와 회사는 구별되고 주주는 우선적인 이익귀속주체이지 유일한 이익귀속주체가 아니며, 회사의 영리성은 회사의 중요한 속성이지만 회사의 사회성에 대한 고려를 배제할 경우 회사의 지속가능성(영속성)을 약화시킬 수 있다. 그리고 주주(타인)의 재산을 사실상 관리하는 주식회사의 경영자(이사회)는 주주(타인)를 위하여 경영을 할 필요가 있지만 주주의 지시대로만 경영하여야 하는 것은 아니다. 왜냐하면 회사의 경영자는 주주재산을 직접 수탁받아 관리하는 것이 아니고, 주주는 회사에 투자하고 경영자는 회사로부터 권한을 위임받아 관리하는 간접적인 관계이기 때문이다. 요컨대 경영자는 주주가 아닌 회사에 대하여 신인의무(선관·충실·선의의무)를 부담하고 회사의 이익과 일치하는 범위 내에서 주주의 이익을 추구하지만(제한적 주주중심주의), 회사의 이익과 주주의 이익이 충돌할 경우 재량판단을 할 수 있다고 본다(이사회중심주의).

2. 지배구조의 변화

(1) 지배구조의 이념
1) 지배구조의 건전성 : 대규모 주식회사는 이사회중심주의의 분산형 지배구조로, 소규모 주식회사는 (지배)주주중심주의의 집중형 지배구조에 더 친근하다. 이사회중심주의는 이사들의 사익추구로, 주주중심주의도 대주주의 사익추구로 지배구조의 건전성이 문제되고 있다. 이사의 사익추구는 흔히 대리비용이라 하며 주주의 이익을 침해하게 되고, 대주주의 사익추구는 소수주주의 이익을 침해하는데 양자 모두 회사의 이익을 침해하게 된다. 이사가 주주의 이익을 존중하더라도 공동체의 이익을 침해할 경우 회사의 사회성에 반하고 회사의 지속가능성을 약화시킨다. 따라서 회사의 **지배구조의 건전성**은 우선 이사(경영자)의 사익추구를 방지하여 대리비용을 줄이고, 대주주의 사익추구를 막아 소수주주를 보호하며, 공동체의 이익침해를 막아 이해관계자의 이익을 보호함을 의미한다. 즉 이사는 회사를 경영함에 있어 **주주의 이익**을 우선하지만 회사의 이익과 충돌하지 않는 범위 내에서 이뤄져야 하고 회사의 이익을 우선하지만 공동체의 이익을 침해하지 않는 범위내에서 재량권을 행사한다. 요컨대 지배구조의 건전성을 확보하기 위해서는 이사의 권한은 (소수)주주, 이해관계자에 의해 견제되는 분산형 지배구조가 더 효과적이라 본다.

2) **지배구조의 효율성** : 주주는 결의를 통해 이사에게 회사의 경영권한을 위임
하지만 이사의 사익추구를 막기 위해 상당한 대리비용을 부담하여야 하고 공동체
의 이익을 침해하지 않으려면 이해관계자를 위한 상당한 비용을 지급하여야 하므
로 효율적 지배구조가 되기 어렵다. 대주주가 이사가 되어 이사의 사익추구 위험
을 줄이고 주주의 이익과 회사의 이익이 일치하면서 공동체의 이익을 침해하도록
할 수 있다면 효율적인 지배구조가 될 수 있다. 대주주가 이사가 되어 회사를 경
영하는 집중형 지배구조는 대리비용을 감소시키고 회사에 대한 대외적 신뢰성을
증대시켜 신속한 의사결정 등을 통해 경영의 효율성을 높일 수 있다. 요컨대 지배
구조의 효율성을 확보하기 위해서는 권한의 분산보다는 권한의 집중이 가능한 집
중형 지배구조가 더 효과적일 가능성도 있다.

3) **검 토** : 지배구조의 건전성과 효율성은 둘 다 회사가 무시할 수 없는 중요
한 가치이다. 그런데 개인기업과 달리 주식회사 특히 대규모 공개주식회사는 유
한책임, 주식제도를 통해 자본조달의 법적 특혜를 받는 등 기타 법인특권(명의·
책임의 분리, 자산수탁)을 누리는 사회적 존재이다. 소규모회사나 대규모회사 모
두 지배구조의 효율성이 강조되지만, 소규모회사에 비해 대규모회사는 회사의 사
회성에 따른 지배구조의 건전성이 더 강조될 수밖에 없다는 점에서 구별된다. 왜
냐하면 대규모회사의 지배구조의 건전성이 유지되지 않을 경우 투자자의 손실에
그치는 것이 아니라 사회경제에 미치는 파급효과가 커서, 대규모회사의 지배구조
의 건전성은 개별기업의 문제를 넘어서기 때문이다. 이렇게 볼 때 소규모 주식회
사에서는 지배구조의 효율성이 존중되어야 하지만 대규모 주식회사에서는 지배구
조의 효율성은 지배구조의 건전성이 전제된 상태에서 존중될 필요가 있다고 본
다. 따라서 회사법제도 규모에 따라 소규모 주식회사에서는 지배구조의 자율성을
허용하더라도 대규모 주식회사에서는 지배구조의 강행법적 규율을 통해 건전성을
추구[129]할 필요가 있다.

---

129) 지배구조의 건전성을 위한 방법으로는, 감독권한의 독립성을 확보하는 방법(감독의 독
　　립), 소수주주의 적극적 권리행사를 통한 방법(주주적극주의), 업무집행권한에서 지배주
　　주의 영향력을 제한하기 위한 방법(집행권한 제한) 등이 시도될 수 있다. 다만 지배주
　　주가 있는 회사의 경우 주주적극주의가 제한적 의미만 가질 수밖에 없고, 집행권한 제
　　한 역시 다수결에 의한 결의로부터 완전히 자유로울 수 없으므로 한계를 가진다. 지배
　　구조 건전성확보를 위한 방법을 좀 더 구체적으로 보면, 먼저 감독의 독립을 위해 ⅰ)
　　감사선임에서 대주주의 의결권을 제한하여 주주 다수결주의를 제한하는 방법(3%룰),
　　ⅱ) 지배주주와 대항할 수 있는 대주주가 감사를 선임하게 하는 방법(최대주주 3%룰),

(2) 지배구조의 개선

1) **집중형 구조** : 주식회사에 일반적이던, 의사결정, 의사집행, 집행감독의 기능으로 분리된 **분할형 기관구조**는 연혁적으로 두 가지의 도전에 직면했다. 대규모 회사는 회사의 규모확대, 경쟁심화에 따라 비전문가집단인 주주총회보다 이사회가 정보수집역량, 소집절차의 편의성에서 우월하여 주주총회의 형식화와 이사회의 의사결정권한의 강화가 나타났다. 그리고 이사회는 의사결정기능뿐만 아니라 업무담당이사, 대표이사를 통해 회사의 업무집행권한을 장악한다. 더 나아가 감사위원회의 도입은 이사회 내의 위원회가 이사의 업무집행을 감독하는 기능까지 장악하여 대규모 주식회사에서는 의사결정·집행·감독 등 지배구조가 이사회에 집중된다. 소규모회사도 사실상 1인의 주주가 주식의 대부분을 소유하면서 대주주가 이사가 되고 감사를 선임하게 되어 의사결정·집행·감독기능이 대주주에 집중되어 (사실상) 1인회사에서는 주주총회가 형해화되는 현상도 허용되고 있다.

2) **분할·집중형의 한계** : 분할형, 집중형 지배구조는 나름 주식회사의 성장과 발전에 기여한 바가 없지 않지만 장점에도 불구하고 한계를 나타내고 있다. 분할형 지배구조는 이론적으로는 이상적이지만 권한의 분할이 실질적으로 이뤄지지 않는 경우에는 형식적 분할구조에 지나지 않게 된다. 집중형 지배구조는 권한의 형식적 분할보다는 실질적 집중에 의해 효율적 지배구조가 될 수는 있지만 그 건전성 유지가 쉽지 않고 특히 사외이사에 의한 감사위원회제도에 의존하는 집중형 지배구조 역시 비전문성과 지배주주에의 의존성으로 인해 지배주주의 견제장치로서 한계를 드러내고 있다. 가장 이상적인 지배구조는 어떠한 모습일까? 전문성을 갖추면서 지배주주나 이익주체로부터 독립성이 유지될 수 있는 이사의 선임이 지배구조 개선의 핵심이라 본다. 이를 위해 사외이사제도가 도입되었지만 전문성은

---

iii) 권한이 집중되어 있는 이사회에 지배주주로부터 독립성을 가진 이사를 선임하게 하는 방법(사외이사제도), iv) 감독권한을 경영이사회로부터 독립시켜 이해관계인에게 부여하는 방법(독일의 감독이사회) 등이 논의될 수 있다. 다음으로 주주적극주의를 위해 i) 전자투표제도, 전자주주총회를 통해 소수주주가 적극 주주총회에 참여하게 하는 방법, ii) 주주의 감시권한(소수주주권)을 강화하여 회사의 경영을 감시하고, iii) 대표소송 등의 제도를 통해 이사의 책임을 적극적으로 추궁하는 방법 등이 논의될 수 있다. 마지막으로 업무집행권한에서 지배주주의 영향력을 제한하기 위한 방법도 고려할 수 있는데, i) 지배주주가 모든 이사를 선임하지 못하고 주식수에 비례한 이사선임권을 보장하는 제도(집중투표제도), ii) 회사의 업무집행권한을 재위임하여 이사회는 감독기관화 하는 방법(집행임원제도) 등이 있을 수 있다.

물론 독립성마저 유지되지 않아 실패한 제도로 생각된다. 권한의 집중은 효율성에는 장점이 있지만 건전성에는 문제가 많다는 역사적 경험을 고려할 때 각 이익주체간에 견제가 가능하면서 독립적이고 전문적인 업무수행이 가능한 지배구조가 요구된다.

3) 회사법의 지배구조 : 우리 상법상 주식회사도 **분할형 지배구조**에서 출발하였다. 회사의 의사결정은 주주총회와 이사회가 하고, 업무집행은 대표이사가 담당하며, 감독권한은 감사가 행사한다. 외환위기시 분할형구조의 한계가 지적되어 회사법에 사외이사제도와 감사위원회제도가 도입되면서, 이사회에 권한이 집중되는 **집중형 지배구조**로 변화되었다. 감사위원회를 설치한 회사의 이사회는 의사결정권한과 감독권한을 독점하면서 권한이 집중되었고, 이를 사외이사제도로 견제하려고 하였지만 선임에서 독립성을 유지할 수 없는 사외이사가 독립적인 감독권한을 행사하는 것을 기대하기는 어려웠다. 대규모 상장회사의 경우 사외이사가 이사회의 과반수가 되어야 하고 사외이사를 감사위원으로 하는 감사위원회는 감사를 대체하게 되어 이사회중심주의의 지배구조의 정점에 사외이사가 자리잡게 되었지만, 사외이사의 비전문성·비독립성으로 인해 한계를 드러내고 있다. 사외이사를 선임·해임할 수 있는 지배주주는 사외이사를 통해 회사를 경영하고 다시 회사의 경영을 감독하는(자기감독) 구조가 되어 지배주주는 명실공히 의사결정권·집행권·감독권을 모두 가질 수 있게 되었다.

4) 사 견 : ① 주주의 역할 – 분할형·집중형 지배구조 모두 지배구조의 건전성을 확보하는데 그다지 효율적이지 못했다고 평가된다. 지배구조의 핵심은 회사의 주요한 의사결정권한을 담당하고 업무를 집행하는 이사의 선임과 그 감독권한의 보장이라 할 수 있다. 이사 특히 **업무담당이사**는 회사를 지배하는 주주가 선임하는 것은 재산권 보장의 의미를 가질 뿐만 아니라 지배주주는 가장 이해관계가 많은 투자자이므로 타당하다고 본다. 업무집행이사를 감독하는 기관(감사·감사위원회-**감독이사**)의 선임에는 이사선임권한을 행사한 자는 배제하여야만 업무담당이사의 업무집행을 감독할 수 있게 된다. 그러면 **감독이사의 선임권한**은 누가 가져야 하는가? 이에 관해 근로자 등 이해관계자가 그 권한을 담당하여야 한다는 주장은 이사회는 회사의 투자자인 주주를 대표하는 회사의 의사결정기관(간접대표)이라는 성질에 맞지 않다고 본다. 그렇다면 주주 구성원 중에 업무담당이사를 선임

하는데 배제된 주주(소수주주, 기관투자자 등)가 감독이사를 선임하는 것이 지배주주의 전횡을 예방하는데 가장 적절한 방안이라 본다.

② **분산형 지배구조** – 감독이사의 선임에 있어 지배주주의 선임권을 제한하고 지배주주와 이해관계가 일치하지 않는 **소수주주 등에 의한 이사선임**의 방안에 관한 최적 모델130)이 향후 더 연구될 필요가 있다. 승자독식의 이사선임구조는 사실 다수결의 문제점이라 볼 수 있으며, 회사법상의 집중투표제도는 승자독식의 구조를 개선하여 소수주주에 의한 이사선임이 가능하게 하여 지분율에 따른 이사선임의 가능성을 높인 제도라 할 수 있다. 동 제도는 이사들간의 견제원리가 회사의 업무집행의 효율성에 대한 장애요인이 아니라 지배주주의 전횡을 방지하기 위해 유익하다는 취지가 반영된 것으로 이해된다. 결국 지배주주가 선임한 이사는 업무집행권한을 가지고(**업무집행이사**), 과반수 이사선임에서 배제되었던 주주들은 업무집행이사를 견제할 수 있는 이사를 선임하여 감독권한을 행사케 함으로써(**감독이사**) 집행과 감독의 분산을 가능하게 한다. 요컨대 이사의 선임에서부터 주주간 분산이 있어야 하고 이사·집행임원들간에 집행이사·임원과 감독이사·임원으로의 분산(**분산형 지배구조**)을 통한 상호견제로써 지배구조의 건전성을 제고할 필요가 있다.

---

130) 통상 최대주주가 이사의 선임을 독점하므로 최대주주그룹(1대주주)이 업무담당이사의 선임권을 2대주주그룹이 감독이사의 선임권한을 가지는 모형을 전제한다. 대규모회사는 주식이 분산되어 있으므로 2대주주그룹이 소액주주와 기관투자자의 지원을 얻으면 1대주주로 승격이 가능한 경우가 많으므로 1대주주와 2대주주는 업무권한과 감독권한을 통해 경쟁적으로 회사의 이익에 기여하고 이를 주주총회에서 평가 받는 모델을 생각해 볼 수 있다. 이는 양당제에서 국정운영권한을 국민투표로 결정하는 모델과 비슷하며 회사 내에서 경쟁의 원리가 작용하고 경영의 건전성과 투명성이 제고되고 소액주주도 주식회사의 운영에 관해 관심이 높아질 가능성이 있다고 본다. 특히 소액주주의 참여가 전자투표제도, 전자주주총회 등의 도입에 의해 기술적으로 용이하게 되어 소액주주의 참여를 기대할 수 있게 되었다.

제1절 주주총회

I. 주주총회의 의의

1. 지 위

1) 개 념 : 주주총회란 주주로 구성되고 회사의 기본적인 사항에 관한 의사를 결정하는 주식회사의 기관이다. 주주들로 구성되는 회의체기관으로서 정기적으로 또는 필요에 따라 소집되는 기관이다. 종래에는 주식회사의 소유주가 주주라는 관점에서 회사의 기본조직과 경영에 관한 모든 사항을 결정하는 권한을 가졌으나, 기업이 확대·전문화되면서 주식이 고도로 분산되자 회사의 업무를 담당하는 이사들의 판단에 더 비중이 실리면서 이사회가 주주총회의 권한의 상당부분을 대체하게 되었다(**이사회중심주의**). 하지만 업무집행에 재량권을 가진 이사들의 사익추구를 방지하기 위해 주주 특히 기관투자자에 의한 감시권한이 더욱 강조되고 있다(**주주행동주의**).

2) 주주의 회의체 : ① **구성원** — 주주로서 구성되는 회의체이므로 **이사·감사**는 주주총회에 참석할 수 있지만 그 구성원이 아니다. 주주가 아닌 자는 **의장**으로 사회를 할 수 있지만 주주총회의 구성원이 될 수는 없다. **의결권이 없는 주주**는 주주총회에서 결의에 참여할 수는 없지만 토의에는 참여할 수 있으므로 출석할 권리가 있어 주주총회의 구성원이라 보아야 한다. 주주총회 개최시 주주는 모두 소집통지를 받을 권한을 가지며, 주주총회에서는 주주평등의 원칙이 적용되어 주주는 자신이 가진 주식수에 비례하여 의결권을 행사한다. 주주가 아닌 자가 표결에 참여하게 되면 주주총회결의에 하자가 된다.

② **의사결정기관** — 주주총회는 의결기관이지만 의사결정은 대내적인 것이고 직접 대외적인 법률관계를 형성하는 일은 없다. 대외적인 법률행위(회사행위)는 회사의 대표권을 가지는 대표이사에 의해 이뤄지는데, 최근 주주총회의 이사·감사선임결의만으로 이사·감사선임계약이 성립한다고 본 판례(2016다251215)는 의사결정기관과 집행기관의 구별을 무시하여 그 타당성에 의문이 있다. 그리고 주

주총회의 결의를 요하는 대외적인 거래가 주주총회의 결의 없이 이루어졌을 때에는 거래 자체의 효력에 문제가 생기므로 회사행위의 효력에 영향을 미친다. 주식회사의 주주가 회사의 경영에 관여하는 가장 주요한 방법은 주주총회의 결의를 통한 방법이다. 주주총회는 상법 기타 법률 또는 정관에 정해진 사항에 한해서만 결의하며 이들 사항은 주주총회의 결의를 요하고 총회의 결의로도 타 기관에 이를 위임하지 못한다.

3) **특 성** : ① **최고기관성** − 회사법은 주주총회를 상법과 정관에 정하는 사항에 한하여 결의할 수 있는 기관으로 규정하고 있어(상361) 주주총회의 권한은 축소되었으나, 이사를 선임·해임하는 이사회의 모태기관으로서 **최고의 의사결정기관**이라 할 수 있다. 주주총회는 타 기관(특히 이사)을 선임·해임하며 주주총회의 결의는 다른 기관을 구속한다는 점에서 법적으로도 회사 내에서의 최고기관성을 인정할 수 있다.

② **필요기관성** − 주주총회는 상설기관인가? 이에 관해 주주총회는 회의체기관이므로 상설기관이 아니고 임시기관이라는 견해와 주주총회는 두 가지 존재양식을 가지는데, 하나는 추상적·관념적인 권한보유자로서의 주주총회(상361)와 구체적·현실적인 권한행사방법으로서의 회의 자체(상362)를 의미한다고 보면서 추상적 주주총회는 상설기관이라 보는 견해가 주장된다. 생각건대 주주총회의 상설기관성은 논의의 실익이 적은 개념적 논의에 지나지 않는다고 보지만, 주주총회는 소집절차를 거쳐 개회하고 폐회 중에는 주식회사의 의사결정이나 집행을 할 수 있는 조직과 권한이 없으므로 상설기관으로 보긴 어렵다 본다.

③ **표결기관성** − 주주총회는 토론이 전제되는 회의체로서의 성격도 가지지만 기본적으로 의결기관적 성격을 가진다. 따라서 토론이 제한된 상태에서 의결만 이루어졌다면 주주총회결의에 하자가 있는 것으로 볼 수 있지만, 합리적인 이유로 토론이 생략되더라도 의결기관적 성격이 유지된다면 문제는 없다고 볼 수 있어 토론이 중요시되는 이사회와 구별된다. 이러한 이유에서 주주총회는 대리참석이 가능하지만 이사회는 대리참석이 허용되지 않으며, 주주총회에는 토론이 생략된 서면투표·전자투표제도가 도입될 수 있게 된다. 요컨대 주주총회는 경영전문가 집단인 이사회와 비교할 때 토의기관성보다는 **표결기관성**이 상대적으로 강하다.

2. 주주총회의 권한

주주총회는 회사법과 정관에 정하는 사항에 한하여(**제한성**) 결의할 수 있지만(상361), 이사회는 중요자산 양도 등(**포괄성**) 회사의 업무집행에 관한 의결권한을 가진다(상393). 주주총회의 권한은 제한적이고 이사회의 권한은 포괄적이어서 이사회의 권한 확대와 주주총회의 권한 양적 축소로 이해된다. 하지만 주식회사의 기본적이면서 중요한 의결사항은 대부분 주주총회의 결의사항으로 정하고 있어 결의사항의 질적인 면에서도 최고기관성을 가진다. 주주총회의 권한은 **전속적인 권한**으로서 정관이나 주주총회의 결의에 의해 다른 기관에 위임할 수 없지만, 원칙적으로 정관규정으로 주주총회의 권한을 확대할 수는 있다고 본다. 상법이 정하고 있는 주주총회의 권한은 결의요건(정족수)을 기준으로 볼 때 보통결의사항, 특별결의사항, 특수결의사항으로 구분할 수 있다.

(1) 보통결의사항

1) **개 념** : ① 기본 정족수 — 보통결의사항은 상법·정관에 다른 정함이 없는 한 출석한 주주의 의결권의 과반수와 발행주식총수의 4분의 1 이상의 수(1/2×1/4)로써 결의되는 사항이다(상368.1). 주주총회는 회사법에 특별한 규정이 없는 경우에 보통결의사항의 정족수가 적용되므로 보통결의요건은 원칙적 결의정족수(기본 정족수)라 볼 수 있다. 판례에서도 특별결의사항으로 회사법에 규정되지 않은 중요한 사항에 관해 특별결의요건이 적용되는지 문제된 바 있다. 이에 관해 판례는 회사의 자본금을 초과하는 채무를 부담하는 계약을 체결하는 행위에 주주총회의 특별결의가 요구되는가가 문제된 사안에서, 특별결의사항으로 보지 않았다(77다868).

② **발행주식총수** — 발행주식총수의 1/4에서 발행주식총수라 함은 현재 회사가 발행한 주식총수를 의미하는 것은 아니고 주식총수에서 일부 주식을 제외한 주식수를 의미한다. 발행주식총수에서 **제외되는 주식**은 의결권 행사가 애초에 허용되지 않는 주식, 즉 의결권제한·배제주식(상344의3.1), 자기주식(상369.2), 유사상호주(상369.3)가 포함되어, 이들 주식수는 발행주식총수에 배제되게 되어 결의요건을 충족하기가 보다 쉽게 된다.

③ **출석의결권** — 출석주주의 의결권 과반수라 함은 당해 주주총회에 출석이

인정되는 주주들의 주식(출석의결권)수의 50%를 초과함을 의미하므로, 의결권 없는 주식을 제외하고 결의에 찬성한 주식수가 전체 출석의결권의 반을 초과함을 의미한다. 출석의결권에서 **제외되는 주식**은 종류주식과 달리 통상 의결권 행사에 문제가 없는 보통주식이지만, 특정한 내용의 안건에 관해 일시적으로 의결권 행사가 제한되는 주식을 의미한다. 이에는 주주총회 안건에 특별이해관계를 가진 주주의 주식(상368.3)과 감사·감사위원회위원 선임시 의결권 행사가 제한되는 대주주(3%룰)의 3% 초과주식(상409.2,542의12.4)이 해당된다.

④ **의사정족수** – 회사법은 보통결의사항의 결의요건에 의사정족수 개념을 규정하지 않았다. 의사·의결정족수의 구분은 의사정족수는 주주총회 개회의 요건으로서 기능하고 의결정족수는 개회된 이후 결의를 위한 요건이 되므로 의사정족수는 당연히 의결정족수의 전제요건이 된다. 1995년 상법개정 전에는 발행주식총수의 과반수를 총회성립을 위한 정족수요건으로 정하였으나 주주수가 많은 대규모 회사의 주주총회 개최를 용이하게 하기 위해 총회 성립 정족수요건을 삭제하였다. 하지만 회사법이 보통결의 요건을 정관에서 달리 정할 수 있음을 허용하고 있으므로, 정관에 의하여 의사정족수를 규정하는 것은 가능하다고 본다(2016다217741).

2) **임의규정성** : 상법상의 의결정족수를 배제할 수 있는 '정관에 다른 정함'(상368.1)이란 무엇인가? 이에 관해 회사는 정관으로 의결정족수를 가중할 수는 있지만 완화할 수는 없다는 견해가 있다. 생각건대 회사법은 회사의 조직과 의사결정 절차에 관해 강행법규를 원칙으로 하나, 본 규정은 정관으로 달리 정할 수 있도록 함으로써 의결정족수에 관한 규정에 임의규정적 성질을 부여하고 있다. 따라서 회사가 주주총회의 의사결정의 신중함을 위해 정관에 의결정족수의 가중을 규정하는 것이 허용될 뿐만 아니라 주주총회의 의사결정이 더 용이하도록 정관에 의결정족수를 완화하는 것도 허용된다. 다만 출석한 주주의 의결권의 과반수 요건은 특정 안건에 관해 결의를 성립시키기 위한 논리상 최소한의 요건이라는 점에서 더 완화할 수는 없다고 보지만, 발행주식총수의 1/4를 완화하는 것은 허용된다고 본다. 이에 관한 자세한 논의는 후술(주주총회결의)한다.

3) **결의사항** : ① 범 위 – 주주총회의 결의에 상법·정관에 특별한 규정이 없을 경우 원칙적으로 보통결의에 의한다(상368.1). 그밖에 정관자치를 허용하고 있

음을 고려할 때 합리적 이유가 있는 경우 특별법에 의해서도 보통결의의 정족수를 달리 정할 수 있다고 본다. 회사법상 보통결의사항에는 이사·감사·청산인의 선임과 그 보수결정(상382,388,409.1,415,542.2), 재무제표의 승인(상449.1), 상장회사의 감사위원회 위원의 선임·해임(상542의12.1), 주식배당(상462의2), 배당금 지급시기의 특정(상464의2.1단서), 청산회사의 재산목록과 대차대조표의 승인(상533), 검사인의 선임(상366.3,367,542.2), 총회의 연기·속행의 결정(상392), 청산인의 청산종료의 승인(상540.1), 청산인의 해임(상539.1) 등이 포함된다.

② **소규모 주식회사** – 자본금이 10억 미만의 회사로서 이사를 1인 또는 2인을 둔 회사(**소규모 주식회사**)는 이사회가 구성될 수 없다. 예컨대 소규모 주식회사에서 이사가 자기거래를 할 경우 이사회의 자기거래승인(상398)에 관한 규정을 적용함에 있어서 이사가 2인 이하여서 이사회가 구성되지 않으므로, 이사회의 결의사항은 주주총회의 결의로 대체된다(상383.4). 다만 동 규정은 이사회를 주주총회로 간주하는 규정만 두고 있을 뿐이지 주주총회의 결의정속수에 관해서는 따로 규정하고 있지 않지만, 주주총회의 원칙적 결의요건은 보통결의이므로(상368) 소규모 주식회사의 이사회의 결의·승인은 주주총회의 보통결의로 대체된다고 본다.

(2) 특별결의사항

1) **개 념** : 특별결의사항이란 주주총회에 출석한 주주의 의결권의 2/3 이상 그리고 발행주식총수의 3분의 1 이상의 동의(2/3×1/3)를 얻어야 의결되는 사항을 의미한다(상434). 회사법은 정관변경에 특별결의사항을 정하고 다른 특별결의사항을 규정함에 있어 정관변경의 결의요건을 준용하고 있다(예, 상438.1). 특별결의사항도 보통결의사항과 같이 의사정족수 개념은 요구되지 않는다. 특별결의사항은 회사의 중요한 의사결정이어서 보통결의사항보다 결의정족수를 강화하여 다수결을 넘어 소수주주의 의사가 보다 더 반영되도록 하자는 취지가 내포되어 있다. 특별결의사항의 정족수를 정관에 의해 가중 혹은 완화하는 것이 허용되는가? 특별결의정족수의 가중은 허용되지만 완화는 소수주주 보호의 취지에 반해 정관으로 규정하더라도 무효라 보며, 자세한 논의는 후술(주주총회결의)한다.

2) **결의사항** : ① 범 위 – 특별결의사항에는 정관의 변경, 영업의 전부 또는 중요한 일부의 양도, 영업 전부의 임대 또는 경영위임, 타인과 영업의 손익을 같이 하는 계약 기타 이에 준하는 계약의 체결·변경 또는 해약, 다른 회사의 영업

전부의 양수, 다른 회사의 영업에 중대한 영향을 미치는 다른 회사의 영업일부의 양수(상374), 이사·감사의 해임(상385.1, 415), 자본의 감소(상438), 사후설립(상 375), 임의해산(상518), 회사의 계속(상519), 주식의 분할(상329의2.1), 주식의 할인발행(상417.1), 주주 외의 자에 대한 전환사채 및 신주인수권부사채의 발행사항(상513.3,516의2.4), 신설합병의 경우에 설립위원의 선임(상175), 합병계약서의 승인(상522), 회사분할계획서·분할합병계약서의 승인(상530의3.1,2), 휴면회사의 계속(상520의2.3) 등이 포함된다.

② **지배주식의 양도** – 주주총회의 특별결의사항은 열거주의에 따라 회사법에 열거된 사항만 특별결의사항이 되고 기타 사항은 중요한 사항이라 하더라도 보통결의사항이 된다(77다868). 회사의 양도·양수에 관해, 영업 주체인 회사로부터 영업 일체를 양수하여 회사와는 별도의 주체인 양수인이 양수한 영업을 영위하는 경우에 해당한다면, 회사의 양도·양수에 반드시 주주총회의 특별결의를 거쳐야 하는 것이지만(상374.1.1호), 회사의 주식을 그 소유자로부터 양수받아 양수인이 회사의 새로운 지배자로서 회사를 경영하는 경우에는 회사의 영업이나 재산은 아무런 변동이 없고 주식만이 양도될 뿐이므로 주주총회의 특별결의를 거칠 필요가 없다(98다45546).

3) 영업용재산 양도 : ① **논 의** – 회사가 '중요한 영업용재산'을 양도하는 경우 주주총회의 특별결의(상374.1.1호)가 요구되는가?(**쟁점31**)[131] 이는 회사의 중요한 영업용재산이 회사의 영업의 전부 또는 중요한 일부를 양도(상374.1.1호)에 해당하는가 하는 논의와 동일하다. 이에 관해, 영업양도란 영업재산의 총체를 양도하는 것이므로 중요한 영업용재산의 양도는 이에 포함되지 않아 주주총회의 특별결의를 요하지 않는다고 보는 **불요설(형식설)**, 영업용재산의 양도가 회사의 영업 전부 또는 일부를 양도하거나 폐지하는 것과 같은 결과를 가져오는 경우에는 주주총회의 특별결의가 필요하다고 보는 **필요설(실질설)** 등이 주장된다. **판례**는 단순

---

131) **중요한 영업용재산이 양도에서 주총특별결의의 요건성(쟁점31)**에 관해, **불요설**은 영업양도란 경업금지의무를 수반하는 사실관계를 포함한 영업재산의 총체를 양도하는 것으로서 영업용재산의 양도는 그것이 중요한 재산이라도 주주총회의 특별결의를 요하지 않는다는 견해로서, 상법 제374조는 오직 영업의 양도만을 언급하므로 영업에 해당하지 않는 개별 자산의 양도는 원칙적으로 주주총회의 결의를 요하지 않는다고 본다(송옥렬 950). **필요설**은 이미 법적 절차를 거쳐 영업을 폐지하거나 사실상 영업을 폐지한 상태라면 중요한 재산을 양도하더라도 주주총회의 특별결의가 필요없다고 보는 견해이다(권기235, 이철송592면, 장덕조258, 정동540, 정찬형917, 채이식491).

한 영업용 재산의 양도는 영업양도에 해당하지 않으나(2004다13717), **영업용 재산의 처분**이라고 하더라도 그로 인하여 회사의 '영업의 전부·중요일부의 양도·폐지와 같은 결과'를 가져오는 경우에는 그 처분행위에 특별결의를 요한다('**양도·폐지기준**')고 보았다(86다카2478). 그리고 **영업부문양도**와 관련된 사례에서, 판례는 양도대상 영업의 자산, 매출액, 수익 등이 전체 영업에서 차지하는 비중, 일부 영업의 양도가 장차 회사의 영업규모, 수익성 등에 미치는 영향 등을 종합적으로 고려하여 판단하여야 한다('**종합판단기준**')고 보았다(2013다38633).

② 검 토 – 상법상 영업양도의 대상이 되는 영업이라 함은 재산적 사실관계를 포함하는 조직화되고 유기적 일체로서의 기능적 재산을 의미하므로, 중요 재산이라 하더라도 영업용재산으로서 그 양도를 상법상의 영업양도로 보기는 어렵다. 따라서 중요한 영업용재산은 영업의 일부로 이해할 수 있지만(문리해석), 영업용재산의 양도로 '회사영업의 전부·중요일부의 양도·폐지와 같은 결과'가 생기는 경우는 **실질적 영업양도**라 볼 수 있다. 생각건대 주주총회의 특별결의사항에 관한 규정(상374)의 취지는 회사의 영업의 중요한 일부 양도를 할 경우 회사 경영에 중요한 사항이므로 주주총회의 보통결의나 이사회결의가 아닌 주주총회 특별결의를 거치도록 함으로써 대주주뿐만 아니라 소수주주의 의사로 반영하도록 하는데 있다. 그리고 양도의 대상으로서 영업양도를 판단함에서는 조직화된 기능적 재산성(형식)이 중요하지만 양도의 의사결정을 함에 있어서는 회사에 미치는 영향을 기준으로 할 필요가 있어 실질적 판단이 적절하다고 본다. 요컨대 영업용 재산의 양도라 하더라도 영업의 중요일부의 양도(폐지)와 같은 효과를 가져 올 경우에는 주주총회의 특별결의사항이 된다고 보는 판례의 입장에 찬성한다(필요설).

③ **적용 범위(영업중단)** – 회사가 영업 중단상태에 있는 경우에도 영업용 중요재산 양도시 주총 특별결의가 있어야 하는가? 판례는 중요한 재산을 처분할 당시에 이미 사실상 영업을 중단하고 있었던 상태라면 그 처분으로 인하여 비로소 영업의 전부 또는 일부가 폐지 또는 중단됨에 이른 것이라고는 할 수 없다고 보아 주주총회의 특별결의가 없더라도 처분행위가 유효하다고 보았다(87다카1662). 다만 판례는 '영업의 중단'이라고 함은 영업의 계속을 포기하고 일체의 영업활동을 중단한 것으로서 영업의 폐지에 준하는 상태를 말하고, 단순히 회사의 자금사정 등 경영상태의 악화로 일시 영업활동을 중지한 경우는 여기에 해당하지 않고(91다14369), 처분 당시 이미 그 존속기간이 만료되는 등으로 그 처분으로 비로소 영업의 전부 또는 일부가 폐지 또는 중단됨에 이른 것이라고 할 수 없는 경우에는

그 처분에 주주총회의 특별결의를 요하지 않는다고 보았다(2004다13717).

④ 이사회결의(상393)와 관계 – 중요한 영업용재산은 중요한 자산에 해당하므로 그 처분·양도에는 이사회결의가 요구된다(상393.1), 그렇다면 영업의 전부·중요일부의 양도·폐지의 결과를 가져오는 중요한 영업용재산의 양도에는 해석상 주주총회가 특별결의가 요구되고 다시 회사법에 따른 이사회결의가 요구되는가? 생각건대 불요설(형식설)에 의하면 주주총회의 특별결의가 요구되지 않으므로 이사회결의가 있어야 하지만(상393), 필요설(실질설)에 따르면 주주총회나 이사회의 결의는 의사결정절차이므로 상위기관(주주총회)의 의사결정이 있으면 회사법 규정(상393)에도 불구하고 하위기관(이사회)의 의사결정은 요구되지 않는다고 본다. 주주총회와 이사회의 중복 결의가 요구된다고 볼 경우 양 기관의 의사결정이 일치한다면 중복결의가 되고 불일치한다면 모순된 의사결정이 되므로 적절하지 못한 결과가 되기 때문이다.

4) **주식매수청구권** : 중요한 영업용재산의 양도에 반대주주는 영업양도에 반대하는 것은 아니지만, 주주총회의 특별결의사항에 해당하는 영업용재산의 양도에 반대하는 것이 되어 주식매수청구권(상374의2)을 가진다고 본다. 따라서 중요한 영업용재산의 양도에 반대하는 주주(상374의2)는 ⅰ) 주주총회 전에 회사에 서면으로 결의 반대의사를 통지하고(1항), ⅱ) 총회결의일로부터 20일 이내에 주식매수청구를 하고(1항), ⅲ) 매수청구기간 종료일로부터 2월 이내에 주식매수하여야 하지만(2항), ⅳ) 매수청구기간 종류일로부터 30일 내에 가액협의 불성립시 법원에 결정을 청구한다(4항). 다만 회사법은 매매시점, 법원의 매수가액결정시한에 관해서는 아무런 규정을 두고 있지 않아, 가액협상, 법원의 매수가액결정이 지연될 경우 언제부터 회사가 채무불이행에 따른 지연이자 지급의무가 발생하는지가 불명확하다. 기타 반대주주의 주식매수청구에 관한 자세한 내용은 앞의 '기타 주식이전제도'에서 설명된 반대주주의 주식매수청구권에 관한 내용(2편3장8절2.(2).2))을 참고하기 바란다.

(3) 특수결의사항

1) **개 념** : 주주총회 특수결의사항이라 함은 **주주 전원의 동의**가 있어야 결의가 가능한 사항을 의미한다. 특수결의사항에는 이사·감사의 회사에 대한 책임면제(상324,400,415,542.2), 주식회사의 유한회사로의 조직변경(상604.1) 등이 해당

된다. 이들은 회사의 재산적 가치를 부당하게 감소시킬 우려가 있거나 유한책임의 원칙에 변경이 생기게 하는 사항이어서 주주 한 사람이라도 반대할 경우 결의가 성립할 수 없다. 주주총회의 보통·특별결의사항은 발행주식총수의 비율이 정족수에서 문제가 되지만 특수결의사항은 주식의 종류를 불문하고 주주 전원의 동의가 요구된다는 점이 특징적이다.

2) **주주의 범위** : 특수결의사항에는 전 주주의 동의를 요하므로 결의가 성립하기 위해서는 의결권 없거나 제한되는 주주의 동의도 요구된다. 이사·감사의 책임면제결의에서 **이사·감사**가 당해 회사의 주식을 가지고 있는 경우라도 이사·감사는 주주에 해당하므로 특별이해관계 해당여부는 문제되지 않고 주주로서 이사·감사의 동의가 요구된다. 예컨대 이사·감사의 공동불법행위로 인해 회사에 대해 연대책임을 부담하는 경우 주주인 이사가 자신의 책임면제에는 동의하면서 감사의 책임면제에 반대하면 감사의 책임면제는 성립할 수 없게 된다. 그리고 **자기주식·유사상호주**의 경우에도 주주에 해당하는 당해 회사나 유사상호주 보유 회사의 대표이사가 특수결의사항에 반대할 수 있는가? 자기주식, 유사상호주의 의결권은 제한되지만(상371.1) 특수결의사항은 의결권의 유무가 문제되지 않고 모든 주주의 동의를 요하므로 자기주식, 유사상호주의 주주(대표이사)의 동의를 얻어야 한다고 본다.

(4) 정관상의 결의사항

1) **법적 권한확장** : 주주총회는 상법 또는 정관에 정하는 사항에 한하여 결의할 수 있다고 정하고 있어(상361), 회사법에서 정한 주주총회결의사항 이외에도 정관의 규정으로 주주총회의 권한을 확대할 수 있는 여지를 인정하고 있다. 특히 이사회의 권한과 관련해서 문제되는데, 회사법이 이사회 권한사항을 정하면서 명문으로 규정으로 정관에 의해 주주총회의 권한으로 할 수 있음을 유보한 경우(**정관유보조항**)에는 동 권한을 주주총회의 권한으로 정하는 것은 문제되지 않는다. 이사회결의사항 중 정관 규정으로 주주총회 권한사항으로 할 수 있다는 유보조항을 가지고 있는 대표적인 예가 대표이사 선임(상389.1)과 신주발행이다(상416.1).

2) **임의적 확장** : ① 논 의 – 회사법에 정관으로 주주총회의 결의사항으로 할 수 있다는 유보조항(정관유보조항)이 없음에도(주주총회에 의한 대표이사 선임)

이사회의 권한사항을 정관규정으로 주주총회의 권한사항으로 정할 수 있는가?(쟁 점32)[132] 이에 관해, 주주총회소집의 결정과 같이 논리적으로 주주총회의 권한이 될 수 없는 일부 권한을 제외하고는, 이사 선임기관인 주주총회는 이사회의 권한 으로 상법에서 정한 어떠한 사항도 정관의 규정으로 주주총회의 권한으로 정할 수 있다고 보는 **확장 긍정설**, 회사법의 강행법규성과 이사회의 권한에 관한 규정 중 정관으로 주주총회의 권한으로 정할 수 있다고 한 유보조항의 취지를 고려할 때 회사법에 명문의 규정이 없는 경우 주주총회 권한의 확장에 대해 부정하는 **확 장 부정설** 등이 주장된다. 직접 관련되는 판례는 없지만 이사회결의사항(자기거래 의 승인)을 사전 주주 전원의 동의에 의해 대체될 수 있다고 보거나(2002다20544), 자기거래의 승인이 정관에 주주총회의 권한사항으로 정해져 있을 경우를 이사회 전결사항의 예외인 특별한 사정으로 이해하는 듯한 판례가 있다(2005다4284).

② 검 토 – 주주총회를 최고의사결정기관으로 볼 경우 이사회결의사항을 주 주총회가 결의할 수 있다고 볼 여지가 있다. 물론 이 경우에도 특별한 정관규정 없이 언제든지 주주총회가 이사회결의사항을 결의할 수 있다는 의미는 아니고 일 정한 회사법상 이사회결의사항을 정관규정으로 주주총회의 권한사항으로 변경할 수 있다는 의미이다. 하지만 회사법의 강행법규성을 고려할 때 회사법이 정관자 치를 허용하고 있지 않은데, 회사법과 달리 주주총회가 의사결정권한을 행사하는 것은 허용되지 않는다고 볼 여지도 있다. 생각건대 주주총회의 최고의사결정기관 성은 현행 회사법상의 권한사항에 관한 규정을 고려할 때 주주총회가 최고의사결 정기관이라는 의미이지 이사회의 권한을 행사할 수 있다는 의미에서 최고의사결

---

132) **정관상의 주총권한 확대의 가능성(쟁점32)**에 관해, **확장 긍정설**은 주주총회소집의 결정 과 같이 논리적으로 주주총회의 권한이 될 수 없는 일부 권한을 제외하고는 이사회의 권한으로 상법에서 정한 어떠한 사항도 정관의 규정으로 주주총회의 권한으로 정할 수 있다고 보는 견해이다. 이 견해는 이사회는 주주총회가 구성하고 주주총회의 위임을 받 아 업무를 집행하므로 사실상 모든 결의사항은 주주총회의 결의사항이지만 회사운영의 편의상 일정한 사항은 회사법이 정책적으로 이사회의 결의사항으로 정한 것에 지나지 않고 이사회의 권한은 주주총회에 대하여 전속적인 성질이 될 수 없다고 본다(권기범 523, 최기원436, 김홍기486, 송옥렬912, 홍복기338). **확장 부정설**은 소유와 경영의 분리 라는 주식회사법제의 이념에 반한다는 점, 이사회의 권한에 관한 규정 중 정관으로 주 주총회의 권한으로 정할 수 있다고 한 유보조항이 의미가 없어진다는 점, 이사회의 결 의는 이사에 대한 책임규정으로 위법한 결정은 간접적으로 억제할 수 있는데, 주주총회 의 결의는 그 결의에 대한 주주의 책임을 묻는 규정이 없어 회사에 불이익하게 될 수 있다는 점 등을 이유로 명문의 규정이 없는 경우 주주총회 권한의 확장에 대해 부정한 다(이철송505, 정찬형761, 서헌제282, 장덕조220).

정기관의 의미는 아니다. 그리고 이사회와 주주총회는 별개의 기관으로서 그 역할을 달리하므로(기관분화의 취지) 이사회권한을 주주총회의 권한사항으로 할 경우 그 취지가 왜곡되는 경우(자기거래의 이사회승인, 상398)도 없지 않다. 요컨대 회사법에서 이사회결의사항 중 일정한 사항(대표이사 선임, 신주발행)에 관해서만 정관규정에 의해 이사회결의사항으로 할 수 있다고 정한 규정의 취지를 고려할 때, 동 규정은 사항적 한계(허용규정을 둔 경우)와 방식의 한계(정관)의 범위 내에서만 유효하다고 본다(확장 부정설).

(5) 주주총회 권한의 위임

1) 주총권한의 전속성 : 회사법에서 특별히 정하고 있지 않을 경우 이사회결의사항을 정관의 규정으로도 주주총회 권한사항으로 정할 수 없는데(확장부정설), 반대로 정관으로 정한 주주총회의 권한사항을 이사회나 대표이사에 위임할 수 있는가? 생각건대 회사법에 주주총회 결의사항을 이사회결의사항으로 위임할 수 있음을 정하고 있는 경우(상449의2)를 제외하고는 정관의 규정으로도 회사법상의 주주총회 결의사항을 이사회결의사항으로 변경할 수는 없다고 본다. 왜냐하면 이는 회사법의 강행법규성에 반할 뿐만 아니라 주주총회의 최고의결기관성에도 반하고 소수주주의 이익을 침해하는 규정이 되기 때문이다. 요컨대 주주총회 결의사항은 주주총회의 전속적 권한사항으로 보아야 하고 이를 이사회결의사항 또는 대표이사에의 위임을 정하는 정관규정은 무효로 본다(통설). 판례도 주주총회 결의사항은 반드시 주주총회가 정해야 하고 정관이나 주주총회의 결의에 의하더라도 이를 다른 기관이나 제3자에게 위임하지 못한다고 본다(2016다251215).

2) 지배주주의 권한 : 1인회사에서 1인주주의 의사는 주주총회결의를 대체할 수 있다(통설, 판례), 1인회사가 아니지만 절대다수의 주식을 보유하여 주주총회를 개최하더라도 대표이사의 의사가 관철될 수 밖에 없는 경우라면 대표이사가 주주총회결의 없이 회사의 업무집행을 할 수 있는가? 이에 관해 판례는 대표이사가 회사의 95%의 주식을 소유하고 있어서 그가 비출자임원에게 주식을 양도하겠다고 할 경우, 주주총회에서 같은 내용의 결의가 이루어질 것은 당연하므로 회사의 비출자임원에 대한 주식의 양도는 유효하다고 보고(95누4353), 회사주식의 80%를 가진 대표이사가 주주총회결의에 의하지 않고 이사에게 공로상여금 지급을 약속한 경우에도 주주총회에서 이를 지급하기로 하는 결의가 이루어질 것은

당연하므로 주주총회의 결의가 있었음과 다름이 없다고 본 판례(77다1788)와 회사의 대표이사가 한 이사의 보수약정은 그 대표이사가 동 회사의 전 주식 3,000주 중 2,000주를 가지고 있더라도 주주총회의 결의가 없는 이상 동 회사에 대하여 효력이 없다고 본 판결(79다1599)이 서로 모순되었다. 하지만 최근 판결에서, 1인회사가 아닌 주식회사에서는 특별한 사정이 없는 한, 주주총회의 의결정족수를 충족하는 주식을 가진 주주들이 동의하거나 승인하였다는 사정만으로 주주총회에서 그러한 내용의 결의가 이루어질 것이 명백하다거나 또는 그러한 내용의 주주총회 결의가 있었던 것과 마찬가지라고 볼 수는 없다고 보았다(2016다 241515). 생각건대 '사실상 지배력에 의한 주주총회의 대체'를 허용하는 판례는 기관분화의 원칙 등을 거론하지 않더라도 회사법이 강행법규성을 무시한 부당한 판결이라 할 수 있고, 이러한 회사행위는 당연히 무효로 볼 수 있어 수정된 판례의 입장이 타당하다고 본다.

II. 주주총회의 개최

1. 소 집

(1) 소집권자

1) **이사회(청산인회)** : 주주총회의 소집은 상법에 다른 규정이 있는 경우 외에는 이사회가 이를 결정하므로 주주총회의 원칙적 소집권자는 이사회이다(상362). 이사회는 총회의 **소집결정**을 하면서 그 일시·장소·의안 등을 정하며, 이사회 결정에 따라 대표이사는 주주총회를 **소집**한다. 따라서 주총소집의 이사회결의도 없고 대표이사가 아닌 자가 주총을 소집한 경우는 물론, 이사회결의 없이 대표이사가 소집하거나 이사회의 결의는 있었으나 대표이사가 아닌 자가 소집한 경우에도 모두 소집절차에 하자가 있는 것이 된다. 다만 주주 전원이 출석한 총회일 경우 소집권자에 의한 소집이 없을지라도 총회 개최에 동의하여 결의하면 유효한 주주총회가 된다고 보는 견해(**전원출석총회**)가 통설이며 판례도 유사한 입장이다. 그리고 청산회사의 경우에는 이사회 대신 청산인회가 구성되며 주주총회의 소집은 청산인회가 결정하고 대표청산인이 소집절차를 집행한다(상542.2→362). 회사법은 원칙적 소집권자인 이사회 이외에 소수주주·감사·감사위원회, 법원을 예외적 소집권자로 규정하고 있다.

2) **소수주주·감사·감사위원회** : ① 소집청구·소집권 – 소수주주·감사(감사위원회)는 총회소집청구권·총회소집권을 가진다. 발행주식 총수의 3/100 이상에 해당하는 주식을 가진 주주 또는 감사(감사위원회)는 회의의 목적사항과 소집의 이유를 기재한 서면을 이사회(1인 이사)에 제출하여 임시총회의 소집을 청구할 수 있다(총회소집청구권, 상366.1,412의3.1,415의2.7). 청구가 있은 후 지체 없이 총회소집의 절차를 밟지 아니한 때에는 청구한 주주·감사·감사위원회는 법원의 허가를 얻어 총회(**법원허가총회**)를 소집할 수 있다(총회소집권, 상366.2 ← 412의3.2·415의2.7). 이는 법원의 허가가 총회소집의 이사회결의만 대체할 뿐이므로 소수주주·감사·감사위원회는 적법한 총회소집절차(상363)를 거쳐야 한다. 판례는 주식이 양도담보되어 주주명부에 채권자가 주주로 기재된 경우 채권자인 양수인의 주주총회 소집허가 신청을 적법하다고 보았다(2020마5263).

② **법원의 허가** – 소수주주에게 주주총회 소집권을 인정한 것은 다수 주주로부터 소수주주를 보호하기 위해서이지만 소수주주에 의한 권한남용도 예상되므로 이사회나 법원이 이를 부인할 수 있도록 정하고 있다. 법원은 주주총회 소집허가 신청에 대하여 소수주주의 자격과 적법성, 권한남용 등을 심사한 후, 이유를 붙인 결정으로써 재판하여야 한다(비송81.1). 법원이 총회의 **소집기간**을 구체적으로 정하지 않고 허가한 경우에도 소집허가를 받은 주주는 소집의 목적에 비추어 상당한 기간 내에 총회를 소집하여야 한다. 판례는 소집허가결정으로부터 상당한 기간이 경과하였는지는 총회소집의 목적과 소집허가결정이 내려진 경위, 소집허가결정과 총회소집 시점 사이의 기간, 소집허가결정의 기초가 된 사정의 변경 여부, 뒤늦게 총회가 소집된 경위와 이유 등을 고려하여 판단하여야 한다(2016다275679).

③ **주주총회의 진행** – 법원허가총회에서 **의장**은 법원이 이해관계인의 청구나 직권으로 선임할 수 있다(상366.2.2문). 이는 소수주주와 경영진의 의사가 불일치하는 경우가 일반적이므로 정관상의 주주총회 의장이 원만하게 주주총회를 진행하기 어렵다는 점을 고려한 규정이라 볼 수 있다. 이해관계인의 청구나 법원의 직권에 의한 주총의장 선임이 없을 경우에는 정관상의 주총의장이 의장권한을 행사하는 것은 허용된다고 보아야 하므로, 여기서 이해관계인이란 소수주주를 의미하고 이사 등은 포함되지 않는다고 본다. 그리고 법원허가총회와 별도로 이사회도 동시에 다른 장소에서 주주총회 소집결의를 하고 대표이사가 소집절자를 거친 경우(**동시총회**, 2016다251215 참조) 주주총회의 효력은 어떠한가? 생각건대 두 총회

모두 소집절차가 적법할 경우 총회의 결의요건을 갖춘 경우에 각각의 효력이 인정된다고 본다. 다만 양 주주총회의 안건이 서로 모순되고 결의의 결과가 양립할 수 없을 경우라면, 두 주주총회가 결의요건을 충족한다는 전제하에 총회의 분리 개최로 보고 정족수의 다과에 의해 해결할 수밖에 없다고 본다.

④ **보유주식수 계산방법** – 비상장주식회사의 주주가 주주총회를 소집하기 위한 지주율은 발행주식총수의 3/100(3%) 이상인데, 상장회사에서 소수주주의 총회소 집청구의 지주율은 1/10,000 이상, 6개월 전부터 계속하여 보유한 자[133]만 행사할 수 있다(상542의6.6). 소수주주의 지주율(발행주식총수의 3%)을 계산함에 있어서 의결권배제주식, 자기주식, 유사상호주가 발행주식총수에 포함되는가?(쟁점33)[134] 이에 관해 정족수계산에 관한 규정(상368.4,371)이 적용되어 발행주식총수에 의결권 배제주식과 자기주식 등은 발행주식총수에서 배제된다는 **적용긍정설**, 동규정은 결의시 정족수의 계산에 관한 규정이므로 소수주주의 지주율 계산에 적용할 수는 없다는 **적용부정설** 등이 주장된다. 생각건대 주주총회 소집청구는 의결권의 행사와 직접적으로 관련되지 않고 발행주식 전체에서 일정한 비율만이 문제되므로 의결권 행사에 관한 규정은 적용되지 않는다고 본다. 뿐만 아니라 의결권배제주식의 주주도 결의에 참여할 수는 없지만 주주총회 출석권과 토의권이 인정된다고 볼 때, 주주총회 소집청구에서는 다른 주식과 다르지 않다고 볼 필요가 있다는 점에서도 적용부정설이 타당하다고 본다.

3) 법 원 : ① **검사인선임** – 회사의 업무집행에 관하여 부정행위 또는 법령이나 정관에 위반한 중대한 사실이 있음을 의심할 사유가 있는 때에는 **소수주주**(발행주식 총수의 3/100 이상에 해당하는 주식을 가진 주주)는 회사의 업무와 재산상태를 조사하게 하기 위하여 법원에 검사인의 선임을 청구할 수 있다(상467.1).

---

133) 주식을 보유한 자에는 주식을 소유한 자, 주주권행사에 관한 위임을 받은 자, 2명 이상 주주의 주주권을 공동으로 행사하는 자 등이 포함되며(상542의6.8), 상장회사는 정관에서 단기의 주식보유기간을 정하거나 낮은 주식보유비율을 정할 수 있다(상542의6.7).

134) **소수주주의 보유주식수 계산시 의결권배제·자기주식규정의 적용 여부**(쟁점33)에 관해, **적용긍정설**은 정족수계산에 관한 규정(상368.4,371)이 적용되어 의결권 배제주식과 자기주식 등은 발행주식총수에서 배제된다는 견해이다(손주찬757, 이철송509, 김정호298, 임재연15, 채이식462, 최준선359). **적용부정설**은 소수주주의 권한 행사는 감독기능, 공익권의 성격을 가진다는 점, 회사법은 의결권이 없는 주식을 제외하는 경우 그 사실을 명시하고 있다는 점(장덕조222) 등을 근거로 소수주주의 지주율 계산에 적용할 수는 없다고 본다(송옥렬917, 최기원446, 권기범683, 정동윤542).

검사인선임청구에 관해 상장회사 특례규정은 소수주주의 지분율을 완화하여 15/1,000 이상의 주식을 보유하면 그 권한을 행사할 수 있고, 6개월간 계속 보유할 것을 요건으로 한다(상542의6.1). 법원은 검사인의 선임에 관한 재판을 하고 이사와 감사의 진술을 들어야 하며, 동 재판에 대해 즉시항고 할 수 있다(비송 76,78).

  ② **법원명령 주주총회** – 검사인은 그 조사의 결과를 법원에 보고하여야 하고(상467.2), 법원은 필요하다고 인정한 때에는 대표이사에게 주주총회의 소집을 명할 수 있다(상467.3). 즉 법원은 소수주주의 청구에 따라 검사인이 회사의 업무·재산상태검사(상467)를 할 때 주주총회의 소집이 필요하다고 판단하면 일정기간 내에 그 소집을 할 것을 명하여야 한다(비송79). 이 경우 검사인은 법원명령 총회에 조사결과 보고서를 제출하여야 하고(상467.3 → 310.2), 이사와 감사는 그 보고서의 정확 여부를 조사하여 이를 주주총회에 보고하여야 한다(상467.4).

(2) 소집절차

1) 소집결의 : ① **이사회결의** – 주주총회를 소집하기 위해서는 **이사회**의 주주총회 소집결의가 있어야 하며 동 결의에서 주주총회의 일시·장소·목적사항 등이 결정되어야 한다. 주주총회는 소집의 시기를 기준으로 정기총회와 임시총회로 구별되는데, **정기총회**는 매년 1회 일정한 시기에 소집되며 연 2회 이상 결산기를 정한 때에는 매기에 소집하여야 하고 **임시총회**는 필요시 수시로 소집된다(상365). 정기총회는 일시나 장소가 정관에 정해져 있고 중요한 정기총회의 목적사항이 재무제표의 승인이라 하더라도 기타 회의의 목적사항을 정하기 위해 주주총회 소집을 위한 이사회결의가 요구된다.

  ② **결의 내용** – 주주총회 소집결의를 위한 이사회는 원칙적으로 각 이사가 소집할 수 있으며(상390.1), 소수주주의 주주총회 소집청구가 있을 경우 이를 처리하기 위해 이사회가 소집될 수도 있다(상366.1). 이사회가 주주총회 소집결의를 함에 있어서는 주주총회의 **일시·장소·목적사항** 등을 결의하여야 한다. 주주총회의 **소집지(소집장소)**는 정관에 다른 정함이 없으면 본점소재지 또는 이에 인접한 지여야 한다(상364). 이는 주주의 출석을 방해하지 못하도록 법정한 것으로 이해되며, 소집장소는 소집지 내의 일정한 장소를 의미한다. 주주총회의 목적사항 목적사항인 **의제**는 역시 이사회결의에서 결정되어야 하며 일정한 경우에는 의안의 요령도 결정되어야 한다.

2) **소집통지** : ① **통지기간** – 이사회의 소집결의가 있으면 **대표이사**는 주주총회의 소집절차 즉 소집통지를 하여야 한다. 주주총회 소집통지는 이사회결의로 정해진 회일 2주간 전(통지기간)에 각 주주에 대하여 회의의 목적사항을 기재한 서면·전자문서로 통지를 발송하여야 한다(**발신주의**). 전자문서에 의한 소집통지(**전자통지**)를 위해서는 미리 주주의 동의를 얻어야 한다(상363.1). 상법은 총회소집 요건의 획일적 이행이라는 단체법적 이유로 주주총회 소집통지에 관해 발신주의를 취하고 있으며, 2주간의 **통지기간**은 주주의 권익을 보호하기 위한 규정이어서 정관의 규정으로 연장은 가능하지만 단축은 허용되지 않는다고 본다.

② **통지사항** – 소집통지서에 기재될 사항으로는 주총일자, 소집지·장소, 회의의 목적사항(의제) 등이다. 주주총회의 의제의 기재는 통상적으로 '이사선임건' 등으로 표시하여 회의의 주제를 알 수 있게 하여야 한다. 통상 회의의 목적사항의 기재만 하면 되지만, 정관변경이나 자본감소, 회사합병 등 특별결의사항을 다룰 주주총회를 소집할 때에는 **의안의 요령**도 기재하여야 한다(상433.2,438.2,522.2). 특별규정이 없을 경우에는 해석상 의안의 요령을 기재하지 않고 통지하더라도 주주총회의 소집절차가 위법하다고 할 수는 없다. 주주총회는 원칙적으로 **회의의 목적사항**으로 통지한 것 이외에는 결의할 수 없으며, 이에 위배하여 통지·공고한 회의의 목적사항 이외의 다른 안건을 부의한 경우 판례는 특단의 사정이 없는 한 총회의 소집절차·결의방법이 법령에 위반한 경우(상376)라 본다(79다19).

③ **상장회사 특례** – 상장회사는 주주총회의 소집을 용이하게 하기 위해 소수주주에 대한 통지를 일간신문공고나 전자적 **공고로 갈음**할 수 있다(상542의4.1). 그리고 이사·감사선임을 목적으로 하는 주주총회 소집시에는 주주총회 의제 외에 **후보자 사항**을 포함시켜야 한다. 즉 회사는 이사·감사 후보자의 성명, 약력, 추천인 등 후보자에 관한 사항을 통지하거나 공고하여야 한다(상542의4.2). 상장회사 이사·감사 선임과정의 공정성과 투명성을 위해 비상장회사와는 달리 후보자의 인적사항에 관한 정보를 포함시켜 주주들이 적임자를 선별하여 의결권 행사할 수 있게 하고 있다. 그리고 상장회사의 주주총회 소집통지·공고시에 **사외이사의 활동내역**·보수나 사업개요 등을 통지·공고하여야 하지만(상542의4.3), 회사의 인터넷 홈페이지에 개재·열람에 의해 대신할 수 있다(상령31.5).

(3) 소집절차의 예외

1) **상법상 예외** : 이사회의 주주총회 소집결의에 따른 대표이사의 소집통지라

는 원칙에 대한 예외로서, 주주총회 소집통지가 주주명부상의 주주의 주소에 계속 3년간 도달하지 아니한 때(**소재불명주주**)에는 회사는 당해 주주에게 총회의 소집을 통지하지 아니할 수 있다(상363.2). 그리고 자본금 총액이 10억원 미만인 회사(**소규모회사**)가 주주총회를 소집하는 경우에는 주주총회일의 10일 전에 각 주주에게 서면으로 통지를 발송하거나 각 주주의 동의를 받아 전자문서로 통지를 발송할 수 있으며(상363.3). **의결권 없는 주주**(의결권배제주식·자기주식·유사상호주의 주주)에 대하여는 소집통지가 요구되지 않는다(상363.4). 하지만 의결권 없는 주주도 주주총회에 참석하여 질의·토론할 수는 있어 통지를 받지 않더라도 주주총회에 출석할 수 있고 의결권의 행사만 배제된다고 본다.

2) **1인회사** : 1인 주주가 회사의 전 주식을 소유하고 있는 1인회사의 경우 주주총회의 소집절차 즉 이사회결의와 대표이사에 의한 소집통지를 흠결하였다 하더라도 주주총회는 유효하게 성립하고 동 주주총회에서 이뤄진 주주총회결의 역시 유효하다는 것이 통설·판례의 입장이다. 여기서 더 나아가 1인주주의 의사에 의사여 주주총회 개최 없이 주주총회 의사록에 결의사항이 기재되면 주주총회결의가 있었던 것이 보고, 1인주주를 판단함에 있어서 실질적 1인회사의 경우에도 1인회사와 동일하게 보는 것이 판례(78다1794, 96다24309)의 입장이다(1인회사법리, 1편2장2절2.(2).2)). 1인주 회사에서 주주총회의 소집절차가 흠결이 있어 위법인 경우에도 그 주주가 주주권을 행사 소집된 주주총회에 참석하여 총회개최에 동의하고 아무 이의없이 한 결의는 다른 특별사정이 없는 한 위법이라고 할 수 없다(63다981, 66다1187).

3) **전원출석총회** : 유한회사에서 허용되는 총사원의 동의가 있을 경우 소집절차 없이 총회를 개최할 수 있다는 규정(상573)이 있지만 주식회사에는 이러한 규정이 없다. 전원출석총회에 관해 대체로 회사의 전 주주가 총회개최에 동의하여 이루어진 전원출석총회는 이사회의 결의, 소집통지 등을 흠결하였다 하더라도 전원출석총회에서 이뤄진 결의는 유효하다고 본다(통설). 판례는 '전원참석동의에 의한 만장일치 결의'에 예외를 허용하고 있는 바, '주식회사의 임시주주총회가 법령 및 정관상 요구되는 이사회의 결의 및 소집절차 없이 이루어졌다 하더라도, 주주명부상의 주주 전원이 참석하여 총회를 개최하는 데 동의하고 아무런 이의 없이 만장일치로 결의가 이루어졌다면 그 결의는 유효하다'고 보았다(2000다69927,

92다48727). 생각건태 주주총회 소집절차는 주주의 권익보호를 위한 규정이므로 주주가 소집절차 없이 주주총회의 개최를 동의하였다면 설사 만장일치의 결의(판례)가 아니더라도 주주총회의 성립을 유효하게 보는 견해가 타당하다고 본다. 그 밖에 '대주주가 적법한 소집절차나 임시주주총회의 개최 없이 나머지 주주들의 의결권을 위임받아 자신이 임시의장이 되어 임시주주총회 의사록을 작성하여 법인등기를 마친 사안에서, 공정증서원본불실기재죄가 성립하지 않는다'고 한 판례 (2008도1044)도 형사판결이긴 하지만 의결권 위임에 의한 주총의사록 작성에 관해 전원출석총회의 적법성을 전제한 것으로 판단된다.

(4) 연기·속행·철회

1) **개 념** : 주주총회의 **연기**란 의사에 들어가지 않고 회일을 다시 정하여 계속 논의하기로 하는 회사행위를 의미하고, 주주총회의 **속행**이란 의사에 들어가기는 하였으나 종결하지 못하고 다음 회일에 계속하기로 하는 회사행위이다. 상법은 주주총회의 연기·속행을 주주총회의 결의에 의하도록 하면서, 이러한 결의를 함에 있어서 주주총회 소집절차에 관한 규정(상363)이 적용되지 않음을 정하고 있다(상372). 주주총회의 **철회**는 이사회의 주주총회 소집결의가 있었지만 주주총회가 개최되기 전에 주주총회의 소집을 하지 않기로 하는 회사행위를 의미하는데, 이에 관해서는 상법에 아무런 규정을 두고 있지 않다.

2) **연기·속행결의** : ① 연기결의 – 주주총회의 연기·속행을 위해서는 주주총회의 결의가 요구되므로 논리적으로 주주총회가 적법하게 소집되어 주주총회가 성립하여야 한다. 의사에 들어가지 않을 필요가 있을 경우 주주총회의 연기결의를 하게 되고 연기결의시에는 새로 주주총회일을 지정하여야 한다. 연기결의도 주주총회의 결의의 성격을 가지므로 연기결의의 정족수 역시 주주총회의 보통결의 정족수($1/2 \times 1/4$)가 요구된다고 본다. 연기결의가 있게 되면 연기주총일 이전에 다수 주주들이 주주총회를 진행하였다 하더라도 이는 부적법한 주주총회가 된다. 그리고 연기결의에 따른 주주총회에 관해서는 별도의 소집통지가 요구되지 않지만, 연기전의 주주총회에 불출석한 주주라도 연기된 주주총회에는 출석할 수 있다고 본다.

② 속행결의 – 주주총회가 결의를 종결하지 못하고 중단된 경우 다음 회일에 주주총회를 계속하기 위해서는 주주총회의 속행결의가 요구된다. 속행결의에는

진행하고 있던 주주총회의 중단이 선행하므로 속행결의는 사실상 주주총회의 중단과 그에 대한 속행에 관한 결의라 할 수 있다. 주주총회의 의장은 의사진행의 한 방법으로 주주총회를 더 진행하기 어려운 사정이 있을 경우 주주총회의 중단과 그 속행에 관해 결의에 부칠 수 있다고 본다. 속행결의에도 속행일을 지정하여야 하며 결의를 위해 주주총회의 일반 정족수가 요구된다. 속행결의에는 주주총회에 불참하였던 주주라도 속행결의에 참여할 수 있다고 본다.

　　3) 소집철회 : ① 절　차 – 주주총회를 소집하기 위한 이사회결의가 성립한 후 대표이사가 소집통지 전·후에 특별한 사정이 발생한 경우 주주총회를 철회하는 것은 개념적으로 허용된다. 하지만 주주총회 소집철회에 관해 회사법은 아무런 규정을 두고 있지 않아 소집철회의 절차·방법이 해석론에 맡겨져 있다. 소집철회를 위해서는 우선 소집권자(이사회)의 철회결의가 있어야 하고 이를 주주들에게 통지할 필요가 있다고 본다. 다만 소집철회의 통지는 소집통지의 시한(2주전)을 준수할 수 없는 경우가 많으므로 이사회의 **철회결의** 후 지체 없이 대표이사의 **소집철회 서면통지**를 발송하여야 한다고 해석된다. 판례도 주주총회의 소집을 철회하기 위해서는 소집철회에 관한 이사회의 결의를 거친 후 소집통지와 같은 방법인 서면에 의한 소집철회통지를 한 이상, 주주총회의 소집이 적법하게 철회되었다고 볼 수 있다고 보았다(2009다35033).

　　② **철회통지방법** – 주주총회의 소집철회의 통지는 소집통지와 동일한 방식으로 하여야 하는가? 이에 관해 판례는 사단의 총회와 관련해서 반드시 총회의 소집과 동일한 방식으로 그 철회·취소를 총회 구성원들에게 통지하여야 할 필요는 없고, 총회 구성원들에게 소집의 철회·취소결정이 있었음이 알려질 수 있는 적절한 조치가 취하여지는 것으로써 충분하다고 본 판례(2006다77593)도 있고, 주주총회 소집의 통지·공고가 행하여진 후 소집을 철회하거나 연기하기 위해서는 소집의 경우에 준하여 이사회의 결의를 거쳐 대표이사가 그 뜻을 그 소집에서와 같은 방법으로 통지·공고하여야 한다고 본 판결(2007도8195)도 있다. 생각건대 철회통지 시 많은 경우 통지기간을 준수할 수 없어 소집통지와 철회통지는 동일한 방법이 되기 어렵지만, 철회가 통지되지 않으면 선의의 주주들에 의해 주주총회가 진행될 우려도 있다. 따라서 철회통지방법은 모든 주주에게 전달될 수 있도록 엄격할 필요가 있다는 점에서 볼 때 철회통지도 통지기간을 제외하고는 소집통지와 동일한 방식이 요구된다고 봄이 타당하다.

(5) 소집절차의 적법성 조사

1) 소집절차의 적법성 : 주주총회의 소집절차는 주주의 이익보호를 위해 매우 중요한 절차이며, 소집절차의 적법성은 주주총회의 결의가 성립한 이후에도 주주총회결의의 효력문제로 전개될 수 있다. 이사회의 주주총회 소집결의와 대표이사에 의한 소집통지, 통지기간 등은 명확하여야 하며, 그 적법성이 확인될 수 있도록 객관적인 절차 예를 들어 이사회 의사록이라든가 대표이사에 의한 소집통지, 소집통지의 발송·수신처·발송일, 이사회결의와 소집통지 내용의 일치성 등에 관한 증거 등의 확보가 요구된다.

2) 검사인 선임청구 : 주주총회 소집절차의 적법성 조사와 관련하여 회사 또는 발행주식총수의 1/100 이상에 해당하는 주식을 가진 주주는 총회의 소집절차나 결의방법의 적법성을 조사하기 위하여 총회 전에 법원에 검사인의 선임을 청구할 수 있다고 규정한다(상367.2). 주주총회 소집절차의 적법성 조사를 위해 소수주주가 검사인 선임청구권을 가질 뿐만 아니라 회사도 검사인 선임청구권을 가진다는 점이 특징적이다. 회사의 검사인 선임청구권은 주주총회의 소집절차의 적법성이 주주들간에 다투어질 경우 소송으로 가기 전에 검사인을 선임하여 소집절차의 적법성에 관한 판단을 하기 위한 취지라 이해된다.

2. 주주제안권

(1) 의 의

1) 개 념 : ① 취 지 – 주주제안권이란 소수주주가 일정한 사항을 총회의 목적사항으로 할 것을 미리 주주총회에 제안할 수 있는 권리를 의미한다. 주주제안권은 공익권적 성질을 가진 주주의 권리로서, 주주총회의 결의사항에 관해 소극적으로 의결권을 행사하는 것을 넘어 주주총회의 새로운 의제·의안을 제안하는 권리이다. 주주가 일정한 사항을 주주총회의 의제로 하기 위해서는 주주총회 소집을 위한 소수주주권의 행사방법(상366.1)도 있지만, 이사회가 이를 받아들이지 않을 경우 주주총회의 개최를 위해서는 법원의 허가가 요구되고 새로운 주주총회의 소집에 비용·노력이 소요된다. 주주총회의 소집에 대신하여 이미 예정된 주주총회에 의제를 추가하는 방법인 주주제안권은 주주총회 소집청구권보다 경제적인 권리라 할 수 있다.

② **의제·의안** – 소수주주는 총회의 목적사항을 추가할 수도 있고 목적사항에 관한 구체적인 내용·방안을 제시할 수도 있는데, 총회의 목적사항을 **의제**라 하고 의제에 관한 구체적 내용·방안을 **의안**이라 한다. 의안은 의제의 구체적 내용으로 의제에 추가되는 사항이라 할 수 있다. 예컨대 정관개정은 의제라 할 수 있고 정관 제10조의 이사의 인원수를 5인에서 7인으로 정관조항을 변경하는 내용은 의안이라 할 수 있다. 회사법상 소수주주의 주주제안권에는 의제제안권뿐만 아니라 의안을 제안할 수는 권리도 포함한다.

 2) 제안권의 유형 : ① 의제·의안의 제안 – 주주제안권에는 일정한 사항을 주주총회의 목적사항으로 할 것을 제안할 수 있는 권리인 **의제제안권**(상363의2.1)이 포함된다. 그밖에 주주총회의 목적사항에 추가하여 의안의 요령을 제출할 수 있는 권리인 **의안제안권**(의안요령 기재청구권, 상363의2.2)도 허용되며, 의안제안권은 이사회가 정한 목적사항에 대한 의안에 대한 수정·반대제안이 될 수 있다. 그밖에 제안주주의 청구가 있을 경우 주주총회에서 당해 의안을 설명할 기회를 주어야 하는데(상362의2.3), 이를 **의안설명권**이라 한다.

 ② 의안제안의 주체 – 의안요령 기재청구권(의안제안권)은 자신이 제안한 의제에 관해서만 허용되는가? 생각건대 회사법은 의안제안권(상363의2.2)의 주체를 소수주주로 규정하지 않고 '제1항의 주주'로 특정하고 있어 의안제안은 의제제안에 부수되는 것으로 보여, 이는 일반적 소수주주를 의미하기 보다는 주주제안권을 행사한 주주를 의미한다고 문리적으로 해석된다. 하지만 의안제안은 회사의 이사회가 정한 주주총회의 목적사항에 대해서도 제안할 수 있음을 고려할 때, 의안제안의 주체를 의제제안을 한 소수주주에 한정되지 않고 기타 소수주주도 포함된다고 보아야 한다(**의안제안의 독립성**). 요컨대 주주제안권의 취지가 소수주주로 하여금 주주총회의 의제에 관해 다른 의제나 의안을 제안케 함이므로, 소수주주는 회사측 의제는 물론 제안된 의제에 관해 의안을 제안할 수 있다고 보아 의안제안의 주체를 의제제안을 한 소수주주에 한정되지 않는다고 봄이 타당하다.

(2) 행사 요건

 1) 제안권자 : ① 소수주주 – 제안권을 행사할 수 있는 주주는 **소수주주**(3/100 이상)이며(상363의2.1). 주주권을 행사하는 시점에 자격주식수만 보유하면 주식을 일시적으로 보유한 자도 행사할 수 있다. 다만 상장회사특례규정은 주주제안권을

행사하는 주주는 6개월 계속보유를 요건으로 하면서 지주율을 낮추고 있는데, 상장회사는 정관에서 단기의 주식보유기간을 정하거나 낮은 주식보유비율을 정할 수 있다(상542의6.7). 주식을 보유한 자에는 주식을 소유한 자, 주주권행사에 관한 위임을 받은 자, 2명 이상 주주의 주주권을 공동으로 행사하는 자 등을 포함한다(상542의6.8). 상장회사에서 6월의 보유기간을 채우지 않지만 3% 이상을 확보한 상장회사의 주주가 일반회사규정에 따라 주주제안권을 행사할 수 있는가(쟁점11 참조)에 관해서는 앞서 살펴본 바 있지만, 개정 회사법은 이를 허용하는 명문규정(상542의6.10)을 두어 논의를 종결하였다.

② **지주율 – 지주율 계산**시 의결권이 없는 주식을 발행주식총수에서 배제할 것인지 여부는 소수주주에 의한 주주총회 소집청구권에서 논의된 바(쟁점33 참조) 있다. 하지만 주주제안권은 의결권의 또 다른 표현이라 볼 여지도 없지 않지만, 특별한 규정 없이 의결권 행사와 구별되는 주주제안권 행사시 소수주주권 행사비율을 계산함에 있어 의결권 행사에 관한 규정(상371,1)을 적용할 수는 없다고 본다(적용부정설). 따라서 소수주주권 행사자의 지주율을 계산함에 있어 의결권 없는 주식을 포함하여 지주율을 계산하여야 한다.

2) 제안 방법 : 주주제안의 상대방은 **이사**이며, 이사회에 청구하는 주주총회 소집청구와는 구별된다. 소수주주권자는 주주총회일의 6주 전에 서면·전자문서로 의제·의안요령을 기재하여 이사에 대하여 청구하여야 한다(상363의2). **의제제안**의 경우 주주가 일정한 사항을 회의의 목적으로 할 것을 이사에게 청구하고(1항), **의안제안**의 경우 의제를 제안한 주주가 의제에 추가하여 의안의 요령을 주총 소집통지·공고에 기재할 것을 이사에게 청구한다(2항). 그리고 주주제안을 한 자의 청구가 있을 때에는 주주총회에서 당해 의안을 설명할 기회(**의안설명권**)를 주어야 한다(3항). 법문에 따라 문리적으로 해석하면 의제제안자(1항)는 의안제안을 할 수 있고(2항) 이사는 이사회에 보고하고 주주의 목적사항으로 하는데(3항1문), 이 경우(의제제안시) 의제제안자의 청구가 있을 경우 의안을 설명할 기회를 부여한다(3항2문).

3) 주주제안의 기한 : ① **취 지** – 주주제안을 주주총회일로부터 6주 전에 주주제안권을 행사하도록 한 것(**주주제안기한**)은 주주총회의 소집을 위한 준비기간을 고려한 것이라 이해된다. 회사가 총회를 소집하기 위해서는 회일 2주 전에 각 주

주에게 서면으로 통지를 발송하여야 한다. 2주의 주총소집 통지기간을 **빼면** 실제
진행하는 기간은 4주가 되고, 이 기간 내에 이사는 이사회에 제안사항을 보고하고
이사회는 그 제안이 법률·정관에 위반되었는가를 판단하게 된다.

② **기한 부준수** – 기한(주총 6주전)을 준수하지 못한 주주제안을 회사가 용인
할 수 있는가? 주주제안기한이 주주총회의 소집준비를 위한 기간임을 고려할 때
회사는 그 제안을 채택할 의무는 없으나, 이를 채택하여 주주총회의 소집통지서
에 기재하여 총회에 상정할 수 있다고 본다. 주주제안의 기한은 제안의 검토 및
절차진행을 위한 회사의 이익보호를 위한 규정으로 볼 수 있어 회사로서는 이러
한 이익을 포기할 수 있다고 볼 수 있을 뿐만 아니라, 이사회는 의제 선택의 자율
성을 가지므로 그 기한 부준수의 주주제안도 회사가 자율적으로 의제로 반영할
수 있다고 본다.

③ **이사회 시점** – 회사가 **주총소집을 위한 이사회결의**를 주총예정일로부터 6주
내에 할 수 있는가? 회사가 주주총회 소집결의를 위한 이사회를 주주총회 개최 예
정일로부터 6주내에 할 경우에는 주주제안의 기한을 준수할 수 없어 소수주주의
주주제안기회를 박탈하게 되기 때문에 생기는 문제이다. 주주의 주주제안권을 보
장하기 위해서는 회사법상 명문의 규정은 없지만 주주총회 소집결의를 위한 이사
회는 주주총회 개최 예정일로부터 최소한 6주의 여유를 두고 개최하여야 한다고
해석하여야 한다. 하지만 주주제안 기회부여를 위해 명문의 규정 없이 이사회 개
최시점을 제한하는 것은 주주총회결의의 적법성에 관해 논란을 일으킬 위험이 있
을 뿐만 아니라, 회사에 불가피하게 주주총회를 급하게 개최할 필요가 있을 수 있
어 주주총회 소집결의를 위한 이사회 개최시점을 제한하는 것은 적절하지 못하다
고 본다. 이렇게 볼 때 소수주주는 주주총회 개최 일정이 미리 예정되어 있는 정
기주주총회에 주주제안을 하든지 이도 여의치 않을 경우 주주총회 소집청구(상
366)를 할 수 있다고 본다.

4) **주주제안사항** : ① **허용 범위** – 주주총회의 결의사항에는 제한이 없는가? 이
에 관해 영업양도, 합병, 회사해산 등 회사의 기본조직의 변경과 관련된 사항에
대해서는 원칙적으로 주주제안권의 대상이 되지 않는다는 견해가 있다. 회사법은
주주제안사항에 관해 특별한 제한을 두고 있지 않지만, 주주제안이 있을 경우 **법
령·정관 위반**시 이를 거부할 수 있으며(상363의2.3) 기타 **주주제안 거부사유**에 관
해 시행령에서 정하고 있다. 생각건대 법령·정관에 반하는 사항은 당연히 주주제

안의 대상이 되지 않으며, 법령·정관에 반하지 않으나 주주제안사항으로서 부적절한 사항은 시행령에서 거부사유로 정하고 있다. 이러한 사항 이외에 계약이 전제되는 **조직개편사항**(합병·분할)은 합병·분할결의는 합병·분할계약 등을 승인하는 의미를 가지므로(상522,530의2), 이러한 계약적 준비 없이 이뤄지는 주주제안은 회사법에 반한다고 볼 여지(**사실상 법령위반**)가 없지 않아 주주제안이 허용되지 않는다고 본다. 하지만 영업양도계약은 주주총회에서 결의한 경우 그 결의에 따라 양도계약을 체결하면 적법하므로 주주제안의 대상이 될 수 있다고 본다.

② 이사의 수 – 회사의 정관에 최소 이사 인원만 규정하고 있을 경우(예, 이사의 정원을 3인 이상으로 정한 경우) 이사 인원의 추가('5인 이사의 선임')를 주주제안할 수 있는가? 이사의 선임과 이사의 수 등이 주주제안의 대상이 될 수 있는지 하급심에서 논란이 된 바 있다(2015나2019092). 생각건대 주주제안은 법령·정관 위반, 시행령상 거부사유에 해당하는 경우만을 배제하므로(상363의2.3), 원칙적으로 주주총회의 결의사항은 법령·정관 위반사항, 사실상 법령위반(합병·분할)을 제외하고는 모두 주주제안의 대상이 된다고 보아야 한다. 주주제안은 주주총회의 의제가 되는 것에 불과하고 주주총회의 결의를 거쳐야만 회사의 행위로 확정되므로 주주제안대상을 입법에 의한 제한의 범위를 넘어 확대하는 것은 소수주주권을 제한하는 것이 되기 때문이다.

(3) 주주제안의 처리

1) **처리 절차** : ① 이사의 보고 – 제안을 수령한 이사는 이사회가 이를 주주총회의 목적사항으로 하여 주주총회 소집통지·공고에 목적사항으로 기재할 수 있도록 주주제안을 이사회에 보고하여야 한다. 그리고 주주제안을 한 자의 청구가 있을 때에는 주주총회에서 당해 의안을 설명할 기회를 주어야 한다(**의안설명권**: 상363의2.3). 법문에 따라 문리적으로 해석하면 의제제안자(1항)는 의안제안을 할 수 있고(2항) 이사는 이사회에 보고하고 주주의 목적사항으로 하는데(3항1문), 이 경우(의제제안시) 의제제안자의 청구가 있을 경우 의안을 설명할 기회를 부여하는데(3항2문), 이에 해석상 의문이 있다.

② 보고의무의 범위 – 회사법은 **의제제안**('1항 제안')에 관해서는 이사가 이를 이사회에 보고하고 의제에 반영할 의무를 규정하고 있는데(3항), **의안제안**에 관해서는 이사회 보고할 의무를 규정하지 않아 입법의도가 불명확하다. 생각건대 의제제안은 이사회에 보고하여 원칙적으로 주주총회의 목적사항으로 하여야 하지

만, 의안제안의 경우에는 주주총회의 목적사항이 아니므로 이를 배제한 것으로 이해된다. 하지만 의안제안이 주주총회의 목적사항에 포함될 수 없더라도 이를 주주총회 소집통지에 의안의 요령을 기재되기 위해서는 이사회의 결의를 거쳐야 하므로 이사회에의 보고의무가 전제된다. 그리고 의안제안은 의제제안으로부터 독립된 권리여서 의제제안자가 아닌 소수주주도 의안제안을 할 수 있으므로 의안제안 역시 이사회에 보고하여야 하며, 해석상 논란의 여지가 없도록 동조의 개정이 입법론적으로 요구된다고 본다.

③ 처리의무 – 이사회는 주주제안의 내용의 적법성을 판단한 후 이를 처리할 의무가 법정되어 있는바(상363의2.3), 의제제안이 적법할 경우 이를 주주총회의 추가 의제로 하여 주주총회 소집통지에 기재하여야 한다. 의안제안 역시 이사회에 보고한 후(해석론) 적법할 경우 의안의 요령을 주주총회 소집통지서에 기재하여야 한다(상363의2.2). 그리고 의안제안을 한 주주의 청구가 있을 경우 주주총회에서 의안설명기회를 부여하지만, 예컨대 회사가 정한 의제에 상이한 의안을 제안한 경우와 같이 의제제안을 하지 않고 의안제안만 한 경우에는 설명기회를 부여하지 않아도 된다고 본다. 왜냐하면 설명의무기회를 부여하는 것은 의안제안을 한 주주('제1항에 의한 주주제안')인 경우('이 경우')로 정하고 있기 때문이다(상363의2.3). 그밖에 이사회가 주주제안을 변형상정할 수 있는지에 관해서도 논란의 여지가 있다.

2) **주주제안의 거부** : ① 이사회 결의 – 주주총회의 결의내용이 법령·정관에 위반되거나 시행령상의 거부사유에 해당하는 경우 이사회는 소수주주의 주주제안을 거부할 수 있다. 주주제안의 거부의 주체는 주주제안을 수령한 이사가 아니라 이사회가 결의를 통해 처리하여야 한다고 본다. 법령·정관 위반사항은 주주총회결의를 하였더라도 결의가 무효이므로(상380), 주주제안권의 한계를 정한 상법규정은 주의적 규정이라 볼 수 있으며, 이사회는 법령·정관 위반임을 확인함으로써 주주제안사항에 대한 주주총회 결의절차를 생략할 수 있다는 점에서 주주제안의 거부가 의미를 가진다고 본다.

② **거부사유** – 시행령은 이사회의 **주주제안 거부사유**로 ⅰ) 10% 미만 찬성의 부결사항의 3년 내 제안 ⅱ) 주주 개인 고충사항, ⅲ) 소수주주권의 요건해당에 관한 사항, ⅳ) 상장회사 임원해임, ⅴ) 실현불가사항, 허위·명예훼손의 제안이유인 사항 등을 정하고 있다(상령12). 종전 주주총회에 주주제안을 한 적이 있더라

도 10% 이상의 찬성을 얻어 부결된 사항이라면 같은 내용의 의안을 차기 주주총회에서 주주제안을 할 수 있으며, 10% 미만으로 부결되었더라도 3년이 경과한 후에는 같은 내용의 의안을 제안할 수 있다.

③ **이사해임** – 이사해임의 주주제안(상령12.4호)은 비상장회사의 경우에는 주주제안 거부사유에 포함되어 있지 않아 이사해임의 주주제안을 할 수 있다. 소수주주(3/100)가 이사의 해임을 주주제안하면(상363의2) 주주총회의 의제가 되는데 당해 이사에게 부정행위 등이 있음에도 주주총회가 해임을 부결할 경우 소수주주(3/100)가 다시 이해해임의 소를 제기할 수 있다(상385.2). 그런데 상장회사의 경우 임원해임을 위한 주주제안이 허용되지 않으므로 소수주주의 주주제안에 의한 이사해임은 불가능하고 이사회에서 이사해임을 의제로 한 경우에만 이후 절차가 진행될 수 있다. 즉 이사회에서 상정한 이사해임의 의제에 관해 당해 이사의 부정행위 등이 있음에도 불구하고 주주총회의 해임결의가 부결된 경우 비로소 소수주주가 이사해임의 소를 제기할 수 있어, 대주주가 지지하는 이사의 해임은 사실상 어렵게 된다.

④ **거부방식** – 소수주주의 주주제안을 거부하기 위해 이사회의 결의가 요구되는가? 회사법상 규정을 두고 있지 않아 불명확하지만 이사회는 회의체이므로 특정 주주에 의해 이사회의 의사가 결정될 수 없으므로 주주제안이 법령·정관 위반, 거부사유에 해당할 경우 이사회 결의로 주주제안을 거부하여야 한다. 그리고 주주제안 거부시 주주제안자에 대한 **거부의사의 통지**가 요구되는가? 회사법에서 거부통지절차를 정하고 있지 않아 이사회(대표이사)에 거부통지의무가 있다고 보기 어렵고, 주주소집통지에 명시하지 않은 것으로 사실상 거부의 의사는 표시된다고 볼 수 있다.

(4) 주주제안권의 침해

1) **개 념** : 소수주주의 주주제안을 수령한 이사가 이사회에 보고하지 않거나 이사회에서 제안된 의제를 무시하고 총회의 목적사항으로 기재하지 않거나 의안제안을 소집통지서에 기재하지 않은 경우, 소집통지서에 기재되었으나 주주총회를 진행함에 있어 제안된 의제를 다루지 않고 총회를 종결한 경우, 의제제안 주주의 요청에도 불구하고 설명기회를 부여하지 않은 경우 등 주주제안권이 무시된 경우 효과가 문제된다. 이사가 소수주주의 주주제안권을 침해한 경우 당해 이사는 제안주주에 대하여 손해배상책임을 지거나 또는 과태료의 제재(상635.1.19의3

호)를 받을 수 있을 뿐만 아니라 법령 위반을 이유로 해임사유가 될 수는 있다(상 385).

2) 의제제안권의 침해 : 의제제안권을 침해하고 종결된 주주총회결의의 효력은 어떠한가? 예컨대 소수주주가 정관변경의 의제제안을 하면서 동시에 구체적인 정관조항변경의 의안제안을 한 경우 회사가 이를 부당하게 거절하고 해당 총회에서 재무제표 승인결의가 이뤄진 경우이다. 이에 관해 다른 의제(재무제표승인)에 대한 결의는 주주제안권 침해로 인하여 아무런 영향을 받지 않으므로 유효로 보는 유효설. 의제와 함께 의안이 제안되어 있으며 그것이 다른 결의의 내용과 실질적으로 저촉하는 경우에 한하여 당해 다른 결의의 취소사유가 된다는 취소설이 주장된다. 생각건대 주주총회의 결의는 동일한 주주총회에서 이뤄지더라도 의제에 따라 독립적으로 효력이 발생한다고 보아야 한다. 따라서 의제제안권을 침해하여 제안된 의제를 주주총회에서 논의하지 않았고 의안이 제안되었다 하더라도, 의제가 동일하지 않을 경우 의안제안권의 침해는 의제제안권의 침해로 포섭되고, 의제제안권의 침해는 다른 의제에 관한 총회결의의 효력에는 영향을 미치지 않으므로 유효설이 타당하다고 본다.

3) 의안제안권의 침해 : 주주총회의 의제(예, 이사선임의 의제)에 대한 적법한 의안제안(예, 이사후보로 A를 추천)을 주주총회 소집통지에 반영하지 않았거나, 제안된 의안을 무시하고 주주총회결의가 있었다면 의안제안권을 침해한 것으로 볼 수 있다. 의안제안을 무시한 주주총회의 결의의 효력은 어떠한가? 이에 관해 의안제안(수정제안)을 무시하고 회사측 원안을 가결한 결의는 주주총회결의취소의 소의 대상이 된다고 보는 취소설이 있다. 생각건대 회사의 의안에 관해 다른 취지의 의안이 제기된 경우(수정의안)을 무시한 주주총회결의는 수정의안에 관한 검토를 하지 않았으므로 이는 원칙적으로 결의방법에 하자가 되어 주주총회결의 취소의 원인이 된다고 본다. 하지만 예컨대 회사의 목적에 관한 정관변경에서 A 사업의 확장을 제안했는데 A사업의 삭제를 결의한 경우에는 동일한 의제에 관한 논의에 포섭될 수 있어 의안에 대한 검토가 이뤄졌다고 볼 수 있으므로 주총결의에 결의방법의 하자가 있다고 보기 어렵다.

4) 의안설명권의 침해 : 의안설명권을 침해하고 이뤄진 주주총회의 결의의 효

력에 관해, 주주의 청구에도 불구하고 주주총회의 의장이 의안을 설명할 수 있는 기회를 주지 않고 제안의제에 대한 결의를 하였다면 해당결의는 결의취소의 소의 대상이 될 수 있다고 보는 견해가 있다. 생각건대 의안설명권을 무시하고 이뤄진 주주총회결의라 하더라도 의안 자체가 주주총회에서 논의되었고 단시 설명기회만 박탈되었다면 이를 이유만으로 성립된 주주총회의 결의방법에 하자가 있다고 할 수는 없고, 의안설명권 침해로 인해 주주총회결의에 영향을 미친 것으로 인정되는 경우에만 결의방법에 하자가 있는 것으로 본다. 왜냐하면 성립된 결의와 무관한 의안의 경우 그 설명은 결의성립과 무관할 수도 있기 때문이다. 설사 수정제안이라 하더라도 주주총회에서 의안에 관해 결의를 거친 이상 의안에 관한 판단은 이뤄진 것으로 보아야 하고 설명기회를 부여하지 않음으로써 결의가 왜곡되었다고 인정되는 예외적인 경우(상당인과관계)에만 결의방법에 하자가 있다고 보아야 하고 이 경우에는 주주총회결의 취소의 원인이 될 수 있다고 본다.

Ⅲ. 주주의 의결권

1. 의 의

1) **개 념** : 의결권(voting right, Stimmrecht)이란 주주총회에 출석하여 회사의 의사결정에 참가할 수 있는 주주의 권리를 의미한다. 의사결정에 참가할 수 있는 권리인 의결권과는 별도로 총회의 출석권과 의견진술권이 인정되므로 의결권배제주식을 가진 주주라도 출석권과 의견진술권이 인정된다고 본다. 의결권은 주주총회 결의를 통해 회사의 경영진과 감독기관인 이사·감사를 선출하는 권리로서 회사의 지배와 관련되어 주주권 권리 중 가장 중요한 권리로 평가한다. 그러나 회사의 지배에 관심이 없고 이익배당 또는 시세차익을 목적으로 투자하는 주주를 위해 이익배당 더 많이 하는 대신 의결권을 배제하는 주식(의결권배제주식)의 발행도 허용되고 있다(상370).

2) **법적 성질** : 주주의 의결권은 **공익권**적 성질을 가졌으며, **고유권**이므로 정관으로도 박탈하거나 제한할 수 없고 주주도 이를 포기할 수 없으며, 구체적·채권적인 권리가 아니므로 주식과 분리하여 양도할 수 없다. 의결권의 귀속과 달리 의결권의 행사는 주주 본인이 하여야 하는 것은 아니므로 **의결권의 대리행사**도 가

능하다고 본다. 모든 주식은 1개의 의결권이 부여되는데(상369.1) 이를 **1주1의결권의 원칙**이라 하며 강행법규로서, 당사자간의 계약·정관이나 주주총회의 결의로도 이와 달리 정할 수 없다. 판례도 1주 1의결권원칙의 규정은 강행규정이므로 법률에서 위 원칙에 대한 예외를 인정하는 경우를 제외하고, 정관의 규정이나 주주총회의 결의 등으로 위 원칙에 반하여 의결권을 제한하더라도 효력이 없다고 본다(2009다51820). 따라서 복수의결권을 허용하는 것은 현행법상 불가능하다고 보지만, 회사법의 규정에 의한 의결권의 제한은 허용되어 의결권배제·제한주식이 그 예이다.

2. 의결권의 제한

(1) 의결권 제한의 종류주식

회사는 의결권이 없는 종류주식이나 의결권이 제한되는 종류주식을 발행할 수 있다. 이 경우 정관에 의결권을 행사할 수 없는 사항과 의결권행사 또는 부활의 조건을 정한 경우에는 그 조건 등을 정하여야 한다(상344의3.1). 회사의 지배 즉 의결권 행사에 관심이 적고 이익배상·시세차익에 관심이 있는 주주들의 수요에 부응한 종류주식이라 할 수 있다. **의결권배제주식**은 주식이 표창하는 권리 중 의결권이 배제된 종류주식을 의미하며, 회사의 지배와 경영의 분리라는 이념에 부합된다. **의결권제한주식**은 일정한 사항에 관해 주주의 의결권이 제한되는 종류주식을 의미하며, 일정한 사항에 관해서만 의결권 행사가 제한될 뿐 기타 사항에서는 정상적으로 의결권을 행사할 수 있다는 점에서 의결권배제주식과는 구별된다. 주주총회에서 정족수를 계산함에 있어서 의결권배제·제한주식의 수는 발행주식의 총수에 산입하지 않는다(상371.1). 의결권배제·제한주식이 과다하게 발행될 경우 소수의 주식소유만으로도 경영을 지배할 수 있게 되어 소유와 지배의 왜곡현상이 생길 수 있으므로, 회사법은 의결권배제·제한의 종류주식의 총수는 발행주식총수의 1/4를 초과하지 못하도록 제한하고 있다(상344의3.2). 의결권제한주식이나 의결권배제주식을 가진 주주의 권리에 관해 의결권을 제외하고는 원칙적으로 일반주주와 동일하게 모든 주주권을 행사할 수 있다. 기타 자세한 사항은 앞의 논의(2편3장1절2(4))를 참조하기 바란다.

(2) 의결권 중단주식

1) **의 의** : 의결권 중단주식이란 정상적으로 의결권이 부여된 주식이지만 일정한 요건이 충족될 경우 의결권 행사가 일시적으로 중단된 주식을 의미한다. 의결권 중단의 요건이 해소되면 의결권이 자동적으로 의결권이 회복될 수 있다는 점에서 의결권배제·제한주식의 의결권 부활(상344의3.1)과는 구별된다. 이는 대체로 주식보유자와 회사와의 관계에서 비롯된 제한이며 그러한 관계가 해소될 경우 의결권의 정지는 소멸하는데, 특정 안건에 관해 의결권 행사가 정지되는 의결권 정지주식과는 구별된다. 따라서 앞서 설명한 의결권배제·제한주식(상344의3)은 주식의 종류가 되지만(2편3장1절2.(4)), 의결권 중단주식은 주식의 종류가 아니라 일정한 요건을 충족하는 주식에 대해 회사법이 부여하는 법률효과로 볼 수 있다.

2) **종 류** : 의결권 중단주식의 하나가 회사가 가진 자기회사의 주식 즉 **자기주식**이다. 회사는 자기주식의 취득이 제한되지만(상341,341의2), 재원규제, 취득방법규제에 따라 회사가 자기주식을 취득한 경우 자기주식으로 있는 상태에서는 의결권이 제한된다(상369.2). 자기주식은 의결권의 대리행사도 인정되지 않으나, 회사가 자기주식을 타인에게 양도할 경우에는 의결권은 다시 회복된다(2편3장5절6 참조). 두 번째 유형은 특정목적을 위해 취득한 상호주이다. 자회사에 의한 모회사의 주식취득은 원칙적으로 금지되지만 예외적인 경우 즉 주식의 포괄적 교환·이전, 합병, 영업양도로 인한 취득, 권리실행을 위한 경우 자회사는 6월 내 모회사주식(**상호주**)을 처분해야 하고(상342의2.2), 회사가 상호주를 보유하고 있는 상태에서는 의결권이 제한된다(2편3장5절7참조). 세 번째 유형은 유사상호주이다. 모자관계에 있지는 않지만 A회사가 B회사의 주식의 10분의 1 이상을 가지고 있는 경우 B회사가 취득한 A회사의 주식(**유사상호주**)의 의결권행사도 제한된다(상369.3). A가 B회사 주식 10% 이상을 전부 소유하고 있는 경우도 해당되지만 A의 모회사인 AA회사, A의 자회사 A′ 회사가 가진 B회사의 주식 모두를 합칠 경우 10%를 초과하는 경우도 포함되고, A′ 회사가 B회사의 주식 10% 이상을 가진 경우에도 B회사가 A 또는 AA회사의 주식을 취득한다면 그 주식은 의결권행사가 제한된다(2편3장5절7(4) 참조). 그밖에 특별법상 의결권행사가 중단되는 경우[135]도

---

135) **특별법에 의한 제한**을 보면, 독점규제 및 공정거래에 관한 법률에 의하면 상호출자제한 기업집단에 속하는 회사로서 금융업 또는 보험업을 영위하는 회사는 취득 또는 소유하고 있는 국내계열회사주식에 대하여 의결권을 행사할 수 없고(동법11), 은행법에 의하

있다.

(3) 의결권 정지주식

1) **개 념** : 의결권 정지주식은 주식을 보유한 자가 주주총회의 특정 안건과 관련될 경우 회사법 규정에 따라 의결권 행사가 제한되는 주식을 의미한다. 의결권 정지주식은 일정한 주주총회의 안건과 관련성이 있을 경우에 의결권 행사가 제한되므로, 의결권이 항상 배제되거나 제한되는 의결권배제·제한주식과도 다르고 회사와 주식소유자의 관계에서 의결권 행사가 일시적으로 중단되는 의결권 중단주식과도 다르다. 의결권 정지주식에는 특별이해관계인인 경우와 감사·감사위원회위원 선임시 3%룰을 적용함에 있어서 대주주인 경우가 포함된다.

2) **특별이해관계인 보유주식** : ① **의 의** - 총회의 결의에 관하여 특별한 이해관계가 있는 자는 의결권을 행사하지 못한다(상368.3). 총회의 의제에 관해 특별한 이해관계를 가진 주주, 예를 들어 중요재산 양도결의를 함에 있어서 중요재산의 양수인인 주주는 회사의 이익이 아닌 자신의 이익을 위해 의결권을 행사할 가능성이 높으므로 의결권을 제한하고 있다.

② **특별이해관계** - 주주의 의결권 행사를 정지시키는 특별이해관계란 무엇인가?(**쟁점**34)[136] 이에 관해 법률상 특별이해관계로 제한하는 견해(**법률상 이해관계설**), 모든 주주가 아닌 특정주주의 이해에 관계되는 경우로 해석하는 **특별이해관계설**, 주주로서의 지위와 무관하게 개인적 이해관계를 가지는 경우로 해석하는 **개인법설**(**통설**) 등이 주장된다. **판례**는 특별이해관계를 주주의 입장을 떠나 개인적

면 동일인이 동법 제15조 1항, 3항 또는 제16조의2 1항, 2항의 규정에 의한 주식의 보유한도를 초과하여 금융기관의 주식을 보유하는 경우에 당해 주식의 의결권행사의 범위는 관련조항에 의한 한도로 제한되며, 지체 없이 그 한도에 적합하도록 하여야 한다(동법 16). 채무자회생 및 파산에 관한 법률에서는 회생절차의 개시 당시 채무자의 부채총액이 자산총액을 초과하는 때에는 주주·지분권자는 의결권을 가지지 아니하고, 회생계획의 변경계획안을 제출할 당시 채무자의 부채총액이 자산총액을 초과하는 때에는 주주·지분권자는 그 변경계획안에 대하여 의결권을 가지지 아니한다(동법146).

136) **특별이해관계의 범위**(**쟁점**34)에 관해, **법률상 이해관계설**은 특별이해관계를 법률상 특별 이해관계를 가지는 경우로 보고 법률적 이해관계를 기준으로 제한하는 견해이고, **특별 이해관계설**은 모든 주주가 아닌 특정주주의 이해에 관계되는 경우로 한정하여 관련 주주의 특정성을 기준으로 특별이해관계를 해석하는 견해이고, **개인법설**은 주주의 지위를 주주로서의 지위와 개인적 지위로 구분하여, 특별이해관계를 주주로서의 지위와 무관하게 개인적 이해관계를 가지는 경우로 해석하는데, 개인법설이 통설이다.

으로 이해관계를 가지는 경우로 보고 주주총회가 재무제표를 승인한 후 2년 내에 이사와 감사의 책임을 추궁하는 결의를 하는 경우 당해 이사와 감사인 주주는 그 결의에 관한 특별이해관계인에 해당하여 의결권이 제한된다고 보았다(2007다 40000). 생각건대 특별이해관계인의 의결권정지는 회사의 이익을 보호하기 위한 제도이지만 광범위한 적용은 주주의 의결권을 침해하게 된다. 따라서 주주총회의 안건이 회사의 사원적 지위가 아닌 개인적 지위와 더 관련되는 '개인적 이해관계' 가 있는 경우에만 의결권 행사를 제한하는 개인법설이 타당하다고 본다. 예컨대 이사 등의 면책·책임추궁·보수결의에서 이사인 주주, 영업양도결의에서 거래상 대방인 주주 등은 개인적 이해관계가 있어 특별이해관계인이라 판단되지만, 이사·감사의 선임·해임결의에서 당사자인 주주, 재무제표의 승인결의에서 이사·감사인 주주는 사원인 주주로서 의결권을 행사하므로 특별한 이해관계가 인정되지 않는다.

③ **적용범위** – 특별이해관계인은 직접 의결권을 행사하는 것이 제한됨은 물론 대리인을 통한 의결권행사도 당연히 제한된다. 뿐만 아니라 본인은 특별이해관계 인이 아니지만 대리인이 특별이해관계에 있을 경우에도 의결권이 제한되는가? 이에 관해 상법 제368조 4항이 '특별한 이해관계가 있는 자'라고 하고 있지 주주에 한정하고 있지 않은 점, 대리인이 본인의 의사를 좇지 않더라도 의결권행사는 유효하고 의결권행사에 대리인의 이해관계가 반영될 수 있으므로 의결권이 제한된다고 본다. 그리고 주식의 신탁·명의신탁에서 주주가 이해관계를 가지는 경우뿐만 아니라 수탁자도 특별이해관계인이 될 수 있다고 본다.

3) 감사선임결의에서 대주주의 주식 : ① **취 지** – 의결권 없는 주식을 제외한 발행주식의 총수의 3/100을 초과하는 수의 주식을 가진 주주는 그 초과하는 주식에 관하여 감사의 선임에 있어서는 의결권을 행사하지 못한다(상409.2). 대주주는 자기의 지분을 이용하여 자기 자신 또는 자신이 신뢰하는 자를 이사로 선임하게 되는데, 감독기관인 감사마저 대주주와 동일한 이해관계자가 선임될 경우 정상적인 감독이 되지 않아 회사경영의 투명성 확보가 어려울 수 있다. 이러한 폐단을 막기 위해 감사선임결의에서 대주주의 의결권행사 한도를 3%로 법정함(3%룰)으로써 소수주주에 의한 대주주 또는 대주주가 선임한 이사를 감독하고자 하는 취지이며 우리 회사법 특유의 조항이라 할 수 있다. 회사는 정관으로 100분의 3보다 낮은 비율을 정할 수 있는데(상409.3), 상장회사의 경우 감사위원회 위원 선임·해

임에 관해 적용범위를 다르게 규정하고 있다(상542의12).[137]

② 정족수 계산 – 3/100을 초과하여 대주주가 소유하는 주식은 감사 선임시 발행주식총수에 산입되나 의결정족수에 산입되지 않는다(상371.1,2). 그런데 대주주(들)의 주식보유비율이 78%를 초과할 경우 또는 3%룰을 적용받는 주주들과 나머지 주주들의 주식을 합쳐도 25%가 될 수 없는 경우, 예를 들어 A주주가 80%를 보유한 경우에는 A는 감사 선임시 자신이 보유하는 주식의 3%만 행사할 수 있는데 나머지 주주들의 의결권 보유비율은 20%이므로 행사 가능한 의결권을 모두 합쳐도 23%밖에 되지 않으므로 감사선임결의의 요건인 발행주식총수의 1/4 요건을 충족하는 것이 불가능하게 된다. 따라서 이러한 문제점을 고려하여 상법 제371조의 명문규정에도 불구하고 3% 초과주식은 발행주식총수에서 배제하여야 한다는 **발행주식총수 배제설**이 있다. 판례도 동일한 취지에서, 감사의 선임에 있어서 3% 초과 주식은 위 제371조의 규정에도 불구하고 상법 제368조 제1항에서 말하는 '발행주식총수'에 산입되지 않는다 예외적 해석을 하고 있다(2016다222996).

③ 예외적 해석의 적용 범위 – 3%룰은 행사가능 의결권 수가 25% 미만이 될 경우 결의가 불가능하게 되는 문제가 있어 입법적 보완이 요구되고 회사법 규정과는 달리 발행주식총수에서 배제하는 해석에 의한 보완(예외적 해석)이 요구된다. 그런데 3% 초과주식을 발행주식총수에서 배제하는 예외적 해석은 발행주식총수 요건충족이 어려운 경우 즉 3%룰이 적용되어 행사 가능한 의결권 수가 25%미만인 경우에만 적용되는가? 이에 관해 감사선임의 경우 등 3%룰이 적용되는 모든 경우에 3%를 초과한 주식은 발행주식총수에서 배제되어야 하는 **일반적 적용설**, 법개정 없이 모든 경우에 3%초과 보유주식을 발행주식총수에서 배제한다고 해석하

---

137) **상장회사 특례규정은** 최대주주, 최대주주의 특수관계인, 그 밖에 대통령령으로 정하는 자가 소유하는 상장회사의 의결권 있는 주식의 합계가 그 회사의 의결권 없는 주식을 제외한 발행주식총수의 3/100을 초과하는 경우 그 주주는 그 초과하는 주식에 관하여 감사 또는 감사위원회위원을 선임하거나 해임할 때에는 의결권을 행사하지 못한다. 다만, 정관에서 이보다 낮은 주식 보유비율을 정할 수 있다(상542의12.3). 비상장회사는 주주 1인이 소유한 주식을 기준으로 제한되는데 반해, 상장회사의 경우에는 최대주주와 그 특수관계인 등이 소유한 주식을 합친 총 주식이 기준이 되고, 2대주주 이하는 동 제한을 받지 않는다는 점이 특색이다. 이는 이사 선임에 영향력을 행사하는 최대주주의 감사선임권을 배제한 것으로 이해되고 최대주주가 영향력을 행사할 수 있는 자의 주식을 모두 포함시킴으로써 감사 또는 감사위원회 위원 선임에서 있어 영향력 행사를 최대한 저지하고자 하는 취지이다. 이와 같이 회사법 제409조 또는 회사법 제542조의12에 따라 3/100을 초과하는 주식이어서 의결권 행사가 제한되는 주식의 의결권 수는 출석한 주주의 의결권의 수에 산입하지 아니한다(상371.2).

는 일반론은 부적절하다고 보고 발행주식총수 요건충족이 어려운 경우138)에만 적용된다는 **예외적 적용설** 등이 주장될 수 있다. **판례**도 보통결의의 요건충족이 어려울 경우 감사선임이 불가능하다는 점을 이유로 든 것으로 보아(2016다222996) 예외적 적용설로 이해된다. 요컨대 상법 개정 전에는 감사선임에서 3%를 초과하는 주식은 여전히 발행주식총수에 포함되지 않지만, 의결정족수 충족이 불가능한 경우에만 이를 발행주식총수 불산입한다고 예외적으로 해석하여야 한다.

(4) 의결권구속계약

의결권구속계약이란 주주간에 주주총회에서 특정 안건에 관한 결의에서 찬성·반대·기권 등의 일정한 방향으로 의결권을 행사할 것을 약정하는 계약을 의미한다. 의결권구속계약의 효력에 관해, 의결권은 주주권의 내용으로서 주주권과 분리양도될 수 없다고 보고 의결권구속계약은 본질적으로 의결권의 개별적(1회적) 양도에 해당한다고 보아 제한적 효력만 가진다는 **제한적 긍정설**, 벤처기업 등 합작기업의 경우 공동지배구조의 유지를 위해 회사에 대한 효력을 인정하는 **긍정설** 등이 주장된다(2편3장2절4.(3)참조). 생각건대 주주의 의결권은 조직(단체)법상의 권한이어서 행사만 할 수 있을 뿐 처분에는 적합하지 않으며, 의결권구속계약은 의결권의 유상매수에 해당할 수 있어 의결권행사의 공정성을 위해 회사의 이익공여금지(상467의2)에 반할 수 있어 회사에 대한 효력이 없어 제한적 긍정설이 타당하다고 본다. 따라서 의결권구속계약의 위반 즉 의결권계약에 반하는 의결권행사가 있더라도 이는 당사자간의 채무불이행 문제가 될 뿐, 주주총회결의의 하자를 구성하지 않고 이를 이유로 주주제안을 거부할 수 없으며 이는 법원의 강제집행의 대상이 되지 않는다.

3. 의결권의 대리행사

(1) 의결권의 행사

주주명부상의 **명의개서**가 되어 있는 주주는 주권의 제시 없이도 자신의 신원

---

138) 예컨대 대주주 보유지분이 78%미만인 경우에는 감사선임결의 정족수 충족에 논리적으로 문제가 없기 때문에 발행주식에 포함시키더라도 감사선임결의에 문제가 없다. 따라서 3%룰 적용으로 행사가능한 의결권수가 25% 미만이 되는 경우(예, A주주가 42%, B주주가 40%를 보유한 경우)에만 이를 예외적으로 해석한다고 본다.

을 증명함으로써 의결권을 행사할 수 있다. 명의개서 미필주주는 원칙적으로 회사에 대해 대항력을 가지지 못하므로 주주권 행사가 허용되지 않는다. 다만 회사가 명의개서 미필주주가 주주임을 인식하고 있는 경우 그 행사를 허용할 것인지에 관해 학설·판례에서 다툼이 있었지만 17년 판결(2015다248342)에 따르면 회사도 이를 허용할 수 없다고 본다(쌍면적 효력설). 주식양도가 자유로워 주주가 수시로 변동될 수 있으므로 회사법은 주주명부상의 주주 즉 의결권 행사 주주를 일정한 시점을 기준으로 확정하기 위해 **주주명부폐쇄제도, 기준일제도** 등을 두고 있다. 그리고 의결권 행사는 '대리에 친한 행위'로 해석되어 주주는 의결권을 대리행사케 할 권한을 가진다고 볼 수 있다. 그리고 회사로서도 의결정족수의 충족을 위해서도 **의결권의 대리행사**가 중요한 의미를 가지며, 주주가 주주총회에 직접 참석이 어려울 경우 의결권의 대리행사를 유도하는 제도적 방법이 요구되고 있다.

(2) 의결권 대리행사

1) **취 지** : 의결권은 주주 본인이 직접 행사하는 것이 원칙이나 대리인이 의결권을 행사할 수 있다(상368.3). 주주는 회사의 지분을 소유하고 있는 자로서 주주의 의결권은 회사의 지배와 관련된 중요한 권리행사이고, 이사와는 달리 전문적 지식이 요구되지 않으므로 직접 권리행사가 요구되는 것은 아니다. 따라서 주주가 직접 의결권을 행사할 수 없을 경우 대리행사가 허용되는데(상368.2), 이는 주주총회 정족수 확보에 도움이 되어 주주 개인을 위해서나 회사의 이익을 위해서 의결권의 대리행사 허용은 **강행규정**으로 이해된다. 따라서 의결권의 대리행사를 금지하는 정관 등은 무효로 본다(통설). 판례는 주주가 일정기간 주주권을 포기하고 타인에게 주주로서의 의결권 행사권한을 위임하기로 약정한 사정만으로는 그 주주가 주주로서의 의결권을 직접 행사할 수 없게 되었다고 볼 수 없다고 본다(2002다54691).

2) **대리권의 증명** : 의결권을 대리행사할 경우 주주와 대리행사자의 관계는 위임관계라 할 수 있으며, 의결권 대리행사자는 회사에 대리권을 증명하는 서면(위임장)을 제출하여야 한다(상368.2). **주식공유**의 경우에는 행사자 1인을 정하여야 하는데(상333.2), 이 역시 의결권 대리행사에 관한 규정이 유추적용되어 권한을 증명하는 서면의 제출이 요구된다고 본다. 대리권을 증명하는 서면이라 함은 **위임장**을 의미하는데 위임장의 효력에 관해 다수의 판례가 있다. 위임장은 위조나 변

조 여부를 쉽게 식별할 수 있는 원본이어야 하고 특별한 사정이 없는 한 사본은 그 서면에 해당하지 않고(94다34579), 팩스를 통하여 출력된 팩스본 위임장의 효력을 부정하였지만(2003다29616), 대리권 증명서면이 사본이라 하더라도 주주가 제3자에의 의결권 위임을 증명할 경우에는 의결권대리행사가 허용된다(94다34579). 그리고 회사가 위임장과 함께 인감증명서, 참석장 등을 제출하도록 요구하는 것은 대리인의 자격을 보다 확실하게 확인하기 위하여 요구하는 것일 뿐, 이러한 서류 등을 지참하지 아니하였다 하더라도 주주 또는 대리인이 다른 방법으로 위임장의 진정성 내지 위임의 사실을 증명할 수 있다면 회사는 그 대리권을 부정할 수 없다고 보았다(2005다22701). 회사법상 대리권은 서면의 위임장에 의해 증명하도록 정하고 있으므로 이와 달리 대리권 증명방법을 정한 정관 등의 규정은 효력이 없다고 봄이 타당하다.

   3) **위임 방식** : ① **포괄적 위임** – 대리권을 증명하는 서면으로 포괄적 위임장은 허용되는가? 이에 관해 매 총회마다 제출하여야 한다는 **부정설**, 포괄적인 위임장도 허용된다는 **긍정설**이 대립하고 있다. **판례**는 주식에 대한 질권 설정과 관련하여, 주식회사에 있어서 주주권의 행사를 위임함에는 구체적이고 개별적인 사항에 국한한다고 해석하여야 할 근거는 없고 주주권행사를 포괄적으로 위임할 수 있다고 보았고(2013다56839), 포괄적 위임을 받은 자는 그 위임자나 회사 재산에 불리한 영향을 미칠 사항이라고 하여 그 위임된 주주권행사를 할 수 있다고 보았다(69다688). 생각건대 의결권의 계속적인 대리가 예정된 경우, 예컨대 은행·신탁회사 등의 관리회사의 경우 개별적 위임장을 요구할 특별한 이유도 없으므로 편의상 포괄적 위임장을 허용함이 타당하다고 생각한다.

   ② **재위임** – 의결권을 위임받은 대리인이 이를 다시 재위임할 수 있는가? 이에 관해 판례는 의결권을 적법하게 위임받은 대리인이 주주총회에 출석한 것은 그 의결권의 범위 내에서는 주주의 수권에 따른 것으로서 주주가 직접 출석하여 의결권을 행사하는 것과 마찬가지로 볼 수 있고, 주주로부터 의결권 행사를 위임받은 대리인은 특별한 사정이 없는 한 그 의결권 행사의 취지에 따라 제3자에게 그 의결권의 대리행사를 재위임할 수 있다(2005다22701, 2013다56839). 회사법은 의결권의 재위임을 제한하고 있지 않아, 재위임이 주주 본인의 이익이나 회사의 이익을 해하지 않을 경우 재위임도 위임의 방식(상368.2)을 따른다면 가능하다고 본다. 대리권을 위임하면서 위임을 금지한 경우에도 회사가 재위임의 제한을 알

수 없는 경우에는 단체법적 이유에서 대리권 행사는 적법하고 주주총회의 하자가 되지 않는다고 본다.

　4) **대리인 자격** : ① **논　의** – 대리인 자격을 주주로 제한하는 정관규정은 유효한가?(**쟁점35**)[139] 이에 관해 주주 이외의 자가 주주총회에 참석함으로써 총회가 교란되는 것을 방지하고 회사의 이익보호를 위하여 이러한 제한도 가능하다고 보는 **유효설**, 원칙적으로 유효이지만 법인주주의 직원, 개인주주의 가족을 대리인으로 선임하는 것을 제한할 수 없다는 **제한적 유효설**, 대리인자격을 제한하는 것은 실질상 주주의 의결권행사를 제한하는 것으로서 일률적으로 무효라는 **무효설** 등이 주장된다. **판례**는 대리인자격을 주주로 한정하는 정관 규정을 유효로 보면서, 주주인 국가·지방공공단체·주식회사 소속의 공무원·직원·피용자 등이 그 주주를 위한 대리인으로서 의결권을 대리행사는 것은 허용된다고 보아(2005다22701) 제한적 유효설을 따르고 있다.

　② **검　토** – 법정대리, 법인주주, 국가주주인 경우에 대리인 자격을 주주로 제한하는 정관은 사실상 의결권 행사를 방해하는 규정이라 할 수 있어 무효라 본다. 그밖에 이러한 특수관계가 없는 일반적인 경우에도 회사의 주주총회 질서유지를 위해 회사법이 허용하고 있는 주주의 의결권 위임권한을 제한하는 정관규정은 강행법규의 취지에 반하여 무효라 본다(무효설). 그리고 주주 이외의 자가 대리함으로 인해 발생하는 총회교란은 대리인자격만으로 해소되지 않으므로 이는 원칙적으로 총회의장의 질서유지권(상366의2)에 의해 해결될 문제라 본다.

　5) **복수의 대리인** : ① **논　의** – 주주는 의결권 행사를 위해 수인의 대리인을

---

[139]　**대리인 자격제한의 효력(쟁점35)**에 관해, **유효설**은 주주 이외의 자가 주주총회에 참석함으로써 총회가 교란되는 것을 방지하고 회사의 이익보호를 위하여 이러한 제한도 가능하다고 보는 견해이다. 동 견해는 법인주주의 의사에 따른 직원의 의결권 행사는 허용되고, 설사 정관에 대리인 자격이 주주로 정해지더라도 회사가 주주 아닌 대리인에 의한 의결권행사를 거절하지 않을 수도 있다고 본다(정찬형901). **제한적 유효설**은 원칙적으로 유효이지만, 법인주주인 경우에는 그 직원, 개인주주인 경우에는 그 가족을 대리인으로 선임하는 것을 제한할 수 없다고 본다(정동윤336, 권기범721, 송옥렬934, 최기원476, 최준선376). **무효설**은 대리인자격을 제한할 경우 대리인 선임에 애로가 생겨(2인주주 회사, 상장회사의 소수주주) 의결권 행사를 포기하게 되고, 제한적 유효설은 회사나 단체와 자연인간의 평등의 원칙에 반한다는 점, 대리인의 선임은 주주가 의결권을 행사하기 위한 수단이므로 성질상 정관자치의 대상이 될 수 없다는 점에서 대리인 자격을 주주로 제한하는 정관규정을 획일적 무효로 본다(이철송545, 장덕조245, 채이식479).

선임할 수 있는가?(**쟁점36**)[140] 이에 관해 대리인의 수에 대해 회사법에는 특별한 규정이 없으므로 가능하다고 보며, 수인의 대리인을 선임함으로써 1인의 독주를 견제하는 실익이 있다고 보는 **긍정설**, 수인의 대리인을 선임할 수 없다고 보아 회사는 1인을 제외한 나머지 대리인이 총회에 출석하는 것을 거부할 수 있다는 **부정설** 등이 주장된다. **판례**는 수인의 대리인의 선임을 긍정하면서, 요건을 갖추지 못한 채 의결권의 불통일행사를 위하여 수인의 대리인을 선임하고자 하는 경우에 회사는 이를 거절할 수 있다고 본다(2001도2917).

② 검 토 – 권리행사자 1인을 정하도록 한 공유주식의 의결권행사(상333.2)와 단독소유주식의 의결권행사는 구별되므로 공유주식의 권리행사자에 관한 규정이 복수의 대리인 선임을 부정할 근거는 되지 못한다고 본다. 그리고 사법관계에서 수인의 대리인 선임은 허용되고 회사법에서도 이를 금지하지 않으며 공동대리에 의한 대리권자간의 견제의 실익이 있을 수 있어 수인의 대리인을 선임할 수 있다고 본다. 다만 수인의 대리인이 의결권을 불통일 행사할 경우에는 그 절차요건(상368의2.1)을 충족하여야 하므로 이 경우 수탁주식·수임주식이 아닌 경우 회사가 거부할 수 있으며(상368의2.2), 대리인의 수가 통상의 범위를 벗어날 경우 권리남용이 되어 의결권 행사가 부정될 수 있다.

6) **회사의 거절권한** : ① 논 의 – 회사는 주주의 부당한 의결권 대리행사를 거절할 수 있는가? 예를 들어 의결권의 대리행사자를 적절한 이유 없이 다수로 하여 주주총회의 진행을 어렵게 한다든지 전문적으로 총회교란을 시도한 전력이 있는 자를 의결권 대리행사자로 선임할 경우에 회사가 의결권대리행사를 거절할 수 있는가? 이에 관해 판례는 주주의 자유로운 의결권 행사를 보장하기 위하여 주주가 의결권의 행사를 대리인에게 위임하는 것이 보장되어야 한다고 하더라도 주주의 의결권 행사를 위한 대리인 선임이 무제한적으로 허용되는 것은 아니고, 그 의결권의 대리행사로 말미암아 주주총회의 개최가 부당하게 저해되거나 혹은 회사의 이익이 부당하게 침해될 염려가 있는 등의 특별한 사정이 있는 경우에는 회사는

---

140) **복수의 대리인의 선임 허용성**(**쟁점36**)에 관해, **긍정설**은 일반적으로 공동대리가 허용되는 한 의결권의 공동대리를 부정할 이유는 없다고 보며 수인의 대리인을 선임함으로써 1인의 독주를 견제하는 실익이 있다고 본다(이철송546; 정찬형902). **부정설**은 대리인의 수에 관하여 명문의 규정은 없으나, 총회의 원활한 진행을 위하여 2인 이상의 대리인이 출석하는 경우에는 회사는 1인을 제외한 나머지를 거절할 수 있다고 본다(정동윤556, 권기범722).

이를 거절할 수 있다고 보았다(2001도2917, 2005다22701).

② 검   토 - 의결권 대리행사의 거절을 허용하는 회사법상의 명문 규정이 없어 의문이다. 의결권 대리행사를 거절하여 주주총회결의가 이뤄진 경우 회사의 거절권한이 인정되지 않을 경우 주주총회결의의 하자가 되어 의결권 대리행사의 거절은 회사나 주주에게 상당히 부담이 되는 회사의 행위라 할 수 있다. 하지만 회사의 주주총회 진행에 장애를 초래할 위험이 현존하는 경우에는 의결권 대리행사는 **권리남용**에 해당할 수 있어 대리인의 총회입장을 허용하지 않게 할 수 있다고 본다. 다만 어떤 정도의 의결권 대리행사가 이뤄질 경우 주주총회에 장애를 초래할 것인가 하는 주주총회 진행에 장애를 초래할 위험의 현존성에 관해 다툼이 생길 여지는 있어 신중하게 판단할 필요가 있다.

[비교법]   MBCA도 의결권의 대리행사를 보장하고 있다(MB7.22a). 본인 주주는 대리인 (proxy)의 위촉을 원칙적으로 철회할 수 있지만, 이해관계로 철회할 수 없음을 위임장에 명시한 경우에는 그러하지 아니하다. 이해관계에 의한 철회불가능한 경우로는 질권자(pledgee), 주식매수인, 대리인 위촉을 조건으로 회사에 신용을 제공한 회사채권자, 대리인 위촉을 요구하는 고용계약의 피용자, 의결권계약 당사자 등이다(MB7.22d). 다만 이해관계가 소멸된 경우 철회가능하게 되며(f), 철회불능위임의 주식의 선의의 양수인은 주권에 철회불능사실이 명시되지 않은 한 위임을 철회할 수 있다(g). 대리인을 위촉한 주주의 사망·무능력은 원칙적으로 대리인의 권리행사에 영향을 미치지 않고 다만 권한 행사 전에 사망·무능력 통지가 수령된 경우에는 예외이다.

(3) 의결권 대리행사의 권유

1) **의   의** : 의결권 대리행사의 권유(proxy solicitation)란 회사 등(의결권권유자)이 주주(의결권피권유자)에게 의결권을 대리행사할 수 있도록 위임해 줄 것을 적극적으로 요청하는 행위를 말한다. 이는 주주총회의 의결정족수를 성립시키고 주주의 의사를 적극적으로 반영하기 위한 제도이지만 경영권 쟁취를 위한 수단으로 활용되기도 한다. 기업인수·합병이 활성화되면서 지배권의 확보를 목적으로 한 위임장 쟁탈전(proxy contest)이 증가하고 있다. 의결권권유자는 발행회사에 국한되지 않고 발행회사 이외의 자도 가능하지만, 공공적 법인의 경우에는 그 법인만이 의결권권유자가 될 수 있다(자본152.3). 의결권은 주주의 중요한 권리이지만 의결권 행사에 무관심한 주주가 많아 주주총회결의의 성립을 위해 의결권 대리행사의 필요성은 긍정되지만, 의결권 대리행사에 관한 정확한 정보제공이 전제되지 않으면 타인에 의한 주주의 의결권의 사취가 일어날 가능성이 많으므로 주

주 보호를 위한 절차가 요구된다.

2) **법적 성질** : 백지위임장 송부에 의한 대리행사의 권유의 법적 성질에 관해 통설은 **대리인 선임계약의 청약**으로 보고 주주가 하는 위임장의 반송을 승낙으로 보아, 위임장이 회사에 도달한 때 대리인의 선임에 관한 위임계약이 체결된다고 본다. 하지만 일반적인 의결권 대리행사를 위한 위임계약과는 달리, 본인인 주주의 적극적 의사에 의한 대리권의 위임이 아니라 수임인의 적극적 의사(청약)에 의해 대리권이 위임되며 의안에 대한 수임인의 의사가 표시되어 권유되는 경우도 있다. 따라서 의결권 대리행사의 권유는 단순히 의결권의 위임만 권유되는 유형과 의안에 대한 찬부의사표시까지 특정하여 위임이 권유되는 유형으로 구별할 수 있다. 자본시장법은 의결권 대리행사의 권유시 의결권피권유자가 찬반을 명기할 수 있도록 하고 있어, 의결권권유자는 의안에 관해 자신의 판단에 따라 의결권을 행사하는 것이 아니라 의결권피권유자가 표기한 의결권의 행사를 대행하는 지위에 있다(자본152.5)

3) **권유방식** : ① 제한 취지 – 회사법은 의결권 대리행사 권유에 관해 규정하고 있지 않아 대리인 선임계약의 청약의 성질을 가진 의결권 대리행사 권유가 허용됨은 물론 그 방식 역시 자유롭다고 할 수 있다. 하지만 단순히 주주총회의 성립을 위한 의결권 대리행사 권유가 아니라 경영권 쟁취 등의 목적일 경우 주주의 피해가 우려되므로 특히 상장법인의 경우 권유방식 등을 자본시장법에서 엄격하게 제한하고 있다(자본152~158). 자본시장법은 자기 또는 제삼자에게 의결권의 행사를 대리시키도록 권유하는 행위 이외에도 의결권의 행사·불행사·위임철회를 요구하는 행위 또는 의결권의 확보·취소 등을 목적으로 주주에게 위임장 용지의 송부, 의견제시도 의결권 대리행사의 권유에 포함시키고 있다(자본152의2.2).

② **위임장 등** – 자본시장법에 의하면, 의결권권유자는 반드시 일정한 양식의 위임장 용지와 참고서류를 의결권피권유자에게 교부하여야 하는데, 위임장 용지는 주주총회의 목적사항 각 항목에 대하여 의결권피권유자가 찬반(찬반)을 명기할 수 있도록 하여야 한다(자본152의2.4). 통상 대리인은 위임장에 표시된 찬반표시에 따라 의결권을 대리행사 하되, 만일 위임장의 의안 중 전부 또는 일부에 대하여 찬반표시가 이루어지지 않은 채 대리인에게 위임장이 반송되는 경우에는 대리인은 권유주주들이 찬부를 권유한 의안에 대하여는 권유한 대로, 권유하지 아

니한 의안에 대하여는 주주의 이익을 최대한 도모할 수 있다고 대리인이 합리적으로 판단하는 바에 따라 의결권을 대리행사하게 된다(2001다12973).

4) **대리의 효과** : ① 대리권 남용 – 권유자는 위임장용지에 나타난 피권유자의 의사에 따라 의결권을 행사하여야 하고(자본152.5), 권유자의 의결권 행사는 피권유자의 의결권 행사와 동일한 효과가 발생한다. 만일 권유를 하면서 주주총회의 목적사항을 적시하고 그에 대한 찬부를 명기하도록 하였는데, 대리인이 명기된 주주의 의사에 반하여 의결권을 행사한 경우 의결권행사는 유효한가? 이는 일종의 **대리권의 남용**으로서 위임인인 주주의 의사가 관철되지 않아 주주의 이익이 침해되지만, 회사는 의결권에 관한 대리권남용을 알 수 없을 뿐만 아니라 의결권 행사는 단체법상의 행위이므로 회사 및 기타 이해관계인의 이익보호를 위해 남용된 의결권 행사도 유효하고 수임인의 손해배상책임이 문제될 뿐이라고 보아야 한다. 다만 회사가 권유자이거나 대리권자일 경우 남용된 대리행위의 악의의 상대방이 되어 주주는 의결권 행사의 무효를 주장할 수 있다고 보아 결의에 하자가 있는 것으로 된다.

② 수임인 사퇴 – 주주총회의 결의 전에 의결권 대리행사를 권유하여 수임한 수임인이 사퇴할 수 있는가? 이에 관해 위임사항인 의결권 대리행사는 1회적이고 자칫 실기하기 쉬우므로 수임인은 사퇴할 수 없다고 하는 **부정설**이 주장된다. 생각건대 회사법이나 자본시장법은 수임인의 사퇴에 관한 규정을 두고 있지 않는데, 의결권 대리행사에 관한 수임인의 사퇴의 법적 성질은 위임계약의 해지에 해당한다고 본다. 따라서 수임인의 사퇴는 민법 제689조가 적용되어 상호해지는 자유로우며 당사자 일방이 부득이한 사유 없이 상대방에 불리한 시기에 계약을 해지한 때에는 손해배상책임이 문제된다고 본다(**긍정설**).

4. 의결권의 특수한 행사

(1) 의결권의 불통일행사

1) **개 념** : 주주는 2개 이상의 의결권을 통일하지 않고 행사할 수 있다(상368의2.1). 예를 들어 100주를 가지고 있는 주주가 특정안건에 관해 60주는 찬성하고 30주는 반대하고 10주는 기권하는 경우이다. 의결권의 불통일행사를 인정하는 실익은, 명의주주와 실질주주가 다른 경우로서 다수의 실질주주로부터 위탁받아 주

식을 소유하는 명의주주가 실질주주의 의사를 반영하여 의결권을 행사하기 위해 필요하다. 예를 들어 수인의 위탁자로부터 주식을 신탁받아 관리하고 있는 신탁회사, 고객으로부터 주식을 위탁받아 보유하는 증권회사 등이 이에 해당한다.

2) **절 차** : 의결권의 불통일행사를 위해서는 사전절차가 요구된다. 의결권을 불통일행사하려는 주주는 회일의 3일 전에 회사에 대하여 서면으로 그 뜻과 이유를 통지하여야 한다(상368의2.1). 판례는 여기서 3일의 기간이라 함은 의결권의 불통일행사가 행하여지는 경우에 회사 측에 그 불통일행사를 거부할 것인가를 판단할 수 있는 시간적 여유를 주고, 회사의 총회 사무운영에 지장을 주지 아니하도록 하기 위하여 부여된 기간이 본다. 따라서 3일전이라는 시한보다 늦게 도착하였다고 하더라도 회사가 스스로 총회운영에 지장이 없다고 판단하여 이를 받아들이기로 하고 이에 따라 의결권의 불통일행사가 이뤄진 것이라면 그것이 주주평등의 원칙을 위반하거나 의결권 행사의 결과를 조작하기 위하여 자의적으로 이뤄진 것이라는 등의 특별한 사정이 없는 한 그와 같은 의결권의 불통일행사를 위법하다고 볼 수는 없다(2005다22701).

3) **포괄적인 불통일행사** : 의결권의 불통일행사를 매 주주총회마다 사전통지하지 않고 일정 기간에 걸쳐 소집되는 모든 주주총회에 대해 포괄적으로 의결권 불통일행사의 사전통지도 가능한가?(**쟁점37**)[141] 이에 관해, 계속적 불통일행사의 이유만 있다면 허용된다는 **긍정설**, 불통일 행사의 통지는 실질주주를 확정하는 의미가 있으므로 총회 때마다 통지하여야 한다고 보는 **부정설** 등이 주장된다. 생각건대 상법 제368조의2는 실질주주를 확정하기 위한 규정은 아니며 계속적으로 의결권을 불통일행사할 이유(예, 우리사주조합의 대표)가 통지된 경우, 그 이유가 부당할 경우 회사는 특정 주주총회에 관해 이를 거부할 수도 있다. 이렇게 볼 때 동일한 내용의 통지를 반복할 실익은 없고 통지에 의해 실질주주의 확정의 효과는 발생하지 않으며 형식주주의 의결권 행사만 문제될 뿐이므로, 회사에 불이익이 없다면 주주의 편의성이 반영된 포괄적인 의결권 불통일행사를 부정할 이유가 없

---

141) **포괄적 의결권 불통일행사의 허용성(쟁점37)**에 관해, **긍정설**은 계속적 불통일행사의 이유만 있다면 대리행사시의 위임장과 같이 포괄적인 통지가 가능하다는 견해(정찬형905)이고, **부정설**은 주주의 확정은 총회 때마다 하여야 하고 의결권의 불통일 행사의 통지는 실질주주를 확정하는 의미가 있으므로 총회 때마다 통지하여야 한다고 본다(이철송542).

다는 점에서 긍정설이 타당하다고 본다.

 4) **회사의 심사와 거부** : 주주의 의결권 불통일행사 통지에 대해 회사는 심사 후 일정한 요건을 갖추지 못한 경우에는 이를 거부할 수 있다. 상법은 주주가 주식의 신탁을 인수하였거나 기타 타인을 위하여 주식을 가지고 있는 경우 외에는 회사는 주주의 의결권의 불통일행사를 거부할 수 있다고 규정하고 있다(상368의2.2). **수탁·수임주식** 이외의 경우 회사의 거부는 자유로운가? 이에 관해 신탁자인 주주의 개념은 비교적 명확하나 '타인을 위한 주식보유'는 다소 개념이 모호하다. 위탁매매인이 위탁자의 주식을 가지고 있는 경우, 예탁기관이 주식예탁증서(DR)를 발행한 경우, 공유자 1인이 자신의 명의로 주식을 가지고 있는 경우 등이 이에 포함된다고 보는 견해가 있다. 생각건대 회사의 거부권은 형식적 요건(3일전 통지)을 충족하지 못한 경우에 이뤄질 수도 있지만, 불통일행사를 할 실질적 이유에 대한 회사의 판단권한을 전제한다. 따라서 수탁·수임주식(상368의2.2)은 예시로 보아야 하고 불통일행사를 통지한 형식주주가 기타 적법한 실질주주의 존재를 증명하는 경우에는 회사는 의결권 불통일행사를 거부할 수 없다고 본다.

 [shadow voting(그림자투표)] 다른 주주의 의결권행사 결과에 비례하여 의결권 불행사자의 의결권을 분할하여 행사한 것으로 간주하는 제도를 의미한다. 한국예탁결제원에 예탁되어 예탁결제원의 이름으로 명의개서된 상장법인의 주식은 실질주주가 주주권을 행사하지만 실질주주가 주주총회일 5일 전까지 증권예탁원에 의결권을 직접행사, 대리행사 또는 불행사의 뜻을 표시하지 아니하면 예탁결제원이 의결권을 행사한다(자본 314.5). 자본시장법은 주식의 분산으로 인한 의결정족수 확보의 곤란을 극복하기 위해 실질주주가 의결권의 직접행사, 대리행사, 불행사의 뜻을 표시하지 아니한 경우 주식을 예탁하고 있는 자가 권리행사주주의 의결권행사에 비례하여 주주의 의결권을 중립적으로 대리행사할 수 있도록 제도를 마련하였다. 그러나 shadow voting은 의결정족수 충족에는 장점이 있는 제도이지만 이로 말미암아 회사는 소수주주의 주주총회 참여를 위한 노력을 하지 않게 되어 결과적으로 회사지배구조의 투명성을 저해한다는 지적이 있어 2013년 자본시장법 개정시 동 제도를 폐지하여 2015년부터는 shadow voting에 의한 정족수 충족이 불가능하게 되었다. 따라서 회사 특히 주식분산이 확대되어 있는 상장회사는 주주총회 정족수 충족을 위한 대책이 요구되게 되었다. 후술하는 서면투표제도, 전자투표제도가 이를 위해 보다 더 활발하게 이용되리라 예상되고 의결권대리행사권유제도도 보다 활성화되리라 본다.

 5) **효 과** : 주주의 의결권의 불통일행사를 회사가 거부하지 않은 경우에 행사

된 의결권은 찬성·반대의 의결권이 서로 상계되지 않고 각각 계산된다. 그리고 의결권의 불통일행사는 의안마다 하는 것이므로 어떤 의안에 대해서 불통일행사하고 다른 의안에 대해서는 통일적으로 행사하는 것도 허용된다고 본다. 그리고 회사가 부당하게 의결권 불통일행사를 거부한 상태에서 진행된 주주총회결의는 유효한가? 신탁인수, 타인을 위한 주식보유의 경우임에도 불구하고 회사가 거부하는 등 회사의 거부행위의 부당성이 증명될 경우 이는 주주총회 결의방법에 하자에 해당할 수 있어 주총결의의 하자가 될 수 있다고 본다.

(2) 서면에 의한 의결권행사

1) **개 념** : 주주는 정관이 정한 바에 따라 총회에 출석하지 아니하고 서면·전자문서에 의하여 의결권을 행사할 수 있으며, 회사는 총회의 소집통지서에 주주의 서면에 의한 의결권행사에 필요한 서면·참고자료를 첨부하여야 한다(상368의3). 서면에 의한 의결권행사제도는 회사의 경영에 무관심한 소수주주의 의결권행사를 용이하게 함으로써 주주총회를 원활하게 하고, 외국에 소재하는 주주의 권리행사를 용이하게 하는 제도적 취지를 가지고 있다. **전자투표제도**가 도입되어 서면에 의한 의결권행사제도의 실익이 줄었지만 양자는 별개의 제도이며, 서면에 의한 의결권행사는 총회의 불출석을 전제하므로 주주총회에 출석하여 하는 서면에 의한 의결권 행사방식인 **서면결의**와도 구별된다. 특히 서면에 의한 의결권행사는 서면뿐만 아니라 전자문서에 의해서도 의결권행사가 가능한데, 이 경우에도 서면 대신 전자문서를 사용할 뿐이고 정관의 규정이 요구되므로 이사회결의만 있으면 진행될 수 있는 전자적 방법에 의한 의결권행사(전자투표제도, 상368의4)와는 구별된다.

2) **요 건** : ① 개 요 – 주주가 서면에 의해 의결권을 행사하려면 ⅰ) 정관에 이를 허용하는 규정이 있어야 하고, ⅱ) 회사는 의결권행사 서면과 참고서류를 소집통지서에 첨부하여야 하며, 주주는 ⅲ) 총회에 출석하지 않고, ⅳ) 서면·전자문서로 의결권을 행사하여야 한다. 따라서 정관에 서면투표를 허용하는 규정을 둔 회사는 주주의 서면투표를 위해서 모든 주주에게 의결권행사 서면과 참고서류를 소집통지서에 첨부하여야 하므로 회사의 업무와 비용이 과중하게 되어 서면투표제도이 이용이 저해되고 있다. 따라서 서면투표제도의 활용을 위해서는 회사 홈페이지의 전자공시제도 등에 의해 참고서류의 첨부를 대신할 수 있게 하는 입법

론적 고려가 요구된다고 본다.

② **도달시한** – 의결권이 행사된 서면은 언제까지 도착하여야 하는가? 회사법은 서면의 **도달시한**에 관한 규정을 두고 있지 않은데, 정관에 특별규정을 두지 않았을 경우 주주총회의 회일 전일까지 도달하여야 한다고 해석하는 **전일설**(통설). 총회당일의 총회개시 전에 제출된 서면투표도 회사가 유효한 것으로 인정하는 것은 무방하다는 **당일설**이 주장된다. 생각건대 회사에 도달한 서면에 의한 의결권 행사의 정리가 요구되어 주주총회일의 혼란을 예방하기 위해 총회일 전일까지 도달하여야 한다는 통설의 취지를 이해할 수 있지만 도달시한에 관한 규정을 두어 법률관계를 명확히 할 필요가 있다. 상법시행령에서 전자투표시한을 주주총회 전날까지임을 통지·공고하도록 하는 규정(상령13.2.2호)을 두고 있어 사실상 주주총회 전일이 도달시한이라 해석된다. 다만 회사의 선택에 의해 당일 도착분을 유효하게 볼 수 있는 재량권을 회사에 부여하는 것은 주주총회결의를 경영진에 유리하게 선택할 우려가 있어 타당하지 않다고 본다.

3) 효 력 : ① **위험부담** – 서면으로 의결권을 행사하는 주주는 회사가 보낸 의결권을 행사할 서면에 찬부의 의사를 표기하여 회사에 제출하여야 한다. 서면에 의한 의결권행사는 주주총회에 출석한 주주의 의결권행사와 동일한 가치가 부여된다. 제출된 의결권 행사서면은 회사에 도달함으로써 투표의 효력이 발생하는데 주주와 회사의 과실 없이 의결권 행사서면이 도달하지 않았을 경우 부도달의 위험은 누가 부담하는가? 이에 관해 **주주부담설**이 주장되는데, 서면에 의한 의결권 행사는 주주의 선택에 의한 의결권 행사이므로 그로 인해 발생하는 부도달의 위험까지 선택권을 행사한 주주가 부담하는 것이 적절하다고 본다.

② **수정제안 등** – 총회소집통지서에 기재된 회의의 목적사항의 범위 내에서는 주주총회 도중에 수정제안이 가능하다고 보는데, 수정제안의 경우 서면투표를 한 자는 수정안에 대해 어떠한 입장으로 이해할 것인가? 이에 관해 **결석설·기권설·반대설·수정설** 등이 주장될 수 있다. 생각건대 의결권을 서면으로 행사한 자들의 불확실한 의사가 주주총회에서 수정동의안에 대해 명백한 의사를 표명한 주주총회 출석자들의 의사결정에 영향을 미쳐서는 안 된다고 볼 때 **기권설**이 타당하다고 본다. 서면으로 행사한 의결권을 주주총회에 출석하여 번복할 수 있는가? 서면으로 행사한 **의결권의 번복**이라 함은 서면투표의 효력이 발생하기 전에 의결권행사를 철회하고 다시 의결권을 행사하는 것이므로 정관 등에 특별히 이를 금지하는

규정이 없는 한 서면에 의한 의결권행사를 주주총회에 출석하여 번복하는 것을 금지시킬 수 없다고 본다.

(3) 전자적 방법에 의한 의결권행사

1) **개 념** : 회사법상 전자적 방법에 의한 의결권행사(이하 **전자투표**라 함)라 함은 주식회사의 주주총회에서 의사결정을 함에 있어 주주 또는 그 대리인이 현장주주총회에 출석하거나 서면투표를 하는 대신 전자적 방법으로 의결권을 행사하는 것을 의미한다(상368의4). 이사회는 회의진행을 전자적 방식으로 진행할 수 있으나(상391.2), 원칙적으로 **현장주주총회**가 개최되어야 하는데, 총회출석이 어려울 경우 전자투표를 할 수 있게 하는 취지이다. 서면투표제도는 정관의 규정이 요구될 뿐만 아니라 참고서류의 송부가 요구되는데 반해, 전자투표는 이사회결의만으로 이용가능하고 참고서류의 송부가 요구되지 않아 그 이용이 용이하지만 시스템 구축에 비용이 소요될 수 있다. 그리고 전자투표의 개념은 향후 전자주주총회로 발전할 가능성이 많지만 **전자주주총회**는 현장주주총회를 대신하는데 반해 전자적 방식에 의한 의결권행사는 현장주주총회가 개최되는 것을 전제한다는 점에서 구별된다.

2) **요 건** : ① **이사회결의** – 주식회사는 이사회의 결의로 주주가 총회에 출석하지 아니하고 전자적 방법으로 의결권을 행사할 수 있음을 정할 수 있다(상368의4.1). 따라서 전자투표제도를 이용하기 위해 회사는 서면투표제도와 달리 정관의 기재는 요구되지 않아 이사회결의만으로 가능하므로 편의성이 높다. 여기서 이사회결의라 함은 통상적으로 주주총회의 소집을 위한 이사회결의를 의미하여 주주총회 소집결의를 하면서 전자투표가 허용여부를 결정하지만, 주주총회의 소집결의와 별도의 이사회결의로 전자적 방법에 의한 의결권행사를 허용하더라도 무방하다고 본다.

② **통지·공고** – 회사는 주주총회 소집통지나 공고를 할 때에는 주주가 전자적 방법에 의해 의결권을 행사할 수 있다는 내용을 통지하거나 공고하여야 한다(상368의4.2). 회사의 공고는 정관으로 정하는 바에 따라 전자적 방법으로 할 수 있으며(상289.3), 이 경우 대통령령으로 정하는 기간까지 계속 공고하고 공고기간 이후에도 누구나 그 내용을 열람할 수 있도록 하여야 하며(상289.4), 게시기간과 게시내용에 대하여 증명하여야 한다(상289.5).

③ **정보제공** – 주주가 전자투표를 하기 위해서는 주주총회의 의제사항과 의안의 요령을 미리 알 필요가 있다. 회사법은 회사는 의결권행사에 필요한 양식과 참고자료를 주주에게 전자적 방법으로 제공한다고 정하고 있어(상368의4.3), 전자투표를 실시하는 회사는 의결권을 행사할 수 있도록 전자투표양식과 주주총회의 목적사항과 의안의 요령을 전자문서의 형식으로 송부하여야 한다. 전자적 방식에 의한 정보제공이 가능하여 참고서면 제공에 많은 비용이 소요되는 서면투표제도에 비해 효율적인 제도이다.

④ **주주확인** – 회사가 전자투표를 허용할 경우에도 주주인지 여부를 확인하는 절차는 매우 중요한 절차로서 전자투표의 전제가 된다. 회사가 전자투표를 결의한 경우에 주주는 주주확인절차 등 대통령령으로 정하는 바에 따라 의결권을 행사하여야 한다(상368의4.3). 주주본인확인은 전자서명법, 정보통신망법에 따른 본인확인방법을 이용하여야 하고 전자투표는 전자서명법상의 전자서명(전서2.2호)을 통하여 하여야 한다(시행13.1). 전자투표를 실시하기로 이사회결의를 한 회사는 주주총회 소집통지나 공고에 전자투표를 할 인터넷 주소(1호), 전자투표기간 – 주총전일까지(2호), 기타 기술적 사항(3호) 등을 포함하여야 한다(시행13.2).

3) 효 과 : 전자투표의 경우에도 의결권 행사의 시한, 수정제안, 의결권의 번복이 문제되지만, 그에 관한 논의는 서면투표제도에서와 동일하다. 전자투표에 관해서는 기록의 보존, 서면투표와의 병행가능성 등이 문제된다. 그밖에 전자적 의사표시에서 비롯되는 해석상 문제 즉 전자투표과정에 기술적 문제(해킹, 시스템다운, 전자적 오류 등)가 발생한 경우 의결권을 어떻게 처리할 것인가, 전자적 의결권 위임이 가능한지 등이 문제될 수 있다.

① **기록보존의무** – 회사는 의결권행사에 관한 전자적 기록을 총회가 끝난 날부터 3개월간 본점에 갖추어 두어 열람하게 하고 총회가 끝난 날부터 5년간 보존하여야 한다(상368의4.5). 전자적 방식에 의한 의결권행사의 결과는 주주총회결의의 효력에 관한 다툼 특히 결의방법, 정족수 충족 등에 관한 다툼에서 중요한 증거가 되므로 특별히 보존의무에 관한 규정을 두고 있다.

② **서면투표와의 관계** – 서면투표제도와 전자적 방식에 의한 의결권행사는 둘 다 의결권행사를 용이하게 하는 제도로서 양자가 서로 충돌할 가능성이 있다. 즉 서면투표를 한 주주가 다시 전자적 방법에 의해 의결권을 행사하거나 그 반대의 경우 의결권 행사와 그 산정에 혼란이 발생할 수 있으므로 이를 방지할 필요가 있

다. 회사법은 동일한 주식에 관하여 전자적 방법 또는 서면투표의 방법에 따라 의결권을 행사하는 경우 전자적 방법 또는 서면 중 어느 하나의 방법을 선택하도록 규정함으로써(상368의4.5), 서면투표를 허용하는 정관을 둔 회사의 이사회는 전자투표를 실시한다는 결의를 할 수 없고 그러한 결의는 무효가 된다.

5. 이익공여금지의 원칙

1) **취 지** : 회사는 누구에게든지 주주의 권리행사와 관련하여 재산상의 이익을 공여할 수 없다(상467의2.1). 회사가 경영권의 유지를 위해 특정주주에게 재산상의 이익을 공여하고 의결권행사를 자신에게 유리하게 할 수 없도록 하여, 주주총회를 원활하게 하고 회사의 이익을 보호하기 위한 취지이다.

2) **적용 요건** : 이익공여금지의 대상으로서 **주주의 권리**란 법률과 정관에 따라 주주로서 행사할 수 있는 모든 권리를 의미한다. 따라서 주주총회에서의 의결권, 대표소송 제기권, 주주총회결의에 관한 각종 소권 등과 같은 공익권뿐만 아니라 이익배당청구권, 잔여재산분배청구권, 신주인수권 등과 같은 자익권도 포함하지만, 회사에 대한 계약상의 특수한 권리는 포함되지 아니한다(2015다68355). 그리고 **권리행사 관련성**이란 주주의 권리행사에 영향을 미치기 위한 것을 의미한다(2015다68355). **재산상 이익**의 범위는 회사가 특정의 주주에 대하여 무상으로 재산상의 이익을 공여한 경우에는 주주의 권리행사와 관련하여 이를 공여한 것으로 추정한다. 회사가 특정의 주주에 대하여 유상으로 재산상의 이익을 공여한 경우에 있어서 회사가 얻은 이익이 공여한 이익에 비하여 현저하게 적은 때에도 또한 같다(상467의2.2).

3) **효 과** : 회사가 이익공여금지규정에 위반하여 재산상의 이익을 공여한 때에는 그 이익을 공여받은 자는 이를 회사에 반환하여야 한다(상467의2.3). 이 경우 회사에 대하여 대가를 지급한 것이 있는 때에는 그 반환을 받을 수 있다. 주주대표소송에 관한 상법상의 규정을 이익의 반환을 청구하는 소에 대하여 준용한다(상467의2.4 → 403~406). 주식회사의 이사, 집행임원, 감사위원회 위원, 감사 등이 주주의 권리 행사와 관련하여 회사의 계산으로 재산상의 이익을 공여한 경우에는 1년 이하의 징역 또는 300만원 이하의 벌금에 처한다(상634의2.1). 다만 주

주의 권리행사에 관한 이익공여의 죄는 주주의 권리행사와 관련 없이 재산상 이익을 공여하거나 그러한 관련성에 대한 범의가 없는 경우에는 성립할 수 없다고 본다(2015도7397).

Ⅳ. 주주총회의 의사와 결의

1. 의사진행

(1) 의 장

1) **선 임** : 상법에는 의사진행에 관해 총회의 질서유지(상366의2), 연기·속행에 관한 규정(상372), 의사록작성(상373)만 둘 뿐 의장 및 주주총회의 의사진행에 관한 아무런 규정을 두고 있지 않다. 따라서 정관에 따라 주주총회의 의사가 진행되고 정관에도 별도의 규정이 없으면 회사의 내부규정이나 주주총회 진행에 관한 관행, 회의의 일반원칙에 따라 진행된다. 주주총회는 회의체기관이므로 회의의 진행을 위해서는 의장이 요구되고, 회사법에도 총회의사록에 의장이 기명날인·서명하도록 규정하고 있어(상373.2) 주주총회에는 의장의 선임이 필요하다. 통상적으로 주주총회의 의장은 정관에 따라 대표이사가 맡으나, 정관에 특별한 규정이 없는 경우 주주총회에서 선출된다(상366의2.1). 총회의 의장은 총회의 질서를 유지하고 의사를 정리한다(상366의2.2).

2) **총회질서유지권** : 총회의 의장은 총회의 질서를 유지하고, 고의로 의사진행을 방해하기 위한 발언·행동을 하는 등 현저히 질서를 문란하게 하는 자에 대하여 그 발언의 정지 또는 퇴장을 명할 수 있다(상366의2.2,3). 주주총회가 정상적으로 개회되어 진행됨으로써 결의에 이를 수 있게 하도록 주주총회 의장에게 총회질서유지권을 부여하고 있다. '현저히 주주총회의 질서를 문란하게 하는 자'란 주주총회에서 자유로운 발언, 행동이 전제된 상태에서 고의로 의사진행을 방해하는 발언, 행동을 의미하므로, 다수 주주의 의사라 하더라도 이에 대한 소수주주의 질문, 이견 제시는 합리적 범위 내에서는 이에 해당하지 않는다. 의장의 총회질서유지권은 **발언정지·퇴장명령권**으로 행사되는데, 의장이 이를 남용할 경우 주주의 발언권·질문권 등을 침해할 가능성이 있으므로 이들 권리가 침해되지 않는 범위 내에서 신중하게 행사되어야 한다. 의장의 부당한 총회질서유지권의 행사는 결의방

법에 관한 하자가 되어 주주총회결의의 취소원인이 될 수도 있다.

3) **의사록 작성·비치의무** : 총회의 의사에는 의사록을 작성하여야 한다. **주주총회 의사록**이란 주주총회의 의사경과 요령과 그 결과를 기재한 회사의 장부를 의미하며, 주주총회 의사록에는 의장과 출석한 이사가 기명날인·서명하여야 한다(상373). 그리고 주주총회의 의사진행은 주주에 중요한 이해관계를 가지므로 그 내용에 관해 주주들간의 다툼을 미연에 방지하고자 등기사항과 관련된 의사록은 **공증**을 요구하고 있다(공증66의2). 이사는 주주총회의 의사록을 본점과 지점에 비치하여야 하며 주주와 회사채권자는 영업시간 내에 언제든지 총회 의사록의 **열람·등사**를 청구할 수 있다(상396). 사채 발행과 관련되지 않는 결의에 관한 회사의 주주총회 의사록도 **사채권자**가 이를 열람·등사청구할 권리를 가지는 것에 의문이 있을 수 있지만, 주주와 사채권자의 열람·등사청구권의 대상으로 정관·주주총회의사록·주주명부·사채원부를 열거하고 청구권자에 차등을 두고 있지 않아 사채권자도 주주총회 의사록을 열람할 수 있다.

(2) 주주의 권한

1) **질문권·설명청구권** : 주주총회에 출석한 주주의 **의결권**은 회사법이 보호하는 권리인데 기타 회의에서 통상 요구되는 질문권, 설명청구권[142] 등을 주주의 권리로 볼 수 있는가? 주주총회에서 주주의 이사에 대한 질문권·설명청구권은 주주총회가 최고의사결정기구로서 기능을 함에 있어서 전제되는 권리이므로 상법에 특별한 규정이 없어도 당연히 인정되는 권리로 본다(통설). 질문권·설명청구권은 의결권을 가진 주주에게만 인정되는 권리인가? 질문권과 설명청구권 등은 의결권의 전제가 되는 권리이긴 하지만 의결권을 가진 주주에만 인정되는 권리로 제한할 법적 근거는 없다고 본다. **총회출석권**은 질문권·설명청구권의 전제가 되므로 의결권배제주식의 주주라 하더라도 주주총회에서 질문권 등을 가지므로 총회출석 권리를 가진다고 보아야 한다.

2) **임시의장 선출권** : 정상적으로 개최된 주주총회에서 의장이 자진 퇴장한 경우 주주총회는 폐회되는가? 판례는 개회선언된 주주총회에서 의안에 대한 심사를

---

142) 독일의 경우 설명청구권을 주식법에 규정하고 있으며(Akt §131) 일본회사법도 유사한 규정을 두고 있다(동법314).

마치지 아니한 채 법률상으로나 사실상으로 의사를 진행할 수 있는 상태에서 주주들의 의사에 반하여 의장이 자진하여 퇴장한 경우 주주총회가 폐회되었다거나 종결되었다고 할 수는 없다고 보았다. 따라서 의장은 적절한 의사운영을 하여 의사일정의 전부를 종료케 하는 등의 직책을 포기하고 그의 권한 및 권리행사를 하지 아니하였다고 보고 퇴장 당시 회의장에 남아 있던 주주들이 임시의장을 선출하여 진행한 임시주주총회의 결의도 적법하다고 보았다(2001다12973).

2. 주주총회의 결의

(1) 의 의

1) **의결권과 결의** : 주주는 주주총회에서 회사의 중요한 의사결정을 위한 의결권을 가지며 주주의 의결권 행사에 따라 결정된 의사를 주주총회의 결의라 한다. 주주총회의 결의는 대체로 다수결의 원리에 의해 형성된 의사이고, 주주의 의결권 행사는 개별 주주의 의사표시로 본다. 다만 개별 주주의 의결권 행사를 의사표시로 이해할 경우 의사표시에 흠결이 있을 경우 민법상 의사표시의 일반론에 따라 그 효력이 결정되는가 하는 점이 문제될 수 있어 주주총회결의의 법적 성질론이 논의된다.

2) **법적 성질** : 주주총회결의의 법적 성질(쟁점38)[143]은 무엇인가? 이에 관해, 의결권 행사상의 의사표시를 요소로 하는 법률행위이며 복수의 의결권 행사가 결의요건을 충족할 경우 성립하는 사단법상의 합동행위로 보는 **법률행위설**, 주주총회의 결의는 단독행위·계약과 구별될 뿐만 아니라 의사가 불합치하더라도 결의가 성립하므로 합동행위와 구별되므로 특수한 법률행위로 이해하는 **특수법률행위설**이 주장된다. 생각건대 결의는 구성원의 의사가 불일치할 경우에도 효과가 발생한다는 점에서 합동행위와 구별될 수 있지만, 서로 불일치한 의사라 하더라도 다

---

143) **주주총회결의의 법적 성질(쟁점38)**에 관해, **법률행위설**은 주주총회의 결의의 법적 성질은 의결권의 내용에 나타나는 의사표시를 요소로 하는 법률행위이며 의안에 대한 복수의 의사표시가 결의요건을 충족하여 성립하는 사단법상의 합동행위라고 본다(정찬형 912). **특수법률행위설**은 결의가 주주 이외에도 회사조직 전체에 대해 직접 구속력을 갖는다는 점에서 단독행위, 계약과 구별되고 결의에 찬반이 갈려 의사가 불합치하더라도 다수결의 원칙에 따라 성립한다는 점에서 합동행위와 구별된다고 본다. 따라서 의사형성방법에 단체적 특질이 있어 법적 안정성이 요구되므로 법률행위나 의사표시에 관한 일반원칙의 대부분을 결의에 적용하기에 적합하지 않다고 본다(이철송564).

수결에 따라 하나의 결의로 완성하려는 점에 관해서는 모든 주주가 합치된 의사를 가지고 있다. 따라서 주주총회의 결의는 의사의 형성과정에 특수성이 있지만 합동행위의 범주에 포함된다고 볼 때 법률행위로 볼 수 있다(합동행위설).

3) **의사표시의 효력** : 의결권 행사에 민법 제108조와 제124조를 제외한 의사표시에 관한 민법규정들도 원칙적으로 적용되어, 착오·사기·강박에 의해 의결권을 행사한 자는 취소가 가능하다. 하지만 대부분의 경우 결의에 참여한 제3자 즉 다른 주주들은 모두 의사표시 하자에 관해 선의이므로 대항할 수 없어 결의의 효력에 영향을 미치지 못한다고 본다. 의결권의 행사 역시 **도달주의**(민111)에 따르며 의결권 행사에 대한 수령능력은 법인내부의 문제이므로 특별히 문제되지 않는다고 본다. 다만 의결권행사는 조건에 친하지 않은 행위로서 조건을 붙일 수 없다고 본다. 그리고 결의 참여 등 총회에 출석하여 권리를 행사할 경우, 별개의 계약상의 하자에 대한 치유적 효력을 부여하는 규정이 있다. 예컨대, 주식인수계약에서의 의사표시에 하자가 있더라도 창립총회에서 권리를 행사한 경우 일정한 인수계약상의 의사표시의 하자(사기·강박·착오)를 주장할 수 없다(상320).

(2) 결의방법

1) **지분주의** : 결의방법에는 제한이 없으므로 투표에 국한되지는 않고 거수 등의 방법을 이용할 수 있다. 정관이나 총회의 의장이 결정한 방법에 따라 의결권을 행사한 경우만 적법한 의결권의 행사가 되며, 총회에 출석하였더라도 정해진 방법에 의하지 않은 의결권의 행사는 효력을 가지지 못하고 무효처리될 수 있다. 의장이 의안에 관해 적절한 설명을 한 후 주주들에게 동의를 구하면서 이의제기의 기회를 충분히 제공한 후 박수를 통해 가결하는 방법도 가능하다고 본다. 다만 주식회사는 지분주의에 입각해 있어 지분에 따른 의결권 행사가 되어야 하므로, 정관이나 의장이 지정하는 결의방법으로 무기명투표 등 지분을 고려할 수 없는 결의방법은 무효하여 채택할 수 없다고 본다. 판례는 주주총회 당일 의장이 합병계약 승인의 의안을 상정하고 합병계약의 주요 내용을 설명한 뒤 참석한 주주들에게 동의를 구하였는데, 참석 주주 중 아무도 이의를 제기하지 않고 동의를 한 상황에서 박수로써 합병계약 승인의 의안을 가결한 것을 적법하게 보았다(2005다22701).

2) **서면결의** : ① 개 념 – 주식회사에서도 **서면결의**가 가능한가? 서면결의란 구성원 전원이 안건에 찬성하는 등 일정한 경우 주주총회의 개최 없이 서면에 의해 이뤄지는 결의를 의미한다. 서면결의를 상법 제368조의3에서 정하고 있는 서면투표와 동일한 개념으로 보는 견해도 있지만, 동조의 서면투표제도는 주주총회 불출석을 전제한 제도이므로 서면결의와는 다른 개념이어서 서면투표제도를 근거로 서면결의를 허용할 수는 없다. 유한회사에서 서면결의를 허용하고 있는데, 총회의 결의를 하여야 할 경우에 **총사원의 동의**가 있는 때에는 서면에 의한 결의를 할 수 있다(상577.1). 유한회사의 서면결의는 결의의 목적사항에 대해 총사원이 서면으로 동의한 경우에 서면결의를 간주하고 있으며, 이 경우 총회의 결의와 동일한 효력을 부여하며, 총회에 관한 규정을 서면결의에 준용하고 있다(상577.2, 3,4).

② 검 토 – 총주주가 주주총회의 목적사항에 관해 서면으로 동의할 경우에는 토론이나 설명도 요구되지 않고 총회의 안건에 관한 주주의 동의도 증명 가능하여 다툼의 여지가 없을 경우에만 서면결의의 효력이 인정된다. 만일 주주총회의 서면결의의 **방식이나 안건**에 관해 이의를 제기하는 주주가 한 사람이라도 있을 경우에는 서면결의는 효력이 부인된다. 생각건대 총회의 개최 없이 결의기 있는 것으로 보는 것이 법적·경제적 관점에서 적절하며 특히 소규모 주식회사에서는 필요한 제도라 볼 때, 주식회사에도 유한회사법 규정을 유추적용하여 서면에 의한 결의를 주주총회의 결의와 동일한 효력을 가진 것으로 간주할 수 있다고 본다. 다만 서면결의가 주주총회의 효력을 가지기 위해서는 서면결의·목적사항에 관한 **총주주의 서면동의**(상577.1,2)가 있어야 하고, 그 전제로 유효한 이사회의 주주총회 소집결의가 있어야 하지만(상577.4) 대표이사의 주주총회의 소집절차가 진행되어야 하는 것은 아니다.

(3) 결의요건

1) **의결정족수** : 일반적으로 회의체의 결의는 의사(출석)정족수와 의결정족수의 요건을 갖추어야 결의가 성립한다. **의사정족수**라 함은 회의를 개회하기 위한 요건이고 **의결정족수**는 회의가 결의하기 위한 요건인데, 결의가 성립하기 위해서는 논리적으로 당연히 의사·의결정족수가 모두 충족되어야 한다. 회사법도 의사·의결정족수 요건 규정을 가지고 있었으나 회사규모가 확대됨에 따라 의사정족수 요건 충족이 쉽지 않다는 지적이 있어 의사정족수 요건을 폐지하고 의결

정족수만 두도록 개정되었다. 다만 의결정족수를 규정함에 있어 발행주식의 일정 비율을 요구하고 있어 소수의 주주만이 출석한 주주총회에서 결의가 성립될 수 없도록 제한하고 있다. 주주총회결의사항은 결의요건인 의결정족수에 따라 보통 결의사항·특별결의사항·특수결의사항으로 구분된다.

   2) **정족수 계산** : 의결정족수를 계산함에 있어 전제되는 **발행주식총수**에는 의 결권 없는 주식, (유사)상호주 등은 산입되지 않는다(상371.1). 그러나 의결권정지 주식인 특별이해관계인의 소유주식(상368.3), 감사·감사위원회위원의 선임에 있 어서의 3/100분을 초과하는 주식(상409.2,542의12.4)은 발행주식수에는 산입되나 **의결정족수**에 산입되지 않는다(상371.2). 다만 특별이해관계인의 지분이 75%를 초 과하거나 감사선임시 대주주들의 지분이 78%를 초과할 경우 이 자들의 의결권을 배제·제한할 경우 발행주식총수의 1/4 이상이 충족되는 것이 불가능하므로2016 다222996), 이러한 경우 예외적 해석이 요구된다(예외적 적용설, 2편4장1절 Ⅲ.2(3)3) 참조). 판례는 실질주주라고 주장하는 자가 명의상의 주주를 상대로 의 결권의 행사를 금지하는 가처분의 결정을 받은 경우 그 명의상의 주주는 주주총 회에서 의결권을 행사할 수 없으나, 그가 가진 주식 수는 주주총회의 결의요건인 정족수 계산(상368.1)의 기초가 되는 '발행주식의 총수'에는 산입된다고 보았다(97 다50619).

   3) **결의사항의 유형** : **보통결의사항**은 상법 또는 정관에 다른 정함이 있는 경우 를 제외하고는 출석한 주주의 의결권의 과반수와 발행주식총수의 1/4 이상의 수 로써 하여야 한다(상368.1). 보통결의사항은 후술하는 특별·특수결의사항을 제외 한 모든 결의사항을 포함한다. **특별결의사항**은 출석한 주주의 의결권의 3분의 2 이상의 수와 발행주식총수의 3분의 1 이상의 수로써 하여야 한다(상434). 보통· 특별결의사항의 정족수를 회사법의 규정과 달리 정할 수 있는가 등에 관해 견해 가 대립되고 있다. **특수결의사항**은 주주 전원의 동의를 요하는 사항으로서, 회사 에 대한 이사의 책임은 총주주의 동의로 면제할 수 있으며(상400,324), 주식회사 는 총주주의 일치에 의한 총회의 결의로 그 조직을 변경하여 이를 유한회사로 할 수 있다(상604). 이사책임면제나 유한회사로의 조직변경은 주주에게 손해가 발생 할 수 있는 사항이므로 총주주의 동의를 얻도록 하고 있다. 그리고 이 때 총주주 라 함은 회사법에서 특별한 제한 예컨대 출석주주의 전원 등으로 명시하고 있지

않으므로, 주주총회에 출석한 총주주가 아니라 발행주식총수에 해당하는 총주주를 의미한다고 보아야 한다. 따라서 주주 한 사람이라도 반대할 경우에는 특수결의사항은 가결될 수 없게 된다.

4) **결의요건의 변경** : ① 보통결의요건 변경 – 보통결의사항의 결의요건은 정관으로 달리 정할 수 있어(상368.1) **의사정족수**를 정할 수도 있으므로, 판례도 정관에 의하여 의사정족수를 규정하는 것은 가능하다고 본다(2016다217741). 정관으로 보통결의요건을 강화하거나 완화하는 것도 허용되는가? 이에 관해 특히 1/4의 요건을 조리상 허용될 수 있는 최소한의 비율이라는 점에서 완화할 수는 없으며 강화할 수 있을 뿐이라 보는 **부정설**, 사적자치의 원칙상 허용된다고 보는 **긍정설**이 주장된다. 생각건대 **출석주주의 의결권의 과반수** 요건의 경우, 이를 완화할 경우 과반수가 되지 않는 일부 주주에 의해 결의가 성립되므로 모순되는 결의가 난립할 가능성이 있어 허용될 수 없고, 이를 강화할 경우에는 주식의 소유가 양분된 경우 부결(否決)이라는 결의 성립(회사의 의사결정)이 가능은 하지만 새로운 의사결정(이사 선임 등)이 어려워 회사의 업무가 정체될 가능성이 높아져 부적절한 결과가 된다. 요컨대 정관에 의하더라도 보통결의요건 중 출석주주의 의결권의 과반수 요건은 일종의 조리로 볼 수 있어 그 강화나 완화 모두 허용되지 않는다고 본다. 하지만 보통결의요건 중 **발행주식총수의 1/4 이상**의 요건은 조리로 볼 수 없을 뿐만 아니라 이를 허용하더라도 특별한 문제가 발생하지 않고 회사법도 정관자치를 허용하고 있음을 고려할 때, 회사의 특수한 지분구조를 고려하여 정관에 의한 요건(1/4)을 완화하거나 강화하는 것은 허용된다고 본다.

② **특별결의요건 변경** – 출석한 주주의 의결권의 2/3 이상의 수와 발행주식총수의 1/3 이상의 수(상434)를 요하는 특별결의요건의 변경에 관해 특별한 규정은 없다. 하지만 특별결의요건의 취지는 결의사항의 중요성에 비추어 최소한의 요건을 회사법이 규정한 것으로 이해할 수 있어 정관에 의한 **결의요건의 감경**은 정관자치의 범위를 벗어난다고 볼 수 있어 허용되지 않는다고 본다(통설). 그렇다면 **결의요건의 가중**은 허용되는가? 긍정설(다수설)과 부정설이 대립하나, 이 역시 회사법이 이를 제한하고 있지 않으며 회사의 구체적 사정을 고려하여 안건에 따라 더 많은 주주의 동의가 요구된다고 판단되는 사항에 관해 정관의 규정으로 더 요건을 가중하는 것을 제한할 특별한 이유가 없으므로 정관으로 특별결의요건의 가중은 허용된다고 본다.

③ **특수결의요건** – 특수결의사항은 주주 전원의 동의를 요건으로 하며, 회사에 대한 이사의 책임의 면제(상400,324), 유한회사로의 조직변경(상604)이 이에 해당한다. 이사책임면제나 유한회사로의 조직변경은 주주에게 손해가 발생할 수 있는 사항이므로 총주주의 동의를 얻도록 하고 있다. 특수결의요건은 의결권 요건을 정하고 있지 않고 총주주의 동의를 요한다는 점이 다른 결의요건에 관한 규정과 구별된다. 특수결의요건은 이를 강화하는 것은 문제되지 않고 정관 규정에 의한 요건의 완화가 가능한지 문제될 수 있지만, 동 규정의 취지와 강행법규적 성질을 고려할 때 이를 완화할 수 없다고 본다. 오히려 전체 의결권이라 규정하지 않고 '주주 전원의 동의'를 정하고 있어 의결권의 유무와 무관하게 전체 주주의 동의가 요구된다고 보아야 하고, 의결권배제·제한주식을 가진 주주의 동의도 요구된다고 본다.

(4) 결의의 한계

1) **추인결의** : ① **논 의** – 하자 있는 주주총회결의를 새로운 주주총회의 결의로 추인하는 것이 허용되는가? 예컨대 소집절차에 하자가 있었던 주주총회결의(제1주총결의)를 이후 새로운 주주총회결의(제2주총결의)로 추인하게 되면 제1주총결의는 소급해서 효력이 발생하는가? 판례는 무효행위를 추인하는 때에 달리 소급효를 인정하는 법률규정이 없는 한 새로운 법률행위를 한 것으로 보아야 하듯, 무효인 결의를 사후에 적법하게 추인하는 경우에도 마찬가지로 보고(94다53419), 주총결의와 이사회결의가 무효인 이상 위 주총결의와 이사회결의가 사후에 추인하는 결의들을 통하여 소급적으로 유효하게 될 수는 없다고 보았다(2009다35033).

② **검 토** – 유효한 주주총회를 소급하여 번복하는 주주총회의 결의는 새로운 주주총회결의로서 효력은 가질 수 있어도 종전의 결의의 효력에 영향을 미칠 수는 없다고 본다. 하지만 주주총회 소집절차나 결의방법에 상대적으로 경미한 하자가 있는 경우 즉 주총결의 취소의 원인이 있는 경우에는 새로운 주주총회결의(제2주총결의, 추인결의)로 제1주총결의를 추인하는 것은 허용된다고 본다. 왜냐하면 취소가능한 행위를 취소권을 가지는 자가 추인(취소권의 포기)할 수 있고 회사(주주)가 결의의 취소권(결의취소 제소권)을 가지고 있으므로, 회사의 추인의사가 주주총회결의를 통해 확인된다면 추인의 법리를 적용할 수 있기 때문이다. 특히 결의에 소급적 효력의 부여가 요구되는 경우 주주총회결의의 추인을 인정할

경제적 실익도 있다고 본다. 하지만 제1주총결의가 무효인 경우(결의에 무효·부존재원인이 있는 경우)에는 제2주총결의에 의한 추인으로 제1주총결의가 효력을 발생한다고 볼 수는 없다고 본다(최소·무효구별설). 무효한 행위는 확정적으로 무효이므로 추인은 허용되지 않으며, 오히려 제2주총결의가 새로운 주총결의로 인정될 경우 제2주총결의가 성립하는 시점부터 새로운 효력이 발생한다고 본다.

   2) 이사회결의 대체 : ① 결의에 의한 대체 – 이사회결의사항(예, 상393에서 정한 사항)을 주주총회결의로 대체할 수 있는가? 이에 관해 주주총회와 이사회의 의사결정권한의 위계를 고려하여 이사회결의사항은 주주총회가 결의할 수 있다는 견해가 있다. 하지만 상법은 주주총회와 이사회간의 위계에 관한 규정을 두고 있지 않으며, 오히려 회사법은 '본법과 정관에서 정하는 사항에 한하여' 주주총회 결의사항으로 한정하고 있어(상361), 기타 사항은 모두 이사회결의사항으로 볼 수 있다(이사회결의사항의 확정성). 그리고 회사의 지배와 경영이 분리되어 이사회 구성원과 주총 구성원은 구별된다는 점, 이사들은 회사의 수임자이지 주주들의 수임자가 아니라는 점, 의사결정의 권한분배에 관한 상법의 강행법규성 등을 고려할 때 이사회결의사항을 상법의 허용규정 없이 주주총회가 결의하는 것은 부적법하다고 볼 수 있어, 결과적으로 이사회결의사항에 관해 주주총회결의가 존재하더라도 이사회결의의 흠결이 된다고 본다. 요컨대 이사회결의사항으로 회사법에 규정된 사항은 주주총회의 결의(특별결의 포함)로 대체할 수 없다고 본다.

   ② 정관에 의한 대체 – 상법상 이사회결의사항을 정관에서 주총결의사항으로 변경하는 것이 허용되는가? 생각건대 회사법이 명문으로 이를 허용하는 경우 예컨대 신주발행(상416), 대표이사의 선임(상389.1)의 경우에는 가능하지만, 기타 회사법상 정관유보조항이 없는 일반적 이사회결의사항의 경우에는 이사회결의사항을 주주총회의 결의사항으로 정하는 정관 규정은 회사법에 반하는 규정으로서 무효라 본다. 왜냐하면 회사법규는 기본적으로 강행법규성을 가지므로 회사법에서 정관유보조항을 두고 있지 않을 경우 이를 주주총회 결의사항으로 변경하는 것은 '결의에 의한 대체'와 마찬가지로 기관분화의 취지에 반한다고 본다. 그리고 이렇게 해석함으로써 신주발행·대표이사선임에서 정관유보조항이 의미를 가질 수 있어 상법의 취지에 부합하게 된다. 결의에 의한 대체나 정관에 의한 대체 모두 이사회와 주주총회가 대립되는 국면에서 주주총회에 의한 국면 타개를 위해 허용될 필요성이 없지 않지만, 이 경우에도 이사를 해임하여 새로운 이사진을 구성하고

이사회결의를 주주들의 의사에 부합시켜야 하는 것이 회사법상의 지배구조에 합치된다고 본다.

3) **총주주의 동의** : 주주 전원 또는 1인회사의 1인주주가 이사회결의를 대체할 수 있는가? 이에 관해서 판례는 1인회사의 자기거래에서 1인주주나 주주전원동의가 이사회의 승인결의를 대체할 수 있는 듯한 입장이다(91다16310, 2002다20544, 92도1564). 생각건대 주주를 회사의 주인으로 보는 주주중심주의적 회사관에서는 총주주의 동의가 있다면 주주로부터 위임받은 수임자적 지위에 있는 이사들의 결의를 대신할 수 있다고 볼 여지가 있다. 하지만 이러한 해석론은 주주와 별개의 법인인 회사는 구별되며, 주주 주식의 소유자로서 회사의 구성원이지 회사의 소유자가 아니며, 주주총회의 권한 사항으로 정한 것을 제외하고는 이사회결의사항으로 정하고 있는 회사법의 취지(이사회중심주의적 입법)와 기관분화의 취지에 반하므로 허용되지 않는다고 볼 때, 판례의 입장은 부적절하다고 본다. 뿐만 아니라 이사는 주주로부터 위임받은 것이 아니라 회사로부터 위임을 받았으며, 회사는 주주가 중심인 사단의 본질을 가지지만 '주주의 이익'뿐만 아니라 기타 이해관계도 포함된 '회사의 이익'을 판단하여야 하는 선량한 관리자의 주의의무를 가진다고 보아야 한다.

3. 종류주주총회

(1) 의 의

1) **개 념** : 회사가 종류주식을 발행한 경우, 특정한 종류의 주식을 소유한 주주(종류주주)들로 구성되는 주주총회를 종류주주총회라 한다. 동일한 종류주식을 가진 주주로 구성되는 주주총회로서, 이익형 종류주식의 주주총회, 의결권형 종류주식의 주주총회, 상환형 종류주식의 주주총회, 전환형 종류주식의 주주총회 등의 종류주주총회가 구성될 수 있다. 종류주주총회는 주주총회처럼 독립된 회사의 기관이라기보다는 특정한 사안에 관한 주주총회의 결의가 효력을 가지기 위한 절차와 관련된다고 할 수 있다.

2) **취 지** : 회사가 다양한 종류의 주식을 발행한 경우에 정관을 변경함으로써 어느 종류의 주주에게 손해가 미치게 될 때에는 주주총회의 결의 외에 그 종류의

주주의 총회의 결의가 있어야 한다(상435.1). 동조의 취지는 주식회사가 종류주식을 발행하고 있는 경우에 종류주식이 아닌 주식을 소유한 다수의 주주들이 일방적으로 어느 종류의 주식을 가진 소수주주들에게 손해를 미치는 내용으로 정관을 변경할 수 있게 할 경우에, 그 종류의 주식을 가진 소수주주들이 부당한 불이익을 받게 되는 결과를 방지하여 종류주식을 소유하고 있는 소수주주를 보호하고자 하는 취지이다.

3) 범 위 : 이익형 종류주식은 우선주·보통주·후배주·혼합주로 구성되고 이 중 일부 종류주식만 발행할 수 있다. 우선주를 발행한 회사가 우선주를 다시 누적형·참가형 등으로 구분한 경우, **세분화된 종류주주**(예, 누적우선주주)도 전체 우선주주와 별도로 종류주주총회를 구성하는가? 회사가 상환·전환주식을 수차례 발행되어 발행된 차수를 달리 하는 상환·전환주식이 있을 경우 전체 상환·전환주주와 구별하여 해당 차수에 속하는 상환·전환주주들로 종류주주총회가 구성될 수 있는가? 생각건대 회사법은 종류주주총회를 '종류주식의 주주의 총회'라고 정하고 있고(상435.1), 종류주식은 이익형·의결권형·상환형·전환형 종류주식만을 법정하고 있지만(상344.1) 세분화된 유형(예, 누적우선주주, 제○차 상환주주)도 '어느 종류주식의 주주'에 해당한다고 보아 종류주주총회가 요구되는 요건을 충족할 경우 종류주주총회를 구성할 수 있다고 본다(긍정설).

(2) 결의가 요구되는 경우

1) 대 상 : 종류주주총회의 결의가 요구되는 경우는 첫째, 회사가 정관을 변경하여 특정 종류주식의 주주에게 손해를 미치게 될 때(상435.1), 둘째, 종류주식의 종류에 따라 신주의 인수, 주식을 병합·분할·소각 또는 회사의 합병·분할로 인한 주식의 배정에 관하여 특수한 정함을 할 경우(상344.4, 436), 셋째, 주식교환, 주식이전 및 회사의 합병으로 인하여 어느 종류의 주주에게 손해를 미치게 될 경우(상436) 등 3가지 경우이다. 정관변경이나, 조직개편으로 특정 종류주주에게 손해를 미치게 될 경우이거나 종류주식에 특수한 정함을 할 경우, 상법상 종류주주총회가 있어야 그러한 정관변경, 특수한 결정, 조직개편이 효력을 가지게 된다.

2) 손해발생 : ① 정관변경·조직개편 – 종류주주총회가 요구되는 사유 중 종류주식에 특수한 정함을 하는 경우에는 그 자체만으로 종류주식에 영향을 미치므로

손해발행 가능성이 없더라도 종류주주총회가 요구된다. 하지만 정관변경이나 조직개편의 경우에는 항상 종류주주총회가 요구되는 것이 아니라 '어느 종류의 주주에게 손해를 미치게 될 때'에 한하여 종류주주총회가 요구된다. 정관변경이나 조직개편으로 '어느 종류주주'가 아니라 모든 종류주주에게 손해를 미치게 될 경우도 각 종류주주들로 구성되는 종류주주총회의 결의가 각각 요구된다고 본다.

② **손해발생 가능성** – 특정 종류주주에게 손해를 미치게 되는 경우란 주주총회결의로 손해발생이 예측됨을 의미하므로 손해발생 가능성이 존재하는 경우를 말한다. 일정한 주주총회의 결의가 한편으로는 특정 종류주식의 주주에 대해 손해를 발생시키기도 하지만 다른 한편 이익도 가져다 줄 경우에도 손해발생 가능성이 있다고 보아야 하는가? 이에 관해 판례는 '어느 종류의 주주에게 손해를 미치게 될 때'라 함에는, 어느 종류의 주주에게 직접적으로 불이익을 가져오는 경우는 물론이고, 외견상 형식적으로는 평등한 것이라고 하더라도 실질적으로는 불이익한 결과를 가져오는 경우도 포함되며, 나아가 어느 종류의 주주의 지위가 정관의 변경에 따라 유리한 면이 있으면서 불이익한 면을 수반하는 경우도 이에 해당된다고 본다(2004다44575).

(3) 효 력

1) **결의정족수** : 종류주주총회의 결의 자체가 효력을 가지기 위해서는 종류주주총회의 결의가 특별한 의결정족수를 충족하여야 한다. 종류주주총회의 결의요건(의결정족수)은 출석한 주주의 의결권의 2/3 이상의 수와 그 종류의 발행주식총수의 1/3 이상이 찬성하여야 한다(상435.2). 그리고 종류주주총회에는 주주총회에 관한 규정을 준용하지만, 의결권 없는 주식에 관한 규정은 준용하지 않는다(상435.3). 따라서 종류주식 중 의결권 없는 주식을 가진 주주라 하더라도 종류주주총회에서는 의결권을 행사할 수 있다. 하지만 자기주식, (유사)상호주인 종류주식은 의결권이 중단된 상태이지 의결권 없는 주식에 해당하지 않으므로 종류주주총회에서도 의결권을 행사할 수 없다고 본다.

2) **주주총회와 관계** : 만일 어느 종류의 주주에게 손해를 미칠 경우, 종류주주총회의 결의를 거치지 않은 주주총회결의의 효력은 어떠한가? 즉 종류주주총회는 주주총회의 효력발생요건이어서 **주주총회결의의 불발효** 상태가 되는가? 이에 관해 판례는 어느 종류주주에게 손해를 미치는 내용으로 정관을 변경함에 있어서 그

정관변경에 관한 주주총회의 결의 외에 추가로 요구되는 종류주주총회의 결의는 정관변경이라는 법률효과가 발생하기 위한 하나의 특별요건이라고 할 것이므로, 그와 같은 내용의 정관변경에 관하여 종류주주총회의 결의가 아직 이루어지지 않았다면 그러한 정관변경의 효력이 아직 발생하지 않는 데에 그칠 뿐이고, 그러한 정관변경을 결의한 주주총회결의 자체의 효력에는 아무런 하자가 없다고 보았다2004다44575). 생각건대 주주총회의 결의는 주주총회의 결의요건을 충족할 경우에는 완전하게 효력이 발생하지만, 결의사항이 발효되기 위한 추가적인 요건인 종류주주총회가 흠결되었으므로 결의사항 자체(예컨대, 정관변경, 특수한 결정, 조직개편 등)가 효력을 발생하지 않는다고 보아야 하므로 판례가 타당하다고 본다.

V. 주주총회결의의 하자

1. 의 의

1) **개 념** : ① 결의 하자 – 주주총회결의의 하자라 함은 회사의 중요한 의사결정인 주주총회결의가 외관상 있었지만 주주총회의 절차나 내용이 법률·정관에 위반되는 경우를 말한다. 즉 주주총회라고 할 수 있는 형식적인 결의가 존재하지만 그 결의의 절차가 법령·정관에 위반했거나(**경미한 절차적 하자**), 결의 내용이 법령·정관에 위반하거나 부당한 경우(**내용상 하자**) 또는 총회의 소집절차, 결의방법에 총회결의가 존재한다고 볼 수 없을 경우(**중대한 절차적 하자**)가 있는 경우를 모두 포괄한다.

② **취 지** – 주주총회결의에 하자가 있을 경우 이를 일반 법률관계에서와 같이 하자를 주장할 수 있게 한다면 당사자의 주장 여부에 따라 법률관계(결의의 효력유무)가 달라져 회사의 법률관계에 혼란을 초래할 염려가 있다. 회사법은 회사의 법률관계의 획일적 확정, 거래관계의 법적 안정성, 주주 등 이해관계인의 이익보호를 위해 주주총회의 결의절차, 결의내용에 하자가 있을 경우 **단체법적 고려**에서 일정한 소송의 형태로 주장하도록 제한한다.

2) **소송 유형** : 회사법은 주주총회결의의 하자를 주장하는 방법으로 4종의 소송을 허용하고 있다. 주주총회결의의 하자는 절차상의 하자와 내용상의 하자로

구분될 수 있고, 절차상의 하자는 하자의 정도에 따라 경미한 하자와 중대한 하자로 구별될 수 있으며, 내용상의 하자는 통상적인 경우와 특별이해관계인과 관련된 부당한 경우로 구분할 수 있다. 회사법은 하자의 종류에 대응하여 절차상 하자에 관해 결의취소의 소, 결의부존재확인의 소, 내용상의 하자에 관해 결의무효확인의 소와 부당결의취소·변경의 소를 두고 있다. 다만 내용상의 하자 중 결의가 정관에 위반하는 경미한 하자가 있을 경우에는 결의취소의 소를 주장하여야 한다.

2. 주주총회결의 취소의 소

(1) 의 의

1) **개 념** : 총회의 소집절차·결의방법이 법령·정관을 위반하거나 현저하게 불공정한 경우 등 **절차상의 하자**가 있거나 결의내용이 정관에 반하는 **내용상의 하자**가 있을 경우, 주주·이사·감사가 주총결의의 취소를 청구하는 회사법상의 소송이다(상376). 주주총회를 개최·진행함에 있어 절차상의 하자가 있는 경우와 결의의 결과인 결의내용에 가벼운 하자(정관위반)가 있는 경우에 허용되는 소송이다. **절차상 하자**는 소집절차와 결의방법의 하자로 구분되는데, **소집절차의 하자**라 함은 이사회의 주주총회 소집결의와 대표이사의 소집통지, 즉 기한을 준수하여 서면에 의해 주주 전원에 대해 주주총회의 소집통지의 요건을 흠결한 것을 의미한다. **결의방법의 하자**라 함은 적법하게 소집된 주주총회를 진행함에 있어서 정족수 규정, 부당한 의시진행 등의 절차적 하자가 있는 경우를 의미한다. **내용상 하자**는 주주총회결의가 법률이 아닌 정관에 위반한 경우(경미한 내용상 하자)에 한정되고, 결의의 내용이 법률에 위반한 경우에는 주총결의무효확인의 소의 대상이 된다.

2) **소의 성질** : 주총결의취소의 소는 제소기간과 제소권자가 제한되는 **형성의 소**의 성질을 가지고 있다. 결의취소의 소를 형성의 소로 해석하는 근거를 보면, 결의의 날로부터 2월 내에 제소하도록 하여 제소기간을 제한하고 있는데 이는 권리행사의 제척기간에 해당한다는 점, 결의취소의 소를 제기할 수 있는 자를 주주·이사·감사로 규정하고 있어 제소권자를 제한한다는 점에서 확인의 이익이 있으면 언제나 제소할 수 있는 무효확인의 소와 구별되는 형성의 소의 성질을 가진

다고 볼 수 있다(통설, 80다2745). 따라서 결의취소의 하자가 있다고 하더라도 제소기간 내에 제소권자에 의한 제소가 없으면 확정적으로 유효한 결의가 되며, 소송으로 주장하여 취소할 수 있을 뿐 단순히 **선결문제나 항변**으로 주장할 수 없다. 판례도 주주총회소집절차상의 하자는 주주총회결의의 단순한 취소사유에 불과하다 할 것이고, 취소할 수 있는 결의는 법정기간내에 제기된 소에 의하여 취소되지 않는 한 유효하다고 본다(86다카553).

  3) **무효·부존재확인의 소와의 관계** : 주주총회 결의취소의 소는 형성의 소의 성질을 가지지만 주주총회 무효·부존재확인의 소는 확인의 소의 성질을 가지므로(통설·판례), 주총의 하자가 취소의 원인인지 무효·부존재의 원인이 되는지는 매우 중요한 문제가 된다. 왜냐하면 무효·부존재의 원인이 있을 경우에는 제소기간·제소권자에 제한 없이 소익이 인정되는 자는 언제든지 주총결의의 무효를 주장할 수 있어 일정 기간이 경과하더라도 확정적으로 유효가 되지 않으며, 당해 주총하자소송 외에서도 선결문제나 항변의 형태로 주장도 가능하기 때문이다. **내용상의 하자**는 정관 위반인지 아니면 법령위반 또는 현저한 부당성을 기준으로 판단하므로 기준이 비교적 명확하다. 하지만 **절차상의 하자**는 상대적으로 경미한 경우에는 취소의 원인이 되고 하자가 중대할 경우에는 부존재의 원인이 되므로 상대적 기준으로 구분되어 명확하게 확정하는 것은 쉽지 않고 판례의 추이를 살펴볼 수밖에 없다.

(2) 소의 원인

  1) **유 형** : 주주총회 결의취소의 소의 원인은 소집절차·결의방법에 하자가 있는 경우이다. **소집절차상의 하자**란 주주총회의 소집절차가 법령·정관을 위반하거나 현저하게 불공정하게 진행된 경우이다. 이에는 이사회의 주주총회 소집결의, 소집권자인 대표이사의 소집통지, 소집통지의 주총 2주전 발송의 기한, 서면에 의한 소집통지, 모든 주주에 대한 소집통지의 발송 요건을 준수하지 않은 경우 등 대체로 소집절차가 법령을 위반한 경우를 의미하지만, 소집절차가 정관을 위반하거나 현저하게 불공정한 경우도 포함된다. **결의방법상의 하자**란 주주총회의 결의방법이 법령·정관을 위반하거나 현저하게 불공정하게 진행된 경우로서, 주주총회의 의장이 총회를 진행하고 정족수를 충족하는 의결권 수를 계산하는 과정에 하자가 있는 경우가 포함된다.

2) **소집절차상의 하자** : ① 법령 위반 – ⅰ) **의 미** 주주총회 소집절차상의 하자의 예를 보면, 이사회결의 없이 소집된 주주총회, 이사회결의를 거쳤더라도 대표이사가 아닌 자에 의한 소집통지의 발송, 소집통지기한(개최 전 2주)을 준수하지 않은 소집통지, 구두 소집통지, 일부 주주에 대한 소집 지의 흠결 등이 소집절차가 법령에 위반 예이다. ⅱ) **일부 소집통지 흠결** 주주 일부에만 소집통지가 흠결된 경우 취소원인도 되고 부존재도 원인도 될 수 있는데, **취소 · 부존재 원인의 구별기준**은 어떠한가? 판례는 대체로 50%를 기준으로 이를 초과한 흠결은 부존재의 원인이 되고 이하의 흠결은 취소의 하자로 보는 듯한데(80다2745, 92다11008), 과반수의 출석이 확보될 경우 상대적으로 경미한 하자로 본 것으로 이해할 수 있다. 다만 2인주주 회사(각 50% 소유)의 경우 1인주주에 의한 주총결의에 관해, 50%의 주주의 관여 없이 이뤄진 경우 의사결정이 존재하지 아니한 것(부존재)으로 이해한 판결이 있다(2010다70018). 생각건대 '출석주주의 과반수'가 보통결의의 요건임을 고려할 때 50% 이상의 주주에게 주주총회 소집통지가 흠결될 경우에는 이해관계가 대립되는 회사에서 정상적인 주주총회의 보통결의가 이뤄질 수 없게 되므로 주주총회결의 부존재의 원인이 된다고 본다. 소집통지의 흠결이 50% 미만인 경우 나머지 주주의 숫자는 주주총회 보통결의가 가능하므로 주주총회결의 취소의 원인이 된다고 볼 수 있어 판례의 입장은 적절하다고 본다. ⅲ) **비대표이사의 무결의 소집** 대표이사가 아닌 자(이사 등)의 주총소집(93도698), 이사회결의 없는 대표이사의 주총소집(86다카553)은 각각 결의취소의 원인이 되지만, 이들 하자가 중첩된 경우 즉 대표이사가 아닌 자가 이사회의 주총소집결의도 없이 주주총회를 소집하여 결의하였다면 이 경우에는 하자가 중대한 것이 되어 주총결의 부존재의 원인이 된다고 볼 수 있다(2010다13541). 다만 판례는 직무대행자가 정기주주총회를 소집하는 행위가 '상무'에 속하지 아니함에도 법원의 허가 없이 이를 소집하여 결의한 때에는 소집절차상의 하자로 결의취소사유에 해당된다고 본다(2006다62362).

② **정관 위반** – 주주총회 소집절차의 정관 위반은, 법령에 규정되지 않은 주주총회 소집절차에 관한 규정 예를 들어 주주총회 소집장소, 소집통지시한이 연장(예, 주주총회 3주전) 등이 회사의 정관에 규정될 것이 전제된다. 만일 회사가 특별한 이유 없이 정관에 규정된 주주총회 소집장소 아닌 곳에서 주주총회를 소집하였다면 정관 위반의 주주총회 소집절차 하자가 있는 것이 된다. 이 경우 주주총회 소집장소가 대표이사가 자의적으로 지정한 것이 아니고 이사회에 의해 결의로

정해졌고 그러한 결의에 충분한 이유가 있었을 경우에는 정관 위반의 주주총회라 할 수 없다고 볼 때, 정관 위반의 주주총회 소집절차는 법령 위반과 비교할 때 완화된 해석이 요구된다고 본다.

③ 현저한 불공정 – 주주총회의 소집절차가 현저히 불공정 경우란 소집절차가 법령·정관에 위반하지는 않아 형식적인 하자는 없지만 실질적으로 일부 주주의 출석을 심각하게 어렵게 하는 사정을 의미한다. 예를 들어 주주총회 참석에 상당한 시간·비용이 소요되는 먼 곳 또는 주주 규모에 비해 지나치게 협소한 소집장소 또는 지나치게 늦은 시각에 개최된 주주총회 등이 그 예라 할 수 있다. 판례상 나타난 현저하게 불공정한 소집절차의 예로는, 정각에 출석한 주주들의 입장에서 변경된 개회시각까지 기다려 참석하는 것이 곤란하지 않을 정도라면 절차상의 하자가 되지 아니할 것이나, 그 정도를 넘어 개회시각을 사실상 부정확하게 만들고 소집통지된 시각에 출석한 주주들의 참석을 기대하기 어려워 그들의 참석권을 침해하기에 이르렀다면 주주총회의 소집절차가 현저히 불공정하다고 하다고 보았다 (2001다45584).

3) **결의방법상의 하자** : ① **법령 위반** – ⅰ) **사유 일반** 주주총회의 결의방법이 법령에 위반한 경우의 예로는 소집통지서에 기재되지 않은 사항을 의결한 경우, 주주가 아닌 자의 결의참가, 결의요건(정족수)에 미달한 결의 등이 포함된다. 무기명투표에 의해 결의한 경우 지분주의의 구조를 취하고 있는 주식회사에서는 허용되지 않는 결의방법이라 볼 수 있지만, 대부분이 안건에 찬성하고 있는 상황에서 이견을 발언할 기회를 충분히 부여한 후 박수나 거수로서 안건을 통과시킨 경우에는 결의방법에 하자가 있다고 보기 어렵다. 판례는 주주총회의 **목적 사항 이외의 결의**는 특별한 사정이 없는 한, 상법 제376조 소정의 총회의 소집절차 또는 결의방법이 법령에 위반하는 것으로 보면서 회사 정관에 주주전원의 동의의 허용 규정이 있을 경우 예외를 인정하였다(79다19). 그리고 약 67%에 해당하는 주주들의 의결권행사와 관련하여 사회통념상 허용되는 범위를 넘어서는 **위법한 이익이 제공**된 경우 주주총회결의 취소사유에 해당하는 하자가 있다고 보았다(2013마2397). ⅱ) **정족수** 정족수 위반의 결의도 법령 위반의 대표적인 원인이 된다. 주주총회의 결의 정족수는 회사법에서 엄격하게 법정하고 있어 주주가 아니거나 의결권이 없거나(의결권형 종류주식) 중단된 주주(자기주식·상호주)가 참석하여 결의에 참여하였다면 이는 결의방법에 하자가 있어 주총결의취소의 원인이 된다.

그런데 비주주 또는 의결권이 없는 자가 참여한 결의라 하더라도 의결권 있는 자의 의결권 수만으로 정족수를 충족할 경우(**정족수 충족 비주주결의**)에도 결의취소의 원인이 되는가? 판례는 의결권 없는 자의 의결권을 행사한 주식수를 제외하면 **의결정족수에 미달**할 경우 결의취소의 사유로 본 판례(83도748)가 있지만 판례의 입장은 명확하지 않다. 생각건대 이에 관해 유효한 의결권수만으로 정족수를 충족한다면 주주총회결의의 법적 안정성을 위해결의는 유효라 해석할 여지가 없지 않다. 하지만 이 경우에도 정족수가 충족되었다는 우연한 사정만으로 결의방법에 법령위반의 하자가 치유되는 것은 아니고 주주의 의결권 행사가 비주주의 의결권 행사로부터 영향을 받았을 가능성이 있어 이 역시 결의취소의 원인이 된다고 보며, 다만 현재 정족수를 초과하는 주주들이 안건에 찬성한다면 재량기각 판결은 가능하다고 본다.

② 정관 위반 – 주총 결의방법이 정관에 위반된 예로는 회사의 정관에 주주총회의 의장을 정하고 있는데 의장이 아닌 자가 총회를 진행한 경우가 해당된다. 판례는 정관상 **의장 아닌 자**가 정당한 사유없이 주주총회의 의장이 되어 의사에 관여한 사유를 주주총회결의 취소사유로 보았다(76다2386). 다만 정관에 따른 결의라 하더라도 법령에 위반할 경우 즉 정관규정이 법령에 위반한 경우 즉 **위법한 정관에 따른 주주총회결의** 역시 법령 위반으로 볼 수 있어 결의취소사유가 된다. 판례는 '최대주주가 아닌 주주와 그 특수관계인 등'이 일정 비율을 초과하여 소유하는 주식에 관하여 감사의 선임 및 해임에 있어서 의결권을 제한하는 내용의 정관규정에 따른 주주총회결의의 취소를 인용하였다(2009다51820).

③ 현저한 불공정 – 결의방법에 현저한 불공정이 있는 경우로는 주주의 발언을 부당하게 제한한 경우라든지 적절한 이유 없이 주주에게 퇴장을 명령하고 주주총회를 진행한 경우, 의장이 불가피한 사정이 없음에도 불구하고 회의 장소를 옮겨 일부 주주만이 참석한 상태에서 결의한 경우 등이 이에 포함될 수 있다고 본다. 판례는 사실상 주주 2인으로 구성된 주식회사의 일방 주주측이 다른 주주의 회의장 입장을 부당하게 방해하였고, 그 의사진행방식 및 결의방식이 개최시각보다 지연 입장하게 된 다른 주주의 **의결권 행사를 최대한 보장**하는 방법으로 이루어지지 아니하여 신의칙에 반한다는 이유로, 주주총회 결의방법이 현저하게 불공정한 때에 해당한다고 보았다(96다39998).

4) 결의 내용상의 하자 : ① 개 념 – 주주총회의 결의내용이 **정관에 반한 경우**

도 주주총회결의 취소의 소의 대상이다. 결의내용에 하자가 있는 경우에는 대체로 주총결의무효화인의 소의 원인이 되지만, 결의내용이 정관에 반하는 경우에는 법령위반 또는 현저한 불공정과 달리 하자가 경미하다고 보아 회사법은 결의취소의 원인으로 규정하고 있다. 예컨대 정관에서 정하고 있는 이사·감사의 수를 초과해서 주주총회에서 이사·감사의 선임을 결의한 경우 등이다. 다만 정관에 규정되지 않은 종류주식을 발행하기로 주주총회에서 결의한 경우 이는 정관에 규정이 없는 주식을 발행한다는 결의이므로 정관에 반하는 결의라기 보다는 법령에 반하는 결의로 보아야 한다. 왜냐하면 종류주식은 상대적 기재사항으로서 정관에 정하도록 하고 있고 종류주식을 발행하기 위해서는 정관에 종류주식의 발행사항을 법정하여야 하므로, 이를 생략하고 종류주식을 발행하도록 주주총회가 결의하였다면 이는 법령에 반하는 주주총회결의로 보아 주총결의무효확인의 소의 대상이 된다.

② **종류주총의 흠결** – 종류주주총회의 결의는 주주총회결의와 별개로 정관변경·조직개편 등(상435,436,344)의 법률효과가 발생하기 위한 하나의 특별요건에 해당한다. 따라서 그와 같은 내용의 정관변경에 관하여 종류주주총회의 결의가 아직 이루어지지 않았다면 그러한 정관변경·조직개편 등의 효력이 아직 발생하지 않는 데에 그칠 뿐이고, 그러한 정관변경을 결의한 주주총회결의 자체의 효력에는 아무런 하자가 없다고 보아야 한다. 판례도 종류주주총회가 흠결된 경우 정관변경에 필요한 특별요건이 구비되지 않았음을 이유로 하여 정면으로 그 정관변경이 무효라는 확인을 구하면 족한 것이지, 그 정관변경을 내용으로 하는 주주총회결의 자체가 아직 효력을 발생하지 않고 있는 상태(이른바 불발효 상태)라는 관념을 애써 만들어서 그 주주총회결의가 그러한 '불발효 상태'에 있다는 것의 확인을 구할 필요는 없다고 보았다(2004다44575).

(3) 절 차

1) **소송 당사자** : ① 원고 – ⅰ) **주주·이사·감사** 결의취소의 소의 원고(제소권자)는 주주·이사·감사로 제한된다. 회사법은 제소권자를 판단하는 기준시점을 제시하고 있지 않지만 결의 당시 주주가 아니더라도 제소 당시의 주주이면 족하고(통설), 주주명부상의 주주만 의미하고 명의개서 전 주식양수인은 소구할 이익이 없다(90다6774). 미리 주주에게 통지하지 아니한 사항에 관한 결의에 가담한 주주가 그 결의의 취소를 구함이 곧 신의성실의 원칙 및 금반언의 원칙에 반한다고 볼

수 없다고 보아(79다19), 결의참여주주도 제소할 수 있다고 본다. 결의에 의한 주
주의 개별적 불이익 유무를 묻지 않으며(98다4569), 주주는 다른 주주에 대한 소
집절차의 하자를 이유로 주주총회결의 취소의 소를 제기할 수도 있다(2001다
45584). ii) **의결권 없는 주주** 의결권 없는 주주도 결의취소의 소의 제소권을 가
지는가?[144] 이에 관해, 제소권을 의결권이 전제된 권리로 이해하는 **부정설**, 제소
권을 의결권과 독립된 권리로 이해하는 **긍정설**이 주장된다. 생각건대 결의에 참여
할 수 있는 권리인 의결권과 부적법한 주주총회결의의 취소를 청구하는 권리인
제소권은 이익을 달리하는 별개의 권리이고 회사법도 제소권자를 의결권 있는 주
주로 명시하지 않고 주주로 정하고 있으므로(상376) 의결권 없는 주주도 주주총
회결의 취소의 소를 제기할 수 있다고 본다(긍정설). iii) **소송 중 지위상실** 제소
자격은 제소시점을 기준으로 판단되므로 제소 당시 주주만이 주총결의취소의 소
를 제기할 수 있다. 판례는 주주총회결의 취소소송의 계속 중 원고가 주주로서의
지위를 상실하면 원고는 상법 제376조에 따라 그 취소를 구할 당사자적격을 상실
한다고 보며(2010다87535), 이는 원고가 자신의 의사에 반하여 주주의 지위를 상
실하였더라도 동일하게 보았다(2015다66397). 그리고 이사는 주식회사의 의사결
정기관인 이사회의 구성원이고, 의사결정기관 구성원으로서의 지위는 일신전속적
인 것이어서 상속의 대상이 되지 않으므로, 이사가 주주총회결의 취소의 소를 제
기한 후 소송계속 중 또는 사실심 변론종결 후에 사망한 경우 그 소송은 이사의
사망으로 중단되지 않고 그대로 종료된다(2015다255258). iv) **해임당한 이사·감사**
하자 있는 주주총회의 결의로 해임당한 이사·감사도 제소시점에는 이사·감사는
아니지만 원칙적으로 자신을 해임한 주주총회결의의 하자를 주장할 수 있는 제소
권을 가진다고 보는 견해(다수설)가 있다. 생각건대 주주총회결의에 취소의 하자
가 있을 경우에는 선결문제로 주장할 수 없고 소송을 제기하여야 하고 제소권의
유무는 제소시점을 기준으로 판단하여야 한다. 따라서 설사 이사해임의 주주총회
결의에 하자가 있다고 하더라도 그 하자가 무효나 부존재의 하자가 아니라면 이
를 주장할 수 없고 해임당한 이사·감사는 제소당시 이사·감사가 아니므로 주주
총회결의 취소의 소를 제기할 수 없다고 본다.

---

144) **의결권 없는 주주의 제소 허용성**에 관해, **부정설**은 의결권 없는 주식의 주주 등은 의결
권이 있음을 전제로 하여 인정하여야 할 결의취소의 소권을 가지지 않는다고 본다(임홍
근416). **긍정설**은 결의취소의 소는 의결권 행사와 무관한 권리행사이므로 의결권 없는
주주라 하더라도 제소가 가능하다고 보는 견해이다(통설).

② **피 고 – ⅰ) 대표이사**　결의취소의 소의 피고에 관해 회사법에 명문의 규정을 두고 있지 않지만 **회사**로 한정된다는 것이 통설이며, 회사는 대표이사가 대표한다. 판례도 주주총회결의 취소의 판결은 대세적 효력이 있으므로 그와 같은 소송의 피고가 될 수 있는 자는 그 성질상 회사로 한정된다고 본다(80다2425). **ⅱ) 감 사**　원고가 이사인 경우 감사가 회사를 대표하는데(상394.1), 이는 이사와 회사 사이의 소에 있어서 양자 간에 이해의 충돌이 있기 쉬우므로 그 충돌을 방지하고 공정한 소송수행을 확보하기 위한 취지이다. 따라서 이미 이사의 자리를 떠난 경우에 회사가 그 사람을 상대로 제소하는 경우(2000다9086), 등기이사가 회사를 상대로 사임을 주장하면서 이사직을 사임한 취지의 변경등기를 구하는 소송(2013마1273) 등의 경우에는 공정한 소송수행과 무관하므로 회사를 대표할 사람은 대표이사라 본다. 그리고 주주총회결의 취소의 소에서 감사가 회사를 대표하는 경우(상394) 대표이사를 회사의 대표자로 표시한 소장을 법원에 제출하고 대표이사에 의해 소송이 수행되었다면, 회사의 대표이사가 회사를 대표하여 한 소송행위나 이사가 회사의 대표이사에 대하여 한 소송행위는 모두 무효이지만(89다카15199), 보정된 당사자나 법정대리인이 이를 추인한 경우에는 그 소송행위는 이를 한 때에 소급하여 효력이 생긴다고 본다(2003다2376).

2) 제소기간·절차 : ① 회사법상의 소 – 결의취소의 소의 제소기간은 주주총회 결의가 있은 날로부터 2월이며(상376.1), 제소절차는 **회사법상의 소**의 일반규정을 준용하고 있다(상376.2). 결의취소의 소는 본점소재지의 지방법원의 전속관할에 속하며(상186) 결의취소의 소가 제기된 때에는 회사는 지체 없이 공고하여야 하고(상187), 수 개의 결의취소의 소가 제기된 때에는 법원은 이를 병합심리하여야 한다(상188). 그리고 악의 또는 중대한 과실이 있는 패소원고는 회사에 대해 손해배상책임을 부담하므로(상376.2 → 191), 이러한 손해배상책임을 담보하기 위해 제소주주에게 담보제공의무를 부여하고 있다. 이사·감사가 아닌 주주가 결의취소의 소를 제기한 때에는 법원은 회사의 청구에 의하여 상당한 담보를 제공할 것을 명할 수 있다(상377). 다만 회사가 담보제공을 청구하기 위해서는 주주의 청구가 악의임을 소명하여야 한다(상377.2, → 176.4).
　② 청구 변경·병합 – 주주총회에서 여러 개의 안건이 상정되어 각기 결의가 행하여진 경우 위 제소기간의 준수 여부는 안건별로 판단되어야 하므로, 청구가 변경되거나 추가병합시에는 변경·병합시 제소기간 준수여부가 검토되어야 한다.

판례도 각 안건에 대한 결의마다 별도로 판단하고 주주총회결의 무효확인의 소를 주주총회결의 취소의 소로 변경한 경우, 주주총회결의 무효확인의 소가 추가적으로 병합될 때에 주주총회결의 취소의 소가 제기된 것으로 본다(2007다51505). 그리고 동일한 결의에 관하여 무효확인의 소가 주총결의 후 2월 내에 제기되어 있다면, 동일한 하자를 원인으로 하여 결의의 날로부터 2월이 경과한 후 취소소송으로 소를 변경하거나 추가한 경우에도 무효확인의 소 제기시에 제기된 것과 동일하게 취급하여 제소기간을 준수하였다고 보아야 한다(2007다40000).

3) 소 익 : 하자 있는 주주총회의 결의로 해임당한 이사·감사도 제소시점에는 이사·감사는 아니지만 자신을 해임한 주총결의의 하자를 주장할 수 있는 제소권을 가지는지 앞서 본 바와 같이 의문이 있다. 그런데 당초 임원의 선임·해임(개임)결의에 하자가 있더라도 이미 후임이사 적법하게 선임되어 등기를 마친 경우라면 그 선임·해임결의의 하자를 주장하는 것이 소익이 있는가? 판례는 선임결의에 관해 결의의 취소를 구하는 소에 있어서 그 결의에 의하여 선임된 임원들이 모두 그 직에 취임하지 아니하거나 사임하고 그 후 적법한 새로운 주주총회 결의에 의하여 후임 임원이 선출되어 그 선임등기까지 마쳐진 경우라면, 당초의 임원선임결의에 어떠한 하자가 있었다고 할지라도 그 결의의 취소(부존재·무효)를 구할 소의 이익은 없다고 보았다(2008다33221). 그리고 취소의 하자가 문제되지 않았지만 이와 유사한 판결에서, 이사가 임원 개임의 주주총회 결의에 의하여 임기 만료 전에 이사직에서 해임당하고 후임 이사의 선임이 있었다 하더라도 그 후에 새로 개최된 유효한 주주총회 결의에 의하여 후임 이사가 적법하게 선임되어 선임등기까지 마쳐진 경우라면, 그 무효확인을 구하는 것은 과거의 법률관계 내지 권리관계의 확인을 구하는 것에 귀착되어 확인의 소로서의 권리보호요건을 결여한 것으로 보았다(96다24309).

(4) 취소판결의 효과

1) 원고승소판결 : ① 대세효·소급효 – 결의취소의 판결은 제3자에 대하여도 그 효력이 있어 이른바 **대세적 효력**을 가진다(상376.2,190). 따라서 소송을 제기하지 않은 주주·이사·감사는 물론 제3자에 대해서도 주주총회결의는 효력을 상실한다. 그리고 상법 제376조 2항에서 제190조 본문만 준용하고 단서규정은 준용하지 않음을 명시하고 있어 동조 단서에서 규정하고 있는 불소급효는 준용되지 않으므

로 결의취소판결은 **소급효**를 가진다고 본다. 형성판결의 일반적 효력과 동일하게 소급적으로 효력를 가져 주주총회결의가 있었던 시점부터 효력을 상실하게 된다. 결의한 사항이 등기된 경우에 결의취소의 판결이 확정된 때에는 본점과 지점의 소재지에서 **등기**하여야 한다(상378).

② **이사선임결의의 취소** – 이사를 선임한 주주총회결의에 대해 취소판결이 확정된 경우 판결의 소급효에 따라 선임된 이사들에 의하여 구성된 이사회의 결의의 효력에도 영향을 미친다. 특히 이렇게 소급적으로 무효하게 된 이사회에서 선임된 대표이사 역시 소급하여 그 자격을 상실하고, 그 대표이사가 이사 선임의 주주총회결의에 대한 취소판결이 확정되기 전에 한 행위는 대표권이 없는 자가 한 행위로서 무효가 되어 거래의 안전에 중대한 문제가 발생한다. 대표이사와 거래한 선의의 거래상대방을 보호하기 위한 해석론으로서 **부실등기**에 대한 회사의 책임제도와 **표현대표이사제도**를 고려할 수 있으며, 이에 관해서는 표현대표이사에서 고찰한다. 판례는 주식회사의 법인등기의 경우 회사는 대표자를 통하여 등기를 신청하지만 등기신청권자는 회사 자체이므로 취소되는 주주총회결의에 의하여 이사로 선임된 대표이사가 마친 이사 선임 등기는 상법 제39조의 부실등기에 해당된다고 보았다(2002다19797).

2) 원고패소판결 : ① **대인효** – 결의취소의 소의 기각판결에 대해서는 특별한 규정을 두고 있지 않으므로 **대인적 효력**만 있어 원·피고에 판결의 효력이 미치고 대세적 효력은 부여되지 않는다. 따라서 다른 주주가 다시 결의취소의 소송을 제기할 수 있지만 제소기간 제한으로 사실상 제소가 어렵게 된다. 그리고 원고패소판결은 주주총회결의가 유효하다는 판단이므로 특별히 소급효가 발생하는 것이 아니라 원래의 주주총회결의의 효력이 유지되게 된다. 결의취소의 소가 기각된 경우 패소원고에 악의 또는 중대한 과실이 있는 때에는 회사에 대하여 연대하여 손해배상책임이 있다(상376.2 → 191).

② **재량기각** – 결의취소의 소가 제기된 경우에 결의의 내용, 회사의 현황과 제반사정을 참작하여 그 취소가 부적당하다고 인정한 때에는 법원은 그 청구를 기각할 수 있는 재량기각제도를 두고 있다(상379). 이는 회사법과 같은 단체법관계에서 비록 결의취소의 원인이 인정되더라도 결의가 취소될 경우 회사 전체의 이익이 상당히 침해될 우려가 있을 경우 법원이 이를 판단하여 청구를 기각할 수 있도록 함으로써 주주개인의 이익보다는 회사의 이익을 우선시킬 수 있도록 하였

다. 판례도 재량기각제도에 관해 결의의 절차에 하자가 있는 경우에 결의를 취소하여도 회사 또는 주주에게 이익이 되지 않든가 이미 결의가 집행되었기 때문에 이를 취소하여도 아무런 효과가 없든가 하는 때에 결의를 취소함으로써, 회사에 손해를 끼치거나 일반거래의 안전을 해치는 것을 막고 결의취소의 소의 남용을 방지하려는 취지로 이해하고, 이 경우 당사자의 주장이 없더라도 법원이 직권으로 재량에 의하여 취소청구를 기각할 수도 있다고 보았다(2001다45584).

　　3) 공정증서원본부실기재죄 : 주주총회결의에 따라 등기가 이뤄진 경우 주주총회결의에 하자가 있어 효력이 부인될 경우 등기부에 기재된 부실기재에 관해 공정증서원본부실기재죄가 성립하는가? 이에 관해 판례는 하자의 유형에 따라 달리 보고 있다. 즉 공정증서원본에 기재된 사항이 외관상 존재하는 사실이라 하더라도 이에 무효나 부존재에 해당되는 하자가 있다면 그 기재는 부실기재에 해당되지만, 그것이 객관적으로 존재하는 사실이고 이에 취소사유에 해당되는 하자가 있을 뿐인 경우에는 취소되기 전에 그 결의 내용이 공정증서원본에 기재된 이상 그 기재가 공정증서원본불실기재죄를 구성하지는 않는다고 보았다(93도698). 주총결의무효·부존재확인의 소와 달리 주총결의취소의 소는 형성소송의 성질을 가지고 있으므로 적어도 주총결의가 판결로 취소되기 전까지는 유효하다고 볼 때 판례의 입장이 타당하다고 본다.

3. 주주총회결의 무효확인의 소

(1) 의 의

　　1) 개 념 : 주주총회결의 무효확인의 소란 주주총회의 결의내용이 법령에 위반할 경우 결의의 무효를 확인하는 회사법상의 소송이다(상380). 결의내용이 부적절하더라도 그 원인이 정관에 위반한 경우는 결의취소의 소의 대상이고, 결의내용이 법령에 위반한 경우만 주주총회 결의무효확인의 소의 대상이 된다. 주주총회결의 무효확인의 소와 부존재확인의 소는 회사법의 동일 조문에 규정되어 있으며 그 법적 효과가 동일하지만, 무효확인의 소는 내용상의 하자가 소송의 원인이 되는데 반해 부존재확인의 소는 절차상의 하자가 소송의 원인이 된다는 점에서 구별된다. 주주총회결의에 '결의내용의 법령위반'의 하자가 있을 경우 주주총회결의는 그 자체만으로 무효이며, 이는 주주총회결의 무효확인의 소송으로 확인할

수 있다.

[비교법] 독일 주식법은 주총결의의 하자에 관해 무효소송과 취소소송의 두 가지
만 인정한다. 우리의 주총부존재사유를 무효사유로 보고 있으며 무효사유와 취소사
유의 구별도 우리법과 다르게 이해한다. 독일 주식법상 주총결의 무효원인으로는
주식회사의 본질에 반하는 경우, 결의의 내용이 회사채권자보호·공공이익규정 등
을 위반한 때, 결의의 내용이 선량한 풍속에 반하는 때, 소집절차규정(독주195.1호)을
위반한 경우 등이 포함되며(독주241) 취소사유는 별도로 규정하고 있다(독주243). 특
히 무효사유와 취소사유의 구분은 입법정책적으로 결정할 문제이다. 우리 상법은
구분 기준이 명료하다는 장점이 있지만, 전술한 바와 같이 법령 위반의 내용상 하
자를 언제나 무효사유로 보는 것은 적절하지 않다고 보는 견해가 있다. 무효소송은
결의의 효력을 저지하는 저지형 구제수단인 동시에 제소기간의 제한이 없기 때문
에 법적안정성을 고려하면 최소한도로 제한할 필요가 있다. 따라서 원칙적으로 모
든 하자를 취소사유로 하되, 중요하다고 판단되는 일정한 경우만을 무효사유로 보
는 독일 주식법의 태도가 바람직한 면이 있다고 한다.145) 이 견해는 법령 위반의 내
용상 하자의 경우 당해 법령의 취지가 공익이나 채권자 이익이 아니라 주주 개인이
포기할 수 있는 이익을 보호하기 위한 것이라면 취소사유로 봄으로써 제소여부를
주주에게 맡기는 것이 합리적이라 하면서, 주주평등원칙에 반하는 결의로 인하여
불리한대우를 받은 주주가 그 점을 알면서도 아무런 이의를 제기하지 않는다면 그
결의를 구태여 무효로 볼 필요는 없다고 본다.

2) 소의 성질 : ① **논 의** – 주주총회결의 무효확인의 소의 법적 성질은 형성소
송인가 아니면 확인소송인가?(쟁점39)146) 결의무효판결이 확정될 때까지는 유효하

---

145) 김건식·최문희, "주주총회 결의하자소송의 하자사유에 관한 입법론적 고찰 – 독일 주식
    법과의 비교법적 검토", 『상사법연구』, 제34권 3호(통권 88호), 한국상사법학회, 2015,
    324면.

146) **주주총회결의무효확인의 소의 법적 성질(쟁점39)**에 관해, **형성소송설**은 첫째, 제소권자
    가 제한되는 것은 회사내부 문제라는 점에서 설명하고 제소기간이 제한되는 것은 일정
    기간이 경과되면 하자가 치유되는 것으로 하기 위한 법 규정으로 이해한다. 둘째, 강행
    법규, 사회질서, 주식회사 본질에 반하는 결의의 경우 그 결의에 따른 집행행위(후속행
    위) 자체가 무효원인을 가지고 있어 판결 전 형성소송설에 의하더라도 문제가 없다고
    본다. 셋째, 무효확인설은 무효확인판결의 대세적 효력과 모순되고 무효확인소송을 제기
    하지 않으면 확인소송이고 제기하면 형성소송이 된다는 모순이 생긴다고 한다. 이는 무
    효확인소송을 제기하지 않으면 선결문제로 주장할 수 있을 뿐이므로 제3자에게 무효를
    주장할 수 없는데 반해, 소송을 제기하면 회사법의 대세효 규정에 따라 창설적 효력이
    발생한다고 주장한다. 넷째, 확인소송설에 의하면 동일한 사안이 법원에 따라 달리 판
    단될 가능성이 있다고 본다(이철송609). 하지만 형성소송설의 논거를 보면, 첫째, 제소
    권자, 제소기간은 일정한 요건에 따른 소제기로 형성판결을 받아야 효력이 부인되는 형
    성소송임을 추정하는 강력한 논거인데 주총무효확인의 소는 이를 두고 있지 않으며, 둘

고 결의의 무효는 소로써만 주장 가능하고 보는 **형성소송설**은 결의무효확인판결의 효력이 결의취소의 소의 판결의 효력과 동일하게 대세적 효력이 부여된다는 점을 주된 논거로 한다. 이에 대해 결의무효사유가 있으면 당연히 무효이므로 확인의 소로서의 성질을 가지며 판결의 효력은 당연히 소급한다고 보는 **확인소송설**은 소로만 주장할 필요가 없고 항변으로 주장 가능하다고 보며, 결의취소의 소와 달리 제소권자, 제소기간의 제한이 없다는 점을 논거로 한다. 예컨대, 결의무효확인의 소를 형성의 소로 이해할 경우 배당금지급청구의 소를 제기할 경우 재무제표승인결의의 무효의 소를 반드시 제기해야 하는 불편(이중의 절차)이 있게 되는데, 확인의 소로 볼 경우 결의무효확인의 소송 제기 없이 바로 배당금지급청구의 소송을 제기할 수 있게 된다(다수설). **판례**는 주주총회결의에 무효원인이 있을 경우 당사자는 언제든지 당해 소송에서 주주총회결의가 처음부터 무효하다고 다투어 주장할 수 있고 반드시 먼저 회사를 상대로 제소하여야만 하는 것은 아니라 보아(91다5365) 확인소송설을 따르고 있다.

② 검 토 – 형성소송설의 논거로 주장되는 결의무효확인판결의 **대세효**는 회사법상의 소송이 아닌 일반 형성소송이나 확인소송의 판결에서 부여되는 효력이 아니어서 이를 형성소송의 논거로 보기는 부적절하다. 오히려 판결의 대세효는 동일한 법률관계의 구성원간의 불일치한 효과를 허용하지 않는 단체법의 특성이 반영된 것으로 보아야 한다. 그리고 결의무효확인의 소송은 형성소송(결의취소의

째, 주주총회의 결의는 의사결정절차이고 소위 후속행위(결의의 집행행위를 의미하는 듯)는 결정된 의사를 집행하는 행위이므로, 의사결정에만 회사의 본질에 반하는 무효원인(예, 정관변경이 주주평등의 원칙에 위반)이 있는 경우도 있으며 이 경우 집행행위 자체에는 하자가 없고 불필요하더라도 무효확인의 대상이 될 수 있다. 셋째, 무효확인의 대상으로 볼 경우 인정되는 선결효(무효확인 전에 무효를 주장할 수 있는 효력)는 무효주장 가능성만을 의미하고 그 역시 다툼이 있으면 다시 소송의 대상이 될 수 있다. 그리고 선결효를 주장할 경우 기판력을 얻지 않았으므로 당연히 대세적 효력은 발생하지 않고 대세효를 얻기 위해서는 무효확인의 판결을 받아야 하므로 이는 판결이 없이 주장 가능하다는 것(선결효)과 판결에 의해 기판력을 얻는 것의 차이므로 쟁점과는 무관한 주장이라 본다. 넷째, 다른 법원에 다른 소송으로 제기된 경우 판결의 효력이 불일치할 수 있다는 지적은 판결확정 전에는 기판력이 없으므로 선결문제에 관해 법원이 다른 판단을 할 수 있는데, 이 경우 주주총회의 결의에 무효원인이 있으므로 원고는 제소기간 중 언제든지 선결문제의 주장이 아닌 무효확인의 소송을 제기하면 대세효가 인정되는 무효판결을 받을 수 있으므로 아무런 문제가 없고 이러한 이유에서 제소기간의 제한을 두지 않은 것으로 볼 수 있다. 결론적으로 형성소송설의 지적은 부적절하며 제소기간, 제소권자의 제한을 둔 취지로 볼 때 주주총회무효확인(부존재확인)의 소는 확인의 소의 성질을 가진 것으로 본다.

소)과는 달리 **제소기간·제소권자**의 제한이 없으므로 취소권자·취소기간이 전제되지 않고 이미 무효한 것을 소익이 있을 경우 주장할 수 있는 확인소송의 특징을 가지고 있다는 점에서 때 확인소송설이 타당하다고 본다.

3) 선결문제 등 : 주주총회결의무효확인의 소는 확인의 소의 성질을 가지고 있으므로 다른 소송에서 선결문제가 된 경우 주주총회결의취소의 소와 달리 소송을 먼저 제기하여야 할 필요가 없고 당해 소송에서 **항변으로 주장**이 가능하다. 판례도 주주총회결의의 효력이 그 회사 아닌 제3자 사이의 소송에 있어 선결문제로 된 경우에는 당사자는 언제든지 당해 소송에서 주주총회결의가 처음부터 무효 또는 부존재하다고 다투어 주장할 수 있는 것이고, 반드시 먼저 회사를 상대로 제소하여야만 하는 것은 아니라 보았고(91다5365), 주주총회를 소집할 권리가 없는 자들이 소집한 주주총회에서 이사를 선임한 결의와 그 주주총회에서 선임된 이사에 의한 이사회의 결의는 모두 존재하지 않는 것이거나 당연무효라고 보았다(2009다35033).

4) 기타 문제 : 무효인 주주총회(이사회) 결의를 사후적으로 추인하는 결의(**추인결의**)를 할 수 있다. 이는 무효행위를 추인하는 때에 달리 소급효를 인정하는 법률규정이 없는 한 새로운 법률행위를 한 것으로 보아야 하듯, 무효인 결의를 사후에 적법하게 추인하는 경우에도 마찬가지이다(94다53419). 주총결의와 이사회결의가 무효인 이상 위 주총결의와 이사회결의가 사후에 추인하는 결의들을 통하여 소급적으로 유효하게 될 수는 없다고 본다(2009다35033). 앞서 본 바와 같이 취소할 수 있는 주주총회의 결의는 추인에 의해 유효하게 할 수 있지만, 무효·부존재인 주주총회결의는 추인결의로 효력이 발생한다고 볼 수는 없다. 무효한 행위는 확정적으로 무효이므로 추인은 허용되지 않으며, 오히려 제2주총결의(추인결의)가 새로운 주총결의로 인정될 경우 제2주총결의가 성립하는 시점부터 새로운 효력이 발생한다고 본다. 그리고 기타 결의무효확인의 소에서도 결의취소의 소와 같이 특수절차무효와 소(예, 감자무효의 소 등)와의 관계에 관해 학설이 대립되며 이에 관한 자세한 논의는 후술(2편4장1절 V.6.)한다. 다만 결의무효확인의 소는 특수절차무효의 소에 흡수된다는 **흡수설**이 타당하다고 보며 판례도 동일한 입장이다(92누14908).

(2) 소의 원인

1) 범 위 : ① 법령 위반 – 결의내용의 법령 위반이라 함은 회사법에 규정된 사항을 위반한 경우는 물론, 결의내용이 주주평등의 원칙, 유한책임의 원리, 주식회사의 본질, 선량한 풍속 기타 사회질서에 반하는 경우 등을 의미하고, 이 경우 결의무효확인의 소의 원인이 된다. 예컨대, 이사보수결정은 주주총회결의에 의하도록 회사법에 규정하고 있는데(상388) 이를 이사회에 포괄위임하는 주주총회의 결의, 소집통지한 지정된 일시에 주주총회가 **유회**된 후 총회소집권자의 적법한 새로운 소집절차 없이 동일장소에서 동일자 다른 시간에 개최된 총회에서의 결의(63다670)는 주주총회결의에 무효원인이 있는 하자있는 결의가 된다.

② **불공정** – 주주총회결의가 불공정할 경우에도 결의무효확인의 소의 원인이 되는가? 이에 관해 결의의 내용이 결의의 내재적 한계를 초월한 불공정한 것인 때에는 무효로 보아야 한다는 견해가 있으며, 다수결의 남용을 그 중요한 예로 보고 있다. 생각건대 회사법에 결의무효확인의 소의 원인에 결의내용의 불공정을 규정하고 있지 않아 결의내용의 불공정을 결의무효확인의 소의 원인으로 보기는 어렵다고 본다. 이사의 과다보수결의, 해임된 이사의 재선임결의 등 소위 다수결이 남용된 주주총회의 결의라 하더라도 결의가 불공정하다는 이유만으로 결의무효확인의 소의 원인이 되지 않고, 그러한 결의가 권리남용이나 신의칙에 위반할 경우 법령위반의 결의로 무효원인이 된다고 본다.

2) 부존재 원인과 혼동 : 주주총회결의의 무효원인과 부존재원인은 결의의 내용·절차로 그 대상이 구별되어 혼동의 여지가 적다. 하지만 회사의 주주총회결의에 대한 부존재확인청구나 무효확인청구는 모두 법률상 결의의 효과가 현재 존재하지 아니함을 확인받고자 하는 점에서 동일하여 양자가 혼동될 여지가 있어, 소송에서 무효확인청구를 부존재확인청구로 부존재확인청구를 무효확인청구로 제기한 경우 그 효과가 문제된다. 판례는 사원총회가 적법한 소집권자에 의하여 소집되지 않았을 뿐 아니라 정당한 사원 아닌 자들이 모여서 개최한 집회에 불과하여 법률상 부존재로 볼 수 밖에 없는 총회결의에 대해, 결의무효 확인을 청구하고 있다고 하여도 이는 부존재확인의 의미로 무효확인을 청구하는 취지라고 풀이함이 타당하므로 적법하다고 보았다(82다카1810).

(3) 절 차

1) 당사자 : ① **원·피고** – 결의무효확인의 소의 제소권자인 **원고**에 관해 상법은 특별한 제한을 두고 있지 않아, 결의의 무효확인을 구할 법률상 정당한 이익이 있으면 누구나 제소가 가능하다. 판례도 무효 또는 존재하지 않은 주주총회결의로 대표이사직을 해임당한 자는 그가 주주이거나 아니거나를 막론하고 주주총회결의의 무효확인 또는 그 부존재확인의 청구를 할 수 있다고 보았다(66다980). 그리고 결의무효확인소송의 **피고**는 회사라는 입장이 통설이며, 판례도 주주총회결의의 취소와 결의무효확인판결은 대세적 효력이 있으므로 그와 같은 소송의 피고가 될 수 있는 자는 그 성질상 회사로 한정된다고 본다(80다2425). 그리고 회사 이외의 제3자 간의 법률관계에 있어서는 상법 제380조, 제190조가 적용되지 않는다고 본다(95다6885).

② **무효선임결의와 회사대표** – ⅰ) **쟁 점** 무효의 하자가 있는 주주총회결의로 선임된 이사·감사(상394.1)가 회사를 대표하여 결의무효확인소송을 수행할 수 있는가? 무효결의로 선임된 이사·감사의 대표성에 관해, 이를 부정하던 판례를 변경하여 회사의 이사선임 결의가 무효·부존재임을 주장하여 그 결의의 무효·부존재확인을 구하는 소송에서 회사를 대표할 자는 현재 대표이사로 등기되어 그 직무를 행하는 자라고 할 것이고, 그 대표이사가 무효 또는 부존재확인청구의 대상이 된 결의에 의하여 선임된 이사라고 할지라도 그 소송에서 회사를 대표할 자로 보았다(82다카1810). 다만 동 판결은 주총결의부존재확인 판결이 효력의 불소급효(80다2425)에 근거한 판결이어서 상법이 개정되어 주총결의부존재확인판결의 효력에 소급효(이사·감사의 자격상실)가 인정된 이후에도 동 판결의 유지될 수 있을지 의문은 있다. ⅱ) **검 토** 회사법을 개정하여 주주총회결의무효·부존재확인 판결이 소급효를 가지게 되었더라도, 현행법상 위 판례의 입장은 유지될 수밖에 없다고 본다. 왜냐하면 대표이사나 감사의 이사선임 주주총회결의의 효력에 관한 소송(취소·무효·부존재)에 관해, 첫째, 문제된 경우에 관해 제3자 소송담당에 관한 회사법 규정이 없으며, 둘째, 소송행위는 거래행위가 아니어서 표현대표이사나 부실등기제도가 적용되지 않아 이미 수행된 소송행위에 효력부여가 쉽지 않고, 셋째, 이를 부인할 경우 사실상 소송행위가 무효하게 되어 판결 역시 효력을 상실하게 될 경우 다시 소송을 수행하여야 하는 소송비경제가 문제되며, 넷째, 해당 이사·감사는 적극적으로 주주총회결의의 효력 유지를 위한 소송행위를 할 것으로 기대되어 회사에 불이익하지도 않기 때문이다. ⅲ) **사 견** 대표이사·감

사 선임의 주주총회결의의 효력에 관한 소송에서 해당 대표이사·감사가 소송을 담당할 수밖에 없다고 볼 때, 주총효력을 부인한 판결의 소급효에 관한 상법의 개정에도 불구하고 위 판결의 취지는 존중될 필요가 있다고 본다. 다만 이른바 비결의의 경우 즉 주주총회 의사록을 위조하여 대표이사로 등기한 자가 소송을 수행한 경우에는 동일한 결론을 인정하기는 어렵다는 점에서 **입법론**적 관점에서 이사선임주주총회결의의 효력에 관한 소송에서 문제가 된 이사가 아닌 다른 이사가 소송을 담당하도록 하는 회사법의 개정이 요구된다고 본다.

   2) 제소·절차 : ① 일반 절차 – 제소절차에 관해 회사법상 소송의 일반규정을 준용하고 있어(상380) 회사법상의 소송의 일반절차를 따른다. 따라서 결의무효확인의 소는 본점소재지의 지방법원의 전속관할에 속하며(상186), 결의무효확인의 소가 제기된 때에는 회사는 지체 없이 공고하여야 한다(상187). 수 개의 결의무효확인의 소가 제기된 때에는 법원은 이를 병합심리하여야 한다(상188). 그리고 악의 또는 중대한 과실이 있는 패소원고는 회사에 대해 손해배상책임을 부담하므로(상376.2→191), 이러한 손해배상책임을 담보하기 위해 제소주주에게 담보제공 의무를 부여하고 있다. 이사·감사가 아닌 주주가 결의무효확인의 소를 제기한 때에는 법원은 회사의 청구에 의하여 상당한 담보를 제공할 것을 명할 수 있다(상377). 다만 회사가 담보제공을 청구하기 위해서는 주주의 청구가 악의임을 소명하여야 한다(상377.2→176.4).
   ② 제소권자·기간 – 결의무효확인의 소의 제소기간·제소권자에 대해서는 특별한 제한이 없으므로 소익이 있는 자는 언제든지 결의무효확인의 소를 제기할 수 있다. 결의무효확인의 소는 결의취소의 소와 달리 **재량기각제도**가 적용되지 않는다. 그리고 판례는 주주총회결의의 부존재·무효를 확인하거나 결의를 취소하는 판결이 확정되면 당사자 이외의 제3자에게도 그 효력이 미쳐 제3자도 이를 다툴 수 없게 되므로, 주주총회결의의 하자를 다투는 소에 있어서 청구의 인낙이나 그 결의의 부존재·무효를 확인하는 내용의 화해·조정은 할 수 없고, 가사 이러한 내용의 **청구인낙·화해·조정**이 이루어졌다 하여도 그 인낙조서나 화해·조정조서는 효력이 없다고 보았다(2004다28047).

   3) 소 익 : ① 확인의 이익 – 주총결의무효확인의 소는 확인의 소의 성질을 가지고 있으므로 소익이 있는 자가 제소권을 가지므로 소익(확인의 이익)이 중요한

개념이 된다. 확인의 이익은 즉시확정의 법률상 이익을 의미하는데 이에 관해 판례는 원고의 권리 또는 법률상의 지위에 현존하는 불안·위험이 있고 그 불안·위험을 제거함에는 확인판결을 받는 것이 가장 유효·적절한 수단일 때에만 인정된다고 본다(2015다66397). 아래에서는 개별적인 결의무효확인의 소송에서 확인의 이익이 문제되는 경우를 판례를 중심으로 살펴본다.

② **현재의 법률관계** – 판례는 후임이사 적법한 선임(등기) 후 문제된 종전 임원의 해임결의의 무효확인은 **과거의 법률관계의 확인**을 구하는 것이어서 소익이 없다고 본다(90다카1158), 하지만 그 임원을 선임한 당초 결의의 무효 여부가 현재의 임원을 확정함에 있어서 직접적인 이해관계가 있을 경우에는 당초의 선임결의의 무효확인을 구할 법률상의 이익이 있다고 보는데, 당초에 이사직에서 해임된 바로 그 자를 후임 이사로 선임한 결의도 포함된다(93다61338). 이와 유사하게 주식회사에 대하여 법원의 해산판결이 선고, 확정되어 해산등기가 마쳐졌고 아울러 법원이 적법하게 그 청산인을 선임하여 그 취임등기까지 경료된 경우에는 해산 당시 이사의 해임결의의 무효확인을 구할 법률상 이익이 없다고 보았다(91다22131). 다만 주식회사가 해산되었다 하더라도 해산 당시의 이사 또는 주주가 해산 전에 이루어진 주주총회 결의의 무효확인을 구하는 청구에는 청산인선임결의의 무효를 다투는 청구가 포함되어 있을 수 있고, 이 경우 그 중요 쟁점은 회사의 청산인이 될 지위에 관한 것이므로 항상 소의 이익이 없다고 단정할 수 없다고 본 바 있다(91다22131).

③ **현재의 지위** – 사임 등으로 **퇴임한 이사**는 그 퇴임 이후에 이루어진 주주총회나 이사회의 결의에 하자가 있다 하더라도 이를 다툴 법률상의 이익이 없다. 하지만 이사나 대표이사가 사임하여 퇴임하였다 하더라도 그 퇴임에 의하여 법률 또는 정관 소정의 이사의 원수를 결하게 됨으로써 적법하게 선임된 이사가 취임할 때까지 여전히 이사로서의 권리·의무를 보유하는 경우에는, 이사로서 그 후임이사를 선임한 주주총회결의나 이사회결의의 하자를 주장하여 부존재확인을 구할 법률상의 이익이 있다고 보았다(91다45141). 주주로부터 기명주식을 양도받은 자라 하더라도 주주명부에 **명의개서**를 하지 아니하여 그 양도를 회사에 대항할 수 없는 이상 그 주주에 대한 채권자에 불과하고, 또 제권판결 이전에 주식을 선의취득한 자는 위 제권판결에 하자가 있다 하더라도 제권판결에 대한 불복의 소에 의하여 그 제권판결이 취소되지 않는 한 회사에 대하여 적법한 주주로서의 권한을 행사할 수 없으므로 회사의 주주로서 주주총회 및 이사회결의무효확인을 소구할

이익이 없다(90다6774).

(4) 판결의 효과

1) **원고승소판결** : 주주총회결의 무효확인의 판결은 제3자에 대하여도 그 효력이 있어 이른바 **대세적 효력**을 가진다(상380,190). 따라서 소송을 제기하지 않은 주주·이사·감사는 물론 제3자에 대해서도 주주총회결의는 효력을 상실한다. 그런데 상법 제380조에서 제190조 본문만 준용하고 단서규정은 준용하지 않음을 명시하고 있어 동조 단서에서 규정하고 있는 불소급효는 준용되지 않는다. 따라서 주총결의 무효확인판결의 효력은 형성판결의 일반적 효력과 동일하게 **소급효**를 가지게 되어 주주총회결의가 있었던 시점부터 효력을 상실하게 된다. 결의한 사항이 등기된 경우에 결의무효확인의 판결이 확정된 때에는 본점과 지점의 소재지에서 **등기**하여야 한다(상378).

2) **원고패소판결** : 결의무효확인의 소의 기각판결의 효력에 관해 특별한 규정을 두고 있지 않으므로 대인적 효력만 있고 대세적 효력은 부여되지 않는다. 따라서 다른 주주가 다시 결의무효확인의 소송을 제기할 수 있다. 그리고 원고패소판결은 주주총회결의가 유효하다는 판단이므로 주주총회결의취소의 소에서 설명한 바와 같이 이는 특별히 소급효가 발생하는 것이 아니라 원래의 효력이 유지된다고 볼 수 있다. 결의무효확인의 소가 기각된 경우 패소원고는 악의 또는 중대한 과실이 있는 때에는 회사에 대하여 연대하여 손해배상책임이 있다(상380 → 191).

3) **선임결의 하자의 대표이사 소송행위의 효력** : 무효확인된 결의에 의하여 선임된 대표이사가 행한 소송행위의 효력은 유효한가? 이에 관해 무효한 주주총회결의로 이사에 선임되어 대표이사가 되었다 하더라도 회사법에 특별한 규정이 없어 대표이사가 회사를 대표하여 소송행위를 할 수밖에 없음은 앞서 보았다. 따라서 대표이사가 수행한 소송행위의 효력도 유지된다고 본다. 판례도 이사선임결의 무효확인판결이 확정되더라도 그 결의에 의하여 선임된 이사가 그 판결확정 전에 회사의 대표자로서 행한 소송행위에는 아무런 영향을 미치지 않는다고 보았는데 (82다카1810), 동 판결은 상법 제380조의 규정이 개정되기 전의 판결이어서 결의 무효확인의 소에 소급효가 부여된 이후에 판결의 입장은 확인할 수 없다.

4. 주주총회결의 부존재확인의 소

(1) 의 의

1) **개 념** : 주주총회결의 부존재확인의 소는 총회의 소집절차·결의방법에 총
회결의가 존재한다고 볼 수 없을 정도로 중대한 하자가 있을 경우 결의의 부존재
를 확인하는 회사법상의 소이다(상380). 소집절차·결의방법의 중대한 하자의 범
위에 관해 주주총회가 형식적으로 존재하고 **절차(소집·결의)에 중대한 하자가** 있
는 경우는 물론 주주총회가 형식적으로 존재하지 않고 주주총회의사록에 주주총
회가 있었던 것으로 기재된 경우(**비결의**)도 포함한다. 종전 판례는 주주총회의 결
의라는 내부의 의사결정이 존재하지만 주주총회의 소집절차·결의방법에 중대한
하자가 있는 경우에 제기되는 소송을 의미한다고 보고(91다39924), 주주총회를
소집·개최함이 없이 주주총회의사록만 작성한 경우처럼 외형상 주주총회결의의
존재를 인정하기 어려운 경우(이른바 비결의)를 제외한 판례(91다14369)가 있었
다. 하지만 주총결의부존재확인의 소의 성질을 확인의 소로 보는 이상, 소집절
차·결의방법에 중대한 하자가 있는 경우는 물론 결의라고 볼 수 있는 것이 없고
단순히 주주총회의사록에만 허위의 주총결의가 기재된 경우(비결의)도 포함된다
고 본다.

2) **소의 성질** : ① 논 의 – 결의부존재확인의 소의 법적 성질에 관해 형성소송
설과 확인소송설이 대립하고 있으며 그 논의는 결의무효확인의 소에서 논의와 동
일하다(**쟁점39** 참조). 즉 결의부존재판결이 확정될 때까지는 유효하고 그 무효는
소송으로만 주장할 수 있고 결의부존재확인판결에 대세적 효력이 부여된다는 점
을 논거로 하는 **형성소송설**, 결의부존재사유가 있으면 당연히 무효이고 소로써만
주장할 필요가 없고 선결문제·항변으로도 주장 가능하며 제소권자·제소기간의
제한이 없으며 판결의 효력은 당연히 소급한다는 점을 논거로 하는 **확인소송설**(다
수설·판례)이 주장된다. 양 견해의 대립은 결의무효를 소송으로만 주장할 수 있
는지 아니면 다른 법률관계에서 선결문제, 항변으로 주장할 수 있는지 하는 점에
서 차이가 있어 실천적 의미를 지닌다. 판례는 주주총회결의의 효력이 그 회사 아
닌 제3자 사이의 소송에 있어 선결문제로 된 경우에는 당사자는 언제든지 당해
소송에서 주주총회결의가 처음부터 무효 또는 부존재하다고 다투어 주장할 수 있

는 것이고, 반드시 먼저 회사를 상대로 제소하여야만 하는 것은 아니라 본다(확인
소송설, 91다5365)

② 검 토 - 형성소송설의 논거로 주장되는 결의부존재확인판결의 **대세효**는
회사법상의 소송이 아닌 일반 형성소송이나 확인소송의 판결에서 부여되는 효력
이 아니어서 이를 형성소송의 논거로 보기는 부적절하다. 오히려 판결의 대세효
는 동일한 법률관계의 구성원간의 불일치한 효과를 허용하지 않는 단체법의 특성
이 반영된 것으로 보아야 한다. 그리고 결의부존재확인의 소송은 형성소송(결의
취소의 소)과는 달리 **제소기간·제소권자**의 제한이 없으므로 취소권자·취소기간이
전제되지 않고 이미 무효한 것을 소익이 있을 경우 주장할 수 있는 확인소송의 특
징을 가지고 있다는 점에서 때 확인소송설이 타당하다고 본다. 다만 결의부존재
확인의 소는 형성의 소의 성질을 가지는 결의취소의 소와 비교할 때, '절차하자'라
는 소송원인에서 유사하여 양자간의 구별이 문제된다. 하지만 결의취소의 하자는
경미한 절차하자로서 이를 제소권자가 제소기간 내에 주장한 경우에만 결의가 무
효로 될 수 있는 것인데 반해, 결의부존재의 하자는 '결의가 존재한다고 볼 수 없
을 정도'(상380)의 중대한 절차하자로서 애당초 결의가 무효인 것을 필요한 경우
(소익이 있는 경우)에 누구나 그 확인을 청구할 수 있어 구별된다.

(2) 소의 원인

1) 하자의 중대성 : 주주총회결의 부존재확인의 소의 원인은 소집절차·결의방
법에 하자가 있는 것만으로 부족하고 그 중대한 하자가 있어야 한다. 회사법은 중
대한 하자를 총회결의가 존재한다고 볼 수 없을 정도의 하자를 의미하는 것으로
정의하고 있는데(상380), '결의부존재의 하자'가 구체적으로 어떠한 경우를 의미하
는지는 불명확하다. 특히 소집절차를 흠결한 경우 어느 정도 흠결하여야 취소의
하자가 되고 이를 넘으면 부존재의 하자가 되는지 그 기준이 명확하지 않다. 따라
서 회사법상 불명확한 기준은 판례를 통해 구체화될 수밖에 없어 아래에서 **'중대
한 하자'**에 관한 판례를 살펴본다.

2) 소집절차의 하자 : ① 소집통지 흠결 - 결의부존재확인의 소의 원인으로 흔
히 문제되는 경우가 대다수의 주주에 대한 소집통지가 흠결된 경우이다. 판례는
주주의 전부 또는 대부분의 주주에게 소집통지를 발송하지 아니하고 개최된 주주
총회는 특별한 사정이 없는 한 그와 같은 총회는 그 성립과정에 있어 하자가 너무

나도 심한 것이어서 사회통념상 총회 자체의 성립이 인정되기 어렵다고 봄이 상당하다고 보았다(78다1269). 다만 취소와 부존재 하자의 경계가 문제되는데, 일부 주주에게 소집통지를 하지 않은 주주총회에서 총주식의 과반수를 넘는 주식을 소유한 주주가 참석하여 전원찬성의 결의가 있은 경우 취소사유로 본 판결(80다2745)이 있고, 총주식 50,000주 중 25,210주를 보유하고 있는 주주 등에게 소집통지 흠결시 결의부존재의 하자가 있다고 본 판결(91다14093)이 있어, 판례는 소집통지의 흠결이 발행주식총수의 과반수일 경우 부존재의 하자로 본 것으로 추정된다. 생각건대 주주총회의 결의에서 과반수의 주식은 의사를 결정할 수 있어 흠결의 정도가 50% 이상일 경우 결의취소가 아닌 결의부존재의 원인으로 보는 것은 타당하다고 본다.

② 소집권한(이사회결의·대표이사소집) 흠결 – 권한이 없는 자가 소집한 주주총회는 총회의 성립에 현저한 하자로 인해 부존재확인을 구할 수 있는데(67다1705), 여기서 소집권한이라 함은 '이사회결의에 따른 대표이사의 소집'을 의미한다고 보고, 이사회의 총회소집결의는 있지만 대표이사가 아닌 자에 의한 소집통지는 취소의 하자에 해당한다고 본다. 판례에서 주주총회를 소집할 권한이 없는 자가 이사회의 주주총회 소집결정도 없이 소집한 주주총회에서 이루어진 결의를 부존재의 하자가 있다고 보았으며(2010다13541), 동일한 취지에서 부존재의 하자가 있는 주주총회결의에 기하여 대표이사로 선임된 자에 의해 소집된 주주총회에서 이루어진 제2 주주총회결의 역시 법률상 결의부존재라고 보았다(92다28235). 이사임기만료 후 선임된 대표이사에 의해 소집된 주총결의도 주총결의부존재의 하자가 있다고 보았지만(2010다13541), 공동대표이사 1인에 의한 주총소집은 주총취소원인으로 보았다(92다11008).

③ 하자의 중복 – 주주총회의 소집통지는 이사회결의, 대표이사에 의한 소집통지, 소집통지기한, 모든 주주에 대한 통지, 서면에 의한 통지 등 여러 가지 요건을 충족하여야 하는데 이들 하자가 경미하게 중복적으로 흠결한 경우 주주총회결의의 중대한 하자가 되는가? 판례는 주주총회에서 정족수가 넘는 주주의 출석으로 출석주주 전원의 찬성에 의하여 이루어진 결의라면, 설사 일부 주주에게 소집통지를 하지 아니하였거나 법정기간을 준수하지 아니한 서면통지에 의하여 주주총회가 소집되었다 하더라도 주주총회결의의 부존재 사유로 보지 않았다(92다21692). 생각건대 하자가 중복되는 경우에도 다양한 경우가 있을 수 있겠는데, 이사회결의와 대표이사에 의한 소집통지가 중복된 흠결의 경우에는 위에서 본 바와

같이 부존재의 하자가 되지만, 기타 중복된 하자가 있더라도 과반수 넘는 주주가 적법한 소집통지를 받았다면 결의취소의 하자가 된다고 본다.

3) 결의방법의 하자 : 판례는 대표이사가 임시주주총회 개최 통지를 한 주주총회 당일 소란으로 인하여 사회자가 주주총회의 **산회선언**을 한 후 의결권수 과반수를 훨씬 넘는 주주 3인이 별도의 장소에 모여서 한 결의는 부존재의 하자가 있는 것으로 보았다(92다28235). 동 판결은 위 주주 3인이 과반수를 훨씬 넘는 주식을 가진 주주라고 하더라도 나머지 일부 소수주주들에게는 그 회의의 참석과 토의, 의결권행사의 기회를 전혀 배제하고 나아가 법률상 규정된 주주총회소집절차를 무시하였다고 보았다. 그리고 임시주주총회의 소집이 적법하게 **철회**된 경우에 개최된 주주총회의 결의는 이사회의 결의도 없이 소집권한 없는 자에 의하여 소집된 것으로 보고 결의부존재의 원인으로 보았다(2009다35033).

(3) 절 차

1) 당사자 : ① 원 고 – 결의부존재확인의 소의 제소권자, 즉 **원고**에 관해서도 상법은 특별한 규정을 두고 있지 않아 주주총회의 결의부존재확인을 구할 법률상 정당한 이익이 있는 자는 제소할 수 있다. 판례상 소익이 인정된 경우로는 회사의 금전채권자, 결의에 영향을 받는 채권자, 임기만료 전 해임당한 이사 등이 있다. 주식회사의 채권자는 그 주주총회의 결의가 그 채권자의 권리 또는 법적 지위를 구체적으로 침해하고 또 직접적으로 이에 영향을 미치는 경우에 한하여 주주총회 결의의 부존재확인을 구할 이익이 있다(2009다35033). 주주총회결의부존재확인의 소는 통상의 확인소송이므로 회사의 **채권자**라도 확인의 이익이 있는 이상 이를 제기할 수 있다. 판례는 주식회사의 금전상의 채권자는 그 회사의 주주총회 또는 이사회의 각 결의 부존재확인을 구할 법률상의 이익이 있다고 보지만(69다2018), 주주총회로 인하여 채권자로서의 권리 또는 지위에 현실적으로 직접 어떤 구체적인 영향을 받고 있다는 것에 관한 주장과 입증이 없으면, 그 주주총회 결의 부존재확인을 구할 소의 이익이 없다고 보았다(79다1322). 여기서 확인의 이익이 있다 함은 그 주주총회의 결의가 회사채권자의 권리 또는 법적지위를 구체적으로 침해하고 직접적으로 이에 영향을 미치는 경우에 한하는 것이다(91다45141).

② 피 고 – 결의부존재확인소송의 **피고**는 회사라는 입장이 통설의 입장이다. 부존재의 하자 있는 선임결의에 기한 대표이사가 된 자(**부존재 선임결의의 대표이**

사)가 선임결의 부존재확인의 소의 피고인 회사의 대표자가 될 수 있는가? 판례는 주식회사의 이사 및 대표이사 선임결의가 부존재임을 주장하여 생긴 분쟁 중에 그 결의부존재 등에 관한 부제소 약정에서 회사를 대표할 자는 현재 대표이사로 등기되어 그 직무를 행하는 자로 보았다(84다카319). 그리고 대표이사가 무효 또는 부존재확인청구의 대상이 된 결의에 의하여 선임된 이사라고 할지라도 그 소송에서 회사를 대표할 자로 본 바 있다(82다카1810). 동 판결에 관해 결의무효확인의 소에서 살펴본 바와 같이, 부존재확인 판결의 소급효에도 불구하고 부존재 하자가 있는 선임결의에 기한 대표이사는 선임결의의 하자에 관한 소송에서 회사를 적법하게 대표할 수 있고 부존재확인판결에도 불구하고 대표이사가 한 소송행위의 효력은 유지된다고 본다.

    2) **소 익** : 결의부존재확인의 소의 **제소기간·제소권자**에 대해서는 특별한 제한이 없으며 소익이 인정될 경우 누구나 언제든지 제소할 수 있다. ⅰ) **과거의 법률관계** 임원개임의 주주총회결의 및 이사회결의의 부존재확인의 소에 있어서 그 결의에 의하여 이사 등 임원직에서 해임당하였다고 하더라도 그 후 적법한 절차에 의하여 후임 임원이 선임되고, 또 그 결의에 의하여 선임된 임원이 그 직을 사임하여 사임등기까지 경료되었다면 결의부존재확인의 소는 과거의 법률관계 내지 권리관계의 확인을 구하는 것이 되어 확인의 소로서의 권리보호요건을 결여한 것으로 본다(93다8719). ⅱ) **퇴임이사의 제소** 사임 등으로 퇴임한 이사는 그 퇴임 이후에 이루어진 주주총회나 이사회의 결의에 하자가 있다 하더라도 이를 다툴 법률상의 이익이 있다고 할 수 없으나, 새로 선임된 이사가 취임할 때까지 이사의 권리의무가 있는 (대표)이사(상389)는 여전히 이사로서의 권리의무를 보유하므로 이사로서 그 후임이사를 선임한 주주총회결의나 이사회결의의 하자를 주장하여 부존재확인을 구할 법률상의 이익이 있다고 보았다(91다45141). ⅲ) **외관적 징표의 부존재** 결의부존재확인의 소가 제기되기 위해서는 실질적으로 주주총회는 개최되지 않았더라도 적어도 주주총회의사록에 주주총회 개최되었다는 징표는 있어야 한다. 따라서 판례는 주주총회 자체가 소집된 바 없을 뿐만 아니라 결의서 등 그 결의의 존재를 인정할 아무런 외관적인 징표도 찾아볼 수 없으므로 이 사건 주주총회결의부존재확인의 소는 확인의 이익이 없어 부적법하다고 보았다(92다32876).

3) **제소절차** : 결의부존재확인의 소의 제소절차에 관해 회사법상의 소의 일반 규정을 준용하고 있다(상380). 따라서 기타 제소절차는 주주총회결의 무효확인의 소와 동일하여, 본점소재지의 지방법원의 전속관할에 속하며(상186), 결의무효확인의 소가 제기된 때에는 회사는 지체 없이 공고하여야 한다(상187). 수 개의 결의무효확인의 소가 제기된 때에는 법원은 이를 병합심리하여야 한다(상188). 그리고 악의 또는 중대한 과실이 있는 패소원고는 회사에 대해 손해배상책임을 부담하므로(상376.2 → 191), 이러한 손해배상책임을 담보하기 위해 제소주주에게 담보제공의무를 부여하고 있다. 이사·감사가 아닌 주주가 결의무효확인의 소를 제기한 때에는 법원은 회사의 청구에 의하여 상당한 담보를 제공할 것을 명할 수 있다(상380 → 377). 다만 회사가 담보제공을 청구하기 위해서는 주주의 청구가 악의임을 소명하여야 한다(상377.2 → 176.4). 결의부존재확인의 소도 결의취소의 소와 달리 **재량기각제도**가 적용되지 않는다. 그리고 판례는 주주총회결의의 부존재확인의 소에서도 무효확인·취소의 소와 동일하게 **청구인낙·화해·조정**은 효력이 없다고 보았다(2004다28047). 그리고 주식회사의 주주가 주주총회결의에 관한 부존재확인의 소를 제기하면서 이를 피보전권리로 한 **가처분**이 허용되는 경우라 하더라도, 주주총회에서 이루어진 결의 자체의 집행 또는 효력정지를 구할 수 있을 뿐 회사 또는 제3자의 별도의 거래행위에 직접 개입하여 이를 금지할 권리가 있다고 할 수는 없다(2000마7839).

4) **제소와 신의칙** : ⅰ) **주권교부 불이행의 주식양도인** 주식양도인이 양수인에게 주권을 교부할 의무를 이행하지 않고 그 후의 임시주주총회결의의 부존재확인 청구를 하는 것은, 주권교부의무를 불이행한 자가 오히려 그 의무불이행상태를 권리로 주장함을 전제로 하는 것으로서 신의성실의 원칙에 반하는 소권의 행사로 보았다(90다카1158). ⅱ) **경영권 양도** A주식회사의 대주주이며 대표이사로서 위 회사를 사실상 지배하던 자와 그 처 등이 타인에게 경영권을 양도한 후 모두 회사 경영에서 완전히 손을 떼었음에도 불구하고 3년 정도나 경과한 뒤에 타인과의 합의를 무시하고 다시 회사의 경영권을 되찾아 보려고 나서면서 관계자 등이 종전 지배주주가 제기한 주주총회결의부존재확인소송에 공동소송참가를 하였다면 이는 신의성실의 원칙에 반하는 제소로서 소권의 남용에 해당한다고 보았다(87다카113). ⅲ) **주식양도한 1인주주의 제소** 타인에게 사실상 1인회사인 주식회사의 주식 전부를 양도하고 대표이사직 사임과 타인이 회사를 인수함에 있어 어떠한 형

태로 처리하더라도 이의를 제기하지 않기로 하였다면, 이후에 회사의 주주총회결의나 이사회결의에 대하여 대표이사로서의 권리의무를 계속 보유하고 있다는 이유로 부존재확인을 구하는 것은 신의성실의 원칙에 반한다고 보았다(91다45141).

(4) 판결의 효과

1) **원고승소판결** : ① 대세효 – 결의부존재확인의 판결의 효과는 결의무효확인의 판결의 효과와 동일하며, 재량기각제도를 준용하지 않는다(상380). 결의한 사항이 등기사항일 경우에 결의부존재확인의 판결이 확정된 때에는 본점과 지점의 소재지에서 등기하여야 한다(상378). 주총결의부존재확인의 판결은 제3자에 대하여도 그 효력(대세적 효력)을 가지므로(상380 → 190), 소송을 제기하지 않은 주주·이사·감사는 물론 제3자에 대해서도 주주총회결의는 효력을 상실한다. 주총결의 부존재확인판결은 그 당사자간에 있어서만 효력이 있고 제3자에 대하여 그 효력이 미치지 않는다고 본 판결(69다279)은 이후 전원합의체판결(80다2425)로 폐기되어 대세적 효력을 가진다는 데 통설과 판례가 일치한다.

② 소급효 – 주총결의무효확인의 소와 동일하게 상법 제190조 본문만 준용하고 단서규정은 준용하지 않으므로(상380), 동조 단서에서 규정하고 있는 불소급효는 준용되지 않아 소급효를 가져 주주총회결의가 있었던 시점부터 효력을 상실하게 된다. 상법 개정 전에는 결의부존재판결에 불소급효를 전제하고 결의부존재의 소급효를 인정할 수밖에 없는 특수한 경우인 비결의(94다22071)를 결의부존재와 구별하였던 판례(93다36097)가 있었다. 하지만 동조항의 개정에 의해 결의부존재나 비결의 모두 소급효를 가지므로 현행법상으로는 양자를 구별의 실익이 없게 되었고 결의부존재에는 비결의도 포함된다.

2) **원고패소판결** : 결의부존재확인의 소의 기각판결에 대해서는 특별한 규정을 두고 있지 않아 대인적 효력만 있고 대세적 효력은 부여되지 않으므로, 다른 주주가 다시 결의부존재확인의 소송을 제기할 수 있다. 그리고 원고패소판결은 주주총회결의가 존재하고 유효하다는 판단이므로 주주총회결의취소의 소에서 설명한 바와 같이 이는 특별히 소급효가 발생하는 것이 아니라 원래의 효력이 유지되게 된다고 볼 수 있다. 결의부존재확인의 소가 기각된 경우 패소원고는 악의 또는 중대한 과실이 있는 때에는 회사에 대하여 연대하여 손해배상책임이 있다(상380 → 191).

3) **회사의 책임** : 지배주주가 허위로 작성한 주주총회의사록에 근거하여 체결되어 무효하게 된 영업양도계약에 관해 회사가 책임을 부담하는가? 판례는 사실상 회사를 지배하고 있던 자(72% 주식 보유)가 참석한 상태에서 부동산 매도결의의 임시주주총회의사록이 작성되어 이들이 주주총회결의의 외관을 현출하게 하였다면, 회사 내부의 의사결정을 거친 회사의 외부적 행위를 유효한 것으로 믿고 거래한 자에 대하여는 회사의 책임을 인정한다(91다33926). 더 나아가 -- 의사록을 작성하는 등 주주총회결의의 외관을 현출시킨 자가 회사의 과반수 주식을 보유하거나 또는 과반수의 주식을 보유하지 않더라도 사실상 회사의 운영을 지배하는 주주인 경우와 같이 주주총회결의의 외관 현출에 회사가 관련된 것으로 보아야 할 경우에도 회사의 책임을 인정할 여지가 있다고 보았다(95다13982).

4) **이사선임결의 부존재와 부실등기책임** : ① **구법상 판결** - (대표)이사를 선임한 주주총회의 결의가 부존재할 경우 (대표)이사가 한 거래행위의 효과는 어떻게 되며 선의의 거래상대방은 보호될 수 없는가? 이에 관해 앞서 언급한 바와 같이 주총결의부존재 판결의 소급효 개정이 있기 전에는 주총결의부존재판결의 불소급효의 해석론에 의해서 해결이 되었다(73다1070). 다만 비결의(의사록 위조), 주주총회의 의사결정 자체가 전혀 존재하지 않았던 경우에는, 부실등기(상39), 표현대표이사(상395), 민법상 제3자 보호규정 등에 의하여 선의의 제3자를 개별적으로 구제하는 것은 별론으로 하고, 비결의 등에 대하여 주식회사의 책임이 없다고 보았다(91다39924).

② **개정후 판결** - 주총결의부존재판결에 소급효를 부여한 상법 개정 이후에는 선의의 제3자보호가 문제되었고 부실등기(상39)에 따른 보호에 관해, 주총결의취소사유가 있을 경우에는 앞서 본 바와 같이 회사에 **부실등기책임**을 인정한 판례(2002다19797)가 있지만, 주총결의부존재사유가 있는 경우에는 이를 부정하고 있다. 판례는 등기신청권자 아닌 사람이 허위의 주주총회·이사회의사록에 기해 대표이사 선임등기를 마친 경우에는, 그 대표이사 선임에 관한 주식회사 내부의 의사결정은 존재하지 아니하여 등기신청권자인 회사가 그 등기가 이루어지는 데 관여할 수 없었다고 보았다. 따라서 달리 회사의 적법한 대표이사가 그 부실등기가 이루어지는 것에 협조·묵인하는 등의 방법으로 관여하였다거나 회사가 그 불실등기의 존재를 알고 있음에도 시정하지 않고 방치하는 등 이를 회사의 고의 또는 과실로 부실등기를 한 것과 동일시할 수 있는 특별한 사정이 없는 한, 회사에 대

하여 상법 제39조에 의한 부실등기 책임을 물을 수 없다고 보았다(2006다24100).

5. 부당결의취소·변경의 소

(1) 의 의

부당결의취소·변경의 소는 주주가 특별이해관계에 있어 의결권을 행사할 수 없었던 주주총회의 결의가 현저하게 부당하고 그 주주가 의결권을 행사하였더라면 이를 저지할 수 있었을 경우, 의결권 행사가 제한되었던 주주가 그 결의의 취소·변경을 청구하는 회사법상의 소이다(상381). 부당결의취소·변경의 소의 성질에 관해서는 **형성의 소**라는 점에 학설이 일치한다. 왜냐하면 제소권자가 요건을 갖춘 특별이해관계인으로 제한되고 제소기간도 제한되기 때문이다. 따라서 부당결의가 선결문제가 된 경우 이를 항변 등으로 주장할 수는 없고 반드시 부당결의취소·변경의 소를 제기하여 판결을 얻어야 주장이 가능하다.

(2) 절 차

1) **소송당사자** : 부당결의취소·변경의 소의 **제소권자** 즉 원고는 특별이해관계에 있다는 이유로 의결권이 제한당한 주주(상368.4)로서 의결권을 행사하였더라면 결의를 저지할 수 있는 주주만이 부당결의취소·변경의 소를 제기할 수 한다. **결의저지 가능성**이라 함은 특별이해관계를 이유로 행사할 수 없었던 주식의 비중이 결의를 번복할 수 있는 수준을 의미하며, 이는 특별이해관계인만의 주식 비중이 아니라 의견을 같이하는 모든 주식을 합쳐서 그 가능성이 판단되어야 한다. **피고**는 회사법상의 소의 일반과 동일하게 회사이다.

2) **소의 원인** : 부당결의취소·변경의 소가 제기되기 위해서는 첫째, 특별이해관계에 있어 의결권을 행사할 수 없었던 경우이어야 하고 둘째, 결의가 현저하게 부당하여야 하며, 셋째 결의저지 가능성이 있어야 한다. 특별이해관계 있는 주주라 함은 상법 제368조 4항에서 명시하고 있는 총회의 결의에 관하여 특별한 이해관계(개인법설)가 있는 자가 의결권을 행사하지 못하는 주주를 의미한다. 그리고 결의의 현저한 부당성이란 객관적으로 볼 때 결의가 타당성을 상실한 경우를 의미하는 경우를 말하여, 결의가 대가의 불균형, 편파성, 회사 이익의 명백한 침해 등이 예가 될 수 있는데 그 정도가 현저하여야 제소가능하다. 그리고 앞서 제소권

자에서 설명한 바와 같이 결의저지 가능성이 있어야 제소할 수 있다(상381.1).

3) **제소기간·절차** : 부당결의취소·변경의 소는 형성의 소로서 주총결의취소의 소와 동일하게 제소기간은 결의일로부터 2월 내이다(상381.1). 제소절차는 결의취소의 소와 동일하나 재량기각규정은 준용하지 않는다(상381.2 → 186~188). 따라서 부당결의취소·변경의 소는 본점소재지의 지방법원의 전속관할에 속하며(상186), 부당결의취소·변경의 소가 제기된 때에는 회사는 지체 없이 공고하여야 한다(상187). 수 개의 부당결의취소·변경의 소가 제기된 때에는 법원은 이를 병합심리하여야 한다(상188). 그리고 악의 또는 중대한 과실이 있는 패소원고는 회사에 대해 손해배상책임을 부담하므로(상381.2 → 191), 이러한 손해배상책임을 담보하기 위해 제소주주에게 담보제공의무를 부여하고 있다. 이사·감사가 아닌 주주가 부당결의취소·변경의 소를 제기한 때에는 법원은 회사의 청구에 의하여 상당한 담보를 제공할 것을 명할 수 있는데(상381.2 → 377), 회사가 담보제공을 청구하기 위해서는 주주의 청구가 악의임을 소명하여야 한다(상377.2 → 176.4).

(3) 판결의 효력

1) **원고승소판결** : 부당결의취소·변경의 소를 제기한 원고가 승소한 경우 즉 부당결의취소·변경의 판결은 제3자에 대하여도 그 효력이 있어 이른바 **대세적 효력**을 가지므로(상381 → 190) 소송을 제기하지 않은 제3자에 대해서도 주주총회결의는 효력을 상실한다. 그런데 상법 제381조는 제190조 본문만 준용하고 단서규정은 준용하지 않음을 명시하고 있어 동조 단서에서 규정하고 있는 불소급효는 준용되지 않는다고 본다. 따라서 부당결의취소·변경 판결의 효력은 형성판결의 일반적 효력과 동일하게 **소급효**를 가지게 되어 주주총회결의가 있었던 시점부터 효력을 상실하게 된다. 결의한 사항이 등기된 경우에 결의취소의 판결이 확정된 때에는 본점과 지점의 소재지에서 **등기**하여야 한다(상381.2 → 378).

2) **원고패소판결** : 부당결의취소·변경의 소의 기각판결에 대해서는 특별한 규정을 두고 있지 않으므로 **대인적 효력**만 있어 원·피고에 판결의 효력이 미치고 대세적 효력은 부여되지 않는다. 그리고 원고패소판결은 주주총회결의가 유효하다는 판단이므로 특별히 소급효가 발생하는 것이 아니라 원래 결의의 효력이 그대로 유지되게 된다. 부당결의취소·변경의 소가 기각된 경우 패소원고에 악의 또는

중대한 과실이 있는 때에는 회사에 대하여 연대하여 손해배상책임이 있다(상 381.2 → 191). 그리고 재량기각에 관한 규정(상189,379)은 준용하고 있지 않아(상 381.2) 법원은 부당결의취소·변경의 소에서 재량기각판결을 할 수 없다고 본다.

6. 특수절차무효의 소와의 관계

1) 개 념 : 자본감소, 회사합병·분할·분할합병, 주식교환·주식이전 등의 절차에는 주주총회의 특별결의가 필요하고, 정관에서 신주발행을 주주총회의 결정사항으로 한 경우 신주발행에는 주주총회의 결의가 필요하다. 이들 절차에서 주주총회결의에 하자가 있는 경우 동시에 특수절차에도 하자가 있게 되어 **하자의 경합**이 발생한다. 이 경우 각 이해관계인은 주주총회결의의 하자를 다투는 소를 제기하여야 하는가 아니면 감자무효, 합병무효, 분할무효, 주식교환·이전무효, 신주발행무효의 소 등 특수한 소를 제기하여야 하는가? 양 소송을 비교하면, 판결의 효력에 있어서는 대세적 불소급효가 있다는 점에서 유사하지만 주주총회결의의 하자에 관한 소는 결의일로부터 2월 내에 제기하여야 하는 데 비하여, 위 특수한 소는 등기일(신주발행의 경우는 신주발행일)로부터 6월 내에 제기할 수 있는 점에서 차이가 있다.

2) 양자의 관계 : 주총결의하자의 소와 특수절차무효의 소의 관계(쟁점40)[147]에 관해, 후속행위에 주어진 효력에 의해 분쟁이 궁극적으로 해결될 수 있으므로 주주총회의 결의의 하자는 후속행위의 하자로 흡수되는 것으로 보아 후속행위의 무효를 주장하는 소만을 제기할 수 있다고 보는 **흡수설**, 결의하자에 관한 소의 제기기간 경과 전에는 양 소송제도 중 어느 것이나 자유로이 선택하여 제기할 수 있

---

147) **주총하자의 소와 특수절차무효의 소의 관계(쟁점40)**에 관해, **흡수설**은 후속행위에 주어진 효력에 의해 분쟁이 궁극적으로 해결될 수 있으므로 주주총회의 결의의 하자는 후속행위의 하자로 흡수되는 것으로 보아 후속행위의 무효를 주장하는 소만을 제기할 수 있다고 보는 견해이다(이철송508). 다만 특수한 소송이 일반 주주총회결의의 하자에 관한 소를 흡수하되 결의하자에 관한 소의 제기기간(2월)이 경과한 후에는 하자가 치유되었으므로 이를 이유로 특수한 소송도 제기할 수 없다는 **제한적 흡수설**도 있다(정찬형987). **병용설**은 결의하자에 관한 소의 제기기간 경과 전에는 양 소송제도 중 어느 것이나 자유로이 선택하여 제기할 수 있고 그 중 어느 하나라도 확정되면 자본감소·합병·신주발행이 무효로 된다는 견해로서, 합병승인결의에 무효원인이 있거나 또는 그 결의가 부존재한 때에는 합병의 등기 전후를 가리지 않고 그 결의의 무효 또는 부존재의 확인의 소를 제기할 수 있다고 본다(임홍근417).

고 그 중 어느 하나라도 확정되면 자본감소·합병·신주발행이 무효로 된다는 **병용설** 등이 주장된다. **판례**는 주주총회의 자본감소결의에 취소 또는 무효의 하자가 있다고 하더라도 그 하자가 극히 중대하여 자본감소가 존재하지 아니하는 정도에 이르는 등의 특별한 사정이 없는 한 자본감소의 효력이 발생한 후에는 자본감소 무효의 소에 의해서만 다툴 수 있다(2009다83599)고 하여 흡수설을 따르고 있다. 생각건대 특수절차는 일반절차를 포괄하므로 특수절차 무효의 소에 의해 하자를 다투어야 하지만, 주주총회결의 하자의 소의 제소기간을 둔 취지를 고려할 때 그 제소기간 경과 후에는 주주총회결의 하자를 이유로 특수절차 무효의 소를 제기할 수 없다고 보아야 하므로 흡수설이 타당하다고 본다.

제 2 절   이사·이사회·대표이사

Ⅰ. 업무집행기관

1. 의   의

주식회사의 중요한 의사를 결정하는 기관은 주주총회이지만 주주총회 소집을 위해서는 대부분의 회사에서 많은 비용과 노력이 요구된다. 회사법은 회사의 중요한 의사결정을 제외하고는 이사들로 구성된 이사회에서 의사결정을 하도록 함으로써 의사결정절차의 효율성을 도모하고 있다. 주주총회와 이사회에서 결정된 회사의 의사를 집행하는 기관을 업무집행기관이라 하며, 이사(대표이사 포함)가 이에 해당한다. 이사는 등기되고 회사의 대내적 업무를 집행하는데, 이사 중에서 선임되는 대표이사는 회사의 대표권을 가지고 대외적인 업무집행을 한다. 다만 이사의 개념은 다양하여 예외적으로 업무를 담당하지 않은 이사도 있으며 등기되지 않은 이사도 실무적으로 존재한다. 요컨대 우리 회사법의 지배구조를 정리하면, 회사법에서 정한 중요한 의사결정만을 담당하는 주주총회와 기타 대부분의 의사결정을 하는 이사회가 결정하는 사항을 대내적으로는 이사가 이를 집행하고 대외적으로는 대표이사가 이를 집행하는 구조이다.

2. 이사회중심주의

1) 권한의 분배 : 주식회사 지배구조의 원형은 의사결정, 업무집행, 집행감사의 기능이 주주총회·이사회, 이사·대표이사, 감사로 권한이 분배된다. 주주총회는 소집이 쉽지 않아 회사법이 정한 중요한 의사결정만을 담당하는 기관으로 축소되고 소집이 용이한 이사회의 권한은 강화되어 대부분의 의사결정이 이사회에서 이뤄진다. 이사회는 의사결정기관이면서도 대내적 업무집행기관인 이사와 대내외적 업무집행기관인 대표이사로 구성되어 있어 회사의 중심적인 기관이라 할 수 있다. 결과적으로 회사에 자본을 투자한 주주는 주주총회의 구성원으로서 회사의 중요한 의사결정에만 관여할 뿐 기타 대부분의 의사결정·집행권한은 이사회·이사·대표이사에 위임되어 있어 우리법상 주식회사의 지배구조는 주주중심주의가 아닌 **이사회 중심주의**의 구조를 가지고 있다.

2) 권한의 집중 : 주식회사 중 감사위원회 설치회사에서는 이사회의 하부 위원회로 **감사위원회**가 감사 대신 이사의 업무집행을 감사할 권한을 가지므로(상415의2), 이사회의 감독기능(상393.2)과 감사위원회의 감사기능까지 이사회에 집중되어 이사회중심주의는 더욱 심화된다. 주식회사의 의사결정·집행·감사 기능이 모두 이사회에 집중되어 업무집행의 편리성은 제고되지만 회사경영의 건전성·투명성에 위험이 증가되었다(**이사회편중주의**). 이러한 문제점을 극복하기 위해 감사위원회에 독립성이 강화된 **사외이사**를 참여시킴으로써(상382.3) 경영의 건전성·투명성을 제고하고 그밖에 주주총회의 권한을 강화하여 이사회중심주의의 한계를 극복하려 노력하고 있지만, 사외이사의 독립성 보장이 쉽지 않고 권한이 집중되어 있어 지배구조는 보다 위험에 취약한 구조가 되었다고 볼 수 있다.

3) 권한의 분산 : 이사회에 의사결정·집행·감사의 기능이 집중되는 지배구조하에서는 사외이사제도의 독립성 유지가 매우 중요하지만 쉽지 않고, 감사위원회가 설치되어 권한이 집중된 지배구조에서는 의사의 통제가 쉽지 않아 지배구조의 구조적인 변화가 요청된다. 즉 지배구조의 건전성을 유지하기 위해서는 의사결정과 집행을 분리하든 의사집행과 감독기능을 분리할 것이 요구되는데, 의사결정기능을 가지지 않고 감사기능으로부터도 분리되어 업무를 집행할 수 있게 하는 **집**

행임원제도의 도입이 유력한 방안이라 할 수 있다. 이사회가 결정한 사항의 집행은 이사회(이사·대표이사)가 아닌 집행임원이 담당하고, 집행임원의 업무집행을 다시 이사회(감사위원회)가 담당함으로 권한의 분산이 다시 실현되어 이사회편중주의를 탈피하여 업무의 건전성·투명성이 제고되어 주주의 이익이 보호될 수 있게 된다고 본다.

3. 집행임원제도

1) **개 념** : 집행임원이라 함은 이사회에 의하여 선임되어 등기되며 대표이사를 대체하여 이사회의 경영방침에 따라 회사의 업무집행을 맡고 이사회에 업무를 보고하는 집행기관을 의미한다(상408의2). 대규모 상장회사(자산 2조원 이상)의 경우 이사회의 반수 이상을 사외이사로 선임하여야 함에 따라(상542의8.1), 사외이사를 최소화할 목적으로 등기이사의 수를 대폭 축소하고 정관이나 내규 등으로 집행임원을 다수 운용하지만 이 때 집행임원은 비등기임원을 의미하고 회사법상 집행임원과는 구별된다. 집행임원은 이사회로부터 업무집행권한을 위임받아 회사의 대내적 업무집행은 물론 대외적 업무집행까지 전담하는 권한을 가진 기관으로서 업무집행이사뿐만 아니라 대표이사를 대체하는 기관이다.

2) **도 입** : 주식회사에 사외이사·감사위원회제도가 도입되어 이사회는 업무감독기관적 성격이 강해져 업무집행기관과의 기능이 상충하게 된다. 왜냐하면 집행과 감독(감사) 기능이 한 기관에 중복될 경우 자기감독(감사)가 되어 실질적 기능이 저하될 수밖에 없기 때문이다. 따라서 사외이사와 감사위원회제도를 두고 있는 주식회사의 경우 실제 업무집행기능을 이사회에서 분리하여 업무집행권한을 위임하는 집행임원제도의 도입이 논의되었다. 회사의 업무집행기능과 업무감독기능을 분리하여 의사결정의 투명성을 제고하는 세계적인 추세에 따라 2011년 개정 상법은 집행임원제도를 도입하였다(상408의2－408의9). 하지만 그 도입여부를 회사의 자율에 맡기고 있어 각 회사들은 경영을 효율성을 내세워 그 도입을 꺼리고 있는 바, 권한이 집중된 지배구조의 편리성만큼 지배구조의 위험성은 높아져 있다고 할 수 있다. 집행임원제도의 구제적인 논의는 후술한다.

3) **입법론** : 사외이사·감사위원회제도가 도입된 이상 이사회는 경영전문성보

다는 감독기관적 성격이 강화되었다고 볼 수 있어 회사 경영은 경영전문가인 집행임원에게 위임하는 것이 기능의 효율성도 더 높일 수 있다고 본다. 그리고 감사위원회가 집행임원의 업무집행을 감독함으로써 감사의 효율성을 높이고 권한의 분산을 통해 지배구조의 건전성·투명성을 제고할 수 있어 주주의 이익에 더 기여할 수 있다고 본다. 이렇게 볼 때 사외이사·감사위원회제도는 이사회의 성격을 업무집행기관에서 업무감독기관으로 변화시키므로 필연적으로 업무집행기능의 분리를 위해 집행임원제도가 도입되어야 한다고 볼 때, 감사위원회 도입회사에는 집행임원의 도입도 회사법이 강제할 필요가 있다고 본다.

Ⅱ. 이 사

1. 의 의

(1) 개 념

1) **회사법상 이사** : ① 선임기관 – 회사법상 이사(director, Vorstandsmitglieder)란 주식회사의 이사회의 구성원으로서 주주총회에서 선임되어 회사등기부에 이사로 등기된 자를 의미한다. 이사의 직함을 가졌더라도 주주총회에서 이사로 선임되지 않은 자라면 회사법상 이사로 볼 수는 없어 **실무상 이사**(비등기이사)와 구별된다. 판례도 상법상 이사와 감사는 주주총회의 선임 결의를 거쳐 임명하고(상 382.1,409.1) 그 등기를 하여야 하며, 이사와 감사의 법정 권한은 위와 같이 적법하게 선임된 이사와 감사만이 행사할 수 있을 뿐이고 그러한 선임절차를 거치지 아니한 채 다만 회사로부터 이사라는 직함을 형식적·명목적으로 부여받은 것에 불과한 자는 상법상 이사로서의 직무권한을 행사할 수 없다고 본다(2002다64681).

② 법적 지위 – 주식회사의 이사는 주식회사의 사무를 처리하는 지위에 있어 회사의 수임인적 지위에 있다. 이사는 주주총회의 선임결의와 대표이사와의 선임계약을 통해 회사의 수임인이 되고, 주주총회에서 선임되었지만 주주들의 사무가 아니라 회사의 처리하는 자의 지위에 있다. 판례도 동일한 입장에서, 경영권의 이전은 지배주식을 확보하는 데 따르는 부수적인 효과에 불과한 것이어서, 회사 지분비율의 변화가 기존 주주 자신의 선택에 기인한 것이라면 지배권 이전과 관련하여 이사에게 임무위배가 없다고 보았다(2007도4949).

2) **이사의 기관성** : ① 논 의 – 이사는 주식회사의 기관인가 아니면 단순히 이사회의 구성원에 지나지 않는가? 이사의 기관성에 관해, 이사를 회사의 수임인으로서 회사의 업무를 집행하는 등 법정의 권한을 가진 주식회사의 필요적 상설기관으로 이해하는 **긍정설**, 상법상 회사의 업무집행기관은 이사회와 대표이사이고 이사는 이사회의 구성원과 대표이사가 될 수 있는 전제자격에 불과하다는 **부정설**이 주장된다. 부정설은 각종 회사법상의 소를 제기할 수 있는 권한, 주주총회 의사록에 서명할 수 있는 권한 등은 기관으로서의 권리가 아니라 기관구성원으로서 개인의 지위에서 갖는 권리로 이해한다.

② 검 토 – 회사의 기관이란 무엇인가? 먼저 회사법은 주식회사의 기관(제3절)으로 주주총회(제1관), 이사와 이사회(제2관), 감사 및 감사위원회(제3관)를 명시하고 이사의 기관성을 전제하고 있다. 그리고 주식회사법의 체제를 근거로 기관의 의미를 보면, 주식회사의 기관이란 주식회사의 대내·외적 행위(회사행위)의 의사결정과 결정된 의사의 집행과 감독을 독립적 지위에서 처리할 수 있는 회사조직이라고 할 수 있다. 회사법의 체계와 위의 개념 규정에서 볼 때, 이사는 회사의 대외적 의사결정을 독자적으로 할 수는 없지만, 대내적 행위에서는 회사와 고용관계가 아닌 위임관계에서 위임사무를 독자적으로 처리할 권한을 가지므로, 이사는 기관성을 가져 상업사용인과 구별된다고 본다. 회사법상 이사는 이사회의 구성원으로서 많은 기능을 수행하므로 마치 감사위원회 위원과 같이 이사회의 구성원의 지위가 중시되는 것도 사실이지만, 감사위원회의 위원과 달리 명시적으로 이사는 각종 제소권, 주총 출석권, 각종 의무를 보유·부담하고 이는 이사의 지위에 부여된 권리·의무여서 이사의 기관성을 전제한 규정으로 이해되므로 이사는 대내적 업무집행권을 가지는 회사의 기관으로 보아야 한다.

③ **기관성의 의미** – 이사의 주식회사의 기관성은 어떠한 의미를 가지는가? 이는 이론적 논쟁에 그치지 않고 이사의 기관성이 긍정될 경우 일정한 이사의 행위는 회사법상 효과를 가지게 된다는 점에서 실천적 의미도 가진다고 본다. 예컨대, 주주의 주주제안시 그 제안대상을 대표이사나 이사회로 하지 않고 이사로 정하고 있다(상363의2.1). 따라서 이사가 주주제안을 수령하면 이는 이사 개인이 수령한 것이 아니라 회사가 수령한 것과 동일한 효과가 발생하게 되며, 이사회의 소집요청(상390.2), 감사보고서의 제출(상447의4.1) 등도 마찬가지이다. 이렇게 볼 때 이사는 회사의 대표행위를 할 수 있는 권한은 가지지 않지만 회사의 기관으로서 회사에 효력이 미치는 회사법이 규정하고 있는 권한을 행사할 수 있는 독자성을 가

지는 회사 조직의 일부로 볼 수 있다.

(2) 사외이사

1) **개 념** : 사외이사란 해당 회사의 상무에 종사하지 아니하는 이사를 의미하며(상382.3), 사내이사와 달리 회사의 업무로부터 독립성을 가진다는 점을 특징으로 한다. 사외이사제도는 독립적인 사외이사로 하여금 이사회의 의사결정과정에서 주도적 역할을 하도록 함으로써 대표이사 또는 사내이사의 전횡을 의사결정단계에서부터 사전에 막아 기업경영의 건전성·투명성을 제고하려는 취지이다. 특히 감사위원회 설치회사에서는 감사 대신 사외이사를 중심으로 하는 감사위원회를 두기 때문에 사외이사는 독립적 의사결정의 주체일 뿐만 아니라 업무집행기관을 감독하는 기관인 감사위원회의 구성원이 된다(상415.2). 회사의 상무에 종사하지 않아 독립성을 가질 수 있지만 주주총회에서의 선임과정에 대주주의 영향력에서 자유롭지 못할 수 있다. 3%룰(상409.2)에 의해 대주주의 선임권이 제한되는 감사제도와의 균형을 고려할 때, 선임과정에서 대주주로부터 독립성이 유지될 수 있는 제도적 장치(상542의12.1,4)가 요구된다.

2) **선임·자격** : 사외이사는 사내이사와 동일하게 **주주총회에서 선임**된다. 다만 대규모 상장회사(자산총액이 2조원 이상)는 사외이사 후보추천위원회의 추천을 받아 주주총회에서 사외이사를 선임하여야 한다(상542의8.5). 사외이사는 자연인이어야 하고, 경영진으로부터 **독립성**이 존중되므로[148] 회사의 상무에 종사하지 않는 자이어야 한다. 회사법은 사외이사의 독립성을 보장하기 위해 **제척사유**로 i) 상무 종사한 이사·감사·피용자, ii) 최대주주와 그 배우자·직계존비속, iii) 법인인 최대주주의 이사·감사·피용자, iv) 이사·감사의 배우자·직계존비속, v)~vii) 모자회사·이해관계법인·관계회사의 이사·감사·피용자 등을 정하고 있으며, 사외이사로 선임된 자가 제척사유에 해당할 경우 그 직을 상실한다(상382.3). 상장회사의 사외이사는 위의 사유 이외에 추가적인 제척사유(상542의8.2)의 적용을 받는다.

---

148) 미국은 주법에서는 상장회사의 사외이사의 독립성을 보장하기 위한 구체적 기준을 정하고 있지 않고 이를 거래소 상장회사규정(NYSE Listed Company Manual 등)으로 정하고 있다. 과반수 독립이사(non-management director)의 정기적 회의 개최, 독립이사의 독립성 검사항목(배제사유, 회사 종사자의 5년의 cooling off 기간 등)을 정하고 이사회가 독립이사의 독립성에 관해 결정하도록 하고 있다.

[상장회사의 사외이사] 상장회사 특례규정은 사외이사의 독립성을 보장하기 위해 인원, 자격, 선임에 관해 엄격한 기준을 두고 있다. ① **인원**: 원칙적으로 이사총수의 1/4 이상을 사외이사로, 대규모(자산 2조원 이상) 상장회사는 3명이상의 과반수 사외이사를 두어야 하고(majority independent board), 자산 1천억 미만 벤처기업 등은 사외이사를 두지 않아도 되며(상542의8.1, 시행령34.1), 결원시 최초 소집 주총에서 충원하여야 한다(상542의8.3). ② **자격**: 상장회사의 사외이사는 일반 사외이사의 제척사유(상382조.3) 이외에 i) 제한적 행위능력자, ii) 파산선고 후 미복권자, iii) 금고 이상 형 집행 후 2년 미경과자, iv) 일정한 해임·면직 후 2년 미경과자, v) 상장회사의 의결권부 발행주식총수(특수관계인 포함)의 최대주주 및 특수관계인, vi) 명의불문 자기계산의 의결권부 발행주식총수의 1/10 이상의 주식 소유자, 주요주주(사실상의 영향력 행사주주) 및 그의 배우자와 직계 존비속, vii) 기타 2년 내의 계열회사종사자·거래회사종사자, 겸임상장회사임원, 회계·법률·세무 등 전문자문인, 1% 이상 해당주식보유자, 1억원 이상 거래잔액보유자(시행령34.5) 등은 결격사유에 해당하고, 취임후 해당될 경우 사외이사직을 상실한다(상542의8.2). ③ **선임**: 대규모상장회사는 사외이사가 반수 이상인 사외이사후보추천위원회의 추천자 중에 선임하여야 하고, 사외이사후보 추천에 관한 주주제안시(상542의6.2) 주주총회일의 6주 전에 추천한 사외이사후보를 포함시켜야 한다(상542의8.5).

3) 지 위: 사외이사는 회사의 업무집행을 담당하지 아니하며 경영진의 간섭으로부터 독립하여 의사결정을 하여야 한다는 점에 특징이 있다. 사외이사는 업무를 담당하지는 않아 업무담당권한을 제외하면 이사회의 구성원으로서 회사법이 정하고 있는 모든 권한을 행사할 수 있다. 그리고 사외이사는 업무담당이사의 업무집행을 감시할 의무를 부담하는 등 통상 이사와 동일한 선관주의·충실의무를 부담한다. 사외이사가 의무를 수행하거나 권한을 행사함에 있어서 회사나 제3자에 손해가 발생하거나 자본충실에 흠결이 발생한 경우 이사와 동일한 책임을 부담한다.

(3) 실무상 이사

1) 개 념: 실무상 이사란 실무에서 이사라는 직함을 사용하는 자를 의미하는데, 회사법상의 개념이 아니고 실무에서 사용되고 있는 다양한 유형의 이사를 포괄하는 의미로서 회사법상 이사와 구별된다. 실무에서는 다양한 이유로 회사법상 이사라 할 수 있는 '주주총회에서 이사로 선임된 자'에 국한시키지 않고 이사 직함을 사용하고 있는 바, 비등기이사, 업무담당이사, 집행임원, 임원 등의 용어가 혼용되고 있다. 회사법은 이사에 대해 많은 권리와 의무, 책임을 부여하고 있는데,

이들 실무상 이사에게도 회사법상 이사에 관한 규정이 적용되는가? 그리고 회사법상 이사는 원칙적으로 근로자에 해당하지 않는데, 회사법상 이사와 구별되는 실무상 이사는 근로기준법상 근로자에 해당하는가? 실무상 이사는 개념이 불명확할 뿐만 아니라 그 법적 지위도 불명확하여 구체적인 사정을 고려하여 실무상 이사의 법적 지위를 판단할 수밖에 없다. 이하에서는 회사법상 이사 또는 실무상 이사와 관련하여 사용되는 개념과 그 법적 지위를 살펴본다.

2) **유 형** : ① **임 원** – 임원이란 이사·감사를 통칭하는 명칭으로 상법에서 사용하고 있는 개념이다(상296,312,323). 회사법상 임원에는 회사법상 이사와 감사는 포함되지만 집행임원은 임원에 포함되지 않는다고 본다(상382.3.3호). 실무에서도 임원이라는 직함이 자주 사용되는데 실무상 임원에는 회사법상 이사·감사 이외에도 실무상 이사 등을 모두 포괄하는 개념으로 사용되기도 한다.

② **업무담당** – 회사법상 이사는 실제 회사의 상무를 담당하느냐를 기준으로 업무담당이사와 비업무담당이사로 구별될 수 있으며, 비업무담당이사는 다시 통상의 비업무담당이사와 사외이사로 구별된다. 즉 회사의 상무에 종사하지 않더라도 일정한 독립성을 충족할 경우 사외이하라 하고(상382.3), 그렇지 않을 경우 **비업무담당이사**라 할 수 있다. 회사의 상무(업무)라 함은 회사법이 규정하는 의무를 넘어 회사의 내부적 업무 예를 들어 총무, 인사, 구매, 판매, 홍보, 연구 등의 업무를 의미하고, 이를 담당하는 이사를 **업무담당이사**라 하며 통상 실무에서 전무이사·상무이사 등의 명칭을 사용한다. 회사법도 회사의 설립등기시 사내·사외이사와 구별하여 상무에 종사하지 않는 이사(비업무담당이사)를 구별하여 등기하도록 하고 있다(상317.2.8호).

③ **등기·비등기** – **등기이사(임원)**이라 함은 이사(감사)로 등기된 자이고, 회사 경영목적상의 권한을 부여받고 그 결과에 책임을 진다. 등기이사(임원)와 구별되는 **비등기이사(임원)**는 대체로 주주총회에서 선임되지 않고 이사의 직함을 사용하는 실무상 이사로서 이사로 등기되지 않는다. 판례는 실무에서 회사의 경영목적상 등기임원과 동등한 직책을 부여받고, 등기임원에 준하는 처우를 받으며, 담당업무를 수행하기 위해 등기임원과 동일한 책임과 권한을 가지고, 임원의 직명은 회장, 부회장, 사장, 부사장, 전무, 상무, 상무보로서 감사를 제외한 임원의 담당업무 및 직위 결정은 이사회의 승인을 얻어 대표이사가 결정한다고 보았다(2012다10959).

④ 기　타 – 이상의 유형 이외에도 실무에서는 사용인과의 겸직을 기준으로 **겸직이사**, 회사에의 상근여부를 기준으로 **상근이사**, 그밖에 이사에 상응하는 처우를 보장하는 **대우이사** 등의 개념이 사용되고 있다. 하지만 주주총회에서 이사로 선임하지 않은 자는 어떠한 직함을 사용하느냐에 상관없이 상법상의 이사가 아니고 설령 이사로 등기되었다 하더라도(등기이사) 이는 부실등기가 된다. 요컨대 상법상 이사를 판단하는 기준은 '**주주총회에서의 선임**'이라 볼 수 있다. 판례도 선임절차를 거치지 아니한 채 다만 회사로부터 이사라는 직함을 형식적·명목적으로 부여받은 것에 불과한 자는 상법상 이사로서의 직무권한을 행사할 수 없다고 보았다(2002다64681).

(4) 이사의 근로자성

1) **판단 기준** : 이사·감사 등 임원은 근로기준법의 적용을 받는 근로자에 해당하는가? 회사법상의 이사는 회사와 위임관계에 있어 대체로 근로자에 해당하지 않지만, 이사에 해당함을 근거로 근로자성이 배제된다고 할 수는 없고 근로기준법상의 독립된 기준에 의해 근로자 여부를 판단하여야 한다. 즉 근로기준법상 근로자의 기준은 선임절차를 묻지 않고 이사(감사)의 직함을 사용하고 있는 자가 **종속적 노동을 제공**하고 있는지 **독립적으로 업무를 처리**하는지 여부로 본다. 판례는 회사의 업무집행권을 가진 이사 등 임원은 그가 회사의 주주가 아니라 하더라도 회사로부터 일정한 사무처리의 위임을 받고 있는 것이므로 특별한 사정이 없는 한 사용자의 지휘감독 아래 일정한 근로를 제공하고 소정의 임금을 받는 고용관계에 있는 것이 아니어서 근로자로 보지 않았다(92다28228). 생각건대 이사의 근로자성을 판단함에 있어 일응 위임·고용관계를 기준으로 하지만, 판례에 따르면 상법상 이사·감사가 형식적 위임관계라 하더라도 사실상 종속적 근로관계에 있었다면 근로자로 판단될 여지가 있게 된다.

2) **구체적 판단** : 실무에서 이사 직함을 사용하는 자의 임금 지급을 보장하기 위해 근로자성의 판단이 종종 문제되고 있다. 판례는 계약의 형식에 관계없이 그 실질에 있어서 임금을 목적으로 종속적 관계에서 사용자에게 근로를 제공하였는지 여부에 따라 판단하여야 한다고 본다. 회사의 이사·감사 등 임원이라고 하더라도 그 지위·명칭이 형식적·명목적인 것이고 실제로는 매일 출근하여 업무집행권을 갖는 대표이사나 사용자의 지휘·감독 아래 일정한 근로를 제공하면서 그 대

가로 보수를 받는 관계에 있다거나 또는 회사로부터 위임받은 사무를 처리하는 외에 대표이사 등의 지휘·감독 아래 일정한 노무를 담당하고 그 대가로 일정한 보수를 지급받아 왔다면 근로기준법상의 근로자로 보았다(2002다64681). 하지만 회사법상 이사가 업무를 담당하는 과정에서 대표이사로부터 지시를 받는 경우가 있었다고 하더라도 근로자성이 인정되는 것은 아니고(2013다215225), 비등기임원 이 전문적인 분야의 업무를 총괄하여 책임을 지고 독립적으로 운영하면서 등기이사와 마찬가지로 회사 경영을 위한 의사결정에 참여하여 왔고 일반 직원과 차별화된 처우를 받은 경우에는 구체적인 특수한 사정을 참작하여 위임사무를 처리하는 것으로 볼 수도 있다(2012다10959).

　　3) 보수와의 관계 : 이사의 보수는 정관 또는 주주총회의 결의를 거쳐야 하므로(상388) 주주총회에서 선임되는 회사법상 이사는 이에 해당하지만, 회사법상 이사에 해당하지 않는 실무상의 이사의 보수는 주주총회의 결의가 요구되지 않는다. 판례는 회사의 규정에 의한 퇴직금도 원칙적으로 재직 중의 위임 사무 집행에 대한 대가로 지급되는 보수의 일종이라고 할 수 있고 이는 정관이나 주주총회의 결의에서 정한 바에 따라 지급되는데(상388), 보수와 퇴직금을 지급받았다고 하여 그 이사가 반드시 근로자의 지위를 가지는 것은 아니라 보았다(2013다215225). 생각건대 주주총회의 결의를 거치지 않은 보수·퇴직금을 받았다 하더라도 이는 적법하지 않은 보수의 지급으로서 반환청구가 문제될 뿐이지 이를 근거로 해당 이사를 근로자로 간주할 수는 없다고 본다.

　　4) 소　결 : 실무상 이사를 회사법상 이사로 볼 것인지는 이사가 담당하는 직무의 독립성(위임관계)을 기준으로 하지 않고 주주총회에서 선임되었는지 여부가 기준이 되어야 한다. 이에 반해 근로기준법상 근로자인지 여부를 판단함에는 판례가 자주 인용하는 바와 같이 업무의 종속성 즉 대표이사나 사용자의 지휘·감독 아래 일정한 근로를 제공하면서 그 대가로 보수를 받는 관계를 기준으로 함이 타당하다고 본다. 이렇게 볼 경우 회사법상 이사이면서 종속적 근로관계에 있는 경우도 있을 수 있고, 회사법상 이사가 아니면서도 독립적 근로관계에 있는 경우도 있을 수 있다고 본다. 즉 회사법상 이사이지만 근로기준법상 근로자로 판단될 가능성 있으며, 회사법상 이사가 아니면서도 근로기준법상 근로자성이 부인될 수도 있는데, 이는 회사법과 근로기준법이 추구하는 이념의 차이에서 비롯된다고 본다.

2. 이사의 선임

(1) 선임기관

이사는 주주총회에서 선임하며, 선임행위의 법적 성질은 단체법상의 위임계약을 위한 회사의 의사결정행위로서 합동행위의 성질을 가진다. 특히 이사선임계약은 그 주주총회 의사결정을 대표이사가 이를 집행하기만 하면 되는 **결의형계약**으로서 대표이사의 의사집행행위의 비중이 약화된다고 볼 수 있다(후술). 대표이사가 세부적인 계약내용을 결정·집행하여야 하는 **집행형계약**(예, 영업양도 등)과는 구별된다. 그리고 이사의 선임권은 **주주총회의 전속권한**이므로 정관의 규정 또는 주주총회의 특별결의로도 타 기관에 위임하지 못한다. 이사선임의 의결정족수는 보통결의요건으로서 출석한 주주의 의결권의 과반수와 발행주식총수의 1/4 이상의 수이지만(상368.1), 회사설립단계에서 이사를 선임할 경우(상296.1, 상312) 정족수는 출석한 주식인수인의 의결권의 2/3 이상이며 인수된 주식의 총수의 과반수에 해당하는 다수로 하여야 한다(상309). 정관으로 이사선임요건을 가중할 수 있는가 하는 점에 관해 논란이 있으며 이에 관해 주주총회결의에서 설명한 바 있다.

[비교법] MBCA는 이사가 결원된 경우 이사회도 그 결원을 보충할 권한이 있는 것으로 정하고 있는데(MB8.10a2), 결원 보충된 이사는 선임을 위한 정기총회시에 임기가 만료된다(MB8.05d). 설립정관이 정할 경우 이사선임에 있어 특정 종류주식의 주주그룹(voting group)들에 일정 수의 이사 선임을 위한 권리를 부여하는 것을 허용하고 있다(MB8.04). 이 경우 동 이사가 결원되면 동 종류주주의 주주그룹이 결원된 이사를 선임할 권한을 가진다(MB8.10b). 그리고 설립정관에 2, 3개 그룹의 **이사시차임기제**(staggered terms for directors)를 둘 수 있게 하여 그룹별로 임기가 만료되고 다시 1/2, 1/3의 이사가 선임되도록 하는 것이 가능하며 이 경우 이사의 임기는 2년 또는 3년으로 선임되어야 한다(MB8.06).

(2) 자 격

1) **일반이사** : 이사가 될 수 있는 자격에 관해서는 특별한 규정이 없으나, 회사의 정관으로 주주만이 이사가 될 수 있도록 정할 수 있다. 정관으로 이사가 가질 주식의 수를 정한 경우 이를 **자격주**라 하고, 다른 규정이 없는 때에는 이사는 그 수의 주권을 감사에게 **공탁**하여야 한다(상387). 그리고 감사는 업무의 성격상

이사직을 겸임할 수 없으므로, 판례도 감사가 회사·자회사의 이사·지배인·사용인에 선임되거나 반대로 회사·자회사의 이사·지배인·사용인이 회사의 감사에 선임된 경우에는 그 선임행위는 각각의 선임 당시에 있어 현직을 사임하는 것을 조건으로 하여 효력을 가지고, 피선임자가 새로이 선임된 지위에 취임할 것을 승낙한 때에는 종전의 직을 사임하는 의사를 표시한 것으로 해석한다(2007다60080).

2) **법인이사** : ① **논 의** – 법인이 회사의 이사가 될 수 있는가? 이에 관해 법인이 발기인이나 회생절차상의 관리인이 될 수 있음에 비추어 법인도 이사가 될 수 있다고 보는 **긍정설**, 이사는 실제 회사의 업무집행에 관여하는 자이고 자연인이어야 할 대표이사의 전제자격이 된다는 점에서 법인이 이사가 될 수 없다고 보는 **부정설** 등이 주장된다. 이사의 자격을 자연인으로 제한하는 규정이 없고, 집합적인 투자관계에서는 법인이사의 개념을 허용하지 않을 수 없으며 이미 자본시장법에서 투자회사에 집합투자업자인 법인이사의 개념이 도입되어 있다(자본197).

② **검 토** – 회사법의 금지 규정이 없음에도 불구하고 대표이사는 통상사무에 관한 의사결정권한을 행사하여야 하므로 법인(**법인대표이사**)이 될 수 없다고 본다. 즉 법인대표(예, A회사의 대표이사가 B회사인 경우)를 허용할 경우, 대표이사인 법인(B회사)의 대표자(C)는 기계적 업무집행만 하는 것이 아니라 A회사의 통상적 업무결정을 할 수 있는데, 이를 위해 A회사의 대표이사인 B회사의 의사결정이 요구된다. A회사의 통상적 의사결정을 하는 B회사가, 다시 B회사의 대표이사인 C가 단독으로 의사결정을 할 수 있는 통상적 의사결정에 해당하지 않을 경우, A회사의 통상적 의사결정을 위해 다시 B회사의 이사회를 소집해야 할 경우가 있을 수 있게 된다. 다른 회사의 이사회결의를 거쳐 대표이사의 업무집행을 하는 것은 대표이사의 업무집행권한의 성질에 반한다고 볼 수 있어 법인인 대표이사는 허용되지 않는다고 본다. 반면 **법인이사**(예, A회사가 이사가 B회사인 경우)의 경우에는 B회사가 업무를 담당하지 않는 이사일 경우 이사회에 B회사의 대표자가 안건에 대한 B회사의 의사결정을 표시하면 되므로 업무수행에 문제가 없다. B회사가 업무를 담당하더라도 대내적인 업무집행이므로 이사(C)가 B회사의 의사결정절차를 거치지 않고 독자적으로 업무를 처리할 수 있어 허용된다고 본다. 요컨대 해석상 법인대표이사는 허용되지 않지만 법인이사는 허용된다고 본다.

3) **사외이사의 결격사유** : 사외이사는 상무에 종사하지 않는 이사이지만 자격

에서 독립성을 요건으로 한다는 점에서 비업무담당이사와는 구별된다. 사외이사
의 **독립성**을 보장하기 위한 결격사유를 보면, 현재는 물론 최근 2년 이내에 상무에
종사한 이사·집행임원·피용자의 경력이 없어야 하고, 그밖에도 최대주주·임원·
집행임원·자회사·모회사·거래관계법인과의 특별관계가 없어야 한다(상382.3). 그
리고 상장회사의 사외이사는 이상의 결격사유 이외에도 미성년자·피성년후견인·
피한정후견인 등이 아니어야 하며(상542의8.2), 사외이사의 결격사유에 관해서는
앞서 검토한 바 있다.

(3) 인원·임기·등기

1) **이사의 숫자** : ① 단독이사 – 이사는 3인 이상이어야 한다(상383.1). 다만 자
본의 총액이 10억원 미만인 회사는 1인 또는 2인으로 할 수 있다. 1인의 이사만
존재할 경우(**단독이사**) **이사회**는 구성되지 않으므로 상법상 이사회의 권한은 주주
총회가 행사하며 일부 규정은 적용되지 않는다(상383.4,5). 예컨대 이사의 자기거
래가 효력을 가지기 위해서는 이사회의 승인이 아닌 주주총회의 승인결의를 얻어
야 하며(상398→383.4), 이사회에 관한 규정은 적용되지 않는다(상383.5). 단독이
사가 있는 회사의 경우 단독이사는 자동적으로 **대표이사**가 된다고 볼 수 있으므로
대표이사에 관한 규정은 원칙적으로 단독이사가 담당한다(상383.6).

② 2인 이사 – 단독이사와 달리 이사 숫자가 2인인 '**2인 이사**'가 존재하는 회
사에서는 이사가 2인 이상이므로 논리적으로 이사회는 존재할 수 있다. 하지만 '2
인 이사회'는 이사의 의사가 일치하지 않을 경우 출석이사의 과반수 요건을 충족
할 수 없어 마비상태가 되므로 이사회로서 기능을 할 수 없게 된다. 회사법은 이
러한 위험을 방지하기 위해 2인 이사의 경우에도 단독이사인 경우와 동일하게 **이
사회**의 기능은 주주총회가 대신하고(상383.4) 일부 규정은 적용을 배제하고 있다
(상383.5). 2인 이사를 둔 회사는 **대표이사**를 선임할 수 있으므로 선임한 경우에는
그 대표이사가 회사법상 대표이사의 권한을 행사하지만, 대표이사를 선임하지 않
더라도 각 이사가 대표이사 권한을 행사할 수 있다(상383.6).

2) **임 기** : 이사의 임기는 3년을 초과하지 못하지만(상383.2), 정관으로 그 임
기 중의 최종의 결산기에 관한 정기주주총회의 종결에 이르기까지 연장할 수 있
다(**정관상 임기연장**). 회사법은 이사 임기의 최장기간을 정하고 있으며 정관으로 3
년 이하의 이사 임기를 정하더라도 무방하다. 판례도 이사의 임기는 3년을 초과하

지 못한다고 규정한 것이 이사의 임기를 3년으로 정하는 취지라고 해석할 수는 없다고 본다(2001다23928). 다만 이사는 주주총회의 선임결의시부터 임기가 개시하는지 임용계약이 체결된 시점에 임기가 개시된다고 보아야 하는지 후술하는 바와 같이 논의가 있다.

3) **선임등기** : 이사가 선임되면 회사등기부에 이사의 성명·주민등록번호가 등기되어야 한다(상317.2 8호). 이사의 선임등기는 추정력을 가지므로, 법인등기부에 이사 또는 감사로 등재되어 있는 경우에는 특단의 사정이 없는 한 정당한 절차에 의하여 선임된 적법한 이사 또는 감사로 추정된다(83다카331). 실무상 대규모의 주식회사에는 소수의 등기이사만 존재하고 비등기이사가 다수 존재하는 경우가 많다. 주주총회에서 선임된 이사는 대체로 등기까지 이루어지므로 등기이사가 되지만(**회사법상 이사**), 주주총회에서 선임되지도 않는 이사는 등기부에 등기되지 않는다는 점에서 '비등기이사'라 하여 실무상 이용되고 있다(**실무상 이사**). 주주총회에서 이사로 선임된 자가 이사로 상업등기부에 등기되지 않더라도 상법상 이사로서의 지위에는 변화가 없다. 다만 등기를 하지 않은 상법상 이사는 이사임을 선의의 제3자에게 대항하지 못하게 된다(상37.1). 반대로 주주총회에서 이사로 선임되지 않은 자가 설사 이사로 등기되더라도 회사법상 이사가 되지 않으며 이사등기는 부실등기에 해당하게 된다(상39).

(4) 선임결의의 효력

1) **위임계약** : 이사는 회사와 위임관계에 있어 민법의 위임에 관한 규정이 준용된다(상382.2). 이사와 회사의 위임관계가 성립하기 위해서는 먼저 회사의 주주총회에서 이사로 선임되어야 한다. 주주총회의 선임결의에 의해 회사의 의사결정만 있을 뿐 대외적으로 의사의 표시도 없었고 상대방인 이사의 승낙의 의사표시역시 없어 위임관계가 형성되지 않는다. 결국 주주총회의 이사의 선임결의 이후회사의 대표이사에 의한 위임계약의 청약과 이사가 되는 자의 승낙의 의사표시에 의해 임용계약인 **위임계약**이 체결된다고 볼 수 있다. 다만 이러한 법인의 대외적 법률행위의 원칙적 해석론에 의하면 이사선임결의에도 불구하고 대표이사가 이사선임에 반대할 경우 위임계약의 청약을 하지 않아 이사·감사 선임이 어려워질 수 있어 이에 관한 해석론이 요구된다.

2) 이사의 임기개시시점 : 주주총회결의로 선임된 이사는 언제 임기가 개시하는가? 이는 임기개시시점에 관한 쟁점으로서 '이사의 선임계약의 효력(쟁점41)'에 관한 논의와는 구별된다. 즉 선임된 이사의 승낙이 있어야 선임계약이 효력이 발생하다고 보더라도 주주총회 선임시부터 임기는 개시된다고 볼 수 있기 때문에, 임기개시시점도 논의의 실익이 있다. 이사의 **임기개시시점**에 관해, 선임결의시부터 개시한다는 **선임결의시설**과 취임시(승낙시)에 개시한다는 **승낙시설**이 대립한다. 생각건대 주주총회의 선임결의만으로는 임용계약에 관한 의사표시의 합치가 없었으므로 임용계약이 성립한 것은 아니다. 하지만 이사 후보와 회사간에 사전협의가 통상 전제되고 다수 이사의 임기가 동시에 개시되어야 할 회사의 '임기관리 편의성'을 고려할 때, 이사의 동의가 사실상 전제되어 회사의 이사선임결의가 있게 되면 사실상 이사지위가 형성되었으므로 이사의 임기가 개시된다는 볼 수 있다. 다만 임용계약이 불성립되었거나 이사가 동의를 철회하거나 대표이사가 청약을 하지 않을 수도 있으므로, 선임이사의 임기개시는 대표이사와 선임된 이사간의 임용계약이 불성립할 것을 해제조건으로 한다고 본다. 요컨대 이사의 동의가 사실상 전제된 상태에서 주주총회의 이사선임결의가 있을 경우 이사의 임기는 개시되고, 임용계약이 성립되지 않을 경우 해제조건이 성취되어 이사의 지위는 소급적으로 효력을 상실하게 된다.

3) 결의청약성 : ① 논 의 – 이사·감사의 선임을 위해 대표이사가 청약을 하여야 하는가 아니면 주주총회의 이사·감사의 선임결의 자체가 임용계약의 청약으로서의 효력을 가지는가(쟁점41)[149]? 이에 관해 주주총회의 선임결의가 있더라도 대표이사의 청약행위가 있어야 임용계약이 성립할 수 있다는 하여 전통적인 법인이론에 충실한 **대표이사 청약설**, 주주총회의 이사선임결의는 창설적 효력을

---

[149] **이사선임결의의 법적 성질(쟁점41)**에 관해, **대표이사 청약설**은 주주총회의 선임결의는 내부적 의사결정에 불과하고 대표이사의 청약행위가 있어야 임용계약이 성립할 수 있다는 견해로서 전통적인 법인이론에 충실한 견해이다. 당선자의 승낙은 이사회 참석과 같은 묵시적인 것도 무방하다고 본다(권기범758, 정동윤595, 최기원565). 이에 반해 **결의 청약설**은 주주총회의 이사선임결의는 창설적 효력을 가지는 행위로서 그 자체가 청약의 효력을 가진다고 보고(이철송666), 이 문제는 계약법의 문제가 아니라 조직법의 문제라고 볼 수 있다는 점(송옥렬989), 이사의 지위는 단체법적 성질을 가졌다는 점(장덕조 291~292) 특히 사외이사인 경우 임용조건이 표준화되어 있어 교섭의 필요성이 없다는 점(김건식363) 등을 논거로 이사로 선임되기 위해서는 대표이사의 청약이나 임용계약은 별도로 요구되지 않는다고 본다(김홍기559).

가지는 행위로서 그 자체가 청약의 효력을 가진다고 보는 **결의청약설**이 주장된다. 판례는 대표이사 청약설을 따르던 입장(94다31440)을 변경하여, 주주총회에서 이사나 감사를 선임하는 경우, 그 선임결의와 피선임자의 승낙만 있으면, 피선임자는 대표이사와 별도의 임용계약을 체결하였는지 여부와 관계없이 이사나 감사의 지위를 취득한다고 보았다(2016다251215). 동 판례는 이사의 지위는 단체법적 성질을 가져 이사와 대표이사간의 계약에 기초한 것이 아니라 보면서, 이사선임결의에도 불구하고 퇴임하는 대표이사가 임용계약의 청약을 하지 아니한 이상 이사로서의 지위를 취득하지 못할 경우 주주로서는 효과적인 구제책이 없다는 문제점을 논거로 하고 있다.

② **검 토** – 결의청약설에 따른 변경 판례는 대표이사가 임용계약을 체결하지 않는 폐해를 방지하기 위한 해석으로 이해되므로, 대표이사 청약설에 따르더라도 대표이사의 권한남용을 방지하기 위한 해석론이 요구된다고 본다. 하지만 결의청약설은 대표이사의 권한남용을 방지하기 위해 의사결정과 대표자의 행위로 중심으로 하는 법인이론, 회사행위론의 틀을 훼손한다는 점에서 문제가 있다. 회사의 의사결정만으로 효과가 발생하는 일부 단체법상의 내부적 행위(예, 정관변경)와 달리, 대외적인 행위(대외적 임용·거래행위)는 의사결정에 근거하여 대외적인 회사행위가 요구되기 때문이다(**의사결정·행위의 구분**). 이사선임권한이 주주총회의 전속적 권한이지만 선임계약 체결권은 대표이사에 전속하고, 대표이사가 주주총회나 이사회의 결의를 집행하지 않을 위험은 이사·감사의 선임결의에만 국한된 것은 아니고 모든 주주총회·이사회의 결의(예, 영업양도 등)에서 나타날 수 있는 위험이라 할 수 있으며 이는 통상 대표이사의 해임·손해배상책임 등을 통해 해소된다. 회사의 대표권남용이라는 보편적 위험을 단체법적 성질, 실무상의 애로라는 이유만으로 특별하게 해석하는 것은 논리의 일관성을 무시한 편의적 해석이라는 비난을 면하기 어렵다.

③ **사 견** – 전통적 회사행위론을 이탈한 결의청약설(판례)은 대표이사의 권한남용을 해결하기 위한 해석론으로 이해할 수 있지만 법인의 행위론을 무시하고 있어 받아들이기 어렵다. 선임결의에도 불구하고 대표이사가 선임청약을 하지 않을 위험의 본질은 **'부작위에 의한 대표권남용'**이라 할 수 있다. 특히 이사·감사선임이 주주총회에서 결의되면 형식적인 계약체결만 남게 되는 **결의형계약**인 이사선임계약에서 주주총회의 선임결의는 대표이사의 계약체결 불이행을 해제조건으로 해서 효력이 발생한다고 해석하는 것이 주주들의 의사에 부합한다고 본다(임

기개시에 관한 선임결의시설). 그리고 이렇게 해석함으로써 계약체결 전에 선임된 이사의 임기가 개시된다고 볼 수 있어 대표권남용의 폐해를 사전적으로 막을 수 있다. 다만 이러한 해석에도 불구하고 대표이사가 청약하지 않을 경우 해제조건이 성취되어 이사의 권한행사가 소급적으로 무효가 될 위험이 여전히 문제된다. 그런데 선임된 이사·감사에 대한 대표이사가 임용계약을 체결하지 않는 것은 '대표이사의 부작위에 의해 대표권 남용'의 본질을 가지고 있으므로, 통상 대표권 남용시 적용되는 거래상대방의 신뢰를 보호를 위한 해석론(상대적 유효설 등)에 따라 회사 등은 '임용계약의 불성립을 이유로 이미 개시된 이사 지위의 부인'을 할 수 없다고 본다. 요컨대 구체적인 계약내용의 합의가 요구되는 일반 회사계약(집행형계약, 1편1장3절3.(3).1)②)과 달리, 상대방의 동의가 전제된 이사·감사임용계약(결의형계약)은 주주총회 결의시에 대표이사의 계약체결 불이행을 **해제조건**으로 임용계약의 효력이 발생하고, 회사는 대표권 남용에 따른 계약의 불성립을 이유로 주주총회의 결의를 신뢰한 선의의 이사·감사는 물론 주주에 대항할 수 없고 임기개시된 이사·감사 선임의 효력을 부인할 수 없다고 해석함이 타당하다고 본다.

(5) 집중투표제

1) **개 념** : 2인 이상의 이사를 선임함에 있어서 각 주식에 대해 선임하려는 이사수 만큼의 의결권을 부여하여 특정 후보자에게 의결권을 모두 사용할 수 있는 투표제도로서 누적투표제도(cumulative voting)라고도 한다(상382의2.3). 가령 갑이 1,000주, 을이 600주, 병이 200주를 가진 회사에서 이사 2인을 선임하는 데, 갑이 내세운 A·B후보와 을이 내세운 C후보가 있을 경우 비누적투표제 하에서는 갑이 과반수의 의결권을 가지고 있어 C는 선출되기 어렵다. 그러나 집중투표제를 실시할 경우에는 갑은 2,000개의 의결권, 을은 1,200개의 의결권, 병은 400개의 의결권을 가지고 이를 한 후보에 집중해서 투표할 수 있으므로, 을이 C에게 의결권(1,200개)을 집중해서 행사하면 갑이 두 후보에게 분산시킨 의결권수(1,000개)보다 많으므로 C가 선출될 수 있게 된다.

2) **취 지** : 집중투표제는 이사회제도의 개선방안의 하나로 주주총회의 이사선임에 있어서 회사의 소수파주주들로 하여금 그들의 이익을 대표할 수 있는 자가 이사로 선임될 수 있도록 하기 위해 도입되었는데, 회사법은 이를 정관에서 배

제할 수 있게 하여 많은 회사들이 정관을 통해 도입을 배제하고 있는 실정이다. 집중투표제도는 회사의 이사 선임시 다수파주주의 독점을 방지하여 대주주의 사익추구 의사결정을 소수파 이사가 견제할 수 있게 되어 이사회의 합리적인 의사결정을 가능하게 하는 지배구조라는 장점이 있으나, 이사회 내부의 대립으로 이사회 운영의 능률성·효율성·기밀성을 해칠 위험이 있다는 지적도 있다.

 3) 요 건 : 집중투표제를 활용하기 위해서는 집중투표 배제정관규정이 없어야 한다(**소극 요건**). 설사 집중투표에 관한 적극적인 규정이 없더라도 이를 배제하는 정관규정만 없다면 소수주주는 집중투표의 실시를 요청할 수 있다. 그리고 집중투표를 배제하는 정관규정이 없는 회사의 경우에도 1인의 이사를 선임할 경우에는 집중투표제가 적용되지 않고, 2인 이상의 이사선임시에만 집중투표제도가 활용될 수 있다(**적극 요건**). 집중투표제도를 실시할 경우 통상적인 선임방식과 구별되므로 집중투표제도가 활용되기 위해서는 그 이용에 관한 절차가 요구된다. 따라서 먼저 의결권 있는 발행주식총수의 3/100 이상에 해당하는 주식을 가진 주주(소수주주)가 회사에 대하여 일정 시점까지 이사의 선임을 집중투표에 의할 것을 서면청구하여야 한다(**절차요건**).

 4) 절 차 : 집중투표가 실시되는 구체적인 절차를 보면, ⅰ) 정관에서 집중투표를 배제하지 않은 회사에서, ⅱ) 2인 이상의 이사를 선임하는 총회의 소집이 있는 때, ⅲ) 의결권 있는 발행주식총수의 3/100 이상에 해당하는 주식을 가진 주주는 회사에 대하여 이사의 선임을 누적투표에 의할 것을 청구하여야 하며(상382의2.1), ⅳ) 청구서면·전자문서가 회일 7일 전(상장회사[150]는 6주 전)까지 회사에 도달하여야 한다(상382의2.2,542의7.1). ⅴ) 주주총회의 의장은 의결에 앞서 집중

---

150) 상장회사의 이사를 집중투표로 선임할 것을 청구하기 위해서는 주주총회일의 6주 전까지 서면 또는 전자문서로 회사에 청구하여야 한다(상542의7.1). 최근 사업연도 말 현재의 자산총액이 2조원 이상인 상장회사(상령12)는 집중투표 선임청구를 위한 소수주주권 행사의 지주율을 일반 주식회사보다 완화하여 의결권 없는 주식을 제외한 발행주식총수의 1/100 이상에 해당하는 주식을 보유한 자로 정하고 있다(동조2항). 특히 상장회사가 정관으로 집중투표를 배제하거나 그 배제된 정관을 변경하려는 경우에는 의결권 없는 주식을 제외한 발행주식총수의 3/100을 초과하는 수의 주식을 가진 주주는 그 초과하는 주식에 관하여 의결권을 행사하지 못하나, 정관에서 이보다 낮은 주식보유비율을 정할 수 있다(동조3항). 그리고 주주총회의 목적사항으로 집중투표배제에 관한 정관변경에 관한 의안을 상정하려는 경우에는 그 밖의 사항의 정관변경에 관한 의안과 별도로 상정하여 의결하여야 한다(동조4항).

투표청구가 있다는 취지를 알려야 하며(상382의2.5), vi) 집중투표는 이사의 선임 결의에 관하여 각 주주는 보유주식수에 선임할 이사의 수를 곱한 수의 의결권을 이사 후보자 1인 또는 수 인에게 집중하여 투표하는 방법으로 행사하고(상382의 2.3), vii) 투표의 최다수를 얻은 자부터 순차적으로 이사에 선임한다(상382의2.4). 그리고 청구서면은 총회가 종결될 때까지 이를 본점에 비치하고 주주로 하여금 영업시간 내에 열람할 수 있게 하여야 한다(상328의2.6).

  5) **이사분할선임** : ① **주총소집통지** – 집중투표제도를 배제하지 않은 회사에서 는 선임되는 이사의 수에 따라 집중투표 실시가부가 결정되므로, 이사선임을 위 한 주주총회의 소집통지 및 공고에서 선임이사의 인원수는 중요한 사항이라 할 수 있어 반드시 통지·공고하여야 한다. 물론 집중투표제 배제회사에서는 총회의 목적사항을 간단하게 '이사선임에 관한 건'이라 기재하더라도 무방하다고 본다.

  ② **쟁 점** – 집중투표를 배제하지 않은 회사에서 이사회가 집중투표에 의한 이 사선임을 회피하기 위해 2인 이상의 이사를 2회 이상으로 나누어 선임하도록 결의 (**분할선임결의**)하는 것이 가능한가? 소수주주의 집중투표청구가 회사법상 보장되어 있으므로 동일한 주주총회에서 다수의 이사를 선임하면서 소수주주의 집중투표청 구를 배제하는 이사회의 이사분할선임결의는 당연히 효력이 없고, 오히려 소수주 주의 집중투표청구를 무시한 주주총회결의의 효력에 무효의 하자가 문제될 것이 다. 따라서 이사회의 분할선임결의는 주주총회의 2회 이상 소집을 전제하여, 동일 주주총회에서 다수의 이사를 선임할 수 있음에도 불구하고 주주총회를 수회 소집 하여 다수의 이사를 선임하는 것이 적법한가 하는 문제로 볼 수 있다.

  ③ **검 토** – 정관에 집중투표 배제조항이 없음에도 불구하고 이사회가 특별한 이유 없이 이사분할선임을 결의한 경우 이러한 이사회결의는 주주의 집중투표청 구권한을 실질적으로 침해한다고 볼 수 있다. 그리고 이러한 이사회결의는 집중 투표 배제조항의 도입이라는 정관규정사항(주주총회 특별결의사항)을 이사회결의 에 의해 실질적으로 달성하려는 점에서 이사회결의에 의한 주주총회 특별결의사 항의 대체라는 본질을 가진다고 볼 수 있다. 따라서 주주총회 특별결의사항을 이 사회가 결의하더라도 효력이 없는 것과 동일한 이유에서 이사분할선임결의는 무 효라 본다. 다만 이사분할선임결의가 무효로 되기 위해서는 동일한 주주총회에서 다수의 이사를 선임할 수 있었고, 소수주주의 집중투표청구가 사실상 전제되어야 한다고 본다.

3. 이사의 종임

(1) 일반적 종임사유

회사와 이사간의 관계는 위임관계로 이해되므로 위임의 종료사유에 의해 종료된다. 임기만료, 정관소정의 자격상실, 이사의 사망·파산·금치산, 회사의 파산 등으로 이사는 종임하게 되고(민690), 이사 종임시 회사는 이사의 **종임등기**를 하여야 한다. 회사가 파산하는 경우에는 이사가 종임하고 주주총회에서 새로 이사를 선임하여야 하지만, 회사가 해산하는 경우에는 이사는 청산인이 된다(상531.1). 다만 이사의 임기만료(또는 사임)로 법률 또는 정관에 정한 이사의 원수를 결한 경우에는 임기만료로 퇴임한 이사는 새로 선임된 이사가 취임할 때까지 이사의 권리의무가 있다(상386.1).

(2) 사 임

1) **의 의** : 수임인인 이사는 **위임의 상호해지자유의 원칙**에 따라 언제든지 사임을 통해 위임계약을 해지할 수 있다(민689.1). 사임은 이사가 스스로 회사와의 위임계약을 해지하는 것이고 회사가 위임계약을 해지하는 해임과는 구별된다. 사임의 의사표시는 위임계약의 해지의 의사표시로서 형성권적 성질을 가지고 상대방 있는 단독행위의 실질을 가진다. 따라서 회사에 대한 이사의 사임의 일방적 의사표시가 회사에 도달한 때에 효력이 발생한다고 보아야 한다. 다만 회사에의 도달을 구체적으로 대표이사에게 도달한 시점으로 판례는 이해하고 있다(98다8615). 사임의 경우에도 임기만료의 경우와 동일하게 사임으로 이사의 인원이 부족하게 될 경우 이사의 임무가 연장된다(상386.1).

2) **사표 수리** : 사임의사표시는 형성권의 행사이므로 이를 대표이사가 수리할지 여부 및 사임등기 여부는 사임의 효력발생에 영향을 미치지 않는다. 다만 판례는 이사들이 일괄하여 대표이사에게 사표의 처리를 일임한 경우에는 사임의 사표시의 효과발생 여부를 대표이사의 의사에 따르도록 한 것이므로 대표이사가 사표를 수리함으로써 사임의 효과가 생긴다고 보았다(98다8615). 동 판례에 관해 이사가 대표이사에게 사임의 의사표시에 관한 대리권을 수여한 것으로 이해하는 견해에 따를 경우 이는 쌍방대리가 되어 본인의 허락이 요구되므로(민124) 부적

절하다고 본다. 오히려 사표처리를 대표이사에게 일임하는 것은 이사와 회사간의 합의에 의해 대표이사의 수리를 정지조건으로 사임의 의사표시를 한 것으로 이해된다.

3) **사임등기** : 이사의 사임의 의사표시에도 불구하고 사임등기가 되지 않아 **사임에 따른 변경등기이행의 소**가 판례에서 문제된 바 있다. 특히 동 소송에서 회사의 대표자가 대표이사인지 아니면 감사가 되는지(상394) 문제되었는데, 상법 제394조의 취지를 공정한 소송수행의 확보로 보고, 회사의 이사가 사임으로 이미 이사직을 떠난 경우에는 특별한 사정이 없는 한 위 상법 규정은 적용될 여지가 없다고 보았다(2000다9086). 사임은 상대방 있는 단독행위로서 그 의사표시가 상대방에게 도달함과 동시에 효력이 발생하므로 그에 따른 등기가 마쳐지지 아니한 경우에도 이로써 이사의 지위를 상실하므로, 대표이사로 하여금 회사를 대표하도록 하더라도 공정한 소송수행이 이루어지지 아니할 염려는 거의 없어 대표이사가 소송을 대표한다고 보았다(2013마1273). 생각건대 이사의 사임의사표시는 회사에 도달함으로써 효력이 발생하므로 사임등기소송은 이사 아닌 자의 소송이어서 이사와 회사간의 소송(상394.1)으로 볼 수 없으므로 대표이사가 소송을 담당할 수 있다고 본 판례는 타당하다고 본다.

(3) 해 임

1) **주주총회의 해임** : ① 의 의 – 위임계약은 상호해지자유의 원칙에 따라 회사에 의해서도 해지될 수 있는데 이는 곧 회사의 이사 해임이 된다. 회사도 언제든지 이사를 해임할 수 있지만, 회사이익을 위해 이사의 업무연속성(경영 안정)을 보장하도록 그 절차를 엄격하게 정하여 회사 해임의 의사결정에 관해 주주총회의 **특별결의**를 요건으로 한다(상385.1). 주주총회의 해임결의에서 해임대상인 이사가 주주일 경우, 이사해임결의가 주주의 개인적 이해관계를 본질로 하지 않으므로 주주총회의 해임결의에서 이사인 주주는 특별이해관계인(상368.4)에 해당하지 않고(개인법설) 따라서 자신의 해임결의에서 반대의 의결권을 행사할 수 있다고 본다.

② 취 지 – 주주총회는 선임권한뿐만 아니라 해임권한행사를 통해 이사에 대한 감독기능을 강화할 수 있다. 회사법은 이사는 언제든지 주주총회의 결의로 이를 해임할 수 있다고 정하면서도 회사경영의 안정을 위해 해임의 의사결정은 선

임보다 신중하도록 특별결의를 요구하고 있다. 즉 회사법은 이사해임사유를 법정하고 있지는 않으므로 회사의 이사해임은 자유롭지만, 임기가 정하여진 이사가 그 임기 전에 정당한 이유 없이 해임당한 경우에는 회사에 대하여 손해배상을 청구할 수 있다(상385.1.후문). 이는 주주의 회사에 대한 지배권 확보와 경영자 지위의 안정이라는 주주와 이사의 이익을 조화시키려는 규정으로 볼 수 있다(2004다25611).

　2) **해임사유** : ① 소극적 제한 – 회사법은 주주총회에 특별결의에 의한 이사 해임의 권한을 부여하였지만, 해임된 이사의 이익을 보호하기 위하여 이사의 임기를 정한 경우에 정당한 이유 없이 그 임기만료 전에 이사를 해임한 때에는 그 이사는 회사에 대하여 해임으로 인한 손해의 배상을 청구할 수 있게 하였다(상385.1). 결과적으로 회사가 해임당한 이사에게 손해배상을 하지 않으려면 해임에 정당한 사유가 있어야 한다고 볼 수 있어 '이사해임의 정당한 사유'가 소극적이지만 해임사유로 볼 수 있다.

　② **정당한 사유** – 회사가 이사를 해임하더라도 손해배상책임을 면하게 되는 이사해임의 **정당한 사유**는 무엇인가? 감사해임이 문제된 사례에서, 판례는 주주와 감사 사이에 불화 등 단순히 주관적인 신뢰관계가 상실된 것만으로는 부족하고, 감사가 그 직무와 관련하여 법령이나 정관에 위반된 행위를 하였거나 정신적·육체적으로 감사로서 직무를 감당하기 현저하게 곤란한 경우, 감사로서 직무수행능력에 대한 근본적인 신뢰관계가 상실된 경우 등과 같이 당해 감사가 그 직무를 수행하는 데 장해가 될 객관적 상황이 발생한 경우를 의미한다고 보았으며(2011다42348), 이사해임의 경우에도 주주와 이사간의 주관적 신뢰관계가 아니라 이사로서 **직무수행이 어려운 객관적 사정**을 의미한다고 볼 수 있다.

　③ **증명책임** – 이사해임결의에 정당한 사유의 존재가 소송상 문제된 경우 회사가 정당사유의 존재에 관해 증명책임을 부담하는가 아니면 손해배상청구를 하는 이사가 정당한 사유의 부존재에 관해 증명책임을 부담하는가? 이에 관해 판례는 이사·감사 직무수행에 장애가 되는 객관적 사정의 존부는 회사가 판단할 사항이므로 해임의 정당성에 관한 증명책임은 회사가 부담하는 것이 적절하다고 보지만, 해임에 따른 해직보상금 청구소송에서 해임의 정당성에 관한 증명책임을 이사에 있다고 보았다(2004다49570). 생각건대 회사는 원칙적으로 이사를 해임할 수 있고, 해임당한 이사가 회사를 상대로 제기한 손해배상청구소송을 하려면 회

사의 부당한 이사해임사실이 전제되므로 손해배상청구를 주장하는 이사가 이사해임의 부당성에 관해 증명책임을 부담한다고 본다.

④ **정관상 해임사유** – 회사는 정관상의 해임사유에 구속되는가? 비영리사단법인에 관한 판례에서, 상호해지자유의 원칙(민689.1)을 임의법규로 보아 정관에 정한 이사의 해임사유·절차는 법인과 이사와의 관계를 명확히 함은 물론 이사의 신분을 보장하는 의미도 아울러 가지고 있어, 법인으로서는 이사의 중대한 의무위반 또는 정상적인 사무집행 불능 등의 특별한 사정이 없는 이상, 정관에서 정하지 아니한 사유로 이사를 해임할 수 없다고 보았다(2011다41741). 하지만 위임관계에 관한 제689조는 임의규정이지만 상법 제385조는 강행법규이므로 판례와 달리 동 규정에 따라 주식회사의 정관에 정해진 해임사유가 아니더라도 이사를 해임할 수 있다고 본다. 다만 이 경우 **해임의 정당한 사유**는 이사로서의 임무수행이 불가능한 객관적 사유 이외에 정관에 정해진 해임사유가 발생한 경우도 포함된다. 따라서 정관에서 정한 해임사유를 이유로 회사가 이사를 해임할 경우 정당한 해임이 되어 회사의 손해배상책임이 발생하지 않는다.

3) 부당 해임 : ① 손해배상청구권 – 임기만료 전에 정당한 이유 없이 주주총회의 특별결의로 해임될 경우 이사의 손해배상청구액을 정하는 기준은 무엇인가? 판례는 회사는 남은 임기 동안 또는 임기 만료 시 얻을 수 있었던 보수 상당액을 손해배상하여야 하는데, 해임으로 다른 직장에 종사하여 사용함으로써 얻은 이익이 해임과 사이에 상당인과관계가 인정된다면 해임으로 인한 손해배상액을 산정함에 있어서 공제되어야 한다고 보았다(2011다42348). 그러면서도 정당한 사유 없이 해임된 이사에게 손해배상청구권을 허용하는 회사법 규정이 이사의 보수청구권을 보장하는 것을 주된 목적으로 하지 않는다고 보았다(2004다25123). 생각건대 해임이사의 상실 보수액을 손해배상금으로 보는 판례가 일응 타당하다고 볼 수 있지만, 이 경우 무보수 이사의 경우 회사는 아무런 부담 없이 이사를 정당한 사유 없이 해임할 수 있게 된다. 해임당한 이사가 경력을 위하거나 기타 특별한 이유로 무보수나 저렴한 보수로 이사직을 수락한 경우 이사해임으로 경력이 단절되거나 선임의 기초된 사정이 무시되는 결과가 발생하게 되는데, 이 경우 이사의 현실 보수액이 아닌 유사한 상황에서 이사가 통상적으로 수령하는 보수가 손해배상액의 기준이 된다고 본다. 이렇게 해석함으로써 회사(대주주)의 해임권한의 남용으로부터 이사를 보호하고 회사 경영의 안정도 기할 수 있다고 본다.

② 해임결의의 남용 – 권리남용성 해임결의도 유효한가(**쟁점42**)[151]? 예컨대 회사의 이익에 반하거나 법률에 위배되는 대주주의 요구를 거절하였다는 이유로 해임결의를 한 때에도 해임결의가 유효한가 하는 문제이다. 이에 관해 회사법상 이사의 해임사유의 제한이 없고 이사의 해임권은 주주가 이사를 통제하기 위하여 행사할 수 있는 가장 유용한 도구이므로 권리남용에 해당하는 해임결의는 유효하고 손해배상이 문제될 뿐이라 보는 **긍정설**, 주주의 이사해임권 남용한 경우 다시 회사가 손해배상책임을 부담하는 것은 회사의 이익을 해하므로 주주의 해임권 남용은 주주의 회사에 대한 충실의무의 위반으로 무효라 보는 **부정설**이 주장된다. 생각건대 주주의 충실의무를 법적 근거 없이 받아들이기는 어렵다고 볼 때 부정설의 논거는 타당하지 않다고 본다. 하지만 주주총회결의는 회사의 의사결정에 해당하므로 그 내용이 위법하거나 신의칙에 반하여 권리남용에 해당하는 경우 주주총회결의의 내용상 하자가 있는 것이 되어 주주총회의 해임결의의 무효주장이 가능하다고 본다.

③ 해임결의와 퇴직금 – 주주총회에서 이사를 해임한 경우 회사가 이사에게 손해배상청구권과 별도로 퇴직금을 지급하기 위해서는 정관에 규정이 있거나 이에 관한 주주총회결의가 있을 경우에 한한다(상388). 그런데 회사의 정관에 이사 해임시 예정된 퇴직금청구권을 박탈하는 규정을 둘 수 있는가? 생각건대 이사의 손해배상청구권(상385.1)과 보수의 성질을 가지는 이사의 퇴직금(상388)은 구별된다. 그리고 원칙적으로 근로기준법이 적용되지 않는 이사의 퇴직금은 정관(주주총회결의)에 의해 보장된 권리로 볼 수 있다. 따라서 정관에 의해 부여된 권리를 정관으로 다시 부정하는 것은 가능하다고 본다. 다만 정당한 사유 없이 해임당한 이사의 퇴직금은 해임이 없었더라면 받을 수 있었던 보수액에 해당하므로 정당한

---

151) **남용된 해임결의의 효력**(**쟁점42**)에 관해, **긍정설**은 독일과 같이 이사의 해임사유를 제한하여 이사의 지위를 보장하고 있지 아니한 우리나라에서 이사의 해임권은 주주가 이사를 통제하기 위하여 행사할 수 있는 가장 유용한 도구로 본다. 따라서 이사의 해임권이 남용된 경우에도 해임결의 자체는 유효하고 다만 회사가 손해배상의 책임을 지는 데 불과하고(정동윤389) 해임의 부당성을 다툴 수 없다고 본다(이철송674). **부정설**은 이사의 해임은 독일과 달리 중대한(예컨대 중대한 의무위반, 무능력) 사유가 없어도 가능하므로 일반적인 의무위반도 전혀 없고 능력이 있음에도 불구하고 회사와 대주주의 사적 이해가 충돌한 경우에 회사의 이익을 도모하였다는 이유로 대주주가 해임권을 남용한 경우에도 그 해임결의가 유효하다는 견해에 의문을 제기한다. 그러면서 주주의 이사해임권 남용의 결과로 생긴 손해에 대한 배상책임을 회사가 진다는 것도 회사의 이익을 해하는 결과가 되어 타당하지 못하다고 보아, 주주의 해임권 남용은 주주의 회사에 대한 충실의무의 위반으로 무효라 본다(최기원581).

사유 없이 이뤄진 해임결의에 의한 손해배상액에 포함될 수 있다고 본다.

4) **해임고지 :** ① 의 의 – 해임의 효과는 해임결의 즉시 발생하지 않고 해임당한 이사에게 해임고지한 때 발생한다고 본다. 즉 회사법에 해임결의만으로 이사해임의 효과가 발생한다는 특별한 규정을 두고 있지 않으므로 해임고지도 의사표시에 관한 일반원칙을 따라야 한다. 즉 주주총회의 이사해임결의에 따라 대표이사가 한 이사해임의 의사표시는 민법의 도달주의 원칙에 따라 해임고지가 해임당한 이사에게 도달하여야 해임의 효과가 발생한다고 본다.

② **대표이사의 해임 불고지** – 이사의 해임결의 역시 이사선임결의에 관한 17년 전원합의체 판결(2016다251215)의 논리에 의하면, 대표이사가 해임결의를 고지하지 않을 경우도 있을 수 있으므로 즉시 해임결의만으로 즉시 해임의 효과가 발생한다고 해석될 여지도 없지 않다. 하지만 이러한 해석은 법인이론에 정면으로 반하므로 부적절하고, 이사선임결의에서 언급한 바와 같이 이사해임결의도 결의형 법률행위(단독행위)의 성질을 가지므로 결의시에 대표이사의 해임고지의 불이행을 해제조건으로 효력이 발생한다고 해석할 수 있다. 그리고 대표이사에 의한 해임고지를 불이행한 경우에도 이는 이미 이뤄진 주주총회의 결의에 반하여 '부작위에 의한 대표권의 남용'이어서 선의의 제3자를 보호할 필요가 있으므로, 회사나 대표이사 등은 해임불고지를 이유로 결의를 신뢰한 선의의 주주들에게 무효를 주장할 수 없다고 본다.

5) **이사해임의 소 :** 이사가 그 직무에 관하여 부정행위 또는 법령이나 정관에 위반한 중대한 사실이 있음에도 불구하고 주주총회에서 그 해임을 부결한 때에는 소수주주는 이사해임의 소를 제기할 수 있다. 즉 발행주식 총수의 3/100 이상에 해당하는 주식을 가진 주주는 총회의 해임부결이 있은 날부터 1월 내에 이사해임의 소를 제기할 수 있다(상385.2). 이사해임청구의 소는 형성의 소로서 본점소재지의 전속관할에 속하며(상186), 해임판결 전이라도 이사의 직무집행가처분(상407)을 법원에 신청할 수 있다. 이사해임의 소를 제기하기 위해서는 ⅰ) 이사의 부정행위 등, ⅱ) 주주총회의 해임결의부결, ⅲ) 소수주주권자의 소제기, ⅳ) 해임부결결의 후 1월 내에 소제기 등이 요건이 충족되어야 한다.

(4) 임기만료 특칙

1) 정관상 임기연장 : ① 취 지 – 이사의 임기는 3년을 초과하지 못하지만 정관으로 그 임기 중의 최종의 결산기에 관한 정기주주총회의 종결에 이르기까지 연장할 수 있다(**정관임기연장**, 상383.3). 동 규정은 임기만료 이사가 임기 중의 결산에 대한 책임을 지고 주주총회에서 결산서류에 관한 주주들의 질문에 답변하고 변명할 기회를 주는 한편, 회사에 대하여는 정기주주총회를 앞두고 이사의 임기가 만료될 때마다 임시주주총회를 개최하여 이사를 선임하여야 하는 번거로움을 덜어주기 위한 취지이다(2010다13541). 이는 당연히 임기가 연장되는 것이 아니고 임기연장의 정관규정이 있어야만 연장된다는 점(정관상 임기연장)에서 법정임기연장인 결원임기연장과 구별된다. 그런데 '임기 중의 최종의 결산기'의 의미에 관해 임기 중에 최종의 결산기가 도래한 경우(임기중 결산기 도래)만을 의미하는지 아니면 임기 후 최종 결산기(임기후 결산기 도래)도 포함하는지 의미가 명확하지 않다.

② **임기중 최종결산기** – 최종 결산기가 도래하기 전에 이미 이사의 임기가 만료된 경우에도 그 정기주총까지 임기가 연장되는가? 이에 관해 법문의 의미를 '임기중 결산기 도래'만을 의미한다고 볼 때 임기연장이 부정되지만, '임기후 결산기 도래'의 경우도 포함한다고 볼 경우 임기연장이 긍정된다. 판례는 '임기 중의 최종의 결산기에 관한 정기주주총회'라 함은 임기 중에 도래하는 최종의 결산기에 관한 정기주주총회를 말하고, 이사의 임기가 최종 결산기의 말일과 당해 결산기에 관한 정기주주총회 사이에 만료되는 경우에 정관으로 그 임기를 정기주주총회 종결일까지 연장할 수 있다고 보아(2010다13541), 임기중 결산기가 도래한 경우만을 의미한다는 입장이다. 생각건대 임기후 결산기가 도래한 경우 그 결산기의 정기주주총회도 임기만료된 이사와 관련성이 없지 않지만, 이 경우에는 최장 1년 이상의 임기가 연장될 수도 있으므로 정기주주총회 전에 임시주주총회를 개최하여 이사를 선임하는 것이 적절하다고 볼 때 **임기중 결산기 도래**로 제한적 해석을 하는 판례의 입장이 타당하다고 본다.

2) 이사 결원 : ① **법정 임기연장** – 법률 또는 정관에 정한 이사의 원수를 결한 경우에는 임기의 만료 또는 사임으로 인하여 퇴임한 이사는 새로 선임된 이사가 취임할 때까지 이사의 권리의무가 있다(**결원임기연장**, 상386.1). 퇴임한 이사는 결원임기연장 기간 동안 후임이사를 선임하여 자신의 연장된 임기를 종료시킬 필요

가 있다. 이사에 관한 결원임기연장규정은 대표이사가 결원되는 경우에도 그대로 준용된다(상389.3 → 386). 대표이사가 퇴임하여 법률 또는 정관에 정한 대표이사 의 수를 채우지 못하여 퇴임한 대표이사에게 후임 대표이사가 취임할 때까지 대 표이사로서의 권리의무가 있는 기간 동안에 후임 대표이사 선임절차의 해태가 문 제된 사안에서 퇴임한 대표이사를 과태료(상635.1.8호)에 처할 수는 없다고 본 판 례가 있다(2007마311).

  ② **일시이사** – 이사 결원시 이사·감사 기타의 이해관계인의 청구가 있을 경 우 법원은 필요하다고 인정할 때에는 임기연장 대신 일시이사(가이사)의 직무를 행할 자를 선임할 수 있으며, 본점의 소재지에서 이를 **등기**를 하여야 한다(상 386.2). 이사의 결원이 생긴 경우 **권한연장과 일시이사의 관계**를 보면, 이해관계인 의 일시이사 선임청구가 없을 경우에 퇴임이사는 이사 취임시까지 자동적으로 결 원임기연장이 되는데 반해, 일시이사 선임을 위해서는 그 '필요성'이 법원에 의해 인정되어야 한다는 점에서 임기연장은 일반규정, 일시이사는 특별규정이라 할 수 있다. 일시이사 선임이 '**필요하다고 일정할 때**'라 함은 이사의 사임·임기만료 한 후 이사가 사망하거나 장기부재 등으로 이사가 직무를 더 이상 수행할 수 없는 사 정이 있을 경우를 의미한다고 본다.

  ③ **권 한** – 결원임기연장이사나 일시이사는 법률의 규정이나 법원의 결정에 의해 임기연장 또는 선임된 자로서 새로 선임된 이사가 취임할 때까지는 정상적 인 이사와 동일하게 **통상적인 이사의 모든 권한**을 행사할 수 있다고 본다. 이는 후 술하는 이사의 직무집행정지의 가처분과 함께 임시적으로 선임되는 직무대행자가 회사의 상무에 관한 범위내로 권한이 제한되는 것과 구별된다.

  3) **직무집행정지·직무대행자선임가처분** : 이사선임결의 무효·취소의 소나 이사 해임의 소가 제기된 경우 판결확정시까지 법원은 당사자의 신청에 의하여 가처분 으로써 이사의 직무집행을 정지시킬 수 있는데(상407.1), 이를 이사의 직무집행정 지가처분이라 한다. 그리고 이 경우 당사자의 신청으로 직무대행자를 선임할 수 있는데(상407.1), 직무대행자는 회사의 상무에 속하는 행위를 할 수 있고 상무에 속하지 않은 행위는 법원의 허가를 얻어야 할 수 있다(상408.1) 이사 직무집행정 지가처분과 직무대행자선임가처분에 관한 자세한 검토는 **이사의 업무집행에 대한 제한**(2편4장2절Ⅷ.1.)을 참조하기 바란다.

4. 이사의 권한

1) 회사의 기관 : 회사의 수임인적 지위에 있는 **이사의 기관성**에 관해 앞서 본 바(2편4장2절Ⅱ.1.(1),2))와 같이 논란이 있지만 이사의 기관성을 긍정하였다. 우선 회사법은 주식회사의 기관(제3절)으로 주주총회(제1관), 이사와 이사회(제2관), 감사 및 감사위원회(제3관)를 명시하고 이사의 기관성을 전제하고 있다. 그리고 주식회사의 의사결정과 결정된 의사의 집행을 독립적 지위에서 처리할 수 있는 회사 조직인 기관이라 할 수 있는데, 이사는 회사의 대외적 의사결정을 독자적으로 할 수는 없지만 대내적 행위에서는 위임사무를 독자적으로 처리할 권한을 가지기 때문이다. 그리고 각종 제소권, 주총 출석권 등 권리는 물론 선관의무, 충실의무 등 각종 의무 등은 이사의 기관성이 전제된 권리·의무로 볼 수 있다.

2) 구체적 권한 : 이사는 이사회의 구성원으로서 업무집행에 관한 의사결정에 참여할 권한과 대표이사를 포함하여 다른 이사의 업무집행을 감독할 권한을 가진다. 회사법에서 규정하고 있는 이사의 권한을 보면, 주주총회에 출석하여 의사록에 기명날인·서명할 권한(상373.2), 이사회 소집권(상390), 설립무효·주주총회결의취소·신주발행무효·자본감소무효·합병무효의 소의 제소권(상328,376,429,445,529) 등을 이사가 가진다. 그밖에 이사는 권한과 함께 충실의무(상382의3), 경업금지의무(상397), 자기거래금지의무(상398), 임무해태로 인한 책임(상399,401) 등도 부담한다. 그밖에 이사의 정보접근권을 강화하여 대표이사에 대한 보고요구권(상393.3), 이사회에 대한 업무집행상황 보고의무(상393.4) 등이 추가되어, 이사는 대표이사로 하여금 다른 이사 또는 피용자의 업무에 관하여 이사회에 보고할 것을 요구할 수 있으며 3월에 1회 이상 업무의 집행상황을 이사회에 보고하여야 한다.

3) 회사와의 소송 : ① 의 의 – 회사의 소송도 회사의 대표행위에 포함되므로 원칙적으로 대표이사가 회사를 대표하여 이를 수행한다. 하지만 회사가 이사에 대하여 또는 이사가 회사에 대하여 소를 제기하는 경우에는 감사가 그 소에 관해 회사를 대표하며, 주주가 이사의 회사에 대한 책임을 묻는 대표소송(상403), 다중대표소송(상406의2.1)의 경우도 이에 포함된다(상394.1). 감사위원회 위원이 소의 당사자인 경우에는 감사위원회 또는 이사는 법원에 회사를 대표할 자를 선임하여

줄 것을 신청하여야 한다(상394.2).

② **취 지** – 이사가 회사소송의 상대방인 경우 대표이사가 소송을 수행할 경우 대표이사가 회사의 이익보다 이사의 이익을 추구할 우려가 있어 보다 공정성이 보장되는 감사에게 소송수행권한을 부여한 것으로 볼 수 있다. 판례도 이사와 회사 사이의 소에 있어서 양자 간에 이해의 충돌이 있기 쉬우므로 그 충돌을 방지하고 **공정한 소송수행**을 확보하기 위하여 비교적 객관적 지위에 있는 감사로 하여금 그 소에 관하여 회사를 대표하도록 규정한다고 본다(2000다9086)

③ **적용범위 – ⅰ) 이사지위 부존재확인의 소** 주식회사의 일시대표이사가 회사를 대표하여 주주총회에서 선임된 이사를 상대로 이사선임결의의 부존재를 주장하며 이사 지위의 부존재 확인을 구하는 소송에서 일시대표이사로 하여금 회사를 대표하도록 하는 것이 공정한 소송수행을 저해한다고 보기 어렵다고 보아 감사소송대표(상394)가 적용되지 않는다고 본다(2016다275679). **ⅱ) 퇴임이사에 대한 소송** 소송의 목적이 되는 권리관계가 이사의 재직중에 일어난 사유로 인한 것이라 할지라도 이사가 이미 이사의 자리를 떠난 경우에 회사가 그 사람을 상대로 제소하는 경우는 감사가 아닌 대표이사가 회사를 대표한다(2000다9086) **ⅲ) 이사 사임등기 소송** 회사의 이사로 등기되어 있던 사람이 회사를 상대로 사임을 주장하면서 이사직을 사임한 취지의 변경등기를 구하는 소에서 상법 제394조 제1항은 적용되지 아니하므로 그 소에 관하여 회사를 대표할 사람은 감사가 아니라 대표이사라고 보아야 한다(2013마1273).

④ **무권한자의 소송행위 효력** – 이사의 회사에 대한 소송에서 대표이사를 회사의 대표자로 표시한 소장을 법원에 제출한 경우 회사의 대표이사에게 소장의 부본을 송달하여 소송이 수행되었다면 이는 회사를 대표할 권한이 대표이사에게 없으므로 소장의 송달로 무효이고 대표이사의 소송행위, 이사의 소송행위도 모두 무효이다(89다카15199). 소송행위에 필요한 권한의 수여에 흠이 있는 사람이 소송행위를 한 뒤에 보정된 당사자나 법정대리인이 이를 추인한 경우에는 그 소송행위는 이를 한 때에 소급하여 효력이 생기는데(민64 → 59,60), 대표권의 보정은 항소심에서도 가능하다고 본다(2009다86918)

4) **업무집행에 관한 주주간계약** : 이사회의 권한행사에 관해 주주간에 한 약정 즉 업무집행에 관해 주주간계약이 체결된 경우 그 효력에 관해 논의가 있다. 주주들간에 이사회결의 전에 일정한 자를 대표이사로 내정하거나 일정한 투자자에게

이익에 관한 일정 배당률을 의무화하는 약정을 체결하는 경우이다. 주주간계약으로서 업무집행계약의 효력에 관해 부정설과 긍정설이 대립하고 있음을 앞서 보았지만, 업무집행계약이라는 개념이 소수지분을 갖는 동업자의 이익보호, 권한분배의 취지로 생성되었음에도 불구하고 회사법의 강행법규성에 비추어 그 효력을 인정하기 어렵다고 본다. 요컨대 주주총회와 이사회로 구성된 주식회사의 지배구조에 관한 규정은 강행법규로서 주주가 아닌 회사의 수임인인 이사들의 업무집행에 간섭하는 업무집행계약은 다른 주주간계약과 동일하게 회사법에 반하는 계약으로서 당사자간에 효력은 인정되지만 회사에 대해서는 효력이 없으며, 그 자세한 논의는 주주간계약에 관한 선행논의(2편3장2절4.(1))를 참조하기 바란다.

5. 이사의 보수

(1) 의 의

이사의 보수란 이사가 회사로부터 위임받은 위임사무에 관한 직무집행에 대한 대가로 회사로부터 지급받는 재산적 가치를 의미한다. 회사법은 이사의 보수는 **정관**에 그 액을 정하지 아니한 때에는 **주주총회의 결의**로 이를 정한다는 규정을 두어(상388) 보수지급의 의사결정을 엄격하게 규율하고 있다. 회사법의 보수결정에 대한 엄격한 규율의 취지에 관해 판례는 이사들의 고용·위임계약과 관련하여 그 사익 도모의 폐해를 방지하여 회사와 주주의 이익을 보호하고자 하는 것으로 이해한다(2004다49570). 이사보수의 정관·주총결정은 **이사보수에 관한 주주통제**를 통해 회사·주주의 이익을 보호하고자 하는 취지로 이해된다. 다만 MBCA는 설립정관이나 부속정관에 달리 규정이 없으면, 이사회가 이사의 보수를 정할 수 있다고 규정한다(MB8.11, DG141h).

(2) 정관·주총결의

1) **보수금액 결정** : 이사보수에 관한 규정도 강행규정이므로 규정에 위반하는 이사회결의, 정관규정이나 계약은 효력이 없다. 따라서 이사에게 보수를 지급하기 위해서는 회사의 정관에 이사의 보수금액에 관한 규정을 두든지 주주총회결의에 의해 보수금액을 결의하여야 한다. 정관에서 이사·감사의 보수에 관하여 주주총회의 결의로 정한다고 되어 있는 경우에 그 금액·지급시기·지급방법 등에 관한 주주총회의 결의가 있었음을 인정할 증거가 없다면 이사·감사는 보수를 청구할

수 없으며, 이사·감사는 그 주주총회의 결의가 있었음에 관하여 **증명책임**을 진다 (2015다213308). 주주총회의 이사에 대한 보수결의에서 주주인 이사는 특별이해 관계인에 해당하므로 의결권이 제한된다(상368.4).

2) 지배주주의 의사 : 이사보수를 결정하는 주주총회의 결의에 관해 지배주주가 보수결정에 찬성할 경우 주주총회를 개최하더라도 찬성할 것이 예상되므로 주주총회결의는 생략될 수 있는가? 종전 판례 중에는 주총의 형식보다 실질(지배력)을 중시한 판결이 없지 않았다. 임원의 공로주 지급에 관해 주주총회에서 같은 내용의 결의가 이루어질 것은 당연하므로 회사주식의 95%를 소유한 대표이사가 한 회사의 임원에 대한 주식의 양도는 유효하다고 보았으며(95누4353), 회사주식의 80%를 가진 대표이사의 공로상여금 지급 약속도 유사하게 본 바 있다(77다1788). 최근 판례는 1인회사가 아닌 주식회사는 특별한 사정이 없는 한, 주주총회의 의결 정족수를 충족하는 주식을 가진 주주들이 동의하거나 승인하였다는 사정만으로 주주총회에서 그러한 내용의 결의가 이루어질 것이 명백하다거나 또는 그러한 내용의 주주총회 결의가 있었던 것과 마찬가지라고 볼 수는 없다고 하여(2016다241515) 지배력보다는 주주총회결의의 형식이 요구됨을 명백히 판시하였으며 타당하다고 본다.

3) 이사회에의 위임 : 정관 또는 주주총회의 결의로 이사의 보수액을 결정하면서 각 이사의 보수를 개별적으로 확정하여야 하는가? 이에 관해 구체적인 각 이사의 보수를 정하지 않고 **보수총액**을 정하여 정관이나 주주총회결의에서 정하고 각 이사들의 보수의 구체적 금액결정을 이사회에 위임할 수 있다고 본다. 물론 주주총회에서 이사의 보수에 관한 구체적 사항을 이사회에 위임한 경우에도 이를 주주총회에서 직접 정하는 것도 가능하다(2016다241515). 하지만 정관이나 주주총회의 결의로 보수총액을 정함도 없이 결정권 자체를 이사회에 위임하는 결의는 회사법에 반하는 결의로서 무효로 본다. 요컨대 정관이나 주주총회에서 이사 전체에 지급하는 보수금액은 결정되어야 하고 개별 이사의 보수, 지급절차, 지급방법 등은 이사회에 위임이 가능하다고 볼 수 있지만, 특히 지급절차·방법 등이 회사이익을 침해할 가능성이 있을 경우(사전지급·중간정산 등)에는 정관·주총결의로 결정되어야 하고 이사회에 위임할 수 없다고 본다.

(3) 보수의 범위

1) 범 위 : 이사 보수에 대한 주주 통제라는 회사법의 취지를 존중하기 위해서는 봉급·각종의 수당·상여금·퇴직위로금 등 명칭을 불문하고 보수에 포함된다고 본다. 판례도 이사에 대한 **퇴직위로금**은 그 직에서 퇴임한 자에 대하여 그 재직 중 직무집행의 대가로 지급되는 보수로서 회사법상 보수(상388)에 포함된다고 보며(2004다25123), '이사의 보수'에는 월급, 상여금 등 명칭을 불문하고 이사의 직무수행에 대한 보상으로 지급되는 대가가 모두 포함되고, 회사가 **성과급**, 특별성과급 등의 명칭으로 경영성과에 따라 지급하는 금원이나 성과 달성을 위한 동기를 부여할 목적으로 지급하는 금원도 포함된다고 본다(2018다290436). 하지만 회사와 이사간의 고용계약에 약정된 **해직보상금**은 퇴직위로금과 같이 직무집행의 대가로 지급되는 보수의 일종으로 볼 수 없다. 하지만 고용계약의 내용에 포함되어 그 고용계약과 관련하여 지급되고 의사에 반하여 해임된 이사에 대해 일률적으로 회사가 추가적으로 지급하도록 되어 있다면 상법 제388조가 준용 내지 유추적용된다고 본다(2004다49570).

2) 퇴직금 중간정산 : 퇴직금이나 그 중간정산금도 직무수행에 대한 보상이(보수)이지만 중간정산금의 퇴직전 지급을 위해서는 주주총회의 결의가 있어야 하는가? 판례는 퇴직금 중간정산금은 지급시기가 일반적으로 정해져 있는 정기적 보수 또는 퇴직금과 달리 권리자인 이사의 신청을 전제로 이사의 퇴직 전에 지급의무가 발생하게 되므로, 이사가 중간정산의 형태로 퇴직금을 지급받을 수 있는지 여부는 퇴직금의 지급시기와 지급방법에 관한 매우 중요한 요소이다. 따라서 정관 등에서 이사의 퇴직금에 관하여 주주총회의 결의로 정한다고 규정하면서 퇴직금의 액수에 관하여만 정하고 있다면, 퇴직금 중간정산에 관한 주주총회의 결의가 있었음을 인정할 증거가 없는 한 이사는 퇴직금 중간정산금 청구권을 행사할 수 없다(2017다17436).

3) 겸직보수 : 이사가 사용인을 겸직하는 경우 사용인에 대한 급여는 이사의 보수(겸직보수)에 포함되는가? 불포함설에 따를 경우 상법 제388조를 탈법할 가능성이 있어 사용인겸직 급여도 포함되어야 한다는 **포함설**, 사용인에 대한 급여는 사용인의 노무에 대한 근로계약에 대한 대가로서 이사에 대한 보수와 성질을 달리하므로 포함되지 않는다고 보는 **불포함설** 등이 주장된다. 생각건대 사용인에 대

한 보수에 관해서는 회사법에 특별한 규정이 없으므로 이사회결의나 대표이사가 이를 결정할 수 있다. 하지만 이사가 사용인을 겸직할 경우 사용인에 대한 보수의 수령권자도 이사이므로, 이사회의 사용인 겸직보수 결정에는 이사에 대한보수와 동일하게 이해상충의 우려가 있어 주주에 의한 통제가 요구된다고 본다. 요컨대 이사의 겸직보수에도 상법 제388조가 유추적용된다고 본다.

(4) 보수청구권

1) **보수약정** : 이사가 회사에 대해 보수청구권을 자기기 위해서는 먼저 이사 선임·임용계약이 유효하여야 하고 선임계약에서 보수청구권에 관한 명시적·묵시적 약정(보수약정)이 있어야 한다. 이사로 선임되었지만 선임계약에서 무보수약정을 하였다면 보수청구권을 가질 수 없고 이 경우 정관상의 이사의 보수규정이나 주주총회의 보수결의는 추상적인 효력만 가질 뿐이고 무보수약정을 한 이사는 구체적인 보수청구권을 행사할 수 없다고 본다. 왜냐하면 이사보수에 관한 회사법 규정(상388)은 보수청구권이 전제된 경우 회사의 이익보호를 위해 보수금액을 제한한 규정이지 이사의 보수청구권을 보장한 규정이 아니기 때문이다. 회사와 이사간에 보수약정이 있더라도 보수약정만으로 회사는 해당 이사에 대해 보수를 지급할 의무를 확정적으로 부담하지 않고 정관·주총결의가 있어야만 보수를 지급할 수 있다.

2) **보수약정 불이행** : 이사가 회사와 명시적·묵시적 보수약정을 하였음에도 불구하고 정관규정이나 주주총회결의에 의한 보수결의가 없거나 약정보다 적은 금액으로 결의된 경우 회사는 채무불이행책임을 부담하는가? 생각건대 회사법 규정은 강행법적 성질을 가지므로 계약에 의한 회사법의 수정은 허용되지 않고, 회사의 구성원 특히 기관이 되는 자는 회사법상의 규정이 전제된 상태에서 임용계약이 체결된다고 보아야 하므로 정관규정의 성립이나 주주총회결의를 **조건부로 보수약정**이 이뤄졌다고 해석된다. 따라서 대표이사 등의 악의적인 기만행위 등이 없었을 경우라면 정관·주총결의가 성립되지 않음으로 인해 약정보수가 지급되지 않더라도 회사는 채무불이행책임을 부담하지 않는다고 본다.

3) **위임이사의 보수** : 주주총회에서 선임된 이사·감사가 회사와의 명시적·묵시적 약정에 따라 그 업무를 다른 이사 등에게 포괄적으로 위임하고 이사·감사로

서의 실질적인 업무를 수행하지 않는 위임이사(90다카22698), 위임감사의 보수청구권이 인정되는가? 이에 관해 판례는 위임이사라 하더라도 이사·감사로서 회사법적 책임(상399,401,414)을 지므로, 특별한 사정이 없다면 소극적인 직무 수행 사유만을 가지고 그 이사·감사로서의 자격을 부정하거나 주주총회 결의에서 정한 보수청구권의 효력을 부정하기는 어렵고 본다(2015다213308). 이사·감사의 보수청구권은 계약자유의 원칙에 따라 결정되고 회사법에 따라 보수금액의 결정만 제한되므로 회사가 이사의 업무의 다과에 상관 없이 보수약정을 하였다면 과다한 보수가 책정되지 않은 이상 사적계약상의 의사는 존중되어야 한다고 볼 때 판례는 타당하다고 본다.

4) **퇴직금 박탈결의** : 회사가 정관에서 이사의 퇴직금액의 범위를 구체적으로 정한 다음, 재임 중 공로 등 여러 사정을 고려하여 이사회가 그 금액을 결정할 수 있도록 한 경우 이사회가 **퇴직금 박탈결의**도 할 수 있는가? 판례는 퇴임한 이사가 회사에 대하여 배임행위 등 명백히 회사에 손해를 끼쳤다는 등의 특별한 사정이 없는 한, 재임 중 공로의 정도를 고려하여 정관에서 정한 퇴직금액을 어느 정도 감액할 수 있을 뿐 퇴직금 청구권을 아예 박탈하는 결의를 할 수는 없다고 본다(2003다16092). 따라서 이사회가 퇴직이사에 대해 퇴직금 감액결의를 하지 않은 경우 회사는 퇴직한 이사에 대하여 정관의 범위 내에서 퇴직금 지급을 거절할 수는 없게 된다.

(5) 보수의 적정성

1) **쟁 점** : 정관·주총결의를 통해 이사의 보수를 과다 결정한 경우 그러한 보수지급결의는 유효한가? 이른바 **과다한 이사보수**는 회사법이 규정하고 있는 절차적 규정은 준수하였지만 그 실질은 회사이익을 침해하고 있어 회사와 다른 주주의 이익에 반할 가능성이 있다. 과다보수에 관해 무효로 볼 경우 회사는 과다한 부분의 보수에 대한 반환청구권을 행사할 수 있게 되는데, 회사법상 절차(정관·주총결의)를 거쳐 결정된 과다보수를 무효로 보는 근거는 무엇인가?

2) **논 의** : 보수의 적정성에 관해 회사의 제반 형편과 이사의 직무의 성격에 비추어 과다한 보수를 정한 정관규정 및 주주총회의 결의는 다수결의 남용에 해당하므로 무효라 보는 **다수결 남용설**, 이사·감사가 회사에 대하여 제공하는 반대

급부와 그 지급받는 보수 사이에는 합리적 비례관계가 유지되어야 한다고 보면서 비례관계 상실시 회사의 반환청구권의 구체적 근거는 밝히지 않는 **합리적 비례관계설(판례)**이 주장된다. 판례는 보수가 합리적인 수준을 벗어나서 현저히 균형성을 잃을 정도로 과다하거나, 오로지 보수의 지급이라는 형식으로 회사의 자금을 개인에게 지급하기 위한 방편으로 이사·감사로 선임하였다는 등의 특별한 사정이 있는 경우에는 보수청구권의 행사가 제한되고 초과 지급된 보수의 반환을 구할 수 있다고 보았다(2015다213308). 그러면서 합리적 비례관계를 판단함에 있어 이사·감사가 제공하는 급부의 내용 또는 직무 수행의 정도, 지급받는 보수의 액수와 회사의 재무상태, 실질적인 직무를 수행하는 이사 등의 보수와의 차이, 소극적으로 직무를 수행하는 이사·감사를 선임한 목적과 그 선임 및 자격 유지의 필요성 등을 종합적으로 고려한다고 본다(2015다213308).

3) 검 토 : 이사·감사의 보수결정은 이사회가 아닌 주주총회의 권한으로 법정되어 있는데, 이를 사후적으로 이사회 또는 대표이사가 합리적 비례관계가 없음을 이유로 반환청구를 결의·집행하는 것은 타당한가? 주주들의 위임을 받은 이사로 구성되는 이사회가 특별한 근거 없이 주주총회의 결의사항의 적정성을 사후적으로 평가하는 것은 회사법상의 지배구조와 맞지 않다. 따라서 주주총회의 결의에 따른 과다보수의 무효를 위해서는 추상적인 비례관계 등의 적정성 판단만으로 부족하고 구체적인 법적 근거가 요구된다고 본다. 주주총회결의의 내용에 관해 회사법은 특별한 제한규정을 두고 있지 않지만 주주총회결의가 회사법상의 원칙(주주평등의 원칙 등)이나 법령에 위반한 경우 주주총회결의에는 무효의 하자(상380)가 있다고 본다. 그리고 주주총회결의가 권리남용(민2.2)에 해당할 수도 있고 이 경우 주주총회결의는 법령위반으로 무효가 될 수 있다고 볼 때, 다수결남용설이 주주총회의 과다보수결정에 대한 무효 근거를 구체적으로 제시하고 있다고 본다. 주주총회의 보수결의가 권리남용에 해당한다고 판단될 경우에는 주주총회결의가 무효임을 선결문제로 주장할 수 있으므로 회사는 주주총회의 보수결의에도 불구하고 이사의 보수의 무효를 주장하고 반환청구를 할 수 있다고 본다.

Ⅲ. 이사회

1. 의 의

(1) 개 념

1) **성 질** : ① 회의체성 − 이사회(board of directors, Vorstand)란 회사의 업무집행에 관한 의사결정과 대표이사의 직무집행을 감독하기 위해 이사로 구성되는 **회의체기관**이다. 주식회사는 이사회를 반드시 두도록 되어 있어 이사회는 주식회사의 필요적 기관이지만 소규모회사의 경우 예외를 허용하고 있다. 회사 경영의 전문가로서 주주총회에서 선임된 이사들로 구성되는 이사회는 업무집행에 관한 전문적인 토론과 결의가 이뤄지는 회의체로서, 주주의 지분에 따른 의결권 행사가 문제되는 주주총회와는 회의체의 성격이 구별된다.

② 토의기관성 − 주주총회는 **표결기관적 성격**을 가져 의결권은 대리행사를 통해서라도 결의에 반영될 것이 요구되어 표결가치가 중요한데 반해, 이사회의 결의는 표결이 중요한 경우도 있지만 단순히 지분대결이 아니라 토의를 통한 합리적 결의도출과정이 더욱 중요한 **토의기관적 성격**을 가진다. 따라서 회사 경영의 전문가인 이사가 직접 출석하여 결의에 참여하여야 하고 대리출석은 무의미할 뿐만 아니라 법률적으로 금지된다. 판례도 이사회는 주주총회의 경우와는 달리 원칙적으로 이사 자신이 직접 출석하여 결의에 참가하여야 하며 대리인에 의한 출석은 인정되지 않고 따라서 이사가 타인에게 출석과 의결권을 위임할 수도 없는 것이니 이에 위배된 이사회의 결의를 무효로 보았다(80다2441).

2) **이사회 구조** : ① 개 요 − 이사회는 이사만으로 구성되지만 이사회에는 감사의 출석권이 보장되어 있다. 하지만 감사는 이사회의 구성원은 아니므로 의결권을 행사할 수 없고 이사회의 소집청구권(상412의4.1)과 출석하여 의결을 진술할 권한(상391의2.1)만 행사할 수 있을 뿐이다. 이사회는 그 산하에 **위원회**를 두어 이사회의 권한을 분배할 수 있는데, 특히 **감사위원회**는 다른 위원회와 달리 감사와 동일하게 감사권한을 가져 이사의 업무집행을 감사할 수 있다. 위원회제도에 관해서 아래에서 자세히 살펴본다.

② 이사회 의장 − 이사회 의장에 관해서는 회사법에 아무런 규정을 두고 있지

않다. 이사회도 회의체이므로 의장이 필요한데, 통상 회사의 정관에 이사회 의장에 관한 규정을 두어 회장, 사장 등이 의장을 하도록 규정하고 있다. 회사 정관에 이사회의 의장은 회장이 되고 회장 유고시에는 사장이 이사회의 의장이 된다고 규정하고 있는 회사에서 이사회 의장이 불출석한 경우 의장의 권한대행이 판례에서 문제된 바 있다. 판례는 임시이사회 소집 당시 회사의 대표이사 겸 회장이었던 자가 임시이사회의 소집통지를 받고도 회의에 출석하지 아니한 경우, 회장이 이사회의 의장으로서 회의를 진행할 수 없는 것이므로 정관에 규정된 회장 유고시에 해당하여 사장이 이사회의 의장이 될 수 있다고 보았다(83다651).

③ **의사록** – 이사회가 개최되면 이사회의 의사에 관한 사항은 모두 이사회 의사록에 기재된다. 이사회 의사록은 이사의 책임 유무를 판단함에 있어 중요한 자료이므로 회사의 장부로서 법정하고 있다(상391의3.1,2). 하지만 이사회 의사록에는 회사 기밀사항도 포함되어 있어 이는 공개되지 않고 주주가 청구할 경우에만 제한적으로 열람·등사의 대상이 될 수 있을 뿐이다. 이사회 의사록의 작성방법, 열람·등사청구권에 관해서 아래에서 자세히 살펴본다.

(2) 소규모회사의 이사회

1) **이사회 부재** : 이사회는 주식회사의 필요적 기관이지만 소규모회사의 경우 그 예외가 허용된다. 즉 자본금 총액이 10억원 미만의 **소규모 주식회사**에는 이사를 1, 2인만 두어도 무방하므로(상383.1), 이 경우 3인의 이사로 구성되는 이사회가 성립할 수 없어 소규모회사의 경우 선택적으로 이사회 부재의 주식회사가 될 수 있다. 소규모회사로서 이사회를 두지 않을 경우 회사법이 규정하고 있는 이사회의 기능은 다른 기관에 의해 대체될 수밖에 없다.

2) **이사회 기능의 대체** : ① **주총에 의한 대체** – 이사회 부재의 소규모 주식회사에서 이사회 기능의 일정 부분은 주주총회가 대신한다(상383.4). 이를 구체적으로 보면, 주식양도에 관한 승인(상302.2.5의2,317.2.3의2,335.1,2,335의2,335의3.2,335의7.1,356.6호의2), 주식양도제한시 양도상대방 지정(상335의3.1), 주식매수선택권 부여취소결의(상340의3.1.5호), 경업승인(상397.1), 경업시 개입권행사(상397.2), 회사기회·자산유용 승인(상397의2), 자기거래 승인(상398), 신주발행사항 결정(상416), 무액면주식 자본금계상금액 결의(상451.2), 준비금의 자본금전입결의(상461), 중간배당결의(상462의3.1), 이익배당 지급시기결의(상464의2.1), 사채발행결

의(상469), 전환사채 발행사항 결정(상513.2), 신주인수권부사채 발행사항 결정(상
516의2.2) 등에 관한 규정에서 '이사회'는 '주주총회'로 보아, 주주총회가 이사회의
권한을 대신한다. 그리고 주식의 포괄적교환에서 주식교환계약서의 주주총회 승
인사항에 관한 이사회결의가 있는 때(상360의5.1)와 회사의 합병계약서의 주주총
회 승인사항에 관한 이사회의 결의가 있는 때(상522의3.1)는 이사회가 부재이므로
'주주총회 소집통지가 있는 때'로 본다(상383.4).

　② **규정 부적용** – 이사회의 운영이라든가 다른 기관의 권한에 대한 이사회가
그 기능을 대체할 수 있다는 규정은 이사회 부재의 소규모회사에서는 불필요한
규정이라 볼 수 있어 회사법은 동 규정들의 적용을 배제한다. 이를 구체적으로
보면, 이사회결의에 의한 주총결의의 갈음(상341.1), 이사회 소집·결의방법·의사
록·연기·속행·권한(상390,391,391의3,392,393), 감사의 이사회출석(상391의2),
이사회 찬성이사의 회사에 대한 책임(상399.2), 집행임원 설치회사의 이사회의 권
한(상408의2.3) 등 이사회 관련 규정(상408의4.2호,408의5.1,408윗,408의7), 감사
의 이사회 소집청구(상412의4), 이사회에 의한 재무제표 승인(상449의2), 이사회
결의에 의한 이익배당(상462.2), 이사회 공고에 의한 흡수합병 주주총회, 신설합
병 창립총회에의 보고 갈음(상526.3,527.4), 간이·소규모합병시 이사회 승인에 의
한 주총승인 갈음(상527의2,527조의3.1,527의5.2)의 규정은 이사회 부재의 소규모
회사에서는 적용하지 아니한다(상383.5).

　③ **이사의 권한 강화** – 1인 또는 2인의 이사를 둔 소규모회사에서는 각 이사는
회사를 대표할 뿐만 아니라(**각자 대표**), 일부 이사회의 기능을 행사한다(상383.6).
이를 구체적으로 보면, 각 이사는 이사회 결의에 의한 자기주식 소각(상343.1), 전
환권부주식에서 이사회의 전환사항 통지(상346.3), 이사회의 주총소집권한(상
362), 주주제안의 이사회 보고(상363의2.3), 소수주주의 이사회에 대한 주총소집
청구(상366.1), 전자적 방법에 의한 의결권 행사에 관한 이사회결의(상368의4.1),
이사회의 권한(상393.1), 감사의 이사회에 대한 총회소집청구(상412의3.1), 이사회
에 의한 중간배당결의(상462의3.1)에 따른 이사회의 기능을 담당한다(상383.6).

　3) 대표이사 선임 : ① **선임기관** – 2인 이사의 소규모회사에서 대표이사를 선임
할 수 있는가? 회사법은 이사회 부재의 소규모회사의 이사의 각자 대표성을 규정
하면서 '정관의 규정으로 대표이사를 정한 경우에는 그 대표이사'가 회사를 대표
한다고 정하고 있는데(상383.6) 그 규정의 의미가 모호하다. 대표이사의 인적사항

이 정관기재사항이 아니므로 정관으로 대표이사를 정함은 특정 대표이사가 정관에 기재된다는 것이 아니라 대표이사를 둔다는 사실을 규정한 것으로 이해된다. 그리고 대표이사는 주총선임에 관한 정관의 특별규정이 없는 한 이사회에서 선임하여야 한다(상89.1). 그런데 이사회 부재의 소규모회사에서는 대표이사 선임권한을 가진 이사회는 구성되지 않는데, 대표이사 선임권한에 관한 주주총회의 기능 대체 규정마저도 없어 대표이사를 선임하기 위해서는 주주총회에서의 대표이사 선임에 관한 근거규정을 따로 두어야 한다.

② **입법론 - ⅰ) 대표이사 선임** 2인의 이사를 둔 소규모주식회사도 2인의 이사만으로 이사회를 구성할 수 없다고 보고 회사법은 이사회 기능의 대체에 관한 규정을 두고 있다. 그런데 2인 이사의 회사도 이사의 각자 대표 대신 대표이사를 선임할 필요성은 있을 수 있으므로 대표이사 선임에 관한 규정(상399.1)도 주주총회의 기능 대체(상383.4)에 포함시킬 필요가 있다. **ⅱ) 중간배당 결의권한** 중간배당결의(상462의3.1)에 관해서는 주주총회에 의한 이사회 기능대체도 허용하면서(상383.4) 동시에 각 이사에 의한 권한행사를 중복적으로 허용하고 있다(상383.6). 이는 입법의 오류로 판단되는데, 중간배당의 실시여부는 결의가 요구되는 사항이므로 주주총회에 의한 기능대체가 타당하므로 이사의 권한 행사에 관한 규정(상383.6)에서 이를 삭제할 필요가 있다고 본다. **ⅲ) 집행임원 설치회사** 집행임원 설치회사에서 이사회권한에 관한 규정들을 모두 배제하고 있는데 이사회 부재의 소규모회사도 집행임원 설치회사가 되는 것이 금지되어 있지 않으므로 집행임원 설치의 이사회 부재 소규모회사에서의 이사회 기능의 대체에 관한 규정도 필요하다고 본다.

2. 이사회의 권한

(1) 의사결정권

1) **포괄성** : 이사회의 권한은 크게 의사결정권과 감독권한으로 구별할 수 있다. 의사결정권은 주주총회의 권한사항을 제외하고 회사의 업무집행에 관한 모든 의사를 결정할 권한으로서, 이러한 이사회의 법정권한사항을 상무회 등 다른 기관에 위임할 수 없다. 이사회의 중요한 의사결정권한을 보면, 주주총회소집결의(상362), 대표이사의 선임(상389), 신주발행사항의 결정(상416), 재무제표의 승인(상447), 사채의 모집(상469), 중요한 자산의 처분 및 양도·대규모 재산의 차입·

지배인의 선임 또는 해임·지점의 설치·이전 또는 폐지 '등 회사의 업무집행'은 이사회의 결의로 한다고 정하여(상393), 회사법에 열거한 사항 이외에도 업무집행에 관한 의사결정은 이사회가 담당한다고 볼 수 있다(예시규정). 판례도 법률 또는 정관 등의 규정에 의하여 주주총회 또는 이사회의 결의를 필요로 하는 것으로 되어 있지 아니한 업무 중 이사회가 일반적·구체적으로 대표이사에게 위임하지 않은 업무로서 일상 업무에 속하지 아니한 중요한 업무에 대하여는 이사회에게 그 의사결정권한이 있다고 본다(96다48039). 회사가 이미 부담하고 있는 채무에 관해 대규모의 근저당을 설정할 경우에는 자산처분도 아니고 차입도 아니지만 이에 준하는 행위로서 이사회결의가 요구된다고 보고, 주식회사의 회생절차개시신청은 대표이사의 업무권한인 일상 업무에 속하지 아니한 중요한 업무에 해당하여 이사회 결의가 필요하다고 보았다(2019다204463).

　　2) 중요 자산의 처분·양도 : ① 중요성 판단 – 결의사항 중 특히 회사의 중요한 자산의 처분·양도 등에 이사회의 결의가 요구된다(상393). 자산의 처분·양도는 통상 대표이사가 결정할 사항이지만 중요한 자산인 경우에는 이사회결의가 요구되는데 그 중요성의 판단기준이 문제된다. 판례는 대표이사에게 위임하지 않은 업무로서 중요한 업무는 이사회의 결의가 요구되는데, 업무의 중요성은 당해 재산의 가액, 총자산에서 차지하는 비율, 회사의 규모, 회사의 영업 또는 재산의 상황, 경영상태, 그 업무행위의 목적, 회사의 일상적 업무와의 관련성, 당해 회사에서의 종래의 취급 등에 비추어 대표이사의 결정에 맡기는 것이 상당한지 여부에 따라 판단하여야 한다고 보았다(2009다55808). 양도 대상자산의 가액을 기초로 회사의 규모와 상대적 판단, 처리관행 등을 통해 **업무중요성**을 객관적으로 판단한다고 보는 판례의 입장은 타당하다고 본다.

　　② 이사회 규정 – 회사의 이사회규정 등으로 이사회결의가 요구되는 자산양도의 범위를 규정한 경우 해석상 그 규정에 기속되는가? **업무의 중요성**에 관한 기준과 이사회규정상의 업무기준이 다를 경우 문제된다. 업무의 중요성이 인정되는 사안이 이사회규정상 제외되어 있는 경우에는 이사회규정에 구속되지 않고 이사회결의가 요구된다고 본다. 판례도 중요한 자산의 처분에 해당하는 경우에는 이사회가 그에 관하여 직접 결의하지 아니한 채 대표이사에게 그 처분에 관한 사항을 일임할 수 없는 것이므로 이사회규정상 이사회 부의사항으로 정해져 있지 아니하더라도 반드시 이사회의 결의를 거쳐야 한다고 본다(2005다3649). 하지만 이

사회규정상 이사회결의가 요구될 경우 중요한 업무가 아니라 하더라도 이사회규
정에 따라 이사회결의는 요구된다고 본다. 왜냐하면 이사회규정은 개정되기 전까
지는 회사의 내부규범으로서 기속력이 인정되기 때문이다.

③ **주총 특별결의와의 관계** – 처분 대상 자산이 동시에 **영업의 중요한 일부양도**
(상374)에 해당할 경우 이사회결의와 주총결의 모두 요구되는가? 생각건대 양 기
관의 의사결정이 모두 요구된다고 할 경우 의사결정이 모순될 수도 있고 하나의
기관의 의사결정만 있을 경우 그 효과가 발생한다고 보아야 하는지 의문이기 때
문에, 이사회나 주주총회는 둘 다 회사의 의사결정기관이므로 의사결정은 중요도
등을 기준으로 결정기관이 구분될 필요가 있다. 즉 영업의 중요한 일부 양도라 하
더라도 그 양도로 인하여 회사의 영업의 폐지·양도와 동일 효과를 가져오는 경우
에는 주주총회의 결의만 있으면 되고(2편4장1절 I.2.(2).3)) 그에 이르지 않지만 업무
중요성을 기준으로 중요한 자산의 양도이면 이사회결의가 요구된다고 본다. 다만
주총결의사항에 해당하는 중요한 영업용 재산양도에 관해 주주총회결의 전에 이
사회결의가 있었다 하더라도, 이사회는 동 재산양도에 관한 회사의 의사결정권한
이 없으므로 이를 회사의 의사결정으로 볼 수는 없고 주주총회의 안건상정을 위
한 의사결정으로 보아야 한다.

3) **타 기관과의 관계** : ① **주주총회와의 관계** – 회사법상 주주총회의 권한사항을
이사회에 위임하는 것은 주주총회 권한의 전속성과 회사법의 강행법규성을 고려
할 때 허용되지 않는다고 본다. 반대로 회사법상 이사회의 권한사항을 주주총회
의 권한사항으로 정하는 것에 관해, 회사법은 대표이사 선정(상389.1), 신주발행
사항의 결의(상416)의 경우에는 이를 허용하고 있다. 그렇다면 회사법의 허용규정
이 없더라도 이사회결의사항을 주주총회의 권한사항으로 위임하거나 정관에서 주
주총회의 권한사항으로 정하는 것은 허용되는가? 주주총회의 최고의사결정기관성
을 고려하고 정관자치를 존중할 경우 이는 허용된다고 볼 여지도 없지 않다. 하지
만 첫째, 주주총회와 이사회는 구성원을 달리하고 기관분화의 취지를 고려하고,
둘째, 회사법이 일정한 이사회결의사항(상389.1,416)만 정관으로 주주총회 결의사
항으로 정할 수 있다는 규정의 취지를 고려하고, 셋째, 주주총회의 최고의사결정
기관성은 이사를 주주총회에서 선임하므로 이사회보다 우월한 기관이라는 취지이
지 주주총회의 결의를 거치면 회사법상의 규정을 무시할 수 있다는 의미는 아니
며, 넷째, 정관자치는 회사법의 강행규정성에 반하지 않는 범위 내에서만 허용된

다고 볼 수 있어 회사법상의 이사회결의사항을 주주총회결의로 위임·정관규정
할 수는 없다고 본다.

② 이사회의 추인결의 – 이사회결의사항을 정관으로 주주총회결의사항으로 규
정하거나 개별적으로 주주총회에 위임하여 주주총회에서 결의하였다 하더라도 이
사회결의 흠결은 치유되지는 않는다. 다만 이러한 주주총회결의를 이사회가 추인
결의한 경우 회사의 결의로서 효력을 가지는가? 생각건대 동일한 사항에 관해 주
주총회결의를 이사회가 추인결의한 경우 이사회의 의사가 확인되었다고 할 수 있
어 이사회결의의 흠결이 보완된다고 본다. 하지만 이 경우에도 이는 주주총회의
결의에 따른 효력이라기보다 이사회의 추인결의에 의해 결의가 효력을 가진다고
보아야 한다. 따라서 결의에 흠결이 있는 경우에도 결의의 하자여부도 이사회결
의를 중심으로 판단할 필요가 있다.

③ 대표이사와의 관계 – 이사회는 의사결정기관이고 대표이사는 주주총회·이
사회에 의해 결정된 회사의 의사를 집행하는 기관이다. 하지만 회사의 업무를 집
행하기 위해서는 대표이사도 회사의 업무집행과 관련된 일정한 범위 내의 구체적
의사결정의 권한을 가진다고 볼 수 있다. 그런데 회사법에 주주총회나 감사·이사
회의 권한사항으로 규정되지 않은 업무집행(**비규정사항**)에 관한 의사결정권은 어
느 기관이 가지는가? 생각건대 회사법 비규정사항에 관해 회사의 정관으로 주주
총회 또는 이사회의 결의사항으로 정하고 있다면 해당 기관이 의사결정권한을 가
진다고 본다. 회사의 정관으로도 결의권한의 귀속에 관해 아무런 규정을 두고 있
지 않을 경우, 주주총회의 권한은 회사법과 정관에서 정한 사항에 국한되지만 이
사회권한은 포괄성(상393)을 가진다는 점을 고려할 때, 회사법에서 규정되지 않은
사항에 관한 의사결정권한은 이사회의 권한으로 보아야 한다. 다만 업무의 중요
성이 낮은 경우에는 대표이사가 의사결정권한을 가진다고 볼 수 있어 대표이사가
이사회결의 없이 이를 집행할 수 있다고 본다.

(2) 감독권한

1) **의 의** : ① 개 념 – 이사회는 대표이사, (업무담당)이사에 대한 감독권한
을 가진다(상393.2). 감독권한이라 함은 피감독자로부터 업무수행에 관한 정보의
제출을 요구하고 피감독자의 업무수행에 문제가 있을 경우 그 시정을 권고하고
필요할 경우 책임을 묻거나 책임을 추궁하는 포괄적인 권한을 의미한다. 이사회
도 이사뿐만 아니라 피용자의 업무수행에 관한 정보를 수집하고(**정보수집**), 필요

한 경우 이사회의 결의로 이사의 권한행사를 통제하며(**권한통제**), 통제에 실패한 경우 이사의 책임을 추궁하는(**책임추궁**) 등의 권한 즉 감독권한을 가진다. 회사법은 이사회의 정보수집권한(상393.3)과 책임추궁(상399)에 관한 규정을 두고 있으며 권한통제는 회사와 이사간의 위임계약상 이사회결의에 따른 위임사무의 처리의무(민681)를 통해 표현된다.

② 성 질 – 이사회와 이사의 관계는 어떠한가? 상하관계로 볼 여지도 없지 않지만, 이사회는 이사들의 집합체로서 부분과 전체의 관계에 있으며 전체로서의 의사결정은 부분을 지배하는 관계에 있다. 따라서 이사회의 감독권한은 이사회의 의사결정을 통해 그 구성원인 이사들을 통제하는 권한이므로, 이사들간의 감시권이나 감사가 가지는 감사권, 대표이사의 위임업무에 대한 지시권한 등 다른 기관에 의한 권리와는 성질을 달리한다고 본다. 이사는 이사회에 참여하여 자신의 업무집행에 관해 설명할 수 있는 기회를 가지고, 자신의 권한을 행사하여 다른 이사로부터 정보를 수집(상393.3)한 후 이사회결의에 의해 감독하므로, 이사는 이사회의 감독권한에 관해 일종의 수인의무를 가진다고 본다.

③ 범 위 – 이사회의 감독권한에 제한이 있는가? 감사의 이사에 대한 업무감사권한은 업무의 적법성에 그치는지 아니면 타당성에도 미칠 수 있는지에 관해 학설이 대립된다(2편4장3절Ⅲ.1). 하지만 이사회의 이사에 대한 업무감독권한은 이사의 업무집행의 적법성은 물론 타당성도 대상이 되며 더 나아가 업무집행의 능률성 등도 감독권한의 대상이 된다고 본다. 왜냐하면 이사회의 이사에 대한 감독은 다른 기관에 의한 이미 집행된 업무에 관해 감사·감독하는 것이 아니라, 전제·부분의 관계에서 비롯된 일종의 자기시정적 감독으로서 아직 집행되지 않은 업무도 감독대상이 될 뿐 아니라 회사와 이사간의 위임의 본지에 벗어나지 않는 범위에서 모든 감독수단을 행사할 수 있다고 본다.

2) **정보수집권** : ① 개 념 – 이사회가 감독권한을 행사하기 위해서는 회사의 업무집행에 관한 정보수집이 전제된다. 회사법은 이러한 취지에서 이사는 대표이사로 하여금 다른 이사 또는 피용자의 업무에 관하여 이사회에 보고할 것을 요구할 수 있고(상393.3), 요구와 무관하게 이사의 정기보고(상393.4)를 통해 이사회는 회사의 업무집행에 관한 정보수집권을 가진다. 이러한 정보수집권은 이사회의 감독권한 행사를 위한 수단적 권한이므로 정보수집권의 주체는 개별 이사라기 보다는 이사회라고 보아야 한다.

② **업무보고요구권** – 이사가 대표이사로 하여금 다른 이사 또는 피용자의 업무에 관하여 이사회에 보고할 것을 요구할 수 있는 권한을 의미한다. 이사는 다른 이사에 대한 감시권한은 가지지만 감독권을 가지지 않으므로. 특별한 내부규정이 없는 이상 다른 이사에게 직접 업무보고를 요구할 수 없고 대표이사에게 다른 이사의 업무보고를 요구할 수 있을 뿐이다. 보고의 수령주체도 개별 이사가 아니라 이사회인데, 업무보고요구권은 이사가 회사의 업무집행에 관한 의사결정을 위한 이사회의 구성원이고 일정한 경우 위법행위유지청구권(상424)을 행사할 수 있고, 다른 이사의 위법행위로 인해 자신이 회사·제3자의 손해에 관해 손해배상책임을 부담할 수 있으므로 이사회의 결의에 신중을 기하기 위한 권한으로 볼 수 있다. 이사의 업무보고요구에도 불구하고 특별한 이유도 없이 대표이사가 이사회에 업무보고를 하지 않을 경우 이는 대표이사의 업무해태가 될 수 있다.

③ **업무보고의무** – 이사가 3월에 1회 이상 업무의 집행상황을 이사회에 보고하여야 하는 의무를 부담한다(상393.4). 이사의 업무보고요구권이 이사회의 적극적인 정보수집권이라 한다면 이사의 업무보고의무는 이사회의 소극적인 정보수집권이라 할 수 있다. 이는 이사회의 업무감독권한을 실질적으로 보장하기 위해 이사회의 구성원인 이사들이 다른 이사의 업무집행에 관해 알 수 있도록 정례적으로 보고하도록 하여 회사의 업무집행에 관한 모든 정보가 이사회에 수집되도록 하는 취지이다. 업무보고의 주기는 각 회사가 내부의 이사회규정 등에 이를 정할 수 있으며 이를 정하지 않았더라도 최소한 3월에 1회 이상은 이사회에 업무를 보고하여야 한다. 이사가 업무보고의무를 해태한 경우 이는 해임사유가 될 뿐만 아니라 이로 인해 회사에 손해가 발생한다면 회사에 대한 손해배상책임의 원인이 될 수 있다.

3) 권한통제 : 이사회에 의한 이사의 업무집행에 대한 권한통제는 어떻게 실현되는가? 이에 관해 회사법은 아무런 규정을 두고 있지 않지만, 이사회가 정보수집권한을 행사하여 수집된 정보에 따라 특정 이사의 업무집행이 회사의 이익에 반한다고 판단될 경우 회사가 특정 이사의 업무집행을 통제할 수 있음은 위임인적 지위에 있는 회사의 당연한 권한으로 이해되고 이는 이사회에 의해 수행될 수 있다. 다만 이사회는 의결기관이므로 특정 이사의 업무집행에 관한 판단과 통제수단(업무담당의 변경 등)에 관한 이사들의 결의가 요구되고 결의에 따라 대표이사는 해당 이사의 업무집행을 통제하게 된다. 위임계약의 특성상 대표이사가 이

사의 업무에 대해 구체적 지시하는 것은 통상적이지 않지만, 감독권한 행사로서의 이사회결의에 따라 대표이사는 이사에 업무통제를 목적으로 하는 지시를 할 수 있으며 이에 반하는 이사의 행위는 선관주의의무 위반에 해당한다.

4) **책임추궁** : 회사법에는 이사의 업무집행에 관한 이사회의 책임추궁에 관한 직접적인 규정을 두고 있지 않다. 하지만 이사회는 회사의 업무집행에 관한 의사를 결정할 수 있으므로 이사회의 결의를 통해 문제가 된 이사에 대해 손해배상을 추궁할 수도 있고, 대표이사의 업무집행에 문제가 있을 경우에는 대표이사를 해임할 수도 있다. 다만 이사의 해임은 이사회의 권한사항이 아니므로 주주총회의 특별결의를 통해서만 해임할 수 있을 뿐이다. 그리고 업무담당이사가 위법한 업무를 집행하여 회사에 손해가 발생할 염려가 있을 경우 감사나 소수주주가 위법행위유지청구권(상402)을 행사하지 않더라도 이사회의 결의로 이사의 업무집행을 중단시킬 수 있고 이를 실행하여 회사에 손해가 발생할 경우 손해배상책임을 물을 수도 있다.

5) **이사회 부재회사** : 이사가 1인 또는 2인인 소규모 주식회사에서는 이사회가 부존재 하는데 이사회의 감독권한은 어느 기관이 행사할 수 있는가? 이에 관해 해석상 주주총회에 감독권한이 있다고 보는 견해도 있지만, 회사법은 감독권한에 관해서는 주주총회를 이사회에 대신하는 기관으로 명시하지 않았고(상383.4) 오히려 이사회 부재회사에서는 감독권한(상393.2)을 적용하지 않는다는 규정을 적극적으로 명시하고 있어(상383.5), 주주총회가 감독권한을 행사한다고 해석하기는 어렵다고 본다. 그리고 이사회의 감독권한을 실질적으로 보장하는 감사의 이사회 출석·의견진술권(상391의2), 이사회보고요구권(상393.3), 이사의 보고의무(상393.4) 등을 이사회 부재회사에서는 이를 행사하기 어려워 주주총회는 이사를 감독할 수 없다. 요컨대 이사회 부재회사(소규모 주식회사)는 주주총회를 통해 이사를 감독한다고 해석하기는 어렵고, 이를 위해서는 주주총회의 감독을 위한 근거규정 및 정보수집권에 관한 규정 등 회사법의 개정이 요구된다고 본다.

3. 이사회의 결의

(1) 소 집

1) **소집권자** : ① **원 칙** – 이사회의 소집권자는 **각 이사**이지만, 정관이나 이사회결의로 **소집권자**를 지정할 수 있다(상390.1). 이사회결의로 특정 이사에게 이사회 소집권한을 부여한 경우 대표이사를 포함하여 모든 이사들은 이사회 소집이 필요하다고 판단되더라도 직접 소집할 수 없고, **소집권자인 이사**에게 이사회 소집을 요구하여 소집권자인 이사가 이사회를 소집하게 된다. 소집권자인 이사에게 소집권이 없는 이사는 **소집요구**를 감사는 **소집청구**를 할 수 있을 뿐이고, 소집요구·청구가 거절된 경우에만 해당 이사·감사는 직접 이사회를 소집할 수 있다.

② **이사의 소집요구** – 이사회 소집권자인 이사가 정관·이사회결의로 지정된 경우 이사는 소집권자인 이사에게 이사회 소집요구를 할 수 있는데, 소집요구에는 특별한 양식이 요구되지 않으므로 구두나 서면으로 요구를 전달하면 족하다. 소집권자인 이사가 다른 이사의 이사회 소집요구를 정당한 이유 없이 거절하게 되면 거절당한 이사가 직접 이사회를 소집할 수 있다(상390.2). 이사회 소집권자인 이사는 이사의 소집요구의 정당성을 판단할 권한(**소집거절권한**)을 가지는가? 생각건대 이사의 소집요구를 수령한 소집권자인 이사는 이사의 이사회 소집요구에 관해 원칙적으로 이사회를 소집하여야 하지만, 이사회 소집요구에 정당한 사유가 없다고 판단될 할 경우 이사회의 소집을 거절할 수 있다고 본다(상390반대해석).

③ **감사의 소집청구** – 감사는 소집권자인 이사에게 이사회 소집청구를 할 수 있다. 감사가 이사회의 소집을 청구하기 위해서는 회의의 목적사항과 소집이유를 적은 서면을 소집권한을 가진 이사(각 이사 또는 소집권한자인 이사)에게 제출하여 이사회의 소집청구를 할 수 있다(상412의4.1). 감사의 소집청구는 서면청구가 요구되고 정당성 여부를 불문하고 청구시 지체 없이 이사회를 소집하여야 한다는 점에서 이사의 소집요구와 다르다(상412의4.2). 감사의 이사회 소집청구에 대해 소집권한을 가진 이사가 이를 거절할 권한(**소집거절권한**)을 가지는가? 생각건대 감사의 소집청구에 관해 소집권한을 가진 이사는 이를 거절할 권한이 없으며 이사회를 소집할 의무가 있다고 보며, 이사가 지체 없이 이사회를 소집하지 않으면 감사는 소집청구의 정당성과 무관하게 직접 이사회를 소집할 수 있다고 본다(상

412의4.2).

2) **소집절차** : ① **소집통지** – 이사회의 소집절차를 보면, 회일을 정하고 원칙적으로 회일 1주 전에 각 이사 및 감사에 대하여 **소집통지**를 발송하여야 한다. **이사회일**은 특정되어야 하고 1주일 전 통지를 원칙으로 하고 정관으로 1주일의 **소집통지기간**을 단축할 수 있지만(상390.3), 이를 정관 등 회사 내부규범으로 연장하는 것은 허용되지 않는다고 본다. 주주총회의 소집통지와 동일하게 **발신주의**를 따르고 있으나 서면통지를 요하지 않으므로 **구두통지**도 가능하며 회의의 목적사항을 명기할 필요가 없어 엄격한 요건을 정하고 있는 주주총회의 소집통지의 요건과는 구별된다. 그리고 이사와 감사 전원이 동의한 경우 소집통지를 생략할 수 있어(**전원동의 이사회**) 이사회의 소집통지의 엄격성은 많이 완화되어 있다고 볼 수 있다.

② **수령권자** – 이사회 소집통지는 모든 이사와 감사가 수령권자이다(상390.3). 이사회 소집통지의 수령권자로서의 이사는 모든 상법상 이사가 포함되므로 이사의 직무를 사실상 다른 이사에 위임하고 있는 **위임이사**(90다카22698)라도 주주총회결의에 의해 이사로 선임된 이상 등기 유무와 관련 없이 소집통지 수령권자에 포함된다. 하지만 주주총회에서 선임되지 않고 이사의 직함만 사용하고 있는 자는 이사회 참석권이 없으므로 통지수령권을 가지지 못한다. 그리고 이사회 소집통지의 수령권자에 **감사**를 포함시킨 이유는 감사도 이사회에 출석·의견진술권을 가지고 있기 때문이다(상391의2.1). 따라서 일부 이사에 대한 소집통지가 흠결된 경우뿐만 아니라 감사에 대한 소집통지 흠결도 이사회결의의 흠결로 연결될 수 있다.

③ **회의의 목적사항** – 이사회 소집통지를 할 때에는 회사의 정관에 이사들에게 회의의 목적사항을 함께 통지하도록 회사 이사회규정 등에서 정하고 있는 경우 이를 위반한 이사회결의에는 하자가 있는가? 판례는 이에 관해 **회의의 목적사항**을 함께 통지하지 아니하면 이사회에서의 심의·의결에 현저한 지장을 초래하는 등의 특별한 사정이 없는 한, 주주총회 소집통지의 경우와 달리 회의의 목적사항을 함께 통지할 필요는 없다고 보았다(2009다35033). 이사회결의는 주주총회결의와 달리 형식성보다 실질성을 추구하고 있는 회사법의 취지에서 볼 때, 설사 회사의 내부규범이 회사법보다 더 엄격한 요건을 정하였다 하더라도 그 규정의 효력은 인정되지만 이사회결의에 관한 회사내부규범의 위반을 이유로 이사회결의의 효력이 영향을 받는다고 볼 수 없어 판례는 타당하다고 본다.

3) **전원동의 이사회** : ① **취 지** – 이사회 소집절차 없이 이사 및 감사 전원의 동의가 있는 때에는 언제든지 이사회를 개최할 수 있는데(상390.4), 이를 **전원동의 이사회**라 한다. 투자자인 주주로 구성된 주주총회와 달리 이사회는 대체로 소규모의 수임기관이므로, 그 형식성을 완화하고 합의에 따른 실질성을 존중한 입법이라 볼 수 있다. 전원동의 이사회는 이사회 소집권, 소집통지 등의 요건충족이 요구되지 않고 소집통지의 수령권자라 할 수 있는 이사·감사 전원동의만 있으면 성립되며, 일시·장소에 구애되지 않고 적법한 이사회가 개최될 수 있다. 판례도 이사회가 법령이나 정관의 정한 바에 따라 소집절차를 거쳐 개최되지는 아니한 상태에서의 대표이사 선임에 관한 합의사항도 이사 전원이 개최에 동의한 경우 이사회의 결의로 유효하게 성립한다고 보았다(93다8702).

② **전원출석** – 전원동의 이사회가 성립하기 위해 이사회 개최에 관한 전원동의 이외에 일정한 장소에 이사들이 모두 모이는 전원출석이 요구되는가? 물론 이사회에의 출석은 원격통신수단에 의한 참가도 허용되므로 이를 포함하여 전원출석이 요구되는가 하는 문제이다. 생각건대 이사회의 개최에 전원동의가 있을 경우 이사회는 합법적으로 개최될 수 있으므로 개최에 관한 동의방식은 문제되지 않는다고 본다. 따라서 특정 장소에 이사들이 모두 참석할 필요는 없고 이사회 개최에 대한 동의만 증명이 된다면 전원동의 이사회가 개최될 수 있다고 본다. 이렇게 볼 때 판례에서 사용하고 있는 **전원출석 이사회**(92다428)는 적절한 표현이라 볼 수 없고 회사법 법문에 충실하게 전원동의 이사회가 타당하다고 본다.

③ **합의성** – 전원동의 이사회가 개최되어 결의가 효력을 가지기 위해서는 이사회 개최에 관한 전원동의 이외에도 의결안건에 관해서도 이사 전원이 합의하여야 하는가? 주주총회에 관해 판례는 주주 전원이 개최에 동의하고 결의사항에 만장일치로 합의한 경우(전원참석동의에 의한 만장일치 결의)에 결의의 효력을 인정하고 있다(2000다69927). 하지만 주주총회의 개최시 소집절차를 엄격히 규율하고 있으므로 개최 동의만으로 부족하고 안건에 관해 주주 전원이 합의한 경우에 개최에 관한 다툼이 생기지 않음을 고려하였다고 본다. 하지만 이사회의 개최에 관해서는 전원동의 이사회를 회사법이 합법적으로 선언하면서 그 요건으로 이사회 개최에 관한 전원동의만 요구하고 있으므로(상390.4) 안건에 관해서는 이견이 있어 합의되지 않았다 하더라도 결의정족수만 충족된다면 이사회결의는 성립한다고 본다.

(2) 결의요건

1) **정족수** : 이사회의 결의요건은 이사 과반수 출석(**의사정족수**)과 출석이사의 과반수 찬성(**의결정족수**)를 요한다. 따라서 재적 6명의 이사 중 3인이 참석하여 참석이사의 전원의 찬성으로 연대보증을 의결하였다면 위 이사회의 결의는 과반수에 미달하는 이사가 출석하여 의사정족수가 충족되지 않아 무효이다(94다33903). 그리고 결의요건을 정관으로 가중하는 것은 가능하나 완화는 불가능하다(상391.1). 의사정족수를 산정함에 있어 이사직무대행자·가이사는 재임이사에 산입되며, 의결정족수를 산정함에 있어 이사회의 결의에 관해 **특별이해관계**를 가지는 이사의 의결권은 아래에서 보는 바와 같이 제한된다(상391.3 → 368.4,371.2).

2) **특별이해관계** : ① 의결권 제한 – 이사회 출석은 허용되지만 결의에 참여가 제한되는 특별이해관계 이사의 대표적인 예는, 이사의 자기거래 승인결의에서 당해 이사이다. 특별이해관계가 있는 이사는 주주총회에서뿐만 아니라 이사회에서도 의결권을 행사할 수는 없으나 의사정족수 산정의 기초가 되는 이사의 수에는 포함되고 다만 '결의성립에 필요한 출석이사'에는 산입되지 아니한다(90다20084). 판례는 회사의 3명의 이사 중 특별이해관계에 있는 이사(A)와 다른 이사(B) 총 2인이 출석하여 이 사건 결의를 하였다면 이사 3명 중 2명이 출석하여 과반수 출석의 요건을 구비하였고 A가 행사한 의결권을 제외하더라도 결의에 참여할 수 있는 유일한 출석이사인 B의 찬성으로 과반수의 찬성이 있는 것으로 되어 그 결의는 적법하다고 보았다(90다카22698).

② 판례 평가 – 특별이해관계 이사(A)는 출석한 이사(의사정족수의 분자)에 포함될 뿐만 아니라 출석이사(의결정족수의 분모)에도 포함된다. 다만 이사회의 의결정족수에 관해서 회사법이 '출석이사의 과반수'로 정하고 있지만, 이 규정의 취지는 '출석이사의 의결권의 과반수 이상'이라는 의미로 해석하여야 한다. 이사회결의는 두수주의이므로 출석이사의 숫자와 의결권의 숫자가 동일하지만 특별이해관계 이사의 경우에는 출석이사에는 포함되지만 의결권을 행사할 수 없으므로(상391.3 → 368.4,371.2) 양자가 불일치하는 예외에 해당한다. 이렇게 볼 때 위의 판례에서 특별이해관계 이사인 A는 출석이사에 포함되어(2/3 출석) 의사정족수를 충족시켰고, A는 출석이사(의결정족수의 분모)에 포함되지만 의결권은 B만 가지므로 과반수의 의결정족수를 충족하지 못하였다고(1/2) 볼 때 판례의 해석은 부당하다고 본다(**판례에 반대**).

3) **입법론** : 판례의 혼동은 왜 초래되었는가? 회사법은 이사회의 의결정족수를 '출석이사의 과반수'로 규정하고 있는데, 이는 정확한 표현은 아니고 '출석이사의 의결권의 과반수'를 의미한다고 보아야 한다. 왜냐하면 특별이해관계 이사는 출석이사에는 포함되므로 의사정족수를 충족하였는데, 다시 의결정족수 계산에서는 출석이사에서 배제하는 것은 논리적이지 못하므로 출석이사의 과반수는 출석이사의 의결권의 과반수로 이해하여야 하기 때문이다. 특별이해관계 이사를 고려할 때 출석이사와 출석이사의 의결권은 구별되고 이사회 결의방법의 해석에 관한 혼란을 방지하기 위해서는 동 규정상의 출석이사의 과반수는 '출석이사 의결권의 과반수'로 개정될 필요가 있다.

(3) 원격출석

1) **의 의** : ① **취 지** - 의사(출석)정족수를 산정함에 있어서 정관에서 달리 정하는 경우를 제외하고 이사회는 이사의 전부 또는 일부가 직접 회의에 출석하지 아니하고 모든 이사가 음성을 동시에 송·수신하는 원격통신수단에 의하여 결의에 참가하는 경우(**원격출석**) 당해 이사는 이사회에 직접 출석한 것으로 본다(상 391.2). 현장 이사회에의 출석만 적법하다고 볼 경우 이사회 성립이 어려울 뿐만 아니라 이사의 업무수행을 방해할 수 있으므로 논의가 가능하다는 전제하에서 현장출석을 원격출석에 의해 대체할 수 있도록 하였다.

② **감사의 원격출석** - 이사회의 소집통지는 감사에게도 이뤄지고(상390.3) 감사는 이사회출석·의견진술권을 가지는데(상391의2), 감사도 이사회에 직접 출석하지 않고 원격통싱수단에 의해 출석할 수도 있는가? 생각건대 감사는 이사회 출석권을 가지지만 의결권을 가지지 않으므로 감사의 원격출석, 원격결의는 이사회의 의결정족수와 무관하므로 크게 문제되지 않는다고 볼 수 있다. 따라서 감사의 원격출석을 허용할 것인지 여부는 각 회사가 자율적으로 결정할 사항이라 할 수 있으므로, 이사회규정 등에서 감사의 원격출석을 허용할 수도 있다고 본다.

2) **원격통신수단** : 이사의 원격출석을 허용하는 수단인 원격통신수단은 통신만 허용된다면 이에 해당하는가? 생각건대 원격통신수단의 기본요건은 이사들간의 소통이 가능하게 하는 통신수단이 되어야 하고 기타 화상의 제공은 문제되지 않는다. 회사법은 '모든 이사가 음성을 동시에 송수신'할 수 있을 것을 요건으로 정하고 있어 일방적인 음성송신만 가능한 경우는 허용되지 않는다고 본다. 그밖

에 송·수신 간에 시차가 존재할 경우, 네트워크의 장애로 소통에 문제가 있는 경우에는 이사회의 논의가 정상적으로 진행될 수 없었을 경우라면 이를 통한 원격출석은 부적법하다고 본다. 요컨대 이사의 원격출석을 적법하게 하는 원격통신수단은 단순히 투표만 가능한 수단 등은 포함되지 않고 모든 이사의 의견교환이 정상적으로 기능한 **동시음성송수신**의 시설에 국한된다고 본다.

3) 원격결의 : 원격출석과 달리 원격결의에 관해 특별한 규정을 두고 있지 않은데, 원격출석한 이사의 의결권 행사가 충분히 확인될 수 있음이 전제된다면 **원격결의**도 적법하다고 보지만, 원격결의만으로는 부적법하고 원격출석이 전제된 원격결의는 가능하다고 본다. 더 나아가 현장 이사회가 개최되지 않고 이사회 전원이 온라인으로 출석하고 결의하는 **원격이사회**도, 이사 일부뿐만 아니라 전부가 원격출석하는 것이 가능하다고 규정한 회사법 규정(상391.1)에 비추어 적법하다고 본다. 원격이사회가 현장이사회를 대체하기 위해서는 동시음성송수신은 매우 중요한 사항이 되어 동시음성송수신 기능에 장애가 발생할 경우 이사회결의의 흠결이 될 가능성이 있다.

(4) 결의방법

1) 대리행사 : 이사회의 결의방법에 제한은 없으나 이사회는 지분주의에 바탕을 둔 표결기관으로서의 성격을 지닌 주주총회와는 달리 회사의 업무집행을 위임받은 회사경영의 전문가 집단으로서의 성격을 고려할 때, 의결권의 대리행사는 허용되지 않는다(80다2441). 감사는 이사회에 출석하여 의견을 진술할 수 있으며, 이사가 법령 또는 정관에 위반한 행위를 하거나 할 염려가 있을 경우 이사회에 이를 보고할 의무가 있다(상391의2).

2) 기타 결의방법 : 이사회결의를 함에 있어 서면결의가 가능한가? 원격출석을 허용하고 있어(상391.2) 원격결의가 가능하다고 볼 수 있지만 특정 안건에 관해 원격통신수단에 의해 결의라든가 서면결의는 허용되지 않는다고 본다. 왜냐하면 이사회는 지분가치가 존중되는 주주총회와 달리 지분과 무관한 경영전문가들에 의한 토론을 거쳐 합리적인 결론에 이르는 과정이 존중되는 기관이므로 '모든 이사의 음성이 동시에 송수신하는 원격통신수단'을 통해 토론과정이 허용되어야 하고, 결의만 이루어지는 원격결의나 서면결의는 허용되지 않는다고 본다.

3) **무기명투표** : 이사회결의가 이사의 무기명투표에 의해 진행될 수 있는가? 지분주의 구조의 주주총회는 무기명투표가 허용되지 않음은 명확하지만 두수주의에 따라 결의하는 이사회의 경우에는 의문이다. 하지만 이사는 이사회에서 개인적 이익을 위하여 의견을 제시하거나 표결하는 것이 아니라 회사의 이익을 위해 의견제시·표결을 하여야 하고, 특히 이사회에서 결의에 찬성여부는 이사의 책임을 결정하는 원인이 되므로(상399.2) 이사회에서 의결권 행사의 주체를 알 수 없게 하는 무기명투표는 허용되지 않는다고 본다.

4) **주총규정 준용** : 주주총회의 연기·속행에 관한 규정은 이사회에도 준용된다(상392). 정관규정 또는 이사회결의로 결의가 **가부동수**인 경우 의장 등 특정인이 결정권을 가질 수 있는가? 이에 관해 주주총회와 달리 의결권의 평등성을 고려할 필요가 없다는 점에서 이를 허용하는 긍정설, 다수결의 일반원칙에 반하므로 이를 허용해서는 안 된다는 부정설이 주장된다. 생각건대 가부동수는 출석이사의 과반수에 미달하는 것이어서 특정인에게 결정권을 주는 것은 동 요건의 완화에 해당하므로, 이를 정한 정관규정은 상법의 규정에 반하는 정관규정이라 할 수 있고 이에 관한 결의 역시 상법에 반하는 이사회결의가 된다는 점에서 부정설이 타당하다고 본다.

(5) 이사회 의사록

1) **의 의** : ① 개 념 – 이사회의 의사에 관하여 의사록을 작성하여야 하는데, 의사록에는 의사의 안건, 경과요령, 그 결과, 반대하는 자와 그 반대이유를 기재하고 출석한 이사 및 감사가 기명날인 또는 서명하여야 한다(상391의3.1,2). 이사회 의사록의 작성의무의 주체에 관해 회사법은 아무런 규정을 두고 있지 않은데, 이는 각 이사의 의무로 해석된다. 이사회 의사록에의 기재는 특히 이사의 회사에 대한 손해배상책임(상399)을 판단함에 있어서 중요한 **책임관계 증명수단**이 된다. 이사회결의에 따른 업무집행으로 회사에 손해가 발생한 경우 이의 기재가 이사회 의사록에 없으면 결의에 찬성한 것으로 추정되어(상399.4), 회사에 대해 손해배상책임을 부담할 수 있다.

② 기밀성 – 이사회 의사록은 주주총회 의사록과 달리 이에 기재되는 안건과 회의의 경과요령은 회사의 향후 투자계획 등 이사회의 기밀사항을 포함하고 있을 가능성이 높다. 따라서 회사의 이익보호를 위해 일반적 공시의 대상으로 하기보

다는 주주가 개별적으로 열람등사청구를 할 경우 이를 심사하여 그 열람여부를 결정하는 것이 이사회 의사록의 기밀성에 비추어 더 바람직하다고 볼 수 있다. 하지만 이사회결의사항 모두가 기밀성을 가진다고 볼 수 없고 기밀성을 존중할 경우 회사·주주의 이익보호와 이사회 결의과정의 투명성이 약화될 수 있으므로 기밀성과 투명성간의 균형적인 입법이 요구된다고 본다. 이렇게 볼 때 이사회 의사록도 공개하면서 기밀성이 인정되는 사항만 이사회결의에 의해 비공개 결정하는 방법도 입법론적으로 고려할 필요가 있다고 본다.

  2) 의사록의 작성 : ① 작성방법 – 이사회 의사록을 작성할 권한과 의무를 가지는 이사는 이사회의 결의 과정에 관한 모든 사항을 기재하여야 한다. 회사법은 이사회의 안건, 경과요령, 결의결과, 결의에 대해 반대의 의견을 제시한 이사명과 반대이유 등을 기재하도록 규정하고 있다(상391의3.2). 이사회 결의에 참가한 이사로서 이의를 한 기재가 의사록에 없는 자는 결의에 찬성한 것으로 추정되므로(상399.3) 안건에 대한 이의의 기재 즉 반대의견이 반드시 기재되도록 하고 있다. 그 밖에 이사회에 출석한 이사·감사 전원이 기명날인·서명하여야 하는데, **원격출석이사**는 출석과 결의에 대한 자신의 의사를 증명할 수 있는 수단을 통해 이사회 의사록에 기재될 수 있게 하여야 하고, 추후 기재사항을 확인한 후 기명날인·서명을 하여야 한다.

  ② 찬반과 기권 – 안건에 이의(반대)하지 않은 이사는 모두 찬성이사에 포함되는가? 이사회 안건에 관해 기권을 한 이사는 적극적으로 찬성한 것이 아니어서 찬성이사에 포함시키는 것은 적절하지 않고, 반대의사를 표명한 것도 아니므로 반대한 자로서 이사회 의사록에 기재되지 않을 수 있다. 안건에 기권한 경우, 이사회 의사록에 안건 반대자만을 기재되므로 기권 사실이 기록되지 않을 경우 반대자(이의한 자)로 기재되지 않은 것이 되어 찬성한 것으로 추정(상339.3)될 위험이 있다. 이렇게 볼 때 안건에 기권한 이사는 안건 반대자만 기재하도록 하는 규정(상391의3.2)에도 불구하고 기권사실이 적극적으로 기재되도록 할 필요가 있다.

  ③ 기권이사의 손해배상책임 – 안건에 기권한 이사의 기권사실이 이사회 의사록에 기재된 경우 이사의 손해배상책임이 판례에서 문제된 바 있다. 판례는 이사가 이사회에 출석하여 결의에 기권하였다고 의사록에 기재된 경우에 그 이사는 이의를 한 기재가 의사록에 없는 자라고 볼 수 없으므로 이사회 결의에 찬성한 것으로 추정(상399.3)할 수 없고, 손해배상책임을 부담하지 않는다고 보았다

(2016다260455). 생각건대 안건에 관해 기권한 사실이 이사회 의사록에 기재되어 찬성하지 않은 사실을 증명할 수 있을 경우에는 찬성추정규정은 적용되지 않게 되어 손해배상책임에서 벗어날 수 있다고 보며, 판례도 이러한 취지를 설시한 것으로 본다.

3) 이사회 의사록 열람 : ① 열람등사청구권 – 이사회 의사록은 공시대상인 주주총회 의사록(상396.1)과 달리 공시의 대상이 되지 않고 주주의 열람등사청구가 있는 경우에만 이를 허용하여(상391의3.3), 주주에게 이사회 의사록 열람등사청구권을 부여하고 있다. 주주는 영업시간 내에 이사회의사록의 열람 또는 등사를 청구할 수 있으며 열람·등사청구에 그 이유를 붙일 필요가 없다는 점에서 주주의 회계장부열람청구권과 구별된다. 주주의 이사회 의사록 열람청구에 대해 회사는 이유를 붙여 거절(**이유부 거절**)할 수 있다. 이 경우 주주는 법원의 허가를 얻어 이사회의사록을 열람 또는 등사할 수 있다(상391의3). 이사회 의사록의 열람 허가에 관해 판례는 이는 비송사건(비송72.1)이므로 민사소송의 방법으로 이사회 회의록의 열람·등사를 청구하는 것은 허용되지 않는다고 보았다(2013다50367).

② **열람의 대상** – 주주가 열람청구할 수 있는 이사회 의사록과 관련된 자료(계약서 등)도 열람청구의 대상이 되는가? 이사회결의 등을 위해 이사회에 제출된 관련 서류라도 그것이 이사회 의사록에 첨부되지 않았다면 이는 이사회 의사록 열람·등사청구의 대상에 해당하지 않는다고 보는 것이 판례의 입장이다(2013마657). 그러나 이사회 의사록에서 '별첨', 별지·첨부 등의 용어를 사용하면서 내용을 인용하고 있는 첨부자료는 해당 이사회 의사록의 일부를 구성하는 것으로 보아, 이사회 의사록 열람·등사청구의 대상에 해당한다고 본다.

③ **회사의 거절** – 회사는 이사회 의사록의 열람청구에 대해 이유를 붙여 거절할 수 있는데, **이사회 의사록 열람거절**은 '주주의 청구가 부당함을 증명하지 못하면 이를 거부하지 못하는' **회계장부 열람거부**(상466.2)와 그 요건을 달리 정하고 있다. 이러한 규정상 차이에도 불구하고 판례는 이사회 의사록이나 회계장부 구분 없이 회사가 그 청구가 부당함을 증명하여 이를 거부할 수 있다고 본다(2013마657). 생각건대 이사회 의사록 열람거절에 관해서는 회사의 재량적 열람거부('이유를 붙인 거절')를 허용하여 열람을 쉽게 제한할 수 있게 한 데 반해, 회계장부 열람거절은 기속적 열람거부('부당함을 증명하여 거부')를 규정하여 거부를 어렵게 따라서 열람을 용이하게 한 것으로 이해된다. 이는 이사회 의사록은 회계장

부보다 기밀성이 높기 때문에 다르게 규정한 것으로 추측되므로 양자를 동일하게 해석하는 판례의 입장은 재고의 여지가 있다고 본다(판례에 반대).

④ **청구 부당성** – 주주의 이사회의사록의 열람·등사청구의 부당성은 어떻게 판단할 것인가? 판례는 이에 관해 동 권한 행사에 이르게 된 경위, 행사의 목적, 악의성 유무 등 제반 사정을 종합적으로 고려하여 판단하여야 할 것이고, 특히 주주의 이와 같은 열람·등사권의 행사가 회사업무의 운영 또는 주주 공동의 이익을 해치거나 주주가 회사의 경쟁자로서 그 취득한 정보를 경업에 이용할 우려가 있거나, 또는 회사에 지나치게 불리한 시기를 택하여 행사하는 경우 등은 부당한 것으로 보았다. 다만 적대적 인수·합병을 시도하는 주주의 열람·등사청구라고 하더라도 목적이 단순한 압박이 아니라 회사의 경영을 감독하여 회사와 주주의 이익을 보호하기 위한 것이라면 허용된다고 본다(2013마657).

4. 이사회 결의의 하자

(1) 절차상 하자

1) **형식적 하자** : ① 개 요 – 이사회의 **소집·결의의 요건·방법** 등을 위배한 상태에서 이뤄진 이사회의 결의는 하자가 있는 결의가 된다. 소집권자가 아닌 이사회의 소집, 이사·감사에 대한 소집통지의 흠결, 이사의 의결권 위임, 이사회에서 의결권을 행사할 수 없는 특별이해관계에 있는 이사가 의결권을 행사, 의결정족수 위반 등이 이에 해당한다. 다만 소집통지의 흠결에 관해서는 이사와 감사의 전원 동의시 그 예외를 허용하고 있어(상390.4), **전원동의 이사회**에서 소집절차의 흠결은 이사회결의의 효력에 영향을 미치지 않는다(2004다18385).

② **비이사의 참석** – 이사 아닌 자가 이사회에 참석하였더라도 그 자를 제외하고 이사회의 결의정족수를 충족한 경우에도 이사회결의에는 하자가 있는가? 생각건대 이사회결의의 효력은 정상적으로 소집된 이사회에서 정족수에 따른 결의가 있었는지 여부에 따라 결정된다. 소집된 이사회에 이사 아닌 자가 참석하여 설사 결의에 참여하였다 하더라도 그 자(비이사)를 제외하고도 이사회결의 정족수를 충족한다면 이는 결의에 영향을 미치치 않았다고 볼 수 있어 비이사의 참석은 이사회결의의 하자가 되지 않는다고 본다. 예컨대 퇴임이사나 적법한 이사로 선임되었지만 주주총회의 선임결의가 사후적으로 무효로 된 경우 등 이사 아닌 자가 이사회에 출석한 경우 결의하였더라도 토론 등을 통해 결의내용에 영향을 미치지

않았고 결의정족수에 하자가 없다면 결의는 적법하다고 본다.

　　2) 감사에의 소집통지 : ① 감사의 출석권 – 회사법은 감사에게도 이사회의 소집통지를 요구하고 있고(상390.3), 전원동의이사회가 되기 위해서는 감사의 동의도 요구하고 있다(상390.4). 감사의 이사회 출석권은 이사의 출석권과 동일한 의미를 가지는가? **이사**는 이사회의 구성원이므로 출석권한을 가질 뿐만 아니라 소집통지를 받지 못한 경우 정족수 충족에도 영향을 미치므로 이사회결의의 효력과 관련된다. 하지만 **감사**는 이사회의 구성원이 아니고 소집통지를 받지 못한 경우라도 이사회 의결정족수에 영향을 미치지 않으므로 이사회결의의 효력과는 관련되지 않는다고 보아야 한다. 소집통지가 되지 않아 감사가 출석하지 않은 상황에서 주주총회 소집을 의결하는 이사회 결의를 유효하다고 본 하급심 판결이 있다(2003나12328).

　　② **소집통지 흠결** – 감사가 이사회에 출석하지 않더라도 이사회의 성립에는 영향을 주지 않으며, 판례도 이사회의 결의에 있어 감사의 출석이나 기명날인이 유효요건이 아니라고 보았다(90다카22698), 감사에 대한 소집통지는 어떠한 법적 의미를 가지는가? 생각건대 감사는 회사법상 이사회의 소집통지를 받을 권한이 있지만, 설사 감사에게 소집통지를 하지 않고 이뤄진 이사회결의에 하자가 있다고 보기는 어렵다. 이렇게 볼 때 감사의 이사회 출석권은 이사의 출석권과 달리 소극적 의미를 가지므로 감사가 소집통지를 받지 못한 경우에도 소집권한을 가진 이사는 선관의무를 위반한 것이 되지만 이사회결의의 효력에는 영향을 미치지 못한다고 본다.

　　3) 위임이사에의 소집통지 : ① 위임이사 – 위임이사란 등기부상 이사로 등재되어 있기는 하나 이는 명목에 불과하여 피고 회사의 경영에 전혀 참가하지 않고 그 경영에 관한 모든 사항은 다른 이사에게 위임하여 놓고 그들의 결정에 따르며 필요시 이사회 회의록 등에 날인만 하여 주는 이사로서 실무상 종종 등장하고 있다. 위임이사라 하더라도 주주총회에서 선임된 이사인 이상 상법상 이사이므로 이사의 의무와 책임을 부담한다. 판례도 주식회사의 이사가 이사회에 참석하지도 않고 사후적으로 이사회의 결의를 추인하는 등으로 실질적으로 이사의 임무를 전혀 수행하지 않은 이상 그 자체로서 임무해태가 된다고 보았다(2005다51471).

　　② **소집통지 흠결** – 사실상 회사의 경영에 관여하지 않는 위임이사에게 이사

회 소집통지를 하지 않고 개최된 이사회에서 이뤄진 결의는 유효한가? 판례는 위임이사에게 소집통지를 하지 않고 개최된 이사회의 결의에 관해, 위임이사에 대한 소집통지 없이 열린 위 이사회에서 이루어진 결의에 관해, 위임이사가 소집통지를 받고 참석하였다 하더라도 그 의결의 결과에 영향이 없었다고 보아 이사회결의가 유효하다고 보았다(90다카22698).

(2) 내용상 하자

1) **개   요** : 이사회의 결의 내용이 법령이나 정관에 위반할 경우 이사회결의는 효력을 가지지 못한다. 주주총회무효확인의 소와 같이 이사회결의무효확인의 소가 회사법에 법정되어 있지는 않지만, 회사법의 강행법규성을 고려할 때 이사회의 결의내용이 법령·정관에 반할 경우에는 효력이 없다. 다만 결의절차상 하자와 결의내용상 하자를 구별하는 주주총회결의의 하자와는 달리, 이사회결의의 경우 절차상 하자이든 내용상 하자이든 모두 **이사회결의 무효확인의** 소의 대상이 되므로 절차·내용상 하자를 구별할 실익은 적다. 다만 절차상 하자가 극심한 경우 **이사회결의 부존재확인의** 소의 대상이 된다는 점에서는 제한적이나마 구별의 실익은 존재한다고 볼 수 있다.

2) **주주총회 소집철회** : 이사회는 주주총회를 소집할 수도 있지만 이사회 소집을 철회할 권한도 가진다. 이사회 소집을 결의한 후 안건이 부적절하거나 회사의 이익에 반할 경우 이사회 소집을 철회할 수 있다. 판례는 주주의 의결권행사를 불가능하게 하거나 현저히 곤란하게 하는 것은 주식회사 제도의 본질적 기능을 해하는 것으로서 허용되지 않지만, 주주총회의 소집철회는 소수주주의 주주총회 소집청구권을 고려할 때 이에 해당하지 않아 허용된다고 보았다(2009다35033). 생각건대 다른 권리구제수단의 존재 여부를 떠나 주주총회의 소집철회의 이사회결의는 주주총회의 개최를 철회하는 의사결정에 지나지 않으므로 그 자체만으로 법령에 위반하거나 회사법상의 기본원칙에 반하지 않는다고 볼 때 이사회결의의 무효원인이 되지 않는다고 본다.

3) **권한 외 결의** : 이사회가 주주총회 결의사항을 결의하더라도 무효이지만 동 결의사항을 결의하기 위한 주주총회의 소집을 위해 의제에 관해 결의한 것으로 볼 여지는 있다. 예컨대 중요한 영업용 자산의 양도를 할 경우 이에 관해 이사회

결의도 진행하고 주주총회의 특별결의도 얻었다면, 동일한 회사행위에 관해 **이중의 의사결정**은 있을 수 없으므로 자산양도가 주주총회 특별결의사항이라면 주주총회결의만이 의사결정으로서의 효력을 가진다. 다만 이 경우에도 이사회결의는 권한 외 결의로서 중요한 자산양도의 의사결정으로서는 효력이 없지만 특별결의를 위한 주주총회의 의제를 결정한 결의로 이해할 수는 있다. 그밖에 이사회결의로 일방적 변경이 불가능한 계약관계상의 권리를 변경하는 등에 관한 결의는 회사법이나 기타 계약법에 반하는 무효한 결의가 된다. 판례도 예탁금을 납부하고 가입하여 탈퇴 시 예탁금을 반환받는 예탁금 회원제 골프클럽의 운영에 관한 회원과 골프장 경영 회사 사이의 계약상 권리의무 관계를 회원의 개별적인 승인 없이 회사의 이사회결의로 기존 회원의 권리의무를 변경하는 것을 무효로 보았다(98다5883).

(3) 이사회결의 무효확인의 소

1) **의 의** : ① **특 징** – 주주총회결의의 취소·무효·부존재의 주장과 달리 이사회결의 하자의 주장에 관해 회사법은 특별한 절차를 규정하고 있지 않다. 따라서 이는 회사법상의 소송이 아니라 민사소송법상의 일반적 **확인의 소**(이사회결의무효확인의 소)를 통해 하자를 주장할 수 있다. 특히 형성판결의 효력을 가지는 이사회결의취소의 소송은 제기할 수 없고 결의의 취소가 필요할 경우 적법한 절차를 거쳐 취소권을 행사하면 족하다. 하자의 정도가 현저할 경우 예를 들어 이사회 의사록이 위조된 경우 등은 결의부존재로 볼 수 있고 이사회결의 부존재확인의 소를 제기할 수 있다.

② **법적 성질** – 이사회결의 무효확인의 소는 **확인의 소**의 성질을 가지므로 제소권자나 제소기간의 제한이 없고 확인의 이익이 있을 경우 제소 가능하며 반드시 소송을 통하지 않고 선결문제·항변의 형식으로도 주장 가능하다. 판례도 이사회 소집절차 등에 위배된 이사회의 결의는 무효라 할 것이고 그 무효임을 주장하는 방법에는 아무런 제한이 없으며 이해관계인은 언제든지 또 어떠한 방법에 의하던 그 무효를 주장할 수 있다고 보았다(80다2441). 확인의 소의 특성상 누구나 제소할 수 있지만 **소익**(확인의 이익)이 있어야 하며, 다만 신주발행절차에 요구되는 이사회결의에 하자가 있을 경우 이사회결의무효확인의 소를 제기할 수 있는지 다툼(2편5장1절7.(3).4))이 있다.

2) **무효원인** : ① 개 요 – 이사회결의를 함에 있어서의 **절차상·내용상의 하자**
는 모두 이사회결의 무효확인의 소의 원인이 된다. 이사회는 소집권 있는 이사가
이사 전원에 대하여 소집통지를 하여야 하고 이사 자신이 이사회에 출석하여 결
의에 참가하여야 하며 대리인에 의한 출석은 인정되지 않아 이사 개인이 타인에
게 출석과 의결권을 위임할 수도 없는데 이를 위배한 경우 이사회결의의 무효원
이 된다(80다2441). 임기만료로 퇴임한 이사가 소집한 이사회에 퇴임이사가 참석
하여 대표이사 개임결의를 한 경우 이는 소집절차·의결정족수에 위배되어 무효
가 된다(2010다13541). 이사회의 소집·개최도 없었음에도 이사회 의사록만 작성
된 경우 **이사회부존재 확인의 소**가 제기될 수도 있지만, 이는 이사회결의 무효확인
의 소송과 동일한 확인의 소송이므로 양자의 구별 실익은 제한적이다.

② **부존재 원인** – 무효인 주주총회결의로 선임된 이사들로 구성된 이사회의
결의에 의해 대표이사도 선임하고 신주발행결의를 한 경우는 이사 아닌 자가 한
결의를 대표이사 아닌 자가 실행한 것이어서, 절차적·실체적 하자가 극히 중대하
여 신주발행이 존재하지 않는다고 본다. 이 경우에는 신주발행무효의 소(상429)에
의하지 않고 신주발행에 관한 이사회결의의 부존재확인의 소를 제기할 수 있다
(87다카2316). 다만 판례는 비록 이사회를 특정 장소에서 개최하지 않은 채 위와
같은 이사회의사록을 작성하였다고 하더라도 전원출석이사회의 성립 가능성도 고
려에 두고 소집절차가 흠결된 경우 이사회결의가 부존재한다고 보지 않았다(2003
다20060).

3) **소송절차** : ① **당사자** – 이사회결의 무효확인소송은 민사소송법상 일반 확
인의 소송의 성질을 가지므로 관할, 병합 등 소송절차는 민사소송법의 일반 규정
을 따른다. 동 소송의 **원고**는 주주, 이사, 감사에 제한되지 않고 제소의 이익을 가
지면 누구나 제소 가능하고, **피고**는 회사의 결의절차의 무효 즉 의사결정의 효력
에 관한 소송이므로 회사가 된다. 이사회결의 무효확인의 소에서 이사회 결의요
건을 충족하는지 여부는 이사회 결의 당시를 기준으로 판단하여야 하고, 그 결의
의 대상인 행위가 실제로 이루어진 날을 기준으로 판단할 것은 아니다(2000다
20670).

② 소 익 – 주식회사의 이사회결의는 회사의 의사결정이고 회사는 그 결의의
효력에 관한 분쟁의 실질적인 주체라 할 것이므로 그 효력을 다투는 사람이 회사
를 상대로 하여 그 결의의 무효확인을 소구하여야 하고 **이사 개인**을 상대로 하여

그 결의의 무효확인을 소구할 이익은 없다(80다2425). 이사회의 결의로써 대표이사직에서 해임된 사람이 그 이사회 결의가 있은 후에 개최된 유효한 주주총회 결의에 의하여 이사직에서 해임된 경우, 이사회의 **대표이사 해임결의**에 대한 무효확인의 소는 권리보호요건을 결여한다고 보았다(2005다38348). 주식회사의 주주총회가 이사회의 결의나 소집절차 없더라도 주주 전원이 참석하여 아무런 이의 없이 일치된 의견으로 총회를 개최하는 데 동의하고 결의하였다면 유효하므로(2002다15733), 이사회의 **주주총회 소집결의**에 하자가 있었다 하더라도 이사회결의 무효확인의 소익은 부정된다고 본다. 그리고 **신주발행 이사회결의**에 하자가 있어도 신주가 발행되어 효력이 발생하면 발행된 신주는 유효하다고 보므로(2005다77060) 신주발행에 관한 이사회결의무효확인의 소는 소익이 없다고 볼 수 있다.

③ **특수절차무효의 소와의 관계** – 신주발행의 무효는 주주·이사·감사에 한하여 신주를 발행한 날로부터 6월 내에 소만으로 이를 주장할 수 있어(상429), **이사회의 신주발행결의**에 취소·무효의 하자가 있다고 하더라도 그 하자가 극히 중대하여 신주발행이 존재하지 아니하는 정도에 이르는 등의 특별한 사정이 없는 한 신주발행의 효력이 발생한 후에는 **신주발행무효의 소**에 의하여서만 다툴 수 있다(87다카2316). 전환사채 발행의 경우에도 신주발행무효의 소에 관한 상법 제429조가 유추적용되므로(2000다37326), 직접 **전환사채발행무효의 소**에 의하지 않고 그 발행 과정의 하나인 이사회결의의 부존재·무효확인을 구하는 청구의 소는 부적법하다(2003다20060).

4) **판결의 효력** : ① **대인적 효력** – 이사회의 결의에 하자가 있어 이사회결의무효확인소송이 제기되어 승소확정판결을 받은 경우, 그 판결의 효력에 관하여는 주주총회결의 무효확인소송 등과는 달리 상법 제190조가 준용될 근거가 없으므로 **대세적 효력**은 없다(80다2441). 따라서 이사회결의 무효확인의 소를 제기한 원고와 피고인 회사가 소송당사자로서 판결의 효력을 받는다. 회사는 소송당사자로서 판결의 효력에 구속되므로 회사의 (대표)이사도 회사를 대표하여 이사회결의의 유효성을 주장할 수 없게 되지만, 원고가 아닌 기타 주주·채권자 등에는 기판력이 미치지 않아 다시 소송을 제기할 수 있어 회사법관계의 단체성이 훼손될 여지도 있다.

② **회사행위의 효력** – 이사회결의가 무효일 경우 무효인 이사회결의에 따른 (대표)이사의 행위의 효력은 어떠한가? 이는 의사결정이 무효한 상태에서 대표이

사가 회사행위를 한 것이어서 의사결정 없는 대표행위가 되어 **전단적 대표행위**와 유사한 구조가 된다. 따라서 이사회결의가 흠결된 전단적 대표행위에 관한 논의(2편4장2절Ⅳ.4.)에 따라, 대외적 행위는 상대적 유효설과 상대적 무효설이 주장되지만, 판례는 이사회결의 흠결의 회사행위도 원칙적으로 유효이지만 악의의 제3자, 과실 있는 선의자에 대해서는 회사가 이사회결의가 흠결된 무효한 행위임을 주장할 수 있다고 본다(상대적 유효설). 다만 경과실 있는 선의자를 보호할 것인가에 관해 판례는 최근 판결을 변경하여 경과실 선의자는 보호되고 중과실 있는 선의자에 대해서만 회사는 무효함을 주장할 수 있다고 보았다(2015다45451).

③ 신주발행 – 신주발행시 요구되는 이사회결의가 흠결된 경우 **신주발행**의 효력은 어떠한가? 판례는 주식회사의 신주발행은 주식회사의 업무집행에 준하는 것으로서 대표이사가 그 권한에 기하여 신주를 발행한 이상 신주발행은 유효하고, 설령 신주발행에 관한 이사회의 결의가 없거나 이사회의 결의에 하자가 있더라도 이사회의 결의는 회사의 내부적 의사결정에 불과하므로 신주발행의 효력에는 영향이 없다고 본다(2005다77060). 유효설을 따르는 판례의 입장은 정관으로 신주발행시 주주총회결의를 요하도록 한 경우(상416), 주주총회결의를 흠결한 경우에도 동일한 해석이 가능한지 의문이다. 생각건대 이사회결의 없이 대표이사가 전단적으로 신주를 발행한 경우 또는 정관으로 신주발행을 위해 주주총회결의가 필요하다고 정한 경우 주주총회결의를 흠결한 대표이사의 신주발행도 회사의 중요한 의사결정을 흠결하였으므로 원칙적으로 무효로 보아야 한다(상대적 무효설). 다만 회사는 선의의 신주인수인에게 신주의 무효를 당연히 주장할 수 없고, 악의의 신주인수인이라 하더라도 신주발행의 **단체성**(1편1장4절4.(1).1) 참조)을 존중해서 회사가 무효를 주장할 수 없다고 예외적 해석이 요구된다.

5. 위원회제도

(1) 의 의

1) **취 지** : 회사법은 이사회 운영의 효율성 제고 및 의사결정의 객관성을 확보하기 위하여 이사회 내의 전문적인 소위원회를 둘 수 있도록 하였다. 통상 위원회는 이사회의 하위기관으로서 이사회의 부분을 구성한다고 볼 수 있지만, 감사위원회는 이사회에 대한 감사권한을 가지고 있어 이사회를 견제하는 독립적인 기관성을 가진다. 이사회는 정관으로 위원회를 설치할 수 있어 위원회 설치 여부는

원칙적으로 회사의 선택사항이다. 다만 자산 2조원 이상의 대규모 상장회사의 경우에는 감사 대신 감사위원회를 설치하여야 하므로(상542의11.1) 의무사항으로 볼 수 있어, 다른 위원회와 달리 감사위원회는 선택적 감사위원회와 의무적 감사위원회로 구분된다.

2) **구 성** : 위원회의 구성을 보면, 2인 이상의 이사로 구성되나(상393의2.3), 감사위원회는 3인 이상의 이사로 구성된다(상415의2). 위원회의 위원은 이사의 자격이 전제되므로 이사의 자격을 상실하면 위원의 자격도 상실한다고 본다. 위원회의 설치와 그 위원의 선임·해임은 이사회의 전권사항이므로(상393의2.2.3호) 이사의 위원회 배정·임기 등은 이사회결의사항이지만 의무적 감사위원회는 예외이다. 법률 또는 정관에 정한 위원의 원수를 결한 경우에는 임기의 만료 또는 사임으로 인하여 퇴임한 이사는 새로 선임된 이사가 취임할 때까지 이사의 권리의무가 있다(상393의2.5 → 386.1). 실무상 운용되는 위원회의 종류에는 집행위원회·보수위원회·이사후보지명위원회·재무위원회·공공정책위원회 등이 있으나, 우리 상법에는 사외이사후보추천위원회와 감사위원회가 규정되어 있다(상542의8.4, 542의11).

(2) 위원회의 운영

1) **소 집** : 위원회의 소집에 관해 이사회결의로 소집할 위원을 정하지 않은 경우에는 위원회는 각 위원이 소집하며, 운영방법은 이사회와 동일하다. 소집권자로 지정되지 않은 다른 위원은 소집권자인 위원에게 위원회 소집을 요구할 수 있다(상393의2.5 → 390). 소집권자인 위원이 정당한 이유 없이 위원회의 소집을 거절하는 경우에는 다른 위원이 위원회를 소집할 수 있다. 위원회를 소집함에는 회일을 정하고 그 1주간 전에 각 위원 및 감사에 대하여 통지를 발송하여야 하나, 그 기간은 정관으로 단축할 수 있다. 위원회는 위원 및 감사 전원의 동의가 있는 때에는 절차 없이 언제든지 회의할 수 있다.

2) **감사의 출석** : 이사회에 출석권한을 가지는 감사는 위원회에도 출석할 수 있는가? 회사법은 감사의 이사회출석·의결진술권(상391의2.1)을 위원회에 준용하고 있지 않고(상393의2.5), 위원회 소집에 관해서도 이사회와 달리 감사는 위원회의 소집을 청구할 수 없으므로 감사의 출석권은 보장되지 않는다. 하지만 위원회

소집시 이사뿐만 아니라 감사에 대하여도 통지를 하여야 하므로(상393의2.5 →
390.3) 회사법의 법문에 의하면 감사는 위원회 소집통지는 받지만 출석권은 보장
되지 않는다고 해석된다. 따라서 감사는 위원회가 있다는 사실을 인지할 수 있지
만 위원회의 구성원이 아니고 회사법상 위원회 출석권이 보장되지 않아 참석이
거부될 수 있다. 회사법상 감사에의 소집통지가 요구되고 있고 위원회에서도 감
사가 의견을 진술할 수 있게 하는 것이 필요하다는 점에서 감사의 이사회출석·의
견진술권(상391의2.1)을 위원회에 준용할 필요가 있다고 본다.

   3) 결의방법 : ① 정족수와 운영 – 위원회의 결의방법은 이사회의 결의방법을
준용한다(상393의2.5 → 391). 위원회의 결의방법을 구체적으로 살펴보면, 위원회
의 결의는 위원 과반수의 출석과 출석위원의 과반수로 하여야 하나, 정관으로 그
비율을 높게 정할 수 있다. 정관에서 달리 정하는 경우를 제외하고 위원회는 위원
의 전부 또는 일부가 직접 회의에 출석하지 아니하고 모든 위원이 동영상 및 음성
을 동시에 송·수신하는 통신수단에 의하여 결의에 참가(**원격출석**)하는 것을 허용
할 수 있다. 이 경우 당해 위원은 위원회에 직접 출석한 것으로 본다(상393의2.5).
이사회와 마찬가지로 특별이해관계 있는 위원은 의결권이 제한된다(상393의2.5
→ 391). 위원회의 의사록을 작성하여야 하며(상393의2.5 → 391의3), 위원회의 연
기·속행에 상법 제372조의 규정을 준용한다(상393의2.5 → 392).

   ② 2인 위원회 – 위원회는 2인 이상으로 구성되므로 2인 위원회도 구성될 수
있는데, 2인 위원회의 경우 의결정족수를 보면, 과반수의 출석은 전원 출석을 의
미하고 출석위원의 과반수는 전원을 의미하게 되므로 전원 찬성만 있게 되고 의
견이 다를 경우에는 안건이 부결되게 되어 다수결이 무의미하게 된다. 2인 이사를
둔 회사인 경우 복수의 이사가 있으므로 논리적으로로 회의가 구성될 수 있지만
다수결의 적용이 어려워 회사법은 이 경우 이사회가 부재하는 것으로 보아, 이사
회를 대체하기 위해 주주총회, 대표이사에 그 권한을 입법적으로 위임하거나 일
정한 규정은 적용을 부정하고 있다(상383.4-6). 2인 위원회에도 동일한 논리가
적용되어야 하지 않는가? 2인 위원회가 안건에 관해 전원의 찬성·반대만 가능하
고 위원간에 다른 의견이 절충되어 다수의 의견이 확인되는 회의체로서 실질적인
기능을 할 수 없는 점을 고려한다면 입법론적으로 위원회의 최저 인원을 3인으로
하는 것이 적절하다고 본다.

(3) 위원회의 권한

1) **성 질** : 위원회는 이사회의 하부조직으로서 특정분야에 관해 **이사회의 위임**을 받아 의결하는 기관이므로, 위원회의 권한은 이사회의 수임권한으로서의 성질을 가진다. 다만 회사법은 이사회가 일정한 사항은 위원회에 위임할 수 없도록 이사회의 위임의 한계를 정하고 있어, 이에 해당하는 사항은 반드시 이사회에서 처리하도록 정하고 있다. 주주총회의 승인을 요하는 사항의 제안, 대표이사의 선임·해임, 위원회 설치 및 위원의 선임·해임, 정관에 정하는 사항 등이 이에 속한다(상393의2.2). 하지만 동 규정에 반하여 이사회결의사항을 위원회가 결의하더라도, 전단적 대표행위의 경우 선의의 제3자에게 이사회결의가 없었음을 주장할 수 없다는 판례의 입장에 따를 경우 이 역시 전단적 대표행위의 일종이 되어 위임한계를 정한 회사법 규정의 의미는 축소된다.

2) **수정결의제도** : 위원회에서 결의된 사항은 각 이사에게 통지하여야 하는데, 이를 통지받은 각 이사는 이사회의 소집을 요구할 수 있으며 이사회는 위원회가 결의한 사항에 대하여 다시 결의할 수 있다(상393의2.4). 수정결의제도는 위원회의 권한은 위원회의 고유권한이 아니라 이사회로부터 위임받은 권한이므로 위임기관인 이사회는 언제든지 수임기관이 한 회사 내부적 결정을 수정할 수 있다는 취지로 이해된다. 수정결의제도를 통해 위원회의 결의가 부당할 경우 전체 이사의 뜻을 물어 결의를 변경하는 이사회의 결의에 의해 위원회의 결의는 효력을 상실한다. 다만 아래에서 보는 바와 같이 감사위원회의 결의사항은 수정결의가 허용되지 않는 예외에 속한다(상415의2.6).

3) **위원회결의의 효력** : 위원회의 결의는 수정결의제도 등을 고려할 때 독립적 효력을 가진다기보다는 위임기관인 이사회결의로서 효력을 가진다고 본다. 따라서 위원회가 결의하더라도 완전한 효력을 가진다고 보기 어렵고 이사회의 수정결의를 해제조건으로 결의의 효력이 발생한다고 본다. 즉 위원회의 결의가 있을 경우 이는 **해제조건부 결의**로서의 효력을 가지고, 결의가 이사에게 통지되면 이사회는 상당한 기간 내에 위원회결의에 대해 수정결의를 하여 해제조건을 성취시킬 수 있다. 위원회결의가 이사에게 통지되어 상당한 기간이 경과된 후에는 이사회가 이를 사실상 수인하였다고 볼 수 있어 대표이사는 위원회의 결의를 집행할 수 있다고 본다.

4) 대표이사의 집행 : 위원회결의를 번복하기 위해 이사회를 소집하는 동안 대표이사가 위원회의 결의를 실행할 수 있는가? 이에 관해 동 제도를 이사회의 감시의무의 표현으로 보고 통지받은 이사의 요구에 의해 이사회를 소집할 수 있는 상당한 기간 내에는 위원회의 결의는 효력이 정지된다고 해석하는 견해가 있다. 생각건대 위원회결의의 효력 정지에 관한 규정 없이 대표이사의 권한을 제한할 수 있는 정지효를 인정할 수 있을 지는 해석상 의문이다. 오히려 위원회와 위원회결의의 성질, 수정결의제도의 취지를 고려할 때, 위원회의 결의는 이사회의 수정결의를 해제조건으로 이사회결의로서 효력을 가진다고 보아야 한다. 다만 수정결의라는 해제조건이 성취되기 전에 대표이사가 업무집행을 한 경우 이후 수정결의가 있게 되면 전단적 대표행위로서의 성질을 가지게 된다.

5) 감사위원회의 권한 : 감사위원회의 결의에 관해서도 이사회가 수정결의할 수 있는가? 이에 관해 학설이 대립하고 있었는데 감사위원회의 결의에 관해서는 수정결의할 수 없도록 입법으로 해결하였다(상415의2.6). 감사위원회는 감사를 대신하여 회사의 업무집행을 감사하는데 피감기관인 이사회 즉 업무집행의 의사결정기관이 감사기관인 감사위원회의 결정을 수정할 수 있게 할 경우 감사위원회에 의한 감사제도의 취지를 몰각시킬 우려가 있기 때문에 수정결의의 예외를 인정하였다. 선택적 감사위원회이든 의무적 감사위원회이든 모두 감사를 대체하여 회사의 업무집행을 감사하는 권한을 가지므로 감사위원회의 권한의 성질·범위, 수정결의 불가 등에서 양자간에 차이는 없다.

Ⅳ. 대표이사

1. 의 의

(1) 개 념
1) 대표권자 : 법인인 주식회사에는 주주총회 또는 이사회에서 결정된 법인의 의사를 구체적으로 집행하는 기관이 요구된다. 대내적 업무에 관해 결정된 의사 (예, 지점의 설치·폐지)의 집행(인사, 총무 등)은 이사 특히 업무담당이사에 의해 이뤄질 수 있지만, 대외적 업무에 관해 결정된 의사(예, 중요자산의 처분)의 집행 (매매계약의 체결)을 위해서는 법인인 회사의 특성상 회사를 대표·대리할 수 있

는 자가 있어야 업무집행이 가능하다, 대표이사(president, C.E.O)란 주식회사에서 대외적으로 회사를 대표하여 회사의 행위를 집행하고 대내적으로 총괄적으로 업무를 집행하는 회사의 필요적 상설기관이다. 대표이사는 대내적 직함(회장, 사장, 전무 등)과는 별개로 이사회 또는 주주총회의 결의를 통한 대표이사의 선임절차를 통해 부여되는 대표권 유무에 따라 결정된다(상389.1).

2) **이사 자격** : 대표이사는 이사의 자격을 전제하고 있고 있어 이사만이 대표이사로 선임될 수 있다. 대외적 업무집행권한만 가지고 대내적 업무집행권한이 배제된 대표이사는 있을 수 없으므로(상389.2 → 209), 원칙적으로 대내적 업무집행권한이 전제된 이사들 중에 일부를 대표이사로 선임하여 회사의 대외적 업무집행권한 즉 대표권까지 부여한 것으로 이해할 수 있다. 대표이사는 **이사의 자격**이 전제되므로 대표이사로 선임된 자가 자신을 이사로 선임한 주주총회의 결의가 효력을 상실하거나 주주총회에서 이사해임결의를 하게 되면 대표이사는 당연히 지위를 상실한다. 그리고 대표이사로 이사로서 이사회의 구성원이 되어 의사결정에도 참여하며, 이사회로부터 위임받은 사항과 대표권의 범위 내에서 업무집행에 관한 의사결정을 하여 이를 집행한다.

(2) 법적 지위

1) **이사회와의 관계** : ① 논 의 – 의사결정기관으로서 이사회와 집행기관으로서의 대표이사는 어떠한 관계를 가지는가?(**쟁점43**)[152] 이에 관해 대표이사를 이사회에서 결정된 의사의 집행을 맡은 파생기관에 지나지 않는 것으로 보는 **파생기관**

---

[152] **이사회와 대표이사의 관계(쟁점43)**에 관해, **파생기관설**은 이사회가 업무집행에 관한 의사결정과 구체적인 집행권한을 가지는 회사의 유일한 업무집행기관으로 본다. 다만 이사회는 회의체기관으로서 직접 업무집행을 하는 것은 성질상 부적당하므로 법이 실제상의 편의를 고려하여 이를 대표이사에게 맡긴 것이므로 대표이사는 이사회의 파생기관에 지나지 않는다고 한다(채이식515~516, 손주783). **독립기관설**은 이사회와 대표이사는 모두 회사의 업무집행기관이지만, 서로 분화되어 이사회는 업무집행에 관한 의사결정기관으로 되고, 대표이사는 그 결정된 의사에 따라 업무를 집행하고 회사를 대표하는 기관으로 되어 양자는 서로 별개의 독립적 기관이라는 견해이다(정찬847). 독립기관설은 대체로 양자를 대등한 기관으로 보는데 반해, 대표이사를 이사회의 하부기관으로 보는 견해도 있다(정동윤612). 그밖에 어느 설에 의하더라도 대표이사는 주주총회와 이사회에서 결의된 사항을 집행할 권한이 있고 그 밖의 일상적인 사항에 관해서는 독자적으로 업무집행의 의사결정을 할 수 있기 때문에 실제적인 차이는 생기지 않는다고 보는 견해도 있다(이철송724)

설, 이사회와 대표이사는 모두 회사의 업무집행기관이지만 분화되어 이사회는 업무집행에 관한 의사결정기관으로 되고, 대표이사는 그 결정된 의사에 따라 업무를 집행하고 회사를 대표하는 기관이라는 **독립기관설** 등이 주장된다. 대표이사의 지위는 집행임원제도가 도입된 이후 집행임원에 의해 대체될 수 있어 집행임원의 지위와도 무관하지 않다.

② 검 토 – 주식회사의 기관은 의사결정과 집행으로 분화되어 있으며, 대외적 업무집행행위(이른바 회사행위)는 대표이사에 의해서만 행해질 수 있어 대표이사는 의사결정기관이 가지지 못하는 독립적인 권한을 가진다. 그리고 대표이사는 주주총회에서 직접 선임할 수 있지만(상389.1) 통상 이사회에서 선임되는데, 이사회와 위임계약을 체결하는 것이 아니라 회사와 위임계약을 체결하므로 회사의 독립적 기관으로 보아야 한다. 그리고 대표이사도 부분적 의사결정권을 가지고 있어 이사회의 하부기관이 아니라 별개의 독립기관이라고 보는 견해가 타당하다고 본다(독립기관설).

2) **집행임원과의 관계** : 회사법은 집행임원제도를 도입하면서 대표이사와 집행임원을 선택하도록 하고 동시에 양자를 둘 수 없게 하고 있다. 따라서 집행임원설치회사의 경우 대표이사는 존재하지 않고 집행임원이 대표이사와 유사한 지위에 있게 된다. 대표이사와 집행임원의 기능은 유사하다고 할 수 있지만, **대표이사**는 주주총회에서 직접 선임된 이사의 지위가 전제되고 이사회의 구성원이어서 이사회의 의사결정에 참여하고, 주주총회(회사)의 수임기관으로서 집행권한·대표권을 가진 지위이다. 이에 반해 **집행임원**은 주주총회에서 선임되지 않고 이사회에서 선임되어 이사회(회사)의 수임기관적 지위에 있고 단순히 주주총회·이사회에서 결정된 의사를 집행하는 권한과 대표권을 가진 점에서 대표이사와는 구별된다. 따라서 대표이사는 이사회의 해임결의로 해임되거나 주주총회에서 이사해임의 특별결의를 거쳐 해임할 수 있지만, 집행임원은 주주총회의 결의에 의한 해임은 문제되지 않고 이사회의 해임결의에 의해 해임된다.

2. 대표이사의 선임·종임

(1) 선 임

1) **자 격** : 대표이사의 자격에는 제한이 없고 이사이면 누구나 대표이사가 될

수 있지만 정관으로 대표이사의 자격(예, 자격주)을 정하는 것은 무방하다고 본다. 대표이사 **인원수**는 통상 1인이지만 회사법에는 특별한 제한이 없어 수인의 대표이사를 선임하는 것도 허용된다. 다만 대표이사 권한이 포괄적이어서 다수의 대표이사를 선임한 경우 각자 대표권을 가져 회사에 부담이 될 수 있으므로, 대표이사의 대표권의 남용을 방지하고 신중한 대표권 행사를 위하여 수인의 대표이사를 공동대표이사로 선임할 수 있다(상389.2). 대표이사의 **임기**에 관해 상법에 규정이 없지만 대표이사는 이사의 자격을 전제로 하므로 이사의 임기를 초과할 수 없다고 본다. 대표이사가 이사 자격을 상실할 경우 예를 들어 이사선임결의가 무효가 되거나 이사해임의 주주총회의 결의가 있게 되면 이사회의 대표이사 해임결의 없이도 자동으로 대표이사직을 잃게 된다.

2) 선임기관 : ① **이사회** – 대표이사는 이사회의 결의로 선임하는 것이 원칙이지만 정관으로 주주총회에서 선임하도록 정할 수 있다(상389.1). 대표이사는 이사회·주주총회의 결의에 의하지 않는 한 다른 방법으로 선임될 수 없으므로, 회사의 운영권을 인수한 자라 하더라도 그가 이사회에서 대표이사로 선정된 바 없는 이상 회사의 적법한 대표자라고 볼 수 없다(94다7591). 이사회에서 대표이사를 선임하는 경우 대표이사 후보자를 먼저 결정하고 대표이사를 선임하여야 불분명하다. 생각건대 대표이사 선임은 이사회의 안건이므로 특정 이사를 후보자로 정하고 이에 관한 의결을 통해 대표이사를 선임하는 형식이 요구되고, 다수의 대표이사를 선임하는 경우에도 각각의 대표이사를 별개의 안건으로 의결하여야 한다고 본다.

② **주주총회** – 주주총회에서 선임할 경우 이사선임과 동시에 대표이사를 선임하는 것도 가능한가? 회사법은 주주총회에서 대표이사를 선임하는 방법에 관해 아무런 규정을 두고 있지 않아 주주총회에서 대표이사의 선임방법에 관해 논란의 여지가 없지 않다. 먼저 다수의 대표이사를 선임하는 경우 집중투표제(상383의2)가 적용되는지 문제가 되지만, 동 규정을 대표이사 선임에 준용하고 있지 않아 허용되지 않는다고 본다. 주주총회에서 대표이사를 선임할 경우 이사를 먼저 선임하고 다시 대표이사 선임을 별개의 안건으로 상정하여 선임된 이사와 이미 이사 임기 중에 있는 자들 중에서 대표이사 후보자를 정하고 이에 관한 의결을 통해 대표이사를 선임하여야 한다. 다수의 대표이사를 선임하는 경우에도 각각의 대표이사는 별개의 안건으로 선임결의 하여야 한다고 본다. 이렇게 볼 때 이사 선임과

동시에 대표이사를 선임하는 것은 이사 선임행위와 동시에 동 이사를 후보자로
한 대표이사 선임행위를 하나의 결의로 진행하는 것으로 이해할 수 있어 적법하
다고 본다.

3) **선임결의** : 대표이사의 선임행위는 이사 중에서 대표이사를 선임하는 행위
이므로 이미 회사와 위임관계가 존재하는 이사들을 대상으로 다시 대표이사직에
대한 위임행위로서 대외적 행위인 이사선임계약과 달리 **준내부적 행위**의 성질을
가진다고 본다. 대표이사의 선임에 관한 이사회결의에 하자가 있을 경우 **이사회결
의 무효확인의 소**가 제기될 수 있고, 대표이사 선임의 이사회결의에는 하자가 없
지만 대표이사로 선임된 자를 그 전에 이사로 선임한 주주총회결의에 하자가 있
을 경우에는 **주주총회결의 하자(취소·무효·부존재)소송**을 제기하여 이사선임의 효
력을 다툴 수 있어 대표이사의 선임행위의 효력에 영향을 미친다. 이와 같이 대표
이사의 지위를 부인하는 소송이 제기된 경우에는 이사에 대한 가처분규정(상
407,408)을 유추적용하여 **대표이사 직무집행정지·직무대행자선임의 가처분**이 가능
하다고 본다.

4) **등 기** : 대표이사를 선임한 경우 회사는 대표이사의 성명과 주민등록번호
및 주소를 등기하여야 하는데(상317.2.9호), 대표이사의 선임등기는 선임의 효력
발생요건은 아니다. 대표이사로 선임되었지만 선임등기를 하지 않더라도 대표이
사의 자격에는 영향을 미치지 않지만, 대표이사의 선임등기가 경료되지 않아 대
표이사를 알지 못하는 제3자에 대하여 대표이사임을 주장할 수 없다는 상업등기
의 일반적 효력(상37)이 적용될 뿐이다. 대표이사로 등기된 경우 등기의 추정력에
따라 등기부에 대표이사로 등기된 자는 반증이 없는 한 정당한 절차에 의하여 선
임된 대표이사로 추정된다. 요컨대 회사의 대표이사인지 여부는 등기유무에 의하
여 결정되는 것이 아니라, 대표이사의 선임행위로써 결정된다.

(2) 종 임

1) **종임사유** : 대표이사는 이사의 자격이 전제가 되므로 이사의 자격을 상실
하면 대표이사의 자격도 잃게 된다. 대표이사의 임기만료나 사임 등의 원인에 의
하여도 종임될 뿐만 아니라, 이사 임기의 만료·사임·사망·파산·금치산 등의 종
임사유가 있는 때에는 대표이사도 종임된다. 그밖에 이사회가 대표이사를 해임하

거나 주주총회에서 대표이사를 이사직에서 해임하면 대표이사는 타의에 의해 종임되며, 이사선임의 주주총회결의나 대표이사 선임의 이사회결의가 무효로 확정되어도 대표이사는 자격을 상실하고 종임된다. 대표이사가 종임한 때에는 회사는 **종임등기**하여야 한다(상317.4 → 183). 퇴임한 이사는 새로 선임된 이사가 취임할 때까지 여전히 이사의 권리의무가 있다 하여도(상386), 임기가 만료된 이사가 변경등기를 할 의무(상317)에는 아무런 영향이 없어(67마921) 기한(2·3주)내 종임등기를 하여야 한다.

　　2) 사 임 : ① **사 임** – 회사와 대표이사간의 관계도 위임관계이므로 위임의 상호해지자유의 원칙에 따라 대표이사는 언제든지 그 직무를 사임할 수 있으며, 사임의 효력은 그 의사표시가 회사에 도달한 때에 생긴다고 본다. 대표이사가 회사에 불리한 시기에 사임하는 것도 위임의 상호해지자유의 원칙에 따라 허용된다고 본다. 대표이사의 사임의 의사표시가 회사에 도달하기 위해서 누구에게 사임의 의사표시를 하여야 하는가? 공동대표이사를 포함하여 복수의 대표이사가 존재할 경우에는 자신은 사임하더라도 다른 대표이사가 존재하고 설사 공동대표이사라 하더라도 수동대표는 단독으로 할 수 있으므로 다른 대표이사나 공동대표이사에게 사임의 의사표시를 할 수 있지만, 유일 대표이사의 경우에는 사임의 의사표시의 수령권자에 관한 검토를 요한다.

　　② **유일 대표이사의 사임** – 회사의 유일한 대표이사가 사임할 경우에는 새로 대표이사가 취임할 때까지 자신이 여전히 대표이사의 권리의무를 가지게 되는데(상389 → 386.1) 사임의 의사표시만으로 사임의 효력이 발생하는가? 만일 사임 대표이사가 대표이사의 권리의무를 가진다는 이유에서, 사임하는 대표이사가 회사의 다른 기관에 사임의사를 전달하지 않아도 사임의 의사표시의 효력이 발생한다고 해석할 경우 표시되지 않은 의사가 효력을 가지게 되어 사임의사의 효력발생시기, 의사의 번복 등 복잡한 문제가 발생할 수 있다. 생각건대 대표이사가 자신의 사임의 의사표시를 다시 회사를 대표하여 수령할 경우 이는 쌍방대리이면서 회사법상 자기거래 유사의 구조가 된다. 따라서 대표이사의 사임의 의사표시 수령에도 이해상충이 생길 수 있으므로 자기거래규정(상398)을 유추적용하여, 사임의 의사표시 수령을 위한 이사회의 승인이 요구된다고 볼 수 있어 이사회 소집에 의해 사임의사가 외부로 표출되고 이사회의 승인이 요구된다고 본다.

3) 해 임 : ① 해임권한 – 대표이사를 해임할 권한은 이사회가 가진다. 하지만 **정관에 의해 대표이사의 선임권한**을 주주총회가 가진다는 규정(상389.1)을 두고 있는 회사에서는, 설사 정관상 해임권한을 주주총회가 가진다는 특별한 규정을 두고 있지 않다고 하더라도 선임기관인 주주총회가 대표이사의 해임권한을 당연히 가진다고 본다. 주주총회에서 대표이사를 해임하는 경우 이에 관해 회사법상 특별한 규정이 없으므로, 이사해임과 달리 일반결의로 해임할 수 있고 주주총회 대표이사 해임결의에 의해 대표이사직만 종임하고 이사직은 그대로 유지한다. 다만 이사선임권한의 귀속과 무관하게 주주총회는 이사해임권한을 가지므로 대표이사의 **사실상 해임권한**을 가진다고 볼 수 있다.

② 이사회 해임결의 – 대표이사의 해임에 관해서는 이사해임(상385)과 달리 별도의 규정을 두고 있지 않지만, 대표이사를 선임한 이사회는 위임의 상호해지자유의 원칙에 따라 언제든지 대표이사를 해임할 수 있다고 본다. 이사회의 대표이사 해임결의의 의결정족수도 통상의 이사회 결의정족수(과반수출석, 출석과반수의 의결)와 동일하다고 본다. 그런데 이사회가 대표이사를 해임한 경우 **해임효과의 발생시점**이 해임결의 시점인가 아니면 해임고지 시점인가?(**쟁점43**)[153] 이에 관해, 대표이사 해임은 대표이사 자격박탈에만 그치므로 고지를 요하지 않는다고 **고지불요설**, 해임결의라는 단체법상의 행위에 의하여 개인법상의 효력이 발생함을 부정하여 고지를 요한다는 **고지필요설** 등이 주장된다. 생각건대 이사의 해임은 개인법상의 행위이므로 주주총회의 해임결의 이외에 해임되는 이사에 대한 해임고지가 있어야 효력이 발생한다고 볼 여지도 있다. 하지만 이사회의 대표이사 해임결의는 이사 자격을 둔 채 대표이사 자격을 박탈하여 일반 이사로 하는 **준내부적 행위**이므로, 순수한 개인법상의 행위인 이사 해임과 달리 대표이사에 대한 고지 없이 이사회의 의사결의만으로 효과가 발생한다고 본다.

③ 이사 해임 주총결의 – 주주총회는 정관에 대표이사 선임·해임에 관한 특별한 규정을 두지 않는 한 대표이사의 해임권한을 가지지 않지만, 회사의 정관에 주주총회에서 대표이사를 선임하도록 하는 규정만 둔 경우에도 대표이사의 해임권

---

153) 해임의 효력발생시기(**쟁점43**)에 관해, **고지불요설**은 대표이사의 자격만을 박탈하는 데 그치므로 고지를 요하지 않는다고 보는 견해(정동윤596)로서, 해임을 회사내부행위로 보는 듯하다. **고지필요설**은 단체법상의 행위와 개인법상의 행위를 구별하여 해임결의라는 단체법상의 행위에 의하여 즉시 개인법상의 관계까지도 소멸한다고 볼 수 없다고 보아 고지를 요한다는 보는 견해(최기원09년,581)로서, 해임을 의사결정과 구별되는 회사외부행위(회사행위)로 보고 있다.

한은 이사회가 아니라 정관에 따른 선임기관인 주주총회가 가진다고 본다. 대표
이사를 이사직에서 해임하려고 할 경우에도 일반 이사해임과 동일하게 **주주총회
의 특별결의**가 요구된다(상385.1). 정관에 특별한 규정이 없어 이사회가 대표이사
해임권한을 가지는 통상적인 경우에도 주주총회가 대표이사의 전제자격인 이사를
해임할 경우 결과적으로 대표이사 해임의 효과가 생기게 된다.

④ **해임시 손해배상청구** – 대표이사의 임기만료 전에 이사회가 대표이사를 정
당한 사유 없이 해임한 경우에 이사해임(상385.1), 위임해지(민689.2)를 (유추)적
용하여, 해임당한 대표이사가 회사에 대하여 **손해배상청구**를 할 수 있는가? 이에
관해 판례는 이사 해임시 손해배상청구권은 주주의 회사에 대한 지배권 확보와
경영자 지위의 안정이라는 주주와 이사의 이익을 조화시키려는 규정이어서, 이를
이사회가 대표이사를 해임한 경우에 유추적용할 수 없다고 보았다(2004다25123).
생각건대 이사회가 대표이사를 해임하더라도 주주총회가 이사 해임을 하지 않은
이상 이사직은 유지되고, 대표이사는 이사직과 달리 임기가 법정되어 있지 않을
뿐만 아니라 이사 중에서 선임하는 준내부적행위이므로 이사해임과 달리 보아야
하므로, 이사해임에 관한 규정이 유추적용되지 않고 손해배상의 대상이 되지 않
는다고 본다.

4) 대표이사 결원 : ① **권한연장 대표이사** – 유일한 대표이사가 퇴임하거나 대표
이사 퇴임으로 정관상의 대표이사의 정원을 결한 경우에는 퇴임한 대표이사는 새
로운 대표이사가 취임할 때까지 대표이사로서의 권리의무가 있다(**권한연장**, 상
389.3 → 386.1). 이사와 달리 대표이사가 결원될 경우 이사회결의에 의해 신속하
게 새로운 대표이사가 선임될 것이 예상되지만, 경우에 따라서는 대표이사 결원
상태를 대주주(1인주주)가 악용하는 경우도 있을 수 있다. 즉 대표이사의 사임등
기를 하지 않고 종전 대표이사의 인감과 회사명판을 이용하여 종전 대표이사의
명의로 대외적인 거래행위를 하는 경우(97다34709)가 있을 수 있어, 회사의 이익
보호를 위해 권한연장 대표이사제도를 법정하고 있다.

② **일시대표이사** – 사임한 대표이사는 권한연장 대표이사로서 대표이사로서
권한과 의무를 가지지만, 대표이사의 업무집행이 불가능하거나 부적절한 경우도
있을 수 있다. 회사법은 이 경우 이사, 감사 기타 이해관계인의 청구에 의하여 법
원에 일시대표이사의 선임을 청구할 수도 있다(상389.2 → 386.2). 즉 대표이사의
결원이 발생할 경우 이해관계인 등의 청구가 있을 경우 법원이 필요하다고 인정

하면 대표이사의 직무를 행할 자를 선임할 수 있는데 이를 일시대표이사라 한다. 법원이 선임한 일시대표이사의 권한은 본래의 대표이사의 권한과 같으며(68다119), 일시대표이사를 선임한 때에는 본점의 소재지에서 이를 **등기**하여야 한다(상389.3 → 386.2).

3. 대표이사의 권한

(1) 의 의

1) **지배구조와 대표이사** : 대표이사는 주식회사의 업무집행기관이다. 업무집행이란 주주총회나 이사회에서 결의한 사항을 실행함을 의미한다. **회사의 지배구조**라 함은 의사결정기관인 주주총회·이사회에서 결정된 의사를 집행기관인 대표이사·집행임원이 집행하고 의사결정기관이 결정된 의사대로 집행기관이 제대로 집행하였는가를 감사기관이 통제하는 구조를 의미한다. 회사는 법인이므로 결정된 효과의사는 구체적으로 인간에 의해 집행되어야 하는데, 대내적 업무집행에 관해 집행권한을 업무담당이사와 대표이사·집행임원이 담당하고 대외적 업무집행권한은 대표이사·집행임원이 독점한다. 특히 대외적 업무집행은 타인과의 법률관계를 형성시키므로 대외적 업무집행권한은 이사 중에서도 이사회에서 대표이사로 선임된 자만이 행사하게 함으로써 회사의 법률관계 형성에 통일성을 기하고 있다.

2) **포괄·획일성** : 대표이사는 회사의 영업에 관하여 재판상 또는 재판 외의 모든 행위를 할 권한이 있으며, 이에 대한 제한은 선의의 제3자에게 대항하지 못한다(상389.3 → 209). 영업은 대외적인 거래행위에 해당하므로 동 조항은 대표이사의 **대표권**만 규정하고 있는 것처럼 보이지만, 대내적 업무집행의 권한도 가진다고 보는 데 이견이 없다. 대표이사는 대내적 업무집행에 관한 다른 업무담당이사의 권한을 총괄하는 **최고의 대내적 업무집행권한**을 의미한다. 대표이사는 법률이나 정관에서 정한 권한의 범위 내에서 회사의 이익을 위해 주주총회와 이사회가 결의한 사항을 집행하고, 업무집행을 위하여 필요한 때에 대외적으로 회사를 대표하는 기관이다.

3) **의사결정권한** : ① 논 의 – 대표이사는 상법과 정관으로 주주총회·이사회의 결의사항 이외에 업무집행에 필요한 세부사항에 대하여 의사결정을 할 수 있

는 권한을 가지는가? 이에 관해 회사는 주주총회·이사회로부터 위임받은 사항에 한해서만 업무를 집행하는 기관이므로 의사결정권한은 가지지 못한다고 보는 **부정설**, 대표이사는 회사의 영업에 관하여 대표권을 행사하기 위해서는 업무집행의 세부사항에 관한 의사결정권한을 가질 수밖에 없다고 보는 **긍정설**이 주장된다. **판례**는 법률 또는 정관규정에 의하여 주주총회 또는 이사회의 결의를 필요로 하는 것으로 되어 있지 아니한 업무 중 이사회가 일반적·구체적으로 대표이사에게 위임하지 않는 업무로서 일상업무에 속하지 않는 중요한 업무에 대하여는 이사회에 그 의사결정권한이 있다고 보아(96다48282), 중요한 업무는 이사회에서 결정하고 일상업무적 사항은 대표이사에게 의사결정권이 있다고 하는 긍정설을 따른다.

② 검 토 – 대표이사는 정관, 주주총회·이사회로부터 위임받은 업무를 집행하는 것이 원칙이고 상법에 규정은 없더라도 중요한 사항은 이사회의 결의를 거쳐야 한다(상393.1). 그리고 의사결정기관과 집행기관의 분리는 회사법상 지배구조의 중요한 골격으로 볼 수 있다. 하지만 주주총회·이사회에서 의사결정을 함에 있어서 세부적인 사항까지 모두 의결하는 것은 사실상 불가능하므로, 주주총회·이사회는 중요한 사항 중심으로 결의하고 기타 세부적인 사항은 실행단계에서 대표이사가 결정하도록 사실상 위임하고 있다고 볼 수 있다. 따라서 대표이사는 업무를 집행하는 과정에 위임의 범위를 넘지 않는 구체적인 의사결정권한을 가진다고 보아야 한다(긍정설).

(2) 대내적 업무집행권

1) 개 념 : 대표이사의 대내적 업무집행권한이란 회사의 내부적 업무를 집행하는 권한을 의미하고 회사법에는 대내적 업무집행권한의 근거규정을 두고 있지 않다. 대표이사의 권한에 관한 규정(상389.3 → 209)은 영업에 관한 모든 권한이 대표이사에 귀속됨을 정하고 있을 뿐이어서, 영업은 회사의 대외적인 업무를 의미하므로 동 규정상의 권한은 대표권을 의미한다고 볼 수 있다. 이와 같이 회사법이 대표이사의 대내적 업무집행권한에 관한 근거나 독점권을 정하고 있지 않으므로, 대내적 업무집행권은 대표권과 달리 대표이사가 이를 독점하지 않고 다른 업무집행이사와 분장할 수 있고 각 업무의 분장과 독립성, 최종적인 집행권한 등에 관해서는 회사의 내부규정으로 자율적으로 정할 수 있다고 본다. 하지만 대내적 업무분장과 책임에 관한 특별한 규정이 없더라도, 대표이사가 대내적인 업무집행에 관해서도 영업과 무관하게 회사의 모든 업무를 관장할 최종적인 권한과 책임

을 가진다고 본다.

   2) **업무담당이사** : ① 개 념 – 회사는 정관으로 대표이사 이외의 이사에게도 대내적인 업무집행권을 부여할 수 있는데, 업무집행권을 부여받은 이사를 업무담당이사라 하고 실무상 영업담당이사, 경리담당이사 등이 이에 속한다. 상근이사 또는 사내이사라는 용어도 사용되나, 업무담당이사는 담당업무의 내용에 따라 전무이사·상무이사 등의 명칭을 사용하는 것이 일반적이다. 업무담당이사는 대표권이 없고 회사의 대내적 업무를 집행할 권한을 가지는데, 통상적으로 대표이사가 업무담당이사의 업무집행을 통제할 수 있지만 회사의 내부규정을 두고 있을 경우 그에 따른다. 업무담당이사 중 상업사용인을 겸하는 이사가 있는데 이러한 자를 실무상 **사용인겸업무이사**라 한다. 업무담당이사가 대내적 업무집행을 함에 있어 자신의 (중)과실로 생긴 손해에 대해 이사로서 회사·제3자에 대한 손해배상책임을 부담한다(상399,401).

   ② 대표행위 – 업무담당이사는 회사의 대내적 업무집행권한만 가질 뿐이고 회사를 대표하여 회사행위를 할 권한을 가지지 않는다. 따라서 업무담당이사가 회사의 명의로 한 회사행위는 무권한자의 행위로서 무효이므로 회사에 효과가 귀속하지 않고, 업무담당이사 개인이 자신의 행위에 대해 책임을 부담하여야 한다. 다만 업무담당이사가 무권한으로 한 회사행위에 관해 거래상대방이 업무담당이사에게 그러한 회사행위를 할 권한이 있다고 신뢰한 경우 그 신뢰는 보호되어야 하는가? 무권한의 회사행위에 대한 상대방의 신뢰보호를 위해서는 표현대표이사제도(상395)가 적용되어야 하는데, 동 규정의 적용요건으로서 대표이사로서의 외관과 그에 대한 회사의 귀책사유가 요구되므로, 업무담당이사에게 대표권이 있다는 것을 신뢰한 것만으로 표현대표이사제도로 보호받을 수는 없다고 판단되며 판례도 동일한 입장이다(2002다62029).

   3) **업무집행** : ① 업무담당의 자율성 – 회사법은 대내적 업무집행에 해당하는 사항을 대부분 **이사의 권한**으로 정하고 있다. 이는 대표이사도 이사에 포함되고 대내적 업무집행은 반드시 대표이사에 의해서만 집행될 수 있는 성질의 업무가 아니므로, 회사가 자율적으로 특정 대내적 업무를 담당할 이사를 정할 수 있도록 하려는 취지로 이해된다. 하지만 회사법이 정하고 있는 이사의 권한사항을 회사의 내부규정으로 담당할 이사를 정하지 않았을 경우에는 이들 권한의 대부분은

대표이사의 권한에 속하는 사항으로 이해된다(통설).

② **이사의 권한** – 이사의 권한으로 정하고 있는 회사의 대내적 업무를 보면, 주권과 채권에 대한 기명날인 또는 서명, 본점에 정관 및 주주총회·이사회의 의사록, 주주명부·사채원부의 비치(상396.1), 지점에 정관 및 주주총회의 의사록의 비치, 주식청약서 및 사채청약서의 작성(상420,474.2), 신주인수권증서의 발행(상420의2), 신주인수권증권의 발행(상516의5), 재무제표와 그 부속명세서의 작성·비치·공시·제출(상447,448,449.1), 영업보고서의 작성·제출·보고(상447의2,449.2), 대차대조표의 공고(상449.3) 등이 이에 해당하고, 그 업무담당에 관한 특별한 회사 내부규범이 없을 경우 통상 대표이사의 업무로 이해된다. 다만 주주총회에 출석하여 의사록에 기명날인 또는 서명할 권한(상373.2), 이사회 소집권(상390), 각종 제소권(상328,376,429,445,529), 대표이사에 대한 보고요구권(상393.3) 등은 이사의 권한이고 대표이사만의 권한은 아니다.

③ **규범 위반** – 회사의 내부규범으로 일정한 대내적 업무집행을 특정 업무담당이사에게 위임하였음에도 다른 이사가 이를 집행한 경우에 효력이 있는가? 회사법에서 이사의 권한으로 정하고 있는 업무를 이사의 위임 없이 이사가 아닌 자가 집행한 경우에는 이는 회사법을 위반한 업무집행으로서 그 효력에 하자가 있다고 볼 수 있다. 하지만 대내적 업무집행의 권한 분장에 관한 회사 내부규범을 위반하였지만 다른 이사가 업무를 집행한 이상 회사법 위반 문제는 없어 업무집행의 효력에 하자가 있다고는 볼 수 없고 회사 내부규범 위반에 따른 회사에 대한 책임문제(징계·해임·손해배상 등)는 발생할 뿐이라 본다.

(3) 대외적 업무집행권(대표권)

1) **개 념** : 대표이사가 주주총회·이사회결의에 따라 영업을 포함하여 회사 명의의 법률행위·소송행위 등을 할 수 있는 대외적 업무집행권한을 대표권이라 한다. 회사법은 대표이사는 회사의 영업에 관한 재판상 또는 재판 외의 모든 행위를 할 권한을 가진다고 규정하는데(상389.3 → 209.1), 대표권은 영업행위에만 국한되지 않고 회사 명의의 모든 법률행위(**회사행위**)를 대표하여 집행할 권한을 포함한다. 따라서 대표이사가 회사의 명의로 법률행위를 하면 그 효과는 대표이사에 귀속하는 것이 아니라 회사에 귀속하게 된다. 대표이사가 수인인 경우에도 원칙적으로 각자가 회사를 대표하는 권한이 있지만, 공동대표이사인 경우에는 대표권을 행사함에서 제한이 따른다.

2) 포괄성·정형성 : 대표권의 범위는 회사의 영업에 관한 재판상 또는 재판 외의 모든 행위에 미치는데(상389.3 → 209.1), 판례는 대표이사의 대표권한의 범위는 회사의 권리능력의 범위와 일치하는 것으로 보고 있다(86다카1858). 따라서 회사의 권리능력(쟁점10)에 관해 무제한설 또는 판례의 입장을 따를 경우 대표권한도 제한이 없게 되는데, 이러한 대표이사의 포괄적 권한을 내부적으로 제한할 경우 회사는 그 제한을 선의의 제3자에게 대항하지 못한다(상389.3 → 209.2). 대표이사가 포괄적이고 정형적인 대표권을 가지고 있으며, 대표권을 남용할 경우에 선의의 제3자에게 대항할 수 없는 점 등은 지배인의 경우와 같다. 그러나 대표이사의 대표권은 단체법에 고유한 대표관계에서 문제되므로 개인법상의 대리관계에 있는 지배인과는 구별된다. 다만 민법은 대표관계에 대리에 관한 규정을 준용하고 있고(민59.2), 상법은 위임에 관한 규정을 준용한다(상382.2).

3) 회사행위 : ① **주 체** – 대표이사는 대표권을 가지므로 **회사행위의 주체**가 된다. 회사행위는 의사결정과정과 집행과정으로 구분되고 이는 별개의 기관이 담당하도록 회사법은 법인이론에 따라 **기관분화**를 예정하고 있다. 따라서 아무리 주주총회의 특별결의, 주주 전원합의의 결의라 하더라도 결의만으로 회사행위가 될 수 없고 대표이사의 집행행위에 의해 회사행위가 완성된다. 주주총회·이사회의 의사결정이 결여되어도 회사행위는 효력을 상실하지만, 주주총회·이사회의 의사결정이 있더라도 대표이사의 집행행위에 하자가 있을 경우 회사행위는 완전한 효력을 가질 수 없다. 예를 들어 이사를 선임하는 주주총회의 결의 또는 영업양도의 주주총회 특별결의가 있더라도 대표이사의 계약행위(청약·승낙)가 없으면 이는 내부적 의사결정에 지나지 않고 위임·양도계약의 청약·승낙으로서 효력을 가질 수 없다.

② **회사행위의 유효 요건** – 대표이사의 영업에 관한 행위는 대개 법률행위로 구현되므로(회사행위), 대표권 행사 즉 대표이사의 회사행위는 일정한 요건을 충족하여야 회사에 효과가 발생한다. 즉 대표이사가 정관에서 정한 목적의 범위 내에서 적법한 회사의 의사결정절차를 거쳐 회사의 이익을 위하여 적법하게 대표권한을 행사할 경우에 유효하게 된다. 만일 대표이사가 정관에서 정한 목적을 벗어난 행위를 하거나(권리능력의 흠결), 개인의 이익을 위해 회사행위를 하거나(대표권남용), 이사회나 주주총회의 결의사항에 대해 결의도 없이 회사행위를 하거나(전단적 대표행위), 위법하게 업무를 집행하고 이로 인해 회사 또는 제3자에게 손

해를 발생시킨 경우(회사의 불법행위)에는 정상적인 효력이 발생하지 않는다.

③ **불완전 회사행위** – 대표이사의 회사행위가 유효 요건을 충족하지 못할 경우 이를 무효로 보아야 하는가? 회사법의 강행법규성과 회사의 이익을 보호하기 위해서는 요건을 충족하지 못한 회사행위는 무효로 보아야 하지만, 회사행위를 신뢰한 거래상대방 보호(**외관신뢰보호**)가 문제된다. 선의의 거래상대방 보호를 위해 일부 회사이익이 훼손되더라도 상대방의 신뢰를 보호할 필요가 있으며(**선의자 보호**), 이로 인한 회사의 손해는 불완전한 회사행위를 한 대표이사의 개인 책임으로 일정 부분 보전될 수 있다. 대표이사가 아닌 자의 대표행위도 회사에 일정한 귀책사유가 있을 경우에는, 이를 적법한 대표행위로 신뢰한 거래상대방에 대해 회사가 책임을 부담하는 경우(표현대표이사)도 있을 수 있다.

④ **검 토** – 불완전 회사행위에 대한 회사의 책임은 논리적 문제라기보다는 **이익 형량의 문제**로 볼 수 있다. 논리적으로 볼 때에는 회사법의 강행법규성을 위반한 행위이므로 회사이익 보호를 위해 그 법적 효력을 인정할 수 없지만, 선의의 거래상대방의 신뢰이익도 회사이익에 못지않게 크므로 불완전한 회사행위에 대해 회사의 책임을 인정할 필요가 있다고 본다. 다만 이러한 해석론을 전개함에 있어서도 회사법리를 무시하고 불완전한 회사행위를 완전히 유효한 행위로 해석하는 것은 적절하지 않다고 본다. 즉 회사의 책임을 인정함에 있어서도 불완전한 회사행위는 회사법의 강행법규성에 따라 원칙적 무효로 보아야 하고, 거래상대방의 보호가치 있는 선의를 보호하기 위해 예외적으로 회사의 책임을 인정하거나 회사가 회사행위의 무효로 선의의 제3자에게 대항할 수 없도록 제한적 해석(**상대적 무효**)이 요구된다.

4) 대표권의 제한 : ① **법상 제한** – 대표이사는 회사의 영업에 관해 포괄적이고 정형적인 대표권을 갖지만 일정한 경우 제한된다. 먼저 법적 제한으로 후술하는 공동대표이사제도와 이사·회사소송에서 대표권 제한이 있으며, 청산중의 회사 등 특수한 절차에 있어 회사대표자를 따로 규정하는 경우가 있다. 이를 구체적으로 보면, 공동대표이사는 대표이사가 공동으로 회사를 대표하여야 하며(상389.2), 회사와 이사간의 소송과 주주로부터 회사에 대한 이사의 책임추궁 및 이사와 회사간의 소에서는 감사가 회사를 대표하고(상394), 청산중의 회사는 대표청산인(상542.1,254.3)이 회사를 대표한다.

② **이사·회사간 소송** – 회사가 이사에 대하여 또는 이사가 회사에 대하여 소

를 제기하는 경우, 대표소송(상403), 다중대표소송(상406의2.1)를 제기하는 경우 등에는 감사가 그 소에 관하여 회사를 대표한다(상394.1), 이사·회사간 소송에서의 대표이사의 대표권은 회사의 이익과 이사의 이익간에 이해의 충돌이 있기 쉬우므로 그 충돌을 방지하고 공정한 소송수행을 확보하기 위하여 비교적 객관적 지위에 있는 감사로 하여금 그 소에 관하여 회사를 대표하도록 규정하고 있다. 동 규정의 위반시 효과와 적용범위에 관해 논의가 있다.

③ 내부적 제한 – 내부적 제한으로서 정관이나 기타 사규 또는 주주총회·이사회의 결의로 대표이사의 대표권의 범위를 제한할 수 있다. 대표권을 제한은 허용되지만 대표권은 회사법상 정형성이 보장되어 있어 대표이사의 대표권에 내부적 제한은 회사에 대한 관계에서만 효력이 있고 선의의 제3자에게 그 제한으로 대항하지 못한다(상389.3 → 209). 따라서 대표권에 관한 내부적 제한을 위반한 대표이사의 행위는, 대표권에 관한 제한이 법상 허용되는데 이를 위반하였으므로 원칙적으로 무효이지만, 동 거래행위의 거래상대방이 대표권의 제한을 알지 못한 경우(선의) 거래의 효력을 주장할 수 있다(상대적 무효).

4. 대표권 행사의 하자

(1) 대표권의 남용

1) **개 념** : 대표이사가 대표권의 범위에 속하는 회사행위이지만 회사의 이익이 아니라 자기 또는 제3자의 이익을 위하여 대표행위를 할 경우 이를 대표권의 남용이라 한다. 대표권의 남용이 되기 위해서는 우선 대표권의 범위 내의 회사행위가 문제되고 대외적으로 적법한 행위이어야 한다. 대표권에 대한 제한을 위반한 회사행위 등은 부적법한 대표행위여서 대표권의 남용에 해당하지 않지만, 하나의 회사행위가 대표권 제한도 위반하면서 대표권 남용에도 해당할 수는 있다. 대표권 남용의 본질은 대외적으로는 적법한 행위이지만 이익의 귀속주체가 회사가 아닌 대표이사 개인 또는 제3자라는 점에 있다. 예컨대 대표이사가 자신의 개인채무를 변제하기 위해 회사명의의 어음을 발행하거나(89다카24360), 자기의 친지가 발행한 어음에 회사명의의 보증을 서는 경우(86다카1858)가 대표권남용의 전형적인 예이다.

2) **효 력** : ① 논 의 – 대표권이 남용된 경우 대표행위의 **대내적 효력**으로서

대표이사가 회사에 대해 손해배상책임을 부담하고 해임사유가 될 수 있는데, 대표권남용의 **대외적 효력**은 어떠한가?(쟁점44)[154] 대표권남용의 회사행위에 관해, 비진의표시로 보아 원칙적으로 유효이지만 상대방이 대표이사의 진의를 알았거나 알 수 있었을 때에는 남용행위를 무효(민107단서 유추적용)로 보는 **심리유보설**, 대표행위로서는 유효하지만 상대방이 대표권 남용에 악의, 중과실 선의인 경우 회사에 대한 권리행사는 권리남용·신의칙위반이어서 허용되지 않는다는 **권리남용설**, 대표이사의 선관주의의무에 위반하였으므로 원칙적으로 무효이지만 선의의 제3자에 대하여 유효하다는 **상대적 무효설**, 대표이사의 대표권 제한위반으로 보아 제한에 관해 선의인 제3자에 대하여는 남용행위임을 이유로 대항할 수 없다고 보는 **대표권제한설(내부적 제한설)** 등이 주장된다.

② 판 례 – 대표권남용에 관해 권리남용설을 따른 판결(86다카1522)도 있으나, 대표이사가 회사의 이익을 위해서가 아니고 자기 또는 제3자의 이익을 도모할 목적으로 그 권한을 행사한 경우에 상대방이 그 대표이사의 진의를 알았거나 알 수 있었을 때에는 회사에 대하여 무효로 보아(86다카1858, 2005다3649), 심리유보설을 따르고 있다. 다만 대표권남용행위에 관해 원칙적으로 유효이지만 행위의 상대방이 그와 같은 정을 알았던 경우에는 그로 인하여 취득한 권리를 회사에 대하여 주장하는 것이 신의칙에 반하므로 회사는 상대방의 악의를 입증하여 행위의 효과를 부인할 수 있다는 판결(86다카1522)을 인용하여(2016다222453) 다시 권리

---

154) **대표권남용의 효력(쟁점44)**에 관해, **심리유보설**은 대표이사가 자기의 이익을 위해 회사의 대표자로서 법률행위를 한 것은 비진의표시에 해당하고 상대방이 대표이사의 진의를 알았거나 알 수 있었을 때에는 민법 제107조 1항 단서의 규정을 유추하여 남용행위를 무효라고 보는 견해로서, 대리관계나 대표관계는 이해관계가 유사하여 동조가 유추적용될 수 있다고 본다(최기원631~632, 김건식393, 서헌제832). **권리남용설**은 대표권은 포괄·정형성을 가지고 객관적으로 판단되는데, 대표행위가 객관적으로 대표권의 범위 내의 행위라면 당연히 대표행위로서 유효하여 회사는 책임을 지게 되지만, 거래상대방이 악의, 중과실인 경우 이를 주장하는 것은 신의칙 위반, 권리남용에 해당한다고 보는 견해이다(정찬형1014). 남용행위도 비진의의사표시와 달리 일응 적법하고 유효한 행위라는 데서 출발하면서 악의의 상대방에 법적 비난가능성이 있음을 터잡아 그가 거래의 이익을 누리는 것을 차단하자는 취지이므로 남용행위의 본질에 부합한다고 본다(이철송731). **상대적 무효설**은 대표권의 남용행위는 대표이사가 개인적 이익을 위하여 대표권을 행사한 경우로서 선관주의의무에 위반하여 원칙적으로 무효이지만, 다만 선의의 제3자에 대하여 유효하다는 견해이다. **내부적 제한설**은 대표권의 남용을 대표이사의 대표권에 대한 제한의 위반으로 보아, 남용행위임을 안 상대방에 대해서는 제한을 주장할 수 있지만 제한에 관해 선의인 제3자에 대하여는 남용행위임을 이유로 대항할 수 없다고 보는 견해(정진세318)이다.

남용설로 회귀한 듯한 판결도 있다.

③ **검 토** – 대표이사의 회사행위는 비록 개인적 이익을 위한 행위라 하더라도 이러한 내심적 효과의사와 표시상의 효과의사는 일치하므로 비진의표시로 포섭하는 것은 부적절하다고 본다. 대표권 제한은 명시적이라는 점에서 대표권을 회사의 이익을 위해 행사하여야 함을 내부적 제한으로 보기는 어렵고, 일종의 조리상의 원칙으로 보아야 하므로 내부적 제한설도 부적절하다고 본다. 외견상 아무런 하자 없는 회사행위를 당연무효로 보는 상대적 무효설은 대표이사의 동기(이익귀속)까지 회사행위의 효력요건으로 보아 타당하지 못하다.

④ **사 견** – 대표권남용의 회사행위라 하더라도 외견상 아무런 흠결이 없는 행위이어서 유효로 보아야 하고(**원칙적 유효**), 대표이사의 동기(이익귀속)까지 고려하여 회사행위의 효력을 판단할 경우 거래의 안전을 침해하므로 타당하지 못하다. 다만 남용의 사실을 알고 거래하였거나 중과실로 알지 못한 거래상대방이 보호되는 것은 **이익균형**이라는 사법의 이념에서 볼 때 부적절하다고 본다. 따라서 대표이사의 남용의사를 알고 거래하는 행위는 권리남용행위로 볼 수 있으므로 권리남용설이 타당하다고 본다. **제3자 보호범위**를 비교하더라도, 심리유보설은 과실 없는 선의자만 보호하고, 권리남용설은 중과실 없는 선의자, 상대적 무효설은 선의자 모두, 대표권제한설도 선의자 모두가 보호되는데, 보호범위 면에서도 중과실 없는 선의자만 보호하는 권리남용설이 보호범위 면에서도 가장 타당하다고 본다.

(2) 전단적 대표행위

1) **개 념** : 법률 또는 정관에서 요구하는 주주총회의 결의나 이사회의 결의를 얻지 않거나 결의에 반해서 한 대표이사의 행위를 전단적 대표행위라 한다. 전단적 대표행위는 법률이나 정관에 반하는 행위로서 하자가 있는 대표행위이지만, 거래상대방으로서는 회사의 내부적 절차를 거쳤는지 여부(하자)에 관해 알기 쉽지 않다는 점에서 전단적 대표행위의 효력에 관한 학설의 대립을 낳고 있다. 즉 전단적 대표행위에는 하자가 있지만 선의의 거래상대방을 보호할 필요가 있다는 점이 논의의 출발점이다. 사익추구의 본질을 가진 대표권의 남용과 달리 전단적 대표행위는 회사법상 절차적 하자가 있는 행위이므로 구별된다. 다만 회사법상 요구되는 절차로는 주주총회결의, 이사회결의 등이 있을 수 있고 그 위반시 효과도 절차의 중요성에 달라 동일하게 해석할 수 없어 전단적 대표행위의 유형화에 따른 효과론이 요구된다.

2) **절차상 하자 유형** : 전단적 대표행위에서 문제되는 절차적 하자는 다양한데, 첫째 주주총회의 결의가 흠결된 경우(보통결의사항, 특별·특수결의사항을 포함하고 기타 상법상 이사회결의사항을 정관에서 주총결의사항으로 정한 경우도 포함), 둘째, 상법이 규정하고 있는 이사회결의가 흠결된 경우, 셋째, 상법과 달리 이사회결의사항으로 정하고 있는 정관규정을 위반한 경우, 넷째, 단순히 회사정관이나 이사회규칙 등 내부적 제한을 위반한 경우, 다섯째, 이사회결의사항이지만 단체법적 효력을 가지는 결의인 경우(신주·사채발행결의 등), 여섯째 주총결의나 이사회결의가 있었음에도 불구하고 대표이사가 이를 실행하지 않는 '부작위에 의한 전단적 대표행위' 등이 있을 수 있다. 아래에서는 절차상 하자의 유형에 따라 전단적 대표행위의 효력에 관해 살펴본다. 전단적 대표행위의 효력에 관한 논의는 그 요구되는 절차가 어떠한 절차(하자의 유형)에 따라 달리 해석될 수 있다.

3) **주주총회결의 흠결** : ⅰ) **법상 주총결의**　회사법에 주주총회의 결의가 요구되는데 주총결의 없이 이뤄진 회사행위(전단적 대표행위)에 관해, 주주총회 결의사항은 대체로 회사의 근본적 이해관계, 주주의 이익과 직접 관련된 사항이므로 특수·특별결의사항은 물론 보통결의사항이라 하더라도 이를 위반한 행위는 설사 선의의 제3자가 희생되더라도 주주보호를 위해 무효로 보아야 한다는 견해가 통설·판례이다. 논리적으로 보더라도 회사의 효과의사(주주총회의 결의)가 없는 상태에서 이뤄진 표시행위(대표이사의 회사행위)에 해당하므로 무효로 볼 수 있다. ⅱ) **정관상 주총결의**　회사법에는 주주총회결의사항으로 정해져 있지 않지만 정관상 주주총회 결의사항으로 정할 수 있도록 규정된 경우, 예컨대 대표이사를 주총에서 선임하도록 한 정관규정(상389.1)에 반하여 주총결의 없이 이뤄진 회사행위(전단적 대표행위)는 회사법에 근거한 정관규정 위반행위이므로 법상 주총결의 위반과 동일하게 무효로 해석함이 타당하다고 본다. ⅲ) **임의적 주총결의**　회사법의 근거규정 없이 일정한 사항을 정관으로 주주총회 결의사항으로 규정하여 정관규정이 회사법에 반할 경우에는 해당 정관규정의 효력에 관해 논란이 있을 수 있다. 하지만 정관규정이 회사법에 반하지 않는다면 정관규정상 주주총회결의를 흠결한 대표이사의 회사행위는 정관 위반행위의 본질을 가진다. 즉 회사법상 근거 없이 정관에 주주총회결의를 정한 것은 대표이사의 권한을 정관으로 제한한 것으로 이해할 수 있으므로, 이는 순수한 주주총회결의 흠결의 회사행위와 달리 '내부적 제한위반의 회사행위'의 효과에 관한 논의가 적용되어야 한다고 본다.

4) 상법상 이사회결의 흠결 : ① 논   의 – 대표이사가 중요재산을 양도하면서 대표이사가 이사회결의를 거치지 않은 경우 회사행위의 효력은 어떠한가?(쟁점 45)[155] 이사회결의를 흠결한 대표행위도 원칙적으로 유효이지만 상대방이 악의, 과실 있는 선의인 경우 무효라고 보는 **상대적 유효설**, 이사회결의 흠결 대표행위는 회사법 위반의 행위이므로 원칙적으로 무효이지만 선의의 상대방에게 대항할 수 없다는 **상대적 무효설** 등이 주장된다. 다만 판례에 의하면 이사회결의 흠결에 선의이지만 (중)과실 있는 거래상대방에 대해서는 회사는 거래의 무효를 주장할 수 있지만, 이로 인해 거래상대방이 손해를 입은 경우에는 회사의 불법행위책임이 성립할 수도 있다(2006다47677).

② 판   례 – 이사회결의를 흠결한 대표이사의 전단적 대표행위인 대외적 거래행위도 원칙적으로 유효하나, 거래의 상대방이 이사회의 결의가 없었음을 알았거나 알 수 있었을 경우에는 무효이지만 악의 또는 과실에 관해서는 이를 주장하는 회사측이 주장·입증하여야 한다고 보았다(**과실배제 상대적 유효설**). 그런데 최근 전원합의체판결로 동 판결을 피기하고 주식회사의 대표이사가 '중요한 자산의 처분 및 양도, 대규모 재산의 차입 등의 행위'에 관하여 이사회의 결의를 거치지 않고 한 거래행위의 효력은 내부적 제한의 경우와 동일하게 원칙적으로 유효이고 상대방이 악의이거나 중과실 있는 선의인 경우에만 무효를 주장할 수 있다고 보아, '**중과실배제 상대적 유효설**'을 취해 과실배제 상대적 유효설의 종전 판례를 변경하였다(2015다45451).

③ 검   토 – 회사법상 이사회결의가 요구되는 경우 이사회결의라는 의사결정 절차를 거쳐 대표이사의 회사행위가 이뤄질 것을 예정하고 있다. 회사법을 위반하여 이사회결의를 흠결한 대표이사의 전단적 회사행위에 관해 선의자를 보호할

---

155) **법정된 이사회결의를 무시한 전단적 대표행위의 효력(쟁점45)**에 관해, **상대적 유효설**은 회사의 대외적인 거래는 거래안전의 고려에서 상대방이 선의인 경우 유효, 악의 또는 과실 있는 선의인 경우에는 무효라고 견해이다(통설). **상대적무효설**은 이사회결의를 흠결한 대표행위도 강행법규를 위반한 행위이므로 원칙적으로 무효이지만 이를 알지 못하는 선의의 제3자에게 이사회결의가 흠결되었다는 사실로 대항할 수 없다는 견해이다. 상대적 유효설은 거래상대방의 악의·과실을 회사가 증명하여야 하는데 반해, 상대적 무효설은 거래상대방이 자신의 선의를 증명하여야 할 책임을 부담한다는 점에서 차이가 발생한다. 상대적 유효설에 대해서는, 특히 대표이사의 대표행위에 관한 사적제한(예, 정관상 이사회결의요건)을 위반한 경우에도 원칙적으로 무효이고 선의의 제3자에 대해 대항할 수 없는데, 법률상의 이사회결의사항을 위반한 경우 이를 원칙적으로 유효라 보는 판례의 태도는 해석상의 형평성이 결여되고 논리적이지 못하다는 지적이 있을 수 있다.

필요성은 인정하지만, 이사회결의 흠결의 회사행위를 원칙적으로 유효로 보는 상대적 유효설(통설, 판례)은 다음과 같은 비판을 피하기 어렵다. 첫째, 강행법규를 위반한 행위가 원칙적으로 유효하다고 하는 것은 회사법의 강행법규성에 반하는 해석이라 할 수 있으며, 둘째, 주주총회결의를 흠결한 회사행위를 회사법 위반을 이유로 무효로 보는데 이사회결의를 흠결한 회사행위를 유효로 보는 논거가 불확실하고, 셋째, 법의 무지를 변명되지 않는다는 법원칙상 보더라도 이사회결의사항에 관한 선의는 변명되지 않고 그 요건의 충족 여부는 거래상대방의 주의의무에 해당하며, 넷째, 상대적 유효설에 따를 경우 이사회결의의 요부·유무에 관해 알려고 노력하였지만 잘못 판단할 경우 (중)과실이 인정되어 보호되지 않지만, 이사회결의에 관해 알려고 하지 않는 거래상대방은 항상 보호받을 가능성이 있어 수범자의 규범준수 의지를 약화시키면서 그 비용을 회사가 부담할 수 있다.

④ **경과실 보호** - 최근 전원합의체판결은 회사는 악의·중과실의 거래상대방에만 대항할 수 있다고 판례를 변경하여(2015다45451), 과실배제 상대적 유효설을 따르던 판례가 경과실 있는 거래상대방도 보호되도록 함으로써 종전 상대적 유효설의 입장을 더 강화하였고 결과적으로 회사의 이익을 침해하고 있다. 이는 내부적 제한에 의한 이사회결의 흠결과 균형을 맞추기 위해 **중과실 배제의 상대적 유효설**을 따른 것으로 이해된다. 회사법상의 이사회결의사항을 대표이사가 준수하지 않은 것에 대해 과실로 이를 알지 못한 거래상대방도 보호되어야 하는가? 생각건대 지배인(상11.3), 합명회사(상209.2)는 계약자유의 원칙이 지배하는 조직 내에서 권한 제한이어서 임의규정 위반의 문제이고, 회사법에 규정이 없는 사항을 회사 내규로 이사회결의사항으로 한 경우도 이를 위반한 것은 **자치법규 위반의 본질**을 가진다. 하지만 회사법상 주식회사의 이사회결의사항(상393)을 위반한 경우는 강행법규 위반인데, 자치법규 위반과 강행법규 위반의 효과를 동일시하는 것도 법리상 문제일뿐더러 경과실 거래상대방을 보호하고 회사 이익을 외면하는 것은 상대방·회사간의 이익균형의 원리에도 맞지 않는다고 본다.

⑤ **사 견** - 이사회결의를 흠결한 대표이사의 행위 역시 회사의 의사결정이 강행법규인 회사법에 위반한 흠결이 있으므로 원칙적으로 무효라 보아야 한다. 다만 거래상대방이 회사의 내부절차라 할 수 있는 이사회결의의 흠결에 관해 알지 못한 경우(선의·무과실)에는 거래안전을 위해 무효하다는 주장을 할 수 없다고 보는 상대적 무효설이 타당하다고 본다. 이렇게 해석함으로써 주주총회결의 흠결, 이사회결의 흠결, 자치법규상의 결의흠결(내부적 제한)의 스펙트럼에서 그

절차의 중요성에 비례하여 이를 흠결한 전단적 대표행위의 효력도 절대무효, 상대적 무효, 상대적 유효로 차등화시킬 수 있어 회사법의 규범성과 당사자(회사·상대방)간의 이익균형에도 적합한 타당한 해석론이라 본다. 요컨대 이사회결의 흠결의 전단적 대표행위의 효력에 관해 **과실배제 상대적 무효설**(원칙 무효, 선의 예외)이 타당하다고 본다.

5) **임의적 이사회결의 흠결** : ① 논 의 – **회사정관이나 이사회규칙** 등 대표권 행사에 관한 내부적 제한을 위반한 회사행위에 관해, 대표이사·사원의 권한에 대한 제한은 선의의 제3자에게 대항할 수 없다는 합명회사의 규정을 준용한다(상389.3→209.2) 동 규정에 의하면 지배인의 권한 제한(상11.3)과 마찬가지로 이를 위반한 행위는 원칙적으로 유효이고(악의의 증명책임이 영업주 있음) 상대방이 악의, 중과실인 경우에 그 무효를 주장할 수 있다(96다36753–**중과실 배제 상대적 유효설**). 따라서 주식회사의 대표이사가 권한을 행사함에 있어 회사의 정관이나 이사회규칙 등에서 이사회결의를 얻도록 정하고 있다면, 이러한 **임의적 이사회결의사항**은 대표이사의 권한에 대한 제한에 해당하므로 이를 위반한 회사행위는 원칙적으로 유효이지만 거래상대방이 악의이거나 중과실 있는 선의인 경우 회사가 무효함을 주장할 수 있다(통설, 판례).

② 판 례 – 종전 판례는 회사행위가 정관상의 이사회결의사항에 위반한 경우 상법상 이사회결의사항을 위반한 전단적 대표행위와 동일하게 원칙적으로 유효이고 이사회결의가 없다는 사실에 관해 악의, 과실 있는 선의인 경우에는 무효로 보아(93다13391, 상법상 이사회결의 흠결과 대표권제한을 구별하지 않았다(과실배제 상대적 유효). 그런데 최근 전원합의체판결은 거래행위의 상대방인 제3자가 상법 제209조 제2항에 따라 보호받기 위하여 선의 이외에 무과실까지 필요하지는 않지만, 중대한 과실이 있는 경우에는 제3자의 신뢰를 보호할 만한 가치가 없어 거래행위를 무효라고 보아 '**중과실배제 상대적 유효설**'을 취하였다(2015다45451).

③ 검 토 – 임의적 이사회결의를 흠결한 회사행위의 본질은 자치법규 위반이므로 이를 회사법상의 이사회결의를 흠결한 회사행위와 효과를 구별함이 타당하다고 본다. 회사법상 이사회결의 흠결시 과실배체 상대적 무효설이 타당하므로 임의적 이사회결의를 흠결한 회사행위는 거래상대방이 더욱 보호될 필요가 있으므로 중과실배제 상대적 무효설이 타당하다고 보아 판례의 입장이 적절하다고 본다. 그러나 판례가 임의적 이사회결의 흠결과 상법상 이사회결의 흠결을 구별하

는 것은 부적절하다고 보면서 회사법상 이사회결의 흠결의 경우에도 임의적 이사
회결의(내부적 제한) 흠결과 동일하게 해석하여 '중과실배제 상대적 유효설'을 취
해 과실배제 상대적 유효설의 종전 판례를 변경한 것은 '이사회결의 흠결'의 규범
성에 관한 평가는 고려하지 않는 **편의주의적 법해석론**으로 판단된다. 판례도 회사
법의 강행법규성을 인정하고 있는데, 강행법규인 회사법을 위반한 경우와 자치법
규를 위반한 경우의 법률효과가 구별하는 것이 적절하지 못하다는 판시사항은 회
사법을 자치법규와 동일하게 보는 것이어서 회사법의 성질에 관한 판례의 입장에
의문이 제기된다.

6) 증권 발행 : ① **집단적 회사행위** – 신주발행이나 사채발행과 같은 집단적 회
사행위가 대표이사에 의해 이사회의 결의 없이 전단적으로 행해진 경우 이사회결
의 흠결의 전단적 대표행위에 관해서는 상대적 유·무효설을 적용하는 것이 부적
절하다고 볼 수 있다. 왜냐하면 상대적 유·무효설을 취할 경우 거래상대방 즉 신
주·사채인수인의 선의·악의에 따라 신주·사채발행행위의 효력이 다르게 되어 **신
주·사채발행**이라는 집단적 행위의 성질과는 맞지 않으므로 통상적인 이사회결의
흠결에 관한 논의를 그대로 적용하는 것은 적절하지 못하기 때문이다. 부득이 신
주·사채발행과 같은 집단적 회사행위가 이사회의 결의 없이 이뤄진 경우에는 그
흠결에도 불구하고 거래의 안전을 위해 유효하다고 해석할 수밖에 없는데, 이는
신주·사채발행이라는 이사회결의 흠결의 회사행위로 인한 회사이익 침해와 신
주·사채발행을 신뢰한 불특정의 다수의 상대방이익간의 이익균형을 위한 해석이
라 할 수 있다.

② **회사이익 보호** – 집단적 회사행위의 효력에 관해 거래적 회사행위와 다르
게 해석하더라도, 집단적 회사행위의 하자가 없어지는 것은 아니므로 회사이익을
보호하기 위한 일정한 절차가 진행될 수 있다. 즉 이사회결의 흠결의 신주발행의
경우에는 신주발행유지청구(상424) 또는 신주발행무효의 소(상429) 등의 절차에
의해서만 이사회결의 흠결의 하자가 주장될 수 있다. 다음으로 회사 정관으로 신
주발행을 주주총회의 결의를 거치도록 정한 경우(상416) 주주총회 결의 없이 대
표이사가 신주를 발행하였다면 이는 회사법에 따른 **정관상 주총결의사항**으로서 신주
발행이라는 집단적 행위를 대표이사가 전단적으로 집행한 것이 된다. 이는 회사
법을 따른 정관규정상의 주주총회결의를 흠결한 것이므로 거래안전에도 불구하고
신주발행은 무효로 보아야 한다.

(3) 회사의 불법행위

1) 개 념 : 법인인 회사도 자연인과 동일하게 불법행위능력을 가진다(민35). 따라서 회사는 대표자가 직무에 관하여 타인에게 가한 손해를 배상할 책임을 부담한다. 대표자의 업무집행으로 인해 타인이 손해를 입은 경우 회사의 불법행위가 성립하는데, 회사법은 **회사의 불법행위**에 관해 직무를 행한 대표자에게도 불법행위에 관해 회사와 연대책임을 부담시킨다(상389.3→210). 대표이사가 손해배상책임을 지게 되려면, 대표이사의 고의·과실에 의한 위법한 **업무집행으로 인하여** 타인에게 손해가 발생하여야 하고 위법한 업무집행과 손해간에 인과관계가 있어 회사의 불법행위가 성립하여야 한다.

2) 업무집행 : ① 범 위 – 회사의 불법행위에 대해 대표이사의 손해배상책임이 발생하기 위한 요건으로서 '업무집행으로 인하여'라는 것은, 대표이사의 업무 그 자체에는 속하지 않으나 행위의 외형으로부터 관찰하여 마치 대표이사의 업무범위 안에 속하는 것으로 보이는 경우도 포함한다고 본다. 행위의 외형상 주식회사의 대표이사의 업무집행이라고 인정할 수 있는 것이라면 설령 그것이 대표이사의 개인적 이익을 도모하기 위한 것이거나 법령의 규정에 위배된 것이라고 하더라도 주식회사의 손해배상책임이 인정된다(2014다27425)

② 이사회결의 흠결 – 주식회사의 대표이사가 이사회결의사항을 이사회결의 없이 계약을 체결한 경우, 판례에 의하면 선의의 상대방은 보호되지만, (중)과실 있는 선의의 상대방에 대해서는 회사는 무효를 주장할 수 있다. 상대방이 (중)과실 있는 선의임으로 인해 계약의 무효하게 됨으로써 상대방이 손해를 입게 되는 경우, 대표이사의 이사회결의 없이 체결한 계약이 위법한 업무집행으로 인한 회사의 불법행위가 되는가? 판례는 대표이사가 상법이 정한 이사회결의 절차를 거치지 아니하여 채권자와의 계약이 효력을 갖지 못하게 한 것은 업무의 집행자로서의 주의의무를 다하지 못한 과실행위로 보고 계약이 무효임에도 불구하고 유효한 것으로 오신한 상대방으로 하여금 거래를 계속하게 하여 손해를 입게 한 경우, 이는 주식회사의 대표이사가 그 업무집행으로 인하여 타인에게 손해를 가한 때에 해당한다고 보았으며(2006다47677), 타당하다고 본다.

3) 연대책임 : 회사의 불법행위가 성립하는 경우 업무를 집행한 대표이사도 주식회사와 공동불법행위책임을 부담하게 된다(2000다48272). 이는 회사의 불법

행위능력을 인정한 법인실재설의 입장이 반영된 것으로 이해되며, 피해자를 두텁게 보호하기 위해 회사의 불법행위에 대해 회사의 손해배상책임에 대해 대표이사의 연대책임을 인정하고 있다. 회사와 대표이사의 책임은 **부진정연대책임**의 성질을 가지며, 대표이사가 아닌 이사가 업무집행행위로 인해 타인에게 손해를 가한 경우에는 회사의 불법행위로 볼 수 없으므로 회사와 이사의 법률관계에 따라 회사는 타인에 대해 사용자배상책임이 문제되는 경우가 있을 수 있다.

4) **공동불법행위** : 주식회사 및 대표이사 이외의 다른 공동불법행위자가 있을 경우 공동불법행위자 중 한 사람이 자신의 부담부분 이상을 변제하여 공동의 면책을 얻게 한 경우에는 회사나 대표이사에 대해 구상권을 행사할 수 있다. 구상권 행사에 있어 주식회사와 대표이사, 특히 대표이사가 공동대표이사인 경우 이들간의 구상채무는 어떻게 되는가? 판례는 회사의 불법행위가 타인과 공동불법행위인 경우 책임을 이행한 타인이 구상권을 행사함에 있어, 회사와 (공동)대표이사는 하나의 책임주체로 평가되어 각자 구상금액의 전부에 대하여 책임을 부담한다고 보았다. 따라서 공동면책을 얻은 다른 공동불법행위자가 공동대표이사 중 한 사람을 상대로 구상권을 행사하는 경우 그 공동대표이사는 주식회사가 원래 부담하는 책임부분 전체에 관하여 구상에 응하여야 하고, 주식회사와 공동대표이사들 사이 또는 각 공동대표이사 사이의 내부적인 부담비율을 내세워 구상권자에게 대항할 수는 없다(2005다55473).

5) **제3자에 대한 책임과 관계** : 대표이사의 고의·중과실에 의한 업무집행(임무 해태)으로 제3자가 손해를 입은 경우 제3자는 대표이사에 대해 손해배상청구를 할 수 있다(상401). 대표이사의 업무집행이 동시에 회사의 불법행위를 성립시킬 경우 제3자는 대표이사에 대해 상법 제401조에 의한 손해배상청구 외에 불법행위에 기한 손해배상청구를 할 수 있는데, 이 경우 양 청구의 관계는 어떠한가? 판례는 주식회사의 주주가 대표이사의 악의 또는 중대한 과실로 인한 임무해태행위로 직접 손해를 입은 경우에는 이사와 회사에 대하여 상법 제401조, 제389조 제3항, 제210조에 의하여 손해배상을 청구할 수 있다고 보았다(91다36093). 생각건대 대표이사의 위법한 업무집행이 피해자에 대해 불법행위(상389.3 → 210)이면서 법정책임(상401)도 성립시킬 경우에는 양 청구권은 요건을 달리하지만 제3자의 손해배상이라는 동일한 목적을 가지므로 경합관계에 있어 피해자는 양 청구권을 선택

적으로 행사할 수 있다고 볼 때, 판례의 입장은 타당하다고 생각한다.

(4) 결의사항의 부집행

1) **대표이사의 임무해태** : 주주총회나 이사회결의 없이 대표이사가 회사행위를 적극적으로 한 전단적 대표행위와 반대로 주총·이사회결의가 있었음에도 불구하고 대표이사가 이를 집행하지 않는 경우는 대표이사의 임무해태라 할 수 있으며, 이 경우 이사의 임무해태로 인한 책임 즉 해임과 손해배상책임만 문제될 뿐이다. 이사선임, 중요재산의 양도 등에 요구되는 주주총회의 결의, 이사회의 결의가 있어도 대표이사가 계약을 체결하지 않을 경우에는 법인이론에 의하면 의사결정만 있었을 뿐 의사표시에 의한 계약행위가 없어 법률행위(회사행위)는 효력을 가질 수 없다. 뿐만 아니라 현실적으로도 선임된 이사와 보수, 업무내용, 근무조건, 보험이나 복지 등에 관한 사항, 중요재산 양도의 경우에는 계약상대방은 어느 정도 결의에 반영되었다156) 하더라도 상대방의 확정, 구체적 가액의 결정, 대금지급조건 등의 계약의 중요 세부적 계약사항이 대표이사에 의해 판단되고 집행되어야 한다.

2) **선임결의의 부집행** : 결의에 의해 대부분의 법률행위의 요소는 결정되고 대표이사의 표시행위만 요구되는 경우, 예를 들어 이사·감사의 선임에 관해 주주총회의 결의를 거쳤지만 대표이사가 자신의 이해관계에 반한다는 이유로 이를 실행하지 않을 경우가 문제된다. 이 경우 표시행위가 부존재한다는 이유만으로 결정된 (효과)의사가 집행되지 않는 것은 자연인에게서 나타나기 어려운, 의사결정과 표시행위의 분리라는 단체법의 구조적 문제점이라 할 수 있다. 회사의 (효과)의사를 집행하지 않은 대표이사에 대해 해임, 손해배상책임 이외에 주총·이사회의 결의사항을 회사행위로 의제하는 방법은 없는가? 이사·감사의 선임결의가 이뤄진 경우 효과의사는 결정되었고 표시의사마저 존재하지만 대표이사에 의한 표시행위

---

156) 주주총회·이사회의 결의는 크게 보아 의사를 결정하는 결의와 승인결의로 나눌 수 있다. **의사결정결의**는 법인의 회사행위를 위한 의사를 결정하는 결의이고 **승인결의**는 회사행위는 이미 법적 효력을 가지지만 이를 회사가 승인함으로써 회사에 대한 효력을 가지도록 하는 결의이므로 양 결의의 법적 의미는 구분된다. 의사결정결의는 회사의 효과의사를 결정하는 절차로서 대표이사에 의해 표시행위가 요구되는데 반해, 승인결의는 이미 대표이사에 의하거나 다른 주체에 의해 표시행위(대외적인 거래행위)가 이뤄져 효력을 가지므로 대표회사의 표시행위가 요구되지 않는다.

만 부존재하는 상황으로서, 이는 **부작위에 의한 대표권 남용**의 성질을 가진다. 이 경우 법인이론에 따르면 주주총회의 선임결의가 있었음에도 불구하고 임용계약의 청약 또는 승낙의 표시행위가 없어 정상적인 계약이 체결될 수 없어 회사행위로서 효력을 가지지 못하게 된다.

3) 결의계약설 : 전통적 법인이론에 의하면 주주총회에서 이사를 선임하거나 이사회에서 새로운 대표이사를 선임한 경우에도 선임행위는 회사의 효과의사의 결정에 지나지 않고 대표이사가 회사의 결정된 의사에 따라 새로운 이사·대표이사 후보와 위임계약이라는 회사행위(임용행위)를 하여야 임용계약의 효과가 회사에 귀속한다. 그런데 법인이론에 따르면 주주총회나 이사회가 회사의 의사를 결정하였음에도 불구하고 대표이사가 자신의 이해관계와 불일치하여 이를 실행하지 않을 경우(대표이사의 부작위) 회사행위가 효력을 가질 수 없게 된다. 이사선임결의에서의 이러한 문제점을 해소하기 위해 최근 대법원 판례(2016다251215)에서 대표이사의 선임행위만으로 대표이사의 임용계약은 성립한다고 보아(**결의계약설**) 회사행위론(법인이론)에 정면으로 반하는 해석을 하고 있다.

4) 검 토 : 결의계약설은 법인의 법률행위 구조를 무시하고 회사이익을 보호하기 위해 회사행위에 관한 **편의주의적 해석**을 하고 있다. 주주총회결의만으로 회사행위가 완성되게 되어 회사법상 보장되어 있는 대표이사의 권한을 무시하고 있으며, 이는 주주의 이익이 곧 회사의 이익과 일치한다는 주주우선주의적 경향마저 감지된다. 하지만 회사법은 의사결정기관과 표시기관의 분리를 전제하고 표시기관인 대표이사가 의사결정기관의 의사를 집행하지 않을 경우 해임하거나 손해배상책임을 물을 수 있도록 정하고 있다. 이러한 회사법상의 지배구조를 무시하고 주주총회의 의사결정만으로 회사행위가 효력을 가진다고 보는 결의계약설은 회사이익 보호라는 취지에서 일응 이해할 수 있지만 이익보호를 위한 방법 즉 회사법의 해석론은 논리적이거나 체계적이지 못하다 본다.

5) 사 견 : ① 회사행위의 구분 – 회사행위는 결의만으로 계약요소가 거의 결정되는 유형과 대표이사에 의해 구체적인 의사결정이 요구되는 유형으로 구별될 수 있다고 본다. 회사행위는 대체로 계약의 형태를 가진다고 전제할 때, 전자의 경우(**결의형계약**)는 결의의 비중이 커서 대표이사의 집행행위는 형식화될 수 있지

만, 후자의 경우(**집행형계약**)는 결의에는 계약의 중요부분만 검토되고 구체적인 계약조건의 결정은 대표이사에게 위임되어 있는 유형의 계약이라 할 수 있다. 이사·감사선임결의는 피선임자와 계약기간이 정관에 정해져 있거나 결의로 정해지고 보수도 주총결의사항이어서 계약의 중요사항이 거의 결정되고 대표이사의 계약 체결만 남아 있는 특수한 성질의 계약(**결의형계약**)이어서 영업양도와 같이 세부적 계약조건이 요구되는 회사행위(집행형계약)과는 구별할 필요가 있다.

② **선임계약** – 이사·감사의 선임계약은 주주총회의 선임결의시 선임된 이사·감사의 동의가 전제되거나 후보추천위원회를 거쳐 추천된 이사 등에 관해 결의하는 경우도 많다. 동의가 전제되거나 추천된 임원의 선임에 관한 주주총회의 선임결의에 따른 대표이사의 선임계약은 결의형계약에 해당하고, 대표이사에 의한 계약의 체결은 형식화된 절차에 지나지 않아, 선임결의가 있으면 대표이사의 계약체결의 불이행을 해제조건으로 계약의 효력(**해제조건설**)이 발생한다고 해석할 수 있다. 해제조건설에 따라 선임결의의 효력을 해석하여 결의만으로 이사·감사의 지위를 가지게 함으로써 대표이사 부작위에 의한 대표권남용 즉 선임된 이사·감사의 선임계약의 불체결의 폐해는 일단 줄일 수 있다고 본다. 다만 이사·감사의 주주총회 선임결의에 의해 해제조건적으로 선임계약의 효력이 발생한다고 해석하더라도, 대표이사가 계약을 체결하지 않을 경우 해제조건이 성취되게 되어 그 의미는 반감된다.

③ **해제조건** – 대표이사가 이사·감사의 선임계약을 체결하지 않는 것은 부작위에 의한 대표권남용에 해당하는데, 통상 대표이사의 대표권남용에 관해서는 원칙적으로 무효이지만 상대방이 대표이사의 남용에 관해 선의인 경우 상대방에 관해 회사는 무효를 주장할 수 없다고 본다(상대적 무효설, 판례는 상대적 유효설). 결의 흠결이라는 회사법 위반의 행위라 하더라도 선의의 상대방에 무효를 주장할 수 없다고 해석하는 근거는, 회사의 내부절차에 대한 선의자에게 절차흠결을 주장하는 것은 신의칙에 반하기 때문이다. 이러한 작위에 의한 대표권남용의 법리를 부작위에 의한 대표권남용에 적용하면, 이사·감사로 선임된 자는 남용행위의 상대방의 지위에 있게 되는데, **부작위에 의한 대표권남용**시 당연히 결의를 집행할 의무가 있는 대표이사가 결의집행의 대표행위를 해태한 후 집행행위가 없었음을 이유로 결의의 효력을 부인하는 것은 신의칙 위반이라 볼 수 있다. 따라서 대표이사가 선임계약을 체결하지 않더라도 해제조건의 성취를 주장하는 것은 신의칙에 위반되므로 선임된 이사·감사의 지위는 유지된다고 본다. 다만 대표이사가 주주

총회결의에 따라 선임계약을 체결하려고 하였지만 선임된 자가 결의와는 다른 내용의 계약체결을 주장하여 선임계약이 체결되지 않은 경우에는 해제조건이 성취되어 선임계약은 소급하여 효력이 부인된다고 본다.

④ **소 결** – 논의를 정리하면 선임결의만으로 선임계약의 효력이 발생하지 않고 대표이사와 선임된 이사·감사간의 임용계약은 요구되지만(법인이론), '상대방의 동의가 전제된 결의형계약'은 주주총회 결의시에 대표이사의 계약체결의 불이행을 **해제조건**으로 임용계약의 효력이 발생한다고 본다. 주주총회의 선입결의에도 불구하고 대표이사가 이를 집행하지 않을 경우 해제조건이 성취되지만, 이는 부작위에 의한 대표권 남용행위로서 대표권남용을 한 대표이사가 해제조건의 성취 즉 선임계약의 불성립을 주장하는 것은 신의칙 위반이 된다. 하지만 선임된 자가 결의와는 다른 내용의 계약체결을 주장하여 선임계약이 체결되지 않아 해제조건이 성취된 경우에는 선임계약은 소급하여 효력이 부인된다.

5. 공동대표이사제도

(1) 의 의

1) **개 념** : 회사의 대표권 행사를 공동으로 행사하도록 이사회 또는 주주총회에서 선임된 수인의 대표이사를 공동대표이사라 하고(상389.2) 공동대표이사로 회사의 등기부에 등기된다(상317.2 10호). 주식회사의 대표이사가 수인인 경우에도 **단독대표**가 원칙이나, 이사회의 결의로 공동대표이사를 정한 경우에는 수인의 대표이사가 공동의 의사표시로써만 회사를 대표하여야 하므로(상389.2), 대표권이 법률상 제한된 대표이사라 할 수 있다. 공동대표제도는 대외관계에서 수 인의 대표이사가 공동으로만 대표권을 행사할 수 있게 하여 업무집행의 통일성을 확보하고, 대표권 행사의 신중을 기함과 아울러 대표이사 상호간의 견제에 의하여 대표권의 남용 내지는 오용을 방지하여 회사의 이익을 도모하려는 데 그 취지가 있다(89다카3677). 요컨대 공동대표이사제도는 대표이사의 **대표권 남용을 방지**하기 위한, 법률에 의한 대표권의 사전적 제한제도라 할 수 있다.

2) **본 질** : 공동대표의 본질에 관해 공동대표이사는 각자 대표기관을 구성하고 단지 권한행사를 공동으로 하는 것으로 이해할 것인가 아니면 공동으로 1개의 대표기관을 구성하고 1개의 대표권이 합유적으로 귀속하는 것으로 이해할 것인가

에 관해 **행사방법 공동설**과 **대표권 합유설** 등으로 견해가 대립한다. 생각건대 회사법은 '공동으로 회사를 대표'하도록 정하고 있을 뿐(상389.2), 대내적 업무집행권한이나 대표권이 반드시 1개여야 한다거나 대표권한의 공동귀속 등에 관한 특별한 규정을 두고 있지 않다. 따라서 공동대표는 대내적 업무집행에서는 각자 단독으로 대표이사의 권한을 행사할 뿐만 아니라 대표권도 각각 보유하면서 그 행사만 권한남용을 방지하기 위해 공동으로 한다는 행사방법 공동설이 타당하다고 본다. 이사회는 대표이사를 선임하면서 공동대표로 동시에 선임할 수 있고 단독대표이사를 후에 선임기관인 이사회(주주총회)가 이를 공동대표로 변경하는 것도 가능하다고 본다. 그리고 1인의 단독대표이사와 2인의 공동대표이사를 동시에 두는 것도 회사법의 해석상 허용된다고 본다.

(2) 권 한

1) **수동대표** : 공동대표이사가 대표행위를 함에 있어서만 대표행위의 유형에 따라 권한행사방법이 구별된다. 먼저 수동대표, 즉 공동대표이사가 있는 경우에 거래상대방이 '회사에 대한 의사표시'를 하는 경우 이를 수령하는 법률행위는 단독으로 할 수 있으므로, 거래상대방은 공동대표이사 중 1인에 대하여만 하여도 효력이 발생한다(상389.3 → 208.2). 즉 회사에 대한 상대방의 의사표시·의사통지에 대해 공동대표이사도 단독으로 회사를 대표할 수 있는 권한이 있다. 상대방의 의사표시의 수령시에는 대표이사의 권한남용의 소지가 없어 굳이 상대방의 의사표시를 모든 공동대표이사에게 하여야만 효력이 발생하는 것으로 제한할 필요가 없기 때문이다.

2) **능동대표** : 공동대표이사의 권한행사가 제한되는 것은 능동대표에 국한된다고 할 수 있다. 제3자에게 '회사가 하는 의사표시'인 능동대표행위는 공동대표이사들이 공동으로 하여야 효력이 발생한다. 이 경우 공동대표이사의 대표권은 법률에 의해 제한된 것이므로 이를 위반한 경우, 즉 공동대표이사가 단독으로 거래상대방에 대해 회사의 의사표시를 한 경우에는 거래상대방이 공동대표라는 사실을 몰랐다고 하더라도 거래행위는 효력을 가지지 못한다. 즉, 상대방의 선의·악의를 불문하고 제한을 위반한 능동대표행위는 무효이다. 다만 공동으로 행위를 한다는 의미는 공동대표이사의 의사표시가 동시에 이루어져야 한다는 의미는 아니고, 순차적으로도 의사표시가 이뤄지더라도 동일한 내용일 경우에는 공동대표이

사가 공동으로 행위한 것으로 이해된다.

3) **적용범위** : ① **대표행위** - 공동대표제도는 대표권남용을 방지하기 위한 제도이므로 **거래행위**가 대상이 되고, **불법행위**는 대표권남용이 문제되지 않으므로 적용되지 않는다. 설사 거래관련적 불법행위 예를 들어 대표이사의 지위를 이용하여 사취하는 등의 행위여서 거래가 수단이 되는 불법행위에 관해서도 회사의 거래행위로서는 무효이지만 불법행위 성립에는 영향을 미치지 않으므로 불법행위는 적용범위에 포함되지 않는다고 볼 수 있다. 다음으로 **소송행위**도 대표행위의 일종이므로 공동대표이사는 공동으로 소송행위를 하여야 한다.

② **대내적 업무집행** - 공동대표이사가 회사의 대내적 업무집행을 함에 있어서도 공동으로 하여야 하는가? 이에 관해 공동행사가 원칙이나 단독행사도 책임문제는 별론으로 하고 행위의 효력은 문제되지 않는다고 보는 긍정적 견해가 주장된다. 생각건대 회사법은 대표이사의 대내적 업무집행권한에 관해 아무런 규정을 두고 있지 않을 뿐만 아니라 공동대표의 대내적 업무집행권한의 제한에 관해서도 규정하고 있지 않다. 따라서 대내적 업무집행권한은 회사법상 이사·대표이사의 권한사항에 관한 규정을 근거로 해석상 모든 대내적 업무집행에 미친다고 이해되고, 공동대표이사도 대표권의 행사만 제한된 대표이사이므로 대내적 업무집행에는 제한이 없다고 보아야 한다. 따라서 만일 내부적 업무집행도 제한받는 공동대표이사를 내부적으로 정하는 것(권한의 내부적 제한)은 가능하겠지만, 이는 상법상의 공동대표이사와는 구별되는 별개의 유형의 권한 제한을 받는 공동대표이사로 보아야 한다는 점에서 부정설이 타당하다고 본다.

(3) 권한의 위임

1) **포괄적 위임** : 공동대표이사 중의 1인이 다른 공동대표이사에게 대표권을 포괄적으로 위임할 수 있는가? 일정한 사항에 관해 이사 전원의 동의가 있으면 결정과 집행을 특정 공동대표에게 포괄적으로 위임할 수 있다고 보는 **긍정설**, 공동대표이사의 대표권을 포괄적으로 위임하는 것은 실질적으로 단독대표가 되어 대표권 남용방지의 취지를 몰각시킨다는 점에서 허용될 수 없다고 보는 **부정설**이 주장된다. **판례**도 일반적이고 포괄적으로 대표권의 행사를 위임하는 것은 허용되지 않는다고 하여(89다카3677) 부정설을 따르고 있다. 생각건대 공동대표이사제도는 대표권의 남용과 위법행사를 방지하기 위한 제도라는 취지를 고려할 때 포괄적

위임을 허용함은 제도의 취지에 반하므로 허용되지 않는다고 보며, 이사 전원의 동의가 있더라도 공동대표를 단독대표로 변경하고 이를 등기하지 않은 이상 단순한 동의만으로 선의의 제3자에게 대항할 수 없음을 고려할 때 부정설이 타당하다고 본다.

   2) 개별적 위임 : ① 논 의 - 공동대표이사 권한의 포괄적 위임은 금지된다고 하더라도 특정거래에 관하여 공동대표이사간에 내부적 의사합치 후 대표권의 개별적 위임은 허용되는가?(**쟁점46**)[157] 내부적 의사합치만으로 부족하고 대외적으로 의사표시를 공동으로 하여야 한다는 **소극설**, 공동대표이사의 내부적인 의사합치만 있으면 개별적인 위임이 가능하다고 보는 **적극설**, 개별적인 행위에 의한 위임이 가능하고 이를 현명하여야 한다는 **표시행위위임설** 등이 주장된다. **판례**는 회사의 공동대표이사 2명 중 1명이, 다른 1명의 대표이사가 그로 하여금 건물의 관리에 관한 대표행위를 단독으로 하도록 용인 내지 방임하였고 또한 상대방이 그에게 단독으로 회사를 대표할 권한이 있다고 믿은 선의의 제3자에 해당한다면 이를 회사의 동의로 볼 수 있다고 하여(95누14190) 적극설에 가까운 판단을 하고 있다.
   ② 검 토 - 공동대표이사가 일정한 회사행위를 함에 있어 공동대표이사간 내부적 의사합치를 하였다면 이후 다른 공동대표이사에 개별적 위임을 할 경우 개별적 위임의 대상은 표시행위라 할 수 있다. 공동대표이사간 의사결정을 공동으로 하거나 의사합치가 있었을 경우 대표권남용를 방지하기 위한 공동대표이사제도의 취지는 달성될 수 있으므로 표시행위까지 공동으로 할 것을 요구할 필요는 없다고 본다. 따라서 공동대표간 의사표시의 합치가 전제되고 표시만을 위임하는 개별적 위임은 허용된다고 볼 수 있다. 그리고 공동대표이사간 위임행위는 단순한 개인간의 위임이 아니라 기관구성원간의 행위이고 수임 공동대표이사도 표시행위를 할 수 있는 권한을 가지고 있었으므로 대리에 관한 현명주의가 적용될 수 있는 구조가 아니라 본다. 왜냐하면 현명주의를 적용할 경우 개별적 위임을 받은

---

157) **공동대표이사의 대표권의 개별적 위임의 허용성**(**쟁점46**)에 관해, **적극설**은 공동대표이사의 내부적인 의사합치만 있으면 개별적인 위임이 가능하고 거래상대방에게 공동대표이사 전원이 의사표시를 같이 할 필요는 없다는 견해이다(권기범742). **소극설**은 내부적 의사합치만으로 부족하고 대외적으로 의사표시를 공동으로 하여야 한다는 견해이다(채이식536). **표시행위위임설**은 공동대표이사 1인이 개별적으로 위임할 수 있지만 위임관계를 행위시에 현명하여야 한다는 견해로서, 이를 통해 공동대표제도의 운영을 대내적으로 통일·명시할 수 있고 아울러 거래의 신속과 조직운영의 효율을 기할 수 있다고 본다(이철송738).

공동대표가 현명을 하지 않는다면 수임공동대표를 위한 의사표시로 간주되는데
(민115.1) 회사행위에 관해 수임공동대표의 행위로 간주되면 회사행위를 공동대
표이사가 단독으로 한 것이 되어 결과적으로 무효가 된다. 이러한 효과는 공동대
표이사간의 의사합치에 부합하지 않을 뿐만 아니라, 비현명행위의 효과의 대리인
귀속이 거래상대방 보호를 위한 취지인데 공동대표이사간의 표시행위의 위임에
현명주의를 적용할 경우 대표행위가 무효하게 되어 거래상대방의 이익을 해하게
된다. 따라서 공동대표이사간 표시행위의 위임에 현명주의를 적용하는 것은 적절
하지 못하다고 볼 수 있으므로, 현명하지 않고 수임 공동대표이사가 표시행위를
할 수 있다고 보는 적극설이 타당하다고 본다.

(4) 권한 행사의 하자

1) **공동대표의 단독대표행위** : ① 효 력 – 공동대표이사 중의 1인이 다른 공동
대표이사의 위임이나 동의 없이 단독으로 대표행위를 한 경우 대표행위의 형식이
공동대표전원의 명의를 위조하였든, 단독대표인 것처럼 하였든 대표행위는 무효
이다. 설사 거래상대방이 공동대표이사의 단독대표라는 사실에 관해 선의인 경우
에도 **단독대표행위는 무효**로 본다. 대표이사의 행위가 이사회결의를 흠결한 경우
에는 선의의 거래상대방을 보호하는 해석을 하는데 반해 공동대표의 요건흠결의
경우 이를 무효로 보면서 선의의 거래상대방을 원칙적으로 보호하지 않는다고 해
석하는 근거는 무엇인가? 이는 공동대표의 등기제도에서 그 근거를 찾을 수 있다
고 본다. 상업등기사항을 등기한 경우 선의의 제3자에 대항할 수 있으므로(상
37.1), 공시된 공동대표를 단독대표로 알았다 하더라도 이는 상업등기사항을 잘못
안 것이므로 보호되지 않는다고 이해될 수 있다.

② **무권대표행위** – 공동대표이사의 단독대표행위는 단독으로 회사를 대표할
권한이 없는 자가 대표권을 행사한 것으로 볼 수 있다. 따라서 공동대표의 단독대
표행위의 실체는 무권대표행위이고 무권대리행위와 유사한 법적 구조를 가지고
있다고 볼 수 있다. 그렇다면 공동대표이사의 단독대표행위에서 배제된 다른 공
동대표이사가 무권대리행위 추인과 단독대표행위를 추인할 수 있는지 하는 문제
가 생겨난다. 그리고 공동대표이사의 단독대표행위의 거래상대방이 행위자를 공
동대표가 아닌 단독대표로 믿고 거래한 경우 그러한 신뢰는 보호될 수 없는지 즉
표현대표이사제도를 통해 보호될 수 있는지 하는 점은 공동대표이사제도에 의한
회사이익보호와 다른 관점에서 고찰될 수 있다.

2) 단독대표의 추인 : ① **논 의** - 무권대표(리)행위의 실체를 가지는 공동대표의 단독대표행위에 관해 회사행위에서 배제된 공동대표이사 전원이 거래상대방이나 단독으로 대표행위를 한 공동대표이사에게 추인을 하여 무권대표(리)행위를 소급하여 유효한 회사행위로 전환시킬 수 있는가? 이에 관해 학설은 대체로 **긍정설**을 따르고 있는데, 공동대표이사제도가 대표권의 권한남용 방지에 그 취지가 있으므로 배제된 공동대표가 사후적으로 단독대표행위를 인지하고 이에 관해 추인할 경우에는 단독대표행위의 하자는 치유되어 유효하게 된다고 본다. **판례**도 공동대표의 단독대표에 대한 추인을 긍정하며, '공동대표이사가 단독으로 회사를 대표하여 제3자와 한 법률행위를 추인함에 있어 그 의사표시는 단독으로 행위한 공동대표이사나 그 법률행위의 상대방인 제3자 중 어느 사람에게 대하여서도 할 수 있다'고 본다(92다19033).

② **검 토** - 공동대표이사의 단독대표행위의 본질이 무권대표행위로 볼 수 있어 추인이 가능하다고 볼 수 있지만(긍정설) 이 경우 **추인의 주체**는 회사인가 배제된 공동대표이사인가? 공동대표이사의 단독대표행위는 단독으로 회사행위를 대표할 권한이 없음에도 한 대표행위의 실질을 가지고 있으므로, 논리적으로 볼 때 배제된 공동대표이사가 아니라 본인인 회사가 추인권한을 가진다고 본다. 따라서 회사의 추인권한의 행사도 결국 회사행위이므로 다시 공동대표의 대상이 되지만, 단독대표행위를 한 공동대표이사는 이미 대표행위를 한 자이니 대표행위에 동의가 의제되고 배제된 공동대표의 동의가 있으면 추인할 수 있게 된다. 그리고 **추인의 상대방**에 관해 보면, 단독대표행위의 추인이 공동대표간의 대표권 위임에 관한 추인이 아니라 무권한 단독대표행위에 대한 추인이므로 거래상대방에 대해 추인하여야 하지만, 판례는 무권대리의 추인(80다2314)과 동일하게 공동대표이사에 추인하는 것도 적법하다고 본다.

3) 표현대표 적용 : 추인이 없는 공동대표이사의 단독대표행위는 확정적 무효이므로 거래행위는 효력을 가질 수 없게 되므로, 이 경우 거래를 신뢰한 거래상대방의 보호가 문제된다. 대표이사가 아닌 무권한자가 대표이사의 직함을 사용하여 거래한 경우에 거래상대방이 신뢰한 경우 표현대표이사제도로 보호받을 수 있는데(상395), 대표권이 제한된 공동대표이사가 한 거래행위에 관해 선의의 거래상대방이 보호받지 못할 경우 법률의 형평성에 반하게 되므로 당연히 표현대표이사제도에 의해 보호받는다고 본다(**긍정설**, 통설). **판례**도 회사가 공동대표이사에게 단

순한 대표이사라는 명칭을 사용하여 법률행위를 하는 것을 용인 내지 방임한 경우에도 회사는 표현책임을 부담한다고 본다(91다19111). 생각건대 공동대표이사의 단독대표행위의 거래상대방은 무권한자의 대표권한 사칭행위보다 보호법익이 더 크다고 볼 때, 단독대표행위가 표현대표이사제도의 요건을 충족할 경우 회사는 대표행위에 대해 책임을 부담한다고 본다(2편4장2절Ⅳ.6.(4).4)참조). 다만 단독대표한 공동대표이사는 제3자에 대해 상법상 손해배상책임(상401)이나 민법상의 손해배상책임(민750)을 부담할 수 있으며, 공동대표이사 중의 1인이 회사의 업무집행으로 인하여 타인에게 손해를 가한 때에는 비록 단독행위라 하더라도 회사의 불법행위가 되어 회사가 연대책임을 진다(상389.2 → 210).

6. 표현대표이사제도

(1) 의 의

1) **개 념** : 회사의 정관이나 업무규칙에 의하여 사장·부사장·전무이사·상무이사 등과 같이 회사의 대표권이 있다고 믿을 만한 명칭을 사용하는 경우, 그러한 명칭을 사용한 자와 거래한 제3자는 그에게 대표권이 없음에도 불구하고 대표권이 있는 것으로 오인하기 쉽다. 상법은 그러한 외관을 신뢰한 제3자를 보호하고 거래의 안전을 도모하기 위하여 표현대표이사에 관한 규정을 두고 있다. 표현대표이사제도란 사장·부사장·전무·상무 기타 회사를 대표할 권한이 있는 것으로 인정할 만한 명칭을 사용한 이사의 행위에 대하여는 그 이사가 회사를 대표할 권한이 없는 경우에도 회사는 선의의 제3자에 대하여 그 책임을 지는 제도를 의미하고(상395), 대표권 없이 행위한 자를 표현대표이사라 한다.

2) **취 지** : 표현대표이사제도는 회사가 이사 중에서 1인만을 대표이사로 등기하여 두고 다른 이사들에게는 사장·부사장·전무이사·상무이사 등의 명칭을 사용하여 어음·수표행위 등 비슷한 거래활동을 하게 한 다음, 당해 거래가 회사를 위하여 불리할 때에는 등기부상 회사의 대표이사가 1인이라는 것을 증명하여 회사의 책임을 회피할 수 있다. 이와 같은 폐단을 방지하고, 무권한자의 거래행위에 회사에 귀책사유가 있을 경우 회사의 책임을 인정하여 무권한자와 거래한 거래상대방을 보호하기 위한 취지이다. 그러나 표현대표이사제도가 제3자를 지나치게 보호하고 또 상업등기제도(상37)와도 모순된다는 점 등에서 입법론상 이를 반

대하는 견해도 있다.

3) **이론적 근거** : 표현대표이사제도는 상법 제395조에 명시되어 있어 법적 근거는 명확하지만, 이 제도의 이론적 근거를 어떻게 이해해야 하는가? 영미법상 금반언의 원칙에서 찾는 견해, 독일법상의 외관이론에서 찾는 견해, 외관주의 또는 금반언의 원칙에서 찾는 견해 등이 주장된다. 그런데 이론적 근거에 따라 상법 제395조의 해석이 달라지지 않으므로 학설대립의 의미는 적으나, 독일법상의 제도를 계수한 점에서 외관이론의 표현으로 볼 수 있을 것이다. 판례는 제395조의 규정은 표시에 의한 금반언의 법리나 외관이론에 따라 대표이사로서의 외관을 신뢰한 제3자를 보호하기 위하여 그와 같은 외관의 존재에 관하여 귀책사유가 있는 회사로 하여금 선의의 제3자에 대하여 그들의 행위에 관한 책임을 지도록 하려는 것으로 본다(2007다60455). 따라서 표현대표이사제도가 적용되기 위해서는 외관 신뢰보호의 원칙의 일반적인 요건이라 할 수 있는 외관의 존재, 외관의 신뢰, 외관에 대한 귀책사유가 있어야 한다. 즉, 대표이사의 명칭을 사용하여 거래행위를 하여야 하고 거래상대방은 대표이사의 행위로 신뢰하여야 하며 이러한 신뢰가 형성된 데 회사의 귀책사유가 존재하여야 한다.

(2) 다른 제도와의 관계

1) **표현대리제도** : 표현대표이사제도는 대리권 수여의 표시에 의한 표현대리에 관한 민법 제125조와 가장 유사하다. 다만 권한을 초과한 경우에는 민법 제126조와도 관련되고, 대표이사나 이사의 퇴임등기 후 전무이사 등의 명칭사용을 허락하였거나 묵인한 때와 같이 민법 제129조의 표현대리와도 관련될 수 있다. 그러나 대표권 수여의 의사표시를 상대방에게 하지 않더라도 무방하며 단지 회사의 귀책사유만 문제되므로 민법 제125조의 표현대리와 요건을 달리한다. 표현대표이사의 요건을 갖출 경우 특별규정인 상법의 표현대표이사제도가 우선 적용되어 표현대리는 문제될 여지가 없으나, 표현대표이사의 요건에 흠결이 있는 경우 대표에 관해서는 대리규정이 준용되므로(민59.2) 표현대리규정이 준용될 수도 있다.

2) **표현지배인제도** : 상법 제395조는 표현대표이사가 되기 위해서는 이사의 자격을 요구하나, 통설과 판례는 이사의 자격이 없는 회사의 사용인이나 이사직을 사임한 자가 회사를 대표할 권한이 있는 것으로 인정될 만한 명칭을 사용한 경우

에도 표현대표이사제도를 유추적용하고 있다(91다35816). 따라서 지배인도 이사도 아닌 자가 권한 없이 지배인의 명칭 또는 대표이사의 명칭을 사용하여 거래행위를 한 경우 표현지배인제도(상14)를 적용할 것인지 표현대표이사제도(상395)를 적용할 것인지 하는 점이 문제된다. 두 제도 모두 외관신뢰보호의 원칙의 표현이므로 요건은 유사하나, 요건 중의 하나로서 외관이 존재하여야 하는데 지배인의 외관을 형성한 경우에는 표현지배인제도가 적용되고 대표이사의 외관을 사용한 경우에는 표현대표이사제도가 적용된다.

3) 상업등기제도 : ① 쟁 점 – 대표이사를 포함하여 상법상 이사의 성명·주민등록번호는 상업등기사항이다(상317.2 8호). 그렇다면 대표이사로 등기되지 않은 자가 대표행위를 할 경우 상업등기부의 효력을 정한 상법 제37조의 소극적 공시력, 또는 제39조 부실등기의 효력으로 해결하면 되고 표현대표이사제도는 불필요한 제도가 아닌가 하는 의문이 든다. 표현대표이사제도는 등기되어 있지 않은 자의 대표행위를 신뢰한 상대방을 보호하는 제도이어서, 등기부를 열람하지 아니한 과실이 있는 상대방이 보호되어 상법 제37조와 일면 모순되는 것으로 보인다.

② 논 의 – 양 규정의 충돌에 관해 표현대표이사의 경우에는 등기사항에 대한 선·악의 문제는 고려하지 않는다는 점에 견해가 일치하므로, 결국 상법 제37조가 적용되지 않고 표현대표이사제도가 우선적으로 적용되는 근거는 무엇인가? (쟁점47)[158] 이에 관해, 상법 제395조는 집단적 거래에서 등기부 열람의 어려움을 고려한 제37조의 예외규정이라 이해하는 **예외규정설**, 등기제도는 공시를 통한 당사자의 이해조정이고 표현대표이사제도는 외관신뢰에 대한 신뢰보호이므로 법익을 달리한다고 보는 **법익구별설** 등이 주장된다. **판례**는 상법 제395조와 상업등기와의 관계를 헤아려 보면, 본조는 상업등기와는 다른 차원에서 회사의 표현책임

---

158) **표현대표이사제도의 우선적용의 근거(쟁점47)**에 관해, **법익구별설**은 상법 제37조가 기업관계가 외부에 공시된 후에는 상대방의 희생 아래 공시자의 면책을 보장함으로써 당사자의 이해를 조정하려는 제도이지만, 표현대표이사제도는 표현적 명칭이라는 부진정한 외관작출에 유책인 자를 희생시키고 외관대로의 법효과를 인정함으로써 상거래의 신속과 안전을 도모하려는 제도이므로 서로 법익을 달리하므로 상법 제395조를 상법 제37조의 예외로 볼 수 없다는 견해이다(이철송740, 김홍기569, 송옥렬1024). **예외규정설**은 회사의 대표이사와 거래하는 제3자가 거래시마다 일일이 등기부를 열람하여 대표권 유무를 확인하는 것은 제3자에게 너무 가혹하고 또 집단적·계속적·반복적·대량적인 회사기업의 거래실정에도 맞지 않는 점을 고려하면, 상법 제395조는 상법 제37조의 예외규정이라는 견해이다(정찬형1017, 권기범974, 서헌제838, 장덕조344, 채이식543, 최기원645, 최준선522).

을 인정한 규정이라고 해야 옳으므로(이차원설) 이 책임을 물음에 상업등기가 있는지 여부는 고려의 대상에 넣어서는 안 된다고 본다(77다2436),

③ **검 토** - 상업등기제도를 보면, 상업등기부에 대표이사로 등기된 진정 대표이사(A)에는 추정력·(소극적·적극적)공시력이 미친다. 하지만 무권한자(B)가 대표이사가 아니라는 점에 관해서는 추정력은 발생하지만 무권한 사실이 등기되지 않으므로 공시력(소극적·적극적 공시의 효력)이 발생하지 않아, 등기제도만으로 'B의 외관에 따른 신뢰문제'를 해결할 수 없다. 표현대표이사제도가 회사의 귀책사유를 요건으로 한다는 점에서 다소 차이가 있지만, 등기제도와 표현대표이사제도는 거래안전·선의 제3자 보호라는 보호법익은 동일하다고 본다. 등기제도가 존치하는 이상 등기부 열람의 어려움이 있다면 등기의 효력에서 이에 대한 예외를 마련하는 것이 적절하다는 점에서 예외규정으로 보기도 적절하지 않다고 본다. 하지만 등기제도는 등기된 사항, 등기의무 해태사항에 관한 신뢰를 보호하지만 표현대표이사제도는 무등기사항에 관한 신뢰를 보호대상으로 하므로 양 제도는 구별된다고 본다(**제도구별설**). 따라서 양 제도간에 규범의 충돌이 나타나지 않는다고 보아야 하고, 상업등기제도에 따라 진정한 대표이사(A)가 등기되었음도 불구하고 '무권한자(B)의 권한 외양에 대한 신뢰'를 보호할 필요가 있게 된다. 요컨대 표현대표이사제도나 표현지배인제도는 등기제도를 통한 거래상대방의 보호와 실제 거래에서 요청되는 거래상대방보호의 필요성간의 간극을 메워 주는 기능을 한다고 볼 수 있다.

(3) 적용요건

1) **외관존재** : ① **표현대표의 직함** - 회사를 대표할 권한이 있는 자로 보이는 자와 한 거래행위만 보호를 받는다. 표현대표이사는 거래의 통념상 회사대표권의 존재를 표시하는 것으로 인정될 만한 명칭, 예컨대 사장·부사장·전무·상무에 한하지 않고, 회장·총재·은행장·이사장 등과 같이 일반관행에 비추어 대표권이 있는 것으로 사용되는 모든 명칭을 포함한다. 회사법상 직함은 예시로 보아야 하고(99다19797). 그와 같은 명칭이 표현대표이사의 명칭에 해당하는지 여부는 사회 일반의 거래통념에 따라 결정하여야 하고, '경리담당이사'는 회사를 대표할 권한이 있는 것으로 인정될 만한 명칭에 해당한다고 볼 수 없다(2002다62029).

② **이사 자격** - 상법은 외관을 사용하는 자가 **이사의 자격**을 갖추어야 하는 것으로 규정하고 있는데(상395, '명칭을 사용한 이사의 행위'), 해석상 이사자격을

요하지 않는다고 보는 것이 통설·판례이다. 이사 자격이 없는 자의 행위일 경우에도 거래상대방을 보호할 필요성이 있으므로 통설의 입장이 타당하다고 본다. 하지만 상법이 이사일 것을 명시하고 있으므로 이사가 아닌 자에게 상법 제395조가 직접 적용된다기보다는 유추적용된다는 판례(97다34709)의 입장이 타당하다고 본다.

③ **표현대행** − 회사행위는 대표이사가 직접 할 수도 있지만 타인이 대표이사로부터 대행권한을 수여받아 직접 대표이사 명의로 할 수도 있다. 대표이사의 명의로 거래할 것이 허용된 경우(대행권, 대리권), 대행권이 부존재한다면 이는 무권한 행위가 되는데 무권대행의 경우에도 표현대표이사제도가 적용될 수 있는가?(**쟁점48**)[159] 상법 제395조를 적용하면 제3자의 2단계의 오해, 즉 대표권에 관한 오해와 다른 대표이사의 대행권에 관한 오해가 보호되는데, 이는 상법 제395조가 의도하는 바가 아니라고 보는 **부정설**, 행위자 자신이 표현대표이사인 이상 그가 사용한 명칭이 어떠한 것인지를 불문하고 회사의 책임을 인정하는 것이 거래의 안전상 타당하다고 보는 **긍정설**이 주장된다. **판례**는 상법 제395조는 표현대표이사가 자기의 명칭을 사용하여 법률행위를 한 경우는 물론이고 자기의 명칭을 사용하지 아니하고 다른 대표이사의 명칭을 사용하여 행위를 한 경우에도 유추적용된다고 본다. 이와 같은 대표권 대행의 경우 제3자의 선의나 중과실은 표현대표이사의 대표권 존부에 대한 것이 아니라 대표이사를 대행하여 법률행위를 할 권한이 있느냐에 대한 것으로 보았다(2013다5091). 생각건대 직함사칭과 명의사칭은 구별되고, 상법 제395조도 **직함사칭**만을 대상으로 하고 있다. 하지만 직함사칭이나 명의사칭의 거래행위에서 상대방의 보호 필요성은 동일하며 거래의 안전도 동일하게 보호될 필요가 있으므로 **명칭사칭**의 경우에도 유추적용될 필요가 있다(긍정설). 다만 권한유무보다는 특정인의 동일성 확인이 보다 용이하다는 점, 예를 들어 거래상대방은 회사 홈페이지 방문 등을 통해 보다 쉽게 거래상대방이 대표이사와 동일 인물이 아니라는 사실을 확인할 수 있다는 점에서, 직함사칭보다는 명

---

159) **표현대행(쟁점48)**에 관해, **긍정설**은 제3자의 신뢰를 보호할 필요가 있는 이상 대리와 대행을 엄격하게 구분할 실익이 적다는 점에서 표현대표이사 규정의 적용을 긍정한다 (송옥렬1034; 정동윤621, 최기원641, 최준선503). **부정설**(표현대리설)은 표현대행의 경우 상대방의 악의 또는 중과실의 유무는 표현대표이사에게 대표권이 있는지 여부가 아니라 대표이사를 대리하여 행위할 권한이 있는지 여부에 관해 판단해야 하므로, 표현대리의 법리로 구제하여야 한다는 견해이다(이철송747). 이때 상법 제395조를 적용하면 제3자의 2단계의 오해, 즉 대표권에 관한 오해와 다른 대표이사의 대행권에 관한 오해가 보호되는데, 이는 상법 제395조가 의도하는 바가 아니라고 설명한다.

의사칭의 경우 중과실 유무의 판단을 달리할 가능성은 있다고 본다.

2) **귀책사유** : ① **외관부여** – 대표이사가 아닌 표현대표이사의 행위에 대해 회사가 책임을 부담하는 이유는, 회사가 표현대표이사에게 그 명칭을 부여하거나 명칭 사용을 허락하였기 때문이다. 만일 표현대표직함을 사용한 자가 임의로 그 명칭을 사용하여 거래행위를 하였다면 회사는 그 자의 행위에 대해 아무런 책임을 부담하지 않는다. 표현적 명칭사용을 허락하는 방식은 명시적인 경우는 물론 **묵시적**으로 허용한 경우에도 귀책사유가 인정된다. 예를 들어 표현대표이사의 거래행위를 결제한다든지 성사된 거래에 대해 수수료를 지급하는 등의 경우가 묵시적 외관부여의 예에 해당한다.

② **소극적 묵인** – 회사가 명칭을 명시적·묵시적으로 허락하지 않았지만, 제3자가 그러한 명칭을 사용하고 있다는 사실을 알고 방치한 경우에도 회사에 책임이 발생하는가? 이에 관해 판례는 표현대표자의 행위에 대하여 회사가 책임을 지는 것은 회사가 표현대표자의 명칭 사용을 명시적으로나 묵시적으로 승인할 경우에 한하는 것이고 회사의 명칭 사용 승인 없이 임의로 명칭을 참칭한 자의 행위에 대하여는 비록 그 명칭 사용을 알지 못하고 제지하지 못한 점에 있어 회사에게 과실이 있다고 할지라도 그 회사의 책임으로 돌려 선의의 제3자에 대하여 책임을 지게 할 수 없다고 본 판결(94다50908)도 있고, 이사 또는 이사의 자격이 없는 자가 임의로 표현대표자의 명칭을 사용하고 있는 것을 회사가 알면서도 이에 동조하거나 아무런 조치를 취하지 아니한 채 그대로 방치한 경우도 회사가 표현대표자의 명칭사용을 묵시적으로 승인한 경우에 해당한다고 보았다(2004다17702) 생각건대 타인의 부적절한 명칭사용을 알고 있더라도 이러한 행위를 배제할 적극적인 작위의무가 존재하지 않는다고 봄이 타당하다. 따라서 이러한 방치가 동조나 묵시적 허락에 해당되지 않는다면 표현대표이사제도를 적용할 수 없다고 본다. 표현대표이사제도는 진정한 거래행위가 아니지만 거래안전을 위해 회사의 책임을 인정하는 예외적인 제도이므로 무한정 확대하는 것은 곤란하다는 점에서도 부정설이 타당하다고 본다.

③ **허락주체** – 회사의 귀책사유는 회사가 대표이사 아닌 자에게 표현적 명칭의 사용을 허락하였다는 사실이며, 허락행위의 주체는 대체로 진정한 대표이사이다. 그밖에 판례는 공동대표이사가 다른 공동대표이사에게 대표이사라는 명칭의 사용을 용인 내지 방임한 경우(91다19111), 대표이사가 이를 허용하지 않았다

고 하더라도 적어도 이사회의 결의의 성립을 위하여 회사의 정관에서 정한 이사의 수, 그와 같은 정관의 규정이 없다면 최소한 이사정원의 과반수의 이사가 적극적 또는 묵시적으로 표현대표를 허용한 경우는 회사가 허락한 것으로 보았다(91다5365), 생각건대 상당수 이사의 의사가 회사 대표성을 가질 수는 없지만 다수의 이사가 명칭사용의 허락에 관여된 경우 회사에 귀책사유를 인정한 것으로 이해된다.

④ **주총의사록이 위조** – 주주총회가 개최되지 않고 총회 의사록이 위조된 경우에는 회사가 관여하지 않은 이상 회사의 외관부여가 있었다고 보기 어려워 표현대표이사제도의 적용이 어렵다고 본다. 판례도 허위의 주주총회결의 등의 외관을 만든 사람이 회사의 상당한 지분을 가진 주주라고 하더라도 그러한 사정만으로는 대표 자격의 외관이 현출된 데에 대하여 회사에 귀책사유가 있는 것과 동일시할 수 없다고 본 판결이 있고(2011다30574), 주주총회결의의 외관을 현출시킨 자가 사실상 회사의 운영을 지배하는 자인 경우와 같이 주주총회결의 외관 현출에 회사가 관련된 것으로 보아야 할 경우에는 회사에 귀책사유가 있다고 본 판결도 있다(2007다60455).

3) 외관신뢰 : ① 선　의 – 표현대표이사가 성립되기 위해서는 거래상대방은 선의의 제3자이어야 하는데, 이때 선의의 의미가 무엇인가? 선의란 대표권이 없음을 알지 못한 것으로 보며(통설·판례), 무과실만 포함되지 않고 선의인 데 경과실이 있는 경우도 보호된다고 본다. 요컨대 거래상대방이 외관을 신뢰함에 있어 악의이거나 선의이지만 중과실이 있는 경우를 제외하고는 보호받는다.

② **중과실** – 표현대표이사제도는 외관을 믿은 선의의 제3자를 보호함으로써 상거래의 신뢰와 안전을 도모하려는 데에 있고 제3자의 신뢰는 보호할 만한 가치가 있는 정당한 것이어야 한다. 설령 제3자가 회사의 대표이사가 아닌 이사에게 그 거래행위를 함에 있어 회사를 대표할 권한이 있다고 믿었다 할지라도 그와 같이 믿음에 있어서 중대한 과실이 있는 경우에는 회사는 그 제3자에 대하여는 책임을 지지 않는다고 본다. 제3자의 중대한 과실이라 함은 제3자가 조금만 주의를 기울였더라면 표현대표이사의 행위가 대표권에 기한 것이 아니라는 사정을 알 수 있었음에도 만연히 이를 대표권에 기한 행위라고 믿음으로써 거래통념상 요구되는 주의의무에 현저히 위반하는 것으로서, 공평의 관점에서 제3자를 구태여 보호할 필요가 없다고 봄이 상당하다고 인정되는 상태를 말한다(2002다65073).

③ **선의의 대상** - 상대방이 회사행위자가 대표이사가 아닌 것은 알고 있었지만 **사실상 대표권한**이 있다고 신뢰한 경우에도 보호되는가? 판례는 선의란 표현대표이사가 대표권이 없음을 알지 못한 것을 말하는 것이지 반드시 형식상 대표이사가 아니라는 것을 알지 못한 것에 한정할 필요는 없다고 본다(97다34709). 즉, 대표이사라고 믿지 않았더라도 대표권이 있다고 믿은 경우도 포함되어 보호된다고 보아, 대표이사가 아닌 사실상 대표권한자를 신뢰하고 거래한 제3자도 표현대표이사제도에 의해 보호된다(2002다65073).

④ **제3자의 범위** - 회사에 대해서 표현대표이사의 무권한 행위에 대해서 책임을 주장할 수 있는 선의의 제3자는 거래의 직접 상대방만 해당하는지 아니면 거래상대방으로부터 거래목적물을 전득한 자도 회사에 대한 표현대표이사의 책임을 주장할 수 있는가? 판례는 어음관련 사건에서, 회사를 대표할 권한이 없는 표현대표이사가 다른 대표이사의 명칭을 사용하여 어음행위를 한 경우, 회사가 책임을 지는 선의의 제3자의 범위에는 표현대표이사로부터 직접 어음을 취득한 상대방뿐만 아니라, 그로부터 어음을 다시 배서양도받은 제3취득자도 포함된다(2002다65073). 판례는 통상 선의의 제3자에 관해 거래상대방으로 제한하는데, 표현대표이사제도와 관련해서는 어음의 유통이라는 특수성을 고려해서인지 제3전득자를 포함한 것이 이례적이다.

(4) 적용효과

1) **회사의 책임** : 상법 제395조의 요건이 충족될 경우 표현대표이사의 행위에 대하여 회사는 마치 대표권이 있는 대표이사의 행위와 동일하게 회사는 책임을 부담하므로, 회사와 선의의 제3자는 거래행위에 관한 권리를 취득하고 의무를 부담한다. 표현대표이사제도가 적용되는 경우에는 상법 제395조에 따라 회사가 책임을 부담하므로 민법상의 무권대리에 관한 규정(민130 이하)은 적용될 여지가 없다. 다만 표현대표이사가 어음행위를 한 경우에 본인인 회사가 표현대표이사제도에 따른 책임을 지는 것 외에, 표현대표이사도 무권대리인에 해당하므로 어음법상 규정에 따라 어음상의 책임을 부담한다(어8,수11). 회사가 표현대표이사의 행위에 대하여 책임을 부담하게 됨으로써 손해를 입은 때에는 그 표현대표이사에 대하여 손해배상을 청구할 수 있다.

2) **표현대표행위의 흠결** : ① **전단적 표현대표** - 표현대표이사제도의 요건을 갖

추어 회사의 책임이 인정되는 거래행위라 하더라도 동 거래행위를 하기 위해서는
이사회·주주총회의 의사결정이 요구되는데 이를 흠결한 경우에도 회사의 책임이
인정되는가? 이른바 전단적 표현대표행위로서 주주총회의 의사결정을 흠결하였을
경우에는 행위의 효력이 없음은 정상적인 대표이사의 행위에도 동일하므로 이견
이 있을 수 없다. 다음으로 이사회의가 흠결된 경우, 이는 대표권도 흠결되고
회사법상의 의사결정절차도 흠결되어 무효라고 볼 여지가 없지 않지만, 표현대표
이사의 행위에 대해 회사의 책임을 인정하는 이상 이사회결의는 내부적 절차이므
로 전단적 대표행위론에 따라 유효로 볼 필요가 있다. 판례는 표현대표이사의 그
행위에 이사회의 결의가 필요하고 거래의 상대방인 제3자의 입장에서 이사회의
결의가 없었음을 알았거나 알 수 있었을 경우라면 회사로서는 그 행위에 대한 책
임을 면한다고 보아(97다34709), 전단적 대표행위와 동일한 입장(상대적 유효설)
을 전제한 것으로 본다. 생각건대 전단적 대표행위의 효과에서 언급한 바와 같이
전단적 표현대표행위에 관해서도 상대적 무효로 보는 것이 타당하다고 볼 때, 결
의·권한의 이중의 흠결이 있는 전단적 표현대표의 거래상대방의 보호는 각 제도
의 요건을 중복적으로 검토하여 판단하여야 한다.

② **표현대표의 권한남용** – 대표이사가 대표권의 범위 내에서 한 행위라도 회사
의 영리목적과 관계없이 자기 또는 제3자의 이익을 도모할 목적으로 그 권한을
남용한 것이고, 그 행위의 상대방이 대표이사의 진의를 알았거나 알 수 있었을 때
에는 회사에 대하여 무효가 된다(심리유보설). 판례도 특별한 사정이 없는 한 이
러한 법리는 상법 제395조에서 정한 표현대표이사가 회사의 영리목적과 관계없이
자기 또는 제3자의 이익을 도모할 목적으로 그 권한을 남용한 경우에도 마찬가지
로 적용된다고 본다(2013다5091). 생각건대 대표권 남용에 관해 타당하다고 보는
권리남용설을 따르더라도, 표현대표의 권한남용에 관해서도 원칙적으로 유효하다
는 입장에서 표현대표이사제도의 요건해당성을 검토하여 거래상대방 보호여부를
판단하여야 한다고 본다.

(5) 적용범위

1) **행위의 성질 : ⅰ) 대내적 업무집행** 표현대표이사제도는 거래의 외관을 신
뢰한 자를 보호하여 거래안전의 도모가 그 취지이므로 동 제도는 거래의 외관이
형성되는 대외적 거래행위에만 적용되어 대표행위에 국한된다. 거래의 외관과 무
관한 대내적 업무집행에는 보호할 외관에 대한 신뢰가 없으므로 표현대표이사제

도가 적용될 여지가 없다. ⅱ) **소송행위** 소송행위가 표현대표이사에 의해 이뤄진 경우 소송행위는 유효한가? 이에 관해 표현적 명칭을 사용한 소송행위에 관해서 표현대표이사의 행위로 본 판례(70후7)가 있다. 생각건대 소송행위는 거래의 안전과 무관하고 적법한 대표이사의 행위만 유효한 소송행위가 되어야 하고, 재판상 행위는 거래상의 신뢰보호를 목적으로 하는 외관신뢰보호의 원칙의 적용범위 밖으로 보아야 한다. 표현지배인제도도 재판상 행위에는 적용되지 않음을 명시하고 있다(상14.1단서). ⅲ) **불법행위** 표현대표이사의 불법행위에 관해 다수설은 이를 부정하지만, 거래 관련적 불법행위(예컨대 대표이사임을 사칭하여 한 거래행위)의 상대방에게는 어느 정도 신뢰가 형성되어 불법행위가 가능하였다는 점에서 표현대표이사제도가 적용된다고 본다. 이하에서는 표현대표이사제도의 적용범위와 관련해서 특히 논란이 있는 쟁점들을 살펴본다.

  2) **공동대표의 단독대표행위** : 공동대표이사 중 1인이 제3자에 대하여 단독으로 대표행위를 한 경우에도 표현대표이사에 관한 법리를 적용할 수 있는가?(쟁점 50)[160] **부정설**은 이를 긍정하면 공동대표이사의 목적이 사실상 유명무실해진다고 한다. 이에 반해, **긍정설**은 부정설에 따를 경우 이사가 아닌 자의 표현대표행위에 대하여도 회사의 책임을 물으면서, 표현대표이사가 아니라 진정한 대표권을 가진 공동대표이사의 행위에 대하여는 회사에 대해 표현책임을 묻지 못하게 되어 형평에 맞지 않게 된다는 견해로서 통설이다. **판례**는 회사가 공동으로만 회사를 대표할 수 있는 공동대표이사에게 대표이사라는 명칭의 사용을 용인 내지 방임한 경우에는 회사가 이사자격이 없는 자에게 표현대표이사의 명칭을 사용하게 한 경우이거나 이사자격 없이 그 명칭을 사용하는 것을 알고서도 용인상태에 둔 경우와 마찬가지로, 회사는 상법 제395조에 의한 표현책임을 면할 수 없다고 보아 긍정설을 따르고 있다(91다19111). 생각건대 공동대표이사의 단독대표행위의 상대방은 이사가 아닌 자의 거래행위의 상대방보다 더 보호가치가 크다는 점에서 긍정설이 타당하다고 본다.

---

160) 표현대표이사제도의 공동대표에의 적용가능성(쟁점50)에 관해, 부정설은 이를 긍정하면 대표권 제한을 통해 회사이익을 보호하려는 공동대표이사제도의 목적이 사실상 유명무실해진다고 보아 공동대표의 단독대표에 회사의 표현책임을 부정하는 견해이다. 긍정설은 부정설에 따를 경우 이사가 아닌 자의 표현대표행위에 대하여도 회사의 책임을 긍정하면서 진정한 대표권을 가진 공동대표이사의 행위에 대하여는 회사에 대해 표현책임을 묻지 못하게 되어, 공동대표이사와 거래한 상대방보다 무권한자와 거래한 상대방이 더 보호되는 결과가 되고 이는 형평에 맞지 않게 된다는 견해이다(통설).

3) **선임결의의 하자 :** ① 논 의 – 주총의 이사선임결의에 하자가 있어 소송이 제기되어 원고승소판결이 확정되었다면 확정판결 이전에 이사나 대표이사의 거래행위는 판결의 소급효에 의해 무효가 되는데 이 경우 거래상대방 보호를 위해 표현대표이사제도와 부실등기제도(상39)를 모두 적용할 수 있는가?(**쟁점49**)[161] 표현대표이사와 상업등기는 서로 별개의 제도이기 때문에 제3자는 상395조의 요건을 입증하여 회사의 책임을 물을 수 있다고 보는 **선택설**, 표현대표이사제도는 상업등기의 예외적인 제도여서 상업등기제도로 보호될 수 있는 경우 이를 우선 적용하여야 한다는 **부실등기책임설** 등이 주장될 수 있다. **판례**는 주식회사의 법인등기의 경우 회사는 대표자를 통하여 등기를 신청하지만 등기신청권자는 회사 자체이므로 취소되는 주주총회결의에 의하여 이사로 선임된 대표이사가 마친 이사선임등기는 상법 제39조의 부실등기에 해당된다고 보았다(2002다19797). 그리고 주총결의부존재사유가 존재할 경우 그 이사 선임에 관한 주식회사 내부의 의사결정은 존재하지 아니하여 회사가 그 외관의 현출에 관여할 수 없었을 것이므로, 예외적 사정이 없는 한 회사에 대하여 상법 제395조에 의한 표현대표이사 책임을 물을 수 없다고 보았다(2011다30574).

② 검 토 – 하자 있는 주주총회결의로 선임된 이사가 이사회에서 대표이사로 선임되었는데, 이사선임결의의 취소·무효·부존재가 소송으로 확정된 경우, 이사선임무효의 소급효가 발생하기 전에 대표이사와 거래한 상대방은 통상의 표현대표이사의 거래상대방과 동일하게 보호될 필요가 있다. 하지만 하자의 정도에 따라 부실등기의 효력이 다르게 판단될 수 있고 표현대표이사제도를 적용함에 있어서도 회사의 귀책사유가 다르게 판단될 수 있는데, 이러한 구분 없이 당사자가 선택할 수 있다는 견해는 부적절하다고 보며 다양한 쟁점이 검토되어야 한다. 먼저

---

161) **선임결의가 무효인 대표이사 행위의 효력(쟁점49)**에 관해, **선택설**은 이 경우 거래의 효력이 소급적으로 무효가 되지만 선의의 제3자를 보호하기 위해서는 상법 제395조를 유추적용하고, 표현대표이사와 상업등기는 서로 별개의 제도이기 때문에 제3자는 상법 제395조의 요건을 입증하여 회사의 책임을 물을 수 있다고 본다(송옥렬1032), 그리고 이는 이사 선임주총결의의 하자뿐만 아니라 대표이사를 선정한 이사회결의에 하자가 있을 경우에도 동일하다고 본다(이철송746). 선택설은 표현대표이사제도와 상업등기제도의 관계에 관해 법익구별설을 따르는 견해로서 양 제도의 요건을 충족할 경우 어느 제도든 선택이 가능하다는 견해로 이해된다. 표현대표이사제도와 등기제도의 관계에 관해 예외규정설을 따를 경우, 표현대표이사제도는 상업등기의 예외적인 제도이므로 등기된 대표이사의 선임결의가 무효로 된 경우에는 부실등기의 효력규정에 의해 보호된다고 보는 것이 논리적이라 생각된다. 하지만 표현대표이사제도의 적용을 부정하는 **부실등기책임설**을 현재 찾아보기 어렵다.

부실등기제도를 적용할 경우, 선임결의가 무효여서 소급하여 권한을 상실한 대표이사의 선임등기는 무권한자인 대표이사가 신청하였으므로 무효한 등기가 아닌가? 표현대표이사제도를 적용할 경우, 소급적으로 무효가 된 선임결의가 원인이 되어 대표이사의 외관이 형성되었으므로 표현대표이사 성립요건인 '회사의 귀책사유'가 있다고 볼 수 있는가? 다만 이사선임의 주주총회결의에 하자가 있어 취소·무효·부존재하다고 판결이 확정된 경우에 관한 논의는, 대표이사 선임의 이사회결의에 하자가 있어 무효판단이 확정된 경우에도 판결의 소급효가 동일하므로 유사하게 적용될 수 있다.

③ **사 견** - 이사 선임의 주주총회결의에, ⅰ) **취소의 하자가 있는 경우** 동이사가 이사회에서 대표이사로 선임되어 대표이사로 등기되었다면, 이사선임결의의 취소판결이 확정되면 판결의 소급효에 의해 대표이사 선임도 역시 소급해서 효력을 상실한다. 따라서 대표이사 선임등기는 부실등기가 되지만. 등기신청 당시에는 권한자에 의한 등기신청이었고 '신청행위의 적법성'이 있었으므로 주주총회 선임결의취소 판결의 확정으로 적법했던 신청행위가 부적법하게 된다고 보기는 어렵다. 따라서 이 경우 적법한 등기신청이지만 소급효로 부실등기가 된 대표이사 선임등기를 신뢰한 선의의 거래상대방은 부실등기제도(상39)에 의해 보호될 수 있다고 본다. 하지만 주주총회결의에 취소의 하자가 존재하지만 주주총회에 따라 이사·대표이사의 외관이 형성되었고, 취소의 하자는 회사의 주주총회 소집·결의방법의 하자로 되어 회사에 외관형성에 대한 귀책사유가 존재한다고 볼 수 있으므로 다른 요건을 충족할 경우 표현대표이사제도를 적용할 수 있다고 본다. 요컨대 주주총회결의 취소판결시 선의의 거래상대방은 부실등기나 표현대표이사제도 어느 쪽도 선택해서 주장할 수 있다고 보며, 그 요건은 다소 상이하지만 양 제도가 적용되었을 경우 효과는 회사가 거래상 책임을 부담하는 점에서 동일하다. ⅱ) **무효의 하자가 있는 경우** 이사선임결의는 무효판결 전부터 효력이 없었으므로(확인소송설) 선임등기는 대표이사 아닌 자에 의한 등기가 된다. 따라서 무권한자에 의한 회사의 등기신청행위로 경료된 회사등기는 무효한 등기로 보아야 하고, 등기를 신뢰한 선의의 거래상대방이라 하더라도 부실등기제도에 의해 보호될 수 없다고 본다. 하지만 주주총회결의의 무효, 부존재사유가 있는 경우 통상 하자가 취소사유보다 더 중대할 뿐이므로 회사의 귀책사유가 인정될 수 있어 표현대표이사제도가 적용될 수 있다고 본다. ⅲ) **부존재의 하자가 있는 경우** 무권한자가 주주총회·이사회의사록을 위조하여 대표이사 직함을 사용

한 경우와 같은 주주총회결의 부존재의 하자가 존재하는 경우에는 회사가 이를 방임하거나 조장한 특별한 사정이 없는 한 회사의 귀책사유를 인정하기 어렵다고 볼 때, 회사의 부실등기책임은 물론 표현대표이사의 책임도 원칙적으로 인정하기 어렵다고 본다.

V. 이사의 의무

1. 선관주의의무

(1) 의 의

1) **수임인의 의무** : 회사와 이사간에는 위임관계가 형성된다. 따라서 이사는 위임사무인 회사의 업무를 집행함에 있어서 선량한 관리자의 주의의무(선관(주의)의무)를 부담한다(상382.2,민681). 이사의 선관주의의무란 수임인인 이사가 '회사의 이익형성(영리)'라는 추상적 목적을 추구하고 구체적으로 정관에서 정한 '회사의 목적'(상179,270,287의3,289,543)을 적법하게 수행할 의무를 의미한다. 이에 관해 이사는 자신의 직무를 수행함에 있어 법령을 위반하여서는 안 될 의무(소극적 의무)와 회사에 최선의 이익이 되는 결과를 추구할 의무(적극적 의무)를 의미하는 것으로 보는 견해도 있다. 판례는 선량한 관리자의 주의에 관해, 보통의 주의력을 가진 행위자가 구체적인 상황에서 통상 가져야 할 주의의 정도를 말한다고 보면서(84다카1923), 주의의무의 내용과 범위는 회사의 종류나 규모, 업종, 지배구조 및 내부통제시스템, 재정상태, 법령상 규제의 정도, 임원 개개인의 능력과 경력, 근무 여건 등에 따라 다르다고 본다(2006다68636). 생각건대 이사에게 회사의 이익형성을 넘어 최선의 이익추구까지 포함시켜 통상적으로 평균적인 관리자를 기준으로 판단하는 '선량한 관리자'의 주의의무를 부담한다고 볼 수 있을지는 의문이 있다. 선관의무가 판례에서 보는 바와 같이 '구체적 사정하의 평균인의 주의력'을 기준으로 판단된다고 볼 때, 이는 최선의 이익을 추구할 적극적 의무라기보다는 회사의 이익형성을 위한 추상적 의무로 본다.

2) **법적 성질** : 이사가 주주총회에서 선임되어 대표이사와 위임계약을 체결하면 회사에 대해 선관주의의무를 부담한다. 이사가 의사결정을 하거나 결정된 의사를 집행함에 있어 선관주의의무를 위반하게 되면 채무불이행이 되고 회사에 손

해발생시 손해배상책임을 지게 된다(상399). 이사의 선관주의의무는 민법에서의 논의와 동일하게 채무자인 이사의 업무집행(사무처리)기준이 되고, 채무불이행이라는 결과(예컨대, 투자실패로 인한 회사의 손해)가 발생하면 이는 과실의 개념에 포섭되어 손해배상책임 여부를 결정함에 있어 책임평가기준이 된다. 즉 투자실패로 인한 회사의 손해라는 사실에 대해 이사의 책임이 발생하기 위해서는 이러한 결과가 이사의 귀책사유(고의, 과실)에 의한 채무불이행이어야 한다. 이사의 선관주의의무는 책임평가단계에서 예견의무, 회피의무로 모습은 바뀌지만 '구체적 사정하의 평균인의 주의력(객관적 경과실)'을 기준으로 평가된다는 점에서 양자는 서로 관련된다.

(2) 회사이익 추구의무

1) **개   념** : 선관의무는 수임인이 어떠한 업무를 수행하는가 그 지위에 따라 다르게 나타나는 개념이다. 이사의 선관의무는 회사와 이사간의 인적 신뢰를 기초로 하므로 통상의 수임인의 선관의무보다 높은 수준의 주의의무라 할 수 있다. '적법하게 회사의 이익을 추구할 의무'의 실체를 가진 이사의 선관주의의무는 사내·사외이사, 상근·비상근이사 불문하고 부담하는 의무이다. 업무집행단계에서 이사의 '선관주의의무'에 관해 보면, 회사는 영리를 목적으로 하는 (사단)법인이므로 수임인인 이사가 '회사의 이익형성(영리)'라는 추상적 목적을 추구하고 그 구체적인 방안으로 정관에서 정한 '회사의 목적'(상179,270,287조의3,289,543)을 적법하게 수행할 의무를 부담한다. 회사법은 선관의무의 본질에 관해 규정하지 않고 선관의무를 이행하는데 요구되는 수단적 의무로서 비밀유지의무, 감시의무, 보고의무 등을 규정하고 있다.

2) **평가 기준** : 선량한 관리자의 주의무가 이행되었는가를 평가함에 있어서, 선관주의의무는 객관적이긴 하지만 고정된 개념이 아니고 수임인이 어떠한 지위에 있는가에 따라 그 기준이 변화하는 상대적 개념으로 보아야 한다. 이렇게 볼 때 이사의 선관주의의무는 회사의 이익형성을 위해 노력할 의무로서, 그 업무집행에 있어서 또는 불이행시 과실을 판단함에 있어서 '유사한 상황의 이사의 평균적 능력'을 기준으로 하므로 '객관성과 상대성'이라는 특성을 가지고 불이행시 '객관적·상대적 과실'의 개념으로 포섭된다. 판례도 선관주의의무의 위반 여부를 판단함에 있어서 금융회사의 공공적 특성 등 회사의 특성을 고려하고 있다(2000다

9086).

3) 한 계 : 이사의 선관주의의무는 회사의 이익추구의무를 내용으로 하는데
이사의 회사의 이익 추구가 결과적으로 회사의 불이익이 된 경우 이사는 선관주
의의무 위반의 책임을 부담하는가? 그리고 이사는 회사의 이익만을 추구하여야
하고 다른 구성원이나 공익의 추구는 선관주의의무의 위반이 되는가? 전자는 이
른바 **경영판단의 원칙**으로서 선관주의의무의 한계로서 이사의 경영판단이 전제되
고 있으며 이에 관해서는 후술한다(2편4장2절Ⅵ.2.(4)). 후자는 회사의 **사회적 책임론**
과 연결되는 쟁점으로서 회사의 이익이 무엇을 의미하는지 즉 회사의 이익이 주
주만의 이익을 의미하는지 아니면 주주의 이익을 중심으로 하지만 그에 국한되지
는 않고 회사의 이해관계자, 즉 종업원, 소비자, 채권자, 공급자, 지역사회 등의 이
익도 포함되어 이들 이익을 위한 이사의 회사행위도 선관주의의무에 위반하지 않
는 것으로 판단할 것인지 하는 문제와 관련되며, 이에 관해서는 회사의 개념(1편2
장1절3.(4).3))에서 살펴보았다.

(3) 비밀유지의무

1) 개 념 : 이사는 재임 중뿐만 아니라 퇴임 후에도 직무상 알게 된 회사의
영업상 비밀을 누설하여서는 안 된다(상382의4). 이사의 비밀유지의무란 이사가
직무를 통해 취득한 기업조직과 활동에 관한 정보(기업비밀)를 경쟁기업 또는 타
인에게 누설하지 않아야 할 의무(누설금지)를 의미한다. 비밀유지의무는 이사의
재임기간 중에는 선관주의의무로서의 성격을 가지나, 이사의 직무를 종료한 후에
부담하는 비밀유지의무는 선관주의의무와 성격을 달리하고 회사법에 의해 부여된
특별한 의무로 이해된다. 퇴임 후 이사는 언제까지 비밀유지의무를 부담하는가?
회사법은 비밀유지의무의 기한을 정하고 있지 않은데, 회사가 비밀로 하려는 의
사가 인정되는 시점까지는 퇴임이사는 비밀유지의무를 부담한다고 본다.

2) 범 위 : 비밀유지의무의 대상은 '직무상 알게 된 회사의 영업상 비밀'을,
요구되는 행위는 '누설하지 않을' 것을 내용으로 한다. 기업에 관한 정보 중 어디
까지 기업비밀로 볼 것인가? 비밀이 되기 위해서는 공개되지 않은 기업정보(**비공
개성**)일 필요가 있어 등기부나 주총의사록 등에 공시되는 회사의 내부사항은 기
업비밀이 될 수 없다. 그리고 회사가 이를 비밀로 하려는 의사(**비밀의사**)가 있어

야 하는지 문제될 수 있는데, 객관적으로 영업비밀에 포함되는 사항이라도 회사가 영업비밀로 분류하지 않을 경우 이사에게 그 사항에 관해 비밀유지의무를 부담시키는 것은 부적절하므로 비밀의사도 요구된다고 본다. 다만 비밀의사가 존재하느냐의 판단은 이사의 의무위반이 문제된 시점의 사후적 주관적 의사가 아니라, 이사의 누설행위가 있던 시점의 객관적 의사 즉 통상적인 이사라면 동일한 경우 비밀로 할 의사가 존재하는지를 추정하여 판단하여야 한다고 본다. 다음으로 기업비밀은 **재산적 가치**가 있어야 하는가? 기업은 영리성을 바탕으로 하지만 재산적 가치가 없는 사항이라도 회사가 비밀로 하려는 의사가 인정되는 경우에는 의무의 대상이 된다고 본다. 그밖에 비밀유지의무는 수비의무뿐만 아니라 이용금지까지 포함시키는 견해도 있다.

3) **불이행과 책임** : 비밀유지의무를 위반한 경우 이사로 재임하고 있으면 통상의 선관주의의무 위반과 동일하게 해임사유, 손해배상책임의 원인이 될 수 있다. 이사가 퇴임 후 비밀유지의무를 위반한 경우에는 이사는 해임의 대상이 될 수 없고 회사법상 의무위반을 이유로 한 손해배상책임만 문제될 뿐이다. 그리고 회사의 불법적인 기업비밀을 이사 또는 퇴임이사가 누설할 경우에도 이사에 대해 손해배상책임이 발생하는가? 이 경우 이사행위의 공익성, 적법성으로 인해 채무불이행의 요건인 위법성이 조각되어 비밀유지의무의 위반의 책임이 면제될 여지가 있다.

(4) 감시의무

1) **개 념** : 이사의 감시의무란 이사가 다른 이사·집행임원이 회사법상 의무(선관주의의무와 충실의무)를 준수하여 업무집행을 하고 있는지 주시하고 필요시 정보를 수집하여 업무집행에 위법·부당한 사실을 발견할 경우 이를 이사회 등에 보고하여 업무집행의 개선을 시도할 의무이다. 이사의 선관주의의무의 하나로서 감시의무에는 먼저 다른 이사의 업무집행을 적극적으로 조사할 의무까지 포함하지는 않지만 자신의 직무와 관련되거나 직무와 관련되지 않더라도 다른 이사의 업무집행의 위법·부당성에 관한 정보를 소극적으로 조사할 의무가 포함된다(정보수집의무). 다음으로 업무집행의 위법·부당성을 발견하였을 경우 이를 방치해서는 안 되고 이를 이사회, 주주총회, 감사·감사위원회에 보고하여 이들 기관을 통해 회사의 이익을 보호하도록 하여야 한다(보고의무).

2) 법적 근거 : 이사의 감시의무에 관해 회사법은 명시적인 근거규정을 두고 있지 않지만 회사의 수임인인 이사의 선관주의의무에 포함되는 구체적 의무로 볼 수 있다. 이사의 감시의무는 구체적으로 정보수집의무와 보고의무로 구성된다고 볼 때 정보수집의무의 법적 근거는 대표이사보고요구권(상393.3)으로 볼 수 있고, 보고의무에 대한 근거는 이사회의 감독권(상393.2), 감사보고의무(상412의2), 주총을 위한 이사회소집권(상390.1) 등을 들 수 있다. 즉 이사는 대표이사나 업무담당이사의 업무집행의 적법성과 타당성에 관한 정보를 수집하면서 필요할 경우 대표이사에게 보고하도록 요청하고(상393.3), 수집된 정보를 바탕으로 문제가 있다고 판단될 경우 이사회를 소집하여(상390.1) 직접 보고하여 이사회를 통해 개선하거나(상393.2) 감사에게 보고하여(상412의2) 감사의 감사권한을 행사하게 하거나, 예외적으로 이사회를 통해 소집된 주주총회에 보고할 수도 있다.

3) 의무의 성질 : ① **책임·권한성** – 이사의 감시의무의 수행을 통해 회사의 이익추구가 더 활성화되게 되므로 이사가 다른 이사의 업무집행에 간섭할 수 있는 의무·권한의 성질을 동시에 가진다고 볼 수 있다. 판례도 주식회사의 이사는 선관주의로써 대표이사 및 다른 이사들의 업무집행을 전반적으로 감시할 권한과 책임이 있고, 주식회사의 이사회는 회사의 업무집행사항에 관한 결정권을 가지면서 이사의 직무집행을 감독할 권한이 있다고 보고(2017다244115), 대표이사도 회사도 모든 직원의 직무집행을 감시할 의무를 부담하는 한편, 이사회의 구성원으로서 다른 대표이사를 비롯한 업무담당이사의 전반적인 업무집행을 감시할 권한과 책임도 있다고 보아(2007다58285) 책임성과 권한성을 동시에 인정하고 있다.

② **소극성** – 이사의 감시의무는 다른 이사가 회사의 이익형성을 방해하는 행위를 저지하는 소극적 성격을 가진 의무로 보아야 하고 적극적으로 이익을 형성시킬 의무로 보기는 어렵다. 따라서 감시의무는 이익상충을 전제하는 충실의무와는 관련이 적고, 회사의 이익형성을 위해 노력할 의무인 이사의 선관주의의무에 포함되는 개별의무 중 하나로 이해된다. 이사의 감시의무는 권한의 성질을 가지고 있지만 단순히 정보를 수집하고 이를 보고하는데 그치는 권한이므로, 위법·부당한 사항에 관해 개선조치를 할 수 있는 이사회의 감독권, 감사·감사위원회의 감사권과는 구별된다.

4) 감시의무의 범위 : ① **외무자** – 대표이사나 업무담당이사의 감시의무는 물

론이고, 통설은 평이사 즉 업무를 담당하지 않는 이사나 사외이사도 감시의무를 담당한다고 본다. 비업무담당이사(사외이사·평이사)도 이사회의 구성원이고 일반적인 선관의무를 근거로 평이사의 감시의무를 대체로 긍정한다. 판례도 주식회사의 이사는 이사회의 일원으로서 이사회에 상정된 의안에 대하여 찬부의 의사표시를 하는 데에 그치지 않고, 담당업무는 물론 다른 업무담당이사의 업무집행을 전반적으로 감시할 의무가 있어(2002다60467). 사외이사, 비상근이사를 포함한 모든 이사가 이사회 참석 및 이사회에서의 의결권 행사를 통해 대표이사 및 다른 이사들의 업무집행을 감시·감독할 의무를 가진다고 본다(2017다244115). 판례는 감사의무에 관해, 사내이사, 사외이사, 비상근 이사 등을 구별하고 있지 않아 위임이사인 비상근이사(2005다51471), 사외이사(2013다76253)에도 감시의무·주의의무를 인정하고 있다.

② **직무에 따른 차이** – 대표이사, 업무담당이사, 비업무담당이사간에 감시의무에 차이가 있는가? 판례는 대표이사는 다른 대표이사나 업무담당이사의 업무집행이 위법하다고 의심할 만한 사유가 있음에도 고의·과실로 인하여 감시의무를 위반하여 이를 방치한 때에는 이로 말미암아 회사가 입은 손해에 대하여 배상책임(상 399.1)을 진다고 보았다(2017다222368). 그리고 회사의 이사회가 개최된 적이 없고 임의로 이사들의 인장이 날인되어 회의록 등이 작성되었으며 외부에는 이사회가 개최된 것처럼 공시된 사례에서 이사, 감사의 감시의무 위반을 이유로 손해배상책임을 인정하고 있어(2017다244115), 위임(명목)이사도 업무담당이사와 동일한 의무를 부담함을 전제한 것으로 판단된다. 그리고 고도로 분업화되고 전문화된 대규모의 회사에서 공동대표이사와 업무담당이사들이 내부적인 사무분장에 따라 각자의 전문 분야를 전담하여 처리하는 것이 불가피한 경우라 할지라도 그러한 사정만으로 다른 이사들의 업무집행에 관한 감시의무를 면할 수는 없다고 보았다(2006다68636). 생각건대 감시의무도 선관의무의 일종이므로 '구체적 사정하의 평균인의 주의력'을 기준으로 의무범위가 결정된다고 볼 때 직무에 따른 차이는 있을 수 있지만, 업무로부터 관행적으로 배제되어 있었다는 등의 이유로 감시의무가 면제되거나 축소되지는 않는다고 본다.

③ **회사에 따른 차이** – 이사의 감시의무의 구체적인 내용은 회사의 규모나 조직, 업종, 법령의 규제, 영업상황 및 재무상태에 따라 크게 다르다. 판례는 합리적인 정보 및 보고시스템, 내부통제시스템을 구축하고 그것이 제대로 작동되도록 하기 위한 노력을 전혀 하지 않거나 위와 같은 시스템이 구축되었다 하더라도 회

사 업무 전반에 대한 감시·감독의무를 이행하는 것을 의도적으로 외면한 결과 다른 이사의 위법하거나 부적절한 업무집행 등 이사들의 주의를 요하는 위험이나 문제점을 알지 못하였다면, 이사의 감시의무 위반으로 인한 손해배상책임을 진다(2006다68636). 그리고 이러한 내부통제시스템은 회계관리제도에 국한되지 않고 회사가 사업운영상 준수해야 하는 제반 법규를 체계적으로 파악하여 그 준수 여부를 관리하고, 위반사실을 발견한 경우 즉시 신고·보고하여 시정조치를 강구할 수 있는 형태로 구현되어야 한다고 보았다(2017다222368).

5) **감시의무의 내용** : ① 정보수집의무 — 이사가 자신의 직무를 수행함에 있어서 또는 직무와 무관하게 다른 이사의 직무집행의 적법성·타당성에 관한 정보를 인지할 경우 이를 방치하지 않고 다른 이사의 직무집행의 적법성·타당성을 판단하기 위한 관련 정보를 수집할 의무를 의미한다. 이는 적극적인 조사의무가 아니어서 감사의 업무·재산상태 조사권(상412.2)과는 구별되는 소극적인 수집의무로 볼 수 있다. 다만 회사법은 이사의 정보수집권한을 효율적으로 수행할 수 있도록 대표이사에 대한 보고요구권(상393.3)을 명시하고 있다.

② 보고의무 — 이사가 다른 이사의 직무집행의 적법성·타당성에 관한 정보를 수집한 경우 이사회에 보고하여 이사회가 해당 이사의 업무집행을 감독할 수 있도록 하여야 한다. 그밖에 이사회를 소집하여(상390.1) 직접 보고하여 이사회를 통해 다른 이사의 업무집행을 개선하도록 하거나(상393.2) 감사에게 보고하여(상412의2) 감사로 하여금 감사권한을 행사하도록 하여 업무집행을 개선하게 할 수 있다. 이사는 필요한 경우 예외적이긴 하나 이사회를 통해 주주총회를 소집하도록 하고 주주총회에 이를 보고할 수도 있다. 이는 업무담당이사의 보고의무(상393.3,4,412.2)와는 구별되며, 보고사항에 관한 개선은 이사의 감시의무를 벗어나고 개선권한을 가지는 대표이사나 감사의 의무가 된다고 본다.

6) **불이행과 책임** : 대표이사이든 업무담당이사, 비업무담당이사이든 모든 이사는 다른 이사의 업무집행을 감시할 의무를 부담하므로 이를 해태한 경우 그에 대해 책임이 따른다. 감시의무를 위반한 이사는 다른 내용의 선관주의의무를 위반 이사와 동일하게 해임될 수 있고 회사에 대한 손해배상책임을 부담할 수도 있다. 다만 감시의무의 위반은 부작위로 통상 나타나므로 이사의 적극적 행위와 관련되는 경영판단의 원칙이 적용될 여지는 거의 없다고 본다. 판례도 다른 대표이

사나 업무담당이사의 업무집행이 위법하다고 의심할 만한 사유가 있음에도 불구하고 감시의무를 위반하여 이를 방치한 때에는 이로 말미암아 회사가 입은 손해에 대하여 배상책임을 면할 수 없다고 보며(2006다68834), 이사는 담당업무는 물론 다른 업무담당이사의 업무집행을 전반적으로 감시할 의무를 부담하므로 위법에 의심이 있어도 이를 방치한 때에는 그로 인한 손해배상책임을 부담한다고 본다(2007다60080).

(5) 보고의무

1) **개 념** : 이사의 보고의무란 대표이사와 업무담당이사가 자율적으로 또는 다른 기관의 요청에 의해 이사회나 다른 기관에 자신이 담당한 업무의 집행상황을 보고할 의무를 의미한다. 이사회는 이사에 대한 감독권한을 가지는데 감독권한의 행사를 위해서는 이사의 업무집행에 관한 정보의 수집이 전제되고, 감사도 감사업무의 수행을 위해서는 이사의 업무집행에 관한 정보 수집이 요구된다. 이러한 이사회와 감사의 권한행사를 보다 효율적이고 적절하게 수행될 수 있도록 회사법은 이사에 업무집행상황에 관한 보고의무를 부담시키고 있다. 이사의 보고의무 역시 이사가 회사의 이익추구를 위해 부담하는 선관주의의무에 포함되는 의무의 성격을 가진다. 이사의 추상적인 보고의무는 구제적으로 다른 이사나 감사의 요구에 의해 부담하는 소극적 보고의무와, 요청이 없더라도 이사는 적극적으로 보고할 수 있는 적극적 보고의무로 구분되며 적극적 보고의무는 다시 정기보고의무와 수시보고의무로 구분된다.

2) **소극적 보고의무** : 이사의 소극적 보고의무는 다른 이사나 감사·감사위원회의 보고요구에 의해 이사가 보고할 의무를 의미한다. 이사는 대표이사로 하여금 다른 이사의 업무에 관하여 이사회에 보고할 것을 요구할 수 있고(상393.3), 감사·감사위원회는 언제든지 이사에 대하여 영업에 관한 보고를 요구할 수 있다(상412.1,415의2.6). 이사는 다른 업무담당이사에 대해 직접 보고를 요구할 수는 없고 대표이사에게 다른 업무담당이사의 업무에 관해 보고할 것을 요구할 수 있다. 이 경우 대표이사가 직접 보고할 수도 있지만 해당 업무담당이사에게 보고를 지시할 수도 있다. 하지만 감사·감사위원회는 언제든지 해당 업무담당이사에게 직접 보고를 요구할 수 있고 이 경우 해당 업무담당이사가 직접 감사·감사위원회에 보고하여야 한다.

3) **적극적 보고의무** : 이사의 적극적 보고의무는 다른 이사나 감사·감사위원회의 보고요구가 없더라도 스스로 보고하여야 할 의무를 의미한다. 적극적 보고의무는 이사는 3월에 1회 이상 정기적으로 업무를 이사회에 보고할 **정기보고의무**(상393.4)와 회사에 현저하게 손해를 미칠 염려가 있는 사실을 발견한 때에는 이사는 즉시 감사에게 보고할 **수시보고의무**(상412의2)로 구분된다. 그밖에 업무담당이사가 이사회에 대해 정기보고 이외에 수시로 보고할 의무는 없는가? 특히 이사회 진행 중 다른 이사가 업무담당이사에 대해 구체적인 업무진행상황에 관해 질문을 할 경우 해당 업무담당이사는 그에 대해 답변 즉 보고의무는 부정된다고 본다. 왜냐하면 이사회에서 이사는 직접 해당 업무담당이사에게 담당 업무에 관한 구체적 질문은 보고요구에 해당하고 이는 회사법상 대표이사에게 요구하여야 하고(상393.3), 대표이사는 이사의 요구를 받아 적절하다고 판단할 경우 해당 업무담당이사에게 보고를 요구할 수 있기 때문이다.

4) **불이행과 책임** : 이사의 보고의무는 이사의 선관주의의무로서의 성질을 가지므로 이를 성실히 이행하지 않을 경우 이사의 해임사유가 될 수 있을 뿐만 아니라 부실한 보고로 회사에 손해가 발생할 경우에는 이사에 대해 손해배상책임을 물을 수 있다. 소극적 보고의무이든 적극적 보고의무이든 이를 부실하게 보고하거나 보고를 해태한 경우에는 선관주의의무 위반이 되고, 보고의무 위반과 회사에 발생한 손해간에 인과관계가 있다고 판단되는 경우에는 보고의무를 위반한 이사는 손해배상책임을 부담할 수 있다.

2. 충실의무

(1) 의 의

1) **취 지** : 회사와 위임관계에 있는 이사는 선량한 관리자의 주의를 다하여 회사의 업무를 집행하여야 한다. 이사는 선관주의의무에 따라 회사이익을 추구할 의무를 부담하는데, 이사 개인의 이익과 회사의 이익이 충돌할 경우에도 회사의 이익을 우선시켜야 하는가? 선관주의의무는 회사의 이익추구이라는 포괄적이고 추상적인 목적을 수행할 의무이므로, 구체적으로 회사이익을 추구하는 과정에 이사 자신의 이익과 충돌할 경우에도 수임인으로서 이사는 회사의 이익을 추구하여야 하고 이를 위반한 경우 손해배상책임을 부담하는가는 명확하지 않다. 이러한

이유에서 우리 회사법은 이사의 선관주의의무에도 불구하고 경업·자기거래를 제한하는 규정을 두고 있었는데, 이사와 회사의 이익충돌이 발생할 경우 더 근본적인 의무 규정이 요구되어 회사법은 이사의 충실의무를 규정하게 되었다.

2) 개 념 : 이사의 충실의무란 이사가 회사의 업무를 집행함에 있어 자신의 이익과 회사의 이익이 충돌하게 되는 경우 회사의 이익을 우선시켜야 할 의무를 의미하고, 이를 위반한 경우 그로 인한 이익을 회사에 반환하여야 한다. 선관주의의무라는 추상적·포괄적 의무와 달리, 충실의무는 이익충돌상황에서의 이사의 회사이익을 우선시킬 의무로 구체화된 의무이다. 이사의 충실의무를 구체적으로 보면, 우선 이익충돌상황에서의 업무집행이 전제된다. 이 경우 이사는 첫째, 회사의 동의를 구한다든지 하여 이익충돌상황을 정리하고 자신의 이익을 추구할 수 있다. 둘째, 이익충돌상황이 정리되지 않은 경우에는 회사의 이익을 추구하여야 하고 이 경우 자신의 이익을 추구하게 되면 충실의무의 위반이 된다. 셋째, 충실의무의 위반으로 인해 자신의 이익이 발생하였다면 회사는 충실의무 위반을 근거로 그 이익의 반환을 청구할 수 있고, 회사에 추가적인 손실이 발생하였다면 선관주의의무 위반으로 손해배상을 청구할 수 있다.

3) 특 성 : 회사이익우선의무로서 충실의무는 이익충돌상황이 있는 모든 경우에 적용될 수 있다. 회사법은 충실의무를 보다 구체화하여 이익충동상황을 중심으로 세 개의 규정을 두고 있는데, 경업금지의무(상397), 회사기회유용금지의무(상397의2), 자기거래금지의무(상398) 등이다. 이들 규정과 충실의무에 관한 규정(상382의3)과는 특별규정, 일반규정의 관계에 있다고 볼 수 있고, 경업·회사기회유용·자기거래 이외의 경우에도 회사와 이사의 이익충돌상황이 발생한다면 충실의무에 관한 규정이 적용될 수 있다. 충실의무의 특성은 첫째, 이익충돌상황이 전제될 경우에 의무가 구체화된다는 점, 둘째, 이익조정이 가능하다는 점 즉 회사의 승인이 있을 경우에는 이사의 개인적 이익추구가 허용된다는 점, 셋째, 충실의무의 위반에는 선관의무 위반에 원칙적으로 필요한 고의·과실이 요구되지 않는다는 점, 넷째, 충실의무의 위반시 책임의 범위도 회사가 입은 손해의 배상에 그치지 않고 이사가 얻은 모든 이득의 회사에 대한 반환에까지 미친다는 점, 다섯째, 후술하는 "경영판단의 법칙(Business Judgement Rule)"은 충실의무위반에는 적용되지 않는다는 점 등에서 특징을 가진다.

(2) 선관주의의무의 관계

1) **쟁 점** : 이사는 회사와 위임관계에 있어 회사에 대해 선관주의의무를 부담함에도 불구하고 회사법은 충실의무를 규정하고 있는 바, 양자의 관계가 어떠한지가 문제되고 있다. 충실의무를 위임에 관한 선관주의의무와 관계에서 별개의 이사의 의무인지 선관주의의무에 포함되는 것인지, 즉 양자를 동질적으로 볼 것인가 아니면 이질적으로 볼 것인가? 연혁적으로 보면, 이사의 충실의무는 신임관계(fiduciary relation)라 하는 고도의 신뢰관계를 기초로 수익자를 법적으로 보호하는 제도로서 영미법상 이사의 충실의무를 제도적으로 수입한 것이라는 점에서 보면 이질설이 타당할 듯하다. 하지만 선관주의의무의 개념이 매우 광범위하고 법령 위반이 모두 선관주의의무 위반으로 볼 수 있어 충실의무도 법령상의 의무라는 점에서 결국 선관주의의무에 포함된다고 볼 여지도 없지 않다. 이사의 선관의무와 충실의무의 구별에 관한 쟁점은 적용법조의 차이를 발생하게 하여 회사법의 해석론에서도 의미를 가지지만, 의무위반시 구제수단 등이 서로 상이하여 이를 규정함에 있어 입법론적으로도 중요한 의미를 가진다.

2) **양 의무의 관계(쟁점51)**[162] : 선관의무와 충실의무의 관계에 관해, 충실의무의 내용이 선관의무의 그것과 명확하게 구별이 되지 않고 선관의무 이외에 충실의무를 요구하는 것은 불필요하거나, 선관의무를 탄력적으로 해석하면 충실의무

---

[162] **충실의무와 선관주의의무의 관계(쟁점51)**에 관해, **동질설**은 : 때문에 충실의무는 선관의무와 동질적인 의미이거나 선관의무를 구체화한 표현으로 볼 수 있다는 견해이다(이철송760~761, 정찬형1037, 장덕조353), 주의의무와 충실의무를 구분하는 것은 이사가 이해상충의 상황에서 한 거래는 더 엄격한 사법심사 기준을 통과해야 승인될 수 있다는 점에서 의미가 있는데 그에 관한 논의가 없어 분류의 차이에 지나지 않는다고 본다(송옥렬1037). 일본도 동질설이 다수설인데, 이사와 회사 간에 이해대립의 가능성이 있는 충실의무의 영역과 그렇지 않는 주의의무의 영역을 준별하고 이사가 각각의 책임을 면하는 요건 및 위반의 효과를 크게 구별하는 미국법에서는 충실의무에 특별한 의미를 부여하는 이유는 있지만, 일본법에서는 양자의 요건·효과를 구별하지 않는다고 일반적으로 이해되므로 동질설이 타당하다고 한다(江頭憲治郎430). **이질설**은 민법상의 수임인은 원칙적으로 무보수인데(민686), 위임과 무관한 사항에 관하여 위임인(회사)의 이익을 우선시키고 자기의 이익을 무시해야 할 의무는 없으므로 선관의무만으로는 부족하고, 상법은 영미법상의 이사회제도를 도입하여 이사회의 권한을 확대하였으므로 그에 상응하는 의무가 요구되기 때문에 충실의무를 인정하여야 한다고 본다. 그러면서 충실의무는 기관관계적 측면에 작용하고 손해배상이 요구되는 선관의무와 달리 개인관계적 측면에 작동하므로 선관의무는 이득의 반환이 요구되는 충실의무와 구별된다고 본다(정동윤628; 권기범716, 임홍근501, 홍복기489, 김홍기599).

와 유사하게 되므로 충실의무는 선관의무와 동질적이거나 구체화한 표현으로 보는 **동질설**, 무보수 원칙의 위임계약상 선관의무(민686)와 달리 위임과 무관한 사항에 관해서도 회사 이익을 우선시킬 의무로서 충실의무가 요구되며, 이는 이익충돌상황에서 본인(회사)의 이익을 우선하거나 최대한 도모하기 위한 사전금지적 의무이므로 적극적 작위를 명하는 선관주의의무와는 구별된다고 보는 **이질설** 등이 주장된다.163) **판례**는 선관주의의무와 충실의무를 같은 개념으로 보고 양자를 거의 동의어로 함께 사용하고 있어 동질설의 입장에 서 있다고 보는데, 최근에는 선관주의의무와 충실의무를 함께 언급하지 않은 판례(2013다62278, 2007다34746)도 없지 않다.

3) **검 토** : 선관의무와 충실의무는 다음과 같은 점에서 서로 다르게 나타난다. 첫째, 선관의무는 회사의 이익추구라는 추상적·포괄적 의무인데 반해 충실의무는 회사와 이사간의 이익충돌상황이 전제되어 있는 이사에만 문제되는 구체적·개별적 의무이다. 둘째, 선관의무는 무조건적 의무인데 반해 충실의무는 회사의 승인시 위반이 문제되지 않는 해제조건부 의무의 성격을 가진다. 셋째, 선관의무는 거래상 일반적·평균적으로 요구되는 주의의무로서 업무집행의 기준으로서 행위준칙적 기능을 하지만, 충실의무는 업무집행의 기준이기도 하지만 회사의 이익이라는 결과보호적 기능도 한다. 넷째, 이사가 선관주의의무를 위반시 회사에 대해 손해배상책임을 부담하게 되는데, 이사가 일반적·평균적 주의의무를 다하여 업무집행을 하였으므로 과실이 없어 면책되어 과실 유무가 문제되지만, 충실의무는 회사와의 이익충돌이 있을 경우에는 이사의 과실 유무와 무관하게 그 이익을 회사에 반환시킬 의무이다. 다섯째, 선관주의의무는 적극적인 작위의무가 중심인데 반해, 충실의무는 회사의 이익을 침해하지 않을 부작위의무를 요체로 한다. 여섯째, 수범자의 범위가 선관주의의무에서는 위임관계에 있는 이사에 제한되는 데 반해, 충실의무에서는 이사는 물론 위임관계에 있지 않은 자(주요주주)에게도 회사와의 이익충돌을 방지하기 위해 이를 확장할 가능성이 있다. 요컨대 이사의 충실의무는 통상 위임관계상의 수임인과 달리 고도의 신뢰관계에 있을 경우 부과되고 회사의 승인이라는 이익조정이 전제되는 의무로서 이사의 선관주의의무와는 본질을 달리한다고 보아야 한다.

---

163) 이중기, "충실의무와 선관의무의 작동방식 : 충실의무의 선관의무 보충 역할에 대하여", 「홍익법학」 제16권 제4호(2015) 334면.

4) **사 견** : 충실의무를 법령·정관에 따른 직무의 충실수행의무(상382의3)로 규정한 회사법 규정에 따르면 충실의무와 선관의무는 구별의 실익이 없다는 동질설이 타당하다. 왜냐하면 법령·정관에 따른 직무수행의무는 선관의무의 개념과 동일하기 때문이다. 하지만 선관의무가 이미 회사법 제382조 제2항에 따라 도입되어 있음에도 불구하고 충실의무를 규정한 것은 다음과 같은 취지를 가진다. 첫째, 이사의 선관의무는 추상적이고 포괄적인 의무로서 회사의 이사와 같이 회사의 운명을 걸머지고 있는 지위(소위 영미법상의 신인관계)에는 단순한 선관의무로서 부족하다는 점, 둘째, 이익충돌상황에서는 통상의 선관의무가 규율하기에는 한계가 있고 이익의 조정(회사의 승인에 의한 이사이익추구의 허용 등)이 요구되어 선관의무와 본질을 달리한다는 점, 셋째, 이사가 이익충돌상황에서 자신의 이익을 추구하였을 경우 회사는 손해배상을 넘어 이익의 반환이 더 적절한 보상이라는 점 등에서 이사의 선관의무와는 구별되는 충실의무를 도입하였다고 볼 수밖에 없다. 다만 '법령·정관에 따른 직무의 충실수행'이라는 법문의 규정이 충실의무의 규정 취지를 구현하기에 적절하지 못한 점이 있지만, '충실 수행'이 회사의 이익조정(승인결의)을 거쳐 이사가 회사와의 이익충돌을 방지할 의무를 의미한다고 해석할 수 있다. 다만 이사가 회사의 승인을 얻지 않고 개인적 이익을 추구하게 되면 회사의 승인을 받지 않았으므로 법령에 반하는 직무수행이므로 선관주의의무과 개인적 이익추구에 의한 충실의무도 동시에 위반한 것이 된다.

3. 경업금지의무

(1) 의 의

1) **개 념** : 이사는 이사회의 승인 없이 자기 또는 제3자의 계산으로 회사의 영업부류에 속한 거래를 하거나 동종영업을 목적으로 하는 다른 회사의 무한책임사원이나 이사가 되지 못한다(상397.1). 이사의 경업금지의무(Wettbewerbsverbot)는 이사의 경업거래를 금지할 의무와 겸직을 금지할 의무를 포함한다. 이사의 선관의무를 충실의무와 구별하는 견해(이질설)에 따르면, 경업금지의무는 이사와 회사간의 경업·겸직이라는 이익충돌이 전제되는 경우에 발생하는 대표적인 충실의무이다. 이사의 경업이나 겸직은 무조건 금지되는 것은 아니고 회사(이사회)의 승인을 얻은 경우에는 승인된 범위 내에서는 경업이나 겸직이 허용되며, 이사회의 승인 없이 한 경업·겸직만 의무 위반이 된다.

2) **취 지** : 이사는 회사의 업무집행의 결정에 참여할 수 있어 회사의 영업상
의 기밀을 잘 알 수 있는 지위에 있으므로, 상법은 회사의 이익과 이사의 이익이
경합하는 경우에 이사가 그 지위를 이용하여 회사의 이익을 희생하고 자기 또는
제3자의 이익을 도모하는 것을 방지하기 위하여 이사에게 부과한 의무이다. 판례
도 상법 제397조 제1항의 취지를, 이사가 그 지위를 이용하여 자신의 개인적 이익
을 추구함으로써 회사의 이익을 침해할 우려가 큰 경업을 금지하여 이사로 하여
금 선량한 관리자의 주의로써 회사를 유효적절하게 운영하여 그 직무를 충실하게
수행하여야 할 의무를 다하도록 하려는 데 있다고 보고 있다(2011다57869).

(2) 경업거래금지

1) **개 념** : 이사는 이사회의 승인이 없으면 자기 또는 제3자의 계산으로 회사
의 영업부류에 속한 거래 즉 경업거래가 금지되며 이는 경업금지의무에 포함된
다. 이사가 회사와 경업을 하게 되면 회사의 이익을 희생시켜 개인적 이익을 추구
할 위험이 크다. 따라서 이사가 그 지위를 이용하여 자신의 개인적 이익을 추구함
으로써 회사의 이익을 침해할 우려가 큰 경업을 금지하여 이사로 하여금 선량한
관리자의 주의로써 회사를 유효적절하게 운영하여 그 직무를 충실하게 수행하여
야 할 의무를 다하도록 하려는 데 이사의 경업금지의무의 취지가 있다(2011다
57869), 경업거래금지의무도 충실의무의 성질을 가지고 있어 **이익충돌** 상황이 전
제되므로 회사의 영업부류와 관련될 경우에 적용된다. **회사의 영업부류에 속한 거**
래(경업거래)라 함은 회사의 영업의 목적인 사업과 경합함으로써 회사와 이사간에
이익충돌이 생길 가능성이 있는 거래이다. 따라서 회사와 이사간에 이익충돌이
생길 가능성이 있는 한 회사의 상품판매와 동종의 상품판매뿐만 아니라 그와 유
사한 상품판매도 포함된다.

2) **적용대상** : 이사의 행위가 회사의 영업의 목적인 사업과 관련되더라도 영
리적 성질이 없어 이사·회사간의 **이익충돌의 염려**가 없는 때에는 회사의 영업부
류에 속하는 거래로 되지 않는다. 영리성이 없는 거래는 포함되지 않으나, 영리성
이 인정되는 한 단 1회의 거래라 하더라도 금지의 대상이 된다. 판례는 경업의 대
상이 되는 회사가 영업을 개시하지 못한 채 공장의 부지를 매수하는 등 영업의 준
비작업을 추진하고 있는 단계도 포함된다고 보며(2011다57869), 또한 정관 소정
의 목적사업이라 하더라도 완전히 폐업한 경우는 포함되지 않지만, 일시적으로

휴지하고 있는 사업 또는 개업준비에 착수하고 있는 사업은 포함된다고 본다. 그리고 판례는 어떤 회사가 이사가 속한 회사의 영업부류에 속한 거래를 하고 있다면 그 당시 서로 영업지역을 달리하고 있다고 하여 그것만으로 두 회사가 경업관계가 부인되지 않는다고 보았다(2011다57869).

3) 경업의 이익 : 이사의 거래행위가 회사가 아닌 이사 **자기 또는 제3자의 계산**으로 할 경우 경업거래가 된다. 따라서 이사가 영업부류에 속하는 거래를 이사의 명의로 하든 제3자의 명의로 하든 그 거래의 형식상의 명의를 묻지 않고, 경제적 이익의 귀속주체가 회사가 아닌 경우 경업거래가 된다. 이사(행위주체)가 이사 또는 제3자(명의주체)의 명의로 제3자의 이익을 위하여 한 영업부류에 속하는 거래도 경업거래가 될 수 있다. 이사의 회사의 영업부류에 속하는 거래에서 발생한 이익이 회사에 귀속되지 않는 이상 경업금지위반에 해당하게 된다.

(3) 겸직의 금지
1) 개 념 : 이사는 동종영업을 목적으로 하는 다른 회사의 무한책임사원이나 이사가 되지 못한다(상397.1). 여기서 동종영업을 목적으로 하는 다른 회사를 판단함에 있어, 판례는 경업의 대상이 되는 회사가 영업을 개시하지 못한 채 공장의 부지를 매수하는 등 영업의 준비작업을 추진하고 있는 단계에 있다 하여 위 규정에서 말하는 "동종영업을 목적으로 하는 다른 회사"가 아니라고 볼 수는 없다고 보았다(92다53583). 경업 대상 회사의 이사, 대표이사가 되는 경우뿐만 아니라 그 회사의 지배주주가 되어 그 회사의 의사결정과 업무집행에 관여할 수 있게 되는 경우에도 경업금지의 대상이 된다고 보았다(2011다57869). 상업사용인이 부담하는 경업금지의무와 비교하면 상업사용인의 경우 업종이 동일한지 여부가 문제되지 않지만(상17.1), 이사의 겸직금지의무는 동종영업인 경우에만 겸직이 금지된다는 점, 상업사용인은 다른 자의 상업사용인이 되는 것이 겸직이 되어 금지되지만 이사는 다른 회사의 상업사용인이 되는 것은 금지되지 않는다는 점에서 구별된다.

2) 경업과 겸직의 구별 : 경업금지의무에 따라 경업거래와 겸직이 모두 금지되고 그 효과는 동일하며 경업거래이든 겸직이든 이사회의 승인을 얻지 않고 하게 되면 의무 위반이 되어 양자의 구별 실익은 적다. 다만 회사법은 경업거래의 대상을 '영업부류에 속한 거래'라 명시하고 겸직의 대상은 '동종영업'이라 달리 표현하

고 있는데, 전자는 회사가 영리를 목적으로 영업과 관련하여 할 수 있는 거래를 전부 포함하여 동종영업이 아니더라도 성립될 수 있는 확장적 개념이어서 이익충돌염려 등에 의해 구체적 판단이 요구되는데 반해, 후자는 같은 종류의 영업(업종의 동일성)을 의미하므로 사회통념에 의한 추상적 판단이 요구되는 개념이라 본다. 그리고 경업거래는 일회적이라도 거래행위를 대상으로 하는데 반해, 겸직은 거래행위의 성립여부는 문제되지 않고 일정한 지위에 취임하는 것을 대상으로 한다. 따라서 경업거래는 원칙적으로 거래행위의 성립이 요구되고 겸직은 임용(위임)계약의 성립이 있어야 하지만, 이사와 회사간의 신뢰관계의 파괴는 반드시 그러한 계약의 성립을 요구하지 않고 그 전단계 즉 준비단계라 하더라도 신뢰관계가 파괴될 수 있다.

3) 공동이익추구 : 동종영업을 경영한다고 볼 수 있는 양 회사가 경쟁이 아니라 협업의 관계에 있는 경우에도 양 회사의 이사를 겸직하면 겸직금지에 반하는가? 판례는 동종영업을 하는 두 회사가 그 지분소유 상황과 지배구조, 영업형태, 동일하거나 유사한 상호나 상표의 사용 여부, 시장에서 두 회사가 경쟁자로 인식되는지 여부 등 거래 전반의 사정에 비추어 볼 때 경업 대상 여부가 문제되는 회사가 실질적으로 이사가 속한 회사의 지점 내지 영업부문으로 운영되고 공동의 이익을 추구하는 관계에 있다면 두 회사 사이에는 서로 이익충돌의 여지가 있다고 볼 수 없고, 이사가 위와 같은 다른 회사의 주식을 인수하여 지배주주가 되려는 경우에는 상법 제397조가 정하는 바와 같은 이사회의 승인을 얻을 필요가 없다고 보았다(2011다57869).

(4) 이사회의 승인

1) 의 의 : 경업금지의무도 선관의무와 달리 일정한 행위를 하면 바로 의무위반이 되는 구조가 아니고 동일한 행위라도 이사회의 승인을 얻은 경우에는 의무위반이 되지 않는 충실의무로서의 성질을 가지고 있다. 이사회가 경업거래 또는 겸직을 승인하는 결의를 함에 있어서 경업거래·겸직하려는 이사는 동 이사회 결의에서 특별이해관계인이 되어 의결권을 행사할 수 없다(상391.3,368.4). 이사회에서 승인결의를 함에 있어 당해 이사는 이사회가 승인할 것인지 않을 것인지를 판단할 수 있는 중요한 자료, 예컨대 이사의 경업거래의 상대방·목적물·수량·가액, 겸직하는 회사의 종류·성질·규모·거래범위 등 중요사항의 **개시의무**가 있다

고 본다.

2) 승인 방식 : 이사회의 승인은 **사전승인**이어야 한다. 그리고 이사회는 사전 승인을 함에 있어 회사의 이익을 해할 염려가 있을지를 구체적으로 검토·결정하 여야 하므로 **개별적 승인**이어야 하고 포괄적 승인은 허용되지 않는다. 다만 동종 동형의 정형적 거래가 계속 반복되는 경우에는 이를 포괄적으로 승인하여도 이사 의 경업금지의무의 본래의 취지에 반하는 것이 아니므로, 계속 반복되는 동종동 형의 정형적 거래에 대하여서는 이사회가 합리적이라고 인정되는 범위에서 거래 의 종류·금액·기간 등을 정하여 다소 포괄적으로 승인하여도 무방하다.

(5) 의무위반의 효과

1) 효과 일반 : 상법 제397조는 이사의 의무만을 규정하였고 이를 위반한 거래 의 효력을 부정하지 않았으므로, 이사가 경업금지의무를 위반한 경우 거래상대방 이 거래를 위한 이사회의 승인이 없었다는 사실에 관해 선의·악의를 묻지 않고 거래 자체는 유효하다. 그러나 회사는 경업금지의무를 위반한 이사를 해임할 수 있으며(상385.1), 의무위반으로 인한 손해에 관해 배상을 청구할 수 있고(상 399.1), 이사회의 결의로 개입권을 행사할 수 있다(상397.2). 상업사용인의 경업금 지의무 위반시 개입권규정(상17.3)과는 달리 손해배상청구 가능성에 관한 명시가 없지만, 동일하게 개입권의 행사는 회사의 이사에 대한 손해배상청구에 영향을 미치지 않는다고 본다. 회사의 이사에 대한 손해배상청구는 이사의 경업금지의무 의 위반으로 회사가 받은 적극적인 손해뿐만 아니라 회사가 얻을 수 있었던 기대 이익의 상실도 포함된다.

2) 개입권 : 이사가 경업금지의무에 위반하여 거래를 한 경우에, 이사회는 결 의에 의하여 그 이사의 거래가 자기의 계산으로 한 것인 때에는 이를 회사의 계산 으로 한 것으로 볼 수 있고, 또 제3자의 계산으로 한 것인 때에는 그 이사에 대하 여 이로 인한 이득의 양도를 청구할 수 있다(상397.2). 이것을 회사의 개입권 혹은 탈취권이라 한다. 이사의 경업금지의무의 위반에 대하여 회사의 개입권을 인정하 는 취지는, 경업금지 위반시 회사의 손해는 대체로 기대이익의 상실로서 그 손해 액의 증명이 곤란하고 또 이사의 손해배상만으로는 불충분하며 특히 회사의 고객 을 유지하기 위하여 거래 효과에의 개입이 효과적이기 때문이다. 개입권은 회사

의 의사표시만으로 효과가 발생하므로 형성권적 성질을 가진다. 개입권은 이사의 경업금지의무에 위반하는 거래가 있은 날로부터 1년 내에 행사하여야 하고 이 기간이 경과하면 소멸하는데(상397.3), 이 기간은 **제척기간**이다.

3) 개입권 행사효과 : 개입권 행사의 효과는 회사와 이사간에 채권적 효력만 있고 제3자에 대한 물권적 효력은 생기지 않는다(최기932). 따라서 이사의 경업금지 위반거래가 자기의 계산으로 한 것인 경우 거래는 그대로 유효하고 회사가 거래의 직접의 당사자가 되는 것은 아니어서 제3자에 대해서는 아무런 효과가 발생하지 않는다. 다만 당해 이사가 그 거래의 경제상의 효과를 전부 회사에 귀속시킬 의무(**채권적 효과**)를 부담한다는 점이 개입권 행사의 효과이다. 따라서 회사가 개입권을 행사하면 이사는 경업금지 위반거래로 취득한 금전·물건 또는 권리 등을 회사에 양도할 의무를 부담하고, 이사가 이를 회사에 양도하면 회사는 이사가 부담한 채무를 변제하고 또 지급한 비용을 상환할 의무를 진다. 그러나 이사가 제3자의 계산으로 경업행위를 한 때에는 회사는 그 이사에 대하여 경업금지 위반거래로 이사가 취득한 이득(수수료 등)의 양도만을 청구할 수 있다. 이사의 경업금지의무의 위반에 대한 손해배상책임은 총주주의 동의가 없으면 면제할 수 없다(상400).

4. 회사기회유용 금지의무

(1) 의 의

1) 개 념 : 이사가 이사회의 승인 없이 현재 또는 장래에 회사의 이익이 될 수 있는 회사의 사업기회를 자기 또는 제3자의 이익을 위하여 이용하여서는 안되는 의무를 회사기회유용 금지위무라 하며(상397의2.1), 이를 회사기회원칙(corporate opportunity doctrine)이라도 한다. 이는 경업금지의무와 자기거래금지의무와 함께 이사의 충실의무의 내용을 이루며, 상법 개정을 통해 도입되어 현행법상 충실의무가 구체화된 3가지 유형 중의 하나라 할 수 있다. 이사는 이익이 될 여지가 있는 사업기회가 있으면 이를 회사에 제공하여 회사로 하여금 이를 이용할 수 있도록 하여야 하고, 회사의 승인 없이 이를 자기 또는 제3자의 이익을 위하여 이용하여서는 아니 된다.

2) **취 지** : 이사의 경업·자기거래 금지의무는 회사의 현재의 이익을 이사의 경업이나 자기거래로부터 보호하기 위한 의무인데 반해, 회사의 기회유용 금지의무는 회사의 기회로 나타나는 회사의 **장래의 이익**을 이사의 유용으로부터 보호하려는 취지의 의무이다. '회사의 기회'는 경업이나 자기거래와 달리 그 범위나 회사에의 귀속성이 불확실한 불확정적 개념이다. 따라서 회사와 영업부류에 속한 거래를 의미하는 '경업', 거래의 종류를 명시하지 않고 성립할 수 있는 '자기거래' 등의 개념과 '회사의 사업기회'를 어떻게 구별할 수 있는지 문제되며, 정확한 해석을 통해 이사의 충실의무의 3유형의 관계가 규명될 수 있다고 본다. 즉 경업이나 자기거래는 이익충돌의 정황이 상대적으로 명확하지만 회사의 사업기회는 회사의 기대가 반영된 불확정적 개념이어서 그 외연의 명확하지 않은 점에서 다른 의무와 다르다고 할 수 있다.

3) **적용범위** : ① 논 의 - 회사기회유용 금지의무를 부담하는 자로는 회사의 이사를 규정하고 있으나, 집행임원제도를 도입한 회사의 경우 '집행임원'도 회사의 사업기회 유용금지의 주체가 된다(상408의9). 상법 제401조의2에서 규정하는 업무집행지시자도 사업기회유용행위와 관련될 경우 책임을 부담하느냐가 문제된다. 즉 지배주주 등 **업무집행지시자**가 회사의 사업기회를 자신의 개인적 목적을 위해 이용한 경우에도 회사기회유용금지에 위반되는가? 이에 관해, 지배주주가 회사기회를 유용하기 위하여 이사에게 회사기회유용의 구체적 행위를 지시하고 이사가 이를 수행한 경우 또는 자신이 이사 또는 이와 유사한 명칭을 사용하여 회사기회를 유용한 경우에 한하여 책임을 진다고 보는 **긍정설**, 법문에 업무집행지시자에도 동조를 준용하는 규정이 없다는 이유로 이를 부정하는 **부정설** 등이 주장된다.

② 검 토 - 긍정설은 검토의 실익은 있지만 해석론으로서는 명문의 규정에 반하여 다음과 같은 이유에서 부적절하다고 본다. 첫째, 업무집행지시자 등의 개념(상401의2)은 이사책임(상399)과 관련되고 회사기회유용금지를 적용대상으로 정하고 있지 않다는 점, 둘째, 회사법은 의무의 주체를 이사로만 정하고 있지 업무집행지시자 등을 포함시키고 있지 않는 점, 셋째, '임무해태(상399)'를 판단함에 있어 그 전제인 이사의 의무가 문제되고 이에는 충실의무 위반도 포함될 수 있지만, 업무집행지시자는 회사에 대한 의무의 주체가 아니고 이사회의 승인에 의한 회사기회 이용도 가능하지 않으므로 동 의무를 확장하는 것은 부적절하다는 점,

넷째, 업무집행지시자는 '업무집행'(상401의2)을 요건으로 하고 있어 자기거래는 쉽게 포섭될 수 있지만 경업이나 기회유용행위를 회사의 업무집행으로 보기 어렵다는 점, 다섯째, 업무집행지시자는 이사책임의 인적범위를 위임관계가 없는 자에게 확장하기 위해 도입된 개념인데 이를 다시 해석에 의해 확장하는 것은 적절하지 못하다는 점 등을 고려할 때 업무집행지시자 등은 현행법 해석상 원칙적으로 이사기회유용금지의 주체가 될 수 없다고 본다.

(2) 회사의 사업기회

1) **개 념** : 이사에 의한 유용이 금지되는 회사의 사업기회란 ⅰ) 현재 또는 장래에 회사의 이익이 될 수 있으며(이익가능성), ⅱ) 출처(직무, 정보)관련성, ⅲ) 영업관련성을 가져야 한다. 본조가 적용되는 사업기회가 되기 위해서는 이익가능성은 반드시 요구되지만, 출처관련성 또는 영업관련성은 둘 중 하나만 충족하면 적용되도록 규정하고 있다. 따라서 회사의 이익가능한 사업기회일 경우, 영업과 관련되지 않더라도 직무와 관련하여 인지하게 된 경우라면 회사의 사업기회에 해당한다. 예컨대 회계법인의 이사인 회계사가 자동차 판매회사의 회계업무를 수탁받아 처리하는 과정에 자동차 판매회사의 마케팅 관련 정보를 알게 되어 마케팅 정보를 이용하여 설립한 자동차부품회사에 출자한 행위도 회계법인과 자동차부품회사는 영업에 관해 전혀 관련성이 없음에도 이를 위해서는 회계법인 이사회의 승인을 받아야 한다고 해석된다. 생각건대 이사의 회사기회유용금지의무는 이사와 회사의 이익충돌을 방지하기 위한 의무로 이해할 때, 회사의 영업과 관련성이 없는 경우에도 이를 제한하는 것은 동 의무의 취지에 반한다고 보아 동조 취지에 의한 수정해석(축소해석)이 요구된다. 즉 동조에서 규정하는 사업기회란 '회사와 관련된 영리성 정보'라고 보아, 사업기회는 영리성 정보이어야 하고 정보와 회사의 관련성이 있어야 한다. 그리고 정보의 출처에 관한 직무·정보 관련성(상397의2.1.1호)은 사업기회의 본질이라기보다는 이사의 의무위반을 판단함에 있어 고려사항이라 본다.

2) **사업기회의 요건** : 첫째, 사업기회의 **이익가능성**은, 이익과 무관한 사업기회 즉 비영리사업에 대한 투자기회 등은 일단 배제한다는 소극적 의미와 현재만을 기준으로 하지 않고 장기간의 투자회임기간이 요구되는 사업도 장래 이익의 발생할 수 있는 가능성이 있다면 이를 포함한다는 적극적인 의미를 가진다. 둘

째, **직무·정보관련성**은 위에서 언급한 바와 같이 회사기회 개념의 필요조건은 아닌 충분조건에 해당하는데, 직무관련성이란 이사의 업무를 수행하는 과정에 알게 된 직접적인 사업기회를 의미하고 정보관련성은 회사의 정보를 이용하여 알게 된 간접적인 사업기회를 의미한다. 설사 이를 흠결하더라도 다른 요건을 갖추면 사업기회가 되며, 영업관련성 없이 직무·정보관련성만 존재하는 경우(앞서 든 예)에는 사업기회에서 해석상 배제할 필요가 있다. 셋째, **사업관련성**은 회사가 현재 수행하고 있는 영업 또는 향후 예정하고 있는 영업과 관련 있는 사업기회(현재·미래 사업기회)를 의미한다. 현재의 영업관련성뿐만 아니라 미래의 영업관련성은 더욱 모호한 개념이지만 객관적으로 판단하여 관련성이 있다고 보면 이에 해당한다.

3) 회사의 기회이용 가능성 : 회사법이 규정하는 사업기회의 요건을 갖추어 영업과 관련되는 사업기회라는 점 이외에, 그러한 사업기회를 이용할 의사·능력이라는 주관적인 요건 또는 객관적인 능력도 갖추어야 하는가? 이는 사업관련성의 내용이 될 수도 있는데, 회사가 전혀 이용할 의사·능력이 없는 상황이라면 이사가 이사회 승인 없이 그러한 기회를 이용하더라도 이를 충실의무 위반으로 보기는 어렵기 때문이다. 이와 관련하여 글로비스사건에서 사업기회에 해당하려면 회사 내에서 사업의 추진에 대한 구체적인 논의가 있었거나 회사가 유리한 조건으로 사업기회를 제안받는 경우와 같이 그 사업의 기회가 회사에 현존한 현실적이고 구체적인 사업기회였고, 당시 회사의 사업전략, 영업형태 및 재무상황, 그 사업의 특성, 투자 규모, 위험부담의 정도, 기대 수익 등을 종합적으로 고려한 합리적인 경영판단에 따르면 회사가 그 사업의 기회를 이용하여 사업을 추진할 만한 상당한 개연성(**기회의 현존성**)이 인정되는 경우에 한하여 사업기회요건을 충족할 수 있다고 판단한 바 있다.

[비교법] 미국 델라웨어 대법원은 이사의 기회유용금지의무 위반이 성립함을 판단함에 있어 회사의 능력, 회사의 관심·개대 등도 판단요소로 고려하고 있다. Guth v. Loft 사건에서 청량음료 제조·구매자인 Loft사의 이사 겸 사장인 Guth는 펩시사의 지배주주가 되어 회사의 자금·인력을 이용하여 펩시사를 회복시켰다. Loft사는 펩시사를 인수할 기회를 Loft사에 제공할 의무가 있었다는 이유로 제소하였다. 동 사건에서 법원은 ⅰ) 영업범위판단(the line of business test), ⅱ) 기회에 대한 회사의 관심과 기대, ⅲ) 기회 발견의 경위(the capacity standard)를 제시하였는데, 기회발견의 경위에 관해서는 일

단 이사의 지위에 따른 기회발견이 추정된다고 본다. Broz v. Cellular 사건에서 휴대폰 서비스제공사인 Cellular사의 이사인 Broz는 미시간주 휴대폰서비스 제공 라이센스를 취득할 기회를 제안받고 Cellular사에는 알리지 않고 자신의 1인회사(RFB)가 이를 취득하도록 하였는데, Cellular사를 인수한 회사(PriCellular)가 Broz를 의무위반으로 제소하였으나 기각되었다. 이 판결에서 법원은 ⅰ) 사업기회 포착을 위한 회사의 재무적 능력, ⅱ) 회사의 영업범위내, ⅲ) 회사의 기회에 대한 관심과 기대, ⅳ) 회사와 이사간의 이해충돌 등을 판단기준으로 제시하였다. 양 판결에서 미국 판례법은 회사의 관심·기대를 판단기준으로 제시하고 있으며, Broz 판결에서는 회사의 능력도 기준으로 등장하였다. 그밖에 ALI 원칙은 ⅰ) 회사의 사업기회, ⅱ) 회사의 기회 거절을 판단기준으로 제시하면서, 회사기회성을 판단함에 있어 기회의 인지 경위에 관한 요건을 들고 있다 (ALI5.05). 경업 역시 회사기회유용으로 한 유형으로 이해하는 미국 회사법은 기회인지 경위를 사업관련성과 선택적(병렬적)인 요건으로 이해하는 우리법과 달리 사업관련성을 판단하는 하나의 기준으로 이해한다.

4) **경업·자기거래와 관계** : 기회유용금지는 영업이 아닌 영업(사업)기회를 침해하는 행위인데, 사업기회라 함은 영업으로 발전할 가능성까지 포함하므로 현재 영업화 되지 않았지만 영업으로 될 가능성이 있는 대상도 포함하는 매우 포괄적인 개념이라 할 수 있다. 기회라는 개념 속에는 영업화 된 상황도 포함할 수 있어 기회유용이 경업·자기거래와 중복될 가능성이 있다. 이사가 회사의 영업과 동종의 사업기회를 이용한 경우 경업이 되고 회사의 사업기회를 회사와 직접 거래한 경우에는 자기거래가 된다. 경업이나 자기거래도 회사의 사업기회와 무관하지 않고 경업이나 자기거래는 회사기회유용이라는 개념에 포섭된다는 점에서, 이론상 경업·자기거래는 기회유용과 일종의 법조경합관계에 있다고 볼 수 있다. 하지만 후술하는 바와 같이 기회유용금지에 위반한 경우 손해추정규정(상397의2.2)이 별도로 규정되어 있어 효과를 달리하므로, 일정한 이사의 행위가 해석상 경업·자기거래에 해당하더라도 동시에 기회유용에 해당한다면 기회유용 위반행위를 주장할 수 있다고 해석된다.

[입법론] 기회유용금지에 관한 상법 제397조의2 규정은 입법론적 관점에서 볼 때 개정이 요구되는 조항이다. 첫째, 기회유용과 경업을 구별하기는 어렵고 경업기회 역시 회사기회의 일종이라 볼 경우 양자는 하나의 조문으로 규정함이 타당하다. 둘째, '사업기회'라는 표현은, 회사법은 영업이라는 표현을 주로 사용하고 있으며 사업 역시 영업을 의미한다는 점에서 영업기회로 전환할 필요가 있다. 셋째, 다른 충실의무 위반 규정과 달리 기회유용금지의무를 위반한 경우에만 이사의 손해배상책임을 규정하는 것은 규정의 체계상 맞지 않으며 손해배상에 관한 규정은 상법 제399조에서 한

꺼번에 언급하는 것이 체제상 적절하다. 넷째, 충실의무를 선관의무와 구별하는 입장에서 보면, 충실의무 위반시 손해배상이 문제되는 것이 아니라 (부당)이득의 반환이 문제되는데 손해배상을 의무위반의 주된 효과로 규정하는 것은 기회유용금지의무의 본질과 맞지 않다. 다섯째, 사업기회의 인지경위에 관한 동조 1항 1호의 직무·정보 관련성은 영업관련성을 정한 2호와 병렬적 요건의 지위를 가지는 것은 부적절하고 영업관련성의 추가적 요건이거나 삭제하더라도 무방하다고 본다. 여섯째, 상법 제397조의2의 표제는 '회사의 기회 및 자산의 유용 금지'인데, 동 규정의 본문에는 회사의 자산유용금지에 관한 내용은 두고 있지 않다. 회사의 정보나 사업기회 이외에 회사의 자산을 이사가 개인적으로 이용하는 사례가 있고 이 역시 위법행위로서 회사에 손해를 발생시킬 수 있음을 고려할 때 표제와 내용을 일치시킬 필요가 있다. 일곱째, 상법은 사업기회 유용금지의 주체를 이사로만 한정하고 있고 집행임원에 준용되지만(상408조의9), 대주주나 사실상 이사는 회사기회유용금지의무의 주체로 명시되어 있지 않아 해석상 적용이 어렵다고 본다. 그런데 실제 대주주 등에 의한 회사기회유용사례가 많다는 점을 들어 대주주 등에게 동 의무를 확장할 필요가 있다면 해석론이 아닌 개정이 요구된다.

(3) 이사의 유용행위

1) **이사의 유용** : 회사의 사업기회에 해당하는 정보를 이사가 직접 또는 제3자를 통해 이행하는 경우에 적용되고, 유용금지의무의 주체를 회사법은 이사로 정하고 있다. 그렇다면 이사직을 퇴임한 이사가 재직중 알게 된 회사기회를 이용한 경우에도 이에 해당하는가? 중요한 사업정보를 취득하고 회사가 이용하기 전에 퇴임한 후 이를 바로 이용하면 실질적으로 회사기회를 유용한 것과 동일한 결과가 될 수 있다. 이사의 비밀유지의무(상382의4)가 이사의 종임후에도 적용되지만 기회유용금지의무와 비밀유지의무와는 내용을 달리하므로 비밀유지의무로써 대신할 수 없다. 생각건대 퇴임이사에 의해 실질적 회사기회유용행위가 발생할 수 있지만 상법 제397조의2는 이사를 의무의 주체로 명시하고 있고, 이사회승인에 의한 이익추구 가능성을 전제하고 있다는 점에서 퇴임후의 이사에까지 동 의무의 범위를 확대해석할 수는 없다고 본다. 다만 회사의 사업기회에 관한 정보 자체가 재산권적 성질이 인정될 정도일 경우에는 이를 침해한 행위로서 불법행위에 따른 손해배상책임에 문의할 가능성은 있다고 본다.

2) **성 질** : 이사가 이익가능성과 직무·영업관련성을 가진 사업기회를 자기 또는 제3자의 이익을 위하여 이용하여야 한다. 이사는 회사의 이익을 위해 업무를 하여야 할 선량한 관리자의 주의의무를 부담하고 직무를 충실하게 수행할 의무를 부담하므로 회사의 이익을 자기 또는 제3자의 이익에 우선시킬 의무를 가진다고

본다. 이러한 의무를 위반한 회사 사업기회 유용행위는 이사가 회사의 이익이 아닌 자기 또는 제3자의 이익을 위하여 한 행위이므로 이사의 권한남용행위와 유사하게 보인다. 하지만 회사의 기회유용행위는 회사행위의 외관을 가지는 (대표)이사의 권한남용행위와는 달리 이사나 제3자의 명의로 행위가 이뤄지므로, 회사행위가 아니라는 점에서 통상적인 (대표)이사의 권한남용과는 구별된다. 이사의 회사기회유용금지 위반에 따른 책임을 발생케 하는 유용행위가 되기 위해서는, 주관적으로 자기 또는 제3자의 이익을 위한 의도가 있어야 하고 객관적으로 이러한 결과가 실현될 것까지 요구하지는 않는다.

3) 경업금지와의 관계 : 상법 제397조의 영업부류에 속한 거래도 상법 제397조의2의 사업관련성을 가지는 회사의 사업기회이다. 따라서 겸직은 통상 사업기회와는 무관하지만, 경업이 있을 경우 사업기회에도 해당하게 되어 양조문이 모두 적용되느냐 하는 문제가 발생한다. 회사기회는 현재 영업부류에 속한 거래뿐만 아니라 장차 사업확장에 의한 기회까지 포괄하고 있어, 현재 경쟁적인 영업, 사업기회를 유용한 것으로 볼 수 있는 경업보다 넓은 개념이라 할 수 있다. 이렇게 볼 때 기회유용금지는 일반규정, 경업금지는 현재의 사업기회 중 경쟁적인 영업에 관한 특별규정이라 할 수 있다. 하지만 회사법은 일반규정적 성질을 가지는 회사기회유용금지에 관해 더 엄격한 이사회승인 요건 즉 특별의결정족수로 정하고 있고 손해추정규정까지 두고 있다. 이러한 회사법 규정은 각 위반행위의 개념에 상응한 규범체계라 볼 수 없어 부적절하다고 판단되지만, 현행법 해석론으로서는 부득이 경업금지와 회사기회유용금지는 요건과 효과를 달리 정하고 있는 것으로 볼 수밖에 없고 양 규정 모두 적용된다고 본다.

(4) 이사회의 승인

1) 의 의 : 회사기회유용 금지의무는 이사회의 승인 없이 이사가 회사의 사업기회를 이용하는 것을 금지하는 것이므로, 이사가 회사의 사업기회를 이용하고자 하는 경우에는 사전에 이에 관해 이사회의 승인을 받아야 한다. 회사는 당해 사업기회를 이용할지 여부에 대한 우선권을 가지게 되고 이를 위해서는 이사는 회사의 사업기회에 관한 정보의 개시의무를 부담한다. 해당 이사가 제공한 충분한 정보를 바탕으로 이사가 이를 이용하는 것을 승인할 것인지 여부를 검토하게 된다. 만일 이사회가 이를 승인할 경우에는 설사 이사가 이용하는 것이 회사의 사업기

회라 하더라도 더 이상 회사기회유용행위를 문제 삼아 이사에게 이에 대한 손해배상책임을 물을 수는 없게 된다.

   2) 이사회 승인과 경영판단 : 이사는 회사에 대하여 선량한 관리자의 주의의무를 지므로, 법령과 정관에 따라 회사를 위하여 그 의무를 충실히 수행한 때에야 이사로서의 임무를 다한 것이 된다. 이사는 이익이 될 여지가 있는 사업기회가 있으면 이를 회사에 제공하여 회사로 하여금 이를 이용할 수 있도록 하여야 하고, 회사의 승인 없이 이를 자기 또는 제3자의 이익을 위하여 이용하여서는 아니 된다. 그러나 회사의 이사회가 그에 관하여 충분한 정보를 수집·분석하고 정당한 절차를 거쳐 회사의 이익을 위하여 의사를 결정함으로써 그러한 사업기회를 포기하거나 어느 이사가 그것을 이용할 수 있도록 승인하였다면 그 의사결정과정에 현저한 불합리가 없는 한 그와 같이 결의한 이사들의 경영판단은 존중되어야 할 것이므로, 이 경우에는 어느 이사가 그러한 사업기회를 이용하게 되었더라도 그 이사나 이사회의 승인 결의에 참여한 이사들이 이사로서 선량한 관리자의 주의의무 또는 충실의무를 위반하였다고 할 수 없다(2011다57869).

   3) 경업·자기거래 승인과의 관계 : 만일 이사회가 회사의 사업기회임에도 불구하고 이를 회사가 이용할 계획이 없어 이사에게 이용을 승인하였고 그러한 사업기회가 회사와 사업관련성을 가질 경우 특히 회사의 영업부류에 속한 거래를 목적으로 하는 사업일 경우(수평적 관련성을 가질 경우) 이사가 경업금지의무에 위반한 것이 되는가? 이 경우 이사가 회사의 사업기회이용에 관한 승인 이외에 경업금지승인을 별도로 얻어야 하는가 하는 점이 문제된다. 하나의 사업기회가 경업이거나 회사의 사업기회가 될 수 있고 상법도 별개의 이사의무로 정하고 있으므로 이사회는 회사기회 이용승인과 경업승인을 구분해서 검토할 필요가 있다고 본다. 따라서 이사회의 승인을 얻었더라도 회사기회, 경업 중 어느 한 부문만 검토하였다면 이사가 면책되지 않을 가능성이 있으므로 이사회의 승인을 요청하는 이사로서는 회사기회 이용과 경업에 관한 두가지 사항을 적시하고 관련되는 정보를 개시할 필요가 있다고 본다. 다음으로 이사가 회사기회를 이용할 경우 회사와 이사간의 거래가 성립되는 사업인 경우(수직적 관련성을 가질 경우)에는 회사의 사업기회이용이 동시에 회사와 자기거래가 되는 경우도 있을 수 있다. 이 경우에도 경업금지의무와의 관계에서 보는 바와 동일한 문제가 발생하고 동일한

논리로 이사회는 회사기회 이용승인과 자기거래승인을 구분하여 검토할 필요가 있으며 이를 위해서는 이사는 두 가지 사항을 별도로 적시하여 승인을 얻어야 한다고 본다.

　4) **승인에 대한 책임** : 이사회가 이사의 회사기회 이용에 관해 승인을 함에 있어서는 그 승인에 참여하는 이사들은 당연히 선량한 관리자의 주의의무와 충실의무를 부담한다. 따라서 이를 위반하여 회사의 이익을 해하면서 특정 이사의 회사기회유용을 허용하였다면 이를 승인한 이사는 상법 제399조의 책임을 부담하게 된다. 개정 상법은 회사기회유용금지의무를 규정하면서 동 의무에 위반하여 회사에 손해를 발생시킨 이사 및 승인한 이사는 연대하여 손해를 배상할 책임을 규정하고 있다. 이는 상법 제399조와 별개로 이사회 승인결의를 함에 있어 이사의 의무위반을 의미하고, 회사기회유용금지를 한 이사와 연대책임을 묻기 위한 규정으로 이해된다. 이에 대해 동조의 '승인한 이사'란 제1항에 따라 제1항에 따라 이사회의 승인을 받기 위하여 이사회 안건으로 부의된 경우 이를 승인한 이사를 의미하는 것이 아니고 제1항에 위반하여 이사회 승인 없이 회사기회를 유용하는 것을 알면서도 이를 교사·방조·지원한 이사를 의미하는 것이라는 견해도 있으나 상법의 명문규정에 어긋나는 해석으로 생각된다.

　5) **사후승인(추인)** : 이사의 자기거래에서 논의되는 바와 유사하게 사전 승인 없이 이루어진 회사의 기회유용에 관해서도 이사회가 사후적으로 추인할 수 있는가? 사후승인을 허용할 경우 거래 후 다른 이사에게 사후승인을 강요할 염려가 있으며 회사의 승인 여부에 따라 거래의 효력이 결정되어 상대방의 이익보호에도 문제가 있으므로 사전승인이어야 한다고 본다. 이사회는 개개의 거래에 관하여 회사의 이익을 해할 염려가 있는지를 구체적으로 검토한 후 개별적 승인만 허용되고 포괄적 승인은 원칙적으로 허용되지 않는다.

(5) 의무위반 이사의 책임
　1) **손해배상** : 영미법에서는 회사기회유용에 대한 이사의 책임을 이사가 경업금지의무를 위반한 경우와 유사하게 이사가 취한 부당이득의 회사에의 반환이라는 실질을 가지는 것으로 이해하는데 반해, 개정 상법은 이를 이사의 불법행위책임으로 이해하고 회사의 일실이익을 손해로 파악하여 이의 배상을 요구하고 있

다. 즉 상법 제372조의2 2항은 손해의 배상을 규정하고 있고 상법 제400조 2항도 상법 제397조의2 2항에 따른 이사의 책임이 불법행위책임이어서 상법 제399조 책임에 포함된다는 점을 전제하고 동 책임을 정관에서 제한하지 못하도록 규정하고 있다. 상법 제400조 2항을 고려하여 동조 1항을 해석하면 이사의 회사기회유용 금지의무를 위반함으로써 부담하는 손해배상책임도 이사의 다른 책임과 같이 총주주의 동의가 있으면 이사의 책임을 면제할 수 있다고 본다. 뿐만 아니라 회사의 사업기회유용 금지규정을 위반한 이사에 대해 주주는 주주대표소송을 통해 당해 이사에게 손해배상청구의 대표소송을 제기할 수 있다(상403).

2) **손해추정** : 이사가 이사회의 승인 없이 회사의 사업기회를 유용하고 회사에 손해가 발생하였다면 이사는 회사에 대하여 손해배상책임을 지게 된다. 이사의 손해배상책임이 성립하기 위해서는 회사의 손해발생이 요건이고, 회사의 사업기회를 유용함으로써 당해 이사 또는 제3자가 얻은 이익은 회사의 손해로 추정된다. 동 추정규정에 의해 이사가 얻은 이익이 회사의 손해로 추정되어 이사의 실질적 부당이득을 회사에 대한 손해배상을 통해 환수하는 효과가 발생한다. 그리고 이사가 사업기회 유용을 통해 자기 또는 제3자가 얻은 이익에는 회사의 기회유용을 통해 부당하게 얻은 이익과 이사 또는 제3자의 특별한 능력과 노력에 따른 이익이 복합되어 양자를 구별하기는 쉽지 않지만 추정규정을 통해 그 배상이 용이하게 될 수 있다.

5. 자기거래 금지의무

(1) 의 의
1) **개 념** : 이사나 주요주주 등이 이사회의 사전승인을 얻지 않고 자기 또는 제3자의 계산으로 회사와 거래하지 못하는 의무를 의미한다(상398). 개정전 상법에서는 이사가 자기·제3자의 계산으로 회사와 하는 거래를 자기거래라 하였는데, 개정 상법에서는 자기거래의 범위를 확장하여 이사뿐만 아니라 주요주주 등이 회사와 거래를 할 경우에도 이사회의 승인을 요하도록 하였으며, 이사회의 승인은 사후승인이 아닌 사전승인이어야 할 것을 명시하였다. 그리고 이사회의 승인을 받음에 있어 관련 이사 등은 자기거래의 중요사실에 관해 개시의무를 부여하고 있으며, 이사회 승인결의는 특별결의일 것과 함께 자기거래의 내용과 절차는 공

정할 것을 요구하고 있다. 이사 등의 자기거래금지의무를 두어 이사 등과 회사 간의 거래에 대하여 이사회의 승인을 받도록 정한 것은, 이사 등이 그 지위를 이용하여 회사와 직접 거래를 하거나 이사 등이 자신의 이익을 위하여 회사와 제3자 간에 거래를 함으로써 이사 자신의 이익을 도모하고 회사 또는 주주에게 손해를 입히는 것을 방지하고자 함에 있다(2011다57869),

　2) 의무의 성질 : 이사의 **자기거래금지의무의 성질**(쟁점52)164)에 관해, 회사가 이사와 거래를 하는 경우의 업무집행의 결정방법을 정한 것이라는 **업무집행방법설**, 이사와 회사간의 이익충돌을 회피할 이사의 충실의무(또는 선관주의의무)로부터 파생한 일종의 부작위의무로 보는 **부작위의무설**(권한통제설) 등이 주장된다. 이사의 자기거래는 원칙적으로 금지되고 이사회의 승인이 있을 경우에만 허용된다는 점에서 통상적인 업무집행의 방법과는 구별된다고 본다. 다만 개정 상법에 의하면 자기거래제한이 이사의 의무일 뿐 아니라 주요주주 즉 업무집행자가 아닌 자에게도 부과된 의무라는 특징을 가진다. 따라서 이를 충실의무로 보는 견해는 회사법이 주요주주에게는 충실의무를 규정하지 않아 해석상 충실의무로 보기는 어렵게 되었다. 생각건대 이는 대표이사의 회사행위와 관련된 통상적인 업무집행의 방법과는 구별되어 이사의 의무로 보아야 하지만, 회사법 개정으로 의무자의 범위에 주요주주 등이 포함되므로 주요주주**의 충실의무**를 인정하지 않는 이상 자기거래규정을 충실의무로만 보는 것은 어렵지만 동 규정의 본질이 충실의무의 구현이라 이해할 때, 충실의무와 회사의 업무집행방법으로서의 성격도 동시에 가진다고 본다.

(2) 의무자의 범위

　1) 이 사 : 이사는 회사의 수임자로서 회사의 이익을 추구할 선관주의의무뿐만 아니라 이사 자신의 이익과 회사의 이익이 충돌할 경우 이를 회피하여 회사의

---

164) **이사의 자기거래금지의무의 법적 성질**(쟁점52)에 관해, **업무방법설**은 자기거래에 관한 이사회의 승인은 회사가 이사와 거래를 하는 경우의 업무집행의 결정방법을 정한 것이라는 견해이다(서정갑256). 동 견해에 따르면 이사가 자기거래를 하기 위해서는 이사회 승인을 얻어 하여야 하고 이를 위반한 경우 내부적 절차를 위반한 행위가 된다. **권한통제설**은 승인 없이 자기거래를 하지 않은 이사의 의무는 이사와 회사간의 이익충돌을 회피할 이사의 충실의무(또는 선관주의의무)로부터 파생한 일종의 부작위의무로 본다. 즉 이사는 원칙적으로 회사와 이해상충의 위험이 있는 자기거래를 하여서는 안 되지만 이를 예외적으로 하기 위해서는 이사회의 승인을 얻어야 한다는 견해(통설)이다.

이익을 추구할 충실의무를 가진다. 충실의무는 이사뿐만 아니라 이사와 유사한 지위에 있는 집행임원에게도 인정된다. 판례는 자기거래에서 이사라 함은 거래당시의 이사와 이에 준하는 자(이사직무대행자, 청산인 등)에 한정할 것이고 거래당시 이사의 직위를 떠난 사람은 여기에 포함되지 않는다 할 것이며 이사가 회사에 투자를 하였다가 위 투자금을 반환받는 거래의 경우에도 마찬가지라 보았다(88다카9098). 그리고 이사회의 승인이 필요한 이사와 회사의 거래에는 이사가 거래의 상대방이 되는 경우뿐만 아니라 상대방의 대리인이나 대표자로서 회사와 거래를 하는 경우와 같이 특별한 사정이 없는 한 회사와 이사 사이에 이해충돌의 염려 내지 회사에 불이익을 생기게 할 염려가 있는 거래도 해당된다고 보았다(2015다 70044).

2) **주요 주주 등** : 개정 상법은 자기거래금지의무를 이사뿐만 아니라 회사의 발행주식총수의 1/10 이상을 소유하거나 주요 경영사항에 대하여 사실상 영향력을 행사하는 주요주주(상542의8.2.6호,398.1호), 이들의 친인척 즉 이사·주요주주의 배우자 및 직계존비속, 이사·주요주주의 배우자의 직계존비속, 이상의 자들의 종속회사(단독 또는 공동으로 1/2 이상의 주식(의결권 있는 주식에 한정됨)을 가진 회사 및 그 자회사), 재종속회사 즉 이상의 자들과 종속회사가 공동으로 1/2 이상의 주식(의결권 있는 주식에 한정됨)을 가진 회사 등에게도 부담시킨다. 판례는 이사 등이 그 지위를 이용하여 회사와 거래를 함으로써 자기 또는 제3자의 이익을 도모하고 회사와 주주에게 예기치 못한 손해를 끼치는 것을 방지하기 위한 것으로, 이사와 지배주주 등의 사익추구에 대한 통제력을 강화하고자 그 적용대상을 이사 외의 주요주주 등에게까지 확대하고 이사회 승인을 위한 결의요건도 가중하여 정하였다고 본다(2019다205398). 이와 같이 자기거래에 해당하는 자의 범위가 매우 넓어졌는데 회사의 이익보호를 위한 취지는 이해되지만 특히 상장회사에 인정되는 이해관계인과의 거래금지의무와의 관계가 모호해졌다.

(3) 제한대상거래

1) **이익충돌염려** : 이사회의 승인을 얻어야 가능한 이사 등의 자기거래는 이사가 자기 또는 제3자의 계산으로 회사와 하는 거래로서 성질상 회사와 이사간에 이익충돌의 염려가 있는 **재산적 거래**에 한정된다. 따라서 이사와 회사 사이의 거래라고 하더라도 양자 사이의 이해가 상반되지 않고 회사에 불이익을 초래할 우

려가 없는 때에는 이사회의 승인을 얻을 필요가 없다(2007다71271). 판례가 **이익 충돌염려**가 있는 거래의 예로는, 회사의 채무부담행위(2002다20544), 별개인 두 회사의 대표이사를 겸하고 있는 자가 두 회사 사이의 매매계약을 체결한 경우(95다1201), 회사의 이사에 대한 채무부담행위(91다16310), 대표이사가 변태지출한 경비를 회사의 차입금으로 처리한 경우 이는 이사와 회사간의 거래(80다341)는 물론, 별개 회사의 대표이사를 겸직하고 있는 자가 어느 일방회사의 채무에 관하여 타 회사를 대표하여 연대보증을 한 경우(84다카1591) 등도 포함된다고 본다. 그런데 채무보증행위는 회사와 제3자간의 계약이고 채무자인 이사는 거래당사자가 아니지만 통설·판례는 회사와 제3자간의 거래도 자기거래에 포함된다고 본다. 요컨대 이사회의 승인을 얻어야 하는 이사의 자기거래에는 이사와 회사간의 **직접거래**는 물론, 이사의 채무에 대하여 연대보증을 하는 행위와 같이 회사와 제3자간의 거래이지만 회사의 신용을 이용함으로써 회사와 이사간의 이익충돌의 염려가 있는 **간접거래**도 포함된다.

  2) **어음행위** : 어음행위는 원인거래로부터 독립적인 효력을 가지는 행위로서 지급수단적 성질을 가진다. 회사와 이사간의 원인거래에 관해 이사회의 승인을 받았다면 원인거래에서 발생한 금전채무의 지급을 위해 하는 어음행위도 이사회의 승인을 받아야 하는가?(쟁점53)[165] 이에 관해, 어음상의 채무는 인적항변의 절단, 거증책임의 전환, 부도에 의한 은행거래정지처분의 불이익 등에 의하여 원인관계상의 채무보다 더 엄격한 지급채무로 되므로 원인관계와는 별도로 어음행위에 대해 이사회의 승인이 필요하다고 보는 **긍정설**, 어음행위는 원인관계와 구별되는 거래의 수단적 행위로서 무색적 성질을 가지므로 이사와 회사간의 이익충돌의 염려가 없으므로 이익충돌의 염려를 전제로 한 자기거래 규정은 어음거래에는 적

---

165) **어음행위의 자기거래 포함여부(쟁점53)**에 관해, **부정설**은 어음행위는 원인관계와 구별되는 거래의 수단적 행위로서 무색적 성질을 가지므로 이사와 회사간의 이익충돌의 염려가 없고, 이는 민법 제124조 단서에 규정된 '채무의 이행'과 같은 것으로, 이익충돌의 염려를 전제로 한 상법 제398조는 어음거래에는 적용될 여지가 없다고 한다(서돈각 393). 동 견해에 의하면 원인거래와 어음거래 모두 이사회 승인을 얻지 않은 경우, 원인 행위는 무효하게 되지만 어음행위 자체는 유효하고 그 원인행위의 무효는 인적항변의 문제로 된다. **긍정설**은 어음행위자는 어음행위에 의하여 원인관계와는 별도의 새로운 어음상의 채무를 부담하며 그 어음상의 채무는 인적항변의 절단, 거증책임의 전환, 부도에 의한 은행거래정지처분의 불이익 등에 의하여 원인관계상의 채무보다 더 엄격한 지급채무로 되므로 원인관계와는 별도로 어음행위에 대해 상법 제398조가 적용되어 이사회의 승인이 필요하다고 본다(통설).

용될 여지가 없다고 하는 **부정설** 등이 주장된다. **판례**는 어음할인 등 여신을 전문적으로 취급하는 은행이 대표이사의 개인적인 연대보증채무를 담보하기 위하여 대표이사 본인 앞으로 발행된 회사명의의 약속어음을 취득함에 있어서 당시 위 어음의 발행에 관하여 이사회의 승인이 없음을 알았거나 이를 알지 못한 데 대하여 중대한 과실이 있다고 하여(2003다64688) 자기거래에 해당하는 어음행위에도 이사회승인이 필요하다는 긍정설의 입장이다. 생각건대 어음행위의 추상성을 고려하고 원인거래가 아닌 어음거래로 인한 이익충돌염려가 있는 이상 어음거래 자체가 자기거래로서의 성질을 가질 수 있다고 보는 긍정설의 입장이 타당하다고 본다.

3) **제한되지 않는 거래** : 회사와 이사 등과 이익충돌의 염려가 없는 거래, 예를 들어 회사에 대한 부담 없는 증여, 회사에 대한 무이자·무담보의 금전대여, 상계, 채무의 이행, 보통거래약관에 의한 거래, 회사주식의 인수 및 현물출자의 이행행위, 경매에 의한 재산의 취득행위 등은 이사회의 승인을 요하지 않는다고 이해된다. 다만 이사의 회사에 대한 무이자·무담보의 대여도, 모험사업에서 발생하는 위험을 이사가 회피하기 위해 회사에 자금을 대여한 후 성공할 경우 주주로서 이익을 향유하고 실패할 경우 회사로부터 원금을 회수하는 수단으로 사용될 가능성도 있다. 따라서 자기거래 여부를 거래의 개별적·구체적 사정 등을 고려하여 판단할 필요가 있다. 판례도 이사가 회사에 대하여 담보 약정이나 이자 약정 없이 금전을 대여하는 행위와 같이 성질상 회사와 이사 사이의 이해충돌로 인하여 회사에 불이익이 생길 염려가 없는 경우에는 이사회의 승인을 거칠 필요가 없다고 본다 (2009다55808).

4) **자회사와의 거래** : 판례는 자기거래금지규정이 적용되기 위하여는 이사 또는 제3자의 거래상대방이 이사가 직무수행에 관하여 선량한 관리자의 주의의무 또는 충실의무를 부담하는 당해 회사이어야 한다고 본다. 자회사가 모회사의 이사와 거래를 한 경우에는 설령 모회사가 자회사의 주식 전부를 소유하고 있더라도 모회사와 자회사는 상법상 별개의 법인격을 가진 회사이고, 그 거래로 인한 불이익이 있더라도 그것은 자회사에게 돌아갈 뿐 모회사는 간접적인 영향을 받는 데 지나지 아니하므로, 자회사의 거래를 곧바로 모회사의 거래와 동일하게 볼 수는 없다. 따라서 모회사의 이사와 자회사의 거래는 모회사와의 관계에서 자기거

래에 해당하지 아니하고, 모회사의 이사는 그 거래에 관하여 모회사 이사회의 승인을 받을 필요가 없다고 보았다(2011다57869).

(4) 이사회의 승인

1) **승인방식** : ① 사전승인 – 자기거래에서 이사회의 승인을 요하는 취지는 이사와 회사 사이의 이익상반거래가 비밀리에 행해지는 것을 방지하고 그 거래의 공정성을 확보함과 아울러 이사회에 의한 적정한 직무감독권의 행사를 보장하기 위함이라 본다(2015다70044). 상법 개정전에는 사후 승인이 배제된다고 볼 수 없다는 판결(2005다4291)이 있었으나, 이사회의 이사의 자기거래에 대한 승인은 사전승인이어야 한다는 통설이 개정 상법에 반영되어 동 판결은 효력을 상실하였다. 이러한 규정의 변화의 취지는 사후승인을 허용할 경우 거래 후 다른 이사에게 사후승인을 강요할 염려가 있으며 회사의 승인 여부에 따라 거래의 효력이 결정되어 상대방의 이익보호에도 문제가 있다고 보기 때문이다.

② 개별적 승인 – 이사회는 개개의 거래에 관하여 회사의 이익을 해할 염려가 있는지를 구체적으로 검토한 후 개별적 승인만 허용되고 포괄적 승인은 원칙적으로 허용되지 않는다. 다만 계속 반복되는 동종동형의 정형적 거래에 대해서는 제한적으로 이사회가 합리적이라고 인정되는 범위 내에서 거래의 종류·금액·기간 등을 정하여 다소 **포괄적으로 승인**할 수 있다고 본다.

③ **묵시적 추인** – 회사가 이익상반거래를 묵시적으로 추인하였다고 보기 위해서는 그 거래에 대하여 승인 권한을 갖고 있는 이사회가 그 거래와 관련된 이사의 이해관계 및 그와 관련된 중요한 사실들을 지득한 상태에서 그 거래를 추인할 경우 원래 무효인 거래가 유효로 전환됨으로써 회사에 손해가 발생할 수 있고 그에 대하여 이사들이 연대책임을 부담할 수 있다는 점을 용인하면서까지 추인에 나아갔다고 볼만한 사유가 인정되어야 한다(2005다4284).

④ **소규모회사** – 2인 이하의 이사만을 둔 소규모회사의 경우 이사회의 승인을 주주총회의 승인으로 대신하도록 하여(상383), 소규모회사의 자기거래에서는 이사회결의가 아닌 주주총회의 승인결의가 요구된다. 판례는 소규모회사에서 주주총회 결의에 의한 자기거래 승인규정을 해석·적용하는 과정에서 이사 등의 자기거래를 제한하려는 입법 취지가 몰각되지 않도록 해야 한다고 보면서, 일반적으로 주식회사에서 주주총회의 의결정족수를 충족하는 주식을 가진 주주들이 동의하거나 승인하였다는 사정만으로 주주총회에서 그러한 내용의 주주총회 결의가

있는 것과 마찬가지라고 볼 수 없고(2016다241515), 소규모회사의 이사가 회사와 자기거래를 하기 전에 주주총회에서 해당 거래에 관한 중요사실을 밝히고 주주총회의 승인을 받지 않았다면, 특별한 사정이 없는 한 그 거래는 무효라고 보았다(2019다205398).

2) **개시의무** : 이사회가 이사 등의 자기거래를 승인함에 있어 경업금지의무에서와 동일하게, 당해 이사 등은 이사회가 승인할지 여부를 판단할 수 있는 중요한 자료, 예컨대 이사의 경업거래의 상대방·목적물·수량·가액, 겸직하는 회사의 종류·성질·규모·거래범위 등 중요사항의 개시의무가 있다(상398). 상법 개정전 판례도 이사와 회사 사이의 이익상반거래가 비밀리에 행해지는 것을 방지하고 그 거래의 공정성을 확보함과 아울러 이사회에 의한 적정한 직무감독권의 행사를 보장하기 위해서는 그 거래와 관련된 이사는 이사회의 승인을 받기에 앞서 이사회에 그 거래에 관한 자기의 이해관계 및 그 거래에 관한 중요한 사실들을 개시하여야 할 의무가 있다고 보았다(2005다4284). 그리고 만일 이러한 사항들이 이사회에 개시되지 아니한 채 그 거래가 이익상반거래로서 공정한 것인지 여부가 심의된 것이 아니라 단순히 통상의 거래로서 이를 허용하는 이사회의 결의가 이루어진 것에 불과한 경우 등에는 이사회의 승인이 없다고 보았다(2005다4291).

3) **공정성** : 자기거래의 내용과 절차는 공정하여야 한다(상398). 자기거래 내용의 공정성은 회사의 이익보호에 관한 문제가 되고 이는 절차적 정당성뿐만 아니라 이사회결의를 거쳤더라도 회사의 이익이 보호되는 결의일 것을 요구하고 있어, 결국 이사의 선관주의의무 또는 충실의무를 주의적으로 한 번 더 규정한 것으로 이해된다. 다음으로 절차의 공정성은 앞서 설명한 개시의무를 포함하여 자기거래의 승인절차의 공정성을 의미한다고 본다. 이사회의 소집절차나 결의방법의 공정성은 이사회결의의 효력으로서 문제가 될 수 있으므로 특별한 의미를 가진다고 보기 어렵고, 이는 자기거래의 승인을 반대하는 이사의 의견개진기회를 보장하고 회사의 이익에 반한다는 주장에 대한 충분한 검토가 있었는지 등 이사회의 승인절차에서의 공정성을 의미한다고 본다. 개정전 상법하에서 판례도 만일 이러한 사항들이 이사회에 개시되지 아니한 채 그 거래가 이익상반거래로서 공정한 것인지 여부가 심의된 것이 아니라 단순히 통상의 거래로서 이를 허용하는 이사회의 결의가 이루어진 것에 불과한 경우 등에는 이를 가리켜 상법 제398조 전문

이 규정하는 이사회의 승인이 있다고 할 수는 없다고 보았다(2005다4291).

4) **주총결의의 대체 가능성** : ① **추인결의** – 이사회의 승인을 얻지 못한 자기거래가 **주주총회의 추인결의**에 의해 유효하게 될 수 있는가? 통설·판례 모두 이에 관해 부정적 입장이다. 판례는 이사와 회사 사이의 이익상반거래에 대한 승인은 – – 이사회의 전결사항이라 할 것이므로, 이사회의 승인을 받지 못한 이익상반 거래에 대하여 아무런 승인 권한이 없는 주주총회에서 사후적으로 추인 결의를 하였다 하여 그 거래가 유효하게 될 수는 없다고 보았다(2005다4284).

② **총주주 동의** – **총주주·1인회사의 주주의 동의**를 얻은 경우 이사회 승인 없이 한 자기거래가 유효한가?(**쟁점54**)166) 이에 관해, 이 경우에도 이사회의 승인을 얻어야 한다고 하는 **승인필요설**, 이사회의 승인을 얻을 필요가 없다고 하는 **승인불요설** 등이 주장된다. **판례**는 상법 제398조의 취지가 회사와 주주에게 예기치 못한 손해를 끼치는 것을 방지함에 있으므로, 그 채무부담행위에 대하여 주주 전원이 이미 동의하였다면 회사는 이사회의 승인이 없었음을 이유로 그 책임을 회피할 수 없다(2002다20544, 2015다5569)고 보아 승인불요설을 취하고 있다. 생각건대 주식회사에서 주주의 이익이 가장 중요한 이익이지만 유일한 보호이익이 아니라 채권자 등의 이해관계자의 이익도 보호될 필요가 있다. 그리고 상법은 의사결정주체를 결의의 성질에 따라 주주총회와 이사회 등으로 구분하고 있는 취지(기관분화의 취지)와, 특히 자기거래는 대주주인 이사에 의해 이뤄지는 경우가 많아 주주의 이익과 구별되는 회사의 이익(설사 1인회사라 하더라도)의 보호, 이사회승인결의시 개시의무, 공정성을 요구하고 있는 회사법의 강행법규성을 고려할 때 총주주·1인주주의 의사로 대체될 수 없다고 본다.

(5) 제한위반거래의 효력

1) **거래의 효력** : ① 논 의 – 이사 등이 이사회의 승인 없이 자기거래를 한 경

---

166) 이사회승인의 총주주 동의에 의한 대체 가능성(**쟁점54**)에 관해, **부정설**(승인필요설)은 상법 제398조는 주주만을 보호하기 위한 것이 아니고 회사재산을 건전하게 유지하고 채권자를 보호하는 데에 그 목적이 있으며, 손해전보가 가능한 이사회의 결의와 달리 주총결의는 손해전보가 불가능하다는 점을 고려할 때 대체는 허용되지 않는다고 본다(이철송785). **긍정설**(승인불요설)은 자기거래에서 채권자의 이익은 고려할 필요가 없으므로 1인 회사(예, 100% 모자회사간)에서는 이사회의 승인이 필요하지 않는다고 본다(송옥렬1062; 정동윤635, 최기원675, 최준선546).

우 그 효력은 어떠한가?(**쟁점55**)[167] 이에 관해 상법에 특별한 규정이 없으므로 회사이익과 거래의 상대방의 이익보호를 두고 학설이 대립되고 있다. 이사회의 승인 없이 한 이사의 자기거래를 무권대리행위와 같이 보아, 이사회의 추인이 있으면 유효하게 되고 이사회의 추인이 거절되면 확정적으로 무효로 된다는 **무권대리행위설**, 자기거래규정을 효력규정이 아닌 명령규정으로 이해하고 이사회의 승인 없이 이루어진 자기거래는 유효하고, 다만 당해 이사의 해임사유, 손해배상책임의 문제가 될 뿐이라는 **유효설**, 이사회의 승인을 얻지 못한 자기거래는 원칙적으로 효력을 가지지 못하나 선의의 제3자에 대하여는 그 거래의 무효를 주장할 수 없다는 **상대적 무효설** 등이 주장된다.

② **판 례** – 이사회의 승인 없이 행하여진 이른바 이사의 자기거래행위는 회사와 이사 간에서는 무효이지만, 회사가 위 거래가 이사회의 승인을 얻지 못하여 무효라는 것을 제3자에 대하여 주장하기 위해서는 이사회의 승인을 얻지 못하였다는 것 외에 제3자가 이사회의 승인 없음을 알았거나 이를 알지 못한 데 중대한 과실이 있음을 증명하여야 한다고 하는 입장이다(2003다64688). 판례의 입장을 요약하면 내부적 효과(회사와 이사간)는 무효이지만, 회사와 제3자간에는 원칙적으로 유효이고 회사가 제3자의 악의·중과실을 증명하여야 무효 주장이 가능하여 **상대적 유효설**의 입장이라 할 수 있다.

③ **검 토** – 상법 개정으로 상법 제398조가 명령규정의 형식을 취하고 있지만 회사와 상법상 의무를 위반한 이사간에는 신의칙상 무효로 보아야 하고, 회사와 제3자와의 관계에서는 제3자의 악의·중과실의 경우 무효가 된다고 보는 통설, 판례의 입장이 타당하다고 본다. 특히 간접거래의 경우 거래상대방은 제3자에 해당하게 되는데, 예를 들어 담보목적의 어음배서에서 어음수취인인 채권자는 제3자이므로(94다24626) 동 거래는 다른 자기거래(직접거래)와 다르게 원칙적으로 유

---

167) **이사회 무승인 자기거래의 효력(쟁점55)**에 관해, 상법에 특별한 규정이 없으므로 회사이익과 거래의 상대방의 이익보호를 두고 학설이 대립되고 있다. **유효설**은 자기거래규정을 효력규정이 아닌 명령규정으로 이해하고 이사회의 승인 없이 이루어진 자기거래는 유효하지만 당해 이사의 해임사유, 손해배상책임의 문제가 될 뿐이라 보며, 회사의 업무집행위의 방법에 관한 사항이므로 이를 위반한 경우에도 행위의 효력에는 영향이 없다는 견해이다(서정갑286), **무효설**은 상법 제398조는 강행법규로서, 이사의 자기거래로 인한 불이익은 이사에 대한 손해배상책임에 의해 해결될 수 없다고 보면서, 승인을 요하는 자기거래는 회사의 이익을 해할 염려가 있는 거래에 한정되므로 승인 없이 한 자기거래는 무효라고 하는 것이 회사의 보호를 위해 타당하다고 본다(최기원673) **상대적 무효설**은 이사회의 승인을 얻지 못한 자기거래는 원칙적으로 효력을 가지지 못하지만 선의의 제3자에 대하여는 그 거래의 무효를 주장할 수 없다는 견해(통설)이다.

효이고 단지 거래상대방이 악의·중과실인 경우에만 회사의 무효주장이 가능하게 된다.

    2) 증명책임과 중과실(판례) : 판례에 의하면 회사의 대표이사가 이사회의 승인 없이 한 이른바 자기거래행위는 회사와 이사간에서는 무효이지만, 회사가 위 거래가 이사회의 승인을 얻지 못하여 무효라는 것을 제3자에 대하여 주장하기 위해서는 거래의 안전과 선의의 제3자를 보호할 필요상 이사회의 승인을 얻지 못하였다는 것 외에 제3자가 이사회의 승인 없음을 알았다는 사실을 증명하여야 한다. 그리고 제3자가 선의였다 하더라도 이를 알지 못한 데 중대한 과실이 있음을 증명한 경우에는 악의인 경우와 마찬가지이다. 자기거래에서도 판례는 이사회 결의사항은 회사의 내부적 의사결정에 불과하므로 그 거래상대방이 위 이사회 결의가 없었음을 알았거나 중대한 과실로 알지 못한 경우가 아니라면 그 거래행위는 유효라 보았으며(94다42754), 특별한 사정이 없는 한 거래상대방으로서는 회사의 대표자가 거래에 필요한 회사의 내부절차는 마쳤을 것으로 신뢰하였다고 보는 것이 일반 경험칙에 부합하는 해석이라 보았다(2005다480). 여기서 중대한 과실이라 함은 제3자가 조금만 주의를 기울였더라면 그 거래가 이사와 회사간의 거래로서 이사회의 승인이 필요하다는 점과 이사회의 승인을 얻지 못하였다는 사정을 알 수 있었음에도 불구하고, 만연히 이사회의 승인을 얻은 것으로 믿는 등 거래통념상 요구되는 주의의무에 현저히 위반하는 것으로서 공평의 관점에서 제3자를 구태여 보호할 필요가 없다고 봄이 상당하다고 인정되는 상태를 말한다(2003다64688).

    3) 이사의 무효주장 : 자기거래가 이사회승인 없이 이뤄진 경우 회사와 이사간에는 무효인데 이를 회사가 주장하는 것은 당연히 자기거래가 회사의 이익을 보호하기 위한 조항이므로 가능하다. 그런데 동 거래를 이사가 무효라고 주장하는 것이 가능한가? 이에 관해 판례는 자기거래금지규정 취지에 비추어 이사와 회사 사이의 거래가 상법 제398조를 위반하였음을 이유로 무효임을 주장할 수 있는 자는 회사에 한정되고 특별한 사정이 없는 한 거래의 상대방이나 제3자는 그 무효를 주장할 이익이 없다고 보아야 하므로, 거래의 상대방인 당해 이사 스스로가 위 규정 위반을 내세워 그 거래의 무효를 주장하는 것은 허용되지 않는다고 본다(2011다67651).

4) **대표권 남용과의 관계** : 자기거래를 유효하게 해석할 경우 회사가 책임을 부담함에도 불구하고 그와 별개로 대표권의 남용 항변을 통해 종국적으로 책임을 부인할 수 있는가? 이사회 승인 없는 자기거래의 효력에서 다수설, 판례인 상대적 무효설의 경우, 선의 제3자에 대항 못하는데 여기에서 선의의 대상은 '이사회의 승인 없었음'에 대한 것이고, 대표권 남용에서도 제3자 보호가 되나 여기에서의 선의의 대상은 '대표이사가 자기의 이익을 위하였다는 사실'이다. 선의의 대상이 각각 달라서 사안에서 제3자가 이사회 승인 결여되었음을 선의로 알지 못하였지만 그 회사의 대표이사가 자기 자신이나 제3자의 이익을 위하였다는 사실에 대하여는 악의인 경우 문제된다. 생각건대 자기거래와 대표권의 남용을 둘 다 검토할 필요가 있다고 본다. 즉 제3자가 이사회의 승인 없음을 알지 못했고 알지 못한 데에 중과실이 없으면 자기거래는 유효가 되어 회사는 거래에 따른 이행책임을 부담하는데, 한편으로 그와 동시에 제3자가 '대표이사가 자기 자신이나 제3자의 이익을 위하였다는 사실'에 대하여는 알게 되었다면 회사는 대표권 남용 항변을 함으로써 거래를 무효로 하여 책임을 부담하지 않을 수 있다고 본다.

(6) 이해관계인과의 거래 금지의무(상장회사 특칙)

1) **신용공여금지** : ① 개 념 – 상장회사는 주요주주 및 그의 특수관계인(상령 13.4), 이사, 사실상의 이사(상401의2.1), 감사 등을 상대방으로 하거나 그를 위하여 신용공여를 하여서는 안 된다(상542의9.1). 여기서 **신용공여**라 함은 금전 등 경제적 가치가 있는 재산의 대여, 채무이행의 보증, 자금지원적 성격의 증권매입, 그 밖에 거래상의 신용위험이 따르는 직접적·간접적 거래로서 대통령령으로 정하는 거래를 의미한다.

② 취 지 – 이사의 자기거래금지의무(상398)에 의해 이사와 회사의 거래는 제한되고, 이사 이외에 이해관계인(주요주주·특수관계인·사실상의 이사·감사 등)을 위하여 거래할 경우에도 제3자를 위한 거래로 이사의 자기거래규정의 적용범위에 포함된다. 하지만 특히 신용거래의 경우에는 회사의 이익침해의 정도가 매우 심각하므로 이사회의 승인에 의한 예외도 허용하지 않으려는 취지에서 동조를 도입하였다고 이해된다. 판례도 구 증권거래법 제191조의19 제1항 제1호 (가)목이 주권상장법인 또는 코스닥상장법인의 이사 등에 대한 금전 등의 대여를 금지한 취지는, 영리법인인 상장법인의 업무는 그 회사의 자율에 맡기는 것이 원칙이겠지만, 상장법인은 비상장법인과는 달리 다수의 일반 투자자들이 유가증권시

장이나 코스닥시장을 통하여 증권거래에 참가하고 있어 그와 같은 내부거래를 자율에만 맡길 경우 상장법인의 건전한 재정상태를 위태롭게 하고 일반 투자자들의 이익을 해할 위험이 있으므로 일정한 금전 등의 대여행위를 금지함으로써 상장법인의 건전한 경영을 도모하고 이를 통하여 일반 투자자들을 보호하려는 데 있다고 본다(2011도15854).

③ **적용범위** — 동 규정이 '이사 등을 상대방으로 하는' 금전 등의 대여행위와 아울러 '이사 등을 위하여 하는' 금전 등의 대여행위도 금지하고 있는 점 등을 고려하면, 위 규정에서 금지하고 있는 금전 등의 대여행위에는 상장법인이 그 이사 등을 직접 상대방으로 하는 경우뿐만 아니라, 그 금전 등의 대여행위로 인한 경제적 이익이 실질적으로 상장법인의 이사 등에게 귀속하는 경우와 같이 그 행위의 실질적인 상대방을 상장법인의 이사 등으로 볼 수 있는 경우도 포함된다고 해석하여야 한다고 보았다(2011도15854). 이는 신용거래금지에 관해서도 자기거래와 유사하게 일종의 간접거래를 포함시켜 금지하려는 취지로 볼 수 있다.

④ **위반행위의 효과** — 상법은 이해관계인에 대한 신용공여를 금지시키면서 이사회승인에 의한 예외조항을 두지 않은 취지로 보아서는 이를 위반한 경우 그 사법적 효력도 부정하는 강행법규로 이해된다. 특히 신용거래의 거래상대방이 이해관계인이라는 점에서 거래상대방보호도 크게 문제되지 않으므로 이해관계인에의 신용공여는 항상 무효하다고 볼 수 있다. 판례는 위법한 신용공여는 이사의 자기거래와 달리 이사회의 승인 유무와 관계없이 금지되고 이사회의 사전 승인이나 사후 추인이 있어도 유효로 될 수 없지만, 제3자가 그에 대해 알지 못하였고 알지 못한 데에 중대한 과실이 없는 경우에는 그 제3자에 대하여는 무효를 주장할 수 없다고 본다(2017다261943). 그리고 이를 위반한 경우 이사의 해임사유가 되고 이사는 손해배상책임을 부담할 수 있으며, 위 규정에 위반하여 신용을 공여한 자는 5년 이하의 징역 또는 2억원 이하의 벌금에 처한다(상624의2).

⑤ **신용공여의 예외적 허용** — 상장회사의 경우 이해관계인에 대한 신용공여를 금지함에도 불구하고 i) 복리후생을 위한 이사 또는 감사에 대한 금전대여 등으로서 학자금, 주택자금 또는 의료비 등 복리후생을 위하여 회사가 정하는 바에 따라 1억원의 범위 안에서 금전을 대여하는 신용공여(상령14.2), ii) 다른 법령에서 허용하는 신용공여, iii) 그 밖에 상장회사의 경영건전성을 해칠 우려가 없는 금전대여 등으로서 회사의 경영상 목적을 달성하기 위하여 필요한 경우로서 법인인 주요주주(그의 특수관계인을 포함한다)를 상대로 하거나 그를 위하여 적법한 절차

에 따라 행하는 신용공여(상령14.3) 등은 허용된다(상542의9.2).

  2) **대규모 상장회사의 이해관계인과의 거래제한** : ① 개 념 – 최근 사업연도 말 현재의 자산총액이 2조원 이상인 상장회사(상령14.4)는 최대주주, 그의 특수관계 인 및 그 상장회사의 특수관계인으로서 대통령령으로 정하는 자를 상대방으로 하 거나 그를 위하여 신용거래는 금지되지만, 기타 일정규모 이상의 거래는 이사회 승인을 요건으로 허용하고 있다. 즉, i) 단일 거래규모가 대통령령으로 정하는 규 모 이상인 거래, ii) 해당 사업연도 중에 특정인과의 해당 거래를 포함한 거래총액 이 대통령령으로 정하는 규모 이상이 되는 경우의 해당 거래를 하려는 경우에는 이사회의 승인을 받아야 한다(상542의9.3). 이사의 자기거래금지규정이 있어 이사 회승인이 당연히 요구됨에도 불구하고 본 조항을 둔 이유는 아래에서 보는 바와 같이 주주총회에의 보고 등의 절차적 규제를 위함이라 이해된다.

  ② **주주총회에의 보고** – 대규모 상장회사가 이해관계인과 일정규모 이상의 거 래를 할 경우 상장회사는 이사회의 승인결의 후 처음으로 소집되는 정기주주총회 에 해당 거래의 목적·상대방, 그 밖에 대통령령으로 정하는 사항을 보고하여야 한다(상542의9.4). 따라서 상법 제398조에 따른 이사회 사전승인 이외에도 정기주 주총회에 이해관계인과의 거래에 관해 보고하도록 함으로써 자기거래에 대한 사 후적 규제를 도입하였다.

  ③ **위반행위의 효과** – 이사 등에 대한 신용공여는 이사회의 승인유무에 불구하 고 항상 금지시키는 데 반해, 대규모회사의 자기거래금지는 이사회의 승인을 얻 은 경우 거래가 가능하다는 점에서 본질적으로 이사의 자기거래에 해당하고 단지 주주총회에의 보고의무를 규정함에 취지가 있다고 볼 수 있다. 따라서 대규모회 사가 본조의 자기거래를 이사회의 승인 없이 한 경우 그 효과는 앞서 본 이사의 자기거래금지 위반과 동일하게 해석할 수도 있지만(상대적 무효설), 거래상대방이 이해관계인으로 한정되므로 선의의 제3자 보호의 필요성이 적고 예외규정을 따로 두고 있다는 점에서 원칙적으로 무효로 봄이 타당하다고 본다(무효설). 그리고 이 를 위반한 경우 이사의 해임사유가 되고 이사는 손해배상책임을 부담할 수 있다.

  ④ 예 외 – 상장회사가 경영하는 업종에 따른 일상적인 거래로서, 약관에 따 라 정형화된 거래로서 대통령령으로 정하는 거래(약관2.1 참조)이거나 이사회에 서 승인한 거래총액의 범위 안에서 이행하는 거래인 경우 이사회의 승인을 받지 아니하고 할 수 있으며, 특히 후자의 거래에 대하여는 그 거래내용을 주주총회에

보고하지 아니할 수 있다(상542의9.5).

Ⅵ. 이사의 책임

1. 의 의

이사와 회사는 위임관계이어서 민법의 위임에 관한 규정에 따라 선관주의의
무를, 상법의 규정에 따라 충실의무를 부담한다. 이사가 선관주의의무와 충실의무
를 위반한 경우 이사는 회사에 의해 해임될 수 있으며, 이로 인해 회사에 손해가
발생할 경우 회사에 대해 채무불이행책임을 부담한다. 그리고 불법행위의 성립요
건을 충족할 경우 회사 또는 제3자에 대하여 이사는 회사와 연대하여 손해배상책
임을 부담한다. 그러나 상법은 이사의 책임을 보다 명확히 하기 위해, 이사가 법
령 또는 정관에 위반한 행위를 하거나 그 임무를 해태한 때에 그 이사는 회사에
대하여 손해를 배상하도록 하고(상399), 이사가 악의 또는 중대한 과실로 인하여
그 임무를 해태한 때에 제3자에 대하여 손해배상책임을 부담한다고 규정하고 있
다(상401). 뿐만 아니라 자본을 확충하는 과정에서 자본의 흠결이 발생한 경우 이
사는 자본충실의 책임을 진다(상428). 이러한 이사의 책임은 업무담당이사에 국한
되지 않고 사외이사에게도 동일하게 적용된다. 이사의 책임은 크게 회사에 대한
책임과 제3자에 대한 책임으로 분류되고, 회사에 대한 책임은 다시 손해배상책임
과 자본충실책임으로 구분된다.

2. 회사에 대한 책임

(1) 개 요
1) 손해배상책임 : 이사가 법령 또는 정관에 위반한 행위를 하거나 임무를 해
태하여 회사에 손해를 발행케 한 경우에는 이사는 회사에 대하여 연대하여 손해
배상책임을 부담한다. 회사에 대한 이사의 손해배상책임은 법령·정관의 위반이
원인이 된 책임과 임무해태가 원인이 된 책임으로 구분할 수 있다. 이사가 법령
또는 정관에 위반한 행위를 한 경우란 예컨대 상법에 위반한 자기주식취득(상
341), 경업금지의무 위반거래·위반겸직(상397), 이사회의 승인 없는 자기거래(상
398), 인수인과 통모하여 현저하게 불공정한 발행가액에 의한 주식인수(상424의

2.3), 위법배당의안의 제출(상462) 등의 경우가 이에 해당한다. 그밖에 이사는 회사에 대해 자본충실책임을 부담하는데, 이하에서는 이사의 회사에 대한 손해배상책임을 중심으로 살펴본다. 이사가 회사에 대해 부담하는 손해배상책임은 법령·정관 위반의 경우와 임무해태로 구분해 볼 수 있다.

2) **기타 책임** : 이사는 임무해태시 **해임**될 수도 있으며, 충실의무를 위반한 경우 회사의 개입권 행사에 따른 **이행의무**를 부담하거나 거래가 효력을 상실할 경우 원상회복의무, 부당이득반환의무를 부담할 수도 있다. 이러한 일반적 책임 이외에 이사는 신주발행의 경우에 설립시의 발기인의 책임과 같은 **자본충실의 책임**으로서 인수담보책임을 부담한다. 신주발행의 변경등기 있은 후에 아직 인수하지 아니한 주식이 있거나 주식인수의 청약이 취소된 때에는 이사가 이를 공동으로 인수한 것으로 보아(상428), 이사는 신주발행시 회사에 대하여 **인수담보책임**을 부담한다. 손해배상책임과 달리 자본충실의 책임은 무과실책임으로서 회사채권자의 보호를 위한 법정의 특별책임이다. 이는 신주발행의 변경등기에 의한 공시에 대한 신뢰를 보호하기 위하여 법정된 책임이므로 이사회의 신주발행결의에 참가하지 않은 이사나 참가하였으나 반대한 이사도 그 책임을 면할 수 없다. 발기인의 경우와 달리 신주발행의 경우에는 납입기일에 납입을 하지 않으면 인수가 없는 주식으로 취급되므로 이사의 납입담보책임은 문제되지 않는다.

(2) 법령·정관 위반

1) **개 념** : 이사가 고의·과실로 법령·정관 위반행위를 하여 회사에 손해가 발생한 경우 회사에 대해 손해배상책임을 부담한다. 회사에 대한 손해배상책임이 발생하기 위해서는 이사의 고의·과실, 법령·정관 위반행위, 회사의 손해 등의 요건이 충족되어야 한다. 다만 이사가 법령·정관을 위반한 경우에는 이사에게 추상적 경과실이 있다고 추정되어 법령·정관 위반시에는 이사의 고의·과실 요건이 그다지 문제되지 않지만, 이사는 자신의 법령·정관 위반에 고의·중과실이 없었음을 적극적으로 증명하여 면책될 수 있다고 본다. 판례는 회사가 기업활동을 함에 있어서 형법상의 범죄를 수단으로 하여서는 안 되므로 뇌물 공여를 금지하는 형법 규정은 회사가 기업활동을 함에 있어서 준수하여야 할 것으로서 이사가 회사의 업무를 집행하면서 회사의 자금으로서 뇌물을 공여하였다면 이는 상법 제399조에서 규정하고 있는 법령에 위반된 행위에 해당된다고 보았다(2007

다58285).

2) **법적 성질** : ① 논 의 – 법령·정관 위반으로 인한 이사의 회사에 대한 손해배상책임의 법적 성질(**쟁점56**)[168]에 관해 견해가 대립되고 있다. 이에 관해, 이사가 법령·정관위반의 행위를 하면 본조의 요건을 충족하고 과실유무는 문제되지 않는다고 보는 **무과실책임설**, 사법의 손해배상책임은 과실책임이 원칙이고 과실책임주의의 예외를 인정하려면 명문의 규정이 있어야 하는데 무과실책임으로 볼 경우 책임이 과중하여 유능한 경영인의 확보가 곤란하다는 등을 이유로 이사의 회사에 대한 손해배상책임을 과실책임으로 이해하는 **과실책임설**, 법령과 정관의 목적 내지 위반행위의 성질에 따라 구체적·개별적으로 무과실책임인가 과실책임인가를 구분해야 한다는 **절충설** 등이 주장된다. **판례**는 이사가 임무를 수행함에 있어서 위와 같은 법령에 위반한 행위를 한 때에는 그 행위 자체가 회사에 대하여 채무불이행에 해당하므로 이로 인하여 회사에 손해가 발생한 이상 손해배상책임을 면할 수 없다고 보았으며(2007다25865), 상법 제399조에 따른 책임은 채무불이행에 해당한다고 보아 과실책임설을 따른다(2006다33609).

② 검 토 – 이사는 법령 또는 정관에 따라 업무를 집행할 의무를 부담하며 이는 이사의 선관주의의무(일반적·평균적 주의의무)에 포함되어 이사가 이를 위반한 경우 추상적 경과실이 인정되게 되므로 이사의 손해배상책임은 과실책임에 해당한다고 봄이 타당하다. 회사법은 '이사가 고의 또는 과실로 법령 또는 정관에 위반한 행위'라고 동조를 개정함으로써 과실책임설을 따르고 있다. 그리고 이사의 법령 또는 정관에 위반한 행위가 이사회의 결의에 의한 것인 때에는 그 결의에 찬

---

[168] **이사의 회사에 대한 손해배상책임의 법적 성질**(**쟁점56**)에 관해, **무과실책임설**은 이사가 법령·정관위반의 행위를 하면 본조의 요건을 충족하고 그 행위를 함에 있어서 과실유무는 문제되지 않는다고 보면서, 이사는 이사회 또는 주주총회의 결의에 의하여 한 행위로 인하여 생긴 손해에 대하여도 책임을 부담한다고 본다(최기원680~681). **과실책임설**은 사법의 손해배상책임은 과실책임이 원칙이고 과실책임주의의 예외를 인정하려면 명문의 규정이 있어야 한다는 점, 무과실책임으로 볼 경우 책임이 과중하여 유능한 경영인의 확보가 곤란하다는 점, 상법 제399조를 개정하여 과실책임을 분명하게 하였다는 점 등을 이유로 과실책임으로 이해한다(통설). 다만 과실책임설에 대해, 이사의 책임을 주장하는 자가 이사의 과실에 관해 증명책임을 지는 점, 이사의 유책행위에 찬성한 이사들이 연대책임을 지는 점(상399.2), 책임의 면제를 위해 총주주의 동의라는 특별한 절차를 요구하는 점(상400), 재무제표의 승인으로 책임해제를 의제하는 점(상450) 등은 단체법적 특성이 강하게 반영된 것으로 일반 채무불이행책임의 효과로는 설명하기 어려운 점을 지적하는 견해가 있다(이철송791).

성한 이사도 연대책임을 지며, 결의에 참가한 이사로서 이의를 한 기재가 의사록에 없는 자는 결의에 찬성한 것으로 추정한다(상399.2,3).

3) **책임 요건** : 이사의 법령 위반행위를 이유로 회사에 대한 손해배상책임을 이사에게 부담시키기 위해서는 다음의 요건이 충족되어야 한다. 첫째, 이사의 **법령 · 정관 위반행위**가 있어야 하고 그 개념에 관해서는 위에서 살펴보았다. 둘째, **회사에 손해**가 발생하여야 하며 이사의 법령 · 정관 위반행위가 있었다 하더라도 회사에 손해가 발생하지 않으며 해임사유는 될지언정 회사에 대한 손해배상책임은 발생하지 않는다. 셋째, 이사의 법령 · 정관 위반행위와 손해 간에 **인과관계**가 있어야 한다. 즉 이사의 행위로 회사의 손해가 유발되어야 하고 다른 원인에 의해 손해가 유발된다면 이사의 손해배상책임은 발생하지 않는다. 넷째, **경영판단의 원칙**에 따른 이사의 책임면제가 없어야 하며, 이에 관해서는 후술한다. 다섯째, 이사의 회사에 대한 손해배상책임은 위임관계로 인한 채무불이행책임이므로 주식회사의 이사가 회사에 대하여 위 조항에 따라 손해배상채무를 부담하는 경우 특별한 사정이 없는 한 이행청구를 받은 때부터 지체책임을 진다(2018다275888).

(3) 임무의 해태

1) **개 념** : 이사가 직무수행과 관련하여 선량한 관리자로서의 주의의무를 게을리 함으로써 회사에 손해를 가하거나 손해를 방지하지 못한 경우 회사에 대해 손해배상책임을 부담한다. 임무해태에 따른 책임의 법적 성질에 관해서는 법령 · 정관을 위반한 경우와 달리 과실책임으로 이해하는 데 이견이 없다. 이사가 임무를 해태한 경우란, 예컨대 이사의 감독불충분으로 지배인이 회사재산을 낭비한 경우, 감시의무를 소홀히 한 경우, 회사채권의 회수를 포기한 경우, 대차대조표를 잘못 작성하여 부당하게 이익배당을 한 경우 등 회사와 위임계약에 따른 선량한 관리자로서의 주의의무를 다하지 아니한 경우를 말한다. 임무해태는 회사의 업무집행을 하는 과정에서 생겨나므로 대표이사와 업무담당이사의 행위에 있어 특히 빈번히 일어날 수 있다.

2) **범 위** : ① 일괄 위임 – 판례상으로는 대표이사가 대표이사로서의 업무 일체를 다른 이사 등에게 위임하고, 대표이사로서의 직무를 전혀 집행하지 않는 것은 그 자체가 이사의 직무상 충실 및 선관의무를 위반하는 행위에 해당한다고 보

앉고(2008다94097),

　　② **분식회계** – 기업회계기준에 의할 경우 회사의 당해 사업연도에 당기순손실이 발생하고 배당가능한 이익이 없는데도, 당기순이익이 발생하고 배당가능한 이익이 있는 것처럼 재무제표가 분식되어 이를 기초로 주주에 대한 이익배당금의 지급과 법인세의 납부가 이루어진 경우에는, 특별한 사정이 없는 한 회사는 그 분식회계로 말미암아 지출하지 않아도 될 주주에 대한 이익배당금과 법인세납부액 상당을 지출하게 되는 손해를 입게 되었다고 봄이 상당하고, 상법상 재무제표를 승인받기 위해서 이사회결의 및 주주총회결의 등의 절차를 거쳐야 한다는 사정만으로는 재무제표의 분식회계 행위와 회사가 입은 위와 같은 손해 사이에 인과관계가 단절된다고 할 수 없다(2006다19603).

　　③ **감시의무 위반** – 대표이사는 물론 **일반 이사**도 다른 이사에 대한 감시의무를 부담하는데, 감시의무의 범위는 매우 넓어 자칫 다른 업무담당이사의 임무해태로 회사의 손해가 발생할 경우 이를 방지하지 못한 데 대한 결과책임적 성격을 가질 위험이 있다. 따라서 이사의 감시의무 위반으로 인한 손해배상책임은 먼저 이사가 회사에 현저한 손해가 발생할 위험을 인식할 가능성이 전제되어야 하고 이는 규범적 판단이라 할 수 있다. 통상의 이사라면 위험을 인식할 가능성이 전제되어야 하는데, 위험을 인식한 이사는 회사에 현저하게 손해를 미칠 염려가 있는 사실을 발견하는 즉시 감사에게 보고하여야 한다(상412의2). 판례도 주식회사의 이사가 다른 업무담당이사의 업무집행이 위법하다고 의심할 만한 사유가 있음에도 불구하고 이를 방치한 때에는 이로 말미암아 회사가 입은 손해에 대하여 배상책임을 인정하고 있다(2007다60080). **대표이사**의 감시의무는 일반 이사보다 좀 더 확대되어 다른 이사의 업무집행의 위법성에 의심이 있는 경우에는 이를 제지할 의무가 있다고 본다. 판례는 대표이사의 경우에는 다른 대표이사나 업무담당이사의 업무집행이 위법하다고 의심할 만한 사유가 있음에도 불구하고 감시의무를 위반하여 이를 방치한 때에는 이로 말미암아 회사가 입은 손해에 대하여 배상책임을 면할 수 없다고 본다(2007다58285).

　　④ **회사의 이익** – 회사의 임직원이 대주주 겸 대표이사의 지시에 따라 위법한 분식회계 등에 고의·과실로 가담하는 행위를 함으로써 회사에 손해를 입힌 경우 회사의 그 임직원에 대한 손해배상청구가 신의칙에 반하는 것이라고 할 수 없고, 이는 위와 같은 위법한 분식회계로 인하여 회사의 신용등급이 상향 평가되어 회사가 영업활동이나 금융거래의 과정에서 유형·무형의 경제적 이익을 얻은 사정

이 있다고 하여 달리 볼 것은 아니다(2006다19603).

    3) 책임 요건 : 이사의 임무해태를 이유로 회사에 대한 손해배상책임을 이사에게 부담시키기 위해서는 다음의 요건이 충족되어야 한다. 첫째, 이사의 **임무해태행위**가 있어야 하고 그 개념에 관해서는 위에서 살펴보았다. 다만 임무해태를 판단함에 있어 판례는 주식회사가 대표이사를 상대로 주식회사에 대한 임무 해태를 내세워 채무불이행으로 인한 손해배상책임을 물음에 있어서는 대표이사의 직무수행상의 채무는 미회수금 손해 등의 결과가 전혀 발생하지 않도록 하여야 할 결과채무가 아니라, 회사의 이익을 위하여 선량한 관리자로서의 주의의무를 가지고 필요하고 적절한 조치를 다해야 할 채무이므로, 회사에게 대출금 중 미회수금 손해가 발생하였다는 결과만을 가지고 곧바로 채무불이행사실을 추정할 수는 없다고 보았다(96다30465). 둘째, **회사에 손해**가 발생하여야 하며 이사의 법령·정관 위반행위가 있었다 하더라도 회사에 손해가 발생하지 않으며 해임사유는 될지언정 회사에 대한 손해배상책임은 발생하지 않는다. 판례는 이사가 회사의 업무를 집행하면서 회사의 자금으로서 뇌물을 공여하였다면 이는 상법 제399조에서 규정하고 있는 법령에 위반된 행위에 해당된다고 할 것이고 이로 인하여 회사가 입은 뇌물액 상당의 손해를 배상할 책임이 있다고 보았다(2003다69638). 셋째, 이사의 법령·정관 위반행위와 손해 간에 **인과관계**가 있어야 한다. 즉 이사의 행위로 회사의 손해가 유발되어야 하지 다른 원인에 의해 손해가 유발된다면 이사의 손해배상책임은 발생하지 않는다. 판례는 특별한 사정이 없는 한 회사는 그 분식회계로 말미암아 지출하지 않아도 될 주주에 대한 이익배당금과 법인세 납부액 상당을 지출하게 되는 손해를 입게 되었다고 봄이 상당하고, 상법상 재무제표를 승인받기 위해서 이사회결의 및 주주총회결의 등의 절차를 거쳐야 한다는 사정만으로는 재무제표의 분식회계 행위와 회사가 입은 위와 같은 손해 사이에 인과관계가 단절된다고 할 수 없다고 보았다(2006다19603). 넷째, **경영판단의 원칙**에 따른 이사의 책임면제가 없어야 하며, 이에 관해서는 후술한다.

(4) 경영판단의 원칙

    1) 의 의 : ① 개 념 – 경영판단의 원칙(business judgment rule)이란 회사의 이사가 경영판단에 따라 업무를 집행한 경우 결과적으로 회사에 손해를 발생시켰더라도 경영판단이 권한의 범위 내에서 일정한 조건을 충족한 경우 법원이 이사에게 손해배상책임을 지울 수 없다는 영미법상의 원칙이다. 경영판단원칙은 이사

의 창의적 업무수행을 위해 이사책임을 경감시키기 위해 논의되는 제도이지만, 이사의 추상적인 선관주의의무 위반을 이유로 회사의 손해에 대해 이사가 부담하는 책임을 제한하는 법리로서 취지를 가질 수 있다. 판례도 경영판단원칙에 따라, 이사가 임무를 수행함에 있어서 선량한 관리자의 주의의무를 위반하여 임무위반으로 인한 손해배상책임이 문제되는 경우에도, 통상의 합리적인 금융기관의 임원이 그 당시의 상황에서 적합한 절차에 따라 회사의 최대이익을 위하여 신의성실에 따라 직무를 수행하였고 그 의사결정과정 및 내용이 현저하게 불합리하지 않다면, 그 임원의 행위는 경영판단의 허용되는 재량범위 내에 있다고 할 것이라고 보았다(2006다33609).

  ② 논 의 – 경영판단의 원칙을 우리 법상 적용할 수 있는가?(**쟁점57**)169) **긍정설**은 위임의 본지에 따라 선량한 관리자의 주의를 충분히 베푼 경우, 그로 인한 회사의 손실은 불가항력적인 것이므로 경영판단의 원칙을 충족하는 이사의 행위는 무과실의 행위로서 임무해태에 해당하지 않는 행위로 이해한다. **부정설**은 우리나라에는 지배주주나 경영진에 대한 시장을 통한 감시기능이 제대로 발달되어 있지 않기 때문에 이사의 책임을 엄격하게 하고 주주의 이익을 보호하기 위해 사법부의 철저한 심사가 반드시 필요하다는 점에서 그 도입을 반대하는 견해이다. **판례**는 법령위반의 경우 경영판단원칙이 적용되지 않는다고 하면서(2004다8272), 이사의 책임을 판단함에 있어 경영판단원칙을 적용하고 있다. 판례의 경영판단원칙의 적용에 관해 보면, 이에 관해 이사의 채무불이행의 추정이 성립하지 않는다고 본 판례도 있고(2009다80521), 이사회의 결의과정에도 업무집행에서 고려되었던 경영판단원칙이 적용될 수 있다고 보았다(2015다70044).

  2) 적용 요건 : 판례상 나타난 경영판단의 원칙의 적용요건을 정리해 보면, ① **충분한 정보** – 경영판단을 함에 있어 충분한 정보를 가지고 있어야 한다. 예컨대 대출과 관련된 경영판단을 함에 있어서 통상의 합리적인 금융기관 임원으로서 그

---

169) **경영판단원칙의 우리법상의 허용성(쟁점57)**에 관해, **긍정설**은 위임의 본지에 따라 선량한 관리자의 주의를 충분히 베푼 경우, 그로 인한 회사의 손실은 불가항력적인 것이므로 경영판단의 원칙을 충족하는 이사의 행위는 무과실의 행위로서 임무해태에 해당하지 않는 행위로 이해한다(통설). **부정설**은 우리나라에는 지배주주나 경영진에 대한 시장을 통한 감시기능이 제대로 발달되어 있지 않기 때문에 이사의 책임을 엄격하게 하고 주주의 이익을 보호하기 위해 사법부의 철저한 심사가 반드시 필요하다는 점에서 그 도입을 반대하는 견해이다.

상황에서 합당한 정보를 가지고 있어야 한다고 보았다(2001다52407).

② **성실한 절차진행** – 경영판단을 함에 있어 적합한 절차에 따라 회사의 최대이익을 위하여 신의성실에 따른 절차 진행이 있어야 한다고 보았다. 적법한 절차를 거쳐야 하므로 의사결정을 위해 내부통제절차를 거쳐야 한다면 이를 준수한 경우에 동 원칙이 적용될 수 있다. 그리고 그러한 절차가 형식적으로 진행되어서는 안되고 경영판단이 회사의 이익에 반한 것인 아닌지를 성실히 심사하여야 한다. 따라서 단순히 회사의 영업에 이익이 될 것이라는 일반적·추상적인 기대하에 일방적으로 임무를 수행한 경우(2006다39935)라든가, 단순히 회사의 경영상의 부담에도 불구하고 관계회사의 부도 등을 방지하는 것이 회사의 신인도를 유지하고 회사의 영업에 이익이 될 것이라는 일반적·추상적인 기대 하에 일방적으로 관계회사에 자금을 지원하는 경우(2007다35787) 등에는 적용되지 않는다.

③ **현저한 불합리성 부존재** – 의사결정과정에 현저한 불합리가 없어야 한다. 정보에 근거하여 절차를 거치더라도 정보의 평가 등에 있어 일부 불합리가 있을 수 있지만 그 불합리성이 현저할 경우에는 경영판단의 원칙이 적용되지 않는다(96다30465, 2000다9086). 의사결정과정의 불합리성이 없어야 한다는 것은 선의성실에 따른 절차 진행과 유사한 내용이 될 수 있는데, 오히려 '현저성'이 없어야 한다는 점에서 절차진행에서의 주의의무를 다소 완화한 것으로 판단된다. 요컨대 경영판단의 원칙이 적용되기 위한 요건으로 판례는 이사는 업무집행을 함에 있어 충분한 정보에 근거하여 성실한 절차진행을 하되 그 과정에 현저한 불합리가 없어야 한다. 이러한 절차 진행은 사실 이사의 선관주의의무의 이행절차라 할 수 있으며 다만 합리적인 의사결정과정이 요구되는 것이 아니라 의사결정과정에 현저한 불합리성이 없어야 하는 것으로 보아 선관주의의무를 완화시키면서 증명책임의 전환을 시도하는 것으로 판단된다.

3) 효 과 : ① **책임 성립 제한** – 회사의 손해라는 결과로부터 이사의 선관주의의무를 해방시켜, 경영판단의 원칙의 적용되기 위한 요건을 갖춘 경우 이사의 경영판단은 보호되어, 경영판단의 결과 즉 회사에 발행한 손해에 대해 이사의 배상책임의 성립이 제한되게 된다.

② **과실책임 완화** – 경영판단원칙이 합리적 의사결정과정에 관한 선관의무를 완화하고 있는 것은 분명한데, 회사법에 경영판단의 원칙이 선언되어 있는 것이 아니고 이론적으로 논의되는 원칙이므로 동 원칙은 이사의 책임성립에 어떠한 영

향을 미치는지는 불명확하다. 즉 경영판단의 원칙은 이사의 과실책임을 중과실책임으로 전환시키는 원칙인지(**중과실책임으로 전환**), 아니면 채무불이행의 법률상 추정을 부인하여 이사의 책임을 주장하는 자가 이사의 구체적 선관주의의무 위반을 증명하여야 하도록 하는 원칙인가(**과실추정부인**)? 판례상으로도 경영판단 관련 사례를 중과실책임과 관련시킨 판례도 있고(2001다52407) 대출 관련 경영판단에 관해 이사에게 재량권을 부여한 듯하게 보는 판례도 있는데(2009다80521), 동 판례에 의하면 채무불이행 추정이 부인되는 것으로 해석된다. 생각건대 법률에 특별한 규정이 없이 상법 제399조의 과실책임원칙을 판례에 의해 중과실책임으로 전환하는 것은 적절하지 않다고 볼 때, 동 원칙은 채무불이행의 책임을 주장함에 있어 채무불이행에 따른 결과가 있으면 과실이 추정되는 구조에서 과실의 추정을 부정하는 원칙으로서 의미를 가질 수 있다고 보고 이러한 입장이 타당하다고 본다.

③ **책임주장** - 판례에 따르면, 이사의 책임을 묻기 위해서는 회사가 이사에게 경영판단의 원칙의 적용요건을 흠결하였음을 증명(중과실의 증명에 상응)하여야 하는 것으로 이해된다. 이는 이사를 결과책임으로부터 구제하여 이사가 경영판단을 함에 있어 재량권 행사의 여지를 확대하여 회사의 이익을 적극적으로 추구할 수 있게 한다는 점에서 경영판단의 원칙을 구현한 것으로 판단된다.

4) **증명책임의 분배** : ① **원 칙** - 이사가 기울여야 할 주의의무의 정도는 회사의 업종·규모 등 제반여건에 따라 그 정도를 달리한다. 임무해태에 대한 증명책임은 일반원칙에 따라 이사의 책임을 주장하는 자에게 있다. 따라서 이사의 책임을 주장하는 자가 이사의 임무해태의 사실, 회사의 손해, 임무해태와 손해의 인과관계를 증명하여야 한다고 본다. 그런데 이사의 임무해태는 선관주의의무 위반의 성질을 가지고 이를 위반한 경우 채무불이행에 해당하여 채권자인 회사에 손해가 발생하면 과실은 추정되고 오히려 채무자인 이사가 자신에게 과실이 없었음을 입증하여야 하는 것은 아닌가? 하지만 이러한 논리적 결론에 따르면 이사의 책임이 과중하게 되고 이사의 업무집행의 자율성을 해하여 소극적 업무집행으로 인해 회사의 이익이 감소될 위험이 있다.

② **증명책임의 변화** - 경영판단의 원칙이 적용될 경우 회사의 이사에 대한 손해배상책임을 주장함에 있어 이사와 회사간의 증명책임에 변화가 발생한다. 이사의 임무해태에서 이사의 과실은 통상 채무불이행과 달리, 경영판단의 원칙에 따

라 추정되지 않는다. 따라서 회사는 이사의 과실을 증명하여야 하는데 과실의 증명은 충분하지 않은 정보에 근거하였거나 절차를 성실하게 이행하지 않았음을 증명하면 된다고 본다. 다만 판례에 의하면 정보의 불충분이나 절차의 불성실이행 등 의사결정과정의 불합리성이 존재하는 것만으로 부족하고 현저하게 불합리할 경우에만 경영판단원칙의 적용을 배제하므로, 결과적으로 과실이 아닌 중과실의 존재에 관한 증명이 요구된다고 볼 수 있다. 요컨대 판례는 이사의 회사에 대한 손해배상책임을 판단함에 있어 해석론에 의해 증명책임의 전환과 중과실 요건의 도입을 의도한 것으로 판단된다.

　　5) **적용 배제** : 경영판단원칙이 이사의 재량판단의 여지를 넓혀주는 긍정적 기능을 하지만 이사가 법령을 위반한 경우까지 이를 적용할 수 있는가? 이사가 법령에 위반한 행위를 한 경우에 회사에 대하여 손해배상책임을 지도록 규정하고 있고(상399), 이사의 법령위반 행위는 이사로서 임무를 수행함에 있어서 준수하여야 할 의무를 개별적으로 규정하고 있는 상법 등의 제 규정과 회사가 영업활동을 함에 있어서 준수하여야 할 제 규정을 위반한 경우가 되어 경영판단원칙이 적용되지 않는다고 보아야 한다. 판례도 이사가 임무를 수행함에 있어서 위와 같은 **법령에 위반한 행위**를 한 때에는 그 행위 자체가 회사에 대하여 채무불이행에 해당되므로 이로 인하여 회사에 손해가 발생한 이상 특별한 사정이 없는 한 손해배상책임을 면할 수 없고, 법령에 위반한 행위에 대하여는 이사가 임무를 수행함에 있어서 선관주의의무를 위반하여 임무해태로 인한 손해배상책임이 문제되는 경우에 고려될 수 있는 경영판단의 원칙은 적용될 여지가 없다고 보았다(2004다34929).

[비교법] 경영판단원칙에 관해 미국 판례 역시 해석이 명료하지 않고 대체로 3가지의 해석론이 전개되고 있다. 첫째는 불간섭주의(abstention doctrine)이고, 둘째는 이사의 중과실책임으로 해석하는 입장, 셋째는 추정주의(presumption theory, 증명책임 전환) 등이다. 불간섭주의의 따른 대표적 판례가 Shlensky 사례로서, 시카고 컵스의 리글리 필드 운영회사가 야간경기운영을 위한 조명설치반대의 이사회의 결정에 관해 Shlensky(원고)가 Wrigley(피고)의 책임을 물었다. 이에 대해 법원은 '법의 테두리 내에서 회사업무를 수행하는 이사의 권한은 절대적인 것이고 법원은 이사의 판단을 대신할 권한이 없다'고 하여 실체판단 없이 기각하였다. 이후 Kamin 사례에서 현물배당을 하기로 한 이사회결정이 문제되었는데, 법원은 '법정보다는 이사회가 이익, 시장가격, 경쟁상황, 세제혜택에 영향을 미치는 영업문제를 해결하기 위한 적절한 기관이므로, 사기, 부정행위, 부작위의 문제가 없다면 법원은 이사들의 결정을 대체하지 않는다'고 하여

역시 실체판단 없이 소송을 종결하여 불간섭주의로 보이지만, '사기, 부정행위, 부작위' 등의 경우에만 이사책임이 성립하는 것처럼 보여 중과실책임의 성격도 나타난다. 이후 Van Gorkam 사례에서 충분히 알고 의도하여 정한 방법으로 실행한 경우(절차적 적법의무)에 경영판단원칙을 적용된다고 보아 실체판단이 개입될 수 있는 여지를 열었다. Technicolor 사례에서는 경영판단원칙은 이사회의 의사결정권한을 유지하는 대신 합리성이 인정될 경우 법원이 이사회의 결정에 대해 사후판단(second－guess)하는 것을 허용하였는데, 법원의 개입의 합리성이 인정되는 경우란, 이사들이 사업결정을 하는 과정에 3가지 선의·충실·주의의무 중 하나라도 위반한 경우이다. 따라서 원고가 의무위반을 증명하여야 경영판단원칙을 배제할 수 있다고 보았다. 따라서 동 사례는 그 결정이 내려진 과정뿐만 아니라 이사회의 의사결정에 대한 사법적 검토의 범위를 넓혔고 이는 추정주의를 따른 것으로 보인다. 경영판단원칙에 관해 불간섭주의를 주장하는 견해는 첫째, 법원은 경영 전문가가 아니고 적자생존의 동기가 없어 이사보다 더 좋은 판단을 내리기 어렵고 불확실성이 제거된 상태에서 사후판단하는 것이어서 부적절하다는 점, 둘째, 높은 수익에는 높은 위험이 따르는데 주주는 투자의 포트폴리오 구성을 통해 위험을 회피할 수 있어 일정한 경우 위험선택이 가능하지만 이사는 선택의 여지가 없어 위험을 회피할 가능성이 높고 이사의 엄격한 책임은 결과적으로 주주에게 낮은 수익을 가져다 줄 수 있다는 점, 셋째, 불확실성이 제거된 상태의 사후판단은 손해의 높은 확률이 존재하였던 것으로 잘못 판단할 수 있는 사후판단의 편파성이 존재하고, 넷째, 불법행위와 회사법의 기능 중 손해의 분산기능을 고려하여 이사의 개인책임의 위험을 투자자의 풀이라는 더 큰 풀로 옮김으로써 경영판단원칙을 보험과 같이 손해분산의 기능을 하게 한다는 점 등이다.

(5) 결의에 따른 책임

1) **개   념** : 회사의 대외적 회사행위(예, 영업양도)나 대내적 업무집행(예, 지점설치)에서 이사회결의를 반드시 거치는 것은 아니지만 중요한 회사행위는 이사회결의를 거치도록 법정하고 있다(예, 상393). 이사가 이사회결의를 거친 회사행위나 업무집행이 법령·정관위반, 임무해태에 해당하여 회사에 손해가 발생할 경우 결의에 찬성한 이사의 책임이 문제된다. 이에 관해 이사의 법령·정관위반, 임무해태 행위가 이사회의 결의에 의한 것인 때에는 그 결의에 찬성한 이사도 책임이 있고(상399.2), 그 결의에 참가한 이사로서 이의를 한 기재가 의사록에 없는 자는 그 결의에 찬성한 것으로 추정한다(상399.3). 판례는 이사의 임무 위반행위가 이사회 결의에 의한 것일 때 결의에 찬성한 이사에 대하여도 손해배상책임을 지우고, 의사록에 의한 추정규정은 어떤 이사가 이사회 결의에 찬성하였는지를 알기 어려워 증명이 곤란한 경우가 있음을 고려하여 증명책임을 이사에게 전가하는 규정으로 이해한다(2016다260455).

2) 감시의무 : 이사회 결의에 따른 회사의 회사행위·업무집행에 관해서는 그 결의에 찬성한 이사는 회사에 대한 손해배상책임을 부담하고 반대한 이사는 이사의 임무위반을 막지 못했더라도 손해배상책임을 면한다. 하지만 반대이사의 면책은 이사회 의사록에 반대하였다는 사실이 기재되어야 하고 이를 기재하지 않은 경우에는 자신이 반대하였다는 사실에 관한 증명책임을 부담한다. 이사회 결의에 반대한 이사는 이사회결의 따른 회사의 회사행위·업무집행에 대해 이사는 감시의무도 면하게 되는가? 생각건대 이사회결의에 따른 회사의 회사행위·업무집행이므로 일단 이사의 감시의무가 축소되겠지만 임무수행과정상의 업무 자체의 의사결정에 관한 문제가 아니라 업무집행 과정상 임무해태, 위법성이 발생할 수 있으므로 특정 업무집행에 관안 결의반대이사의 감시의무가 완전히 없어진다고 볼 수는 없다.

3) 기권 이사 : 회사행위·업무집행에 관한 이사회결의를 함에 있어 이사가 이사회에 출석하여 찬성이나 반대를 하지 않고 결의에 기권하였다고 의사록에 기재된 기권 이사는 결의에 따른 임무집행에 따른 손해배상책임을 부담하는가? 이는 기권 이사는 이의기재가 의사록에 없으므로 법문에 따라 결의에 찬성한 것으로 추정되는가? 이에 관해 판례는 기권 이사는 '이의를 한 기재가 의사록에 없는 자(상399.3)'라고 볼 수 없으므로 이사회 결의에 찬성한 것으로 추정할 수 없어 결의 찬성이사의 책임을 부담하지 않는다고 본다(2016다260455). 생각건대 이사회의사록에 결의기권으로 기재된 이사는 '이의를 한 기재'(상399.3)가 없다고 보아야 하고 기권이사가 자신이 결의에 찬성하지 않았음을 증명할 책임을 부담한다고 보는 것이 논리적이다. 하지만 기권이사는 결의찬성이사(상399.2)가 아님을 이사회의사록으로 쉽게 증명할 수 있으므로 결의찬성이사의 회사에 대한 손해배상책임을 부담하지 않는다는 판례의 결론은 타당하다고 본다.

4) 결의와 경영판단 : 이사회의 결의과정에도 업무집행에서 고려되었던 경영판단원칙이 적용될 수 있는가? 이에 관해 판례는 이사의 사업기회유용에 대한 이사회의 승인결의에 있어 이사회가 그에 관하여 충분한 정보를 수집·분석하고 정당한 절차를 거쳐 의사를 결정함으로써 그러한 사업기회를 포기하거나 어느 이사가 그것을 이용할 수 있도록 승인하였다면 의사결정과정에 현저한 불합리가 없는 한 그와 같이 결의한 이사들의 경영판단은 존중되어야 할 것이므로, 이 경우에는 어

느 이사가 그러한 사업기회를 이용하게 되었더라도 그 이사나 이사회의 승인 결의에 참여한 이사들이 이사로서 선량한 관리자의 주의의무 또는 충실의무를 위반하였다고 할 수 없다고 보았다(2015다70044).

(6) 손해배상책임

1) 손해액 : 이사의 회사에 대한 책임은 채무불이행책임의 성질을 가지므로 채무불이행으로 회사의 손해가 발생한 시점부터 10년의 소멸시효에 걸린다. 손해배상책임의 소멸시효기간은 손해의 발생시점부터 진행하나, 자본충실의 책임은 납입기일 또는 신주인수의 취소시점부터 진행한다. 이사가 업무집행에 있어 고의, 과실로 회사에 손해를 발생시킨 경우 이사가 부담하는 손해배상책임은 원칙적으로 회사가 입은 손해액이어서 이사 개인이 부담하기에 과중한 금액이 될 가능성이 높다. 뿐만 아니라 회사의 수익은 이사의 위험선택에 바례하여 증가할 가능성이 높은데, 적극적 위험선택에 따른 회사의 이익은 주주에 귀속되고 그에 따른 손실은 모두 이사가 부담하는 것이 적절한가 역시 의문이 없지 않다. 이런 관점에서 판례는 이사가 법령 또는 정관에 위반한 행위를 하거나 그 임무를 게을리 함으로써 발생한 회사손해를 회사에 대하여 배상할 책임이 있는 경우에 그 손해배상의 범위를 정함에 있어서는, 당해 사업의 내용과 성격, 당해 이사의 임무위반의 경위 및 임무위반행위의 태양, 회사의 손해 발생 및 확대에 관여된 객관적인 사정이나 그 정도, 평소 이사의 회사에 대한 공헌도, 임무위반행위로 인한 당해 이사의 이득 유무, 회사의 조직체계의 흠결 유무나 위험관리체제의 구축 여부 등 제반 사정을 참작하여 손해분담의 공평이라는 손해배상제도의 이념에 비추어 그 **손해배상액을 제한**할 수 있다고 판시하고 있다(2006다33609).

2) 불법행위책임과의 경합 : 이사의 임무해태가 동시에 회사에 대한 불법행위가 될 수도 있다. 이 경우 이사의 채무불이행으로 인한 손해배상책임과 회사에 대한 불법행위에 따른 손해배상책임이 경합할 수도 있다. 그리고 이사의 불법행위의 피해자가 회사 즉 법인의 경우 불법행위로 인한 손해배상청구권의 단기소멸시효의 기산점인 '손해 및 가해자를 안 날'을 누구를 기준으로 결정하는가? 판례는 법인의 대표자가 법인에 대하여 불법행위를 한 경우에는 법인과 그 대표자는 이익이 상반하게 되므로 현실로 그로 인한 손해배상청구권을 행사하리라고 기대하기 어려울 뿐만 아니라 일반적으로 그 대표권도 부인된다고 할 것이므로 단지 그

대표자가 그 손해 및 가해자를 아는 것만으로는 부족하고, 적어도 법인의 이익을 정당하게 보전할 권한을 가진 다른 임원 또는 사원이나 직원 등이 손해배상청구권을 행사할 수 있을 정도로 이를 안 때에 비로소 위 단기소멸시효가 진행한다고 보았다(2002다11441).

3) 책임의 제한(경감) : ① 개 요 – 회사법은 회사가 정관으로 이사의 회사에 대한 책임을 일정한 금액내로 제한할 수 있도록 허용하였다. 즉 이사가 책임을 부담하는 경우에도 일정한 예외적인 경우를 제외하고는 **정관**으로 손해배상금액을 제한할 수 있다. 이를 위해서는 정관에 이사의 책임제한에 관한 규정을 두어야 하는데, 이사의 책임제한에 관한 정관규정은 책임한도액을 명시하여야 하며 한도액은 법정한도액을 초과하지 않아야 한다.

② **책임한도액** – 이사의 회사에 대한 손해배상책임은 이사가 회사에 대한 손해배상책임을 부담하게 되는 원인행위를 한 날 이전 최근 1년 간의 보수액의 6배를 최고한도로 정할 수 있다. 책임한도액은 추상적으로 보수의 6배로 정할 수도 있고 구체적인 금액을 정할 수도 있지만, 구체적인 금액은 이사의 보수액의 6배보다 적은 금액이어서는 안 된다. 여기서 보수액에는 상여금과 주식매수선택권의 행사로 인한 이익 등을 포함하며, 정관으로 책임한도를 상법의 규정보다 상향하는 것은 허용되나 연보수액의 6배보다 적은 금액을 정하는 것은 허용되지 않는다고 본다.

③ 예 외 – 책임제한규정은 이사가 경과실로 회사에 손해를 발생시킨 경우만 해당하고 고의 또는 중대한 과실로 손해를 발생시킨 경우는 제외된다. 그리고 이사가 경업금지의무(상397), 회사기회유용금지의무(상397의2), 자기거래금지의무(상398)를 위반하여 회사에 손해를 발생시킨 경우도 제외된다. 이들 의무는 이사의 충실의무의 표현으로서 회사의 이익과 이사의 이익이 충돌된 경우 그 이익을 회사에 귀속시킬 의무이므로 책임제한의 예외로 규정하였다고 이해된다.

④ **책임경감 결정** – 정관에서 책임의 제한(경감)을 허용하더라도 이는 책임제한과 제한범위에 관한 근거규정이고 구체적으로는 회사의 의사결정에 따라 특정 이사의 책임을 제한할 수 있다. 책임제한의 의사결정권한은 누구에 있는가?(**쟁점 58**)[170] 책임제한 의사결정에 관해 이사회설, 주주총회 보통결의설, 주주총회 특별

---

170) **이사의 책임제한 결의주체(쟁점58)**에 관해, **이사회결의설**은 면제권자는 정관에 주주총회의 결의에 의한다는 규정이 없으면 이사회의 결의로 면제할 수 있다는 견해이다(최준선

결의설이 대립하고 있다. 생각건대 책임제한은 회사의 권리 포기라는 중요한 의사결정이기는 하지만 회사법에 특별히 주주총회의 결의사항으로 명시하고 있지 않는데, 이와 같이 정관에서 주주총회의 결의사항으로 정하지 않은 경우에는 이사회결의사항으로 해석함이 타당하다고 본다(상361). 이사회의 구성원인 이사는 정관의 범위 내에서 선관주의의무를 부담하면서 특정 이사의 책임을 제한하는 결의를 하되, 해당이사는 특수이해관계인으로서 의결권을 행사할 수 없다. 회사의 이익보호를 위해 정관에 이사의 책임제한 규정을 도입하면서 결의기관을 주주총회로 특정하는 것도 방법이라 본다.

⑤ 효 과 – 정관에 이사의 회사에 대한 책임제한규정을 둔 경우 이상의 요건을 충족할 경우 정관에서 정한 범위로 이사의 책임은 제한된다. 이 경우 이사의 책임은 주주총회나 이사회의 특별한 결의에 따라 법률의 규정에 의해 정관의 책임한도액 범위 내로 제한되고 이를 초과하는 금액에 관해서는 면제된다는 점에서 후술하는 책임의 면제나 책임의 해제와는 구별된다.

4) **책임의 소멸** : ① 소멸시효 – 주식회사의 이사 또는 감사의 회사에 대한 임무해태로 인한 손해배상책임은 위임관계로 인한 채무불이행책임이므로 민법 제766조 제1항의 단기소멸시효가 적용되지 않고 10년의 소멸시효기간이 적용된다(2005다51471). 이사의 책임은 회사와의 위임계약(보조적 상행위)에 따른 채무불이행책임의 성질을 가지므로, 판례의 입장은 보조적 상행위의 채무불이행으로 인한 손해배상책임에 관해 상사채무의 소멸시효를 적용하는 판례(97다9260)와 불일치하여 논리의 일관성에 의문이 있다. 위임계약은 아니지만 회사와 유사한 관계에 있는 근로계약에 따른 채무불이행으로 인한 손해배상청구권의 소멸시효에 관한 판례의 입장을 보면, 상인이 근로자와 체결하는 근로계약은 보조적 상행위이지만 근로자의 근로계약상의 주의의무 위반으로 인한 손해배상청구권은 정형적으로나 신속하게 해결할 필요가 없다는 이유로 10년의 민사 소멸시효기간이 적용된다고 보아 상사시효의 입법취지를 존중한 판례(2004다22742)도 있고, 회사와의 근로계약은 보조적 상행위이므로 그에 기한 위로금채권에는 5년의 상사시효가 적

555), **주주총회 보통결의설**은 주주총회결의를 거쳐서 책임을 면제하는 것이 타당하다는 견해이다(임재연547), **주주총회 특별결의설**은 이사의 책임경감은 통상의 업무집행이나 감독과는 성격을 달리하며 이해의 동질성으로 인해 결의가 불공정해질 가능성이 잠재되어 있고, 책임경감은 회사의 권리를 포기하는 결정이므로 중요의사결정의 일반적 절차라 할 수 있는 주주총회 특별결의가 합리적이라는 견해이다(이철송813).

용된다고 보아 논리의 일관성을 존중한 판례(2006다1381)도 있다.

② **책임면제** – 책임면제라 함은 이사의 손해배상책임을 총주주의 동의로 면제하는 것을 의미한다(상400). 판례에 의하면 총주주의 동의는 묵시적 의사표시의 방법으로 할 수 있고 반드시 명시적·적극적으로 이루어질 필요는 없으며(2006다5550), 실질적으로는 1인에게 주식 전부가 귀속되어 있지만 그 주주명부상으로만 일부주식이 타인명의로 신탁되어 있는 경우에 사실상의 1인주주가 한 동의도 총주주의 동의로 본다(2002다11441). 다만 동 판례는 실질주주의 회사에 대한 권리행사를 제한한 17년 판결 이후에도 그대로 유지될 수 있을지 의문이다. 그리고 주주와 이사 전원의 승인하에 어음이 발행된 이상 이 어음 발행으로 인하여 회사에 손해가 발생하였다고 하더라도 어음발행에 관련한 이사들의 회사에 대한 손해배상 책임은 총주주의 동의로써 면제되었다고 보는 것이 상당하다고 본 판례(69다688)도 손해배상책임의 묵시적 면제로 이해할 수 있다.

③ **책임해제** – 책임해제란 정기총회에서 재무제표 등의 승인을 한 후 2년 내에 다른 결의가 없으면 회사는 이사와 감사의 책임을 해제한 것으로 간주하는 것을 의미한다(상450). 물론 이사·감사의 책임해제는 재무제표 등에 그 책임사유가 기재되어 정기총회에서 승인을 얻은 경우에 한정된다(2007다60080). 그러나 이사 또는 감사의 부정행위에 대하여는 그러하지 아니하다(상450). 손해배상책임과 달리 자본충실의 책임은 모든 주주의 동의로도 면제할 수 없다.

3. 제3자에 대한 책임

(1) 의 의

1) **개 념** : 이사가 그의 임무를 악의 또는 중대한 과실로 인하여 해태한 때에는 그 이사는 제3자에 대하여도 연대하여 손해를 배상할 책임이 있다(상401.1). 이사는 회사의 수임자로서 업무를 집행하므로 이사의 행위에 대하여는 회사가 책임을 지고, 불법행위로 인한 경우가 아니면 이사가 직접 제3자에 대하여 책임을 부담하지 않는 것이 원칙이다. 하지만 회사가 배상능력이 없을 경우에 대비하여 상법은 거래상대방 또는 피해자인 제3자를 보호하기 위하여 경영자인 이사에게 손해배상책임을 부담시키고 있다고 볼 수 있는데, 판례도 동일한 취지로 이해하고 있다(2007다31518) 이사의 제3자에 대한 책임이 발생하기 위해서는 회사에 대한 고의·중과실에 의한 임무해태와 제3자의 손해 간에 인과관계가 인정되어야 한

다. 그리고 이사의 고의·중과실에 의한 임무해태가 있더라도 이는 회사에 대한 채무불이행에 지나지 않으므로 제3자의 손해발생에 대해 고의·과실이 없는 이상 불법행위가 성립하지 않는다. 다만 이사의 임무해태가 회사뿐만 아니라 제3의 손해발생에 대해서도 과실이 인정될 경우 양 책임이 경합할 수 있는지에 관해 논의가 있다.

2) **책임의 성질** : ① 학설 대립 – 이사의 제3자에 대한 책임의 법적 성질은 무엇인가?(**쟁점58**)[171] 이에 관해, 동 책임은 민법에 의한 불법행위책임의 성질을 갖지만 경과실은 제외되고 위법행위를 요건으로 하지 않는다는 점에서 특수한 불법행위책임이라고 보는 **불법행위책임설**, 동 책임은 제3자에 대한 가해의 고의·과실을 요하지 않아 불법행위책임과 요건을 달리하고 불법행위책임과는 별도로 제3자 보호를 위해 법률이 특별히 인정한 법정책임이라는 **법정책임설**(통설)이 주장된다. **판례**는 상법 제401조에 기한 이사의 제3자에 대한 손해배상책임이 제3자를 보호하기 위하여 상법이 인정하는 특수한 책임이라고 보았다(2006다82601). 생각건대 이사의 제3자에 대한 책임은 가해행위에 대한 고의·과실이 요구되지 않고 임무해태에 대한 고의·중과실이 요구되어 민법의 일반불법행위와 성립요건을 달리한다. 그리고 회사나 이사의 불법행위가 성립되지 않았음에도 이사의 업무집행으로 손해를 본 제3자에게 손해배상청구권을 허용하고 있어, 이사의 제3자에 대 책임은 제3자 보호를 위한 이사의 법정책임으로 이해된다.

② **불법행위책임과 관계** – 이사의 제3자의 책임의 성질에 관해 어느 견해를 따르더라도 불법행위책임(상389.3,210)과의 관계는 다시 문제된다. 이에 관해 이사의 행위가 제3자에 대하여 동시에 불법행위의 요건(고의·과실에 의한 위법행위)을 구비하는 때에는 책임이 경합하므로 제3자는 선택적으로 청구권을 행사할 수 있게 된다고 보는 **책임경합설**, 상법 제401조 자체가 불법행위에 관한 특칙으로 보아 불법행위와의 경합을 부정하는 **불법행위특칙설** 등이 주장된다. **판례**도 대표이

---

171) **이사의 제3자에 대한 책임의 법적 성질(쟁점58)**에 관해, **불법행위책임설**은 이사의 제3자에 대한 책임은 민법에 의한 불법행위책임의 성질을 갖지만 경과실은 제외되고, 위법행위를 요건으로 하지 않는다는 점에서 특수한 불법행위책임이라고 보는 입장이다(서정갑550). **법정책임설**은 상법 제401조 1항의 책임은 불법행위책임과는 별도로 제3자 보호를 위해 법률이 특별히 인정한 법정책임이라는 견해(통설)이다. 이 견해는 임무해태에 대하여 이사의 악의 또는 중대한 과실이 있으면 책임이 성립하고 제3자에 대한 가해의 고의·과실을 요하지 않고, 제3자의 손해에 대해 위법성을 요하지 않으며, 경과실이 배제된다는 점에서 구별된다고 본다(이철송817).

사의 악의 또는 중대한 과실로 인한 임무해태행위로 직접 손해를 입은 경우에는 이사와 회사에 대하여 상법 제401조, 제389조 제3항, 제210조에 의하여 손해배상을 청구할 수 있다고 보았다(91다36093). 생각건대 이사의 제3자에 대한 책임의 성질을 법정책임설로 이해할 경우 불법행위책임과 법정책임은 책임의 요건을 달리하므로 양자는 경합관계에 있다고 본다.

③ 양 책임 비교 - 불법행위책임은 모든 이사에 해당하는 것은 아니고 대표이사에 국한하여 발생하는 회사와의 연대책임이며(상210), 고의·중과실에 의한 임무해태(상401)이 아닌 고의·과실에 의한 위법한 업무집행(상210)이 요건어서 책임의 주체와 요건에서 이사의 제3자에 대한 책임과 구별된다. 하지만 대표이사의 행위가 문제된 경우 임무해태도 통상 업무집행 중에 발생하므로 업무집행과 관련된다는 점에서는 유사하며, 대표이사의 임무해태에 고의·중과실이 있으면서 위법할 경우 회사법 제401조의 책임과 불법행위책임이 경합하게 된다. 다만 회사법 제401조의 책임을 물음에 있어서는 회사가 이사에 대한 책임을 물어 손해를 보상받으면 주주의 손해는 제거된다는 점에서 주주 손해의 간접성으로 인해 주주가 포함되는지 여부에 관해 논란이 된다. 하지만 불법행위책임과 관련해서는 손해를 본 주주가 손해배상을 대표이사에게 청구하게 되고 이사에 대한 회사의 배상청구는 문제되지 않으므로, 주주 손해가 직접성을 가져 주주도 당연히 불법행위에 대한 손해배상의 주체가 된다.

(2) 요 건

1) **임무해태** : ① 악의·중과실 - 이사의 제3자에 대한 책임이 성립하려면 '이사의 악의·중과실에 의한 임무해태'가 요구된다. 악의 또는 중대한 과실은 회사에 대한 임무해태에 관하여 존재하면 되고 제3자에 대한 권리침해에 대해 요구되지 않아 제3자에 대한 불법행위책임과는 구별된다. 이사의 임무해태에는 예컨대 주식청약서 등에 허위의 기재를 하거나 다른 이사의 행위에 대한 감시의무의 위반의 경우 등이 해당한다. 판례는 이사의 직무상 충실 및 선관의무 위반의 행위로서 위법성이 있는 경우에는 악의 또는 중대한 과실로 그 임무를 해태한 경우에 해당하지만(2000다47316), 통상의 거래행위로 부담하는 회사의 채무를 이행할 능력이 있었음에도 단순히 그 이행을 지체하여 상대방에게 손해를 끼친 것으로는 부족하다고 보았다(2004다26119). 그리고 대표이사가 타인에게 회사업무 일체를 맡긴 채 자신의 업무집행에 아무런 관심도 두지 아니하여 급기야 부정행위 내지 임무

해태를 간과함에 이른 경우에는 악의 또는 중대한 과실에 의하여 그 임무 소홀로 보았다(2009다95981).

② **이사의 범위** - 제3자에 대하여 책임을 지는 자는 악의 또는 중대한 과실로 임무를 해태한 법률상 이사이다. 불법행위책임은 대표권을 가지는 대표이사만 해당하지만 제3자에 대한 책임은 이사 모두에 해당한다. 업무집행이사에 한정되지 않고 업무를 담당하지 않는 이사도 감시의무 등을 해태한 경우 동 책임이 발생할 수 있어 책임주체가 될 수 있다. 그리고 이사에는 실제 업무를 집행한 이사뿐만 아니라 이사회의 결의에 따라 집행된 경우 그 **결의에 찬성한 이사**도 책임을 지는데, 이 경우에 결의에 참가한 이사로서 이의를 한 기재가 의사록에 없는 자는 그 결의에 찬성한 것으로 추정되어 책임을 진다(상401.2,399.2,3). 이사가 아니면서 대내외적으로 중요사항에 대하여 결정권이 있는 실질적 경영자인 **사실상의 이사**도 회사와 제3자에 대하여 책임을 진다(상401의2.1).

2) 손해발행 : ① **제3자의 범위** - 이사가 책임을 지는 제3자는 회사와 이사 자신을 제외한 자를 의미하여 회사채권자나 거래상대방 등 이해관계인이 이에 해당하지만, 회사 법인의 구성원이라 할 수 있는 주주나 주식인수인도 제3자에 포함되는지 문제된다. 이사는 회사에 대해 책임을 부담하므로(상399) 이사의 임무해태로 제3자가 손해를 입더라도 회사가 이사의 책임을 물어 손해를 배상받으면 주주의 손해는 치유된다는 점에서, 주주가 배상청구의 주체가 되는 것이 적절한지에 관한 논의이다. 생각건대 본조에서 제3자라 함은 회사와 거래상대방을 제외한 모든 자를 의미하므로 문리해석상 주주는 제3자에 포함될 수 있어(통설), 주주는 체3자의 범위에 포함되어 배상청구의 주체가 된다. 다만 주주의 손해가 직접적이지 않고 회사의 손해여서 주주가 간접적으로 손해를 입었고 간접적으로 보상될 수 있는 경우가 배제될 것인지 손해의 범위가 문제된다.

② **손 해** - 이사의 임무해태로 인해 제3자의 손해가 발생하여야 이사의 제3자에 대한 책임이 발생한다. 손해는 통상 제3자의 경제적 손해를 의미하고, 이사가 주식청약서를 허위로 작성하여 주식인수인이 입게 된 손해 등 제3자의 유형, 무형의 손실 모두가 포함될 수 있다. 이사의 임무해태행위와 제3자의 손해 발생간에는 인과관계가 존재하여야 하는데, 인과관계는 통상 직접적(**직접 손해**)이어야 한다. 예를 들어 회사의 재산을 횡령함으로 인해 회사가 손해를 입음으로써 주주가 입게 되는 손해는 간접손해이지만, 횡령한 이사에 가 악의 또는 중대한 과실로

부실공시를 하여 주가를 높게 형성시켰고 이를 믿고 취득한 주식이 횡령, 부실공시 등이 공표되어 주가가 하락한 경우에는 이사에 대하여 상법 제401조 제1항에 의하여 손해배상을 청구할 수 있다는 것이 판례의 입장인데(2010다77743), 이 경우 주식취득으로 인한 주주의 손해는 이사의 부실공시의 직접손해로 이해할 수 있다.

　③ 간접손해 - 이사의 임무해태로 인해 주주가 입은 간접손해도 이사의 책임에 포함될 수 있는가?(쟁점59)[172] 이에 관해, 회사가 입은 손해로 인하여 주주가 간접적으로 손해를 입은 경우는 대표소송 등을 통해 회사가 배상을 받음으로써 주주의 손해는 간접적으로 보상되는 것이므로 주주의 간접손해는 포함될 수 없다고 보는 **제한설**, 주주는 직접손해의 경우는 물론이고 간접손해의 경우에도 제3자에 포함된다고 보고 대표소송은 소수주주권자만이 제기할 수 있고 담보가 요구될 수 있으므로 주주의 손해배상청구를 인정할 실익이 있다고 보는 **제한부정설** 등이 주장된다. **판례**는 회사의 대표이사가 회사재산을 횡령하여 회사재산이 감소함으로써 회사가 손해를 입고 결과적으로 주주의 경제적 이익이 침해되는 손해와 같은 주주의 간접손해는 상법 제401조 1항에서 말하는 손해의 개념에 포함되지 않는다고 하여(2003다29661) 제한설을 따르고 있다. 생각건대 간접손해라 하더라도 이사의 임무해태와 주주의 손해간에 상당인과관계가 인정될 수 있다. 그리고 회사에 대한 보상으로 주주의 간접손해가 보전되는 경우도 있지만, 이사의 임무해태가 원인이 되어 회사가 도산한 경우처럼 주주의 간접손해가 항상 보전되는 것은 아니다. 따라서 주주는 제3자에 포함됨을 전제할 때, 회사법이 손해의 직접성을 명시하지 않음에도 주주의 간접손해를 대표소송의 범위에서 원천적으로 배제하는 제한설은 부적절하다고 본다. 따라서 이사의 임무해태로 인한 주주의 간접손해도 이사의 제3자에 대한 책임에 포함된다고 본다. 다만 이 경우 간접손해의 배상이라는 특성상 이사의 배상액은 직접손해를 입은 회사에 귀속된다고 본다.

---

172) **간접손해를 입은 주주의 포함여부(쟁점59)**에 관해, **제한설**은 회사가 입은 손해로 인하여 주주가 간접적으로 손해를 받은 경우는 회사가 배상을 받음으로써 주주의 손해는 간접적으로 보상되는 것이므로 주주는 이러한 경우 제3자에 포함될 수 없다고 보면서, 신규투자자가 아닌 기존의 주주가 제3자로서가 아닌 주주의 자격에서 입은 간접손해의 경우는 제외하는 것이 타당하다고 본다(최준선565). **제한부정설**은 주주는 직접손해의 경우는 물론이고 간접손해의 경우에도 제3자에 포함된다는 견해로서, 간접손해의 경우에는 대표소송 등의 방법에 의한 구제는 소수주주권자만이 대표소송을 제기할 수 있고 담보가 요구될 수 있어 주주도 포함되어야 한다는 견해이다(통설).

(3) 손해배상책임

1) 개 요 : ① 증명책임 – 이사의 제3자에 대한 손해배상책임은 법정책임의 성질을 가지므로 제3자가 이사의 책임을 묻기 위해서는 책임요건을 증명할 책임을 부담한다. 따라서 이사의 임무해태에 관한 악의 또는 중대한 과실에 대한 증명책임은 **제3자**에게 있다. 이사의 임무해태 행위가 이사회의 결의에 의한 것인 때에는 그 결의에 찬성한 이사도 책임이 있고(상401.2 → 399.2), 그 결의에 참가한 이사로서 이의를 한 기재가 의사록에 없는 자는 그 결의에 찬성한 것으로 추정한다(상401.2 → 399.3). 회사법은 결의책임을 이사의 회사에 대한 책임뿐만 아니라 제3자에 대한 책임에까지 확대하고 있다.

② 책임소멸 – 이사의 제3자에 대한 책임은 소멸시효 등 채무의 일반적 소멸원인으로 소멸하지만, 이사의 회사에 대한 책임과 달리 책임의 면제·해제제도(상400,450)는 적용되지 않는다. 즉 주주 전원의 동의가 있더라도 이사의 회사에 대한 책임과 달리(상400.1) 이사의 제3자에 대한 책임을 면제할 수 없다. 그리고 정기주주총회에서 재무제표를 승인 한 후 2년 내에 다른 결의가 없더라도 이사의 회사에 대한 책임과 달리(상450) 이사의 제3자에 대한 책임은 해제되지 않는다.

③ 임원배상책임보험 – 최근 주식회사의 이사가 직무를 수행함에 있어서 법률적인 책임을 지는 경우에 그로 말미암아 발생하는 손해를 보상할 것을 목적으로 하는 책임보험인 이사의 책임보험도 많이 이용되고 있다. 현재 우리나라에서 판매되고 있는 임원배상책임보험이 담보하는 대상은 주주대표소송이나 제3자로부터의 손해배상청구로 국한되고, 담보되는 배상책임에 대해서도 고의에 의한 법령위반이나 충실의무위반의 경우를 배제함으로써, 임원배상책임보험의 도입에 반대하는 견해가 주장하는 이사의 도덕적 해이를 어느 정도 제도적으로 해결하고 있다.

2) 소멸시효 : 이사의 제3자에 대한 책임의 소멸시효도 책임의 법적 성질과 관련된다. 판례는 법정책임설에 근거하여, 상법 제401조에 기한 이사의 제3자에 대한 손해배상책임이 제3자를 보호하기 위하여 상법이 인정하는 특수한 책임이라는 점을 감안할 때 일반 불법행위책임의 단기소멸시효를 규정한 민법 제766조 제1항은 적용될 여지가 없고, 일반 채권으로서 민법 제162조 제1항에 따라 그 소멸시효 기간은 10년이라 본다(2004다63354). 그리고 제3자가 상법 제401조에 기한 이사의 제3자에 대한 손해배상책임만을 묻는 손해배상청구 소송에 있어서 주식회사의

외부감사에 관한 법률 제17조 제7항이 정하는 단기소멸시효는 적용될 여지가 없다고 본다(2006다82601). 생각건대 이사의 제3자에 대한 책임을 불법행위책임이 아닌 법정책임으로 이해하므로 책임의 소멸시효기간을 10년으로 보는 판례의 입장은 타당하다고 본다.

4. 사실상 이사의 책임

(1) 의 의

1) 개 념 : 사실상 이사라 함은 이사가 아니면서 이사와 유사한 권한을 행사하는 자이다. 회사법은 사실상의 이사를 구체적으로 그룹총수 등 회사에 대한 자신의 영향력을 이용하여 이사에게 업무집행을 지시하거나(업무집행지시자), 이사의 이름으로 직접 업무를 집행하거나(무권대행자), 이사가 아니면서 명예회장·회장·사장·부사장·전무·상무·이사 기타 업무를 집행할 권한이 있는 것으로 인정될 만한 명칭을 사용하여 회사의 업무를 집행하는 자(표현이사) 등으로 규정하고 있다(상401의2). 사실상의 이사는 자신이 지시하거나 집행한 업무에 관하여 회사·제3자에 대한 손해배상책임, 대표소송 등의 제도를 적용함에 있어 이사로 간주함으로써(상401의2.1), 이사가 아니면서 회사에 대한 영향력을 이용하여 이사의 권한을 행사하는 자에게 회사법상 이사와 유사한 책임을 지우고 있다.

2) 취 지 : ① 법정 책임 – 지배주주는 사실상의 이사선임권을 배경으로 하여 이사의 업무집행을 자신의 사익추구 수단으로 이용하기 쉽다. 지배주주의 영향력에 의해 회사의 운영이 왜곡되는 것을 방지할 목적에서 이사 아닌 자로서 업무집행에 직·간접으로 관여한 자의 책임을 묻는 제도가 사실상 이사제도이다. 회사법은 '업무집행지시자 등'이라는 조문표제를 사용하고 있지만, 법률상 이사가 아닌 자를 법적 책임과 관련됨 범위에서 이사로 의제한다는 점에서 '사실상 이사'라는 용어를 사용할 수 있다. 사실상 이사는 법적 이사가 아니므로 회사에 대한 선관의무 등을 부담하지 않음에도 일정한 요건에 해당할 경우, 이사에 준한 책임(법정책임)을 부담하게 된다.

② 법인격부인론과 관계 – 지배주주가 유한책임제도를 악용하여 회사를 개인책임 차단의 수단으로 악용할 경우 법인격부인론이 적용될 수도 있지만, 지배주주의 지시·업무집행이 인정될 경우에는 회사법상 사실상 이사의 책임이라는 법정

책임제도를 직접 적용할 수 있게 된다. 양 제도는 회사 배후의 지배주주 등의 책임을 추궁하는 제도라는 점에서 유사하다. 하지만 법인격부인론은 배후에 있는 지배주주에게 전면에 있는 회사가 부담할 거래상의 책임을 부담시키는 제도로서 그 요건 등이 학설·판례상 논의되는 제도임에 대하여, 사실상 이사제도는 구체적인 법적 요건을 충족하여야 적용될 수 있고 그에 따른 책임도 거래상의 책임이 아닌 이사의 손해배상책임에 국한되고 대표소송 등을 통해 책임을 추궁(상401의2.1)할 수 있다는 점에서 구별된다.

(2) 사실상 이사의 범위

1) **업무집행지시자** : ① 개 념 – 업무집행지시자는 회사에 대한 자신의 영향력을 이용하여 이사에 대해 업무집행을 지시한 자를 의미한다. 회사에 대한 영향력의 이용할 수 있어야 하므로 대체로 지배주주가 이에 해당한다. **지배주주**는 지배주식을 이용하여 회사에 대해 영향력을 행사하여 회사의 업무집행에 관여하면서도 회사의 기관은 아니므로 회사나 제3자에 대한 책임을 부담하지 않는 문제점을 해결하기 위해, 지배주주 등 회사에 영향력을 행사하는 자에게도 이사의 책임과 동일한 책임을 부담시키고 있다. 지배주주는 자연인에 한하지 않고 법인인 지배회사도 포함된다(2004다26119). 다만 지배주주가 주주총회에서 일정한 의안에 대하여 의결권을 통하여 영향력을 행사하는 경우는 본조의 적용대상에서 제외되며, 주주가 아니면서 단순히 우월한 지위를 이용해서 사실상 영향력을 행사하는 경우도 제외된다고 본다. 예컨대 은행이 채무자회사에 대하여 영향력을 행사하는 경우나 노동조합이 경영에 간섭하는 등 주주가 아닌 자의 영향력의 행사는 대체로 배제된다.

② **업무집행지시** – 이사에 대한 업무집행의 지시란 자신의 영향력을 전제하여 대표이사나 이사에 대하여 지시하는 것을 의미한다. 지시 상대방은 반드시 임원에 국한되는 것은 아니고 사용인(부장, 과장 등)에 대한 지시도 포함되며, 업무집행이란 회사 목적과 직접 또는 간접으로 관련된 모든 업무처리로서, 영업과 관련된 법률행위뿐만 아니라 사실행위도 포함한다. 그런데 영업의 조직 자체를 변경하는 행위, 예컨대 영업의 양도·해산·합병·조직변경 등도 업무집행에 포함되는가? 이에 관해 학설이 대립되지만, 이들 행위는 주주총회의 특별결의사항에 해당하므로 이사에 대한 영향력만으로 업무집행이 불가능하므로 부정설이 타당하다고 본다. 지시행위는 적극적으로 행해져야 하고, 회사 및 이사·사용인 등에 대하여

구속력을 가져야 한다. 따라서 자문에 응하여 소극적 의견 표명이나 참고자료의 제공은 업무집행자의 자율성이 인정될 경우 지시행위에 해당하지 않지만, 권고·조언이라도 사실상 강제성이 인정되는 특수한 사정이 있다면 지시행위로 볼 수도 있다.

  2) **무권한 대행자** : ① 개 념 – 이사의 이름으로 직접 업무를 집행한 자도 이사와 동일한 책임을 부담하는데, 이사가 아닌 자로서 이사의 권한을 대행할 법적 권한이 없다는 점에서 무권대행자라 할 수 있다. 무권대행자는 이사로서 활동하고 있는 자에 대한 지시를 통하여 간접적으로 회사의 업무에 관여하는 것이 아니라, 이사의 명의로 무권대행자 자신이 직접 업무집행을 하는 점에서 업무집행지시자와 구별된다. 대규모 기업집단의 지배주주는 업무집행지시자로서 간접적으로 회사경영에 관여하는 것이 일반적이지만, 중소규모의 회사에서는 명목이사를 두고 지배주주가 명목이사의 명의로 직접 회사의 업무를 집행하는 경우가 적지 않다.

  ② 회사에 대한 영향력 – 업무집행지시자는 회사에 대한 영향력이 전제될 것을 회사법이 규정하고 있는데, 무권한 대행자의 경우에도 회사에 대한 영향력이 전제되는가? 이에 관해 판례는 무권한 대행자의 경우에도 **회사에 대해 영향력**을 가진 자를 전제로 한다고 본다(2009다39240). 생각건대 회사법은 업무집행지시자와 달리 '영향력 이용'을 명시하지 않았고 회사에 대한 영향력이 없이도 이사의 명의를 도용하여 회사의 업무집행을 하는 것도 가능하다. 하지만 사실상 이사제도가 회사에 대한 영향력을 바탕으로 이사에 업무집행을 지시하거나 명목이사의 이름으로 업무집행을 하는 경우 이사의 책임을 인정하는 제도이므로, 회사법에 규정되지는 않았지만 회사에 대한 영향력이 전제되어 있다고 해석된다. 이런 점에서 회사에 대한 영향력을 전제하지 않은 표현이사와는 구별된다. 하지만 해석상 논란의 여지가 있으므로 입법론상 무권한 대행자의 경우에도 '회사에 대한 자신의 영향력을 이용하여'라는 제한을 추가할 필요가 있다고 본다.

  ③ 대행권한 – 이사가 지배주주에게 이사의 명의로 직접 업무를 집행할 권한을 위임하는 것은 가능한가? 회사법은 이사의 권한위임을 금지하는 규정을 두고 있지는 않지만, 이사는 주주총회에서 선임되어 주주의 의사를 반영하고 엄격한 의무와 책임을 부담하고 있는 점을 고려할 때, 이사의 **포괄적 대행권한**의 수여는 해석상 금지된다고 본다. 따라서 위임이사의 권한을 대행할 수 있는 권한을 지배

주주에게 위임하는 계약을 체결하더라도 동 계약은 강행법규에 반하는 계약으로서 효력을 가지지 못하고 이사는 선관의무를 위반한 것이 된다. 그리고 지배주주도 이사의 수임자로서의 지위가 인정되지 않으므로 지배주주가 자신의 이름으로 업무를 집행한다면 무권한대행의 실질을 가지므로 사실상 이사로서 책임을 부담하게 된다. 포괄적 대행권한 수여가 아니라 **1회적 대행권한** 수여는 이사의 해당 업무집행의 성질상 대리·대행이 허용되는 경우에는 유효하다고 본다. 즉 1회적 대행권한 수여가 항상 허용된다고 볼 수는 없고 업무의 성질상 대행권한 수여 자체가 이사의 선관주의의무에 반하는지가 검토되어야 한다. 따라서 이사의 선관주의의무에 위반한 1회적 대행권한의 수여라고 판단되는 경우라면 수여행위는 무효가 되고, 이 경우 대행자인 지배주주는 무권한 대행자로서 책임을 부담할 수 있다.

3) 표현이사 : ① 개 념 − 표현이사란 이사가 아니면서 명예회장·회장·사장·부사장·전무·상무·이사 기타 회사의 업무를 집행할 권한이 있는 것으로 인정될 만한 명칭을 사용하여 회사의 업무를 집행한 자를 말한다. 명예회장이나 회장과 같은 명칭을 사용하고 있는 표현이사에는, 기업집단에서 개별 회사의 이사는 아니지만 기업집단의 업무에 관여하고 있는 자뿐만 아니라 개별 회사에서 직함을 사용하여 업무를 집행하고 있는 자도 포함된다.

② **회사에 대한 영향력** − 표현이사는 회사에 대한 영향력이 전제된 업무집행지시자, 무권한대행자와 달리 회사에 대한 영향력이 전제되지 않아도 성립되는가? 이에 관해 판례는 제1호 및 제2호는 **회사에 대해 영향력**을 가진 자를 전제로 하고 있으나, 제3호는 직명 자체에 업무집행권이 표상되어 있기 때문에 그에 더하여 회사에 대해 영향력을 가진 자일 것까지 요건으로 하지 않는다고 보았다(2009다39240). 생각건대 표현이사는 업무집행지시자나 무권한 대행자와 달리 무권한으로 회사의 업무집행권한이 있는 명칭(직함)을 사용하여 업무집행을 하였다는 점에 책임의 원인이 있으므로 지배력 등 회사에 대한 영향력을 전제하였다고 볼 수 없다. 따라서 표현이사의 책임의 본질은 불법행위책임이라 할 수 있어 이사의 책임 확대의 본질을 가지는 업무집행지시자나 무권한 대행자와는 다른 성질의 책임이라 이해된다.

③ **표현대표이사와 구별** − 표현이사는 상법 제395조의 표현대표이사와 책임의 성립요건이 거의 비슷하지만 다음에서 구별된다. 먼저 규정의 취지를 보면, 상법

제401조의2 1항 3호의 표현이사규정은 당해 표현이사로 하여금 책임을 부담하게 하는 규정이지만, 표현대표이사제도는 회사의 책임을 묻기 위한 규정이어서 그 취지를 달리한다. 뿐만 아니라 표현이사의 책임은 상대방의 신뢰와는 무관한 행위책임적 성질을 가지지만, 표현대표이사제도에서는 외관책임의 원리에 따라 상대방의 신뢰가 요구된다. 그리고 표현이사는 표현대표이사제도와 달리 회사의 대표행위와 무관한 내부적 업무집행의 경우에도 성립할 수 있으며, 사용하는 직함에 대표권이 전제되지 않은 명칭(예, 이사)을 사용하여도 성립될 수 있다. 따라서 특히 주주총회결의로 선임되지 않은 이사(통상 비등기이사)도 이사 직함을 사칭하여 회사업무를 집행한 경우 표현이사에 포함되어 이사의 책임을 부담할 수도 있다.

(3) 책임 요건

1) **영향력 행사** : 회사에 대한 영향력이 법문에 명시된 것은 업무집행지시자의 경우에 한정되지만 해석상 무권한대행의 경우에도 영향력의 행사가 전제되어 있다고 볼 수 있는데, 표현이사의 경우에는 회사에 대한 영향력과 무관하게 무권한 업무집행이 있으면 성립하게 된다. 즉 업무집행지시자나 무권한 대행자에 해당하려면 회사에 대한 영향력이 전제된다고 보는데, 만일 회사에 대한 영향력이 전제되지 않고 이들에 의해 회사의 업무집행이 이뤄졌을 경우에는 책임은 불성립하는가? 업무집행지시자의 경우에는 회사에 대한 영향력이 없을 경우 업무집행지시 자체가 이뤄지지 않을 것이므로 특별히 논의할 실익은 적다. 이와 달리 무권한 대행의 경우 회사에 대한 영향력이 없는 상태에서도 이사의 이름으로 업무집행하는 것이 가능하지만, 회사에 대한 영향력이 전제되지 않는다면 사실상의 이사의 책임이 성립한다고 볼 수 없다. 즉 회사에 대한 영향력이 없는 상태에서 발생한 무권한대행은 회사 또는 제3자에 대한 일종의 불법행위가 되고 이사의 회사·제3자에 대한 책임규정을 준용되지 않는다고 본다.

2) **업무집행** : ① 책임의 원인 – 사실상 이사의 책임이 성립하기 위해서는 업무집행지시, 무권한대행, 표현행위 등 회사에 대한 영향력을 행사하는 구체적인 행위 또는 직함사용이 있어야 한다. 업무집행지시의 경우에는 직접 회사의 업무를 집행하지 않으므로 사실상 이사의 행위는 **지시행위**에 그치고 적법한 이사에 의한 집행행위가 있어야 한다. 하지만 무권한대행과 표현이사의 경우에는 회사의 업무

집행이 사실상 이사에 의해 직접 집행되므로 사실상 이사의 **집행행위**가 요구된다는 점이 특징적이다. 전자의 경우에는 지시행위에 책임의 근거가 있으며 후자의 경우에는 직접 행위를 한 업무집행에 책임의 근거가 있다고 볼 수 있다. 요컨대 사실상 이사의 책임이 성립하려면 업무집행지시의 경우에는 적법한 이사의 업무집행이, 무권한대행이나 표현이사의 경우에는 사실상 이사의 업무집행이 있어야 한다.

② **불법행위와 관계** – 표현이사의 경우에는 이사가 아닌 무권한자에 의해 집행된 업무이므로 그 효력이 부인될 수 있어 이를 회사의 업무집행으로 볼 수 있는가? 즉 무권한 대행자의 경우에도 회사에 대한 영향력이 없는 상태에서 이사의 이름으로 업무집행을 하였다면 이를 회사의 업무집행이라 볼 수 있는가? 업무집행지시자의 경우에는 적법한 이사의 업무집행이 있어 문제되지 않고, 무권한 대행자의 경우에도 회사에 대한 영향력을 가진 지배주주에 의한 (명목)이사의 이름으로 업무집행을 한 경우 회사에 대한 지배권한을 근거로 회사의 업무집행으로 볼 여지는 있다. 하지만 회사에 대한 영향력도 없는 상태에서 한 무권한 대행자와 표현이사의 행위는 업무집행으로 보기 어렵고 이는 불법행위의 성질을 가진다고 보아야 하고 회사법상 업무집행으로 보기 어렵지만, 조문상의 '업무집행'이란 표현은 외관상의 업무집행으로 이해된다.

(4) 책임의 내용

1) **책임의 성질** : 사실상 이사의 책임은 이사의 책임에 종속하는가? 사실상의 이사의 책임은 이사의 책임이 성립하여야 사실상의 이사의 책임이 성립한다고 보는 **종속책임설**, 이사와 사실상의 이사간의 연대책임 이전에 사실상의 이사는 이사로 간주되므로(상401의2.1) 연대책임 성립과 무관하게 이사로서의 책임이 발생한다고 보는 **독립책임설** 등이 주장된다. 생각건대 업무집행지시자는 대부분 지시를 받아 업무를 집행한 진정한 이사와 연대책임을 부담하지만, 표현이사(상401의2.1.3호)는 진정한 이사의 업무집행행위와 무관하게 책임이 발생하므로 책임의 종속성이 있다고 보기는 어렵다. 그리고 설사 업무집행지시자라 하더라도 진정한 이사의 책임 성립을 업무집행지시자의 책임요건으로 정하고 있지 않으므로 사실상의 이사의 책임은 이사의 책임 성립 여부와는 무관하게 독립적으로 발생한다고 보아야 한다. 단지 업무를 집행한 진정한 이사도 선관주의의무를 위반한 경우에 해당한다면 사실상의 이사는 이사와 연대책임을 지게 될 뿐이다.

2) 책임의 내용 : ① 이사책임 적용 – 사실상의 이사의 회사나 제3자에 대한 책임의 요건, 효과, 추궁방법, 면제·해제 등은 이사의 회사에 대한 손해배상책임과 동일하다(상401의2.1). 따라서 사실상의 이사가 직접 또는 이사에게 업무를 지시하여 이사가 법령 또는 정관에 위반한 행위를 하거나 그 의무를 해태한 행위를 한 경우, 사실상의 이사는 회사에 대하여 손해배상책임을 지고, 악의 또는 중대한 과실로 인하여 그 임무를 해태한 경우에는 제3자에 대하여 손해배상책임을 진다. 그리고 사실상의 이사가 회사에 대해 손해배상책임을 부담하더라도 이사가 사실상의 이사에 대한 손해배상청구소송을 제기한다는 것을 기대하기 어려운 경우도 있으므로, 사실상의 이사에 대표소송제도(상403)·다중대표소송제도(상406의2)가 적용됨을 명시하고 있다(상401의2.1). 사실상의 이사가 업무를 집행하여 회사 또는 제3자에 대하여 손해를 배상할 책임이 발생한 경우에는, 당해 이사는 사실상의 이사와 연대하여 손해를 배상할 연대책임을 진다(상401의2.2).

② 임무해태의 판단 – 이사는 회사와 위임관계에 있어 회사에 대해 선관주의의무를 부담하므로 임무해태가 있을 수 있다. 그런데 사실상 이사에 대해 회사·제3자에 대한 책임규정을 적용함에 있어, 사실상의 이사는 회사와 위임관계에 있지 않아 선관주의의무를 부담하지 않는데 동 조의 적용상 업무해태는 어떠한 의미인가? 즉 사실상 이사가 이사와 동일한 책임으로서 회사에 대한 손해배상책임의 부담이 문제될 경우 이사의 회사에 대한 '임무해태'라는 요건이 충족되어야 하는데, 사실상 이사에게 임무해태가 무엇을 의미하는지 문제가 된다. 입법의 흠결이라고 볼 수 있고 입법론적으로 그 의미를 명확히 할 필요는 있지만, 현행 회사법에서 동 조항은 만일 사실상 이사가 이사라면 부담하였을 선관주의의무를 전제하고 이를 위반한 경우로 해석된다고 본다. 즉 업무집행지시자의 지시행위 그리고 무권한 대행자와 표현이사의 업무집행행위가 이사라면 부담하였을 의무를 해태한 지시·행위인 경우라 본다.

3) 책임의 소멸 : ① 소멸시효 – 사실상의 이사의 책임도 일반이사의 경우와 동일하게 10년의 **시효기간**이 적용되는 것으로 본다. 판례도 상법 제401조에 따른 제3자의 이사에 대한 손해배상청구권은 제3자를 보호하기 위하여 상법이 인정하는 특수한 책임이므로, 일반 불법행위책임의 단기소멸시효를 규정한 민법 제766조 제1항은 적용될 여지가 없고, 달리 별도로 시효를 정한 규정이 없는 이상 일반 채권으로서 민법 제162조 제1항에 따라 그 소멸시효기간은 10년이라고 봄이 상당하

다고 본다(2007다31518).

② **책임면제** – 상법 제399조에 의한 이사의 회사에 대한 손해배상책임은 총주주의 동의로 면제할 수 있는데(상400), 사실상 이사의 회사에 대한 책임도 총주주의 동의로 책임을 면제할 수 있는가?(**쟁점60**)[173] 이에 관해, 회사법상 근거규정이 없으므로 총주주의 동의로도 회사에 대한 책임을 면제할 수 없다는 **부정설**, 법률행위자유의 원칙상 주주 전원의 동의(상400.1)가 전제된다면 가능하다고 보는 **긍정설** 등이 주장된다. 생각건대 사실상 이사제도는 회사에 대한 영향력을 행사한 자에게 이사와 같은 책임을 부담시키는 제도이지 사실상 이사를 이사 제도의 확장으로서 지배구조에 관한 규정의 성격을 가진 것은 아니다. 따라서 회사법에 준용규정이 없음에도 불구하고 이사의 업무집행을 보호하기 위한 이사의 책임감면제도(상400)를 사실상 이사에게 유추적용하는 것은 부적절하다고 본다. 총주주의 동의에 의하더라도 회사재산에 부담을 지우는 행위이므로 계약자유 또는 법률행위자유의 원칙이 적용되는 영역이라 할 수 없고(회사·주주의 분리) 회사법에 특별한 근거가 없는 이상 이를 적용·유추적용할 수 없다고 본다.

Ⅶ. 이사의 업무집행에 대한 주주의 감독권한

1. 의 의

주주총회에 권한이 집중되던 초기 주식회사제도가 이사회의 도입으로 주주총회의 많은 권한이 이사회에 위임되어 주주의 권한이 상대적으로 약화되었다. 이사는 주식회사 운영에 있어 강력한 권한을 가지고 회사를 지배하므로(이사회 중심주의) 권한남용의 위험성이 높으며 이는 감사제도 등에 의해 일부 예방될 수 있다. 하지만 업무집행기관인 이사나 감사는 주주총회에서 선임되므로 대주주의 영향력으로부터 벗어나기 어려운 본질적 한계를 지니고 있는 것도 사실이다. 이를 극복하기 위해 회사지배구조 개선에 관한 다양한 시도가 행해지고 있으며 사외이사제도·감사위원회 등도 그 일환으로 볼 수 있다. 그러나 독립성을 보장받은 사

---

173) **총주주 동의에 의한 사실상의 이사 면책 허용성**에 관해, **부정설**은 이사가 아닌 자가 그 영향력을 이용하여 위법·부당한 지시를 내렸거나 이사의 명의로 업무집행을 한 사실상의 이사는 회사법상 면책규정에 관해 준용규정을 두고 있지 않아 회사에 대한 책임을 면제할 수 없다고 보지만, **긍정설**은 법률행위자유의 원칙상 주주 전원의 동의(상400.1)가 전제된다면 사실상 이사의 채무의 면제는 자유롭다고 보아 이를 긍정한다.

외이사 등도 사실상 대주주의 영향력으로부터 자유롭지 못해 한계를 보임에 따라, 최종적으로 이사의 권한남용을 막고 회사경영의 투명성을 유지하기 위한 최후의 보루는 소수주주 등에 의한 이사의 업무집행에 대한 감독이 될 수 있다. 회사법은 이러한 취지에서 이러한 소수주주의 지위 강화를 위해 주주에게 이사의 업무감독권을 부여하고 있는데, 이사 권한남용에 대해 소수주주의 사전적 권한으로서 위법행위유지청구권과 사후적 권한으로서 대표소송을 제기할 수 있는 권한 등이 이에 속한다.

2. 위법행위유지청구권

(1) 의 의

1) **개 념** : 이사가 법령 또는 정관에 위반한 행위를 하여 회사에 회복할 수 없는 손해가 생길 염려가 있는 경우 감사 또는 발행주식의 총수의 1/100 이상에 해당하는 주식을 가진 주주는 회사를 위하여 이사에 대하여 그 행위를 유지(중지)할 것을 청구할 수 있는 권리를 의미한다(상402). 이는 영미법상 유지명령제도(injunction)를 받아들인 것이지만, 단독주주가 행사할 수 있는 권리가 아닌 소수주주 또는 감사(감사위원회)의 권리라는 점에서 구별된다.

2) **신주발행유지청구권과 비교** : 이사 위법행위유지청구권은 회사의 신주발행 시 신주발행의 유지를 청구하는 권리와 사전적 구제제도라는 점에서 유사하다. 신주발행유지청구권은 회사가 법령·정관에 위반하거나 현저하게 불공정한 방법에 의하여 주식을 발행함으로써 주주가 불이익을 받을 염려가 있는 경우에는 회사에 대하여 그 발행을 유지할 것을 청구할 수 있는 권리(상424)이다. 신주발행유지청구권과 위법행위유지청구권은 첫째, 신주발행유지청구권은 단독주주권이지만 위법행위유지청구권은 소수주주권이라는 점, 둘째, 전자는 주주 개인의 불이익이 있을 경우에도 행사할 수 있지만 후자는 회사의 회복할 수 없는 손해염려가 있을 경우 행사할 수 있다는 점, 셋째, 전자는 회사에 대한 청구권인데 반해 후자는 당해 이사에 대한 청구권이라는 점, 넷째, 전자는 현저하게 불공정한 경우에도 주장할 수 있는데 반해 후자는 현저한 불공정성은 요건이 아니라는 점 등에서 구별되어, 양자는 별개의 권리로서 행사될 수 있다.

(2) 행사 요건

1) 이사의 법령·정관 위반행위 : 유지청구권자는 소수주주(1/100 이상)·감사 (감사위원회)이고, 유지청구의 상대방 즉 **피청구자**는 회사가 아니라 위법행위를 하는 당해 이사이다. 위법행위유지청구의 대상행위는 이사의 법령·정관 위반행위 인데, 이에는 법률행위뿐만 아니라 준법률행위, 사실행위도 포함되며 행위에 대한 이사의 권한 유무를 묻지 않는다. 유지청구는 재판 이외의 방법으로 청구하는 것 도 가능하지만, 소수주주의 유지청구에도 불구하고 위법행위를 중지하지 않을 경 우 이사를 피고로 유지청구의 소를 제기할 수 있으며, 권리보전을 위한 가처분으 로 위법행위를 중지시킬 수 있다.

2) 손해 발생 우려 : 유지청구권은 회사에 대하여 회복할 수 없는 손해가 발생 할 우려가 있어야 행사할 수 있다. 여기서 회복할 수 없는 손해발생의 우려란, 회 복이 불가능할 경우뿐만 아니라 상당히 곤란한 경우도 포함한다고 본다. 위법행 위유지청구권은 사전적 예방제도로서 이사의 위반행위가 완료되기 전에 행사하는 권리이며, 위반행위가 완료되어 회사에 손해가 현실화되었을 경우에는 이사에 대 한 손해배상청구만 문제될 뿐 위법행위유지청구권을 행사할 수는 없다.

3) 청구권자 : ① 감 사 – 위법행위유지청구권은 신주발행유지청구권과 달리 감사(감사위원회) 또는 소수주주이다. **감사**를 위법행위유지청구권자로 한 것은 감 사의 직무가 이사의 업무집행의 감독이므로 업무집행의 위법성을 발견한 경우 위 법행위의 유지를 청구할 수 있는 권한을 부여한 것으로 볼 수 있다. 하지만 감사 의 위법행위유지청구는 권한이면서 동시에 감사의 감사업무를 고려할 때 선관의 무의 이행으로서의 성질도 가진다고 본다. 판례도 감사는 이사가 법령 또는 정관 에 위반한 행위를 하여 이로 인하여 회사에 회복할 수 없는 손해가 생길 염려가 있는 경우에는 그 행위에 대한 유지청구를 하는 등의 의무를 부담한다고 보았다 (2005다58830).

② **소수주주** – 감사(감사위원회)와 별도로 소수주주도 동 권리를 행사할 수 있 는데, 이를 위한 지주요건은 발행주식의 총수의 1/100 이상이므로 동 규모의 주식 을 단일 주주가 가지거나 집합 주주가 가져야 한다. 주식보유비율의 기준주식수 는 발행주식총수로 되어 있으므로 의결권 없는 주식도 포함하여 계산한다. 상장 회사의 경우에는 발행주식 총수의 50/10만 이상이면 되고 자본금 1천억원 이상의

상장회사의 경우에는 이를 더 완화하여 25/10만 이상이면 행사 가능한데 6개월 전부터 계속하여 주식을 보유하고 있어야 한다(상542의6.5). 다만 상장회사는 정관에서 단기의 주식보유기간을 정하거나 낮은 주식보유비율을 정할 수 있다(상542의6.7). 영미법상의 유지명령제도와 달리 소수주주권으로 한 취지는 무분별한 위법행위유지청구권의 행사를 방지하기 위해서이다.

(3) 효 과

1) 이사의 책임 : 주주나 감사(감사위원회)의 유지청구가 있으면 이사는 유지청구의 적법성을 판단하여 부당하다고 판단되면 중지할 의무가 없다고 본다. 하지만 정당한 유지청구라고 판단되면 이사는 위법행위를 중지하여야 하고, 이는 이사의 선관주의의무에 포함된다고 본다. 위법행위유지청구를 무시한 이사는 회사 또는 제3자에게 손해가 발생한 경우 손해배상책임을 부담하게 된다(상399, 401). 유지청구의 무시를 중과실에 의한 임무해태로 볼 수 있는가? 이에 관해 유지청구를 무시하였다는 사실로 손해배상책임에서 중과실이 의제된다고 보는 견해도 있지만 일률적으로 중과실이 의제된다고 보기는 어렵다. 생각건대 정당한 유지청구가 있었고 업무집행을 계속하는 경우의 회사이익보다 업무집행 중지에 따른 회사의 이익이 더 큰 경우, 유지청구를 무시한 이사에게 중과실에 의한 임무해태가 사실상 추정된다고 본다.

2) 무시한 행위의 효력 : 만일 유지청구를 무시한 이사가 위법행위를 강행한 경우 위법행위의 효력은 어떠한가?(**쟁점60**)[174] 이에 관해, 위법행위유지청구권을 무시한 행위의 효과를 행위의 성질에 따라 달리 해석하여 단체법적 행위(신주발행 등)는 유효하고 개인법적 거래행위는 악의의 상대방에 대해 무효를 주장할 수 있다고 보는 **구별설**, 유지청구의 유무 및 상대방의 선의여부는 행위의 효력에 영향을 주지 않고 이를 유효하다고 보는 **유효설** 등이 주장된다. 생각건대 위법행

---

174) **유지청구권을 무시한 행위의 효력(쟁점60)**에 관해, **구별설**은 위법행위유지청구권을 무시한 행위의 효과를 행위의 성질에 따라 달리 해석하는 견해로서, 신주발행이나 사채발행 등 단체법적 행위는 유효하고 개인법적 거래행위는 악의의 상대방에 대해 무효를 주장할 수 있다고 본다(최준선575). **유효설**은 구별설에 의하면, 대외적으로 감사나 주주의 유지청구는 적법성의 추정을 받고 이사의 행위는 위법성의 추정을 받는 결과가 되는데, 이러한 해석은 소수주주의 의사에 대한 과잉보호이며 해석에 근거가 없다고 본다. 따라서 유지청구의 유무 및 상대방의 선의여부는 행위의 효력에 영향을 주지 않는다고 본다(이철송834).

유지청구권은 회사의 이익보호를 목적으로 주식회사 내부에서 업무집행의 신중을 기하기 위한 제도여서 대외적 거래행위의 효력에는 영향을 미치지 않는다고 본다. 왜냐하면 소수주주 또는 감사(감사위원회)가 유지청구를 함으로써 이사에게 업무의 집행을 중지할 의무가 생기지 않고 유지청구에 대한 이사의 적법성검토가 요구되는데, 그 판단을 할 권한을 해당 이사가 가지기 때문이다. 요컨대 유지청구를 무시한 이사의 행위라 하더라도 그 행위는 유효하다고 보며, 유지청구권을 무시한 이사의 책임만이 문제될 뿐이다.

3. 대표소송제도

(1) 의 의

1) **개 념** : 대표소송이란 회사에 대한 이사의 책임을 추궁하기 위하여 소수주주에 의해 제기된 소송을 의미한다(상403). 이사가 임무를 해태하여 회사에 손해가 발생하여 손해배상책임을 부담하더라도 이사와의 관계를 가지는 (대표)이사가 회사를 대표하여 이사의 책임을 추궁하길 기대하기란 쉽지 않다. 이러한 제도적 한계를 극복하고자 도입된 제도가 대표소송제도로서 (대표)이사를 대신하여 소수주주가 회사를 대표하여 이사의 책임을 추궁하는 소송을 제기할 수 있도록 하고 있다. 미국 각주 회사법이나 일본 회사법에서는 단독주주권으로 되어 있으나, 남소의 위험을 막기 위해 우리 법은 소수주주권으로 규정하고 있다.

2) **법적 성질** : 주식회사의 주주는 주식의 소유자로서 회사의 경영에 이해관계를 가진다. 하지만 회사의 재산관계에 대하여는 주주는 단순히 사실상·경제상 또는 일반적·추상적인 이해관계만을 가질 뿐, 구체적 또는 법률상의 이해관계를 가진다고는 할 수 없다. 따라서 직접 회사의 경영에 참여하지 못하고 주주총회의 결의를 통해서 또는 주주의 감독권에 의하여 회사의 영업에 영향을 미칠 수 있을 뿐이다(2000마7839). 이와 같이 주주는 주주총회의 결의나 위법행위유지청구권 등의 제도를 통해 회사의 경영에 관해 일정한 권한행사를 할 수 있을 뿐인데, 대표소송 역시 주주가 직접 회사의 업무집행에 관여하는 예외적 제도 중의 하나이다. 대표소송은 소수주주가 회사의 이익을 위하여 회사의 대표기관의 자격에서 소송을 수행하는 것이므로 **제3자 소송담당**에 해당한다고 본다. 따라서 대표소송의 판결의 효력은 회사에 미치고, 대표소송 제소권은 일종의 공익권에 속한다.

(2) 요 건

1) 이사 책임 : 대표소송은 이사의 책임을 추궁하는 소송인데, 그 대상이 되는 이사 책임의 범위는 어디까지인가? 이에 관해, 이사의 회사에 대한 책임(상399), 인수담보책임(상428)에 한정된다고 보는 **제한설**, 이사가 회사에 대해 부담하는 모든 채무, 즉 손해배상책임·자본충실책임, 심지어는 개인적 책임까지도 대표소송의 대상이 된다는 **무제한설**(통설) 등이 주장된다. 생각건대 대표소송제도는 회사의 이익보호를 위한 제도이고 회사법 제403조도 대표소송의 대상을 제한하고 있지 않으므로, 회사이익보호를 위해 이사의 회사에 대한 개인적 책임의 추궁까지도 포함하는 무제한설이 타당하다고 본다. 이사의 책임을 추궁하는 대표소송제도는 발기인(상324), 감사(상415), 청산인(상542.2), 불공정한 가액으로 신주를 인수한 자(상424의2), 주주권행사와 관련하여 이익을 공여받은 자(상467의2) 등에도 준용된다.

2) 회사에 대한 청구 : ① 청구후 제소 – 대표소송을 제기하기 위해서는 우선 소수주주가 대표소송을 제기하는 이유를 기재한 서면으로(상403.2) 이사책임추궁의 소를 제기할 것을 회사에 청구하여야 한다. 회사가 주주의 청구를 받은 날로부터 30일 내에 소를 제기하지 아니한 때에는 소수주주는 즉시 회사를 위하여 소를 제기할 수 있다(상403.3). 대표소송제도는 주주의 이익을 보호하기 위한 제도가 아니라 회사의 이익을 보호하기 위한 제도이므로 먼저 회사에 이사에 대한 책임 추궁을 요구하고, 이에 따른 회사의 소제기가 없을 경우 주주가 직접 회사를 대표하여 소송을 제기할 수 있게 된다. 판례는 주주가 아예 제소청구서를 제출하지 않은 채 대표소송을 제기하거나 제소청구서를 제출하였더라도 대표소송에서 제소청구서에 기재된 책임발생 원인사실과 전혀 무관한 사실관계를 기초로 청구를 하였다면 그 대표소송은 상법 제403조 제4항의 사유가 있다는 등의 특별한 사정이 없는 한 부적법하다고 보았다(2018다298744).

② 제소청구서 기재사항 – 제소청구서 기재사항(상403.2)인 '이유'에는 권리귀속 주체인 회사가 제소 여부를 판단할 수 있도록 책임추궁 대상 이사, 책임발생 원인 사실에 관한 내용이 포함되어야 한다. 다만 주주가 언제나 회사의 업무 등에 대해 정확한 지식과 적절한 정보를 가지고 있다고 할 수는 없으므로, 주주가 제소청구서(상403.2)에 책임추궁 대상 이사의 성명이 기재되어 있지 않거나 책임발생 원인 사실이 다소 개략적으로 기재되어 있더라도, 회사가 그 서면에 기재된 내용, 이사

회의사록 등 회사 보유 자료 등을 종합하여 책임추궁 대상 이사, 책임발생 원인사실을 구체적으로 특정할 수 있다면, 그 서면은 제소청구서(상403.2)의 요건을 충족하였다고 보아야 한다(2019다291399).

③ **즉시 대표소송** - 회사에 대한 '청구후 제소'의 원칙에도 불구하고 예외적으로 회사에 회복할 수 없는 손해가 생길 염려가 있는 경우에는 30일 이내라도 소수주주는 **즉시 대표소송**을 제기할 수 있다(상403.4). 따라서 회사에 회복할 수 없는 손해가 생길 염려가 없음에도 불구하고 회사에 대하여 이사의 책임을 추궁할 소의 제기를 청구하지 아니한 채 발행주식 총수의 1/100 이상에 해당하는 주식을 가진 주주가 즉시 회사를 위하여 소를 제기하였다면 그 소송은 부적법한 것으로서 각하되어야 한다. 여기서 **회복할 수 없는 손해가 생길 염려**가 있는 경우라 함은 이사에 대한 손해배상청구권의 시효가 완성된다든지 이사가 도피하거나 재산을 처분하려는 때와 같이 이사에 대한 책임추궁이 불가능 또는 무익해질 염려가 있는 경우 등을 의미한다(2009다98058).

3) 제소권 : 대표소송은 소수주주권자가 회사를 대표하여 직접 원고가 되어 관할법원에 이사를 대상으로 소송을 제기하여야 한다. 대표소송의 **원고**는 회사 발행주식총수의 1/100 이상 주식을 가진 1인 주주 또는 다수의 주주가 모여 주식보유비율을 맞춘 경우도 포함된다. 상장회사의 대표소송에 관해서는, 6개월 전부터 계속하여 상장회사 발행주식총수의 1/10,000 이상에 해당하는 주식을 보유한 자는 대표소송을 제기할 수 있다(상542의6.6). 상장회사의 경우 주식보유비율이 대폭 하향조절되어 대표소송제기가 용이하지만 비상장회사와 달리 6개월의 주식보유요건이 추가되어 있다. 다만 상장회사는 정관에서 단기의 주식보유 기간을 정하거나 낮은 주식 보유비율을 정할 수 있다(상542의6.7). 파산법인의 경우 판례는 이사 또는 감사에 대한 책임을 추궁하는 소를 제기할 것인지의 여부는 파산관재인의 판단에 위임되어 있다고 본다(2001다2617). 대표소송은 이사의 책임을 추궁하는 소송이므로 대표소송의 **피고**는 현재 또는 과거 이사가 된다.

4) 지주요건 유지 : 대표소송을 제기한 주주의 보유주식이 제소 후 요건 주식보유비율(발행주식총수의 1/100) 미만으로 감소한 경우에도 제소의 효력에는 영향이 없다(상403.5). 다만 발행주식을 1주도 보유하지 않게 된 경우에는 주주의 지위를 상실하게 되므로 대표소송은 부적법 각하되어야 한다. 판례도 이러한 입

장에서 대표소송을 제기한 주주 중 일부가 주식을 처분하는 등의 사유로 주식을 전혀 보유하지 아니하게 되어 주주의 지위를 상실하면, 특별한 사정이 없는 한 그 주주는 원고적격을 상실하여 그가 제기한 부분의 소는 부적법하게 되고, 이는 함께 대표소송을 제기한 다른 원고들이 주주의 지위를 유지하고 있다고 하여 달리 볼 것은 아니라고 보았다(2011다57869).

(3) 소송절차

1) 다중대표소송 : ① 연 혁 – 지배회사가 종속회사의 이사의 책임을 추궁하는 소송이 대표소송의 개념에 포함되는 점은 의문의 여지가 없는데, 지배회사의 주주가 종속회사의 이사의 책임을 물을 수 있는가? 이른바 **다중대표소송** 또는 중복대표소송의 개념으로 논의되어 학설이 대립되었으며, 판례는 이중대표소송을 허용한 고등법원 판결(2002나13746)을 대법원이 파기환송한 바 있다. 동 판결은, 지배회사와 종속회사는 상법상 별개의 법인격을 가진 회사이고 대표소송의 제소자격은 책임추궁을 당하여야 하는 이사가 속한 당해 회사의 주주로 한정되어 있으므로, 종속회사의 주주가 아닌 지배회사의 주주는 종속회사의 이사 등에 대하여 이중대표소송을 제기할 수 없다고 판시하였다(2003다49221).

② 개정 회사법 – 최근 상법이 개정되어 제406조의2(다중대표소송)에서 다중대표소송이 허용되게 되었다. 즉 모회사 발행주식총수의 1/100 이상에 해당하는 주식을 가진 주주는 자회사에 대하여 자회사 이사의 책임을 추궁할 소의 제기를 청구할 수 있으며(상406의2.1), 이 때 주주는 자회사가 소제기 청구를 받은 날부터 30일 내에 소를 제기하지 아니한 때에는 즉시 자회사를 위하여 소를 제기할 수 있고(상406의2.2), 다중대표소송에는 대표소송에 관한 규정이 준용된다(상406의2.3). 그리고 소제기의 청구를 한 후 모회사가 모회사의 지위를 상실하더라도 제소의 효력에는 영향이 없으며(상406의2.4), 다중대표소송은 자회사의 본점소재지의 지방법원의 관할에 전속한다(상406의2.5).

2) 회사 소송참가 : ① 취 지 – 주주의 대표소송에 있어서 원고 주주가 원고로서 제대로 소송수행을 하지 못하거나 혹은 상대방이 된 이사와 결탁함으로써 회사의 권리보호에 미흡하여 회사의 이익이 침해될 염려가 있다. 이 경우 그 판결의 효력을 받는 회사가 이를 막거나 자신의 권리를 보호할 필요가 있는데, 이를 위해 회사가 소송수행권한을 가진 정당한 당사자로서 그 소송에 참가할 필요가 있게

된다. 판례는 회사가 대표소송에 당사자로서 참가하는 경우 소송경제가 도모될 뿐만 아니라 판결의 모순·저촉을 유발할 가능성도 없어, 상법 제404조 제1항에서 특별히 참가에 관한 규정을 두어 주주의 대표소송의 특성을 살려 회사의 권익을 보호하고 있다고 본다(2000다9086).

② **참가의 성질** - 대표소송에서 회사의 소송참가의 취지를 고려하여 회사의 참가는 공동소송참가를 의미하는 것으로 해석함이 타당하고, 나아가 이러한 해석이 중복제소를 금지하고 있는 민사소송법 제234조에 반하지 않는다(2000다9086). 그리고 퇴임 후 이사들을 상대로 하는 주주대표소송에 회사가 참가하는 경우, 판례는 상법 제394조 제1항의 적용이 배제되어 회사를 대표하는 자는 감사가 아닌 대표이사라고 보았다(2000다9086).

③ **소송참가와 소각하** - 주주들이 주주대표소송의 사실심 변론종결시까지 대표소송의 원고로서 주주요건을 유지하지 못하여 종국적으로 소가 각하되는 운명에 있다고 할지라도 회사인 공동소송참가인의 참가시점에서는 원고 주주들이 적법한 원고적격을 가지고 있었을 경우 회사의 공동소송참가인의 참가는 적법하다고 본다. 그리고 주주들의 주주대표소송이 확정적으로 각하되기 전에는 여전히 그 소송계속 상태가 유지되고 있다고 본다(2000다9086). 판례는 공동소송참가는 항소심에서도 할 수 있는 것이고, 항소심절차에서 공동소송참가가 이루어진 이후에 피참가소송이 소송요건의 흠결로 각하된다고 할지라도 소송의 목적이 당사자 일방과 제3자에 대하여 합일적으로 확정될 경우에 한하여 인정되는 공동소송참가의 특성에 비추어 볼 때, 심급이익 박탈의 문제는 발생하지 않는다고 보았다(2000다9086).

3) 소송상 특칙 : 주주가 대표소송을 제기한 경우뿐만 아니라 주주의 요청에 따라 회사가 소송을 제기한 경우에도, 당사자는 법원의 허가를 얻지 않고는 소의 취하, 청구의 포기, 인락·화해를 할 수 없다(상403.6). 그리고 소수주주가 대표소송을 제기한 때에는 법원은 회사의 청구에 의하여 상당한 담보를 제공할 것을 명할 수 있으며, 이 경우 회사는 소수주주의 청구가 악의임을 소명하여야 한다(상403.7 → 176.3), 대표소송 역시 본점소재지의 지방법원의 전속관할에 전속하며(상403.7 → 186), 대표소송이 제기된 경우에 원고와 피고의 공모로 인하여 소송의 목적인 회사의 권리를 사해할 목적으로써 판결을 하게 한 때에는 회사 또는 주주는 확정한 종국판결에 대하여 재심의 소를 제기할 수 있다(상406). 회사는 대표소송

에 소송참가 할 수 있으며, 대표소송을 제기한 주주는 소를 제기한 후 지체 없이
회사에 대하여 소송고지를 하여야 한다(상404).

(4) 판결의 효과

대표소송은 제3자의 소송담당의 성질을 가지므로 판결의 효력은 원·피고는 물
론 회사에도 미친다. 대표소송을 제기한 주주가 승소한 때에는 그 주주는 회사에
대하여 소송비용 및 그 밖에 소송으로 인하여 지출한 비용 중 상당한 금액의 지급
을 청구할 수 있다. 이 경우 소송비용을 지급한 회사는 해당 이사 또는 감사에 대
해 구상권을 가진다(상405.1). 그리고 악의의 패소원고는 회사에 대해 손해배상책
임을 부담하는데(상405.2), 악의의 패소원고만 손해배상책임을 부담하고 선의인 데
중과실이 있는 원고의 손해배상책임을 면제하고 있는 점이 회사소송에 관한 일반
적 규정인 상법 제191조와 구별된다. 이는 대표소송을 제기하는 주주를 보호하여
대표소송제도를 통한 이사의 책임추궁을 활성화시키고자 하는 취지로 본다. 그리
고 주주대표소송의 주주와 같이 다른 사람을 위하여 원고가 된 사람이 받은 확정
판결의 집행력은 확정판결의 당사자인 그 원고가 된 사람과 다른 사람 모두에게
미치므로, 주주대표소송의 주주는 집행채권자가 될 수 있다(2013마2316).

Ⅷ. 이사의 업무집행 제한

1. 직무집행정지·직무대행자선임 가처분

(1) 직무집행정지 가처분

1) 개 념 : 이사의 직무집행정지가처분이란 이사의 선임결의 하자 또는 해임
의 소송이 제기된 경우 이사의 직무집행을 정지시키는 법원의 임시적 처분행위를
의미하며, 이와 동시에 직무대행자를 선임(이사직무대행자 선임가처분)할 수도 있
다. 회사법은 이사선임결의 무효·취소의 소나 이사해임의 소가 제기된 경우 판결
확정시까지 법원은 당사자의 신청에 의하여 가처분으로써 이사의 직무집행을 정
지시키거나 직무대행자를 선임할 수 있다고 규정한다(상407.1). 이는 본안소송인
이사선임결의무효·취소의 소나 이사해임의 소가 확정되기 전에 임시적 처분의
성질을 가지며, 본점과 지점의 소재지에서 그 **등기**를 하여야 한다(상407.3). 등기
사항인 직무집행정지 및 직무대행자선임 가처분은 상법 제37조 제1항에 의하여

이를 등기하지 아니하면 위 가처분으로 선의의 제3자에게 대항하지 못하지만 악의의 제3자에게는 대항할 수 있다(2013다39551).

  2) 요 건 : ① **당사자** – 이사의 직무집행정지·이사직무대행자선임 가처분은 본안소송의 신청인에 의해 신청되므로 **신청인**은 주주이다. 따라서 이사 선임결의의 무효·취소가 본안소송인 경우에는 개인 주주가 가처분의 신청인이 될 수 있고(상376,380), 이사해임의 소가 본안소송인 경우 신청인은 해임의 소의 제소권자인 3%의 소수주주권자이다(상385.2). 그리고 **피신청인**은 회사가 아니라 이사이다. 판례도 이사직무집행정지가처분에 있어서 피신청인이 될 수 있는 자는 그 성질상 당해 이사이고, 회사에게는 피신청인의 적격이 없다고 보았고(80다2424, 71다2351). 다만 비송사건절차법 제179조에 의하면 법원의 청산인 선임의 재판에 대하여는 불복의 신청을 할 수 없으므로, 그러한 불복이 허용됨을 전제로 하여 청산인해임청구권을 피보전권리로 한 청산인직무집행정지 및 그 직무대행자선임 가처분신청은 부적법하다고 보았다(81마33).

  ② **본안소송** – 직무집행정지가처분을 위해서는 이사의 지위에 관해 법적 다툼이 있어야 한다. 이사선임결의의 무효·취소 소송이나 이사해임소송 등 본안소송이 제기된 경우 이사 직무집행정지가처분을 법원에 신청할 수 있다. 그밖에 이사 선임 주주총회결의의 부존재확인소송이 제기된 경우에도 가처분을 신청할 수 있지만, 회사설립무효소송이 제기된 경우에는 본안소송과 가처분간에 소송물이 다르므로 이사 직무집행정지가처분이 허용되지 않는다고 본다. 다만 본안소송이 제기되지 않았더라도 예외적으로 급박한 사정이 있는 때에는 **본안소송 제기전 가처분**도 가능하다(상407.1.2문). 급박한 사정이란 본안소송 제기한 후 직무집행정지를 할 정도의 시간적 여유가 없는 사정을 의미한다고 본다.

  ③ **보전 필요성** – 가처분에는 대상에 관한 가처분 외에도 다툼이 있는 권리관계에 대하여 임시의 지위를 정하는 가처분도 가능하다. 이 경우 가처분은 특히 계속하는 권리관계에 끼칠 현저한 손해를 피하거나 급박한 위험을 막기 위하여 또는 그 밖의 필요한 이유가 있을 경우이어야 한다(민집300.2). 이사의 직무집행정지가처분도 가처분의 본질상 보전 필요성이 요구되고, 이는 구체적으로 이사의 지위에 위법성이 전제되고 이사의 권한에 관해 가처분을 하지 않을 경우 회사에 회복할 수 없는 손해가 발생할 경우가 이에 해당한다고 본다. 판례는 특별히 급박한 사정이 없는 한 해임의 소를 제기할 수 있을 정도의 절차요건을 거친 흔적이

소명되어야 피보전권리의 존재가 소명되는 것이고, 그 가처분의 보전의 필요성도 인정될 수 있다고 보아(95마837) 보전 필요성을 판단함에도 이사의 직무집행권한(피보전권리)과 관련된 이사지위의 위법성에 관한 소명을 요구하고 있다.

④ **가처분결정** – 주주가 이사의 직무집행정지가처분을 법원에 신청하면 법원은 가압류결정과 달리, 임시적 지위를 정하는 가처분의 재판에는 변론기일 또는 채무자가 참석할 수 있는 심문기일을 열어야 한다. 다만, 그 기일을 열어 심리하면 가처분의 목적을 달성할 수 없는 사정이 있는 때에는 그러하지 아니하다(민집 304). 법원은 보전 필요성이 인정될 경우 가처분신청에 대한 재판은 결정의 형식으로(민집301 → 281.1) 가처분명령을 한다. 가처분신청의 기각·각하 결정에 대하여 즉시항고를 할 수 있다(민집301 → 281.2). 법원이 등기이사에 대하여 직무의 집행을 정지하거나 그 직무를 대행할 사람을 선임하는 가처분을 하거나 그 가처분을 변경·취소한 때에는, 회사의 주사무소 및 분사무소 또는 본점 및 지점이 있는 곳의 등기소에 그 등기를 촉탁하여야 한다(민집306).

(2) 직무대행자선임 가처분

1) **개 념** : 이사의 직무집행정지 가처분을 할 경우 이사의 직무집행을 대행할 수 있는 직무대행자를 선임하는 법원의 임시적 처분행위을 할 수 있다. 직무대행자의 자격에 관해서는 특별한 규정이 없지만 가처분에 의하여 직무집행이 정지된 종전의 이사 등은 직무대행자로 선임될 수 없다(90그44). 대표자에 대해 직무집행정지 및 직무대행자선임 가처분이 된 경우에는, 그 가처분에 특별한 정함이 없는 한 그 대표자는 그 본안소송에서 그 단체를 대표할 권한을 포함한 일체의 직무집행에서 배제되고 직무대행자로 선임된 자가 대표자의 직무를 대행하게 되므로, 본안소송에서 단체를 대표할 자도 직무집행을 정지당한 대표자가 아니라 대표자 직무대행자로 본다(95다31348). 직무대행자의 직무행위의 내용은 직무집행이 정지된 이사의 그것과 일응 동일하므로, 상법 제531조 제1항에 따라 해산 전 가처분에 의하여 선임된 이사 직무대행자는 회사가 해산하는 경우 당연히 청산인 직무대행자가 된다(91다4355).

2) **직무대행자의 권한** : ① **상 무** – 이사직무대행자 선임가처분에 의해 선임된 직무대행자는 가처분명령에 특별한 정함이 있거나 법원의 허가를 얻은 경우를 제외하고는 회사의 상무에 속한 행위만 할 수 있다(상408.1). 회사의 '상무'라 함은

일반적으로 회사에서 일상 행해져야 하는 사무, 회사가 영업을 계속함에 있어서 통상 행하는 영업범위 내의 사무 또는 회사경영에 중요한 영향을 주지 않는 통상의 업무 등을 의미하고, 어느 행위가 구체적으로 이 상무에 속하는가 하는 것은 당해 회사의 기구, 업무의 종류·성질, 기타 제반 사정을 고려하여 객관적으로 판단된다(2006다62362).

② **상무의 범위(판례)** - 대표이사 직무대행자가 변호사에게 소송대리를 위임하고 그 보수계약을 체결하는 행위는 회사의 상무에 속한다 할 것이므로 회사의 행위로서 효력이 있다고 보며(69다1613), 직무대행자가 소송에 대한 소극 대응에 따른 인락의 효과를 부인할 수 없다고 본다(91다4355). 그리고 가처분에 의하여 대표이사 직무대행자로 선임된 자가 변호사에게 소송대리를 위임하고 그 보수계약을 체결하거나 그와 관련하여 반소제기를 위임하는 행위는 회사의 상무에 속하나, 회사의 상대방 당사자의 변호인의 보수지급에 관한 약정은 회사의 상무에 속한다고 볼 수 없으므로 법원의 허가를 받지않는 한 효력이 없다(87다카2691). 법원의 가처분명령에 의하여 선임된 회사의 대표이사 직무대행자가 회사의 업무집행기관으로서의 기능발휘를 전혀 하지 아니하고 그 가처분을 신청한 사람 측에게 그 권한의 전부를 위임하여 회사의 경영을 일임하는 행위에 관해 회사의 상무라고 할 수 없다고 보며(83다카875), 가처분결정에 의해 선임된 청산인 직무대행자가 그 가처분의 본안소송인 주주총회결의 무효확인의 제1심 판결에 대한 항소를 취하하는 행위는 회사의 상무에 속하지 않으므로 그 가처분 결정에 다른 정함이 있거나 관할법원의 허가를 얻지 아니하고서는 이를 할 수 없다(81다358). 그리고 직무대행자가 회사를 대표하여 변론기일에서 상대방의 청구에 대한 인낙을 한 경우에는 특별수권의 흠결의 재심사유에 해당한다(75다120).

③ **허가기준** - 상무에 관한 법원의 허가기준에 관해, 판례는 법원이 주식회사의 이사직무대행자에 대하여 상법 제408조 1항에 따라 상무 외 행위를 허가할 것인지 여부는 일반적으로 당해 상무 외 행위의 필요성과 회사의 경영과 업무 및 재산에 미치는 영향 등을 종합적으로 고려하여 결정하여야 한다고 보았다(2008마277). 회사의 상무란 일반적으로 회사의 영업을 계속함에 있어 통상업무범위 내의 사무, 즉 회사의 경영에 중요한 영향을 미치지 않는 보통의 업무를 의미한다(통설). 판례상 종업원이던 자가 회사를 상대로 제기한 소송에서 회사의 대표이사 직무대행자가 변론기일에 출석하지 아니하여 의제자백판결로 패소하였고 또 그에 대하여 항소를 제기하지 아니하여 판결이 확정되었다 할지라도 이는 회사의 상무

에 해당한다고 보았다(91다4355).

④ **무허가행위** - 판례는 구 상법상 주식회사 취체역의 직무대행자는 그 가처분 명령에 별도의 규정이 있거나 특히 본안의 허가를 얻은 경우 이외에는 회사의 상무에 속하지 않는 행위를 할 수 없는 것이나 이에 위반한 때라 할지라도 회사는 선의의 제3자에게 대하여 그 책임을 진다 할 것인바, 위 선의라는 점에 대한 주장과 입증책임은 상대방에 있다고 보았다(65다1677). 그리고 직무대행자가 정기주주총회를 소집함에 있어서도 그 안건에 이사회의 구성 자체를 변경하는 행위나 상법 제374조의 특별결의사항에 해당하는 행위 등 회사의 경영 및 지배에 영향을 미칠 수 있는 것이 포함되어 있다면 그 안건의 범위에서 정기총회의 소집이 상무에 속하지 않는다고 할 것이고, 직무대행자가 정기주주총회를 소집하는 행위가 상무에 속하지 아니함에도 법원의 허가 없이 이를 소집하여 결의한 때에는 소집절차상의 하자로 결의취소사유에 해당한다(2006다62362).

(3) 정지·선임 가처분의 효력

1) **대세적 효력** : 주식회사 이사의 직무집행을 정지하고 직무대행자를 선임하는 가처분은 성질상 당사자뿐만 아니라 제3자에 대한 관계에서도 효력이 미쳐 가처분에 반하여 이루어진 행위는 제3자에 대한 관계에서도 무효이므로, 가처분에 의하여 선임된 이사직무대행자의 권한은 법원의 취소결정이 있기까지 유효하게 존속한다(91다4355) 설사 가처분결정 이전에 직무집행이 정지된 이사가 대표이사로 선임되었다고 할지라도 그 선임결의의 적법 여부에 관계없이 대표이사로서의 권한을 가지지 못한다(2013다39551). 하지만 이 경우 이사 등의 직무집행을 정지시킬 뿐 이사 등의 지위나 자격을 박탈하는 것이 아니므로 특별한 사정이 없는 한 가처분결정으로 인하여 이사 등의 임기가 당연히 정지되거나 가처분결정이 존속하는 기간만큼 연장되거나 이사 등의 임기진행에 영향을 주는 것은 아니다(2018다249148).

2) **선의의 상대방** : 대표이사의 직무집행정지 및 직무대행자선임의 가처분이 이루어진 이상, 그 후 대표이사가 해임되고 새로운 대표이사가 선임되었다 하더라도 가처분결정이 취소되지 아니하는 한 직무대행자의 권한은 유효하게 존속한다. 반면 새로이 선임된 대표이사는 그 선임결의의 적법 여부에 관계없이 대표이사로서의 권한을 가지지 못한다. 위 가처분은 그 성질상 당사자 사이에서 뿐만 아

니라 제3자에게도 효력이 미치므로, 새로이 선임된 대표이사가 위 가처분에 위반하여 회사 대표자의 자격에서 한 법률행위는 결국 제3자에 대한 관계에서도 무효이고 이때 위 가처분에 위반하여 대표권 없는 대표이사와 법률행위를 한 거래상대방은 자신이 선의였음을 들어 위 법률행위의 유효를 주장할 수는 없다(92다5638).

3) **가처분 위반 행위의 효력** : 직무집행정지가처분에 반한 이사의 행위의 효력은 어떠한가? 가처분에 반한 행위의 효력에 관해 회사법이나 소송법에 특별한 규정이 없지만, 가처분에 반하는 행위의 효력은 절대적 무효로 보아야 한다. 그리고 설사 가처분이 취소되더라도 가처분에 반한 행위가 소급해서 유효로 되는 것은 아니라 본다. 가처분은 법원의 재판이므로 이에 위반한 행위는 사법적 법률행위와 달리 해석하여 절대적 무효로 봄이 타당하다고 보며, 절대적 무효인 행위의 효력은 가처분의 취소 등에 의해서도 영향을 받지 않는다고 본다.

4) **회사의 해산** : 이사 직무대행자가 선임된 회사가 해산되고 해산 전의 가처분이 실효되지 않은 채 새로운 가처분에 의하여 해산된 회사의 청산인 직무대행자가 선임되었다 하더라도 선행가처분의 효력은 그대로 유지되어 그 가처분에 의하여 선임된 직무대행자만이 청산인 직무대행자로서의 권한이 있다(91다4355). 그리고 청산 중인 주식회사의 청산인을 피신청인으로 하여 그 직무집행을 정지하고 직무대행자를 선임하는 가처분결정이 있은 후, 그 선임된 청산인 직무대행자가 주주들의 요구에 따라 소집한 주주총회에서 회사를 계속하기로 하는 결의와 아울러 새로운 이사들과 감사를 선임하는 결의가 있었다고 하여, 그 주주총회의 결의에 의하여 청산인 직무대행자의 권한이 당연히 소멸하는 것은 아니다(97다12167).

(4) 가처분 효력 상실
1) **가처분결정의 변경·취소** : 이사의 직무집행정지·이사직무대행자선임 가처분은 당사자의 신청에 의하여 변경 또는 취소될 수 있다(상407.2). 그리고 주주총회의 결의에 의하여 위 직무집행정지 및 직무대행자선임의 가처분결정은 더 이상 유지할 필요가 없는 사정변경이 생겼다고 할 것이므로, 위 가처분에 의하여 직무집행이 정지되었던 피신청인으로서는 그 사정변경을 이유로 **가처분이의 소**를 제

기하여 위 가처분의 취소를 구할 수 있다고 본다(97다12167).

2) **본안소송의 승소** : 본안소송에서 가처분신청자가 승소하여 판결이 확정된 때에는 임시적 처분이라 할 수 있는 가처분의 효력은 상실되는데, 존속기간을 정하지 않은 직무집행정지가처분은 목적달성을 이유로 당연히 효력을 상실한다. 판례도 가처분에 의해 직무집행이 정지된 당해이사 등을 선임한 주주총회 결의의 취소나 그 무효 또는 부존재확인을 구하는 본안소송에서 가처분채권자가 승소하여 그 판결이 확정된 때에는 가처분은 그 직무집행정지기간의 정함이 없는 경우에도 본안승소판결의 확정과 동시에 그 목적을 달성한 것이 되어 당연히 효력을 상실하게 된다고 보았다(87다카2691).

2. 집행임원제도

(1) 의 의

1) **개 념** : 회사법은 이사 중에서 회사의 대표권을 가지는 대표이사를 선임하도록 하는 법제임에도, 특이하게 영미법제도 중의 하나인 집행임원제도를 도입했다. 집행임원이라 함은 주식회사의 이사회에서 선임된 회사의 업무집행기관을 의미하며, 집행임원으로 등기된다. 집행임원으로 선임되었지만 등기가 되지 않았다 하더라도 회사법상 집행임원에 해당하고, 단지 등기사항을 등기하지 않은 데 따른 효과(상37)를 받을 뿐인 점은 이사나 대표이사 선임에서와 동일하다. 회사법은 이사회 중심주의를 취하고 있어 이사는 이사회의 구성원으로서 회사의 업무집행에 관한 의사결정기관이자 업무집행기관이 될 수 있고, 이사회에서 선임하는 대표이사는 회사의 대표권을 가지게 된다. 그리고 이사로 구성된 감사위원회가 설치된 경우 감사위원회는 업무감독기관의 성격을 동시에 가지게 되어, 이사회에 주식회사의 의사결정·집행·감독 등 모든 권한이 집중될 수 있게 되었다.

2) **취 지** : ① 권한의 집중 – 회사법에 회사의 업무집행에 관여하지 않는 이사 즉 사외이사제도가 도입되면서, 일정한 규모 이상의 주식회사의 경우 이사회의 일정 인원 이상을 사외이사로 구성하여야 한다. 그리고 업무감독기관인 감사를 대신하여 이사로 구성되는 이사회내의 위원회로서 감사위원회제도도 도입되었다. 이러한 변화는 이사회를 업무집행보다는 업무감독에 더 적합한 조직으로 변화시

졌으며(**감독형 이사회**), 업무집행을 담당하는 이사가 업무감독까지 할 수 있어 이해상충의 우려가 제기되었다. 즉 주주총회, 대표이사, 감사로 분리되어 권한이 분배되었던 회사권력의 견제와 균형이 무시되고 이사회에 권한이 집중되는 구조로 변화하였다.

② **권한의 분산** – 사외이사제도, 감사위원회제도의 도입으로 시작된 주식회사 지배구조의 변화의 가장 큰 특징은 이사회에 업무집행기능과 감독기능의 집중(**권한의 집중**)이다. 특히 감사위원회제도의 도입으로 이사회에 업무집행 감독기능이 부여된다면, 이사회의 업무집행기능은 이사회로부터의 분리하여 다른 기관에 위임하고 이사회는 감독기관화 하는 것(**권한의 분산**)이 권한의 집중에서 오는 이해상충을 방지할 수 있는 방안이 된다. 즉 이사회는 감독기관으로서 기능을 수행하고 업무집행은 새로운 업무집행기관인 집행임원에게 위임하도록 하여 업무집행과 감독을 분리하여 양 기관간 견제, 균형을 이룰 수 있게 하는 제도가 요구된다. 이러한 취지에서 도입된 제도가 **집행임원제도**라 할 수 있다. 다만 회사법은 집행임원제도를 강행규정화 하지 않고 도입을 회사의 선택에 맡겼는데(**선택적 집행임원제도**), 감독형 이사회를 가진 대부분의 대규모 주식회사가 집행임원제도를 선택하지 않음으로써, 권한 집중의 유혹에서 벗어나지 못해 이사 또는 지배주주의 사적이익추구에 취약한 지배구조를 취하고 있는 실정이다.

(2) 지 위

1) **개 요** : 집행임원 설치회사에서 집행임원은 이사회에서 선임, 해임되며, 이사회의 감독을 받으며 회사의 업무를 집행한다. 집행임원은 이사회에서 선임되어 회사의 업무를 집행하는 대표이사와의 관계가 문제되는데, 집행임원 설치회사는 대표이사를 두지 못하므로(상408의2.1) 양 제도는 택일적 관계에 있다. 즉 집행임원 설치회사에서는 회사의 유일한 업무집행기관은 집행임원뿐이어서 대표이사제도를 병행할 수 없다. 집행임원의 지위는 이사회의 위임을 받아 주식회사의 수임인으로서(위임관계, 상408의2.2) 회사의 대내·대외적 업무를 집행하므로, 집행임원이 1인일 경우 집행임원은 대표이사의 지위와 유사하다. 다만 (대표)이사의 보수는 주주총회로 정하도록 규정하고 있지만 집행임원의 보수에 관해서는 정관에서 정하거나 주주총회에서 정하거나 이사회에서 정할 수 있게 다양한 방법을 허용하고 있어 대표이사와는 구별된다. 따라서 회사는 선택에 따라 정관, 주주총회, 이사회 중 하나를 정해 집행임원의 보수를 책정할 수 있다.

2) **복수 집행임원 설치회사** : 집행임원이 수인일 경우 회사를 대표할 집행임원(**대표집행임원**)을 선임하여야 하고(상408의5.1), 대표집행임원에는 대표이사에 관한 규정을 준용한다(동조2항). 따라서 이사회가 복수의 대표집행임원을 선임하면서 공동대표집행임원으로 선임할 수 있다고 해석되고, 공동대표집행임원에는 공동대표이사에 관한 규정(상389.2)이 준용된다. 대표집행임원이 아닌 집행임원은 대외적으로는 대표권을 가지지 않고 대표집행임원만이 회사를 대표할 수 있게 된다. 그리고 이사회는 집행임원의 대내적 업무집행에서 직무 분담 및 지위·명령관계, 그 밖에 집행임원의 상호관계에 관한 사항을 결정할 수 있어(상408의2.3.5호), 이 역시 대표이사와 구별된다. 이사회에서 복수의 집행임원의 직무분담이나 상호관계를 정하지 않은 경우에는 집행임원은 각자 대내적인 업무집행권한을 가지지만, 직무분담·상호관계를 이사회에서 정한 경우에는 그에 따라 분할된 업무집행권한을 가지게 된다.

3) **임 기** : 집행임원의 임기는 정관에 다른 규정이 없으면 2년을 초과하지 못하며(상408의3.1), 이는 최장 3년의 임기를 정하고 있는 이사와 구별된다(상383.2). 다만 정관에 그 임기 중의 최종 결산기에 관한 정기주주총회가 종결한 후 가장 먼저 소집하는 이사회의 종결시까지로 정할 수 있다(상408의3.2). 집행임원은 이사회에 대한 보고의무를 부담하므로 결산기 이후 임기가 종료한 경우 동 결산기 정기총회가 아닌 정기주총 종결 후 최초 소집 이사회까지 임기를 정관으로 연장할 수 있도록 정하고 있다.

4) **이사회와의 관계** : ① **위임관계** – 집행임원 설치회사의 경우 이사회가 집행임원을 선임하고 해임한다(상408의2.3.1호). 이사회는 수인의 집행임원을 선임할 경우 직무범위, 상호관계를 정할 수 있고(5호) 집행임원의 보수에 관한 결정을 하는 등의 권한을 가진다(6호). 집행임원은 이사와 유사하게 이사회 소집청구권과 직접 소집권을 가진다(상408조의7). 그 밖에 집행임원 설치회사에 있어 개정 상법은 이사회 의장, 집행임원의 업무집행 감독기능, 의사결정의 위임 등에 관한 특별규정을 두고 있다(상408의2.3).
② **이사회 의장** – 3인 이상의 이사를 두고 있는 주식회사에는 이사회 의장을 둘 수 있지만, 이에 관해 상법은 특별한 규정을 두고 있지 않아 이사회 의장의 설치는 선택사항으로 이해된다. 그런데 집행임원 설치회사에서는 이사회를 주관하

기 위하여 이사회 의장을 두도록 하고 있어 이사회 설치가 강제되고 있다는 점이 특징적이다. 집행임원 관련 규정에서 이사회 의장 설치에 관한 규정을 둔 취지는 집행임원 설치회사의 경우 이사회와 집행임원의 권한 위임, 상호관계, 감독 등의 이사회결의를 효율적으로 진행하기 위한 취지라 생각된다. 이사회 의장의 선임에 관해 정관에서 정할 수도 있지만, 정관에 별다른 규정이 없을 경우 이사회의 결의로 선임하도록 하고 있다(상408의2.4).

③ **위임 한계** – 이사회는 집행임원에게 업무집행에 관한 의사결정을 위임할 수 있지만, 회사법에서 이사회 권한사항으로 정한 경우에는 그 권한을 집행임원에게 위임할 수 없다(상408의2.3.4호). 주주총회의 권한이 전속적 권한이듯이 상법이 정하고 있는 이사회의 권한도 집행임원과의 관계에서 전속적 권한성을 가져 위임을 배제한 것으로 이해된다. 해석상 이사회 결의사항으로 해석되는 사항의 위임은 가능한가? 생각건대 회사법의 명시적 규정은 없고 해석상 이사회의 결의가 요구된다고 보는 사항이라면 이에 관해서는 이사회의 결의가 요구되고 이를 집행임원에게 위임할 수 없다고 본다.

④ **감독권한** – 이사회는 집행임원의 업무집행에 대한 감독권한을 가진다(상 408의2.3.2호). 집행임원은 이사와 유사하게 이사회에 정기적 보고의무, 이사회 요구시 보고의무를 부담하는데, 이사회는 이를 통해 집행임원을 감독할 수 있게 된다. 이사회의 감독권한은 집행임원이 이사회로부터 업무집행권한을 수임받아 이를 집행하도록 한 위임기관으로서 수임기관의 업무집행을 적법성과 타당성을 감독하는 권한이라 할 수 있다. 다만 감사(감사위원회)의 집행임원에 대한 감사는 회계에 제한되지만, 이사회의 감독기능은 집행임원의 직무집행의 적법성을 넘어서 직무집행의 타당성까지 감독할 수 있다고 본다.

(3) 권 한

1) **개 요** : 집행임원은 회사의 대내외적 업무집행을 담당한다는 점에서 집행임원 비설치회사 대표이사의 권한과 유사하다. 회사법은 집행임원에게 명문으로 이사회 권한사항으로 정한 경우를 제외하고는 업무집행에 관한 의사결정을 위임할 수 있도록 하고 있다(상408의2.3.4호). 이에 따라 집행임원의 권한에 '정관이나 이사회의 결의에 의하여 위임받은 업무집행에 관한 의사결정'을 포함시키고 있어 (상408의4 2호), 집행임원의 권한은 정관이나 이사회의 결의에 의하여 위임받은 업무집행에 관한 의사결정권한과 이러한 의사결정에 따라 업무를 집행하는 업무

집행권한 등으로 정리될 수 있다(상408의4).

   2) 의사결정권한 : 집행임원은 이사회의 위임에 따라 회사행위에 관한 의사결정권한을 가진다(상408의2.3.4). 다만 회사법에 이사회 결의사항으로 정한 것은 위임할 수 없고 이에는 해석상 이사회 결의사항인 것도 포함된다고 볼 때, 대표이사의 일상적 업무집행에 관한 의사결정권한과 크게 다르지 않다고 볼 수 있다. 다만 이사회가 회사법상 명시되거나 해석상 이사회 결의사항으로 이해되는 사항을 결의하면서 구체적인 사항을 집행임원에게 위임할 수 있다고 본다. 입법론적으로 볼 때 집행임원 설치회사의 이사회는 감독기관화 한다는 점에서 이사회의 의사결정권한 중 상당부분을 집행임원에게 위임하는 것이 적절하다고 본다. 따라서 회사법상 이사회 결의사항에 관해 위임할 수 없도록 정한 규정(상408의2.3.4)은 개선의 여지가 있다고 본다.

   3) 업무집행권한 : ① 대표집행임원 – 집행임원은 의사결정권한과 함께 집행권한을 가진다. 이는 집행임원 비설치회사에서 이사회의 결의사항을 대표이사가 집행하는 것과 동일한 구조이다. 집행임원 또는 복수의 집행임원이 선임된 경우의 대표집행임원에 관해 대표이사에 관한 규정을 준용한다(상408의5.2), 따라서 집행임원은 주주총회, 이사회의 결의에 따라 회사의 대내적 업무집행과 대외적으로 회사행위를 비롯하여 영업에 관하여 재판상 또는 재판외의 모든 행위를 할 권한을 가진다. 특히 집행임원의 대표권에 관한 제한은 선의의 제3자에 대항하지 못한다(상408의5.2 → 389.2 → 209). 대표집행임원이 결원된 경우 임기의 만료 또는 사임으로 인하여 퇴임한 대표집행임원은 새로 선임된 대표집행임원이 취임할 때까지 대표집행임원의 권리·의무가 있다. 이 경우 법원은 필요하다고 인정할 때에는 이사, 감사 기타의 이해관계인의 청구에 의하여 일시 대표집행임원의 직무를 행할 자를 선임할 수 있다. 이 경우에는 본점의 소재지에서 그 등기를 하여야 한다(상408의5.2 → 389.3 → 386).

   ② 공동대표집행임원 – 복수 집행임원 설치회사는 앞서 본 바와 같이 대표집행임원을 선임하여야 하는데 대표집행임원에 관하여 상법에 다른 규정이 없으면 대표이사의 규정을 준용한다(상408의5). 따라서 이사회에서 대표집행임원을 선임하면서 권한의 남용을 방지하기 위하여 공동대표집행임원으로 선임할 수 있다고 보며 이 경우 선임된 대표집행임원은 공동으로 회사를 대표할 수 있다(상389.2). 공

동대표집행임원이 선임되었을 경우, 제3자의 회사에 대한 의사표시는 공동대표집행임원 1인에 대하여 이를 함으로써 효력이 생긴다(상408의5.2 → 389.3 → 208.2).

③ **일반 집행임원** – 대표집행임원이 아닌 집행임원의 권한은 이사회에서 복수의 집행임원의 직무분담이나 상호관계를 정한 경우에는 그에 따라 분할된 업무집행권한을 가지게 된다. 하지만 집행임원 설치회사의 이사회가 반드시 직무분담·상호관계를 정하여야 하는 것은 아니므로 이를 이사회에서 정하지 않은 경우에는, 집행임원은 각자 대내적인 업무집행권한을 가진다고 본다. 즉 다수의 집행임원이 설치되더라도 이사와는 달리 회의체를 구성하지 않고 각자 독립하여 권한을 가진다고 보며, 대표권만 대표집행임원이 가지게 된다.

4) 이사회 소집청구권 및 소집권 : 집행임원은 이사회 소집청구권 및 법원의 허가를 전제한 직접 소집권을 가진다. 즉 집행임원은 필요하면 회의의 목적사항과 소집이유를 적은 서면을 이사(또는 소집권자)에게 제출하여 이사회 소집을 청구할 수 있으며, 이사가 지체 없이 이사회 소집의 절차를 밟지 않으면 법원의 허가를 받아 이사회를 소집할 수 있다. 이 경우 이사회 의장은 법원이 이해관계자의 청구에 의하여 또는 직권으로 선임할 수 있다(상408의7).

[비교법] MBCA는 "회사는 회사의 부속정관의 규정에 의해 또는 부속정관에 따라 이사회의 선임에 의한 임원을 둔다"(MB8.40a). 임원의 선임은 이사회가 할 수 있지만 부속정관·이사회의 위임이 있으면 집행임원이 다른 집행임원을 지명할 수 있으며 집행임원직의 겸임도 가능하다(MB8.40b,d). 집행임원의 권한과 기능은 부속정관에 의해 정해지고, 부속정관과 이사회나 수권된 임원의 지시에 따라 기능을 수행하여야 한다(MB8.41). MBCA는 총무임원(Secretary, MB1.40,20, 8.40c), 선임임원(authorized by BD), 지명임원(appointed by officer), 상위직 임원(the superior officer) 등의 개념은 두고 있으나 CEO 등의 개념은 두고 있지 않다. MBCA는 (집행)임원의 설치를 의무화하는 규정이 없는데 반해, DGCL은 집행임원의 설치를 의무화시키고 있다(DG142a). DGCL은 임원의 권한과 의무는 부속정관 또는 부속정관에 따른 이사회결의에서 정해지고, 증권, 주권에 대한 서명권한을 가질 수 있고, 총무임원도 두도록 하고 있으며, 임원직 겸임도 허용하고 있다(DGCL142a). 그리고 임원의 의무에 관해 규정하지만(MB8.42, DG에는 없음) 권한에 관해서는 규정을 두고 있지 않아, 회사와 임원의 관계에 관해 판례상 보통법상 대리이론이 적용된다.

(4) 의무와 책임

1) **이사회 보고의무** : 집행임원은 3개월에 1회 이상 업무의 집행상황을 이사회

에 보고하여야 한다. 집행임원은 이 밖에 이사회의 요구가 있으면 언제든지 이사회에 출석하여 요구한 사항을 보고하여야 한다. 그리고 이사는 대표집행임원으로 하여금 다른 집행임원 또는 피용자의 업무에 관하여 이사회에 보고할 것을 요구할 수 있다(상408의6). 집행임원은 회사의 업무집행을 위한 수임기관으로서 그 선임기관인 이사회에 대해 당연히 보고의무를 부담하는데, 회사법은 최소한 3개월에 1회의 보고의무를 기본으로 하고 기타 요구시 보고의무와 대표집행임원의 대표보고의무 등을 규정하고 있다.

2) 선관·충실의무 : 집행임원은 회사와 위임관계에 있으므로 이사와 같이 선량한 관리자의 주의의무를 부담할 뿐만 아니라 법령과 정관의 규정에 따라 회사를 위하여 직무를 충실하게 수행할 충실의무도 부담한다(상408의9→382의3). 그리고 집행임원은 재임 중 뿐만 아니라 퇴임 후에도 직무상 알게 된 회사의 영업상 비밀을 누설하여서는 안 되는 비밀유지의무를 부담한다(상408의9→382의4). 그리고 회사의 정관, 주주총회의 의사록을 본점과 지점에, 주주명부, 사채원부를 본점에 비치하여야 할 의무를 부담하며(상408의9→396), 이사회의 승인이 없으면 자기 또는 제3자의 계산으로 회사의 영업부류에 속하는 거래를 하거나 동종영업을 목적으로 하는 다른 회사의 무한책임사원이나 이사 또는 집행임원이 되지 못한다(상408의9→397). 뿐만 아니라 회사의 기회 및 자산의 유용금지의무, 자기거래금지의무를 부담한다(상408의9→397의2,398).

3) 책 임 : 집행임원이 고의 또는 과실로 법령이나 정관을 위반한 행위를 하거나 그 임무를 게을리 한 경우에는 그 집행임원은 회사에 손해를 배상할 책임이 있다(상408의8.1). 그리고 집행임원이 고의 또는 중대한 과실로 그 임무를 게을리 한 경우에는 그 집행임원은 제3자에게 손해를 배상할 책임이 있다. 집행임원이 집행임원 설치회사 또는 제3자에게 손해를 배상할 책임이 있는 경우에 다른 집행임원, 이사 또는 감사도 그 책임이 있으면 다른 집행임원, 이사 또는 감사와 연대하여 배상할 책임이 있다(상408의8). 이는 집행임원의 회사에 대한 책임, 제3자에 대한 책임에 관한 규정으로서 이사의 책임과 동일하므로 구체적인 설명을 생략한다. 그밖에 집행임원의 책임의 감면, 업무집행지시자의 책임, 책임의 추궁(유지청구권·대표소송·다중대표소송 등), 직무집행정지·직무대행자, 감사의 직무와 보고요구, 이사의 보고의무 등이 준용된다(상408의9→상400,401의2,402−408,412,412의).

4) **불법행위·표현제도** : 대표집행임원이 그 업무집행으로 인하여 타인에게 손해를 가한 때에는 회사는 그 대표집행임원과 연대하여 배상할 책임이 있다(상408의5.2 → 389.3 → 210). 주식회사도 일반 법인과 동일하게 불법행위능력을 가지므로 기관의 업무집행행위로 인한 손해에 대한 배상책임을 회사와 대표집행임원이 연대하여 부담한다. 그리고 집행임원 설치회사에서 대표집행임원이 아니면서 대표집행임원의 권한이 있는 것으로 인정될 만한 명칭을 사용한 자의 행위에 대하여는 회사는 선의의 제3자에 대하여 그 책임을 진다(상408의5.3 → 395). 집행임원 비설치회사의 표현대표이사제도와 마찬가지로 집행임원 설치회사에서는 표현대표집행임원제도에 따라 회사는 외관을 신뢰한 제3자에 대한 책임을 부담한다.

제 3 절 감사제도와 감사기관

Ⅰ. 감사제도

1. 의 의

(1) 업무집행의 통제

1) **감독·감사·감시** : 주주가 최대 이익을 얻기 위해서는 회사에 최대 이익이 발생하여야 하고, 이를 위해서는 회사의 업무집행이 적법하고 타당하여야 한다. 타인·타기관의 행위를 통제하는 기능으로는 감독(supervisory)과 감사(audit)와 감시(overview) 등이 있을 수 있다. 대체로 **감시**는 업무집행이 완료되기 전에 업무집행의 적법·타당성을 통제하는 행위여서 업무집행의 보고요구를 중심으로 위법·부당한 업무집행행위를 예방하는 사전적 통제기능인데 반해, **감사**는 업무집행 이후에 원칙적으로 업무집행의 적법성을 통제하는 행위로서 업무집행의 보고요구는 물론 조사권까지도 포함하는 사후적 통제기능으로 이해할 수 있다. 감시는 사전통제이지만 업무집행의 타당성까지 대상으로 하여 통제기능을 수행하는데 반해, 감사는 원칙적 사후통제로서 업무집행의 적법성에 국한되어 통제기능을 수행한다. 감시·감사와 달리, **감독**은 업무집행의 보고요구를 통한 감시기능과 이사회 결의를 통해 위법·부당한 업무집행을 사전통제하거나 사후적으로 업무집행자(대표이사·지배인 등)의 해임을 통해 업무집행을 사후적으로 통제할 수도 있다.

2) 통제권한의 분배 : 주식회사 기관의 업무집행에 대한 통제권한은 감독·감사·감시권한으로 구별될 수 있으며, 기관간의 견제원리 즉 지배구조에 따라 주식회사의 기관에 따라 적절히 배분된다. 회사법상 통제권한의 분배를 보면, **감독권한**은 업무집행기관인 이사들로 구성되는 이사회에 부여되어, 이사회는 이사의 업무집행의 적법성·타당성을 사전·사후적으로 감시하고 이를 시정할 수 있으며 필요한 경우 대표이사의 해임과 같이 제재권한까지 가지고 있다. **감사권한**은 업무집행기관으로부터 독립된 감사에 부여되지만, 선택적·의무적으로 감사위원회를 둔 경우 감사위원회에 부여된다. 감사·감사위원회는 사전통제도 가능하지만 원칙적으로 사후적으로 이사의 업무집행의 적법성을 통제한다. 다만 자산총액 5백억 이상의 주식회사의 회계는 외부기관에 통제도 받는다(외감4, 자본169). **감시권한**은 이사와 소수주주에 부여되며 이사의 업무집행의 적법성은 물론 타당성까지 조사하여 위법·부당할 경우 이사회에 보고하여 이를 사전예방할 수 있게 한다.

3) 사실상 통제기능 : 감사·감사위원회 이외에도 주주총회가 이사의 임면, 영업의 양도, 사후설립, 회사의 업무·재산상태의 검사 등에 관한 결의를 통하여 이사의 업무를 통제한다(**결의에 의한 통제**). 그리고 이사의 업무집행은 회사의 내부절차의 따라 통제되며, 자산총액 5천억원 이상의 상장회사는 법령준수, 적정경영을 위해 준법통제기준·절차를 마련하여야 하고 이러한 절차통제를 담당할 준법지원인을 1인 이상 두어야 하는데(상542의13), 자본시장법에 따른 금융기관의 준법감시인도 **절차통제** 기능을 담당한다. 뿐만 아니라 검사인도 법원과 함께 일정한 경우 임시적 업무통제권한을 가지며, 주주도 소수주주권을 통해 회사의 업무 및 재산상태의 조사를 위한 임시총회의 소집 또는 검사인 선임청구, 대표소송, 유지청구 등을 통해 업무통제기능을 수행한다(**기타 업무통제권한**).

(2) 감사(監査)의 의의

1) 개 념 : 주식회사는 주주총회에서 결정된 의사를 이사가 집행하는 구조를 가지고 있다. 이사가 법령이나 정관 또는 주주총회의 의사를 적법·타당하게 집행하고 있는지를 주주를 대신하여 감독하는 기능이 요구되는데, 이를 감사(監査)라 하며 이를 담당하는 기관을 감사(監事)라 한다. 회사의 감사(監査)는 업무감사와 회계감사로 구별된다. **업무감사**는 이사의 업무집행, 대표행위의 적법성과 타당성에 대하여 감사하는 것이고, **회계감사**는 회사 회계의 정확성을 감사하는 것이다.

감사업무 중 업무감사는 기업의 장기계획 등 기업기밀과 관련되므로 그 성질상 주식회사의 내부기관이 담당하여야 하나, 회계감사는 굳이 내부기관이 아니더라도 회계에 정통한 외부기관이 담당하더라도 성질상 무방하다.

2) **감사기관** : 회사법은 주식회사에 감사업무를 담당할 회사내부의 필요적 상설기관으로서 **감사**를 두고 있다. 주주총회·이사·감사로 주식회사의 권한을 분할하여 감독업무를 감사에게 담당시키는 것이 전통적인 권한분배의 원칙이었다. 그러나 최근 감사제도의 부실화에 대한 비판이 있어 다양한 감사제도를 모색하게 되었으며, 회사법도 최근 개정을 통하여 회사의 선택에 따라 감사를 대체할 수 있는 기관으로서 이사회 내에 **감사위원회**를 둘 수 있게 하였고(상415의2.1) 자산규모가 2조원 이상인 회사는 의무적으로 감사위원회를 두도록 하였다(상542의11.1). 그리고 자본금총액이 10억원 미만인 회사는 감사를 선임하지 않을 수 있다(상409.4). 이로써 결의·집행·감사로 기능분할을 시도하였던 주식회사의 전통적인 권한분배원칙은 회사 규모 등에 따라 다소 변화되었다.

3) **감사기관의 특성** : 회사법상 감사기관인 감사·감사위원회는 그 성격을 달리한다. **감사**는 이사회와는 별개로 주주총회에서 선임된 독립된 기관인데 반해, **감사위원회**는 주주총회에서 이사로 선임된 자들로 구성되어 이사회와 구성원이 중복된다는 점에서 이사회로부터 비독립적이라 할 수 있다. 따라서 감사·감사위원회가 담당하는 감사의 내용은 상이하게 되는데, 독립기관인 감사의 업무는 이사의 **업무집행의 적법성**을 대상으로 할 수밖에 없지만, 자체감사적 성질을 가지는 감사위원회의 업무는 이사의 업무집행의 적법성은 물론 **업무집행의 타당성**까지 감사의 대상으로 할 수 있다고 본다. 감사는 감사업무의 집행에 독립성이 보장되지만 업무의 범위가 좁은데 반해, 감사위원회의 감사업무의 집행은 그 업무의 범위가 넓게 되지만 자체감사적 성질을 가져 독립성을 기대하기가 쉽지 않다.

(3) 감사제도와 지배구조

1) **이사회중심주의** : 이사회는 회사법과 정관에 주주총회의 권한으로 정한 사항을 제외하고 회사의 업무집행의 모든 사항에 관해 의사결정권한을 가진다. 즉 회사의 중요한 의사결정사항에 관해서만 주주총회가 권한을 가질 뿐 나머지 대부분의 권한은 이사회에 귀속되어 있다. 그리고 이사회의 구성원인 이사는 업무집

행기관이므로 이사회는 의사결정권한 이외에 업무집행권한을 통괄한다고 할 수 있어, 현행 회사법은 **이사회중심주의**의 지배구조를 가지고 있다. 그런데 감사위원회 설치회사의 경우에는 감사 대신 감사위원회를 두어 이사의 업무집행을 감독하는 기능까지 가지고 있어 이른바 이사회에 회사의 모든 권한이 집중되는 **이사회집중주의**의 지배구조가 실현되고 있다.

2) **분배·집중과 분산** : 주식회사법은 회사의 의사결정권한은 주주총회에 부여되고 의사집행권한은 이사에 이를 감독권한은 감사에 부여함으로써 의사결정·업무집행·감사라는 3권을 분리하여, **권한의 분배**와 견제를 통한 균형(기관분화)을 추구하고자 하였다. 그런데 회사의 규모가 증대되면서 효율적 의사결정을 위해 이사회에 상당한 권한이 위임되고 이사회는 사외이사를 중심으로 하는 감사위원회제도가 도입되면서 영미법상 이사회의 감독기능까지 맡게 되어 이사회에 권한이 집중되었다. 그런데 영미 회사법은 이사회중심주의를 따르고는 있지만 이사회에의 권한집중은 아니고, 이사회는 주요 의사결정과 감독기능만을 담당하고 업무집행기능은 (집행)**임원**이 담당하게 하여 업무집행과 감독을 분리하는 분산형 지배구조를 유지되고 있다. 그런데 우리 회사법은 감사위원회제도를 도입하면서 집행임원제도를 선택적으로 도입하게 함으로써, 감사위원회만 도입하고 집행임원을 도입하지 않은 회사의 경우 업무집행의 의사결정·집행·감사 기능이 모두 이사회에 집중되어 **권한의 집중**이 초래되었다(이사회집중주의).

3) **입법론** : 사외이사를 중심으로 하는 감사위원회제도가 도입됨으로써 이사회가 감독기능을 가지게 된 이상, 회사의 업무집행기능을 제도적으로 다른 기관에 위임하게 하는 것이 지배구조의 관점에서는 적절하다고 본다. 감독대상과 감독기관이 일치할 경우 정상적인 감독은 기대하기 어렵기 때문이다. 권한의 집중은 감사위원회제도의 도입으로 발생하였는데, 이는 감사위원회제도와 함께 권한의 분산 기능을 수행하는 집행임원제도가 일체로서 도입되지 않은 데서 비롯되었다. 즉 감사위원회제도를 채택한 이상 이사회는 업무집행기관이 아니라 감독기관화 되므로, 이사회가 가졌던 업무집행기능은 집행임원에 위임함으로써 권한의 분산이 실현되어야 한다. 요컨대 감사위원회제도의 도입으로 초래된 **이사회의 감독기관화** 현상은 필연적으로 이사회로부터 업무집행기능의 분리를 전제한다고 볼 수 있다. 따라서 입법론적으로 주식회사가 감사위원회제도를 채택할 경우 의무적

으로 집행임원제도도 채택하도록 하여 이사회중심주의의 틀 속에서 **권한의 분산**
이라는 방향으로 회사법을 개정할 필요가 있다고 본다.

2. 감사의 범위

(1) 업무감사

1) **개 념** : 업무감사란 업무집행기관의 업무집행에 대해 사후적으로 이루어
지는 감사를 의미하고, 회계감사를 제외한 이사의 모든 업무집행이 대상이 된다.
감사는 이사나 사용인의 업무, 영업 등이 정상적으로 집행되고 있는지 보고를 요
청하고, 필요한 경우 감사기관의 권한으로 필요한 조사를 진행할 수 있으며, 이사
등의 업무집행에 위법성이나 현저한 부당성을 발견한 경우에는 이를 이사회나 주
주총회에 보고한다. 보고요구나 조사를 통한 정보 수집에 근거하여 업무집행의
오류를 발견하지만 이를 직접 통제할 수는 없고, 다른 기관인 이사회·주주총회에
보고하여 간접통제하는 구조이다. 요컨대 감사의 업무감사란 이사의 영업에 관해
보고를 요구하고 업무·재산상태를 조사하여 위법, 현저한 부당성을 발견하는 행
위를 의미하며, 감사는 이사회·주주총회에 대한 보고를 통해 이사의 행위를 통제
하게 된다.

2) **권한 개요** : 감사·감사위원회는 업무감사를 위해 이사의 회사·자회사의 영
업에 관한 보고요구권(상412.2,412의5.1)과 회사·자회사의 업무와 재산상태를 직
접 조사할 권한(상412.2,412의5.2) 및 주총제출의안·서류에 대한 조사권한(상413)
등 정보수집권한을 가진다. 그리고 이사는 회사에 현저하게 손해를 미칠 염려가
있는 사실을 발견하면 즉시 감사에 보고할 의무를 부담한다(상412의2). 뿐만 아니
라 감사·감사위원회는 이사의 보고나 자체조사를 통해 이사가 법령 또는 정관에
위반한 행위를 하거나 그 행위를 할 염려가 있다고 인정하는 때에는 이사회에 이
를 보고하여야 하므로(상391의2.2), 이사회를 통해 이사의 위법행위 등이 통제될
수 있게 된다. 그밖에 감사는 이사회·주주총회의 소집청구권을 가지며(상412의
3,412의4), 감사의 실시요령과 그 결과를 감사록에 기재할 수 있는데(상413의2),
이는 이사 등의 감사방해가 있을 경우 이사 등의 책임을 물을 수 있는 증거로서
기능을 할 수 있어 감사의 권한행사가 강화된다고 볼 수 있다.

(2) 회계감사

1) **개 념** : 주식회사의 감사·감사위원회는 업무감사뿐만 아니라 회사내부의 회계감사의 권한도 가지는데, 회계감사란 회사의 회계장부나 상업장부의 일치 여부, 기재사항의 정확성·적법성·타당성을 검토하여 회계·상업장부의 부적정성(상447.1.1~9호)이나 업무집행의 위법성(상447.1.10호)을 발견할 경우 이를 감사보고서에 기재하여 주주총회에 보고되도록 하는 행위를 의미한다. 업무감사는 이사의 업무집행에 위법성 또는 현저한 부당성의 의심이 있을 경우 언제든지 할 수 있는 통제행위인데 반해, 회계감사는 원칙적으로 연말결산기에 이사가 제출한 재무제표를 근거로 이루어지는 정기적인 감사행위이다. 하지만 감사는 언제든지 회사의 재산상태를 조사할 수 있어(상412.2) 수시적인 감사행위도 가능하다. 회계감사는 업무감사와 명확하게 구분되긴 어렵지만, 회계업무의 특성으로 인해 회계감사만 감사·감사위원회 이외의 기관이 담당하는 경우도 있다(외감4).

2) **권한 개요** : 회계감사는 조사권한을 중심으로 이뤄지며 위법사항이 발견될 경우 위법행위유지청구권(상402) 등의 대상이 될 뿐만 아니라 주주총회의 재무제표 승인에 영향을 미칠 수 있게 된다. 감사·감사위원회는 정기감사에서는 이사가 제출한 재무제표 등을 기초로 수동적인 조사권한을 행사하지만, 언제든지 회사의 재산상태를 조사하는 등 능동적 조사권한을 행사할 수 있다. 특히 회사의 재산상태를 조사하기 위해서는 회계장부와 상업장부의 조사가 필수적이고 이 경우 이사가 제출하지 않더라도 감사가 이를 조사할 수 있다. 감사가 장부를 확보하지 못하였거나 업무집행기관의 비협조로 필요한 조사를 할 수 없었던 경우에는 감사보고서에 그 뜻과 이유를 적어야 한다(상447의4.3). 다만 정기감사의 결과인 감사보고서는 이사에게 제출되고(상447의4.1) 주주총회에의 제출서류에는 포함되어 있지 않지만(상449.1,2), 재무제표와 함께 본점 등에 공시하여야 하고 주주와 채권자의 열람교부청구의 대상이 된다(상448).

Ⅱ. 감사기관

1. 감사(監事)

(1) 의 의

1) **개 념** : 감사(auditor, Aufsichtsratmitglied)란 이사의 업무집행을 감사하고 회계를 감사할 권한을 가진 주식회사의 필요상설기관이다. 유한회사에서 감사는 임의기관이지만 주식회사의 감사는 필요기관이다. 주식회사에서 감사는 임시기관인 검사인과 달리 **상설기관**이지만 상근감사이어야 한다는 것은 아니어서 비상근 감사도 원칙적으로 적법하나, 소규모회사에서 감사를 두지 않을 수 있어 감사가 임의기관이 된다. 감사의 권한 범위를 보면, 감사는 제정상법에서는 회계감사권만 가졌으나 이후 업무감사권을 가지게 되었고, 주주총회에서의 의견진술권(상409의2), 3년으로 임기연장(상410), 이사의 감사에 대한 보고의무(상412의2) 등의 규정을 통해 권한이 강화하였다. 감사는 이사의 업무집행을 견제하여야 하므로 이사나 대주주로부터의 독립성이 매우 중요하며, 회사법은 감사 선임 주주총회에서 대주주의 의결권을 제한하여 감사의 독립성을 강화하고 있다(상409.2).

2) **회사 규모와 감사** : 감사는 필요기관이지만, 자본금총액이 10억원 미만의 소규모회사는 감사를 선임하지 않을 수 있으며(상409.4) 이 경우 감사기능의 일부는 주주총회가 담당하고 일부는 법원이 선임한 자에 의해서 대행된다(상409.5,6). 자본금총액이 10억원 이상인 회사는 반드시 감사를 두어야 하지만(필요기관성) 10억원 미만인 회사는 감사를 두지 않을 수 있어 이 경우 임의기관이라 할 수 있다, 그리고 감사가 상근을 하여야 하는 것은 아니지만, 최근사업연도말 현재 자산총액이 1천억원 이상의 상장회사는 상근감사를 두어야 한다(상542의10.1). 그리고 최근 사업연도 말 현재의 자산총액이 2조원 이상인 상장회사(대규모상장회사)는 원칙적으로 감사위원회를 설치하여야 하고(상542의11.1), 이 경우 감사위원회가 감사를 대신하게 되므로 감사를 따로 둘 수 없다(상415의2.1). 하지만 감사위원회는 대규모상장회사만 둘 수 있는 것은 아니고 일반 회사도 감사와 선택적으로 감사위원회를 둘 수 있으며, 이 경우 정관에 그에 관한 규정이 요구된다(상415의2.1).

(2) 선 임

1) **선임결의** : 감사는 주주총회에서 선임하지만(상409.1), 이사와 동일하게 주주의 수임인이 아니라 회사의 수임인이 된다. 주주총회에서 감사로 선임된 자는 회사와 선임계약을 체결하게 되는데, 선임계약의 효력은 선임결의에 따라 대표기관이 임용계약의 청약을 하고 피선임자가 이를 승낙한 때 발생한다고 본다. 판례 종전에 주주총회에서 감사선임의 결의만 있었을 뿐 회사와 임용계약을 체결하지 아니한 자는 아직 감사로서의 지위를 취득하였다고 할 수 없다고 보았다(2005마 541). 하지만 최근 판례를 변경하여 주주총회에서 이사나 감사를 선임하는 경우, 선임결의와 피선임자의 승낙만 있으면, 피선임자는 대표이사와 별도의 임용계약을 체결하였는지와 관계없이 이사나 감사의 지위를 취득한다고 보았으며(2016다 251215) 동 판결의 당부에 관해 이사선임계약과 관련해서 살펴본 바 있다(2편4장2 절Ⅱ.2.(4).3-쟁점41). 감사와 회사의 관계는 위임의 규정에 따르며 보수도 이사와 동일하게 정관·주총결의로 결정되지만(상416→388), 업무집행에 관여하지 않으므로 경업금지의무가 없고 회사와의 거래도 제한되지 않는다.

2) **의결권 제한** : ① 3%룰 – 이사는 주주총회에서 다수 주주의 의사에 따라 선임되지만 감사마저 다수 주주의 의사에 따를 경우 대주주의 영향력에서 벗어나기 어려워 이사로부터 독립적 업무수행이 가능한 감사의 선임이 어렵게 된다. 따라서 우리 회사법은 감사선임결의에 있어서 대주주의 영향력을 배제하여 **독립성**을 확보하기 위해 1주1의결권 원칙에 대한 예외로서 대주주의 의결권 행사를 제한하고 있는데, 이는 우리 회사법의 특유의 규정이다. 회사법은 감사 선임의 주주총회 결의에서는 의결권 없는 주식을 제외한 발행주식총수의 3/100을 초과하는 주식을 가진 주주는 그 초과하는 주식에 관하여는 의결권을 행사하지 못하도록 제한하고 있다(**감사선임에서 3%룰**, 상409.2).

② 3% 계산 – 3/100의 비율을 계산함에 있어서 특정 주주(최대주주)의 의결권만을 기준으로 계산되는 경우(**단순3%룰**)도 있고, 최대주주, 최대주주의 특수관계인, 그 밖에 일정한 자(최대주주 또는 그 특수관계인의 계산으로 주식을 보유하는 자, 최대주주 또는 그 특수관계인에게 의결권(의결권행사 지시권한 포함)을 위임한 자)가 소유하는 주식을 포함하는 경우(**확대3%룰**)도 있다. 사외이사가 아닌 감사위원회 위원을 선임·해임하는 경우 최대주주는 확대3%룰의 적용을 받고, 기타의 경우나 일반 주주는 단순3%룰의 적용을 받는다(상542의12.3). 여기서 3/100

의 비율을 정관으로 낮출 수는 있지만 상향조정은 불가능하다(상409.2,542의
12.4). 다만 회사가 전자적 방법으로 의결권을 행사할 수 있도록 한 경우(상368의
4.1) 감사선임에 있어 발행주식총수에 따른 의결정족수 제한(1/4 이상) 없이 출석
한 주주의 의결권의 과반수로써 선임을 결의할 수 있게 하여(상409.3) 정족수 충
족을 용이하게 하고 있다.

3) **3%룰의 수정해석** : 주주총회에서 감사선임결의는 출석한 주주의 의결권의
과반수와 발행주식총수의 1/4 이상의 찬성을 얻어야 하는데, 의결권이 과반수는
물론 발행주식총수 1/4 이상의 정족수를 계산함에 있어 3%룰이 적용된다. 그런데
어느 한 주주가 발행주식총수의 78%를 초과하여 소유하거나 소수의 주주가 대부
분의 주식을 소유할 경우 각 대주주들이 행사할 수 있는 주식수는 3%로 제한되므
로 이를 모두 합쳐도 발행주식총수의 1/4 이상이 확보되지 않아 정족수가 확보되
지 않는 경우가 예상된다. 입법 당시 예상하지 못한 경우라 생각되며 동 규정을
개정이 요구되지만 개정 전까지는 합리적 수정해석이 필요하다. 즉 3%룰에 따라
의결권이 제한될 경우 발행주식총수도 함께 축소계산될 수 있도록 하기 위해 3%
초과보유주식을 발행주식총수에서도 배제된다고 해석함으로써 정족수 충족이 가
능하도록 할 필요가 있다. 판례도 감사의 선임에서 3% 초과 주식은 '발행주식총수
(상368.1)'에 산입되지 않으며, 이는 자본금 총액이 10억 원 미만이어서 감사를 반
드시 선임하지 않아도 되는 주식회사에도 적용된다고 보았다(2016다222996).

4) **수정해석의 적용범위** : 3%룰에 대한 수정해석을 감사선임이 불가능할 경우
에만 적용할 것인가(**제한적 적용**) 아니면 감사선임 일반에서 항상 수정해석이 적
용된다고 볼 것인가(**일반적 적용**)? 3%룰의 취지를 살리기 위해서는 제한적 적용이
타당하다고 볼 수 있지만 이 경우 부당한 결과가 도출될 수 있어 일반적 적용이
타당하다고 본다. 예컨대 발행주식총수가 100주인 회사에서 대주주 A가 78주를
소유할 경우 앞서 본 바와 같이 회사법상의 감사선임요건을 충족할 수 없어 이 경
우 대주주가 소유한 주식 중 의결권행사가 부인되는 75주는 발행주식총수에서 부
인되어 2대주주인 B가 13주만 가지면 발행주식총수의 1/4 요건과 의결권 과반수
요건도 달성할 수 있어 자신이 지지하는 자를 감사로 선임할 수 있게 된다. 하지
만 동일한 회사에서 대주주가 77주를 소유하고 있다면 회사법상 감사선임요건을
충족할 수 있으므로, **제한적 적용설**을 따를 경우 주주 B가 나머지 주식 전부 즉

23주를 소유하여야만 지지하는 자를 감사로 선임할 수 있게 된다. 따라서 대주주의 입장에서는 한 주를 다른 자에게 양도하면 2대주주인 B의 감사선임행위를 저지할 수 있게 되고 이러한 결과는 부당하고 법해석상 형평의 원칙에도 어긋나므로 **일반적 적용설**이 타당하다고 본다. 하지만 입법론적으로 볼 때 논란의 여지가 없도록 동조를 명확히 개정할 필요가 있다고 본다.

(3) 지 위

1) 자 격 : 감사의 자격에 관해서는 제한은 없으나 정관으로 제한할 수 있다고 본다. 자연인에 한한다고 해석되며 당해 회사 혹은 자회사의 이사·상업사용인 겸직은 금지되는데(상411), 이는 업무집행기관과 업무감독기관의 분리를 위한 규정이라 할 수 있다. 따라서 자회사의 이사는 모회사의 감사를 겸하지 못하나, 모회사와 자회사의 감사의 겸직은 허용되고 모회사의 이사가 자회사의 감사를 겸하는 것도 허용된다고 본다. 상법은 감사의 수에 대해서도 아무런 제한을 두지 않고 있으므로 소규모회사를 제외하고는 1인 이상이면 된다. 감사가 수인인 경우에도 회의체를 구성하는 것은 아니므로 감사는 각자가 독립하여 그 권한을 행사하게 되어, 감사간의 합의는 요구되지 않는다. 감사의 임기는 취임 후 3년 내의 최종결산기 정기주주총회까지로 한다(상410). 기타 감사의 보수, 선임결의의 하자, 종임 등은 이사와 동일하다.

2) **상근·비상근 감사** : 회사법은 상근감사, 비상근감사를 구분하지 않지만, 자산총액 1천억원 이상의 상장회사의 경우 상근감사를 의무화하는 예외규정(상542의10.1)을 두고 있다. 따라서 일반 주식회사에서 상근감사와 비상근감사는 지위·권한·의무에서 동일하다. 판례도 우리 상법이 감사를 감사와 비상임 감사로 구별하여 비상임 감사는 상임 감사에 비해 그 직무와 책임이 감경되는 것으로 규정하고 있지도 않을 뿐 아니라, 비상임 감사는 상임 감사의 유고시에만 감사의 직무를 수행하도록 하고 있다는 상관습의 존재도 인정할 수 없으므로, 비상임 감사도 감사로서의 선관주의의무 위반에 따른 책임을 부담한다고 보았다(2007다53785).

3) **해 임** : 감사도 선임기관인 주주총회에 의해 해임될 수 있는데 이 경우 해임을 위한 주주총회 특별결의가 요구된다(상415 → 385.1). 감사는 임기 중 정당한 이유 없이도 해임할 수 있지만, 이 경우 감사는 회사에 대해 해임으로 인한 손해

배상을 청구할 수 있다(상385.1단서). 판례는 여기서 '정당한 이유'란 주주와 감사 사이에 불화 등 단순히 주관적인 신뢰관계가 상실된 것만으로는 부족하고, 감사가 그 직무와 관련하여 법령이나 정관에 위반된 행위를 하였거나 정신적·육체적으로 감사로서 직무를 감당하기 현저하게 곤란한 경우, 감사로서 직무수행능력에 대한 근본적인 신뢰관계가 상실된 경우 등과 같이 당해 감사가 그 직무를 수행하는 데 장해가 될 객관적 상황이 발생한 경우에 비로소 임기 전에 해임할 수 있는 정당한 이유가 있다고 보았다(2011다42348).

2. 감사위원회

(1) 의 의

1) **개 념** : 감사위원회란 주식회사의 감사에 갈음하여 회사의 업무집행과 회계를 감사하기 위해 이사회 내의 위원회로서 설치된 필요상설기관이다(상415의2). 감사가 대주주의 영향력에서 벗어나서 독립된 감사권한을 행사하는 데 한계가 있다고 보고 회사경영의 투명성 확보를 위해 회사의 업무집행에 관여하지 않는 사외이사를 주된 구성원으로 하는 영미법상의 감사위원회제도가 회사법에 도입하였다. 감사위원회와 감사의 관계는 택일적 관계에 있어 감사위원회를 둔 경우 감사를 둘 수 없도록 정하고 있다(상415의2.1) 다만 자산총액이 2조원 이상인 상장회사는 반드시 감사위원회를 두도록 규정하여 감사에 갈음하도록 하고 있다(상542의11.1, 상령16.1). 따라서 감사위원회 설치회사는 **의무적 설치회사**인 자산총액 2조원 이상의 상장회사와 **선택적 설치회사**인 정관 규정에 의한 감사위원회 설치회사(상415의2.1)로 구분될 수 있으며, 전자를 **의무적 감사위원회**, 후자를 **선택적 감사위원회**라 할 수 있다.

2) **취 지** : 감사위원회제도의 도입은 감사의 독립성을 확보하여 회사경영의 투명성을 확보하고자 하는 취지이다. 그런데 감사위원회는 이사회 내의 위원회인데 감사위원회가 회사의 감독기관인 감사를 대신할 수 있게 함으로써 이사회는 업무집행기관이자 감독기관이 되는 결과가 되었다. 미국 회사법상의 이사회는 업무집행을 담당하지 않고 업무집행을 (집행)임원(officer)에게 위임하고 있어 이러한 업무집행과 감독의 집중현상이 발생하지 않지만, 우리 회사법의 경우 이사회가 여전히 업무집행기관의 성격을 가지고 있어 업무의 집행·감독의 집중현상이

발생한다. 우리 회사법도 집행임원제도를 도입하여 이사회의 위상을 업무집행기관으로부터 감독기관으로 변화시키려 하였으나 집행임원제도를 선택적으로 규정하여 실무상으로 거의 활용되고 있어 업무의 집행·감독의 집중현상이 더욱 심화되었다고 할 수 있다.

(2) 구 성

1) **분리선출제도** : 감사위원회의 위원은 이사의 지위를 가진다. 따라서 이사로 선임된 자들 중에서 감사위원회 위원을 선임하게 되고(상542의12.2), 감사위원회 위원의 선임에도 3%룰이 규정되어 있다. 그런데 이미 이사 선임에서 대주주의 영향력이 반영된 이사들 중에 감사위원회 위원이 선임되므로, 감사위원회 위원 선임시 3%룰을 통한 감사의 독립성 보장이라는 취지는 무색하게 되었다. 이런 지적이 학계에서 계속 있어 오다가 2020년 상법을 개정하여 '주주총회 결의로 다른 이사들과 분리하여 감사위원회위원이 되는 이사로 선임'하도록 규정함으로써, 감사위원회 위원 중 최소한 1인은 이사로부터 분리선출하여 실질적으로 3%룰이 작동할 수 있도록 하였다. 다만 정관에서 2명 이상으로 정할 수 있으며, 정관으로 정한 경우에는 그에 따른 인원으로 한다(상542의12.1).

2) **선택적 감사위원회** : ① 자 격 ─ 감사위원회 위원은 이사의 자격이 전제되어야 하고, 상법은 감사위원회 중 회사와 특수한 관계에 있는 자의 숫자를 제한하고 있다. 즉 경영진과 특별이해관계인 자, 즉 회사의 업무를 담당하는 이사 및 피용자 또는 선임된 날부터 2년 이내에 업무를 담당한 이사 및 피용자이었던 자, 최대주주가 자연인인 경우 본인, 배우자 및 직계존·비속, 최대주주가 법인인 경우 그 법인의 이사·감사·피용자, 이사의 배우자 및 직계존·비속, 회사의 모회사·자회사의 이사·감사·피용자, 회사와 거래관계 등 중요한 이해관계에 있는 법인의 이사·감사·피용자, 회사의 이사·피용자가 이사로 있는 다른 회사의 이사·감사·피용자 등은 감사위원회 위원이 될 수는 있지만 위원의 1/3을 넘을 수 없다(상415의2.2). 감사위원회 위원은 이사로 구성되는데 경영진과 특별이해관계에 있는 자의 숫자를 제한함으로써 감사위원회 위원의 2/3 이상은 소위 사외이사로 선임할 수밖에 없다. 사외이사가 감사위원회의 다수구성원이 되게 하여 위원구성에 중립성을 가지도록 함으로써 현재의 경영진의 영향력을 배제하고 회사의 감사업무를 원활하게 하기 위한 취지이다.

② 선임·해임 – 감사위원회는 이사회 내의 위원회이므로 원칙적으로 이사 중에서 이사회에서 감사위원회 위원을 선임한다. 위원회는 2인 이상의 이사로 구성되지만(상393의2.3) 감사위원회는 3인 이상의 위원으로 구성된다(상415의2.1). 감사위원회 위원의 선임결의는 이사회의 일반 결의요건에 따라 결의할 수 있으나 해임결의는 이사총수의 3분의 2 이상의 결의로 하여야 하여(상415의2.3) 감사위원회의 독립성을 보장하고 있다. 상장회사도 선택적 감사위원회를 채택할 수 있지만 의무적 감사위원회의 규정을 준용하지 않고 있어, 상장회사의 선택적 감사위원회에는 비상장회사의 선택적 감사위원회에 관한 규정이 적용된다고 본다. 다만 상장회사가 선택적 감사위원회를 설치하지 않고 감사를 선임하거나 해임하는 경우에는 의무적 감사위원회에 적용되는 전원단순3%룰과 최대주주확대3%룰을 적용한다(상542의12.7).

3) 의무적 감사위원회 : ① 자 격 – 의무적 감사위원회의 위원도 이사의 자격이 전제되지만 선택적 감사위원회의 위원과는 달리 최소한 1인의 감사위원회 위원은 분리선출 되어야 하므로 이사의 자격이 전제되지 않고 선출과 동시에 감사위원회 위원과 이사 자격을 동시에 취득한다(상542의12.2). 그리고 감사위원회 위원의 일반적 요건(상415의2.2) 이외에 위원 중 1명 이상은 대통령령으로 정하는 회계 또는 재무 전문가이어야 하고, 감사위원회의 대표는 사외이사이어야 한다(상542의11.2). 의무적 감사위원회위원의 결격사유는 상장회사 상근감사의 결격사유와 동일하다(상542의11.3). 상장회사는 감사위원회위원인 사외이사의 사임·사망 등의 사유로 인하여 사외이사의 수가 선택적 감사위원회·의무적 감사위원회 각각의 구성요건에 미달하게 되면 그 사유가 발생한 후 처음으로 소집되는 주주총회에서 그 요건에 합치되도록 하여야 한다(상542의11.4).

② 선임·해임 – 선택적 감사위원회와 달리 의무적 감사위원회의 위원을 선임하는 권한은 주주총회에 있으며(상542의12.1), 최소한 1인의 위원(분리선출위원)을 제외한 위원은 주주총회에서 이사를 선임한 후 선임된 이사 중에서 선임한다(동조2항, **분리선출**). 그리고 의무적 감사위원회위원은 상법 제434조에 따른 주주총회의 결의로 해임할 수 있는데, 이 경우 '분리선출위원'은 이사와 감사위원회위원의 지위를 모두 상실한다(상542의12.3). 의무적 감사위원회의 위원 선임·해임시, 상장회사의 의결권 없는 주식을 제외한 발행주식총수의 3/100(정관으로 하향규정 가능)을 초과하는 수의 주식을 가진 주주는 그 초과하는 주식에 관하여 의결

권을 행사하지 못한다(**전원단순3%룰**). 다만 '사외이사가 아닌 감사위원회위원'을 선임·해임할 때에 최대주주의 특수관계인, 기타 시행령에 의한 자가 소유하는 주식을 합산하여야 한다(**최대주주확대3%룰**).

③ **전자적 의결권 행사** – 회사가 전자적 방법으로 의결권을 행사할 수 있도록 한 경우(상368의4.1)에는 출석한 주주의 의결권의 과반수로써 감사위원회위원의 선임을 결의할 수 있다. 이는 주주총회의 의결정족수인 발행주식과 출석주주 기준 등 발행주식 기준에 따른 정족수를 배제하고 출석주주 기준 정족수 규정만 적용된다고 하여 주주총회결의의 정족수에 관한 특별규정을 둔 것으로 본다. 이러한 입법 취지는 대규모 상장회사의 감사위원회위원 선임시 발행주식총수 기준 의결정족수 규정을 적용할 경우 3%룰 적용에 따라 생길 수 있는 정족수 확보상의 어려움을 해소하고자 함에 있다고 본다. 그런데 동 규정은 왜 전자투표를 실시하는 회사에만 제한적으로 적용되어야 하는지 입법취지에 의문에 의문이 있다. 그 밖에 분리선출되는 감사위원회위원의 선임에도 동 규정이 적용되어 출석한 주주의 의결권 과반수로 선출할 수 있는지 해석상 모호한 점이 있다. 생각건대 분리선출되는 감사위원회위원의 선임은 회사법 제542조의12 제1항에 따른 감사위원회위원 선임이 아니라 동조 제2항에 따른 선임이므로 문리해석상 동 규정이 적용되지 않는다고 본다.

(3) 법적 지위

1) **회의체기구** : 감사위원회는 단독기관인 감사와는 달리 회의체이므로 업무감사권이라는 직무권한은 감사위원회 자체에 귀속된다. 따라서 상법이 감사위원회에게 부여하고 있는 권한은 감사위원이 단독으로 행사할 수 없다. 이와 같이 감사위원회제도는 조직적인 감사를 중시하고 있어, 감사위원회가 그 권한을 행사하기 위해서는 이에 관한 결의를 하여야 한다(상393의2.5 → 391.1). 상법은 회의체기구인 감사위원회의 원활한 운영을 위하여 감사위원회를 대표할 위원을 선정하도록 하고 있다(상415의2.4). 따라서 감사위원회는 감사업무와 관련되는 사항에 관한 결의를 하고 그 집행은 대표위원이 행한다.

2) **이사회와의 관계** : 감사위원회는 회사의 조직상으로 이사회 내에 설치되는 하나의 위원회이므로 그 법적 지위는 이사회의 하부기구에 지나지 아니한다. 따라서 이사회는 위원회에서 결의한 사항을 다시 결의할 수 있는데(상393의2.4), 감

사위원회에서 결의된 사항에 관해서는 이사회에서 다시 결의할 수 없다(상415의
2.6). 필요적 감사위원회의 위원은 주주총회에서 선임되므로(상542의12.1) 이사회
의 위임을 받은 기관으로 볼 수 없으며, 당연히 이사회는 필요적 감사위원회가 결
의한 사항에 관해서는 다시 결의할 수 없다.

3) **상장회사 특례규정** : 상장회사가 주주총회의 목적사항으로 감사의 선임 또
는 감사의 보수결정을 위한 의안을 상정하려는 경우에는 이사의 선임 또는 이사
의 보수결정을 위한 의안과는 별도로 상정하여 의결하여야 한다(상542의12.5). 그
리고 감사는 재무제표 등의 서류를 받은 날로부터 4주 내에 감사보고서를 이사에
게 제출하여야 하는데(상447의4.1), 상장회사의 감사위원회는 이사에게 감사보고
서를 주주총회일의 1주 전까지 제출할 수 있다(상542의12.6). 이는 이사가 재무제
표를 정기주총일 6주전까지 감사에 제출하고(상447의3) 그 날로부터 4주내 감사
보고서를 이사에게 제출하도록(상447의4.1) 한 것과 비교한다면 실질적으로 1주
일 정도 더 여유를 갖는다고 볼 수 있다.

3. 특수한 통제기관

(1) 검사인

1) **개 념** : 주식회사의 설립절차에서 또는 설립 후 특수한 필요에 의해 회사
의 업무나 재산상태를 조사하기 위해 선임되는 임시감사기관이다. 검사인의 자격
에 관해 법인도 가능하다는 견해가 있으나 자연인에 한한다고 보는 견해가 다수
설이며, 회사의 이사·감사·지배인을 겸할 수 없고 조사대상에 관해 특별이해관
계를 가지는 자(예: 현물출자자 등)도 검사인이 될 수 없다고 보는 견해가 통설이
다. 검사인의 수·임기에 관해서는 특별한 규정이 없으므로 선임행위시에 특정되
며, 선임·해임 관련 등기가 요구되지 않는다.

2) **선 임** : 검사인은 법원에 의해 선임되는 경우와 주주총회에 의해 선임되는
경우로 나뉜다. **법원선임 검사인**은 i) 주식회사 설립시 변태설립사항의 조사를 위
해 발기설립의 경우 이사(상298.4), 모집설립의 경우 발기인(상310.1)의 청구가 있
는 경우, ii) 주총소집절차·결의방법의 적법성을 조사하기 위해 소수주주(1/100)
의 청구가 있는 경우(상367), iii) 주식할인발행 인가를 위해 회사재산상태 등을

조사할 목적으로 법원이 선임하는 경우(상417.2), ⅳ) 현물출자에 의한 신주발행에서 현물출자에 관한 사항을 조사하기 위해 이사의 청구가 있는 경우(상422.1), ⅴ) 회사의 업무집행상 부정행위, 법령·정관위반 관련 회사의 업무와 재산상태를 조사하기 위해 소수주주의 청구가 있는 경우(상467.1) 선임된다. **주총선임 검사인**은 ⅰ) 소수주주에 의해 임시주주총회가 소집되는 경우 회사의 업무와 재산상태를 조사하기 위해(상366.3), ⅱ) 이사가 제출한 서류와 감사의 보고서를 조사를 위해(상367) 주주총회에 의해 선임된다.

3) **권한과 책임** : 검사인은 그 선임의 근거규정에서 정하고 있는 사항(예: 변태설립사항 등)을 조사할 권한과 의무를 가질 뿐이고, 이를 벗어나 회사업무나 재산상태 전반에 관한 조사권한을 가지는 것은 아니다. 검사인과 회사의 관계는 위임관계이므로 선관주의의무에 따른 책임을 부담하나, 상법은 회사설립시에 선임된 검사인에 대해 특별한 책임규정을 두고 있다. 즉 법원이 선임한 검사인이 악의 또는 중대한 과실로 인하여 그 임무를 해태한 때에는 회사 또는 제3자에 대하여 손해를 배상할 책임이 있다(상325). 중과실에 의한 임무해태를 요건으로 정하고 있어, 경과실에 의한 임무해태만으로도 책임을 부담하는 발기인·이사의 회사에 대한 책임(상322, 399.1)에 비해 책임이 경감되었다고 볼 수 있다.

(2) 기타 통제기관

1) **외부감사인** : 직전 사업연도 말의 자산총액이 500억원 이상인 주식회사, 주권상장법인, 해당 사업연도 또는 다음 사업연도 중에 주권상장법인이 되고자 하는 주식회사 등에 해당하는 주식회사는 재무제표(연결재무제표를 포함)를 작성하여 주식회사로부터 독립된 외부감사인에 의한 회계감사를 받아야 한다(외감4). 다만 공공기관의 운영에 관한 법률에 따라 공기업 또는 준정부기관으로 지정받은 주식회사 중 주권상장법인이 아닌 회사나 그 밖에 대통령령으로 정하는 주식회사는 제외된다.

2) **준법지원인** : 준법지원인이라 함은 회사가 정한 준법통제기준 등의 준수 여부를 점검하고 그 결과를 이사회에 보고하는 회사의 직원을 의미한다. 최근 사업연도 말 현재의 자산총액이 5천억원 이상인 상장회사는 법령을 준수하고 회사경영을 적정하게 하기 위하여 임직원이 그 직무를 수행할 때 따라야 할 준법통제기

준 및 절차를 마련하고(상542의13.1), 준법통제기준의 준수에 관한 업무를 담당하는 준법지원인을 두어야 한다(상542의13.2). 다만 다른 법률에 따라 내부통제기준 및 **준법감시인**을 두어야 하는 상장회사는 제외된다(상령39). 준법지원인은 이사회 결의를 거쳐 임면하며, 준법지원인이 되기 위해서는 변호사자격, 법학교수 등의 자격을 갖추어야 하고, 3년의 임기에 상근직이다(상542의13.4~6). 준법지원인도 선관주의의무 및 비밀유지의무를 부담하고, 업무집행의 독립성을 보장하기 위해 임직원에게 준법지원인에 대한 자료·정보제출요구에 응할 의무를 부담시키면서 직무수행과 관련하여 부당한 인사상의 불이익 발생을 방지하고 있고 있다(상542의13.7~10). **준법통제기준**은 준법지원인의 임면절차, 임직원의 업무수행과정에서 준수하여야 할 법규·절차, 그 교육, 준수여부 확인절차·방법, 위반 임직원의 처리, 준법지원인에 대한 정보전달, 준법통제기준에 관한 사항 등이 포함된다(상령 40.1). 준법통제기준의 제정, 변경에는 이사회의 결의가 요구된다(상령40.2).

3) **준법감시인** : 금융투자업자는 법령을 준수하고, 자산을 건전하게 운용하며, 이해상충방지 등 투자자를 보호하기 위하여 그 금융투자업자의 임직원이 직무를 수행함에 있어서 준수하여야 할 적절한 기준 및 절차(내부통제기준)를 정하여야 한다(자본28.1). 준법감시인이란 이러한 내부통제기준의 준수 여부를 점검하고 내부통제기준을 위반하는 경우 이를 조사하여 감사위원회 또는 감사에게 보고할 권한과 의무를 가지는 자를 의미한다. 금융투자업자는 1인 이상의 준법감시인을 두어야 하고, 준법감시인을 임면하고자 하는 경우에는 이사회결의를 거쳐야 한다(자본28.2,3). 앞서 본 바와 같이 준법감시인을 둔 경우에는 회사법상의 준법지원인을 두지 않아도 된다(상령39).

Ⅲ. 감사기관의 권한

1. 업무감사권

1) **개 념** : 감사의 업무감사권이란 이사의 직무집행을 감사하는 권한을 의미한다(상412.1,415의2.6). 이사의 직무집행이란 업무집행보다는 넓은 개념이며, 이사의 일상적인 업무집행뿐만 아니라 이사의 직무에 속하는 일체의 사항과 이사회의 권한사항까지도 포함된다. 이사의 직무에 속하는 모든 사항이 감사의 대상이

되므로 회계감사도 당연히 감사의 직무인 업무감사에 포함된다고 본다(통설). 감사란 감사대상에 대한 정보를 수집하고 조사하여 적법성 등에 문제가 있을 경우 이를 시정하기 위한 행위이다. 정보를 수집한다는 점에서는 동일하지만 감시와 동일하지만, 감사는 소극적인 감시를 넘어 적극적으로 조사하는 행위까지도 포함한 개념이며 문제가 있을 경우 이를 시정하는 기능까지 포함한다. 그리고 상위기관에 의해 행해져 정보 수집, 시정의 대상에 제한이 없어 행위의 적법성은 물론 타당성·합목적성·능률성에까지 미칠 수 있는 감독과 달리, 감사는 독립된 기관에 의해 행해지는 작용으로서 정보 수집이나 시정의 대상이 적법성(또는 타당성)에 한정되고 특히 능률성에는 미치지 않는다고 본다.

    2) 감사범위 : ① **논 의** – 감사가 이사의 직무집행의 적법성을 감사할 수 있다는 점에 관해서는 이견이 없으나, 감사가 이사의 업무타당성을 감사할 수 있는가?[175] 원칙적으로 감사는 적법성 감사만 할 수 있고 상법에 명문의 규정을 둔 경우(상413,447의4.25호,8호)에 한해서는 타당성 감사가 가능하다는 **부정설**, 상법에 타당성 감사에 관한 규정이 없더라도 현저하게 타당성이 결여된 경우에는 타당성 감사가 가능하다는 **제한적 긍정설**, 적법성·타당성의 구별이 명확하지 않으므로 감사는 적법성은 물론 타당성까지 감사할 권한과 의무를 가진다고 보는 **긍정설** 등이 주장된다.

    ② **검 토** – 회사의 수익성은 위험과 함께 하는 속성을 지녔는데, 이사가 업무집행을 함에 있어 수익성과 위험성을 교량하는 행위가 타당성 판단이라 볼 수 있다. 이는 자기통제장치라 할 수 있는 이사의 책임제도, 이사회의 감독 등에 의해 통제될 필요가 있고, 이를 감사의 감독 대상이 되게 할 경우 이사의 위험회피 선택에 따라 회사의 수익성이 감소될 가능성이 높다. 그리고 이사의 업무집행에 있어서 경영판단의 원칙이 적용되어 법원도 이사의 업무집행의 타당성을 판단함에

---

175) **감사의 업무타당성 감사의 허용성**에 관해, **부정설**은 원칙적으로 감사는 적법성 감사만 할 수 있고 타당성 감사는 할 수 없지만 상법에 명문의 규정을 둔 경우에 한해서는 타당성 감사가 가능하다는 견해이다(다수설). 상법에 명문의 규정을 둔 경우란 총회제출의안의 타당성(상413), 재무제표작성의 타당성(상447의4.25호,8호) 등을 의미한다. **제한적 긍정설**은 상법에 타당성 감사에 관한 규정을 둔 경우는 물론 상법에 규정이 없더라도 현저하게 타당성이 결여된 경우에는 타당성 감사가 가능하다는 견해이다(서헌제453). **긍정설**은 감사는 적법성은 물론 타당성까지 감사할 권한과 의무를 가진다고 보는 견해로서, 이사회의 타당성감사에 한계가 있고 적법성·타당성의 구별이 명확하지 않다는 점에서 감사의 실효성을 위해 감사는 타당성감사까지 할 수 있다고 본다(권기범761).

는 제한이 있는 것과 동일하게, 이사의 업무집행의 자율성확보를 위해 타당성 감
사를 제한할 필요가 있다. 요컨대 타당성 감사는 이사회·감사의 기관분화 취지에
따라 이사회가 자기시정절차로서 수행하는 것이 적절하므로 상법이 명문의 규정
으로 허용한 경우를 제외하고는 이는 허용되지 않는다고 본다(부정설).

3) 보고요구·수령권 : ① **영업보고요구권** – 감사는 언제든지 이사에 대해서 영
업보고요구를 할 수 있고 회사의 업무와 재산상태를 조사할 수 있다(상412.2). 영
업보고요구권 및 업무·재산상태조사권은 감사가 업무감사를 수행하기 위한 기본
적인 권한으로서, 이를 통해 이사의 위법행위를 발견하고 이사회에 보고하고 위
법행위유지청구를 하는 등 적절한 조치를 취할 수 있다. 보고요구 대상은 회사의
영업 전반에 미치며, 감사의 보고요구가 자의적인 것이 아닌 한 회사의 영업상의
기밀이나 시기적 부적절 등의 이유로 보고나 조사를 거부할 수 없다. 보고요구의
방법에는 제한이 없으므로 감사가 이사회에 출석하여 요구하거나 직접 개별적인
이사에게 요구할 수도 있고, 서면이나 구두로도 가능하다.

② **이사보고 수령권** – 회사에 현저한 손해를 미칠 염려가 있는 사실을 발견한
때에는 이사는 감사의 요구가 없더라도 직접 이를 감사에게 보고할 의무를 부담
한다(상412의2). 이사의 보고의무는 감사의 감사권한의 효율적 수행을 위한 권리
로서 회사의 손해를 미연에 방지할 수 있게 한다. 예컨대 회사의 중요 거래처의
도산, 화재로 인한 회사재산의 소실 등 회사에 현저한 손해를 미칠 염려가 있는
사실이 발생한 경우 발생원인, 즉 이사의 합법·위법행위, 자연재해 등의 원인을
불문하고 보고하여야 한다. 보고의 방법에는 제한이 없으며 감사는 보고를 받고
사실 확인 후 이사의 위법행위에 기인하는 경우에는 감사는 이사회에 이를 보고
하여야 한다.

4) 조사권 : ① **업무·재산상태조사권** – 감사는 업무·재산상태조사권을 행사함
에 있어 회계장부나 서류의 열람 및 등사할 수 있으며, 이사는 감사의 청구에 의
하여 보고할 의무는 물론 감사의 조사에 협조할 의무를 부담한다. 이사가 감사를
방해하거나 협조를 하지 아니하여 충분한 감사를 할 수 없었던 경우에는 감사는
그 사실을 감사보고서에 기재하여야 한다(상447의4.2 11호). 그리고 이사가 감사
의 이러한 요구를 거부하거나 조사를 방해하는 경우에는 과태료의 제재를 받는다
(상635.1 3호,4호).

② **자회사에 대한 조사권** - 모회사의 감사는 그 직무를 수행하기 위하여 필요한 경우에는 자회사에 대하여 영업보고를 요구할 수가 있으며(상412의4.1) 자회사가 지체 없이 보고를 하지 않거나 그 보고내용의 진위를 확인할 필요가 있는 경우에는 자회사의 업무와 재산상태를 직접 조사할 수가 있다(상412의4.2). 모회사의 감사에게 자회사에 대한 영업보고요구권과 업무·재산상태조사권을 부여한 것은 모회사와 자회사간의 가공거래를 통한 모회사의 분식회계, 모회사 불량채권의 자회사 인수 등의 경우 모회사의 업무 및 재산상태를 정확히 파악하기 위해서는 자회사의 업무수행을 파악할 필요가 있기 때문이다. 모회사 감사의 자회사에 대한 영업보고요구권은 그 직무를 수행하기 위하여 필요한 경우에 한정되므로 자회사의 특정사항의 보고를 요구하여야 하며 자회사의 일반적인 영업상황의 보고를 요구하는 것은 허용되지 않는다고 본다. 자회사의 업무·재산상태조사권은 영업보고요구권을 행사하였으나 지체 없이 보고를 하지 아니할 때나 보고내용의 진부를 확인할 필요가 있는 때에 한하여 허용되므로(상412의4.2), 보충적 권한의 성격을 가진다. 자회사는 정당한 사유가 없는 한 모회사 감사의 보고요구나 조사를 거부할 수가 없다(상412의4.3). 자회사의 독립성을 존중하고 나아가서 자회사의 기업기밀에 속하는 사항을 보호하기 위해 정당한 사유가 있는 경우에는 자회사는 거부권을 행사할 수 있다. 자회사의 조사를 거부당한 모회사의 감사는 이를 감사보고서에 기재하여야 한다(상447의4.2 11호).

2. 회계감사권

1) **개 념**: 감사는 회사의 재산상태를 조사할 권한을 가지는데(상412.2) 이를 특정하여 회계감사권이라 한다. 회계감사는 업무감사의 일부이지만 회사법은 '회사의 업무와 재산상태의 조사'라고 구별하여 기술하고 있어 구별의 실익이 없지 않다. 그리고 회계감사도 업무감사와 동일하게 그 범위가 당해 회사에 한정되지 않고 자회사의 재산상태 조사까지 포함한다(상412의5.2). 회계감사권은 연혁적 의미를 가지는데 1984년 상법 개정에 의해 감사에게 업무감사권이 부여되기 전까지는 감사는 회계감사권만 가지고 있었다. 하지만 감사가 업무감사권을 가지게 된 이상 회계감사권도 업무감사권의 일부이므로 독립적인 의미는 약화되었다고 할 수 있다. 업무감사권(회계감사권을 제외)과 회계감사권을 비교하면, 업무감사권은 이사의 동적인 업무집행을 조사의 대상으로 하는데 반해 회계감사권은 회사의 정

적인 재산상태의 조사를 주된 내용으로 하여 구별할 수도 있다. 따라서 회계감사권은 재산상태라는 제한된 영역을 대상으로 하고 회계라는 전문적인 기술방식을 대상으로 하고 있어, 업무감사권(회계감사권 제외)과 달리 전문적인 외부의 회계전담회사에 위임이 가능하다.

2) **외부감사** : 감사는 업무감사뿐만 아니라 회계감사도 수행한다. 다만 주식회사의 외부감사에 관한 법률의 적용을 받는 자산총액 500억원 이상의 주식회사 등은 감사에 의한 회계감사 이외에 외부감사인에 의한 회계감사를 받아야 한다(외감4,자본169). 감사에 의한 회계감사와 외부감사인에 의한 회계감사는 어떠한 관계에 있는가? 상법상 감사·감사위원회에 의한 감사는 주주와 회사채권자의 보호를 주된 목적으로 하고 회계감사를 포함하여 일반적인 업무감사에까지 권한이 미친다. 이에 반해, 외부감사인에 의한 감사는 투자자보호에 주된 목적이 있으며, 회계감사에 관한 권한만 있어 구별된다. 이렇게 볼 때 외부감사인의 감사는 주식회사의 감사·감사위원회의 감사업무를 보완하는 관계에 있다고 보아야 할 것이다. 외부감사인이 그 임무를 게을리하여 회사에 손해를 발생하게 한 경우에는 그 감사인은 회사에 손해를 배상할 책임이 있다(외감31.1). 감사인이 회사 또는 제3자에게 손해를 배상할 책임이 있는 경우에 해당 회사의 이사·감사·감사위원회위원도 책임이 있으면 연대하여 손해를 배상할 책임이 있다(외감31.4).

3. 기타 권한

(1) 소집·의견진술권
1) **이사회 출석 및 의견진술권** : 감사는 이사회에 출석하여 의견을 진술할 수 있다(상391의2.1). 상법은 감사의 업무감사권의 행사가 용이하도록 이사회의 구성원이 아닌 감사에게 이사회 출석권과 의견진술권을 부여하고 있다. 감사는 이사회 출석권과 의견진술권을 행사함으로써 이사회에서 위법한 결의가 성립하는 것을 사전에 방지할 수 있다. 감사는 이사회에 출석할 권한 이외에 의무도 부담하는가? 이에 관해 감사는 이사회에 출석할 권한이 있을 뿐이고 출석할 의무는 없는 것으로 보는 **부정설**, 이사회의 출석은 감사의 권한이자 동시에 의무로 해석하는 **긍정설** 등이 주장된다. 생각건대 감사의 이사회 출석은 회사의 업무감사를 위해 매우 효율적인 수단임에는 분명하나 상법은 출석권만 규정하고 출석의무를 규정

하지 않은 점, 이사회 출석 없이도 영업보고요구권, 이사보고의 수령권 등을 통해서도 감사기능을 수행할 수 있다는 점에서 감사의 이사회 출석의무를 인정하기는 어렵다고 본다. 따라서 감사가 이사회에 출석하지 않은 것을 임무해태로 볼 수 없으며, 다만 감사가 이사회에 출석하지 아니한 결과 회사의 업무상황을 충분히 파악하지 못하여 적절한 업무감사권을 행사할 수 없는 경우에만 임무해태가 될 수 있을 것이다.

2) 이사회 소집청구권, 소집권한 : 감사는 필요하면 회의의 목적사항과 소집이유를 서면에 적어 이사에게, 소집권자가 따로 지정되어 있는 경우에는 그 해당 이사에게 제출하여 이사회 소집을 청구할 수 있다. 감사의 이사회 소집청구에도 불구하고 이를 수령한 이사가 지체 없이 이사회를 소집하지 아니하면 그 청구한 감사가 이사회를 소집할 수 있다. 이사가 법령 또는 정관에 위반한 행위를 하거나 그 행위를 할 염려가 있다고 인정한 때에는 이사회에 보고권한을 가지는데(상391의2.2), 이사회가 개회하지 않을 경우 보고가 쉽지 않아 이러한 문제점을 없애기 위해 감사에게 이사회 소집청구권 및 예외적 소집권한을 부여하였다.

3) 주주총회 소집청구권 : 감사는 회의의 목적사항과 소집사유를 기재한 서면을 이사회에 제출하여 임시주주총회의 소집을 청구할 수 있다(상412의3.1). 감사의 주주총회소집청구가 있은 후 이사회가 지체 없이 주주총회의 소집절차를 밟지 아니하는 경우에는 감사는 법원의 허가를 얻어서 스스로 주주총회를 소집할 수 있다(상412의3.2,366.2). 주주총회 소집권은 원칙적으로 이사회에 있지만 예외적으로 감사에게 주주총회 소집청구권을 부여함으로써 이사의 선임권한과 해임권한을 가지는 주주총회에서의 의견진술을 통해 이사의 권한을 견제하고 업무감사권의 실효성을 확보할 수 있게 하려는 취지이다. 감사의 주주총회소집사유에 관해 상법은 침묵하고 있으나 해석상 감사업무와 관련되는 사안에 한하여 주주총회를 소집할 수 있다고 해석하여야 한다.

(2) 소송 관련 권한
1) 위법행위유지청구권 : 이사가 법령이나 정관에 위반되는 행위를 하여 그로 인하여 회사에 회복할 수 없는 손해가 생길 염려가 있는 경우에는 감사는 당해 이사에 대해서 그 행위를 유지할 것을 청구할 수 있다(상402). 이사의 위법행위를

사전에 예방하기 위한 수단으로서 소수주주의 자유로운 유치청구와 달리 감사는 의무로서 위법행위에 대해 유지청구를 하여야 하므로 이를 게을리한 경우 임무해태가 된다. 유지청구의 대상은 법령이나 정관에 위반되는 이사의 행위로서, 예를 들어 이사회결의 없이 신주를 발행하거나 이사가 정관상의 회사의 목적에 벗어난 행위를 하는 경우 등이다. 감사는 위법행위를 하는 이사에 대해 먼저 서면이나 구두로 행위의 중지를 청구하고 이사가 이에 응하지 아니하는 경우에는 위법행위유지청구의 소를 제기할 수도 있다.

2) **소송 대표권** : 회사의 소송은 포괄적 대표권을 가진 대표이사가 대표하는 것이 원칙이지만, 회사가 이사에 대해 또는 이사가 회사에 대해서 소를 제기하는 경우에는 감사가 회사를 대표한다(상394). 이는 자기소송에 의한 회사이익의 침해를 방지하기 위한 제도적 장치로서 회사와 이사간의 모든 소송에 적용된다. 감사는 소송수행뿐만 아니라 회사가 이사를 상대로 소를 제기할 것인지의 여부에 대한 결정권을 비롯하여 소송의 수행이나 화해, 소의 취하 등의 모든 권한을 행사한다고 본다. 감사위원회의 위원이 소의 당사자인 경우에는 감사위원회 또는 이사는 법원에 회사를 대표할 자를 선임하여 줄 것을 신청하여야 한다(상394.2). 다만 자본금의 총액이 10억원 미만인 회사로서 감사를 선임하지 않은 소규모회사(상409.4)에서 회사가 이사에 대하여 또는 이사가 그 회사에 대하여 소를 제기하는 경우에 회사, 이사 또는 이해관계인은 법원에 회사를 대표할 자를 선임하여 줄 것을 신청하여야 한다(상409.5).

3) **제소권** : 감사는 주주와 함께 회사법상의 소송을 제기할 수 있는 권한을 가진다. 감사가 제소권을 가지는 회사법상의 소송을 보면, 회사설립무효의 소(상328.1), 주주총회결의취소의 소(상376), 신주발행무효의 소(상429), 감자무효의 소(445), 회사합병무효의 소(상529.1) 등이 포함된다. 제소권도 발기인·이사의 위법한 업무집행에 관해 소송을 제기함을 통해 업무집행의 위법성을 해소하려고 하는 회사의 업무감독을 수행하기 위한 권리의 하나로 볼 수 있다.

Ⅳ. 감사기관의 의무와 책임

1. 의 무

(1) 일반적 의무

1) **겸직금지** : 감사는 회사 및 자회사의 이사 또는 지배인 기타의 사용인의 직무를 겸하지 못한다(상411). 판례는 감사가 회사 또는 자회사의 이사 또는 지배인 기타의 사용인에 선임되거나 반대로 회사 또는 자회사의 이사 또는 지배인 기타의 사용인이 회사의 감사에 선임된 경우에는 그 선임행위는 각각의 선임 당시에 있어 현직을 사임하는 것을 조건으로 하여 효력을 가진다고 본다. 그리고 피선임자가 새로이 선임된 지위에 취임할 것을 승낙한 때에는 종전의 직을 사임하는 의사를 표시한 것으로 해석한다(2007다60080). 감사위원회 위원은 감사의 겸직금지의무를 준용하고 있지 않다(상415의2.7).

2) **감사의 주의의무** : ① 위임관계 – 감사도 회사와 위임관계에 있으며 선관주의의무를 부담하는데, 감사의 직무의 특성상 주의의무의 구체적 내용과 범위는 회사의 종류나 규모, 업종, 지배구조 및 내부통제시스템, 재정상태, 법령상 규제의 정도, 감사 개개인의 능력과 경력, 근무 여건 등에 따라 다를 수 있다. 판례는 대규모 상장기업에서 일부 임직원의 전횡이 방치되고 있었다거나 중요한 재무정보에 대한 감사의 접근이 조직적·지속적으로 차단되고 있는 상황에서 감사의 주의의무는 경감되는 것이 아니라 오히려 현격히 가중된다고 보았다(2007다31518).

② 판단 기준 – 감사위원회 위원도 감사와 동일한 의무를 부담하는데, 판례는 금융기관 감사위원이 선량한 관리자의 주의의무를 위반하여 자신의 임무를 게을리하였는지 여부는 개별 대출에 대한 감사를 함에 있어 통상의 감사위원으로서 간과해서는 안 될 잘못이 있는지 여부를 제반 규정 준수 여부, 대출 조건과 내용 및 규모, 변제계획, 담보 유무와 내용, 채무자의 재산 및 경영상황, 성장 가능성 등 여러 가지 사항에 비추어 종합적으로 판정해야 한다고 보아(2017다251694), 대출 관련 정보에 대한 종합적인 판단기준을 제시하고 있다.

③ 사전감사 – 회사의 감사직무규정에서 감사는 최종결재자의 결재에 앞서 내용을 검토하고 의견을 첨부하는 방법에 의하여 사전감사를 할 의무를 정하는 경

우가 많다. 회사 내부규정에서 감사의 사전감사가 요구되는 것으로 정하고 있는 경우 감사는 사전감사가 충실히 이루어질 수 있도록 할 의무가 있으므로, 결재절차가 마련되어 있지 않았다거나 이사의 임의적인 업무처리로 인하여 감사사항을 알지 못하였다는 사정만으로는 그 책임을 면할 수 없다고 할 것이다(2005다58830). 감사의 감사권한 행사는 사후감사도 가능하지만, 결제전 사전감사의 형식이더라도 감사의 성격이 변화되는 것은 아니므로 사후감사와 동일하게 감사사항에 관해 감사는 선관의무를 부담한다.

(2) 개별 의무

1) 영업비밀 준수의무 : 감사(감사위원회 위원)는 회사와 위임관계에 따라 선량한 관리자의 주의의무를 부담하지만, 감사는 회사의 업무집행에는 관여하지 않으므로 회사와의 이해충돌은 생길 우려가 없어 경업피지의무나 자기거래 등의 제한을 받지 아니한다. 감사(감사위원회 위원)이 부담하는 선관주의의무에 따라 감사는 직무상 알게 된 회사의 영업상의 비밀을 재임중에는 물론이고 퇴임 후에도 누설해서는 안 되는 영업비밀준수의무를 부담하는데, 이는 별도의 규정으로 규율된다(상415 → 382의4). 감사의 영업비밀 준수의무 내용도 이사의 영업비밀 준수의무와 동일하다.

2) 주주총회 제출의안·서류에 대한 조사·보고의무 : 감사(감사위원회)는 이사가 주주총회에 제출할 의안·서류를 조사하여 법령 또는 정관에 위반하거나 현저하게 부당한 사항이 있는지의 여부에 관하여 주주총회에 그 의견을 진술하여야 한다(상413). 감사는 의안이나 서류를 조사한 결과 그 내용이 법령·정관에 위반하는 사항이 있는 경우 또는 현저하게 부당한 사항이 있는 경우에는 주주총회에서 이에 관한 자신의 의견을 진술하여야 한다. 의안이란 주주총회의 회의의 목적인 의제의 내용이고, 서류란 재무제표와 영업보고서 등을 말한다.

3) 이사회에 대한 보고의무 : 감사(감사위원회)는 이사가 법령이나 정관에 위반되는 행위를 하거나 할 염려가 있는 경우에는 이를 이사회에 보고하여야 한다(상391의2.2). 보고의무는 감사의 권리로써 위법행위유지청구를 하기 전에도 이사회에 보고함으로써 이사회에 대하여 감독권을 행사할 것을 촉구하여 이사회로 하여금 이사의 위법행위를 사전에 저지시킬 수 있다.

4) **감사보고서·감사록의 작성의무** : 감사(감사위원회)는 매결산기에 재무제표와 영업보고서를 감사하여 이에 관한 감사보고서를 작성하여 이를 이사에게 제출하여야 한다(상447의4.1). 이에 관한 것은 법정사항으로 정해져 있다(상447의4.2). 그리고 감사(감사위원회)는 감사에 관한 감사록을 작성하여야 한다(상413의2.1). 감사록에는 감사의 실시요령과 그 결과를 기재하고, 감사를 실시한 감사(감사위원)가 기명날인 또는 서명을 하여야 한다(상413의2.2).

2. 책 임

(1) 회사에 대한 책임

1) **원 칙** : 감사(감사위원회 위원)가 임무를 해태한 때에는 회사에 대하여 손해배상책임을 진다(상414.1). 감사(감사위원회 위원)가 상업장부 등의 회계서류에 대하여 감사를 게을리 한 경우, 이는 감사의 임무해태가 되어 회사에 대한 손해배상책임의 원인이 될 수 있다. 그리고 감사위원회는 회의체기구이므로 이사회와 유사하게, 감사업무에 관한 위원회의 결의에 임무해태가 있는 경우에는 그 결의에 찬성한 감사위원도 책임을 지는 것으로 해석된다. 감사의 회사에 대한 손해배상책임은 10년의 소멸시효가 적용되고 총주주의 동의에 의해서만 면제될 수 있으며(상415 → 400), 소수주주는 대표소송·다중대표소송을 통하여 감사의 책임을 추궁할 수 있다(상415 → 403~407).

2) **면 책** : 상호신용금고의 출자자 등에 대한 대출 또는 동일인에 대한 여신한도 초과대출이 대표이사 등에 의하여 조직적으로 이루어지고 또한 타인의 명의를 빌림으로써 적어도 서류상으로는 그 대출행위가 위법함을 알아내기 어려운 경우 감사의 면책을 인정한 판례(2001다66727)가 있다. 그리고 분식결산이 회사의 다른 임직원들에 의하여 조직적으로 교묘하게 이루어진 것이어서 감사가 쉽게 발견할 수 없었던 경우에도, 분식결산을 발견하지 못하였다는 사정만으로 중대한 과실이 있다고 할 수는 보아, 감사에게 분식결산으로 인하여 제3자가 입은 손해에 대한 배상책임을 부인하였다(2008다80326). 감사가 선관주의의무를 다했음에도 발견할 수 없는 분식회계 등에 관해서는 감사의 과실이 인정되지 않아, 이사의 분식회계로 인해 회사에 손해가 발생하더라도 감사는 면책될 수 있다.

(2) 제3자에 대한 책임

1) 원   칙 : 감사가 악의 또는 중대한 과실로 그 임무를 해태한 때에는 제3자에 대한 손해배상책임이 있다(상414.2). 감사가 감사보고서에 허위기재하여 허위의 감사보고서를 신뢰하고 회사와 거래하여 손해를 입은 경우 감사의 제3자에 대한 손해배상책임이 문제된다. 감사가 회사 또는 제3자에 대하여 손해를 배상할 책임이 있는 경우 이사도 그 책임이 있는 때에는 감사와 이사는 연대하여 배상책임이 있다(상414.3). 감사가 책임을 부담할 경우 대체로 이사의 위법행위가 전제된 경우가 많으므로 제3자 보호를 위해 감사와 이사의 연대책임을 규정하고 있다. 판례는 감사가 적극적으로 허위의 감사보고서를 작성한 경우뿐만 아니라 감사가 실질적으로 감사로서의 직무를 수행할 의사가 전혀 없으면서도 자신의 도장을 이사에게 맡기는 등의 방식으로 그 명의만을 빌려 주어 이사의 분식회계를 방치한 경우에도 감사는 제3자가 입은 손해를 배상할 책임이 있다고 보았다(2006다82601).

2) 중과실 : 이사가 위법배당안을 총회에 제출하는 경우 감사가 위법배당안에 대한 조사를 게을리 하여 위법배당안에 대한 적정의 감사결과를 주주총회에 보고한 경우 감사에게 임무해태가 있다고 볼 수 있어, 감사는 위법배당액에 관하여 이사와 연대하여 손해배상책임을 부담한다. 다만 감사가 제3자에 대해 책임을 부담하려면 감사에게 중과실이 있어야 하는데, 판례는 분식결산이 회사의 다른 임직원들에 의하여 조직적으로 교묘하게 이루어진 것이어서 감사가 쉽게 발견할 수 없었던 때에는 분식결산을 발견하지 못하였다는 사정만으로 중대한 과실이 있다고 할 수는 없고, 따라서 감사에게 분식결산으로 인하여 제3자가 입은 손해에 대한 배상책임을 부정하였다(2006다82601).

3) 손해배상책임 : 부실감사로 인하여 주식을 매수한 자들이 입은 손해액은 위와 같은 부실감사로 인하여 상실하게 된 주가 상당액이라고 봄이 상당하다. 그리고 이는 특별한 사정이 없는 한 부실감사사실이 밝혀지기 전에 정상적으로 형성된 주가와 부실감사사실이 밝혀지고 계속된 하종가를 벗어난 시점에 정상적으로 형성된 주가의 차액, 또는 그 이상의 가격으로 매도한 경우에는 그 매도가액과의 차액 상당이라 본다(2006다20405). 제3자가 상법 제401조에 기한 이사의 제3자에 대한 손해배상책임을 묻는 손해배상청구 소송에서, 주식회사의 외부감사에 관한 법률상의 단기소멸시효(외감17.7)는 적용될 여지가 없다고 보고 있어(2006다

82601) 감사의 경우에도 동일하게 볼 수 있다.

(3) 외부감사인의 책임

1) **지 위** : 외부감사인은 회사의 임원은 아니지만 회사와 위임관계에 있다. 따라서 회사에 대해 선량한 관리자의 주의의무를 부담하는데, 회계감사와 관련해서 회사를 대리하는 지위를 가지는 경우도 있다. 판례는 주식회사(채권자)의 외부감사인은 회사와 외부감사인 선임계약에 기하여 피감회사가 가지는 재무제표상 매출채권, 대여금채권 등의 채권과 관련하여 그 채무자로부터 적법한 감사활동의 일환으로 행하여지는 채무 확인 등의 절차를 통하여 소멸시효 중단사유로서 채무승인의 통지를 수령할 대리권을 가진다고 본다(2013다56310).

2) **책 임** : 회계감사를 부실하게 한 경우 위임계약상의 채무불이행에 따른 회사에 대한 손해배상책임을 부담한다. 주식회사 등의 외부감사에 관한 법률은 위임계약상의 손해배상책임과 별도로, 감사인이 그 임무를 게을리하여 회사에 손해를 발생하게 한 경우에는 그 감사인은 회사에 손해를 배상할 책임이 있다고 규정한다(외감31.1). 그밖에 감사인이 중요한 사항에 관하여 감사보고서에 적지 아니하거나 거짓으로 적음으로써 이를 믿고 이용한 제3자에게 손해를 발생하게 한 경우에는 그 감사인은 제3자에게 손해를 배상할 책임이 있고, 특히 연결재무제표에 대한 감사보고서에 중요한 사항을 적지 아니하거나 거짓으로 적은 책임이 종속·관계회사의 감사인에게 있는 경우에는 해당 감사인은 이를 믿고 이용한 제3자에게 손해를 배상할 책임이 있다(외감31.2). 판례는 외감법 제20조 제1항에서 정한 허위의 재무제표를 작성·공시한 범죄는 정기총회회일의 1주일 전부터 재무제표를 본점에 비치한 때에 성립한다고 보았다(2017도12649).

제 5 장 자본의 증가 등

제 1 절 의 의

1. 신주발행

1) 자본과 주식 : 주식회사는 자본단체로서 회사의 자본은 수권자본과 발행자본으로 구분된다. 자본총액은 주식의 액면가에 주식수를 곱하여 계산되며(상451), **수권자본**은 발행예정주식총수에 해당하는 금액이 되고 **발행자본**은 발행주식총수에 상응하는 금액이 된다. 주식회사의 자본은 회사의 경영상태에 따라 증가가 요구될 수도 있고 감소가 필요한 경우도 있다. 자본의 증가, 즉 **증자**는 통상적으로 발행주식총수의 증가를 통해 이뤄지고 자본의 감소인 감자는 발행주식총수의 감소를 통해 이뤄지고, 이에 따라 발행자본이 증감된다. 발행주식총수를 증가하는 대표적인 방법이 신주발행이며 주식회사의 증자는 통상적으로 **신주발행**에 의해 이루어진다.

2) 자본증가 : 회사 설립시 자본을 형성하는 과정에 주식의 발행은 필수적이다. 하지만 회사가 성립한 후에는 회사의 필요성에 따라 선택적으로 주식을 발행하는데, 신주식의 발행 즉 신주발행을 통해 자본을 증가할 수 있다. 신주식을 발행할 때 재원이 회사 외부에서 조달되는 통상적인 경우에는 **실질적 자본의 증가**가 발생한다. 하지만 회사 내부에서 준비금 등의 재원이 활용되는 특수한 경우에는 회계상의 준비금이 자본금으로 전환된 데 지나지 않아 실질적 자본의 증가는 발생하지 않고 **형식적 자본의 증가**만 발생한다. 신주발행을 통해 기존 주주가 신주를 인수하면 주주의 구성에 변화가 생기지 않지만 신주를 제3자가 인수하게 되면 새로운 주주가 참여하게 되고 지분의 변화가 발생하게 된다.

3) 주주의 지분 : 신주가 발행되어 실질적·형식적 자본이 증가되는 경우 채권자의 입장에서는 회사의 자산 즉 자신의 채권에 대한 담보가 증가되어 더 유리하

므로, 자본 감소시 요구되는 채권자 보호절차는 필요하지는 않다. 하지만 주주의 입장에서는 발행된 신주가 지분율과 달리 배정될 경우 회사에 대한 지배력의 변화가 발생할 수 있어, 신주발행에 의한 주주의 이익 침해가 문제될 수 있다. 따라서 회사는 신주발행을 통해 지분율이 변화되지 않도록 주주에게 자신의 지분율에 비례하여 신주를 우선적으로 인수할 기회(신주인수권)를 주주에게 원칙적으로 부여하여야 하고, 이를 통해 회사의 자본수요 충족과 주주의 이익보호가 절충된다.

2. 신주발행의 유형

(1) 통상·특수 신주발행

1) **통상적 신주발행** : 신주발행은 신주발행의 목적을 기준으로 통상적인 신주발행과 특수한 신주발행으로 구분된다. **통상적인 신주발행**은 회사의 자본을 증가시켜 회사의 현금의 흐름을 좋게 하지만, 주식수의 증가를 가져와 기존주주의 지분율을 변동(**주식의 희석화**)시키므로 주주의 이해와 밀접한 관련을 가진다. 회사법은 자본증가가 회사나 회사채권자 등에 불이익하지 않으므로 수권자본 내에서의 자본증가는 이사회결의만으로 가능하도록 하되 기존의 지분율이 준수되도록 하고 있다. 다만 수권주식수를 넘어서 발행주식수를 증가시킬 경우에는 정관에 기재된 수권주식수의 변경이 요구되므로 주주총회의 특별결의를 거쳐 정관을 변경한 후 증가절차를 진행시켜야 한다(**수권자본제도**).

2) **특수한 신주발행** : 통상적인 신주발행 이외에도 특수절차의 일부로서 신주가 발행되는 경우를 특수한 신주발행이라 한다. 이는 자본의 증가가 목적이 아니므로 기존주주의 이익보호를 위한 주주의 신주인수권은 인정되지 않는다. 상법상 규정된 특수한 신주발행에는, 준비금의 자본전입에 의한 신주발행(상461), 주식배당에 의한 신주발행(상462의2), 주식병합이나 주식분할에 의한 신주발행(상440, 329의2), 전환주식의 전환(상346,349), 전환사채의 전환(상513~516), 신주인수권부사채에 있어서 신주인수권행사(상516의8)에 의한 신주발행, 흡수합병시 존속회사가 소멸회사 주주에게 하는 신주발행(상523), 분할 또는 분할합병의 경우 피분할회사의 주주에 대한 신주발행(상530의5,6), 주식교환·이전에 있어서 완전모회사의 신주발행(상360의2.2,360의15.2), 주식매수선택권에 의한 신주발행(상340의2) 등이 포함된다.

(2) 주주배정·제3자배정 신주발행

1) 주주배정 : 통상적 신주발행시 회사 외부에서 자본이 조달되지만 그 자금의 주체가 주주로 예정되어 있는가 아니면 제3자로 예정되어 있는가에 따라 주주배정 신주발행과 제3자배정 신주발행으로 구별할 수 있다. 통상적 신주발행은 회사의 자본조달이라는 이익과 주식의 희석화(지분율 변동)에 따른 기존주주의 이익이 대립한다. 따라서 주주를 보호하기 위해 신주발행은 허용하되 주주에게 먼저 신주를 인수할 권리를 우선 부여하고, 이를 행사하지 않을 경우에만 타인의 자본참가를 허용하여 주주의 이익을 보호하는 신주발행을 주주배정 신주발행이라 한다. 주주배정 신주발행시 주주에게 부여되는 신주인수권은 주주의 권리이지 의무는 아니므로 주주는 이를 포기하고 주식을 인수하지 않을 수 있다. 이 경우 회사는 자본조달을 위해 주주가 인수를 포기한 잔여 신주발행분을 제3자에게 주식을 배정하는 것이 허용된다.

2) 제3자배정 : 통상적 신주발행을 하면서 주주에게 신주발행에 참여할 권리(신주인수권)에 우선하여 제3자에게 신주인수권을 부여하는 방법을 제3자배정 신주발행이라 한다. 제3자배정 신주발행은 주주의 신주인수권이 배제되어 주식의 희석화가 발생하고 기존주주의 지분율 하락에 따른 불이익이 발생할 수 있으므로 주주의 이익보호를 위한 엄격한 절차가 규정되어 있다. 즉 제3자에게 신주인수권을 부여하기 위해서는 이를 위한 정관규정이 있어야 하고 경영상 목적을 달성하기 위해 필요한 경우에만 제한적으로 허용된다(**절차적 통제**).

3) 양자의 구별 : 주주가 인수를 포기한 신주를 다시 제3자에게 배정하는 경우 이를 주주배정으로 보아야 하는지 제3자배정으로 보아야 하는지 문제된다. 제3자가 주식을 인수한다는 결과만 놓고 보면 제3자배정 신주발행이라 할 여지도 있다. 하지만 이 경우에는 제3자의 인수가 미리 예정된 것이 아니고 주주에게 신주를 인수할 기회를 먼저 부여하였는데 주주가 스스로 이를 포기한 것이므로, 주주보호를 위한 절차적 통제(정관·경영목적)가 요구되지 않아 이를 제3자배정 신주발행이라 볼 수 없고 주주배정 신주발행절차의 일부라 보아야 한다. 판례도 신주 등의 발행에서 주주 배정방식과 제3자 배정방식을 구별하는 기준은 회사가 신주 등을 발행하는 때에 주주들에게 그들의 지분비율에 따라 신주 등을 우선적으로 인수할 기회를 부여하였는지 여부에 따라 객관적으로 결정되어야 할 성질의 것이

지, 신주 등의 인수권을 부여받은 주주들이 실제로 인수권을 행사함으로써 신주 등을 배정받았는지 여부에 좌우되는 것은 아니라 보았다(2007도4949).

제 2 절 통상적 신주발행

1. 의 의

1) 개 념 : 통상적 신주발행이란 회사가 성립한 후 자기자본을 확대하기 위해 수권주식의 범위 내에서 주식을 발행하는 것을 의미하며, 신주발행 또는 증자라고 하면 통상적 신주발행을 의미한다. 통상적 신주발행은 회사성립 후에 이루어지는 주식발행이고 회사설립시에 하는 주식발행과는 절차·효과에서 구별된다. 그리고 통상적 신주발행이 완성되면 자기자본이 확대되어 회사의 재산이 증가된다. 자기자본이 증가되므로 증가자본에 대한 반환의무 없이 사업자금으로 활용할 수 있어, 타인자본 즉 채무가 확대되는 사채발행이라든가 금융기관으로부터의 차입 등과 구별된다. 그리고 통상적 신주발행은 수권주식의 범위 내에서만 가능하고, 이를 초과할 경우 수권주식의 확대를 위한 정관변경절차를 거친 후 통상적 신주발행을 하여야 한다.

2) 법적 성질 : 신주인수시 회사는 자본이 증가되지만 신주를 인수하여 주주가 되는 자는 사단법인의 성질을 가지는 회사의 구성원이 된다. 따라서 신주인수계약은 사원관계의 발생을 목적으로 하는 **입사계약**의 법적 성질을 가진다고 본다(통설, 88누7255). 회사법상 1인회사가 허용되고 회사의 사단성에 관한 규정이 삭제되었지만 회사의 본질은 여전히 재산의 집합체가 아니라 사람의 집합체이므로 원칙적 사단성을 가진다. 따라서 제3자는 물론 기존 주주가 신주를 인수하는 것은 해당 신주에 관해 새로운 입사계약이 체결된 것이고, 회사 전체로 보면 발행주식의 수만큼의 입사계약이 집합적으로 체결된다고 볼 수 있다. 그리고 주식인수계약은 신주발행등기 후 1년 후 또는 주식에 대한 주주권을 행사한 후에는 주식청약서·신주인수권증서의 요건흠결을 이유로 그 인수의 무효를 주장하거나, 사기·강박·착오를 이유로 그 인수를 취소하지 못하는 회사법상 특수한 성질의 계약이다(상427). 판례는 주식인수계약을 주식옵션계약이나 그에 기한 풋옵션의 행사로

체결되는 주식매매계약과 별개, 독립의 계약으로 본다(2000다54659).

3) 신주발행의 규율 : 회사의 통상적 신주발행은 회사 외부의 자금을 회사내로 유입시키는 회사행위의 일종이므로 의사결정절차와 그 집행이 요구된다. 회사법은 회사가 자본의 확충이 요구되는 시점에 신속하게 신주발행을 할 수 있도록 신주발행을 원칙적으로 **이사회의 결의사항**으로 정하고 있지만, 정관에서 주주총회 결의사항으로 정할 수 있다(상416). 그러나 이사회의 신주발행에 의해 주주의 권익이 침해되는 것을 방지하기 위해, 첫째, **수권주식의 범위 내**에서만 이사회의 결의로 신주발행을 할 수 있도록 제한하고(상416), 둘째, 주주에게 **신주인수권**을 부여하여 주주는 우선적으로 신주를 인수할 수 있어 자신의 지분율을 유지할 수 있게 하였으며(상418.1), 셋째, 이사회가 불공정한 방법으로 신주발행을 할 경우 각 주주는 **신주발행유지청구권**을 행사하여 회사에 대하여 신주의 발행의 중지를 청구할 수 있도록(상424) 정하고 있다.

4) 신주인수권 : 통상적 신주발행에서 주주인수권이란, 회사가 증자를 위해 신주를 발행할 경우에 타인에 우선하여 신주를 인수하여 배정받을 수 있는 주주 또는 제3자의 권리를 의미하며, 이는 주주의 신주인수권과 제3자의 신주인수권으로 구별된다. 회사법은 주주는 그가 가진 주식수에 따라서 신주의 배정을 받을 권리 즉 **주주의 신주인수권**을 규정하고(상418.1) 이를 보장하고 있다. 하지만 주주의 신주인수권은 불가침의 절대적 권리가 아니므로 신기술의 도입, 재무구조의 개선 등 회사의 **경영상 목적**을 달성하기 위하여 필요한 경우에 **정관의 규정**에 의해 배제될 수 있다. 즉 회사는 정관이 정하는 바에 따라 주주 외의 제3자에게 신주를 배정할 수 있고 이를 **제3자의 신주인수권**이라 한다. 앞서 본 바와 같이 신주인수권은 권리이지 의무가 아니어서 이를 포기할 수 있고, 인수에서 우선권이지 인수조건에서 우대권이 아니다. 주주의 신주인수권은 법률에 의해 보장되는 추상적 권리(**추상적 신주인수권**)이지만, 이사회가 신주발행결의를 하는 시점에 구체적인 재산상의 권리(**구체적 신주인수권**)로 변화하게 된다.

2. 주주의 신주인수권

(1) 의 의

1) 개 념 : 주주의 신주인수권이란 주주가 자신의 보유주식의 수에 비례하여 우선적으로 신주를 인수하여 배정받을 수 있는 권리이다(상418.1). 통상적 신주발행에서 발생하는 주주의 지분 희석화를 막기 위해 회사법은 주주에게 신주인수권을 부여하고 있으며, 이는 주주가 가진 주식수에 비례한 권리여서 **주주평등의 원칙**이 적용된다고 볼 수 있다. 회사법은 예외적으로 제3자의 신주인수권도 허용하고 있어, 주주의 신주인수권은 정관의 규정에 의해 제한될 수 있는 성질의 권리로 본다. 판례도 자본조달의 기동성 내지 편의성을 확보하고자 하는 수권자본제도의 본래의 취지에 따라 주주의 신주인수권은 법규정이나 위 수권자본제도의 본래의 취지에 따라 제한이 가하여지는 **상대적 권리**라고 보았다(88누889)

2) 신주인수권 유형 : ① **구 별 – 추상적 신주인수권**은 정관이나 이사회의 결정에 의해서 비로소 생기는 것이 아니라 법률규정에 의하여 주주에게 당연히 생기는 주주의 권리로서 주주의 지위에 종속한다. 그러나 **구체적 신주인수권**은 이사회의 신주발행 결의에 의해 비로소 발생하며 주주가 회사에 대하여 갖는 일종의 채권적 권리이다. 구체적 신주인수권의 발생은 주주의 지위(추상적 신주인수권)에서 비롯되었지만, 일단 성립한 후에는 그 채권의 속성에 따라 독립된 권리로서 양도성을 가져 원칙적으로 이를 타인에게 양도할 수 있다. 다만 구체적 신주인수권은 신주인수권증서에 의하므로 동 증권의 발행여부에 따라 구체적 신주인수권 양도가 제한될 수 있다.

② **구체적 신주인수권의 귀속 –** 구체적 신주인수권은 이사회에서 정한 신주배정기준일에 발생하여, 배정기준일의 주주명부에 기재되어 있는 주주가 구체적 신주인수권을 원시적으로 취득한다. 판례도 회사가 신주를 발행하면서 그 권리의 귀속자를 주주총회나 이사회의 결의에 의한 일정시점에 있어서의 주주명부에 기재된 주주로 한정할 경우 그 신주인수권은 위 일정시점에 있어서의 실질상의 주주인가의 여부와 관계없이 회사에 대하여 법적으로 대항할 수 있는 주주, 즉 주주명부에 기재된 주주에게 귀속된다고 본다(2008다96963).

3) 허용 범위：통상적 신주발행절차를 거치는 장래에 발행될 모든 신주가 신주인수권의 대상이 되고 특수한 신주발행절차에서는 주주의 신주인수권이 인정되지 않는다. 그리고 주식의 종류에 관계없이 모든 주주는 정관에 다른 정함이 없는 한 원칙적으로 보유주식수에 비례하여 평등하게 신주의 배정을 받을 권리가 있다. 다만 이에 대한 예외로서, 첫째, 정관에 특별한 규정이 없더라도 수종의 주식에 관해서는 신주의 인수로 인한 주식의 배정에 관하여 주식의 종류에 따라 특수한 정함을 할 수 있으며(상344.3), 둘째, 학설대립은 있지만 자기주식은 신주인수권이 없다고 보는 견해가 있으며, 셋째, 단주처리 등이 거론된다. 특히 신주발행시 발생하는 단주에 관하여는 자본감소의 경우와 같은 단주의 처리에 관한 명문규정이 없으므로 처리방법에 관해 학설이 대립된다. 이사회가 그 처리에 관하여 자유로이 정할 수 있다는 견해, 주주평등의 원칙상 단주를 시가로 처분하여 발행가액과의 차액을 단주의 주주에게 분배하는 것이 타당하다는 견해 등이 주장된다.

(2) 신주인수권의 제한

1) 정관에 의한 제한：① 논 의 – 주주의 신주인수권은 정관에 의하여 제한될 수 있는데, 이는 신기술의 도입, 재무구조의 개선 등 회사의 경영상의 목적을 달성하기 위하여 필요한 경우로 한정된다(상418.2). 여기서 신주인수권의 제한이라 함은 신주인수권의 내용에 대한 제한이 아니라 주주평등의 원칙에 의해 예정된 기존주주의 신주배정비율에 대한 수량적 제한을 의미한다. 신주인수권의 제한에는 주주의 **신주인수권의 배제**도 포함되는가?(**쟁점61**)[176] 이에 관해, 주주의 신주인수권은 고유권이 아니므로 수권자본제도를 취한 현행 회사법 하에서 회사의 자금조달의 편리성을 기하기 위하여 완전박탈이 가능하다고 보는 **긍정설**, 신주인수권의 기능에 비추어 명문의 규정이 없는 이상 원칙적으로 부정하여야 한다는 **부정설**, 신주인수권은 주주권의 본질적인 내용이므로 합리적인 이유가 있어야만 신주인수권의 제한·박탈이 허용된다고 보는 **절충설** 등이 주장된다.

---

[176] **신주인수권의 완전박탈·배제의 가능성(쟁점61)**에 관해, **긍정설**은 주주의 신주인수권은 고유권이 아니므로 수권자본제도를 취한 현행 회사법 하에서 회사의 자금조달의 편리성을 기하기 위하여 완전박탈이 가능하다고 보는 견해(다수설)이다. **부정설에는** 신주인수권의 기능에 비추어 명문의 규정이 없는 이상 원칙적으로 부정하여야 한다는 견해(정동윤660), 신주인수권은 주주권의 본질적인 내용의 하나이므로 신주인수권의 제한의 경우는 물론 박탈의 경우에도 합리적인 이유가 있어야만 허용된다고 보는 견해(이철송702) 등이 이에 속한다.

② **검 토** - 회사법은 신주인수권 제한의 범위를 명시하고 있지 않으므로 회사법이 제한하고 있는 목적의 범위 내이고 정관에 규정할 경우, 주주의 신주인수권의 수량적 제한은 양적 한도 없이 허용된다고 본다. 그리고 신주인수권의 박탈은 수량적 제한의 극단적 경우로 볼 수 있고, 박탈을 허용하지 않는다고 하더라도 소량의 주식을 주주에게 대부분의 신주인수권을 제3자에게 부여하는 경우(실질적 박탈)도 나타날 수 있고 그 한계를 정하는 것도 의미가 적다. 엄격한 절차를 거쳐 신주인수권의 제한을 허용하고 있는 회사법이 취지를 고려할 때, 모든 신주를 제3자에게 배정하는 것도 허용된다고 본다(긍정설). 다만 주주에 대한 신주인수권의 제한에 관한 사항은 주식청약서에 기재하여야 한다(상420.5호).

2) 법률 등에 의한 제한 : 주권·코스닥상장법인은 정관이 정하는 바에 따라 이사회의 결의로서 일반공모증자의 방식에 의하여 신주를 발행하는 경우에는 그 범위 내에서 신주인수권이 제한되거나 박탈된다(자본165의6). 그리고 코스닥상장법인을 제외한 주권상장법인 또는 주권을 유가증권시장에 상장하려는 법인이 주식을 모집하거나 매출하는 경우, 해당 법인의 우리사주조합원은 모집하거나 매출하는 주식총수의 20/100의 범위에서 우선적으로 주식을 배정받을 권리가 있다(자본165의7.1). 다만 외국인투자촉진법에 따른 외국인투자기업 중 대통령령으로 정하는 법인이 주식을 발행하는 경우나 그 밖에 우리사주조합원에 대한 우선배정이 어려운 경우로서 대통령령으로 정하는 경우, 그리고 우리사주조합원이 소유하는 주식수가 신규로 발행되는 주식과 이미 발행된 주식의 총수의 20/100을 초과하는 경우는 제외된다(동조2항). 금융위원회는 우리사주조합원에 대한 주식의 배정과 그 주식의 처분 등에 필요한 기준을 정하여 고시할 수 있다(동조3항).

(3) 현물출자와 신주인수권

1) 현물출자의 규율 : 회사가 성립한 후 신주발행을 할 경우 금전이 아닌 현물을 출자하여 주식을 인수하는 이른바 현물출자도 회사가 허용할 경우 가능하다. 현물출자시 출자자의 성명과 그 목적인 재산의 종류·수량·가액과 이에 대하여 부여할 주식의 종류와 수 등을 원칙적으로 이사회가 결정하는데(상416.4호), 이를 정관으로 달리 규정할 수 있다. 그리고 현물출자에 관한 사항은 주식청약서에 기재하여야 한다(상420.3호). 주식회사의 설립시나 증자시에 금전출자가 원칙이나 예외적으로 현물출자도 가능하지만, 현물출자는 과대평가되어 자본에 흠결

이 생기게 하여 회사채권자나 주주의 이익을 해할 위험이 있다. 따라서 회사법은 회사설립시 현물출자를 변태설립사항에 포함시켜 정관에 기재하여야 효력을 가지도록 규정하지만(상290), 증자시에는 회사의 이사회의 결정에 따라 자율적으로 현물출자사항을 정할 수 있다(상416.4호). 상법 제290조는 회사설립에 관한 규정으로서 신주발생시 준용되지 않고, 신주발행절차는 회사의 통상적인 업무집행절차에 따라 업무를 집행하고 감독을 받으므로 신주발행에 유추적용할 필요도 없다고 본다.

2) **신주인수권의 배제** : 현물출자에 따른 신주발행시 현물출자자의 성명 등의 사항이 정관 또는 이사회의 결의사항으로 되어 있다(상416.4호). 그렇다면 현물출자의 경우에는 금전출자시 인정되는 주주의 신주인수권이 배제되는가?(**쟁점62**)[177] 이에 관해, 이사회의 결의로 정해지는 현물출자에는 주주의 신주인수권이 미치지 않는다는 **긍정설**, 이사회결정에 의한 현물출자를 통해 회사의 지분·지배구조를 변경할 수 있어 부당하므로 신주인수권 배제를 정당화하는 정관의 근거가 있어야 한다는 **부정설** 등이 주장된다. **판례**는 주주의 신주인수권은 주주의 자격에 기하여 법률상 당연히 인정되는 것이지만, 현물출자자에 대하여 발행하는 신주에 대하여는 일반주주의 신주인수권이 미치지 않는다고 보아(88누889), 긍정설을 따르고 있다.

3) **검 토** : 현물출자시 주주의 신주인수권 배제 여부는 먼저 현물출자시 제3자 배정에 해당하는가와 관련된다. 현물출자도 제3자가 주식을 취득하는 결과를 발생시키므로 제3자배정(상418.2)에 해당하는가? 이에 관해, 출자방식이 금전출자가 아니라 현물출자라는 이유만으로 그와 같은 불이익을 입을 우려가 있는 기존 주주의 신주인수권에 대한 보호를 이유로 상법 제416조 4호의 규정만으로 현물출

---

177) **현물출자시 주주의 신주인수권의 배제가능성(쟁점62)**에 관해, **긍정설**은 이사회의 결의나 정관에서 정한 경우 주주총회의 결의에서 현물출자를 하는 자와 그에 대하여 부여할 주식의 수를 정하기 때문에(상416.4호) 현물출자에는 주주의 신주인수권이 미치지 않는다는 견해(다수설)이다. 동 견해는 현물출자의 개성에 따라 특정재산을 필요로 하는 회사의 이익이 주주의 신주인수권에 우선할 수 있다고 본다(권기범1036, 임홍근590, 정동윤692, 최기원772). **부정설**은 주주의 신주인수권을 부인할 경우 이사회결정에 의한 현물출자를 통해 회사의 지분·지배구조를 변경할 수 있게 되어 부당하다고 보면서, 신주인수권 배제를 정당화하는 정관의 근거가 있어야 한다는 견해이다. 주주의 신주인수권에 변동을 가져오는 현물출자는 정관의 규정 또는 이에 갈음하는 주주총회의 특별결의를 거쳐야 하며 상418.2의 경영상이 목적도 구비하여야 한다고 본다(이철송910; 김건식643~644, 서헌제942, 채이식699).

자에 의한 신주발행에는 상법 제418조가 배제된다고 해석할 수 없다고 보거나 (2010가합3538), 현물출자에 의한 신주발행이 회사의 경영권 분쟁이 현실화된 상황에서 피고 회사의 경영진의 경영권이나 지배권 방어라는 목적을 달성하기 위하여 경영상 목적 달성의 필요성 등을 기준으로 현물출자의 효력을 판단(2014가합1994)한 하급심 판결이 있다. 회사법은 현물출자의 경우 제3자배정에 관한 규정(상418.2)과 별도의 규정을 두어 그 발행사항을 이사회가 정하도록 하고 있다(상416.4호). 이는 현물출자의 경우 출자자가 특정되므로 신주배정방식(주주·제3자배정)과 별개로 그 특수성을 고려하여 이사회가 현물출자의 허용여부를 결정하도록 한 것으로 이해될 수 있다. 따라서 현물출자사항은 이사회에서 결의하면 되고 현물출자에 제3자배정에 따른 제한(상418.2)은 적용되지 않는다고 봄이 타당하다고 본다.

4) 사 견: 현물출자와 주주의 신주인수권의 관계를 보면, 현물출자는 그 성격상 출자재산이 회사에 필요한지 여부를 기준으로 결정되어야 하므로 이를 일반 신주와 함께 취급하는 것은 부적절하다고 본다. 현물출자는 출자자뿐만 아니라 부여할 주식의 수도 이사회에서 결정하게 되어(상416.4호) 비례적 배정에 따른 신주발행과 그 발행구조가 다르므로 현물출자는 일반 신주발행과는 구별되어야 할 필요가 있다. 그리고 신주인수권은 절대적으로 보장되는 권리로 보호하지 않는 것이 외국법에서도 일반적인 점을 감안할 때, 현물출자는 제3자배정에도 해당하지 않고 주주의 신주인수권의 대상도 되지 않아 원칙적으로 신주인수권이 배제된다고 본다(긍정설).

5) 지배권 탈취수단: 현물출자는 금전출자와 달리 회사의 필요성에 따라 이사회가 현물출자를 특별히 결의한 범위 내에서 정관의 규정 없이도 제3자에게 현물출자의 기회를 부여할 수 있다. 결과적으로 주주의 신주인수권이 침해되지만 현물출자를 통해 회사가 이익을 얻게 되므로 회사법은 이사회의 판단에 따라 이를 허용하고 있다고 본다. 하지만 현물출자를 빙자하여 단순한 지분율의 변동이 아니라 회사의 지배권을 변동을 가져올 경우라면 이는 현물출자가 지배권 탈취를 위한 수단이 되었다고 볼 수 있어 현물출자의 효력을 인정하기는 어렵다고 본다. 즉 현물출자가 회사의 지배권 변동(유지·탈취)을 위한 수단으로 활용된 경우에는 현물출자를 가장한 제3자배정이 되어 상법 제418조 2항의 탈법행위가 되므로, 신

주발행유지청구(상424)이 대상이 될 뿐만 아니라 신주발행무효의 소의 대상이 될 수도 있다고 본다. 하급심 판례에서도 경영권 및 지배권을 방어할 수 있는 우호적인 제3자에게 현물출자라는 형식으로 신주를 배정한 것에 불과하다면, 이는 결과적으로 현물출자제도를 이용하여 기존 주주들의 신주인수권을 침해한 것으로 그 신주발행은 무효라고 보았다(2014가합1994).

6) **교환발행** : 회사가 신주발행을 함에 있어 출자자가 주식을 현물출자할 수 있다. 물론 신주발행회사의 주식을 출자한다면 자기주식이 되어 허용되지 않으나, A회사가 신주를 발행하는 데 B회사가 신주를 발행하는 방법으로 현물출자하는 것, 더 나아가 A의 신주발행에 대해 B가 신주로 현물출자를 하고 B의 신주발행에 대해 A가 신주로 현물출자하는 것이 허용되는가? 이에 관해 긍정하면서, 주식의 청약을 하는 시점에서 쌍방의 현물출자의 목적재산이 현존하지 않는 것이라는 법이론적인 저항, 쌍방의 신주발행의 효력이 동시에 발생해야 한다는 기술적인 제약, 회사에 따라서는 공정거래법상의 상호출자금지에 저촉될 우려 등을 지적하는 견해가 있다. 생각건대 신주를 현물출자할 경우 출자의 목적물은 아직 주식으로 효력이 발생하지 않은 구체적 신주인수권이라 할 수 있고, 양도가능한 구체적 신주인수권은 대차대조표상 자산으로 계상될 수 있으므로 현존성·기술적제약 등과 무관하게 현물출자가 가능한 재산이라 본다. 다만 신주인수권증서가 발행되지 않아 양도가 불가능한 신주인수권은 현물출자 또는 교환발행의 목적이 될 수 없다고 본다.

(4) 신주인수권의 양도성

1) **취 지** : 주주권의 내용으로서 추상적 신주인수권은 주주의 지위에 포함되어 있어 그 독립성이 인정되지 않으므로 주식과 분리하여 양도·처분할 수 없다고 본다. 하지만 이사회의 신주발행결의에 의해 발생되는 구체적 신주인수권은 주식과는 별개의 채권적 권리의 성질을 가지고 있으므로 주식과 독립하여 양도·처분할 수 있다. 주주의 입장에서 신주가 발행되더라도 주식인수대금이 없어 주식인수에 참여할 의사가 없을 수도 있고 주가가 하락될 염려가 있는 경우 등 주주의 이익을 보호하기 위해 경제적 가치가 있는 신주인수권의 양도를 허용할 필요가 있다. 회사의 입장에서도 주식인수의 의사가 있는 자에게 신주인수권이 양도되더라도 신주인수권의 취득사실이 증명될 수만 있다면 자본의 증가에 아무런 영향이

없으므로 주주의 이익보호를 위해 구체적 신주인수권의 양도는 허용된다고 본다.

    2) 이사회결의 : 이사회 결의 또는 정관의 규정으로 '신주인수권을 양도할 수 있는 것에 관한 사항'(상416.5호)을 정하지 않은 경우에도 주주는 신주인수권을 양도할 수 있는가?**(쟁점63)**[178] 이에 관해, 신주인수권증서에 의한 신주인수권의 양도(상420의3)는 강행규정이므로 이러한 신주인수권의 양도는 회사의 승인 유무와 관계없이 회사에 대하여 효력이 없다고 보는 **부정설**, 회사법 제416조 5호의 취지가 신주인수권의 양도성을 창설하는 취지가 아니므로 양도성에 관한 이사회의 정함이 없어도 신주인수권을 양도할 수 있다고 보는 **긍정설** 등이 주장된다. **판례**는 회사가 정관이나 이사회의 결의로 신주인수권의 양도에 관한 사항을 결정하지 아니하였다 하여 신주인수권의 양도가 전혀 허용되지 아니하는 것은 아니고, 회사가 그와 같은 양도를 승낙한 경우에는 회사에 대하여도 그 효력이 있다고 보아(94다36421) 절충적 입장을 취하고 있다.

    3) 검 토 : 구체적 신주인수권은 채권적 성질을 가진 권리로서 양도성은 법률은 물론 당사자간의 약정에 의해 제한될 수 있다(민449.2). 신주인수권의 부여는 주주의 권리로서 보호가 요구되어 이사회의 결의만으로 영향을 미칠 수 없지만, 신주인수권의 양도성은 권리의 부여와 달리 회사의 이사회의 결의에 의해 제한할 수 있다고 본다. 그리고 회사가 신주인수권의 양도성을 결의하지 않고 신주인수권증서를 발행하지 않을 경우 신주인수권 양도방법을 정한 상법 제420조의3이 적용될 수 없다는 점도 신주인수권의 양도를 허용하기 어려운 이유가 된다. 그리고 신주인수권 양도성가능성과 신주인수권증서 발행 여부가 이사회결의로 정하든지 혹은 정관에 기재하여야 할 사항 즉 상대적 기재사항임을 정하고 있어(상416) 이

---

178) **이사회결의 결여 시 신주인수권의 양도가능성(쟁점63)**에 관해, **긍정설**은 주주의 신주인수권은 비례적 이익을 보호하기 위한 것이어서 성질상 이사회의 결의로 좌우할 것이 못된다고 본다. 상법 제416조에서 이사회의 결의로 신주인수권을 양도할 수 있음을 정할 수 있다고 한 뜻은 이사회의 결의에 의해 신주인수권의 양도성을 창설할 수 있다는 뜻이 아니라, 회사의 편의에 따라 신주인수권의 양도를 전향적으로 규율할 수도 있고, 그렇게 하지 않을 수도 있다는 뜻으로 이해하고 신주인수권의 양도에 관한 이사회의 정함이 없다 하더라도 신주인수권을 양도할 수 있다고 본다(이철송920). **부정설**은 이 경우 신주인수권의 양도를 인정하면 상법 제416조 5호를 무의미하게 만들고, 또한 신주인수권증서에 의한 신주인수권의 양도(상420의3)는 강행규정이므로 이러한 신주인수권의 양도는 회사의 승인 유무와 관계없이 회사에 대하여 효력이 없다고 본다(정찬형1142~1143; 최기원1027).

사회 결의 또는 정관의 규정 없이는 신주인수권을 양도할 수 없다고 볼 수 있다. 요컨대 회사법은 정관·이사회결의에 의해 구체적 신주인수권의 양도성을 자유롭게 결정할 수 있지만, 회사가 양도성을 결의한 경우에 구체적 신주인수권의 양도가 허용한다는 취지로 해석된다(부정설).

(5) 신주인수권의 양도방법

1) 양도의 전제 : 회사법은 (구체적) 신주인수권이 정관의 규정이나 또는 이사회의 결의(또는 정관에 따라 주주총회의 결의)로 양도할 수 있음을 정한 경우에 양도할 수 있다(상416.5호)고 정하고 있어, 정관·이사회결의에 의한 신주인수권의 양도성이 허용되어야 한다. 그리고 신주인수권의 양도방식은 신주인수권증서의 교부에 의하므로 신주인수권증서가 발행되어야만 (구체적) 신주인수권이 양도될 수 있게 된다. 요컨대 (구체적) 신주인수권이 양도가 가능하기 위해서는 첫째, (구체적) 신주인수권의 양도를 허용하는 정관규정 또는 이사회의 결의가 있어야 하고, 둘째, 신주인수권증서가 발행되어야 한다.

2) 신주인수권증서 : 신주인수권증서란 주주의 구체적 신주인수권을 표창하는 회사가 발행하는 유가증권으로서, 신주인수권증서에 의해 주주의 구체적 신주인수권은 유통될 수 있다. 신주인수권증서는 신주인수의 청약 전에 유통되는 주주의 신주인수권을 표창한 요식의 유가증권이다. 청약기일의 2주 전에 신주인수권증서를 발행하여야 하며(상420의2.1), 신주인수권증서에는 신주인수권증서라는 뜻의 표시, 주식청약서 기재사항(상420), 신주인수권의 목적인 주식의 종류와 수, 일정기일까지 주식의 청약을 하지 아니할 때에는 그 권리를 잃는다는 뜻과 번호를 기재하고 이사가 기명날인 또는 서명하여야 한다(상420의2.2). 신주인수권증서는 법률상 제한이 없으므로 기명식 또는 무기명식으로 발행할 수 있다고 본다.

3) 증서의 발행 : ① 발행 결정 – 정관의 규정 또는 이사회의 결의로 신주인수권의 양도성을 인정한 경우 신주인수권증서를 발행할 수 있다. 다만 신주인수권의 양도성을 허용하면서 이에 관한 별다른 제한을 결의하지 않았다면 모든 주주에게 신주인수권증서를 발행하여야 한다. 하지만 이사회결의·정관으로 주주의 청구가 있을 때에만 신주인수권증서를 발행하도록 정할 수 있는데(상416.6호) 청구기간도 동시에 정하여야 하고, 이 경우 청구기간 내에 청구가 있는 경우에만 신주

인수권증서가 발행된다.

② **기재사항** - 신주인수권증서의 기재사항은 주식청약서의 기재사항에다가 신주인수권의 목적인 주식의 종류와 수, 실권조항을 추가한 내용이다. 회사가 종류주식을 발행한 경우에도 종류주식의 종류와 수는 주식청약서, 신주인수권증서의 기재사항이 아니지만, 신주 자체가 종류주식인 경우에는 신주의 종류와 수는 주식의 발행사항에 해당하여 이사회가 이를 결정하고(상416.1호) 주식청약서·신주인수권증서의 기재사항이 된다(상420,420의2 → 416.1호). 다만 전환주식이 신주로 발행될 경우에는 단순히 전환주식의 내용(전환의 뜻)과 수만 기재되는 것이 아니라 전환주식의 내용(전환조건 등)도 주식청약서·신주인수권증서의 기재사항이 된다. 이를 구체적으로 보면, 주식을 다른 종류의 주식으로 전환할 수 있다는 뜻, 전환의 조건, 전환으로 인하여 발행할 주식의 내용, 전환청구기간 또는 전환기간 등이 이에 해당한다(상347).

4) 발행전 양도 : 이사회가 신주인수권의 양도를 허용하는 결의를 하였음에도 회사가 신주인수권증서를 발행하지 않을 경우 신주인수권의 양도방법이 문제된다. 이는 마치 주권발행전의 주식양도와 유사하게 주주는 주식을 양도할 권리를 가졌음에도 양도수단인 주권이 발행되지 않은 상태여서 가치권 양도의 원칙적 방법인 채권양도방법에 의함이 타당하다고 본다. 판례도 신주인수권증서가 발행되지 아니한 신주인수권의 양도 또한 주권발행 전의 주식양도에 준하여 지명채권 양도의 일반원칙에 따른다고 보아야 하므로, 주권발행 전의 주식양도나 신주인수권증서가 발행되지 아니한 신주인수권 양도의 제3자에 대한 대항요건으로는 지명채권의 양도와 마찬가지로 확정일자 있는 증서에 의한 양도통지 또는 회사의 승낙이라고 보는 것이 상당하고, 주주명부상의 명의개서는 주식 또는 신주인수권의 양수인들 상호간의 대항요건이 아니라 적법한 양수인이 회사에 대한 관계에서 주주의 권리를 행사하기 위한 대항요건에 지나지 아니한다고 본다(94다36421).

5) 양도의 방식 : ① 증서교부 - 신주인수권의 양도는 신주인수권증서의 교부에 의해서만 이루어진다. 신주인수권의 양도를 위해서는 신주인수권증서를 교부하여야 하고, 신주인수권증서의 점유자는 적법한 소지인으로 추정한다(상420의3 → 336.2). 그리고 증권 점유의 권리추정력에 근거하여 신주인수권의 선의취득을 인정한다. 즉, 사유의 여하를 불문하고 신주인수권증서의 점유를 잃은 자가 있는

경우에 그 신주인수권증서의 소지인은 그 신주인수권증서가 소지인출급식인 때 또는 배서로 양도할 수 있는 신주인수권증서의 소지인이 수표법 제19조의 규정에 의하여 그 권리를 증명한 때에는 그 신주인수권증서를 반환할 의무가 없다. 그러나 소지인이 악의 또는 중대한 과실로 인하여 신주인수권증서를 취득한 때에는 그러하지 아니하다(상420의3 →수21).

② **주식인수 청약방식** – 신주인수권증서가 발행된 경우에는 신주인수권증서에 의하여 주식의 청약을 하여야 한다(상420의4.1). 신주인수권증서를 상실한 자가 있는 경우에는 예외적으로 주식청약서에 의해 청약을 할 수 있으나, 신주인수권 증서의 선의취득자가 신주의 청약을 하면 주식청약서에 의한 청약은 그 효력을 상실한다(상420의4.2).

3. 제3자의 신주인수권

(1) 의 의

1) **개 념** : 제3자의 신주인수권이란 주주 이외의 제3자가 우선적으로 신주를 인수하고 배정을 받을 수 있는 권리를 말한다. 회사가 제3자에게 신주인수권을 부여하기 위해서는 **정관에 근거규정**이 있어야 하며, 신기술의 도입, 재무구조의 개선 등 회사의 **경영상 목적**을 달성하기 위하여 필요한 경우이거나(상418.2), 종업원지주제와 같이 기타 법령에서 정한 경우에 한정된다. 정관에 의한 제3자의 신주인수권이 부여될 경우 정관 규정뿐만 아니라 주식청약서에도 기재하여야 하며(상420 5호), 제3자가 어느 정도 구체적으로 나타나야 한다. 통상 주주 이외의 자를 제3자로 보지만, 주주라 하더라도 주주자격에 의하지 않고 신주인수권을 가지는 경우라면 주주도 제3자에 해당할 수 있고 주주가 가지는 권리는 제3자의 신주인수권에 해당한다.

2) **취 지** : 주식회사가 신주를 발행하면서 주주 아닌 제3자에게 신주를 배정할 경우 기존 주주에게 보유 주식의 가치 하락이나 회사에 대한 지배권 상실 등 불이익을 끼칠 우려가 있다. 따라서 회사법은 신주를 발행할 경우 원칙적으로 기존 주주에게 이를 배정하고 제3자에 대한 신주배정은 정관이 정한 바에 따라서만 가능하도록 그 절차(상418.1,2)를 규정하여 제한하고 있다. 이렇게 제3자배정의 절차를 제한할 뿐만 아니라 그 사유도 신기술의 도입이나 재무구조 개선 등 기업

경영의 필요상 부득이한 예외적인 경우로 제한한 회사법 규정의 취지는 기존 주주의 신주인수권을 보호하기 위함이라고 볼 수 있다. 따라서 회사의 경영권 분쟁이 현실화된 상황에서 경영진의 경영권이나 지배권 방어라는 목적을 달성하기 위하여 제3자에게 신주를 배정하는 것은 상법 제418조 제2항을 위반하여 주주의 신주인수권을 침해하는 것이 된다(2008다50776).

3) **법적 성질** : 제3자가 신주인수권을 가질 경우 신주인수의 청약과 배정을 통하여 주식인수인으로 확정되어 주금을 납입하여야 주주가 된다. 주주의 신주인수권은 특별한 의사표시 없이 당연히 주주에게 귀속되는데 반해, 제3자의 신주인수권은 정관규정에 의하여 당연히 취득하는 것이 아니라 회사와의 구체적인 계약을 통해 취득하는 **계약상의 권리**이다. 따라서 제3자가 주주가 되기 위해서는 먼저 제3자 신주인수권 부여에 관한 정관규정은 물론 신주인수권 부여계약, 신주발행의 이사회결의, 신주인수계약, 납입절차 등을 완료하여야 한다. 제3자의 신주인수권도 추상적 신주인수권과 구체적 신주인수권으로 구별될 수 있으며, 정관규정, 신주인수권 부여계약만으로는 **제3자의 추상적 신주인수권**만 발생하고, 이사회의 신주발행결의에 의해 **제3자의 구체적 신주인수권**이 발생하게 된다. 제3자가 인수하는 신주에 대한 발행가액은 주주의 신주인수권과 달리 주주평등의 원칙이 적용되지 않고 각각 다르게 정해지더라도 무방하다.

(2) 요 건

1) **정관 규정** : ① 규정 대상 – 종업원지주제도 등 법령에서 정한 경우를 제외하고 제3자에게 신주인수권을 부여하기 위해서는 신주발행시에 요구되는 이사회결의만으로 부족하고 정관으로 제3자의 신주인수권을 규정하여야만 한다. 즉 제3자의 신주인수권은 주주의 신주인수권을 침해하게 되므로 회사의 내부규범인 정관으로 사전에 정한 경우에만 가능하도록 제한된다. 정관에서 규정되어야 할 사항은 신주인수권을 부여받을 자와 부여되는 주식의 종류와 수라고 할 수 있다. **신주인수권자**를 특정함에 있어 정관규정은 제3자를 특정할 수도 있고 임원·종업원 등을 포괄적으로 신주인수권자로 규정하고 신주발행의 이사회결의에서 이를 구체적으로 정할 수 있다. **부여될 주식**에 관해서는 신주인수권자에게 부여될 주식수를 기재하든지 비율을 기재할 수도 있으며 종류주식을 부여할 경우 주식의 종류도 기재할 수 있다. 특히 부여될 주식의 수는 주식수이든 비율이든 정관에 규정되어

야 하고 이사회 결의에 위임될 수는 없다고 본다.

　　② **주총결의에 의한 대체** − 정관의 규정에 대신하여 주주총회의 결의로 제3자에 신주인수권을 부여할 수 있는가? 전원동의가 아닌 이상 주주의 신주인수권이 침해되므로 부여할 수 없다고 본다. 만일 긴급하게 제3자를 통해 회사의 자본을 조달할 필요성이 있는 경우, 개별 주주의 동의를 얻어 신주인수권을 포기시킨 후 이를 제3자에게 신주를 배정하여 발행할 수 있을 뿐이다. 하지만 이러한 절차진행은 주주배정 신주발행의 후속절차에 지나지 않고 미리 정관으로 제3자에게 신주인수권을 부여하는 제3자 배정의 신주발행은 아니다.

　　2) 경영상의 목적 : 정관의 규정이라는 형식적 요건 이외에 상법은 신주인수권을 제3자에게 부여하는 목적을 제한하고 있다. 신기술 도입 또는 재무구조의 개선 등 회사의 경영상의 목적을 달성하기 위하여 필요한 경우에 한하여 제3자에게 신주인수권을 부여할 수 있다. 여기서 경영상의 목적이란 신기술 도입, 재무구조 개선에 한정되는지 문제된다. 하지만 경영상 목적이 추상적 개념이고 회사법도 재무구조 개선 '등'으로 규정하고 있어 신기술도입·재무구조개선은 예시로 볼 수 있고, 경영상 목적과 관련되면 기타 경우도 가능하다고 본다. 예컨대 시장 확대라는 경영상 목적을 위해 제3자에게 신주인수권이 부여될 필요가 있는 경우에도 정관의 규정에 의한 신주인수권 부여가 허용된다고 본다. 현물출자에도 경영상 목적과 정관규정이 요구된다고 보는 견해가 있지만, 현물출자를 제3자배정 신주발행과 관련시키는 것은 부적절하므로 현물출자에는 경영상 목적달성이 요구되지 않는다고 본다(전술함).

　　3) 회사와 제3자간의 계약 : 정관은 회사 내부규범이므로 회사 정관의 규정만으로 제3자의 신주인수권은 효력이 발생하지 않고 회사와 제3자간의 계약이 있어야 비로소 발생한다는 것이 통설이다. 주주의 신주인수권은 별도의 계약 없이 주주 자격에서 법률상 당연히 인정되는 권리이지만, 제3자의 신주인수권은 **계약상의 권리**여서 그 성질을 달리한다. 따라서 주주의 신주인수권이 침해된 경우 신주발행유지청구권이 행사될 수 있고 신주발행무효의 원인이 될 수 있는데 반해, 제3자의 신주인수권이 침해되더라도 채무불이행에 따른 회사의 책임만 문제될 뿐 신주발행유지청구권·신주발행무효의소 등이 문제되지 않는다. 그리고 **신주인수권부사채**가 발행된 경우 사채에 근거한 신주인수권에 관해, 제3자가 특정되기 전에는 신주

인수권이 발생하지 않고 회사가 신주인수권부사채를 제3자에게 구체적으로 배정하였을 때 비로소 발생한다고 보는 견해가 있다. 하지만 신주인수권부사채가 제3자에 배정되더라도 이는 추상적 신주인수권에 지나지 않고, 이 역시 앞서 본 바와 같이 이사회의 신주발행결의에 의해 구체적 신주인수권이 발생한다고 본다.

4) **주주에 대한 사전공시** : 회사가 주주가 아닌 자에게 신주를 배정하는 경우 (제3자 신주인수)에는 회사는 신주의 종류와 수, 신주의 발행가액과 납입기일, 무액면주식의 경우 신주의 발행가액 중 자본금으로 계상하는 금액, 신주의 인수방법, 현물출자를 하는 자의 성명과 그 목적인 재산의 종류, 수량, 가액과 이에 대하여 부여할 주식의 종류와 수 등을 그 납입기일의 2주 전까지 주주에게 통지하거나 공고하여야 한다(상418.4). 회사법은 제3자에 대한 신주배정의 경우 주주에 대한 **사전공시(통지·공고)제도**를 도입함으로써 주주들이 제3자의 신주인수권의 구체적 내용을 알 수 있게 하고, 주주의 이익이 침해될 경우 신주발행유지청구권, 신주발행무효의 소, 등을 통해 주주가 자신의 권리를 보호할 수 있게 한다.

(3) 법률관계

1) **양도가능성** : 제3자의 신주인수권의 양도에 관해 상법은 아무런 규정을 두고 있지 않는데, 제3자의 신주인수권도 양도가능한가?(**쟁점**64)[179] 이에 관해, 제3자와 회사간의 특별한 관계에서 단체법적 효력으로 인정되는 권리이므로 양도할 수 없다고 보는 **부정설**, 회사가 승인한 경우에만 양도가 가능하다고 보는 **절충설**, 계약상의 권리(채권적 권리)라는 점에서 양도할 수 있다고 보는 **긍정설** 등이 주장된다. 생각건대 제3자에게 부여된 **제3자의 추상적 신주인수권**은 회사와의 특별관계에서 인정된 권리이므로 양도할 수 없지만, 이사회의 신주발행결의에 의해 발생한 **제3자의 구체적 신주인수권**은 채권적 성질을 가졌으므로 법률이 양도를 금지하거나 양도를 금지하는 약정을 하지 않은 이상 양도가능하다고 본다(긍정설).

---

179) **제3자 신주인수권의 양도성(쟁점**64)에 관해, **긍정설**은 정관에 의하여 제3자에게 신주인수권이 인정된 경우에도 제3자의 이익을 보호하기 위해서나 또는 회사의 자금조달의 편의를 위해서나 정관에 반하지 않는 한 신주인수권의 양도를 인정하여야 한다고 본다(정찬형1147). **부정설**은 제3자의 신주인수권은 회사와 제3자간의 계약에 근거한 것이 아니라 정관 규정에 근거하여 부여된 것이므로 계약상의 권리가 아니기 때문에 주주의 추상적 신주인수권과 동일하게 양도할 수 없다고 본다(이철송918).

2) **양도방법** : 회사는 신주인수권증서를 일반적으로 발행할 수도 있지만, 이사회결의로 주주의 청구에 따라 신주인수권증서를 발행할 수도 있는데(상416.6호) 이 경우에는 제3자가 신주인수권증서의 발행을 청구할 수는 없게 된다. 회사가 주주 청구시에만 신주인수권증서를 발행한다고 결정한 경우, 제3자는 신주인수권증서를 취득할 수 없어, (구체적) 신주인수권의 양도방법이 문제된다. 생각건대 이 경우에는 신주인수권증서에 의한 권리양도는 불가능하므로 일반적인 **채권양도의 방식**으로 양도될 수밖에 없다. 따라서 당사자간에 구체적 신주인수권 양도에 관한 합의, 회사(에)의 통지·승낙이 요구된다(민450). 다만 비분리형 **신주인수권부사채**의 경우에는 사채권의 양도를 통해, 분리형 신주인수권부사채의 경우 신주인수권증권이 발행된 경우에는 신주인수권증권의 교부에 의해 양도할 수 있다.

3) **제3자의 신주인수권의 침해** : 제3자의 신주인수권의 성질은 단체법상의 권리가 아닌 개인법상의 권리이므로, 회사가 제3자의 신주인수권을 침해하더라도 이는 신주발행절차의 효력에는 영향을 미치지 못하고 채무불이행의 문제만 발생할 뿐이다. 즉 회사가 제3자의 신주인수권을 무시하고 신주를 발행한 경우 회사는 채무불이행을 한 것이 되어 제3자에 대하여 손해배상책임을 부담하지만, 신주발행이 무효가 되는 것은 아니다(통설). 제3자에 대한 채무불이행의 책임 이외에도 신주발행에 있어 대표이사가 악의 또는 중과실로 그 임무를 해태한 경우에는 제3자에 대하여 연대하여 손해배상 할 책임이 있다(상401). 회사가 제3자의 신주인수권을 무시하더라도 주주에게 인정되는 신주발행유지청구권이나 신주발행무효의 소를 제기할 수 있는 권리가 제3자에게 인정되지 않는다.

4. 신주발행의 절차

(1) 의 의

1) **개 요** : 신주발행절차는 이사회의 결의를 거쳐 주주 또는 제3자의 주식인수청약과 회사의 배정이라는 승낙행위에 의해 성립하는 주식인수계약을 거친 후 주식인수인의 출자이행을 통해 주식을 발행하는 절차이다. 이렇게 신주발행이 완성되면 회사는 신주발행을 이유로 하는 변경등기를 하여야 하는데, 변경등기는 주식발행의 효력발생요건은 아니고 상업등기의 일반원칙이 적용되는 대항요건(상37)에 지나지 않는다.

2) **절차의 성질** : 회사법의 신주발행절차도 **강행법적 성질**을 가지고 있어 이를 위반하여 증자를 할 경우 신주의 효력이 인정되지 않는다. 판례는 주식회사가 타인으로부터 돈을 빌리는 소비대차계약을 체결하면서 "채권자는 만기까지 대여금액의 일부 또는 전부를 회사 주식으로 액면가에 따라 언제든지 전환할 수 있는 권한을 갖는다"는 전환권 부여의 계약조항을 둔 경우, 상법이 정한 방법과 절차에 의하지 아니한 신주발행 내지는 주식으로의 전환을 예정하는 것이어서 효력이 없다고 보았다(2005다73020).

3) **회사의 신주매매** : 회사법상 주식회사가 신주를 발행하는 경우 신주인수권을 가지지 않은 제3자가 신주를 취득하기 위해서는 신주인수권자인 주주·제3자로부터 신주인수권을 신주인수권증서에 의해 취득하여 그 권리를 행사하거나 신주발행절차가 완료된 후에 신주의 주주로부터 해당 신주를 취득하여야 한다. 일단 신주인수권자가 신주인수계약을 체결한 이후 그러나 납입절차가 완료되기 전의 신주인수자의 지위(권리주)는 양도할 수 없어 이를 양도하더라도 회사에 대해 효력을 가지지 못한다(상425 → 319). 신주발행의 이사회결의가 성립한 후 제3자가 직접 그 주식회사와 해당 신주에 관한 매매계약을 체결하여 그 주식회사로부터 해당 신주를 직접 매수하는 것은 가능한가? 특히 주주가 신주인수권을 포기한 경우 이를 회사가 제3자에게 매각하는 것이 가능한가 하는 문제가 된다. 생각건대 회사는 신주에 관해 권리자가 아니므로 신주인수권 또는 신주인수자의 지위를 매각하는 것은 불가능하고, 주주가 신주인수권을 포기한 경우에도 주주모집절차를 진행하여 회사법상 절차에 따라 새로운 신주인수인을 구하여야 하고, 신주(인수권) 등을 회사가 매각하는 것은 무효로 본다(2008다42515).

(2) 신주발행결정

1) **이사회의 결정** : 발행예정주식의 범위 내에서의 신주발행은 이사회에서 결정하나, 특수한 신주발행에 관하여 상법에 다른 규정이 있거나 정관으로 주주총회에서 결정하기로 한 경우에는 예외이다(상416). 이사회는 신주의 종류와 수, 신주의 발행가액과 납입기일, 신주의 인수방법, 현물출자에 관한 사항, 주주의 신주인수권의 양도 가능성에 관한 사항, 주주의 청구가 있는 때에만 신주인수권증서를 발행한다는 것과 그 청구기간 등을 정해야 한다. 다만 정관에 발행사항에 관한 규정이 있을 경우에는 정관의 규정이 우선하고 정관에 그러한 사항이 없을 경우

이사회결의에 의해 결정한다(상416).

2) 발행사항 : ⅰ) **신주의 종류와 수**(상416.1호) 정관에 종류주식의 발행에 관한 근거규정을 있을 경우 이사회는 정관에 발행근거규정이 있는 종류주식인 신주의 종류와 발행주식수를 결정한다. ⅱ) **신주의 발행가액·납입기일**(상416.2호) 발행가액은 액면가 이상이어야 하고 액면미달발행은 엄격하게 제한된다(상417). 회사가 무액면주식을 발행한 경우 신주의 발행가액 중 자본금으로 계상하는 금액도 이사회가 결정하는 발행사항에 포함시키고 있다(상416,2의2호). 신주발행가액의 적정성에 관해서는 아래에서 따로 살펴본다. 그리고 납입기일은 신주인수인이 인수가액의 납입을 이행하여야 하는 일자로서 금액출자의 경우 납입할 날이 되고, 현물출자의 경우 현물출자에게 요구되는 권리이전절차를 이행하여야 하는 일자가 된다. 신주의 인수인은 납입기일의 다음 날로부터 주주의 권리의무가 있으므로 납입기일은 신주발행의 효력발생시기의 기능도 한다(상423.1,2). ⅲ) **신주의 인수방법**(상416.3호) 주주배정·제3자배정·공모·사모 등의 방법을 정하여야 한다. 다만 주주의 신주인수권을 제한하는 방식은 법률·정관에 규정이 있는 경우에 한하여 가능하다(상418.2). ⅳ) **현물출자에 관한 사항**(상416.4호) 현물출자를 하는 자의 성명과 그 목적인 재산의 종류·수량·가격과 이에 대하여 부여할 주식의 종류와 수 등을 의미한다. ⅴ) **주주의 신주인수권의 양도가능성**(상416.5호) 신주인수권의 양도를 허용할 것인지는 이사회가 결정할 수 있고, 이를 허용할 경우 원칙적으로 신주인수권의 양도가 가능하도록 신주인수권증서를 발행하여야 한다. ⅵ) **신주인수권증서 발행 제한·청구기간**(상416.6호) 신주인수권의 양도를 허용할 경우 신주인수권증서의 발행이 원칙적으로 요구되지만 발행방식을 주주의 청구가 있는 때에만 발행하도록 결정할 수 있고 이 경우 그 청구기간을 정하여야 한다. 신주인수권증서의 제한발행을 결정한 경우 모든 주주에게 신주인수권증서를 발행할 필요는 없고 청구하는 주주에게만 신주인수권증서를 발행할 수 있어 회사의 업무를 간소화할 수 있다.

3) 발행가액의 적정성 : ① 시가와의 관계 – 이사회가 결정하는 발행사항에 신주의 발행가액이 포함되어 있다(상416.1호). 그런데 이사회가 시가보다 낮은 발행가액을 결정하는 것이 허용되는가? 이사회가 시가보다 낮은 가액으로 신주를 발행할 경우에도 액면가액 이상인 이상 자본충실의 원칙에 반하지는 않지만, 기본

적으로 회사는 할인된 금액만큼 불이익을 보게 되고 그만큼 주식인수인을 이익을 보게 된다고 할 수 있다. 시가와의 관계에 관해, 이하에서 주주배정의 경우와 제3자배정을 구분하여 살펴본다.

② **주주배정** - 신주인수권을 주주가 가지는 주주배정의 경우에는 모든 주주에게 주식이 배정되므로 시가보다 낮더라도 오히려 주주의 추가 출자부담을 낮추어 주식인수를 용이하게 하므로 문제가 없다고 본다. **판례**도 회사가 주주 배정의 방법으로 신주 등을 발행하는 경우에는 발행가액 등을 반드시 시가에 의하여야 하는 것은 아니라 보고, 회사의 이사로서는 주주 배정의 방법으로 신주를 발행하는 경우 원칙적으로 액면가를 하회하여서는 아니 된다는 제약 외에는 주주 전체의 이익, 회사의 자금조달의 필요성, 급박성 등을 감안하여 경영판단에 따라 자유로이 그 발행조건을 정할 수 있다고 본다. 따라서 시가보다 낮게 발행가액 등을 정함으로써 주주들로부터 가능한 최대한의 자금을 유치하지 못하였다고 하여 배임죄의 구성요건인 임무위배가 성립하지 않는다(2007도4949).

③ **제3자배정** - 주주가 아닌 제3자가 주식인수권을 가지는 제3자배정의 경우에는 신주의 발행가액은 주식의 시가를 반영하여야 하고 그렇지 않을 경우 제3자에게 부당한 이득이 형성된다고 볼 수 있다. 판례도 제3자배정의 경우 저가발행시 회사법상 공정한 발행가액과 실제 발행가액과의 차액에 발행주식수를 곱하여 산출된 액수만큼 회사가 손해를 입은 것으로 보았다. 따라서 현저하게 불공정한 가액으로 제3자 배정방식에 의하여 신주 등을 발행하는 행위는 이사의 임무위배행위에 해당하는 것으로서 그로 인하여 회사에 공정한 발행가액과의 차액에 상당하는 자금을 취득하지 못하게 되는 손해를 입힌 이상 이사에 배임죄가 성립된다(2007도4949). 주식의 시가를 어떻게 파악하여야 할 것인가 하는 문제도 판례에서 자주 문제되고 있으며 논의가 요구된다.

④ **출자손실보장** - 회사는 주주나 제3자에 대하여 주식인수로 인한 위험을 보전할 수 없다. 왜냐하면 회사의 자금으로 주주의 권리행사와 관련하여 공여된 이익이 되어 금지되고(상467의2) 제3자에 대한 부당한 이득이 되기 때문이다. 판례도 회사가 신주를 인수하여 주주의 지위를 갖게 되는 자와 사이에 신주인수대금으로 납입한 돈을 전액 보전해 주기로 약정하거나, 상법 제462조 등 법률의 규정에 의한 배당 외에 다른 주주들에게는 지급되지 않는 별도의 수익을 지급하기로 약정한다면, 이는 회사가 해당 주주에 대하여만 투하자본의 회수를 절대적으로 보장함으로써 다른 주주들에게 인정되지 않는 우월한 권리를 부여하는 것으로서

주주평등의 원칙에 위배되어 무효로 보았다(2018다236241).

(3) 공고·최고·모집

1) **신주배정일의 지정·공고** : 신주발행의 결의에 의하여 주주가 신주인수권을 갖는 때에는 회사는 일정한 날(**신주배정일**)을 정하여 그 날에 주주명부에 기재된 주주가 그가 가진 주식 수에 비례하여 주식의 배정을 받을 권리를 가진다는 뜻과 신주인수권을 양도할 수 있을 경우에는 그 뜻을 그 날의 2주 전에 공고하여야 한다(상418.3). 그러나 배정일이 주주명부의 폐쇄기간 중인 때에는 그 기간의 초일의 2주 전에 공고하여야 한다(상418.3 단서). 신주배정일은 **기준일**의 일종으로서 기준일의 효력(상354)에 따라 신주배정일의 주주명부상의 주주만이 구체적 신주인수권을 가지게 된다. 그런데 기준일은 주주로서 권리를 행사할 날의 3월내의 날이어야 하는데(상354.3), 주주로서 권리를 행사할 날이라 함은 신주인수의 청약을 하는 시점으로 보아야 한다. 따라서 신주배정일은 주주의 신주인수청약 개시일로부터 역산하여 3월내의 일자를 정하여야 하고 신주배정일의 공고는 신주배정일로부터 역산하여 2주 이상 전에 이뤄져야 한다. 신주배정일이 **주주명부폐쇄기간** 중일 경우에는 폐쇄기간의 초일로부터 역산하여 2주 이상 전에 신주배정일 공고가 이뤄져야 한다(상418.3.2문).

2) **신주인수권자에 대한 최고** : ① 취 지 – 신주인수권은 권리이며 의무는 아니기 때문에 신주를 발행함에 있어서 회사는 신주인수권자의 권리행사 여부를 알 필요가 있다. 그러므로 신주발행사항이 결정되었을 때에는 회사는 신주인수권자인 주주 또는 제3자에 대하여 그 권리의 행사에 관하여 최고하는데, 이러한 통지(최고를 포함)는 신주인수청약기일 2주 전에 통지하여야 한다. 신주인수청약기일이 일정한 기간으로 정해진 경우 통지기간 법정의 취지를 고려할 때 통지의 기준이 되는 신주인수청약기일은 그 기간의 초일을 기준으로 하여야 한다.

② 통지 내용 – 회사의 통지에는 신주인수권자가 청약할 수 있는 신주의 종류와 수 및 그 기일까지 주식인수의 불청약시 권리를 잃는다는 뜻(실권예고부최고)과 신주인수권의 양도성, 청구시 신주인수권증서 발행·청구기간 등이 포함되어야 한다(상419). 신주인수권의 양도성은 이미 신주인수권의 공고시에 공고된 사항임에도(상418.2) 회사법은 이를 다시 통지 내용에 포함시키고 있어 일종의 중복공시이다. 물론 신주인수권을 양도하지 못하게 할 경우라든가 신주인수권증서를 주주

의 청구와 무관하게 발행할 경우에는 통지 내용에 포함시키지 않아도 된다.

③ **실권예고부최고의 효력** – 회사의 실권예고부최고를 수령한 주주가 신주인수 청약을 하지 않을 경우 주주가 가지고 있던 구체적 신주인수권은 실효된다(상 419,3). 회사설립절차에서 진행되는 **실권예고부납입최고**(상307)의 경우 주식인수 인이 납입하지 않아 실권처리된 주식에 대해서는 발기인은 다시 주식을 모집할 수 있는 권한을 법정하고 있다(상307.2). 하지만 신주발행시 실효된 주주의 신주 인수권을 회사가 어떻게 처분하는가에 관해서는 회사법은 특별히 규정하고 있지 는 않아 그 처리방법에 관한 논의가 요구된다.

④ **실권된 신주인수권의 처리** – 주주가 신주인수를 하지 않아 실권된 신주인수 권에 관해 대표이사가 이를 미발행주식으로 처리할 수도 있지만, 이 경우 회사의 자본 조달에 차질이 생길 수 있으므로 실권된 신주인수권을 제3자에게 인수시킬 수 있다. 그런데 신주인수권은 주주의 지분율에 영향을 미칠 수 있으므로 실권된 신주인수권을 대표이사가 자의적으로 처리할 수는 없고 **이사회의 결의**를 거쳐야 하고, 이를 통해 제3자에게 배정하는 것은 가능하다고 본다. 판례도 회사가 주주 배정방식에 의하여 신주를 발행하려는데 주주가 인수를 포기하거나 청약을 하지 아니함으로써 그 인수권을 잃은 때(상419.4), 회사는 이사회의 결의에 의하여 그 인수가 없는 부분에 대하여 자유로이 이를 제3자에게 처분할 수 있고, 이 경우 그 실권된 신주를 제3자에게 발행하는 것에 관하여 정관에 반드시 근거 규정이 있어 야 하는 것은 아니라 보았다(2010다49380). 실권된 주식을 제3자에 배정하지 않고 특정 주주에게 배정하는 것은 가능한가? 이는 주주평등의 원칙에 반하므로 실권 된 신주인수권이라 하더라도 특정한 주주에게 배정하는 것은 허용되지 않는다고 본다.

3) 주주의 모집 : ① **법적 근거** – 법정된 권리로서 주주가 신주인수권을 행사하 여 신주발행절차가 마무리되어 별도의 주주 모집절차가 요구되지 않을 수 있다. 하지만 법령에 의해 신주인수권의 대상이 되지 않는 주식이나 단주, 실권처리된 신주인수권의 처리를 위해 회사가 주주를 모집할 수 있다. 왜냐하면 회사법에는 주식의 인수와 배정에 있어 주주의 신주인수권에 의한 제한만 규정되어 있고 이 에 관한 특별한 규정이 없으므로 회사가 자율적으로 결정할 수 있는 사항이라 볼 수 있다.

② **모집방법** – 주주의 모집방법은 설립절차에서와 같이 연고모집과 공모(일반

모집)로 구별한다. 연고모집이란 회사의 임원·종업원·거래처 등과 같이 회사와의 일정한 관련자로 한정하여 모집하는 방법을 의미하고, 공모란 신주인수청약자의 자격을 제한하지 않고 일반 공중을 대상으로 하는 모집을 의미한다. 회사는 특별한 제한이 법정되어 있지 않는 이상 원칙적으로 연고모집이든 공모든 자유롭게 선택하여 주주를 모집할 수 있다. 다만 회사가 주주를 모집하는 절차에 관해서는 모집설립에 관한 규정을 두고 있어 회사법도 모집설립에 관한 규정을 준용하고 있다(상425).

③ **발행가액** – 주주가 신주인수권을 행사할 경우 신주의 발행가액은 주주간에는 주주평등의 원칙에 따라 동일하여야 한다. 다만 회사의 자본확충에 문제가 없다면 할인발행을 하더라도 최저액면가약을 상회하는 이상 주식분할과 유사하게 회사나 주주 모두에 불이익하지 않으므로 유효하다. 하지만 주주를 모집하는 경우에는 신주의 발행가액은 주식의 실질가치가 반영되어야 주주와 주식인수인간에 불공평의 문제가 발생하지 않으므로 시가발행을 원칙으로 하되, 회사의 자산상태, 영업이익, 신주의 수급상태 등이 고려하여 공정하게 결정되어야 한다.

(4) 주식인수계약

1) **주식인수의 청약** : ① **청약 방식** – 주식인수계약은 신주인수(청약)과 회사의 배정(승낙)에 의하여 성립한다. 신주인수의 청약은 원칙적으로 신주인수권을 가진 주주·제3자의 주식청약서에 의한 청약이 원칙이지만, 신주인수권증서가 발행된 경우에는 신주인수권을 양수한 자가 신주인수권증서에 의해 주식인수의 청약을 하여야 한다(상420의5.1). **주식청약서에 의한 청약**은 법정사항(상420)을 기재한 주식청약서 2통에 인수할 주식의 종류·수, 주소 등을 기재하고 기명날인·서명하여 회사에 제출해야 한다(상425.1 → 302.1). **신주인수권증서에 의한 청약**은 신주인수권증서에 인수할 주식의 종류·및 수, 주소 등을 기재하고 기명날인·서명하여 회사에 제출해야 한다(상420의4.1).

② **주식청약서의 기재사항** – 주식청약서의 기재사항은 회사의 상호, 회사가 발행할 주식의 총수, 액면주식을 발행하는 경우 1주의 금액, 주주에게 배당할 이익으로 주식을 소각할 것을 정한 때에는 그 규정, 납입을 맡을 은행 기타 납입장소, 명의개서대리인을 둔 때에는 그 성명, 주소 및 영업소, 신주의 종류와 수, 신주의 발행가액과 납입기일, 무액면주식의 경우 신주의 발행가액 중 자본금으로 계상하는 금액, 신주의 인수방법, 현물출자를 하는 자의 성명과 그 목적인 재산의 종류,

수량, 가액과 이에 대하여 부여할 주식의 종류와 수, 액면미달 발행을 할 경우 그 발행조건과 미상각액, 주주에 대한 신주인수권의 제한에 관한 사항 또는 특정한 제3자에게 이를 부여할 것을 정한 때에는 그 사항, 주식발행의 결의연월일 등이다 (상420). 이는 정관기재사항 및 발기인에 관한 사항, 변태설립사항, 회사의 존립기간ㆍ해산사유, 주식발행사항, 주식양도제한규정 등을 정하고 있는 회사설립시 주식청약서 기재사항(상302.2)과 구별된다.

③ **신주인수권증서의 기재사항** – 신주인수권증서의 기재사항은 신주인수권증서라는 뜻의 표시와 신주인수권의 목적인 주식의 종류와 수, 일정기일까지 주식의 청약을 하지 아니할 때에는 그 권리를 잃는다는 뜻 등이 포함되는 점을 제외하고는 주식청약서 기재사항을 그대로 준용하고 있다(상420의2). 다만 회사는 신주인수권증서를 발행하는 대신 정관으로 정하는 바에 따라 전자등록기관의 전자등록부에 신주인수권을 등록할 수 있다. 이 경우 주식의 전자등록에 관한 규정(상356의2.2~4)을 준용한다(상420의4).

④ **종류주식 발행시** – 회사가 종류주식을 발행한 경우에도 종류주식의 종류와 수는 주식청약서, 신주인수권증서의 기재사항이 아니지만, 신주 자체가 종류주식인 경우에는 신주의 종류와 수는 주식의 발행사항에 해당하여 이사회가 이를 결정하고(상416.1호) 주식청약서ㆍ신주인수권증서의 기재사항이 된다(상420,420의2 → 416.1호). 다만 전환주식이 신주로 발행될 경우에는 단순히 전환주식의 내용(전환의 뜻)과 수만 기재되는 것이 아니라 전환주식의 내용(전환조건 등)도 주식청약서ㆍ신주인수권증서의 기재사항이 된다. 이를 구체적으로 보면, 주식을 다른 종류의 주식으로 전환할 수 있다는 뜻, 전환의 조건, 전환으로 인하여 발행할 주식의 내용, 전환청구기간 또는 전환기간 등이 이에 해당한다(상347).

2) 신주의 배정 : ① **개 념** – 신주의 배정이란 신주인수의 청약에 대하여 신주를 배정하여 신주인수계약이 체결되게 하는 대표이사의 승낙행위이다. 회사의 배정행위에 의하여 주식인수계약은 체결되고 주식인수의 청약자는 주식인수인이 된다. 주식인수의 법적 성질은 신주인수인이 주식회사라는 사단의 구성원이 되는 입사계약(사단구성원계약)으로 보는 견해가 통설이다.

② **주식배정기준** – 주주가 자신이 가진 주식 수에 비례한 신주배정율에 따라 신주를 배정할 경우에는 특별한 문제가 발생하지 않지만, 주주를 모집하여 제3자에게 주식을 배정할 경우에는 인수청약한 주식의 수와 배정가능한 주식수간에 불

일치가 생길 수 있어 배정기준이 문제된다. 회사의 신주 배정시, 주주의 주식인수청약에 대해서는 배정자유의 원칙이 적용되지 않고 평등하게 배정하여야 한다. 하지만 제3자의 주식인수청약에 대해서는 회사설립시와 마찬가지로 배정자유의 원칙이 적용된다.

③ **인수청약 없는 주식** – 회사설립시 실권예고부최고에 의해 실권된 주식에 관해 발기인이 다시 주주를 모집하고(상307.2), 사후적으로 인수가 안 된 주식이 있을 경우 발기인의 인수담보책임, 배정된 주식에 관해 납입이 되지 않은 경우에도 발기인이 납입담보책임을 부담하는(상321) 등 설립시의 총액인수주의 따른 규정을 두고 있다. 이와 달리 신주발행시에는 발행예정주식의 전부에 대한 청약이 없더라도 일부에 대해서만 배정할 수 있고 배정된 주식이 실권되거나 납입되지 않더라도 예외적으로 이사의 납입담보책임이 발생하는 예외를 제외하고는 미발행주식으로 남더라도 신주발행절차의 효력에는 아무런 영향을 미치지 못한다. 요컨대 회사는 인수청약 되지 않은 주식에 대해 이사회결의를 거쳐 새로 주주를 모집할 수도 있으며, 새로 주주를 모집하지 않고 청약된 주식만 주식발행절차를 진행할 수도 있다.

3) 신주인수인의 지위 : ① **권리주** – 신주가 배정되면 주식인수청약자는 주식인수인이 되는데 주식인수인의 지위를 양도할 수 있는가? 이에 관해 주식인수인의 지위를 **권리주**라 하며 회사의 설립절차에서 권리주의 양도는 회사에 대하여 효력이 없다는 규정을 두고 있고 이를 신주발행에서도 준용하고 있다(상425.1 → 319). 하지만 주주가 가지는 신주인수권은 신주인수권증서에 의해 양도가능한데, 신주인수권을 행사하여 배정까지 마쳐진 상태에서 주식인수인의 지위도 동일한 재산적 가치를 가짐에도 불구하고 이를 양도하지 못하는 것은 형평의 원칙에 반하는 점이 없지 않다.

② **권리의 변화** – 추상적 신주인수권을 가진 주주는 이사회의 신주발행결의가 성립하면 구체적 신주인수권을 가지게 된다. 구체적 신주인수권은 원칙적으로 신주인수권증서에 의해 표창되어 양도 가능하다. 그런데 주주 또는 신주인수권을 양수한 자가 인수청약을 해서 회사의 배정을 받게 되면 주식인수인이 되고 주식인수인의 지위는 권리주의 성격을 가지게 된다. 이후 납입을 하더라도 주식인수인의 지위는 유지되고 납입기일 다음날부터 주식인수인은 주주가 되므로 권리주의 상태는 납입기일까지 유지된다. 요컨대 권리주는 신주인수계약 시점부터 납입

기일 종료시점까지 존속한다고 볼 수 있다.

③ **검 토**– 권리주의 양도를 제한하는 취지는 회사 설립단계에서는 설립사무
의 정체, 회사 불성립의 위험확산 금지와 양도의 공시방법이 불확실한 점을 들 수
있다. 신주발행시에는 설립사무의 번잡함이나 위험이 없지만 신주인수권증서로
신주인수청약을 하므로 신주인수권증서는 더 이상 신주인수인의 권리를 표창하기
어렵다. 결국 신주인수권증서를 가지고 있는 상태에서는 신주인수권증서를 통해
신주인수권을 양도할 수 있지만, 신주인수권증서로써 인수청약을 하여 배정이 된
이후 신주인수인의 지위를 표창하는 증권이 없게 되어 양도의 방식이 문제된다.
요컨대 신주발행시에도 권리주 양도의 공시방법 문제로 권리주 양도는 어렵다고
볼 수 밖에 없고 이러한 취지에서 권리주 양도제한에 관한 규정을 준용하고 있다
고 본다.

(5) 출자의 이행

1) **납입의무** : 신주인수를 청약한 자는 회사가 배정한 주식의 수에 따라서 인
수가액을 납입할 의무를 부담한다(상425.1 → 303). **금전출자**의 경우 주식인수인은
납입기일에, 인수한 각 주식에 대하여 인수가액의 전액을 납입하여야 한다(상
421). 그리고 **현물출자**의 경우 현물출자자는 납입기일에 출자의 목적인 재산을 인
도하고 등기·등록 기타 권리의 설정 또는 이전을 필요로 할 경우에는 그에 필요
한 서류를 완비하고 교부하여야 한다(상425.1 → 305.3 → 295.2). 납입의무의 이행
은 주식청약서에 기재한 **납입장소**에서 하여야 하고(상425.1 → 305.2), 납입금의
보관자 또는 납입장소를 변경할 때에는 법원의 허가를 얻어야 한다(상425.1 →
306). 납입금을 보관한 은행 기타의 금융기관은 이사의 청구가 있는 때에는 그 보
관금액에 관하여 증명서(**납입금보관증명서**)를 교부하여야 한다. 은행 기타의 금융
기관은 스스로 증명한 보관금액에 대하여는 납입의 부실 또는 그 금액의 반환에
관한 제한이 있음을 이유로 하여 회사에 대항하지 못한다(상425.1 → 318).

2) **합의 상계** : 신주인수인은 회사의 동의 없이 신주에 대한 납입채무와 주식
회사에 대한 채권을 상계할 수 없다(상421.2). 회사법은 자본충실원칙에 따라 주
금납입채무에 관해서는 상계를 금지하던 상법 제334조를 삭제하고 회사와의 합의
에 의한 상계만을 허용하는 규정을 두었다. 이로써 신주납입채무에 관해 신주인
수인의 자의적인 상계는 금지되지만 회사의 동의를 얻거나 합의에 의한 상계는

허용된다. 이는 기업구조조정에 있어 금융기관의 대출채권을 출자전환함에 있어 어려움을 해소하고자 도입한 조항으로서, 채권자는 대출채권을 현물출자의 방법을 취하지 않고 회사와의 합의에 의한 상계를 통해 출자전환할 수 있게 되었다.

3) 현물출자의 특칙 : ① **목적물의 조사** – 현물출자란 금전 이외의 재산을 출자의 목적으로 하는데, 전환사채 인수자가 아직 전환권 행사기간이 도래하지 않아 전환권을 행사할 수 없는 전환사채를 현물출자하는 것도 가능하다고 보았다(2015두46239). 신주발행시 현물출자사항(현물출자자·목적재산 등)을 원칙적으로 이사회가 결정하는데(상416.4호), 현물출자에 대한 평가가 부당하여 다른 주주와 회사의 이익을 침해할 우려가 있음은 회사설립시 현물출자의 경우와 유사하다. 회사법은 이러한 위험을 방지하기 위해 이사는 현물출자에 관한 사항을 조사하게 하기 위하여 검사인의 선임을 법원에 청구하거나 공인된 감정인의 감정을 받도록 정하고 있다(상422.1). 하지만 판례는 이와 같은 절차를 거치지 아니한 신주발행 및 변경등기를 당연무효로 보지 않았다(79다509).

② **법원의 변경처분** – 법원은 검사인의 조사보고서 또는 감정인 감정결과를 심사하여 현물출자사항(상416.4호)이 부당하다고 인정한 때에는 이를 변경하여 이사와 현물출자를 한 자에게 통고할 수 있다(상422.2). 법원의 변경에 불복하는 현물출자자는 그 주식의 인수를 취소할 수 있지만, 법원의 통고가 있은 후 2주 내에 주식의 인수를 취소한 현물출자자가 없는 때에는 현물출자에 관한 사항은 통고에 따라 변경된 것으로 본다(상422.3,4).

③ **예 외** – 회사법은 현물출자라 하더라도 목적 재산의 비중이 작거나 거래소 시세가 있는 경우 장부가가 있는 금전채권 등의 경우에는 회사, 주주의 이익침해의 우려가 적다는 점에서 예외적으로 검사인의 선임, 감정인의 감정을 면제하였다. 즉 현물출자의 목적인 재산이 ⅰ) 그 가액이 자본금의 1/5를 초과하지 아니하고 대통령령으로 정한 금액(5천만원, 령14.1)을 초과하지 아니하는 경우, ⅱ) 거래소의 시세 있는 유가증권이고 이사회에서 결정한 가격이 대통령령으로 정한 방법으로 산정된 시세(이사회결의일 기준 직전 1개월, 1주일, 직전일 종가의 평균과 직전 거래일의 종가 중 낮은 금액, 령14.2)를 초과하지 않는 경우, ⅲ) 변제기가 돌아온 회사에 대한 금전채권이고 그 가액이 회사장부에 적혀 있는 가액을 초과하지 아니하는 경우, ⅳ) 기타 이에 준하는 경우로서 대통령령으로 정하는 경우에는 일반 현물출자에서 요구되는 검사인 선임 또는 감정인의 감정이 요구되지 않

는다. 다만 상법 시행령에서는 현물출자의 목적인 재산에 그 사용, 수익, 담보제공, 소유권 이전 등에 대한 물권적 또는 채권적 제한이나 부담이 설정된 경우에는 적용하지 아니한다(령14.3).

　　4) **회사자금 개입** : ① 회사 대여 가장납입 – 주식회사의 자본충실의 원칙상 주식의 인수대금은 그 전액을 현실 납입하여야 하고 회사자금이 신주인수자금으로 사용된 경우 그 효력은 부인된다. 판례에서 회사가 제3자에게 주식인수대금 상당의 대여를 하고 제3자는 그 대여금으로 주식인수대금을 납입한 경우에, 회사가 처음부터 제3자에 대하여 대여금 채권을 행사하지 아니하기로 약정되어 있는 등으로 대여금을 실질적으로 회수할 의사가 없었고 제3자도 그러한 회사의 의사를 전제로 하여 주식인수청약을 한 때에는, 그 제3자가 인수한 주식의 액면금액에 상당하는 회사의 자본이 증가되었다고 할 수 없으므로 위와 같은 주식인수대금의 납입은 단순히 납입을 가장한 것에 지나지 아니하여 무효로 보았다(2001다44109). 이러한 유형의 신주발행은 자본충실의 원칙에 반할 뿐만 아니라 자기주식의 인수에 해당할 수도 있다.

　　② 회사에 의한 **주금납입(입체불입)** – 판례는 제3자가 주금을 체당 지급한 경우와 달리 원고 회사 자체에 의한 체당납입(입체불입)은 허용될 수 없다고 보았다(63다494). 하지만 가장납입의 경우 납입행위는 유효하지만 실질적 납입이 없으므로 회사가 주주의 납입의무를 체당한 것으로 보아 회사는 주주에 대해 체당금반환청구권을 가진다는 것이 판례(2005두5574)의 입장이어서 양 판례가 불일치하는 것으로 보인다. 생각건대 판례의 취지는 회사의 의도적 체당납입은 자본충실의 원칙에 반하여 무효이지만, 가장납입에 따른 체당금청구권의 취득은 부정하지 않는 것으로 이해된다.

5. 신주발행의 효력발생

　　1) **납입·이행** : 이사회가 정한 납입기일의 다음 날에 납입 또는 현물출자의 이행을 한 범위 내에서 신주발행의 효력이 생기며, 신주인수인은 **납입기일의 다음 날로부터** 주주로서의 권리·의무가 있다(상423.1). 판례는 신주발행의 방법에 의하여 자본증가가 이루어진 경우에는 증자등기를 마친 때에 그 효력이 생기는 것이 아니라 그 주금납입기일에 각 신주인수인들이 그 주금을 완납한 때에 그 효력

이 생긴다고 보았지만(77누278), 정확히는 주금납입기일 다음날 효력이 발생한다고 보아야 한다. 그러나 신주인수권의 행사에 의하여 발행된 주식에 대한 이익이나 이자의 배당에 관하여, 상법은 정관에 의해 직전 연도말에 발행된 것으로 할 수 있다는 규정(구상350.3)을 삭제함으로써 정관에 의한 소급효부여는 허용되지 않는다고 본다(상423.1). 그리고 회사법은 전액납입주의를 취하는 회사의 설립시와는 달리, 신주발행예정주식의 전부에 대한 납입 또는 이행이 없더라도 납입 또는 이행이 있는 한도 내에서 그 효력을 인정하고 있다.

2) **불이행 효과** : 납입기일까지 납입 또는 현물출자의 이행을 하지 않는 신주인수인은 그 권리를 잃으며(상423.2), 이 경우에 회사는 실권한 신주인수인에 대하여 채무불이행을 이유로 손해배상청구를 할 수 있다(상423.3). 이와는 관련 없이 회사는 실권한 주식에 대하여 주주를 다시 모집할 수 있으며, 이 경우 실권주는 주주의 신주인수권의 대상이 되지 않는다. 납입되지 않은 부분은 실권처리되므로 이에 대해 이사의 담보책임이 발생하지 않지만, 신주발행에 따른 변경등기 이후에 인수가 안 된 부분이 있을 경우 이사의 자본충실책임(인수담보책임)이 발생한다(상428).

3) **등 기** : 신주발행의 효력이 생기게 되면 회사의 발행주식의 총수 및 자본의 총액 등 등기사항이 변경되므로 회사는 납입기일로부터 본점소재지에서는 2주 내에, 지점소재지에서는 3주 내에 변경등기를 하여야 한다(상317.4). 신주의 발행으로 인한 변경등기가 있은 후에 아직 인수하지 아니한 주식이 있거나 주식인수의 청약이 취소된 때에는 이사가 이를 공동으로 인수한 것으로 보아 이사의 **인수담보책임**이 발생하며, 이는 이사에 대한 손해배상의 청구에 영향을 미치지 아니한다(상428).

6. 신주발행의 유지(留止)청구

(1) 의 의
1) **신주인수권의 침해와 구제** : 회사가 **주주의 신주인수권**을 위법·부당하게 제한하여 신주인수권을 침해할 경우, 주주는 사전적 구제수단으로 신주발행유지청구를 할 수 있다. 그리고 주주·이사·감사는 사후적 조치로서 신주발행무효의 소

를 제기할 수 있으며, 회사법은 통모인수인에게 일정한 책임을 부담시키고 있다. 이사가 악의 또는 중과실로 그 임무를 해태하여 위법하게 신주를 발행한 경우 이사와 회사에 대해 불법행위를 원인으로 손해배상을 청구할 수 있다. 하지만 주주의 신주인수권과 달리 **제3자의 신주인수권**은 그 법적 성질이 채권적 권리에 지나지 않으므로 신주발행유지청구권이나 신주발행무효의 소의 대상이 되지 않고 신주인수권을 가진 제3자는 회사에 대해 손해배상청구권만 행사할 수 있을 뿐이다.

2) 개 념 : 회사가 법령 또는 정관에 위반하거나 현저하게 불공정한 방법에 의하여 신주를 발행함으로써 주주가 불이익을 받을 염려가 있는 경우에는 주주가 회사에 대하여 신주발행의 유지(중지)를 청구할 수 있다(상424). 이사의 위법행위 유지청구권과 함께 미국의 금지명령제도를 계수한 것인데, 주주의 이익보호를 위한 권리행사라는 점, 권리자가 모든 주주라는 점, 권리행사의 상대방이 회사라는 점, 현저하게 불공정한 방법으로 신주를 발행할 때에도 인정된다는 점에서 구별되지만, 양 요건을 모두 구비한 경우라면 주주는 두 가지 유지청구권을 병행하여 행사할 수 있다고 본다. 그리고 신주발행유지청구제도는 신주발행무효의 소제기와 달리 **사전적 구제제도**의 성격을 가지고 있다.

(2) 유지청구의 원인

신주발행유지청구권의 원인은 신주발행이 법령·정관위반이거나 현저하게 불공정한 경우이다. 법령위반은 예컨대, 이사회의 결의가 없거나 또는 위법한 결의에 따른 신주발행, 법정요건에 반하는 신주의 할인발행(상417), 현물출자에 대한 검사·감정(상422)을 해태한 신주발행 등이 해당한다. 다음으로 정관위반은 예컨대 정관에서 정한 발행예정주식 총수를 초과하는 신주의 발행, 정관에서 정하지 아니한 종류의 주식의 발행 등이 해당된다. 마지막으로 현저하게 불공정한 경우는 특정 주주에게 부당하게 많은 주식을 배정하는 경우나, 이사에 대해 낮은 발행가격으로 신주를 발행한 경우 등을 들 수 있다. 판례는 경영권 분쟁으로 주식을 양도하려는 상태에서 발행주식 총수를 현저하게 증가시키는 신주발행이 이루어짐으로써 회사에 대한 그 주주의 지배력이 현저하게 약화되고, 그로 인하여 그 주주가 대표이사에게 적정한 주식대금을 받고 주식을 양도하는 것이 더욱 어려워지게 되었다고 하더라도, 그러한 사유만으로는 그 신주발행이 현저하게 불공정한 방법에 의한 신주발행으로서 무효라고 볼 수 없다고 보았다(94다34579).

(3) 유지청구의 절차

신주발행유지의 청구권자는 법령 또는 정관에 위반하거나 현저하게 불공정한 방법에 의하여 신주를 발행함으로써 직접 불이익을 받을 염려가 있는 주주이다. 의결권 없는 주주도 청구권을 가지나, 제3자는 신주인수권이 있어도 신주발행유지청구를 할 수 없다. 신주발행유지청구의 방법은 불이익을 받을 염려가 있는 주주는 먼저 재판 외의 방법으로 신주발행유지를 회사에 청구할 수 있다. 이후 회사가 신주발행절차를 중지하거나 위법·부당한 부분을 시정하여 주주의 불이익을 구제하지 않을 경우, 회사를 피고로 하여 신주발행유지의 소를 제기할 수 있고 이를 본안으로 하여 신주발행유지의 가처분을 신청할 수 있다. 신주발행의 유지는 사전적인 구제방법이므로 신주발행의 효력이 발생하기 전인 신주의 납입기일까지만 할 수 있다.

(4) 유지청구를 무시한 신주발행의 효력

1) **쟁 점** : 부당한 신주발행유지청구는 무시할 수 있으나, 정당한 유지청구를 무시할 수 없다. **재판 외의 유지청구**를 무시한 경우라 하더라도 회사의 신주발행은 유효하고 이사의 책임이 발생할 뿐이라 본다(통설). 하지만 신주발행의 유지청구에 따른 유지판결 또는 신주발행유지가처분 등 **재판상 처분**에도 불구하고 신주를 발행한 경우에 신주발행의 효력은 어떠한가?(쟁점65)[180] 이에 관해 신주발행에 따른 거래상의 안전을 이유로 유효설이 주장될 여지도 있지만, 신주발행유지의 가처분 등 소송법상 처분을 무시한 신주발행은 무효라는 **무효설**이 주장된다. **판례**는 신주발행금지가처분이 있었음에도 불구하고 강행된 신주발행에 관해 법령·정관 위반 또는 현저히 불공정하고 이는 기존 주주의 지배권에 중대한 영향을 미쳤다는 이유로 무효로 보았다(2008다65860).

2) **검 토** : 신주발행유지의 가처분은 물론 신주발행유지의 판결이라 하더라

---

180) **신주발행유지가처분 위반 신주발행의 효력(쟁점65)**에 관해, **무효설**은 신주발행의 유지청구를 무시하고 한 신주발행은 유지청구의 무시 자체를 무효의 원인으로 볼 수는 없고, 신주발행유지가처분·판결을 무시한 것은 무효의 원인이 된다고 본다(정찬형1167). **유효설**은 가처분이나 판결은 법원의 처분이라 이에 반하는 행위는 무효로 보는 것이 타당하지만, 신주발행유지청구는 개인적 이익을 위해 행사되는데 회사의 신주발행행위는 단체법상의 행위여서 개인적 이익보호를 위해 단체법상의 행위를 무효로 해석하는데 의문을 제기한다.

도 이는 신주발행을 중지할 것을 요구하는 법원의 처분행위이지 신주발행행위의 효력에 관한 법원의 판단은 아니다. 그리고 이는 원고인 주주의 청구에 의한 해당 주주의 개인적 이익과 관련된 법원의 처분인데, 회사의 신주발행행위는 특정 주주의 이익뿐만 아니라 다수 주주·이해관계자의 이익과 관련되는 단체법상의 행위이므로 설령 유지판결·가처분에 반하는 신주발행행위라 하더라도 신주발행행위 전체를 무효로 보는 것이 타당한지 의문이 있다. 다만 신주발행행위는 위법한 행위가 되고 이를 원인으로 주주에게 손해가 발생한 것이 되어 해당 주주는 이를 원인으로 손해배상청구를 할 수 있다고 본다.

7. 신주발행무효의 소

(1) 의 의

1) **개 념** : 신주발행무효의 소란 신주발행이 법령이나 정관에 위반한 하자가 있는 경우에 **발행주식 전부가 무효**임을 확인하는 소송을 의미한다. 신주발행은 인수금액의 납입기일의 다음날부터 효력이 발생하나 신주발행절차에 무효원인이 있었을 경우 신주발행은 무효가 됨이 일반원칙이다. 그러나 이사회결의의 흠결 등의 하자의 효과로서 발행 주식이 무효가 된다고 할 경우 발행된 신주의 거래는 물론 신주발행이 유효임을 전제로 한 법률관계가 소급적으로 무효하게 된다. 이는 회사법적 법률관계의 법적 안정성을 해칠 우려가 있으므로, 신주발행의 무효는 주주, 이사 또는 감사에 한하여 신주를 발행한 날로부터 6월 내에 소만으로 이를 주장하게 하였다(상429).

2) **성 질** : 신주발행무효의 소도 제소권자와 제소기간이 제한되며 판결에 의해 신주발행의 효력이 부인되므로 **형성의 소**의 성질을 가진다. 판례는 설령 이사회나 주주총회의 신주발행 결의에 취소 또는 무효의 하자가 있다고 하더라도 그 하자가 극히 중대하여 신주발행이 존재하지 아니하는 정도에 이르는 등의 특별한 사정(**부존재의 하자**)이 없는 한, 신주발행의 효력이 발생한 후에는 신주발행무효의 소에 의하여서만 다툴 수 있다고 보았다(2003다20060). 신주발행의 무효는 신주발행절차를 전체적으로 무효로 하는 것이어서 개별적인 **신주인수행위의 무효**와 구별되며, 인수인의 의사표시에 하자가 있는 경우는 주식회사의 설립절차와는 달리 전액인수주의를 취하지 않으므로 인수계약의 개별적 하자가 되고 신주발행절

차 전체의 무효원인이 되지 않는다.

3) **부존재확인의 소와 구별** : 신주발행무효의 소는 일단 신주발행절차가 존재하는 것을 전제로 하므로, 하자가 현저하여 신주발행이 존재하지 않는 것과 같은 신주발행의 부존재와 구별된다. 판례는 주주들에게 통지하거나 주주들의 참석 없이 주주 아닌 자들이 모여서 개최한 임시주주총회에서 발행예정주식총수에 관한 정관변경결의와 이사선임결의를 하고, 그와 같이 선임된 이사들이 모인 이사회에서 대표이사 선임 및 신주발행결의를 하였다면, 그 발행에 있어 절차적, 실체적 하자가 극히 중대하여 신주발행이 존재하지 않는다고 보았다. 따라서 회사의 주주는 위 신주발행에 관한 이사회결의에 대하여 상법 제429조 소정의 신주발행무효의 소의 제기기간에 구애되거나 신주발행무효의 소에 의하지 않고 부존재확인의 소를 제기할 수 있다(87다카2316).

(2) 제소절차

1) **제소권자** : 신주발행무효의 소의 제소권자는 주주·이사·감사로 제한되며, 피고는 회사이다(상429). 주주는 구주의 주주이든 신주의 주주이든 무방하며, 신주발행의 효력발생 후 주식을 양수한 자도 소를 제기 할 수 있다고 본다. 이사·감사도 제소당시에 이사·감사이면 족하다. 판례는 신주발행무효의 소 계속 중 제소권의 근거가 되는 주식이 양도된 경우에 그 양수인은 제소기간 등의 요건이 충족된다면 새로운 주주의 지위에서 신소를 제기할 수 있을 뿐만 아니라, 양도인이 이미 제기한 기존의 위 소송을 적법하게 승계할 수도 있다고 보았다(2000다42786). 그런데 주식의 양수인이 이미 제기된 신주발행무효의 소에 **승계참가**하는 것을 회사에 대항하려면 주주명부에 주주로서 명의개서를 하여야 한다. 판례는 승계참가가 허용되는 사실심 변론종결 이전에 주주명부에 명의개서를 마친 후 소송관계를 표명하고 증거조사의 결과에 대하여 변론을 함으로써 그 이전에 행하여진 승계참가상의 소송절차를 그대로 유지하고 있다면 명의개서 이전의 소송행위를 추인한 것으로 봄이 상당하여 그 이전에 행하여진 소송절차상의 하자는 모두 치유되었다고 보았다(2000다42786).

2) **제소기간** : 신주발행무효의 소의 제소기간은 신주를 발행한 날부터 6월 이내이며, 신주를 발행한 날은 신주발행의 효력발생일, 즉 납입기일의 다음 날이다.

제소기간의 제한은 신주발행에 수반되는 복잡한 법률관계를 조기에 확정하고자 하는 취지로서, 판례는 이를 무효사유의 주장시기도 제한하고 있는 것이라고 해석함이 타당하다고 본다. 따라서 신주발행무효의 소에서 신주를 발행한 날부터 6월의 출소기간이 경과한 후에는 새로운 무효사유를 추가하여 주장할 수 없다(2010다49380).

3) **기타 절차** : 신주발행무효확인의 소는 본점소재지의 지방법원의 **전속관할**에 속하며(상430 → 186) 신주발행무효확인의 소가 제기된 때에는 회사는 지체 없이 **공고**하여야 한다(상430 → 187). 수 개의 신주발행무효확인의 소가 제기된 때에는 법원은 이를 **병합심리**하여야 한다(상430 → 188). 신주발행무효확인의 소가 심리 중에 원인이 된 하자가 보완되고 회사의 현황과 제반사정을 참작하여 신주발행을 무효로 하는 것이 부적당하다고 인정한 때에는 법원은 그 청구를 기각할 수 있다는 **재량기각제도**를 준용하고 있다(상430 → 189). 이사·감사가 아닌 주주가 신주발행무효의 소를 제기한 때에는 법원은 회사의 청구에 의하여 상당한 **담보를 제공**할 것을 명할 수 있어 담보제공의무를 부담하나, 회사가 담보제공을 청구하기 위해서는 주주의 청구가 악의임을 소명하여야 한다(상430 → 377).

(3) 무효원인

1) **무효원인의 엄격성** : 신주발행무효의 원인에 관해 상법상 별다른 규정이 없어(상429) 무효원인은 해석에 맡겨져 있다. 신주발행유지청구권을 참고할 때 신주발행무효원인도 **법령·정관위반, 현저한 불공정** 등을 무효원인으로 볼 수 있다. 하지만 특정 주주의 불이익을 구제하는 사전적 구제수단인 신주발행유지청구(상424)와 달리, 신주발행무효는 다수의 주주 또는 제3자에게 영향을 미치는 단체법적 특성을 가지고 있으므로 무효원인은 엄격하게 해석할 필요가 있다. 예컨대 수권주식수를 초과하여 발행된 신주는 수권자본제도를 무시하였으므로 무효가 된다. 하지만 신주발행절차가 개별 주주의 이익을 침해한 경우 손해배상의 문제는 발생하더라도 발행 신주 모두를 무효하게 하는 것이 적절한지 개별 주주와 회사 및 전체 주주의 이익에 관한 이익형량이 요구되는 등 엄격한 해석이 필요하다. **판례**도 법령이나 정관의 중대한 위반 또는 현저한 불공정이 있어 그것이 주식회사의 본질이나 회사법의 기본원칙에 반하거나 기존 주주들의 이익과 회사의 경영권 내지 지배권에 중대한 영향을 미치는 경우로서 신주와 관련된 거래의 안전, 주주

기타 이해관계인의 이익 등을 고려하더라도 도저히 묵과할 수 없는 정도라고 평가되는 경우에 한하여 신주의 발행을 무효로 할 수 있다고 보았다(2008다65860).

2) **신주인수권의 침해** : ① 논　의 – 주주의 신주인수권이 무시된 신주발행은 회사법에 반하여(상418.1) 무효인가?(쟁점66)[181] 이에 관해, 주주의 신주인수권은 주주에게 중대한 영향을 미치는 권리이므로 손해배상책임으로 해결되지 않아 무효원인으로 보는 **무효설**, 주주의 신주인수권에 대한 침해가 회사지배에 대한 영향력에 변동을 줄 정도가 아닌 이상 유효라고 보는 **제한적 유효설**, 주주의 신주인수권의 대부분이 무시된 경우에는 신주발행이 무효이지만, 근소한 일부분만이 무시된 경우에는 무효로 되지 않고, 이사의 손해배상책임만 발생할 뿐이라 보는 **절충설** 등이 주장된다. **판례**는 신주인수권이 침해되더라도 지배권에 중대한 영향을 미쳐 도저히 묵과할 수 없는 경우에 무효원인이 된다는 엄격해석원칙을 고수하고 있지만(2008다65860), 경영권 분쟁 중 경영권 방어목적으로 한 신주발행을 통해 신주인수권을 침해한 경우 신주발행무효의 소의 원인이 된다고 보았다(2008다50776).

② 검　토 – 주주의 신주인수권을 침해한 신주발행은 주주에 대한 개별적 보상, 이사의 책임문제를 넘어 위법할 뿐만 아니라 지분비율에 변경을 초래하게 되므로 신주발행절차의 무효원인으로 보아야 한다. 단체법상의 고려에서 엄격해석의 원칙을 이해할 수 있지만, 제한적 유효설, 절충설, 판례는 '지배권에 대한 영향력'이라는 모호한 기준으로 인해 소수주주의 지배권을 약화시키고 대주주의 지분율을 높일 위험을 허용하고 있어 타당하지 못하다. 그리고 침해의 정도가 근소하거나 회사지배권과 무관하더라도 신주발행절차 전체를 무효로 하는 것도 부적절한데, 이 경우 무효설을 취하더라도 주주에 대한 보상을 전제로 재량기각제도를 활용함으로써(상430 → 189) 어느 정도 문제점은 해소될 수 있다고 본다(무효설). 제3자의 신주인수권이 무시된 경우에는 회사에 손해배상책임만 발생할 뿐이고 제

---

181) **신주인수권 무시의 신주발행무효의 원인 여부(쟁점66)**에 관해, **무효설**은 주주의 신주인수권은 주주에게 중대한 영향을 미치는 권리이므로 단순히 이사의 손해배상책임으로 해결될 성질이 아니므로 이를 무효원인으로 본다(최기원809). **제한적 유효설**은 주주의 신주인수권에 대한 침해가 회사지배에 대한 영향력에 변동을 줄 정도에 이르면 무효이고 그렇지 않으면 유효라고 보는 견해(이철송943), 주주의 신주인수권의 전부 또는 대부분을 무시한 결과로 지배권이 변동된 경우에는 신주발행이 신주발행이 무효이지만, 근소한 일부분이 무시된 경우에는 무효로 되지 않고 이사의 손해배상책임만 발생할 뿐이라 보는 견해(정동윤712) 등이 있다.

3자가 신주발행무효의 소를 제기할 수 없다.

3) 발행절차의 불공정 : 신주발행절차가 현저하게 불공정한 경우도 무효원인이 되는가?(**쟁점**67)[182] 이에 관해, 거래안전을 위해 유효하다고 보는 **유효설**, 불공정한 신주발행시 유지청구가 허용되듯이 신주발행 후에는 무효의 소를 제기할 수 있다고 보는 **무효설**, 발행의 결과로 회사지배관계에 변동을 줄 정도일 경우 무효로 보는 **제한적 무효설** 등이 주장된다. **판례**는 한보그룹사건에서 범죄행위의 수단으로 행하여진, 선량한 풍속 기타 사회질서에 반하는 현저히 불공정한 방법으로 이루어진 신주발행을 무효로 보았다(2000다42786). 생각건대 신주발행절차가 불공정할 경우에도 그 정도가 현저하다면 설사 지배관계에 영향을 주지 않았다 하더라도 주주평등의 원칙 등의 회사법상의 기본원칙에 반하므로 무효원인이 될 수 있다고 본다(무효설). 그리고 지배관계의 변동은 절차의 불공정성과 직접 관련이 없으므로, 이를 발행절차의 불공정성을 판단함에 있어 고려하는 해석도 부적절하다고 본다.

4) 이사회결의의 흠결 : 이사회의 결의를 거치지 않은 신주발행은 유효한가?(**쟁점**68)[183] 이에 관해, 위법하지만 대외적 행위이므로 거래의 안전을 중시하여 유효로 보아야 한다는 **유효설**, 수권자본제도의 한계를 일탈했다는 점에서 신주발행은 무효라 보는 **무효설** 등이 주장된다. **판례**는 주식회사의 신주발행은 주식회사의 업무집행에 준하는 것으로서 대표이사가 그 권한에 기하여 신주를 발행한 이상 신주발행은 유효하고, 설령 신주발행에 관한 이사회의 결의가 없거나 이사회의

---

182) **절차의 현저한 불공정의 신주발행무효의 원인 여부(쟁점67)**에 관해, **유효설**은 신주발행절차에 현저한 불공정이 있더라도 거래의 안전보호를 논거로 하여 유효하다고 본다(이기수482), **(일부)무효설**은 신주발행절차에 현저한 불공정이 있는 경우 이를 언제나 무효 또는 유효로 볼 수는 없고 일정한 경우 예컨대 회사의 재배에 변동을 가져오는 경우 등에만 이를 무효로 본다(정찬형1167, 최기원09년,812).

183) **이사회결의 흠결의 신주발행의 효력(쟁점68)**에 관해, **유효설**은 신주발행의 의사결정절차인 이사회결의를 흠결한 경우 위법한 전단적 대표행위이지만 대외적 행위이므로 거래의 안전을 중시하여 유효로 본(정찬형20년,1167). **무효설**에는 신주발행은 중요한 조직법적 변화를 가져오는 일이므로 일상의 업무집행과 같이 취급할 수는 없으므로 이사회의 결의가 없으면 회사의 신주발행의 의사가 존재하지 않는 것으로 보아야 하므로 무효로 보는 견해(이철송941), 대표이사의 개인적 결정에 의한 신주발행을 유효하게 보게 되면 주주의 지위를 불안정하게 할 염려가 있으므로 무효로 보는 견해(최기원809) 등이 있다.

결의에 하자가 있더라도 이사회의 결의는 회사의 내부적 의사결정에 불과하므로 신주발행의 효력에는 영향이 없다고 보았다(2005다77060). 생각건대 이사회결의 없이 대표이사가 신주를 발행하였다면 이는 전단적 대표행위의 외관을 가지지만, 상대적 무·유효설에 따라 상대방의 선의·악의에 의해 보호를 달리하는 것은 신주발행이라는 집단적 행위의 특성에 맞지 않게 된다. 따라서 신주발행절차에 이사회결의가 흠결되었지만 거래의 안전을 고려하고 발행 신주 모두에 동일한 효과가 발생하도록 해석하려면, 이사회결의라는 내부적 절차를 흠결에도 불구하고 신주발행은 유효하다고 해석할 필요가 있다(유효설).

(4) 무효판결의 효력

1) **대세효·불소급효** : 신주발행의 무효판결은 법률관계의 획일적 확정을 위하여 제3자에 대하여도 그 효력이 미치므로 **대세효**를 가지며, 신주발행은 무효판결의 확정에 의하여 장래에 대하여 그 효력을 잃어 **불소급효**를 가진다(상431.1). 법률관계의 안정을 위해 판결의 소급효는 인정하지 않으므로, 신주발행이 유효함을 전제로 하여 판결이 확정될 때까지 한 행위, 예컨대 이익 또는 이자의 배당, 의결권의 행사, 주식의 양도나 입질 등의 행위는 무효판결에 의하여 영향을 받지 않는다. 회사의 발행주식총수가 그만큼 감소하고 따라서 신주발행에 의하여 증가되었던 회사의 자본액도 그 만큼 감소되어 신주발행 이전의 상태로 되돌아간다. 판례도 그 신주발행이 판결로써 무효로 확정되기 이전에 그 신주발행사실을 담당 공무원에게 신고하여 공정증서인 법인등기부에 기재하게 하였다고 하여 그 행위가 공무원에 대하여 허위신고를 한 것이라거나 그 기재가 불실기재에 해당하는 것이라고 할 수는 없다고 보았다(2006도8488).

2) **무효판결 후 조치** : 신주발행무효의 판결이 확정된 때에는 회사는 신주의 주주에 대하여 그 납입금의 반환을 하여야 하나, 환급금이 판결확정시의 회사의 재산상태에 비추어 현저하게 부당한 때에는 법원은 회사 또는 주주의 청구에 의하여 그 금액의 증감을 명할 수 있다(상432.1,2). 그리고 질권의 물상대위에 관한 규정, 기명주식의 등록질에 관한 규정을 준용한다(상432.3). 따라서 주식의 질권자는 신주발행무효판결의 확정에 따른 주주에의 환급금에 대해서도 주식을 목적으로 하는 질권을 행사할 수 있으며(상339), 기명주식의 등록질권자는 주주환급금을 지급받아 다른 채권자에 우선하여 자기채권의 변제에 충당할 수 있다(상

340.1). 그리고 환급금이 질권자의 채권의 변제기보다 먼저 지급될 경우 질권자는 회사에 대하여 환급금의 공탁을 청구할 수 있는데, 이 경우 질권은 공탁금에 존재한다(민353.3). 무효판결이 확정되면 주식수·자본금 등은 신주발행에 따른 변경등기의 내용과 상위하게 되므로 변경등기를 해야 한다. 그리고 회사는 지체 없이 3월 이상의 기간 내에 신주의 주권을 회사에 제출할 것을 공고하고, 주주명부상의 주주와 질권자에게 주권제출을 통지하여야 한다(상431.2).

8. 통모인수인의 책임

(1) 의 의

신주의 인수인이 이사와 통모하여 현저하게 불공정한 발행가액으로 주식을 인수한 때에는 회사에 대하여 공정한 발행가액과의 차액에 상당한 금액을 지급할 의무가 있다(상424의2.1). 신주의 발행가액이 불공정할 경우 회사가 입은 재산상의 손해에 관해 이사는 임무의 해태로 인한 손해배상 책임을 부담하지만, 회사와의 일정 가액으로 인수계약을 체결한 주식인수인으로부터 부당한 이익을 환수하도록 하고 있다. 회사법은 발행가액이 현저하게 불공정하고 이것이 이사와 주식인수인 사이의 통모로 비롯된 경우에 한하여 주식인수인에 대하여도 그 차액에 대한 지급책임을 부담시켜 회사와 주주를 보호하고 있다.

(2) 책임의 요건

1) **발행가액의 불공정** : ① 발행가액 – 신주의 발행가액이 현저하게 불공정하여야 한다. 여기서 **발행가액**이란 이사회에서 발행사항으로 정하는 발행가액이 아니라 인수인이 실제 납입한 인수가액을 의미한다. 이사회에서 정한 발행가액은 공정하지만, 현물출자를 과대평가한 경우와 같이 인수가액이 현저하게 불공정한 경우에도 본조가 적용된다고 할 것이다. 그리고 이사회에서 정한 발행가액이 불공정하더라도 인수가액이 공정할 경우 문제가 없지만, 반대로 이사회에서 정한 발행가액은 공정하지만 인수가액이 현저하게 낮은 가액일 경우 통모인수인의 책임이 발생하는가?(**쟁점69**)[184] 이에 관해, 이 경우 차액 지급을 통해 자본금 충실을

---

184) **인수가액의 현저한 불공정성의 요건해당성(쟁점69)**에 관해, 긍정설은 통모인수인의 책임 규정을 적용하여 그 차액을 지급하도록 함으로써 자본금 충실을 기하도록 하는 것이 타당하다고 본다(정찬형1163), 신주발행무효설은 발행가액과 달리 인수가액이 현저하게

기함이 타당하다는 **긍정설**, 이 경우에는 인수행위가 위법하므로 신주발행무효의 원인으로 보아야 한다는 **신주발행무효설** 등이 주장된다.

　② 현저한 불공정 – 신주 발행가액의 불공정으로 추가출자의무를 부담하는 자에는 불공정가액으로 인수한 제3자만이 아니라 주주도 해당될 수 있다. 발행가액의 불공정성의 판단은 신주발행을 전후한 발행회사의 주가를 기준으로 회사의 자산상태, 수익력, 사업의 전망, 기타의 제반 사정을 종합적으로 참작하여 판단하는데, 실제 주가와 발행가액의 차이가 통상 발생할 수 있는 범위를 벗어나 현저하여야 한다. 발행가액이 현저하게 불공정한 경우에 그 증명책임은 회사 또는 주주에게 있어, 회사가 이를 증명하여 책임을 묻든지 대표소송을 제기하는 주주가 이를 증명하여야 한다.

　2) 이사와 통모 : ① 통　모 – 신주인수인의 책임은 이사와 통모한 경우에 인정된다. 통모라 함은 이사와 신주인수인이 부당한 가액으로 신주를 인수하기 위해 협의함을 의미한다. 발행가액은 불공정하더라도 통모를 하지 않는 경우에는 발행가액이 불공정하다는 것을 안 것만으로는 책임을 지지 않으며, 이사의 책임만이 문제된다. 통모에 대한 증명책임도 원고인 회사 또는 대표소송을 제기하는 주주에 있다. 동일한 발행가액이나 일부 주주는 통모하고 일부 주주는 통모에 참여하지 않았을 경우 통모주주에게 추가출자의무가 발생하는가?

　② 주주 배정 – 발행주식 전부를 주주가 인수하는 주주 배정시에도 통모에 의해 발행가액이 현저하게 부당하다면 통모인수인의 책임규정이 적용되는가?(쟁점 70)[185] 이에 관해, 자본충실의 원칙상 주주배정시에도 적용하여야 한다는 **긍정설**, 동조는 제3자 인수시에만 적용되고 주주배정시에는 적용되지 않는다는 **부정설** 등이 주장된다. 생각건대 주주가 발행주식 전부를 신주인수권에 기해 인수하는 경우는 설사 통모하였고 현저한 부당성이 있었다고 하더라도 그로 인한 불이익 역시 모든 주주가 사실상 부담하게 되므로 굳이 주주에게 통모인수인의 책임을 부담시킬 이유가 없게 된다. 그리고 모든 주주에게 동일한 발행가액이 적용되었는

　　불공한 경우에는 인수행위가 위법하므로 신주발행무효의 원인으로 본다(이철송938).

185) **주주배정에 통모인수인 책임규정의 적용가능성(쟁점70)**에 관해, **긍정설**은 주주배정시에도 자본충실을 이유로 본조가 적용되어야 한다고 본다(정동윤715, 최기원833). **부정설**은 통모인수인의 책임제도는 제3자가 신주를 인수하거나 특정의 주주가 신주인수권에 기하지 않고 제3자적 지위에서 인수할 때에 적용되고, 발행주식 전부를 주주가 신주인수권에 기해 인수할 때(주주배정)에는 적용되지 않는다고 본다(이철송939).

데 일부 통모주주에게만 추가출자의무를 부담시키는 것도 본조항이 통모주주에 대한 징계조항이 아니므로 부적절한 하다고 볼 때, 주주 배정시에는 일부 주주가 통모하더라도 책임을 묻기 어렵다고 본다(부정설).

(3) 책임의 내용·성질

1) **추가출자의무** : 신주인수인이 지는 책임의 내용은 신주의 공정한 가액과 불공정한 가액과의 차액에 대한 지급의무로서, 통모한 주식인수인에게만 인정한 주주의 추가출자의무이다. 이 의무를 **유한책임원칙의 예외**로 보는 견해가 통설이며, 신주를 인수한 주주만이 지며 그 주식의 양수인은 지지 않는다. 신주인수인의 책임과 이사의 손해배상책임의 관계에 관해, 신주인수인의 추가출자의무는 이사의 회사 또는 주주에 대한 손해배상의 책임에 영향을 미치지 아니한다(상424의2.3).

2) **이사 책임과 관계** : 통모인수인의 책임과 이사의 손해배상책임의 관계는 어떠한가? 이에 관해, 일방 채무의 이행으로 타방채무도 소멸한다고 보는 **부진정연대책임설**, 양 책임은 책임의 성질을 달리하므로 일방의 이행으로 타방의 채무가 소멸하지 않는다고 보는 **독립책임설** 등이 주장된다. 생각건대 추가출자의무의 대상이 되는 차액은 이사의 손해배상책임에서 문제되는 회사의 손해에 해당하므로 양자는 동일한 내용이다. 따라서 주식인수인의 추가출자의무 이행은 이사의 책임을 소멸시킨다고 본다. 하지만 이사가 손해배상책임을 이행하였다고 주식인수인의 추가출자의무가 소멸되는지는 의문이며, 책임을 이행한 이사가 주식인수인에게 구상권을 가진다고 보기도 어렵다. 요컨대 양자의 책임관계는 주식인수인의 책임에 부수적으로 이사의 책임이 발생하는 관계이어서 부진정연대책임과 구별된다는 특수한 법률관계라 생각된다.

(4) 책임의 추궁

신주인수인의 책임은 회사가 추궁하는 것이 원칙이다. 회사는 이사와의 통모와 발행가액의 현저한 불공정성을 입증하여 통모인수인의 책임을 물을 수 있다. 신주인수인과 이사는 통모관계이므로 회사가 책임을 추궁한다는 것은 사실상 기대할 수 없어 대표소송에 관한 규정을 준용한다(상424의2.2). 따라서 회사가 통모인수인의 책임을 추궁하지 않을 경우에는 통모인수인이 이사가 아니라 하더라도 소수주주가 통모인수인의 책임을 추궁하여 공정한 발행가액과의 차액에 상당한 금액을 회사에 반환하게 할 수 있다. 그리고 통모인수인으로부터 지급받은 추가출자는 성질상 자본전입금에 적립된다는 것이 통설이다.

제 3 절 특수한 신주발행

1. 준비금 자본전입 신주발행

(1) 의 의

1) **준비금** : 준비금이란 당기순이익 또는 자본거래에서 발생한 잉여이익 중주주에게 배당되지 않고 회사에 유보된 재산을 의미한다. 준비금은 예비적 자본의 성질을 가져 자본금계정에 포함되어 자본과 더불어 이익산정시 공제항목이 되어 배당가능이익에서 제외되게 함으로써 이익을 회사에 유보시키고, 회사에 장래의 예측하지 못하는 자금수요를 위한 적립금의 기능을 한다. 회사법은 일정 조건이 구비되면 준비금의 적립을 강제하고 있는데 이를 법정준비금이라 하고, 회사가 선택적으로 적립하는 준비금을 임의준비금이라 한다. **법정준비금**은 그 재원을기준으로 이익준비금과 자본준비금으로 구분되는데, 이익준비금은 배당가능이익(이익잉여금)을 재원으로 하고(상458) 자본준비금은 자본거래에서 생긴 잉여금(주식발행초과금, 합병차익, 감자차익 등)을 그 재원으로 하여(상459) 회사법에의해 그 적립이 강제되고 처분이 제한된다(상460). **임의준비금**은 배당가능이익(이익잉여금) 중 일부를 배당하지 않고 회사 내에 유보하고자 하는 주주총회의 결의에 의해 임의적으로 형성되고 처분도 자유롭다.

2) **준비금의 자본전입** : 예비적 자본인 준비금은 회사의 자금운용상의 위험을극복하는 재원이 될 수 있다는 긍정적 기능도 하지만 과도한 준비금의 적립은 효율적인 재무관리를 저해할 수 있다. 따라서 회사는 준비금을 자본에 전입할 수 있는데(상461.1), 이는 새로운 자금이 회사에 유입되는 것이 아니라 준비금계정으로부터 자본금계정으로 자금의 계정상 이동에 지나지 않는다. 준비금의 자본전입은회사의 자본금 규모를 확장하거나, 상대적으로 높은 주가를 인하함으로써 주식의유통을 원활하게 하려는 동기에서 실행될 수 있다. 전입방법은 해당 준비금계정에서 전입액을 차감하고 동시에 자본금계정에 전입금액만큼 증액기재 한다. 그

결과 **자본이 증가**하고 전입액에 해당하는 액면가의 무상주식이 주주의 주식수에 비례적하여 발행된다. **무상주의 교부**는 회사재산의 변동 없이 발행주식수만 증가하므로 주식분할의 실질을 가지며, 특수한 신주발행의 한 형태로 분류된다. 이때 발행주식수는 수권주식의 범위 내이어야 함은 물론이다.

    3) 법정준비금의 처분 : 법정준비금은 실제 별도의 자금이 존재하는 것이 아니라 계산상의 액수에 지나지 않는데, 법정준비금은 자본금의 결손 보전에 충당하는 경우 외에는 처분이 제한된다(상460). 결손이란 회사의 순자산액이 자본금과 준비금의 합계액에 부족한 상태를 의미하므로, 회사에 결손이 발생하였을 경우 결손을 다음 회계연도에 이월시키지 않고 법정준비금으로 결손액을 상각시킴으로써 결손을 보전할 수 있다. 다만 회사법은 법정준비금에 관해 결손보전에 한정하여 처분을 제한하면서(상460), 다른 조문에서 자본금 전입을 위해 사용될 수도 있고(상461.1), 일정한 경우 감소처분도 가능하다고 정하고 있다(상461의2). 따라서 법정준비금은 결손보전에 충당함이 원칙이지만 그밖에 자본전입·감소처분도 가능하다고 해석된다. 다만 자본준비금의 처분에 관해 상이한 내용들이 별개의 조문에 규정되어 있어 그 의미에 혼동이 생길 수 있으므로 입법론적으로 조문을 명확히 개정할 필요가 있다고 본다.

    (2) 자본전입의 절차
    1) 이사회결의 : 회사는 이사회의 결의에 의하여 준비금의 전부 또는 일부를 자본에 전입할 수 있으나, 정관으로 주주총회에서 결정하기로 정할 수 있다(상461.1). 준비금의 자본전입의 이사회결의가 있을 경우 회사는 배정일(기준일의 일종)의 주주가 발행주식의 주주가 된다는 뜻을 2주 전에 공고하여야 한다. 주주명부 폐쇄기간(상354.1) 중인 때에는 폐쇄기간의 초일의 2주 전에 이를 공고하여야 한다(상461.3). 기준일 등의 공고는 주주에게 준비금 자본전입에 관한 이사회의 결의사항을 알리고, 명의개서미필주주에게 기준일에 주주명부상의 주주의 지위를 누릴 수 있게 명의개서의 기회를 부여하기 위함이다.

    2) 신주의 발행 : 준비금의 자본전입으로 발행되는 주식은 주주에게 주식수에 비례하여 발행되는데(상461.2), 통상의 신주발행과 달리 자본조달이 목적이 아니고 회사내부에서의 회계상 계정간의 이동이므로 **무상신주**가 발행된다. 비례적 발

행 과정에 1주 미만의 단주가 발생한 경우 단주는 경매하여 각 주수에 따라 그 대금을 종전의 주주에게 지급하여야 한다(상461.2 → 443.1). 주식의 발행은 주권의 발행을 의미하는 것은 아니므로 특별한 유가증권을 발행하여야 하는 것은 아니지만, 주식발행절차에서 요구되는 절차 즉 어떠한 종류의 주식이 몇 주가 발행되고 발행된 특정 주식이 어느 주주에게 귀속되는지를 결정하고 이를 주주명부에 기재하여야 한다.

3) 질권자 등에의 통지 : 이사는 신주의 주주가 정해지면 지체 없이 신주를 받은 주주와 주주명부에 기재된 질권자에 대하여 그 주주가 받은 주식의 종류와 수를 통지하여야 한다(상461.5). 즉 이사회결의에 의한 신주발행의 경우에는 배정일(기준일), 주주총회결의에 의한 신주발행의 경우에는 주총일 이후 이사는 지체없이 질권자에게 신주발행사항을 통지하여야 한다. 질권자는 신주발행으로 인하여 종전의 주주가 받을 신주에 대하여도 종전 주식을 목적으로 한 질권을 행사할 수 있어(상461.7 → 339), 물상대위가 인정된다. 이는 전환주식의 전환에 의한 신주발행, 통상의 신주발행, 주식배당의 경우의 신주발행, 전환사채의 전환에 의한 신주발행, 신주인수권부사채권상의 인수권 행사에 의한 신주발행 등의 경우와 동일하다.

(3) 효 력

1) 효력발생시점 : 준비금이 자본전입 되는 경우에는 출자 이행 없이 무상신주가 배정되므로, 통상의 신주발행시 효력발생일(주금납입일 익일)에 관한 규정(상423.1)이 적용되지 않는다. 준비금의 자본전입에 의해 발행되는 무상신주의 효력은, 자본전입을 위해 이사회결의를 거칠 경우에는 이사회가 지정하여 공고하는 배정일(기준일)에, 정관으로 이사회결의 대신 주주총회의 결의를 정한 경우에는 자본전입을 위한 주주총회의 결의일에 발생한다(상461.3,4). 무상신주가 발행된 후 주주명부 등에 신주와 신주에 대한 주주를 등재하는 것은 신주의 효력발생에 영향을 미치지 않는다.

2) 신주에 대한 이익배당 : 신주의 효력발생시점은 기준일·주총일이 되지만 연말결산기에 당기순이익에 관해 이익배당이 결의된 경우 신주에 관한 배당률이 문제된다. 이에 관해 신주발행이 있는 영업연도의 직전 영업연도말에 발행된 것으

로 한다는 규정(구상461 → 350.3)이 삭제되어 회사가 자율적으로 정할 수 있다고 본다. 자본전입에 의한 신주발행의 경우에는 주주평등의 원칙이 적용되어 무상신주가 비례적으로 배정되므로, 동일한 배당재원으로 기준일을 어떻게 설정하더라도 이익배당에서 형평이 실현된다. 따라서 효력발생일 기준으로 처리할 경우 구주와 달리 신주에 일할배당을 실시할 수도 있고, 이익배당결의를 하면서 구주와 신주에 동일 배당결의 하는 것도 주주평등의 원칙에 반하지 않으므로 해석상 가능하다고 본다.

2. 주식배당에 의한 신주발행

(1) 의 의

주식배당이란 회사가 배당가능이익으로 현금 대신 신주 발행을 통해 실시하는 이익배당을 의미한다. 현금 대신 신주를 발행하여 배당함으로써 회사로서는 현금이 회사 밖으로 유출되지 않아 현금유동성을 확보할 수 있으면서 동시에 자본금을 증대할 수 있는 이점이 있다. 주주로서도 배당받은 현금에 의해 다시 주식을 매입하거나 신주발행에 참여하지 않고도 주식을 확보할 수 있어서 유리한 면이 있다. 하지만 현금 수요가 있거나 주식의 인수를 원하지 않는 주주에게 현금이 배당되지 않고 회사에 유보되어 주주의 이익을 침해할 가능성도 없지 않다. 따라서 회사법은 주주보호를 위해, 주식에 의한 배당은 이익배당총액의 2분의 1에 상당하는 금액을 초과하지 못하도록 제한하고 있다(상462의2.1).

(2) 절 차

1) **주총결의** : 주식배당을 위해서는 주주총회의 결의가 요구된다. 주식배당시 신주가 발행되지만, 통상 신주발행에 요구되는 이사회결의가 아닌 주주총회의 결의를 거쳐야만 주식배당이 가능하다. 주식배당은 현금 배당을 원하는 주주들에게 현금 대신 주식을 배당하는 절차여서 이를 결정함에 있어 주주의 의사가 중요하므로, 이사회결의가 아닌 주주총회의 결의를 거치도록 하였다고 입법 취지를 이해할 수 있다. 주식배당의 주주총회결의는 보통결의의 요건을 충족하여야 하며, 이는 결산승인을 위한 주주총회의 결의와는 구별되지만 결산승인을 하면서 동시에 주식배당결의도 승인하는 것이 가능하다.

2) **신주발행절차** : 주식배당시 유상신주를 발행하게 되므로 발행되는 신주의 발행가액이 결정되어야 한다. 회사법은 배당신주의 발행가액은 시가가 아닌 주식의 **액면가**로 발행하도록 법정하고 있다(상462의2.2). 주식배당 역시 모든 주주에게 비례적으로 배당되므로 주식의 시가보다 낮은 액면가에 의해 배당신주가 발행된다고 하더라도 주주에게 손해가 발생하는 것은 아니다. 그리고 유상신주가 발생되지만 주주의 주금의 납입절차는 요구되지 않고 배당이익이 주금액이 되어 자본금으로 전환될 뿐이어서, 주식배당에 따른 신주발행은 통상의 신주발행과 구별되는 특수한 신주발행에 속한다. 다음으로 배당신주의 종류가 문제될 수 있는데, 회사법은 회사가 **종류주식**을 발행한 때에는 동일한 종류의 주식으로 주식배당을 하도록 정하고 있다(상462의2.2). 주식으로 배당할 이익의 금액 중 주식의 권면액에 미달하는 **단주**는 경매하여 각 주수에 따라 그 대금을 종전의 주주에게 지급하여야 한다(상462의2.3 → 443.1).

3) **공 고** : 이사는 주식배당에 관한 주주총회의 결의가 있는 때에는 지체 없이 배당을 받을 주주와 주주명부에 기재된 질권자에게 그 주주가 받을 주식의 종류와 수를 통지하고, 때에는 주식배당결의의 내용을 공고하여야 한다(상462의2.5). 주주에 대한 공고는 주주에게 주식배당에 관한 공시의 의미를 가진다. 그리고 등록질권자에 대한 공고는 등록질권자가 배당신주에 관해 물상대위에 의해 질권을 가지므로 배당신주를 표창하는 주권의 교부청구권 등 질권을 행사할 수 있도록 한다.

(3) 효 과

1) **효력발생시점** : 주식으로 배당을 받은 주주는 주식배당의 결의를 한 주주총회가 종결한 때부터 신주의 주주가 된다. 신주에 대한 이익이나 이자의 배당에 관하여는 발행의제규정(상462의2.4 → 350.3)이 삭제되어 회사가 자율적으로 정할 수 있게 되었으므로, 배당신주의 효력발생일(주총일) 기준으로 신주에 일할배당을 실시할 수도 있고 이익배당결의를 하면서 구주와 신주에 동일 배당결의 하는 것도 주주평등의 원칙에 반하지 않으므로 해석상 가능하다고 본다.

2) **물상대위** : 주식배당이 실시되는 경우 질권자의 권리는 질권설정자인 주주가 받을 주식에 미친다(상462의2.6). 주식에 대해 등록질권을 설정하는 경우 회사

가 질권설정자의 청구에 의하여 그 성명과 주소를 주주명부에 부기하고 그 성명을 주권에 기재하게 되는데, 이 경우 질권자는 회사로부터 주식배당을 받아 다른 채권자에 우선하여 자기채권에 **변제충당**할 수 있다(상462의2.6 → 340.1). 다만 주식배당의 경우 주식은 현금이 아니므로 변제충당의 대상이 아니라 **물상대위**의 대상이므로, 입법론적으로 상법 제340조 제1항이 아니라 상법 제339조가 적용된다고 규정함이 타당하다고 본다. 질권자는 회사에 대하여 배당주식에 대한 주권의 교부를 청구할 수 있다(상462의2.6 → 340.3). 주식배당에 관해서는 뒤에서 자세히 살펴본다.

3. 전환주식·사채의 전환에 의한 신주발행

(1) 의 의

1) **개 념** : 전환주식이란 회사가 종류주식을 발행한 경우 다른 종류주식으로의 전환권이 인정되는 주식(전환형 종류주식, 2편3장1절2.(6))을 의미하고, 전환사채란 주식으로의 전환권이 인정된 사채(2편7장2절1.)이다. 전환주식이나 전환사채모두 전환주식·사채를 보유한 자가 전환권을 행사할 경우 신주를 발행하여야 한다. 이 때 발행되는 주식은 통상적인 신주발행이 아니라 전환주식·사채를 발행할때 예정되어 있던 주식으로서 주주의 신주인수권의 대상이 되지 않는다. 따라서발행신주가 종류주식이라면 종류주식의 발행에 관한 정관규정이 있어야 하고, 정관상에 발행예정주식수에 신주를 발행할 여유분이 유보되어 있어야 한다.

2) **전환사채의 발행 제한** : 전환사채는 주주로 전환권이 부여되어 있어 사채임에도 불구하고 주주 아닌 자에게 전환사채를 발행할 경우에는 이를 실질적으로제3자에 대한 주식의 배정과 유사하다. 따라서 회사법은 이를 위해서는 제3자에대한 신주인수권의 부여와 동일하게 정관에 이를 허용하는 규정과 경영상 목적달성의 필요성이 있어야 하고(상513.3 → 418.2), 정관규정 또는 주주총회의 특별결의를 통해 발행할 수 있다.

(2) 절 차

1) **전환청구** : 전환주식이 발행된 경우 주식의 전환을 청구하는 자는 청구서2통에 주권을 첨부하여 회사에 제출하여야 하며, 청구서에는 전환하고자 하는

주식의 종류, 수와 청구연월일을 기재하고 기명날인 또는 서명하여야 한다(상 349). 전환권은 형성권적 성질을 가지며 전환권 행사의 효과에 관해서는 전술한 바 있어(2편3장1절2.(6)), 여기서는 전환권 행사에 의한 신주발행절차를 중심으로 살펴본다.

2) **신주식의 발행** : 전환으로 인하여 신주식을 발행하는 경우에는 전환 전의 주식의 발행가액을 신주식의 발행가액으로 한다(상348). 전환전의 주식과 신주식 의 발행가액을 일치하게 함으로써 액면미달 발행의 한계 내에서 전환전 주식과 신주의 전환비율이 제한된다. 즉 전환 전 주식의 액면가액이 5,000원, 발행가액이 20,000원이었다면, 액면미달발행이 제한되므로 전환주식은 최대 4주까지 부여할 수 있게 되어 그 범위 내에서 정관으로 전환조건을 정하면 된다(상346.1). 전환주 식의 전환에 의한 신주발행의 경우도 통상적 신주발행과 달리 특별히 인수·납입 등의 절차가 요구되지 않으므로 전환권의 행사에 의해 바로 신주발행의 효력이 발생하고 주주명부에 신주의 등록과 주주의 성명·주소 등의 기재 등 부수적 절차 가 뒤따르게 된다(상352.1)

(3) 효 과

전환후의 주식(신주)의 발행은 특수한 신주발행으로서 이사회의 신주발행의 결의가 요구되지 않고, 정관의 규정에 따라 전환의 효과가 발생하는 시점에 이뤄 진다(상350). 주주가 전환권을 가지는 전환청구권부주식의 경우 전환권은 형성권 이므로 전환청구권을 행사한 때에 전환의 효력이 생기지만, 회사가 전환권을 가 지는 전환권부주식은 전환의 효력 발생은 주권제출기간이 종료되는 시점에 발생 한다(상350.1). 전환후의 주식(신주)에 대한 이익배당에 관하여는 발행의제규정 (상350.3)이 삭제되어 회사가 자율적으로 정할 수 있게 되었지만, 앞서 본 준비금 전입신주, 배당신주와는 달리 새로운 신주가 발행되는 것이 아니라 구주가 신주 로 전환되므로 신주에 통상적인 배당이 실시된다. 주식의 전환으로 인한 변경등 기는 전환을 청구한 날이 속하는 달의 말일부터 2주 내에 본점소재지에서 하여야 한다(상351). 전환사채가 발행된 경우(상513.1) 전환사채권자의 전환청구 등의 절 차에 관해 전환주식의 규정을 준용한다(상516).

4. 신주인수권부사채 관련 신주발행

(1) 의 의

신주인수권부사채란 회사가 신주를 발행할 때 주식과 유사하게 사채권자에게 신주인수권이 부여된 사채를 의미한다. 사채권자가 신주인수권을 행사할 경우 이뤄지는 주식발행은, 통상적인 신주발행이 아니라 주주의 신주인수권의 대상이 되지 않는 특수한 신주발행에 해당한다. 신주인수권부사채에는 신주를 인수할 수 있는 권리가 부착되어 있어 주주 아닌 자에게 신주인수권부사채를 발행할 경우에는 이를 실질적으로 제3자가 신주인수권을 가진 것과 유사한 효과가 발생한다. 따라서 회사법은 정관에 이를 허용하는 규정이 있거나 주주총회의 결의가 있는 경우에만 신주인수권부사채를 발행하도록 제한하고 있다(상516의2.4).

(2) 절 차

신주인수권부사채가 발행된 경우 신주인수권을 행사하려는 자는 청구서 2통을 회사에 제출하고, 신주의 발행가액의 전액을 납입하여야 한다(상516의8.1). 이때 신주인수권증권이 발행된 때에는 신주인수권증권을 첨부하고, 이를 발행하지 아니한 때에는 채권을 제시하여야 한다(상516의8.2). 납입은 채권 또는 신주인수권증권에 기재한 은행 기타 금융기관의 납입장소에서 하여야 한다(상516의8.3). 신주인수청구서에는 주식청약서 기재사항이 기재되고(상516의8.4), 주식청약서에 관한 규정이 준용되어 신주인수청구를 하고자 하는 자는 청구서 2통에 인수할 주식의 종류 및 수와 주소를 기재하고 기명날인 또는 서명하여야 한다(상302.1). 신주발행가액을 납입에 관해, 납입금의 보관자 또는 납입장소를 변경할 때에는 법원의 허가를 얻어야 한다(상306). 그리고 납입금을 보관한 은행 기타의 금융기관은 이사의 청구가 있는 때에는 그 보관금액에 관하여 증명서를 교부하여야 한다. 은행 기타의 금융기관은 증명한 보관금액에 대하여는 납입의 부실 또는 그 금액의 반환에 관한 제한이 있음을 이유로 하여 회사에 대항하지 못한다(상516의8.4 → 318).

(3) 효 과

신주의 효력발생은 신주인수권을 행사한 자가 청구서 2통과 함께 신주발행가액의 전액을 납입을 한 때이고, 신주인수권 행사자는 이 시점부터 신주에 대한 주주가 된다(상516의9). 주주명부 폐쇄기간 중에 신주인수권을 행사한 주식의 주주는 그 기간 중의 총회의 결의에 관하여는 의결권을 행사할 수 없다(상516의10 → 350.2). 신주인수권을 행사하여 발생된 신주에 대한 이익배당에 관해 특별한 규정을 두고 있지 않으므로 일할배당 등의 배당기준에 관해 회사가 자율적으로 정할 수 있다고 본다. 신주인수권 행사로 인한 변경등기는 전환을 청구한 날이 속하는 달의 말일부터 2주 내에 본점소재지에서 이를 하여야 한다(상516의10 → 351).

5. 기타 특수한 신주발행

(1) 합병, 주식의 포괄적 교환

1) **합병·분할합병** : 회사가 다른 회사를 흡수합병하거나 분할합병할 경우 흡수·분할합병되는 소멸회사의 주주에게 (존속)회사의 신주를 발행하여 소멸회사의 주주에게 교부한다. (분할)합병으로 인한 신주발행은 존속회사의 자본이 증가되지만 증자를 주된 목적으로 하지 않고 회사의 (분할)합병을 목적으로 하므로 존속회사의 주주의 신주인수권의 대상이 되지 않는 특수한 신주발행에 해당한다. (분할)합병의 절차의 일환으로 신주가 발행되므로 신주대금의 납입이 요구되지 않으며, 합병 또는 분할합병의 효력이 발생하는 때에 신주발행의 효력이 발생한다.

2) **포괄적 교환** : 주식의 포괄적 교환은 회사의 모든 주식을 교환하여 완전모회사를 설립하는 절차이다(상360의2). 완전자회사가 되는 회사의 주주가 가지는 그 회사의 주식은 주식을 교환하는 날에 주식교환에 의하여 완전모회사가 되는 회사에 이전하고, 그 완전자회사가 되는 회사의 주주는 그 완전모회사가 되는 회사가 주식교환을 위하여 발행하는 신주의 배정을 받음으로써 그 회사의 주주가 된다(상360의2.2). 포괄적 교환시 발행되는 주식은 특수한 신주발행이긴 하지만 모회사를 설립하면서 발행하는 신주로서 다른 특수한 신주발행과는 구별된다.

(2) 주식 병합·분할절차

주식의 병합 또는 분할에 의한 신주발행의 경우에도 신주가 발행되지만 이때 발행되는 신주는 주식을 큰 단위 또는 작은 단위로 변화시키는 병합·분할절차의 일환으로 발행되는 신주이므로, 주금액의 납입절차가 요구되는 통상 신주발행절차와 구별되는 특수한 신주발행에 해당한다. 회사는 1월 이상의 기간을 정하여 그 뜻과 그 기간 내에 주권을 회사에 제출할 것을 공고하고 주주명부에 기재된 주주와 질권자에 대하여는 각별로 그 통지를 하여야 한다(상440). 주식의 병합은 제출기간이 만료한 때에 그 효력이 생기나, 채권자이의절차가 종료하지 아니한 때에는 그 종료한 때에 효력이 생긴다(상441).

제 4 절 정관의 변경

1. 의 의

(1) 개 념
1) **취 지** : 정관변경이란 회사의 조직과 활동에 관한 근본규범인 정관을 변경하는 것을 의미한다. 이는 **실질적 의미의 정관**의 변경을 말하고 정관을 기재한 서면인 **형식적 의미의 정관**을 변경하는 것을 의미하는 것은 아니다. 따라서 상법상 정관변경의 요건을 갖추면 서면인 정관이 바뀌지 않더라도 정관변경은 이루어진 것으로 본다. 정관은 회사는 물론 회사의 구성원인 주주, 회사의 임직원 등을 구속하지만 제3자에 대해 규범력을 가지지는 않는다. 회사의 내부규범인 정관을 개정한다는 것은 회사가 구성원의 의사에 따라 새로운 모습으로의 **변화 가능성**을 가지게 하여 회사의 지속가능성을 높혀 기업유지의 이념에 기여한다는 취지를 가진다.

2) **사실의 변경** : 지명의 변경 또는 행정구역의 변경 등 정관의 기재 내용이 사실에 기초를 둔 경우 지명변경 등 사실이 변경되면 당연히 정관이 변경된 것으로 본다. 그리고 법령의 개정으로 인하여 정관의 규정이 변경 또는 실효되는 경우도 주주총회 특별결의 없이도 정관이 변경된 것으로 본다. 기타 정관에 관한 구체적 사항에 관해서는 회사 설립절차에서의 정관 작성(2편2장3절1.)에서 살펴본 바 있다.

(2) 변경의 한계
1) **이론적 한계** : 정관의 변경은 그것이 반사회적이거나 주식회사의 본질에

반하거나 주주의 고유권을 해하거나 회사법상 강행법규에 반하는 사항을 정관에 포함시키도록 개정할 수는 없다는 한계를 가진다. 다만 종류주식에 관해 기존의 주주권의 내용 또는 주식배정에 관한 사항을 더 불리하게 변경하는 것도 정관자치에 포함되지만, 손해를 입는 종류주주의 동의를 얻도록 하고 있어(상435.1) 종류주식의 권리에 관한 사항도 일종의 정관자치의 한계로 볼 수 있다. 이러한 정관자치의 한계를 벗어나지 않는 한 원칙적으로 회사는 자유롭게 정관을 변경할 수 있다.

2) **정관상의 제한** : 원시정관에 정관을 변경할 수 없다는 일반적 또는 구체적 규정을 두었다면 회사는 이에 구속되는가? 생각건대 정관규정을 일반적으로 개정할 수 없다는 원시정관의 규정은 정관변경을 불허하는 규정이 되어 오히려 강행법적 성질을 가지는 회사법상 정관변경에 관한 허용규정(상433)에 반하여 효력을 가질 수 없다. 다음으로 정관의 특별한 규정 예컨대 종류주식의 발행에 관한 사항 등의 규정을 변경할 수 없도록 하는 원시정관규정 역시 정관변경에 제한을 두지 않은 회사법의 규정에 반하고, 현재의 회사 구성원의 의사를 과거 구성원들의 의사로 제한하는 것이므로 사적자치의 원칙에 반하여 무효한 규정이라 본다.

(3) 변경사항

1) **수권주식수** : 회사가 발행할 주식의 총수, 즉 수권주식총수는 정관의 절대적 기재사항이다(상289.1 3호). 따라서 이를 증가하고자 하는 경우에는 정관변경 절차가 요구된다. 수권주식수의 범위 내에서 이사회결의를 통해 신주를 발행할 수 있으므로 수권주식수는 이사회에 대한 주주총회의 권한위임의 범위를 의미한다. 수권주식수는 현재의 수권주식수로부터 아무런 제한 없이 확대할 수 있는가? 회사법은 종전에는 4배의 범위 내에서 허용하는 규정을 두고 있었지만, 현행 회사법에는 그러한 규정을 두고 있지 않아 정관변경의 절차를 거친다면 원칙적으로 수권주식수 변경에는 제한이 없다고 본다.

2) **주금액의 변경** : ① 주금액 인상 - 주금액 역시 정관의 절대적 기재사항이므로(상289.1 4호), 주금액의 인상을 위해서는 정관의 변경이 필요하다. 다만 주금액 인상시 정관변경절차 이외에 주주의 추가납입의무가 발생하므로 이는 주주유한책임의 원칙에 반한다. 따라서 주금액을 인상하는 정관변경은 단순히 주주

총회의 특별결의의 대상이 아니라 총주주의 동의가 필요한 정관변경사항이라 할 수 있다.

② **주금액 인하** - 주금액의 인하 역시 정관기재사항의 변경에 해당하므로 이를 위해서는 주주총회의 특별결의를 밟아야 한다. 그런데 주금액의 인하는 동시에 자본감소에 해당하므로 자본감소를 위한 주총특별결의와 정관변경을 위한 주총결의의 중복문제가 발생한다. 하지만 회사는 이를 이중으로 진행시킬 필요는 없고 자본감소의 결의를 하면서 주금액 인하의 방법에 의한다는 것을 결의내용에 포함시킬 경우 한 번의 주주총회결의로 주금액의 인하에 의한 자본감소의 주총결의는 효력을 가지게 되고 자본감소절차를 진행할 수 있다. 그리고 자본감소가 발생하지 않는 주금액의 인하의 경우, 예를 들어 주식분할과 같은 경우에만 주주총회의 정관변경의 결의로써 가능하다. 어떤 경우이든 새로운 주금액이 법정된 최저금액인 100원 미만이어서는 아니 된다(상329.4).

3) 주식병합과 단주처리 : 주식의 병합시 단주가 발생한 경우, 단주를 처리함에 있어 총주주 동의가 필요한지가 문제된다. 이에 관해 주주평등의 원칙에 반하므로 총주주의 동의에 의한 정관변경절차를 밟아야 한다는 긍정설(다수설), 총주주의 동의를 요하지 않고 자본감소의 경우 단주처리방식을 유추적용하면 충분하다고 보는 부정설 등이 주장된다. 그밖에 단주처리와 주주평등의 원칙과의 관계에 관해, 판례는 이러한 단주의 처리 방식은 상법에서 명문으로 인정한 주주평등의 원칙의 예외이므로(상443), 주식병합의 결과 주주의 비율적 지위에 변동이 발생하지 않았고, 달리 원고가 그가 가진 주식의 수에 따라 평등한 취급을 받지 못한 사정이 없는 한 이를 주주평등원칙의 위반으로 볼 수 없다고 보았다(2018다283315).

2. 정관변경의 절차

(1) 주주총회의 특별결의

1) **주총의 전속적 권한** : 정관을 변경하기 위해 주주총회의 특별결의가 있어야 하는데(상433.1,434), 정관변경은 주주총회의 전속사항이므로 이를 타 기관에 위임할 수 없다. 정관변경을 위한 총회소집의 통지와 공고에는 정관의 변경내용의 개요를 기재하여야 한다(상433.2). 주주총회의 특별결의를 거치면 정관의 모든 사항을 개정할 수 있지만 회사가 종류주식을 발행한 경우 정관 개정으로 일정한 종

류주주들에게 불이익하게 정관이 개정될 경우에는 주주총회의 특별결의만으로 정관개정이 효력을 발생하지 않고 종류주주총회의 결의를 거쳐야 효력을 가지게 된다(상435.1).

2) **결의 정족수** : 주주총회의 정관변경은 출석한 주주의 의결권의 2/3 이상의 수와 발행주식총수의 1/3 이상의 의결정족수를 요하는 특별결의사항이다(상434). 통상 주주총회 특별결의의 결의요건은 정관으로 완화할 수는 없으나 가중은 가능하다고 본다. 하지만 특별결의요건을 가중시켜 전 주주의 동의를 얻어야만 정관을 개정할 수 있도록 정관에 정하고 있다면 이는 사실상 정관개정을 거의 불가능하게 할 우려가 있다. 생각건대 회사의 변화가능성은 기업유지를 위해서도 중요한 의미를 가지는데 사실상 정관변경을 불가능하게 하는 것은 정관변경 취지에 반하므로, 회사와 주주들의 정관자치를 보호하기 위해서도 정관변경을 위한 결의정족수는 다른 특별결의사항과 달리 강행법규정 성질을 가진 것으로 볼 필요가 있다.

(2) 종류주주총회의 결의

1) **취 지** : 회사가 수종의 주식을 발행한 경우에 정관을 변경함으로써 어느 종류의 주주에게 손해를 주게 될 때에는, 그 종류의 주주총회의 결의가 요구된다(상435.1). 정관의 규정에 따라 발행하는 종류주식은 의결권·이익배당·상환권·전환권 등 주주권의 내용에서 구별될 뿐만 아니라, 더 나아가 신주인수, 주식의 병합·분할·소각, 합병·분할로 인한 주식배정에서 정관으로 달리 정할 수 있다(상344). 그런데 종류주식의 주주권의 내용 또는 종류주식에 대한 주식의 배정 등에 관한 정관 규정을 변경할 경우에는 종류주주의 이익을 침해할 수 있다. 이러한 경우 종류주주의 동의를 얻도록 하여 정관자치의 한계를 설정함으로써 다수결의 횡포로부터 종류주주의 이익을 보호함에 종류주주총회제도의 취지가 있다. 종류주주총회 결의정족수는 주주총회의 정족수와 달리, 출석한 종류주주의 의결권의 2/3 이상의 수와 그 종류의 발행주식총수의 1/3 이상의 수가 요구되어(상435.2) 주주총회 특별결의에 상응하는 정족수를 항상 요구하고 있다.

2) **종류주주의 손해** : 주식회사가 보통주 이외의 수종의 주식을 발행하고 있는 경우에 보통주를 가진 다수의 주주들이 일방적으로 어느 종류의 주식을 가진 소

수주주들에게 손해를 미치는 내용으로 정관을 변경할 경우 종류주주총회의 결의가 요구된다. 수 있다. 여기서 '어느 종류의 주주에게 손해를 미치게 될 때'란 어느 종류의 주주에게 직접적으로 불이익을 가져오는 경우는 물론이고, 외견상 형식적으로는 평등한 것이라고 하더라도 실질적으로는 불이익한 결과를 가져오는 경우도 포함되며, 나아가 어느 종류의 주주의 지위가 정관의 변경에 따라 유리한 면이 있으면서 불이익한 면을 수반하는 경우도 이에 해당된다(2004다44575).

   3) **적용범위** : 종류주주총회는 정관변경이 종류주식에 침해적으로 이뤄질 경우에 요구되는 제도이다. 그런데 정관변경이 아니더라도 주주총회의 결의, 이사회의 결의, 대표이사의 업무집행이라 하더라도 특정 종류주주에 침해적으로 이뤄질 가능성도 없지 않다. 이와 같이 정관변경 이외에 종류주주에게 불리한 이사회결의, 업무집행이 있을 경우에 종류주주총회의 결의를 거쳐야 하는가? 이에 관해 회사법에는 특별한 규정이 없지만 회사법은 보통주식과 종류주식을 차별할 수 있는 범위를 주주권 내용과 주식배정에 관해 정관에 규정된 사항으로 제한하고 있어(상344.1,3) 기타 사항에 관해 달리 취급을 하는 것은 주주평등의 원칙에 반하여 효력이 없다고 본다. 만일 종류주주에게 손해가 발생하는 이사회결의, 대표이사의 업무집행에 관해 종류주주총회의 결의를 거치면 유효하게 되는가? 이 역시 종류주식의 권리내용의 제한을 주주권의 내용과 주식배정 등에 관한 사항만으로 제한하고 있는 회사법 규정(상344.1,3)에 반하므로 효력을 가질 수 없다고 본다. 다만 종류주주의 전원동의를 얻을 경우에는 그러한 결의 또는 업무집행행위가 효력을 가질 수 있다고 본다.

   ## (3) 등 기
   정관변경으로 등기사항이 변경되면 본점소재지에서는 2주 내, 지점소재지에서는 3주 내에 변경등기를 하여야 한다(상317.4 → 183). 변경등기를 하지 않더라도 정관변경의 결의, 일정한 경우 종류주주총회의 결의까지 있으면 정관변경의 효력이 발생한다. 정관변경등기는 정관변경의 효력발생요건이 아니고 상업등기 일반의 대항요건에 지나지 않는다(상37). 정관변경등기는 상업등기사항이므로 이사가 일정한 기간 내에 변경등기를 하지 않으면 과태료가 부과될 수 있다(상635.1.1호).

3. 정관변경의 효력

(1) 효력발생시기

정관변경은 원칙적으로 주주총회의 결의시에 즉시 그 효력이 생긴다. 정관의 규정이 등기사항이면 등기의 변경을 하게 되나(상317.4 → 183), 변경등기는 정관변경의 효력발생요건이 아니다. 그리고 회사설립시의 원시정관(상292)과는 달리 정관변경에는 공증인의 인증도 필요 없다. 판례도 주식회사의 원시정관은 공증인의 인증을 받음으로써 효력이 생기는 것이지만 일단 유효하게 작성된 정관을 변경할 경우에는 주주총회의 특별결의가 있으면 그때 유효하게 정관변경이 이루어지는 것이고, 서면인 정관이 고쳐지거나 변경 내용이 등기사항인 때의 등기 여부 내지는 공증인의 인증 여부는 정관변경의 효력발생에는 아무 문제가 없다고 본다(2006다62362).

(2) 조건·기한부 정관변경

1) **허용성** : 정관을 변경하면서 일정한 조건·기한을 붙일 수 있는가? 예를 들어 종류주식에 관한 정관규정을 새로 신설하면서 종류주식에 관한 주식의 인수와 납입이 완료될 것을 조건으로 해서 정관을 변경하는 것이 허용되는가? 조건이 부적법하지 않을 경우 조건부 법률행위도 허용되므로 원칙적으로 조건부 정관변경도 가능하다고 해석지만, 이 경우 조건 역시 주주총회의 결의에서 공지되고 결의의 내용에 포함되어야 한다고 본다. 종류주주에게 손해가 되는 정관변경도 **종류주주총회의 결의**를 조건으로 한다고 볼 수 있다. 주금액 인하의 정관변경을 할 경우에도 주금액 인하는 자본감소가 되므로 자본감소절차 예를 들어 채권자보호절차 등이 완료될 것을 정지조건으로 하여 자본감소뿐만 아니라 정관변경의 효력이 발생한다고 볼 수 있다. 다만 회사법의 단체법적 성질을 고려할 때 조건은 명확하고 객관적 조건이 되어야 하므로 제3자의 동의를 조건으로 하는 정관의 변경은 인정되지 않는다고 본다. 조건부 정관변경의 경우에는 조건이 성취되면 조건이 성취된 시점에 정관변경의 효력이 발생한다.

2) **소급효** : 주주총회에서 정관변경의 소급적용을 결의할 수 있는가? 이에 관해, 정관변경에 소급효를 부여할 경우 회사채권자 등 관계자의 이익을 해하고 회

사의 법률관계의 불안정을 초래할 수 있으므로 허용되지 않는다고 보는 부정설, 정관변경의 소급효가 회사를 둘러싼 법률관계에 불안정을 초래하는 것은 아니므로 허용된다고 보는 견해(다수설)가 있다. 생각건대 조건·기한부 정관변경을 허용한 것과 같은 취지에서 정관변경의 효력발생을 소급하게 하는 것도 허용되지만, 이 역시 주주총회 결의시에 통지·결의의 대상에 포함되었어야 하고 이를 변경등기에도 포함시켜야 한다.

제 5 절 자본의 감소

1. 의 의

1) **개 념** : 자본의 감소란 회사의 발행주식의 액면총액에 해당하는 자본금액을 감소하는 회사법상의 절차를 의미한다. 자본은 등기사항이고(상317.2 2호), 1주의 금액(액면가)과 발행주식총수는 정관의 절대적 기재사항으로 되어 있어 자본감소를 위해서는 변경등기는 물론 액면가·발행주식총수 중 하나가 감소되어야 하므로 정관변경이 요구된다. 유한책임의 원리가 지배하는 주식회사에서 자본은 회사채권자에 대한 유일한 담보인 회사 재산의 형성근거이므로, 회사 자본이 감소하게 될 경우 그만큼 회사의 재산이 감소될 가능성이 있다. 따라서 자본감소를 위해서는 엄격한 의사결정절차가 요구될 뿐만 아니라(자본불감소원칙) 회사의 재산의 유지를 신뢰하는 회사채권자를 위한 보호절차가 요구된다. 회사법은 자본감소를 위해 대내적으로 주주총회의 특별결의와 같은 엄격한 절차와 대외적으로는 채권자보호절차를 요구하고 정관·등기에 의해 공시하도록 규정하고 있다.

2) **유 형** : 자본감소에는 회사의 재산이 회사 외부로 유출되는 경우도 있지만 재산의 외부유출 없이 회계상으로만 액면가·발행주식수가 감소되는 경우가 있는데, 전자를 실질상의 자본감소, 후자를 명의상의 자본감소라 한다. **실질상의 자본감소**는 회계상의 자본감소 즉 액면가·발행주식수의 감소와 함께 실제로 주주에게 주금액을 환급하는 등 실질적으로 회사의 자본을 감소하는 경우로서 주주총회의 특별결의가 요구되는 자본감소이다(상438.1). **형식(명의)상의 자본감소**는 주주에 대한 현실적 환급 없이 이미 결손이 발생된 회사재산에 맞추어 회계상의 자본금

액을 감소하는 경우(결손보전을 위한 자본감소)로서 주주총회의 보통결의만으로도 가능하다(상438.2). 실질상의 자본감소는 회사의 규모를 줄이는 회사행위인데 반해 명의상 자본감소는 회사의 규모를 줄이는 것이 아니라 축소된 회사의 규모에 맞게 회계를 조정하는 회사의 내부적 처리라 할 수 있다. 회사는 재무구조를 개선하기 위하여 명의상의 자본감소와 실질상의 자본감소를 병행할 수 있다.

2. 감자의 방법

(1) 개 요

1) **주주평등의 원칙** : 주식회사의 자본은 발행주식의 액면총액이므로 감자의 방법으로는 주금액의 감소, 주식수의 감소, 양자를 병행하는 방법 등이 있다. 감자를 함에 있어서 이를 강제적으로 실시할 경우에는 원칙적으로 주주평등의 원칙에 따라야 하나, 회사가 종류주식을 발행한 경우에는 예외이다. 하지만 감자를 임의적·선택적으로 실시할 경우에는 주주의 동의가 전제되므로 주주평등의 원칙이 적용될 여지가 없다.

2) **구체적 방법** : ① 유 형 – 감자는 액면가액을 감소시키든지 발행주식총수를 감소시켜야 한다. 액면가액의 감소는 개별 주식의 액면가액만 변경되므로 액면가를 공시되어 있는 정관상의 **액면금액의 감액**(정관변경)을 통해 이뤄진다. 발행주식총수의 감소 예를 들어 발행주식 10만주인 회사의 주식을 5만주로 감소시키기 위해서는 주식병합과 주식소각의 두가지 방법이 있다. 아울러 주식수를 감소할 경우 주식을 표창하는 주권을 주주들이 소지하고 있어 구주권의 제출과 신주권의 교부절차가 요구된다. 즉 **주식병합**시 모든 주권을 제출케 하여 2주당 1주를 교부하게 되고, **주식소각**시 모든 주주에게 2주 중 1주의 주권을 제출케 하여 주권을 교체한다.

② 절 차 – 액면금액의 감액은 정관변경절차만 요구되므로 회사는 주주의 도움 없이 주주총회의 특별결의에 의해 정관변경절차를 진행할 수 있다. 이에 반해 주식병합·주식소각의 경우에는 회사의 일방적 선언에 의해서는 불가능하고 주주의 주권제출이 요구되므로 주권제출을 강제적·일률적으로 주식의 병합·소각절차를 진행할 수도 있지만, 임의적으로 원하는 주주의 동의를 얻어 주식의 병합·소각을 실시할 수도 있다. 다만 강제적으로 주식의 병합·소각절차를 진행함에 있어

주주평등의 원칙이 준수되어야 한다.

(2) 주금액의 감소

1) **개 념** : 주금액의 감소란 정관에 공시되어 있는 주금액을 인하하여 자본을 감소하는 절차를 의미한다. 이는 이론적으로 주주에게 주금액의 환급여부에 따라 절기)와 환급이 있을 수 있다. 어느 방법이든 새로운 주금액은 100원보다 낮을 수는 없고(상329.4) 또 균일하여야 한다(상329.3). 또 주금액의 감소를 위해서는 1주의 금액이 정관의 절대적 기재사항(상289.1.4호)이므로 주주총회의 특별결의에 의한 정관변경절차(상433,434)를 거쳐야 한다. **절기**란 주주가 납입주금액의 일부를 포기하여 주주의 손실로 주금액을 감소시키는 것으로서, 명의상의 자본감소에 이 방법이 이용된다. **환급**이란 실질상의 자본감소에 이용되는 방법으로서 회사가 주금액의 일부를 주주에게 반환하고 남은 금액으로 주금액을 감소하여 새로이 정하는 것을 말한다.

2) **쟁 점** : 절기(**무환급형 주금액감소**)는 회사의 재산이 회사 밖으로 유출되지 않는 명의상의 자본감소이므로 회사채권자를 특별히 보호하는 절차가 요구되지 않는다. 주주 역시 자신이 보유하는 주식의 주금액이 낮아질 뿐이고 회사와 주주 간 자금의 이동이 없어, 명의상의 감자인 절기는 그 구체적 방법이 어떠하든 회사법상 크게 문제될 것이 없다. 하지만 **환급(환급형 주금액감소)**은 회사의 재산이 대외적으로 유출되므로 회사의 책임재산이 감소하게 되어 회사채권자에 영향을 미치는 실질적 자본감소이므로, 회사가 해산하지 않는데 주금액의 환급이 가능한가 하는 근본적인 문제가 발생한다.

3) **검 토** : 절기의 본질은 정관변경이므로 정관변경절차를 거치면 되므로 회사법상 허용될 수 있지만, 환급은 실질적 자본감소인데 회사법상 그에 관한 구체적인 규정이 없어 문제된다. 즉 회사법상 청산절차에서 잔여재산의 분배(상538)가 허용되지만 회사가 정상적으로 운영되고 있는 상태에서 출자금의 환급에 관한 규정 없이 주주에게의 출자금의 환급이 가능하냐는 문제이다. 회사법은 자본금 감소의 주주총회결의로 그 감소방법을 정하면서(상439.1) 주식수 감소에 의한 방법인 주식의 병합·소각에 관해서만 구체적인 규정(상440,343)을 두고 있다. 생각건대 회사법은 주주총회의 특별결의에 의한 자본감소를 허용하면서 그 방법을 특정

하지 않았고 병합·소각은 예시규정으로 볼 수 있다. 따라서 주식의 병합·소각 이외에도 주주총회 특별결의와 채권자보호절차를 거친다면 주주나 회사채권자 등에 불이익이 발생하지 않으므로 액면금액 감소 특히 환급도 가능하다고 본다.

(3) 주식수의 감소

1) **주식의 병합(감자병합)** : ① 개 념 ─ 주식의 병합이란 여러 주식을 합하여 그보다 적은 수의 주식을 발행하여 회사의 (형식)자본을 감소시키는 절차이다. 예컨대 5주를 1주로 하거나, 8주를 1주로 하는 것이다. 주식병합은 주식의 단위를 조정하는 행위로서의 성질을 가지므로 모든 주식에 획일적으로 이뤄져야 하므로 주주평등의 원칙에 따르고 일부 주식만의 병합은 불가능하다. 그리고 주식병합은 강제적으로 이뤄져야 하고 주주의 동의를 얻어 동의한 주주의 주식에만 실시하는 임의적 방식의 주식병합은 허용되지 않는다.

② 유 형 ─ 주식의 병합에도 액면가액을 인상하면서 주식을 병합하는 **액면병합**도 가능하지만(예, 액면가 100원 2주를 액면가 200원의 1주로의 병합), 이 경우에는 자본감소가 발생하지 않으므로 감자방법으로서 주식병합, **감자병합**과는 구별된다. 감자병합도 이론적으로 주주에게 자본이 환급되는 감자병합(**실질적 감자병합**)과 이미 발생한 결손을 처리(보전)하기 위한 방법으로서 감자병합(**형식적 감자병합**)으로 구별될 수 있다. 하지만 실질적 감자병합은 주식의 소각에 의해 더 간편하고 용이하게 실행될 수 있으므로 현실적으로 이용될 가능성은 낮다고 볼 수 있다.

③ 특 성 ─ 감자병합은 획일성·강제성을 띤 절차이지만, 형식적 감자병합은 회사의 실질자산에 영향을 주지 않고 이미 발생한 결손의 처리방법이어서 주주총회의 보통결의만으로도 실행할 수 있다. 주권을 발행한 회사의 경우, 주식수 감소에 따라 발행된 주권의 제출절차와 변경된 신주권의 교부절차가 뒤따른다. 감자병합의 경우 통상 단주가 발생되므로 단주를 현금화하여 현금으로 지급함으로써 지분율에 미세한 영향을 미칠 가능성이 없지 않다.

2) **주식의 소각** : ① 개 념 ─ 주식의 소각이란 회사가 발행주식 중에 특정한 주식을 절대적으로 소멸시키는 자본을 감소시키는 회사의 절차로서, 회사법상 자본금 감소의 규정에 따라서만 소각할 수 있다(상343). 주식소각은 주주가 소유하고 있는 주식을 소각대상으로 할 수도 있지만 회사가 이미 보유하고 있는 주식(자

기주식)도 소각할 수 있을 뿐만 아니라 주주가 소유하는 주식을 회사가 매입하여 소각할 수도 있다. 요컨대 주식소각은 주식을 소멸시키는 절차를 의미하므로 주식을 소멸시키기 위하여 회사가 주식을 보유하는 과정은 매우 다양할 수 있다.

② 유 형 – 주식소각도 회사의 실질자산이 감소되는 주식소각(유상소각)과 결손의 처리를 위한 소각(무상소각)으로 구분된다. 유상소각은 다시 강제적으로 모든 주식의 일정 비율을 일률적으로 소각하는 강제소각(**강제유상소각**)과 회사가 주주로부터 주식을 임의적으로 취득하여 소각하는 임의소각(**임의유상소각**)으로 구분된다. 회사의 자기주식의 소각도 특정주주로부터 자기주식의 취득행위가 전제되므로 임의유상소각의 성질을 가지만, 자기주식의 소각을 위해서는 이사회결의로서 충분한데(상343.1.단서) 통상의 임의유상소각을 위해서는 주주총회의 결의가 요구된다(상343 → 438). 무상소각의 경우에는 임의적 무상소각은 주주의 권리포기의 실질을 가지지만 주주평등의 원칙에 반하여 상법상 허용되지 않는다고 본다. 따라서 무상소각은 모든 주주에게 일률적으로 적용되는 **강제무상소각**만 가능하다고 본다.

③ 임의소각의 특성 – 임의(유상)소각은 회사가 주식을 취득하여 자기주식을 소각하는 절차를 의미한다. 이는 배당가능이익을 재원으로 하므로 자본이 실질적으로 감소되지 않지만, 소각절차를 거치면 형식적 지본이 감소되면서도 자본결손의 보전에는 해당되지 않는다. 따라서 임의소각의 본질은 '**비결손보전 형식적 감자**'라 할 수 있다. 실질적 자본감소가 아니므로 주총특별결의가 요구되지 않는 것은 물론이고(상438.1) 결손의 보전도 아니므로 주주총회의 보통결의도 요구되지 않는다고 본다(상438.2).

④ 임의소각 절차 – 임의소각에 관한 회사법 규정은 없으나 회사가 주주와의 계약에 의하여 자기주식에 관한 규율의 범위 내에서 주식을 취득할 수 있고(상341) 이를 이사회의 결의를 거쳐 소각할 수 있다(상342,343.1). 회사의 자기주식 취득에 의해 바로 주식소각·자본감소의 효과가 발생하지 않고 회사는 자기주식을 다시 매각할 수도 있으므로, 자기주식의 보유는 회사가 매각이 가능한 주식을 보유하고 있는 것에 지나지 않는다. 우리 회사법도 자기주식의 경우에도 소각이라는 표현을 사용하고 있지만 자기주식의 소각에는 감자절차를 요구하지 않아(상343.1) 감자소각과 구별된다. 기타 주식소각은 발행주식을 소멸시키는 행위로서 획일적인 절차로서, 회사가 주식소각을 위해 주식에 대한 소각권한을 확보하는 과정은 앞서 본 바와 같이 매우 다양하다. 그리고 주식병합과 유사하게 후술하는

바와 같이 공시절차가 요구되고(상343.3 → 440) 주식의 효력발생시점도 동일하지만(상343.3 → 441) 주식소각에 신주권의 교부절차(상442)가 요구되지 않는 점은 주식병합과는 구별된다.

3. 감자의 절차

(1) 주주총회결의

1) **특별·보통결의 : 자본감소** 그 자체는 정관변경을 요하는 사항은 아니지만, 이는 주주의 권리를 감소 또는 소멸시키는 절차이어서 주주에게 중대한 이해관계가 있으므로 정관변경의 경우와 같이 주주총회의 특별결의를 거쳐야 한다(상438.1). 다만 이미 발생한 결손의 보전을 위한 자본금 감소는 주주총회의 보통결의에 의해서도 가능하다(상438.2). 이는 실질적 감자인 경우에는 주총특별결의가 요구되지만, 결손의 보전과 같이 회계상의 처리에 지나지 않는 형식적 감자의 경우에는 주총보통결의에 의해서도 가능하게 하는 취지이다. 자본감소를 결의하기 위한 주주총회의 소집통지 또는 공고에는 의안의 요령을 기재하여야 한다(상438.3). 감자에 관한 주주총회특별결의에서는 단순히 자본감소를 결정하는 데 그치지 않고, 감자의 방법, 감자액 등 구체적인 내용을 결정하여야 한다(상439.1).

2) **정관변경결의와의 관계** : 1주의 금액은 정관의 절대적 기재사항이므로(상289.1 4호) 주금액을 감소하는 경우에는 자본감소의 주총결의 외에도 정관변경을 위한 주주총회의 특별결의가 요구되는가? 이에 관해 양 결의의 방식이 동일하므로 감자결의만 하면 충분하고 별도의 정관변경결의를 거칠 필요 없이 정관을 변경할 수 있다고 본다. 생각건대 **환급**의 경우에는 자본감소를 위해 주총특별결의가 요구되고 정관변경에 요구되는 주총결의와 형식과 내용이 동일하므로 자본감소를 위한 주총특별결의로 충분하다고 볼 수 있고, 액면감소의 경우에도 동일하다. 하지만 **절기**(무환급 주금액감소)의 경우에 자본감소를 위해선 주총보통결의가 요구되므로(상438.2) 이 경우에는 자본감소결의 이외에 다시 정관변경을 위한 주총특별결의가 요구된다고 본다. 물론 주총특별결의를 하면서 안건으로 자본감소와 정관변경을 동시에 결의하는 것은 무방하다고 본다.

(2) 채권자보호절차

1) 실질상 감자 : 실질상의 감자는 회사의 사내유보재산액을 감소하게 하여 채권자의 일반적 담보력에 변화를 초래한다. 따라서 상법은 감자의 경우 회사의 합병의 경우에 준하여 채권자보호절차를 둔다. 즉, 회사는 감자결의일로부터 2주 내에 1개월 이상의 일정한 기간을 정하여 그 기간 내에 채권자는 이의가 있으면 이를 제출하도록 하는 일반적 공고를 하고, 알고 있는 채권자에 대하여는 개별적으로 최고하도록 하고 있다(상439.2 → 232.1). 이의는 특별한 방식을 요하지 않으며, 자본감소 자체뿐 아니라 감소방법에 대해서도 할 수 있다. 사채권자가 이의를 하기 위해서는 사채권자집회의 결의가 요구되는데, 이 경우에 법원은 이해관계인의 청구에 의하여 사채권자를 위하여 이의의 기간을 연장할 수 있다(상439.3). 회사의 채권자가 이의를 제출한 때에는 회사는 그 채권자에게 변제하거나, 상당한 담보를 제공하거나, 또는 이를 목적으로 하여 신탁회사에 상당한 재산을 신탁하여야 한다(상439.2 → 232.3). 그러나 회사의 채권자가 이의제기기간 내에 이의를 제출하지 아니한 때에는 감자를 승인한 것으로 본다(상439.2 → 232.2).

2) 형식상 감자 : 형식(명의)상의 감자의 경우에는 회사의 자산은 이미 축소되어 있고 실질자산에 맞추어 회계상 형식자산을 축소하는 과정이다. 즉 회사에 이미 발생한 결손을 보전함으로써 결손을 회계상 처리하는 것이므로 회사의 자산이 대외적으로 유출되거나 회사의 담보자산의 감소로 인한 담보력의 약화가 초래되는 것은 아니다. 그렇다면 주주총회의 보통결의로 실시되는 형식적 감자의 경우(상438.2) 채권자보호절차가 요구될 필요가 있는가? 형식상 감자도 회사의 순자산 계산시 공제금액을 감소시켜 이익배당을 가능하게 하는 변화는 발생하지만, 이는 채권자를 해하는 것은 아니라 본다. 우리 회사법도 이러한 취지에서 실질상 감자, 형식상 감자를 구별하여 형식상 감자의 경우(절기, 형식적 감자병합, 무상소각)에는 채권자보호절차(상232)를 거치지 않아도 되도록 규정하고 있다(상439.2.단서).

(3) 신주권 교부절차

1) 주권제출공고·통지 : 주식병합시 회사는 먼저 1월 이상의 기간을 정하여 그 뜻과 그 기간 내에 주권을 회사에 제출할 것을 공고하고 주주명부에 기재된 주주와 질권자에 대하여는 각별로 그 통지를 하여야 한다(상440), 주식병합에 있어서 일정한 기간을 두어 공고와 통지의 절차를 거치도록 한 취지는, 신 주권을 수령할

자를 파악하고 실효되는 구 주권의 유통을 저지하기 위하여 회사가 미리 구 주권을 회수하여 두려는 데 있다. 판례는 사실상 1인 회사에서 주식병합에 관한 주주총회의 결의를 거친 경우에는 회사가 반드시 위와 같은 공고 등의 절차를 통하여 신 주권을 수령할 자를 파악하거나 구 주권을 회수하여야 할 필요성이 있다고 보기는 어려우므로, 주식병합에 관한 주주총회의 결의에 따라 그 변경등기가 경료되었다면 위와 같은 공고 등의 절차를 거치지 않았다고 하더라도 그 변경등기 무렵에 주식병합의 효력이 발생한다고 봄이 상당하다(2004다40306).

2) **주권의 교체** : ① 주권회수·교부 – 회사가 주식의 병합에 의하여 자본감소를 하는 경우에는 주식수가 변경되어 주주의 권리내용이 변경되므로 구주권의 신주권으로의 교체가 요구된다. 주권의 교체를 위해 회사는 주권제출기간 내에 구주권을 제출받으면 이를 회수하고 신주권을 교부한다. 분실 기타의 사유로 구주권을 제출하지 못하는 자가 있으면, 회사는 그 자의 청구와 비용으로 이해관계인에 대한 이의제출의 공고를 하고, 3개월 이상의 일정한 기간이 경과한 후에 신주권을 교부할 수 있고, 공고의 비용은 청구자가 부담한다(상442).

② 신주권의 성질과 단주처리 – 신주권은 구주권과 동일한가? 주식병합절차에 따라 교부받은 신주권의 성질에 관해, 판례는 주식병합의 효력이 발생하면 회사는 신주권을 발행하고(상442.1), 주주는 병합된 만큼 감소된 수의 신주권을 교부받게 되는바, 이에 따라 교환된 주권은 병합 전의 주식을 여전히 표창하면서 그와 동일성을 유지한다고 보고 있다(2004다51887). 그리고 병합에 적합하지 않은 단주는 합쳐서 경매하거나 거래소의 시세가 있는 주식은 거래소를 통하여 매각하고 거래소의 시세가 없는 주식은 법원의 허가를 얻어 임의매각을 함으로써 얻은 대금을 단주의 수에 비례하여 종전의 주주에게 지급하여야 한다(상443.1).

3) **감자방법에 따른 특수성** : ① 주금액의 감소 – 감자절차 중 주식에 대한 조치는 감자방법에 따라 상이하게 나타난다. 회사법은 주식의 병합(상440~444)과 강제소각(상343.2)의 경우 규정을 두고 있지만, 주금액의 감소에 관해서는 환급이든 절기든 아무런 규정을 두고 있지 않다. 주금액의 감소에 의한 감자의 경우에는 주주에 환급 여부와 관계없이 **주식**에 관한 변화는 회사가 일방적으로 정관변경을 함으로써 완결되고 주주의 협조를 요하지 않는다. 그리고 **주권**에는 액면금액이 기재되기는 하지만(상356.4호) 액면금액이 권리의 내용을 결정하는 기재사항이 아

니라 액면금액이라는 사실에 관한 기재에 지나지 않으므로, 회사가 정관변경을 통해 액면금액을 변경한 경우 액면금액에 관한 사실은 이미 변경되어 주권상의 액면기재는 이를 변경하지 않더라도 변경된 대로 효력이 발생한다고 보아야 한다. 따라서 주금액 감소의 경우 환급, 절기 어느 경우이든 주식·주권에 대한 조치는 요구되지 않는다고 본다. 다만 회사는 주주에게 그 주금액 변경의 통지·공고하고 주주로부터 주권을 제출받아 권면액을 정정할 수도 있고, 주권정정절차를 거친다 하더라도 주권제출기간과 주금액변경의 효력 즉 감자의 효력과는 무관하다(cf. 상441).

② **임의(유상)소각** – 임의소각에 관해서도 회사법 규정은 없지만 이는 자기주식 취득 후 소각이라는 실질을 가지고 있다. 임의소각은 유상매입에 의한 주식소각이어서 실질적 자본감소의 효과가 발생하지 않아, 자기주식의 소각과 동일하게 주총결의·채권자보호절차 등 자본금 감소에 관한 규정(감자절차)이 요구되지 않는다(상343.1), 따라서 회사는 회사가 보유하는 자기주식에 관해 이사회결의를 거쳐 임의소각할 수 있다고 본다(상342).

③ **강제소각** – 강제소각에는 강제유상소각(실질적 감자)과 강제무상소각(형식적 감자)이 포함되지만 양 경우 모두 주주총회의 결의가 요구된다. 전자의 경우에는 특별결의, 후자의 경우에는 보통결의가 요구된다는 점에서 서로 구별된다(상438.1,2). 하지만 강제유·무상소각 모두 주식병합과 동일한 자본감소의 규정에 따라 주식병합절차를 준수하여야 한다(상343.2 → 440,441). 따라서 회사는 주식의 병합절차와 같이 그 뜻과 일정기간(1월 이상) 내에 주권을 회사에 제출할 것을 공고하고, 또 주주명부에 기재된 주주와 등록질권자에게 개별로 그 통지를 하여야 하며(상343.2 → 440), 이러한 주식의 소각은 위의 기간이 만료한 때에 그 효력이 생기지만, 채권자보호절차가 종료하지 아니한 때에는 그 절차가 종료한 때에 효력이 생긴다(상343.2 → 441,232).

4) 주권발행전 회사 : ① **주식병합·소각** – 주권을 아직 발행하지 않은 회사가 자본을 감소할 경우 자본감소에 요구되는 주권에 관한 조치는 어떻게 진행되는가? 회사법은 주권발행전 회사의 감자에 관한 절차를 따로 규정하고 있지 않고 있어 해석론에 맡겨져 있다고 볼 수 있다. 주권발행전 회사도 역시 감자의 의사결정은 주주총회의 특별·보통결의(상438.1,2)에 의하고 임의소각의 경우에는 이사회 결의가 요구됨은 동일하다고 볼 수 있다. 이러한 결의에 따라 감자를 실시함에 있

어서 주권을 발행하지 않았으므로 주권의 교체가 요구되지 않으므로 주권제출공
고·통지(상440)는 요구되지 않고, 따라서 주권제출기간의 만료시점에 감자의 효
력이 발생한다는 규정(상441)도 적용되지 않는다. 그렇다면 주권발행전 회사가 감
자를 실시하면 감자의 효력은 언제 발생하는가? 생각건대 주권발행전 회사의 감
자절차 특히 실질적 감자절차는 결의절차와 채권자보호절차만 진행되므로 주주총
회의 특별결의가 있으면 즉시 감자의 효력이 발생하고 다만 채권자보호절차가 종
료되지 않은 경우에는 그 절차가 종료된 시점에 감자의 효력이 발생한다고 본다.

② 임의소각 – 형식적 감자절차에서는 주주총회의 보통결의가 있지만 채권자
보호절차는 적용되지 않으므로 주총결의시점에 감자의 효력이 확정된다고 보아야
한다. 하지만 임의소각의 경우에는 주주총회의 결의가 아닌 이사회결의만 거치고
채권자보호절차도 거치지 않으므로 결국 이사회의 자기주식 소각결의시점을 효력
발생시점으로 볼 수밖에 없다. 하지만 이사회결의시점을 회사행위의 효력발생시
점으로 보는 것은 이사회결의 자체의 효력이 쉽게 부인될 수 있는 점에서 볼 때
적절하지 못하다고 본다. 입법론적으로 자기주식의 소각에 관한 절차규정과 함께
효력발생시점에 관한 규정이 요구된다고 본다.

(4) 단주처리와 공시절차

1) **단주처리** : ① 경매후 대금지급 – 병합에 적당하지 아니한 수의 주식이 있는
때에는 그 병합에 적당하지 아니한 부분에 대하여 발행한 신주를 경매하여 각 주
수에 따라 그 대금을 종전의 주주에게 지급하여야 한다. 매각 방법을 보면, 거래
소의 시세 있는 주식은 거래소를 통하여 매각하고, 거래소의 시세 없는 주식은 법
원의 허가를 받아 경매 외의 방법으로 매각할 수 있다(상443).

② 이례적 병합비율 – 주식병합비율을 이례적으로 정한 경우(예, 10,000:1) 다
수의 소액주주(10,000주 미만 소유주주)의 주식이 단주로 될 경우에도 주식병합은
적법한가? 주식병합을 통해 소수주주를 축출하는 수단으로 활용될 수 있어 주주
평등의 원칙과 관계에서 적법한지 문제된다. 판례는 이러한 단주의 처리 방식은
상법에서 명문으로 인정한 주주평등의 원칙의 예외이므로(상443), 주식병합의 결
과 주주의 비율적 지위에 변동이 발생하지 않았고, 달리 원고가 그가 가진 주식의
수에 따라 평등한 취급을 받지 못한 사정이 없는 한 이를 주주평등원칙의 위반으
로 볼 수 없다고 보았다(2018다283315). 이례적 병합비율에 의한 단주처리의 적법
성에 관해서는 아래 감자의 무효에서 살펴본다.

2) **공시절차** : 자본감소에 따라 자본의 총액, 1주의 금액 또는 발행주식총수가 감소된다. 현재의 발행주식총수는 정관기재사항이 아니지만 1주의 금액 즉 액면가액은 정관기재사항이므로 주금액 감소에 의한 감자의 경우에는 정관변경이 당연히 요구된다. 그리고 자본금 즉 1주의 금액과 발행주식총수는 등기사항이므로 감자절차의 경우 항상 자본금에 관한 변경등기가 요구된다. 자본금에 관한 변경등기는 자본감소의 효력이 생긴 때로부터 본점소재지에서는 2주 내에, 지점소재지에서는 3주 내에 변경등기를 하여야 한다(상317.4 → 183). 자본금에 관한 변경등기도 상업등기의 일종으로서 변경등기에 의해 회사는 대항력을 가질 뿐이고 자본감소의 효력은 등기유무·시점과는 무관하고 앞서 본 바와 같이 주권제출기간 만료시점 등과 관련된다(상441).

4. 감자의 효력

(1) 감자의 효력발생시기

1) **실질적 감자** : 실질적 감자절차는 주주총회의 특별결의, 채권자보호절차, 주식·주권에 대한 조치로 구성된다. 회사법은 감자의 효력발생시기, 특히 주식병합에 관해 원칙적으로 주권제출기간의 만료시점으로 보면서, 예외적으로 채권자보호절차가 종료하지 아니한 때에는 채권자보호절차가 종료한 시점에 효력이 발생한다고 정하고 있다(상441). 결국 주총결의, 채권자보호절차, 주권제출기간의 만료 등이 종료된 시점에 주식병합의 효력이 발생하고 이는 실질적 감자에 해당하는 주식소각(강제유상소각)에도 그대로 준용된다(상343.2 → 440,441).

2) **형식적 감자** : 형식적 감자절차는 주주총회의 보통결의와 주식·주권에 대한 조치로 구성되고 감자의 효력발생시기는 실질적 감자와 동일하게 주권제출기간의 만료시점이 된다. 다만 형식적 감자에는 채권자보호절차가 요구되지 않으므로(상439.2.단서) 채권자보호절차와 무관하게 주권제출기간이 만료되면 형식적 감자에 해당하는 주식병합은 효력이 발생한다. 주식병합에 관한 규정은 형식적 감자에 해당하는 주식소각(**강제무상소각**)에도 준용된다(상343.2 → 440,441). 임의소각은 실질적 회사자산의 유출이 발생하지 않는 형식적 감자의 성질을 가지고 있지만, 결손보전의 목적이 아니라 이미 배당가능이익으로 취득한 자기주식을 소각하는 것이므로 형식적 감자와도 구별된다.

3) **주식수의 감소** : 환급이나 절기 모두 주권교체가 요구되지 않으므로 앞서 본 바와 같이 주식수 감소의 효과가 주권의 제출기간만료와는 무관하다. 환급을 통한 주식수 감소절차는 주총특별결의(자본감소·정관변경에 관한 동시결의)의 시점에 주식수 감소의 효력이 발생하지만, 절기를 통한 주식수 감소절차는 주식 감소를 위한 주총보통결의와 정관변경을 위한 주총특별결의 모두 요구된다. 따라서 양 주총결의가 성립한 시점에 주식수 감소에 의한 감자의 효과가 발생한다고 본다.

(2) 감자차익금의 처리

1) **개 념** : 자본감소에 의하여 감소된 자본의 액(형식적 자본감소액)이 주식의 병합·소각·주금액환급에 요한 금액(실질적 자본감소액) 또는 결손의 보전보에 충당한 금액을 초과하는 경우 그 초과금액을 감자차익금이라 한다. 이는 자본감소라는 자본거래에서 발생한 잉여금에 해당하며 감자잉여금이라고도 한다. 감자차익금은 주주에 배당이 금지되고 회사 내에 유보되어야 한다.

2) **규 제** : 감자차익금이 발생한 경우 회사는 이를 자본준비금으로 적립하여야 한다(상459.1). 자본준비금은 법정준비금으로서 원칙적으로 결손의 보전에 충당되고(상460), 이사회의 결의에 따라 자본금으로 전입도 가능하다(상461.1). 감자차익금은 회사의 순재산액에 포함되고 자본액을 초과하는 것이지만 성질상 주주의 배당의 대상이 되지 않으므로 이를 자본준비금으로 적립하여야 한다.

5. 자본감소의 무효

(1) 감자무효의 소

1) **취 지** : 자본감소는 주주, 채권자 및 기타 이해관계인에게 중대한 영향을 미치지만, 그 내용이나 절차에 하자가 있을 경우 무효가 되거나 취소를 주장할 수 있게 하면 단체법관계인 회사의 법률관계가 혼란스럽게 될 우려가 있다. 즉 하자를 주장한 주주에 관해서는 자본감소가 효력을 상실하게 되고 나머지 주주에 관해서는 자본감소가 효력을 가지게 되어 회사법관계와는 조화가 될 수 없게 된다. 이러한 이유에서 자본거래의 성격을 가지는 자본감소절차에 관해 회사법은 법률관계의 획일적 처리를 위하여 일정한 자가 일정한 기간 내에 소만으로써 감자의

무효를 주장할 수 있게 하고 있다.

2) 형성의 소 : 감자절차로 인해 불이익을 받은 주주라 하더라도 감자무효의 주장은 소송으로만 할 수 있다(상445). 감자무효의 소는 형성의 소의 성질을 가지며, 판례는 일반 민사상 무효확인의 소로써 주식병합의 무효확인을 구하거나 다른 법률관계에 관한 소송에서 선결문제로서 주식병합의 무효를 주장하는 것은 원칙적으로 허용되지 않는다고 본다(2008다15520). 하지만 자본감소절차의 하나인 주주총회의 결의에 하자가 있으면 자본감소절차 전체의 효력에 영향을 미칠 수 있는데, 이 경우 주총결의하자의 소와 특수절차무효의 소의 관계가 문제된다.

3) 부존재확인의 소 : 주식병합의 절차 진행이 없었음에도 주식병합의 등기가 되어 있는 경우와 같이 주식병합의 절차적·실체적 하자가 극히 중대하여 주식병합 자체가 존재한다고 보기 어려울 경우에도 감자무효의 소를 제기하여야 하는가? 감자무효의 소만으로 주장할 수 있다고 본다면 형성의 소의 특성상 제소권자와 제소기간이 제한되고 선결문제·항변으로 주장할 수 없게 부당한 결과가 발생하게 된다. 판례는 이런 경우에는 주식병합 무효의 소와는 달리 출소기간의 제한에 구애됨이 없이 그 외관 등을 제거하기 위하여 주식병합 부존재확인의 소를 제기하거나 다른 법률관계에 관한 소송에서 선결문제로서 주식병합의 부존재를 주장할 수 있다고 본다(2008다15520). 생각건대 형성의 소의 성질을 가지는 회사법상의 소송은 단체법상의 법률관계의 안정을 위해 해석상 선결문제·항변으로 주장할 수 없는 등 하자 주장이 제한된다. 그런데 자본감소의 실체는 없고 외관만 존재할 뿐인 경우에까지 적용된다고 해석할 필요는 없으므로 이런 경우에는 자본감소 부존재확인의 소를 제기할 수 있다고 본다.

(2) 감자(주총)결의의 하자

1) 쟁 점 : 자본감소의 절차에는 주주총회의 특별결의가 필요한데, 주주총회에 하자가 있는 경우 각 이해관계인은 주주총회결의의 하자를 다투는 소를 제기하여야 하는가 아니면 감자무효의 소를 제기하여야 하는가? 양 소송을 비교하면, 판결의 효력에 있어서는 대세적 불소급효가 있다는 점에서 유사하지만 주주총회결의의 하자에 관한 소는 결의일로부터 2월 내에 제기하여야 하는 데 비하여, 위 감자무효의 소는 등기일로부터 6월 내에 제기할 수 있는 점에서 차이가 있어 양

소송의 관계에 관해 견해가 대립되고 있다.

2) **논   의** : **주총결의 하자주장과 특수절차 무효주장의 관계**(쟁점70)[186]에 관해, 주주총회의 결의의 하자는 후속행위의 하자로 흡수된다고 보는 **흡수설**, 흡수설을 취하면서 결의하자에 관한 소의 제기기간(2월)이 경과한 후에는 하자가 치유되었으므로 이를 이유로 감자무효의 소를 제기할 수 없다는 **제한적 흡수설**, 결의하자에 관한 소의 제기기간 전에는 양 소송제도 중 어느 것이나 자유로이 선택하여 제기할 수 있다는 **병용설** 등이 주장된다. 생각건대 특수절차는 일반절차를 포괄하므로(특별규정우선) 감자무효의 소에 의해 하자를 다투어야 한다고 볼 때, 흡수설이 타당하다고 본다. 다만 주주총회결의하자의 소의 제소기간을 둔 취지를 고려하면 제소기간 경과 후에는 주주총회 결의하자를 주장할 수 없게 되므로 이를 이유로 감자무효의 소도 제기할 수 없다고 보아야 한다. 따라서 주주총회의 경미한 하자(주총결의 취소사유)를 이유로 한 감자무효의 소는 주주총회 결의일로부터 2월 내에만 주장할 수 있다고 본다(제한적 흡수설).

(3) 무효원인과 절차

1) **무효원인** : ① 개   요 – 감자무효의 절차 또는 그 내용에 하자가 있는 경우 이는 자본감소의 무효원인이 된다. 자본감소 주총결의에 하자가 있는 경우는 물론 종류주주총회를 개최하지 않거나 채권자보호절차를 이행하지 않은 경우, 이의제기 채권자에 대한 정당한 조치가 없었던 경우, 감자의 방법이 주주평등의 원칙에 반하는 경우 등이 감자무효의 소의 원인이 된다. 판례도 자본금감소의 방법 또는 기타 절차가 주주평등의 원칙에 반하는 경우, 기타 법령·정관에 위반하거나 민법상 일반원칙인 신의성실의 원칙에 반하여 현저히 불공정한 경우에 무효소송을 제기할 수 있다고 보았다(2018다283315). 주식병합 부존재의 원인과 구별하여, 판례는 주식병합의 절차적·실체적 하자가 극히 중대하여 주식병합이 부존재한다

---

186) **주총결의 하자주장과 특수절차 무효주장의 관계**(쟁점70)에 관해, **흡수설**은 후속행위에 주어진 효력에 의해 분쟁이 궁극적으로 해결될 수 있으므로 주주총회의 결의의 하자는 후속행위의 하자로 흡수된다고 본다. **제한적 흡수설**은 흡수설을 취하면서 결의하자에 관한 소의 제기기간(2월)이 경과한 후에는 하자가 치유되었으므로 이를 이유로 감자무효의 소를 제기할 수 없다고 본다. **병용설**은 결의하자에 관한 소의 제기기간 전에는 양 소송제도 중 어느 것이나 자유로이 선택하여 제기할 수 있고 그 중 어느 하나라도 확정되면 자본감소가 무효로 된다고 본다.

고는 볼 수 없는 경우(예, 주식병합의 공고누락)에는 주식병합의 등기일로부터 6월 내에 주식병합 무효의 소를 제기하여야 한다고 보았다(2008다15537). 동 판결은 자본감소가 수반되지 않는 주식병합이라 하더라도 제소기간 등의 제한이 요구되는 등 단체법적 특성에 따라 회사법상 소송이어야 하므로 상법 제445조의 규정을 유추 적용하였는데, 타당하다고 본다.

② **극단적 비율의 감자병합** - 극단적 비율(10,000:1)의 감자병합을 실시하여 병합 후 단주에 해당하는 소수주식을 가진 주주가 사실상 축출된 주식병합의 효력이 문제된 사례가 있다. 동 사례에서 판례는 주식병합으로 단주로 처리된 주식을 임의로 매도하기 위해서는 대표이사가 사유를 소명하여 법원의 허가를 받아야 하고(비송83), 이때 단주 금액의 적정성에 대한 판단도 이루어지므로 주식가격에 대해 법원의 결정을 받는다는 점은 소수주식의 강제매수제도와 유사하므로, 결과적으로 주식병합으로 소수주주가 주주의 지위를 상실했다 할지라도 그 자체로 위법이라고 볼 수는 없다고 보았다(2018다283315). 생각건대 주식병합시 단주처리가 법원의 허가가 요구되는 임의매각의 방법으로만 처리되는 것은 아니므로 법원의 개입을 이유로 극단적 비율의 감자병합을 유효하다고 보는 것은 적절하지 않다고 본다. 주식병합은 주식병합의 목적에 맞는 정도의 통상적 비율이어야 하고 이를 벗어나 소수주주의 주주권 행사를 박탈하는 결의는 회사의 권리남용으로서 무효라 본다.

2) **임의소각의 특수성** : 주주의 동의를 얻어 자본감소절차가 진행되는 일종의 임의적 감자절차로서 임의소각의 경우 주주의 동의가 전제된다. 주주 동의의 의사표시에 하자가 있을 경우에도 의사표시의 하자는 주장할 수 없고 감자무효의 소를 제기하여야 하는가? 생각건대 임의소각은 회사가 주주로부터 주식을 매입하여 이를 소각하는 것이고 이 역시 자본감소의 효과가 발생하여 자본감소에 포함되지만 엄밀히 보면, 회사의 자기주식 취득행위와 자기주식의 소각행위로 구분된다. 따라서 주주의 동의의 의사표시에 하자가 존재하더라도 이는 자기주식 취득행위의 효력과 관련되고 자본감소행위인 자기주식의 소각과는 직접적 관련은 없다고 할 수 있다. 따라서 주주의 의사표시 등에 하자가 있을 경우 회사의 자기주식의 취득거래의 무효를 주주는 주장할 수 있다고 보며, 이는 감자무효의 소에 의한 무효주장을 요구하는 회사법 규정에 반하지 않는다고 본다. 다만 자기주식 취득행위에 하자가 있어 효력을 상실할 경우 감자절차는 원인무효가 되어 감자등기

는 소급적으로 부실등기가 될 수 있다고 볼 수 있다.

3) **절 차**: 감자의 무효원인이 있는 경우에도 회사의 법률관계를 획일적으로 처리하고 법률관계의 안정을 위하여, 상법은 일정한 자만이 제소기간 내에 소만으로 감자무효를 주장할 수 있도록 하고 있다(상445). 소송의 **당사자**를 보면, 감자무효의 소의 제소권자는 주주, 이사, 감사, 청산인, 파산관재인 또는 자본감소를 승인하지 않은 채권자이고, 피고는 회사이다(상445). **제소기간**은 자본감소로 인한 변경등기가 있은 날로부터 6월 내이다(상445). 감자무효의 소의 관할, 소제기의 공고, 원고주주 또는 채권자의 담보제공, 소의 병합심리, 감자무효의 등기, 하자의 보완과 청구의 기각 등은 회사설립무효에 관한 규정이 준용되고(상446→186~189,192), 원고인 채권자 또는 주주의 담보제공의무에 관하여는 주주총회결의취소의 소에 관한 규정이 준용되고 있다(상446→377).

4) **재량기각**: 감자무효의 소송에서도 심리중에 원인이 된 하자가 보완되고 회사의 현황과 제반사정을 참작하여 자본감소를 무효로 하는 것이 부적당하다고 인정되는 때에는 법원은 그 청구를 기각할 수 있다(상446→189). 회사법에 따르면 법원이 감자무효의 소를 재량기각하기 위해서는 원칙적으로 그 소제기 전이나 그 심리 중에 원인이 된 하자가 보완되어야 한다. 하지만 판례는 하자가 추후 보완될 수 없는 성질의 것으로서 자본감소 결의의 효력에는 아무런 영향을 미치지 않는 것인 경우 등에는 그 하자가 보완되지 아니하였다 하더라도 회사의 현황 등 제반 사정을 참작하여 자본감소를 무효로 하는 것이 부적당하다고 인정한 때에는 법원은 그 청구를 기각할 수 있다고 보았다(2003다29616).

(4) 판결의 효력

1) **효 력**: ① 일반적 효력 – 감자무효의 소에서 원고가 승소하면 그 판결의 효력은 총회결의하자의 소의 경우와 같이 원고와 피고인 회사뿐만 아니라 모든 자에게 효력이 미치는 **대세효**와 판결확정시점이 아닌 감자행위시점부터 효력을 상실하는 **소급효**를 가진다(상446→190본문). 따라서 자본감소가 무효가 되어 자본은 감소 이전의 상태로 회복된다. 감자무효의 판결이 확정된 때에는 본점과 지점의 소재지에서 등기하여야 한다(상446→192). 감자무효의 소에서 원고가 패소하면 원고에게 악의 또는 중과실이 있는 때에는 원고는 회사에 대하여 연대하여

손해배상할 책임을 진다(상446 → 191).

② **소급효 제한** – 감자무효판결의 소급효는 무제한적으로 적용될 수 있는가? (**쟁점70**)[187] 소급효가 부여될 경우 채권자에 대한 변제가 무효가 되고 주식병합시 병합된 주권의 회수 등으로 거래의 안전을 해할 우려가 없지 않아 감자무효판결의 소급효가 제한되어야 한다는 **소급효제한설**이 있다. 생각건대 거래안전을 위한 소급효제한설의 취지는 이해하지만, 판결의 효력인 소급효를 제한하기 위해서는 제한 요건 등이 구체화되어야 한다는 점에서 이는 입법론적 문제로 보아야 하고 해석론으로 소급효를 제한하는 것은 어렵다고 본다. 그리고 주권은 유인증권성을 가지므로 다른 사유에 의해서도 주권이 무효하게 될 수 있음을 고려할 때 해석론으로 소급효를 제한하는 것은 적절하지 않다고 본다.

2) 후속행위의 효력 : ① **변제행위** – 소급효를 인정할 경우 소급효제한설이 주장하는 바와 같이 채권자에 대한 변제가 무효가 되고 병합주권이 무효가 되어 거래의 안전을 해하게 될 우려가 있다. 하지만 감자무효판결이 확정된 경우의 대체효과 소급효는 회사의 자본감소행위가 무효가 된다는데 한정되는 것이지 자본감소 이후 회사의 모든 행위가 무효가 되는 것은 당연히 아니다. 따라서 채권자에 대한 변제도 자본감소행위 자체는 아니므로 감자무효의 판결로 효력을 상실한다고 보기 어렵다. 생각건대 감자절차의 일환으로 이뤄진 회사채무의 변제행위는 선의변제가 되어 유효할 수도 있고 공탁을 하였다면 자동 실효되는 것이 아니라 공탁의 해제행위가 요구된다고 본다.

② **병합주권** – 병합주권의 발행과 관련되는 지적을 보면, 주권은 유인증권이므로 자본감소가 무효하게 되면 병합주권도 효력을 상실하게 된다. 그런데 이는 일반 주권의 경우에도 생길 수 있는 주권의 유인증권성에 기인한 것으로 보아야 한다. 게다가 병합주권은 단순히 새로운 권리를 탄생시킨 것이 아니라 기존의 주식의 숫자를 감소시켜 발행된 주권에 지나지 않으므로 설사 유통되어 무효가 된

---

187) **감자무효판결의 소급효의 타당성(쟁점70)**에 관해, **소급효제한설**은 감자무효의 판결의 확정되면 소급효로 인해 채권자에 대한 변제가 무효가 되고, 주식병합의 경우 병합된 주권이 유통되어 이를 회수하기 용이하지 아니하여 거래의 안전을 해하게 될 우려가 없지 않다. 감자무효판결의 소급효로 인한 우려를 이유로 소급효는 제한된다고 해석한다(최준선620). **소급효설**은 판결의 효력인 소급효를 제한하기 위해서는 제한 요건 등이 구체화되어야 한다는 점에서 이는 입법론적 문제로 보아야 하고 해석론으로 소급효를 제한하는 것은 어렵다고 본다.

다고 하더라도 마치 발행된 신주가 소급적으로 무효가 되는 것과 같은 거래관계에 회복하지 못할 혼란을 초래한다고 볼 수는 없다. 이렇게 볼 때 병합주권의 거래안전도 감자무효의 소에 소급효를 인정하는 현행법의 명문규정에 반하여 소급효를 제한적으로 해석할 이유가 될 수 없다고 본다.

제 6 장   회사의 회계

제 1 절   의   의

1. 회계의 개념

회사의 회계란 회사를 운영함에 있어서 발생하는 재무적 정보를 처리하는 일련의 과정을 의미한다. 회사가 영업을 하면서 발생하는 재무적 정보는 회사의 영업과 같은 대외적 의사결정과 이익배당과 같은 대내적 의사결정에 있어서 중요한 근거가 된다. 뿐만 아니라 특히 유한책임사원들로 구성되는 물적회사의 재무적 정보는, 거래의 상대방에게도 채무의 이행에 대한 담보력 즉 회사의 신용도를 판단하는 근거로 작용한다. 주식회사는 영리를 목적으로 하는 자본단체로서, 주주들에게 이익을 분배하기 위해서는 회사의 손익계산관계나 재산의 처리방법을 명확히 할 필요가 있다. 따라서 회사의 회계제도에 대하여 회사법은 상세한 규정을 두어 그 운영이 진실·적정·명료하도록 하여 회계건전성을 통해 회사채권자 및 현재의 주주, 장래의 주주를 보호한다.

2. 회계제도

회계제도란 회사의 회계처리를 위한 규범을 의미하며, 회사법을 중심으로 상법총칙, 주식회사의 외부감사에 관한 법률 등이 규율하는 규범의 총체를 의미한다. 회계규정의 법적 성질에 관해, 회사법상 회사의 회계에 관한 규정은 회사·회사채권자·주주 및 기타 일반 공중의 이해관계와 직결되는 것이므로, 강행규정으로 보아 정관으로도 변경할 수 없는 것으로 해석한다. 소상인을 제외한 모든 상인에게 적용되는 상법총칙의 상업장부에 관한 규정(상29~33)과의 관계에서 주식회사의 계산에 관한 규정은 회사법상의 특칙조항들로서 우선적으로 적용된다. 따라서 총칙의 규정 중 유동자산의 평가에 관한 규정(상31.1호)은 주식회사에는 적용되지 않는다(상452.1호). 또한 주식회사의 외부감사에 관한 법률 제13조에 의하여 동 법률이 적용되는 회사, 즉 외부감사의 대상이 되는 회사는 기업회계기준이 적용되는데, 상법이 기업회계기준과 상충하는 경우에는 특별관습법적 지위에 있는 기업회계기준이 상법보다 우선 적용된다고 본다.

3. 회계와 회계제도

회계의 구체적 방법·기술은 재무정보의 합리적 처리를 위해 진화한다. 회계제도는 회계를 대상으로 하는 규범이어서 양자는 밀접하게 관련될 수밖에 없지만, 회계는 동태적인 성격의 기술인데 반해 회계제도는 회계의 진실·적정·명료성을 위해 정태적으로 규율하는 규범이므로 서로 다른 성질을 가지고 있어 양자간의 괴리가 필연적으로 생기게 된다. 회계는 합리적 방법을 찾아 계속 발전하는 미래지향적 성질을 가졌지만, 이를 규범화하여 수범자를 규율하기 위한 회계제도는 과거지향적 특성을 가질 수밖에 없다. 따라서 회계제도를 너무 엄격하게 할 경우 회계의 미래지향적 합리성이 후퇴할 가능성이 있어, 그나마 변화가 반영되는 '회계관행'의 규범화가 요구된다. 우리 회사법도 회사의 회계가 '일반적으로 공정하고 타당한 회계관행'에 따르도록 하고 있다(상446의2). 회사법상 회계제도는 재무제표의 작성과 이에 대한 주주총회의 승인제도, 자본금과 준비금제도를 바탕으로 한 이익배당, 회계장부에 관한 열람권, 검사제도 등을 규정하고 있다.

제 2 절 재무제표

1. 의 의

(1) 재무제표와 상업장부
1) **개 념** : 재무제표란 회사의 결산을 위하여 대표이사가 통상 매 결산기별로 작성하여 주주총회의 승인을 받아 확정되는 대차대조표·손익계산서·이익잉여금처분계산서·결손금처리계산서 등의 회계서류를 말한다(상447). 그리고 주식회사는 상인이므로 상법총칙상 **상업장부**에 관한 규정(상29 등)의 적용을 받아, 주식회사는 그 재산 및 손익의 상황을 명백하게 하기 위하여 상업장부인 회계장부와 대차대조표를 작성하여야 한다(상29.1). 회계장부에는 거래와 기타 영업상의 재산에

영향이 있는 사항을 기재하고(상30.1), 대차대조표는 결산기 등의 시점에 회계장부에 의하여 작성된다(상30.2). 회사법상의 재무제표를 상법총칙상의 상업장부 및 기업회계기준상의 재무제표와 비교하여 보면, **대차대조표**는 상업장부 및 회사법상의 재무제표에 공통된다. **회계장부**는 상업장부이지만 재무제표에 속하지는 않으며, 손익계산서 및 이익잉여금처분계산서 또는 결손금처리계산서는 재무제표에 속하고 회계장부(상업장부)에는 포함되지 않는다. 또 주식회사의 외부감사에 관한 법률 및 기업회계기준상의 재무제표에는 회사법상의 재무제표 외에 현금흐름표가 추가되어 있다.

2) **공정·타당한 회계관행** : 상업장부의 작성은 상법에 규정한 것을 제외하고는 일반적으로 공정·타당한 회계관행에 의한다(상29.2). 그리고 회사의 회계도 상법과 상법시행령에 규정한 것을 제외하고는 일반적으로 공정하고 타당한 회계관행에 따르도록 하고 있어(상446의2), 상업장부이면서 **재무제표**에 속하는 대차대조표는 물론, 손익계산서·이익잉여금처분계산서 또는 결손금처리계산서 등의 재무제표도 일반적으로 공정·타당한 회계관행에 의해 작성하여야 한다. 다만 주식회사 등의 외부감사에 관한 법률상의 회계처리기준 등은 제외된다(상446의2, 상령15). 상업장부와 재무제표의 작성기준이 되는 공정·타당한 회계관행이란 무엇인가? 이를 기업회계기준을 의미한다고 보는 것이 통설·판례(2014두44847)의 입장이다. **기업회계기준**은 기업의 회계처리시 준수하여야 할 기준으로서 기업회계의 실무관습을 체계화한 것으로 본다.[188] 이러한 기업회계기준이 규범력을 가지기 위해서는 공정·타당성을 가져야 하므로 이는 법률상 다투어질 여지는 있으며 법원에 의해 판단된다고 본다.

3) **법적 성질** : 기업회계기준은 관습법적 성질을 가지는가? 통상 **관습법**이란 관행이 법적 확신을 얻을 경우 관습법이 탄생한다고 보며, 여기서 법적 확신이란 법규정에 의한 선언이 아니라 사회적 확신을 의미한다. 따라서 관습법은 일반의 믿음에 의해 생겨나는 개념인데 반해, 회계관행에 법적 규범력이 부여된 경우 이를 관습법으로 보는 것은 의문이다. 오히려 상법의 규정에 의해 회계관행이 법적

---

188) 기업회계기준에 관한 업무를 담당하고 있는 금융위원회가 민간회계기준제정기구인 한국회계연구원에 기업회계기준 제정업무를 위탁한 후에는 동 연구원이 제정하는 것이 기업회계기준인 회계관행으로 추정되고 이는 상업장부의 작성 및 회계의 원칙이 된다.

규범력을 가지는데, 회계관행의 내용은 고정적인 것이 아니라 관행을 의미하고 관행 중에 공정하고 타당한 관행만이 회계관행으로서 법적 규범력을 가진다고 보아야 한다. 따라서 회계관행의 법적 효력은 관습법의 효력이 아니라 **제정법**의 효력에 의해 부여되지만, 그 내용이 관행(관습)에 포괄적으로 위임되고 관행을 판단함에 있어 공정·타당성이라는 기준을 제정법(회사법)이 제시하고 있는 것으로 볼 수 있다. 즉 공정·타당한 회계관행은 사회 일반인의 인식이 아니라 회사법 제정 권력의 의사에 의해 규범력을 부여받았으므로 관습법적 성질을 가지지 않는다고 본다.

(2) 재무제표의 구성

1) **대차대조표** : 대차대조표(balance sheet: B/S)란 일정시점에 있어서 기업의 총재산을 자산, 부채, 자본의 과목으로 나누어 기업의 재산상태를 일목요연하게 나타내는 개괄표로서, 기업재산을 나타내는 정적(정적) 장부이다(상30.2). 모든 기업은 회계연도 말에 한 번씩은 반드시 대차대조표를 작성하여야 하며, 필요에 따라 반기말·분기말·월말에 작성하기도 한다. 대차대조표는 작성 목적에 따라 개업대차대조표와 결산대차대조표 등의 통상대차대조표와 청산대차대조표 등과 같은 비상대차대조표로 구분될 수 있다. 대차대조표를 재무상태보고서(statement of financial position)라고도 부르는데, 특정시점에 있어서 기업의 자산(assets), 부채(liabilities), 자본(owner's equity)의 상태를 표시한다. 대차대조표는 회계장부에 의해 작성되고 작성자에 의해 기명날인·서명되므로(상30.2) 회계장부에 적용되는 자산평가원칙(상31)이 대차대조표에도 그대로 적용된다. 기타 대차대조표 작성에 관한 상세한 사항은 기업회계기준에서 정하고 있다.

2) **손익계산서** : 손익계산서(profit or loss statement: P/L)는 일정기간 동안에 대차대조표에 나타난 수입과 그에 대응한 비용을 기술한 서류로서 그 기간 중의 이익 또는 손실의 발생원인을 명백히 하고 순손익을 표시하여 통상 매 결산기별 기업경영성과를 보여준다. 대차대조표가 일정시점에 있어서의 기업의 정적 상태로서의 재무구조를 표시하는 데 대하여, 손익계산서는 일정기간의 기업경영의 동적 상태의 누적결과를 표시하는 결산표이다.

3) **기타 서류** : 이익잉여금처분계산서(surplus statement), 결손금처리계산서

(deficit reconciliation statement)는 이익잉여금(결손금)의 처분사항을 명확히 보고하기 위하여 이월이익잉여금의 총변동사항을 표시하여야 한다. 그 세부사항으로는 이월잉여금(결손금)의 수정사항과 당기순손익, 그리고 잉여금(결손금)의 처분사항, 즉 준비금의 적립, 이익의 배당, 기타 이익처분 또는 결손처리 등이 있다. **현금흐름표**(statement of cash flows)란 기업의 현금흐름을 나타내는 표로서, 현금의 변동내용을 명확하게 보고하기 위하여 당해 회계기간에 속하는 현금의 유입과 유출내용을 적정하게 표시한 보고서이다. 여기서 현금이란 현금 및 현금등가물을 말한다. 외부감사의 대상이 되는 지배회사는 연결재무제표를 작성하도록 하여야 하며(상447.2), 주식회사의 외부감사에 관한 법률도 일정한 경우 상법상의 재무제표 외에 연결재무제표의 작성을 요구하고 있다(외감2.3호). **연결재무제표**(Consolidated financial statements)란 지배종속관계에 있는 기업집단에서 지배기업과 종속기업을 하나의 단위로 하여 작성된 재무제표를 의미한다. 연결재무제표를 통해 기업집단의 재무실태를 파악하기가 더 용이할 뿐만 아니라 지배회사가 종속회사를 이용한 분식회계를 방지할 수 있다는 장점이 있다. 그리고 **자본변동표**란 일정한 회계단위기간 동안 자본금의 변동내역을 기록한 서류로서 회계기간을 구분하여 전기와 당기의 자본변동원인을 통해 회사의 재무상태를 파악하는데 도움을 준다.

(3) 결산서류

1) **영업보고서** : 회사는 재무제표 외에 매 결산기에 영업보고서(business report; Geschftsbericht)를 작성하여 이사회의 승인을 받아(상447의2), 감사 또는 감사위원회에 제출하여야 한다(상447의3,415의2.6). 영업보고서란 이사가 영업연도의 영업에 관한 중요한 사항을 기재한 설명서로서, 영업보고서에는 종업원·주식·사채의 상황, 영업의 경과·성과, 모·자회사 등 기업결합의 상황, 과거 3년간의 영업실적·재산상채의 변동상황, 회사의 과제, 대주주의 주식보유와 회사와 거래관계, 중요 채권자·채권액, 영업에 관한 중요사항 등이 포함된다(시행17). 이사는 영업보고서를 작성하여 이사회의 승인을 얻어 정기총회에 제출하고 그 내용을 보고하여야 한다(상449.2).

2) **재무제표의 부속명세서** : 이는 재무제표의 중요 계정의 내용을 구체적으로 명시하는 표를 의미한다. 부속명세서에는 재무제표의 계정항목의 계상액의 구체적 내용을 명시되는데, 이는 이해관계자에게 회계정보를 보다 명료하고 구체적으

로 공시하는 목적에서 작성되는 서류이다. 기업회계기준에서는 잉여금명세서, 제
조원가명세서는 반드시 재무제표에 첨부하도록 하고 있다. 여기에는 이사와 회사
간의 거래, 담보권의 설정 등 재무제표에 기재되지 않는 사항이지만 이해관계자
에게는 필요한 업무 및 재산에 관한 정보의 기재도 포함한다고 본다.

　3) **감사보고서** : 감사보고서란 감사(감사위원회) 또는 외부감사인이 이사가 제
출한 재무제표 등의 서류에 관해 회계감사기준에 따라 감사하고 그에 따른 감사
의견을 표명한 보고서를 의미한다(상447의4,415의2.7, 외감2.8호). 감사보고서에
는 재무제표의 부실기재, 서류의 작성과 이익잉여금처분·결손금 처리 등이 법
령·정관을 준수하였는지 여부 등을 검토하여 작성한 감사에 관한 보고서를 의미
한다(상447의4). 외부감사인은 감사보고서를 회사의 감사·감사위원회와 증권선물
위원회 및 한국공인회계사회에 제출하여야 한다(외감23). 회사가 대차대조표, 영
업보고서, 손익계산서, 결산보고서, 회계장부, 부속명세서, 감사보고서에 적을 사
항을 적지 아니하거나 부실하게 적은 경우에 500만원 이하의 과태료가 부과될 수
있다(상635.1)

2. 제출·공시절차

(1) 재무제표 등의 제출
　1) **이사회 승인** : 대표이사는 재무제표와 그 부속명세서(상447), 영업보고서
(상447의2)를 정기총회일의 6주 전에 작성하여 이사회의 승인을 얻은 후 감사·감
사위원회에게 제출하여야 한다(상447의3,415의2.6). 주총일로부터 역산한 6주의
기간은 감사·감사위원회가 감사하는 기간인 4주를 고려한 것으로 볼 수 있다(상
447의4.1,415의2.6). 이사회의 승인을 얻은 재무제표를 감사·감사위원회에 제출하
면 이를 감사를 하여 감사보고서를 작성한 후 이를 이사(대표이사)에게 제출하여
야 한다. 이사는 정기주총일 1주전부터 이를 비치·공시하고(상448.1), 정기총회에
제출하여 그 승인을 구하게 된다(상449.1).

　2) **감사보고서 제출** : 이사로부터 재무제표를 제출받은 감사·감사위원회는 4
주 내에 다음의 사항을 내용으로 하는 감사보고서를 작성하여 이사에게 제출하여
야 한다. 감사보고서의 내용은 ⅰ) 감사방법의 개요, ⅱ) 회계장부에의 미기재·부

실기재, 대차대조표·손익계산서와 회계장부의 불합치, iii) 대차대조표·손익계산서 작성의 법령·정관의 준수여부, iv) 대차대조표·손익계산서의 작성이 법령·정관 위반시 그 사유, v) 대차대조표·손익계산서의 작성에 관한 회계방침의 변경의 이유, vi) 영업보고서의 법령·정관의 준수와 정확성, vii) 이익잉여금처분·결손금처리계산서 작성의 법령·정관 준수여부, viii) 이익잉여금처분·결손금처리계산서 작성의 부당성, ix) 재무제표부속명세서에의 부기재·부실기재, 회계장부·대차대조표·손익계산서·영업보고서와 불합치, x) 이사의 직무수행에 관하여 부정행위·법령정관위반행위, xi) 감사에 필요한 조사의 불가능 사유 등이 기재되어야 한다(상447의4.2, 415의2.6).

(2) 재무제표 등의 비치·공시

1) 공시의무 : 이사는 재무제표·부속명세서·영업보고서·감사보고서를 정기총회 회일의 1주 전부터 본점에 5년간, 그 등본을 지점에 3년간 비치하여 주주와 회사채권자에게 공시하여야 한다(상448.1). 외부감사를 받아야 하는 주식회사는 외부감사인의 감사보고서도 함께 비치하여야 한다(외감14.1). 주주와 회사채권자는 영업시간 내에 언제든지 위 비치서류를 열람할 수 있으며, 회사가 정한 비용을 지급하고 그 서류의 등본이나 초본의 교부를 청구할 수 있다(상448.2).

2) 과태료 : 이사가 재무제표 등의 공시의무를 위반하여 장부 또는 서류를 갖추지 아니한 경우 500만원 이하의 과태료를 부과할 수 있다(상635.1.24호). 그리고 정당한 사유 없이 회사채권자의 서류의 열람 또는 등사, 등본 또는 초본의 발급을 거부한 경우에도 회사에 500만원 이하의 과태료가 부과될 수 있다(상635.1.4호).

3. 재무제표의 승인

(1) 주주총회의 승인

이사는 재무제표를 정기총회에 제출하여 그 승인을 요구하고(상449.1), 영업보고서를 제출하여 그 내용을 보고하여야 한다(상449.2). 주주총회는 이사가 제출한 서류와 감사·감사위원회의 보고서를 조사하기 위하여 검사인을 선임할 수 있다(상367). 주주총회는 보통결의에 의해 재무제표를 승인하는데, 승인결의를 함에 있어 가결 또는 부결할 수 있을 뿐만 아니라 그 내용을 수정하여 결의할 수도 있다. 주주총회가 재무제표를 승인하지 않을 경우에는 재무제표에 포함된 이익잉여금처분계산서 등도 확정되지 않으므로 이익배당의 요건이 충족되지 않아 이익배당을 실시할 수 없게 된다. 이 경우 이사 등은 재무제표의 내용을 수정하여 다시 승인결의를 얻어야 한다.

(2) 승인의 효과

정기총회에서 일단 재무제표를 승인하게 되면 그 직접적인 효과로서 **재무제표가 확정**되고, 이에 따라 **이익·손실처분이 확정**된다. 그리고 정기총회가 재무제표를 승인하면 이사·감사·감사위원회위원의 **책임해제**가 간주되는데, 다만 임원의 부정행위가 있었거나 2년내에 임원의 책임추궁하거나 책임해제보류결의가 있는 경우에는 그러하지 아니하다(상450,415의2.6). 특히 주주총회의 재무제표 승인결의는 일정기간 경과 후 이사의 책임해제의 효과를 발생시키므로 주주들이 이러한 효과발생을 원하지 않을 경우에는 임원의 책임해제를 보류하면서 재무제표의 승인결의를 할 수 있다. 재무제표를 승인하면 이사는 이를 공고할 의무를 부담한다.

(3) 책임해제제도

1) **개 념** : 이사 등의 책임해제란 정기총회에서 재무제표를 승인한 후 2년 내에 다른 결의가 없으면 회사가 이사와 감사·감사위원회위원의 책임을 해제한 것으로 간주하는 회사법상의 제도를 의미한다. 동 제도는 회사가 이사의 책임을 조기에 추궁하도록 하고, 일정기간 경과하면 이사를 면책시킴으로써 이사의 업무집행에 따른 부담을 경감시키려는 취지로 이해된다. 다만 책임해제 간주효과는 이사·감사·감사위원회위원이 부정행위를 한 경우에는 제외된다(상450조). 이사 등의 책임해제는 주주총회의 결의에 의해 생기는 효과라는 점에서 **책임면제**(상400.1)와 유사하지만, 책임면제는 주주총회의 전원동의라는 특수결의를 통해 이사의 회사에 대한 책임의 추궁을 포기하는 행위 즉 책임면제행위인데 반해, 책임해제는 직접 이사의 책임을 면제하는 행위가 아니라 재무제표의 승인을 주목적으로 하는 주주총회의 결의와 그 후 일정한 기간의 경과에 따른 효과라는 점에서 구별된다. 그리고 상법 제450조는 이사 등의 회사에 대한 책임에 관한 규정이므로, 책임해제제도는 이사 등의 제3자에 대한 책임에 대하여는 적용되지 아니한다(2007다53785).

2) **법적 성질** : 책임해제의 법적 성질에 관해, 재무제표의 승인 결의의 부수적인 법정효과라고 보는 **승인결의효과설**, 2년의 기간을 결의시점을 기산점으로 하는 제척기간으로 보는 **제척기간설**(통설) 등이 주장된다. 생각건대 재무제표의 승인결의는 재무제표가 정상적으로 작성되었음을 확인하는 주주총회의 결의이므로, 동 결의가 이사 등의 책임을 해제하거나 승인결의의 부수적 법정효과로 책임해제가 된다고 보기는 어렵다. 오히려 승인결의 이후에는 회사가 이사 등의 책임을 원칙적으로 2년 내에만 물을 수 있게 제한하고 동 기간 내에 책임추궁이 없으면 이사 등의 책임이 소멸하게 되므로 2년의 기간은 이사책임추궁을 위한 제척기간적 성질을 가진다고 본다(제척기간설).

3) **부정행위** : 책임해제의 배제사유인 이사 등의 부정행위가 있는 경우란, 회사에 대하여 악의·중과실로 가해행위를 한 경우는 물론 **위법한 임무위반행위**는 모두 해당된다고 본다. 판례는 주식의 가치를 평가함에 있어 적정가격보다 현저히 낮은 가액으로 거래가액을 결정하기에 이른 것은 회사의 손해를 묵인 내지는 감수하였던 것이라 할 것이므로, 이러한 이사의 행위는 상법 제450조에 의하여 책임이 해제될 수 없는 부정행위에 해당한다고 보았다(2003다69638). 다만 정관위반의 임무위반행위는 내부규범을 위반한 행위이므로 법령위반행위와 구별될 필요가 있어 부정행위에 포함되지 않는다고 봄이 타당하다. 책임해제에 관한 **증명책임**은 책임해제를 주장하는 해당 이사·감사·감사위원회위원에 있다. 따라서 이사·감사·감사위원회위원은 그가 책임질 사항이 재무제표에 기재되었고 이러한 재무제표를 주주총회가 승인하였다는 사실을 증명하여야 한다는 것이 통설·판례(68다305)이다.

4) **적용범위** : ① 인적·물적범위 – 책임해제의 효과가 퇴직이사에도 적용되는가? 이에 관해, 판례는 소송의 목적이 되는 권리관계가 이사의 재직중에 일어난 사유로 말미암은 것이라 하더라도, 이사가 이미 이사의 자리를 떠나서 이사 아닌 경우에 회사가 그 사람을 상대로 제소하는 경우에는 이사책임해제규정의 적용을 부정하였다(77다295). 그리고 책임해제의 효과는 모든 사항에 미치는가? 이에 관해 판례는, 이사, 감사의 책임 해제는 재무제표 등에 그 책임사유가 기재되어 정기총회에서 승인을 얻은 경우에 한정된다고 보며(2007다60080), 상호신용금고의 대표이사가 충분한 담보를 확보하지 아니하고 동일인 대출 한도를 초과하여 대출

한 것은 재무제표 등을 통하여 알 수 있는 사항이 아니므로, 상호신용금고의 정기총회에서 재무제표 등을 승인한 후 2년 내에 다른 결의가 없었다고 하여 대표이사의 손해배상책임이 해제되었다고 볼 수 없다고 보았다(2001다76854).

② **이사회의 재무제표 승인** - 정관의 규정에 따라 재무제표를 이사회가 승인할 수 있는데, 이 경우(상449의2)에도 이사 등의 책임해제제도(상450)를 적용할 수 있는가?(쟁점71)[189] 이에 관해, 이사회의 승인결의에 적용하면 이사회가 스스로의 책임을 해제하게 되므로 책임해제의 유추적용은 옳지 않다는 **부정설**, 회사법 제449조의2의 이사회승인은 정관의 근거가 있어야 하고 이사회승인은 정기총회의 승인을 갈음하므로 책임해제가 된다는 **긍정설** 등이 주장된다. 생각건대 정관 규정에 의해 이사회가 재무제표를 승인한 경우 책임해제의 효과를 부정하게 되면 책임해제제도의 취지가 몰각되어 부당한 결과가 된다. 다만 이사회의 승인에 따라 이사의 책임이 해제되는 자가면책의 문제가 발생하지만, 승인결의만으로 효과가 발생하지 않고 2년의 제척기간 경과되어야 하고 그 기간 중에 이사의 책임을 물을 수 있어 문제는 없다고 본다. 요컨대 이사회에 의해 재무제표가 승인되더라도 이사의 책임해제의 효과는 동일하게 발생한다고 본다(긍정설).

5) **책임추궁결의** : 주주총회가 재무제표를 승인한 후 2년 내에 이사 등의 책임을 추궁하는 결의를 하는 경우에는 이사 등의 책임이 해제되지 않는다. 다만 책임추궁결의에서 당해 이사 등인 주주가 그 결의에 관한 특별이해관계인에 해당한다. 판례도 재무제표에 대한 경영진의 책임을 추궁하는 주주총회결의에 관하여, 회사의 이사, 감사 전원이 상법 제368조 제4항에 정한 특별한 이해관계가 있는 자에 해당한다고 보았다(2007다40000). 따라서 책임 추궁결의에서 당해 이사, 감사인 주주의 의결권은 발행주식수에는 포함되지만 출석한 주주의 의결권 수에 산입하지 않는다(상371.2).

---

189) **이사회의 재무제표 승인 후 책임해제제도의 적용가부**(쟁점71)에 관해, **부정설**은 상법 제450조의 법문은 상법 제449조의2가 입법될 것을 예상하지 않은 조문이어서 주주총회가 승인한 경우를 요건으로 하고 있고 이를 문리해석하면 당연히 이사회가 재무제표를 승인한 경우에는 적용할 수 없다고 본다. 그리고 이사회의 승인결의에 상법 제450조를 적용하면 이사회가 스스로의 책임을 해제하는 의미가 있고 이사의 책임을 간과하고 승인하였다면 이는 임무해태라 할 것이므로 책임해제의 유추적용은 옳지 않다고 본다(이철송986~987). **긍정설**은 회사법 제449조의2의 이사회승인은 정관의 근거가 있을 경우 정기총회의 승인을 갈음하기 위한 제도이므로 정기총회에 의한 재무제표의 승인을 대체한다고 보아 이사회가 재무제표를 승인한 경우도 책임해제가 된다고 본다.

(4) 대차대조표의 공고

이사는 재무제표에 대한 주주총회의 승인을 얻은 때에는 지체 없이 대차대조표를 공고하여야 한다(상449.3). 외부감사를 받아야 하는 주식회사가 대차대조표를 공고할 때 외부감사인의 명칭과 감사의견을 병기하여야 한다(외감14.2). 회사가 공고를 하는 방법은 정관에 기재되는데(상289.1.7호), 관보 또는 시사에 관한 사항을 게재하는 일간신문에 하여야 한다. 회사는 공고를 전자적 방법으로도 할 수 있는데 이를 위해서는 정관에 전자적 공고에 관한 규정을 두어야 한다(상289.3). 이사가 대차대조표의 공고를 게을리하거나 부정한 공고를 한 경우에는 500만원 이하의 과태료가 부과될 수 있다.

제 3 절 준비금

1. 의 의

(1) 개 념

1) **유보재산** : 준비금(reserve fund; Rücklage)이란 준비금이란 당기순이익 또는 자본거래에서 발생한 잉여금 중 주주에게 배당되지 않고 회사에 유보된 재산을 의미하며, 회계상으로 회사가 순자산액으로부터 자본액을 공제한 금액(잉여금) 중 회사에 적립해 두는 금액을 말한다. 준비금은 자본과 같이 계산상의 금액으로서 그 액수만큼 순자산을 유지하고 보유하여야 하고, 자본과 함께 대차대조표의 부채항목에 기재되어 이익산출에 있어 공제항목이 된다(상462.1).

2) **취 지** : 준비금은 이를 적립금이라고도 하는데, 회사에 장래 생길지도 모르는 필요에 대비하기 위하여 적립한 금액이다. 이는 재산의 사외유출을 억제하는 작용을 하여 회사에 유보되는 순자산을 증가시키므로, 경기 침체라든가 회사의 영업실적이 부진하거나 재난 등의 발생에 대비할 수 있게 한다. 준비금은 회사가 지속가능하게 장기적으로 회사의 영업계획을 실현할 수 있도록 회사의 자산의 보전에 기여한다.

(2) 종 류

1) **회사법상 준비금** : 준비금에는 법률의 규정에 의하여 그 적립이 강제되는 **법정준비금**과 회사가 자치적으로 정관이나 주주총회의 결의에 의하여 적립하는 **임의준비금**이 있다. 법정준비금은 적립하는 재원에 따라 배당가능이익의 일부를 재원으로 하여 적립하는 이익준비금과 회사의 자본거래로 인해 발생한 잉여금을 재원으로 하는 자본준비금으로 구분된다.

2) **부진정준비금** : 회사법상 준비금은 아니지만 준비금과 유사한 기능을 하는 것으로, 자산의 가액을 수정할 경우 발생할 수 있는 감가상각충당금, 장래에 예상되는 지출에 관한 부채성충당금 또는 손실에 대비하기 위한 것으로 대손충당금 등이 있다. 기업회계기준은 대손충당금·부채성충당금 등을 규정하고 있고(기준11.2,24.4호,26호), 감가상각충당금은 감가상각 누계액으로 규정하고 있다(기준11.2,19). 예컨대 감가상각적립금 또는 대손준비금 등과 같이 준비금·적립금의 명목으로 기재되지만, 본래의 준비금과 같이 이익을 유보하는 것이 아니라 자산의 감가액을 앞의 새로운 계정을 설정하여 부채로 기재함으로써 자산의 가액을 수정하는 기능을 하는 것으로서 부진정준비금이라 할 수 있다. 기업회계기준에 의해 충당금으로서 대차대조표의 자산항목에서 차감하는 형식으로 기재하고 있다. 대차대조표에 형식상 준비금으로 기재되지는 않으나 자산항목을 과소평가하거나 부채항목을 과대평가하여 실질상 준비금의 성질을 갖는 경우를 비밀준비금이라고도 한다.

2. 법정준비금

(1) 의 의

1) **이익준비금** : 이익준비금이란 이익(이익잉여금)을 재원으로 하여 적립되는 법정준비금이다. 이익준비금의 적립액과 적립한도에 관해, 회사는 그 자본의 1/2에 달할 때까지 매 결산기의 금전에 의한 이익배당액의 1/10 이상의 금액을 이익준비금으로 적립하여야 한다(상458). 이익준비금의 적립한도는 자본의 1/2까지이므로 자본의 1/2을 초과한 금액은 적립하더라도 이익준비금이 아니라 임의준비금이 된다. 물론 이익준비금의 상한은 그 기준이 되는 자본금이 변경되며 그에 따라 변경된다.

2) **자본준비금** : 자본준비금이란 영업이익 이외의 자본거래에서 발생한 자본잉여금을 재원으로 하여 적립되는 법정준비금을 말한다. 자본준비금의 재원으로는 액면초과액(주식발행초과액), 주식교환차익금(주식교환잉여금), 주식이전차익금(주식이전잉여금), 감자차익금(감자잉여금), 합병차익금(합병잉여금), 분할차익금(분할잉여금), 기타 자본잉여금 등이 있다(상459.1). 그 자체가 영업거래에서 발생한 이익잉여금은 아니지만 자본거래에서 발생한 잉여자본으로서 배당의 대상이 될 수 없기 때문에 회사법상 적립이 강제된다. 다만 합병잉여금이나 분할·분할합병잉여금 중 소멸·분할·분할합병되는 회사의 이익준비금 기타 법정준비금은 합병 또는 분할·분할합병 후 존속하는 회사 또는 신설회사가 그대로 승계할 수 있다(상459.2).

(2) 법정준비금의 용도

1) **자본의 결손전보** : 법정준비금은 원칙적으로 자본의 결손전보에 충당하여야 하지만(상460.1), 예외적으로 자본에 전입할 수도 있다(상461). 자본의 결손이란 회사의 순자산액이 자본과 준비금의 합계액보다 적은 경우를 의미하는데, 이는 결산기에 확정된다. 법정준비금을 자본의 결손전보에 사용한다고 하는 것은 대차대조표상의 부채란의 법정준비금액을 감소시키고 동시에 자산란의 손실액을 그만큼 감소시키는 계산상(장부상)의 행위로서, 법정준비금은 자본의 결손전보에 충당하는 경우 외에는 처분할 수 없다(상460.1). 자본의 결손전보에의 충당순서에 관해 이익준비금, 자본준비금의 순서로 충당하도록 한 규정(구상460.2)을 삭제하여 현행법상 충당순서는 회사가 자율적으로 결정할 수 있게 되었다. 회사는 자본결손시 이를 이연손실로 이연할 수도 있다. 이를 이월하였을 때는 다음 영업연도에 이익이 발생하더라도 먼저 그 자본결손을 전보하지 않으면 이익배당을 할 수 없다.

2) **법정준비금의 자본전입** : 예비적 자본인 준비금은 회사의 자금리스크를 극복하는 재원이 될 수 있다는 긍정적 기능도 하지만 과도한 준비금의 적립은 효율적인 재무관리를 저해할 수 있다. 따라서 회사는 준비금을 자본에 전입할 수 있는데(상461.1), 이는 새로운 자금이 회사에 유입되는 것이 아니라 준비금계정으로부터 자본금계정으로 계정상의 자금이동에 지나지 않는다. 준비금의 자본전입은 회사의 자본금 규모를 확대하거나, 상대적으로 높은 주가를 인하함으로써 주식의

유통을 원활하게 하려는 동기에서 실행될 수 있다. 전입방법은 해당 준비금계정에서 전입액을 차감하고 동시에 자본금계정에 전입금액만큼 증액기재하는 것이다. 그 결과 **자본이 증가**하므로 전입액에 상응하는 액수의 무상주식이 주주의 주식수에 비례하여 발행된다. **무상주의 교부**는 회사재산의 변동 없이 발행주식수만이 증가하므로 주식분할의 실질을 가지고 납입금 없이 이뤄지므로 특수한 신주발행의 한 형태로 속한다. 이때 발행주식수는 수권주식의 범위 내이어야 함은 물론이다.

3. 임의준비금

(1) 의 의

회사가 정관 또는 주주총회의 결의로 이익준비금을 적립한 다음에 잔여잉여금을 재원으로 하여 적립하는 것으로 상법에 의해 적립이 강제되는 것이 아니므로 임의준비금이라 한다. 따라서 그 목적이나 이용방법은 주주들이 임의로 정할 수 있다. 적립의 목적은 별도적립금과 같이 특정되지 않은 것도 있지만, 사업확장, 주식소각, 사채의 상환, 종업원의 복지시설의 설치 등을 위한 준비금과 같이 특정되는 것도 있다. 임의준비금 중 **목적성 임의준비금**은 그 적립의 목적에 따라 결손전보준비금·배당평균준비금·상각준비금·시설준비금·사채상환준비금·가격변동준비금·퇴직급여준비금 등의 명칭이 붙으며, **비목적성 준비금**은 특별한 명칭 없이 적립할 수 있다. 임의준비금의 경우, **적립한도**에 대하여는 특별한 규정이 없으나 당해연도이익의 전액을 임의준비금으로 적립할 수는 없다고 본다. 왜냐하면 배당가능이익을 모두 임의준비금으로 할 경우 사실상 주주의 이익배당청구권의 침해라 볼 수 있기 때문이다.

(2) 임의준비금의 용도

정관 또는 주주총회의 결의로 특정한 목적을 위하여 적립한 임의준비금 즉 **목적성 임의준비금**은 이사회의 결의에 의하여 특정된 목적을 위하여 사용할 수 있다. 그 사용목적의 변경에는 정관의 변경 또는 주주총회의 결의가 있어야 한다. 그러나 적립의 목적이 특정되지 않은 임의준비금 즉 **비목적성 임의준비금**은 정기주주총회의 결의에 의하여 필요에 따라 그 사용이 가능한 별도적립금에 해당한다. 임의준비금 중에서 결손전보준비금은 결손이 발생하였을 경우 당연히 법정준비금에 앞서 그 전보를 위한 사용이 가능하지만, 별도적립금이나 사용목적이 특정된 적립금도 주주총회의 결의로 결손전보를 위하여 사용할 수 있다고 본다.

(3) 비밀준비금

대차대조표에 준비금의 명목으로 계상하지 않지만 실질적으로 준비금의 성질을 갖는 것을 비밀준비금이라 한다. 비밀준비금은 적극재산을 실가 이하로 평가하거나 또는 채무를 실가 이상으로 평가한 경우에 발생하는데, 실가와의 차액은 비밀준비금이 된다. 이것은 회사의 재산적 기초를 튼튼히 하고 신용을 높이는 장점이 있지만, 반면에 이해관계자로 하여금 회사의 재산상태를 정확하게 판단할 수 없게 할 뿐만 아니라 회사의 손익계산을 불명확하게 하고 탈세의 수단으로 남용될 우려가 있는 것이다. 회계의 정확성을 위해 비밀준비금의 적립을 부정하는 견해도 있지만, 기업경영상 다양한 목적을 위해 사용되는 비밀적립금의 적립은 반드시 부적법하다고 보기는 어렵다고 본다. 특히 자산의 평가원칙에서 저가주의 등 보수적 회계처리를 허용하는 경우 비밀적립금의 적립이 제도적으로 허용된다고 볼 수 있다. 법정준비금과 임의준비금이 공연한 준비금인 데 반하여, 비밀준비금은 숨은 준비금이라고 할 수 있다.

4. 준비금의 자본전입

(1) 의 의

1) **개 념** : 준비금의 자본전입이란 준비금 계정으로 있던 재산을 자본금계정으로 이전시키는 회사법상의 법률요건을 의미한다. 법정준비금은 적립한도가 없으므로 과도하게 적립될 수 있으며 자본금보다 많은 법정준비금이 발생할 수도 있다. 준비금의 자본전입은 법정준비금이 과다하게 적립될 경우 생길 수 있는 자본과 준비금의 불균형을 시정하기 위한 절차이다. 뿐만 아니라 회사의 재산을 유지하면서 자본을 증가시킬 수 있는 용이한 수단이 된다. 준비금의 자본전입에 의한 신주발행은 앞서 특수한 신주발행에서 자세히 보았다.

2) **법적 성질** : 준비금의 자본전입에 따른 무상주교부는 형식적으로 신주발행의 절차가 진행되지만 실질적으로 새로운 자본이 형성되지 않는 특수한 신주발행 절차이다. 따라서 준비금의 자본전입의 법적 성질은 실질적 자본증가라기보다는

현재 회사가 보유한 재산에 관해 무상주를 교부하는 주식분할이나 주식배당에 유사한 면이 있다. 생각건대 준비금은 자본의 결손을 전보하거나 자본전입을 위해서만 사용할 수 있도록 제한되어 있고, 회사의 영업이익의 유무와 무관하게 자본전입할 수 있다는 점에서 **주식분할**과 유사하다고 볼 수 있다. 하지만 준비금의 감소와 자본의 증가가 발생한다는 점에서 주식분할과는 구별된다. 법정준비금은 당연히 **자본전입의 대상**이 되나 임의준비금도 자본전입의 대상이 되는가? 일부 긍정설도 있지만 대개의 견해는 임의준비금은 그 적립과 처분이 정관이나 주주총회의 결의로만 할 수 있으므로 임의준비금을 이사회결의로 자본전입할 수 없다고 보는 부정설도 있다. 다만 간접적인 방법, 즉 임의준비금을 배당가능이익으로 환원시켜 주식배당한다든지, 임의준비금을 이익준비금으로 전환시켜 전입하는 방법도 가능하다고 본다.

(2) 절 차

준비금의 자본전입의 절차를 보면, 회사가 준비금의 전부 또는 일부를 자본에 전입하기 위해서는 **이사회의 결의**가 요구되지만 정관으로 주주총회가 결정하도록 정할 수 있다(상461.1). 주식회사가 이사회의 결의로 준비금을 자본에 전입하여 주식을 발행할 경우에는 회사에 대한 관계에서는 이사회의 결의로 정한 일정한 날(배정일)에 주주명부에 주주로 기재된 자만이 신주의 주주가 된다(87다카2599). 다음으로 **신주발행절차**가 진행되는데, 준비금의 자본전입결의가 있으면 주주에 대하여 그가 가진 주식의 수에 따라 주식을 발행하여야 하며, 단주에 관해서는 단주처리절차(상443.1)에 의한다(상461.2). 자본전입의 이사회결의가 있은 때에는 회사는 일정한 날을 정하여 그 날에 주주명부에 기재된 주주가 발행신주의 주주가 된다는 뜻을 그 날의 2주 전에 **공고**하여야 하나, 그 날이 주주명부폐쇄기간 중인 경우에는 그 기간의 초일의 2주 전에 이를 공고하여야 한다(상461.3). 그리고 주식발행의 효력이 발생하는 때에 이사는 지체 없이 신주를 받은 주주와 주주명부에 기재된 질권자에 대하여 그 주주가 받은 주식의 종류와 수를 **통지**하여야 한다(상461.5).

(3) 효 과

이사회의 결의에 의해 준비금을 자본에 전입하는 경우에는 신주의 배정일(상461.3), 주주총회의 결의에 의해 자본전입이 이루어지는 경우에는 주주총회결의일

의 주주(상461.4)가 발행되는 신주의 주주가 된다. 준비금이 자본전입되면 회사의
자본과 회사가 발행한 주식수도 증가되므로 변경등기를 하여야 한다(상317.2). 그
리고 주식에 대해 질권을 가지고 있던 자는 발행되는 신주에 물상대위권을 가지
게 되어 질권을 행사할 수 있다(상461.6 → 339). 회사법은 발행신주를 정관에 의
해 직전 영업연도말로 소급효를 부여할 수 있다는 규정(상350.3)을 삭제함으로써
(구상461.6) 통일적으로 주주총회결의일에 효력이 발생한다고 본다. 위법한 자본
전입 회사가 위법한 자본전입결의에 의해 신주를 발행할 경우 신주발행의 효과가
발생하기 전에는 주주는 신주발행유지청구(상424), 신주발행의 효과가 발생한 후
에는 신주발행무효의 소(상429)를 청구할 수 있다.

제 4 절 이익배당

1. 의 의

(1) 개 념

이익배당(dividend; Gewinnverteilung)이란 넓은 의미에서 영업에 의하여 얻
은 이익을 주주에게 분배하는 절차를 의미한다. 물적회사인 주식회사는 퇴사제도
가 없는 영속적인 존재로 잔여재산분배도 행해지기 어려우므로, 정기적인 결산을
통하여 당기의 이익을 배당하여야 한다. 이는 주주의 자익권이면서 고유권으로
주주의 동의 없이는 박탈하거나 제한할 수 없다. 그러나 배당가능한 이익이 없음
에도 이를 부당하게 평가하여 주주에게 이익배당을 할 경우 이는 회사채권자를
해하고, 총회에서 의결된 이익배당에 대해 경영진이 배당액의 지급을 의도적으로
지연할 경우 주주 이익을 해할 수 있다. 회사법은 경영진에 의한 이익배당제도의
자의적 운영을 방지하기 위해 이익배당의 요건을 규정하여 회사채권자의 이익을
보호하고(상462,464), 배당금지급시기를 규정하여 주주의 이익을 보호하고 있다
(상464의2).

(2) 종 류

이익배당은 배당으로 지급되는 자산의 종류에 따라 금전배당, 현물배당, 주식
배당으로 구분될 수 있고 현행 회사법상 세 가지 이익배당이 모두 허용된다. 좁은

의미의 이익배당은 현금배당만을 의미하지만, 넓은 의미의 이익배당에는 현물배당 및 주식배당이 포함된다. 이 밖에 배당시기를 기준으로 결산배당과 중간배당으로 구별될 수 있다. 이익배당은 연말결산기에 1회 실시하는 것이 통상적이지만, 회사법은 연 1회의 결산기를 정한 회사가 정관의 규정에 의하여 영업연도 중 1회에 한하여 이익배당을 할 수 있는 중간배당을 인정하고 있다(상462의3).

2. 금전배당

(1) 이익배당청구권

1) **의 의** : 금전배당은 협의의 이익배당으로서 영업에 의하여 얻은 이익을 주주에게 금전으로 배당하는 것을 의미한다. 회사의 지배에는 관심이 없고 투자에 대한 수익에 관심을 가진 일반주주들에게는 가장 중요한 권리이다. 주주의 이익배당청구권은 추상적 이익배당청구권(Dividendenrecht)과 구체적 이익배당청구권(Dividendenanspruch)으로 나누어지는데, 추상적 이익배당청구권은 주주권을 이루는 권리로서 개별적으로 처분할 수 없는 고유권(주식불가분의 원칙)이다. 이에 반해 주주총회의 이익잉여금처분의 결의 이후 주주는 구체적 이익배당청구권을 취득하는데 이는 회사에 대한 채권적 성질을 가지므로 개별적으로 양도·압류·전부명령 등의 목적이 될 수 있다.

2) **장기간 무배당결의** : 회사가 이익이 실현되었음에도 불구하고 장기간 이익배당을 실시하지 않는 것도 적법한가?(쟁점72)[190] 이에 관해 소액주주들은 이익배당만이 유일한 투자수익을 얻는 수단이므로 회사가 장기간 무배당결의를 할 경우 이는 불공정한 다수결의 남용이라 보면서 현행법상 무배당의 불공정을 직접 해결할 수 있는 제도는 없다고 하는 지적이 있다. 생각건대 회사의 영리성은 영리사업의 수행만으로 부족하고 사원에의 이익분배가 전제되지만, 그 이익분배의 방법은 이익배당에 국한되지 않고 잔여재산분배의 방법도 가능하다고 본다. 그리고 배당 실시 여부에 관한 의사결정은 회사법상 다수결에 의한 주주총회결의에 따른 것이

---

190) **장기간의 무배당결의의 적법성(쟁점72)**에 관해, 대주주는 그 자신이 이사에 취임하여 보수를 받는다든지, 회사와 가기거래를 하는 등 여러 가지 방법으로 회사로부터 이익을 취할 기회가 있음에 반해 소액주주들은 이익배당만이 유일한 투자수익을 얻는 길임을 생각할 때 장기간의 무배당결의는 심히 불공정하여 다수결의 남용이라 할 수 있지만 현행법상 무배당의 불공정을 직접 해결할 수 있는 제도는 없다고 본다(이철송1009).

므로 현행법상 무배당결의를 위법행위로 보기도 어렵다. 하지만 장기간 이익배당을 하지 않을 경우, 이는 무배당결의를 한 대주주에 의한 소수주주의 이익배당청구권을 실질적으로 침해한 것으로 볼 여지가 없지 않다. 특히 비상장회사의 주주는 주식양도도 쉽지 않아 장기간의 무배당결의는 실질적으로 경영진에 의한 소액주주의 수탁자산 활용에 대한 대가 지급을 유보하는 것이 되어 회사 또는 대주주의 권리남용이 문제될 수 있다고 본다. 이와 관련하여 이사가 아닌 대주주에게도 충실의무가 존재하는지도 문제될 수 있지만, 장기간 무배당결의를 제한할 수 있는 입법론적 검토가 요구된다고 본다.

(2) 이익배당의 요건

1) **실질적 요건** : 이익배당은 배당가능이익이 있어야 하고 이를 한도로 실시할 수 있다(상462.1). 배당가능이익이란 대차대조표상의 순자산액으로부터 자본의 액과 그 결산기까지 적립된 법정준비금 및 그 결산기에 적립하여야 할 이익준비금을 공제한 금액을 의미한다. 그밖에 정관의 규정 또는 주주총회의 결의로 임의준비금의 적립을 정한 때에는 이것도 공제하여야 하고 자산재평가적립금도 공제하여야 한다(자본28). 배당가능이익을 계산함에 있어 순자산액은 자산액에서 부채를 공제한 금액을 의미한다. 그리고 자본은 자본충실의 원칙상 배당의 대상이 될 수 없고 이를 배당할 경우 출자의 환급이 되므로, 그리고 기 적립된 법정준비금(자본·이익준비금)과 적립될 이익준비금 역시 결손보전 등의 목적을 위해 사용되어야 하므로 배당가능이익을 계산함에 있어 공제항목에 포함되는데, 이와 같은 배당가능이익의 제한은 회사의 지속가능성과 회사채권자 보호에 기여하고자 하는 취지이다.

2) **형식적 요건** : 이익배당을 위해서는 주주총회의 승인결의가 있어야 한다. 주주총회에서 대차대조표와 손익계산서를 승인하여 이익이 확정되고, 이익잉여금처분계산서(상447.3호)가 가결되면 배당액이 확정된다(상449.1). 주주총회의 결산서류 승인결의는 보통결의사항이다. 주주총회는 이익배당을 결의함에 있어 이사회가 작성한 이익잉여금처분계산서를 수정변경할 수도 있다. 주주총회에서 재무제표를 승인하여 회사의 이익배당이 확정되면, 주주는 회사에 대하여 독립된 금전채권인 구체적인 이익배당청구권을 취득한다. 판례도 사원총회의 계산서류승인에 의한 배당금의 확정과 배당에 관한 결의가 없는 경우에는 이익배당금청구는

이유 없다고 보았다(81다343).

(3) 이익배당의 지급

1) 이익배당의 기준 : 이익배당은 주주평등의 원칙에 따라 각 주주가 가진 주식의 수에 바례하여 지급하여야 한다(상464). 이때 대주주가 스스로 일반 주주에게만 이익배당을 하거나 높은 비율의 이익배당을 하는 등 차등배당을 결의하는 경우에는 대주주가 자기의 이익배당청구권을 포기한 것으로 볼 수 있으므로 주주평등의 원칙에 반하지 않아 유효하다. 다만 회사가 정관의 규정에 따라 배당에 관한 내용이 다른 종류주식(예, 우선주·후배주)을 발행한 경우에는(상344.1) 차등배당을 할 수 있으나, 이 경우에도 같은 종류의 주식 사이에는 주주평등의 원칙에 따라야 한다. 또 공공적 법인의 경우 특별법상의 예외로서 이익이나 이자를 배당함에 있어 차등지급할 수 있다(자본165의14).

2) 일할배당·동액배당 : 신주가 발행된 경우 신주가 발행된 효력발생일 이후의 일수를 계산하여 이익배당을 하는 것을 일할배당이라 하고, 신주에도 구주와 동일한 배당을 하는 것을 동액배당이라 한다. 영업연도 도중에 신주가 발행된 경우 회사가 신주에 대한 이익배당에 관해 정관의 정함에 따라 직전 영업연도 말에 발행된 것으로 할 수 있다는 규정(상461.6)이 있었지만 상법 개정으로 삭제되었다. 그렇다면 현행 회사법상 회사는 신주의 배당에 관해 동액배당은 허용되지 않고 일할배당만 허용되는가?(**쟁점73**)[191] 이에 관해, 원칙적으로 실질적 평등에 따라 주주총회결의에 의한 일할배당만 가능하지만 정관의 규정에 의한 동액배당도 가능하다고 보는 **정관규정설**, 실무상 대부분 균등배당을 하고 있어 일할배당의 논의는 실익이 없다고 보는 **동액배당설** 등이 주장된다. 상법이 개정되어 동액배당에 관한 근거규정이 없어져 실질적 평등에 따른 일할배당은 문제가 없지만, 형식적

---

191) **일할배당의 적법성(쟁점73)**에 관해, **정관규정설**은 상법의 규정은 없으나 신주에 대하여 동액배당도 할 수 있는 정관규정을 둘 수 있으므로 정관규정이 있을 경우에는 동액(균등)배당, 정관규정이 없으면 일할배당이 가능하다고 본다(정찬형1233, 정동윤782), **균등배당설**은 대부분의 회사가 상장회사의 표준정관을 좇아 정관에 균등배당하다는 규정을 두고 있어 실무적으로 별 실익이 없는 논쟁이라고 본다(이철송1010) 등이 있다. 논의의 전제는 전환주식을 전환하는 경우 신주에 대한 이익배당에 관해 직전년도말에 전환한 것으로 볼 수 있다는 규정(상350.3후단,상423.1,461.6 → 462의2.4,516.2,516.10 → 350.3)에 근거한 논의인데, 상법을 개정하여 상350.3을 삭제하여 균등배당의 근거가 없어진 셈이다. 신주에 대한 균등배당의 근거가 없으므로 신주에 균등배당을 할 경우 오히려 주주평등의 원칙에 반한다는 비판이 있을 수 있게 되었다.

평등에 따른 동액배당이 가능한가 하는 문제가 쟁점이 변화되었다. 생각건대 회계연도를 기준으로 보면 신주는 주식으로서 존속기간이 구주에 비해 짧아 추상적 이익배당청구권의 존속기간도 짧다고 볼 수 있어, 실질적 주식평등의 원칙에서 볼 때 일할배당이 타당하다고 본다. 하지만 신주배당기준에 관한 규정이 삭제되어 회사법은 이에 관한 규정을 두고 있지 않으므로 신주배당기준은 정관자치의 영역이 되었다고 볼 수 있다. 따라서 신주배당기준은 일할배당이 원칙이지만, 정관에 규정할 경우 신주에 일할배당을 하지 않고 동액배당을 실시할 수 있다고 본다(정관규정설).

3) **배당금지급시기** : 이익배당금지급의 지연에 따른 주주의 손해를 방지하기 위하여, 회사법은 회사는 주주총회의 재무제표의 승인이 있은 날로부터 1월 내에 배당금을 지급하여야 한다(상464의2.1 본문)고 규정하고 있다. 그러나 주주총회에서 배당의 지급시기를 따로 정한 경우에는 그에 의한다(상464의2.1 단서). 회사가 1월 내에 배당금을 지급하지 아니한 때에는 이사 등은 과태료의 제재를 받는다(상635.1 22호의2). 이익배당금의 지급청구권은 5년간 이를 행사하지 아니하면 소멸시효가 완성한다(상464의2.2).

(4) 위법한 이익배당

1) **개 념** : 위법한 이익배당이란 배당가능이익이 없거나 이를 초과하여 실시한 이익배당 또는 주주총회의 배당승인결의가 없거나 무효인 경우 이뤄진 이익배당을 의미한다. 위법한 이익배당은 이익배당의 실질적 요건인 배당가능이익이 없는 경우와 형식적 요건인 주주총회결의에 하자가 있는 경우로 구분해 볼 수 있다. 물론 배당가능이익이 없음에도 주주총회가 배당을 승인한 경우에는 실질적·형식적 하자가 중첩된 경우로 볼 수 있다.

2) **효 과** : ① 이익 흠결 – 배당가능이익이 없거나 배당가능이익보다 더 많이 배당을 실시한 경우 위법한 이익배당은 당연무효로 본다. 회사법상 배당가능이익을 이익배당의 요건으로 정하고 있고(상462.1) 동 규정은 강행규정이므로 이를 위반한 배당은 당연무효로 본다. 따라서 배당가능이익이 없는 위법한 이익배당을 수령한 주주는 회사에 대해 배당금액의 반환의무를 부담한다. 주주가 스스로 반환하지 않거나 회사가 위법배당금의 반환을 청구하지 않는 경우에는, 회사채권자

가 직접 주주에 대하여 위법배당액을 회사에 반환할 것을 청구할 수 있다(상 462.2). 위법배당 반환청구권자인 회사 채권자에는 채권자는 이익배당 당시의 채권자가 아니어도 상관이 없어 모든 회사 채권자가 포함된다. 그리고 회사 채권자의 채권액과 무관하게 반환청구할 수 있으므로 청구금액은 자신의 채권액과 무관하고 위법배당금 전액이라 본다.

② **위법배당결의** – 위법한 이익배당을 결의한 주주총회결의에 하자가 있을 경우 위법배당의 효력은 어떠한가?(**쟁점74**)[192] 이에 관해, 위법한 이익배당에 관한 주주총회의 결의는 무효이고 주총결의무효에 따라 위법배당의 효력도 무효하다고 보는 **결의무효설**, 배당가능이익이 없이 한 이익배당은 결의무효확인의 소의 성질론과 무관하게 무효이므로 부당이득반환의 법리에 따라 위법배당금을 회사가 직접 반환을 청구할 수 있다고 보는 **부당이득반환설** 등이 주장된다. 생각건대 위법배당은 배당가능이익의 흠결이 원인이 될 수도 있지만 주주총회의 배당결의에 흠결이 원인이 될 수도 있다. 먼저 위법배당이 배당가능이익 흠결 등 배당의 실질적 하자가 원인이 된 경우에는 주총결의와는 직접적 관련성이 없으므로 앞서 본 바와 같이 주총결의의 하자를 주장하지 않고도 위법배당액의 반환을 청구할 수 있고 이는 부당이득반환청구의 성질을 가진다고 본다. 다음으로 재무제표 승인의 주주총회결의의 하자(배당의 형식적 하자)가 원인이 되어 위법배당이 된 경우에는, 주총결의에 취소원인이 있으면 형성소송적 성질을 따라 판결이 확정되어야 배당금반환이 가능하고, 배당이익의 부존재를 포함하여 주총결의에 무효·부존재의 원인이 있으면 확인소송적 성질에 따라 선결문제로 주총결의의 하자를 주장하면서 배당금반환청구소송을 제기할 수 있다고 본다.

3) 책 임 : 회사에 대하여 이익잉여금처분계산서를 제출한 이사와 재무제표의 승인결의에서 찬성한 이사 및 위법한 이익배당안을 포함한 이익잉여금처분계산서에 대하여 허위의 감사보고를 한 감사는 회사에 대하여 위법한 이익배당으로

---

192) **위법배당과 주총결의의 효력(쟁점74)**에 관해, **결의무효설**은 위법한 이익배당은 당연무효이므로 회사 또는 회사채권자가 위법배당액을 반환청구하는 경우에는 주주의 선의·악의를 불문한다고 본다(권기범1185, 정찬형1210, 최기원937, 최준선739). **부당이득반환설**은 배당가능이익이 없이 한 이익배당은 배당결의의 효력과 무관하게 그 자체가 이미 자본충실에 어긋나고 강행규정에 반하므로 그 위법성은 배당결의와 관계없이 독자적으로 판단된다고 본다. 따라서 결의무효확인의 소의 성질론과 무관하게 위법배당은 부당이득반환의 법리에 이해 회사가 직접 반환을 청구할 수 있다고 본다(이철송1019).

인한 손해에 연대하여 배상할 책임을 부담한다(상399,414.1). 그리고 외부감사인을 선임한 경우(외감4) 외부감사인이 허위의 감사보고서를 작성한 때에도 회사에 대하여 손해배상책임을 진다(외감31.2). 이사·감사의 악의 또는 중대한 과실로 인한 임무해태로 인하여 제3자에게 손해가 발생한 때에는 제3자에 대하여도 연대하여 손해를 배상할 책임을 진다(상401,414.2). 또한 외부감사인이 있는 경우 허위의 감사보고서로 인하여 제3자가 손해를 입은 경우에는 외부감사인이 배상책임을 부담한다(외감31.2). 그리고 위법한 이익배당을 한 이사 등은 5년 이하의 징역 또는 1,500만원 이하의 벌금의 제재를 받는다(상625.3호).

3. 주식배당

(1) 주식배당의 의의

1) **개   념** : 주식배당(stock dividends)이란 주주에게 배당할 이익의 일부를 신주를 발행하여 배당하는 제도를 의미한다. 주식배당제도는 회사 내에 배당가능이익을 유보하여 회사의 원활한 자금조달에 이바지하고, 고주가의 경우 주식의 유통성을 높이는 기능을 하지만, 주가가 낮은 경우에는 현금배당의 회피가 되어 주주의 이익배당청구권을 실질적으로 침해할 우려가 있다. 따라서 상법은 주식배당제도를 원활하게 운용하고 이러한 문제점을 보완하기 위하여 주식배당의 한도를 배당가능이익의 1/2로 제한하는 규정을 두고 있다(상462의2.1).

2) **법적 성질** : 주식배당의 법적 성질(쟁점75)[193]에 관해, 주식배당의 규정형식이 이익배당의 한 경우로 규정되어 있다는 점을 논거로 하는 **이익배당설**, 준비금의 자본전입에 의한 신주의 무상교부와 같이 비율적 단위로서의 주식의 분할에

---

[193] **주식배당의 법적 성질(쟁점75)**에 관해, **이익배당설**은 주식분할의 제도목적은 단순히 주식단위의 세분화를 통해 발행주식수를 늘리는 데 있으며, 주식배당은 주식분할과 효과를 공통으로 하는 면이 있기는 하지만, 근본목적은 배당할 이익을 사내에 유보하기 위한 것이며, 그 수단으로 자본금의 증가가 수반되는 것이므로 목적과 기능을 달리하므로 주식배당의 성질을 이익배당으로 본다(이철송1014; 권기범1198, 서헌제610, 임재연790, 정찬형1221, 최기원944, 최준선740)이다. **주식분할설**은 주식배당에 의하여 주주에게 실제로 돌아오는 것은 없고, 보유주식의 수는 늘어나지만 주식보유비율은 변함이 없으며 주식배당의 전후에 회사의 자산은 변동이 없다고 본다. 더욱이 회사법은 회사가 종류주식을 발행한 때에는 종전의 보유주식과 동종의 주식으로 주식배당을 할 수 있다고 규정하고 있어(상462의2.2), 주식배당의 성질을 주식분할로 본다(정동윤786, 임홍근725)이다.

불과하고 회사의 실질적 자산을 변경시키지 않는다는 점을 논거로 하는 **주식분할설**, 주식배당은 실질에 있어 배당가능이익의 자본전입으로 파악해야 한다는 **자본전입설** 등이 주장된다. 생각건대 주식배당은 실질적으로 주식분할, 자본전입과 유사한 면이 없지 않다. 하지만 주식배당시 실질적 회사자산의 변동은 없으나 형식적 의미의 회사자산은 증가한다는 점, 주식배당은 이익배당과 같이 배당가능이익의 존재를 전제로 하고 주주총회에서의 이익처분에 따른다는 점에서 볼 때 이익배당설이 적절하다. 하지만 주식배당은 주식을 이익배당의 재원으로 하면서 그 이행을 위해서는 신주발행절차를 거쳐야 하므로, 주식배당을 순수한 이익배당이라고 보기는 어렵고 신주발행과 이익배당이 결합된 행위(융합적 회사행위)로 보아야 한다(이익배당설).

(2) 주식배당의 요건

1) **배당가능이익의 존재** : 주식배당은 이익배당의 지급수단을 금전이 아닌 주식으로 실시하는 이익배당제도이므로, 금전배당과 마찬가지로 배당가능이익이 존재하여야 한다. 매결산기에 이익배당액의 1/10 이상의 금액을 이익준비금으로 적립하도록 되어 있을 뿐이므로(상458) 주식배당을 위한 별도의 재원을 적립할 필요는 없다. 다만 회사가 배당액 전액을 주식배당으로 할 경우에는 금전배당이 배제되고 배당가능이익이 모두 회사 내에 유보되게 되어 주주의 이익배당청구권이 실질적으로 침해될 수 있다. 회사법은 전액 주식배당으로부터 주주를 보호를 위해서 이익배당총액의 1/2에 상당하는 금액을 초과할 수는 없도록 하고 있다(상462의2.1 단서).

2) **주주총회의 결의** : 주식배당은 주주총회의 결의에 의하는데(상462의2.1), 주식배당의 주총결의의 정족수는 보통결의로 보며(통설), 정기주주총회뿐만 아니라 임시주주총회에서 이루어질 수 있다. 주주총회 결의시 주주평등의 원칙에 따라야 하므로, 일부주주는 금전배당을 그 밖의 주주에게는 주식배당을 하거나, 수종의 주식에 대해서도 주주간에 차등을 두는 경우 등은 위법하다. 그런데 회사의 재무제표의 승인결의는 이사회결의로 할 수 있지만(상462.2), 주식배당결의는 이익배당결의와 구별하여 이사회결의로 대체할 수 없다고 본다. 자기주식을 보유하고 있는 경우 자기주식에 대해서도 주식배당이 가능한가?**(쟁점76)**[194] 이에 관해, 주식배당에 관한 **이익배당설**에 따르면 자기주식에 대하여는 이익배당에 참가할 수 없

으므로 자기주식에 대한 주식배당도 불가능하게 되고, **주식분할설**과 **자본전입설**에 따르면 자기주식 또한 기발행주식으로써 분할의 대상에 속하므로 자기주식에 대한 이익배당도 가능하다고 본다.

3) **신주의 발행** : 회사가 주식배당을 주주총회에서 결의한 경우에는 배당가능이익을 자본전입하고, 그만큼의 신주를 발행해야 한다. 주식인수인에 의한 주금납입이 요구되지 않고 배당금액이 자본전입되므로 이는 통상의 신주발행이 아니라 특수한 신주발행에 해당한다. 신주의 발행가액은 주권의 권면액으로 하므로 액면미달 또는 액면초과의 발행가액은 할 수 없고, 종류주식을 발행한 경우에는 주주총회의 결의에 따라 각각 그 종류의 주식으로 발행할 수도 있고 또 같은 종류의 주식으로 발행할 수도 있다(상462의2.2). 주식배당으로 신주발행시 단주가 생길 경우에는 그 부분에 대하여 단주처리에 관한 상법 제443조 1항에 의하여 해결한다(상462의2.3). 주식배정에 의하여 신주의 주주가 되는 시기는 주식배당결의를 한 주주총회의 종결시부터이다(상462의2.4). 이는 통상 신주발행시 납입기일의 익일(상423.1 1문), 준비금의 자본전입시 신주배정기준일(상461.3,4)과 구별된다. 주식배당을 위해 회사가 발행하는 신주의 주식수도 회사가 정관에서 정하고 있는 발행예정주식총수를 초과할 수는 없으므로 회사가 주식배당을 실시할 경우 배당주식수 만큼의 발행예정주식수를 확보하고 있어야 한다.

4) **등 기** : 주식배당에 의해 신주가 발행되어 주식수와 자본금이 증가하게 되더라도 정관변경사유가 되지는 않지만 회사의 자본금이 변경되므로 변경등기사유가 된다. 따라서 주식배당의 효력발생일 즉 주식배당에 관한 주주총회의 결의가 있은 날로부터 본점소재지에서는 2주 내, 지점소재지에서는 3주 내에 변경등기를 하여야 한다(상317.2,4).

(3) 주식배당의 효과

1) **자본 및 주식수의 증가** : 주식배당을 하면 배당가능이익이 자본화되므로 자

---

194) **자기주식에 대한 배당허용성(쟁점76)**은 주식배당의 성질론과 관련된다. **이익배당설**은 자기주식에 대하여 현금배당을 할 수 없으므로 주식배당도 할 수 없다고 보지만(정찬형 1222), **주식분할설**은 이 문제는 이익배당과는 관계가 없고 자기주식에 대하여도 주식분할이 행하여지는가 여부에 따라 해결되는바 자기주식도 이미 발행된 주식이므로 주식배당이 가능하다고 본다(정동윤789).

본금이 증가하고, 또 신주발행에 따라 발행주식의 수도 증가하게 된다. 그러나 회사 내 자본의 증가와는 달리 외부로부터 신주발행에 따른 자금이 유입되지 않으므로 자산에는 변동이 없으며, 주식배당 전후에 따른 주주의 회사자산에 대한 지분 또한 원칙적으로 변동이 없다. 단 단주 발생시 이를 처분하여 금전으로 배당하거나(상443.1), 종류주식의 발행시 종류주식으로 배당한 경우(상462의2.2)에는 예외적으로 지분에 차이가 발생할 수 있다.

2) **질권의 효력** : 주식배당시 주식에 대한 등록질권자의 권리는 주식배당으로 채무자인 주주가 받을 신주에 미친다(상462의2.6). 이때 질권자는 회사에 대하여 질권의 효력이 미치는 신주에 대한 주권의 교부를 청구할 수 있다(상462의2→340.3). 주식에 대해 약식질이 설정된 경우 약식질권자는 주식에 대한 등록질권자의 권리(상340)를 가지지는 못하지만 질권자로서 물상대위권을 가진다(상339). 따라서 약식질권자의 권리는 주식배당의 법적 성질, 즉 이를 이익배당으로 보는가 주식분할로 보는가에 따라 달라진다. 이익배당설을 취할 경우에도 약식질의 효력이 이익배당청구권에도 미치는가의 인정 여부(학설 대립)에 따라 달라진다. 이에 반해 주식분할설에 따르면 약식질의 효력은 물상대위의 효력(상339)에 따라 주식배당에 의하여 배당된 신주에 당연히 미친다고 본다.

(4) 위법한 주식배당
1) **개 념** : **위법한 주식배당이란** 배당가능이익이 없거나 이를 초과하여 실시된 주식배당 또는 주식배당의 주주총회결의가 무효인 경우의 주식배당을 의미한다. 위법한 주식배당의 원인도 배당가능이익이라는 실질적 요건 흠결과 주주총회결의 하자라는 형식적 요건 흠결로 구분할 수 있다. 특히 주식배당절차에는 신주발행이 이뤄져 위법한 주식배당은 위법한 신주발행이 뒤따르게 되는 특징을 가진다. 위법배당의 원인이 배당가능이익과 주주총회결의의 흠결인 경우 그에 관한 논의는 위법한 금전배당에서의 논의와 동일하므로, 아래에서는 위법한 주식배당에 따른 신주발행의 효력만 살펴본다.

2) **효 과** : 배당가능이익이 없음에도 주식배당을 하여 신주를 발행한 경우 주식배당의 효력은 어떠한가?(쟁점77)[195] 이에 관해, 배당가능이익 없이 신주발행을

195) **배당가능이익이 없이 이뤄진 주식배당의 효력(쟁점77)**에 관해, **무효설**은 결과적으로 납

한 경우에는 액면미달의 신주발행의 실질을 가지므로 무효하다는 **무효설**, 위법한 주식배당은 금전배당과 달리 회사의 재산이 유출·감소된 것이 아니므로 채권자· 주주에게 불이익이 없으므로 유효로 보아도 무방하다는 **유효설** 등이 주장된다. 생각건대 회사의 자산에는 변동이 없으나 부당하게 자본이 증가하게 되어 배당가능이익이 없이 이루어진 주식배당은 납입 없이 신주가 발행된 것과 동일하므로 자본충실의 원칙에 반한다고 본다. 그리고 이익배당의 성질을 가진 주식배당이 배당가능이익이 없는 상태에서 이루어졌다는 이유로 주식분할이 된다고는 볼 수 없으므로 무효설이 타당하다고 본다.

3) 회사채권자의 이익반환청구권 : 배당가능이익이 없이 주식배당을 한 경우 회사채권자는 주주에 대하여 이익반환청구권을 행사할 수 있는가?(**쟁점77**)[196] 위법한 주식배당을 무효로 볼 경우에는 주식배당 자체가 무효가 되므로 주주로부터 반환받을 이익이 없게 되어 이익반환청구권은 문제되지 않는다. 위법한 주식배당을 유효하다고 볼 경우 배당가능이익 없이 주주가 유효하게 주식배당을 받았으므로 이득반환이 문제된다. 이에 관해, 회사채권자가 직접 주주에게 위법배당한 주식의 대가를 회사에 반환할 것을 청구할 수 있다고 보는 **긍정설**, 주주에게 이득반환을 청구하는 것은 강제 배당된 신주의 납입의무를 강요하는 것이 되어 주주유한책임의 원칙에 반하므로 이를 부정하는 **부정설** 등이 주장된다. 생각건대 배당가능이익이 없이 한 주식배당을 유효로 볼 경우 배당받은 주주에게 이익의 반환을

입이 없는 신주발행과 같게 되어 자본금 충실의 원칙에 반하므로 무효(정찬형1227)라고 보거나, 배당가능이익 없이 신주발행을 한 경우에는 액면미달의 신주발행으로 이는 신주발행무효의 소의 원인(정동윤790)이 된다는 견해로서 다수설이다. **유효설**은 배당가능이익이 없음에도 불구하고 주식배당을 하고 신주를 발행한 경우 이를 무효로 하더라도 무효의 소를 제기할 수 있는 자는 주주·이사 또는 감사에 한하기 때문에 채권자와는 무관하고, 자본이 증가하였을 뿐 회사의 재산이 유출·감소된 것이 아니므로 신주발행을 유효라고 하더라도 채권자·주주에게 불이익이 없으므로 유효라 본다.
[196] **배당가능이익이 없이 이뤄진 주식배당시 이익반환청구권의 허용성**(**쟁점78**)에 관해, **부정설**은 회사재산이 사외로 유출된 바가 없으므로 주주의 회사에 대한 반환의무는 없고 따라서 회사채권자도 주주에 대하여 반환청구를 할 수 없다고 본다(정동윤790). **긍정설**은 신주발행을 유효하게 보면서, 주식배당도 일종의 배당이므로 위법배당의 경우에는 회사채권자는 직접 주주에 대하여 위법배당한 주식의 대가를 회사에 반환할 것을 청구할 수 있다는 견해(채이식792)도 있다. 주주가 선의일 경우에는 부당이익반환의 법리에서와 같이 이익이 현존하는 범위내에서 반환하면 족하다고 보지 않고, 배당은 출자자와 회사간의 자본거래로서 선의자의 보호법리가 적용될 법률관계가 아니므로 전액반환해야 한다고 본다(이철송1019~1020).

청구할 수밖에 없는데, 이는 부정설이 주장하는 바와 같이 것은 추가출자 의무를 부담시키는 결과가 되어 유한책임의 원리에 반하게 되어 부당한 결과가 발생한다. 요컨대 위법한 주식배당을 유효로 볼 경우 주주의 부당이득을 반환받기가 어렵고, 위법한 주식배당 자체가 자본충실의 원칙에 반하므로 무효로 보아야 한다.

 4) **이사·감사의 책임** : 배당가능이익 없이 주식배당을 한 경우 이사와 감사 등은 회사에 대하여 책임을 부담하는가?(쟁점79)[197] 이에 관해 이사·감사는 법령위반행위를 한 것이기 때문에 연대하여 손해배상책임, 자본충실책임을 진다고 보는 **긍정설**, 위법한 주식배당에도 불구하고 회사에 손해가 발생하지 않았고 주식의 인수와 납입이 있었던 것은 아니므로 이사의 손해배상책임, 자본충실책임을 물을 수는 없다고 보는 **부정설** 등이 주장된다. 생각건대 이사·감사에 대한 손해배상책임을 묻기 위해서는 회사의 손해발생 여부가 문제되는데, 주식배당의 경우 회사의 자산에 변동이 없어 일응 손해가 발생하지 않았다고 볼 여지가 있다. 하지만 위법한 주식배당은 무효이고 신주발행무효의 소의 대상이 된다는 점에서 이미 위법한 절차진행에 따른 손해가 발생하였다고 보아 이사·감사 등은 회사에 대해 손해배상책임을 부담하지만(긍정설), 회사의 자본의 흠결이 발생하지 않았으므로 이사는 자본충실책임을 부담하지 않는다 본다. 그리고 위법배당을 한 이사 등은 5년 이하의 징역 또는 1,500만원 이하의 벌금의 제재를 받는다(상625.3호).

 5) **신주발행무효의 소, 신주발행유지청구권** : 신주발행 요건을 위반한 경우 배당가능이익은 있으나, 주식배당에 관한 주주총회결의에 하자가 있거나, 정관 소정의 수권주식총수의 한도를 넘어 신주를 발행한 경우, 정관에서 정하지 않은 종류의 주식을 발행한 경우 등에는 신주발행무효의 소의 대상이 된다(상429). 따라서 주

197) **손해배상, 자본충실책임의 성립 여부**(쟁점79)에 관해, 이사는 법령위반행위를 한 것이기 때문에 회사에 대하여 손해배상책임을 부담하지만 주식배당의 경우에는 인수와 납입책임이 없으므로 자본충실책임을 부정하는 견해(정동윤790), 이사가 위법한 주식배당을 하였을지라도 회사에 손해가 발생하였다고 볼 수는 없으므로 이사의 회사에 대한 손해배상책임(상399)을 인정할 수 없고, 또한 주식배당의 경우에도 주식의 인수와 납입이 있었던 것은 아니므로 이사에 대하여 자본충실책임(상428)을 물을 수는 없다는 견해, 이사 등은 법령위반행위를 하여 임무를 해태하였으므로 회사, 제3자에 대한 손해배상책임을 부담하지만 신주를 배당받은 주주도 인수 및 납입의 무를 부담하지 않으므로 이사의 자본충실책임을 부담하지 않는다는 견해(정찬형1229) 등이 주장된다.

주, 이사, 감사 또는 감사위원회는 신주를 발행한 날로부터 6월 내에 소로써만 이러한 신주발행의 무효를 주장할 수 있고, 신주발행절차가 종료하기 전이라면 신주발행유지청구권(상424)의 대상이 된다. 다만 주주 등이 신주발행무효의 소를 제기하여 승소의 확정판결을 받은 경우와 같이 원래부터 주주가 주금액을 납입하지 않은 경우에는 신주의 주주에 대하여 납입했던 금액을 반환하는 규정(상432)은 당연히 적용되지 않는다.

4. 현물배당

(1) 의 의

현물배당이란 금전배당, 주식배당과 달리 주주에게 이익배당의 목적으로 물건이나 다른 회사의 주식 등 현물(재산)을 배당하는 절차를 의미한다. 주식배당은 자기회사의 주식을 배당하지만 회사의 신주를 발행하여 배당하므로 다른 회사의 주식을 배당하는 현물배당과는 구별된다. 현물배당제도는 특히 지주회사가 자기회사의 주주들에게 종속회사의 주식을 배당함으로써 복수의 회사간에 자본적 결합을 공고히 하는 수단으로서 기능을 할 수 있게 한다.

(2) 요 건

현물배당을 하기 위해서는 먼저 정관에 현물배당을 허용하는 규정을 두어야 한다(정관의 상대적 기재사항). 현물배당도 이익배당의 일종이므로 배당가능이익이 있어야 하고 주주총회의 배당결의가 있어야 한다. 다만 주주총회의 결의를 함에 있어서 회사는 주주에게 금전배당에의 선택권, 현물배당의 주식수 요건을 정한다. 즉 주주가 배당되는 금전 외의 재산 대신 금전의 지급을 회사에 청구할 수 있도록 한 경우에는 그 금액 및 청구할 수 있는 기간, 일정 수 미만의 주식을 보유한 주주에게 재산 대신 금전을 지급하기로 한 경우에는 그 일정 수 및 금액을 회사가 정할 수 있다(상462의4).

(3) 효 과

현물배당의 경우 현물에 대한 소유권의 이전시기가 문제될 수 있다. 주식배당은 주주총회 결의시점에 효과가 발생하지만(상462의2.4), 현물배당의 경우에는 회사가 재산을 주주에게 인도하거나 간이한 인도를 한 시점에 재산에 대한 소유권이 이전된다고 본다. 배당가능이익이 없거나 기타 요건을 흠결한 위법한 현물 배당의 경우 무효가 되는데 특히 배당가능이익이 없음에도 이뤄진 현물배당에 관해서는 상법 제462조 3항, 4항을 유추적용하여 회사채권자는 회사에 현물의 반환을 청구할 수 있다고 본다. 기타 위법한 현물배당에 관한 논의는 위법한 금전·주식배당에 관한 논의가 참고되리라 본다.

5. 중간배당

(1) 의 의

1) **개 념** : 중간배당(interim dividend)이란 연 1회의 결산기를 정한 회사가 정관의 규정에 의하여 영업연도 중 1회에 한하여 이사회의 결의로 일정한 날을 정하여 그 날의 주주에 대하여 금전으로 이익을 배당하는 절차를 의미한다(상462의3.1). 본래 이익배당이란 결산기에 발생한 이익을 주주에게 분배하는 것이므로, 회사는 영업연도 중에는 주주에게 이익배당을 할 수 없다. 그러나 회사의 배당에 대한 일시적인 자금압박을 덜어 주고 일반대중의 주식투자에 대한 관심을 제고하기 위하여 종래 증권거래법상 주권상장법인 및 코스닥상장법인에 대하여만 인정되어 왔던(증권192의3) 중간배당제도가 회사법상 주식회사에 도입되었다.

2) **법적 성질** : 중간배당의 법적 성질(쟁점80)[198]에 관해, 중간배당의 재원을 상법 제462조의3 2항에서 규정하고 있는 점을 근거로 전기에서 발생한 이익을 배당하는 것으로 보는 **전기이익후급설**, 상법 제462조의3 3항을 근거로 당기에 발생한 이익을 미리 선급(가지급)하는 것으로 보는 **당기이익선급설** 등이 주장된다. 생각건대 중간배당액의 계산의 기준은 전기의 이익이지만 실제 배당되는 이익의 재원은 당기의 배당가능이익으로 보아야 한다. 따라서 당기의 배당가능이익을 초과하여 중간배당이 이루어질 경우 이사의 책임이 문제되고 회사채권자는 이를 회사에 반환할 것을 청구할 수 있다(상462의3.6 → 462.2). 요컨대 중간배당은 당기이익을 재원으로 하며, 배당금의 조정·정산절차가 예정되어 있지 않으므로 가지급

---

198) **중간배당의 법적 성질(쟁점80)**에 관해, **전기이익후급설**은 중간배당의 재원을 상법 제462조의3 2항에서 규정하고 있는 점을 근거로 전기에서 발생한 이익을 배당하는 것으로 보고(정찬형1231; 최기원1097), **당기이익선급설**은 상법 제462조의3 3항을 근거로 당기에 발생한 이익을 미리 선급(가지급)하는 것으로 본다(손주찬943).

이 아닌 확정적 지급으로 보아야 한다.

(2) 중간배당의 요건

1) **실질적 요건** : 중간배당을 하기 위해서는 실질적으로 직전 결산기의 대차대조표상의 이익이 존재하여야 한다(상462의3.2). 즉, 중간배당은 직전 결산기의 대차대조표상의 순자산액에서 ⅰ) 직전 결산기의 자본의 액, ⅱ) 직전 결산기까지 적립된 자본준비금과 이익준비금의 합계액, ⅲ) 직전 결산기의 정기총회에서 이익으로 배당하거나 또는 지급하기로 정한 금액 및 ⅳ) 중간배당에 따라 당해 결산기에 적립하여야 할 이익준비금을 공제한 금액 즉 배당가능이익이 현존하여야 한다. 다만 회사는 당해 결산기의 대차대조표상의 순자산액이 ⅰ) 당해 결산기의 자본의 액, ⅱ) 당해 결산기까지 적립될 자본준비금과 이익준비금의 합계액 및 ⅲ) 당해 결산기에 적립하여야 할 이익준비금의 합계액에 미치지 못할 우려가 있는 때에는 중간배당을 하여서는 아니 된다(상462의3.3).

2) **형식적 요건** : 중간배당을 할 수 있는 회사는 ⅰ) 연 1회의 결산기를 정한 회사에 한하며(상462의3.1), ⅱ) 정관에 중간배당에 관한 규정이 있어야 하며(상462의3.1), 또한 중간배당을 하기 위해서는 위의 정관의 범위 내에서, ⅲ) 이사회의 결의가 있어야 하는데(상462의3.1), 이사회는 결의에서 중간배당 기준일을 정하여야 한다. 이사회는 연 1회에 한하여 금전으로만 중간배당할 것을 결의할 수 있다(상462의3.1).

(3) 중간배당의 지급

1) **중간배당의 기준** : 중간배당은 이익배당과 마찬가지로 주주평등의 원칙에 맞추어 각 주주가 가진 주식의 수에 따라 지급하여야 한다(상462의3.1,5, 464). 다만 회사가 정관의 규정에 따라 배당에 관한 내용이 다른 종류주식을 발행한 경우에는(상344.1) 차등배당을 할 수 있다(상462의3.5 → 464 단서).

2) **일할배당·동액배당** : 영업연도의 중간에 신주가 발행된 경우에는 납입기일의 다음날로부터 주주의 권리의무가 있으므로(상423.1) 일할배당을 할 수 있으나, 정관의 규정에 의하여 직전 영업연도 말에 주주의 권리의무가 있은 것으로 할 수 있다는 규정(상350.3)을 상법개정에 의해 삭제함으로써(상462의3.5) 회사의 자율

에 맡겨졌다고(정관자치) 판단된다. 따라서 주주평등의 원칙상 일할배당이 원칙이지만, 정관의 규정에 따라 신주에 동액배당을 실시하는 것도 가능하다고 본다.

3) **중간배당금의 지급** : 중간배당금은 이사회의 결의가 있은 날로부터 1월 이내에 지급되어야 하는데(상464의2.1), 이사회에서 지급시기를 따로 정한 경우에는 그러하지 아니하다(상464의2.1 단서). 또한 이사회에서 중간배당에 대하여 결의를 하면 배당기준일의 주주는 회사에 대하여 구체적인 중간배당청구권을 가지게 되는데, 이는 금전채권으로써 독립하여 양도·압류·전부명령 등의 목적이 될 수 있고, 5년의 시효에도 걸린다(상464의2.2).

(4) 위법한 중간배당

1) **개 념** : 위법한 중간배당이란 위법한 이익배당과 마찬가지로 중간배당의 요건에 위반하여 금전을 배당하는 것을 말한다. 즉, 직전 결산기의 대차대조표상 이익이 없거나, 당해 결산기에 이익이 예상되지 않은 경우, 정관에 중간배당에 관한 근거규정이 없는 경우, 중간배당의 이사회결의에 하자가 있는 경우 등에도 불구하고 회계연도 중간에 실시된 배당이라 할 수 있다.

2) **효 과** : 위법한 중간배당의 효과에 관해서 위법성의 원인에 따라 다르게 이해될 수도 있지만, 위법한 이익배당 일반론에서와 같이 원칙적으로 무효로 본다. 따라서 위법한 중간배당으로 금전을 배당받은 주주는 부당이득으로 회사에 반환하여야 하며, 이때 주주가 스스로 반환하지 않거나 회사에서 반환청구를 하지 않는 경우에는, 회사채권자가 직접 주주에 대하여 위법배당액을 회사에 반환할 것을 청구할 수 있다(상462의3.6→462.2). 판례는 이익의 배당이나 중간배당은 회사가 획득한 이익을 내부적으로 주주에게 분배하는 행위로서 회사가 영업으로 또는 영업을 위하여 하는 상행위가 아니므로 배당금지급청구권은 상법 제64조가 적용되는 상행위로 인한 채권이 아니라 보면서, 위법배당에 따른 부당이득반환청구권 역시 근본적으로 상행위에 기초하여 발생한 것이라고 보지 않았다. 그러면서 배당가능이익이 없는데도 이익의 배당이나 중간배당이 실시된 경우 부당이득반환청구권 행사를 신속하게 확정할 필요성이 크다고 볼 수 없다고 보아, 민법 제162조 제1항이 적용되어 10년의 민사소멸시효에 걸린다고 보았다(2020다208621).

3) 책 임 : 중간배당과 관련하여 이사는 당해 결산기에 이익이 예상되지 않는 경우에는 중간배당을 하지 말아야 할 의무를 부담하는데(상462의3.3), 이 의무에 위반하여 이사가 중간배당을 한 경우에는 그 이사는 회사와 연대하여 그 차액을 배상할 책임을 진다(상462의3.4). 다만 이사가 당해 결산기에 이익이 발생할 것으로 판단함에 있어 주의를 게을리하지 아니하였음을 증명한 때에는 그 책임을 면한다(상462의3.4 단서). 이사·감사 또는 감사위원회 등의 그 밖의 회사 및 제3자에 대한 책임(상399,401)과 위법중간배당을 한 이사 등의 벌칙(상462의3.5→625 3호)은 위법한 이익배당의 경우와 같다. 중간배당에 관한 이사회의 결의에 찬성한 이사는 모두 연대하여 책임을 지는데(상462의3.6→399.2), 이러한 이사회결의에 참가한 이사로서 이의를 한 기재가 의사록에 없는 자는 그 결의에 찬성한 것으로 추정하며(상462의3.6→399.3), 이사의 이러한 책임은 총주주의 동의로 면제할 수 있다(상462의3.6→400).

제 5 절   회사재산의 보호제도

1. 주주의 경영감시권한

(1) 주주의 권한

1) **경영감시권한** : 주식회사의 중요한 의사결정은 주주총회에서 결정되므로 주주는 주주총회에서의 의결권행사(상361,369)를 통해 회사를 지배하고 회사재산을 보호한다. 주주총회에서의 의결권 행사에는 그 전제로 주총소집청구권(상363)이 부여되고, 업무집행에 직접 관여할 수는 없지만 업무집행기관인 이사를 선임할 수 있는 권리, 이익배당을 실현시키는 권리, 정관개정에 관한 권리 등이 포함되어 있다. 이러한 회사의 의사결정에 관한 주주의 일반적 권리 외에 주주는 그밖에 회사의 업무를 담당하는 이사의 업무집행에 간섭할 수 있는 권한을 가지고 있다. 즉 주주는 이사의 해임청구권(상385)과 이사의 위법행위유지청구권(상402) 및 회사에 대한 손해배상에 관해 대표소송제기권(상403) 등을 통해 이사의 업무집행에 관한 권한남용을 방지하고 있다.

2) **회계조사권한** : 주주가 주주총회에서 의결권의 행사, 이사해임·위법행위유

지, 이사의 회사에 대한 손해배상책임의 대표소송 등을 제기하는 등 주주의 경영
감시권한을 효율적으로 행사하기 위해서는 회사의 업무와 재산상태에 관한 정보
를 주주가 확보할 수 있어야 한다. 회사법은 주주에게 이사회의사록의 열람·등사
청구권을 인정하여(상391의3.3) 필요한 정보를 수집할 수도 있지만, 특히 회사의
회계와 관련해서 주주에게 재무제표열람권, 회계장부열람권(상466)과 회사의 업
무·재산상태를 조사하기 위한 검사인 선임청구권(상467)을 부여하고 있다. 주주
의 경영감시권한을 행사하기 위한 회계조사권한 중 재무제표열람권은 단독주주권
으로 되어 있지만, 회계장부열람권과 업무·재산상태조사권은 업무집행기관이 아
닌 주주에 의한 회사의 경영간섭이므로 그 남용을 방지하기 위해 **소수주주권**으로
규정하고 있다.

(2) 재무제표 등의 열람권

이사는 정기총회 회일의 1주 전부터 재무제표와 그 부속명세서·영업보고서
및 감사보고서를 본점에서는 5년간 비치하고 지점에서는 3년간 비치하여야 하는
데(상448.1), 주주 및 회사채권자는 영업시간 내에 언제든지 이를 열람하고, 그 등
본이나 초본의 교부를 청구할 수 있다(상448.2). 재무제표 등은 회계장부와 달리
회사의 공시의무의 대상이 되는 장부이고 주주총회의 승인결의의 대상이 되는 장
부이므로 이에 대한 주주의 열람권은 비공개정보에 대한 접근을 허용한 권리라기
보다는 공시된 장부에 대한 확인권한의 의미를 가지고 따라서 권한남용의 우려도
없으므로 주주에게 인정된 단독주주권이다.

(3) 회계장부열람권

1) **개 념** : 주주가 재무제표와 그 부속명세서·영업보고서 및 감사보고서만으
로 그 내용을 정확히 알 수 없는 경우, 주주는 다시 원시기록인 회계장부와 서류
의 열람·등사를 청구할 수 있다. 발행주식 총수의 3/100 이상에 해당하는 주식
을 가진 소수주주의 경우에는 서면으로 이유를 첨부한 경우 회계장부와 서류의
열람·등사를 청구할 수 있고(상466.1), 회사는 소수주주의 청구가 부당함을 증명
하지 아니하면 이를 거부할 수 없다(상466.2). 이는 회계장부의 공개가 회계운영
에 큰 영향을 미치므로 열람권의 남용을 방지할 뿐만 아니라, 회사에 있어서도 열
람·등사에 응하여야 할 의무를 분명히 하기 위함이다. 상장회사의 경우 회계장부
열람권에 관해 6개월 전부터 계속하여 상장회사 발행주식총수의 10/1만(최근 사

업연도 말 자본금이 1천억원 이상인 상장회사의 경우에는 5/1만) 이상에 해당하는 주식을 보유한 자는 회계장부열람권을 행사할 수 있다(상542의6.4).

2) 취 지 : 주주가 상법상 인정되는 이사해임청구권(상385), 위법행위 유지청구권(상402), 대표소송권(상403) 등 각종 권한을 행사하려면 회사의 업무나 재산상태에 대해 정확한 지식과 적절한 정보를 가지고 있어야 한다. 상법 제448조에 따라 회사에 비치되어 있는 재무제표의 열람만으로는 충분한 정보를 얻기 어렵기 때문에 위와 같이 주주에게 재무제표의 기초를 이루는 회계장부와 회계서류까지 열람하거나 등사할 수 있는 권한을 인정한 것으로 이해한다(2020마6195). 동 판결은 이러한 소수주주의 회계장부 등에 대한 열람·등사청구권은 회사에 대하여 채무자회생법에 따른 회생절차가 개시되더라도 배제되지 않는다고 보았다.

3) 열람대상 : 열람·등사의 대상인 **회계장부**란 재무제표와 그 부속명세서의 작성에 기초가 되는 장부로서(상29) 원장·전표 등을 말한다. 회계의 서류는 회계장부기재의 원재료가 되는 서류로서 계약서·영수증·납품서 등을 의미하며, 이때 회계장부 및 서류에는 자회사의 회계장부도 포함한다. 회계서류인 경우에는 그 작성명의인이 반드시 열람·등사제공의무를 부담하는 회사로 국한되어야 하거나, 원본에 국한되는 것은 아니며, 열람·등사제공의무를 부담하는 회사의 출자 또는 투자로 성립한 **자회사의 회계장부**라 할지라도 그것이 모자관계에 있는 모회사에 보관되어 있고, 또한 모회사의 회계상황을 파악하기 위한 근거자료로서 실질적으로 필요한 경우에는 모회사의 회계서류로서 모회사 소수주주의 열람·등사청구의 대상이 될 수 있다(99다58051).

4) 행사방법 : ① 청구권자 – 회계장부 열람·등사청구권은 소수주주권으로서 3/100 이상의 합산지분을 가진 주주들이 청구할 수 있다. 열람과 등사에 시간의 소요되는 경우에는 열람·등사를 청구한 주주가 전 기간을 통해 발행주식 총수의 3/100 이상의 주식을 보유하여야 하고, 회계장부의 열람·등사를 재판상 청구하는 경우에는 소송이 계속되는 동안 위 주식 보유요건을 구비하여야 한다(2015다252037). 따라서 회계장부 열람·등사청구를 한 주주가 신주발행으로 인해 지분율이 3/100 미만이 된 경우에는 신주발행이 무효이거나 부존재한다는 등의 특별한 사정이 없는 한 원고는 회계장부의 열람·등사를 구할 당사자적격을 상실한다.

② **절 차** – 주식회사 소수주주가 회사에 대하여 회계의 장부와 서류의 열람 또는 등사는 이유를 붙인 서면으로 청구한다(상466.1). 회계의 장부와 서류를 열람 또는 등사시키는 것은 회계운영상 중대한 일이므로 그 절차를 신중하게 함과 동시에 상대방인 회사에게 열람 및 등사에 응하여야 할 의무의 존부 또는 열람 및 등사를 허용하지 않으면 안 될 회계의 장부 및 서류의 범위 등의 판단을 손쉽게 하여야 한다. 이러한 이유에서 판례는 열람·등사청구서면에는 청구권 행사이유가 구체적으로 기재하여야 한다고 본다(99다137). 회사에서 정당한 이유 없이 이를 거부하는 경우에는 법원에 그 이행을 청구하여 그 결과에 따라 회계장부 등을 열람할 수 있을 뿐 주주총회 장소라고 하여 회사측의 의사에 반하여 회사의 회계장부를 강제로 찾아 열람할 수 없다(2001도2917).

5) 회사의 열람거부 : 회계장부열람의 청구에 대하여, 회사는 주주의 **청구가 부당함**을 증명하지 못하면 이를 거부할 수 없다(상466.2). 이사가 정당한 이유 없이 주주의 열람청구를 거부한 때에는 주주는 열람·등사청구의 소를 제기할 수 있고, 회사 또는 당해 이사를 상대로 손해배상청구를 할 수 있다. 이때 이사는 500만원 이하의 과태료의 제재를 받는다(상635.1.4호). 주주의 회계장부의 열람·등사청구에 대해 회사가 거부하기 위해서는 주주의 회계장부의 열람청구가 부당함을 증명하여야 하는데, **열람청구의 부당성**의 기준과 판단이 문제된다. 판례는 특히 주주의 이와 같은 열람·등사권 행사가 회사업무의 운영 또는 주주 공동의 이익을 해치거나 주주가 회사의 경쟁자로서 취득한 정보를 경업에 이용할 우려가 있거나, 또는 회사에 지나치게 불리한 시기를 택하여 행사하는 경우 등에는 정당한 목적을 결하여 부당한 것이라고 보아 주주의 청구를 거부할 수 있다고 보았다(2013마657), 그리고 주식매수청구권을 행사한 주주가 회계장부열람·등사권을 행사한 경우라 하더라도 그러한 사정만으로 청구가 정당한 목적을 결하여 부당한 것이라고 볼 수 없다(2017다270916).

6) 열람등사청구 가처분 : ① **특수성** – 주주의 열람 전 이사에 의하여 장부와 서류의 변경·은닉·훼손 등의 염려가 있을 경우에는 본안소송제기 전이라도 증거보전의 신청(민소375) 또는 회계장부열람청구권을 피보전권리로 하여 당해 서류 등의 열람·등사를 명하는 가처분신청을 할 수 있다. 다만 회계장부열람등사청구권을 피보전권리로 하는 장부열람·등사가처분 상법 제466조 제1항 소정의 소수

주주의 회계장부열람등사청구권을 피보전권리로 하여 당해 장부 등의 열람·등사를 명하는 가처분이 실질적으로 본안소송의 목적을 달성하여 버리는 면이 있어 가처분으로 적절한지 여부가 판례상 다투어졌다.

② **허용성** – 본안소송에서 패소가 확정되면 손해배상청구권이 인정되는 등으로 법률적으로는 여전히 잠정적인 면을 가지고 있기 때문에 임시적인 조치로서 이러한 회계장부열람등사청구권을 피보전권리로 하는 가처분도 허용된다고 본다. 그러면서 판례는 이러한 가처분을 허용함에 있어서는 피신청인인 회사에 대하여 직접 열람·등사를 허용하라는 명령을 내리는 방법뿐만 아니라, 열람·등사의 대상 장부 등에 관하여 훼손, 폐기, 은닉, 개찬이 행하여질 위험이 있는 때에는 이를 방지하기 위하여 그 장부 등을 집행관에게 이전 보관시키는 가처분을 허용할 수 있다고 보았다(99다137).

③ **열람·등사 횟수** – 주주가 회계장부의 열람·등사청구를 행사하여 회사가 이를 허용한 경우 열람·등사는 1회로 제한되는가? 이에 관해 판례는 소수주주의 회계장부 및 서류의 열람, 등사청구권이 인정되는 이상 그 열람, 등사청구권은 그 권리행사에 필요한 범위 내에서 허용되어야 할 것이지, 열람 및 등사의 회수가 1회에 국한되는 등으로 사전에 제한될 성질의 것은 아니라 보았다(99다137).

(4) 업무·재산상태 조사권

1) **개 념** : 업무집행에 관하여 부정행위 또는 법령이나 정관을 위반한 중대한 사실이 있음을 의심할 사유가 있는 때에는 소수주주는 회사의 업무 및 재산의 상태를 조사하기 위하여 법원에 검사인의 선임을 청구하여 적극적인 조사를 요구할 수 있다(상467). 이때 검사인의 선임을 청구할 수 있는 사유는 이사의 부당한 업무집행이라 볼 수 있으며, 이는 구체적으로 명시되어야 한다. 따라서 단순한 임무해태 등의 추상적인 내용은 검사인의 선임청구사유가 될 수 없다. 판례도 그 의심할 사유 등의 내용은 구체적으로 명확히 적시하여 증명하여야 하고 단순히 일반적으로 그러한 의심이 간다는 정도의 막연한 것만으로는 그 사유로 삼을 수 없다(95마1335). 주주의 업무·재산상태 조사권 역시 회사의 업무집행기관의 경영을 간접적으로 감시하는 기능으로서 남용의 우려가 있어 회사법은 소수주주권으로 규정하고 있다.

2) **요 건** : 주주의 업무·재산상태 조사권은 이사의 업무집행에 관해 간섭하

는 행위로서 엄격한 요건이 충족되어야 행사할 수 있다. 첫째, 회사의 업무집행에 관하여 부정행위, 법령·정관 위반의 중대사살이 있음을 의심할 사유가 있어야 행사할 수 있다. 부정행위의 개념은 모호하지만 회사법에 법령·정관 위반의 중대사실과 병렬적으로 규정한 것을 미루어 볼 때 이와 유사하게 해석될 필요가 있다. 따라서 이사의 단순한 임무해태행위를 넘어 위법한 임무해태행위만이 부정행위가 된다고 본다. 둘째, 동 권한은 소수주주권으로 규정되어 있어 발행주식총수의 3/100에 해당하는 합산주주에 의한 권한 행사가 있어야 한다. 셋째, 권한행사방법은 직접 회사의 업무·재산상태의 조사가 아니라 법원에 대한 검사인의 선임청구행위가 있어야 한다.

3) **절 차** : 주주의 업무·재산상태의 조사권한은 앞서 본 바와 같이 주주가 직접 행사할 수는 없고 검사인을 통해서만 행사 가능하다. 따라서 주주가 조사권한을 행사하려면 법원에 **검사인 선임청구**를 하여 법원이 검사인을 선임하면 선임된 **검사인은 회사의 업무와 재산상태를 조사**하고 그 결과를 **법원에 보고**하여야 한다(상467.2). 법원은 검사인의 보고에 의하여 필요하다고 인정한 때에는 대표이사에게 **주주총회의 소집**을 명할 수 있다(상467.3). 검사인은 주주총회에 보고서를 제출하여야 하고, 이때 이사와 감사는 지체 없이 검사인의 조사보고서의 정확 여부를 주주총회에 조사하여 보고하여야 한다(상467.4).

2. 회사의 이익공여 금지

(1) 의 의
회사는 누구에게든 주주의 권리행사와 관련하여 재산상의 이익을 공여할 수 없으며(상467의2.1), 이에 위반하여 이익을 얻은 자는 그 이익을 회사에 반환하여야 한다(상467의2.3). 이익공여금지 규정은 주주총회의 원활한 운영과 회사이익보호를 도모하기 위한 규정으로, 과거 주주총회에서 총회꾼들의 횡포 등으로 인한 회사재산 또는 이익의 부당한 손실 및 다른 주주의 정당한 권리행사의 방해를 막기 위하여 마련되었다.

(2) 이익공여의 요건
1) **당사자** : 이익공여의 당사자는 회사로서 회사의 계산으로 이익공여가 금지

된다. 회사 이외의 자의 명의로 이익공여를 하였을지라도 회사의 계산으로 공여하였을 경우에는 회사에 의한 이익공여라고 본다. 또한 이익공여의 상대방에는 제한이 없으므로 주주 외에 주주가 경영하는 회사나 주주에게 영향력을 미치는 제3자등도 이익공여의 상대방이 될 수 있다.

2) **주주의 권리행사** : 이익공여는 주주의 권리행사와 관련되어야 한다. 이는 주주의 공정한 권리행사에 영향을 미치는 모든 경우로서 주주총회 내의 권리행사 외에 대표소송의 제기와 같은 주주총회 외의 권리행사도 포함한다. 판례는 '주주의 권리'란 법률과 정관에 따라 주주로서 행사할 수 있는 모든 권리를 의미하고, 주주총회에서의 의결권, 대표소송 제기권, 주주총회결의에 관한 각종 소권 등과 같은 공익권뿐만 아니라 이익배당청구권, 잔여재산분배청구권, 신주인수권 등과 같은 자익권도 포함하지만, 회사에 대한 계약상의 특수한 권리는 포함되지 아니한다. 그리고 '주주의 권리행사와 관련하여'란 주주의 권리행사에 영향을 미치기 위한 것을 의미한다(2015다68355).

3) **재산상의 이익** : 주주의 권리행사와 관련하여 재산상의 이익이 공여되어야 한다. 양자의 관련성 여부의 증명은 쉽지 않아 회사법은 추정규정을 두고 있다. 특정 주주에 대하여 한 무상의 이익공여 및 반대급부가 현저하게 적은 유상의 이익공여는 주주의 권리행사와 관련한 것으로 추정된다(상467의2.2). 따라서 이익공여를 받은 자가 이익반환청구를 거절하려면 이익공여가 주주의 권리행사와 무관하다는 사실을 증명하여야 한다. 재산상의 이익이란 금전은 물론 동산·부동산·유가증권 및 향응제공, 공사의 도급, 금전대여 등의 이익도 포함한다.

(3) 금지위반의 효과

1) **이득반환의무** : 회사가 이익공여금지조항에 위반하여 재산상의 이익을 공여한 때에는 그 이익을 공여받은 자는 이를 회사에 반환하여야 한다(상467의2.3.1문). 이러한 이익공여계약에 따른 이익은 부당이득이지만, 비채변제(민742) 또는 불법원인급여(민746)의 법리에 따라 회사의 반환청구가 부인될 수도 있다. 따라서 상법은 부당이득의 특칙으로 회사의 반환청구권을 인정하고 있다는 것이 통설의 입장이다. 주주 등은 회사로부터 재산상의 이득한 것을 반환하여야 하고, 상대방이 회사에 지급한 대가가 있다면 그 상대방은 그것의 반환을 청구할 수 있다(상

467의2.3.2문). 만일 받은 이득이 제3자에게 이전된 경우에는 그 가액상당액의 지급을 청구할 수도 있다. 회사의 이익반환청구는 보통 대표이사가 하지만, 소수주주도 회사의 이익을 위하여 이익반환청구에 관한 대표소송을 제기할 수 있다(상467의2.4 → 403~406). 이때 소수주주가 승소한 때에는 회사에 대하여 소송비용 및 그 밖의 소송으로 인하여 지출한 비용 중 상당한 금액의 지급을 청구할 수 있다(상467의2.4 → 405.1). 주주가 회사로부터 이익공여를 받았다고 하더라도 주주총회시 주주의 의결권행사의 효력은 유효하다.

2) **이사 등의 책임** : 이사 등이 본조를 위반하여 주주 등에게 이익을 공여한 경우, 이로 인하여 회사에 손해가 발생한 경우에는 이사 등은 이를 배상할 책임을 진다(상399). 또한 감사 또는 감사위원회 위원도 이사의 이익공여에 임무해태가 있었다면 회사에 대하여 손해배상책임을 진다(상414.1,415의2.6). 본조를 위반하여 이익을 공여한 이사, 감사 또는 감사위원회 위원 및 사용인 등은 1년 이하의 징역 또는 300만원 이하의 벌금에 처하고(상634의2.1), 이때 이러한 이익을 수수하거나 제3자에게 이를 공여하게 한 자도 함께 형벌의 제재를 받는다(상634의2.2).

3) **이익공여죄** : 주식회사의 이사, 감사 등이 주주의 권리행사와 관련하여 회사의 계산으로 재산상의 이익을 공여한 경우 1년 이하의 징역 또는 300만원 이하의 벌금에 처하고(상634의2.1), 이러한 이익을 수수한 자, 제3자에게 이를 공여하게 한 자도 같다(상634의2.2). 주주의 권리행사에 관한 이익공여의 죄는 주주의 권리행사와 관련 없이 재산상 이익을 공여하거나 그러한 관련성에 대한 범의가 없는 경우에는 성립할 수 없다. 판례는 주주의 권리행사와 관련된 재산상 이익의 공여라 하더라도 그것이 의례적인 것이라거나 불가피한 것이라는 등의 특별한 사정이 있는 경우에는, 법질서 전체의 정신이나 그 배후에 놓여 있는 사회윤리 내지 사회통념에 비추어 용인될 수 있는 행위로서 '사회상규에 위배되지 아니하는 행위'에 해당한다. 그러한 특별한 사정이 있는지 여부는 이익공여의 동기, 방법, 내용과 태양, 회사의 규모, 공여된 이익의 정도 및 이를 통해 회사가 얻는 이익의 정도 등을 종합적으로 고려하여 사회통념에 따라 판단하여야 한다고 보았다(2015도7397).

3. 회사사용인 우선변제제도

주주에 의한 회사재산보호와는 무관하지만 회사법 제468조에서 사용인의 우선변제권을 규정하고 있어 이곳에서 함께 언급한다. 회사신원보증금의 반환을 받을 채권 기타 월급, 상여금 기타 회사와 사용인간의 고용관계로 인한 채권이 있는 자는, 회사의 총재산에 대하여 우선변제를 받을 권리가 있다(상468). 그러나 사용인의 우선변제권은 상법이 특별히 인정한 법정담보물권으로서, 명문의 규정은 없으나 회사의 일반재산에 대한 경매청구권도 포함한다고 보는 견해가 통설이다. 사용인의 우선변제권은 질권이나 저당권에 우선하지는 못한다(상468 단서).

제 7 장 사 채

제 1 절 일반 사채

1. 의 의

(1) 사채의 개념

1) **장기타인자본** : 사채란 회사가 일반투자자로부터 비교적 장기에 걸치는 거액의 자금을 집단적으로 조달하기 위하여 채권발행의 형식으로 부담하는 타인자본인 채무를 의미한다. 회사는 기업활동에 소요되는 자금을 조달하는 방법은 자기자본과 타인자본의 두 가지가 있을 수 있다. 신주발행을 통해 조달되는 **자기자본**은 만기 반환의무가 없어 편리하지만 이익배당의 부담이 있고 회사의 지배구조에 변화를 초래할 수 있으므로, 발행 여부를 결정함에 있어 신중할 필요가 있다. **타인자본**의 형식으로 자본을 조달하는 방법에는 타인으로부터 대출을 통하여 조달하든지 또는 사채를 발행하는 방법이 있다. 대출은 단기자금을 융통할 수 있어 편리한 반면 이자부담이 상대적으로 높아 장기적인 자금으로는 부적절하다. 이에 반해 사채는 타인자본이긴 하지만 장기적으로 자금을 활용할 수 있고 이자부담도 단기의 대출금리보다 낮게 유지할 수 있어 편리한 점이 있다.

2) **적용범위** : 회사법은 사채에 관해 자세한 규정을 두고 있지만 담보부사채에 관해서는 담보부사채신탁법이 적용된다. 주식회사편에 포함된 사채제도를 주식회사 이외의 회사도 이용할 수 있는가? **주식회사가 아닌 회사가 사채를 발행할 수 있는가**에 관해, 통설은 유한회사는 사채를 발행할 수 없고 합명·합자회사는 사채를 발행할 수 있다고 본다. 왜냐하면 상법 제600조 2항에서 사채상환이 완료되지 않은 회사와의 합병으로 유한회사가 존속회사가 될 수 없다는 규정을 두고 있고, 상법 제604조 1항에서는 주식회사가 유한회사로 조직변경하려면 사채를 상환하여야 한다는 규정을 두고 있어, 이들 규정의 취지상 유한회사는 사채를 발행할 수 없는 것으로 해석된다. 하지만 합명·합자회사에는 이와 같은 사채발행을 부인하는 규

정이 없어 해석상 장기자본의 조달수단으로서 사채의 발행이 허용된다고 보며, 주식회사편의 사채에 관한 규정이 유추적용된다고 본다.

(2) 사채와 주식

1) **비 교** : 사채와 주식을 비교하면, 장기자금조달수단이며 계속성·집단성·공중성을 가진다는 점에서 유사하며, 둘 다 유가증권으로 표창된다는 점에서도 동일하다. 하지만 양자는 다음과 같이 여러 가지 면에서 차이점을 가지고 있다. 첫째, **권리의 성질**에서, 사채는 금전채권이지만 주식은 사원권의 성질을 가진다. 둘째, **경영개입 가능성**에서, 사채권자는 회사의 경영에 개입할 수 없지만 주식을 가진 주주는 의결권 등을 행사함으로써 회사의 경영에 참여할 수 있다. 셋째, **반대급부**에 대해, 사채에는 이자가 지급되므로 회사의 수익 여부에 관계없이 회사는 이자지급의무를 부담하고 이익이 많더라도 이자는 일정한 데 반해, 주식에 대해서는 배당가능이익이 있을 경우에만 이익배당을 실시하고 이익이 많을 경우에는 배당액이 증가한다는 특징이 있다. 넷째, **상환**에 관해, 사채는 상환기한이 도래하면 상환의무를 부담하지만, 주식은 특히 주식회사에 퇴사제도가 없으므로 상환이 불가능하며 투자자는 자신이 소유하는 주식을 양도하거나 입질함으로써 실질적으로 상환받을 수 있을 뿐이다. 다섯째, **회사해산**의 경우 사채권자는 우선변제 받는데 반해, 주주는 우선변제 후 잔여재산이 존재할 것을 조건으로 잔여재산분배를 받을 권리가 있을 뿐이다. 여섯째, **납입방법**에서, 사채의 납입방법에는 제한이 없고 자유로우므로 상계나 대물변제의 방식으로도 사채금의 납입이 가능하지만, 주식은 자본충실의 원칙상 납입방법을 엄격하게 제한하고 있다. 따라서 현실납입을 원칙으로 하고 상계는 예외적으로만 허용된다. 일곱째, **자기사채·주식**에 관해 회사가 자기사채를 취득하는 것을 제한하지 않으나 자기주식의 취득은 제한된다.

2) **양자의 접근** : 주식과 사채는 많은 차이점을 가지고 있음에도 불구하고 주식의 이익배당률의 평준화, 주식의 자유양도 등으로 인해 사채에 접근하고 있으며 특히 무의결권우선주는 **주식의 사채화** 경향의 대표적인 예가 된다. 반대로 전환사채·교환사채·신주인수권부사채·이익참가부사채 등의 신종사채가 등장함으로써 **사채의 주식화**가 이루어지고 있다. 요컨대 주식과 사채는 초기 회사법에서는 자기자본·타인자본이라는 엄격한 구분 속에서 출발하였으나, 주식회사의 자본조달의 편의성이라는 수요로 인하여 양자의 성격이 절충되는 투자상품이 속출하고

있는 실정이다.

(3) 사채의 종류

사채는 전통적 의미의 **일반사채**와, 사채에 주식으로 전환할 수 있는 권리, 신주인수권, 주식과의 교환권 등이 부착된 **특수사채**로 구분된다. 그리고 사채의 원리금의 반환을 보장하기 위한 물상담보권이 설정되어 있지 않은 **무담보사채**와, 물상담보권이 부착된 **담보부사채**로 구별된다. 회사법이 규정을 두고 있는 것은 무담보사채에 국한되고 담보부사채에는 담보부사채법이 적용된다. 그리고 사채권과 사채원부에 사채권자의 성명이 기재되는 **기명사채**와, 사채권자의 성명이 기재되지 않는 **무기명사채**로 구별된다. 사채권 실물이 발행되는 **실물사채**와, 공사채등록법에 따라 사채권자의 청구에 의해 등록기관에 등록발행되고 실물발행이 없는 **등록사채**로 구별된다.

2. 사채의 발행절차

(1) 발행 방법

1) **직접발행** : 사채의 발행은 발행회사가 사채를 모집하는 직접발행과 발행회사로부터 수탁을 받은 수탁회사가 사채를 모집하는 간접발행의 방식이 이용된다. 직접발행은 다시 직접모집과 매출발행으로 구분되는데, **직접모집**이란 발행회사가 일반 공중으로부터 직접 사채를 모집하는 방식을 말한다. 중개수수료의 절약이라는 이점이 있지만 사채발행도 점차 전문화되어 가고 있어 직접발행의 방식은 거의 활용되고 있지 않다. **매출발행**은 발행회사가 직접 발행하되 사채총액을 확정하지 않고 일정기간 내에 개별적으로 채권을 매출하는 방식으로 사채를 발행하는 방식이다. 예를 들어 주택채권·산업금융채권의 발행이 이에 해당하는데 채권(債券)은 사채전액의 납입이 완료한 후가 아니면 이를 발행하지 못한다는 사채 재모집의 제한(상478.1)으로 인해 주식회사는 매출발행의 방식을 이용할 수 없다.

2) **간접발행** : 간접발행의 방식은 발행회사가 아닌 사채모집전문의 수탁회사가 개입되므로 수수료 등의 비용부담은 있지만 사채를 안정적으로 발행할 수 있어 대부분의 사채발행이 간접발행의 방식을 취하고 있다. 간접발행은 위탁모집과 인수모집, 총액인수 방식 등으로 구분되는데, **위탁모집**은 발행회사가 직접 발행하

지 않고 위탁발행하는 방식으로서 수탁회사가 수수료를 받고 사채발행업무를 대행하는 방식이다. **인수모집**도 직접 발행이 아니라는 점에서 위탁모집과 유사하지만 응모액이 사채총액에 미달할 경우 수탁회사가 그 잔액의 인수의무를 부담하는 방식이다. **총액인수**는 수탁회사가 사채총액을 인수하여 이를 일반 공중에게 채권을 매출하는 방식으로서 수탁회사는 수수료를 받는 것이 아니라 인수가액과 매출가액과의 차익을 기대하는 방식이다.

(2) 발행 결의

1) **자율성** : 상법은 사채의 공중성·집단성이라는 특징에 따라 사채발행에는 사채(私債)와는 달리 채권자보호를 위한 자세한 규정을 두고 있어 발행에 엄격한 절차를 요구한다. 하지만 회사법은 사채발행에 종전의 제한규정들(총액제한, 재모집제한, 금액제한, 상환제한)을 모두 삭제하고 이익참가부사채, 교환사채, 상환사채 뿐만 아니라 파생결합증권의 발행 근거규정을 마련하였다(상469.2). 회사의 자율적 판단에 따라 다양한 종류의 사채를 발행하여 회사의 장기타인자본의 조달을 용이하게 하였다. 특수사채발행에 관한 구체적인 사항은 대통령령으로 정할 수 있게 하여 상법 시행령의 개정만으로 다양한 사채를 도입할 수 있게 되었다(상469.3).

2) **이사회결의** : 회사는 이사회의 결의에 의해 사채를 발행할 수 있다(상469.1). 사채발행에 필요한 이사회결의를 대표이사에게 위임할 수 있지만, 이 경우 사채금액 및 종류를 정하여 1년을 초과하지 아니하는 기간 내에 발행하도록 위임하여야 한다(상469.4). 이사회결의로 발행대상(일반사채·특수사채), 사채의 발행일자, 발행규모(사채총액), 각 사채의 금액·발행가액·최저가액, 상환시기, 이자의 지급방법·이율·기한, 사채분납여부·금액·시기, 기명·무기명식 발행여부, 발행방법 등 사채청약서 기재사항은 사채발행의 중요한 내용이므로 이사회가 결정하여야 한다고 본다. 이사회의 위임을 받지 않고 대표이사가 사채를 발행한 경우 이는 전단적 대표행위의 외관을 가지나 사채발행은 집단적 행위라는 특성을 지니고 있으므로, 상대적 무효설에 따라 상대방의 선의·악의에 의해 보호를 달리할 수는 없다고 본다. 따라서 사채발행이라는 절차 전체가 동일한 효과가 발생할 수 있도록 이사회결의라는 내부적 절차를 흠결하였더라도 신주발행은 유효하다고 해석하여야 한다.

(3) 사채인수계약

1) 사채청약서 : 사채발행회사(기채회사)의 이사는 사채청약서를 작성하여야 하며 다음의 사항이 기재된다(상474.2). 회사의 상호, 자본금과 준비금의 총액, 회사에 현존하는 순재산액, 사채의 총액, 각 사채의 금액, 사채발행가액·최저가액, 사채의 이율, 사채의 상환과 이자지급의 방법·기한, 사채분납과 분납금액·시기, 기명·무기명식채권 발행여부, 전자등록에 의한 채권발행여부, 미상환사채금액, 사채모집의 수탁회사의 상호·주소, 사채관리회사의 상호·주소, 사채관리회사의 사채권자집행결의 없는 소송·회생·파산철자의 진행권한, 사채모집수탁회사의 잔액인수약정, 명의개서대리인의 성명·주소·영업소 등을 기재하여야 한다(상474.2). 물론 사채청약서에는 법정사항 이외에 청약기간·청약증거금·납입기일·납입취급은행 등의 임의적 기재사항을 기재할 수 있다.

2) 청약과 배정 : 사채의 모집에 응하고자 하는 자는 사채청약서 2통에 그 인수할 사채의 수와 주소를 기재하고 기명날인 또는 서명하여야 하며, 사채발행의 최저가액을 정한 경우에는 응모자는 사채청약서에 응모가액을 기재하여야 한다(상474.1,3). 다만 계약에 의하여 사채의 총액을 인수하는 총액인수의 방법으로 사채를 발행하는 경우나 사채모집의 위탁을 받은 회사가 사채의 일부를 인수하는 경우에는 그 일부에 대해서는 사채청약서주의를 적용하지 않는다(상475). 회사법은 총액인수 등의 일정한 경우의 예외를 명시하고 있으므로 기타의 경우에는 사채청약서에 의해 사채계약의 청약을 하여야 하며 사채청약서에 의하지 않은 청약은 효력이 없다고 보는 견해가 통설이다. 사채청약서에 의해 청약하면 기채회사 또는 수탁회사가 승낙의 의사표시에 해당하는 배정을 함으로써 사채인수계약이 성립하고 사채인수의 효과가 발생한다.

3) 계약의 효력 : 사채청약총액이 사채발행 예정총액에 미달할 경우 신주발행과 유사하게 사채청약총액을 한도로 사채발행의 효력이 발생하는가? 회사법에 사채발행에 총액인수에 관한 특별한 규정을 두고 있지 않으므로 사채청약총액만큼 사채발행의 효력이 발생한다고 해석된다. **사채인수계약의 법적 성질(쟁점81)**[199]에

---

199) **사채계약의 법적 성질(쟁점81)**에 관해, **소비대차설**은 사채의 발행과 인수에 있어 당사자의 목적은 경제적으로나 법적으로나 금전채권·채무를 발생시키는 데 있으므로 소비대차로 본다(이철송1040; 김정호618, 김홍기698, 임재연834). **채권매매설**은 우리 상법상

관해 사채계약을 사채권의 매매로 이해하는 **채권매매설**, 사채발행계약이 소비대차계약의 성질을 가진다는 **소비대차설**, 매출발행의 경우 채권의 매매이고 기타는 소비대차에 유사한 무명계약이라고 보는 **구분설**, 소비대차와 유사한 무명계약으로 보는 **무명계약설** 등이 주장된다. 생각건대 채권의 발행과 채권의 매매는 구별되어야 하므로 사채인수계약은 사채의 발행에 해당하여 이를 매매하는 행위와는 구분되어야 하며 이는 매출발행에서도 동일하다. 사채가 소비대차의 실질을 가지지만 일반 소비대차와는 달리 단체법적 법리가 적용되는 계약이라는 점에서 순수한 소비대차로 보기도 어렵다. 이렇게 볼 때 사채발행계약은 단체법적 특성을 가진 소비대차 유사의 특수한 계약이라고 볼 수밖에 없고 결과적으로 무명계약설이 타당하다고 본다.

4) **납 입** : 사채의 모집이 완료한 때에는 이사는 지체없이 인수인에 대하여 각 사채의 전액 또는 제1회 납입을 시켜야 하는데, 사채모집수탁회사가 위탁회사를 위하여 이를 집행할 수 있다(상476). 사채는 사채의 금액이 사채청약서 등에 기재되어야 하므로(상474.2.5호) 사채는 금전채권이어야 하고, 납입은 주식인수대금의 납입과 달리 금전납입만 허용되고 현물납입은 허용되지 않는다. 사채납입은 신주발행시 주금납입의 비교할 때, 첫째, 분할납입도 가능하고 상계나 대물변제에 의한 방식으로도 납입이 가능하고, 둘째, 납입장소에 관한 제한도 존재하지 않으며, 셋째, 사채를 인수한 자가 납입의무를 지체할 경우 이에 관해 실권절차는 없고 회사는 사채인수인에게 채무불이행책임을 물을 수 있고, 넷째, 사채발행에는 원칙적으로 등기를 요하지 않으나 다만 주식과 관련되는 전환사채 · 신주인수권부사채는 등기를 요한다(상514의2, 516의7). 그리고 사채의 납입도 주식인수대금의 납입과 유사하게 **가장납입**에 의해 이뤄진 경우(**가장납입사채**), 즉 사채발행 담당자와 공모하여 사채인수인이 사채대금을 타인으로부터 차입하고 대금을 납입한 후 발행절차가 완료된 후 담당자가 이를 인출하여 채무변제에 사용한 경우이다. 판

사채발행은 원칙적으로 채권 발행을 전제로 하여 규정하고 있는 점을 고려하고 사채의 경우에는 소비대차와는 다른 분할납입(상476.1), 할증발행(상473) 등이 인정되므로 구별된다고 본다(정찬형1250; 장덕조509, 최준선668). **구분설**은 일반적으로 사채계약은 소비대차와 유사한 무명계약이지만 금융채권에 관하여 인정되는 매출발행의 경우에는 채권의 매매로 본다(정동윤722; 권기범1086, 서헌제982, 임홍근617). **무명계약설**은 당사자의 의사는 소비대차라고 할 수 있으나 그 법률관계에 정확하게 부합하는 것은 아니므로 소비대차와 유사한 무명계약으로 본다(송옥렬1163; 최기원846, 채이식719).

례는 전환사채의 가장납입사례에서 전환사채는 주식으로 전환될 수 있다고 보았지만, 이 경우 업무상배임죄의 죄책을 인정하였다(2012도235).

(4) 사채권의 발행

1) 사채권(社債券) 발행 : 사채가 발행된 경우 사채원부의 작성과 함께 사채권이 발행된다. 그런데 회사법은 사채 발행시 사채권을 의무적으로 발행하여야 한다는 규정을 두고 있지 않다. 하지만 무기명사채의 경우에는 사채권은 유가증권성을 가지고 무기명사채권에 의해 사채가 양도될 수밖에 없으므로 사채권의 발행이 필수적이다. 그런데 기명사채는 지명채권 양도방식에 의해 양도되고 기명사채권은 기명증권적 성질을 기지므로 사채권의 발행이 반드시 요구되는지 의문이다. 하지만 회사법은 사채권은 기명사채의 대항요건의 하나로 채권에의 취득자 성명기재(상479.1)를 규정하고 있어 사채권의 발행이 요구된다고 본다. 요컨대 무기명사채의 경우 무기명사채권은 사채의 양도를 위해 반드시 발행하여야 하지만, 기명사채의 경우 기명사채권을 발행하지 않더라도 사채의 양도가 가능한데 다만 사채양도의 대항요건을 충족하기 위해서는 사채권의 발행이 요구된다고 본다.

2) 발행시기·방법 : 사채권의 발행시기는 사채전액의 납입이 완료되어야 채권을 발행할 수 있다(상478.1). 이는 사채총액의 납입이 완료되어야 한다는 의미는 아니고 각각의 사채인수인이 자신이 인수한 사채전액에 대한 납입을 완료하여야 한다는 의미이다. 사채금액의 납입을 완료하면 사채권자는 **채권발행청구권**을 행사할 수 있게 된다. 채권에는 채권의 번호, 회사의 상호, 사채의 총액, 각 사채의 금액, 사채의 이율, 사채의 상환과 이자지급의 방법과 기한 등을 기재하고 대표이사가 기명날인 또는 서명하여야 한다(상478.2). 회사는 채권을 발행하는 대신 정관에서 정하는 바에 따라 전자등록기관의 전자등록부에 채권을 등록할 수 있다. 이 경우 주식의 전자등록에 관한 규정(상356의2.2−4)을 준용한다(상478.2).

3) 사채권의 성질 : 사채를 표창하는 사채권은 **유가증권**이다. 다만 유가증권으로서의 성질(쟁점82)[200])에 관해, 사채권을 기채회사의 추상적인 채무약속을 표창

---

200) **사채권의 법적 성질(쟁점82), 특히** 사채권이 특히 요인증권성을 가지는가에 관해, **무인증권설**은 사채권을 기채회사의 추상적인 채무약속을 표창하는 유가증권이고 본다(정찬형1256, 이기수477)을 따른다. **구분설**은 매출발행에 의한 채권은 무인증권, 기타 채권은

하는 유가증권이라는 **추상적 유가증권설**, 사채권은 사채인수계약상의 권리를 표창
하는 유가증권으로서 요(유)인성을 가진다고 **요인증권설** 등이 주장된다. 생각건대
사채는 사채인수계약에 근거하여 발행되며, 전액납입을 하여야만 발행이 가능하
다(상478.1). 그리고 특정 유가증권에 무인증권성을 인정하기 위해서는 적극적인
법률의 규정이 있어야 하나, 상법에는 채권의 무인성에 관한 규정을 두고 있지 않
으므로 채권의 효력은 사채계약의 효력에 의존하는 요인증권으로 보아야 한다.
그리고 채권은 일정한 사항을 반드시 기재하여야 하므로(상478.2) **요식증권**적 성
질을 가진다. 그리고 사채의 양도가 후술하는 바와 같이 사채권의 교부에 의하지
않고 당사자 합의만으로 가능하고 대항요건을 갖추어야 하는 지명채권의 법리를
따르므로 사채권은 **기명증권**적 성질을 가진다고 볼 수 있다. 그리고 **제시·상환증
권**적 성질은 가지지만(상484.3) 지시증권적 성질을 가지지 않아 사채권의 선의취
득은 불가능하다고 본다. 하지만 무기명사채권은 유가증권으로서의 성질을 가지
며 선의취득도 가능하다. 요컨대 기명사채권은 기명증권에 불과하고 무기명사채
권은 유가증권의 성질을 가진다.

4) 미납입 발행 : 사채금액이 납입되지 않았는데도 회사가 채권을 발행하였다
면 발행된 채권은 유효한가?(**쟁점83**)[201] 이에 관해, 채권에 무인증권적 성질을 인
정하는 견해는 당연히 채권은 유효하다고 보며, 유인증권적 성질을 가진다고 보
는 견해도 대체로 채권의 효력을 가진다고 이해한다. 생각건대 사채금액이 납입
되지 않은 상태에서 발생된 사채권의 효력은 사채권의 유가증권으로서의 성질과
관련되는 쟁점이다. 주권이나 사채권은 유가증권이기는 하지만 주식·사채인수계
약의 유효성 등의 유효성에 의존하는 유(요)인증권적 성질을 가진다고 본다. 왜냐
하면 특정 유가증권에 무인증권성을 인정하기 위해서는 어음법과 같이 무인증권

사채계약상의 권리를 체화하는 유인증권이라고 본다(정동윤726). **요인증권설**은 채권은
사채전액의 납입이 완료한 후가 아니면 발행하지 못하고(상478.1), 채권은 사채계약에
근거하여서만 발행할 수 있다는 점, 사채권자의 지위는 사채권자집회의 결의에 따라서
제한을 받는다는 점에서 채권은 사채계약상의 권리를 표창하는 유가증권으로서 요인증
권이라 본다(최기원841).

[201] **사채금액 납입전 발행된 사채권의 효력(쟁점83)**에 관해, 채권에 무인증권적 성질을 인
정하는 견해는 사채인수계약의 효력이나 이행여부에 사채권의 효력은 영향을 받지 않는
다고 보아 사채금액의 납입전에 발행된 사채권도 유효하다고 본다. 이에 반해 유인증권
적 성질을 가진다고 보는 견해는 사채권은 주권과 동일하게 인수계약이 유효하여야 발
생된 증권도 유효하게 된다는 입장에서 납입전에 발생된 사채권은 효력을 가지지 못한
다고 이해한다(최기원1128).

성(무조건성)이 규정(어1.2호,수1.2호)되어야 하는데 사채권에는 그러한 규정이
없으므로 유인증권성에 따라 무효로 보아야 하기 때문이다.

3. 사채의 유통

(1) 기명사채

1) **양도방법** : 기명사채는 사채권자의 성명이 사채원부와 사채권에 공시되는
사채를 의미한다(상479.1). 기명사채의 양도에 관해서는 상법은 아무런 규정을 두
지 않고 대항요건에 관해 규정을 두고 있다. 기명사채는 법률상 당연한 지시증권
성이 인정되지 않으므로 배서에 의해 양도할 수 없고 **지명채권의 양도방법**에 의해
양도할 수 있다고 보는 견해가 다수설이다. 다만 기명사채의 양도시 대항요건은
채무자에 대한 통지·승낙인 지명채권의 대항요건과 달리 사채원부와 사채권에의
명의개서이다(상479.1). 따라서 기명사채가 양도되어 대항요건을 갖추기 위해서는
반드시 사채원부가 작성되어야 하고 사채권이 발행되어야 한다고 볼 수 있다. 사
채가 발행된 후 사채권자는 자신이 보유한 사채를 양도하려면 양수인과 사채양도
의 합의를 하면 그것만으로 사채는 이전되고, 회사·제3자에 사채양도를 대항하기
위해서는 사채원부·사채권에 명의개서를 하여야 한다.

2) **사채권의 교부** : 사채는 지명채권의 양도방법에 따라 사채양도의 합의에 의
해 양도당사자간에 양도의 효력이 발생하고 대항요건은 사채원부의 이전등록을
하여야 한다(상479.1). 그렇다면 사채권이 발행된 기명사채를 양도할 경우 사채권
의 교부는 양도의 효력에 어떠한 영향을 미치는가? 생각건대 회사법은 사채권에
의한 양도를 규정하고 있지 않아 사채권은 사채를 표창하는 완전한 유가증권성을
가진다고 보기는 어렵다. 표창하는 사채권의 법적 성질은 **기명증권적 성질**을 가진
것으로 보아 사채양도는 사채양도의 합의와 대항요건을 갖추어야 하고 기명증권
인 사채권도 교부하여야 한다고 본다. 즉 주권과 달리 사채권은 지시증권성을 가
지지 않아 그 교부에 의해 사채가 이전되지 않고 양도당사자간의 합의만으로 이
전되지만 대항요건을 따로 갖추어야 하고 사채권도 교부하여야 한다. 기명증권적
성질을 가진 사채권의 교부의 의의는 사채의 양수인이 채무자인 회사에 대한 사
채권의 행사할 경우 사채권과 상환으로 상환액지급청구를 하여야 하므로(상
484.3) 사채권이 권리행사에 필요하기 때문이다(제시·상환증권성).

3) **대항요건** : 기명사채양도의 대항요건은 취득자의 성명과 주소를 사채원부에 기재하고 취득자 성명을 채권에 기재하는 것이다(상479.1). 즉 사채원부·사채권에의 취득자 성명(주소)의 기재(명의개서)가 대항요건이 된다. 명의개서대리인의 사채원부의 복본에는 사채원부의 기재에 준용하여(상479.2 → 337.2), 명의개서대리인의 사채원부의 복본에 명의개서한 경우 사채원부의 원본에 명의개서한 것으로 간주되므로(상337.2) 동일하게 대항력을 취득한다. 그밖에 기명사채권은 유가증권은 아니지만(기명증권) 회사에 대해 권리행사를 위해 요구되므로(제시·상환증권성) 양도인은 양수인에게 사채권을 교부하여야 한다. 다만 이는 기명사채양도의 대항요건은 아니라 본다. 요컨대 기명사채의 이전은 양도 당사자간의 양도합의에 의해 사채양도의 효력이 발생하지만, 양수인이 사채의 양수사실을 채무자인 회사를 비롯하여 제3자에게 대항하기 위해서는 사채원부 및 사채권에의 명의개서를 하여야 하고 양도인은 기명사채권을 양수인에게 교부할 의무를 부담한다.

4) **사채원부** : 사채원부란 사채권자 및 채권에 관한 사항을 기재한 장부로서 주주명부에 상응하는 것을 말한다. 사채원부는 기명사채 이전의 대항요건을 갖추기 위해 필요하고 회사의 통지·최고·신탁의 공시 등에 관해서 면책력 확보 등 법률상 의의를 가지지만(상489.1 → 353), 현재 기명사채가 거의 이용되지 못하여 실무상 의미는 적다. 사채원부에는 사채권자의 성명과 주소, 채권의 번호, 회사의 상호, 사채의 총액, 각 사채의 금액, 사채의 이율, 사채의 상환과 이자지급의 방법과 기한 등 각 사채의 납입금액과 납입연월일, 채권의 발행연월일, 각 사채의 취득연월일, 무기명식의 채권을 발행한 때에는 그 종류, 수, 번호와 발행연월일 등 법정사항을 기재하여야 한다(상488). 이사는 사채원부를 본점에 비치할 의무를 부담하며 주주의 사채원부의 열람·등사청구권을 가진다(상396).

(2) 무기명사채

1) **개 념** : 무기명사채는 사채권자의 성명이 사채원부와 사채권에 공시되지 않는 사채를 의미한다. 무기명사채는 사채원부에 사채권자가 기재되지 않으므로 사채권자임을 증명할 수 있는 유일한 수단은 사채권이다. 따라서 회사가 무기명사채를 발행할 경우 사채권자가 사채를 양도하거나 사채권을 행사하려고 할 경우 사채권이 요구되므로 사채권의 발행은 필수적이다. 기명사채의 경우 사채양도시

대항요건을 구비하기 위해 사채권이 요구되지만 무기명사채의 경우에는 사채양도의 효력요건을 충족하기 위해 사채권이 요구된다고 볼 수 있다.

2) **양도방법** : 무기명사채의 유통에 관해 회사법은 아무런 규정을 두고 있지 않다. 무기명사채는 권리의 양도·행사를 위해 사채권이 발행되어야 하고 사채권에 의해 권리가 이전·행사되므로 무기명사채는 상법 제65조에 따라 민법상 무기명채권에 해당하고 그 규정이 적용된다고 본다. 따라서 당연한 지시증권적 성질을 가지고 채권의 교부만에 의해 사채가 이전되고(민523) 별도의 대항요건은 요구되지 않는다. 무기명사채권은 요식·지시·제시·상환·문언·면책증권성 등 유가증권적 성질을 모두 가지고 있다. 다만 사채인수계약이 체결되고 유효하여야 무기명사채권도 발행될 수 있으므로 요인증권성을 가진다고 이해된다. 이렇게 볼 때 무기명사채권의 점유에는 자격수여적 효력이 부여되어 선의취득도 가능하다 (상65.1 → 민524 → 민513,514).

3) **지시식 사채** : 회사법은 사채에 관해 기명식과 무기명식 두 종류의 사채만 인정하고, 기명식사채와 무기명식사채간의 전환도 인정하고 있다(상480). 그런데 회사법이 명문의 규정을 두고 있는 기명식·무기명식 사채 이외에 지시식 사채의 발행이 가능한가?(쟁점84) 이에 관해 긍정설도 있으나 유가증권법정주의의 원칙에서 부정하는 견해가 있다. 생각건대 사채권자는 언제든지 기명식의 채권을 무기명식으로, 무기명식의 채권을 기명식으로 할 것을 회사에 청구할 수 있으나, 채권을 기명식 또는 무기명식에 한할 것으로 정한 때에는 예외(상480)라고 규정하고 있다. 회사가 정관 또는 이사회결의로 기명식·무기명식으로 한정할 수 있도록 한 규정의 취지는 사채의 형식을 기명·무기명식으로 제한한 것으로 해석할 수 있어 회사법이 명문으로 규정하지 않은 지시식 사채를 허용하기 어렵다. 그리고 지시식 사채는 무기명식사채와 사채의 양도방식이 동일하지만 사채원부에의 기재효력이 모호하게 되어 만일 지시식사채의 발행을 허용할 경우 사채원부에의 명의개서의 효력에 관한 규정도 요구된다. 이러한 점을 고려할 때 상법상 상호전환권이 원칙적으로 인정되는 기명·무기명의 사채만 인정되고 지시식 사채는 허용되지 않는다고 본다.

(3) 사채의 등록

1) 등록사채 : 등록사채의 경우 사채권이 발행되지 않으므로 양도에 사채권의 교부를 필요로 하지 않는다. 무기명등록사채의 양도도 의사표시만으로 가능하지만, 이를 등록하지 아니하면 당해 공사채의 발행자 기타 제3자에 대항하지 못한다(공사6.1). 기명등록사채의 양도는 의사표시만으로 가능하지만 이를 등록하고 발행자가 비치하는 공사채원부에 그 뜻을 기재하지 아니하면 공사채의 발행자 기타 제3자에 대항하지 못한다(공사6.2). 요컨대 무기명등록사채는 대항요건이 등록이나 기명등록사채는 등록과 공사채원부에의 기재가 대항요건으로 추가되어 있다.

2) 전자등록 : 회사는 사채권을 발행하는 대신 정관으로 정하는 바에 따라 전자등록기관의 전자등록부에 사채권을 등록할 수 있다. 전자등록된 사채의 양도나 입질은 전자등록부에 등록하여야 효력이 발생하며, 전자등록된 자는 그 등록된 사채에 대한 권리를 적법하게 보유한 것으로 추정된다. 그리고 이러한 전자등록부를 선의로 중대한 과실 없이 신뢰하고 등록에 따라 권리를 취득한 자는 그 권리를 적법하게 취득한다(상478.3 → 356의2.2,3). 기타 전자등록의 절차, 방법, 효과, 전자등록기관에 관해서는 주식·사채 등의 전자등록에 관한 법률에서 정한다.

4. 사채의 권리행사

(1) 이자지급

1) 이자채권 : 기채회사는 이사회결의에 따라 사채청약자와의 사채인수계약에서 사채의 이자·지급기한·지급방법을 정한다. 그리고 사채금액, 사채이율, 사채의 상환과 이자지급의 방법과 기한 등은 사채청약서·채권·사채원부에 기재된다(상474,478.2,488). 사채권자는 사채 이자의 지급기한이 되면 회사에 사채이자의 지급을 청구할 수 있는데, 이권이 발행된 경우(무기명사채) 이권과 상환으로 사채의 이자가 지급된다(상484.3). 사채의 이자와 이권소지인의 공제액의 지급청구권은 5년간 행사하지 아니하면 소멸시효가 완성한다(상487.3). 사채가 수인의 공유에 속하는 경우에는 이자채권 등 사채권자의 권리를 행사할 자를 정하여야 한다(상489.2 → 333). 판례는 이미 발생한 이자에 관하여 채무자가 이행을 지체한 경우에는 그 이자에 대한 지연손해금을 청구할 수 있으므로, 사채의 상환청구권에 대한 지연손해금은 사채의 상환청구권과 마찬가지로 10년간 행사하지 아니하면

소멸시효가 완성하고, 사채의 이자에 대한 지연손해금은 사채의 이자와 마찬가지로 5년간 행사하지 아니하면 소멸시효가 완성한다고 본다(2010다28031).

2) **이 권** : 이권(coupon)이란 무기명사채에서 이자의 지급청구권을 표창하는 **유가증권**으로서, 이권의 만기에 해당하는 이자지급시한이 경과하면 이권을 제시하여 이자의 지급을 청구할 수 있다. 이권은 사채권과 분리하여 독립적으로 유통이 가능하지만 통상 무기명사채에 첨부되며 양도된다. 이권은 제시·상환증권성을 가지는 유가증권이어서 이자의 지급은 이권과 상환으로 이루어지며(상484.3) 양자간에는 동시이행관계에 있다. 이권이 있는 무기명사채를 상환하는 경우에 **이권의 흠결**이 있으면 이권에 상당한 금액을 상환액으로부터 공제하여 상환한다(상486.1). 이권을 소지한 자는 언제든지 그 이권과 상환하여 공제액의 지급을 청구할 수 있다(상486.2). 회사법은 기채회사가 이자 지급을 해태한 경우 사채원금의 기한이익상실에 관한 규정(상505,506)을 두었는데 이를 삭제하였다.

(2) 사채의 상환

1) **개 념** : 사채의 상환이란 기채회사가 사채권자에게 채무를 변제하여 사채의 법률관계를 종료시키는 것을 의미한다. 사채의 상환과 이자지급의 방법과 기한은 사채계약에서 정해지고 사채청약서·채권·사채원부에 기재된다(상474.2, 478.2,488). 상환금액에 관해 권면액상환이 원칙이지만 권면액 초과상환의 조건으로 발행되거나 권면액에서 지급된 이자액 등을 공제한 금액을 상환하는 경우도 있다(할인발행). 사채의 상환청구권은 10년간 행사하지 아니하면 소멸시효가 완성한다(상487.1). 사채를 상환함에 있어서는 제시·상환증권성을 가진 사채권과 상환으로 사채상환액이 지급되며(상484.3), 양자는 동시이행관계에 있다고 본다.

2) **상환방법** : 사채의 상환방법도 사채계약에서 정해지며 일정한 거치기간 후 최종시한까지 정기적으로 상환하는 것이 통상적인 방법이다. 수탁회사는 사채상환에 있어 재판상·재판 외의 모든 행위를 할 권한을 가진다(상484.1). 사채의 만기가 도래 전이라도 기채회사가 자기사채를 매입하여 소각하는 매입소각도 가능하다. 이는 사채의 시세가 하락했을 경우 만기를 기다려 만기상환하는 것보다 매입상환이 회사에 유리하므로 활용된다. 그 밖에 만기 전 상환도 가능하다고 본다. 기한의 이익은 채무자에 있는 것으로 추정되므로 회사는 만기 전이라도 사채를

상환할 수 있다고 본다. 하지만 기한의 이익의 포기는 상대방의 이익을 해하지 못하므로(민153.2) 잔존기간의 이자를 지급해야 만기전상환이 가능하다.

3) 불공정행위 취소의 소 : 회사가 어느 사채권자에 대하여 한 변제, 화해 기타의 행위가 현저하게 불공정한 때에는 사채모집의 위탁을 받은 회사는 소만으로 그 행위의 취소를 청구할 수 있다(상511.1). **제소권자**는 수탁회사이나 사채권자집회의 대표자·집행자는 사채권자집회의 결의를 근거로 제소할 수 있으며(상512), **제소기간**은 사채모집의 위탁을 받은 회사가 취소의 원인인 사실을 안 때로부터 6월, 행위가 있는 때로부터 1년 내이다(상511.2). 제소요건으로 기채회사의 악의는 요건이 아니나 그 수익자나 전득자가 현저한 불공정성, 다른 채권자를 해한다는 사실을 안 경우에만 취소의 소를 제기할 수 있으며(상511.3,민406.1단서,407), 본점소재지의 지방법원의 관할에 속한다(상511.3 → 186).

5. 수탁회사와 사채관리회사

(1) 수탁회사

1) 개 념 : 사채모집의 수탁회사란 기채회사가 직접 사채를 모집하지 않고 사채발행·모집업무를 다른 회사에 위탁할 경우 그 업무를 수탁받은 회사를 수탁회사라 한다. 개정전 회사법에서는 사채모집을 위탁받은 수탁회사가 현행 회사법상 사채관리회사의 업무도 겸하였는데 회사법 개정에 의해 수탁회사는 사채모집업무만 담당하게 되었다. 기채회사는 수탁회사와 사채모집위탁계약을 체결하고 수탁회사는 기채회사의 사채모집업무를 처리하고 기채회사는 수탁회사에 수수료 지급의무를 부담한다. 사채모집업무를 수탁받은 수탁회사는 자신의 명의로 기채회사의 계산으로 사채를 모집하므로 준위탁매매인에 해당한다(상113).

2) 사채인수 : 수탁회사는 기채회사의 사채의 발행·모집업무만을 수탁받을 수도 있지만(위탁모집), 사채총액을 인수한 후에 다시 사채모집을 할 수도 있고(총액인수) 사채모집을 먼저 한 후 인수되지 않은 잔액에 관해 스스로 인수의무를 부담할 수도 있고 일부를 인수할 수도 있다(인수모집). 총액인수나 인수모집은 사채발행·모집업무만 수탁받는 것이 아니라 일부 또는 총액의 인수의무를 부담한다는 점에서 위탁모집과는 구별된다. 일부 또는 총액을 인수함에 있어서 수탁회사

는 사채청약서에 의한 청약을 하지 않아도 되지만(상475), 자신이 인수하지 않은
부분에 대해서는 기채회사를 위하여 사채청약서를 발행하여 청약하게 하고 인수
인에 대하여 사채의 전액 또는 제1회 납입을 시킬 수 있다(상476.2).

(2) 사채관리회사

1) **개 념** : 회사는 사채를 발행하는 경우에 사채관리회사를 정하여 변제의 수
령, 채권의 보전, 그 밖에 사채의 관리를 위탁할 수 있는데(상480의2), 이와 같이
사채발행회사(기채회사)로부터 위탁받아 사채권자를 위해 사채에 대한 변제수령,
채권보전 등 사채관리업무를 수행하는 회사를 사채관리회사라 한다. 회사법은 사
채 관리에 관한 업무를 종전의 수탁회사의 업무로부터 분리시켜 사채관리회사가
하도록 하였다. 결과적으로 수탁회사는 기채회사를 위해 업무를 집행하고 사채관
리회사는 사채권자를 위해 업무를 집행하게 됨으로써 종전에 수탁회사가 양 업무
를 함께 함으로써 발생하였던 이해상충의 가능성을 제거하였다. 사채관리회사의
자격은 은행, 신탁회사 등 시행령이 정하는 금융회사로 제한되고, 사채인수인, 사
채발행회사와 특수이해관계자는 사채관리회사가 될 수 없다(상480의3.).

2) **사채관리 위임계약** : 기채회사(사채발행회사)가 사채관리회사의 지정하여
위탁하며, 양자간의 관계는 위임관계이다. 기채회사와 사채관리회사간의 사채관
리 위임계약은 제3자를 위한 계약의 성질을 가지나 사채권자의 수익의 의사표시
와 무관하게 위임계약의 성립으로 사채권자의 권리와 사채관리회사의 의무가 발
생한다는 점에서 **특수한 제3자를 위한 계약**이라 할 수 있다. 따라서 사채관리회사
가 위임계약에 따라 부담하는 선량한 관리자의 주의의무도 사채권자의 이익보호
를 위해 부담하고 이를 위반하여 부담하는 손해배상책임도 사채권자에 대해 부담
한다.

3) **사임·해임** : 사채관리회사는 사채를 발행한 회사의 사채권자집회의 동의를
받아 사임할 수 있으나, 부득이한 사유가 있어 법원의 허가를 받은 경우에는 사채
권자집회의 동의 없이도 동일하다(상481). 사채관리회사는 기채회사와의 위임계
약에 의해 수임인의 지위를 가지지만 위임계약에 적용되는 상호해지자유의 원칙
의 적용을 받지 않고 수익자적 지위에 있는 사채권자집회의 동의나 법원의 허가
가 있는 경우에만 사임이 가능하도록 규정하고 있다. 그리고 사채관리회사가 그

사무를 처리하기에 적임이 아니거나 그 밖에 정당한 사유가 있을 때에는, 법원은 사채를 발행하는 회사 또는 사채권자집회의 청구에 의하여 사채관리회사를 해임할 수 있다(상482). 사채발행회사나 사채권자집회는 사채관리회사를 직접 해임할 수는 없고 법원에 사채관리회사의 해임을 청구할 수 있을 뿐이다. 이는 사채발행회사와 사채권자는 이해관계가 대립될 수 있으므로 사채발행회사의 해임권을 부정한 것으로 이해할 수 있으나, 사채권자집회의 사채관리회사 해임권까지 부정한 것은 의문이다. 다만 법원에 사채관리회사의 해임을 청구함으로써 실질적인 목적을 달성할 수는 있다고 본다.

　　4) **승계회사 선임** : 사채관리회사의 사임·해임으로 인하여 사채관리회사가 없게 된 경우에는 기채회사는 그 사무를 승계할 사채관리회사를 정하여 사채권자를 위하여 사채 관리를 위탁하여야 한다. 이 경우 회사는 지체 없이 **사채권자집회의 동의**를 받아야 한다. 부득이한 사유가 있는 때에는 이해관계인은 사무승계자의 선임을 법원에 청구할 수 있다(상483). 최초로 사채관리회사를 지정·선임함에 있어서는 사채권자집회의 동의를 요하지 않으나 선임된 사채관리회사가 사임·해임되고 새로운 사채관리회사가 선임될 경우에는 사채권자집회의 동의를 요한다는 점이 특징적이다. 그리고 사채발행회사와 사채권자집회의 갈등이 원인이 되어 사채권자가 사임·해임된 경우 사채발행회사는 사채관리회사의 선임을 의도적으로 해태할 수 있으므로 개정상법은 이해관계인에게 사무승계자의 선임을 법원에 청구할 수 있는 권한을 부여하였다.

　　5) **권　한** : 사채관리회사가 1개인 경우, 사채관리회사는 사채권자를 위하여 사채에 관한 채권을 변제받거나 채권의 실현을 보전하기 위하여 필요한 재판상 또는 재판 외의 모든 행위를 할 수 있다. 그리고 사채관리회사가 변제를 받으면 지체 없이 그 뜻을 공고하고 알고 있는 사채권자에게 통지하여야 한다. 이 경우 사채권자는 사채관리회사에 사채권과 상환으로 사채상환을 그리고 이권과 상환으로 이자지급을 청구할 수 있다. 사채관리회사가 사채 전부에 대한 지급을 유예하거나 채무불이행으로 발생한 책임을 면제하거나 사채 전부에 관한 소송행위 또는 채무자회상 및 파산에 관한 절차에 속하는 행위는 단독으로 할 수 없고 사채권자집회의 결의를 거쳐야 한다. 다만 소송행위 및 파산절차 진행행위는 사채발행회사가 사채관리회사로 하여금 단독으로 할 수 있음을 정할 수 있는데(상484.4단

서), 사채관리회사가 이를 단독으로 한 경우 지체 없이 그 뜻을 공고하고 알고 있는 사채권자에게는 따로 통지하여야 한다(동조5항). 사채관리회사는 권한을 행사함에 있어 필요하면 법원의 허가를 받아 사채발행회사의 업무와 재산상태를 조사할 수 있다(동조7항). 그리고 사채관리회사가 공고를 하는 방법은 사채발행회사가 공고하는 방법과 동일한 방법이어야 한다(동조6항). 사채관리회사가 둘 이상인 경우 권한 행사는 공동으로 하여야 한다. 이 경우 사채관리회사가 변제수령시 사채관리회사는 사채권자에 대하여 연대하여 변제액을 지급할 의무가 있다(상485).

6) **의무와 책임** : 사채관리회사는 사채권자를 위하여 공평하고 성실하게 사채를 관리하여야 하고, 사채권자에 대하여 선량한 관리자의 주의로 사채를 관리하여야 한다(상484의2.1,2). 사채관리회사는 비록 사채발행회사의 지정·선임행위에 의해 지위를 가지지만 사채발행회사가 아닌 사채권자에 관해 선량한 관리자의 주의의무를 부담한다는 점이 특징적이다. 그리고 사채관리회사가 상법이나 사채권자집회결의를 위반한 행위를 한 때에는 사채권자에 대하여 연대하여 발생한 손해를 배상할 책임이 있다(상482의2.3).

6. 사채권자집회

(1) 의 의
사채권자집회란 사채권자의 이해관계에 영향을 미치는 사항에 대하여 결의를 하여 동일한 종류의 사채권자의 의사를 결정하는 임시적인 회의체를 의미한다. 주주총회와 달리 주식회사의 기관이 아니며, 사채권자의 권리확보와 회사의 편의에 따라 소집되며, 수종의 사채를 발행한 경우 사채의 종류에 따라 집회가 구성된다(상509). 물론 다수의 사채권자로 구성되므로 회의체의 성격을 가지고 있으며 다수결에 따른 결의에 의해 사채권자 전체의 의사가 결정된다.

(2) 소 집
사채권자집회는 사채를 발행한 회사 또는 사채모집의 위탁을 받은 회사가 소집한다(상491.1). 그 밖에 사채총액의 1/10 이상에 해당하는 사채권자는 회의의 목적인 사항과 소집의 이유를 기재한 서면을 기채회사 또는 수탁회사에 제출하여 사채권자집회의 소집을 청구할 수 있다. 소수사채권자의 청구가 있은 후 지체 없이 사채권자집회의 소집절차를 밟지 아니한 때에는 청구한 사채권자는 법원의 허가를 얻어 총회를 소집할 수 있다(상491.3 → 366.2). 소수사채권자로서 사채권자집회의 소집을 청구할 경우 무기명식의 채권을 가진 자는 그 채권을 공탁하지 아니하면 사채권자집회 소집청구권을 행사하지 못한다(상491.4). 소집절차에 관해서는 주주총회의 소집절차를 정한 상법 제363조를 준용하므로(상510.1), 사채권자집회를 소집함에는 회일을 정하여 2주 전에 각 주주에 대하여 회의의 목적사항을 기재한 서면 또는 전자문서로 통지를 발송하여야 하나, 그 통지가 사채원부상의 사채권자의 주소에 계속 3년간 도달하지 아니한 때에는 회사는 당해 사채권자에게 사채권자집회의 소집을 통지하지 아니할 수 있다(상491의2.1 → 363.1,2). 회사가 무기명식의 사채를 발행한 경우에는 회일의 3주 전에 사채권자집회를 소집하는 뜻과 회의의 목적사항을 공고하여야 한다(상491의2.2).

(3) 권 한

1) **권한의 범위** : 사채권자집회는 상법에서 규정하는 사항과 법원의 허가를 얻은 사항만 결의할 수 있다는 점에서 주주총회와는 구별된다. 이는 다수결의 남용으로부터 소수자를 보호하기 위해 사채권자집회의 권한을 엄격하게 법정한 것이다. 상법에 규정된 사항을 보면, 수탁회사의 해임, 대표자·결의집행자 선임·선정·해임, 자본감소에 대한 이의제기 등의 권한이 있다(상481,482,483,500,501,504,505,439.3).

2) **결의방법** : 사채권자집회의 결의요건을 보면, 지분주의에 따라 1사채 1의결권의 원칙이 적용되어 각 사채권자는 사채의 최저액마다 1개의 의결권이 있다(상492.1). 무기명식의 채권을 가진 자는 회일로부터 1주 전에 채권을 공탁하지 아니하면 그 의결권을 행사하지 못한다(상492.2). 사채권자집회의 결의요건은 주주총회의 특별결의요건을 준용한다(상495.1). 따라서 출석한 사채권자의 의결권의 2/3 이상의 수와 총사채권의 1/3 이상의 수로써 하여야 한다(상495.1 → 434). 다만 수탁회사의 사임동의, 수탁회사의 해임, 수탁회사의 사무승계자 결정과 사채발행회사의 대표자의 출석청구 등에는 출석한 사채권자의 의결권의 과반수로 결정할 수 있다(상495.2). 사채권자집회는 사채총액의 1/500 이상을 가진 사채권자 중에서 1인 또는 수 인의 대표자를 선임하여 그 결의할 사항의 결정을 위임할 수 있으며, 대표자가 수 인인 때에는 결정은 그 과반수로 한다(상500).

3) **결의의 인가** : 사채권자집회의 결의는 **법원의 인가**를 얻어야 효력이 발생한다(상498.1). 따라서 사채권자집회에서 결의사항이 있었을 경우 사채권자집회의 소집자는 결의한 날로부터 1주 내에 결의의 인가를 법원에 청구하여야 한다(상496). 법원은 사채권자집회소집의 절차 또는 그 결의방법이 법령이나 사채모집의 계획서의 기재에 위반한 때, 결의가 부당한 방법에 의하여 성립하게 된 때, 결의가 현저하게 불공정한 때, 결의가 사채권자의 일반의 이익에 반하는 때에는 사채권자집회의 결의를 인가하지 못한다(상497.1). 다만 사채권자집회의 소집절차 또는 그 결의방법이 법령이나 사채모집의 계획서의 기재에 위반한 때와 결의가 부당한 방법에 의하여 성립하게 된 때에는 법원은 결의의 내용 기타 모든 사정을 참작하여 결의를 인가할 수도 있다(상497.2). 법원이 사채권자집회의 결의에 대하여 인가결정을 하거나 또는 불인가결정을 한 경우 사채를 발행한 회사는 지체 없이 그 뜻을 공고하여야 한다(상499).

4) **결의의 효력** : 사채권자집회의 결의는 법원의 인가를 얻음으로써 그 효력이 생기고(상498.1), 인가를 얻은 사채권자집회의 결의는 총사채권자에 대하여 그 효력이 있다(상498.2). 사채권자집회의 결의는 사채모집의 위탁을 받은 회사, 사채모집의 위탁을 받은 회사가 없는 때에는 사채총액의 1/500 이상을 가진 사채권자 중에서 선임된 1인 또는 수 인의 대표자가 집행하나, 사채권자집회의 결의로써 따로 집행자를 정한 때에는 예외이다(상501). 대표자나 집행자가 수 인인 경우에 공동으로 집행하여야 하며(상502), 특히 사채상환에 관한 결의를 집행할 경우에는 수탁회사의 권한에 관한 상법 제484조, 제485조 2항과 제487조 2항의 규정을 준용한다(상503).

제 2 절 특수사채

1. 전환사채

(1) 의 의

전환사채(convertible bonds; Wandelschuldverschreibungen)란 기채회사의 주식으로 전환할 수 있는 권리(전환권)가 인정된 사채를 말한다. 전환사채는 발행

이후 전환권을 행사하기 전까지는 일반 사채와 같이 채권적 유가증권이나, 전환권을 행사하면 주식으로 변환되어 사원권적 유가증권이 된다. 따라서 회사 실적에 따라 확정이자 혹은 주식의 이익배당을 선택할 수 있어, 사채의 안정적 성질과 주식의 투자적 성질로 인해 사채모집이 용이하여 회사의 편리한 자금조달수단이 되고 있다.

(2) 전환사채의 발행

1) **주주배정** : 주주배정에 의한 전환사채를 발행함에 있어 정관으로 주주총회에서 결정하기로 하지 않은 경우에 다음의 사항을 이사회에서 결정하여야 한다(상513.2). 이사회는 전환사채발행에 대한 취지 외에 전환사채의 총액, 전환의 조건, 전환으로 인하여 발행할 주식의 내용, 전환청구기간, 주주에게 전환사채의 인수권을 준다는 뜻과 인수권의 목적인 전환사채의 액 등을 정한다. 다만 정관에 제3자배정에 관한 근거규정을 두고 있는 경우 이사회는 주주 이외의 자에게 전환사채를 발행하는 것과 이에 대하여 발행할 전환사채의 액 등을 정할 수 있다(상513.2). 전환사채의 발행을 이사회의 권한으로 한 것은 신주발행이나 일반사채의 발행이 이사회의 결의사항인 점과 균형을 이루기 위함이다. 이사회의 적법한 결의가 없거나 결의에 위반하여 대표이사가 전환사채를 발행한 때라도 주주에게 그 인수권을 부여한 때에는 거래의 안전을 위하여 유효하다고 본다.

2) **제3자배정** : ① 요 건 – 주주 외의 자에 대하여 전환사채를 발행하는 경우에는 신기술의 도입, 재무구조의 개선 등 회사의 경영상 목적을 달성하기 위하여 필요한 경우에 한하고(상513.3 → 418.2단서), 이를 위해서는 정관에 규정이 있거나 주주총회의 특별결의를 거쳐야 한다(상513.3). 왜냐하면 제3자배정의 전환사채 발행은 실질적으로 주주 이외의 자에게 신주인수권을 부여하는 것과 같고, 또한 전환의 비율이 시가전환의 경우에는 별문제이나 등가전환의 경우 그 회사의 주식의 시가가 액면가를 초과할 때에는 주주 이외의 자에게 특히 유리한 가액으로 신주를 발행하는 것과 같아, 반사적으로 기존주주의 이익을 해치게 되기 때문이다. 따라서 주주 외의 자에 대하여 전환사채를 발행하는 경우에는 제3자에게 발행할 수 있는 전환사채의 액, 전환의 조건, 전환으로 인하여 발행할 주식의 내용과 전환을 청구할 수 있는 기간을 정관 또는 주주총회의 특별결의로 정하여야 한다(상513.3). 이를 결의하기 위해 주주총회를 소집할 경우에는 소집통지와 공고에 전환

사채의 발행에 관한 의안의 요령도 기재하여야 한다(상513.4).

  ② **규정·결의의 구체성** – 정관이나 주주총회의 특별결의로 제3자의 인수권을 정할 때에는 그 내용이 구체적이고 확정적이어야 하며, 포괄위임은 허용되지 않는다. 정관으로 어느 정도 구체적으로 정해야 주총결의 없이 이사회결의만으로 전환사채를 발행할 수 있는가?(**쟁점85**)[202] 이에 관해, 정관이나 주주총회의 결의로 제3자의 인수권을 정할 때에는 그 내용이 구체적이고 확정적이어야 한다는 **주총확정설**, 정관에 일응의 기준을 정해 놓고 실제로 발행할 전환사채의 구체적인 전환의 조건 등은 그 발행시마다 정관에 벗어나지 않는 범위에서 이사회에서 결정하도록 위임하는 방법도 가능하다는 **이사회확정설** 등이 주장된다. **판례**는 주주총회의 특별결의에 의해서만 변경이 가능한 정관에 전환의 조건 등을 미리 획일적으로 확정하여 규정하도록 요구할 것은 아니며, 정관에 일응의 기준을 정해 놓은 다음 이에 기하여 실제로 발행할 전환사채의 구체적인 전환의 조건 등은 그 발행시마다 정관에 벗어나지 않는 범위에서 이사회에서 결정하도록 위임하는 방법을 취하는 것도 허용된다고 본다(2000다37326). 생각건대 실무상 정관이나 주주총회에서 모든 사항을 다 결정하는 것이 곤란하다는 점을 고려할 때 위임의 한계는 있겠지만 구체적 사항의 위임은 불가피하다고 본다(이사회확정설).

(3) 발행 절차

  1) **발행사항의 결정** : 전환사채의 발행에 관하여 구체적인 사항의 결정은 정관에 규정이 없거나 주주총회에서 결정하기로 규정하지 아니하였으면 **이사회**에서 한다(상513.2). 다만 제3자배정의 형식으로 전환사채를 발행할 경우 정관에서 이를 허용하지 않았을 경우라면 주주총회의 특별결의로 전환사채 발행사항을 결정하여야 한다. 전환사채는 그 발행절차에 있어 일반사채(상469)와 거의 동일하지만 주주가 전환사채 인수권을 가지는 경우 주주가 우선적으로 전환사채를 인수하는데, 회사는 각 주주에 대하여 그가 인수권을 갖는 전환사채의 액, 발행가액, 전환

---

202) **전환사채 발행을 위한 주주총회결의의 구체성 정도(쟁점85)**에 관해, **주총확정설**은 정관이나 주주총회의 결의로 제3자의 인수권을 정할 때에는 그 내용이 구체적이고 확정적이어야 한다고 본다(이철송1063). **이사회확정설**은 주주총회의 특별결의에 의해서만 변경이 가능한 정관에 전환의 조건 등을 미리 획일적으로 확정하여 규정하도록 요구할 것은 아니며, 정관에 일응 기준을 정해 놓은 다음 이에 기하여 실제로 발행할 전환사채의 구체적인 전환의 조건 등은 그 발행시마다 정관에 벗어나지 않는 범위에서 이사회에서 결정하도록 위임하는 방법을 취하는 것도 허용된다고 보는데, 판례의 입장이다.

의 조건, 전환으로 인하여 발행할 주식의 내용, 전환을 청구할 수 있는 기간과 일정한 기일까지 전환사채의 청약을 하지 아니하면 그 권리를 잃는다는 뜻을 일정한 기일의 2주 전에 통지(**실권예고부최고**)에도 주주가 인수하지 않으면 실권하고(상513의3.1) 실권된 전환사채는 이사회결의에 따라 전환사채의 발행을 중지하든지 전환사채를 인수할 제3자를 모집할 수 있다.

    2) 청약과 배정 : ① 주주배정 — 주주배정에 의한 전환사채의 발행의 경우에는 전환사채의 인수권을 가진 주주는 그가 가진 주식의 수에 따라 전환사채를 배정받을 권리가 있으나, 단 각 전환사채의 금액 중 최저액에 미달하는 단수에 대하여는 그러하지 아니하다(상513의2.1). 회사는 일정한 날을 정하여 그 날에 주주명부에 기재되어 있는 주주가 전환사채의 인수권이 있다는 뜻을 그 날의 2주 전에 공고하여야 한다(상513의2.2,418.3). 전환사채의 인수권을 갖는 주주가 이 통지나 공고에도 불구하고 기일에 위반하여 청약기일까지 청약을 하지 아니하면 신주발행의 경우에 청약을 하지 않은 경우와 같이 전환사채인수권은 무효가 된다(상513의3.2 → 419.2).

    ② 제3자배정 — 주주 외의 자에 대하여 전환사채를 발행하는 경우에는 주주 외의 제3자에게 전환사채인수권을 주는 경우와 모집에 의하여 전환사채를 발행하는 경우가 있다. 주주총회 특별결의에 의하여 제3자배정의 경우에는 제3자에게 소정의 전환사채를 배정하고, 모집의 경우에는 일반사채의 경우와 동일한 방법으로 전환사채를 배정한다.

    3) 공 시 : **전환사채청약서와 전환사채권과 전환사채원부**에, 사채를 주식으로 전환할 수 있다는 뜻, 전환의 조건, 전환으로 인하여 발행할 주식의 내용, 전환을 청구할 수 있는 기간 및 주식의 양도에 관하여 이사회의 승인을 얻도록 정한 때에는 그 규정을 기재하여야 한다(상514). 그리고 회사가 전환사채를 발행한 때에는 그 납입이 완료된 날로부터 2주 내에 본점소재지에서 전환사채의 **등기**를 하여야 한다(상514의2.1). 이때 외국에서 전환사채를 모집한 경우에 등기할 사항이 외국에서 생긴 때에는 등기기간은 그 통지가 도달한 날로부터 기산한다(상514의2.4). 회사는 전환사채의 총액, 각 전환사채의 금액, 각 전환사채의 납입금액, 사채를 주식으로 전환할 수 있다는 뜻, 전환의 조건, 전환으로 인하여 발행할 주식의 내용, 전환을 청구할 수 있는 기간, 주식의 양도에 관하여 이사회의 승인을 얻도록 정한

때에는 그 규정 등을 등기하여야 한다(상514의2.2).

(4) 불공정한 전환사채의 발행

1) **발행유지청구** : 회사가 법령 또는 정관에 위반하거나 현저하게 불공정한 방법에 의하여 전환사채를 발행함으로써 주주가 불이익을 받을 염려가 있는 경우에는, 주주는 회사에 대하여 그 발행을 유지할 것을 청구할 수 있다(상516.1 → 424). 이는 불공정한 전환사채의 발행을 사전에 예방하는 조치이므로 주주는 전환사채 발행의 효력이 생기기 전인 전환사채의 납입기일까지 행사하여야 한다. 판례도 전환사채발행 유지청구는 전환사채 발행의 효력이 생기기 전, 즉 전환사채의 납입기일까지 이를 행사하여야 할 것이고, 한편 전환사채권자가 전환청구를 하면 회사는 주식을 발행해 주어야 하는데, 전환권은 형성권이므로 전환을 청구한 때에 당연히 전환의 효력이 발생하여 전환사채권자는 그 때부터 주주가 되고 사채권자로서의 지위를 상실하게 되므로 그 이후에는 주식전환의 금지를 구할 법률상 이익이 없다고 보았다(2003다9636).

2) **차액 지급의무** : 이사와 통모하여 현저하게 불공정한 발행가액으로 전환사채를 인수한 자는 회사에 대하여 공정한 발행가액과의 차액에 상당한 금액을 지급할 의무가 있다(상516.1 → 424의2.1). 통모인수인의 책임에 관한 규정은 주주 외의 자에 대하여 전환사채가 발행되는 경우에 대부분 적용될 것이다. 그 밖에 이러한 책임 추궁을 위하여 주주는 대표소송을 제기할 수 있으며(상516.1 → 424의2.2), 이 경우 이사의 회사 또는 주주에 대한 손해배상책임에 영향이 없다(상516.1,424의2.3).

3) **전환사채발행무효의 소** : ① 유추적용 – 상법상 신주발행무효의 소에 대응하는 전환사채발행무효의 소의 제도에 관하여는 아무 규정을 두고 있지 않다. 그러나 전환사채는 장차 주식으로 전환이 가능하므로 이는 사실상 신주발행으로서의 의미를 가진다. 따라서 전환사채발행에 무효사유가 있는 경우에는 신주발행무효의 소에 관한 상법 제429조 이하의 규정의 유추적용이 가능하다고 본다. 판례도 전환사채의 발행은 주식회사의 물적 기초와 기존 주주들의 이해관계에 영향을 미친다는 점에서 사실상 신주를 발행하는 것과 유사하므로, 전환사채 발행의 경우에도 신주발행무효의 소에 관한 상법 제429조가 유추적용된다고 본다(2003다

20060). 그리고 전환사채의 전환청구에 의하여 이미 신주가 발행되었을지라도 무효사유가 있는 전환사채에 기해 발행된 신주에 대하여는 독립적으로 신주발행무효의 소를 제기할 수 있다고 본다.

② **제소권자·제소기간** – 전환사채발행무효의 소의 제소권자는 주주·이사·감사에 한하여 회사를 상대로 전환사채발행무효의 소 제기가 가능하다. 그리고 제소기간은 전환사채발행의 효력이 발생한 후 6월인데, 상법 제429조의 유추적용에 의한 전환사채발행무효의 소에 있어서도 전환사채를 발행한 날로부터 6월의 출소기간이 경과한 후에는 새로운 무효사유를 추가하여 주장할 수 없다고 보아야 한다(2000다37326).

③ **무효사유** – 전환사채발행무효의 소가 상법 제429조의 신주발행무효의 소를 유추적용할 경우 전환사채발행 무효사유로는 다음의 사유들이 해당될 것이다. 발행예정주식총수를 초과한 발행, 전환주식·전환사채 또는 신주인수권부사채를 가진 자의 권리행사에 대비하여 유보한 주식수를 초과한 발행, 요건불비의 제3자 배정 전환사채의 발행, 정관에 기재가 없는 종류의 주식발행, 요건불비의 액면미달발행, 신주발행유지의 가처분 또는 판결을 무시한 신주발행의 경우 등을 들 수 있다. 다만 판례는 법령이나 정관의 중대한 위반 또는 현저한 불공정이 있어 그것이 주식회사의 본질이나 회사법의 기본원칙에 반하거나 기존 주주들의 이익과 회사의 경영권 내지 지배권에 중대한 영향을 미치는 경우로서 전환사채와 관련된 거래의 안전, 주주 기타 이해관계인의 이익 등을 고려하더라도 도저히 묵과할 수 없는 정도라고 평가되는 경우에 한하여 전환사채의 발행 또는 그 전환권의 행사에 의한 주식의 발행을 무효로 할 수 있다고 보았다(2000다37326).

④ **전환사채발행 부존재확인의 소** – 전환사채 발행의 절차를 진행하지 않고 발행의 외관만 있는 경우에는 제소권자·제소기간의 제한이 있는 전환사채발행무효의 소가 아니라, 제소권자·제소기간의 제한이 없는 전환사채발행 부존재확인의 소를 제기할 수 있다고 본다. 판례도 전환사채 발행의 실체가 없음에도 전환사채 발행의 등기가 되어 있는 외관이 존재하는 경우 이를 제거하기 위한 전환사채발행부존재 확인의 소에 있어서는 상법 제429조 소정의 6월의 제소기간의 제한이 적용되지 아니한다고 보았다(2003다20060).

(5) 전환청구

1) **전환 청구기간** : 전환사채권자가 전환을 청구하는 경우에는 전환기간 중 청

구서 2통에 채권을 첨부하여 회사에 제출하여야 하는데(상515.1), 이 청구서에는 전환하고자 하는 사채와 청구의 연월일을 기재하고 기명날인 또는 서명을 하여야 한다(상515.2). 전환기간 중 주주명부폐쇄기간이 포함된 경우에도 전환청구는 가능하지만, 이 기간 중 전환된 전환사채의 주주는 그 기간 중의 주주총회의 결의에 관하여는 의결권을 행사할 수 없다(상516.2 → 350.2).

2) **발행가액** : 상법이 전환사채의 발행가액총액을 전환에 의하여 발행하는 주식의 발행가액총액으로 하고 있으므로(상516.2 → 348), 전환사채권자의 전환청구가 있으면 회사는 사채의 발행가액총액과 동액의 주식을 발행하여 전환가액으로 나눈 수의 주식을 전환사채권자에게 주어야 한다. 이와 같이 전환으로 인하여 발행되는 주식의 발행가액총액을 전환사채의 발행가액총액과 일치시키는 이유는, 주식의 액면미달발행의 제한(상330,417)과 함께 전환조건을 제한하여 이사회가 자금조달에 급급하여 무모한 조건으로 전환사채를 발행하는 것을 방지함으로써 회사의 자본충실을 기하고자 함에 있다. 시가전환방식인 경우 주식의 액면상당액은 자본이 되고, 액면초과액은 자본준비금으로 적립되어야 한다(상459.1).

(6) 전환의 효력

1) **효력발생시기** : 전환사채의 전환이 있으면 등기사항이 변경되므로 이에 관한 **변경등기**를 하여야 하는데, 이는 전환을 청구한 날이 속하는 달의 말일로부터 2주 내에 본점소재지에서 하여야 한다(상516.2 → 351). 하지만 전환의 효력발생은 등기시점과는 무관하고 형성권적 성질을 가진 전환권에 근거하여 **전환청구**한 때에 그 효력이 발생한다(상516.2 → 350.1). 이로써 전환사채권자는 사채권자로서의 지위를 상실하고 전환에 의하여 발행되는 신주의 주주가 된다. 따라서 전환사채권자가 사채권자로서의 지위를 상실하고 전환에 의하여 발행되는 신주의 주주가 되는 시기는 전환청구 시점이다. 그러나 전환사채의 이자지급에 있어서, 전환을 청구한 때가 아니라 청구를 한 때가 속하는 영업연도의 직전영업연도 말에 전환된 간주한다는 규정(구상516.2 → 350.3)을 삭제하여 회사가 자율적으로 정할 수 있다고 본다.

2) **신주의 발행** : 전환사채의 전환에 의하여 신주가 발행되므로, 이때 회사는 전환기간 중 전환에 의하여 발행될 주식의 수를 미발행주식수 중에 유보하여야

한다(상516.1 → 346.2). 전환이 있으면 유보되었던 미발행주식수는 그만큼 감소하므로, 회사의 경우 전환청구를 받으면 그 청구받은 전환사채의 금액만큼 자본은 증가하고, 이에 상당하는 사채는 감소한다. 전환사채에 질권이 설정된 경우에는 전환으로 인하여 사채권자가 받을 주식에 대해서도 질권을 행사할 수 있다(상 516.2 → 339).

2. 신주인수권부사채

(1) 의 의

1) 개 념 : 신주인수권부사채란 사채권자에게 기채회사에 신주의 발행을 청구하고 발행하는 신주에 대한 인수권이 보장된 사채를 말한다. 여기서 신주인수권이란 발행된 신주에 대하여 다른 사람보다 우선적으로 배정받을 수 있는 권리(상418.1)를 의미하는 것이 아니라, 기채회사에 대하여 신주발행을 청구하고 이에 따라 기채회사가 신주를 발행하면 그 신주에 대하여 당연히 주주가 되는 권리를 의미한다. 따라서 신주인수권부사채는 **신주발행청구권부사채**라고도 볼 수 있다. 신주인수권부사채에서 사채권자(또는 신주인수권증권의 정당한 소지인)가 신주인수권을 행사하면 기채회사는 당연히 신주를 발행하여야 할 의무를 부담하므로, 이러한 신주인수권은 전환사채에서의 전환권과 같이 **형성권**이다.

2) 경제적 기능 : 기채회사의 입장에서는 회사의 자금조달을 원활히 하는 기능을 한다. 즉 신주인수권부사채를 발행하는 경우에는 신주인수권이라는 제도를 통하여 저리의 사채를 용이하고 유리하게 모집하여 전환사채의 경우와는 달리 신주인수권의 행사에 따라 추가자금을 납입받게 되어 그만큼 회사의 실질적인 자금조달을 기할 수 있다. 또 사채권자의 입장에서도 신주인수권의 행사에 의하여 사채권자의 지위와 주주의 지위를 동시에 향유하여 사채의 안정적 성질과 주식의 투자적 성질을 효율적으로 이용할 수 있다.

3) 전환사채와의 차이점 : 신주인수권부사채는 사채권자가 신주인수권을 행사하면 결국 주주가 될 수 있다는 점에서 전환사채와 유사하나, 다음과 같은 차이점이 있다. 첫째, 전환시 현실적인 납입이 없으나, 신주인수권부사채의 경우 대용납입이 가능하지만 신주의 발행가액은 전액이 납입되어야 하므로 **자금조달기능**이

있다. 둘째, 사채와 전환권의 분리양도가 불가능하지만, 분리형 신주인수권부사채
의 경우에는 **신주인수권증권의 분리양도**가 가능하다. 셋째, 전환으로 인하여 발행
되는 신주의 발행가액총액이 전환사채의 발행가액총액과 같아야 하나(상516.2→
348), 신주인수권의 행사로 인하여 발행되는 **신주의 발행가액총액**은 신주인수권부
사채의 금액(발행가액총액)을 초과하지 않는 범위 내에서 자유롭게 조정될 수 있
다(상516의2.3). 넷째, 전환권의 행사에 의하여 발행되는 신주의 효력발생시기는
원칙적으로 사채권자가 전환을 청구한 때이지만(상516.2, 350), 신주인수권의 행
사로 인하여 발행되는 신주의 효력발생시기는 대용납입의 예외를 제외하고는 신
주의 **발행가액 납입시점**이다(상516의9). 다섯째, 전환권을 행사하면 사채가 소멸하
여 주식으로 변경되지만, 대용납입을 이용하지 않는 신주인수권부사채의 경우에
는 사채는 소멸되지 않고 **사채와 주식이 병존**하게 된다. 여섯째, 질권의 물상대위
에 관해 전환사채의 경우에는 전환사채를 목적으로 한 질권자는 전환으로 인하여
받을 주식에 대하여 물상대위권을 행사할 수 있으나(상516.2→339), 신주인수권
부사채를 목적으로 한 질권자는 신주인수권의 행사로 인하여 받을 주식에 대하여
대용납입의 예외를 제회하고는 원칙적으로 **물상대위권**을 행사할 수 없다.

(2) 신주인수권부사채의 종류

1) **주주배정·제3자배정** : 신주인수권부사채의 인수권을 주주에게만 주는 경우
에는, 정관에 이에 관한 규정이 있거나 정관의 규정에 의하여 주주총회가 결정하
기로 한 경우가 아니면 이사회가 그 발행을 결정하고 그 발행사항도 정한다(상
516의2.2). 주주 외의 자에 대하여 신주인수권부사채를 발행하는 경우에는 주주의
이익을 보호하기 위하여 위의 절차 외에 발행할 수 있는 신주인수권부사채의 액,
신주인수권의 내용과 신주인수권을 행사할 수 있는 기간에 관하여 주주총회의 특
별결의를 받아야 한다(상516의2.4). 단 이 경우에도 신기술의 도입·재무구조의 개
선 등 회사의 경영상 목적을 달성하기 위하여 필요한 경우에 한한다(상516의2.4
→418.2). 이때 주주총회소집의 통지와 공고시에는 신주인수권부사채의 발행에
관한 의안의 요령을 기재하여야 한다(상516의2.5→513.4→363). 판례는 신주인
수권부사채는 미리 확정된 가액으로 일정한 수의 신주 인수를 청구할 수 있는 신
주인수권이 부여된 점을 제외하면 보통사채와 법률적 성격에서 차이가 없고, 신
주인수권부사채에 부여된 신주인수권은 장래 신주의 발행을 청구할지 여부를 선
택할 수 있는 권리로서 주식의 양도차익에 따라 신주인수권 행사 여부가 달라질

수 있는 것이므로 우리사주조합원에게 주식 외에 신주인수권부사채까지 우선적으로 배정받을 권리가 있다고 유추해석하기도 어렵다고 보았다(2013다18684).

2) **분리형·비분리형** : 신주인수권부사채에는 분리형과 비분리형이 있다. 분리형 신주인수권부사채(bond with detachable warrants)는 사채권을 표창하는 유가증권인 채권과 신주인수권을 표창하는 유가증권인 신주인수권증권을 별도로 발행하는 형태이고, 비분리형 신주인수권부사채(bond with nondetachable warrants)는 사채권과 신주인수권을 동일한 유가증권인 증권에 표창하여 발행하여 신주인수권을 사채권에서 분리할 수 없는 형태이다. 분리형 신주인수권부사채는 사채권과 분리하여 신주인수권을 양도할 수 있으나, 비분리형 신주인수권부사채는 사채권과 분리하여 신주인수권을 양도할 수 없다. 우리 회사법은 분리형의 경우에는 이사회에서 이에 관한 별도의 결의를 요한다고 정하고 있어(상516의2.2 4호), 비분리형 신주인수권부사채의 발행을 원칙으로 하고 분리형을 예외로 인정하고 있다고 본다.

3) **현실납입·대용납입** : 신주인수권을 행사하려는 자의 청구가 있는 때에는 신주인수권부사채의 상환에 갈음하여 사채상환금액을 신주의 발행가액의 납입으로 보는 것을 대용납입이라 한다. 신주인수권부사채에는 이러한 대용납입이 허용되는 유형과 허용되지 않는 유형으로 구별된다. 대용납입이 허용되는 경우에는 사채상환금액이 신주발행가액이어서 추가의 납입이 불필요하고(상516의2.2 5호), 허용되지 않는 유형에서는 신주발행가액의 전액을 현실로 납입하여야 한다(상516의8.1). 대용납입을 인정할지 여부는 회사의 임의이며, 정관의 규정 또는 이사회의 결의에 따른다. 또 정관의 규정 또는 이사회의 결의에 따라 대용납입이 허용되는 경우에도 대용납입은 신주인수권 행사자의 선택에 맡겨져 있어 현금납입을 선택할 수도 있다.

(3) 발행절차
1) **발행사항의 결정** : 주주배정 신주인수권부사채의 발행은 이사회가 발행사항을 결정한다. 이사회는 신주인수권 부사채의 총액, 신주인수권의 내용(부여비율, 발행할 주식종류·발행가액 등), 행사기간, 신주인수권만의 양도가능성, 대용납입의 허용성, 주주배정 신주인수권부사채의 발행과 신주인수권부사채의 액, 제3자배

정 신주인수권부사채의 발행과 발행할 신주인수권부사채의 액 등을 정하여야 한다(상516의2.4). 신주인수권부사채를 주주에게 배정할 경우 주주의 이익을 해하지 않으므로, 회사가 신주인수권부사채를 발행할 경우 주주총회의 결의 없이 이사회의 결의만으로 발행할 수 있지만, 제3자배정의 신주인수권부사채의 발행을 위해서는 회사의 경영목적 달성의 필요성뿐만 아니라 정관의 규정이나 주주총회의 특별결의가 있어야 한다.

   2) 발행가액의 제한 : 신주인수권의 행사로 인하여 발행할 신주의 발행가액의 합계액은 각 신주인수권부사채의 금액을 초과할 수 없다(상516조의2.3). 예컨대 발행가액 1만원인 신주인수권부사채를 1만주 발행하였다면 사채총금액이 1억원이 되는데, 동 회사의 주식의 액면가가 5천원이라면 신주의 발행가액은 1억 이하이어야 하므로 신주발행가액은 최고 2만주로 할 수 있다. 따라서 1사채당 발행가액 2만원인 신주 1주를 발행하든지 발행가액 5천원인 신주 4주를 배정할 수 있게 된다. 결국 액면미달발행이 금지되므로 신주의 발행가액총액을 제한하는 회사법 규정은 배정가능한 신주의 숫자를 제한하게 되고, 사채액에 비하여 과다한 신주인수권을 부여하는 것을 방지함으로써 주주의 이익을 보호하기 위한 취지이다. 신주의 발행가액총액을 사채의 금액범위 내에서 자유로이 조절할 수 있는데, 신주의 발행가액총액에 대한 제한의 시적 적용범위(쟁점86)[203])에 관해. 신주인수권부사채의 발행시에만 적용된다는 **발행시설**, 신주인수권의 행사시에도 적용된다는 **행사시설** 등이 주장된다. 생각건대 배정될 신주의 숫자는 신주인수권의 내용에 해당하고 이는 신주인수권부사채 발행을 위한 이사회결의에서 결정되어 확정되므로 발행단계에서 결정되고 행사단계에서는 특별히 문제될 여지가 없다고 본다.

   3) 인수와 배정 : 신주인수권부사채의 인수절차는 일반 사채의 인수절차와 동일하지만 주주배정, 제3자배정에 따라 달라진다. 주주는 이사회의 결의에 의하여 신주인수권부사채의 인수권을 부여받고(상516의2.2.7호), 자신의 주식 수에 비례

---

203) **신주인수권부사채의 발행가액총액에 대한 제한의 시적적용범위(쟁점86)**에 관해, **발행시설**은 신주인수권의 행사로 발행할 주식의 발행가액의 합계액이 각 신주인수권부사채의 금액을 초과할 수 없다는 제한(상516의2.3)은 사채의 발행시에 적용되므로 발행 후 사채가 일부 상환·소각되더라도 인수할 주식의 수량에는 영향이 없다고 본다(이철송 1077). **행사시설**은 신주인수권의 행사시에도 적용된다는 견해이지만 현재 주장자는 찾아보기 어렵다.

하여 신주인수권부사채의 배정을 받을 권리를 갖는다(상516의10,513의2.1). 이를 위해 배정기준일을 정하고, 그 2주 전에 배정기준일에 이를 공고하여야 한다(상516의10,513의2.2 → 418.3). 그리고 권리를 가지는 주주에게 일정한 양식에 따라 실권예고부청약최고를 하고(상516의3.1), 최고에 불구하고 청약기일에 청약을 하지 아니하면 실권한다(상516의3.2 → 419.4). 사채청약서에 의해 신주인수권부사채를 **청약**하는 절차는 일반 사채와 동일하며, 사채인수계약의 청약에 대해 회사는 **배정**에 의해 승낙의 의사표시를 하고 사채인수의 청약과 배정에 의해 **사채인수계약**이 성립한다. 주주 외의 자에 대한 신주인수권부사채의 발행에 대하여는 상법상 특별히 규정되어 있지 않으므로 일반사채의 발행에 관한 규정과 주주 외의 자에 대한 전환사채의 발행에 관한 규정을 유추적용할 수 있다. 주주 외의 자에 대하여 신주인수권부사채를 발행하는 경우에는 제3자배정에 의한 경우와 모집에 의한 경우로 나누어지는데, 제3자배정에 의한 경우에는 주주배정에 의한 발행절차와 유사하지만, 모집의 경우에는 일반사채의 모집에 의한 발행절차에 의한다.

4) **공 시** : 신주인수권부사채 발행과 관련되는 공시절차로서 먼저 서류에 의한 공시절차가 있다. 즉 사채청약서 및 사채원부에 일정한 발행사항을 기재하여야 하는데(상516의4), 비분리형 신주인수권부사채의 경우에는 채권 위에 위의 내용을 기재하여야 하지만 분리형 신주인수권부사채의 경우에는 신주인수권증권에 위의 내용이 기재되므로(상516의5.2), 채권에는 위의 내용이 기재될 필요가 없다(상516의4). 다음으로 등기에 의한 공시절차로서, 회사가 신주인수권부사채를 발행한 경우에는 보통의 일반사채의 경우와는 달리 이에 관한 일정한 사항을 등기하여야 한다(상516의7). 따라서 그 납입을 완료한 날로부터 2주 내에 본점소재지에서 신주인수권부사채라는 뜻, 신주인수권의 행사로 인하여 발행할 주식의 발행가액의 총액, 각 신주인수권부사채의 금액, 각 신주인수권부사채의 납입금액, 신주인수권부사채의 총액, 각 신주인수권부사채에 부여된 신주인수권의 내용, 신주인수권을 행사할 수 있는 기간 등을 등기하여야 한다.

5) **불공정한 발행에 대한 조치** : 회사가 법령 또는 정관에 위반하거나 현저하게 불공정한 방법에 의하여 신주인수권부사채를 발행함으로써 주주가 불이익을 받을 염려가 있는 경우에는, 주주는 회사에 대하여 그 발행을 유지할 것을 청구할 수 있다(상516의10 → 516.1 → 424). 또 이사와 통모하여 현저하게 불공정한 발행가

액으로 신주인수권부사채를 인수한 자가 있는 경우에는 그는 회사에 대하여 공정한 발행가액과의 차액에 상당한 금액을 지급할 의무를 부담하고(상516의10→516.1→424의.1), 주주는 이에 관하여 대표소송을 제기할 수 있다(상516의10→516.1→424의2.2). 상법상 전환사채무효의 소에 관한 규정이 없는 것과 마찬가지로 신주인수권부사채발행무효의 소에 관한 규정도 인정되고 있지 않으나, 전환사채무효의 소와 유사하게 신주발행무효의 소가 유추적용된다고 본다.

(4) 사채의 양도

1) **비분리형** : 비분리형 신주인수권부사채의 경우에는 채권이 사채권 및 신주인수권을 표창하고 있으므로, 채권의 양도에 의하여 두 권리가 동시에 양수인에게 이전한다. 따라서 채권 자체에 신주인수권부사채라는 뜻, 신주인수권의 양도에 관한 사항, 각 신주인수권부사채에 부여된 신주인수권의 내용, 신주인수권을 행사할 수 있는 기간, 신주인수권만을 양도할 수 있는 것에 관한 사항, 대용납입에 관한 사항, 신주의 납입을 맡을 은행 기타 금융기관과 납입장소 등을 기재하여야 한다(상516의4).

2) **분리형** : 분리형 신주인수권부사채의 경우에는 채권 외에 신주인수권을 표창하는 신주인수권증권이 별도로 발행되므로, 두 증권을 분리하여 양도할 수 있다. 회사는 이사회의 결의에 의하여 신주인수권만을 양도할 수 있다고 결정하면(상516의2.2 4호) 채권과 함께 신주인수권증권을 양식에 맞게 발행하여야 한다(상516의5.1). 이처럼 **신주인수권증권**이 발행되면 신주인수권은 신주인수권증권의 양도방법에 의하여 양도되는데, 신주인수권증권의 양도방법은 양도인의 의사표시와 신주인수권증권의 교부이다(상516의6.1). 신주인수권증권은 신주인수권 더 정확히는 신주발행청구권을 표창하는 **유가증권**으로서, 통상 신주발행시의 신주인수권증서와 신주인수권을 표창하는 유가증권이라는 점에서 동일하지만 다음의 점에서 구별된다. 첫째, 신주인수권증서는 이사회결의로 청구주주에만 발행할 수 있는데(상416.6호,420의2.1), 신주인수권증권은 분리형 신주인수권부사채권자 모두에게 의무적으로 발행되어야 한다(상516의5.1). 둘째, 신주인수권증서는 회사가 신주를 발행하면 인수할 수 있는 권리를 내용으로 하는데 반해, 신주인수권증권은 회사에 신주의 발행을 청구하고 발행되는 신주를 인수하는 권리를 내용으로 한다. 셋째, 신주인수권증서와 달리 신주인수권증권의 경우 대용납입이 허용된다.

(5) 신주인수권의 행사절차

1) **행사방법** : 신주인수권을 행사하려는 자는 신주인수권의 행사기간 중 언제
든지 행사할 수 있다. 주주명부폐쇄기간 중에도 이를 할 수 있으나, 다만 이때에
는 주주명부폐쇄기간 중의 총회결의에 관하여 의결권을 행사할 수 없다(상516의
9→350.2). 회사는 신주인수권의 행사기간 동안은 신주인수권의 행사로 인하여
발행될 주식수만큼 수권주식총수 중 미발행주식수를 유보하여야 한다(상516의
10→516.1→346.2). 신주인수권을 행사하려는 자는 청구서(**신주발행청구서**) 2통
을 회사에 제출하여야 하는데(상516의8.1), 이 청구서에는 인수할 주식의 종류 및
수와 주소를 기재하고 기명날인 또는 서명하여야 한다(상516의8.4→302.1). 이때
신주인수권부사채가 분리형인 경우에는 신주인수권증권을 첨부하고, 비분리형인
경우에는 채권을 제시하여야 한다(상516의8.2).

2) **신주의 발행** : 신주인수권부사채의 신주인수권은 **신주발행청구권**의 실질을
가졌으므로 이를 행사하면 회사는 신주를 발행하여야 한다. 이 경우 이사회는 신
주발행을 위해 이사회결의(상416)를 하여야 하는가? 이는 통상적인 신주발행이
아니고 신주인수권부사채권자가 형성권적 성질을 가지는 신주인수권을 행사함으
로써 회사가 신주발행의무를 부담하게 되고 그 이행으로써 신주를 발행하는 것
이므로 별도의 이사회결의는 요구되지 않는다고 본다. 이는 **특수한 신주발행**이므
로 신주에 대한 주주의 신주인수권은 발생하지 않고 신주인수권부사채권자의 신
주인수권만 작동한다. 신주인수권부사채권자가 신주발행청구서를 제출하여 신주
인수권을 행사하면(상516의9) 회사는 신주를 발행하여야 하고 별도로 사채권자
의 신주인수의 청약이나 회사의 배정이 요구되지 않고 사채권자의 **납입의무**만 발
생한다. 그리고 사채권자가 신주인수권을 행사하더라도 바로 신주발행의 효력이
발생하지 않고 신주인수권자는 회사에 대해 신주의 발행금액을 납입함으로써 신
주에 관한 권한을 취득하고 납입한 시점에 효력이 발생하지만 대용납입의 경우
에는 예외이다.

3) **납입절차** : 신주인수권을 행사한 자는 원칙적으로 신주의 발행가액의 전액
을 납입하여야 한다(상516의9.1.후단). 이때의 납입은 채권 또는 신주인수권증권
에 기재된 납입장소인 은행 기타 금융기관에 하여야 하며(상516의9.3), 이러한 납
입금보관은행의 변경 및 증명과 책임에 관하여는 회사설립(모집설립)의 경우와

같다(상516의9.4 → 상306,318). 그러나 예외적으로 **대용납입**이 허용된다(상516의 2.2.5호). 대용납입의 법적 성질(**쟁점87**)[204]에 관하여, 신주인수권의 행사를 조건 으로 하는 사채의 기한 전 상환에 의한 상환청구권과 납입의무의 상계로 보는 **상 계설**, 사채와 주식은 전혀 그 성질을 달리한다는 점에서 대물변제로 보는 **대물변 제설** 등이 주장된다. 생각건대 사채와 주식과의 상계가 아니라 사채상환채무와 주 금납입채무간의 상계이므로 대물변제로 볼 필요가 없다고 본다.

4) **변경등기** : 신주인수권을 행사하고 납입하여 신주의 효력이 생기면 등기사 항인 신주인수권부사채의 총액(상516의7.1 5호, 516의2.2 1호)이 감소하거나(대용 납입이 있는 경우), 발행주식의 총수와 자본의 총액(상317.2.2호,3호)이 증가한다. 따라서 신주의 효력발생시기가 속하는 달의 말일로부터 2주 내에 본점소재지에서 그 뜻의 변경등기를 하여야 한다(상516의10 → 351). 외국에서 신주인수권부사채 를 모집한 경우에 등기할 사항이 외국에서 생긴 때에는 등기기간은 그 통지가 도 달한 날로부터 기산한다(상514의2.4).

(6) 신주의 효력발생
1) **효력발생시기** : 신주인수권의 행사로 인하여 발행되는 신주의 효력발생시 기는 신주인수권을 행사한 자가 신주의 발행가액의 전액을 납입한 때이다(상516 의10). 다만 **대용납입**이 인정되는 경우에는 예외적으로 현실적인 주금납입이 없으 므로 신주인수권을 행사하는 자가 회사에 신주인수권증권이나 채권을 첨부하여 신주발행의 청구서를 제출한 때에 신주발행의 효력이 발생한다(상516의2.5호). 이 경우 회사의 자본은 증가하나 재산은 증가하지 않는다. 신주 발행에 따라 신주에 대한 이익배당에 관해, 정관이 정하는 바에 따라 그 청구를 한 때가 속하는 영업 연도의 직전영업연도 말에 신주발행의 효력이 발생한다고 간주하는 규정(구상516 의10.2문 → 350.3)을 삭제하여 회사가 자율적으로 정할 수 있게 되었다. 그리고 주주명부폐쇄기간 중에 발행된 신주는 동 기간 중의 총회의 결의에 관하여 의결 권을 행사할 수 없다(상516의10 → 350.2).

---

204) **대용납입의 법적 성질**(**쟁점87**)에 관해, **상계설**과 **대물변제설**이 대립하였다. 과거에는 주 금 납입의 상계가 허용되지 아니하여 대물변제설이 다수설이었으나, 상계가 허용되는 개정법하에서는 상계로 보아도 무방하다고 본다(정동윤748).

2) **질권의 효력** : 전환사채의 경우는 사채를 목적으로 하는 질권은 전환에 의하여 발행되는 주식에 물상대위가 인정되지만(상516.2 → 339후단), 신주인수권부사채의 경우는 원칙적으로 신주인수권의 행사로 사채가 소멸하는 것이 아니므로 신주인수권의 행사로 발행되는 주식에 대한 물상대위가 문제가 되지 않는다. 즉, 신주인수권부사채에 설정된 질권은 인수권의 행사로 발행된 신주에는 미치지 않는다. 그러나 사채의 상환금으로 신주의 발행가액을 대용납입하는 경우는 예외로서 발행된 신주에 물상대위의 효력이 미친다고 본다.

3) **신주인수권부사채발행무효의 소** : 신주인수권부사채가 발생된 경우 그 무효를 주장할 경우 신주인수권부사채발행무효의 소가 제기된다. 하지만 회사법에는 이에 관한 규정을 두고 있지 않아 전환사채와 동일하게 신주발행무효의 소가 유추적용된다고 본다. 신주인수권부사채발행무효의 소의 원인도 전환사채와 유사하게 법령 위반의 사채 발행 등이 이에 해당된다고 본다. 특히 제3자배정 신주인수권부사채는 주주의 신주인수권을 침해할 수 있는데, 판례는 회사가 경영권 분쟁이 현실화된 상황에서 경영진의 경영권이나 지배권 방어라는 목적을 달성하기 위하여 제3자에게 신주를 배정하는 것은 상법 제418조 제2항을 위반하여 주주의 신주인수권을 침해하는 것으로 보고(2008다50776), 이러한 법리는 신주인수권부사채를 제3자에게 발행하는 경우에도 마찬가지로 적용된다고 본다(2015다202919) 그리고 신주 발행을 사후에 무효로 하는 것은 거래의 안전을 해할 우려가 크기 때문에 신주발행무효의 소에서 그 무효원인은 엄격하게 해석하여야 할 것이나, 신주 발행에 법령이나 정관을 위반한 위법이 있고 그것이 주식회사의 본질 또는 회사법의 기본원칙에 반하거나 기존 주주들의 이익과 회사의 경영권 내지 지배권에 중대한 영향을 미치는 경우에는 원칙적으로 그 신주의 발행은 무효라고 본다(2015다202919).

3. 담보부사채

(1) 의 의

담보부사채(mortgage bond)란 사채권을 담보하기 위한 물상담보가 붙어 있는 사채를 말한다. 사채발행의 경우에 기채회사가 각 사채권자에 대하여 개별적으로 담보권을 설정하는 것은 실제로 불가능하므로 기채회사와 사채권자와의 사이에 신탁회사(수탁회사)를 개재시켜 수탁회사와 위탁회사간에 신탁계약을 체결하게 한다. 신탁계약에 따라서 수탁회사는 물상담보권을 취득하고 이것을 총사채권자를 위하여 보존하고 실행할 의무를 부담하며, 총사채권자는 수익자로서 각각의 채권액에 따라 평등하게 담보의 이익을 향수한다. 이를 위해 담보부사채신탁법이 제정되었는데, 동법에 의해 담보권이 설정된 사채가 바로 담보부사채이다. 신탁계약에 의하여 설정할 수 있는 물상담보로는 동산질, 증서 있는 채권질, 주식질(금융위원회의 인가를 얻은 경우), 부동산저당 기타 법령이 인정하는 각종의 저당에 한정된다(동법4). 이러한 담보권은 총사채를 위하여 수탁회사에 귀속된다(동법60.1). 담보부사채는 물상담보가 붙여진 사채로서, 인적담보가 붙여진 보증사채(guranteed obligations)와 구별된다.

(2) 담보권 설정

1) **신탁계약** : 담보부사채신탁법에 의하면 사채에 대하여 물상담보권을 설정하고자 하는 경우에는 기채회사를 위탁회사로 하고, 신탁업법에 의한 신탁회사 또는 은행법에 의한 금융기관으로서 금융위원회에 등록한 자를 수탁회사로 하여(동법5), 양자간의 신탁계약에 의하여 사채를 발행하여야 한다(동법3). 이때 수탁회사는 신탁증서에 총사채를 위하여 물상담보권을 취득하는 동시에(동법60.1), 이 담보권을 총사채권자를 위하여 보존하고 또 실행하여야 할 의무를 부담하므로(동법60.2), 사채권자는 수익자로서 그 담보의 이익을 채권액에 비례하여 평등하게 받는다(동법61). 담보부사채에 관한 신탁계약은 법정요건을 기재한 신탁증서에 의하여 체결된다(동법12-).

2) **수탁회사** : 수탁회사의 자격은 신탁업법에 의한 신탁회사 또는 은행법에 의한 금융기관으로서(동법5.2), 금융위원회에 등록하여야 한다(동법5.1). 수탁회사는 앞에서 본 바와 같이 물상담보권의 귀속자로서(상60.1), 총사채권자를 위하여 담보권을 보존·실행하여야 하는 업무(동법60.2) 외에 위탁회사를 위하여 담보부사채의 모집에 관한 업무(동법18,19), 사채권자집회의 소집·결의의 집행(동법41,54), 담보권을 실행·강제집행(동법71,72), 채권의 변제를 받음에 필요한 모든 업무(동법73) 등을 수행할 권한이 있다.

(3) 담보부사채의 발행

기채회사는 동일담보권으로서 담보된 사채의 총액을 수 회로 분할하여 발행할 수 있다. 이때 발행되는 각 회의 사채는 그 담보권에 대하여 동일순위에 있게 된다(동법14,15,17.2). 다만 이 경우에 그 최종회의 발행은 신탁증서 작성일로부터 5년 이내에 하여야 한다(동법26). 이것은 신주발행에 있어서 수권자본제도와 유사한 것으로, 미국법상의 개방적 담보제도(openend mortgage)를 도입한 것이다. 이와 달리 동일담보권으로서 담보된 사채의 총액을 일시에 발행하도록 하는 제도를 폐쇄적 담보제도(closedend mortgage)라고 한다. 기채회사가 담보부사채를 모집하는 경우에는 사채청약서(상474) 대신에 공고(동법17)에 의한다.

(4) 사채권자집회

담보부사채신탁법은 담보부사채의 사채권자집회에 대하여 상세히 규정하고 있는데, 일반사채의 사채권자집회(상490~512)와 비교시 다음과 같은 차이가 있다. 첫째, 일반사채의 경우는 상법에 다른 규정이 있는 경우 외에는 법원의 허가를 얻어 사채권자의 이해에 중대한 관계가 있는 사항에 관하여 결의할 수 있는데(상490), 담보부사채의 경우는 담보부사채신탁법에 규정된 것 외에는 따로 신탁계약에 정한 것에 한하여 결의할 수 있다(동법51). 둘째, 일반사채의 경우는 원칙적으로 주주총회의 특별결의요건(상434)에 의하나(상495.1), 담보부사채의 경우는 원칙적으로 행사된 결의권의 과반수(보통결의)로써 결의한다(동법45.1). 셋째, 일반사채의 경우는 법원의 인가를 얻음으로써 그 효력이 생기나(상498.1), 담보부사채의 경우는 법원의 인가를 요하지 않으며 결의의 절차 등에 하자가 있는 경우에는 결의무효를 법원에 청구할 수 있다(동법50).

4. 기타 특수사채

(1) 이익참가부사채

1) **개 념** : 이익참가부사채(participating bonds; obligations participants; Gewinns chuldverschreibung)란 사채권자에게 사채의 이율에 의한 확정이자를 지급하는 외에 배당가능이익이 있는 경우에는 이익배당에도 참가할 수 있는 권리를 부여한 사채를 말한다(자본191의4.1) 이는 회사의 영업실적에 따라 사채권자가 이익배당참여도 가능하므로 기존주주의 이익을 침해받을 우려가 크고, 따라서 주

권상장법인에 한하여 발행을 허용하고 엄격한 절차를 요구하고 있다. 이익참가부
사채는 전환사채와 신주인수권부사채와 같이 사채의 안전성을 가지면서도 이익배
당에 참가하여 투자성도 가져 사채·주식의 성질이 혼합되어 있고, 전환권·인수
권 등을 행사하지 않아도 발행시부터 이익배당청구권이 부여된다.

2) **발행사항의 결정** : 이익참가부사채도 전환사채나 신주인수권부사채와 마찬
가지로 주주배정에 의하여 발행하는 경우와 주주 외의 자에 대하여 발행하는 경
우로 나누어진다. **주주배정**에 의하여 이익참가부사채를 발행하는 경우에는 이익
참가부사채의 총액, 이익배당참가의 조건 및 내용, 주주배정취지와 이익참가부사
채의 가액 등의 발행사항에 관하여 정관에 규정이 없는 것은 이사회에서 결정한
다. 그러나 정관으로 주주총회에서 이를 결정하도록 정한 경우에는 예외이다(자
본령176의12.2). **제3자배정**의 경우에는 제3자배정 이익참가부사채의 가액, 이익배
당참가의 내용에 관하여 정관에 규정이 없으면 주주총회의 특별결의가 있어야 한
다(자본령176의12.3). 제3자배정 이익참가부사채를 발행한다는 내용의 의안의 요
령을 주주총회 소집에 관한 통지 또는 공고에 기재하여야 한다(자본령176의12.4).

3) **발행절차** : 사채청약서·채권과 사채원부에 이익배당청구권, 이익배당참가
의 조건·내용을 기재·공시하여야 한다(자본령176의12.7). **주주배정**시 주주는 그
가 가진 주식의 수에 따라 이익참가부사채의 배정을 받을 권리가 있지만, 최저액
에 미달하는 단수는 제외된다(자본령176의12.5 → 상513의2.1). 회사는 배정기준
일을 2주 전에 공고하고(자본령176의12.5 → 상513의2.2,418.3). 실권예고부최고를
하는데, 통지·공고는 청약기일의 2주 전에 하여야 한다(자본령176의12.5 → 상513
의3). 이익참가부사채의 인수권을 가진 주주가 청약기일까지 사채의 청약을 하지
아니하면 그 인수권을 잃는다. **제3자배정**시 (모집발행 포함) 주주총회의 특별결의
가 있어야 하는데, 모집발행의 경우에는 일반사채와 동일한 방법의 모집절차를
밟아 이익참가부사채를 배정하고, 예정된 제3자에게 배정의 경우에는 제3자에게
소정의 이익참가부사채를 배정한다. 회사가 이익참가부사채를 발행한 경우에는
사채의 납입이 완료된 날로부터 2주 내에 본점소재지에서 일정사항을 등기하여야
한다(자본령176의12.8). 이익참가부사채의 **불공정한 발행**에 대하여는 전환사채와
신주인수권부사채와 동일하게 주주에게 그 신주발행유지청구권이 인정되고, 또
불공정한 가액으로 신주를 인수한 자는 공정한 발행가액과의 차액에 상당한 금액

을 회사에 지급할 의무를 부담한다(자본령176의12.6 → 상424,424의2).

4) **이익배당참가** : 이익참가부사채권자는 사채계약에서 정한 비율에 따라 이자를 받을 뿐만 아니라, 회사의 이익배당에도 참가하여 그 배당을 받을 수 있다. 이익배당참가의 내용에 대하여는 자본시장법 및 동법 시행령에서 특별히 규정하고 있지 않으므로 주주배정의 경우에는 원칙적으로 이사회에서 자유롭게 결정되나(자본령176의12.2), 제3자배정(모집발행 포함)의 경우 정관에서 정함이 없으면 주주총회의 특별결의에 의하여 결정된다(자본령176의12.3). 이익참가부사채권자의 이익배당청구권은 고유권적 성질을 가지는 주주의 권리와는 달리 이사회·주주총회의 결의에 의해 정해지므로 주주와 동일한 배당이 보장되어 있는 것은 아니다.

(2) 교환사채

1) **개 념** : 교환사채란 사채권자에게 당해 주권상장법인 또는 코스닥상장법인이 소유하고 있는 주식 기타 다른 유가증권과 교환을 청구할 수 있는 권리가 부여된 사채를 말한다(자본165의11). 교환사채는 이사회의 결의에 의하여 발행되고(자금령176의13.1), 사채청약서·채권·사채원부에 발행사항이 공시되며(자본령176의13.2) 주식의 지위를 가진다는 점에서 전환사채의 유사하지만 다음의 점에서 구별된다. 첫째, 교환사채는 주권·코스닥상장법인에 한하여 발행할 수 있지만 전환사채에는 이러한 제한이 없고, 둘째, 교환사채를 제3자배정의 경우에도 이사회의 결의로 발행되며(자본령176의13.1), 주총 특별결의가 요구되는 전환사채와 다르며(상513.3). 셋째, 교환사채의 경우 회사가 이미 소유하고 있는 기존주권을 교환사채와 교환하여 교부하는데, 전환사채는 전환에 의하여 회사가 신주를 발행하여 교부한다. 넷째, 교환사채를 발행한 주권·코스닥상장법인은 교환에 필요한 상장주권의 예탁이 요구되는데(자본령176의13.3), 전환사채는 이러한 예탁없이 회사가 신주를 발행하면 된다. 다섯째, 교환사채가 교환할 수 있는 주권은 기채회사가 소유하고 있는 상장주권이면 무방하고 반드시 기채회사의 자기주권임을 요하지 아니하나, 전환사채는 전환으로 인하여 기채회사가 자기의 신주를 발행하여 교부하여야 한다.

2) **발행절차** : 교환사채는 정관에 근거를 두거나 주주총회의 결의를 거칠 필

요 없이 이사회의 결의만으로 발행할 수 있다. 교환사채의 발행에 의해 장차 신주가 발행되거나, 기타 주주의 이익을 침해하는 일이 생기지는 않기 때문에 제3자배정의 경우에도 주주총회 특별결의가 요구되지 않는다. 이사회는 상장·코스닥상장유가증권과 교환청구권 부여취지, 교환할 상장·코스닥상장유가증권의 내용, 교환의 조건·청구기간 등 사채청약서·채권 및 사채원부에 기재하도록 되어 있는 사항을 결정하여야 하고, 사채청약서·채권·사채원부에도 기재해야 한다. 교환사채를 발행하는 주권상장법인은 교환에 필요한 상장증권을 사채권자의 교환청구가 있는 때 또는 당해 사채의 교환청구기간이 만료하는 때까지 **증권예탁원에 예탁**하여야 한다(자본령176의13.3). **교환대상주식**은 자기주식일 수도 있지만 발행회사가 소유하는 모든 상장유가증권으로 해석된다. 교환조건이란 교환사채에 대해 부여할 교환대상 유가증권의 수량을 정하는 것이다. 예를 들어 발행회사 A가 소유하는 B회사의 보통주식을 5만원으로 평가해서 교환사채 100만원당 20주씩 교환해 주기로 정하는 것을 말한다.

3) 교환의 청구 : ① 청구절차 – 교환사채권자가 다른 상장유가증권과의 교환을 청구하려면 교환청구의 기간 내에 청구서 2통에 기명날인 또는 서명하고, 교환사채권을 첨부하여 회사에 제출하여야 한다(자본령176의13.4 → 상349.1). 만일 기채회사가 교환청구기간을 정하지 아니한 경우에는 사채권자는 수시로 교환청구할 수 있다고 본다. 교환사채는 주주명부와는 아무런 관계가 없으므로 주주명부의 폐쇄기간 중에도 교환청구가 가능하다고 본다.

② 교환 효력 – 교환사채의 교환청구는 전환주식의 전환청구에 관한 상법 제350조를 준용하도록 규정하고 있으므로(자본령176의13.4 → 상350.1) **교환의 효력**은 그 청구를 한 때에 생긴다. 그러나 사채권자가 교환청구를 하였다고 해서 현재 회사가 보유하고 있는 교환대상 유가증권이 바로 사채권자에게 귀속되었다고 할 수는 없으므로, 교환청구에 의하여 회사는 별도의 승인절차 없이 바로 교환대상 유가증권을 사채권자에게 인도하여야 할 의무가 발생한다고 해석하여야 한다. 교환청구는 주주명부폐쇄기간 중에도 할 수는 있으나, 주식을 교환받은 경우에는 그 폐쇄기간 중의 총회의 결의에 관하여 의결권을 행사할 수는 없다(자본령176의13.4 → 상350.2). 교환권을 행사한 주식에 대한 이익 또는 이자의 배당에 관하여 그 청구를 한 때가 속하는 영업연도의 직전영업연도 말에 전환된 것으로 간주하는 규정(자본령176의13.4 → 상350.3)을 삭제하여 회사가 자율적으로 정할 수 있다고 본다.

제 8 장   회사의 조직개편

　세계화 되어가는 기업의 외부환경변화 속에서 회사는 경쟁력을 강화하기 위해 지배구조의 개선 등 회사내부의 기구변경의 필요성도 있지만, 외부의 다른 기업과의 인수·합병 등을 통해 '기업 자체의 상품성'을 높여 투자가치를 올릴 필요가 있다. 이러한 필요성은 주식회사를 비롯한 회사기업에서 특히 두드러지며 회사법은 이러한 수요를 일정부분 반영하고 있으나 향후 많은 제도적 변화가 요구되는 분야이다. 회사의 조직개편(Restructuring)이란 다른 회사와의 법인격의 변경, 분할 또는 융합을 통해 조직의 효율성 제고하여 기업의 투자가치를 높이기 위한 일련의 법률행위라 할 수 있다. 회사법이 규정하고 있는 조직개편을 보면, 다른 종류의 회사로 전환하는 조직변경(상242,269,604,607), 두 개 이상의 회사가 합쳐지는 합병(상174~175,230~240,269,522~530,598~603), 회사간 자본적 결합관계를 형성하는 포괄적 교환·이전(상360의2~360의23), 합병과 반대 현상으로서 회사의 영업을 분할하는 분할(상530의2~530의12) 등이 있다. 상법에는 그밖에 영업양도(양수)(상41~45,374)도 규정하고 있으며, 모회사의 지배주주에 의한 소수주식 취득(상360의24~26)도 조직의 효율성과 투자가지가 제고하는 법률행위이여서 회사의 법인격의 변화가 없어 넓은 의미의 조직개편에는 포함되지만 위에서 정의한 조직개편에는 해당하지 않는다. 그리고 자본시장법이 규정하고 있는 기업매수(M&A, 자본133이하)도 같은 취지에서 이 책의 조직개편에서는 제외한다.

제 1 절   회사의 조직변경

1. 의   의

(1) 개   념

　1) **동일성** : 회사의 조직변경(transformation; Formwechsel)이란 회사가 법인격의 동일성을 유지하면서 다른 종류의 회사로 법률상의 조직을 변경하는 법률요건을 말한다. 조직변경은 변경 전의 회사가 소멸하고 변경 후 새로운 별개의 회사

가 생기는 것이 아니라, 법인격의 동일성이 그대로 유지되는 점에서 합병과 구별
된다. 조직변경은 성질이 유사한 회사간에서만 허용되므로, 우리 상법에서는 인적
회사(합명회사와 합자회사)·물적회사(유한책임회사·주식회사·유한회사)의 상호
간에만 인정된다(상242,286,287의43,604.1,607.1). 판례는 합자회사가 그 목적, 주
소, 대표자 등이 동일한 주식회사인 회사를 설립한 다음 합자회사를 흡수 합병하
는 형식을 밟아 사실상 합자회사를 주식회사로 변경하는 효과를 꾀하였다 하더라
도 이를 법률상의 회사조직변경으로 볼 수는 없다고 보았다(85누69).

2) **기업의 유지** : 기존 회사조직이 영업에 적합하지 않게 되어 다른 종류의 회
사로 변경하고자 하는 경우, 기존회사를 해산하고 다른 종류의 회사를 신설하는
것은 상당한 노력이 요구될 뿐만 아니라 회사의 기존회사의 청산과 새로운 회사
의 설립에 소유되는 비용을 고려할 때 경제적 관점에서도 매우 불리하다. 상법의
기업유지 이념에서 회사의 법인격을 동일하게 유지하면서 다른 종류의 회사로 변
경할 수 있게 한 제도가 조직변경제도이다. 다만 물적회사와 인적회사간 조직변
경은 사원의 책임이 변경되므로 조직변경의 대상이 되지 않고 회사의 해산·설립
에 의한 새로운 조직의 탄생이 요구된다고 볼 수 있다.

(2) 조직변경의 절차

1) **개 요** : 회사의 조직변경은 대내적·대외적으로 회사의 이해관계인에게 매
우 중요한 영향을 미친다. 따라서 상법은 대내적으로 총사원의 동의 또는 전원일
치에 의한 주주총회의 결의를 받도록 하고(상242.1,286.1,604.1,607.1), 대외적으로
는 회사채권자의 이익을 보호하는 조치를 취하도록 하고 있다. 특히 유한회사의
경우에는 자본충실을 위하여 사원에게 전보책임을 부과하고 있다(상604.1,
2,4,605,607.2,4,608). 조직변경은 회사의 동일성을 잃게 하지는 않지만, 형식상 해
산과 설립의 등기를 하여야 한다(상606).

2) **인적회사 조직변경** : ① 합자회사로의 조직변경 – 합명회사는 총사원의 동의
로 일부 사원을 유한책임사원으로 하거나 새로이 유한책임사원을 가입시켜 합자
회사로 조직변경할 수 있다(상242.1). 합명회사의 사원이 1인으로 되어 해산사유
가 된 경우에 새로 사원을 가입시켜 회사를 계속하는 경우에도 합자회사로 조직
변경할 수 있다(상242.2). 무한책임사원을 유한책임사원으로 변경하여 합자회사로

조직변경을 하는 경우, 유한책임사원으로 된 자는 본점소재지에서 조직변경의 등기를 하기 전에 생긴 회사채무에 대하여 등기 후 2년 내에는 무한책임사원의 책임을 면하지 못한다(상244).

② 합명회사로의 조직변경 — 합자회사는 총사원의 동의로 유한책임사원을 무한책임사원으로 변경하여(상286.1), 또는 유한책임사원 전원이 퇴사한 경우에는 무한책임사원 전원의 동의로 합명회사로 조직변경할 수 있다(상286.2). 유한책임사원이 무한책임사원이 되어 합명회사로 조직변경하는 경우에는 특별히 회사채권자를 보호하는 절차는 없다. 조직변경시 본점소재지에서는 2주 내, 지점소재지에서는 3주 내에 변경전 회사의 해산등기, 변경후 회사에 설립등기를 하여야 한다(상243,상286.3).

    2) 물적회사 조직변경 : ① 유한회사로의 조직변경 — 주식·유한회사·유한책임회사의 조직변경을 위해서는 변경전 회사의 총주주·총사원의 결의가 요구되며(상604.1,상607.1), 정관 기타 조직변경에 필요한 사항을 정하여야 한다(상607.5 → 604.3). 유한회사로 조직변경이 가능한 것은 주식회사이고 유한책임회사가 유한회사로의 조직변경에 관해서는 근거규정이 없다. 주식회사는 사채의 상환을 완료하여야 하는데(상604.1) 이는 유한회사는 사채발행을 하지 못하기 때문이다. 그리고 유한회사의 자본총액은 변경 전의 주식회사에 현존하는 순재산액을 초과하지 못하므로(상604.2), 유한회사에 현존하는 순재산액이 자본총액에 부족할 경우 조직변경결의 당시의 이사·주주가 연대하여 그 부족액을 지급할 책임(**순재산액전보책임**)이 있고(상605.1), 채권자보호절차를 요한다(상608 → 232). 주주의 순재산액전보책임은 면제될 수 없으며, 이사의 책임은 총사원의 동의에 의하여 면제될 수 있다(상605.2 → 550.2,551.2·3). 주식에 대한 질권은 주주가 취득하는 유한회사의 지분·조직변경수령금 위에 물상대위 한다(상604.4 → 601). 판례는 주식회사의 유한회사로의 조직변경은 주식회사가 법인격의 동일성을 유지하면서 조직을 변경하여 유한회사로 되므로(2010두6731), 그와 같은 사유로는 소송절차가 중단되지 아니하므로 조직이 변경된 유한회사나 주식회사가 소송절차를 수계할 필요가 없다고 본다(2021후10855).

    ② 주식회사로의 조직변경 — 유한회사뿐만 아니라 유한책임회사도 주식회사로 조직변경이 가능하며(상287의43.2), 주식회사 설립절차의 탈법을 막기 위해 **법원의 허가**를 받아야 그 효력이 있다(상607.3). 유한회사의 현존 순재산액의 범위 내

에서 주식의 발행가액총액이 정하여져야 하며, 이를 위반한 경우 조직변경결의
당시의 이사·감사·사원은 회사에 대하여 연대하여 그 부족액을 지급할 책임(**순
재산액담보책임**)이 있으며(상607.4), 합병에서와 같은 채권자보호절차를 밟아야
한다(상608→232). 이사·감사의 책임은 총주주의 동의로 면제할 수 있으나, 주
주의 책임은 면제할 수 없다(상607.4→550.2,551.2,3). 유한회사의 지분에 대한
등록질권자는 회사에 대하여 주권교부청구권이 있으며(상607.5→340.3), 새로 교
부되는 주권에 대한 물상대위가 인정된다(상607.5→601.1). 유한책임회사가 주식
회사로 조직변경하는 경우에도 총사원의 일치에 의한 총회의 결의로 조직변경이
가능하고, 발행하는 주식의 발행가액의 총액은 회사에 현존하는 순재산액을 초과
하지 못한다(상287의44→607.1,2).

③ **유한책임회사로의 조직변경** ― 유한책임회사로 조직변경이 허용되는 것은 주
식회사이다. 주식회사는 주주총회에서 총주주의 동의로 결의한 경우에는 그 조직
을 변경하여 유한책임회사가 될 수 있다(상287의43.1). 이에 관해서는 유한회사의
조직변경에 관한 규정이 준용된다(상287의44→232,604~607). 따라서 주식회사
가 유한책임회사로 조직변경할 경우에도 사채의 상환을 완료하여야 하고(상
604.1), 회사에 현존하는 순재산액이 자본금의 총액에 부족한 경우에는 결의당시
의 이사와 주주는 회사에 대하여 연대하여 그 부족액을 지급할 책임을 부담한다
(상605.1). 조직변경의 절차가 종료하면 본점소재지에서 2주 내, 지점소재지에서
는 3주 내에 변경전 회사의 해산등기, 변경후 회사의 설립등기를 하여야 함은 인
적회사 조직변경과 동일하다(상606,상607.5→606).

2. 조직변경의 효력

(1) 효력 발생

물적회사의 조직변경이 있을 경우 변경전 주식회사의 이사·주주(상605.1),변
경전 유한회사의 이사·감사·사원(상607.4)의 순재산액전보책임이 발생함은 앞서
보았다. 회사간 합병은 합병등기를 함으로써 합병이 효력이 발생하는데(상234),
회사법에는 조직변경에 관해서는 이와 유사한 규정을 두고 있지 않다. 조직변경
의 효력발생시점은 언제인가?(**쟁점91**)205) 이에 관해, 현실로 조직이 변경되었을 때

───────────────

205) **조직변경의 효력발생시기(쟁점91)**에 관해, **조직변경시설**은 현실로 조직이 변경되었을 때
에 그 효력이 발생한다고 보고, **조직변경등기시설**은 합병의 경우와 같이 조직변경을 등

에 효력이 발생한다는 **조직변경시설**, 합병과 같이 조직변경을 등기한 때에 그 효력이 발생하는 것으로 보는 **조직변경등기시설** 등이 주장된다. 생각건대 회사의 조직변경은 회사 사원·주주의 책임변경 등 다양한 효과가 발생하는 중요한 회사법적 현상인데 이를 사실상 조직변경이 완성되었을 때를 기준으로 할 경우 기준시점이 모호해져 법적 분쟁이 발생할 여지가 많다. 따라서 합병과 같은 명확한 규정은 없지만 합병과 함께 조직개편현상의 하나이므로 합병규정을 유추적용하여 조직변경 등기시점에 조직변경의 효력이 발생한다고 해석함이 타당하다고 본다.

(2) 조직변경의 하자

합병절차에 관해 하자가 있을 경우 합병무효의 소를 규정하고 있지만, 회사의 조직변경절차에 하자가 있는 경우 그 처리에 관하여 회사법에 아무런 규정이 없다. 따라서 조직변경의 의사결정에 하자가 있거나 채권자보호절차에 하자가 있을 경우 등 조직변경절차에 하자가 있을 경우 단체법상 획일적으로 확정함을 요하므로 민법의 무효·취소에 관한 규정이 적용될 수는 없고 **조직변경무효의 소**로 다투어져야 한다. 그리고 조직변경무효의 소에 관해서는 회사설립의 무효·취소에 관한 소의 규정이 준용된다고 보는 견해가 있다. 하지만 조직변경은 단순히 회사의 설립의 무효문제가 아니라 회사의 해산과 설립이 원인과 결과로 연결되어 있는 조직개편의 일종이므로 회사간의 소멸·생성관계를 규율하는 합병무효의 소의 규정을 유추적용하는 것이 타당하다고 본다. 설립무효의 소를 준용하든, 합병무효의 소를 유추적용하든 조직변경의 무효가 확정되면 조직변경 전의 회사로 복귀하게 된다.

제 2 절 회사의 합병

1. 의 의

(1) 개 념

합병(fusion, amalgamation, merger; Verschmelzung)이란 2개 이상의 회사가

기한 때에 그 효력이 발생하는 것으로 본다(정동윤901).

청산절차 없이 합쳐지는 현상이다. 합병에 의해 한 회사(A회사)가 다른 회사(B회사)를 흡수할 경우 피흡수회사(대상회사·B회사)가, 새로운 회사(C회사)를 설립하는 경우 합병당사회사(A회사, B회사) 모두가 소멸되지만, 소멸회사의 청산절차를 거치지 않고 소멸회사의 권리의무·사원은 존속(A)·신설(C)회사에 포괄적으로 이전되는 회사법상의 법률행위이다. 회사가 합쳐지는 것은 회사의 해산·영업양도(또는 현물출자)·사원수용 등의 결합(**사실상의 합병**)에 의해서도 가능하지만, 사실상의 합병에는 회사의 해산시 청산절차가 요구된다는 점에서 합병과 구별된다. 그리고 영업의 양수, 기업의 인수 등과는 영업재산이 이전하는 점에서는 유사하지만 법인격의 변화가 초래되지 않는다는 점에서 구별된다. 합병은 사적자치에 근거한 **합병자유의 원칙**에 따라 일정한 요건을 준수할 경우 자유롭게 이뤄질 수 있으며, 조직변경과 달리 인적·물적회사 간에도 이뤄질 수 있다.

(2) 합병의 종류

1) **당사자 기준** : 합병에는 한 회사(A회사)가 존속하고 다른 회사(B회사)가 소멸하는(A회사 ← B회사) **흡수합병**(merger)과 당사 회사(A회사, B회사) 모두가 소멸하고 신회사(C회사)가 설립되는(A회사+B회사 → C회사) **신설합병**(consolidation)이 있다. 흡수합병에서 존속하는 회사(A회사)를 존속회사, 신설합병에서 설립되는 회사(C회사)를 **신설회사**, 이 두 경우에 해산하여 즉시 법인격이 없어지는 회사(B회사 또는 A회사·B회사)를 **소멸회사**라고 한다. 흡수합병이든 신설합병이든 소멸회사의 권리·의무의 승계와 사원의 수용이 이루어진다는 점에서는 동일하고, 소멸회사의 주주(흡수합병시 b, 신설합병시 a·b)는 존속회사(흡수합병시 A, 신설합병시 C)의 주주(a 또는 c)가 된다. 하지만 신설합병의 경우에는 회사가 새로 설립되어야 하므로 설립절차를 진행하여야 하고 존속회사가 없기 때문에 존속회사가 가지는 유형적 이익은 포괄승계 되지만 무형적 이익(회사의 브랜드파워 등) 사실상 승계되지 않을 수 있다.

2) **승인기관 기준** : 주식회사의 합병에는 보통 합병 당사회사의 주주총회 특별결의에 의한 승인을 요한다(상522.1,3). 그런데 흡수합병에서 소멸회사(B회사)의 다수 주식을 이미 존속회사(A회사)가 소유하고 있을 경우 소멸회사(B회사)의 주주총회의 결의나, 존속회사(A회사)의 규모에 비하여 상대적으로 소멸회사(B회사)의 규모가 현저히 작을 경우 존속회사(A회사)의 주주총회의 결의를 이사회결의로

대신하는 것을 회사법이 허용하고 있다. 소멸회사(B회사)의 총주주의 동의가 있거나 소멸회사(B회사)의 발행주식총수의 90/100 이상을 존속회사(A회사)가 소유하고 있는 경우에는 소멸회사의 주주총회의 승인을 이사회의 승인으로 갈음할 수 있는데(상527의2.1) 이를 **간이합병**(약식합병, shortform merger)이라 한다. 다음으로 존속회사(A회사)가 합병으로 소멸회사(B회사) 주주에게 지급하는 주식이 존속회사(A회사)의 발행주식총수의 10/100을 초과하지 아니하는 경우 존속회사(A회사)의 주주총회의 승인을 이사회결의로 대신할 수 있는데(상527의3), 이를 **소규모합병**(small scale merger)이라 한다.

3) 합병대가 기준 : 회사법은 흡수합병의 경우 합병의 대가를 존속회사의 주식(신주 포함)으로 정하고 예외적으로 일정한 금액을 지급할 수 있었으나, 합병대가의 유연화를 위해 개정을 통해 합병대가에 금전이나 그 밖의 재산을 제공할 수 있게 되었다. 따라서 소멸회사(B회사)의 주주들에게 존속회사(A회사)의 주식이 교부되던 전통적인 합병(주식합병) 이외에도 소멸회사(B회사)의 주주들에게 현금이 지급되는 **현금합병**이나 기타 재산(다른 회사의 주식을 포함)이 지급되는 **재산합병**(삼각합병 등)이 가능하게 되었다. 현금합병은 소멸회사(B회사)의 주주를 존속회사(A회사)의 주주가 되지 못하도록 하는 효과(사원승계의 제한)를 가지며, 재산합병은 존속회사(A회사)가 보유하고 있는 주식 등을 교부함으로써 합병을 통해 기업결합관계를 구축할 수도 있다. 특히 소멸회사(B회사)의 주주에게 존속회사(A회사)의 주식 대신 존속회사(A회사)의 모회사(A'회사)의 주식을 제공하는 합병을 **삼각합병**이라 한다.

(3) 합병의 성질

1) 논 의 : 합병이란 두 개 이상의 회사가 하나의 회사로 되는 현상인데 그 법적 성질은 무엇인가?(**쟁점92**)[206] 합병의 법적 성질에 관해, 2개 이상의 회사가 1

---

[206] **합병의 법적 성질(쟁점92)**에 관해, **인격합일설**은 합병이란 두 개 이상의 회사가 하나의 회사로 된다는 견해이다. 즉, 2개 이상의 회사가 단체법상·조직법상의 특수한 계약에 의하여 1개의 회사로 합일되는 법률사실이며, 그 효과로서 재산의 이전과 사원의 수용이 이루어진다는 견해로서 통설이다. 합병되는 것은 회사라는 법인격 자체이며, 권리의무(및 사원)의 이전은 모두 인격합일의 결과라고 한다(통설). 따라서 이 견해는 회사합일설이라고도 볼 수 있으며, 합병의 효과로서 사단법인적 요소를 중시한 견해로 엄격히는 사원합일설이라고도 볼 수 있다. 다만 이 견해에 대해 재산의 이전과 사원의 수용 등 합병의 효과를 외부적·현상적으로 파악하여 인격합일이라고 표현하고 있을 뿐 법률

개의 회사로 합일되는 법률사실이며 합병되는 것은 회사라는 법인격 자체라 보아 사단법적 요소를 중시하는 **인격합일설**, 합병은 소멸회사의 재산이 존속·신설회사에 반드시 포괄적으로 합일되는 것이고 그 결과 소멸회사의 사원은 존속·신설회사의 사원권을 갖게 된다고 보는 **재산합일설**, 합병을 소멸하는 회사가 영업전부를 존속·신설회사에 현물출자하여 자본증가 또는 회사설립하는 행위로 이해하여 재산법적 요소를 중시하는 **현물출자설**, 합병은 소멸회사 스스로가 아니라 그 소멸회사의 주주 또는 사원이 그 지분(주식)을 존속·신설회사에 현물출자하는 것이라 보는 **사원현물출자설** 등이 주장된다.

2) **검 토** : 인격합일설은 합병의 사단법적 요소를 중시하였고 재산합일설, (사원)현물출자설은 합병의 재산적 요소를 중시한 견해이다. 인격합일설은 재산합일을 인격합일의 효과로 이해하고 재산합일설 등은 재산합일의 결과 인격합일의 효과가 발생한다고 이해한다. 하지만 인격합일이 있게 되면 사원(투자자)의 지위 변동이 있게 되고 따라서 재산의 이동은 필연적이다. 하지만 재산합일이 있더라도 인격합일이 필연적이지는 않고(예, 영업양도) 별개의 행위가 있어야 인격합일에 따른 사원의 지위 변동이 있게 되므로 논리적으로 볼 때 인격합일설 이외의 견해는 합병의 효과를 모두 포괄할 수 없다. 즉 (사원)현물출자설은 소멸회사의 법인격 소멸의 근거가 불분명하고, 재산합일설은 사원의 지위가 변동되는 이유를 재대로 설명하지 못하는 한계를 가지고 있다. 이렇게 볼 때 합병의 본질은 인격의 합일에 있다고 볼 수밖에 없어 인격합일설이 무난하다고 평가되지만, 인

적 설명을 하지 못한다는 비판이 있다. **현물출자설은** 합병이란 소멸하는 회사가 영업전부를 존속회사 또는 신설회사에 현물출자함으로써 이루어지는 자본증가(흡수합병의 경우) 또는 회사설립(신설합병의 경우)이라고 본다. 이 견해는 합병의 효과로서 재산법적 요소를 중시한다. 그러나 현물출자의 목적물에는 소멸회사의 채무도 포함시킬 수 있지만 전체로서의 가치는 적극이어야 하는데, 이 학설은 채무초과회사를 해산회사로 하거나 자본이 증가하지 않는 합병 및 신주발행이 없는 합병과 소멸회사의 사원이 존속회사(신설회사)의 사원이 되는 관계의 설명에 난점이 있다. **사원현물출자설은** 합병은 소멸회사 스스로가 아니라 그 소멸회사의 주주 또는 사원이 그 지분(주식)을 존속회사 또는 신설회사에 현물출자하는 것이라는 견해이다. 이 견해는 소멸회사의 사원이 존속회사(신설회사)의 사원의 지위를 취득하는 관계와 주식이나 지분을 출자의 대상으로 하기 때문에 채무초과회사의 합병을 적절히 설명할 수 있어 현물출자설의 단점을 극복하였다. **재산합일설은** 합병은 소멸회사의 재산이 존속회사 또는 신설회사에 반드시 포괄적으로 합일되는 것이라고 한다(정희철304). 그 결과 종전의 재산에 대하여 주주권 또는 사원권을 갖던 사람이 당연히 존속·신설회사의 주주권 또는 사원권을 갖게 된다는 것이다.

격합일설은 소멸회사의 주주가 존속회사의 주주가 되는 현상을 제대로 설명하지 못하는 한계를 가지고 있다. 합병과정에 소멸회사가 청산절차 없이 소멸하는 것은 법률의 규정에 의한 효과라 하더라도 인격의 합일은 오히려 소멸회사의 주주가 존속·신설회사의 신주 취득에 따른 결과는 아닌가? 합병에도 회사간 합병계약이 요구되고 인격의 소멸과 합일은 계약적 사항이 아닌데 인격합일을 위한 계약이 가능한가?

   3) 사 견 : ① 회사간 합의 – 합병은 회사간의 합의에 따른 법적 현상인데 그 효과는 주주에게도 미친다는 점에서 특수한 법률요건이라 할 수 있다. 청산절차 없이 회사가 소멸하는 것은 법률의 규정에 따른 효과라 하더라도, 회사와 주주는 별개의 인격체인데 회사간의 계약의 효과가 별개의 인격체인 주주들에게 직접 미친다는 점에서 합병의 특색이 있다. 합병계약은 합병당사회사간 일방·쌍방의 포괄적 재산이전·현물출자와 상대방·신설회사의 신주발행교부를 내용으로 하는 계약(재산이전·신주발행계약)이라 할 수 있다. 다만 포괄적으로 이전된 자산은 상대방·신설회사가 소유하게 되지만 발행교부된 신주는 회사가 소유하는 것이 아니라, 소멸하는 회사의 주식을 보유하던 주주가 소멸회사의 주식을 포기하는 대신 신주를 소유하게 된다는 점에 특징이 있다. 이렇게 볼 때 합병계약은 타인(소멸회사 주주)을 위한 계약의 성질을 가지게 된다. 이를 흡수합병과 신설합병에 따라 구체적으로 분석하면 다음과 같다.
   ② 흡수합병(A←B) – A(흡수회사), B(소멸회사)는 B의 재산을 포괄적으로 이전(현물출자)하고 그 대가로 A는 신주를 발행하여 B에 교부할 것을 합의하지만, 소멸회사(B)는 법률의 규정에 따라 청산절차 없이 소멸되므로 동 주식은 B의 주주들(b1, b2)에게 귀속되며 이는 실질적 잔여재산분배와 유사한 성질을 가지게 된다. 결국 B의 재산이 포괄적으로 A에 이전되면서 그 대가로 B의 주주가 A의 신주를 취득하게 된다. B의 주주인 b1, b2가 자신의 B주식이 회사가 소멸되어 무가치하게 되므로 이를 포기하는 대신 A의 신주를 받는 것으로 대가관계가 이해된다. 이렇게 볼 때 합병계약은 A, B간의 계약(B의 재산포괄이전＋ A의 신주발행교부)이지만 신주에 대한 권리는 B가 아닌 B의 주주가 된다는 점에 특징이 있어, B의 급부에 대한 대가를 B의 주주인 b1, b2가 취득한다는 점에서 타인을 위한 계약의 특성도 가지게 된다.
   ③ 신설합병(A+B→C) – A와 B는 모든 재산을 C회사에 포괄적 현물출자하여

회사를 설립하면서 대가로 받는 신주는 A, B에 귀속되지만 A, B는 소멸하므로 A, B의 주주에게 귀속하게 된다. A, B의 주주인 a1, a2 그리고 b1, b2가 자신들이 보유하던 A주식, B주식이 A, B의 소멸로 무가치하게 되므로 이를 포기하는 대신 A, B가 받아야 하는 C의 신주를 받는다. 결국 C의 주식이 A, B의 주주인 a1, a2 그리고 b1, b2에게 귀속되어 이 역시 실질적 잔여재산분배와 유사한 성질을 가지게 된다. 이렇게 볼 때 신설합병계약은 A, B간의 계약(A, B의 포괄현물출자)이지만 신주에 대한 권리는 A, B가 아닌 a1, a2 그리고 b1, b2가 된다는 점에 특징이 있어, A, B가 포괄현물출자를 하여 C를 설립하면서 그 대가(C주식)를 A의 주주(a1, a2)와 B의 주주(b1, b2)가 취득한다는 점에서 역시 타인을 위한 계약의 특성을 가지게 된다.

④ 소 결 – 합병계약은 포괄적 재산이전·출자에 관한 계약이다. 이를 구체적으로 보면, 흡수합병은 포괄적 재산이전, 신설합병은 포괄적 재산출자와 회사설립에 관한 합의를 주된 효과로 하고, 재산이전·출자에 대한 반대급부로서의 신주교부에 관한 합의(회사행위)를 부수적 효과로 한다. 특히 신주교부에 관한 합의는 소멸회사가 아닌 소멸회사의 주주에의 신주 귀속을 내용으로 하고 있어 실질적으로 타인을 위한 계약적 성질을 가진다. 다만 합병당사회사가 청산절차 없이 소멸하는 법적 효과는 합의에 따른 효과가 아닌 법률의 규정에 의한 효과로 이해할 수 있고, 합병이 효과에 따라 회사가 소멸하므로 소멸회사의 주주(수익자)는 타인을 위한 계약에서 요구되는 수익의 의사표시가 요구되지 않는다고 본다. 이렇게 볼 때 합병에서 인격합일에 따라 소멸회사의 주주가 존속·신설회사의 주주가 되는 것이 아니라 소멸회사의 주주가 존속·신설회사의 주주가 됨으로써 인격합일이 된다고 보아야 한다. 요컨대 소멸회사의 청산절차 없는 인격의 소멸이 소멸회사의 의사에 따른 법률규정에 의한 효력임을 전제하고 재산출자도 재산이전에 포함된다고 볼 때, 합병계약은 **타인을 위한 포괄적 재산이전계약**의 성질을 가진다고 본다.

(4) 합병유형과 특징

1) **주식합병** : ① 개 념 – 주식합병은 합병하는 회사(흡수회사, 신설회사)가 합병되는 회사(피흡수회사, 소멸회사)의 주주에게 합병회사의 주식을 부여하는 합병유형으로서 통상적인 합병이라 하면 주식합병을 의미한다. 주식합병은 흡수·신설합병으로 구분되고 그 유형에 따라 절차가 상이하게 진행된다. 합병계약서 기재

사항을 중심으로 합병의 중요한 내용을 살펴보면, 먼저 흡수합병시 수권주식수 등(상523.1호)이 합병사항에 포함된다. 흡수합병(A회사 ← B회사)시 존속회사의 합병으로 증가될 수권주식수(발행할 주식의 총수), 종류와 수(1호)를 기재하여야 하는데, 특히 수권주식수(상289.1.3호)는 합병으로 인해 수권주식이 한계를 넘어설 경우를 대비하여 명시하였다. 따라서 합병시 수권주식수의 범위 내에서 신주를 발행할 경우 이를 기재할 필요는 없다고 본다.

② **자본의 증가** - 주식합병이 있게 되면 흡수회사 등의 자본이 증가하므로 증가 자본금·준비금도 합병계약서에 기재된다(상523.2호). 흡수합병시 소멸회사 (B회사)의 주주(b)에게 존속회사(A회사)의 신주를 발행·교부할 수도 있고(신주합병) 존속회사가 보유한 자기주식을 이전할 수(자기주식합병,상523.2호)도 있다. 신주발행시에는 존속회사의 자본증가가 요구되지만 자기주식을 교부할 경우에는 자본의 증가가 없어 무증자합병이 된다. 그리고 증가할 준비금 총액이란 흡수합병시 합병으로 인한 자산의 증가가, 합병대가로 신주발행시 주식의 액면가의 합계액을 초과(합병차익)할 수 있고, **합병차익**은 자본준비금으로 적립되는데(상459.1) 이를 의미한다. 자기주식교부시 자기주식의 시가보다 합병으로 인한 자산증가가 많더라도 이를 합병차익으로 보지 않고 당연히 준비금에 편입되지 않는다.

③ **주식의 배정** - 흡수합병시 소멸회사의 재산이 존속회사에 포괄적으로 이전하는 대가로 소멸회사의 주주에게는 존속회사의 원칙적으로 신주를 발행하거나 자기주식을 이전하여야 한다. 이 경우 합병계약서에 존속회사가 합병당시에 발행하는 신주·자기주식의 총수, 종류와 수 및 합병으로 인하여 소멸하는 회사의 주주에 대한 신주의 배정, 자기주식의 이전에 관한 사항이 합병계약서에 기재하여야 한다(상523.3호). 자본증가도 없고 자기주식의 교부도 없는 합병도 가능한가? 합병은 유상계약이지만 소멸회사의 재산과 부채가 대등하여 실질자산이 0인 상태에는 재산과 부채를 인수하면서 신주발행, 자기주식교부 없이 합병하는 것은 소멸회사의 사원이 구축된다. 이는 현금합병에서 합병교부금이 극히 적은 경우와 다를 바 없지만 사원의 승계가 발생하지 않을 경우 합병으로 이해하기 어렵다고 본다.

④ **상호보유주식 문제** - 존속회사와 소멸회사가 상호주식을 보유하는 경우 인격이 합일됨으로 인해 자기주식취득 문제가 발생한다. 먼저 소멸회사가 존속회사의 주식을 보유하고 있는 경우 이는 소멸회사의 자산이고 이를 취득함으로써 존

속회사의 자기주식이 되지만, 이는 상법에서 특정목적을 위한 자기주식의 취득으로서 허용하고 있으므로(상34의2.1호) 취득이 허용된다. 다음으로 존속회사가 보유한 **소멸회사 주식**에도 신주를 배정하여야 하는가?207) 이를 허용할 경우 소멸회사의 주식을 매개로 하여 자기주식을 취득하는 결과가 되므로 이렇게 취득하는 자기주식을 상법 제341조의2 제1호에서 규정하는 '합병으로 인한 경우'로 볼 수 있느냐 하는 해석문제이다. 첫째, 문리해석상 이 경우 '합병이 원인이 되어 자기주식을 취득한 경우'라 볼 수 있고, 둘째, 존속회사가 재산으로 가지고 있는 소멸회사의 주식은 다른 소멸회사의 주식과 동등한 지위에 있으므로 합병으로 소멸될 경우 당연히 합병대가를 받아야 하고, 셋째, 자기주식의 배정될 경우에도 주식배정사항(3호)으로 합병계약서에 공시되므로 탈법을 줄일 수 있어 긍정설이 타당하다고 본다.

⑤ **자기주식합병** – 주식합병시 존속회사는 신주 대신 보유하고 있는 존속회사의 자기주식을 소멸회사의 주주들에게 제공할 수 있다. 합병을 위해 자기주식을 취득하는 것은 특별히 허용되는 것은 아니고(상341의2.1호와 구별) 자기주식 취득의 일반 요건(상341)을 충족한 상태에서 가능하므로, 자기주식합병을 위해서는 존속회사는 자기주식의 취득요건에 따라 자기주식을 취득하여 보유하고 있어야 한다. 그리고 소멸회사가 자기주식을 가지고 있는 경우에는 회사가 소멸하므로 존속회사의 주식을 배정하는 것은 배정 주식의 소유자가 불확실하게 되어 적절하지 않다고 본다. 소멸회사의 자기주식에 흡수회사의 주식을 배정하지 않더라도 소멸회사의 다른 주주에게 비례적으로 그 만큼 더 배정되게 되어 소멸회사의 주주에게 손실이 발생하지 않게 된다.

[**쟁점 검토 – 합병차손**] 합병으로 존속회사에 합병차손일 발생할 수도 있는가?(쟁점94)208) 합병으로 인한 자산증가보다 발행신주의 액면총액이 많은 경우 자본유지(충실)의 원칙에 반하여 원칙적으로 금지되므로, 소멸회사로부터 승계하는 자산의 가액을 초과하여 존속회사의 자본금·준비금을 증가하는 것은 원칙적으로 허용될 수 없다고 본다. 다만 판례는 흡수합병에 있어서 존속회사가 단순히 소멸회사의 순자산만큼의 자산을 증대시

---

207) 이에 관해, 상법 제341조의2 제1호에 의해 허용된다고 하는 견해(이철송1101, 송옥렬1233)와 이를 부정하는 견해(권기범155, 최기원1107)가 있다.
208) **합병차손의 허용성(쟁점94)**에 관해, 합병으로 실질적 자산의 증가보다 많은 신주가 발행된 경우 이는 자본의 흠결이 발생한 것이 되어 자본유지(충실)의 원칙에 반하고 원칙적으로 금지된다고 해석되지만, 판례를 중심으로 피합병회사의 무형적 가치를 고려하여 합병차손도 허용하는 입장이 있다.

키는 것에 그치지 아니하고 소멸회사의 영업상의 기능 내지 특성으로 높은 초과수익력을 갖게 되는 등 합병으로 인한 상승작용(시너지)의 효과를 기대할 수 있다면 존속회사가 발행하는 합병신주의 액면총액이 소멸회사의 순자산가액을 초과하는 경우 그 초과부분은 소멸회사의 위와 같은 무형적 가치에 대한 대가로 지급되는 것이라고 볼 수 있다(85누592)고 하거나, 합병은 소멸회사의 총체적인 가치가 존속회사로 포괄적으로 이전하므로 소멸회사의 가치는 반드시 유형의 재산에 한정되지 않고 무형의 재산으로도 존재할 수 있고 이러한 이익이 있으므로 합병이 이뤄진다는 점을 감안할 경우 그 유효성을 인정할 실익이 있을 수 있어, 존속회사가 발행할 합병신주의 액면총액이 소멸회사의 순자산가액을 초과할 수 있고 ── 흡수합병의 경우에는 존속회사의 증가할 자본액이 반드시 소멸회사의 순자산가액의 범위 내로 제한된다고 할 수는 없다고 보았다(2007다64136). 그리고 판례는 영업권을 어떤 기업이 특수한 기술과 사회적 신용 및 거래관계 등 영업상의 기능 내지 특성으로 인하여 동종의 사업을 경영하는 다른 기업의 통상수익보다 높은 초과수익을 올릴 수 있는 무형의 재산적 가치로 보고, 한 회사가 다른 회사를 흡수합병 하여 그 영업상 기능 내지 특성을 흡수함으로써 합병전의 통상수익보다 높은 초과수익을 갖게 된다면 합병 후 높은 수익율을 가져올 수 있는 피흡수회사의 무형적 가치는 영업권이라고 보았다(85누193). 실무에서도 이러한 무형의 이익을 영업권 등으로 평가 계상하여 합병차손을 제거하고 있다.

2) **현금합병** : ① 개   념 ─ 현금합병(교부금합병)이란 합병대가로 존속회사의 주식을 교부하는 것이 아니라 현금을 교부하는 방식의 합병으로서 **합병대가의 유연화**를 가능하게 한다. 그리고 현금합병의 경우 존속회사의 자산으로 합병대가가 지급되므로 주식이 증가되지 않으므로 존속회사 주주가 가진 주식의 희석화 현상이 발생하지 않는다. 주식합병의 경우에도 단주가 발생할 경우 이를 현금으로 실무상 이를 지급하는데 이를 **합병교부금**이라 한다. 주식합병시 존속회사의 1주에 미치지 못하는 소멸회사의 주식에서 요구되는 단주처리가 현금합병의 경우에는 문제되지 않고, 단주 비율에 비례한 합병교부금이 지급될 수 있어 주주평등의 원칙의 예외현상이 발생하지 않는다.

② **일부현금합병** ─ 합병대가의 전부를 금전으로 지급하는 것도 허용되지만 일부는 주식으로 일부는 금전(합병교부금)으로 지급하는 것(일부현금합병)도 허용된다. 다만 현금합병의 경우에 소멸회사의 주주에게 교부금이 현금의 형식으로 지급되는데 이 경우에도 일정 주주에게는 존속회사의 주식, 다른 주주에게 금전을 교부하는 방식은 주주평등의 원칙상 허용되지 않는다고 본다. 그리고 합병대가로 일부는 현금으로 일부는 다른 재산으로 제공하는 **혼합현금합병**도 상법 제523조의2 4호의 해석상 금지되어 있다고 볼 수 없어 허용된다고 본다.

③ **소수주주 축출수단** – 현금합병제도의 도입은 단순히 합병대가의 유연화에 그치지 않고 대주주가 합병이라는 수단을 통해 소수주주를 축출할 수 있는 수단을 제공하였다는 의미를 가진다. B회사의 대주주가 A회사(1인회사인 페이퍼컴퍼니)를 설립하여 A회사로 하여금 B회사를 흡수합병하게 하면서 현금합병의 방식을 취하면 소수주주를 축출하고 자신은 B회사를 유일주주로 지배할 수 있다. 회사주식의 95%를 보유하고 있는 지배주주의 주식매도청구권(상360.24)과 함께 현금합병은 소수주주의 축출수단으로 사용될 수 있다. 특히 현금합병은 합병결의 정족수인 발행주식총수의 2/3 이상을 보유하면 현금합병을 할 수 있어 95%를 보유한 지배주주가 아니더라도 가능하다는 점에서 소수주주 축출을 위한 보다 강력한 수단이 된다.

3) 재산합병 : ① **개　념** – 재산합병이란 합병대가로 존속회사의 주식을 교부하는 것이 아니라 존속회사의 재산 중 현금(금전)이 아닌 재산을 지급하는 방식의 합병을 의미하며 이 역시 합병대가의 유연화를 가능하게 한다. 합병의 대가로 부여될 수 있는 재산이란 법상 제한이 없지만, 소멸회사의 모든 주주에게 보유주식수에 비례하여 분할하여 인도하여야 하므로 모든 재산이 가능한 것은 아니고 금전으로 환가하여 분할가능한 재산만 해당된다고 본다. 예를 들어 존속회사의 사채를 비롯하여 존속회사가 보유하는 다른 회사의 주식, 사채 기타 유가증권 등이 포함되며, 실무상으로는 특히 **모회사의 주식**이 중요한 의미를 가지고 포함된다. 모회사(A회사) 주식을 합병대가로 제공함으로써 흡수합병하려는 대상회사(B회사)를 A회사의 완전자회사로 만드는 합병수단으로 삼각합병과 역삼각합병이 가능하게 된다.

② **삼각합병** – 삼각합병이란 재산합병의 일종으로서 합병의 대가가 모회사의 주식인 합병을 의미하며, 상법 제523조 4호에 따라 합병대가로 재산을 제공할 수 있어 삼각합병도 가능하게 되었다(**자회사 설립에 의한 흡수합병**). A회사가 소멸회사(B회사)를 합병하면서 직접 합병하지 않고 A"회사(A회사의 자회사)를 설립하고 A"회사로 하여금 B회사를 합병하도록 하고 합병대가로 B회사 주주(b)에게 A회사의 주식을 제공하여 A회사의 주주가 되게 함으로써 결과적으로 A회사는 B회사를 흡수한 A"회사의 완전모회사가 된다. 삼각합병의 경우 모회사(A회사)주식을 합병대가로 교부하여야 하므로 자회사(A"회사)가 **모회사주식**을 보유하고 있어야 한다. 그런데 자회사는 모회사주식을 취득할 수 없지만, 예외적으로 주식의 포괄적 교

환·이전, 회사의 합병 또는 다른 회사의 영업 전부의 양수로 인한 경우, 권리를 실행함에 있어 그 목적을 달성하기 위해 필요한 때에는 가능하다(상342의2). 그런데 동조에서 합병으로 인한 모회사 주식의 취득을 허용하고 있지만, 삼각합병은 '합병으로 인한 취득'이 아니라 '합병을 위한 취득'이므로 동조에서 허용된 예외에는 해당하지 않는다.

③ **모회사주식의 취득문제** – 합병대가가 모회사주식인 경우(삼각합병)의 특칙으로, 상법 제342조의2에도 불구하고 제523조 4호에 따라 소멸하는 회사의 주주에게 제공하는 재산이 존속하는 회사의 모회사주식을 포함하는 경우에는 존속하는 회사는 그 지급을 위하여 모회사주식을 취득할 수 있다는 규정을 두었다(상523의2.1). 그리고 존속회사가 합병을 위하여 취득한 모회사 주식을 합병 후에도 계속 보유하고 있는 경우에는 합병의 효력이 발생한 날로부터 6개월 이내에 그 주식을 처분하여야 한다(상523의2.2). 모회사 취득가능시점에 관해 탈법을 방지하기 위해 모회사주식의 용도가 객관적으로 분명해지는 시기 즉 합병계약의 체결 이후에 취득을 허용하는 것이 타당하다는 지적이 있다. 이에 따르면 기보유 모회사주식이 있다 하더라도 합병용 모회사주식 취득은 원인을 달리하는 취득이므로 필요한 수량 전부를 취득할 수 있다고 본다.

4) **신설합병** : ① **기재사항** – 신설합병의 경우에는 흡수합병과 달리 소멸회사의 주주에 대한 합병대가의 교부가 없고 회사의 설립절차에 따른 주식의 배정문제만 남는다. 신설합병시 합병계약서의 기재사항을 보면, 첫째, 설립되는 회사에 대하여 설립정관 기재사항 중 일부(회사의 목적·상호, 발행할 주식총수, 액면주식의 액면가 등)와 종류주식 발행시 종류·수, 본점소재지, 둘째, 설립회사가 합병시 발행주식총수와 종류·수, 소멸회사 주주에 대한 주식배정사항, 셋째, 설립회사의 자본금·준비금총액, 넷째, 소멸회사 주주에게 금전·재산 제공시 내용·배정사항, 다섯째, 5. 합병승인 주주총회일(5호), 합병일(6호), 여섯째, 설립회사의 이사·감사·감사위원회의 위원을 정하는 경우 성명·주민등록번호 등이 포함된다(상524).

② **금전·재산** – 신설합병시 합병계약서 기재사항 중 특히 금전·재산(상524.4호)는 흡수합병시 금전·재산과 달리 '대가의 전부 또는 일부'의 의미(상523.4호)가 아니고 단주처리 등 필요시 금전(합병교부금) 또는 기타 재산을 제공할 수 있다는 의미이다. 따라서 금전·재산만의 제공에 의한 신설합병은 불가능하며, 신설합병시 원칙적으로 신설회사(C회사)의 주식을 소멸회사(A·B회사)의 주주(a·b)에

게 합병대가로 제공하여야 하고, 그 일부를 소멸회사가 출자한 금전 또는 재산(현물출자)으로 제공할 수 있다는 제한적 의미로 해석하여야 한다. 하지만 주식과 금전·재산의 비율을 어떻게 하여야 하는지에 관해 회사법은 특별한 제한을 두고 있지 않고, 소멸회사(A·B회사)간에 다른 기준(a에는 주식, b에는 현금)을 적용할 수 있는지도 명확하지 않다.

  5) 역삼각합병 : ① 개념 – 삼각합병에서 대상회사(B회사)가 존속회사가 되고 자회사(A")가 소멸회사가 되면 어떻게 될까? 역삼각합병이란 A회사가 합병목적으로 설립한 자회사(A"회사)가 대상회사(B회사)와 합병하면서 소멸회사가 되어 결과적으로 대상회사(B회사)가 A회사의 완전자회사가 되도록 하면서, A회사가 대상회사(B회사)의 주주들에게 현금을 교부하는 방식이다(**자회사 설립에 의한 피흡수합병**), 그런데 역삼각합병은 합병의 한 유형으로 포섭하는데 몇 가지 의문이 제기된다. 첫째, 합병목적으로 설립된 특수회사(SPC)인 자회사(A")는 자산이 없는 회사인데 무자산의 회사를 포괄승계한 대가로 B회사가 신주를 발행하는 것이 가능한가 하는 문제이다. 둘째, A"회사가 역삼각합병으로 소멸하므로 B회사가 발행한 신주가 A"회사의 주주이자 완전모회사인 A회사에 귀속되는 것은 합병의 일반적 효과이므로 문제없지만, A회사가 B회사의 주주들에게 현금을 교부하는 것은 합병과 무관한 거래이다. 셋째, B회사가 상장회사일 경우 합병과 무관하게 A회사가 B회사의 주식을 취득하기 위해서는 공모인수절차를 진행하여야 하는데 어떠한 근거로 이러한 절차를 생략할 수 있는지 의문이다. 넷째, A회사는 B회사의 완전모회사가 되는 조직개편이 이뤄지는데 A회사의 주주는 의사결정과정에서 배제되어 있어 비슷한 결과가 나타나는 주식의 포괄적 교환과는 규제차익이 발생한다.
  ② 검 토 – 합병계약은 합병 당사회사간에 **타인을 위한 포괄적 재산이전계약**의 성질을 가지는 것으로 앞서 합병계약의 성질론에서 본 바 있다. 그런데 역삼각합병에서 포괄적 재산이전과 그 대가로 주식의 교부라는 합병현상을 보면, 합병 당사회사인 A"회사는 이전할 재산이 없어 A"회사(소멸회사)와 B회사(존속회사)간에 재산이전거래가 이뤄지지 않고, 오히려 A회사와 B회사의 주주 간에 주식거래 즉 주식교환·매입거래가 이뤄진다. 그리고 역삼각합병의 효과도 A회사와 B회사 간에 모자관계가 형성되어 재산이전거래가 아니라 주식거래의 모습을 가지게 된다. 즉 A회사는 B회사의 주식을 모두 인수하고 A회사는 그 대가로 A회사의 주식 또는 합병교부금을 B회사 주주에게 교부함으로써 A회사는 B회사의 모회사가 된

다. 이렇게 볼 때 역삼각합병에서 B회사의 A"회사 흡수합병은 거래의 형식일 뿐 거래의 실질과는 아무런 관계가 없는 절차이고 거래의 실질은 A회사와 B회사 주주간의 주식거래여서, 역삼각합병의 실질은 합병이 아니라 **주식의 포괄적 교환(포괄적 주식거래)의 실질**에 유사하다.

③ **사 견** – 역삼각합병을 합병의 한 유형으로 볼 경우 합병당사회사는 A"회사와 B회사가 되어 합병에 대한 규율(의사결정절차, 주주·채권자보호절차제 등)는 두 회사에만 적용되고, 정작 모회사가 되는 A회사는 합병당사회사가 아니라 아무런 규율을 받지 않게 된다. 따라서 A회사 주주는 B회사의 완전모회사가 되는 중요한 조직개편이 이뤄짐에도 불구하고 의사결정절차에 참여하지 못하고 이에 반대하더라도 주식매수청구권을 행사할 수 없다. 그리고 A회사의 채권자 역시 채권자보호절차에 의해 보호받지 못하는 결과가 되어 부당하다고 볼 수 있다. 오히려 역삼각합병을 주식의 포괄적 교환의 특수한 유형으로서의 실질을 받아들이고 주식의 포괄적 교환에 관한 규정을 준용하게 할 경우 주주나 채권자보호가 이뤄지게 되어 규제차익의 문제가 해소될 수 있다고 본다.

2. 합병의 절차

(1) 합병계약의 체결

1) **개 념** : 합병계약은 합병당사회사의 대표기관이 체결하고, 이 계약에서 합병의 조건, 존속회사 또는 신설회사의 정관의 내용, 합병기일 등 합병계약사항들이 결정된다. 합병계약은 **합병계약서**를 작성하여 상호 교환하는 것이 통상적이며 요식행위이다(상523,524). 합병계약서의 기재사항에 대하여 존속회사 또는 신설회사가 인적회사인 경우에는 아무런 제한이 없으나, 물적회사인 경우에는 존속회사의 자본, 합병대가, 합병기일 등 일정한 사항을 기재하여야 한다(상523,524,603). 다만 합병 후 존속·설립회사가 주식회사인 경우에 합병할 회사의 일방 또는 쌍방이 합명회사 또는 합자회사인 때에는 총사원의 동의를 얻어 합병계약서를 작성하여야 한다(상525.1).

2) **법적 성질** : 합병계약의 법적 성질(쟁점93)[209]에 관해, 총사원의 동의나 합병

---

[209] **합병계약의 법적 성질(쟁점93)**에 관해, **정지조건부 계약설**은 총사원의 동의(인적회사의 경우) 또는 합병결의(물적회사의 경우)를 정지조건으로 하는 본계약 또는 합병의 예약

결의를 정지조건으로 하는 합병예(계)약이라고 보는 **정지조건부계약설**, 합병계약은 독립계약으로서 승인결의 등을 합병의 효력발생요건으로 보는 **독립계약설**, 합병계약은 단체법상의 특별한 채권계약으로 이해하는 **단체법상 계약설**은 등이 주장된다. 그런데 단체법상 계약설은 합병계약이 단체성을 가진다는 특성만 언급할 뿐 합병계약의 법적 성질을 적극적으로 설명하고 있지 않고, 정지조건부계약설이나 독립계약설은 합병결의를 정지조건으로 볼 것인지 아니면 효력발생요건으로 볼 것인지에 관한 견해 대립이라 볼 수 있다. 생각건대 정지조건도 합병결의의 효력발생에 관한 법률행위의 부관이므로 양 견해는 사실상 큰 차이가 없다고 보지만, 합병계약 이후 합병결의가 성립하지 못하더라도 합병당사자가 손해배상책임이 발생하지 않는 점 등을 고려할 때 합병계약은 합병결의를 효력발생요건으로 하는 계약으로 이해함이 타당하다고 본다.

(2) 합병계약서

1) **합병계약서주의** : 합병계약은 합병계약서를 작성하여야 하며, 작성된 합병계약서에 대해 주주총회에서 특별결의에 의한 승인을 받아야 한다(상522). 회사법은 주식회사가 합병을 하는 경우 합병계약의 내용을 명백히 하여 사후분쟁을 방지하기 위하여 합병계약에 요식주의를 채택하고(상523,524), 합병계약서 등을 공시하도록 하였다(상522의2). 다만 소규모합병의 경우에는 존속하는 회사의 합병계약서에 주주총회의 승인을 얻지 않고 합병을 한다는 뜻을 기재하여야 한다(상527의3.2). 흡수합병의 합병계약서의 기재사항은 합병대가가 주식인 경우 존속회사의 자본에 관한 사항을 합병대가가 금전이나 재산인 경우에 그에 관한 사항을 기재하고(4호), 공통적으로 합병승인 주주총회일(5호), 합병일(6호), 존속회사 정관변경사항(7호), 합병이익배당 한도액(8호), 신규 이사·감사 등에 관한 사항(9호) 등이 포함되고(상523), 기타 임의적 기재사항(임원퇴직금, 직원승계 등)이 포함될 수 있다. 신설합병의 경우에는 회사설립절차에 준해 설립시 정관기재에 상응하는 사항이 주된 사항이 되며(상524), 합병계약서 기재사항에 관해서는 앞서

(가계약)이라고 본다. **독립계약설**은 합병계약은 독립계약이고 독자적으로 효력을 발생하며 승인결의 등과 같이 합병의 효력발생을 위한 법률요건의 하나로 본다(채이식882), **단체법상 계약설**은 합병계약은 개인법상의 계약이 아니고 단체법상에서만 생길 수 있는 특별한 채권계약으로서 계약당사회사는 계약에 따른 합병절차를 진행시킬 채무를 부담한다고 보고(정찬형512), 단체법상의 채권계약이지만 주주총회의 결의를 정지조건으로 하는 계약이나 예약이 아니라 본다(이철송125).

합병유형별로 살펴보았다.

2) **합병대가** : 흡수합병이든 신설합병이든 합병시 소멸회사의 주주들에게는 합병대가가 주식(구주·신주) 또는 금전·재산의 형태로 주어지고 그 제공내용에 관해서 앞서 본 바와 같이 합병계약서의 기재사항(상523.3,4호,524.2,4호)이다. 그런데 합병절차에서 합병대가를 어떻게 정할 것인가 즉 소멸회사의 1주당 존속·신설회사의 몇 주식을 배정할 것인가 하는 **합병비율**(주식에 의한 합병대가)의 결정은 합병계약의 핵심적 사항이고, 이는 합병 당사회사의 자산가치 등을 고려하여 당사회사가 계약자유의 원칙에 따라 결정할 사항이다. 합병당사회사의 이사는 합병비율, 합병대가를 결정함에 있어서도 선량한 관리자의 주의의무를 부담하고 대표이사가 합병계약에서 합병비율 등을 결정함에 있어서는 회사 및 주주의 이해관계에 매우 중요한 사항이므로 이사회결의를 거쳐야 한다고 본다. 합병비율이 불공정하다고 판단될 경우에는 먼저 합병승인결의에 반대하는 주주들은 주식매수청구권(상522의3)을 행사할 수 있고, 주주들이 위법행위 유지청구권(상402)을 행사할 수 있을 뿐만 아니라 합병이 효력을 발생한 후에도 합병무효의 소(상529)를 제기할 수 있다.

(3) 합병승인결의

1) **결의방법** : 합병계약은 당사회사의 대표이사의 계약체결 이외에 합병결의가 있어야 효력이 발생한다. 인적회사는 총사원의 동의(상230,269), 물적회사는 주주(사원)총회의 특별결의(상522.1,3,상598)에 의한 승인이 있어야 한다. 주식회사의 경우 합병으로 인하여 어느 종류의 주주에게 손해를 미치게 되는 경우에는 그 종류의 종류주주총회의 결의를 얻어야 하고(상436), 합병의 결과 주주의 책임이 무거워지는 경우에는 총주주의 동의를 얻어야 한다. 합병계약을 체결하기 전에 합병결의를 할 수 있는가? 정지조건부계약설은 합병계약을 합병결의를 정지조건으로 하는 계약으로 보아 합병결의보다 합병계약이 선행하여야 한다고 본다. 물적회사인 경우에는 회사가 합병계약서를 작성하여 주주(사원)총회의 승인을 얻어야 한다고 규정하고 있어(상522.1,603) 합병계약이 선행하여야 한다고 본다(통설). 일방당사회사의 합병결의는 성립하고 타방당사회사의 합병결의는 불성립하거나 무효가 된 경우 합병당사회사간 손해배상책임이 문제될 수 있다. 그런데 합병계약은 합병결의가 성립하지 않더라도 특약이 없는 한 상호간에 손해배상청구

를 하지 못하는 특징을 가지는데(통설), 이는 합병결의가 성립하지 않은 경우 합병의 효력발생요건의 충족되지 않아 합병의 효력이 발생하지 않은 데 따른 당연한 효과라 할 수 있다. 합병결의에서 계약내용을 변경하는 결의가 있을 때에는 대표자간에 변경된 내용에 따라 다시 계약을 체결하여야 한다.

2) 간이합병 : ① 개 념 – 주식회사에서 흡수합병의 경우에 소멸회사의 총주주의 동의가 있거나 또는 그 회사의 발행주식총수의 90/100 이상을 존속회사가 소유하고 있는 경우에는 **소멸회사의 주주총회의 승인**은 이사회의 승인으로 갈음할 수 있는데, 이를 간이합병이라 한다(상527의2.1). 간이합병은 흡수합병절차에 적용되므로 신설합병의 경우에는 간이합병제도는 적용되지 않는다. 이때 소멸회사는 주주총회의 승인을 얻지 않고 합병한다는 뜻을 공고하거나 또는 주주에게 통지하여야 하는데, 총주주의 동의가 있는 때에는 그러하지 아니하다(상527의2.2).

② **주식매수청구** – 간이합병에 반대하는 소멸회사의 주주는 **주식매수청구**를 할 수 있다(상522의3.2). 소멸회사의 총주주의 동의를 요건으로 간이합병하는 경우에는 주식매수청구가 원칙적으로 불가능하지만, 존속회사의 소유지분(90% 이상)을 요건으로 간이합병하는 경우에는 주식매수청구권은 소수주주 보호를 위해 중요한 기능을 하게 된다.

3) 소규모합병 : ① 개 념 – 합병 후 존속하는 회사가 합병으로 인하여 발행하는 신주의 총수가 그 회사의 발행주식총수의 5/100를 초과하지 아니한 때에는 그 **존속회사의 주주총회의 승인**은 이사회의 승인으로 갈음할 수 있는데, 이를 소규모합병이라 한다(상527의3). 이 역시도 간이합병과 동일하게 흡수합병의 경우에만 적용되고 신설합병시에는 존속회사가 없어 적용되지 않는다.

② 제 한 – 합병으로 인하여 소멸하는 회사의 주주에게 지급할 금액을 정한 경우에 그 금액이 존속하는 회사의 최종 대차대조표상으로 현존하는 순자산액의 100분의 2를 초과하는 때에는 정식 합병절차에 의하도록 하고 있다(상527의3.1). 소규모합병시 존속회사의 합병계약서에는 그 취지를 기재하고(상527의3.2), 소멸회사는 소규모합병취지·소멸회사상호·본점소재지·합병일을 합병계약서 작성일로부터 2주 내에 공고하거나 또는 주주에게 통지하여야 한다(상527의3.3). 공고·통지일 후 2주내에 존속회사의 주주(발행주식총수 20% 이상)가 서면으로 합병반대의 의사를 통지한 때에는 **정식합병절차**를 밟아야 한다(상527의3.4).

③ **주식매수청구** – 소규모합병에서는 합병반대주주의 주식매수청구권은 인정되지 않으나(상527의3.5), 20% 이상의 주주들이 소규모합병에 반대하여 정식합병절차를 밟을 경우에는 주식매수청구를 할 수 있다고 본다.

(4) 기타 절차

1) **주식매수청구권** : 주식회사가 합병하는 경우에 합병결의에 반대하는 주주에게는 자기 소유주식을 회사로 하여금 매수하게 하는 주식매수청구권이 인정되고 있다. 합병반대주주는 합병계약서의 주총승인결의 전에 회사에 대하여 서면으로 반대의사를 통지하고, 총회의 결의일로부터 20일 이내에 주식의 종류·수를 기재한 서면으로 회사에 대하여 자기가 소유하고 있는 주식의 매수를 청구할 수 있다(상522의3.1). 주식매수청구권의 행사에 관해서는 영업양도시의 주식매수청구권의 행사에 관한 규정이 준용된다(상530.2 → 374.2,374의2.25). 간이합병의 경우에도 소멸회사가 간이합병(주주총회무승인 합병)의 취지의 공고·통지일로부터 2주 내에 회사에 대하여 서면에 의한 합병반대의사를 통지한 주주는 위 2주의 기간이 경과한 날로부터 20일 이내에 주식의 종류·수를 기재한 서면으로 회사에 주식매수청구를 할 수 있다(상522의3.2).

2) **매수청구권과 합병무효의 소** : 주주가 주식매수청구권을 행사하면 회사는 이에 따른 절차를 따로 진행시켜야 하지만, 회사의 매수의무의 불이행이 합병무효의 원인이 되지 않는다고 본다. 생각건대 합병절차가 적법하게 진행되었다면 합병으로 파생된 주식매수청구권은 합병절차의 효력과는 분리된 별개의 절차로 보아야 하므로, 회사의 주식매수의무의 불이행이 합병무효의 원인이 되지 않는다고 본다. 그리고 합병당사회사의 주주로서는 주식매수청구를 한다는 것은 합병의 유효성을 전제한 청구권의 행사이고 합병무효의 소를 제기한다는 것은 합병의 효력을 부인하는 권리행사여서, 양자의 권한을 동시에 행사하는 것은 논리적 모순관계에 있는 것이라 볼 여지가 있다. 그렇다면 주식매수청구권의 행사와 합병무효의 소의 제기의 관계는 어떠한가?(쟁점95)[210] 이에 관해, 택일적인 관계로 보는

---

[210] **주식매수청구권과 합병무효의 소와의 관계(쟁점95)**에 관해, **택일설**은 주식매수청구권과 합병무효의 소의 제소권은 동시에 행사할 수 없는 권리로서 택일적인 관계에 있다고 보고, **예비설**은 합병무효의 소를 제기하여 이것이 받아들여지지 않을 때 주식매수청구권을 행사하려는 주주를 위해 주식매수청구권은 합병무효의 소의 예비적 구제수단이라 본다.

견해와 합병무효의 소를 제기하여 이것이 받아들여지지 않을 때 주식매수청구권을 행사하려는 주주를 위해 주식매수청구권이 합병무효의 소의 예비적 구제수단이라는 견해 등이 주장된다. 생각건대 양 제도는 주주의 권익을 보장하기 위한 제도이지만 논리상 양립될 수 없고, 주식매수청구권의 행사요건으로 합병무효의 소의 기각이 전제되어 있지 않으므로 주주는 양자의 권리를 택일적으로 행사할 수 있다고 본다.

　　3) 공시·채권자이의 : ① 합병계약서 등의 공시(물적회사) – 합병당사회사가 물적회사인 경우에는 회사는 합병결의를 위한 주주(사원)총회 회일 2주 전부터 합병을 한 날 이후 6월이 경과하는 날까지 합병계약서, 소멸회사의 주주에 대한 주식배정의 이유기재 서면, 합병당사회사의 최종의 대차대조표와 손익계산서 등을 본점에 비치하여야 하고, 주주·회사채권자는 이를 열람·등초본교부청구가 가능하다(상522의2,603). 이는 주주(사원)의 합병결의, 회사채권자의 합병이의에 대한 제기에 참조하게 하고 합병 이후에는 합병무효의 소를 제기하는데 참고토록 하는 취지이다.

　　② 회사채권자의 이의 – 합병당사회사는 합병결의가 있은 날로부터 2주 내에 회사채권자에 대하여 합병에 이의가 있으면 1월 이상의 기간 내에 이를 제출할 것을 공고하고 또 알고 있는 채권자에 대하여도 따로따로 이를 최고하여야 한다. 만일 이 기간 내에 이의를 제출하지 않은 채권자는 합병을 승인한 것으로 보며, 이의를 한 채권자에게는 변제를 하거나 또는 상당한 담보를 제공 또는 이를 목적으로 하여 신탁회사에 상당한 재산을 신탁하여야 한다(상232,269,287의44,527의5,603). 합병당사회사가 이 절차를 위반하면 합병무효의 원인이 된다.

　　4) 회사설립과 보고 : ① 회사설립 – 신설합병의 경우에는 회사가 설립되는데 회사설립사무를 담당하는 설립위원은 인적회사의 경우에는 총사원의 동의로 선임되고, 물적회사의 경우에는 사원총회의 특별결의로 선임된다. 설립위원은 정관작성 기타 설립에 관한 행위를 공동으로 하며(상175), 설립위원은 벌칙의 적용상 발기인과 같은 책임을 진다(상635).

　　② 총회소집 – 신설·존속회사가 주식·유한회사인 때에는 신설회사의 설립위원 또는 존속회사의 이사는 합병절차가 완료된 후 지체 없이 창립총회 또는 보고총회를 소집하고 합병에 관한 사항을 보고하여야 한다(상526,527,603). 그러나 주

식회사는 이사회의 결의로 **보고사항의 공고**를 통해 주주총회(보고총회)의 보고에 갈음할 수 있다(상526.3,527.4). 흡수합병의 경우 존속회사의 이사는 채권자보호절차의 종료 후(상527의5), 합병으로 인한 주식의 병합이 있을 때에는 그 효력이 생긴 후, 합병에 적당하지 아니한 주식이 있을 때에는 이에 대한 단주의 처분을 한 후(상443), 소규모합병의 경우에는 존속회사가 이에 관한 사항을 공고하거나 주주에게 통지하고 이에 따라 주주의 합병반대의사의 통지절차가 종료한 후(상527의3.3,4) 지체 없이 주주총회를 소집하고 합병에 관한 사항을 보고하여야 한다(상526.1). 존속회사가 주주총회(보고총회)를 소집하는 경우 합병 당시에 발행하는 신주의 인수인은 이 보고총회에서 주주와 동일한 권리가 있다(상526.2).

③ **창립총회** - 신설합병의 경우 설립위원은 흡수합병에서와 같은 위의 절차 (소규모합병에 관한 사항은 제외함)를 마친 후 지체 없이 창립총회를 소집하고 설립에 관한 사항을 보고하여야 한다(상527.1,3). 이 총회에서는 합병계약의 취지에 위반하지 않는 한 정관변경의 결의도 할 수 있다(상527.2). 그러나 신설합병의 창립총회는 합병폐지의 결의는 할 수 없다(상527.2,316.1 참조). 이러한 창립총회에는 모집설립에 있어서의 창립총회에 관한 규정이 준용된다(상527.3).

5) 합병등기·공시 : 합병의 최종절차로서 합병등기를 하여야 한다. 회사가 합병을 한 때에는 본점소재지에서 2주 내, 지점소재지에서는 3주 내에 존속회사는 변경등기, 소멸회사는 해산등기, 신설회사는 설립등기를 하여야 한다(상233,269,287의41,528,602). 이때 이러한 등기기간의 기산일에 대하여 인적회사에는 규정이 없으므로 합병기일, 즉 사실상 합병실행을 한 날로 보아야 할 것이다. 그러나 물적회사의 경우 흡수합병은 보고총회가 종결한 날이, 신설합병은 창립총회가 종결한 날이 기산일이 된다. 다만 주식회사의 경우 보고총회에 갈음하여 이사회가 공고하는 경우에는 공고일, 창립총회에 갈음하여 이사회가 공고하는 경우에는 공고일이다(상528.1). 존속회사 또는 신설회사가 합병으로 인하여 전환사채 또는 신주인수권부사채를 승계한 때에는 합병의 등기와 동시에 사채의 등기도 하여야 한다(상528.2). 합병등기는 단순한 대항요건이 아니고 합병의 효력발생요건이다(상234,269,287의41,530.2,603). 앞서 본 바와 같이 합병주총일의 2주 전부터 합병일 후 6월까지 합병계약서 등과 합병회사의 최종대차대조표와 최종손익계산서를 본점에 비치하여 공시하고(상522의2.1,603) 주주·채권자는 그 열람·등초본 교부청구를 할 수 있다(상522의2.2,527의6,603).

3. 합병의 효과

(1) 법인격의 변경

합병의 효과로서 1개 이상의 회사의 소멸과 회사의 신설(신설합병) 또는 변경(흡수합병)이 생기고, 소멸회사의 권리의무와 사원이 신설회사 또는 존속회사에 포괄적으로 승계된다. 존속회사를 제외하고 당사회사는 청산절차를 거치지 않고 소멸한다(상227.4호,269,517.1호,609.1.1호). 상법이 회사의 해산사유의 하나로 합병을 규정하고는 있으나 다른 해산사유와는 달리 합병의 경우에는 청산절차를 거치지 않고 바로 소멸한다는 특징이 있다. 신설합병의 경우에는 회사가 신설되고, 흡수합병의 경우에는 존속회사의 정관변경이 발생한다. 이러한 효과는 합병등기로 인하여 당연히 발생하는 것이므로, 이에 상법상 회사의 설립 또는 자본증가(감소)에 관한 규정은 적용되지 않는다.

(2) 권리의무·사원의 포괄적 이전

1) **권리의무의 이전** : 회사의 합병이 있으면 존속회사·신설회사는 소멸회사의 모든 권리의무를 포괄적으로 승계한다(상235,269,530.2,603). 소멸회사의 재산은 법률상 당연히 포괄적으로 존속회사 또는 신설회사에 이전하고, 이를 구성하는 권리의무에 대하여 개별적으로 이전행위를 할 필요가 없다는 점에서 영업양도와 구별된다. 이전되는 권리의무에는 공법상의 권리의무도 포함된다. 주식회사나 유한회사가 합병을 하는 경우 신설회사·존속회사의 자본액은 당사회사의 자본액의 합계와 일치할 필요는 없고, 판례는 당사회사의 재산상태에 따라 이보다 많아질 수(합병차익)도 있고 적어질 수(합병차손)도 있다고 본다(2007다64136). 또한 신설회사·존속회사는 소멸회사의 법정준비금을 반드시 승계할 필요는 없고 이를 분배하여도 무방하지만, 특수한 목적을 위하여 소멸회사가 적립한 법정준비금은 존속회사·신설회사가 그러한 사업을 승계함에 따라 존속시킬 필요가 있으므로 이를 승계할 수 있다(상459.2).

2) **사원의 수용** : 합병의 성질상 소멸회사의 사원은 존속회사 또는 신설회사의 사원이 되는 것이 원칙이다(상523.3호,524.2호,603). 이와 같이 소멸회사의 사원이 존속회사 또는 신설회사의 사원이 되는 것은 합병의 효과로서 인정되는 것이지,

새로이 사원이 되는 절차를 밟았기 때문은 아니다. 이때 사원수용의 구체적인 조건은 합병계약의 내용에 의하여 정하여지는 것이므로 경우에 따라서는 사원의 일부의 수용만도 있을 수 있지만, 사원의 일부도 수용하지 않는 경우 이를 합병으로 보기 어렵다. 주식회사의 경우 합병에 반대하는 주주는 회사에 대하여 주식매수청구권을 행사하여 사원이 되지 않을 수 있다(상522의3,530.2).

3) 이사·감사의 퇴임 등 : 주식회사에 있어서 흡수합병의 보고총회는 이사회의 결의에 의한 보고사항의 공고로써 생략될 수 있으므로, 흡수합병의 경우에 존속회사의 이사·감사로서 합병 전에 취임한 자는 합병계약서에 다른 정함이 있는 경우를 제외하고는 합병 후 최초로 도래하는 결산기의 정기총회가 종료하는 때에 퇴임한다(상527의4.1). 그밖에 소송당사자인 회사가 합병에 의하여 소멸한 때에는 소송절차가 중단되고 존속회사·신설회사가 이 소송절차를 수계하여야 한다(민소234). 그밖에 합병자금조달과 관련하여 합병형 LBO(차입매수)에 대해 대표이사의 배임죄가 성립되는지도 문제된 바 있다(2016도10654).

4. 합병의 무효

(1) 무효의 원인

1) 개 요 : 회사법은 합병절차에 하자가 있는 경우에 그 법률관계의 혼란과 불안정을 방지하고 단체법상의 법률관계를 획일적으로 확정하기 위하여 설립무효의 소의 경우와 같이 **합병무효의 소**에 대하여 규정하고 있다(상236~240,269,287의41,529~530,603). 회사법은 합병무효의 소를 규정하면서 무효원인을 명시하고 있지 않아(상236.1) 합병원인은 해석론에 맡겨져 있다고 볼 수 있다. **합병무효 원인**을 보면 합병을 제한하는 법규정에 위반한 경우, 합병계약서에 하자가 있는 경우, 합병결의에 하자가 있는 경우, 존속회사·신설회사에 관한 회사법상 규정을 위반한 경우, 채권자보호절차를 위반한 경우 등 합병절차에 하자가 있으면 합병무효의 소를 제기할 수 있다.

2) 합병비율의 불공정 : ① 합병무효사유 – 합병비율이 불공정한 경우에도 합병무효의 소의 원인이 될 수 있는가?(쟁점96)[211] 합병비율은 사적자치의 문제로 보아 무효의 원인이 될 수 없다는 **부정설**을 주장하는 자는 없는 듯하고, 합병비율의

불공정은 합병의 법적 이념에 반한다고 보는 **긍정설**, 합병비율이 현저하게 불공정한 경우에만 무효하고 보는 **제한적 긍정설**이 주장되고 있다. **판례**는 현저하게 불공정한 합병비율을 정한 합병계약은 사법관계를 지배하는 신의성실의 원칙이나 공평의 원칙 등에 비추어 무효이고, 따라서 합병비율이 현저하게 불공정한 경우 합병할 각 회사의 주주 등은 합병무효소를 제기할 수 있다고 보았다(2007다64136). 생각건대 합병절차에는 주주보호를 위한 합병결의절차도 있고 채권자보호를 위한 절차도 보장되어 있으므로 합병절차에 법률위반의 사실이 있는 경우에 합병무효의 소의 원인이 되고, 단순히 합병비율이 불공정한 경우는 합병대가의 타당성문제이므로 이를 합병무효의 소의 원인으로 보기는 어려우나 합병비율이 현저하게 불공정한 경우는 합병무효의 소의 원인이 될 수 있다고 본다.

② **불공정 판단기준** – 합병비율의 (현저한) 불공정성을 판단하는 기준은 무엇인가? 상장회사의 경우에는 주가가 형성되어 있어 주가는 기업의 다양한 가치를 모두 함축하고 있다고 볼 수 있어 주가를 기준으로 결정될 수 있다. 하지만 비상장회사의 경우 주가가 형성되어 있지 않아 합병당사회사의 자산가치, 수익가치, 기대가치 등 다양한 요소가 고려하여 결정될 수 밖에 없다고 본다. 판례는 합병비율은 자산가치 이외에 시장가치, 수익가치, 상대가치 등의 다양한 요소를 고려하여 결정되어야 할 것인 만큼 엄밀한 객관적 정확성에 기하여 유일한 수치로 확정할 수 없고, 그 제반요소의 고려가 합리적인 범위 내에서 이루어진 것이라면 결정된 합병비율이 현저하게 부당하다고 할 수 없다고 보았다(2005다22701).

(2) 합병무효의 소

1) **개 요** : ① 법적 성질 – 합병무효의 주장은 소만으로 할 수 있으며, 항변 등에 의한 방법으로 무효를 주장할 수 없다. 즉 합병무효의 소는 **형성의 소**라고 보는 견해가 통설이며, 합병무효의 소는 존속회사·신설회사를 상대로 제기하는 소송이므로 존속·신설회사가 합병무효의 소의 **피고**이다.

---

211) **합병비율의 불공정의 합병무효의 소 원인여부(쟁점96)**에 관해, **긍정설**은 합병대가의 공정은 합병의 본질적 요청이므로 주주 개개인이 선택의 문제를 넘어 조직법적인 당위성의 문제로 본다. 따라서 합병대가의 불공정은 합병의 법적 이념에 반하는 것으로 합병의 무효원인이라 보는 견해이다(이철송1117–1118). **제한적 긍정설**은 합병비율이 현저하게 불공정한 경우에만 인정되어야 할 것이며, 불공정한가 여부는 단순히 그 회사들의 자산상태만으로 판단할 것이 아니라 기업의 수익력, 주가 기타 정책적·비계량적인 여러 가지 복합적 요인을 종합하여 판단하여야 한다고 본다(판례).

② **제소권자** — 합병무효의 소의 제소권자는 각 합병당사회사(존속·소멸·신설회사)의 주주(사원), 이사, 감사, 청산인, 파산관재인 또는 합병을 승인하지 아니한 채권자이다(상529.1,603). 특히 소멸회사의 주주는 통상 존속·신설회사의 주주이긴 하지만 현금·재산합병의 경우 주주의 지위를 상실할 수 있어 소멸회사의 주주도 해석상 제소권자에 포함시킬 필요가 있다. 소멸회사의 주주는 주주의 지위가 유지되지 않아 제외되지만 제소시점에 이러한 주주의 지위를 가지고 있어야 할 뿐 아니라 제소 이후에도 사실심 변론종결시점까지 지위를 유지하여야 한다고 본다(다수설). 합병 이후에 주식을 취득한 주주는 합병무효의 소를 제기할 수 있는가? 회사법에는 일정 시점 주주로 한정하고 있지 않지만 합병의 효력발생시점의 주주만이 합병무효의 소를 제기할 수 있다고 본다. 합병시 채권자보호절차를 거치도록 하고 있어 채권자가 보호된 경우에는 제소권이 없다고 보아야 하므로, 합병을 승인하지 않은 **채권자**란 채권자이의절차의 흠결로 보호받지 못한 채권자를 의미한다고 보아야 한다.

2) 절 차 : 회사채권자가 합병무효의 소를 제기한 때에는 법원은 채권자의 합병무효의 소가 악의임을 소명한 회사의 청구에 의하여 채권자에게 상당한 담보를 제공하도록 명할 수 있다(상237 → 176.3,4,269,530.2,603). 합병무효의 소의 **제소기간**은 합병등기가 있은 날로부터 6월 내이다(상236.2,269,287의41,529.2,603). 기타 소송절차를 보면, 합병무효의 소는 그 성질상 획일적으로 제기방법을 정하기 위하여 소의 전속관할, 소제기의 공고, 소의 병합심리, 하자의 보완과 청구의 기각 등에 관하여 설립무효의 소의 규정을 준용하고 있다(상240 → 186~190,269,287의41,530.2,603).

(3) 합병무효판결의 효과

1) 판결의 효력 : 합병무효의 판결은 다른 회사법상의 소와 마찬가지로 원·피고뿐만 아니라 제3자에게도 그 효력이 미치는데(대세적 효력), 이는 합병당사회사 및 이해관계인들간의 법률관계를 획일적으로 처리하기 위해서이다(상240 → 190,269,287의41,530.2,603). 합병무효의 판결의 효력은 소급하지 않으므로(불소급효) 존속회사 또는 신설회사와 그 사원 및 제3자 사이에 생긴 권리의무에 영향을 미치지 아니한다(상240 → 190,269,287의41,530.2,603). 따라서 합병에서 무효판결 확정시까지 한 이익의 배당, 지분 또는 주식의 양도, 회사와 제3자와의 거래 등은

모두 유효하다. 원고가 패소한 경우 악의 또는 중대한 과실이 있으면 회사에 대하여 연대하여 손해를 배상할 책임을 진다(상240 → 191,269,287의41,530.2,603). 즉, 악의 또는 중대한 과실이 있는 때에는 회사에 대하여 연대하여 손해배상책임을 지도록 하여 남소를 방지하고 있다.

  2) **합병무효의 등기** : 합병무효판결이 확정된 때에는 본·지점의 소재지에서, 존속회사는 변경등기를, 신설회사는 해산등기를, 소멸회사는 회복등기를 하여야 한다(상238,269,287의41,530.2,603). 합병무효의 판결이 확정되면 장래에 향하여 다시 종전의 복수의 회사로 환원한다. 따라서 소멸회사는 **부활**하고, 소멸회사가 당시 가지고 있었던 재산으로서 현존하는 재산은 당연히 소멸회사에 귀속된다. 합병무효판결이 확정된 경우 합병 후 무효판결확정시까지 존속회사·신설회사가 부담한 채무와 취득한 재산의 처리가 문제되는데, 상법은 부담채무에 대해서는 합병당사회사의 연대채무로 하고 취득재산에 대하여는 그 공유로 하고 있다(상239.1,2,269,287의41,530.2,603). 이때 각 회사의 부담부분 또는 지분은 협의로 정하는데, 만일 협의가 되지 않을 경우에는 청구에 의하여 법원이 합병당사의 각 회사의 재산상태 기타의 사정을 참작하여 정한다(상239.3,269,287의41,530.2603).

제 3 절 회사의 분할

1. 의 의

(1) 개 념
  1) **법인격의 분할** : 회사분할이라 함은 1개의 회사(분할회사＝분할전회사, A)가 2개 이상의 회사(분할후회사, A, A')로 법인격이 분할되어 분할회사의 영업(권리의무)이 분할후회사에 포괄승계 되고, 분할회사의 사원이 분할후회사의 사원이 되는 회사법상의 법률요건이다. 회사분할은 **주식회사**에 대해서만 인정되고 합명·합자·유한책임·유한회사에 대해서는 인정되지 않는다. 회사간의 법인격의 생성·소멸이 생겨난다는 점에서 분할과 합병은 유사하지만, 합병은 2개 이상의 회사의 인격이 합일되어 영업과 재산이 통합되는 것이고, 분할은 한 회사의 인격이 분할되어(**인적분할**) 영업과 재산이 2개 이상의 회사로 나뉘는 것이므로 정반

대의 목적과 효용을 가지고 있다. 회사의 규모의 경제·비경제가 발생한 경우 합병·분할이 실행되기도 하지만, 합병이나 분할 모두 회사의 **투자가치** 또는 회사 자체의 교환가치를 높이기 위한 행위로 이해함이 타당하다고 본다.

2) **법적 성질** : ① 논   의 – 분할에 의해 분할 전 회사의 권리의무 및 사원이 분할 후 회사에 포괄적으로 이전되는 현상을 어떻게 이해할 것인가?(**쟁점97**)[212] 이에 관해, 물적분할이 분할의 개념에 포함될 수 있도록 물적요소를 중시하는 **재산분할설**과 분할을 인격의 결합으로 보아 인적요소를 중시하는 **인격분할설**, 영업 분리에 따른 주식소유관계의 분리의 단체법적 법률사실이라고 보아 재산·인격적 계기를 동시에 고려하는 **절충설** 등이 주장된다. 회사의 분할에 재산분할의 모습이 있는 것은 사실이며 물적분할은 재산분할 그 자체라 할 수 있다. 하지만 분할의 본질은 재산의 분리가 아니라 법인격이 분리되어 새로운 법인격이 형성된다는 점에서 법인격에 변동이 생기지 않는 영업양도 등과는 구별된다는 점에서 재산분할설이나 절충설보다 인격분할설이 무난하지만, 회사의 재산이 감소하고 주주가 신주를 취득하는 점에 관한 설명은 부족하다고 본다.

② 검   토 – 회사분할시 신설회사는 분할회사의 재산을 출자받아 설립되고, 발행되는 주식은 현물출자를 한 분할회사가 아니라 분할회사의 주주에게 귀속하도록 하는 회사행위이다. 분할회사의 주주는 새로운 주식을 취득하게 되지만 신설회사의 현물출자의 주체는 분할회사인데 그 분할신설회사의 주식은 분할회사의 주주에게 귀속된다. 분할회사의 주주는 분할회사의 재산이 감소하여 주식가치도

---

212) **회사분할의 법적 성질(쟁점97)**에 관해, 물적요소를 중시하는 재산분할설과 인적요소를 중시하는 인격분할설이 주장된다. **재산분할설**은 회사가 분할하고 그 분할부분에 해당하는 신주를 종전의 주주에게 배분하는 경우(인적분할)에는 주주의 인적 측면에도 분할이 미치게 되지만, 분할부분에 해당하는 신주를 종전의 주주에게 배분하지 않고 분할전의 회사가 취득하는 경우(물적 분할)에는 주주의 인적 측면에서의 분할이 뒤따르지 않는다는 점을 고려한다면 분할은 재산법적으로 이해하여야 된다고 본다(정동윤967). **인격분할설**은 회사의 분할은 합병의 반대현상이고 원칙적으로 분할 전 회사의 사원이 분할 후 회사이 사원이 되는 것이고(인적 분할) 물적 분할은 예외적인 현상이며 우리 상법은 회사의 분할을 재산출자의 측면에서만 규정하고 있지 않은 점(상530의2)에서 볼 때 회사의 분할을 인격의 분할로 보는 것이 타당하다고 본다(정찬형534). **절충설**은 합병의 경우와 달리 분할의 경우에는 인격이 분할된다고 해서 분할전 회사의 법률관계가 분리되어 분할 후의 회사에 귀속되는지를 설명할 수 없으므로, 회사분할은 회사의 영업을 분리하여 그 주체인 법인격을 달리하는 동시에 분할되는 영업에 상응하여 회사의 주식소유관계를 분리하는 단체법적 법률사실이라고 이해한다(이철송1132 – 3).

감소하는데 대한 대가로서 분할신설회사의 주식을 수령한다고 볼 수 있다. 즉 회사분할은 분할회사의 현물출자에 의한 회사설립, 분할신설회사의 주식의 주주귀속 등이 하나의 현상(법률요건)으로 나타나는데, 현물출자의 주체와 신주인수의 주체가 불일치하고 신설되는 회사의 모든 주식이 분할회사의 주주에게 귀속되는 배타성을 가진다. 요컨대 회사분할은 **타인주식귀속의 배타적 현물출자에 의한 회사설립행위**로서 단독행위의 본질을 가져 1인의 발기인에 의한 회사설립과 유사하다. 다만 **물적분할**도 배타적 현물출자에 의한 회사설립행위(법인격의 분리)이긴 하지만 출자자와 신주귀속이 일치하여(타인주식귀속이 타나나지 않음), 분할회사가 분할신설회사의 유일한 주주(완전모회사)가 된다는 점에서 구별된다.

(2) 분할의 유형

1) **존속분할·소멸분할** : ① 개 념 – 분할회사(A)가 분할후 존속하느냐를 기준으로 존속분할·소멸분할도 구별할 수 있다. 존속분할은 분할회사(A)가 분할 후, 존속회사(A)와 신설회사(A')가 분할후회사가 되는 분할 형태(분할후회사가 A·A'인 유형)를 의미하고, 소멸분할은 분할회사(A)가 분할 후 소멸하고 분할후회사(A', A")가 설립되는 분할 형태(분할후회사가 A'·A"인 유형)를 의미한다. 분할회사(A)가 분할후회사(A)간에 동일성이 유지되면 존속분할(불완전분할)이 되고, 분할회사(A)가 분할후회사(A')가 되어 동일성을 상실하면 소멸분할에 해당하게 된다.

② **존속분할** – 존속분할의 경우 분할회사(A)가 분할후회사(A)로 존속하므로 분할회사의 기존의 무형적 이익을 그대로 활용할 수 있고 최소한 두 개 이상의 회사를 설립하여야 하는 소멸분할보다는 회사 설립의 부담이 적다는 장점이 있으며 통상 분할은 존속분할을 의미한다.

③ **소멸분할** – 소멸분할의 경우 분할회사가 해산하고 최소한 두 개 이상의 회사가 신설되는데, 이는 소멸분할의 경우 분할회사의 해산과 두 분할후회사의 설립이 하나의 법적 현상으로 발생한다는 점에서 회사가 해산하고 해산 후에 자산을 현물출자하여 두 회사를 설립하는 것과는 구별된다. 상법 제530조의2 1항의 회사분할의 개념에서 '분할에 의한 한 개 이상의 회사의 설립'만을 규정하고 있고 (분할)회사의 해산(소멸)을 명시하고 있지 않은데, 통상의 존속분할 이외에 소멸분할이 가능한 것은 상법 제530조의5 2항에서 존속분할을 별도로 규정하고 있다는 점에서 찾을 수 있다.

④ **해산회사의 소멸분할** – 회사법은 '해산후 회사는 존립중의 회사를 존속하는

회사로 하거나 새로 회사를 설립하는 경우에 한하여 분할 또는 분할합병을 할 수 있다'고 규정하고 있다(상530의2.4). 규정의 의미가 모호하긴 하지만, 대체로 해산회사가 존속회사가 되는 분할·분할합병은 허용되지 않는다는 의미로 해석된다 (통설). 다만 해산회사라 하더라도 회사계속(상519)의 주총결의가 있는 경우와 청산의 목적을 위한 경우에는 분할이 예외적으로 가능하다는 견해도 있다.

2) **단순분할·분할합병** : ① 개 념 – 분할이후 합병절차가 뒤따르는가를 기준으로 단순분할과 분할합병으로 구별한다. 단순분할이란 하나의 회사(분할회사)가 분할로 한 개 이상의 회사(분할후회사)의 설립만으로 그치는 분할의 유형을 의미하고 분할의 기본적 형태이다. 분할합병이란 하나의 회사(분할회사)가 분할로 존속·설립된 회사(분할후회사)가 다시 다른 회사와 합병되는 분할의 유형을 의미한다. 단순분할은 하나의 회사만에 의해 이뤄지므로 계약은 불필요하고 계획만 요구되므로 단순분할의 경우 **분할계획서**가 작성된다. 하지만 분할합병의 경우에는 분할후 합병절차가 뒤따르므로 합병상대회사와 계약이 요구되어 **분할합병계약서**가 작성된다.

② 단순분할 – 단순분할은 분할회사(A)의 영업(A1＋A2)이 분할되어 일부 영업(A1)은 분할후회사(존속 또는 신설회사, A or ·A')에 남고 일부 영업(A2)은 (또 다른) 신설회사(A")에 현물출자된다. 신설회사(A', A")는 분할회사(A)의 일부 영업이 현물출자 되어 설립되지만 분할과 함께 설립되므로 분할이라는 하나의 법률관계로 형성된다.

③ 분할합병 – 분할합병은 단순분할에 그치지 않고 분할회사(A)의 영업 일부(A2)가 다른 회사(B)와 다시 합병절차(흡수·신설합병)를 거치는 법률현상을 의미한다. 이는 하나의 현상으로 이뤄진다는 점에서 이 역시 '**분할후 합병**'과는 구별된다. 분할합병에는 분할후 존속회사(A')가 합병되고 분할후 신설회사(A")는 합병되지 않는 유형도 가능하다. 분할회사(A)의 분할되는 일부 영업(A1 또는 A2)이 분할합병 상대방회사(B)에 흡수되는 합병승계회사(B')가 되는 경우와 분할후 존속·신설회사(A, A') 또는 분할후 신설회사(A")가 상대방회사(B)를 흡수하는 경우를 합쳐서 이를 **흡수분할합병**이라 한다. 특히 흡수분할합병시 흡수합병후 존속하는 회사를 **분할승계회사**라 한다(상530의6.1.1호). 그리고 다른 회사(B) 또는 다른 회사의 분할된 부분(B1)과 합쳐 회사(C)를 설립하는 경우를 **신설분할합병**이라 한다. 다만 회사법은 분할부분이 분할승계회사에 흡수되는 흡수분할합병만 허용하고(상

530의6.1) 분할부분이 다른 회사를 흡수합병하는 유형에 관해서는 별도의 규정을 두고 있지 않아 회사법 해석상 동 유형이 흡수분할합병에 포함되는지 의문이다.

④ **분할삼각합병** – 분할흡수합병을 하면서 (분할)합병의 대가가 분할회사 또는 다른 회사의 모회사의 주식을 제공하는 경우를 분할삼각합병이라 할 수 있다. 분할회사의 주주에게 제공하는 재산이 분할승계회사의 모회사 주식을 포함하는 경우에는 분할 승계회사는 그 지급을 위하여 모회사 주식을 취득할 수 있다(상 530의6.4). 이는 삼각합병시 자회사의 모회사주식 취득금지의 예외로 합병을 위한 주식취득을 예외적으로 허용한 것(상523의2.1)과 동일한 취지이다. 그리고 동일하게 분할승계회사가 취득한 모회사의 주식을 분할합병 후에도 계속 보유하고 있는 경우 분할합병의 효력이 발생하는 날로부터 6개월 이내에 그 주식을 처분하여야 한다(상530의6.5).

3) 인적분할·물적분할 : ① 개 념 – 분할회사의 사원이 분할되느냐를 기준으로 인적분할·물적분할로 구별할 수 있다. **인적분할**이란 분할로 분할회사(A)는 분할후 존속·신설회사(A or A')와 신설회사(A")로 되는 분할로서, 분할의 원칙적 형태라 할 수 있다(**분할회사 사원의 현물출자설립**). 인적분할의 경우 분할회사(A)의 주주(a1, a2)가 분할후회사(A·A' or A'·A")의 주주(a', a")가 된다. **물적분할**이란 새로운 회사(A')가 신설되고 분할회사(A)의 영업이 출자되지만 분할회사의 주주(a', a")가 아닌 분할회사(A)가 출자함으로써, 분할회사의 주주(a', a")의 지위는 변동이 없어 사원의 변동이 생기지 않는 분할형태를 의미한다(**분할회사의 현물출자설립**). 물적분할의 경우에는 분할회사(A)의 주주(a1, a2)가 분할 후에도 여전히 분할회사(A)의 주주로 남아 있고 신설회사(B)의 주주는 분할회사(A)가 된다(상530의12).

② **인적분할** – 인적분할은 사원의 분할이 이뤄지므로 좁은 의미의 분할(분할의 본질에 부합)에 해당하고 흡수분할합병(상530의2.2), 신설분할합병(상530의 2.3) 모두 분할회사의 사원이 분할되므로 인적분할(좁은 의미의 분할)에 해당한다. 인적분할의 경우 분할회사가 존속하는 경우(분할후회사가 A·A'인 경우, 존속분할)도 있고 분할회사가 해산하고 신설회사들만 남을 경우(분할후회사가 A'·A"인 경우, 소멸분할)도 있다.

③ **물적분할** – 분할회사의 현물출자설립의 실체를 가진 물적분할에서는 사원의 분할이 일어나지 않으므로 좁은 의미의 분할에 포함되지 않는다. 물적분할시 분할회사가 분할·분할합병으로 인하여 설립되는 회사의 주식의 총수를 취득하

는데, 특히 분할합병절차가 진행되는 경우에는 물적분할은 분할합병절차와 함께 주식의 포괄적 교환이 일어나는 것으로 볼 수 있다. 물적 분할에 의해 존속회사는 완전모회사가 되고 신설회사는 완전자회사가 된다. 상법은 물적 분할에서도 분할절차나 분할합병절차가 진행되므로 이들 규정을 준용하고 있다(상530의12). 그런데 물적분할은 설립되는 회사의 주식총수를 취득하는 경우(상530의12)인데 흡수분할합병의 경우에는 설립되는 회사가 없어 물적분할이 개념상 허용되지 않게 된다.

④ 쟁 점 – 흡수분할합병의 경우에도 해석상 물적분할을 허용할 것인가? 이에 관해 긍정설과 부정설이 대립하고 있고 있다.[213] 생각건대 분할회사가, 분할되는 영업부문을 흡수합병하는 분할승계회사의 주식의 전부를 분할합병절차로 취득하는 방법은 불가능하다. 이를 위해서는 다시 분할회사와 분할승계회사와 주식의 포괄적 교환이 있어야 가능하고 이는 별개의 절차에 지나지 않는다. 다만 분할승계회사의 주주가 아닌 분할승계회사가 분할신주 100%를 취득하는 것은 가능하지만(롯데카드 분할합병사례), 이는 상법 제530조의12의 물적분할과는 전혀 다른 주식이동이다. 왜냐하면 분할회사가 완전지주회사가 되는 것도 아니고 분할승계회사가 분할신주를 완전히 취득하는 것이고, 취득의 대상도 설립되는 회사의 주식이 아니기 때문이다. 이렇게 볼 때 해석론상 물적분할에 의한 흡수분할합병은 현행법상 허용되지 않는다고 보아야 한다.

4) **분할의 세분화** : 회사분할의 유형은 무엇을 기준으로 보느냐에 따라 다양하게 세분될 수 있으며, 분할의 유형화가 다소 복잡하게 느껴질 수 있다. 이를 정리하면 우선 합병이 관련되느냐에 따라 단순분할·분할합병으로 구분되고 각각의 유형은 다시 존속·소멸분할로 유형화 될 수 있으며, 특히 분할합병은 다시 흡수·신설분할합병으로 유형화될 수 있다. 결과적으로 단순분할이 단순존속·단순소멸분할의 2유형으로 구분될 수 있고, 분할합병이 4가지 유형(존속흡수·존속신설·소멸흡수·소멸신설분할합병)으로 구분될 수 있어 총 6가지의 세분화된 유형

---

213) **흡수분할합병에도 물적분할이 허용되는지**에 관해, **긍정설**은 입법의 착오로 보고 흡수분할합병의 경우에도 물적분할이 허용되어야 한다고 보고(이철송1153), 분할제도의 도입취지가 구조조정의 유연성을 높이기 위한 것임을 감안하면 상법 제530조의12를 유연하게 해석하여 허용된다고 본다(송옥렬1271). **부정설**은 해석론상으로는 상법 제530조의12에 반하므로 이를 부정하면서 입법론으로는 이를 인정할 필요가 있다고 본다(정찬형 532~533).

으로 이용될 수 있고 다시 광의의 분할이라 할 수 있는 물적분할을 포함시킨다면
7가지 유형의 분할이 이론적으로 성립할 수 있다.

2. 분할 절차

(1) 개 요

대표이사가 회사분할을 하기 위해서 회사분할계획에 대한 의사결정이 있어야
한다. 분할은 주주총회의 분할승인결의가 있어야 효력이 발생하지만 이는 의사결
정이라기 보다는 승인결의이므로 회사분할을 위한 의사결정절차가 요구된다. 특
히 회사분할은 법인격이 변화하는 회사의 중요한 의사결정이므로 분할계획서 또
는 분할합병계약서 작성을 위해서는 이사회의 결의가 요구된다고 본다. 대표이사
는 이사회결의에 의해 분할절차를 개시할 수 있는데 먼저 단순분할의 경우에는
합병과 무관하므로 분할계획서를 작성하면 족하고, 분할합병의 경우에는 합병절
차와 유사하게 분할합병계약서를 작성하고 일정기간 공시를 한 후 주주총회의 분
할승인을 받게 된다. 이후 채권자보호절차를 진행한 후 최소한 1개 이상의 회사의
설립절차를 진행하여야 한 후 분할등기를 하면 분할절차는 종료된다.

(2) 분할계획서·분할합병계약서

1) 단순분할과 분할계획서 : ① **기재사항** – 단순분할에 의하여 회사를 설립하는
경우에는 분할계획서에 신설회사의 정관기재사항이라 할 수 있는 상호·목적·본
점소재지·공고방법·발행주식총수·1주금액 등과 액면·무액면구분, 분할 당시 발
행주식의 총수·종류·종류별주식수, 분할회사 주주에 대한 신설회사의 주식배정
(배정사항·주식병합·분할사항)·지급금액, 신설회사의 자본·준비금, 이전될 재산
과 그 가액, 제한적 채무승계(상530의9.2)의 내용, 분할일, 신설회사의 이사·감사
의 성명·주민등록번호·정관변경사항 등을 기재하여야 한다(상530의5.1). 그리고
존속회사의 감소자본금액·준비금액, 자본감소방법, 이전할 재산과 그 가액, 분할
후 발행주식의 총수, 감소주식의 총수·종류·종류별주식수, 정관변경사항 등도 분
할계획서에 기재되어야 한다(상530의5.2). 회사가 분할되어 존속회사가 없고 신설
회사만 2개 이상이 있을 경우에는 존속회사에 관한 사항은 분할계획서의 기재사
항에서 제외된다.

② **신설회사 주식의 배정(4호)** – 신설회사의 주식은 분할회사의 주주들에게 배

정되는데 어느 주주에게 어떤 비율로 배정할 것인지 하는 주식배정의 방법을 분할계획서에 기재하도록 했다. 분할시 분할회사 1주당 신설회사 주식 몇 주를 배정하는 방식으로 주식배정비율이 정해질 수 있고 이 경우 모든 주주에게 동일하게 그 비율이 적용된다. 분할회사 주식 1주에 배정되는 분할신설회사의 **주식배정비율**을 분할비율이라고 하는 경우도 있지만 분할비율의 개념은 분할회사의 재산중 분할될 비율을 뜻하는 경우도 있어 매우 다의적이다. 그리고 주식의 병합·분할이 요구되는 경우 그에 관한 사항도 기재하여야 한다.

③ **금전·재산 제공(5호)** – 합병에서 현금합병과 재산합병 특히 삼각합병이 가능하게 하기 위해 금전·재산을 제공할 수 있도록 한 것과 마찬가지로 분할에서도 신설회사의 주식 대신 현금이나 사채·주식 등의 재산을 분할시 제공할 수도 있고 주식과 함께 교부되는 분할교부금도 포함된다. 그런데 현금분할도 가능할까? 이에 관해 주식회사가 신설되어야 하고 주주가 있어야 하므로 현금분할은 가능하지 않다고 보는 지적이 있다. 논리적으로도 현금분할을 생각하기는 어려우며 법문에서도 현금합병에 관한 규정과 달리 '대가의 전부'라는 표현을 사용하고 있지 않아 현금분할은 성립하기 어렵다고 본다.

④ **단순분할신설회사에 이전될 재산·가액(7호)** – 분할회사의 주주에게 배정되는 분할신설회사의 주식의 배정비율(4호)은 논리적으로 볼 때 분할대상 재산의 범위가 먼저 결정되어야 그에 따라 신설회사의 주식배정비율이 결정될 것으로 판단된다. 따라서 분할회사의 재산(채권·채무 포함) 중 어떤 부분을 존속회사에 남기고 어떤 부분을 신설회사에 이전할 것인가 하는 것은 분할에서 가장 기본이 되는 사항으로서 재산의 특정이 요구된다. 분할재산특정에 관해 그 단위가 영업이 되어야 하는가? 이에 관해 여기서 재산이라 함은 특정재산을 말하는 것이 아니고 특정의 영업과 그 영업을 위해 조직화된 재산을 의미한다고 보는 긍정설이 있다. 이에 대해 상법이 명시적으로 개별 재산만의 분할을 금지하지 아니하고 있으며, 개별 재산만의 분할시에도 연대책임에 의해 채권자를 보호할 수 있으므로 분할이 영업 단위일 필요가 없다는 부정설이 있다. 참고로 연대책임배제와 관련하여 '출자한 재산'의 개념이 문제된 사항에서, 판례는 분할회사가 출자한 재산이라 함은 분할되는 회사의 특정 재산을 의미하는 것이 아니라 조직적 일체성을 가진 영업 즉 특정의 영업과 그 영업에 필요한 재산을 의미한다고 보았지만(2008다92336; 2008다74963), 이는 분할재산특정의 단위와는 무관하다고 본다.

⑤ **존속분할** – 존속분할에 관해 상법 제530조의5 2항에서 분할계획서의 기재

사항에 관해 명시하고 있다. 그런데 동항의 기재사항에 관해 동조 1항의 기재사항에 대한 추가적 기재사항으로 이해하는 견해가 있다. 그러나 동조 2항에서 존속분할의 경우 추가적으로 기재하여야 한다는 것을 밝히고 있지 않으며, 동조 2항의 3호와 1항의 7호는 동일한 사항이어서 중복되어 있으며, 존속분할의 경우에도 신설회사가 생겨나므로 신설회사에 관해서는 제1항이 적용되고 존속회사에 관해서는 제2항이 적용되는 것으로 보아야 한다. 기재사항을 보면, 존속회사의 자본이 감소되므로 감소할 자본금·준비금액, 자본감소방법, 분할로 이전할 재산과 그 가액, 분할후 발행주식의 총수, 자본감소시 감소주식총수, 종류·수, 정관변경사항 등이 이에 해당한다.

2) **분할합병계약서** : ① 개 요 – 분할합병시 분할회사의 일부가 다른 회사와 합병을 하게 되는데, 그 다른회사를 '**분할합병의 상대방회사**'라 한다(상530의6.1). 그리고 분할합병의 상대방회사로서 존속하는 회사를 '**분할승계회사**'라 한다(상530의6.1.1호). 그리고 분할신설합병에 관해서는 동조 2항에서 정하고 있으며, 분할합병하지 않는 부분도 있을 수 있어 이에 관해서는 분할계획서를 추가로 작성하여야 한다. 그런데 분할합병의 상대방회사가 소멸회사가 되는 흡수합병 즉 분할후 회사가 존속회사가 되는 형태(**존속흡수합병분할**)에 관해서는 특별한 규정을 두고 있지 않은데, 분할합병의 개념(상530의2.2)에는 포함되므로 입법의 부재로 분할계획서와 합병계약서를 동시에 작성할 수밖에 없다고 본다.

② **흡수합병분할** – 흡수분할합병의 경우 회사분할이 전제되지만 단순히 회사가 신설만 되는 것이 아니라 다시 신설회사가 흡수합병 되므로 회사분할에 관한 정보뿐만 아니라 합병에 관한 정보가 분할합병계약서에 기재되어야 한다. 따라서 분할합병계약서는 합병계약서(상523)와 거의 유사하게 분할승계회사의 증가주식총수·종류·종류별주식수(1호), 신주·이전자기주식의 총수·종류·수(2호), 분할회사의 주주에 대한 분할승계회사의 주식배정(배정사항·주식병합·분할사항)·지급금액과 주식병합·분할사항(3호), 현금·재산합병시 내용·배정사항(4호), 분할승계회사의 증가자본총액·준비금(5호), 분할회사가 분할승계회사에 이전할 재산과 그 가액(6호), 제한적 채무승계(상530의9.2)의 내용(7호), 당사회사의 분할(분할합병)계약서의 승인결의(상530의3.2)를 할 주주총회의 기일(8호), 분할합병일(9호), 분할합병승계회사의 이사·감사 등의 인적사항(10호), 정관변경사항(11호) 등이 기재된다(상530의6.1). 특히 분할과 관련된 사항이라 할 수 있는 분할회사가 분할승

계회사에 이전할 재산·가액은 합병계약서에 기재되어야 하지만 분할대차대조표가 작성되어 분할계획서·분할합병계약서와 함께 주주총회일의 2주 전부터 분할등기일 도는 분할합병일 이후 6개월 간 본점에 비치하여야 한다(상530의7).

③ 신설합병분할 – 신설합병분할도 회사분할이 전제되지만 분할된 회사가 다시 합병되어 신설회사가 설립되는 형태여서 분할에 관련된 정보뿐만 아니라 신설합병에 관련된 정보가 분할합병계약서에 기재되어야 한다. 신설분할합병시 분할합병계약서에 기재될 사항을 보면, 신설회사의 상호·목적·본점소재지·공고방법·발행주식총수·1주금액, 액면·무액면구분, 신설회사의 자본·준비금, 이전될 재산과 그 가액, 제한적 채무승계(상530의9.2)의 내용, 분할일, 신설회사의 이사·감사의 성명·주민등록번호·정관변경사항 등을 기재하여야 한다(상530의6.2.1호 → 530의5.1). 그리고 분할합병신설회사의 발행주식총수·종류·중류별주식수(2호), 각 회사의 주주에 대한 분할합병신설회사의 주식배정, 주식병합·분할사항(3호), 분할합병신설회사에 이전할 재산·가액(4호), 주주에 대한 지급금액(5호), 분할합병결의의 주총기일(6호), 분할합병일(7호) 등을 기재하여야 하고(상530의6.2), 각 회사의 존속부분에 관한 기재도 포함된다(상530의6.3 → 530.5). 신설합병분할의 경우에도 특히 분할과 관련된 사항이라 할 수 있는 분할회사가 분할합병신설회사에 이전할 재산·가액은 합병계약서에 기재되어야 하지만 분할대차대조표가 작성되어 분할계획서·분할합병계약서와 함께 주주총회일의 2주 전부터 분할등기일 도는 분할합병일 이후 6개월간 본점에 비치하여야 한다(상530의7).

④ 추가 분할계획서 – 분할합병시 분할합병계약서가 작성되어야 하지만 분할합병하지 않는 부분도 존재한다. 이 부분은 분할합병과 무관하므로 이에 관해 분할계획서가 준용된다(상530의6.3). 따라서 신설회사가 합병과 무관할 경우에는 상법 제530조의5 1항이 준용되고 존속회사가 합병과 무관할 경우에는 동조 2항이 준용된다.

(3) 분할계획서·분할합병계약서의 공시

1) **분할회사** : 분할되는 회사의 이사는 분할계획서 또는 분할합병계약서, 분할되는 부분의 대차대조표, 분할합병의 경우 분할합병의 상대방 회사의 대차대조표, 분할 또는 분할합병을 하면서 신주가 발행되거나 자기주식이 이전되는 경우에는 분할회사의 주주에 대한 신주의 배정 또는 자기주식의 이전에 관하여 그 이유를 기재한 서면 등을 분할계획서의 승인을 위한 주주총회의 회일의 2주 전부터 분할

의 등기를 한 날 또는 분할합병을 한 날 이후 6개월간 본점에 비치하여야 한다(상 530의7.1).

  2) **분할승계회사** : 분할승계회사의 이사는 분할합병계약서, 분할되는 회사의 분할되는 부분의 대차대조표, 분할합병을 하면서 신주가 발행되거나 자기주식이 이전되는 경우에는 분할회사의 주주에 대한 신주의 배정 또는 자기주식의 이전에 관하여 그 이유를 기재한 서면 등을 분할합병을 승인하는 주주총회의 회일의 2주 전부터 분할합병의 등기를 한 후 6월간 본점에 비치하여야 한다(상530의7.2).

  3) **주주의 열람청구권** : 주주 및 회사채권자는 영업시간 내에는 언제든지 위의 분할계획서·분할합병계약서 관련 공시서류의 열람을 청구하거나, 회사가 정한 비 용을 지급하고 그 등본 또는 초본의 교부를 청구할 수 있다(상530의7.3 → 522의 2.2).

(4) 승인결의

  1) **분할회사** : 회사가 분할 또는 분할합병을 하는 때에는 먼저 분할계획서 또 는 분할합병계약서를 작성하여 주주총회의 특별결의에 의한 승인을 얻어야 한다 (상530의3.1,2). 분할계획서·분할합병계약서에 대한 주주총회의 승인결의에 있어 서는 **의결권 없는 주식**의 주주도 의결권을 행사할 수 있다(동조3항). 위의 주주총 회를 소집함을 위한 통지·공고를 함에 있어서 분할계획 또는 분할합병계약의 요 령을 기재하여야 한다(동조4항). 회사가 수종의 주식을 발행한 경우에 분할 또는 분할합병으로 인하여 어느 종류의 주주에게 손해를 미치게 되는 때에는 그 종류 의 **종류주주총회의 결의**가 있어야 한다(동조5항). 회사의 분할 또는 분할합병으로 인하여 분할 또는 분할합병에 관련되는 각 회사의 주주의 부담이 가중되는 경우 에는 주주 전원의 동의가 있어야 하는데(동조6항), 회사분할은 주식회사에서만 가 능하므로 '주주의 부담가중'이란 주주의 추가출자의무의 부담으로 본다.

  2) **분할합병 상대방회사** : 분할합병의 상대방회사에 관한 규정은 없으나 흡수 합병에 준하여 주주총회의 특별결의가 당연히 요구된다고 본다. 분할합병의 경우 합병반대주주의 주식매수청구권이 준용되므로 주주총회 소집통지시에 주식매수 청구권의 내용 및 행사방법을 명시하여야 하며, 주주총회의 결의를 이사회결의로

대신할 수 있는 간이합병·소규모합병에 관한 규정도 준용되고, 채권자보호절차가 준용된다(상530의11.2 → 374.2,522의3,527의2,3,5).

(5) 채권자보호절차

1) **적용범위** : 회사법은 **분할합병**의 경우에는 **채권자보호절차**를 거치도록 하고 있으나(상530의11 → 527의5), **단순분할**에는 원칙적으로 채권자보호절차를 요구하지 않는다. 단순분할의 경우 존속분할이나 소멸분할에서 원칙적으로 신설회사는 분할회사의 채무에 관해 연대책임을 부담하므로 책임재산의 감소가 없기 때문이다. 다만 단순분할의 경우에도 예외적으로 연대변제책임을 제한할 수 있는데(상530의9.2), 이 경우에는 책임재산이 감소하기 때문에 회사법도 예외적으로 단순분할에 채권자보호절차를 거치도록 하고 있다(상530의9.4).

2) **구체적 절차** : 분할합병은 당사회사의 채권자의 이해관계에 영향을 미치므로 채권자보호절차가 요구되는데, 회사는 분할계획서·분할합병계약서에 대한 주주총회의 승인결의가 있은 날로부터 2주 내에 채권자에 대하여 합병에 이의가 있으면 1월 이상의 기간 내에 이를 제출할 것을 공고하여야 하고, 알고 있는 채권자에 대하여는 각각 이를 최고하여야 한다. 간이합병·소규모합병의 경우에는 이사회의 승인결의를 주주총회의 승인결의로 본다. 채권자가 위의 기간 내에 이의를 제출하지 아니한 때에는 분할·분할합병을 승인한 것으로 본다(상530의11.2 → 527의5.3 → 232.2). 이의를 제출한 채권자가 있는 때에는 회사는 그 채권자에 대하여 변제 또는 상당한 담보를 제공하거나 이를 목적으로 하여 상당한 재산을 신탁회사에 신탁하여야 한다(상527의5.3 → 232.3). 사채권자가 이의를 함에는 사채권자 집회의 결의가 있어야 한다. 이 경우에는 법원은 이해관계인의 청구에 의하여 사채권자를 위하여 이의의 기간을 연장할 수 있다(상530의9.4 → 439.3).

(6) 기타 절차

1) **회사 설립** : 단순분할·신설분할합병에 의해 회사가 설립되는데, 이에 상법 회사설립에 관한 규정이 준용된다(상530의4.1). 그러나 분할에 의하여 설립되는 회사는 분할회사의 출자만으로도 설립(단독분할설립)할 수 있고 제3자의 출자를 받아 설립(모집분할설립)할 수도 있다. 이 경우 분할되는 회사의 주주에게 그 주주가 가지는 그 회사의 주식의 비율에 따라서 설립되는 회사의 주식이 발행되는 때에는

제299조의 검사인의 조사·보고규정을 적용하지 아니한다(상530의4.2). 분할 후 존속하는 회사의 이사는 채권자보호절차의 종료후 지체 없이 주주총회를 개최하여 분할에 관한 사항을 보고하여야 한다. 분할 당시에 발행하는 신주의 인수인은 위의 주주총회에서 주주와 동일한 권리가 있다. 이사회는 공고로써 주주총회에 대한 보고에 갈음할 수 있다(상530의11.1→526). 신설분할합병의 경우 합병으로 인하여 회사를 설립하는 경우에는 대표이사는 채권자보호절차의 종료 후, 합병으로 인한 주식의 병합이 있을 때에는 그 효력이 생긴 후, 병합에 적당하지 아니한 주식이 있을 때에는 단주처리(상443)를 한 후 지체 없이 창립총회를 소집하여야 한다. 창립총회에서는 정관변경의 결의를 할 수 있다. 그러나 합병계약의 취지에 위반하는 결의는 하지 못한다. 이사회는 공고로써 주주총회에 대한 보고에 갈음할 수 있다(상530의11.1→527). 분할 또는 분할합병으로 인하여 설립되는 회사 또는 분할합병의 상대방회사가 영업권을 취득한 경우에는 그 취득가액을 대차대조표의 자산의 부에 계상할 수 있다. 이 경우에는 설립등기 또는 분할합병의 등기를 한 후 5년 내의 매 결산기에 균등액 이상을 상각하여야 한다(상530의8). 그리고 분할에 관한 규정은 분할되는 회사가 분할 또는 분할합병으로 인하여 설립되는 회사의 주식의 총수를 취득하는 경우, 즉 물적분할에 이를 준용한다(상530의12).

2) **분할등기** : 회사가 분할을 한 때에는 분할계획서·분할합병계약서의 승인을 위한 주주총회가 종결한 날 또는 보고에 갈음하는 공고일, 제527조의 창립총회가 종결한 날 또는 보고에 갈음하는 공고일부터 본점소재지에서는 2주 내, 지점소재지에서는 3주 내에 분할 후 존속하는 회사에 있어서는 변경의 등기, 합병으로 인하여 설립된 회사에 있어서는 설립등기를 하여야 한다(상530의11.1→528.1). 분할 후 존속하는 회사 또는 분할로 인하여 설립된 회사가 합병으로 인하여 전환사채 또는 신주인수권부사채를 승계한 때에는 등기와 동시에 사채의 등기를 하여야 한다(상530의11.1→528.2).

3. 효 과

(1) 기본적 효과
1) **법인격의 변화** : 회사분할의 의해 발생하는 가장 기본적인 효과는 하나의 법인격을 가진 회사가 두 개 이상의 회사로 분할된다는 것이다. 회사분할은 회사

의 해산절차를 거치지 않고 법인격이 분할될 수 있는 특별한 법률요건으로 볼 수 있다. **법인격의 분할**은 기타 회사분할의 효과가 발생하는 기본적 변화로서 법인격이 분할됨에 따라 **회사가 설립**되고, 분할회사의 주식은 분할후회사의 주식과 교환이 예정된다. 그리고 분할로 존속회사의 일부 자산은 주식교환의 비율(분할비율)에 따라 신설회사에 포괄승계된다. 이는 기본적 형태인 단순분할에서 발생하는 법인격의 변화이고 분할합병의 경우에는 분할회사의 영업의 일부가 독립적 법인으로 탄생하는 것이 아니라 분할승계회사에 흡수합병된다.

2) **주식가치의 교환** : 법인격의 변화에 따라 주식가치의 교환이 이뤄진다. 주식가치의 교환이라고 하지만 분할회사의 주식과 신설회사의 주식이 형식적으로 교환된다는 의미는 아니고 실질적으로 분할회사의 주식가치만큼 신설회사의 주식을 취득하고 분할회사주식은 자본감소절차 등을 거쳐 주식병합·분할되게 된다. 회사합병의 경우에는 주식교환이 형식적으로 발생하지만 회사분할의 경우에는 형식적 주식교환은 없고 주식가치의 교환이 일어난다고 할 수 있다.

3) **권리의무의 이전 등** : ① **포괄승계** – 분할 또는 분할합병으로 인하여 설립되는 회사 또는 존속하는 회사는 분할하는 회사의 권리와 의무를 분할계획서 또는 분할합병계약서가 정하는 바에 따라서 승계한다(상530의10). 포괄적 이전이 일어난다는 점에서 개별적 양도, 양수행위가 요구되는 영업양도와는 구별되고 합병의 효과와 유사하다. 이전의 대상에는 재산은 물론이고 사원, 즉 주주의 이전도 포함된다. 다만 분할되는 회사가 분할 또는 분할합병으로 인하여 설립되는 회사의 주식의 총수를 취득하는 경우, 즉 물적분할의 경우(상530의12)에는 주주의 이전이 없다.

② **기타 효과** – 분할로 회사가 설립되므로 회사설립에 따른 다양한 효과가 발생한다. 그 중 특히 이사·감사의 선임에 관해서는 분할계획서·분할합병계약서에 기재사항으로 되어 있다(상530의5,6). 분할합병으로 분할승계회사의 정관변경을 가져오게 하는 경우에도 이를 별도의 정관변경절차를 거치지 않고 존속회사정관변경도 분할계획서·분할합병계약서에 기재함으로써 효과가 발생하게 된다(상530의5.1.10호,530의6.1.9호).

(2) 회사의 연대책임

1) 채무승계 : 분할회사의 채무는 분할계획서·분할합병계약서에서 특정한 대로 신설회사 또는 분할합병시 분할합병회사에 승계된다. 채무의 승계는 법률행위에 의한 채무의 인수가 아니라 법률의 규정에 의한 채무의 인수이어서 채무인수에 요구되는 채권자의 승낙은 요하지 않고 그 대신 채권자보호절차가 적용된다. 그러나 채권자보호절차는 아래에서 보는 바와 같이 모든 회사분할에 동일하게 적용되지는 않는다. 그리고 채무의 이전은 채무별로 이전되는 개별적 이전이 아니라 분할계획서·분할합병계약서에 특정된 대로 다수의 채무가 포괄적으로 이전되므로 채무승계의 성질은 포괄승계로 보아야 한다.

2) 연대변제책임 : 분할 또는 분할합병으로 인하여 설립되는 회사 또는 존속하는 회사는 분할 또는 분할합병 전의 회사채무에 관하여 연대하여 변제할 책임이 있다(상530의9.1). 회사분할에 의해 권리·의무가 포괄승계되므로 원칙적으로 포괄승계되는 범위에서 채무도 승계된다고 볼 수 있다. 이 경우 존속회사에 권리는 남기고 신설회사에 많은 채무를 부담시키거나 그 반대의 결과를 야기시켜 책임재산의 감소에 따라 회사의 채권자를 해할 가능성이 있다. 회사분할도 기본적으로 사적자치의 원칙에 따라 자유롭게 그 효과를 결정할 수 있지만, 분할로 인한 회사채권자의 불이익을 방지할 필요가 있어 연대변제책임을 규정하고 있다. 판례는 분할 또는 분할합병 전의 회사채무에는 회사분할 또는 분할합병의 효력발생 전에 발생하였으나 분할 또는 분할합병 당시에는 아직 그 변제기가 도래하지 아니한 채무도 포함된다(2007다73321). 이는 회사분할로 채무자의 책임재산에 변동이 생겨 채권 회수에 불리한 영향을 받는 채권자를 보호하기 위하여 부과된 법정책임을 정한 것으로, 수혜회사와 분할 또는 분할합병 전의 회사는 분할 또는 분할합병 전의 회사채무에 대하여 부진정연대책임을 진다(2016다34687).

(3) 책임제한제도

1) 승계채무의 특정 : 분할(합병)시 당사회사(분할회사, 단순분할신설회사, 분할승계회사, 분할합병신설회사)는 원칙적으로 분할회사의 채무에 관해 연대변제책임을 부담한다(상530의9.1) 하지만 분할회사의 주주총회가 분할계획서·분할합병계약서 승인특별결의에 의해 단순분할신설회사가 분할회사의 채무 중에서 분할계획서에 승계하기로 정한 채무에 대한 책임만을 부담하는 것으로 정할 수 있고,

이 경우 존속회사는 나머지 채무에 대해서만 책임을 부담하게 된다(상530의9.2). 그리고 분할합병의 경우에도 분할회사의 주주총회의 승인특별결의에 의해 분할합병계약서에서 승계하기로 정한 채무에 대해서만 분할승계회사·분할합병신설회사가 책임을 부담하는 것으로 정할 수 있고, 이 경우 존속회사는 나머지 채무에 대해서만 책임을 부담한다(상530의9.3). 이와 같이 채무분할의 자유를 허용한 것은 회사분할시 분할회사의 재산을 어떻게 분할할 것인지는 분할회사의 주주총회가 자율적으로 결정하여야 하고(분할자유의 원칙), 이에 따라 채무분할의 범위도 분할회사의 주주총회가 결정할 수 있도록 허용한 것으로 볼 수 있다. 다만 이 경우 회사분할에 의해 분할회사의 책임재산의 감소되어 채권자보호가 문제되고 이는 회사의 조직개편에 따른 채권자의 보호를 위한 채권자보호제도에 의한다.

2) **절 차** : 단순분할의 경우 신설회사가 분할계획서에 특정된 승계채무만 부담하고 존속회사는 나머지 채무를, 분할합병의 경우 분할승계회사, 분할합병신설회사가 분할합병계약서에 특정된 승계채무만 부담하고 존속회사가 나머지 채무를 부담하도록 책임을 제한하기 위해서는 다음의 절차를 거쳐야 한다. 첫째, 분할계획서·분할합병계약서에 승계채무특정에 관한 내용을 기재하여야 하고(상530의5.1.8호,530의6.1.7호), 둘째, 주주총회에서 승계채무특정의 내용을 포함하여 분할승인의 특별결의를 하여야 하고(상530의92,3), 셋째, 단순분할시 책임제한을 할 경우에는 채권자보호절차를 거쳐야 하므로(상530의9.4), 주주총회의 승인결의가 있은 날로부터 2주내에 이의제출을 공고·최고하여야 한다(상527의5.1). 그리고 사채권자가 이의를 함에는 사채권자집회의 결의가 있어야 하며, 법원은 이해관계인의 청구에 의하여 사채권자를 위하여 이의의 기간을 연장할 수 있다(상530의9.4→439.3). 회사법은 분할합병의 경우에는 **채권자보호절차**를 거치도록 하고 있으나, 단순분할에는 원칙적으로 채권자보호절차를 요구하지 않는다(상530의11→527의5). 왜냐하면 단순분할의 경우 존속분할이나 소멸분할에서 원칙적으로 신설회사는 분할회사의 채무에 관해 연대책임을 부담하므로 책임재산의 감소가 없기 때문이다. 하지만 신설회사의 책임을 제한하는 경우에는 분할회사의 재산만 책임재산이 되므로 단순분할이라 하더라도 채권자보호절차가 요구되고 우리 상법도 신설회사의 연대책임을 제한할 경우 채권자보호절차를 거치도록 하고 있다.

(4) 분할(합병)무효의 소

1) 의 의 : 회사법은 회사분할절차에 하자가 있는 경우에 그 법률관계의 혼란과 불안정을 방지하고 단체법상의 법률관계를 획일적으로 확정하기 위하여 분할무효의 소를 통해 하자를 주장하도록 하기 위해 합병무효의 소에 관한 규정을 준용하고 있다(상530의11.1 → 237,529). 다만 분할무효의 소에 관한 무효원인을 명시하고 있지 않아 분할무효의 원인은 해석론에 맡겨져 있다고 볼 수 있다. **분할무효의 원인**에는 분할계획서, 분할합병계약서에 하자가 있는 경우, 분할·분할합병결의에 하자가 있는 경우, 존속회사·신설회사에 관한 회사법상 규정을 위반한 경우, 채권자보호절차를 위반한 경우 등이 포함될 수 있다.

2) 당사자·제소기간 등 : 분할무효의 소를 제기할 수 있는 자는 각 회사의 주주·이사·감사·청산인·파산관재인 또는 합병을 승인하지 아니한 채권자에 한한다(상530의11 → 529.1). 분할의 무효는 분할의 등기가 있는 날로부터 6월 내에 소에 의하여만 주장이 가능하다(상529.1). 이는 무효원인을 법원으로 하여금 판단케 함으로써, 법률관계의 안정성을 확보함과 동시에 제소기간을 제한함으로써 장시간에 걸쳐 형성된 법률관계가 사후에 부인되고 법률관계가 복잡해지는 것을 방지하기 위한 것이다. 기타 절차에 관해서는 회사설립무효의 소에 관한 전속관할(상186), 소제기공고(상187), 소의 병합심리(상188), 하자의 보완 등과 청구의 기각(상189), 판결의 효력(상190), 패소원고의 책임에 관한 규정(상191)을 준용하고 있는 합병무효의 소를 다시 준용하고 있다(상530의11.1 → 240).

3) 증명책임·재량기각 : 분할(합병)무효의 소에서도 주주총회결의 등의 존부에 관한 증명책임이 문제되고, 법원은 하자가 보완되고 분할(합병)을 무효로 하는 것이 부적당하다고 인정될 경우에는 재량기각을 할 수 있다(상530의11.1 → 240 → 189). 판례는 주주가 회사를 상대로 제기한 분할합병무효의 소에서 당사자 사이에 분할합병계약을 승인한 주주총회결의 자체가 있었는지 및 그 결의에 이를 부존재로 볼 만한 중대한 하자가 있는지 등 주주총회결의의 존부에 관하여 다툼이 있는 경우 주주총회결의 자체가 있었다는 점에 관해서는 회사가 증명책임을 부담하고 그 결의에 이를 부존재로 볼 만한 중대한 하자가 있다는 점에 관해서는 주주가 증명책임을 부담한다고 보았다(2008다37193). 그리고 법원이 분할합병무효의 소를 재량기각하기 위해서는 원칙적으로 그 소 제기 전이나 그 심리 중에 원인이 된 하

자가 보완되어야 할 것이나, 그 하자가 추후 보완될 수 없는 성질의 것인 경우에는 그 하자가 보완되지 아니하였다고 하더라도 회사의 현황 등 제반 사정을 참작하여 분할합병무효의 소를 재량기각할 수 있다고 보았다(2008다37193).

　4) **분할무효판결의 효과** : ① 효과 일반 – 분할무효의 판결이 확정되면 본점과 지점의 소재지에서 존속회사는 변경등기, 신설회사는 해산등기, 소멸회사는 회복등기를 하여야 한다(상530의11.1 → 238). 분할을 무효로 하는 판결은 **대세적 효력**이 있으므로 소를 제기하지 않은 주주에 대해서도 효력이 미치며, **불소급효**를 가져 장래에 향해서만 효력이 미친다(상530의11.1 → 240 → 190). 소제기의 공고(상187)와 소의 병합심리(상188) 등은 이 효력을 전제로 한 것으로 볼 수 있다.

　② 분할 유형별 효과 – **단순분할**의 경우에는 분할무효판결의 일반적 효과에 따라 존속회사의 변경, 소멸회사의 회복, 신설회사의 해산의 효과가 발생한다. 그리고 신설회사의 재산은 모두 분할회사로 복귀한다. 그런데 **분할합병**의 경우에는 합병상대방회사가 존재하므로 합병신설회사나 합병승계회사의 재산의 일방적 복귀는 어려워 합병무효판결의 효과에 관한 규정을 준용하고 있다. 분할합병무효로 한 판결이 확정된 때에는 분할회사는 분할 후 존속한 회사 또는 분할로 인하여 설립된 회사의 분할 후 부담한 채무에 대하여 연대하여 변제할 책임이 있다(상530의11.1 → 239.1). 분할 후 존속한 회사 또는 분할로 인하여 설립한 회사의 분할 후 취득한 재산은 분할한 회사의 공유로 한다(동조2항). 각 회사의 협의로 그 부담부분 또는 지분을 정하지 못한 때에는 법원은 그 청구에 의하여 분할 당시의 각 회사의 재산상태 기타의 사정을 참작하여 이를 정한다(동조3항).

제 4 절 주식의 포괄적 교환·이전

1. 주식의 포괄적 교환

(1) 의 의

　1) **개 념** : 주식의 포괄적 교환이란 회사(완전모회사가 되는 회사)가 다른 회사(완전자회사가 되는 회사)의 발행주식총수와 자기회사의 주식을 교환함으로써, 완전모자관계를 형성하는 절차를 의미한다. 주식의 포괄적 교환에 의해 완전자회

사의 주주가 가지는 그 회사의 주식은 주식을 교환하는 날에 주식교환에 의하여 완전모회사에게 이전하고 그 완전자회사의 주주는 그 완전모회사가 주식교환을 위하여 발행하는 신주의 배정(또는 완전모회사가 가지고 있는 자기주식의 교부)을 받는다(상360의2.2).

2) **취 지** : 지주회사를 설립하는 방식은 크게 나누어 기존의 회사를 지주회사로 전환하는 유형과 새로 지주회사를 신설하는 유형이 있다. 주식의 포괄적 교환과 이전은 개별주주와의 거래가 없으므로 저비용으로 완전모회사관계를 형성할 수 있으며, 또한 관련 회사들의 법적 독립성을 유지함으로써 기업위험을 분산하면서도 경영지휘의 통일을 기할 수 있는 장점이 있다. 이러한 주식의 포괄적 교환과 이전의 경우 기존회사의 총주주의 동의에 의하여 수행되는 것이 아니라 주주총회의 특별결의에 의하여 수행된다. 주주 개인의 재산에 대하여 총주주의 동의를 받지 않고 주주총회의 특별결의에 의하여 완전모회사에 대한 (사실상) 현물출자를 강요하는 것과 같은 결과가 되는 특색이 있다. 이 점은 합병의 경우에도 동일하다고 볼 수 있는데, 합병의 경우에는 1개 이상의 회사의 법인격이 소멸하는 점이 법인격이 소멸하지 않는 주식의 포괄적 교환·이전과 구별된다.

3) **간이·소규모 주식교환** : 완전자회사가 되는 회사의 총주주의 동의가 있거나 그 회사의 발행주식총수의 90/100 이상을 완전모회사가 되는 회사가 소유하고 있는 경우의 주식교환을 **간이주식교환**이라 한다. 이 경우 완전자회사가 되는 회사의 주주총회의 승인은 이를 이사회의 승인으로 갈음할 수 있다(상360의9.1). 그리고 완전모회사가 되는 회사가 주식교환을 위하여 발행하는 신주의 총수가 그 회사의 발행주식총수의 5/100를 초과하지 아니하는 경우의 주식교환을 **소규모 주식교환**이라 한다. 이 경우 완전모회사의 주주총회의 승인은 이를 이사회의 승인으로 갈음할 수 있다(상360의10.1). 다만 완전자회사가 되는 회사의 주주에게 지급할 금액을 정한 경우에 그 금액이 최종 대차대조표에 의하여 완전모회사가 되는 회사에 현존하는 순자산액의 2/100를 초과하는 때에는 그러하지 아니하다.

(2) 법적 성질
1) **특 징** : 주식의 포괄적 교환은 주식거래를 통한 회사의 조직개편방식의 하나로서 특수한 조직법적 회사행위이다. 회사법 규정에 따른 요건을 충족한 경우

효과가 발생하는 회사법상 제도로서 그 구성요소인 각각의 행위(현물출자, 신주발행 등)에 관한 규정은 회사법이 허용하는 범위 내에서만 준용되고 이들 규정이 직접 적용되지 않는다. 주식의 포괄적 교환은 회사간의 계약에 근거하여 효과가 발생하는데 그 효과는 일방 회사(모회사)와 타방 회사(자회사)의 주주에 발생한다는 점이 특징적이다.

2) **실 체** : 회사법에 규정된 제도로서 주식의 포괄적 교환의 실질은 무엇인가? 먼저 합병과 비교하면 합병은 재산과 주식간의 교환을 실체로 하여 회사의 인격이 합쳐지는 결과가 발생하지만, 주식의 포괄적 교환은 주식과 주식간의 교환을 실체로 하고 회사와 회사간의 지배관계가 형성된다는 점에서 다르다. A회사(모회사가 될 회사)와 B회사(자회사가 될 회사)가 주식의 포괄적 교환을 할 경우 B회사의 모든 주식이 A회사에 이전되고 그 대가로 A회사가 발행한 신주가 교부된다. 그런데 B회사의 모든 주식의 소유자는 B회사가 아니라 B회사의 주주이고 A회사로부터 수령하는 신주의 귀속주체도 B회사가 아니라 B회사의 주주이다. 그렇다고 한다면 주식의 포괄적 교환계약의 형식적 주체는 A·B회사이지만 실질적 당사자는 A회사와 B회사의 주주(b1, b2)이고 효과도 B회사가 아닌 B회사의 주주에게 직접 발생한다. 이렇게 본다면 주식의 포괄적 교환의 실질은 B회사 주주의 A회사에 대한 주식의 현물출자이고, B회사가 B회사 주주의 계약을 자신의 명의로 수탁받아 처리하면서 계약의 효과가 직접 B회사 주주에게 발생하도록 하는 타인(주주)을 위한 계약의 성질을 가진다. 다만 회사법 규정에 따라 개인주주와의 개별적 주식교환은 불가능하고 모든 주주가 참여하여야 한다는 조건(포괄성)이 붙어 있는 회사행위로 볼 수 있다. 주식의 포괄적 교환은 완전모회사가 되려는 회사(A회사)의 신주와 완전자회사가 되려는 회사(B회사)의 주주간의 주식을 교환하는 계약을 B회사 주주를 위해 B회사가 처리하는 것이라 할 수 있어, A회사와 B회사간의 **타인(B회사 주주)을 위한 포괄적 주식교환계약**의 실체를 가진다.

(3) 주요 절차

1) **주식교환계약서의 작성** : 주식교환을 하고자 하는 회사는 주식교환계약서를 작성하여 주주총회의 승인을 얻어야 한다(상360의3). 물론 주식교환계약서의 작성은 이사회의 결의를 얻어 이루어진다. 주식교환계약서에는 완전모회사의 주식교환에 따른 정관변경규정, 신주총수·종류·종류별주식수, 증가자본액·자본준비

금 및 완전자회사의 주주에 대한 신주배정, 금액(주식교환교부금)의 지급사항, 각 회사의 주식교환계약서 승인을 위한 주총일, 주식교환일, 각 회사의 주식교환일까지 현금에 의한 이익배당의 한도액, 완전모회사에 취임할 이사·감사·감사위원회위원의 성명·주민등록번호 등의 사항을 기재하여야 한다. 소규모주식교환(상360의10.1)의 경우에는 주식교환계약서에 완전모회사의 주주총회의 승인을 얻지 아니하고 주식교환을 할 수 있다는 뜻을 기재하여야 한다(상360의10.3).

  2) **소집통지·공시** : 주식교환계약서를 작성하여 주주총회의 승인을 얻기 위해 주주총회를 소집규정(상363)에 따라 소집하여야 한다. 다만 소집통지에 주식교환계약서의 주요내용, 주식매수청구권(상360의5.1)의 내용·행사방법, 일방회사의 정관에 주식의 양도에 관하여 이사회의 승인을 요한다는 뜻의 규정이 있고 다른 회사의 정관에 그 규정이 없는 경우 그 뜻 등을 기재하여야 한다(상360의3.4). 그리고 이사는 주식교환서의 승인을 위한 주주총회 회일의 2주 전부터 주식교환의 날 이후 6월이 경과하는 날까지 주식교환계약서, 완전자회사의 주주에 대한 주식의 배정에 관하여 그 이유를 기재한 서면, 주식교환계약서승인 주주총회일, 간이주식교환의 통지일(상360의9) 전 6월 이내의 날에 작성한 주식교환을 하는 각 회사의 최종 대차대조표·손익계산서 등의 서류를 본점에 비치하여야 한다(상360의4.1). 주주는 영업시간 내에 위의 서류의 열람 또는 등사를 청구할 수 있다(상360의4.2 → 391의3.3).

  3) **승인결의** : 주식교환계약은 교환계약 당사회사의 기존 주주의 지위를 변화시키므로 각 당사회사의 주주총회의 특별결의를 얻도록 정하고 있다(상360의3.2). 특정종류주주에게 손해를 미치게 될 경우에는 종류주주총회의 결의도 거쳐야 하고(상436), 주주의 부담이 가중되는 경우 주주전원의 동의가 있어야 한다(상360의3.5). 그러나 회사 재산의 변화는 없으므로 회사채권자를 해할 염려가 없다는 점에서 채권자보호절차는 두고 있지 않다. 주주총회의 특별결의에 관해 상법은 간이주식교환과 소규모 주식교환의 예외를 인정하여 이사회의 승인으로 갈음할 수 있게 하였다. 간이주식교환의 경우에는 완전자회사는 주식교환계약서를 작성한 날부터 2주 내에 주주총회의 승인을 얻지 아니하고 주식교환을 한다는 뜻을 공고하거나 주주에게 통지하여야 한다. 다만 총주주의 동의가 있는 때에는 그러하지 아니하다(상360의9.2). 소규모주식교환의 경우 완전모회사가 되는 회사는 주식교

환계약서를 작성한 날부터 2주 내에 완전자회사가 되는 회사의 상호와 본점, 주식 교환을 할 날 및 주식교환계약서에 대한 주주총회의 승인을 얻지 아니하고 주식 교환을 한다는 뜻을 공고하거나 주주에게 통지하여야 한다(360의10.4). 완전모회 사가 되는 회사의 발행주식총수의 20/100 이상에 해당하는 주식을 가지는 주주가 소규모 주식교환에 관한 공고 또는 통지를 한 날로부터 2주 내에 회사에 대하여 서면으로 소규모주식교환에 반대하는 의사를 통지한 경우에는 소규모주식교환을 할 수 없다(상360의10.5).

(4) 기타 절차

1) **반대주주의 주식매수청구권** : 주식교환 승인사항에 관하여 이사회의 결의가 있는 때에 그 결의에 반대하는 주주는 주주총회 전에 회사에 대하여 서면으로 그 결의에 반대하는 의사를 통지한 경우에는 그 총회의 결의일부터 20일 이내에 주 식의 종류와 수를 기재한 서면으로 회사에 대하여 자기가 소유하고 있는 주식의 매수를 청구할 수 있다(상360의5.1). 간이주식교환절차의 경우에는 그 절차의 공 고 또는 통지를 한 날부터 2주 내에 회사에 대하여 서면으로 주식교환에 반대하 는 의사를 통지한 주주는 그 기간이 경과한 날부터 20일 이내에 주식의 종류와 수 를 기재한 서면으로 회사에 대하여 자기가 소유하고 있는 주식의 매수를 청구할 수 있다(동조2항). 이에 관해서는 영업양도결의에 반대하는 주주의 주식매수청구 권에 관한 규정(상374의2.2~5)을 준용한다(동조3항). 그리고 소규모주식교환절차 에서는 반대주식의 주식매수청구권은 허용되지 않는데(상360의10.7), 이는 소규모 합병에서와 동일하다(상527의3.5).

2) **주권교환 · 단주처리** : 주식교환에 의하여 완전자회사가 되는 회사는 주주총 회의 승인결의가 있으면 자회사 주권의 실효절차와 완전모회사의 신주권교부절차 가 진행된다. 완전자회사가 되는 회사는 주식교환계약서에 대한 주주총회가 승인 을 한 뜻, 주식교환의 날의 전날까지 주권을 회사에 제출하여야 한다는 뜻, 주식 교환의 날에 주권이 무효가 된다는 뜻 등을 주식교환의 날 1월 전에 공고하고, 주 주명부에 기재된 주주와 질권자에 대하여 각각 그 통지를 하여야 한다. 주권을 회 사에 제출할 수 없는 자가 있는 때에는 회사는 그 자의 청구에 의하여 3월 이상의 기간을 정하고 이해관계인에 대하여 그 주권에 대한 이의가 있으면 그 기간 내에 제출할 뜻을 공고하고 그 기간이 경과한 후에 신주권을 청구자에게 교부할 수 있

다(상360의8.2 → 442.1). 그리고 주식교환에 적당하지 아니한 수의 주식이 있는 때에는 그 교환에 적당하지 아니한 부분에 대하여 발행한 신주를 경매하여 각 주 수에 따라 그 대금을 종전의 주주에게 지급하여야 한다. 그러나 거래소의 시세 있 는 주식은 거래소를 통하여 매각하고, 거래소의 시세 없는 주식은 법원의 허가를 받아 경매 외의 방법으로 매각할 수 있다(상360의11.1 → 443). 주권을 회사에 제 출할 수 없는 자가 있는 때에는 회사는 그 자의 청구에 의하여 3월 이상의 기간을 정하고 이해관계인에 대하여 그 지급에 대한 이의가 있으면 그 기간 내에 제출할 뜻을 공고하고 그 기간이 경과한 후에 대금을 청구자에게 교부할 수 있다(상 443.2).

3) **등 기** : 주식교환의 절차가 완료되면 당사회사는 변경등기를 하여야 한다. 변경등기신청서에 i) 주식교환계약서, ii) 완전자회사의 주주총회의 의사록, iii) 완 전자회사의 등기부등본, iv) 주식교환으로 인하여 자본을 증가하는 경우에는 그 한도액을 증명하는 서면, v) 완전자회사의 주주에 대하여 주권의 제출공고 등을 하였음을 증명하는 서면, vi) 소규모주식전환교환에 대하여 반대의사를 통지한 주 주가 있는 때에는 그 주주가 소유하는 주식의 총수를 증명하는 서면 및 vii) 소규 모주식교환의 경우에 완전자회사의 주주에게 지급할 금액을 정한 때에는 완전모 회사의 최종의 대차대조표를 첨부하여 주식교환으로 인한 변경등기를 하여야 한 다(상등92). 앞서 언급한 바와 같이 주식교환에 관한 사항 등을 기재한 서면을 주 식교환의 날부터 6월간 본점에 비치하여야 하고(상360의12.1), 주주는 영업시간 내에 위의 서면을 열람 또는 등사를 청구할 수 있다(동조2항 → 상391의3.3).

(5) 포괄적 교환의 효과

1) **신주발행** : 주주총회의 승인결의가 있으면 주식교환의 날에 자회사 주식은 모회사에 이전하고 모회사는 교환계약서에 따라 자회사의 주주에게 모회사의 신 주를 발행·교부하여야 한다. 자회사 주식의 이전은 특별한 이전행위 없이 법률의 규정에 의한 이전이며 완전모회사에 이전되었던 자회사의 구 주식(주권)은 실효 된다. 모회사의 신주발행도 통상적인 신주발행이 아니라 주식교환을 위한 특수한 신주발행이 된다. 따라서 신주발행을 위한 이사회의 결의도 요하지 않으며 주식 교환일에 신주발행의 효과가 발생한다고 본다.

2) **완전모·자회사의 설립** : 주식의 포괄적 교환절차에서는 새로운 회사가 설립되지는 않지만 교환당사자인 기존의 회사가 완전모회사와 완전자회사가 된다. 기존의 회사와 완전모·자회사로 되는 회사간에는 **동일성**이 인정된다는 점에 주식교환절차의 특징이 있다고 볼 수 있다. 완전자회사의 주식의 전량은 완전모회사가 소유하게 되고 기존의 자회사의 주주는 완전모회사의 주식을 소유하게 된다. 그리고 주식의 포괄적 교환에 의하여 **완전모회사의 이사·감사**로서 주식교환 전에 취임한 자는 주식교환계약서에 다른 정함이 있는 경우를 제외하고는 주식교환 후 최초로 도래하는 결산기에 관한 정기주주총회가 종료하는 때에 퇴임한다(상360의13).

3) **완전모회사의 자본증가** : 완전모회사는 완전자회사의 주주에게 신주를 발행하여 교환비율에 따라 교부하여야 하므로 완전모회사의 자본금은 발행되는 신주의 액면가액만큼 증가한다. 이때 완전모회사의 자본충실을 위하여 완전모회사의 자본증가의 한도액을 상법은 규정하고 있다. 완전모회사의 자본증가의 한도액은 주식교환의 날에 **완전자회사에 현존하는 순자산액**에서 완전자회사의 주주에게 지급할 금액(주식교환 교부금) 및 완전모회사가 신주발행에 갈음하여 완전자회사의 주주에게 자기주식을 이전하는 경우 이전하는 주식의 회계장부가액의 합계액을 공제한 금액이다(상360의7.1). 다만 이미 완전모회사가 완전자회사의 주식을 소유하고 있었던 경우에는 완전자회사의 현존 순자산액에 교환비율(완전자회사의 발행주식총수에서 모회사에 이전하는 주식비율)을 곱해 다시 주식교환교부금·이전 자기주식가액을 공제한 금액이 한도가 된다(상360의7.2). 위와 같은 완전모회사의 자본증가의 한도액이 회사의 실제의 증가한 자본액을 초과한 경우에는 그 초과액을 자본준비금으로 적립하여야 한다(상459.1). 예컨대 완전자회사의 순자산액이 1억인데 발행주식은 1만주 그 중 1천주를 완전모회사가 이미 소유하고 있었고 주식교환교부금이 1천만원, 이전주식의 장부가액이 2천만원이라면, 1억×교환비율(9/10)−(1천만원+2천만원)=6천만원을 한도로 자본금이 증가될 수 있다. 만일 완전모회사가 액면가 5천원의 신주를 1만주를 발행하여 완전자회사 주주에게 교부하였다면 5천만원의 증자만 있었으므로 한도액보다 1천만원 적게 증자가 되었으므로 1천만원의 초과금은 자본준비금이 된다.

(6) 주식교환무효의 소

1) **취 지** : 회사법은 주식의 포괄적교환 절차에 하자가 있는 경우에 그 법률관계의 혼란과 불안정을 방지하고 단체법상의 법률관계를 획일적으로 확정하기 위하여 주식교환무효의 소를 통해 하자를 주장하도록 하고 있다(상360의14.1). 이는 무효원인을 법원으로 하여금 판단케 함으로써, 법률관계의 안정성을 확보함과 동시에 제소기간을 제한함으로써 장시간에 걸쳐 형성된 법률관계가 사후에 부인되고 법률관계가 복잡해지는 것을 방지하기 위한 것이다. 다만 주식교환무효의 소 역시 무효원인을 명시하고 있지 않아 주식효과무효의 소의 원인은 해석론에 맡겨져 있다고 볼 수 있다. **주식교환무효의 원인**에는 주식교환 무효원인으로서는 주식교환계약에 관련된 사항과 주주총회 관련사항으로 나누어 볼 수 있다. 따라서 주식교환계약서의 기재사항(상360의3.3)의 흠결 또는 적법하지 못한 기재·승인결의의 부존재·사후공시의무(상360의12) 기타 주식교환절차의 불이행·주식교환계약 자체에 무효원인이 있는 경우, 모회사의 자본이 자회사의 순자산을 초과하여 증가된 경우, 교환비율이 불공정한 경우 등이 있을 수 있다. 이러한 하자는 사전공시(상360의4) 및 사후공시(상360의12)제도를 통하여 확인할 수 있다.

2) **소송절차** : 주식교환무효의 소의 제소권자는 각 회사의 주주·이사·감사·감사위원회위원·청산인이고 제소기간은 주식교환일로부터 6월 내이다(상360의14.1). 주식교환의 경우에는 합병과 달리 당사회사들이 그대로 존속하고 단지 주주구성만이 변동될 뿐이라는 이유에서 당사회사들의 채권자들은 제소권자로 하지 않았다. 주식교환무효의 소의 피고에 대한 규정을 두지 않고 있는데, 주식교환무효의 소의 관할법원을 완전모회사의 본점소재지 지방법원 전속관할로 규정(상360의14.2)한 것으로 보아 완전모회사를 피고로 한 취지라 판단된다. 그리고 완전모회사를 관할의 기준으로 한 것은 주식교환에 의하여 대상회사의 주주들도 모두 완전모회사의 주주의 지위를 취득하게 되고, 만약 대상회사가 복수인 경우 대상회사를 기준으로 관할을 판단한다면 관할법원을 획일적으로 확정하기 곤란한 점을 고려한 것으로 보인다.

3) **주식교환무효판결의 효과** : 주식교환을 무효로 하는 판결은 대세적 효력이 있으므로 소를 제기하지 않은 주주에 대해서도 효력이 미치며 불소급효를 가져 장래에 향해서만 효력이 미친다(상360의14.4 → 190본문,431.1). 소제기의 공고(상

187)와 소의 병합심리(상188) 등은 이 효력을 전제로 한 것으로 볼 수 있다. 주식교환무효의 판결이 확정된 때에는 주식교환에 의하여 완전모회사가 된 회사는 완전자회사가 된 회사의 주주에 대하여 그가 소유하였던 완전자회사가 된 회사의 주식을 이전하여야 한다(상360의14.3). 주식교환절차는 자본거래만 있을 뿐이고 재산의 승계절차는 없으므로 반환할 재산은 없으며 완전자회사의 주주들에게 발행·교부되었던 완전모회사의 주식의 실효·반환만 문제될 뿐이다. 완전모회사가 가지고 있던 자기주식(주권)을 이전한 경우 회수하여야 하고, 신주(주권)를 발행하였다면 이는 회수하여 실효처분하여야 한다.

2. 주식의 포괄적 이전

(1) 의 의

1) **개 념** : 주식의 포괄적 이전이란 완전자회사가 될 회사의 주주가 소유하는 주식의 이전에 의하여 완전모회사를 설립하고 그 대가로 완전모회사의 신주를 배정받음으로써 완전모회사의 주주가 되는 절차를 의미한다(상360의15.2). 주식의 포괄적 이전제도는 완전모회사(지주회사)를 설립되므로 기존의 회사간의 조직재편이 아니라 회사 신설을 통한 조직개편에 해당한다. 주식의 포괄적 이전은 완전자회사가 될 회사가 주식의 포괄적 이전을 계획하여 주주총회의 승인을 얻은 후 완전모회사를 설립하고 완전자회사의 주권의 실효절차를 진행한 후 주식이전등기를 하게 된다.

2) **포괄적 교환과 비교** : 주식의 포괄적 교환과 이전은 두 제도 모두 완전모회사·자회사의 관계가 형성된다는 점에서는 동일하다. 포괄적 교환은 기존의 회사가 완전모회사가 되는데 반해 포괄적 이전은 완전모회사를 설립한다고 하는 점에서 구별된다. 따라서 주식의 포괄적 이전절차에서는 회사의 설립절차가 개재되고 완전모회사가 기존에 가지고 있던 완전자회사의 주식이라든가 완전모회사가 가지고 있던 자기주식의 교부 등 주식의 포괄적 교환에서 나타났던 개념들이 주식의 포괄적 이전에서는 문제되지 않는다.

(2) 법적 성질

1) **특 징** : 주식의 포괄적 이전은 포괄적 교환과 동일하게 주식거래를 통한

회사의 조직개편방식의 하나로서 특수한 조직법적 회사행위이다. 회사법 규정에 따른 요건을 충족한 경우 효과가 발생하는 회사법상 제도로서 그 구성요소인 각각의 행위(현물출자, 신주발행, 회사설립 등)에 관한 규정은 회사법이 허용하는 범위 내에서만 준용되고 이들 규정이 직접 적용되지 않는다. 주식의 포괄적 이전은 포괄적 교환과 달리 회사간의 계약이 아니라 완전자회사 일방의 계획에 근거한 완전모회사의 설립이어서 구조가 보다 단순하다고 할 수 있다.

2) **실 체** : 회사법에 규정된 제도로서 주식의 포괄적 이전의 실질은 무엇인가? 재산과 주식간의 교환을 실체로 하면서 재산의 현물출자의 본질을 가지는 신설합병과 달리 주식의 포괄적 이전은 주식의 현물출자가 전제되어 결국 지배관계가 형성된다는 점에서 다르다. B회사(자회사가 될 회사)가 B회사의 주주를 대신하여 회사의 모든 주식을 신설회사인 A회사에 현물출자하면서 그 대가로 교부되는 A회사의 신주는 B회사의 주주(b1, b2)에게 귀속되게 된다. 다만 회사법 규정에 따라 개인주주의 개별적 주식출자는 불가능하고 모든 주주가 참여하여야 한다는 조건(포괄성)이 붙어 있는 회사행위로 볼 수 있다. 주식의 포괄적 이전은 완전자회사가 되는 회사(B회사)의 주주가 완전모회사가 되는 설립회사(A회사)에의 현물출자계약을 B회사가 대신 체결하는 계약이라 할 수 있다. 요컨대 주식의 포괄적 이전계약은 B회사의 **타인(B회사 주주)을 위한 포괄적 주식출자에 의한 회사설립**의 실체를 가진다.

(3) 주요 절차

1) **주식이전계획서의 작성** : 주식 포괄적 이전절차를 진행하고자 하는 회사는 설립하는 완전모회사의 정관규정·발행주식종류·수·자본액·자본준비금, 완전자회사의 주주에 대한 주식배정·금액지급사항, 주식이전일, 완전자회사가 되는 회사가 주식이전의 날까지 이익배당의 한도액, 완전모회사의 이사·감사·감사위원회위원의 성명·주민등록번호, 공동으로 완전모회사를 설립 취지 등을 기재한 주식이전계획서를 작성하여 주주총회의 승인을 얻어야 한다(상360의16.1).

2) **주주총회의 승인결의** : 주식이전계획서를 작성하여 주주총회의 승인을 얻기 위한 주주총회 소집통지·공고에 주식이전계획서의 주요내용, 주식매수청구권(상360의5.1)의 내용·행사방법, 주식양도승인이 일방회사의 정관에만 규정이 있는

경우 그 취지 등을 기재하여야 한다(상360의16.3 → 360의3.4). 이사는 주식이전계획서의 승인을 위한 주주총회 회일의 2주 전부터 주식이전의 날 이후 6월이 경과하는 날까지 주식이전계획서, 완전자회사가 되는 회사의 주주에 대한 주식의 배정에 관하여 그 이유를 기재한 서면, 주식이전승인의 주주총회의 회일 전 6월 이내의 날에 작성한 완전자회사가 되는 회사의 최종 대차대조표 및 손익계산서 등의 서류를 본점에 비치하여야 한다(상360의17.1). 주주는 영업시간 내에 위의 서류의 열람 또는 등사를 청구할 수 있다(상360의17.2). 주식이전계약은 완전자회사의 주주의 지위를 변화시키므로 주주총회의 특별결의를 얻어야 하고(상360의3.2), 특정종류주주에게 손해를 미치게 될 경우에는 종류주주총회의 결의도 거쳐야 한다(상436). 그러나 회사재산의 변화는 없으므로 회사채권자를 해할 염려가 없다는 점에서 채권자보호절차는 두고 있지 않다. 주식이전으로 인하여 주식이전에 관련되는 각 회사의 주주의 부담이 가중되는 경우에는 주주총회의 승인결의, 종류주주총회결의(상436) 이외에 그 주주전원의 동의가 있어야 한다(상360의16.4).

(4) 기타 절차

1) **반대주주의 주식매수청구권** : 주식이전 승인사항에 관하여 이사회의 결의가 있는 때에 그 결의에 반대하는 주주는 주주총회 전에 회사에 대하여 서면으로 그 결의에 반대하는 의사를 통지한 경우에는 그 총회의 결의일부터 20일 이내에 주식의 종류와 수를 기재한 서면으로 회사에 대하여 자기가 소유하고 있는 주식의 매수를 청구할 수 있다(상360의22 → 360의5.1). 이에 관해서는 영업양도결의에 반대하는 주주의 주식매수청구권에 관한 규정(상374의2.2~5)을 준용한다(상360의22 → 360의5.3).

2) **주권의 실효절차** : 주식이전에 의하여 완전자회사가 되는 회사는 주주총회의 승인결의가 있으면 주주총회의 승인결의, 기간(1월 이상)내의 주권제출, 주식이전일 주권의 실효 등의 취지를 공고하고 주주명부에 기재된 주주와 질권자에 대하여 각각 그 통지를 하여야 한다(상360의19.1). 주권을 회사에 제출할 수 없는 자가 있는 때에는 회사는 그 자의 청구에 의하여 3월 이상의 기간을 정하고 이해관계인에 대하여 그 주권에 대한 이의가 있으면 그 기간 내에 제출할 뜻을 공고하고 그 기간이 경과한 후에 신주권·단주처리대금을 청구자에게 교부할 수 있다(상360의19.2 → 442.1,443). 주식이전에 적당하지 아니한 수의 주식(단주)이 있는 때

에는 그 이전에 적당하지 아니한 부분에 대하여 발행한 신주를 경매하여 각 주수에 따라 그 대금을 종전의 주주에게 지급하여야 한다. 그러나 거래소의 시세 있는 주식은 거래소를 통하여 매각하고, 거래소의 시세 없는 주식은 법원의 허가를 받아 경매 외의 방법으로 매각할 수 있다(상360의22 → 360의11.1 → 443).

3) **등 기** : 주식의 포괄적 이전을 위해서는 완전모회사의 설립절차가 요구된다. 완전자회사의 모든 주식이 완전모회사 법적으로는 설립중의 회사에 출자되고 완전자회사의 주주는 완전모회사의 주식을 배정받고 그 반대급부로 완전자회사의 주식은 완전모회사에 귀속된다. 이러한 절차를 종료한 후 완전모회사는 주식의 포괄적이전의 등기를 하여야 하고(상360의20), 포괄적 주식이전은 효력을 발생한다(상360의21). 이사는 앞서 본 바와 같이 주식이전의 날에 완전자회사가 되는 회사에 현존하는 순자산액, 주식이전으로 인하여 완전모회사에 이전한 완전자회사의 주식의 수, 그 밖의 주식이전에 관한 사항 등을 기재한 서면을 주식이전의 날부터 6월간 본점에 비치하여야 하고(상360의22 → 360의12.1), 주주는 영업시간 내에 위의 서면을 열람 또는 등사를 청구할 수 있다(상360의22 → 360의12.2 → 391의3.3).

(5) 포괄적 이전의 효과

1) **완전모회사의 설립** : 주식이전의 효과로서 완전모회사가 설립된다. 설립되는 회사의 정관, 주식발생사항의 결정, 기관선임 등은 주식이전계획서에 의해 정해진다. 주식이전에 의하여 완전자회사가 되는 회사의 주주가 소유하는 그 회사의 주식은 주식이전에 의하여 설립하는 완전모회사에 이전하고, 그 완전자회사가 되는 회사의 주주는 그 완전모회사가 주식이전을 위하여 발행하는 주식의 배정을 받음으로써 그 완전모회사의 주주가 된다(상360의15.2). 하지만 주식의 포괄적 이전의 효과인 자회사 주식의 이전, 모회사의 설립, 자회사 주주의 모회사 주주가 되는 시점은 이전·배정시점이 아니라 완전모회사가 주식의 포괄적 이전등기를 한 시점이라고 보아야 한다(상360의21).

2) **완전모·자회사관계의 형성** : 주식의 포괄적 이전절차에서는 새로운 회사가 설립되고 이전당사자인 기존의 회사가 완전자회사로, 신설되는 회사가 완전모회사로 되어 양자 간에 완전 모·자관계가 형성된다. 기존의 회사와 완전자회사간에

는 **동일성**이 인정된다. 완전자회사의 주식의 전량은 완전모회사에 출자되어 완전
모회사가 소유하고 완전자회사의 주주는 완전모회사의 주식을 소유하게 된다. 이
과정에서 완전모회사에 제출되었던 자회사의 구주권은 실효된다. 완전모회사의
자본은 주식이전의 날에 완전자회사가 되는 회사에 현존하는 순자산액에서 그 회
사의 주주에게 지급할 금액을 공제한 액(주식이전교부금)을 초과하지 못한다(상
360의18). 이 역시 주식의 포괄적 교환절차에서와 동일하게 자본충실의 원칙에 따
른 제한이라 볼 수 있다.

(6) 주식이전무효의 소

1) **취 지** : 상법은 주식이전에 관하여 그 무효의 소에 관한 별도의 규정을 두
고 있다. 즉, 주식이전을 전후하여 다수의 이해관계인이 발생하므로 주식이전의
무효는 소에 의하여만 주장할 수 있도록 하여(상360의23.1) 법률관계를 획일적으
로 확정하도록 하고 있다(상360의23). 상법은 주식이전의 무효를 주장하는 방법에
관하여만 규정하고 있을 뿐 그 구체적인 사유에 대하여는 밝히고 있지 않다. 이에
대하여 **주식이전의 무효원인**으로 주식이전계획에 관련된 사항과 주주총회 관련사
항으로 나누어 볼 수 있다. 따라서 주식이전계획서의 기재사항의 흠결 또는 적법
하지 못한 기재, 승인결의의 부존재, 사후공시의무 기타 주식이전절차의 불이행,
주식이전계약 자체에 무효원인이 있는 경우, 모회사의 자본이 자회사의 순자산을
초과하여 증가된 경우, 이전비율이 불공정한 경우 등이 있을 수 있다. 이러한 하
자는 사전공시 및 사후공시제도를 통하여 확인할 수 있다.

2) **소송절차** : 주식이전무효의 소의 제소권자는 각 회사의 주주·이사·감사·
감사위원회위원·청산인에 한한다(상360의23.1). 회사법은 주식이전무효의 소의
피고에 대한 규정을 두지 않고 있어, 피이전회사와 이전회사 모두를 상대로 소를
제기하여야 하는가 의문이 있으나 완전모회사의 본점소재지를 기준으로 전속관할
의 정해지는 것을 고려할 때 완전모회사를 피고로 하여야 한다고 본다. 주식이전
의 무효의 소의 제소기간은 이전일부터 6개월 내이다(상360의23.1). 이는 무효원
인을 법원으로 하여금 판단케 함으로써, 법률관계의 안정성을 확보함과 동시에
제소기간을 제한함으로써 장시간에 걸쳐 형성된 법률관계가 사후에 부인되고 법
률관계가 복잡해지는 것을 방지하기 위한 것이다. 주식이전무효의 소는 완전모회
사의 본점소재지 지방법원의 전속관할이다(상360의23.2). 완전모회사를 관할의 기

준으로 한 것은 주식교환에서 설명한 취지와 동일하다.

3) 주식이전무효판결의 효과 : 상법은 주식이전무효판결의 효력에 관하여 회사설립 무효·취소판결에 관한 규정을 준용하고 있다(360의23.4 → 190,193). 따라서 주식이전무효의 판결은 **대세효**가 있고, **불소급효**를 가지므로 판결이 확정된 경우 이전회사는 해산의 경우에 준하여 **청산절차**를 밟아야 한다. 상법은 주식이전무효의 판결이 확정된 때에 피이전회사는 주식이전을 위하여 발행한 주식의 주주에 대하여 그가 소유하였던 이전회사의 주식을 반환하도록 규정하고 있는바(상360의23.3), 이 경우 청산절차와 관련하여 채권자의 우선권을 인정하여야 하는가?(쟁점98)[214] 이에 관해 논란의 여지가 없지 않지만, 주식이전의 무효시 이전회사의 주주들에 대해 설립무효시의 회사 주주들보다 특혜를 부여할 합리적인 이유가 없다고 본다. 그리고 채권자우선의 원칙은 주주의 유한책임에 대응하는 회사법의 기본원리라 할 것이므로, 주주의 주식이전청구권은 채권자의 권리에 우선하지 못한다고 할 것이다. 요컨대 주식이전 무효판결은 불소급효를 가지므로 청산절차가 적용되어 현존하는 재산을 채권자에게 우선적으로 분배한 후의 잔여재산의 처분에 관한 규정으로 주식의 반환이 이뤄진다고 해석된다.

---

214) **청산절차에서 채권자의 우선권(쟁점98)**에 관해, 주식이전의 무효시 이전회사의 주주들에 대해 설립무효시의 회사 주주들보다 특혜를 부여할 합리적인 이유가 없고, 채권자우선의 원칙은 주주의 유한책임에 대응하는 회사법의 기본원리라 할 것이므로, 주주의 주식이전청구권은 채권자의 권리에 우선하지 못한다고 할 것이다(이철송931).

제3편 기타 회사

제1장 합명회사

1. 의 의

(1) 개 념

1) **무책사원의 회사** : 합명회사(partnership)는 2인 이상의 **무한책임사원**만으로 구성되는 회사이다. 합명회사의 대외적 신용의 기초는 회사의 재산보다도 무한책임사원의 신용에 있고 누가 사원인가가 회사의 신용을 결정하게 되어 사원의 개성이 중요시되는 **인적회사**이다. 합명회사는 사원은 회사의 채권자에 대하여 직접 채무를 부담하고 다른 사원과 회사와 함께 연대책임을 부담하여, 자기가 출자한 자산에 제한되지 않고 개인적 재산에 그 책임이 미치는 무한책임을 부담한다(**직접·연대·무한책임**). 정관에 다른 정함이 없는 한 직접 업무집행을 담당하여(**자기기관**) 사원의 지위(기업의 지배)와 업무집행자(기업의 경영)가 원칙적으로 일치한다는 점에 특색이 있다. 합명회사는 다른 회사와 같이 (사단)법인의 본질을 가지고 있지만(상169), 조합적 성질(사원의 책임, 내부관계의 임의규정성, 사원총회가 없음 등)도 가지고 있어 내부관계에서는 민법의 조합에 관한 규정이 준용된다(상195).

2) **특 성** : 합명회사는 내부관계에서는 사적자치가 허용되어 조합에 유사한 특성을 가지고, 외부관계에서는 법인의 특성을 가져 명의·책임의 분리가 나타난다. 다만 책임의 분리는 유한책임의 원칙이 엄격하게 적용되는 주식회사 등 물적회사와 달리, 인적회사인 합명회사의 경우에는 자본제도 등이 없는 특성상 회사의 신용보완을 위해, 투자자인 자연인과 구분되는 법인임에도 불구하고 회사채무에 대한 사원의 책임분리가 부인되어 사원은 회사채무에 대해 무한책임을 부담한다. 내부관계에서 사적자치가 허용되고 사원이 무한책임을 부담하지만, 합명회사

의 명의로 법률행위를 하고 재산을 보유(**명의의 분리**)할 수 있을 뿐만 아니라 사원의 채무에 관해 합명회사의 재산으로 책임을 부담하지 않으므로(**제한적 책임분리**) 조합의 법률관계와는 구별된다. 그리고 제명, 퇴사제도가 있고 사원은 스스로 회사의 경영에 참여하므로 자신의 투자금액을 타인에게 관리시키는 수탁재산관리라는 법인의 특성(1편1장2절2.)도 합명회사에서는 원칙적으로 나타나지 않는다.

(2) 경제적 기능

합명회사는 전형적인 인적회사로서 자본의 결합보다는 인적 결합에 비중을 둔 회사형태이므로, 구성원 사이에 인적 신뢰관계가 전제될 경우에 이용될 수 있는 회사형태이다. 합명회사는 회사의 명의로 재산을 소유하고 법률행위를 하는 법인이지만, 사원이 회사의 채권자에 대하여 무한책임을 부담하므로 사원이 누구냐에 따라 회사의 신용도가 다르게 평가될 수 있어 경제적으로는 개인 경영자들의 조합이라고 할 수 있다. 즉 합명회사는 다른 구성원의 업무집행의 결과가 자기의 지분뿐만 아니라 자기의 개인적 재산에도 직접 영향을 미치는 손익공동체로서의 실질을 가질 뿐만 아니라, 소유와 경영이 일치하여 개인기업의 공동경영형태라고도 할 수 있다. 각 사원의 연대·무한책임을 기반으로 모든 사원의 재산, 노력, 신용이 평가될 수 있는 기업형태이므로 합명회사는 대기업보다는 인적 신뢰가 높고 노력의 평가가 요구되는 중소기업에 적합한 회사형태라 할 수 있다.

2. 설 립

(1) 설립절차

1) **개 요** : 합명회사의 설립절차는 **정관의 작성**과 **설립등기**만으로 완료되어 주식회사의 설립절차보다 훨씬 간단하다. 하지만 모든 회사의 설립절차와 마찬가지로 회사설립을 원하는 당사자(사원)간에 회사설립을 목적으로 하는 조합계약이 먼저 체결되고 그 이행으로써 회사설립절차가 진행되며 이는 합동행위의 성질을 가진다. 하지만 합명회사의 설립절차는 간단하므로 발기인에 관한 규정도 없으며, 정관작성에 의하여 회사의 실체가 완성된다. 주식회사 설립절차에서와 같은 사원모집절차, 출자이행, 기관구성절차, 실체형성절차에 대한 검사·감독절차 등도 요구되지 않는다. 이는 정관에서 사원이 모두 확정되며 사원은 업무집행기관이 되고, 사원은 무한책임을 부담하므로 모집·출자·기관·검사 등의 절차가 불필요하

고 정관작성으로 실체가 형성되고 설립등기에 의해 법인이 설립된다.

2) **정관의 작성** : 합명회사의 정관은 2인 이상의 사원이 공동으로 작성하는데 (상178), 정관에는 절대적 기재사항·상대적 기재사항·임의적 기재사항을 기재하고, 총사원이 기명날인 또는 서명을 하여야 한다(상179). 정관의 작성에 의하여 사원, 출자(상179 3호·4호) 및 기관(상200.1)이 확정되어 실체형성절차가 끝나며, 물적회사와는 달리 출자의 이행이 있어야 할 필요는 없다. **절대적 기재사항**으로는 회사의 목적·상호, 사원의 성명·주민등록번호·주소, 출자의 목적·가격·평가표준, 본점소재지, 정관의 작성연월일 등이 포함된다(상179). 상호에는 합명회사라는 문자를 사용하여야 하고(상19), 출자는 금전·현물·노무·신용출자(종류)와 금전출자의 금액, 현물·노무·신용출자의 목적의 평가액 또는 산정방법을 구체적으로 기재하여야 한다. 합명회사에서는 사원이 무한책임을 지므로 출자의 목적을 금전·현물에 한정하지 않고, 노무·신용의 출자를 인정하되(상222) 평가방법을 정관에 기재하면 족하고 출자가 현실로 이행하였는지 여부도 회사설립의 효력에 아무런 영향이 없다. **상대적 기재사항**으로는 사원의 업무집행권의 제한(상200.1), 대표사원의 결정(상207), 공동대표의 결정(상208.1), 사원의 퇴사사유의 결정(상218 1호), 회사의 존립기간 기타 해산사유의 결정(상217.1, 227.1), 노무·신용출자사원에 대한 지분환급의 제한(상222), 임의청산의 결정(상247.1) 등이 있다. 정관에는 합명회사의 본질, 강행법규, 사회질서에 반하지 않는 한 어떠한 사항도 기재할 수 있고 이들 기재사항은 **임의적 기재사항**이 된다.

3) **설립등기** : 정관의 작성에 의하여 실체가 완성된 합명회사는 본점소재지에서 설립등기를 함으로써 설립하고(상172) 설립절차는 종료된다. **설립등기사항**에는 회사의 목적·상호, 사원의 성명·주민등록번호·주소, 본·지점의 소재지, 사원의 출자의 목적, 재산출자의 가격과 이행한 부분 등이 포함되고, 정함이 있을 경우 존립기간·해산사유, 대표사원의 성명, 공동대표규정 등도 포함될 수 있다 (상180 1호~5호). 설립등기사항의 변경, 지점의 설치, 본·지점의 이전의 등기에 관한 사항은 상법 및 비송사건절차법에 상세하게 규정되어 있다(상181~183,비송184~187). 설립등기의 신청에는 **첨부서류**로서 정관, 재산출자에 관하여 이행을 한 부분을 증명하는 서면 등을 첨부하여야 한다(상등57). 합명회사의 등기사항으로서 관청의 허가·인가를 요하는 사항의 등기 시 등기기간은 그 서류가 도

달한 날로부터 기산하지만(상177), 설립등기에는 등기기간이 없으므로 적용되지 않는다.

(2) 설립하자

1) 개 요 : 주식회사의 설립하자에 관해 설명한 바와 같이 합명회사의 설립과 정에 하자가 있을 경우에도 이를 소의 방법으로만 주장할 수 있고(상184.1), 판결이 확정된 경우 효과를 일반 소송의 효과와 달리함으로써 단체법관계의 법적 안정성을 추구하고 있다. 다만 주식회사의 경우 주관적 하자는 문제되지 않고 객관적 하자만 설립무효의 원인이 되는 데 반해, 합명회사에서는 **객관적 하자**(설립절차, 내용상의 하자)뿐만 아니라 **주관적 하자**(설립관여자의 의사표시상의 하자)도 설립하자의 소송의 대상이 될 수 있으며, 전자는 설립무효의 소, 후자는 설립취소의 소의 대상이 된다. **설립취소의 소**의 원인은 설립사무를 담당하는 자의 의사표시상의 하자(무능력·착오·사기·강박 등)가 있었을 경우(상184.1)와 채권자사해 설립행위가 있었을 경우(상185) 등이다. 이른바 설립행위의 주관적 하자가 원인이 된다. 이에 반해 **설립무효의 소**의 원인은 정관의 절대적 기재사항의 흠결 등 객관적 하자가 원인이 되지만 주관적 하자라 하더라도 무효사유인 경우, 예컨대 절대 강박상태에서의 설립행위 등은 설립무효의 원인이 된다.

2) 소송절차 : 설립취소의 소의 **제소권자**는 취소권을 가지는 자이거나 그 대리인·승계인이며(상184.2) 채권자에 의해 설립취소의 소가 제기되는 경우에는 당해 채권자가 제소권자가 되지만(상185), 설립무효의 소의 제소권자는 사원에 한정된다(상184.1). **피고**는 채권자사해를 원인으로 할 경우에는 사해사실을 알고 있는 사원과 회사가 피고이지만(상185), 기타의 경우에는 규정이 없으므로 설립회사가 피고가 된다고 본다. 설립취소·무효의 소의 **제소기간**은 모두 회사성립의 날로부터 2년 내이다. 설립취소·무효의 소는 설립된 회사의 본점소재지의 지방법원의 **관할**에 전속한다(상186). 설립무효의 소 또는 설립취소의 소가 제기된 때에는 회사는 지체 없이 **공고**하여야 하고(상187), 수 개의 설립무효의 소 또는 설립취소의 소가 제기된 때에는 법원은 이를 **병합심리** 하여야 한다(상188). 설립무효의 소 또는 설립취소의 소가 그 심리 중에 원인이 된 하자가 보완되고 회사의 현황과 제반 사정을 참작하여 설립을 무효 또는 취소하는 것이 부적당하다고 인정한 때에는 법원은 그 청구를 기각(**재량기각**)할 수 있다(상189).

3) **판결의 효력** : 원고승소의 경우, 즉 설립무효·취소의 판결은 **대세적 효력**이 있어 제3자에 대하여도 효력이 미치며, **불소급효**를 가져 판결확정 전에 생긴 회사와 사원 및 제3자간의 권리·의무에 영향을 미치지 아니한다(상190). 따라서 회사 설립등기 이후의 거래에 효력을 미치지 않으므로, 설립무효의 판결 또는 설립취소의 판결이 확정된 때에는 해산의 경우에 준하여 청산하여야 하고 법원은 사원 기타의 이해관계인의 청구에 의하여 청산인을 선임할 수 있다(상193). 설립무효·취소의 판결이 확정된 때에는 본점과 지점의 소재지에서 등기하여야 한다(상192). 다만 설립무효·취소의 판결이 확정되었더라도 그 무효·취소의 원인이 특정한 사원에 한한 것인 때에는 다른 사원 전원의 동의로써 회사를 계속할 수 있으며 이를 **회사계속제도**라 한다(상194.1). 이 경우 그 무효 또는 취소의 원인이 있는 사원은 퇴사한 것으로 보며, 사원이 1인이 된 경우 새로운 사원을 가입시켜 회사를 계속할 수 있다(동조2,3항). 이미 회사의 해산등기를 하였을 때에는 본점소재지에서는 2주간 내, 지점소재지에서는 3주간 내에 회사의 계속등기를 하여야 한다(상194.3 → 229.3). **원고패소**의 경우, 즉 설립무효·취소의 소를 제기한 자가 패소한 경우에 악의 또는 중대한 과실이 있는 때에는 회사에 대하여 연대하여 손해를 배상할 책임이 있다(상191).

3. 내부관계

(1) 개 요

합명회사의 구조, 즉 법률관계는 크게 내부관계와 외부관계로 분류된다. **내부관계**는 사원들만의 이익에 관한 것이기 때문에 이에 관한 규정은 광범위한 계약자유의 원칙이 인정되는데 반해, **외부관계**는 제3자의 이익과 관계가 있으므로 이에 관한 규정은 거래의 안전을 위하여 강행법규의 성질을 가진다. 합명회사의 내부관계는 회사법에 규정된 범위 내에서의 사단성과 규정이 없는 경우 인정되는 조합성이 혼합되어 규율의 **자율성**(임의법규성)이 부각되지만, 외부관계는 법인성에 따라 원칙적으로 **강행법규성**을 가지게 된다. 합명회사의 내부관계에 관한 적용법규의 순서는 원칙적으로 정관, 상법의 규정(임의법규), 민법의 조합규정 순이지만(상195), 외부관계는 상법의 규정(강행법규), 정관, 민법의 조합규정의 순으로 적용된다고 본다.

(2) 출 자

1) 의 의 : 합명회사의 사원은 반드시 회사에 출자하여야 하는데(상179.4호,195,민703), 출자란 사원이 사원의 자격에서 일정한 유형·무형의 수단을 회사에 출연하는 것을 의미한다. 투자자는 출자를 통하여 사원이 되고 정관으로 이를 달리 정할 수 없다. 사원은 자연인으로 그 개성(신용도)이 중요시 되며, 무능력자도 사원이 될 수 있다(상7). 사원의 구체적 출자의무 및 그 범위는 정관의 절대적 기재사항이므로 정관에 기재됨으로써 확정되므로, 사원이 출자를 변경하려면 정관변경의 절차에 의하여야 한다. 주식회사는 주주의 출자의 이행에 의해 자본이 형성되고 자본개념을 통해 회사의 대외적 신용이 유지지만, 합명회사는 출자의 이행이 회사설립 시에 반드시 요구되는 것은 아니어서 법률상 자본이라는 개념이 없고 사원의 자력에 의해 회사의 대외적 신용이 결정된다.

2) 종 류 : 합명회사 사원의 출자의 목적은 재산, 노무 또는 신용 어느 것이라도 무방하다(상195·222,민703.2). 사원의 **재산출자**에는 금전출자는 물론 현물출자도 가능하며, 현물출자의 목적인 재산은 동산·부동산·유가증권·채권·무체재산권·영업상의 비결 등 그 제한이 없고, 영업을 일괄하여 현물출자하는 것도 가능하다. **노무출자**는 사원이 회사를 위하여 노무를 제공함으로써 하는 출자로 정신적이든 육체적이든 불문하고, 임시적이든 계속적이든 불문한다. **신용출자**는 사원이 회사로 하여금 자기의 신용을 이용하게 하는 출자로서, 예컨대 회사를 위하여 담보를 제공하는 등의 행위 등이 출자행위로 평가될 경우 신용출자에 해당한다. 노무와 신용이 인정되는 경우에는 출자의 목적·가격, 평가의 표준이 정해져야 한다(상179 4호). 합자회사의 유한책임사원에는 허용되지 않는다는 점에서(상272 참조), 노무와 신용의 출자가 인정되는 것은 무한책임원칙을 전제하고 있다.

3) 출자의무 : **추상적 출자의무**는 사원자격에 따른 의무이며, 회사설립의 경우에는 정관의 작성에 의하여, 회사의 성립 후 입사하는 경우에는 정관의 변경에 의하여 발생한다. 회사의 설립계약 또는 입사계약에 의하여 발생하는 출자의무는 이의 이행 혹은 사원의 자격상실로 소멸하는데, 이는 사원 자격에서 회사에 대하여 지는 것이기 때문이다. 정관에 의해 확정되는 추상적 출자의무와 달리 **구체적 출자의무**는 사원의 자격과 독립하여 존재하므로, 회사가 사원에 대해서 가지는 구체화한 출자청구권은 양도·압류 또는 전부의 대상이 되고 사원의 자격을 상실하

더라도 소멸되지 않는다(통설).

4) **출자의무의 이행** : 합명회사의 사원은 무한책임을 부담하므로 회사설립 시에 출자를 이행하여야 하는 것은 아니다. **출자이행의 시기**는 정관에 규정이 있는 경우에는 이에 의하고, 정관에 규정이 없는 경우에는 보통의 업무집행의 방법으로 자유로이 정할 수 있다. 다만 회사의 청산시에 회사의 현존재산이 회사채무를 완제하기에 부족한 경우 청산인은 출자의 이행기에 불구하고 각 사원에 대하여 출자를 청구할 수 있다(상258.1). **출자이행의 방법**은 출자의 종류에 따라 다르다. 금전출자의 경우는 금전의 납입 또는 상계도 가능하며, 현물출자의 경우는 그 목적 재산의 이전, 노무출자의 경우는 노무의 제공, 신용출자의 경우는 신용의 제공 등으로 한다. 사원이 현물출자를 하는 경우에는 이에 대하여 위험부담·하자담보책임도 부담한다(상195,민567,570이하,580). 다만 사원이 **채권출자**를 하는 경우 그 사원은 채무자의 자력도 담보하므로(상196), 채권이 변제기에 변제되지 않을 경우 사원은 회사에 대하여 이자를 지급하는 외에 이로 인하여 생긴 손해도 배상하여야 한다(상196단서). 합명회사의 사원이 출자의무를 불이행하면 민법상 채무불이행의 일반적인 효과가 발생하는 외에(민387 이하) 상법상 사원의 제명(상220.1.1호), 업무집행권(상205.1) 또는 대표권 상실(상216 → 205)의 원인이 된다.

(3) 업무집행

1) **업무집행기관** : ① 개 념 – 업무집행이란 회사가 그 목적사업을 수행하기 위하여 업무집행기관에 의해 수행되는 행위를 의미하며, 이에는 법률행위뿐만 아니라 사실행위도 포함된다. 합명회사의 업무집행기관은 원칙적으로 각 사원이다(상200.1). 합명회사는 사원자격과 기관자격이 일치하는 **자기기관**을 가지는 개인주의적 회사형태로서 각 사원이 회사의 업무를 집행할 권리와 의무를 가지므로, 타인기관을 가지는 물적회사와 구별된다. 회사와 업무집행사원의 관계는 위임관계로서, 업무집행사원은 선량한 관리자의 주의로써 업무를 집행하여야 한다(상195).

② **업무집행사원의 지정** – 합명회사는 정관 규정에 의해 특정한 사원만을 업무집행기관으로 정할 수 있고(상201.1), 수인의 사원을 공동업무집행사원으로 할 수도 있다(상202). 정관에 의한 업무집행사원 지정 시 일반 사원의 업무집행권은 배제되며, 일반 사원은 감시권만 가지고 업무집행사원만이 회사의 업무를 집행할

권리와 의무를 가진다. 업무집행권이 없는 사원에게는 회사의 업무와 재산상태를 검사할 수 있는 권리(**감시권**)가 인정된다(상195→민710). 업무집행권이 없는 사원일지라도 회사채권자에 대하여 무한책임을 부담하므로 회사의 업무집행에 관하여 중요한 이해관계를 가지기 때문이다. 이러한 업무감시권은 정관의 규정으로도 박탈할 수 없다는 것이 통설이다.

③ **쟁 점** – 합명회사는 정관의 규정이나 총사원의 동의가 있는 경우 사원이 아닌 자에게 업무집행을 맡길 수(**비사원의 업무집행**) 있는가? 이에 관해서는 합명회사는 무한책임사원들로 구성되고 자기기관을 갖는 회사이므로 사원 아닌 자는 정관의 규정이나 총사원의 동의로도 업무집행기관이 될 수 없다고 보는 견해가 통설이다. 그러나 청산중의 회사는 사원이 아닌 자를 청산인으로 선임할 수 있고(상251.1), 업무집행사원의 업무집행의 정지 및 직무대행자를 선임하는 가처분이 있으면 사원이 아니더라도 직무대행자가 그 업무를 집행한다(상183의2).

2) 업무집행권의 상실·정지 : 업무집행사원은 정당한 사유 없이 사임할 수 없으며 다른 사원의 일치가 아니면 해임할 수 없다(상195→민708). 하지만 업무집행사원이 업무를 집행함에 현저하게 부적임하거나 중대한 업무에 위반한 행위가 있는 때에는 법원은 사원의 청구에 의하여 업무집행권한의 상실을 선고할 수 있다(상205.1). 업무집행사원이 1인인 경우에도 업무집행권한 상실선고가 가능한가?(**쟁점**101)[215] 1인의 업무집행사원이라 하더라도 현저하게 부적임일 경우에는 업무집행권한 상실선고에 의해 회사의 이익이 보호되어야 하고 이 경우 업무집행대행자를 선임할 수 있다고 보는 긍정설과 1인의 업무집행사원에 대한 권한상실선고는 실질적 해산이 되므로 이를 부정하는 부정설이 있다. 이에 관해 판례는 합자회사의 업무집행사원의 권한상실선고 제도는 회사의 운영에 있어서 장애사유를 제거하는 데 목적이 있고 회사를 해산상태로 몰고 가자는 데 목적이 있는 것이 아니므로 무한책임사원 1인뿐인 합자회사에서 업무집행사원에 대한 권한상실선고는 회사의 업무집행사원 및 대표사원이 없는 상태로 돌아가게 되어 권한상실제도

---

215) **업무집행사원의 업무집행권한 상실선고의 허용성(쟁점101)**에 관해, 긍정설은 업무집행사원이 현저하게 부적임할 경우 권한상실선고가 가능하고 이 경우 업무집행대행자를 선임할 수 있으므로 1인의 업무집행사원이라 하더라도 업무집행권한 상실선고가 가능하다고 본다. **부정설**은 무한책임사원 1인뿐인 합자회사에서 업무집행사원에 대한 권한상실선고는 권한상실제도의 취지에 어긋나게 되어 회사를 운영할 수 없으므로 이를 할 수 없다고 본다(판례).

의 취지에 어긋나게 되어 회사를 운영할 수 없으므로 이를 할 수 없다고 본다(75다1341). 생각건대 합명회사에서도 자기기관의 강행법규성을 고려할 때 **1인인 업무집행사원**은 권한상실선고의 대상이 되지 않는다고 본다. 업무집행사원의 권한상실의 판결이 확정된 때에는 본점과 지점의 소재지에서 등기하여야 한다(상205.2). 업무집행사원의 업무집행의 정지 및 직무대행자를 선임하는 **가처분**이 있으면 그 직무대행자가 업무를 집행하고(상183의2), 업무집행사원은 가처분의 취소가 없는 한 업무를 집행할 수 없다(상183의2,200의2). **직무대행자**는 가처분명령에 다른 정함이 있거나 또는 법원의 허가를 얻은 경우를 제외하고는 회사의 통상업무에 속하는 행위만을 할 수 있고(상200의2.1), 이를 위반한 경우 회사는 선의의 제3자에 대하여 책임을 진다(상200의2.2).

3) 업무집행의 방법 : 업무집행에 관하여 사원의 **의사결정**이 있어야 하는 경우에는 원칙적으로 총사원의 과반수로써 결정하여야 한다(상195,민706.2). 지분의 과반수가 아니라 총사원수의 과반수를 요건으로 정하고 있어 합명회사의 의사결정은 **1인1의결권주의**(두수주의)를 취하고 있다. 그리고 합명회사에는 원칙적으로 **사원총회가 없고** 적당한 방법으로 사원의 의사가 파악하면 족하지만, 정관의 규정으로 사원총회를 둘 수는 있으며 이 경우에도 의결권의 대리행사는 인정되지 않는다고 본다. 각 사원이 업무집행사원인 경우에 **다른 사원의 이의**가 있는 때에는 곧 그 행위를 중지하고 총사원의 과반수의 결의에 의하여야 한다(상200.2). 정관으로 수 인의 업무집행사원을 정한 경우에는 각 사원의 업무집행에 관한 행위에 대하여 다른 업무집행사원의 이의가 있는 때에는 곧 그 행위를 중지하고 총 업무집행사원의 과반수의 결의에 의하여야 한다(상201.2). 지배인의 선임과 해임은 회사의 이해관계에 중대한 영향을 미치므로 정관에 다른 정함이 없으면 총사원의 과반수의 결의에 의하여야 한다(상203). 정관으로 **공동업무집행사원**이 정하여진 경우에는 공동으로 업무집행을 할 수 있지만, 지체할 염려가 있는 때에는 단독으로 할 수 있다(상202).

(4) 업무집행사원의 의무

1) 경업금지의무 : 합명회사의 사원은 다른 사원의 동의가 없으면 자기·제3자의 계산으로 회사의 영업부류에 속하는 거래를 하지 못하며, 동종영업을 목적으로 하는 다른 회사의 무한책임사원 또는 이사가 되지 못한다는 의무(상198.1)를

경업금지의무라 한다. 사원은 업무집행권한 또는 감시권한을 가지므로 회사의 기밀을 접할 수 있고 회사의 희생으로 사익을 추구할 가능성이 있다. 경업금지의무는 이를 방지하기 위한 **충실의무**의 하나인데, 임의규정으로 해석되어 정관으로 달리 정할 수 있다는 점이 물적회사와 구별된다. 합명회사의 사원이 **경업금지의무를 위반**한 경우, 회사는 개입권(상198.2,4)과 **손해배상청구권**(상198.3)을 행사할 수 있고 사원 과반수의 결의에 의하여 **제명**(상220.1.2호)을, 그밖에 다른 사원이 **업무집행권·대표권상실의 선고**(상205.1,216)를 법원에 청구할 수 있다. 회사의 **개입권** 행사는 사원 과반수의 결의에 의해 다른 사원의 1인이 그 거래를 안 날로부터 2주간, 거래가 있은 날로부터 1년(제척기간) 내에 행사할 수 있다(상198.4). 다만 사원이 겸직금지의무를 위반한 경우에는 회사는 개입권을 행사할 수는 없고 손해배상청구권을 행사할 수 있다(상198.3 유추).

2) **자기거래제한** : 합명회사의 각 사원은 사원 과반수의 결의가 있는 때에 한하여 자기·제3자의 계산으로 회사와 거래를 할 수 있다(상199). 사원이 다른 사원의 동의를 얻지 않고 자기거래를 한 경우 회사에 대하여 손해배상의 책임을 지는 외에 다른 사원의 청구에 의하여 법원으로부터 업무집행권·대표권의 상실을 선고받을 수 있다(상205.1,216). 그러나 경업금지의무위반의 경우와는 달리 사원의 자기거래제한 위반의 경우에는 사원의 제명사유가 되지 못한다(상220.1). 자기거래는 경업금지의무와 함께 충실의무의 내용이 되고, 모든 자기거래가 의무위반이 되는 것은 아니며 **이익충돌염려**가 있는 자기거래만 제한될 뿐이기 때문이다. 자기거래 제한규정을 위반하여 이뤄진 거래는 회사에 대하여 효력이 없으나 회사는 선의의 제3자에 대하여 그 무효로써 대항할 수 없다고 본다(상대적 유효설).

(5) 손익의 분배

1) **손익의 개념** : 합명회사는 영리법인이므로 영업에서 얻은 이익 또는 손실을 사원에게 분배하여야 한다. 또 합명회사는 상인이므로 매결산기에 회계장부에 의하여 대차대조표를 작성하여야 하는데(상30.2), 대차대조표상의 순재산액이 회사의 자본을 초과하는 경우 그 초과액이 이익이고, 반대의 경우 부족액이 손실이 된다. 손익분배의 기준에 대하여 상법에는 규정이 없으므로, 정관 또는 총사원이 자유로이 정하나 특별히 정해진 바가 없으면 민법의 조합에 관한 규정에 의하여 정

한다(상195). 합명회사는 사원이 회사신용의 기초가 되므로 주식회사에서와 같은 자본유지의 원칙이 없어 법정준비금제도도 없고 이익이 없는 경우에도 배당을 할 수 있다고 본다. 또 전 영업연도의 손실을 전보하지 않고도 이익배당을 할 수 있다고 본다.

    2) **손익분배의 방법** : 민법의 조합규정에 의하면, **손익분배비율**은 각 사원의 출자가액에 비례하여 손익분배의 비율이 정하여지고(민711.1), 이익 또는 손실의 어느 한쪽에 대하여만 분배의 비율이 정하여진 경우에는 그 비율은 이익과 손실에 공통된 것으로 추정한다(민711.2). **손익분배시기**에 대하여 정관에 특별히 규정된 바가 있으면 이에 의하고, 정관에 규정된 바가 없으면 매결산기에 지급한다(상30.2). 합명회사도 매년 1회 이상 일정한 시기에 대차대조표를 작성하여야 하므로(상30.2), 정관에 다른 규정이 없는 때에는 결산기에 이익을 분배하는 것으로 볼 수 있다. 이익의 분배는 원칙적으로 금전배당에 의하나, 정관의 규정 또는 총사원의 동의에 의하여 이익의 전부 또는 일부를 회사에 적립할 수도 있다. 손실의 분배는 계산상 지분의 평가액이 감소하는 데 그치고 추가출자를 요구하는 것은 아니지만, 퇴사·청산의 경우에는 사원의 회사에 대한 권리·의무에 영향을 미치게 되므로 사원은 분담손실액을 납입하여야 한다.

(6) 지 분

    1) **개 념** : 지분이란 1개 재산을 여러 사람이 소유할 때 그 소유비율 또는 소유비율에 따른 권리이다. 합명회사에 출자를 한 사원도 합명회사의 재산에 관해 지분을 가진다는 점에서는 공유자의 지분(민262), 조합원의 지분(민714, 719), 선박공유자의 지분(상756) 등과 유사하다. 그러나 회사법상 합명회사 사원의 지분은 재산에 대한 소유비율의 의미보다도 사원으로서의 회사에 대한 권리 즉 사원권을 의미를 가져(상197) 양도대상이 되며, 회사의 해산 또는 사원의 퇴사의 경우에 사원이 사원자격에 기하여 회사로부터 지급받거나(적극지분) 또는 회사에 지급할(소극지분) 계산상(재산상)의 금액도 의미한다. 요컨대 합명회사 사원의 지분은 사원권을 의미하고(**지분사원권설**), 주식회사와 달리 각 사원은 1개만의 지분(**지분단일주의**)을 가지지만 지분의 크기는 출자액에 비례한다.

    2) **지분의 양도** : ① 요 건 – 지분의 양도는 당사자간의 계약(의사의 합치)에

의하여 성립하지만, 그 계약이 효력을 발생하기 위하여는 **모든 사원의 동의**를 요한다(상197). 지분의 양도에 의해 지분양수인이 사원이 되므로 사원 상호간의 신뢰관계를 중시하는 합명회사의 본질상 다른 사원의 동의가 요구되는데, 다만 이는 임의규정으로 볼 수 있어 정관으로 제한을 완화할 수 있다고 해석된다. **지분의 전부양도**의 경우에는 양도인은 사원자격을 잃고, 양수인은 지분이 증가하거나 사원자격을 취득하게 된다. 양도인이 비사원이 되어 정관상 사원변경이 발생하므로 정관변경등기를 하여야 한다(상179.3호,상37).

② **일부 양도 – 지분의 일부양도**의 경우에는 양도인은 사원자격을 잃지 않고 그 지분만이 감소할 뿐이며, 지분양수인은 지분의 승계에 의하여 사원자격을 취득한다. 다만 지분양수인의 공익권은 승계취득이라기 보다는 사원의 자격 취득에 따른 원시취득이라 할 수 있다. 지분의 일부양도 시에는 양도인은 여전히 사원자격을 유지하지만 양수인이 새롭게 사원이 되는데, 이 역시 **정관변경·변경등기사항**이 되는가? 생각건대 정관에 기재되는 사원명은 설립시 사원명만을 의미하는 것이 아니므로 사원이 추가될 경우에도 정관변경과 그 등기를 하여야 한다고 본다(상183,180.1호 → 179.3호). 다만 지분의 양도에 따른 변경등기는 제3자에 대한 대항요건이다(상37), 그리고 지분 양도인은 이러한 등기 후 2년 내에는 등기 전에 생긴 회사의 채무에 대하여 다른 사원과 동일한 책임을 지고(상225.2), 새로이 지분을 양수한 사원은 신입사원에 준하여 책임을 부담하게(상213) 함으로써 회사채권자를 보호한다.

3) 지분의 상속 : 합명회사는 사원 상호간의 신뢰관계를 기초로 하므로 사원의 사망은 퇴사원인이 되는바(상218.3), 그 사원의 지분은 원칙적으로 상속되지 않고 그 상속인은 지분의 환급을 받게 된다. 그러나 예외적으로 정관에 상속인이 사망한 사원의 지분을 상속하도록 규정하는 것은 무방하고, 이때 상속인은 상속의 개시를 안 날로부터 3월 내에 회사에 대하여 승계 또는 포기의 통지를 발송하여야 한다(상219.1). 상속인이 이러한 통지 없이 3월을 경과한 때에는 사원이 될 권리를 포기한 것으로 본다(상219.2). 그러나 청산중의 회사의 사원이 사망한 경우에는 이러한 정관의 규정이 없더라도 당연히 지분을 상속한다(상246).

4) 지분의 입질 : 회사법에 규정은 없지만 사원권은 재산적 가치를 가지므로 질권 설정이 가능하다고 본다. 합명회사 사원이 자신의 지분을 입질하기 위해서

는 **총사원의 동의**가 있어야 하는가?(쟁점102)²¹⁶⁾ 이에 관해, 당사자간의 합의 외에 총사원의 동의(상197)가 있어야 한다는 **긍정설**, 입질에는 다른 사원의 동의를 요하지 않으나 채권자의 지분의 환가에는 다른 사원의 동의가 요구된다는 **부정설**, 지분의 입질은 역시 자유로우나 일부 질권자의 권한(경매권 등) 행사시에는 총사원의 동의가 필요하다는 **절충설** 등이 주장된다. 생각건대 사원이 지분에 질권을 설정할 경우 질권자는 물상대위권을 행사할 수 있지만, 지분에 대한 질권설정만으로 사원의 구성에 변화가 생기지 않으므로 지본양도에 총사원의 동의를 요구하는 취지가 반영되기는 어렵다고 본다. 다만 질권자가 그 질물에 대한 경매실행, 환가처분 등 지분(질물)에 대한 소유권을 처분하여 사원의 변동이 초래될 경우에는 지분양도의 탈법행위가 되지 않도록 총사원의 동의가 요구된다고 본다(절충설). 총사원이 동의하지 않을 경우 채권자는 지분압류에 의한 퇴사청구절차(상224)를 진행할 수 있다고 본다.

5) 지분의 압류 : 사원의 지분의 압류는 사원이 장래이익의 배당과 지분의 환급을 청구하는 권리에 대하여도 효력을 가지므로(상223), 회사법은 지분압류가 허용됨을 전제하여 사원의 채권자를 보호하기 위해 사원의 지분의 압류채권자는 6월 전에 예고함으로써 영업연도 말에 그 사원을 퇴사시킨 다음에(상224.1), 지분환급청구권의 전부를 받아 목적을 달성할 수 있게 하였다. 판례도 무한책임사원의 지분은 이를 양도할 수 있으며 채권자에 의하여 압류될 수도 있다고 본다(71다1931). 지분 압류채권자가 채무자인 사원의 퇴사를 청구하였더라도 퇴사의 효력이 발생하기 전에 사원이 변제하거나 상당한 담보를 제공한 때에는 퇴사예고가 효력을 잃는다(상224.2). 합명회사가 임의청산을 하는 경우에는 사원의 지분에 대한 압류채권자의 동의를 얻어야 하는데(상247.4), 회사가 이러한 압류채권자의 동의를 얻지 않고 임의청산의 방법에 의하여 재산을 처분한 때에는 압류채권자는 회사에 대하여 그 지분에 상당하는 금액의 지급을 청구할 수 있다(상249 1문). 이 경우에는 상법 제248조의 채권자보호절차를 준용한다.

---

216) **합명회사 사원의 지분입질시 총사원 동의의 요부**(쟁점101)에 관해, **긍정설**은 당사자간의 합의 외에 총사원의 동의(상197)가 있어야 한다는 보고(통설), **부정설**은 입질에는 다른 사원의 동의를 요하지 않으나 채권자의 지분의 환가에는 다른 사원의 동의가 요구된다는 보거나(정동윤759), 지분의 입질은 역시 자유로우나 질권의 효력은 이익배당청구권·지분환급청구권 및 잔여재산분배청구권에 한하여 미칠 뿐이고 경매권에는 총사원의 동의가 필요하다는 본다(이철송140).

(7) 정관변경

1) **원 칙** : 정관변경이란 정관기재서면의 변경, 즉 형식적 의의의 정관을 변경하는 것이 아니라 실질적 의의의 정관을 변경하는 것으로, 사회질서와 강행법규에 반하지 않는 한 어떠한 내용도 자유로이 변경할 수 있다. 합명회사는 **총사원의 동의**에 의하여 정관을 변경할 수 있다(상204). 그러나 총사원의 동의를 받도록 한 상법 제204조는 회사의 내부관계에 관한 규정으로 임의규정이므로, 정관의 규정에 의하여 그 요건을 완화할 수 있다는 것이 통설이다. 합명회사에는 사원총회라는 기관이 없으므로, 정관변경시 요구되는 총사원의 동의는 개별적인 구두에 의한 동의도 무방하다.

2) **사원변경** : 이미 다른 사원의 동의에 의하여 지분의 전부 또는 일부를 타인에게 양도하여 사원변경이 생긴 경우(상197), 사원의 사망(상218 3호)·임의퇴사(상217)·제명(상220) 등의 사유에 의하여 사원변경이 생긴 경우에는, 총사원의 동의를 요하지 않고 바로 정관변경의 효력이 생긴다. 판례는 합자회사의 총사원의 결의방식에 관해, 정관에 특별한 규정이 없는 한 소집절차라든지 결의방법에 특별한 방식이 있을 수 없고, 따라서 사원의 구두 또는 서면에 의한 개별적인 의사표시를 수집하여 본 결과 총사원의 동의나 사원 3분의 2 또는 과반수의 동의 등 법률이나 정관 및 민법의 조합에 관한 규정이 요구하고 있는 결의요건을 갖춘 것으로 판명되면 유효한 결의가 있다고 보고 있어(95다5820) 합명회사에도 동일한 법리가 적용될 수 있다고 본다. 정관변경이 동시에 등기사항의 변경인 경우에는 변경등기(상183)를 하여야 제3자에게 대항할 수 있다(상37).

4. 외부관계

(1) 대표기관

1) **의 의** : 합명회사는 조합의 성질도 가지고 있지만 법인으로서 대표기관의 행위에 의해 회사가 대표된다. 회사의 대표기관이란 회사를 대표하여 제3자에 대해 회사의 의사표시를 하거나 또는 회사에 대한 의사표시를 받을 권한이 있는 자로서 대표기관의 행위가 바로 회사 자신의 행위(**회사행위**)가 된다. 회사의 대외적 의사표시 즉 영업행위도 회사의 업무집행에 속하지만 대외적 효력을 가지므로 회사의 대표기관의 대표행위는 회사의 업무집행의 대외적인 면이라 할 수 있다. 합

명회사의 외부관계는 자율성보다는 거래관계의 안정이 더 중요한 가치를 가진다고 볼 수 있어 법률관계의 획일성과 엄격성이 요청되며, 이에 관한 회사법 규정은 **강행법규적 성질**을 가지고 정관에 의한 사적자치가 제한된다.

2) **단독대표 원칙** : 합명회사의 대표기관은 원칙적으로 각 **사원**이다(상207.1문). 대표권은 업무집행권의 대외적인 면이므로 업무집행권이 없는 자에게는 대표권을 부여할 수 없고, 또 사원이 아닌 자에게 대표권을 부여할 수도 없다. 그러나 예외적으로 정관의 규정에 의하여 수 인의 **업무집행사원**을 정한 경우에는 각업무집행사원이 대표기관이 되지만(상207.2문), 정관 또는 총사원의 동의로 업무집행사원 중에서 특히 회사를 대표할 자(**대표사원**)를 정할 수도 있다(상207.3문). 또한 정관 또는 총사원의 동의가 있으면 수 인의 사원이 공동으로만 회사를 대표할 것을 정할 수도 있는데, **공동대표사원**은 공동으로만 대표권을 행사할 수 있다(상208.1). 단 회사가 제3자에 대하여 의사표시를 하는 경우에는 반드시 공동으로 하여야 하나(상208.1,202본문), 회사가 제3자로부터 의사표시를 받는 경우에는 각자가 단독으로 할 수 있다(상208.2).

3) **대표권의 제한·상실** : 회사가 사원에 대하여 또는 사원이 회사에 대하여 소를 제기하는 경우에 회사를 대표할 사원이 없는 때에는 다른 사원 과반수의 결의로 회사를 대표할 자를 선정하여야 한다(상211). 이러한 **임시대표자**는 사원임을 요하지 아니하며 등기도 필요치 않다. 대표사원도 업무집행사원과 같이 정당한 사유 없이 **사임**할 수 없으며, 다른 사원의 일치가 아니면 **해임**할 수 없으나(상195→민708), 대표권이 있는 사원이 업무를 집행함에 현저하게 부적임하거나 중대한 업무에 위반한 행위가 있는 때에는 업무집행사원의 경우와 같이 사원의 청구에 의하여 법원은 **대표권의 상실**을 선고할 수 있다(상216→205.1). 다만 대표사원이 1인인 경우에는 업무집행사원에서 검토한 바와 같이 대표권의 상실선고를 할 수 없다고 이해된다.

4) **대표기관의 권한** : 합명회사를 대표하는 사원은 회사의 영업에 관하여 재판상 또는 재판 외의 모든 행위를 할 권한이 있다(상209.1). 대표기관은 회사의 영업에 관한 행위만을 할 수 있으므로 영업이 아닌 회사의 기구변경에 관한 사항 등은 대내적 업무집행이므로 대표권이 미치는 영역은 아니다. 이러한 대표기관의 권한

은 정관 또는 총사원의 동의로써 제한할 수 있으나, 그러한 제한을 가지고 선의의 제3자에게 대항하지 못한다(상209.2). 그러나 제3자가 사원인 때, 대표사원과의 공모가 회사의 이익을 해하여 민법 제103조에 위배되는 때, 제3자가 대표권의 남용을 안 때 등의 경우에는 대표권의 불가제한성을 이유로 회사에 대항하지 못한다. 합명회사를 대표하는 사원이 그 업무집행으로 인하여 타인에게 손해를 가한 때에는 그 사원과 회사는 연대하여 배상할 책임이 있다(상210).

5) **등 기** : 모든 사원에게 대표권이 있고 또 단독대표가 인정되는 경우에는 대표에 관한 사항은 별도로 등기할 필요가 없다(상180.1호,179.3호). 그러나 회사를 대표할 사원을 특별히 정한 경우에는 이 대표사원의 성명을 등기하여야 한다(상180.4호). 정관 또는 총사원의 동의로 공동대표사원을 정한 경우, 대표권이 있는 사원에게 대표권의 상실선고가 있고 이 재판이 확정된 때, 업무집행권이 있는 대표사원에 대하여 업무집행의 정지 및 직무대행자를 선임하는 가처분이 있거나 그 가처분을 변경·취소하는 경우에는 본점 및 지점이 있는 곳의 등기소에서 이를 등기하여야 한다(상183의2).

(2) 사원의 책임

1) **직접·무한·연대책임** : 합명회사의 사원은 회사채권자에 대하여 직접·무한·보충적 연대책임을 부담한다(상212). 이는 정관 또는 사원간의 합의로 면책할 수 없으며, 업무집행권이나 대표권의 유무와도 무관하게 사원의 지위에서 부담하는 채무이다(상212.1). **직접책임**이라 함은 합명회사의 채권자는 사원이 출연한 금액으로부터 간접적으로 변제받는 것이 아니라 사원에게 직접 책임을 물을 수 있다는 의미이다. **무한책임**이라 함은 회사채권자의 채권액이 사원의 출자금액과 회사가 가진 재산을 초과하더라도 전액 채무를 부담한다는 의미이다. **보충적 연대책임**이라 함은 사원의 책임은 회사채권자의 채권액에 관해 사원이 연대하여 책임을 부담하므로 전액변제책임을 부담하는 연대책임이다. 하지만 회사의 재산으로 회사의 채무를 완제할 수 없는 때, 회사재산에 대한 강제집행이 주효하지 못한 때 각 사원은 연대하여 변제할 책임이 있어 보충적이다(상212.1,2). 사원이 회사에 변제의 자력이 있으며 집행이 용이한 것을 증명한 때에는 적용하지 아니한다(상212.3). 타인에게 자기를 사원이라고 오인시키는 행위를 한 자도 그 오인으로 인하여 회사와 거래한 자에 대하여 사원과 동일한 책임을 진다(상215). 이를 **자칭사**

원의 책임이라 하며 외관법리 또는 금반언의 원리에 입각한 책임이고 책임의 성질은 동일하지만 다른 사원과 부진정연대책임의 성질을 가진다고 본다.

2) **항변권 등** : 사원이 회사채무에 관하여 변제의 청구를 받은 때에는 회사가 주장할 수 있는 항변으로 그 채권자에게 대항할 수 있으며(상214.1), 회사가 그 채권자에 대하여 상계, 취소 또는 해제할 권리가 있는 경우에는 사원은 회사채무에 관한 변제청구에 대하여 변제를 거부할 수 있다(상214.2). 그리고 합명회사 사원의 **책임발생시점**이 언제인가가 문제되는데, 이는 완제불가능·강제집행부주효라는 요건을 책임발생의 요건으로 볼 것인지 아니면 책임이행의 요건으로 볼 것인 하는 논의와 관련된다. 판례는 합명회사는 실질적으로 조합적 공동기업체이어서 회사의 채무는 실질적으로 각 사원의 공동채무라고 할 것이므로, 합명회사의 사원의 책임은 회사가 채무를 부담하면 법률의 규정에 기해 당연히 발생하는 것이고, "회사의 재산으로 회사의 채무를 완제할 수 없는 때" 또는 "회사재산에 대한 강제집행이 주효하지 못한 때"에 비로소 발생하는 것은 아니라고 보았다. 따라서 동 조항을 회사채권자가 그와 같은 경우에 해당함을 증명하여 합명회사의 사원에게 보충적으로 책임의 이행을 청구할 수 있다는 책임이행의 요건을 정한 것으로 보았다(2006다65903).

3) **조합채무와의 구별** : 합명회사를 순수한 조합적 공동기업체로 볼 수는 없고 조합적 성격을 가진 법인으로 보아야 하므로, 회사가 채무를 부담할 때 무한책임사원도 동시에 채무를 부담한다고 논리는 부당하다고 본다. 왜냐하면 첫째, 합명회사는 조합에 관한 규정을 준용(상195)하고 있지만, 이는 내부관계에 관해서이고 외부관계 특히 사원의 책임에 관해서는 특별규정(상212)을 두고 있다. 둘째, 동 규정은 사원이 회사의 채무에 관해 동일한 또는 공동의 채무를 부담한다고 정하지 않고 회사의 채무에 관해 일정한 조건하에 책임을 부담한다고 하고 있어 동 규정은 합명회사 무한책임사원의 채무가 아닌 책임에 관한 규정이라고 보아야 한다. 셋째, 합명회사, 합자회사 등 인적회사도 조합과는 달리 설립등기에 의해 설립된 독립된 인격체(법인)이다. 따라서 회사의 명의로 법률행위를 하고 재산을 소유하며 채무를 부담하지 조합과 같이 재산의 공동소유(합유)나 채무의 준합유관계에 있는 것이 아니다. 넷째, 회사의 명의로 부담한 채무에 관해서는 회사의 재산으로 책임지는 것이 당연하지만, 인적회사는 자본단체성을 가지지 않아 자본이

취약하므로 상법 제212조에서 무한책임사원의 책임규정에 의한 일종의 법정책임 규정을 규정한 것으로 보아야 한다. 다섯째, 채무와 책임은 구별되는 개념이며 상법은 채무가 아닌 책임을 규정하고 있으며, 채무가 발생하였더라도 변제기가 도래하지 않았거나 시효로 소멸한 경우 책임은 발생하지 않는다고 보아야 한다. 여섯째 조합채무는 각 조합원이 조합계약에서 미리 정하여진 손해부담의 비율로 책임을 부담하므로(분할채무) 조합채무와 동일하게 해석하는 것은 상법 제212조의 연대채무의 원리와도 모순되므로 부적절하다.

4) **입사·퇴사와 책임** : 책임원인의 발생시점과 사원신분유지의 시점이 불일치하더라도 사원의 책임을 인정하고 있다. 즉, 합명회사의 경우에는 회사성립 후 입사한 사원은 그가 입사하기 전에 생긴 회사의 채무에 대하여도 다른 사원과 동일한 책임을 진다고 한다(상213). 이는 각 사원의 채무가 달라짐으로 인해 발생하는 혼란을 방지하여 전 사원이 동일한 무한책임을 부담함으로써 회사의 대외적 신용을 보장하기 위한 취지이다. 퇴사의 경우에도 동일한 취지가 반영되어 합명회사의 사원이 퇴사하거나 지분을 양도한 경우에도 퇴사 또는 지분양도에 따른 사원의 변경등기를 한 후 2년 내에는 다른 사원과 동일한 책임을 부담한다(상225.1·2). 등기 후 2년의 기간은 제척기간이고, 거래상대방의 선의·악의에 의하여 영향을 받지 않고 책임을 부담한다. 합명회사 해산시에는 사원의 책임이 본점소재지에서 해산등기 후 5년까지 연장된다(상267.1). 판례도 합자회사에서 퇴사한 무한책임사원은 본점 소재지에서 퇴사등기를 하기 전에 발생한 회사의 채무에 대하여는 등기 후에 2년 이내에는 다른 무한책임사원과 동일한 책임이 있으므로, 합자회사에 변제의 자력이 있으며 집행이 용이하다는 사실을 주장입증하지 못하는 한 책임을 면할 수 없다고 보았다(74다1727).

5) **책임의 범위·구상권** : 합명회사의 사원이 부담하는 책임은 **회사의 채무**에 대한 것인데, 여기에는 거래에서 생긴 채무만이 아니고 불법행위나 부당이득에 의하여 생긴 채무, 공법상의 채무도 포함된다. 사원의 책임은 회사채무가 발생함과 동시에 생기는 것이 원칙이다. 하지만 변제기 미도래시 채무는 존재하지만 책임은 발생하지 않을 수 있으며 보충적 책임이므로 그 책임은 회사재산에 의한 완제불가능·강제집행부주효의 조건이 성취되고 증명되어야만 이행될 수 있다. 합명회사의 사원이 회사채권자에 대하여 회사채무를 이행하면 회사채무는 소멸하고,

회사채무를 이행한 사원은 변제자의 법정대위(민481)에 관한 법리에 의하여 회사에 대하여 **구상권**을 취득한다. 변제를 이행한 사원의 구상권은 회사뿐만 아니라 다른 사원에 대해서도 그 부담부분을 구상할 수 있다(민425.1). 이때 다른 사원의 부담부분은 손실분담비율에 의하고 다른 사원은 회사에 자력이 있다는 것을 이유로 하여 이러한 구상을 거절할 수 없다.

5. 사원자격의 변동

(1) 의 의

합명회사는 사단적 성질도 가지고 입사와 퇴사제도가 있으며. 무한책임을 부담하는 사원의 퇴사제도를 회사법은 엄격하게 규율하고 있다. 입사와 퇴사는 사원자격의 취득과 상실의 중요한 원인이 된다. 사원자격의 취득에는 원시적 취득과 승계적 취득이 있고, 사원자격의 상실에는 절대적 상실과 상대적 상실이 있다. 사원자격의 원시적 취득원인으로는 설립행위와 입사가 있고, 사원자격의 승계적 취득원인에는 지분의 양수와 상속이 대표적이다. 사원자격의 절대적 상실원인으로는 해산과 퇴사가 있으며, 상대적 상실원인에는 지분전부의 양도와 사망이 포함된다. 이하에서는 입사제도와 퇴사제도에 관해 살펴보는데, 입사제도에 관한 규정은 간단한 반면, 퇴사제도에 관해서는 상법에 자세한 규정을 두고 있다.

(2) 입사제도

1) **의 의** : 입사란 회사성립 후에 합명회사의 사원(출자자)가 되고자 하는 자와 회사 사이의 **입사계약**에 의하여 원시적으로 사원자격을 취득하는 법률요건을 의미한다. 사원은 출자의무가 있으므로 사원이 되기 위해서는 회사에 대한 새로운 출자가 요구되는데, 이 점에서 회사에 대한 새로운 출자 없이 사원자격만을 승계하는 지분의 양수(상197)나 상속과는 구별된다. 하지만 회사법에서는 입사(퇴사)나 지분의 양수(양도)를 동일하게 취급하고 있으므로(상179.3호,204,197,225.1,2) 양자를 구별할 실익은 없다고 본다. 사원은 정관의 절대적 기재사항이므로(상179.3호), 입사로 인한 사원의 증가의 경우에는 **총사원의 동의**에 의한 **정관변경**이 요구된다(상204). 입사의 경우에는 회사채권자에 대한 책임자를 증가시켜 채권자에게 유리하므로 채권자보호절차를 밟을 필요는 없다.

2) **효 력** : 입사계약이 체결되고 총사원의 동의에 의해 정관이 변경되면 입사
계약은 효력이 발생한다. 회사성립 후에 입사한 사원은 입사 전에 생긴 회사의 채
무에 대하여 다른 사원과 동일한 **책임**을 진다(상213). 총사원에 의한 정관변경은
입사의 **효력발생요건**이라 할 수 있다. 입사는 등기사항의 변경에 해당하므로(상
180 1호) **변경등기**를 요한다(상183). 다만 입사의 변경등기도 **대항요건**으로 볼 수
있어(상37), 총사원의 동의를 얻어 입사계약이 체결되었고 정관이 변경되었다 하
더라도 입사등기를 하지 않을 경우 선의의 제3자에게 대항하지 못한다. 판례도 합
자회사의 A가 무한책임사원데 총사원의 동의로 B를 무한책임사원으로 가입시키
기로 합의한 후 변경등기 전에 A가 총사원의 동의를 얻어 C에게 자신의 지분 및
회사를 양도하고 사원 및 지분 변경등기까지 마친 경우, B가 무한책임사원으로서
등기가 마쳐지기 전에는 등기 당사자인 회사나 B로서는 선의의 제3자인 C에게 B
가 무한책임사원이라는 사실을 주장할 수 없으므로, 만약 C가 A만이 유일한 무한
책임사원이라고 믿은 데 대하여 선의라면, 회사나 B로서는 C가 B의 동의를 받지
아니하였음을 주장하여 그 지분양도계약이 효력이 없다고 주장할 수 없다고 보았
다(96다19321).

(3) 퇴사제도

1) **의 의** : 퇴사란 회사의 존속 중에 특정사원의 사원자격이 절대적으로 소
멸되는 법률요건을 말한다. 이러한 퇴사제도는 인적회사의 하나의 특색으로, 사원
자격이 상대적으로 소멸하는 지분의 양도와는 다르고 회사가 소멸한 경우와도 다
르다. 입사를 위해서는 총사원의 동의가 요구되지만, 퇴사는 다른 사원의 의사와
관계없이 **일방적 의사표시**에 의하여 효력이 생긴다. 다만 회사해산 후인 청산중일
때에는, 지분환급에 의해 일부청산의 효과가 발생하는 사원의 퇴사가 인정되지
않는다고 본다. 퇴사의 경우에는 사원의 변경이 생기고 사원은 정관의 절대적 기
재사항(상179 3호)이지만, 입사의 경우와는 달리 퇴사원인이 있으면 바로 퇴사되
는 것이고 이를 위하여 **정관변경**을 요하는 것은 아니다. **퇴사의 유형**에는 임의퇴
사 이외에도 채권자에 의한 강제퇴사, 일정한 사유가 발생하면 퇴사가 의제되는
당연퇴사도 있으며 퇴사와 유사한 제명제도도 있다.

2) **임의퇴사** : 정관으로 회사의 존립기간을 정하지 아니하거나 어느 사원의
종신까지 존속할 것을 정한 경우에는 사원은 일방적 의사표시에 의하여 퇴사할

수 있다. 이때 사원은 원칙적으로 6월 전의 예고에 의하여 영업연도 말에 한하여 퇴사할 수 있다(상217.1). 그러나 예외적으로 사원이 부득이한 사유가 있는 때에는 언제든지 퇴사할 수 있다(상217.2). **부득이한 사유**에는 사원으로 계속 회사에 관여하기 어려운 개인사정을 말하며, 모든 사원이 동일하게 경험하는 사유 즉 회사사업의 부진 등은 이에 포함되지 않는다고 본다. 임의퇴사제도에 의하여 사원은 출자금을 회수할 수 있고, 사원의 임의퇴사에 의하여 사원이 1인이 되는 경우에도 임의퇴사가 가능하다고 본다(정찬547).

3) **강제퇴사** : 사원의 지분을 압류한 채권자는 회사와 채무자인 사원에게 6월 전에 예고하고 영업연도 말에 한하여 그 사원을 퇴사시킬 수 있는데(상224.1), 이를 강제퇴사 또는 채권자에 의한 퇴사라 한다. 그러나 채무자인 사원이 변제를 하거나 상당한 담보를 제공한 경우에는 퇴사예고가 그 효력을 잃게 되어 그 사원을 강제퇴사 시킬 수 없다(상224.2). 이는 압류채권자 보호를 위한 규정이므로 강행법적 성질을 가진 것으로 이해한다. 판례는 '소정의 담보를 제공한 때'라 함은 압류채권자와의 사이에서 담보물권을 설정하거나 보증계약을 체결한 때를 말하는 것이므로, 실질적으로 보증과 같은 채권확보의 효력이 있는 중첩적 채무인수 계약이 압류채권자와의 사이에서 체결되거나 또는 압류채권자가 그 채무인수를 승낙한 때에는 퇴사예고는 그 효력을 잃는다고 보았다(88다카13516).

4) **당연퇴사** : 임의·강제퇴사 이외에 일정한 사유가 발생하면 퇴사한 것으로 된다. 그 사유로는 첫째, 사원에게 정관이 정한 퇴사사유가 발생한 때(상218.1호), 둘째, 특정사원의 퇴사에 총사원의 동의가 있을 때(상218 2호), 셋째, 사원의 사망·금치산선고·파산선고·제명의 사유가 발생하였을 때(상218.3~6호), 넷째, 회사가 일정 사유로 해산하였음에도 불구하고 사원의 동의로 회사를 계속할 수 있는데 이 경우 동의를 하지 않은 사원(상229.1.단서)은 퇴사한다. 당연퇴사의 원인이 발생하면 별도의 해당 사원이나 다른 사원의 동의 없이 퇴사의 효력이 발생하고 정관변경이나 변경등기는 퇴사의 효력에 영향을 주지 못한다.

5) **퇴사효과** : 사원은 퇴사함으로써 사원자격을 상실한다. 퇴사한 사원이 재산출자를 한 경우는 물론이고 노무·신용출자를 한 경우에도 정관에 다른 규정이 없는 한 지분의 환급을 받을 수 있다(상222). 퇴사한 사원의 지분 계산은 정관에 다

른 규정이 없으면 퇴사 당시의 회사재산의 상태에 따라야 한다(상195 → 민719.1). 퇴사원이 지분계산의 결과 적극지분인 경우에는 **지분환급청구권**을 가지고, 반대로 소극지분인 경우에는 **손실분담금납입의무**를 부담한다. 지분의 환급은 출자의 종류에 상관없이 금전으로 할 수 있으며(상195 → 민719.2), 지분환급청구권은 퇴사원이 사원자격을 잃은 후에 취득하는 제3자적 권리로서 다른 사원은 이에 대해 연대·무한의 책임을 부담한다. 퇴사한 사원의 성명이 회사의 상호 중에 사용된 경우에는 그 사원은 자칭사원의 책임(상215)으로부터 벗어나기 위해 회사에 대하여 그 사용의 폐지를 청구할 수 있다(상226). 사원의 퇴사의 경우 정관변경은 요구되지 않지만, 등기사항(상180.1호)의 변경이 있으므로 변경등기(상183)를 하여야 한다. 사원은 **퇴사등기**는 상업등기의 일반적 효력에 따라 대항력을 가질 뿐만 아니라(상37), 퇴사원의 책임에도 중요한 영향을 미친다. 즉 사원의 퇴사등기 후 2년이 경과하여야 회사의 채무에 대하여 책임을 면한다(상225.1). 이는 퇴사원의 사원자격의 상실로 인하여 회사채무에 대하여 연대·무한의 책임을 지는 사원수가 감소하므로 회사채권자를 보호하는 제도로 이해된다.

(4) 제명제도

1) **개 념** : 제명은 당해 사원의 의사에 반하여 사원자격을 박탈하는 것으로서, 회사의 존속을 위해 신뢰관계가 무너진 사원을 축출하는 절차이다. 당연퇴사는 일반적으로 법정사유의 발생으로 사원이 당연히 퇴사하는 데 반해, 제명은 제명사유의 발생만으로 바로 퇴사의 효과가 발생하는 것이 아니라 일정한 절차를 거쳐 사원의 의사에 반하여 퇴사시킨다는 점에서 차이가 있다. 사원의 제명사유는 사원의 출자의무불이행·경업금지의무위반, 회사의 업무집행·대표행위에서 부정·무권한 행위, 기타 중요한 사유가 있는 경우가 포함된다(상220.1). 회사법상의 제명사유를 회사가 정관에 의하여 배제하거나 제한할 수 있는가?(**쟁점**103)[217) 이에 관해, 상법 제220조를 임의법규로 보아 정관에 의하여 배제·제한할 수 있다고 보는 **임의법규설**, 제명은 당해 사원의 의사에 반하여 사원자격을 박탈시키는 제도이므로 이를 엄격하게 해석하여야 하므로 강행법규로 이해하는 **강행법규설** 등이

---

217) **정관에 의한 배제·제한의 허용성(쟁점**103)에 관해, **임의법규설**은 상법 제220조를 임의법규로 보아 정관에 의하여 배제·제한할 수 있다고 보고(최기원1213), **강행법규설**은 제명은 당해 사원의 의사에 반하여 사원자격을 박탈시키는 제도이므로 이를 엄격하게 해석하여야 하므로, 강행법규로서 정관에 의하여 법정제명사유를 배제·제한할 수 없다고 본다(손주찬509).

주장된다. 생각건대 제명은 사원들간의 신뢰관계 유지를 위한 제도로서 강행법적 성질을 가진다고 본다.

2) 제명절차 : ① 요 건 – 제명사유가 있을 경우 **다른 사원 과반수의 결의**에 의해 법원에 **제명청구**를 할 수 있고 법원의 **제명선고**로 제명된다상220). 제명청구의 소는 회사의 본점소재지의 지방법원의 관할에 속한다(상220.2 → 206,186). 복수의 사원을 한꺼번에 제명하는 **일괄제명**도 허용되는가?(**쟁점**104)²¹⁸⁾ 이에 관해 복수의 제명대상자를 제외한 자가 결의할 수 있다는 **제외설**, 개인별로 제명사유를 검토하여야 하므로 일괄제명은 불가능하다고 보아 각 제명대상자를 제외한 다른 사원은 모두 제명결의에 참여할 수 있다고 보는 **포함설** 등이 주장된다. 생각건대 일괄제명에 관한 특별규정이 없으므로 제명대상자에 따른 제명요건의 준수가 요구되어 각각의 제명처분이 별개의 결의가 되어야 하고, 따라서 포함설이 타당하다고 본다.

② 쟁 점 – **2인 사원 회사**에서도 제명이 가능한가?(**쟁점**105)²¹⁹⁾ 긍정설도 있지만 다수설은 그 중 1인을 제명하기 위한 과반수 결의도 불가능하고 그 1인을 제명하면 사원이 1인이 되어 회사의 해산사유가 되므로 제명이 불가능하다고 본다. 생각건대 사원이 2인인 합명회사에서 제명사유(예, 부정행위)가 발생한 경우, 무한책임을 부담하는 다른 사원은 제명대상사원이 동의하지 않을 경우 해산을 할 수도 없으므로(상227.2호) 제명 후 해산의 가능성(상227.3호)을 열어두는 것이 적절하고, 제명요건은 '다른 사원 과반수의 결의'이므로(상220.1), 제명사유가 발생한 사원이 아닌 1인의 사원이 동의하면 전원동의가 되므로 제명요건을 충족한다고 본다. 따라서 사원이 2인인 경우에도 제명절차를 진행할 수 있다고 본다.

3) 효 과 : 법원의 제명판결이 확정에 의해 제명사원은 사원자격이 상실된다. 그리고 회사는 제명된 사원과 계산절차에 들어가는데, 제명판결이 확정될 때까지

---

218) **복수의 제명대상자에 대한 제명결의의 의결권자(쟁점**104)에 관해, **제외설**은 복수수인의 제명대상자를 제외한 자가 결의할 수 있다고 보고(최기원1213), **포함설**은 개인별로 제명사유를 검토하여야 하므로 일괄제명은 불가능하다는 점에서 각각의 제명대상자를 제외한 다른 사원은 모두 제명결의에 참여할 수 있다고 본다.

219) **사원의 제명 허용성(쟁점**105)에 관해, **긍정설**은 2인사원 회사라 하더라도 **다른 사원 과반수의 결의라는 요건이 충족될 수 있으므로 사원의 제명이 허용된다고 보고, 부정설**은 그 중 1인을 제명하기 위한 과반수 결의도 불가능하고 그 1인을 제명하면 사원이 1인이 되어 회사의 해산사유가 되므로 제명이 불가능하다고 본다(다수설).

장기간이 걸리므로 소제기시의 회사재산의 상태에 따라야 하며 그 때부터 법정이 자를 붙여야 한다(상221). 제명사원도 회사에 대해 지분환급청구권·손실분담금납 입의무를 가지지만 회사가 제명사원에 대해 손해배상청구권을 가질 경우 지분환 급청구권과 상계하여 정산한 후 남은 금액이 제명사원에게 반환될 수 있다. 제명 선고로 정관기재의 사원기재사항이 변경되지만 정관변경절차가 요구되지는 않는 다. 그리고 제명선고청구의 소는 사원자격의 박탈을 청구하는 형성의 소이며, 법 원의 제명선고의 판결이 확정되면 본점과 지점의 소재지에서 등기하여야 한다(상 220.2 → 205.2).

6. 해산과 청산

(1) 해 산

1) **해산사유** : 합명회사의 해산사유로는 i) 존립기간의 만료 기타 정관으로 정 한 사유의 발생, ii) 총사원의 동의, iii) 사원이 1인으로 된 때, iv) 합병, v) 파산, vi) 법원의 해산명령(상176) 또는 해산판결(상241)이다(상227). 주식회사는 주주 가 1인이 되더라도 1인회사로서 존립에 영향을 받지 않는데 반해, 합명회사는 이 를 해산사유로 정하고 있어 1인의 합명회사의 법률관계 문제는 발생하지 않는다. 그리고 합병이 되더라도 항상 해산되는 것은 아니고 흡수합병의 경우 존속회사는 합병에도 불구하고 존속하고, 흡수합병에서 소멸회사, 신설합병에서 합병 당사회 사의 경우 합병은 해산사유가 된다. 회사가 해산한 때에는 합병과 파산의 경우를 제외하고는 그 해산사유가 있은 날로부터 본점소재지에서는 2주 내에, 지점소재 지에서는 3주 내에 **해산등기**를 하여야 한다(상228). **합병**의 경우에는 합병후 존속 하는 회사는 변경등기, 합병으로 인하여 소멸하는 회사는 해산등기, 합병으로 인 하여 서립되는 회사는 설립등기를 하고(상233), 파산의 경우에는 **파산등기**를 하여 야 한다(파산109). 파산과 해산을 명하는 판결에 의한 해산의 경우에는 그 등기는 법원의 촉탁에 의하여 실행된다(비송93).

2) **해산효과** : 합병과 파산의 경우에는 제외하고 합명회사는 해산에 의하여 **청 산절차**가 개시된다. 회사는 청산절차가 개시되면 청산의 목적범위 내로 그 권리능 력이 제한된다(상245). 합명회사가 i) 존립기간의 만료 기타 정관으로 정한 사유 의 발생(상227 1호) 또는 ii) 총사원의 동의(상227 2호)에 의하여 해산한 경우에는

사원의 전부 또는 일부의 동의로 회사를 계속할 수 있고(상229.1), iii) 회사의 사원이 1인이 됨으로써 해산하는 경우에도(상227.3호) 새로 사원을 가입시켜 회사를 계속할 수 있다(상229.2). 회사의 해산등기 후 회사를 계속하는 경우에는 회사의 **계속등기**를 하여야 한다(상229.3). 회사채권자에 대한 사원의 책임은 본점소재지에서 해산등기를 한 후 5년이 경과하면 소멸한다(상267.1). 그러나 5년이 경과하더라도 분배하지 아니한 잔여재산이 있으면 회사채권자는 변제를 청구할 수 있다(상267.2).

(2) 임의청산

1) **개 요** : 청산이란 해산한 회사의 법률관계를 정리하고 그 재산을 처분하는 절차이다. 따라서 회사는 해산 후에도 청산의 목적범위 내에서 권리능력이 있고(상245), 사실상 청산절차의 종결로써 권리능력(법인격)이 소멸한다. 합명회사는 정관 또는 총사원의 동의에 의하여 청산방법을 정하는 임의청산(상247)을 원칙으로 하고 임의청산을 할 수 없는 경우에는 예외적으로 법정의 엄격한 절차에 의하여 법정청산(상250 이하)을 한다. 그러나 회사의 사원이 1인으로 되어 해산한 때(상227.3호)와 법원의 해산명령 또는 해산판결에 의하여 해산한 때(상227.6호)에는 재산처분의 공정을 기하기 위하여 임의청산의 방법이 인정되지 않는다(상247.2). 따라서 임의청산은 회사가 존립기간의 만료 기타 정관으로 정한 사유의 발생 또는 총사원의 동의에 의하여 해산한 경우에만 가능하다. 해산된 회사는 임의청산절차에서는 정관·총사원동의에 의하여 회사의 재산처분방법을 정하고(상247.1), 그 재산의 처분을 완료한 날로부터 본점소재지에서는 2주 내에, 지점소재지에서는 3주 내에 **청산종결등기**를 하여야 한다(상247.5). 이 경우 등기는 선언적 효력에 불과하므로, 사실상 청산이 종결되지 않은 때에는 등기를 하였을지라도 회사가 소멸된 것으로 보지 않는다는 견해가 있다.

2) **채권자보호절차** : 임의청산의 경우에는 회사채권자 및 사원채권자의 이해에 중대한 영향을 미치므로 그 보호제도를 두고 있다. **회사채권자보호**를 위해, 회사는 해산사유가 있는 날로부터 2주 내에 재산목록과 대차대조표를 작성하여야 하며(상247.1 2문), 그 기간 내에 회사채권자에 대하여 이의가 있으면 1월 이상의 기간 내에 이를 제출할 것을 공고하고, 알고 있는 채권자에 대하여는 개별적으로 이를 최고하여야 한다(상247.3 → 232.1). 채권자가 그 기간 내에 이의를 제출하지

않을 때에는 임의청산을 승인한 것으로 본다(상247.3 → 232.2). 그러나 채권자가 그 기간 내에 이의를 제출한 때에는 회사는 그 채권자에 대하여 변제 또는 상당한 담보를 제공하거나 이를 목적으로 하여 상당한 재산을 신탁회사에 신탁하여야 한다(상247.3 → 232.3). 회사가 이러한 절차에 위반하여 그 재산을 처분함으로써 회사채권자를 해한 때에는 회사채권자는 그 처분의 취소를 법원에 청구할 수 있지만(상248.1), 수익자·전득자가 채권자를 해할 것을 알지 못한 때에는 그 처분의 취소를 청구할 수 없다(상248.2항 → 민406.1). 채권자취소권은 채권자가 그 원인을 안 날로부터 1년, 처분행위가 있은 날로부터 5년이 경과하면 소멸한다(상248.2 → 민406.2), 재산처분취소·원상회복은 모든 채권자의 이익을 위하여 그 효력이 있다(상248.2 → 민407). **사원채권자**에 대하여 상법은 사원의 지분압류채권자가 있는 때에는 그 자의 동의를 얻어야 하므로(상247.4). 동의 없이 재산을 처분한 때에는 지분압류채권자는 회사에 대하여 그 지분에 상당하는 금액의 지급을 청구할 수 있으며 재산처분의 취소를 청구할 수 있다(상249).

(3) 법정청산

1) **의 의** : 법정청산이란 청산인이 법정된 절차(상251~265)에 따라서 하는 청산을 말한다. 이는 회사채권자의 보호가 아닌 사원의 이익보호를 위한 것으로 처음부터 임의청산을 할 수 없는 해산사유의 경우, 즉 회사의 사원이 1인으로 되어 해산한 때(상227.3호)와 법원의 해산명령 또는 해산판결에 의하여 해산한 때(상227.6호)에는 반드시 법정청산에 의한다(상247.2). 법정청산절차는 청산인이 담당하며 **청산인**은 청산회사의 사무를 집행하고 또 이를 대표하는 기관으로 해산 전의 회사에서의 업무집행 및 대표사원에 대응하는 기관이다(상255,265 → 207,208,209.2). 청산인은 원칙적으로 총사원의 과반수에 의하여 선임되지만(상251.1), 선임이 없으면 업무집행사원이 청산인이 되고(상251.2). 일정한 경우 즉 1인사원·해산명령·해산판결에 따른 해산시에는 법원에 의하여 청산인이 선임되며(상252). 청산인은 **등기사항**이다(상253). 청산인은 회사와의 관계에서 **위임관계**에 있으므로 선량한 관리자의 주의로써 청산사무를 수행하여야 한다. 상법은 사원의 자기거래는 제한되지만(상265 → 199), 제3자에 대한 손해배상책임(상265 → 210), 회사·제3자에 대한 임무해태로 인한 손해배상책임(상265 → 399,401) 등을 부담하지만, 경업피지의무를 부담하지는 않는다(상265↛198). 모든 청산인이 그 직무를 집행함에 현저하게 부적임하거나 중대한 임무위반의 행위를 한 때에는 법원은

이해관계인의 청구에 의하여 그 청산인을 **해임**할 수 있으며(상262), 특히 사원이 선임한 청산인은 총사원의 과반수의 결의에 의하여 언제든지 해임될 수 있다(상261).

2) **청산사무** : ① 개 요 – 청산인은 취임 후 지체 없이 회사의 재산상태를 조사하고 재산목록과 대차대조표를 작성하여 각 사원에게 교부하여야 한다(상256.1). 또한 청산인은 사원의 청구가 있는 때에는 언제든지 청산의 상황을 보고하여야 한다(상256.2). 청산인은 회사의 i) 현존사무의 종결, ii) 채권의 추심과 채무의 변제(상259), iii) 재산의 환가처분, iv) 잔여재산의 분배(상260)에 관한 직무권한이 있다(상254.1). 청산도중 파산원인을 발견한 때에는 파산선고를 신청하고 이를 공고하여야 한다(상254.4 → 민93).

② **복수의 청산인** – 청산인이 수인인 때에는 청산의 직무에 관한 행위는 그 과반수의 결의로 정하며(상254.2), 회사를 대표할 청산인은 청산인의 직무에 관하여 재판상 또는 재판 외의 모든 행위를 할 권한이 있다(상254.3). 다만 청산인이 회사의 영업의 전부 또는 일부를 양도함에는 총사원 과반수의 결의가 있어야 한다(상257).

③ **채권추심, 채무변제** – 채권의 추심은 원래 변제기에 있는 채권이라야 하지만 사원에 대한 출자청구권에 대하여는 특칙이 있어 회사의 현존재산이 그 채무를 변제함에 부족한 때에는 청산인은 변제기에도 불구하고 각 사원에 대하여 출자를 청구할 수 있다(상258.1). 이 출자청구는 각 사원의 지분의 비율에 따라야 한다(상258.2). 채무의 변제도 원래는 변제기에 하는 것이지만, 청산의 신속을 꾀하기 위하여 청산인은 변제기에 이르지 아니한 회사채무에 대하여도 이를 변제할 수 있다(상259.1). 변제기 전에 변제하는 경우에는 이자 없는 채권에 관하여는 변제기까지의 법정이율에 해당하는 금액을 공제한 금액을 변제하여야 하고(상259.2), 이자 있는 채권으로서 그 이율이 법정이율에 달하지 않는 경우도 마찬가지이다(상259.3). 그리고 조건부채권, 존속기간이 불확정한 채권 기타 가액이 불확정한 채권에 대하여는 법원이 선임한 감정인의 평가액을 변제하여야 한다(상259.4). 청산인은 회사의 채무를 완제한 후가 아니면 회사재산을 사원에게 분배하지 못한다. 그러나 다툼이 있는 채무에 대하여는 그 변제에 필요한 재산을 유보하고 잔여재산을 분배할 수 있다(상260).

3) 청산종결 : 청산이 종결된 때에는 청산인은 지체 없이 계산서를 작성하여 각 사원에게 교부하고 그 승인을 얻어야 한다(상263.1). 이때 사원이 그 계산서를 받은 후 1월내에 이의를 제기하지 아니하면 청산인에게 부정행위가 있는 경우를 제외하고는 그 계산서를 승인한 것으로 본다(상263.2). 청산이 종결된 때에는 청산인은 위의 계산서에 대하여 총사원의 승인을 받은 날로부터 본점소재지에서는 2주 내, 지점소재지에서는 3주 내에 **청산종결의 등기**를 하여야 한다(상264). 회사의 장부와 영업 및 청산에 관한 중요서류는 본점소재지에서 청산종결등기를 한 후 **10년간 보존**하여야 하고, 전표 또는 이와 유사한 서류는 5년간 보존하여야 한다(상266.1). 이 경우 회사는 총사원의 과반수의 결의로 보존인과 보존방법을 정하여야 한다(상266.2).

제2장 합자회사

1. 의 의

(1) 개 념

합자회사(Kommanditgesellschaft)란 무한책임사원과 유한책임사원으로 구성되는 회사로(상268), 책임을 달리하는 사원으로 구성되는 점에서 다른 종류의 회사와는 차이가 있다. 합자회사는 합명회사와 달리 유한책임사원을 가지고 있지만, 회사의 신용의 중심은 무한책임사원의 자력에 의존한다는 점에서 인적회사에 속한다. 따라서 회사의 업무집행도 무한책임을 부담하는 무한책임사원이 담당하고 사원총회가 따로 구성되지 않는다는 점, 회사의 내부관계는 자율성을 존중하여 원칙적으로 임의규정적 성질을 가지고 있다는 점에서 합명회사와 같이 그 실체가 조합적 성격을 갖는다고 볼 수 있다. 따라서 상법은 합자회사에 관하여 특별히 규정하고 있는 사항을 제외하고는 합자회사에 조합의 규정을 준용하는 합명회사에 관한 규정을 다시 준용하고 있다(상269).

(2) 경제적 기능

합자회사는 경제적 기능면에서 보면 익명조합과 상당히 유사하다. 연혁적으로도 익명조합과 합자회사는 중세 코만다계약에 뿌리를 두고 있어 출자자가 익명화 된 형태가 익명조합이고 출자자가 노출된 형태가 합자조합이라 할 수 있다. 그리고 익명조합은 출자자인 익명조합원과 영업자가 조합을 구성하여 영리행위를 하여 발생한 이익을 배분하는 구조이므로 익명조합원은 합자회사의 유한책임사원에 상응하고 영업자는 무한책임사원에 해당하여 양자는 서로 유사하다. 다만 익명조합은 조합적 성질을 가져 개인기업에 해당하는데 반해, 합자회사는 조합의 실질도 가지지만 기본적으로 법인으로서 권리능력을 가진다는 점에서 구별된다. 합자회사는 회사의 명의로 재산을 가질 수 있고 회사행위의 주체가 되고 회사가 책임의 주체가 된다.

2. 설 립

(1) 설립절차

1) **정관작성** : 합자회사의 설립절차도 정관의 작성에 의해 회사의 실체가 형성되고 설립등기에 의해 설립절차가 완결된다. 회사의 실체가 모두 정해지는 정관의 기재사항도 절대적·상대적·임의적 기재사항으로 구분할 수 있다. 먼저 정관의 절대적 기재사항에는 작성에 1인 이상의 무한책임사원 외에 1인 이상의 유한책임사원이 있어야 하고(상268), 정관의 절대적 기재사항에는 회사의 목적·상호, 사원의 성명·주민등록번호 및 주소, 사원의 출자의 목적과 그 가격 또는 평가의 표준, 본점의 소재지, 정관의 작성연월일(상179) 이외에 각 사원이 무한책임사원인지 또는 유한책임사원인지 등이 포함된다(상270). 회사의 상호에는 반드시 합자회사의 문자를 사용해야 한다(상19).

2) **설립등기** : 합자회사의 설립등기사항은 합명회사의 경우와 같이 정관의 절대적 기재사항 중 중요부분, 즉 회사의 목적·상호, 사원의 성명·주민등록번호 및 주소, 본점의 소재지, 사원의 출자의 목적, 재산출자에는 그 가격과 이행한 부분, 등과 정관기재사항은 아니지만 중요한 사항이라 할 수 있는 회사의 존립기간 가타 해산사유를 정한 때에는 그 기간 또는 사유, 대표사원을 정한 때에는 그의 성명, 공동대표에 관한 사항을 정한 때에는 그 규정(상180.1호~5호)과 등기사항에 각 사원의 무한책임 또는 유한책임 등이 등기되어야 한다(상271). 설립등기에 의해 합자회사는 권리능력을 가지게 되고 설립등기는 상법의 상업등기에 관한 규정(상37,39)이 적용되지 않아 대항력이 아닌 법인격 취득이라는 창설적 효력이 발생한다. **상대적 기재사항**으로는 무한책임사원의 업무집행권의 제한(상200.1), 대표사원의 결정(상207), 공동대표의 결정(상208.1), 무한책임사원의 퇴사사유의 결정(상218 1호), 회사의 존립기간 기타 해산사유의 결정(상217.1,227.1), 노무·신용출자를 한 무한책임사원에 대한 지분환급의 제한(상222), 임의청산의 결정(상247.1) 등이 있다(상269). 정관에는 합자회사의 본질, 강행법규, 사회질서에 반하지 않는 한 어떠한 사항도 기재할 수 있고 이들 기재사항은 **임의적 기재사항**이 된다.

(2) 설립하자

1) 개 요 : 합명회사와 같이 합자회사의 설립과정에 하자가 있을 경우에도 이를 소의 방법으로만 주장할 수 있고(상184.1), 판결이 확정된 경우 효과를 일반 소송의 효과와 달리함으로써 단체법관계의 법적 안정성을 추구하고 있다. 합자회사도 합명회사와 동일하게 **객관적 하자**(설립절차, 내용상의 하자)뿐만 아니라 **주관적 하자**(설립관여자의 의사표시상의 하자)도 설립하자의 소송의 대상이 될 수 있으며, 전자는 설립무효의 소, 후자는 설립취소의 소의 대상이 된다. **설립취소의 소**의 원인은 설립사무를 담당하는 자의 의사표시상의 하자(무능력·착오·사기·강박 등)가 있었을 경우(상269 → 184.1)와 채권자사해설립행위가 있었을 경우(상269 → 185) 등이다. 이른바 설립행위의 주관적 하자가 원인이 된다. 이에 반해 **설립무효의 소**의 원인은 정관의 절대적 기재사항의 흠결 등 객관적 하자가 원인이 되지만 주관적 하자라 하더라도 무효사유인 경우, 예컨대 절대강박상태에서의 설립행위 등은 설립무효의 원인이 된다.

2) 소송절차 : 설립취소의 **제소권자**는 취소권을 가지는 자나 그 대리인·승계인이며(상269 → 184.2) 채권자에 의해 설립취소의 소가 제기되는 경우에는 당해 채권자가 제소권자가 되나(상269 → 185), 설립무효의 소의 제소권자는 사원에 한정된다(상269 → 184.1). **피고**는 채권자사해를 원인으로 할 경우에는 사해사실을 알고 있는 사원과 회사를 피고로 정하고 있으나(상269 → 185), 기타의 경우에는 규정이 없으므로 설립회사가 피고가 된다고 본다. 설립취소·무효의 소의 **제소기간**은 모두 회사성립의 날로부터 2년 내이다. 설립취소·무효의 소는 설립된 회사의 본점소재지의 지방법원의 **관할**에 전속한다(상269 → 186). 설립무효의 소 또는 설립취소의 소가 제기된 때에는 회사는 지체 없이 **공고하여야** 하고(상269 → 187), 수 개의 설립무효의 소 또는 설립취소의 소가 제기된 때에는 법원은 이를 **병합심리** 하여야 한다(상269 → 188). 설립무효의 소 또는 설립취소의 소가 그 심리 중에 원인이 된 하자가 보완되고 회사의 현황과 제반 사정을 참작하여 설립을 무효 또는 취소하는 것이 부적당하다고 인정한 때에는 법원은 그 청구를 기각(**재량기각**)할 수 있다(상269 → 189).

3) 판결의 효력 : 원고승소의 경우, 즉 설립무효·취소의 판결은 **대세적 효력**이 있어 제3자에 대하여도 효력이 미치며, **불소급효**를 가져 판결확정 전에 생긴 회사

와 사원 및 제3자간의 권리·의무에 영향을 미치지 아니한다(상269→190). 따라서 회사설립등기 이후의 거래에 효력을 미치지 않으므로, 설립무효의 판결 또는 설립취소의 판결이 확정된 때에는 해산의 경우에 준하여 청산하여야 하고 법원은 사원 기타의 이해관계인의 청구에 의하여 청산인을 선임할 수 있다(상269→193). 설립무효·취소의 판결이 확정된 때에는 본점과 지점의 소재지에서 등기하여야 한다(상192). 다만 설립무효·취소의 판결이 확정되었더라도 그 무효·취소의 원인이 특정한 사원에 한한 것인 때에는 다른 사원 전원의 동의로써 회사를 계속할 수 있으며 이를 **회사계속제도**라 한다(상269→194.1). 이 경우 그 무효 또는 취소의 원인이 있는 사원은 퇴사한 것으로 보며, 사원이 1인이 된 경우 새로운 사원을 가입시켜 회사를 계속할 수 있다(동조2,3항). 이미 회사의 해산등기를 하였을 때에는 본점소재지에서는 2주간 내, 지점소재지에서는 3주간 내에 회사의 계속등기를 하여야 한다(상194.3→229.3). **원고패소**의 경우, 즉 설립무효·취소의 소를 제기한 자가 패소한 경우에 악의 또는 중대한 과실이 있는 때에는 회사에 대하여 연대하여 손해를 배상할 책임이 있다(상269→191).

3. 내부관계

(1) 출 자

합자회사에서 무한책임사원의 출자의 목적은 합명회사의 사원과 같지만, 유한책임사원의 출자는 금전 기타의 재산만으로 할 수 있다(상272). 이는 사원 전원이 유한책임을 지는 물적회사에서 자본충실이 강조되는 것과 같은 취지이다. 무한책임사원은 자연인이어야 하지만(상173), 유한책임사원은 회사 기타 법인도 될 수 있다(최기·회사1054). 따라서 무한책임사원의 출자의 목적은 재산, 노무 또는 신용 어느 것이라도 무방하다(상269→195·222). 사원의 **재산출자**에는 금전출자는 물론 현물출자도 가능하며, 현물출자의 목적인 재산은 동산·부동산·유가증권·채권·무체재산권·영업상의 비결 등 그 제한이 없고, 영업을 일괄하여 현물출자하는 것도 가능하다. **노무출자**는 사원이 회사를 위하여 노무를 제공함으로써 하는 출자로 정신적이든 육체적이든 불문하고, 임시적이든 계속적이든 불문한다. **신용출자**는 사원이 회사로 하여금 자기의 신용을 이용하게 하는 출자로서, 예컨대 회사를 위하여 담보를 제공하는 등의 행위 등이 출자행위로 평가될 경우 신용출자에 해당한다. 노무와 신용이 인정되는 경우에는 출자의 목적·가격, 평가의 표준이 정해져야 한다(상269 → 179.4호). 합자회사의 유한책임사원에는 허용되지 않는다는 점에서(상269 → 272), 노무와 신용의 출자가 인정되는 것은 무한책임원칙을 전제하고 있다. 기타 출자의무와 출자의무의 이행 역시 합명회사와 동일하므로(상269) 합명회사의 설명을 참조하기 바란다.

(2) 업무집행

1) 업무집행기관 : 합자회사에서의 업무집행기관은 무한책임사원만이 될 수 있고(상273) 유한책임사원은 될 수 없다(상278). 원칙적으로 각 무한책임사원이 업무집행기관이 될 수 있지만(상273), 예외적으로 정관의 규정에 의하여 특정한 무한책임사원을 업무집행기관으로 정할 수 있음(상273)은 합명회사와 동일하다. 회사법상 유한책임사원은 업무집행에 대한 권리·의무가 없지만(상278), 합자회사의 업무집행권이 있는 사원에 대한 권한상실선고는 유한책임사원의 청구에 의하여도 가능하다(상269 → 250). 그러나 무한책임사원이 1인인 경우에는 유한책임사원은 그의 권한상실선고를 청구할 수 없다고 본다(75다1341). 합자회사의 지배인의 선임과 해임은 업무집행사원이 있는 경우에도 무한책임사원 과반수의 결의에 의한다(상274). 판례는 합자회사에서 무한책임사원이 업무집행권한의 상실을 선고하는 판결로 인해 업무집행권 및 대표권을 상실하였다면, 그 무한책임사원이 합자회사의 유일한 무한책임사원이 되었다는 사정만으로는 형성판결인 업무집행권한의 상실을 선고하는 판결의 효력이 당연히 상실되고 해당 무한책임사원의 업무집행권 및 대표권이 부활한다고 볼 수 없다고 보았다. 이 경우 합자회사에서 업무집행권한의 상실을 선고받은 무한책임사원이 다시 업무집행권이나 대표권을 갖기 위해서는 정관이나 총사원의 동의로 새로 그러한 권한을 부여받아야 한다(상273,269,201.1,207). 그리고 이 경우 유일한 무책사원만이 의결권을 행사할 수는 없고, 유한책임사원을 포함한 총사원의 동의에 의해서만 해당 무한책임사원이 업무집행사원이나 대표사원으로 선임될 수 있다고 본다(2018다225289).

2) 유한책임사원의 업무집행 : 정관·총사원동의로 유한책임사원에게 업무집행권한을 부여할 수 있는가? 상법 제278조는 유한책임사원의 업무집행에 관한 권한을 제한하고 있지만 동 규정은 임의규정으로 해석하는 견해가 통설이다. 즉 업무집행은 내부관계에 불과하므로 정관 또는 총사원의 동의로 유한책임사원에게도 업무집행에 대한 권리뿐만 아니라 의무까지 지도록 할 수 있으며 유한책임사원을

지배인이나 부분적 포괄대리권을 가진 사용인으로 선임할 수 있다고 본다. 판례는 정관 또는 내부규정으로서 유한책임사원에게 업무집행권을 부여할 수는 있는 것이라고 하더라도(75다1341) 유한책임사원에게 대표권까지를 부여할 수는 없다(65다2128)고 보았다. 생각건대 회사의 업무집행권을 유한책임사원에게 부여할 수 있지만 대표권은 그렇지 않다는 판례의 입장은, 동일한 조문(상278) 중 일부권한에 관해서는 임의규정 다른 권한에 관해서는 강행규정으로 해석하는 것이 타당한지 의문이 없지 않다. 하지만 업무집행은 자율성이 존중되는 대내적 법률관계이고 대표행위는 획일적 규율이 요구되는 대외적 법률관계여서, 업무집행권한만 정관·총사원의 동의에 의해 유한책임사원에게 위임될 수 있다고 본다.

3) **업무감시권** : 유한책임사원은 업무집행권이 배제되므로 언제나 업무감시권을 가지고, 원칙적으로 영업연도 말에 있어서 영업시간 내에 한하여 회사의 회계장부·대차대조표 및 기타의 서류를 열람할 수 있고, 회사의 업무와 재산상태를 검사할 수 있는 **일반감시권**을 가진다(상277.1). 그러나 중요한 사유가 있는 때에는 유한책임사원은 언제든지 법원의 허가를 얻어 위의 감시권을 행사할 수 있는 **특별감시권**도 가진다(상277.2). 일반감시권은 정관의 규정에 의하여 더 강화하거나 제한할 수 있겠지만, 특별감시권은 유한책임사원을 위한 최소한도의 보호규정으로서 정관으로 배제하거나 제한할 수 없다고 본다. 무한책임사원도 정관의 규정에 의하여 업무집행권이 없는 경우에는 위의 감시권을 가지며, 유한책임사원이라도 정관 등의 규정에 의하여 업무집행권이 있으면 위의 감시권을 가질 수 없다고 본다.

(3) 무한책임사원의 의무

1) **경업금지의무** : 무한책임사원은 합명회사의 사원과 마찬가지로 **경업금지의무**를 부담하지만(상269 → 198), 유한책임사원은 동 의무를 지지 않는다. 따라서 유한책임사원은 다른 사원의 동의 없이도 자기 또는 제3자의 계산으로 회사의 영업부류에 속하는 거래를 할 수 있고, 동종영업을 목적으로 하는 다른 회사의 무한책임사원 또는 이사가 될 수 있다(상275). 그러나 정관의 규정에 의하여 다른 정함을 할 수 있고, 또한 유한책임사원이 회사의 업무집행에 참여하는 때에는 무한책임사원과 마찬가지로 경업금지의무를 진다고 본다.

2) **자기거래 제한** : 합명회사의 무한책임사원은 원칙적으로 업무집행권이 있으므로 다른 사원의 과반수의 결의가 없으면 회사와 **자기거래**를 할 수 없다(상269 → 199). 유한책임사원은 자기거래를 할 수 있는가? 상법상의 명문규정은 없을지라도, 자기거래제한의 규정이 업무집행권을 전제로 하는 규정이므로 업무집행권이 없는 유한책임사원에게는 동 규정이 적용되지 않는 것으로 본다. 예외적으로 해석론에 의해 정관이나 총사원의 동의에 의해 유한책임사원에게 업무집행권이 부여가 허락된다고 하더라도 이는 위임될 수 있는 권한은 업무집행권한이지 대표권은 아니고 자기거래는 회사의 대외적인 거래행위가 이므로 설사 업무집행권한을 가진 유한책임사원이라 하더라도 이해상충의 요건이 충족되지 않으므로 자기거래제한은 적용되지 않는다고 본다.

(4) 손익의 분배

정관 또는 총사원의 결의에 의하여 달리 정하여진 바가 없으면 유한책임사원에게도 각 사원의 출자가액에 비례하여 손익이 분배된다(상269 → 195 → 민711). 다만 유한책임사원은 정관에 달리 정한 바가 없으면 출자가액을 한도로 하여서만 손실을 분담하고, 정관의 규정으로 출자가액 이상의 손실분담의무를 부담할 수 있다고 본다. 무한책임사원은 민법의 조합규정에 따라 **손익분배비율**은 각 사원의 출자가액에 비례하여 손익분배의 비율이 정하여지고, 이익 또는 손실의 어느 한쪽에 대하여만 분배의 비율이 정하여진 경우에는 그 비율은 이익과 손실에 공통된 것으로 추정된다(상269 → 195 → 민711). **손익분배시기**에 대하여 정관에 특별히 규정된 바가 있으면 이에 의하고, 정관에 규정된 바가 없으면 매결산기에 지급한다고 본다(상30.2). 이익의 분배는 원칙적으로 금전배당을 현실적으로 하여야 하나, 정관의 규정 또는 총사원의 동의에 의하여 이익의 전부 또는 일부를 회사에 적립할 수도 있다. 손실의 분배는 계산상 지분의 평가액이 감소하는 데 그치고, 추가출자를 요구하는 것은 아니지만, 퇴사·청산의 경우에는 사원의 회사에 대한 권리·의무에 영향을 미치게 되므로 사원은 분담손실액을 납입하여야 한다.

(5) 지분의 양도·상속

1) **유책사원** : 무한책임사원의 지분의 양도에는 유한책임사원을 포함한 모든 사원의 동의를 요하지만(상269 → 197), 유한책임사원의 지분의 양도에는 무한책임사원 전원의 동의만 있으면 충분하고 다른 유한책임사원의 동의를 요하지 않고

상276) 지분의 상속도 가능하다(상283.1). 상속인이 수 인인 때에는 사원의 권리를 행사할 자 1인을 선정하여야 한다. 이를 정하지 아니한 때에는 회사의 통지 또는 최고는 그 중 1인에 대하여 하면 전원에 대하여 효력이 있다(상283.2). 유한책임사원의 지분의 입질도 해석상 가능하다고 보며, 압류도 가능하다고 본다(상269 → 223,224).

2) **무책사원** : 무한책임사원의 지분의 양도시 합명회사에서 살펴본 바와 같이 모든 사원의 동의가 요구되므로 함께 정관변경의 요건도 충족되므로 정관변경이 요구된다고 본다. 다만 무한책임사원의 지분의 양도시 변경등기도 요구되고(상269 → 180), 유한책임사원의 지분양도도 등기사항의 변경이므로(상270,271.1) 변경등기가 요구되는데, 어느 경우나 이는 제3자에 대한 대항요건이다(상37), 그리고 회사법은 지분 양도인인 무한책임사원은 이러한 등기 후 2년 내에는 등기 전에 생긴 회사의 채무에 대하여 다른 사원과 동일한 책임을 지고(상269 → 225.2), 무한책임사원으로부터 새로이 지분을 양수한 사원은 신입사원에 준하여 책임을 부담하게(상269 → 213) 함으로써 회사채권자를 보호한다.

4. 외부관계

(1) 회사대표

대표기관 정관 또는 총사원의 동의로써 무한책임사원 중에서 특히 회사를 대표할 자를 정하지 않는 한 무한책임사원은 각자가 회사를 대표하며(상269 → 207), 유한책임사원은 회사를 대표하지 못한다(상278). 이는 업무집행권한에 관해 임의규정으로 보지만 대표권에 관해서는 강행규정으로 해석하므로, 정관이나 내부규정 또는 총사원의 동의에 의해서도 달리 정할 수 없다는 것이 통설이다. 다만 유한책임사원을 지배인으로 선임함으로써 비슷한 목적을 달성할 수 있다. 대표권이 있는 사원의 대표권의 제한 및 상실은 합명회사의 경우와 같다. 그러나 무한책임사원이 1인뿐인 경우에는 업무집행사원의 경우와 같이 사원은 대표권상실선고를 법원에 청구할 수 없다고 본다. 대표기관이 대표권을 행사하는 방법도 합명회사와 같다. 즉, 원칙적으로 각자대표이나(상269 → 207), 예외적으로 정관 또는 총사원의 동의로 공동대표로 정할 수 있다(상269 → 208).

(2) 사원책임

1) **무한책임사원의 책임** : 합자회사의 무한책임사원은 회사채권자에 대하여 직접·무한·보충적 연대책임을 부담한다. 이는 정관 또는 사원간의 합의로 면책할 수 없으며, 업무집행권이나 대표권의 유무와도 무관하게 무한책임사원의 지위에서 부담하는 채무이다(상269 → 212.1). 유한책임사원이 타인에게 자기를 무한책임사원이라고 오인시키는 행위를 한 때에는 오인으로 인하여 회사와 거래를 한 자에 대하여 무한책임사원과 동일한 책임이 있다(상281.1). 이러한 책임은 유한책임사원이 그 책임의 한도를 오인시키는 행위를 한 경우에 준용한다(상281.2). 자칭 무한책임사원의 책임은 외관신뢰보호의 원칙 또는 금반언의 원칙의 표현으로 이해될 수 있으므로 거래상대방은 선의·무중과실일 경우에 보호된다고 본다.

2) **유한책임사원의 책임** : 합자회사의 유한책임사원은 회사채권자에 대하여 직접·유한·연대책임을 부담한다(상279). 합자회사의 채권자는 사원이 출연한 금액으로부터 변제받는 것이 원칙이므로 유한책임사원은 간접책임을 부담하나, 예외적으로 출자이행이 완료되지 않았을 경우 이행되지 않은 출자의무와 관련해서는 직접책임을 부담한다. 그리고 유한책임을 부담하므로 회사채권자의 채권액이 사원의 출자금액과 회사가 가진 재산을 초과하더라도 자신의 출자한도 내에서만 채무를 부담한다는 의미이다. 사원의 책임은 회사채권자의 채권액에 관해 출자가액의 한도 내에서는 연대하여 책임을 부담한다. 유한책임사원의 책임은 무한책임사원의 책임과 달리 보충성이 인정되는가?(쟁점106)[220] 이에 관해, 책임의 보충성이 있다고 보는 견해가 있으나, 상법 제212조의 규정은 직접·무한책임을 부담하는 무한책임사원에 관한 규정이어서 유한책임사원이 주장할 수는 없고 결과적으로 유한책임사원의 책임에 보충성은 없다고 본다. 유한책임사원은 출자가액의 한도 내에서만 책임을 부담하고 출자의무를 이행하지 않은 경우 회사의 재산을 선집행하라는 항변을 인정하는 것은 출자의무를 해태한 유한책임사원을 출자의무를 이행한 유한책임사원보다 더 보호하는 결과가 되고 회사채권자를 해할 우려가 있어 부당하므로 유한책임사원의 책임에 보충성은 없다고 보아야 한다. 그리고 유한책

---

[220] **유한책임사원의 책임의 보충성(쟁점106)**에 관해, **긍정설**은 책임의 보충성이 있다고 보고(정찬형564), **부정설**은 상법 제212조의 규정은 직접·무한책임을 부담하는 무한책임사원에 관한 규정이어서 유한책임사원이 주장할 수는 없고 결과적으로 유한책임사원의 책임에 보충성은 없다고 본다.

임사원의 출자가액의 감소는 그 사원의 책임의 감소를 수반하는데, 그 출자를 감소한 후에도 본점소재지에서 등기를 하기 전에 생긴 회사채무에 대하여는 등기 후 2년 내에는 책임을 면하지 못한다(상280).

3) **사원의 책임의 변경**: 정관변경에 의하여 유한책임사원이 무한책임사원으로 변경된 경우에는 그 사원은 합명회사의 신입사원의 가입과 같이 변경 전의 회사 채무에 대하여 다른 무한책임사원과 동일한 책임을 진다(상282→213). 또 정관변경에 의하여 무한책임사원이 유한책임사원으로 변경된 경우에는 그 사원은 합명회사의 퇴사원과 같이 변경등기를 하기 전에 생긴 회사채무에 대하여 변경등기 후 2년 내에는 다른 무한책임사원과 동일한 책임을 진다(상282→225.1).

5. 입사와 퇴사

(1) 원 칙

합자회사의 사원의 입사와 퇴사는 거의 합명회사의 사원의 경우와 같다(상269). 다만 합명회사의 사원의 사망 및 금치산은 당연퇴사원인이 되나(상269→218.3호·4호), 합자회사의 유한책임사원은 그 개성을 중시하지 않기 때문에 유한책임사원의 사망 및 금치산은 당연퇴사원인이 되지 않는다(상283.1,284). 유한책임사원이 사망한 경우 상속인이 수 인인 때에는 사원의 권리를 행사할 자 1인을 정하여야 하는데, 이를 정하지 아니한 때에는 회사의 통지 또는 최고는 그 중 1인에 대하여 하면 전원에 대하여 그 효력이 있다(상283.2). 제명은 기업의 유지를 위하여 인정된 제도이기 때문에 합자회사에 2인의 사원만이 있는 경우, 1인의 사원의 제명만으로도 회사의 해산을 초래할 수 있으므로 제명이 인정되지 않는다. 판례는 무한책임사원과 유한책임사원 각 1인인 합자회사에서의 사원제명이 가능한가 하는 점에 관해, 다른 사원 과반수의 결의란 그 문언상 명백한 바와 같이 제명대상인 사원 이외에 다른 사원 2인 이상의 존재를 전제로 하고 있는 점, 위 제명선고제도의 취지나 성질 등에 비추어 보면, 무한책임사원과 유한책임사원 각 1인만으로 된 합자회사에 있어서는 한 사원의 의사에 의하여 다른 사원의 제명을 할 수는 없다고 보았다(90다19206).

(2) 사원자격의 취득

합자회사 설립 후 제3자가 합자회사의 사원으로 되는 방법으로는 입사에 의하여 원시적으로 사원 자격을 취득하는 방법과 기존의 사원으로부터 지분을 양수하는 방법이 있다. 합자회사의 무한책임사원인 대표사원과 제3자 사이의 동업계약이 체결된 경우 이를 지분매매계약으로 봐야 할지 아니면 합자회사와 사이에 합자회사에 출자금을 출자하고 새로 유한책임사원의 지위를 원시취득하기로 하는 입사계약할지 문제된 사례에서, 판례는 합자회사에이 입사는 입사하려는 자와 회사 사이의 입사계약으로 이루어지고 지분을 양수하는 방법은 입사하려는 자와 기존 사원 개인 사이의 지분매매계약으로 이루어진다고 보고 동 사례를 입사계약으로 본 바 있다(2001다77567).

6. 해산과 청산

(1) 해 산

1) **해산사유** : 합자회사의 해산사유는 합명회사와 같지만(상269 → 227) 그 조직이 이원적이기 때문에 무한책임사원 또는 유한책임사원의 전원이 퇴사한 때에 해산한다(상285.1). 이러한 경우에 합자회사는 청산절차에 들어갈 수도 있지만, 기업의 유지를 위하여 잔존한 사원의 전원의 동의로써 새로 무한책임사원 또는 유한책임사원을 가입시켜서 회사를 계속할 수도 있다(상285.2). 그러나 1인의 사원이 동시에 무한책임사원과 유한책임사원의 지위를 겸하는 방법에 의한 회사의 계속은 인정되지 않는다고 본다. 합자회사는 유한책임사원의 전원이 퇴사하여 해산사유가 발생한 경우에는 잔존무한책임사원만으로 그의 전원의 동의로써 합명회사로 조직변경하여 회사를 계속할 수도 있다(상286.2).

2) **회사의 계속** : 합자회사가 정관으로 정한 존립기간의 만료, 정관으로 정한 사유의 발생으로 해산한 경우에도(상269 → 227,1호), 사원의 전부 또는 일부의 동의로 회사를 계속할 수 있다(상269, 229.1). 사원 전부가 동의한 경우에는 별 문제 없지만 사원의 일부가 동의한 경우 동의하지 않은 사원의 지위가 문제될 수 있으므로 상법은 동의를 하지 아니한 사원은 퇴사간주 하도록 정하고 있다(상269 → 229.1.단서). 결국 존립기간의 연장 또는 정관으로 정한 사유(이하 정관사유라 함)의 수정(삭제)에 동의한 사원만에 의해 회사가 계속되는데 이는 기업유지의 상법

이념에 따른 규정으로 이해될 수 있다.

    3) 회사계속과 정관변경 : 합자회사의 정관을 변경하기 위해서는 총사원의 동의가 요구된다(상269 → 204). 따라서 존립기간 또는 정관사유에 관한 정관의 규정을 변경·폐지할 필요가 있을 경우에도 특별한 사정이 없는 한 총사원의 동의가 있어야 한다. 하지만 존립기간이 만료되었거나 해산사유가 발생하여 해산된 상태에서 존립기간, 해산사유에 관한 정관변경을 위해서는 회사계속결의 이후 또는 이와 동시에 정관변경결의를 할 수 있고 이 경우 모든 사원의 동의가 요구되지 않고 회사계속에 동의한 사원의 동의만 있으면 정관을 변경할 수 있다고 본다. 왜냐하면 회사계속결의로 동의하지 않은 사원은 퇴사간주 되어 남은 사원만으로 회사가 이미 계속되고 남은 사원의 동의만 있으면 정관변경요건은 충족되기 때문이다. 물론 정관변경결의는 회사계속결의와 동시에 이뤄질 수도 있고 설사 명시적으로 정관변경결의를 하지 않았더라도 묵시적으로 정관상의 회사계속에 모순되는 조항(존립기간 또는 정관사유)가 포함되었다고 볼 수 있다. 따라서 동 정관규정의 변경을 위해서는 적극적인 정관변경에 대한 사원동의가 요구되지만 회사계속과 모순되는 정관규정의 삭제는 회사계속결의만으로 그 효과가 발생한다고 본다. 판례는 합자회사가 존립기간의 만료로 해산한 후 사원이 일부만 회사계속 동의 여부에 대한 사원 전부의 의사가 동시에 분명하게 표시되어야만 회사계속이 가능한 것은 아니므로, 일부 사원이 회사계속에 동의하였다면 나머지 사원들의 동의 여부가 불분명하더라도 회사계속의 효과는 발생한다고 보았다(2015다70341).

(2) 청 산

    합자회사의 청산도 합명회사의 경우와 마찬가지로 임의청산과 법정청산의 방법이 인정된다. 다만 법정청산의 경우에 청산인이 원칙적으로 총사원이 아니라 무한책임사원의 과반수의 결의로 선임되는 점(상287본문)은 합명회사의 경우와 다르다. 그러나 예외적으로 청산인이 선임되지 않은 경우에 업무집행사원이 청산인이 되는 점(상287단서), 사원이 1인으로 되어 해산된 때와 법원이 해산명령 또는 해산판결에 의하여 해산된 때에는 법원에 의하여 청산인이 선임되는 점(상269 → 252)은 합명회사의 경우와 같다. 합자회사의 법정청산인은 업무집행사원이 되므로 무한책임사원이 되지만 정관의 규정에 의하여 유한책임사원이 업무집행사원이 된 때에는 법정청산인이 될 수 있으나 대표권은 없다고 본다.

제 3 장 유한책임회사

1. 의 의

(1) 개 념

유한책임회사(Limited Liability Company: LLC)는 사원의 출자에 의한 자본금을 가지고 사원은 출자금액을 한도로 책임을 부담하는 사원들로 구성된 회사이며, 2011년 상법개정에서 새롭게 도입된 제도이다. 유한책임회사는 회사의 채무에 관해 출자금을 한도로 책임을 부담하는 유한책임사원들로 구성되어 있다는 점에서 주식회사, 유한회사와 유사한 물적회사에 포함된다. 물적회사는 회사의 재산이 대외적 유일한 담보가 되므로 회사 재산의 형성 기준이라 할 수 있는 자본금을 엄격하게 관리하고 회사의 업무집행이 회사법에 의해 타율적으로 규율되는 특성을 가진다. 그런데 유한책임회사는 자본금이 형성되고 회계처리방법이 법정되며 사원은 유한책임을 부담하지만, 지분주의가 아닌 두수주의에 의한 의사결정, 지분양도의 제한에 따른 회사의 폐쇄성, 자율적인 내부지배구조 등 인적회사와 유사한 특성도 가지고 있다. 유한책임회사는 내부관계가 조합과 유사하게 자율적인 구조이지만 유한책임사원들로 구성되어 있어 회사의 대외적 신용의 기초는 사원이 아닌 회사의 자산에 있다고 볼 수 있어 **물적회사**의 성질을 가진다고 본다.

(2) 경제적 기능

기존의 회사형태는 물적 자산에 바탕을 둔 회사형태들이다. 물론 인적회사는 사원의 개성이 존중되기는 하지만 이는 책임의 주체이자 회사의 신용담보로서 사원이 평가되지만, 투자자원으로서 인적 자산이 존중되는 형태의 회사로 볼 수는 없다. 하지만 최근 인적 자산의 중요성이 높아짐에 따라 인적 자산을 수용하기 위하여 회사의 운영은 자율적이지만 책임은 제한될 수 있는 적절히 수용할 수 있도록 회사 형태로서 등장한 것이 유한책임회사이다. 유한책임회사는 내부적으로는 조합의 실질을 갖추고 외부적으로는 사원의 유한책임이 확보되는 기업 형태로서 인적 자산을 유치하려는 회사의 수요에 부응하고 있다. 회사법은 이러한 취지에서 사원에게 유한책임을 인정하면서도 회사의 설립·운영과 기관 구성 등의 면에서 사적 자치를 폭넓게 인정하는 유한책임회사제도를 도입하여 이에 관한 규정을 신설하게 되었다. 이와 같은 유한책임회사제도는 사모투자펀드와 같은 펀드나 벤처 기업 등 새로운 기업 형태에 대한 수요에 부응하고 있다.

2. 설 립

(1) 설립절차

1) **정관작성** : 유한책임회사는 발기인이 아닌 사원이 정관을 작성하면서 설립절차가 진행된다. 정관의 절대적 기재사항에는 i) 목적, ii) 상호, iii) 사원의 성명·주민등록번호 및 주소, iv) 본점의 소재지, v) 정관의 작성연월일(상297의3 → 상179) 이외에 vi) 사원의 출자의 목적과 그 가액, vii) 자본금의 액, viii) 업무집행자의 성명(법인인 경우 그 명칭) 및 주소 등이 포함되고, 각 사원이 기명날인 또는 서명하여야 한다(상287의3). 그리고 유한책임회사의 상호에는 반드시 유한책임회사의 문자를 사용해야 한다(상19).

2) **출자의 이행** : 유한책임회사는 물적회사로서 자본금이 형성되어야 하므로 출자의 이행절차를 규정하고 있다. 사원은 정관 작성 후 설립등기시점까지 금전의 납입, 재산출자의 전부를 이행하여야 한다. 출자의 목적은 인적회사에서 허용되는 신용이나 노무를 출자의 목적으로 하지 못하며 금전, 재산출자만 가능한데, 현물출자의 방법은 주식회사 설립시 현물출자와 동일하다(상287의4).

3) **설립등기** : 유한책임회사의 설립등기사항은 i) 목적, ii) 상호, iii) 본점·지점의 소재지, iv) 존립기간 가타 해산사유를 정한 때에는 그 기간 또는 사유, v) 업무집행자의 성명·주소·주민등록번호, vi) 대표유한책임사원, vii) 공고방법, viii) 공동업무집행자(상287의5.1), ix) 업무집행자의 업무집행정지·직무대행자선임가처분, 동 가처분의 변경·취소(상287의5.5) 등이 포함된다. 그리고 지점을 설치·이전할 경우에는 합명회사의 등기규정을 준용하며, 등기사항의 변경등기기간은 본점소재지에서는 2주, 지점소재지에서는 3주내 이뤄져야 한다(상287의5).

(2) 설립하자

유한책임회사의 설립의 하자에도 설립무효의 소와 설립취소의 소가 허용되므로(상287의6 → 184~193), 합자회사의 설립절차에 객관적 하자가 있는 경우에는 설립무효의 소와 설립취소의 소가 인정되며, 주관적 하자나 채권자사해 설립행위가 있는 경우에는 설립취소의 소가 인정된다. 소송절차(제소권자, 제소기간, 관할, 공고·병합심리 재량기간)나 판결의 효력(원고승소판결의 대세효·불소급효, 패소 원고의 책임), 회사계속제도 등도 합명회사에 관한 규정을 준용한다.

3. 내부관계

(1) 정관의 자율성

유한책임회사의 내부관계에 관하여 정관이나 상법에 특별한 규정이 없으면 합명회사에 관한 규정을 준용하도록 정하고 있다(상287의18). 유한책임회사의 지배구조에 관해서도 최소한의 규정으로서 투자자인 사원과 소유와 경영의 분리에 기반한 업무집행자만 규정하고, 사원총회, 감사 등은 존재하지 않는다. 이는 지배구조에 정관을 통한 자율성과 유연성을 부여하자는 취지가 반영된 것으로 이해된다. 회사 지배구조와 관련되는 사항(사원과 그 출자, 업무집행자, 자본금액 등)은 정관에 규정되고 정관의 범위 내에서 업무집행자가 업무를 집행한다. 하지만 자본금액을 변경한다든지 업무집행자를 변경할 경우에는 의사결정권자가 문제되는데 따로 사원총회가 없으므로 이는 정관변경절차에 따라 의사를 결정한다. 정관에 다른 규정이 없는 경우 정관을 변경하려면 총사원의 동의가 있어야 하므로, 회사의 명칭 등의 변경은 물론 그밖에 자본금액을 변경하거나 업무집행자를 변경하고자 할 경우 총사원의 동의가 요구된다고 볼 수 있으며, 총사원의 동의요건은 정관에 달리 규정할 수 있다(상287의16). 유한책임회사의 의사결정시 결의요건이 총사원의 동의 또는 사원과반수(예, 제명결의, 상287의27 → 220)로 되어 있는데, 이는 지분주의에 따른 의결권에 과반수가 아니라 두수주의에 따른 사원 과반수로 되어 있어 유한책임사원의 의사결정은 두수주의에 기반한다고 볼 수 있다.

(2) 업무집행

1) 업무집행자 : 유한책임회사의 업무집행은 업무집행자에 의해 이뤄지는데 업무집행자는 사원 중에서 임명할 수도 있고 사원이 아닌 자도 임명될 수 있어 소유와 경영이 분리(타인기관)될 수 있는 **단체주의적 회사**에 속한다. 업무집행자의 성명은 정관에 기재되며 등기사항인데, 원시정관에서 정해진 업무집행자를 변경

하고자 할 경우 정관변경(총사원동의, 상287의16)에 관한 규정이 적용된다. 복수 업무집행자를 선임한 경우 각자가 업무집행권한을 가지며, 다른 업무집행자의 이의권과 업무집행 및 다수결에 의한 업무집행은 합명회사와 동일하다(상287의12.2 → 201.2). 그리고 공동업무집행자제도를 두고 있어 공동업무집행자 전원의 동의가 있어야 업무집행이 가능한 바(상287의12.3) 그 구체적 의미는 다른 회사의 공동대표제도와 동일하다(능동대표, 수동대표 구분 등)고 본다. **법인**도 유한책임회사의 업무집행자로 선임될 수 있는데, 이 경우 법인은 업무집행자의 직무를 행할 자(**업무수행자**)를 선임하고 그 자의 성명과 주소를 다른 사원에게 통지하여야 한다. 업무수행자는 법인을 대표하여 업무집행자의 권한을 행사할 수 있으며 자기거래제한에 관한 규정도 적용된다(상287의15).

2) **권한상실** : 업무집행자의 업무집행을 정지하거나 직무대행자를 선임하는 가처분은 등기사항인데(상287의5.5), 이와 같이 직무대행자가 선임된 경우 업무집행자의 직무대행자는 가처분명령에 다른 정함이 있는 경우 외에는 원칙적으로 법인의 통상업무에 속하지 아니한 행위를 하지 못하고 통상업무를 벗어난 행위를 하기 위해서는 법원의 허가를 얻어야 한다(상287의13 → 200의2). **통상업무**의 개념 등은 합명회사나 주식회사에서의 논의와 동일하게 해석할 수 있다고 본다. 업무집행자가 업무집행을 함에 현저하게 부적임하거나 중대한 의무에 위반한 행위를 한 경우 사원은 법원에 업무집행권한의 상실을 청구할 수 있으며, 법원은 이를 판단하여 판결로 업무집행자의 업무집행권한 상실선고를 할 수 있고 판결이 확정된 경우 본·지점에 등기하여야 한다(상287의17.1 → 205). 업무집행사원의 권한상실청구의 소는 본점소재지의 지방법원의 관할에 전속한다(상297의17.2).

3) **감시권** : 유한책임회사는 사원의 지위는 업무집행자의 지위가 분리되므로 업무집행자가 아닌 사원은 업무집행자의 업무집행을 감시할 권한(감시권)을 가진다. 비업무집행사원의 감시권은 합자회사에서 유한책임사원의 감시권과 동일하며, 영업년도말에 영업시간 내에 한하여 회사의 회계장부·대차대조표 기타의 서류를 열람할 수 있고 회사의 업무와 재산상태를 검사할 수 있으며, 중요한 사유가 있어 법원의 허가를 얻은 경우에는 영업년도말이 아니더라도 언제든지 장부열람권과 검사권을 행사할 수 있다(상287의14 → 277).

4) **업무집행자의 의무** : 유한책임회사의 업무집행자도 회사와 신인관계에 있어
충실의무를 부담한다고 해석되며, 상법은 이러한 취지에서 경업금지의무와 자기
거래금지의무를 규정하고 있다. 즉 업무집행자는 사원 전원의 동의를 받지 아니
하고는 자기 또는 제3자의 계산으로 회사의 영업부류에 속한 거래를 하지 못하며,
같은 종류의 영업을 목적으로 하는 다른 회사의 업무집행자, 이사 또는 집행임원
이 되지 못하는 경업금지의무를 규정한다(상287의10.1). 업무집행자가 경업금지의
무를 위반하여 거래한 경우 회사는 개입권을 행사할 수 있으며 이는 손해배상청
구를 방해하지 않으며 거래를 안 날로부터 2주 거래한 날로부터 1년 내에 개입권
을 행사할 수 있다(상287의10.2 → 198). 그리고 업무집행자는 다른 사원 과반수의
결의가 있는 경우에만 자기 또는 제3자의 계산으로 회사와 거래를 할 수 있고 이
경우 민법의 자기거래에 관한 규정(민124)는 적용되지 않는 자기거래금지의무를
부담한다(상287의11).

4. 외부관계

(1) 사원의 책임

상법에 다른 규정이 없으면 사원은 출자금액을 한도로 하는 책임을 부담하므
로(상287의7), 사원의 책임은 전형적인 유한책임에 해당한다. 합자회사의 유한책
임사원은 회사채권자에 대하여 직접·유한·연대책임을 부담하는데(상279), 유한
책임회사의 사원은 채권자에 직접 채무를 부담하지 않고 출자금액만큼 책임을 부
담하므로 연대책임를 부담하는 것도 아니다. 유한책임회사는 법인의 특성인 '명의
의 분리'뿐만 아니라 사원과 법인간의 '책임의 분리'까지도 그대로 적용되는 물적
회사이어서 소유와 경영이 분리될 수 있다.

(2) 회사의 대표

1) **지 위** : 회사를 대표하는 자는 내부관계에서 업무를 집행하는 업무집행자
이다. 복수 업무집행자인 경우 정관 또는 총사원의 동의로 대표업무집행자를 정
할 수 있으며(상287의19.2), 이를 정하지 않은 경우에는 복수 업무집행자 모두 각
자 대표할 수 있다고 본다. 공동업무집행자를 정한 경우에는 공동대표로서 수동
대표는 1인에 의해 대표될 수 있지만 능동대표는 공동으로 이뤄져야 유효인 점
등 주식회사의 공동대표이사와 유사하게 해석된다고 본다. 다만 내부관계에서 공

동업무집행자는 정관에서 정해지고(상287의12.3), 외부관계에서 공동업무집행자는 정관 또는 총사원의 동의로 정할 수 있어(상287의19.3), 복수 업무집행자가 내부관계에서는 각자 업무집행권을 가지면서 외부관계에서는 공동업무집행자로서 회사를 대표하도록 총사원에 의해 정하는 것도 가능하다고 해석된다.

2) **책 임** : 유한책임회사를 대표하는 업무집행자가 그 업무집행으로 타인에게 손해를 입힌 경우에는 회사는 그 업무집행자와 연대하여 배상할 책임이 있다(상287의20). 이는 법인의 불법행위로 인한 책임으로서 다른 회사 형태에서도 유사한 조문을 두고 있다. 사원 또는 사원이 아닌 업무집행자와 회사간에 소송(사원·회사간 소송)이 제기되면 회사를 대표할 사원이 없는 경우 다른 사원 과반수의 결의로 대표할 사원을 선정하여야 한다(상287의21). 그리고 업무집행자가 회사에 대하여 책임을 부담할 경우 사원은 회사에 대하여 업무집행자의 책임을 추궁하는 소를 제기할 것을 청구할 수 있고, 회사가 소를 제기하지 않을 경우 사원이 회사를 대표하여 소송(대표소송)을 제기할 수 있다. 이 경우 주식회사의 대표소송에 관한 규정이 준용된다(상297의22).

(3) 지분·사원의 변동

1) **지분의 양도** : 사원이 가지고 있는 지분을 양도하고자 할 경우에는 원칙적으로 다른 사원의 동의를 얻어야 양도할 수 있다. 하지만 비업무집행사원은 업무집행사원 전원의 동의만 얻으면 지분을 양도할 수 있는데, 다만 업무집행사원이 없는 경우에는 사원 전원의 동의를 받아야 한다. 이러한 지분양도에 관한 요건은 강행규정적 성질을 가진 것은 아니고 정관에서 달리 정할 수 있다(상287의8). 다른 사원의 동의를 지분양도의 효력요건으로 한 점은 다른 물적회사와 구별되고 인적회사와 유사한 제도로서, 사원구성의 폐쇄성을 유지할 수 있게 하는 규정으로 이해된다. 유한책임회사는 자기지분을 취득할 수 없으며 예외적으로 취득하더라도 취득시점에 지분은 소멸한다(상287의9).

2) **사원의 가입** : 사원은 정관 기재사항이고 유한책임회사에는 사원총회가 없으므로 신입사원이 가입하고자 할 경우 정관변경의 절차를 거쳐야 한다. 사원 가입시 정관에는 사원의 성명 등과 사원의 출자의 목적 등이 기재되어야 하므로(상287의3), 신입사원의 가입으로 정관을 변경하려면 출자에 관한 사항이 미리 정해

져야 한다. 그리고 유한책임회사의 신입사원의 가입은 정관을 변경하는 시점에 효력이 발생하지만, 이는 출자의 이행을 정지조건으로 하므로 신입사원이 출자에 관한 납입 등 출자의무를 이행한 시점에 사원이 된다(상287의23). 인적회사는 출자의 이행과 무관하게 정관을 변경함으로써 사원의 지위를 취득하는데 반해, 유한책임회사의 신입사원은 출자이행을 정지조건으로 하여 정관변경시점에 사원이 된다는 점도 자본단체성의 특성이라 할 수 있다.

3) **사원의 퇴사·제명** : 유한책임회사의 사원은 인적회사와 유사하게 퇴사제도를 가지고 있다. 사원의 퇴사에 관하여 정관으로 달리 정하지 않은 경우 합명회사의 퇴사제도를 준용한다. 따라서 정관으로 회사의 존립기간을 정하지 아니하거나 어느 사원의 종신까지 존속할 것을 정한 때에는 사원은 영업년도말에 한하여 퇴사를 할 수 있으나 6월전 예고가 요구된다(상287의24 → 217.1). 하지만 합명회사와는 달리 사원이 부득이한 사유가 있을 때에는 영업년도말 6월전 예고에 의한 퇴사에 대한 예외는 허용되지 않는다(상287의24 → 217.2부준용). 그리고 퇴사원인은 정관에 정한 사유의 발생, 총사원의 동의, 사망, 금치산, 파산, 제명 등이고(상287의25 → 218), 정관에 사망시 사원자격승계에 관한 규정이 있을 경우에만 상속인의 승계통지에 의해 사원지위를 승계할 수 있지만, 규정이 없거나 승계통지가 없는 경우 승계포기로 간주되어 사원지위가 상속인에게 승계되지 않는다(상287의26 → 219). 그리고 사원의 지분압류채권자는 6월전 예고를 거쳐 영업년도말에 그 사원을 퇴사시킬 수 있으나, 사원이 변제하거나 상당한 담보제공시 예고는 효력을 잃어 퇴사를 면할 수 있다(상287의29 → 224). 사원의 퇴사원인의 하나로 사원의 제명이 있는데, 제명절차는 출자의무 불이행 등 제명원인이 있을 경우 '다른 사원 과반수'의 결의를 거쳐 법원에 청구할 수 있으며(상287의27 → 220), 결의요건은 정관으로 달리 정할 수 있다(상287의27).

4) **퇴사의 효과** : 퇴사사원은 퇴사시 회사의 재산상황에 따라 그 지분의 환급을 금전으로 받을 수 있는데(지분환급청구권), 정관으로 이를 달리 정할 수 있다(상287의28). 퇴사원의 환급금액이 잉여금을 초과할 경우 회사 채권자는 회사에 이의를 제기할 수 있으며, 이 경우 합명회사의 채권자이의절차를 준용한다(상287의30 → 232). 다만 지분을 환급하더라도 채권자에게 손해를 끼칠 우려가 없는 경우에는 채권자에 대한 변제 또는 상당한 담보제공, 신탁 등을 하지 않아도 된다

(상287의30단서 → 232.3부준용). 그리고 퇴사한 사원의 성명이 유한책임회사의 상호 중에 사용된 경우에는 그 사원은 회사에 대하여 그 사용의 폐지를 청구할 수 있다(상287의31).

(4) 회 계

1) **회계원칙** : 유한책임회사는 유한책임사원으로 구성된 물적회사로서 회사의 대외적 신용은 사원의 개성에 의존하는 것이 아니라 회사의 재산과 그 기준이 되는 회사의 자본금에 의존한다. 유한책임회사의 회계는 공정하고 투명하여야 하므로 상법은 자본금에 관한 규정을 비롯하여 재무제표 등 회계에 관한 규정을 따로 두고 있다. 유한책임회사의 회계는 상법과 상법시행령으로 규정한 것 외에는 일반적으로 공정하고 타당한 회계관행에 따른다(상287의32).

2) **자본금** : 유한책임회사는 인적회사와는 달리 출자의 목적에 신용·노무출자를 배제하고 재산철자만 허용할 뿐만 아니라, 설립등기시점까지 출자가 이행되어야 하므로(상287의4) 회사 설립등기에는 출자의 이행여부가 요건이 된다. 그리고 신입사원 가입시 정관을 변경하더라도 신입사원이 납입, 출자의 이행을 완료해야 사원이 될 수 있다(상287의23.2). 이와 같이 유한책임회사는 출자의 목적을 제한하지 않고 출자의 이행여부와 무관하게 설립되는 인적회사와 달리 출자에 의해 형성되는 자본금을 회사설립의 요건으로 하고 있다. 사원이 출자한 금전이나 그 밖의 재산의 가액이 유한책임회사의 자본금이 된다(상287의35). 자본금의 증가를 위한 별도의 증자절차는 없고, 자본금의 증가는 신입사원의 가입 또는 기존 사원의 추가출자로 가능하다. 신입사원의 가입시에는 정관변경이 요구되므로 정관에 출자의 목적 등이 기재되지만(상287의23), 기존 사원이 추가출자를 하는 경우에 상법은 회사의 정관변경절차를 규정하지 않아 정관변경이 의무적인지 의문이다. 자본금의 감소시 정관변경이 요구되며 감소 후의 자본금이 순자산액 이하가 될 경우에는 아니라 채권자보호절차도 요구된다(상287의36).

3) **재무제표** : 유한책임회사의 업무집행자는 결산기마다 대차대조표, 손익계산서, 회사의 재무상태와 경영성과를 표시하는 것으로 자본변동표, 이익잉여금 처분계산서 또는 결손금 처리계산서 등을 작성하여야 한다(상287의33, 상령5). 그리고 업무집행자는 재무제표를 본점에 5년간, 지점에 그 등본을 보관하여야 하며,

사원과 회사 채권자는 회사의 영업시간 내에 언제든지 재무제표의 열람과 등사를 청구할 수 있다(상287의34).

4) **이익 분배** : 유한책임회사는 영리법인이므로 이익분배에 관해, 대차대조표상의 순자산액으로부터 자본금액을 공제한 금액을 잉여금이라 하고 이를 분배할 수 있다고 정한다. 잉여금의 분배는 각 사원이 출자한 가액에 비례하여 분배하는 것이 원칙이지만 정관으로 달리 정할 수 있다(상287의37.4,5). 이는 주식회사에서 당가순이익을 분배하는 것과 달리 전기의 이익이라도 자본급을 공제하고 남은 잉여금이 있으면 분배가 가능하다는 점에서 이익분배라는 용어를 사용하지 않고 회계상의 잉여금분배라는 표현을 사용한 것으로 이해된다. 채권자가 사원의 지분을 압류한 경우 잉여금배당청구권에도 효력이 미친다(상287의37.6). 회사가 순자산액에서 자본금액을 공제한 금액을 초과하여 잉여금을 분배한 경우 회사의 채권자는 잉여금을 분배받은 자에게 잉여금반환청구를 할 수 있으며 이에 관한 소송을 제기할 경우 본점소재지의 지방법원의 관할에 전속한다(상287의37,2,3).

5. 회사의 변경

유한책임회사는 존립기간의 만료 기타 정관으로 정한 사유가 발생하거나, 총사원의 동의가 있는 경우, 합병·파산·해산명령·해산판결의 경우와 사원이 없게 된 경우에 해산한다(상287의38). 그밖에 부득이한 사유가 있는 때에는 각 사원은 회사의 해산을 법원에 청구할 수 있다(상287의42 → 241). 특히 인적회사와 달리 사원이 1인이 된 경우를 해산사유로 하지 않고 사원이 없게 된 경우를 해산사유로 한 것은 1인사원의 유한책임회사를 인정한다는 의미이고 그 법리는 1인주주의 주식회사와 동일하게 해석될 수 있다. 유한책임회사가 해산된 경우에는 합병과 파산의 경우 외에는 그 해산사유가 있었던 날부터 본점소재지에서는 2주 내에 해산등기를 하고, 지점소재지에서는 3주 내에 해산등기를 하여야 한다(상287의39). 유한책임회사가 해산하면 청산절차를 진행하는데 이에 관해서는 합명회사의 법정청산절차에 관한 규정을 준용한다(상287의45). 다만 해산사유 중 존립기간의 만료 기타 정관으로 정한 사유가 발생하였거나 총사원의 동의로 해산하는 경우에는 사원의 전부 또는 일부의 동의로 회사를 계속할 수 있으며 이 경우 동의를 하지 않은 사원은 퇴사한 것을 본다(상287의40 → 상229.1). 유한책임회사의 합병에 관하여는 총사원의 동의가 요구되고 채권자이의절차가 진행되며, 합병등기, 합병무효의 소 등 합명회사의 합병에 관한 규정이 준용된다(상287의41 → 230-240). 그리고 상법은 유한책임회사와 주식회사간 총주주 또는 총사원의 동의에 의한 상호간 조직변경을 허용하고 있다. 조직변경시 채권자이의절차(상232)가 진행되고, 주식회사의 유한회사로의 조직변경에 관한 규정(상604-607)이 준용된다(상287의44).

제 4 장   유한회사

1. 의 의

(1) 개 념

1) 소규모 물적회사 : 유한회사(Gesellschaft mit beschrnkter Haftung, GmbH)란 사원의 출자에 의한 자본을 가지고, 이 자본은 균일한 비례적 단위인 출자에 의하여 분할되며, 사원은 원칙적으로 그 출자금액을 한도로 하여 회사에 대하여만 책임을 지는 회사를 말한다. 유한회사는 주식회사와 같이 물적회사이기는 하지만 지분양도가 정관으로 제한될 수 있고(상556) 지분에 관한 증권 발행도 허용되지 않으므로(상555) 지분양도가 제한되어 주식회사와 비교할 때 상대적 폐쇄성을 가진다고 볼 수 있다. 주식회사와 같이 대기업에 적합한 회사형태가 아니라 인적회사의 요소가 가미된 중소기업에 적합한 회사형태라 할 수 있다. 또한 유한회사는 합자회사와 같이 유한책임사원을 갖고 있으나, 합자회사의 유한책임사원은 직접·유한책임을 부담함에 반하여 유한회사의 사원은 간접·유한책임을 부담한다는 점에서 양자는 구별된다. 다만 경우에 따라서는 사원이 전보책임을 지게 되므로 엄격한 간접유한책임을 지는 주식회사와 구별된다.

2) 경제적 기능 : 유한회사는 인적회사와 주식회사의 장점만을 채택하여 만든 회사로서, 중소기업에 가장 적합한 회사형태이다. 대표적인 인적회사인 합명회사는 사원의 신뢰와 신용을 기초로 하여 설립되므로 회사조직이 간편하고 설립절차가 용이하다는 장점이 있다. 또한 대표적 물적회사인 주식회사는 모든 주주의 유한책임의 원칙을 기초로 설립되므로 대자본을 모집할 수 있고 사원의 개성을 떠난 회사의 영속성과 경영의 합리화를 기할 수 있는 등의 장점이 있다. 유한회사는 주식회사의 장점인 사원의 유한책임의 원칙을 채택하여 회사의 영속성과 경영의 합리화를 도모하고, 또한 합명회사의 장점인 회사조직의 간이성과 설립절차의 용이성을 취하고 있다.

(2) 유한회사의 특징

1) **자본단체성** : 유한회사는 주식회사와 같이 물적회사로서 회사신용의 기초는 회사의 재산에 있으며, 사원의 출자에 의한 자본중심의 단체이다. 유한회사의 **자본**은 정관의 절대적 기재사항이고(상543.2.2호), 그 증감은 정관변경의 절차를 요한다(상584이하). 또한 유한회사의 자본은 회사채권자에 대하여 유일한 담보로서 자본에 해당하는 재산이 현실적으로 유지되어야 한다(상544,548,550,551,583). 다만 유한회사의 자본은 **총액인수제도**를 취하고 있어 수권자본제도의 주식회사와는 구별된다. 유한회사도 자본단체적 성질을 가졌으므로 물적회사로서 유한책임의 사원들로 구성된다. 다만 소규모폐쇄성으로 인하여 사원의 개성이 나타나며 사원 상호간의 유대관계가 높다. 따라서 설립시 또는 증자시에 자본의 결함이 있는 경우에 사원은 연대하여 이를 전보할 책임을 진다(상550,551,593).

2) **조직의 편의성** : 회사설립절차에서 모집설립절차가 없고 **발기설립**만 인정된다(상543 이하,상589.2). 설립경과에 대한 조사절차가 없고, 정관에 의하여 각 사원의 출자좌수가 확정되고(상543.2.4호), 해석상 1인의 유한회사가 허용된다(상543.1,609.1.1호). 기관구성에 있어 총사원의 동의가 있으면 사원총회의 모집절차를 생략할 수 있고(상573), 서면에 의한 결의도 가능하다(상577). 업무집행기관은 **이사**이며 이사가 회사를 대표하지만, 이사가 2인 이상인 경우에는 정관에 다른 정함이 없으면 회사를 대표할 이사(**대표이사**)를 선임하여야 한다(상562.2). 이사의 원수에도 제한이 없으므로 1인 이상이면 된다(상561). **감사**가 임의기관으로 되어 있고(상568), 감사위원회제도는 인정되지 않는다(상567↛415의2). 유한회사는 수권자본제도를 채택하지 않고 회사의 정리제도도 없다. 유한회사는 공시주의를 완화하여 대차대조표의 공고를 요하지 아니하고(주식회사의 경우는 상449.3 참조), 법원에 의한 감독이 매우 완화되어 변태설립사항 등에 법원이 선임한 검사인에 의한 조사 등이 없다.

3) **상대적 폐쇄성** : 유한회사는 자본단체성이 있으나, 주식회사와 같이 일반대중으로부터 대자본을 모집하는 회사형태가 아니고 출자자 상호간의 인적 신뢰를 중시하는 소규모·폐쇄적인 회사이어서 지분의 양도를 사실상 제한하고 있다. 유한회사의 사원은 정관에 의하여 확정되고(상543.2.1호 → 179.3호), 사원의 지분에 관하여 지시식 또는 무기명식의 증권을 발행하지 못하도록 하고(상555), 지분의

전부 또는 일부를 제3자에게 양도하기 위하여는 원칙적으로 사원총회의 특별결의를 받도록 하여(상556) 사원의 지위의 이전을 매우 어렵게 하였다. 사원의 공모가 인정되지 않고 증자의 경우 원칙적으로 사원의 출자인수권만이 인정되고(상588), 사채발행도 인정되지 않아 지분의 양도가 주식회사만큼 용이하지 않(상600.2) 이 역시 폐쇄성을 강화시킨다.

2. 설 립

(1) 정관의 작성

1) 개 요 : 유한회사의 설립절차는 주식회사의 발기설립과 비슷하다. 그러나 유한회사의 설립에는 발기인이 없고, 법원이 선임한 검사인에 의한 조사제도(상299,310)가 없으며, 사원이 정관에 의하여 확정되고(상543.2.1호 → 179.3호), 기관 (이사)도 정관에서 정할 수 있으며(상547.1), 사원과 이사에게 무거운 자본의 충실 책임이 있고(상551,593), 사원의 개성이 중시되므로 설립취소의 소가 인정되어(상552) 주식회사와 구별된다. 유한회사의 설립절차는 정관의 작성 이외에 인적회사와 다르고 주식회사와 유사하게 실체의 형성(출자의 이행, 이사·감사의 선임)절차를 거쳐 설립등기를 한다. 유한회사의 설립은 먼저 1인 이상의 사원이 정관을 작성하고(상543.1), 각 사원이 기명날인 또는 서명하여야 하는데(상543.2). 1인 사원에 의한 유한회사의 설립을 허용하였다. 정관은 공증인의 인증을 받음으로써 그 효력이 생기고(상543.3,292), 정관의 기재사항은 절대적 기재사항과 상대적 기재사항, 임의적 기재사항으로 나누어진다.

2) **기재사항** : 정관의 **절대적 기재사항**으로 회사의 목적·상호·자본총액, 사원의 성명·주민등록번호·주소, 출자 일좌의 금액 각 사원의 출자좌수, 본점의 소재지이다(상543.2). 사원이 정관에 의해 확정되는 것이 주식회사와는 구별되며, 출자 1좌의 금액은 100원 이상으로 균일하여야 하며 종전 최저자본금 1천만원의 규정은 삭제되었다(상546). 그리고 유한회사는 주식회사와는 달리 인수절차가 없으므로 각 사원이 인수할 출자좌수는 정관에 의하여 확정되며, 각 사원의 출자목적은 주식회사와 같이 재산출자에 한정된다. 정관의 **상대적 기재사항**으로 현물출자·재산인수·설립비용의 변태설립사항(상544) 등이 포함된다. 이러한 변태설립사항으로서 재산인수를 탈법하기 위하여 이용되는 사후설립에는 주식회사의 경우

와 같이 사원총회의 특별결의가 있어야 한다(상576.2). 그밖에 지분양도요건의 가중(상556.1 단서), 감사의 선임(상568.1), 총회의 보통결의요건의 완화(상574), 1좌 1의결권원칙의 예외(상575단서), 이익배당기준의 예외(상580), 각 사원의 회계장부열람권(상581.2), 법정 이외의 해산사유(상609.1 → 227.1), 잔여재산분배기준의 예외(상612) 등도 포함된다. 정관의 **임의적 기재사항**에는 이사의 원수·결산기 등과 같은 사항(유한회사의 본질 또는 강행법규에 위반되지 않는 사항) 등이 있다.

(2) 자본형성과 기관선임

1) **출자의 이행** : 유한회사는 물적회사로서 자본의 엄격한 관리가 요구되므로 인적회사에 허용되는 노무·신용출자는 허용되지 않는 점은 주식회사와 동일하다. 이사는 금액출자의 경우 사원으로 하여금 출자전액의 납입을 시켜야 하고, 현물출자의 경우 목적인 재산 전부의 급여를 시켜야 한다(상548.1). 이 경우에 현물출자의 목적인 재산이 등기·등록 등을 요하는 경우에는 이에 관한 서류를 갖추어 교부하여야 한다(상548.2 → 295.2). 그러나 주식회사의 경우와 같이 변태설립사항에 해당할 경우 이는 정관의 상대적 기재사항이기는 하지만, 법원이 선임한 검사인에 의한 조사나 법원의 처분제도는 없다. 이에 대신하여 사원·이사·감사 등에게 재산실가전보책임(상550,593,607.4) 및 출자미필전보책임(상551)을 부담하도록 하고 있다.

2) **이사·감사의 선임** : 유한회사의 설립에서는 주식회사에서와 같은 발기인이 없으므로 **이사**를 발기인회의에서 정할 수는 없고 그 대신 정관에서 직접 정할 수 있다. 정관에서 이를 정하지 아니한 때에는 회사성립 전에 **사원총회**를 열어 선임하여야 한다(상547.1). 설립시 이사 선임을 위한 사원총회는 각 사원이 소집할 수 있지만(상547.2), 설립 후 이사 선임을 위한 사원총회(상567 → 382) 등 사원총회는 이사가 소집하고 임시총회의 경우 감사에게도 소집권이 인정된다(상571.1). 다만 소수사원(자본금 총액의 3% 이상에 해당하는 출자좌수를 가진 사원)은 이사에게 총회의 소집을 청구할 수 있다(상572.1). **감사**는 주식회사의 경우와 달리 임의기관이므로 정관의 규정에 의하여 둘 수 있을 뿐이다(상568.1). 정관에서 감사를 두기로 정한 경우에는 감사의 선임은 이사의 선임절차와 동일하다(상568.2).

(3) 설립등기

유한회사의 설립등기는 납입 또는 현물출자의 이행이 있은 날로부터 2주간 내에 본점소재지에서 하여야 한다(상549.1). 유한회사의 설립등기를 함으로써 유한회사는 법인격을 취득하고 회사의 명의로 재산을 소유하고 회사행위를 할 수 있으며 사원은 유한책임을 부담하게 된다. **설립등기사항**으로는 회사의 목적·상호·자본총액, 본점·지점소재시, 출좌 1좌의 금액, 이사의 성명·주민등록번호·주소, 대표이사의 성명, 공동대표이사 규정, 존립기간·해산사유, 감사의 성명·주민등록번호 등이 포함된다(상549.2). 다만 등기사항 중 일부는 기재가 강제되는 사항이 아니므로 그러한 기관 등을 둔 경우에만 설립등기에 포함시키면 되고 그렇지 않을 경우에는 설립등기에 기재하지 않더라도 무방하다.

(4) 설립의 하자와 책임

1) **설립하자의 소** : 주식회사의 설립하자의 주장의 취지와 같이 유한회사의 설립과정에 하자가 있을 경우에도 이를 소의 방법으로만 주장할 수 있고(상552.1) 판결이 확정된 경우 효과를 일반 소송의 효과와 달리함으로써 단체법관계의 법적 안정성을 추구하고 있다. 다만 주식회사의 경우 주관적 하자는 문제되지 않고 객관적 하자만 설립무효의 원인이 되는 데 반해, 유한회사에서는 객관적 하자(설립절차, 내용상의 하자)뿐만 아니라 주관적 하자(설립관여자의 의사표시상의 하자)도 설립하자의 소송의 대상이 될 수 있다는 점이 주식회사와 다르다. **설립취소의 소**의 원인은 설립사무를 담당하는 자의 의사표시상의 하자(무능력·착오·사기·강박 등)가 있을 경우(상552.1 → 184.1)와 채권자사해설립행위가 있었을 경우(상552.1 → 185) 등이다. 이른바 설립행위의 주관적 하자가 원인이 된다. **설립무효의 소**의 원인은 정관의 절대적 기재사항의 흠결 등 객관적 하자가 원인이 되지만 주관적 하자라 하더라도 무효사유인 경우, 예컨대 절대강박상태에서의 설립행위 등은 설립무효의 원인이 된다. 제소권자, 제소기간, 관할, 공고·병합심리 재량기간 등의 소송절차나 원고승소판결의 대세효, 불소급효, 패소원고의 책임 등 판결의 효력, 회사계속제도 등에 관해서는 합명회사에 관한 규정을 준용한다(상552.1 → 185~193).

2) **설립관여자의 책임** : ① 취 지 – 유한회사의 설립경과에 대하여는 자치적인 조사이든 법원이 선임한 검사인에 의한 공권적 조사이든 일체의 조사절차(상

298~300,310~314)가 없는 대신 자본충실을 기하기 위하여 현물출자 및 출자미필에 대하여 사원과 이사 및 감사에 대하여 자본전보책임을 인정하고 있다. 주식회사의 발기인의 자본충실책임 대신 유한회사는 사원이 연대책임을 부담하고 그 구상관계상의 부담부분은 출자좌수에 비례한다. 다. 사원의 이러한 자본전보책임은 사원의 **유한책임의 원칙의 예외**가 된다.

② **부족재산가액 전보책임** – 현물출자 또는 재산인수의 목적인 재산의 회사성립 당시의 실가가 정관에 정한 가격에 현저하게 부족한 때에는, **회사성립 당시의 사원**은 회사에 대하여 그 부족액을 연대하여 지급할 책임이 있다(상550.1). 이는 자본충실원칙의 표현으로서 검사인의 조사(상298.4,299,310.1,2), 감정인의 감정(상298.4,299의2,310.3)에 갈음하고 있다. 여기에서 현저하게 부족한 때란 재산의 과대평가로 인한 경우뿐만 아니라, 경제의 변동에 따른 재산가격의 하락을 포함하고(정동·회사706), 사원의 이러한 책임은 무과실책임으로 어떠한 경우에도 면제되지 못한다(상550.2).

③ **출자미필액 전보책임** – 회사성립 후에 금전출자의 납입 또는 현물출자의 이행이 완료되지 아니하였음이 발견되었을 때에는 **회사성립시 사원·이사·감사**는 회사에 대하여 그 납입되지 아니한 금액 또는 이행되지 아니한 현물의 가액을 연대하여 지급할 책임이 있다(상551.1). 출자의무자인 사원의 책임과 기타 사원·이사·감사의 미필출자의 전보책임은 부진정연대채무관계로 본다. 출자의무자인 사원이나 전보책임자가 책임을 이행하면 회사에 대한 의무(출자이행의무·전보책임이행의무)는 소멸하고 출자의무자가 이행한 경우에는 출자미필과 관련된 권리의무관계가 모두 해소되는데 반해, 전보책임자가 책임을 이행한 경우 전보책임자는 출자의무자인 사원에 대해서는 전액, 기타 책임자에 대해서는 부담부분에 따른 구상권을 행사할 수 있다. 이사·감사는 회사의 수임인으로서 이사는 납입·이행청구의무(상548.1), 감사는 업무감사의무(상569)에 근거한 책임이라 볼 수 있는데, 이사·감사의 전보책임은 무과실책임이고 총사원의 동의가 있으면 면제될 수 있지만(상551.3), 사원의 책임도 무과실책임이지만 면제되지는 아니한다(상551.2). 이것은 주식회사의 경우 발기인의 자본충실의 책임이 면제되지 않는 점과 유사하다고 볼 수 있다.

3. 사원의 지위

(1) 사원의 권리

유한회사의 사원의 자격에는 특별한 제한이 없으므로 자연인 및 회사 기타의 법인이 사원이 될 수 있다. 사원의 인원수는 종전의 제한을 삭제하여 제한이 없다. 사원의 성명·주소 및 출자좌수를 기재하기 위하여 사원명부가 작성되는데, 이는 주식회사의 주주명부와 유사하다(상557,559.2,560.2 → 353). 유한회사의 사원의 권리는 원칙적으로 주식회사의 주주의 권리와 유사하나 지분의 양도를 제한하고 있다는 점에서 크게 다르다(상556). 또한 유한회사의 사원의 대표소송권의 요건(상565.1) 사원총회의 소집의 요건(상572.2), 사원제안권을 인정하지 않은 점 등이 주식회사와 다르다. 유한회사 사원의 자익권으로는 이익배당청구권(상583.1 → 462)·잔여재산분배청구권(상612)·출자인수권(상588 본문) 등이 있고, 공익권으로는 의결권(상575), 총회소집청구권(상572), 총회결의에 대한 취소·무효 또는 부존재확인·부당결의취소변경의 소(상578,376~381), 회사설립무효·취소의 소(상552), 증자·감자무효의 소(상595,상597 → 445~446), 합병무효의 소(상603 → 529)의 소를 제기할 수 있는 권한, 이사의 책임을 추궁하는 사원의 대표소송제기권(상565), 이사의 위법행위유지청구권(상564의2), 회사의 업무·재산상태에 대한 검사청구권(상582), 사원의 회계장부열람권(상581) 등이 인정되는 점은 주식회사의 경우와 유사하다.

(2) 사원의 의무

유한회사의 사원은 유한책임사원으로서 주식회사의 주주와 유사하게 원칙적으로 그가 인수한 출자에 대한 재산납입의무만을 부담하고, 사원의 책임은 원칙적으로 그 출자금액을 한도로 한다(상553). 하지만 유한회사의 사원 중에서 예외적으로 회사성립 당시의 사원, 증자에 동의한 사원, 조직변경결의 당시의 사원은 일정한 자본전보의 책임을 진다(상550,551,593,605)는 점이 주식회사의 주주와는 중요한 차이점이다. 즉, 회사성립 당시의 사원은 변태설립사항(현물출자 및 재산인수)의 부족재산을 전보할 책임(상550), 출자불이행분을 전보할 책임(상551)이 있고, 증자에 동의한 사원은 변태설립사항(현물출자 및 재산인수)의 부족재산을 전보할 책임(상593)이 있으며, 조직변경결의 당시의 사원은 현존하는 순자산액이 자본의 총액에 부족할 때에는 이를 전보할 책임이 있다(상607.4). 사원의 책임은 정관 또는 총회의 결의로도 가중시킬 수 없다.

(3) 사원의 지분

1) **지분의 의의** : 유한회사의 지분(Anteil)은 출자자인 사원의 회사에 대한 법률상의 지위를 말한다. 주식회사에서의 주식이 자본의 구성단위로서의 주식과 주주의 회사에 대한 권리의무(사원권)로서의 주식이라는 두 가지 개념을 가지는 것과 마찬가지로, 유한회사에서의 지분의 개념은 두 가지 용례로 사용된다. 다만 **자본의 구성단위**로서의 지분개념은 **출자**(좌수)라는 용어가 주로 사용되고 **사원의 지위**로서 지분이라는 용어가 주로 사용된다(상554 참조). 각 사원은 출자좌수에 따라 지분을 가지는 **지분복수주의**를 취하고 있어(상554), 유한회사의 자본단체적 성격을 반영하고 있다. 따라서 유한회사의 각 사원은 그 출자좌수에 따라 지분을 가지고(상554), 출자 1좌의 금액은 균일하며(상546.2), 이익의 배당은 정관에 다른 규정이 없는 한, 각 사원의 출자좌수에 따라야 하고(상580), 사원은 증가할 자본에 대하여 그 지분에 따라 출자를 인수할 권리를 가진다(상588).

2) **지분증권의 금지** : 유한회사는 폐쇄성을 가지므로 회사법은 지분의 유가증권화를 금지시키고 있다. 따라서 유한회사는 사원의 지분에 관하여 지시식 또는 무기명식의 유가증권을 발행하지 못한다(상555). 따라서 지분을 양도함에 있어서도 지분증권(예, 주권)의 교부에 의한 양도는 불가능하고 채권의 양도와 유사하게 '양도합의에 따른 당사자간의 양도효력 발생과 제3자에 대한 대항요건'으로 구성할 수밖에 없게 된다. 회사법은 지시식·무기명식의 지분증권의 발행만 금지하였으므로 기명식의 지분증권을 발행할 수는 있는가? 기명식 지분증권의 발행은 허용되지만 증거증권으로서만 효력이 인정되고 유가증권으로서는 인정되지 않는다 견해가 있다. 생각건대 기명증권(예, 사채권)의 유가증권성에 관한 논란은 있고 기명식 지분증권이 하더라도 제시증권성, 상환증권성 등은 통상 인정되므로 발행에 관한 근거규정이 있어야 하는데(유가증권법정주의) 우리 회사법에는 유한회사의 지분증권 발행에 관한 규정을 두고 있지 않아 기명증권이라 하더라도 발행이 허용되지 않는다고 본다. 지분증권 발행금지 규정에 위반 시에는 과태료의 제재가 있으며(상635.1.27호), 유한회사의 지분의 공유에는 주식의 공유에 관한 규정이 준용된다(상558,333).

3) 지분양도의 제한 : 유한회사의 사원이 출자금을 회수할 수 있는 방법으로는 i) 자본감소절차에 의한 지분의 유상소각이나 환급의 방법(상597 → 439.1,2), ii) 이익에 의한 지분의 소각의 방법(상560.1 → 343.1) 및 iii) 지분을 양도하는 방법이 있다. 지분의 양도는 사원의 출자금의 회수의 방법으로 중요한 기능을 가지지만, 유한회사의 상대적 폐쇄성으로 인해 유한회사의 지분양도는 주식양도에 비해 제한될 수 있다고 본다. 왜냐하면 유한회사의 사원은 지분양도가 원칙적으로 자유롭지만 정관에 의해 제한할 수 있고 특정한 기관의 제한결정이 있어야 하는 것도 아니며 제한방식에 대한 규제도 없기 때문이다. 따라서 유한회사는 지분매수청구권·양수인지정청구권 등의 구제수단 없이 사원의 지분양도를 제한할 수도 있다. 회사가 유한회사의 지분양도를 금지시킨 경우에는 투자금을 회수할 방법이 없어 회사의 청산시까지 고정될 수 있어 유한회사의 지분양수는 신중하게 이뤄질 수밖에 없다. 따라서 유한회사의 지분양도에 관한 제한을 회사법 개정을 통해 완화했지만 주식회사와 비교할 때 지분양도는 상대적으로 덜 자유롭다고 볼 수 있고 이는 유한회사의 폐쇄성이 반영된 것으로 볼 수 있다.

4) 지분양도의 방법 : ① 요 건 − 유한회사의 정관에 지분양도를 제한하지 않았을 경우 사원은 자신이 소유하고 있는 지분을 사원은 물론 사원이 아닌 자에게도 양도할 수 있다. 유한회사는 지분증권을 발행하지 못하므로 그 지분의 양도는 당사자간의 의사표시만으로 그 양도의 효력이 발생한다. 다만 양수인의 성명·주소와 그 목적이 되는 출자좌수를 사원명부에 기재하지 않으면 양수를 회사와 제3자에게 대항하지 못한다(상557). '양도합의에 따른 당사자간의 양도효력 발생과 제3자에 대한 대항요건'이라는 채권양도와 유사한 구조이지만, 대항요건이 **사원명부의 명의개서**라는 점에서 구별된다. 그리고 주식회사의 주주명부의 명의개서와 비교하면, 사원명부에의 명의개서가 회사에 대한 권리행사의 대항요건이 아니라, 회사 또는 제3자에 대한 **권리이전의 대항요건**이라는 점에서 완전히 구별된다.

② 자기지분 취득 − 유한회사도 **자기지분의 취득**이 제한되는가? 회사법은 주식회사의 자기주식의 취득·질취에 관한 규정을 준용하고 있는데(상560.1 → 341의2,341의3,342,343.1). 자기주식의 취득제한에 관한 규정(상341)을 준용하고 있지 않다. 원칙규정의 준용 없이 예외규정만 준용하고 있어 입법상 문제가 있는데, 주식회사가 배당가능이익의 범위내에서 자기주식의 취득을 허용하면서 생긴 입법의 오류라고 판단된다. 자기주식의 예외적 취득규정을 준용하고 있는 점을 고려할

때 유한회사의 자기지분의 취득은 금지되고 예외적으로 일정한 경우에만 취득할 수 있는 것으로 해석되지만, 자기지분 취득금지에 관한 별도의 규정이 요구된다.

5) **지분의 입질** : 유한회사의 사원의 지분은 재산적 가치가 있으므로 질권의 목적이 된다(상559.1). 지분입질의 요건 및 방법은 지분양도의 경우와 같아 정관에 제한이 없을 경우 양도의 합의와 사원명부의 기재를 통해 대항요건을 갖추어야 한다(상559.2 → 556,557). 질권자의 지위는 주식의 경우와 같으므로(상560.1 → 339,340.1,2), 질권자는 회사로부터 이익배당을 받을 수 있고 잔여재산의 분배를 청구할 수 있다(상560.1 → 340.1,2). 유한회사의 지분의 입질은 주식회사의 주식의 입질과는 달리 약식질은 인정되지 않고 등록질만이 인정되므로, 지분의 질권자는 주식의 등록질권자와 같은 권리를 갖는다(상560.1 → 339,340.1,2). 그리고 자기지분을 질권의 목적으로 받는 경우에는 총발행출자좌수의 1/20을 초과하지 못한다(상560 → 341의3).

6) **사원명부** : 유한회사의 사원명부는 주식회사의 주주명부에 해당하는 것으로 이사는 사원명부를 본점에 비치하여야 하며(상566.1), 사원명부에는 사원의 성명·주소와 그 출자좌수를 기재하여야 한다(상566.2). 사원과 회사채권자는 영업시간 내에 언제든지 그 열람 또는 등사를 청구할 수 있다(상566.3). 지분의 양도와 입질은 사원명부에 해당 사항을 기재(명의개서)함으로써 대항요건을 갖추게 되고(상557,559.2), 회사의 사원에 대한 통지 또는 최고는 사원명부에 기재한 사원의 주소 또는 그 자가 회사에 통지한 주소로 하면 된다(상560.2 → 353). 특히 사원명부에의 명의개서가 지분양도의 대항요건으로 규정되어 있어 앞서 언급한 바와 같이 사원명부에 명의개서되지 않으면 회사에 대한 **권리행사**만 제한되는 것이 아니라 회사 및 제3자에 대하여도 **권리이전**으로써 대항할 수 없다는 점에서 주식회사의 주주명부에의 명의개서와는 다르다.

4. 회사의 기관

(1) 사원총회

1) **의 의** : 유한회사의 의사결정은 사원총회가 업무집행은 이사가 담당한다. 그밖에 감사를 담당하는 감사가 있지만 이는 임의기관이다. 유한회사의 기관과

주식회사의 기관을 비교하면, 주식회사의 경우 업무집행기관이 이사회와 대표이사로 이원화되어 있으나, 유한회사의 경우 이사로 일원화되어 있고 다만 2인 이상의 이사가 있을 경우 대표이사가 사원총회에서 선임된다(상562.2). 사원총회란 회사의 조직과 운영에 관한 사항을 결의할 수 있는 사원에 의하여 구성된 필요상설 기관이다. 주식회사의 주주총회의 권한이 상법 또는 정관에 정하는 사항에 한하여 결의할 수 있고 기타 사항은 이사회가 결정하는데 반하여(상361,393), 유한회사는 이사회 없이 사원총회로 일원화되어 있어 법령이나 유한회사의 본질에 반하지 않는 한 회사의 모든 사항에 관하여 결의할 수 있다. 사원총회의 소집시기에 있어 매년 정기적으로 소집되는 **정기총회**(상578 → 365.1)와 필요한 경우에 임시로 소집되는 **임시총회**(상578 → 365.3)가 있다는 점도 주식회사와 동일하다.

2) **소집절차** : 사원총회는 원칙적으로 **이사가 소집**하는데(상571.1), 이사가 수인인 경우에도 이사의 과반수의 결의가 아닌 각 이사가 사원총회를 소집할 수 있다고 본다(상571.1). 다만 소수사원(자본총액의 3/100 이상에 해당하는 출자 좌수를 가진 사원)에게 소집청구권이 인정되며(상572.1,3), 또 감사에게 임시총회 소집권이 인정된다(상571.1). 소수사원에 의한 소집청구권이 인정되는 경우에는 그 요건을 정관에 의하여 상법과 달리 정할 수 있어(상572.2), 주식회사와 다르다. 사원총회의 소집절차는 회일로부터 1주 전에 각 사원에게 서면으로 통지를 발송하여야 하는데, 이 기간은 정관으로 단축할 수 있다(상571.2). 통지서의 기재사항·소집지 등은 주주총회에 관한 규정이 준용되므로(상571.3 → 363.2, 364) 주식회사의 경우와 같다. 위와 같은 소집절차를 밟지 않는 경우에도 총사원의 동의가 있으면 총회를 열 수 있어 **전원출석총회**를 제도적으로 허용하고 있다(상573).

3) **의결권** : 각 사원은 원칙적으로 출자 1좌에 대하여 1개의 의결권을 갖는 1**출좌1의결권**의 지분주의에 따른다(상575 본문). 다만 정관으로 이와 다른 정함을 할 수 있다고 규정하고 있어(상575 단서), 주식회사와 달리 정관의 규정에 의하여 1사원1의결권의 두수주의를 도입하거나 의결권 행사 좌수를 제한하거나 복수의결권을 부여할 수 있지만, 사원의 의결권을 완전히 박탈할 수는 없다고 본다. 의결권의 대리행사, 특별이해관계인의 의결권행사의 제한, 회사의 자기지분의 의결권 휴지 등은 주주총회와 같으나(상578,368.3,4,369.2,371.2), 소수사원권으로서 사원

(주주)제안권(상363의2), 이사의 선임에 있어서 집중투표제도(상382의2), 사원의 주식매수청구권(상374의2), 지분의 상호 보유의 경우에 의결권이 제한(상369.3 참조) 등은 유한회사에는 적용되지 않아 주식회사의 경우와 다르다.

   4) 결의요건 : 의사의 진행과 의사록의 작성은 주주총회와 같다(상578→ 372,373). 결의요건에는 보통결의, 특별결의 및 특수결의가 있다. 보통결의는 정관에 정함이 없으면 총사원의 의결권의 과반수를 가지는 사원이 출석하고, 그 의결권의 과반수로써 한다(상574). 그리고 특별결의는 총사원의 반수 이상이며, 총사원의 의결권의 3/4 이상을 가지는 자의 동의로 한다(상585). 의결권의 수와 관계없이 총사원의 과반수를 요구하는 두수주의를 병용하고 있는 점이 특징적이며, 이는 사원의 개성을 중시하는 유한회사의 특징이 반영된 것으로 볼 수 있다. 특별결의사항으로는 지분의 양도(상556.1), 정관변경(상584, 585), 영업양도 등과 사후설립(상576), 회사의 해산(상609.2), 회사의 계속(상610) 등이 포함된다. 기타 사항을 정관으로 특별결의사항으로 규정하는 것은 무방하나, 법정의 특별결의사항을 보통결의로 할 수는 없다고 본다. 그리고 총사원의 일치에 의한 총회의 결의를 요하는 특수결의사항은 유한회사의 주식회사로의 조직변경(상607.1)과 이사와 감사의 책임면제(상551.3,607.4)이다. 사원총회의 결의의 하자에 관하여는 주주총회 결의하자의 소송에 관한 규정이 준용된다(상578→ 376~381).

   5) 서면결의 : 유한회사는 사원총회의 결의에 갈음하여 서면에 의한 사원의 찬부의 의사표시를 집계하여 의결하는 방법에 의한 서면결의를 허용하여 총회의 결의와 동일한 효력이 인정되고(상577.3), 총회에 관한 규정이 준용된다(상577.4). 즉 총회의 결의사항을 총회소집 없이 서면결의에 총사원이 동의한 경우 서면결의를 할 수 있다(상577.1). 여기서의 서면결의는 특정사항에 관하여 하는 경우에만 인정되며, 총사원의 동의가 있으면 사원은 서면에 의하여 의안에 대한 찬성 또는 반대의 의사표시를 하고 이 의사표시가 결의 정족수를 충족하는 경우에 의안이 확정된다. 총사원의 동의는 의사결정의 형식에 대한 동의이고, 결의내용은 결의사항에 요구되는 결의요건을 갖추어야 한다. 서면결의의 동의는 사전에 포괄적으로 할 수는 없고 구체적인 사항에 대하여 결의를 할 경우에 한하며 동의할 수 있다. 미리 일반적으로 사원총회를 소집하지 아니하고 서면에 의한 결의에 동의하는 것은 허용될 수 없다. 그리고 결의방법에 관하여 사전에 총사원의 동의가 없더라도

결의내용인 의안(일정사항)에 관하여 총사원이 서면에 의하여 동의하면 서면에 의하여 결의가 있는 것으로 본다(상577.2).

(2) 이 사

1) 의 의 : 유한회사의 이사(Geschftsfhrer)는 대내적으로 회사의 업무를 집행하고 대외적으로 회사를 대표하는 유한회사의 필요상설기관이다. 유한회사는 법률상 이사회제도를 두고 있지 않아 유한회사의 이사는 이사회제도를 채택한 주식회사의 이사와 달리 독립된 업무집행기관이다. 이사의 선임은 사원총회의 결의에 의하나(상547.1,567 → 382.1), 예외적으로 회사설립시 정관으로 정할 수 있다(상547.1). 이사와 회사와의 관계는 위임관계이며(상567 → 382.2), 이사는 1인이어도 되지만 자격·임기·원수에도 상법상 제한이 없으며, 또한 이사가 받을 보수는 정관이나 총회의 결의로 정한다(상567 → 388). 판례는 유한회사의 사원총회에서 임용계약의 내용으로 이미 편입된 이사의 보수를 감액하거나 박탈하는 결의를 하더라도, 이러한 사원총회 결의는 결의 자체의 효력과 관계없이 이사의 보수청구권에 아무런 영향을 미치지 못한다(2016다21643).

2) 준용규정 : 유한회사 이사는 주식회사 이사의 해임의 경우와 마찬가지로 사원총회의 특별결의로 해임될 수 있고, 또 일정한 경우에는 소수사원이 이사의 해임의 소권을 갖는다(상567 → 385). 이사의 결원이 있는 경우 등에 관한 조치도 주식회사의 경우와 같다(상567 → 386,407,408). 회사법은 주식회사 이사에 관한 규정(상382), 해임(상385), 이사의 원수를 결한 경우(상386), 이사의 보수(상388), 표현대표이사의 행위와 회사의 책임(상395), 경업금지(상397), 회사에 대한 책임(상399), 회사에 대한 책임의 면제(상400), 제3자에 대한 책임(상401), 직무집행정지, 직무대행자 선임(상407), 직무대행자의 권한(상408) 등의 규정을 대부분 유한회사의 이사에게 준용하고(상567), 이사의 위법행위에 대한 소수사원의 유지청구권(상564의2)도 인정하고 있다.

3) 권 한 : ① 업무집행권 – 이사는 회사의 업무집행기관으로서 정관에 다른 규정이 없는 한 그 과반수로써 업무집행의 의사를 결정하여야 한다(상564.1). 지배인의 선임·해임과 지점의 설치·이전 또는 폐지의 경우에도 같다(상564.1). 다만 사원총회의 소집에 관해서는 개별 이사가 소집권을 가진다(상571.1). 이와 같

이 결의된 사항에 관한 업무집행은 각 이사가 단독으로 한다(단독집행의 원칙). 이사가 자기 또는 제3자의 계산으로 회사와 거래하는 경우(자기거래)에는 감사가 있으면 그 승인을 얻어야 하고, 감사가 없으면 사원총회의 승인결의가 있어야 한다(상564.3). 표현대표이사의 행위에 관하여는 주식회사에 있어서의 표현대표이사의 행위에 대한 책임에 관한 규정이 준용된다(상567,395). 이사의 업무집행과 관련하여 법정된 중요한 직무는 정관·사원총회의 의사록·사원명부 등의 비치(상566.1), 사원총회의 소집(상571.1), 재무제표 등의 작성·비치·공시·제출·보고(상579.1,2,579의2,579의3,583.1,449.1,2) 등이다.

② **대표권** – 이사는 원칙적으로 각자 회사의 대표권이 있다(상562.1). 대표권의 범위(상209) 및 대표이사의 손해배상책임(상210) 등은 합명회사의 대표사원(주식회사의 대표이사)의 것과 같다(상567). 이사가 수 인인 경우에 정관에 다른 정함이 없으면 사원총회에서 회사를 대표할 이사를 선정하여야 한다(상562.2). 이사는 단독대표가 원칙이나, 정관 또는 사원총회의 결의로 수 인의 이사가 공동으로 회사를 대표할 것을 정할 수 있으며(상562.3), 법률관계는 주식회사의 경우와 같다(상562.4 → 208.2). 회사가 이사간의 소에 관해 이사에게는 대표권이 없으며, 사원총회에서 그 소에 관하여 회사를 대표할 자를 선정하여야 하며(상563), 표현대표이사에 관하여는 주식회사의 규정을 준용한다(상567 → 395).

4) 의 무 : 이사와 회사와의 관계는 위임관계이므로(상567 → 382.2), 주식회사의 경우와 같이 이사는 회사에 대하여 일반적인 선관주의의무(민681)를 부담한다. 하지만 주식회사 이사의 충실의무(상382의3)를 준용하고 있지 않지만 경업피지의무(상567 → 397), 자기거래금지의무(상564.3) 등을 부담하므로 실질적으로 유한회사의 이사도 회사와 이익충돌방지의무의 실질을 가지는 충실의무를 가진다고 해석된다. 자기거래는 감사가 있는 때에는 감사의, 감사가 없는 때에는 사원총회의 승인을 받아야 한다(상564.3). 그러나 주식회사의 경우(상382의3)와는 달리 유한회사의 이사에 대하여 충실의무에 관하여는 규정되어 있지 않다. 이사는 이 밖에 정관 등의 비치의무(상566.1), 재무제표의 작성·제출의무(상579,583.1,449.1) 등을 부담한다.

5) 책 임 : 유한회사의 이사는 주식회사의 이사와 같이 회사 및 제3자에 대하여 법령위반 또는 임무해태로 인한 손해배상책임을 진다(상567 → 399~401). 앞

서 본 바와 같이 이사는 자본전보책임(상551.1)과 증자시에 출자의 인수 및 납입 담보책임(상594)을 부담한다. 그리고 조직변경시에 현존하는 순자산액이 조직변경시에 발생하는 주식의 발행가액총액에 부족한 경우에는 이를 연대하여 전보할 책임이 있다(상607.4). 설립시 및 조직변경시에는 사원·감사와 더불어 지는 연대책임이고, 증자시에는 감사와 더불어 지는 연대책임이며, 이사의 이러한 책임은 총사원의 동의에 의하여 면제될 수 있다(상551.3,594.3,607.4). 사원의 이사에 대한 위법행위유지청구권과 대표소송권에 관하여는 상법이 유한회사의 경우에 별도로 규정하고 있으나(상564의2,565), 그 내용은 대체로 주식회사의 주주의 이사에 대한 경우와 같다(상402,403). 다만 유한회사의 경우 위법행위유지청구권을 행사할 수 있는 소수사원권의 비율은 자본의 총액의 3/100 이상에 해당하는 출자좌수를 가진 사원이고(상564의2), 대표소송을 제기할 수 있는 소수사원권의 비율도 자본의 총액의 3/100 이상에 해당하는 출자좌수를 가진 사원이다(상565.1).

(3) 감사 및 검사인

1) **감 사** : 유한회사의 감사는 임의기관으로서, 정관에 규정을 둔 경우에 1인 또는 수 인의 감사를 둘 수 있다(상568.1), 유한회사의 감사는 임의기관성을 제외하고는 주식회사의 경우와 대체로 같다(상570), 정관에서 감사를 두기로 한 경우에 감사의 선임은 이사의 선임방법과 같다(상568.2 547). 그 밖에 감사의 해임의 결의요건(상385.1), 결원의 경우의 조치(상386), 보수(상388), 책임면제(상400), 직무집행정지 및 직무대행자의 선임(상407), 겸임금지(상411), 총회에 대한 재무제표의 조사보고의무(상413), 손해배상책임(상414) 등은 모두 주식회사의 경우와 같다(상570). 그러나 회사성립 후의 감사는 사원총회의 보통결의로 선임한다(상570→382.1). 선임된 감사와 회사의 관계는 위임에 관한 규정을 준용하며(상570→382.2), 임기에는 제한이 없다. 감사는 사원총회의 특별결의로 언제든지 해임할 수 있지만(상570→385.1), 주식회사의 감사의 해임청구(상415→385.2)와 같은 소수사원의 해임청구권은 인정되지 않는다(최기1059). 감사는 그 권한에 있어 언제든지 회사의 업무와 재산상태를 조사할 수 있고 이사에 대하여 영업에 관한 보고를 요구할 수 있다(상569). 그리고 임시사원총회의 소집청구권(상571.1), 설립무효 및 증자무효의 소권(상552,595)이 있고, 이사와 회사간의 거래의 승인(상564.2)을 할 수 있다. 감사의 의무로는 회사성립 후의 출자미필액과 자본증가 후의 미인

수출자 등에 관한 전보책임(상551,594), 법원의 명령에 의한 사원총회의 소집(상582.3), 감사보고서의 이사에 대한 제출(상579.3) 등이 있다.

2) **검사인** : 유한회사의 임시의 감사기관으로 검사인이 있다. 이러한 검사인은 사원총회나 법원에 의하여 선임될 수 있는데, 이는 주식회사의 경우와 같다(상578→367,582). 그러나 회사의 변태설립사항을 조사하기 위하여 검사인이 선임되지 않는 점은 주식회사의 경우와 구별된다.

5. 자본증감과 회계

(1) 의 의

유한회사의 정관의 변경이 사원총회의 특별결의에 의하는 점은(상584, 585) 주식회사의 경우와 유사하지만, 결의요건은 주식회사의 경우보다 가중되어 있고(상585.1) 또 정관에 규정이 없더라도 서면결의의 방법을 이용할 수 있다는 점에서(상577) 주식회사의 경우와 구별된다. 주식회사에 있어서는 수권자본제를 취한 결과, 자본의 변경이 정관변경사항이 아닌 것과 달리 유한회사에서 자본의 총액은 정관의 절대적 기재사항(상543.2 2호)이므로, 자본의 증감은 정관의 변경에 관한 사항이다. 정관변경이 등기사항에 관한 경우에는 변경등기를 하여야 하지만(상549.4→183), 이러한 변경등기는 원칙적으로 정관변경의 효력요건이 아닌 대항요건이다(상37). 그러나 자본증감의 변경등기는 예외적으로 본점소재지에서 변경등기를 함으로써 그 효력이 생기므로(상592) 효력요건이다. 유한회사에 있어서는 자본의 총액 이외에 사원의 성명과 출자좌수도 정관의 기재사항으로 되어 있으므로(상543.2), 정관변경의 한 경우이지만 이 경우에는 당연히 정관변경이 생기고 특별한 정관변경의 절차를 요하지 않는다.

(2) 자본증가

1) **사원총회 특별결의** : 자본증가(증자)란 정관에서 규정하고 있는 자본의 총액이 증가하는 것을 말하는데, 유한회사에서의 증자는 정관변경을 수반한다. 유한회사에서는 사채의 발행이 인정되지 않으므로 회사가 다액의 장기자금을 조달하기 위해서는 자본증가의 방법에 의할 수밖에 없다. 증자의 방법에는 i) 출자좌수의 증가, ii) 출자일좌의 금액의 증가 및 iii) 양자의 병용의 세 가지 방법이 있으나

상법은 출자좌수의 증가에 의한 방법에 대하여만 규정하고 있다. 왜냐하면 출자 1좌의 금액을 증가하여 증자를 하려면 증자결의 외에 각 사원의 동의가 필요하기 때문이다. 각 사원의 책임이 유한책임일 뿐만 아니라(상553) 출자 1좌의 금액이 균일하여야 하기 때문이다(상546.2). 유한회사의 자본은 정관의 절대적 기재사항(상543.2.2호)이므로 증자를 위하여는 **사원총회의 특별결의**에 의한 정관변경이 있어야 한다(상584, 585). 이 결의에서는 정관에 다른 정함이 없더라도 현물출자, 재산인수 및 증자부분의 출자인수권의 부여에 관하여 정할 수 있다(상586). 사후증자도 특별결의에 의하여야 한다(상596 → 576.2).

  2) 출자의 인수 : ① **출자인수권** – 사원은 원칙적으로 증가할 자본에 대하여 그 지분에 따라 출자를 인수할 출자인수권을 갖는다(법정출자인수권)(상588 본문). 그러나 예외적으로 정관변경의 사원총회에서 출자인수권을 부여할 자를 정할 경우(상586.3호) 또는 사원총회의 특별결의로 특정한 제3자에 대하여 출자인수권을 부여할 것을 약속한 경우(상587)에는, 이 범위에서 사원은 출자인수권을 갖지 못한다(상588 단서). 주식회사의 경우에는 주주의 신주인수권을 제한하거나 특정한 제3자에게 신주인수권을 부여함에는 신기술의 도입·재무구조의 개선 등 회사의 경영상 목적을 달성하기 위하여 필요한 경우로서 반드시 이를 정관에 규정하여야 하는 점과 다르다(상418.2,420.5호).
  ② **출자인수 방법** – 서면에 의한 요식행위이므로 출자인수인이 출자인수를 증명하는 서면에 그 인수할 출자좌수와 주소를 기재하고 기명날인 또는 서명하여야 한다(상589.1). 그러나 사원 또는 출자인수권이 부여된 제3자가 출자인수를 하지 않는 경우에는(출자인수권은 사원의 권리이지 의무가 아님) 회사는 다른 출자인수인을 구할 수는 있으나, 광고 기타의 방법에 의하여 출자인수인을 공모하지는 못한다(상589.2). 또 주식회사의 경우와는 달리 신주인수권증서에 해당하는 제도도 없고, 인수에 의하여 사원의 총수가 50인을 초과할 수 없는 제한이 있다(상545.1본문). 유한회사의 증자의 경우에는 정관상 자본의 총액이 이미 변경되어 있으므로, 증자액에 해당하는 출자전좌의 인수가 있어야 한다. 이 점도 주식회사의 신주발행에 있어서는 발행신주의 총수의 인수가 없어도 신주발행의 효력이 있는 점과 다르다.

  3) 출자의 이행과 등기 : 증자액에 해당하는 출자전좌의 인수가 있으면 이사는

설립의 경우와 같이 출자인수인으로 하여금 출자전액의 납입 또는 현물출자의 목적인 재산 전부의 급여를 시켜야 하는데, 이 경우 출자인수인은 회사에 대하여 상계를 주장하지 못한다(상596,548,334). 만일 이때 증자액에 해당하는 출자전좌의 이행이 없으면 주식회사의 경우와는 달리 증자는 효력을 발생하지 않는다. 자본증가로 인한 출자 전액의 납입 또는 현물출자의 이행이 끝나면 회사는 그 이행이 완료된 날로부터 2주 내에 본점소재지에서 증자에 대한 변경등기를 하여야 하는데(상591), 증자는 이와 같은 본점소재지에서의 등기에 의하여 그 효력이 생긴다(상592). 그러므로 출자인수인은 이때부터 사원이 되는데, 다만 이익배당에 관하여는 납입의 기일 또는 현물출자의 목적인 재산의 급여의 기일로부터 사원과 동일한 권리를 갖는다(상590).

　　4) 증자에 관한 책임 : ① **전보책임** – 증자의 경우에 자본충실의 원칙상 상법은 사원에게 변태설립사항(현물출자·재산인수)의 부족재산가격전보책임(상593)을, 이사 및 감사에게 자본충실책임(인수 및 이행담보책임)(상594)을 인정하고 있다. 또한 사후증자의 경우에도 동일한 책임을 인정하고 있다. 현물출자나 재산인수의 목적인 재산의 자본증가 당시의 실가가 증자결의에 의하여 정한 평가액에 현저하게 부족한 때에는 그 증자결의에 동의한 사원은 회사에 대하여 연대하여 그 부족액을 전보할 책임을 진다(상593). 이는 사원유한책임의 원칙에 대한 예외로서 무과실책임이다. 이러한 사원의 책임은 총사원의 동의로도 면제되지 못한다(상593.2 → 550.2,551.2). 이는 설립의 경우의 전보책임(상550)과 같은 취지이지만, i) 책임을 지는 자는 결의에 동의한 사원에 한하고 반대한 자는 포함하지 않으며, 또 ii) 사원 이외의 자가 현물출자를 하여 사원으로 된 경우에 책임을 지지 않으므로 이러한 점이 설립의 경우와는 다르다.

　　② **담보책임** – 자본증가 후(증자등기 후)에 아직 인수되지 아니한 출자가 있는 경우에는 이사와 감사가 공동으로 이를 인수한 것으로 보며(인수담보책임)(상594.1), 아직 출자전액의 납입 또는 현물출자의 목적인 재산의 급여가 없는 경우에는 이사와 감사가 연대하여 그 납입 또는 급여미필재산의 가액을 지급할 책임을 진다(이행담보책임)(상594.2). 이사와 감사의 이 책임은 총사원의 동의로 면제될 수 있다(상594.3 → 551.3). 이는 설립의 경우의 책임에 관한 제551조와 같은 취지이나, 책임을 지는 자가 이사와 감사에 한정되어 있고 일반사원은 제외되고 있는 점이 다르다.

(3) 자본감소와 하자

1) **감자절차** : 유한회사의 자본감소의 방법 및 절차는 주식회사의 경우와 대체로 유사하여(상597), 정관변경에 관한 사원총회의 특별결의(상543.2.2호,584,585.1,597 → 439.1), 채권자보호절차(상597 → 439.2), 출자에 대한 조치(상597 → 443) 및 감자의 변경등기를 하여야 한다. 지분의 소각은 원칙적으로 자본감소의 규정에 의하여야 하나, 정관에 정한 바에 따라 사원에게 배당할 이익으로써 소각하는 경우에는 감자의 규정에 의함을 요하지 아니한다(상560.1 → 343.1). 출자 1좌의 금액의 감소의 경우에는 금액을 5,000원 이상으로 하여야 한다는 것과 감소액이 출자각좌에 대하여 균일하여야 한다는 제한이 있다(상546.2). 이상의 어느 방법에 의하든 자본총액이 1,000원 미만으로 감소할 수는 없다(상546.1). 다만 이때 감자는 등기 전의 감자절차의 종료로써 효력이 생기므로 감자등기는 효력발생요건이 아니고 단순한 대항요건이다. 이는 증자등기가 효력발생요건인 점(상592)과 구별된다.

2) **증자·감자의 무효의 소** : 증자·감자의 무효에 대하여는 주식회사의 신주발행무효의 소 및 감자무효의 소의 규정을 준용하므로 주식회사의 경우와 거의 동일하다(상595.2, 597). 다만 증자무효의 소의 제소기간인 6월을 산정함에 있어서 그 기산점이 주식회사의 경우는 신주를 발행한 날(납입기일의 다음날)인 데(상429) 반하여, 유한회사의 경우는 증자발효일(본점소재지에서 증자등기를 한 날)이다(상595.1).

(4) 회사의 회계

1) **의 의** : 유한회사의 사원도 회사의 채무에 대하여 유한책임을 지기 때문에 회사채권자를 보호하기 위하여는 회사의 계산관계에 대해 구체적인 법의 규제가 필요하다. 유한회사의 계산에 관하여는 주식회사의 계산에 관한 규정을 많이 준용하고 있으나(상583), 유한회사는 비공개적인 회사이므로 대차대조표의 공고를 하지 않아도 된다. 그밖에 소수사원이 회계의 장부와 서류의 열람 또는 등사를 청구할 수 있는 권리를 갖는 점(상581.1)은 주식회사의 경우와 같다(상466). 회계장부열람권은 원칙적으로 소수사원권이나(상581.1,583.1 → 466) 정관으로 단독주주권으로 할 수 있으며, 이 경우에는 주식회사와는 달리 재무제표부속명세서의 작성·비치를 요하지 않는다(상581.2). 또한 법정준비금제도는 있으나 준비금의 자본전입에 관한 규정(상461)은 준용되지 않는다. 또한 대차대조표의 공고(상449.3)

도 유한회사의 폐쇄성·비공개성에 따라 요구되지 않는다. 유한회사가 사원의 권리행사와 관련한 이익공여금지의 규정을 두고 있지 않은 점은 주식회사의 경우(상467의2)와 구별되나, 회사피용자의 우선변제권을 인정한 점은 주식회사의 경우와 동일하다(상583.2 → 468).

2) **재무제표** : 재무제표의 작성(상579), 영업보고서의 작성(상579의2), 이들의 사원총회에 의한 제출·승인(상583.1 → 449.1,2,450), 자산의 평가방법(상583.1 → 452), 재무제표부속명세서의 작성 등은 주식회사의 경우와 유사하다. 따라서 대차대조표에는 주식회사의 경우와 같이 창업비·개업비 및 연구개발비를 이연자산으로 계상하여 매결산기에 상각하여야 하고(상583.1 → 453,453의2,457의2), 법정준비금(이익준비금 및 자본준비금)을 적립하여야 하고 이를 자본의 결원전보에만 충당할 수 있다(상583.1 → 458~460). 그러나 준비금의 자본전입은 주식회사의 경우와 달리 인정되지 않는다(상461 참조). 재무제표·영업보고서 및 감사보고서는 정기총회 회일의 1주 전부터 5년간 회사의 본점에 비치하여야 한다(상579의3.1). 사원과 회사채권자는 영업시간 내에 언제든지 위 서류의 열람을 청구할 수 있으며, 회사가 정한 소정의 비용을 지급하고 그 등본이나 초본의 교부를 청구할 수 있는데(상579의3.2 → 448.2), 이는 주식회사의 경우와 대체로 같다(상448). 그러나 대차대조표의 공고제도가 없는 점은 주식회사의 경우와 다르다(상449.3).

3) **이익의 배당** : 이익배당의 요건은 주식회사의 경우와 같다(상583.1 → 462). 이익배당의 기준에 있어서도 원칙적으로 각 사원의 출좌수에 따라야 하는 점은 주식회사의 경우와 같지만, 정관으로 그 예외를 규정할 수 있는 점은 주식회사와 다르다(상580). 중간배당은 인정되지만(상583 → 462의3) 건설이자의 배당(상463)에 관한 규정은 준용되지 않으며, 주식회사 특유의 주식배당제도(상462의2)도 없다. 사원총회의 계산서류승인에 의한 배당금의 확정과 배당에 관한 결의가 없는 경우에는 사원의 회사에 대한 이익배당금청구가 인정되지 않는다.

6. 법인격의 변경

(1) 합 병

1) 요 건 : 유한회사는 어떤 회사와도 합병을 할 수 있다(상174.1). 그런데 유한회사가 **인적회사와 합병**을 하거나 또는 유한회사 상호간에 합병을 하는 경우에는 합병 후 존속하는 회사 또는 합병으로 인하여 설립되는 회사는 유한회사이어야 한다(상174.2). 유한회사와 주식회사가 합병을 하는 경우에 합병 후 존속하는 회사 또는 합병으로 인하여 설립되는 회사가 주식회사이면 **법원의 인가**를 얻어야 하고(상600.1), 유한회사이면 **사채의 상환**이 완료되어야 한다(상600.2). 신설합병의 경우에 주식회사의 설립에 관한 규정, 흡수합병의 경우에 현물출자에 관한 규정의 탈법을 막기 위해 법원의 인가를 요건으로 하였고, 유한회사에 있어서는 사채의 발행이 인정되지 않기 때문에 사채상환을 요건으로 정하고 있다. 유한회사가 다른 회사와 합병을 함에는 **사원총회의 특별결의**가 있어야 한다(상598). 신설합병의 경우에는 당사회사인 유한회사는 사원총회의 특별결의에 의하여 설립위원을 선임하여야 하는데(상599), 이러한 설립위원이 정관작성 기타 설립에 관한 행위를 한다(상175.1).

2) 효 과 : 유한회사가 주식회사와 합병하는 경우에 합병 후의 존속회사 또는 신설회사가 유한회사인 경우에는 소멸한 주식회사의 주식 위에 있는 질권은 그 유한회사의 지분에 물상대위 하지만, 유한회사의 지분에는 약식질의 방법이 없으므로 사원명부에 **질권의 등록**을 하여야 회사 기타 제3자에게 대항을 할 수 있다(상601). 그 밖에 합병의 절차, 합병계약서의 작성, 합병계약서 등의 공시, 합병의 효력, 합병의 등기 등에 관하여는 앞에서 이미 설명한 합병에 대한 일반적인 경우와 같다(상602,603). 따라서 채권자의 이의(상232), 합병의 효력발생(상234) 및 효과(상235), 합병무효의 등기와 무효판결확정 및 회사의 권리·의무 등의 귀속(상237~240), 단주의 처리(상443), 합병계약서와 그 승인결의(상522.1,2), 합병대차대조표의 공시(상522의2), 합병계약서(상523,524), 흡수합병의 보고총회(상526.1,2), 신설합병의 창립총회(상527.1~3), 합병무효의 소(상529) 등의 규정을 준용한다(상603). 다만 유한회사의 경우에는 합병에 대한 일반적인 이사회의 공고로써 흡수합병의 보고총회나 신설합병의 창립총회에 갈음할 수 있는 제도는 없다(상526.3,527.4와 비교).

(2) 조직변경

1) **의 의** : 유한회사는 주식회사로만 조직변경을 할 수 있고 주식회사는 유한회사나 유한책임회사로 조직변경을 할 수 있다(상604,287의43.1). 유한회사와 주식회사간의 조직변경을 위해서는 사원·주주총회의 총사원·주주의 동의에 의한 결의가 요구된다(상607.1). 다만 유한회사가 주식회사로 조직변경할 경우 정관의 정함에 따라 유한회사의 특별결의로 할 수도 있다(상607.1. 단서). 물적회사간의 조직변경만 허용되고 유한책임회사도 물적회사의 성질을 가지고 있지만, 유한책임회사는 주식회사로의 조직변경만 허용되고(상287의43.2) 유한회사간의 조직변경은 허용되지 않는 것으로 본다(상287의43.1). 유한회사는 둘 다 물적회사이지만 유한회사는 사원간의 인적 신뢰관계를 기초로 하여 상대적 폐쇄성을 가지는데 반해 주식회사는 순수한 자본단체이므로 조직변경의 요건을 엄격하게 총사원·주주의 동의를 요하게 하였다고 볼 수 있다.

2) **요 건** : 조직변경의 사원·주주총회의 결의에서는 정관 기타 조직변경에 필요한 사항을 정하여야 한다(상604.3,607.5 → 604.3). 주식회사로의 조직변경시 **조직변경사항**은 유한회사의 사원에 대한 주식배정의 비율·주식종류·단주처리, 주식회사의 이사·감사선임, 발행되는 주식의 발행사항 등이고, 유한회사로의 조직변경시에는 주주에 대한 유한회사 지분배정비율, 이사·감사선임 등이 될 것이다. 유한회사를 주식회사로 조직을 변경함에는 **법원의 인가**를 얻어야만 그 효력이 생기는데(상607.3), 주식회사를 유한회사로 조직변경 하는 경우에는 그러하지 아니하다. 이는 주식회사로 잔류하는 합병의 경우 법원의 인가가 요구되는 것과 동일하게 주식회사 설립절차의 탈법을 방지하고자 하는 취지이다. 조직변경에는 채권자보호절차를 밟아야 하고(상608,232), 유한회사를 주식회사로 그 조직을 변경할 때에는 본점소재지에서 2주, 지점소재지에서 3주 내에 유한회사는 해산등기, 주식회사는 설립등기를 하여야 한다(상606,607 → 606).

3) **효 과** : 조직변경의 절차에 중대한 하자가 있는 때에는 주식회사의 설립무효의 소에 관한 규정(상328)을 준용하여 조직변경 후의 회사의 주주·이사 또는 감사는 조직변경무효의 소를 제기할 수 있다고 본다. 조직변경시의 자본충실을 위하여 조직변경시에 발행하는 주식의 발행가액총액은 회사에 현존하는 순재산액을 초과하지 못하도록 하고 있으며(상607.2), 만일 이를 초과하면 그 초과액에 대

하여 결의 당시의 이사·감사와 사원이 연대하여 회사에 대하여 그 부족액을 전보할 책임을 진다(상607.4). 이 경우 사원의 책임은 절대적으로 면제하지 못하지만 이사와 감사의 책임은 총사원의 동의로 면제할 수 있다(상607.4,550.2,551.2,3). 조직변경 전의 유한회사의 지분상의 질권자는 주권교부청구권 및 물상대위에 의하여 보호된다(상607.5 → 340.3,601.1). 질권자는 회사에 대하여 주권의 교부를 청구할 수 있다(상607.5 → 340.3).

(3) 해 산

유한회사의 **해산사유**는 i) 존립기간의 만료 기타 정관으로 정한 사유의 발생, ii) 사원총회의 결의(특별결의), iii) 합병, iv) 파산, v) 법원의 해산명령 또는 해산판결이다(상609). 다만 존립기간의 만료 기타 정관으로 정한 사유의 발생 혹은 사원총회의 결의에 의한 경우에는 사원총회의 특별결의에 의하여 **회사계속**이 가능하다(상610.1). 이와 같이 회사를 계속하는 경우에는 해산등기 후에도 계속이 가능한데, 다만 해산등기 후에는 일정한 기간 내에 회사의 계속등기를 하여야 한다(상611 → 229.3). 주식회사와 마찬가지로 1인회사가 인정되므로 사원이 1인으로 된 때에도 해산사유가 되지 않고, **1인유한회사**가 인정된다(상609.1.1호). 그러나 회사의 분할 또는 분할합병은 유한회사에는 적용되지 않는 제도이므로 동 사유로 인한 해산은 인정되지 않으며, 주주총회의 특별결의가 아닌 사원총회의 특별결의로 해산할 수 있다(상609.2).

(4) 청 산

유한회사의 청산은 주식회사의 경우와 같이 언제나 **법정청산**이다. 따라서 유한회사의 청산절차는 주식회사의 경우와 거의 동일하다(상613). 유한회사의 청산인은 주식회사의 경우와 같이 청산인회와 대표청산인으로 분화되지 않는다. 따라서 각 **청산인**이 청산사무의 집행권과 대표권을 갖는데, 이 점은 해산 전의 유한회사의 이사와 같다. 또 잔여재산분배의 기준이 원칙적으로 각 사원의 출자좌수에 따르는 점은 주식회사의 경우와 같으나, 예외적으로 정관의 규정에 의하여 이와 달리 정할 수 있는 점은 유한회사의 상대적 폐쇄성을 반영한 것으로 주식회사의 경우와 다르다(상612). 정관으로 다른 기준을 정할 경우 이익배당과 잔여재산분배의 기준을 같이 해야 하는 것은 아니다.

제 5 장   외국회사

1. 의   의

상법 제6장에서 외국회사에 관해 8개의 조문을 두고 있으나, 외국회사의 개념에 관한 정의규정은 없다. 따라서 외국회사란 무엇인가에 대해 학설이 대립하며, 국제사법의 이론대로 주소지법주의·설립준거주의·설립지주의·사원의 국적주의 등의 여러 견해가 있으나, 통설은 **설립준거주의**를 따른다. 이에 따르면 외국회사(foreign company; auslndische Gesellschaft)란 외국법에 준거하여 설립된 회사를 말한다(설립준거법주의). 그러나 상법은 실질적인 국내회사가 국내법의 회피를 위해 외국법에 따라 설립된 외국회사라 하더라도 한국 내에 본점을 설치하거나 한국에서 영업할 것을 주된 목적으로 하는 한, 한국에서 설립된 회사와 동일한 규정에 의하여 국가의 감독을 받도록 하고 있다(상617). 외국회사는 영리단체이어야 하지만 반드시 법인격이 있어야 하는 것은 아니고 내국회사와 같은 실체를 갖추고 있으면 된다. 그러므로 법인격이 없는 독일의 합명회사나 합자회사 또는 영국의 합명회사(partnership)도 외국회사로 인정된다.

2. 외국회사의 권리능력

1) **원   칙** : 외국회사의 권리능력의 유무(법인격존재의 유무)는 그 설립준거주의(속인법)에 의하여 결정될 문제이다. 그런데 그 설립준거법에 의하여 일반적 권리능력이 인정된 외국회사가 우리나라에서 어떠한 범위 내의 개별적 권리능력을 가질 수 있는가는 우리 법상 결정될 문제이다. 이에 상법은 외국회사는 다른 법률(공사법·조약을 포함함)의 적용에 있어서는 법률에 다른 규정이 있는 경우 외에는 대한민국에서 성립된 동종 또는 가장 유사한 회사로 본다(상621)라고 규정하고 있다. 이는 자연인에 관하여 평등주의를 취하고 있는 것과 같이 외국회사에 대하여도 내국회사와 동일하게 그 권리능력을 인정한 것이다. 국제사법에서도 대한민국에 주된 사무소가 있거나 대한민국에서 주된 사업을 하는 외국회사는 내국회사와 동일한 행위능력이 인정된다(국제16).

2) **문제점** : 외국법을 준거법으로 설립된 회사는 외국회사가 되고 외국회사에 대해서는 외국법에 따른 권리능력이 인정되지만 우리법상 가장 유사한 회사로 간주한다. 그런데 외국법의 권리능력범위와 우리법상 권리능력의 범위에 차이가 있을 경우 어떻게 해석하여야 하는가? 예를 들어 우리법상 회사는 다른 회사의 무한책임사원이 되지 못하는데(상173), 일본 회사의 경우 다른 회사의 무한책임사원이 될 수 있다(일상55폐기). 특정 일본 주식회사(B)가 우리나라 회사(A)의 무한책임사원으로 선임된다면 그 선임행위는 유효한가가 문제된다. 이 경우 일본 회사(B)는 우리법상 주식회사로 간주되게 되고(상621) (주식)회사는 다른 회사의 무한책임사원이 될 수 없으므로 회사의 권리능력 범위를 벗어나므로 선임행위는 무효한 행위가 될 것이다. 이렇게 해석할 경우 무한책임사원인 B회사가 A회사의 무한책임사원으로서 업무집행을 계속하고 있었다면 권한은 행사하고 책임은 부담하지 않는 결과가 될 수도 있다. 따라서 권리능력을 인정하였다면 그에 따른 책임도 부담하도록 해석하기 위해서는 상법 제621조의 해석을 제한할 필요가 있다고 본다.

3. 외국회사에 대한 특칙

1) **등기의무** : 외국회사가 대한민국에서 영업을 하고자 하는 때에는 대한민국에서의 대표자를 정하고 영업소를 설치하여야 하는데, 이 경우에는 그 영업소의 설치에 관하여 한국 내에서 설립되는 동종의 회사 또는 가장 유사한 회사의 지점과 동일한 등기를 하여야 한다(상614.1,2,비송228~231). 등기신청자는 회사의 대표자이다(영업의 폐지등기와 변경등기의 경우도 같다)(비송274.1). 외국회사의 영업소의 등기에서는 회사설립의 준거법과 한국 내에서의 대표자의 성명과 그 주소를 등기하여야 한다(상614.3,비송229). 이러한 등기사항이 외국에서 생긴 때에는 그 등기기간의 기산점은 그 통지가 도달한 날이다(상615). 외국회사의 한국에서의 대표자는 주식회사의 대표이사(합명회사의 대표사원)와 동일한 권한을 가지며 외국회사도 불법행위능력을 갖는다(상614.4 → 209,210). 외국회사가 그 영업소의 소재지에서 일정한 사항을 등기하기 전에는 **계속적 거래**를 하지 못한다(상616.1). 이에 위반하여 거래를 한 자는 그 거래에 대하여 회사와 연대하여 책임을 지고(상616.2), 그 회사는 등록세의 배액에 상당한 과태료의 제재를 받는다(상636.2). 이는 국내거래의 안전을 기하기 위한 것이다.

 2) **주권·채권의 발행과 유통** : 외국회사가 한국 내에서 그 회사의 주권 또는 채권의 발행, 주식의 이전·입질과 사채의 이전 등에 관하여는, 그 유통시장이 한국이고 이의 관계자의 이익을 보호하기 위하여 상법의 주식 및 사채의 해당 규정 (상335~338,340.1,355~357,478.1,480)을 많이 준용하고 있다(상618). 이 경우에는 처음 대한민국에 설치한 영업소를 본점으로 본다(상618.2).

 3) **법원의 폐쇄명령** : 외국회사는 외국법에 의하여 그 법인격이 인정되므로 우리 상법에 의한 해산명령을 하여 법인격을 박탈할 수는 없다. 따라서 외국회사에 대하여는 회사의 해산명령(상176)에 갈음하여 **영업소폐쇄명령**의 제도를 두고 있는데(상619), 그 요건은 대체로 해산명령의 그것과 유사하지만, 정당한 사유 없는 지급정지(상619.1.2호후단) 및 대표자 등의 행위가 선량한 풍속 기타 사회질서에 위반한 행위도 포함되어 있는 점(상619.1.3호)에서는 해산명령보다 가중되어 있으나, 정관위반의 경우가 제외된 점(상176.1.3호)에서는 해산명령보다 완화되어 있다. **폐쇄사유**로는 i) 설치목적이 불법한 것인 때, ii) 영업소의 설치등기를 한 후 정당한 사유 없이 1년 내에 영업을 개시하지 아니하거나, 1년 이상 영업을 정지한 때 또는 정당한 사유 없이 지급을 정지한 때, iii) 회사의 대표자 기타 업무집행자가 법령 또는 선량한 풍속 기타 사회질서에 위반한 때 등이 있다(상619.1). 법원은 폐쇄명령 전이라도 영업소재산의 보전에 필요한 처분을 할 수 있으며(상619.2, 176.2), 외국회사가 이해관계인의 폐쇄명령청구가 악의임을 소명하여 청구한 때에는 이해관계인에게 담보의 제공을 명령할 수 있다(상619.2 → 176.3,4).

 4) **청산개시의 명령** : 위와 같은 법원의 폐쇄명령이 있는 경우에는 법원은 이해관계인의 신청이나 직권으로 한국에 있는 그 회사재산의 전부에 대하여 청산개시를 명할 수 있고, 이 경우 청산인을 선임하여야 한다(상620.1). 이는 한국에 있어서의 이해관계인을 보호하기 위한 것으로, 이러한 법원의 청산개시명령에 관한 규정은 외국회사가 스스로 영업소를 폐쇄한 경우에도 준용된다(상620.3). 외국회사 영업소에 대한 법원의 청산개시명령에 의한 청산절차에는 주식회사의 청산에 관한 규정이 그 성질이 허용하는 한 준용된다(상620.2 → 535~537,542).

제 6 장 벌 칙

1. 의 의

(1) 개 요

시장경제는 회사 특히 주식회사에 의해 선도되고 있어 주식회사는 오늘날 경제생활에서는 없어서는 안 될 중요한 지위를 차지하고 있다. 유한책임의 원리와 주식양도자유의 원칙이라는 양대 원리로 무장한 주식회사법제는 물론 기타 회사 법제에서도 회사제도의 남용의 위험성이 지적되고 있다. 회사활동의 원활이라는 이념을 가진 회사법제는 사법적 규정으로 주로 구성되어 있지만, 회사제도의 병리적 현상을 막기 위해서는 일종의 공법적 조항도 규정하지 않을 수 없다. 회사범죄를 처벌하는 것은 일면 자유로운 기업활동을 규제하는 것으로 생각될 수 있으나, 이는 타면 성실하게 영리활동을 수행하는 수많은 회사에는 건전한 상거래질서 유지를 위해 필요한 규제라 할 수 있다.

상법 회사편 제7장 벌칙에서 규정하고 있는 회사범죄에 대한 벌칙은 크게 형벌(징역·벌금·몰수 등)과 행정벌(과태료)이 있는데, 전자는 형사소송법에 의하여 부과되고 후자는 비송사건절차법(비송247~250)에 의하여 처리된다. 상법의 벌칙 규정은 주식회사를 중심으로 한 것이므로, 유한회사에서는 가벌행위의 종류도 제한되고 제재의 내용도 경감되어 있으며, 인적회사에서는 행정벌의 규정이 있는데 그친다. 법인의 불법행의의 특칙으로는 상법 제622조(발기인 기타 임원), 제623조(사채권자집회의 대표자), 제625조(검사인), 제627조(외국회사의 대표자, 주식·사채모집의 위탁을 받은 자 등), 제628조(납입가장죄를 범한 자 등) 또는 제630조 1항(독직죄를 범한 자)에 게기한 자가 법인인 때에는 본장의 벌칙은 그 행위를 한 이사·감사·기타 업무를 집행한 사원 또는 지배인에게 적용한다(상637).

(2) 제재의 종류

회사범죄에 대한 **형벌**은 자유형인 징역과 재산형인 벌금(상622 등) 및 부가형인 몰수·추징(상633)이 있다. 징역의 최고한은 10년, 벌금의 최고한은 3,000만원이다(상622.1). 일정한 범죄에 대하여는 징역과 벌금을 병과할 수 있다(상632). 회사범죄에 대한 **행정벌**은 과태료인데 그 액의 최고한은 원칙적으로 500만원이지만(상635), 예외적으로 등록세액의 배액으로 하는 경우도 있다(상636). 회사범죄에 대하여 형벌을 과할 때에는 과태료에 처하지 아니한다(상635.1단서).

2. 위법행위

(1) 특별배임행위

1) **주 체** : 상법상 특별배임죄는 회사의 발기인·업무집행사원·이사·감사 또는 그 직무대행자·지배인, 부분적 포괄대리권을 가진 상업사용인이 그 임무에 위반한 행위로써 재산상의 이익을 취득하거나 제3자로 하여금 이를 취득하게 하여 회사에 손해를 가한 경우에 성립하는데, 이는 형법상의 배임죄(형355.2)에 대한 특별규정이다. 회사의 청산인, 직무대행자(상542.2)와 설립위원(상175)의 경우도 같다(상622.2). 특별배임죄의 주체는 상법상 회사의 적법한 이사나 대표이사의 지위에 있는 자에 한하고, 주주총회나 이사회가 적법히 개최된 바도 없으면서 마치 결의한 사실이 있는 것처럼 결의록을 만들고 그에 기하여 이사나 대표이사의 선임등기를 마친 경우, 그 결의는 부존재한 결의로서 효력을 발생할 수 없고 따라서 그와 같은 자는 회사의 이사나 대표이사의 지위에 있는 자라고 인정할 수 없어 위 특별배임죄의 주체가 될 수 없다(85도218).

2) **배임행위** : 특별배임행위가 성립하려면 임무위배, 이익의 취득 및 회사의 손해발생에 대한 범의가 있어야 하며(79도2810), 특별배임행위의 내용은 배임의 인식이 있는 이상 작위이든 부작위이든, 법률행위이든 사실행위이든 무방하다. 배임행위는 사무의 내용, 성질 등 구체적 상황에 비추어 법률의 규정, 계약의 내용 혹은 신의칙상 당연히 할 것으로 기대되는 행위를 하지 않거나 당연히 하지 않아야 할 것으로 기대되는 행위를 함으로써 본인과 사이의 신임관계를 저버리는 행위를 말한다(96도2287). 특별배임죄는 회사에 현실로 손해가 발생한 경우에 기수가 되는데, 이 범죄는 미수도 처벌된다(상624). 일단 회사에 대하여 재산상 손해의 위험을 발생시킨 이상 사후에 피해가 회복되었다고 하더라도 특별배임죄의 성립에 영향을 주지 못한다(97도183).

3) **형 벌** : 특별배임죄에 대한 형벌은 회사범죄 중 가장 무거운 10년 이하의 징역 또는 3,000만원 이하의 벌금인데, 이를 병과할 수도 있다(상622,632). 다만 사채권자집회의 대표자 또는 그 결의 집행자는 7년 이하의 징역 또는 2,000만원 이하의 벌금으로 경감되어 있다(상623,632). 죄의 주체가 법인인 때에는 특별배임죄에 관한 규정은 그 행위를 한 이사·감사·기타 업무를 집행한 사원 또는 지배인에게 적용한다(상637).

(2) 회사재산을 위태롭게 하는 행위

1) **주 체** : 회사의 발기인·업무집행사원·이사·감사위원회위원·감사 또는 직무대행자·지배인, 회사의 영업에 관한 어느 종류 또는 특정한 사항의 위임을 받은 사용인·검사인·공증인·감정인이 본 죄의 주체가 된다(상625 본문). 이 경우에 죄의 주체가 법인인 때에는 회사재산을 위태롭게 하는 죄에 관한 규정은 그 행위를 한 이사·감사 기타 업무를 집행한 사원 또는 지배인에게 적용한다(상637). 위와 같은 회사재산을 위태롭게 하는 범죄에 대한 형은 5년 이하의 징역 또는 1,500만원 이하의 벌금인데(상625), 이를 병과할 수 있다(상632).

2) **위반행위** : 물적회사에서 회사의 재산적 기초를 위태롭게 하는 죄는 전형적인 회사범죄로서, i) 주식 또는 출자의 인수나, 납입, 현물출자의 이행, 변태설립사항(상290,416.4호,544)에 관하여 법원·총회 또는 발기인에게 부실한 보고를 하거나 사실을 은폐한 때(상625.1호), ii) 명의의 여하를 불문하고 회사의 계산으로 부정하게 그 주식 또는 지분을 취득하거나 질권의 목적으로 이를 받은 때(2호), iii) 법령 또는 정관에 위반하여 이익이나 이자의 배당을 한 때(3호), iv) 회사의 영업범위 외에서 투기행위를 하기 위하여 회사재산을 처분한 때(4호) 성립한다. 판례는 **자기주식취득행위**를 처벌하는 가장 중요한 이유는 자사주를 유상취득하는 것은 실질적으로는 주주에 대한 출자의 환급이라는 결과를 가져와 자본충실의 원칙에 반하고 회사재산을 위태롭게 한다는 데 있고, 사법상의 위법과 형법상의 위법은 반드시 일치하는 것은 아니므로 외형적으로는 사법상 금지되는 자기주식취득의 경우라도 자기주식취득의 위법상태가 바로 해소되는 것을 예정하고 취득한 때와 같이 회사재산에 대한 추상적 위험이 없다고 생각되는 경우 형법상으로는 실질적 위법성이 없으므로 '부정하게' 주식을 취득한 경우에 해당하지 않아 자기주

식취득금지위반죄로 처벌할 수 없으나, 그러한 경우에 해당하지 않는 사법상 금지되는 자기주식취득은 본 죄로 처벌할 수 있다고 보았다(92도616).

(3) 납입가장행위

회사의 발기인·업무집행사원·이사·감사위원회 위원·감사·직무대행자·지배인·수임사용인(상662.1) 등이 본 죄의 주체가 된다(상628.1). 통모가장납입 또는 가장납입을 말하는데(상628), 현물출자의 이행이 있는 것처럼 가장하는 불법행위도 이에 포함된다. 그리고 이러한 행위에 응하거나 이를 중개한 자도 동일하다(상628.2). 이러한 행위를 한 자는 5년 이하의 징역 또는 1,500만원 이하의 벌금에 처하고(상628.1), 병과할 수도 있다(상632). 그러나 이 경우 납입가장죄의 성립과는 별도로 위장납입은 주식납입으로 유효하다. 판례는 납입가장죄는 회사의 자본의 충실을 기하려는 법의 취지를 해치는 행위를 단속하려는 것이므로, 주식회사의 설립을 위하여 은행에 납입하였던 주식인수가액을 그 설립등기가 이루어진 후 바로 인출하였다 하더라도 그 인출금을 주식납입금 상당에 해당하는 자산을 양수하는 대금으로 사용한 경우에는 납입가장죄가 성립하지 아니한다고 보았다(2000도5418). 그리고 가장납입의 방법으로 납입 후 주금납입보관증을 교부받아 회사설립요건을 갖춘 듯이 등기신청을 하여 상업등기부의 원본에 그 기재를 하게 한 다음 그 예치한 돈을 바로 인출하였다면 이를 회사를 위하여 사용하였다는 등 특별한 사정이 없는 한 납입가장죄가 성립되는 한편 공정증서원본부실기재와 동행사죄가 성립된다고 본다(85도2297).

(4) 증·수뢰행위

1) 임원의 독직행위 : 이는 회사의 발기인, 업무집행사원, 이사, 감사 또는 그 직무대행자, 지배인, 부분적 포괄대리권을 가진 상업사용인, 사채권자집회의 대표자 또는 그 결의집행자, 검사인, 공증인 및 감정인이 그 직무에 관하여 부정한 청탁을 받고 재산상의 이익을 수수·요구 또는 약속하는 행위이다(상630.1). 이러한 행위를 하는 자는 5년 이하의 징역 또는 1,500만원 이하의 벌금에 처하며(상630.1), 병과할 수도 있다(상632). 이 행위의 상대방으로서 이익을 약속·공여 또는 공여의 의사를 표시한 자도 동일한 처벌을 받는다(상630.2). 이 경우에 죄의 주체가 법인인 때에는 이 규정은 그 행위를 한 이사, 감사 기타 업무를 집행한 사원 또는 지배인에 적용한다(상637).

2) **권리행사방해 등에 관한 증수뢰행위** : 이는 주주(사원) 또는 사채권자 등이 그의 권리행사와 관련하여 부정한 청탁을 받고 재산상의 이익을 수수, 요구 또는 약속하는 행위이다(총회꾼에 의한 행위가 대표적인 예이다). 이러한 자의 행위에는 i) 창립총회·주주총회·사원총회·사채권자집회에 있어서의 발언 또는 의결권의 행사에 관한 부정행위, ii) 회사법상의 소의 제기·소수주주권(소수사원권)의 행사나 소수사채권자의 권리행사에 관한 부정행위, iii) 이사의 위법행위유지청구권 또는 신주발행유지청구권의 행사에 관한 부정행위이다. 이러한 행위를 한 자는 1년 이하의 징역 또는 300만원 이하의 벌금에 처하며(상631.1), 병과할 수도 있다(상632). 이 행위의 상대방으로서 이익을 약속·공여 또는 공여의 의사를 표시한 자도 동일한 처벌을 받는다(상631.2). 위 증수뢰행위의 경우 범인이 수수한 이익은 이를 몰수하며, 그 전부 또는 일부를 몰수하기 불가능한 때에는 그 가액을 추징한다(상633). 또한 (1)과 (2)의 경우에 부정한 청탁의 의미는 뚜렷이 법령에 위반한 행위 외에도 회사의 사무처리규칙에 위반한 것 중 중요한 사항에 위반한 행위를 포함하는데, 단순한 감독청의 행정지시나 사회상규에 반하는 것이라고 하여 부정한 청탁이라고 할 수는 없다.

(5) 기타 행위

1) **자회사의 모회사주식 취득·부실보고죄** : 회사의 발기인·업무집행사원·이사·감사위원회 위원·감사 또는 직무대행자·지배인, 회사의 영업에 관한 어느 종류 또는 특정한 사항의 위임을 받은 사용인·검사인·공증인·감정인이 본 죄의 주체가 된다(상625의2). 상법 제342조의2 1항 및 동조 2항의 규정을 위반하여 자회사가 모회사의 주식을 위법하게 취득하였거나 적법하게 취득한 주식이라도 그 주식을 취득한 날로부터 6월 이내에 모회사의 주식을 처분하지 않은 때에는 2,000만원 이하의 벌금에 처한다(상625의2). 자유형이 없는 대신 무거운 벌금형을 과하고 있다. 회사의 이사·감사위원회 위원·감사 등이 조직변경시 순재산액에 관하여 법원 또는 총회에 부실한 보고를 하거나 사실을 은폐한 때에는 5년 이하의 징역 또는 1,500만원 이하의 벌금에 처한다(상626).

2) **주식·사채모집·출자에 관한 부실문서행사** : 주식회사의 발기인·이사·감사 또는 그 직무대행자·지배인·부분적 포괄대리권을 가진 상업사용인, 외국회사의 대표자, 주식 또는 사채의 모집수탁자 및 매출인이 주식 또는 사채의 모집이나 매

출을 함에 있어 중요한 사항에 관하여 부실한 기재가 있는 문서(주식청약서·사채
청약서·사업계획서·모집광고 등)를 행사하는 행위이다(상627). 중요한 사항이란
일정한 사항의 기재가 허위라는 것이 주식청약당시에 청약인에게 판명되었더라면
청약을 하지 않았을 것이라고 인정되고 또 일반인도 마찬가지로 청약을 하지 않
을 것이라는 관계에 있는지 여부에 따라 결정할 것이다. 이 경우에 죄의 주체가
법인인 때에는 부실문서행사죄에 관한 규정은 그 행위를 한 이사·감사 기타 업무
를 집행한 사원 또는 지배인에게 적용한다(상637). 이는 주식회사가 직접 자금을
모집함에 있어 과대선전을 방지하기 위한 것으로, 이에 위반하면 5년 이하의 징역
또는 1,500만원 이하의 벌금에 처하는데(상627.1), 병과할 수도 있다(상632).

3) **주식의 초과발행행위** : 주식회사의 발기인·이사 또는 그 직무대행자가 정관
소정의 발행예정주식총수(수권주식총수)를 초과하여 주식을 발행한 경우에는 5년
이하의 징역 또는 1,500만원 이하의 벌금에 처하며(상629), 병과할 수도 있다(상
632). 이것은 수권자본제의 도입에 의하여 신주발행의 권한이 이사회에 있으므로
그 남용을 방지하기 위하여 신설한 것이다.

4) **납입책임면탈행위** : 납입의 책임을 면하기 위하여 타인 또는 가설인의 명의
로 주식 또는 출자를 인수하는 행위인데, 이러한 행위를 한 자는 1년 이하의 징역
또는 300만원 이하의 벌금에 처한다(상634).

5) **주주의 권리행사에 관한 이익공여행위** : 주식회사의 이사, 감사 또는 그 직무
대행자, 지배인 기타의 사용인이 주주의 권리행사와 관련하여 회사의 계산으로
재산상의 이익을 공여하는 행위인데, 이러한 자는 1년 이하의 징역 또는 300만원
이하의 벌금에 처한다(상634의2.1). 이러한 이익을 수수한 자, 제3자에게 이를 공
여하게 한 자도 같다(상634의2.2).

6) **주요주주 등 이해관계자와의 거래 위반의 죄** : 상장회사는 주요주주 및 그의
특수관계인(상령13.4참조), 이사, 사실상의 이사(상401의2.1), 감사 등을 상대방으
로 하거나 그를 위하여 신용공여를 하여서는 안된다(상542의9.1). 이에 위반하여
신용공여를 한 자는 5년 이하의 징역 또는 2억원 이하의 벌금에 처한다(상624의
2). 그리고 상법은 회사의 대표자나 대리인, 사용인, 그 밖의 종업원이 그 회사의

업무에 관하여 주요주주 등 이해관계자와의 거래 위반의 죄(상624의2)의 위반행위를 하면, 그 행위자를 벌하는 외에 그 회사에도 해당 조문의 벌금형을 과한다. 다만 회사가 그 위반행위를 방지하기 위하여 해당 업무에 관하여 상당한 주의와 감독을 게을리하지 아니한 경우에는 그러하지 아니하다(상634의3).

3. 과태료에 처하는 행위

(1) 일반과태료

상법은 회사법의 각 규정을 위반한 경우에 과태료에 처하는 행위를 제635조에서 열거하고 있다. 회사의 발기인·설립위원·업무집행사원·이사·감사·감사위원회의 위원, 외국회사의 대표자·검사인·공증인·감정인·지배인·청산인·명의개서대리인, 사채모집의 수탁회사와 그 사무승계자·직무대행자 등이 등기나 공고를 게을리 하거나 검사나 조사를 방해하는 행위 등이 이에 해당하는데(상635 1호~27호), 이러한 행위를 한 자는 500만원 이하의 과태료에 처한다(상635본문). 그러나 그 행위에 대하여 형벌을 과할 때에는 그러하지 아니하다(상635.1단서). 회사의 성립 전에 회사의 명의로 영업을 하는 행위와 외국회사의 영업소 등기 전의 거래행위를 한 행위도 이에 해당하는데, 이러한 자는 등록세의 배액에 상당한 과태료에 처한다(상636).

(2) 상장회사특례 관련 과태료

2009년 상법개정에서 상장회사 특례규정을 위반한 행위에 대해 5천만원 이하의 과태료를 부과하는 규정을 신설하였다. 대상이 되는 행위를 보면, i) 제542조의8 1항을 위반하여 사외이사 선임의무를 이행하지 아니한 경우, ii) 제542조의8 4항을 위반하여 사외이사후보추천위원회를 설치하지 아니하거나 사외이사가 총위원의 1/2 이상이 되도록 사외이사후보추천위원회를 구성하지 아니한 경우, iii) 제542조의8 5항에 따라 사외이사를 선임하지 아니한 경우, iv) 제542조의9 3항을 위반하여 이사회 승인 없이 거래한 경우, v) 제542조의11 1항을 위반하여 감사위원회를 설치하지 아니한 경우, vi) 제542조의11 2항을 위반하여 제415조의2 2항 및 제542조의11 2항 각 호의 감사위원회의 구성요건에 적합한 감사위원회를 설치하지 아니한 경우, vii) 제542조의11 4항 1호 및 2호를 위반하여 감사위원회가 제415조의2 2항 및 제542조의11 2항 각 호의 감사위원회의 구성요건에 적합하도록 하지 아니한 경우, viii) 제542조의12 2항을 위반하여 감사위원회위원의 선임절차를 준수하지 아니한 경우 등이 포함된다(상635.3). 그리고 상법 제635조 1항 각 호 외의 부분에 규정된 자 이외의 자가 상장회사의 주주총회 소집의 통지·공고 특례(상542의4)를 게을리 하거나 부정한 통지 또는 공고를 한 경우나 상장회사의 집중투표특례 중 일정사항(상542의7.4) 또는 상장회사의 감사위원회구성 특례 중 일정사항(상542의12.5)을 위반하여 의안을 별도로 상정하여 의결하지 아니한 경우 1천만원 이하의 과태료를 부과한다(상635.4).

(3) 과태료의 부과·징수

등기의무해태(상635.1 1호)를 제외하고 본법에서 규정하는 과태료는 대통령령으로 정하는 바에 따라 법무부장관이 부과·징수한다(상637의2.1). 그리고 이에 따른 과태료처분에 불복하는 자는 그 처분을 고지받은 날부터 60일 이내에 법무부장관에게 이의를 제기할 수 있으며(동조2항), 이 경우 법무부장관은 지체 없이 관할법원에 그 사실을 통보하여야 하며, 그 통보를 받은 관할법원은 "비송사건절차법"에 따른 과태료재판을 한다(동조3항). 이의제기기간 내에 이의를 제기하지 아니하고 과태료를 납부하지 아니한 때에는 국세체납처분의 예에 따라 징수한다(동조4항).

쟁점색인

판례색인

사항색인

저자소개

정경영

서울대학교 법과대학 졸업
서울대학교 대학원 법학과 졸업(상법학 석·박사)
사법시험, 변호사시험 출제·채점위원 역임
법무부 상법·회사법 개정위원 역임
성균관대학교 법학전문대학원 교수(상법 담당)

저 서
상법학강의(박영사), 전자금융거래와 법(박영사), 상법학쟁점(박영사)
상법판례백선(공저, 법문사) 등

회사법학

초판발행	2022년 3월 15일

지은이	정경영
펴낸이	안종만·안상준

편 집	이승현
기획/마케팅	정연환
표지디자인	이수빈
제 작	고철민·조영환

펴낸곳   (주) **박영사**
서울특별시 금천구 가산디지털2로 53, 210호(가산동, 한라시그마밸리)
등록 1959. 3. 11. 제300-1959-1호(倫)

전 화	02)733-6771
f a x	02)736-4818
e-mail	pys@pybook.co.kr
homepage	www.pybook.co.kr
ISBN	979-11-303-4176-7 93360

copyright©정경영, 2022, Printed in Korea

* 파본은 구입하신 곳에서 교환해 드립니다. 본서의 무단복제행위를 금합니다.
* 저자와 협의하여 인지첩부를 생략합니다.

정 가   62,000원